編輯代表 郭 潤 直

民 法 注 解

第 XV 卷

債 權 (8)

第598條～第702條

博 英 社

머 리 말

「民法注解」는 民法 전체를 그의 條文順序에 따라 敍述하는 이른바 「코멘타르」(Kommentar)이다. 「코멘타르」에는 그 內容과 目的에 따라 여러 種類의 것이 있다. 이 注解書는 각 條文마다 관련되는 중요한 判決들을 引用해가면서 確定된 判例理論을 밝혀주고, 한편으로는 理論 내지 學說을 모두 그 出典을 正確하게 표시하고, 또한 論據를 客觀的으로 敍述하여 民法 각 條項의 具體的 內容을 밝히려는 것이므로, 獨逸學者들이 말하는 이른바 wissenschaftlicher Großkommentar라고 말할 수 있다. 그 目的하는 바는, 위와 같은 敍述을 통해서 우리의 民法學의 現在水準을 浮刻시키고, 아울러 우리 民法 아래에서 생기는 法的 紛爭에 대한 올바른 解答을 찾을 수 있게 하려는 데 있다.

위와 같은 內容과 目的을 가진 「民法注解」가 우리의 法學發展을 위하여 필요하다는 確信에서 그 刊行을 企劃하게 되었는데, 그 理由는 다음과 같다. 우리의 民法學이 獨自의 길을 걷기 시작한 지 近 50年이 되어간다. 또한 現行 民法이 制定·公布된 때로부터 따진다면 30餘年이 된다. 이 期間 동안에 民法을 研究하는 데 가장 基本的인 道具의 역할을 하는 法律文獻으로서 民法의 각 分野에 관한 體系的 解說書 내지 一般研究者를 위한 이른바 教科書(Lehrbuch)가 相當數 나와 있고, 또한 個別的 問題에 관한 論文도 적지 않게 發表되어 있다. 그러나 一般研究者를 위한 教科書라는 것은 著者의 主觀이 크게 作用하여, 著者에 따라 敍述에 起伏이 심하고 不充分한 점이 많다. 한편, 論文에서 표시되는 見解가 반드시 確實한 것은 아니다. 確實한 見解가 담겨진 論文이란 매우 적다고 하여도 過言이 아닐 것이다. 一般研究用 教科書나 論文이 상당히 있다 하여도 여전히 있게 마련인 空白이나 不充分한 점을 研究者 個個人이 그때 그때 自力으로 채워나간다는 것은 보통 어려운 일이 아니며, 또한 많은 時間과 精力을 쏟아야 하는 힘든 일이다. 만일에 學說·判例를 網羅的·客觀的으로 敍述하고 있어서 모든 研究者가 마음놓고 信賴할 수 있는 것이 하나 있다면, 各自 그것을 바탕으로 해서 獨自의 理論이나 見解를 펴나가는 데 集中할 수 있을 것이다. 그런데 그러한 學界 共有의 資産이라고 할 수 있는 것을 우리는 아직 가지고 있지 않다. 바로 그러한 구실을 할 수 있는 것 하나를 마련해 보겠다는 생각에서 이 「民法注解」의 刊行을 꾀하게 된 것이다.

民法은 매우 큰 法律이어서, 그 전체에 관한 大「코멘타르」를 어느 特定人이 單獨으로 지어낸다는 것은 발달된 現代 民法體系 아래에서는 期待하기 어렵다. 多數의 硏究者가 共同으로 協力해서 마련하는 것이 가장 적절한 방법이다. 「民法注解」도 그런 방법으로 만들기로 하였다. 그 筆陣을 정하는 것은 매우 어려운 일이었으나, 여러 사정을 고려하여 앞으로 우리의 民法學을 이끌어 갈 비교적 젊은 硏究者들을 많이 포함시켜서 筆陣을 구성하였다.

「民法注解」의 刊行은 우리의 法學史上 劃期的인 事業이라고 自負하고 있다. 그러나 처음으로 試圖하는 일인데다가, 또한 多數의 執筆者를 動員하여야 했기 때문에 均衡 있는 敍述을 期待할 수 없었다. 時間이 흐르면 法令은 變動되고 새로운 理論과 判例가 出現하게 됨은 필연이다. 그러한 變化는 「民法注解」의 改訂을 불가피하게 할 것이다. 여러 가지 不充分한 점이나 흠은 改訂版을 낼 때에 是正·補充할 豫定으로 있다. 그러한 改訂을 거듭하면서 「民法注解」는 더 滿足스러운 것으로, 또한 우리 나라에서 매우 값진 法律文獻의 하나로 發展할 것이다.

全部 15卷 정도로 豫定하고 있는 이 尨大한 出版을 快히 맡아 준 博英社에 대하여 깊은 謝意를 表示한다.

1992年 2月 20日

編輯代表

郭 潤 直

債權編(契約) 執筆者

高永鋥(대법원 재판연구관)

權五坤(서울지방법원 동부지원 부장판사)

金建植(서울대학교 법과대학 부교수)

金龍潭(서울고등법원 부장판사)

金龍德(청주지방법원 부장판사)

金載亨(서울대학교 법과대학 전임강사)

金滉植(대법원 선임재판연구관)

南孝淳(서울대학교 법과대학 조교수)

閔日榮(사법연수원 교수)

朴一煥(서울지방법원 부장판사)

朴海成(수원지방법원 부장판사)

徐　敏(충남대학교 법과대학 교수)

孫智烈(서울지방법원 형사수석부장판사)

宋德洙(이화여자대학교 법과대학 부교수)

宋興燮(서울지방법원 북부지원 부장판사)

沈在暾(서울지방법원 부장판사)

梁彰洙(서울대학교 법과대학 교수)

吳宗根(한림대학교 사회과학대학 부교수)

柳元奎(사법연수원 교수)

李在洪(법원행정처 인사관리심의관)

李宙興(법원행정처 송무국장)

全孝淑(서울지방법원 부장판사)

池元林(아주대학교 사회과학대학 부교수)

崔秉祚(서울대학교 법과대학 교수)

崔興燮(인하대학교 법정대학 부교수)

韓相鎬(서울지방법원 의정부지원장)

胡文赫(서울대학교 법과대학 부교수)

(가나다順. 現職은 1997년 6월 1일 기준)

債權編(契約) 執筆 內容

契約 前論 Ⅰ …… 李宙興
契約 前論 Ⅱ …… 孫智烈
契約의 成立 前論 …… 池元林
第527條 ~ 第534條 …… 池元林
第535條 …… 崔興燮
約款의 規制에 관한 法律 …… 孫智烈
第536條 …… 柳元奎
第537條 ~ 第538條 …… 崔秉祚
第539條 ~ 第542條 …… 宋德洙
第543條 ~ 第553條 …… 金龍德
前論 [無償契約 總論] …… 高永銲
第554條 ~ 第562條 …… 高永銲
賣買 前論 …… 朴海成
第563條 …… 朴海成
第564條 ~ 第567條 …… 沈在暾
第568條 ~ 第589條 …… 南孝淳
第590條 ~ 第595條 …… 宋興燮
後論 [特別法上의 還買] …… 宋興燮
第596條 ~ 第597條 …… 高永銲
第598條 ~ 第617條 …… 金滉植
第618條 ~ 第654條 …… 閔日榮
保證金 …… 閔日榮
權利金 …… 閔日榮
住宅賃貸借保護法 …… 閔日榮
第655條 ~ 第663條 …… 南孝淳
第664條 ~ 第674條 …… 金龍潭
第675條 ~ 第679條 …… 吳宗根

第680條 ~ 第692條 李在洪
第693條 ~ 第702條 全孝淑
第703條 ~ 第724條 金載亨
契 金載亨
第725條 ~ 第730條 崔秉祚
第731條 ~ 第732條 胡文赫
第733條 梁彰洙
醫療契約 朴一煥
旅行契約 徐 敏
리스契約 金建植
銀行去來契約 全孝淑
專屬出演契約 韓相鎬
許可權의 讓渡를 목적으로 하는 契約 權五坤

凡　　例

1. 條　　文

民 § 49 Ⅱ iii ← 民法 第49條 第2項 第3號

民 § 312-2 ← 民法 第312條의 2

民 附則 § 10 ← 民法 附則 第10條

2. 判　　例

(1) 一　　般

大判 80. 7. 8, 79다1928(集 28-2, 101) ← 大法院 1980年 7月 8日 宣告 79다1928判決(대법원판결집 제28권 2집 민사편 101면)

大決 76. 11. 24, 76마275(公 551, 9634) ← 大法院 1976年 11月 24日 告知 76마275決定(법원공보 551호 9634면)

大判 80. 9. 24, 80다1220(要集 民 Ⅰ-1, 161) ← 大法院 1980年 9月 24日 宣告 80다1220判決(大法院判決要旨集 民事·商事編 Ⅰ-1卷 161면)

서울高判 71. 12. 29, 71나1733(高集 71, 612) ← 서울高等法院 1971年 12月 29日 宣告 71나1733判決(고등법원판례집 1971년 민사편 612면)

大邱地判 88. 2. 10, 87나485(下集 88-1, 226) ← 大邱地方法院 1988年 2月 10日 宣告 87나485判決(하급심판결집 1988년 제1권 민사편 226면)

(2) 기타의 裁判法院 및 裁判種類의 表示

大判(全) ← 大法院全員合議體判決

大邱高判 ← 大邱高等法院判決

서울民地判 ← 서울民事地方法院判決

密陽支院判 ← 馬山地方法院密陽支院判決

(3) 判例의 出典

集 ←「大法院判決集」(또는「大法院判例集」)

全集 ←「大法院全員合議體判決集」

公 ←「法院公報」

高集 ←「高等法院判決集」

下集 ←「下級審判決集」

月報 ←「判例月報」

新聞 ←「法律新聞」

總覽 ←「判例總覽」

要集 ←「大法院判決要旨集」

3. 法令略語

(1) 法　　律

假登記擔保等에 關한 法律	假擔
家事審判法(폐)	家審
家事審判規則(폐)	家審規
家事訴訟法	家訴
가사소송규칙	가소규
建設機械管理法	建管
建設機械抵當法	建抵
建築法	建築
競賣法(폐)	競
古物營業法(폐)	古物
公益法人의 設立·運營에 關한 法律	公益法人
工場抵當法	工抵
公證人法	公證
供託法	供
供託事務處理規則	供規
鑛業法	鑛業
鑛業財團抵當法	鑛抵
國家賠償法	國賠
國稅基本法	稅基
國稅徵收法	稅徵
國有財產法	國財
國籍法	國籍
國土利用管理法	國土管
歸屬財產管理法	歸財
勤勞基準法	勤基
勞動組合法	勞組
農地改革法(폐)	農改
農地法	農地
農地賃貸借管理法(폐)	農賃
道路法	道
都市計劃法	都計
都市再開發法	都再
獨占規制 및 公正去來에 關한 法律	獨占
民法	民
民事訴訟法	民訴
민사소송규칙	민소규
民事調停法	民調

訪問販賣 등에 관한 法律	訪販
法人稅法	法人
法院組織法	法組
辯護士法	辯
不動產登記法	不登
不動產登記特別措置法	不登特措
不動產仲介業法	不仲
不在宣告等에 關한 特別措置法	不在特措
不正競爭防止法	不正競
佛教財產管理法(폐)	佛財
非訟事件節次法	非訟
私立學校法	私學
商法	商
相互信用金庫法	信金
船舶法	船舶
涉外私法	涉私
所得稅法	所稅
消費者保護法	消保
訴訟促進 等에 關한 特例法	訴促
水難救護法	水救
水產業法	水產
手票法	手票
身元保證法	身保
信託法	信託
約款의 規制에 關한 法律	約款
어음法	어음
溫泉法	溫泉
原子力損害賠償法	原賠
外國人의 土地取得 및 管理에 關한 法律	外土
外國換管理法	外換
遺失物法	遺失
利子制限法	利制
人事訴訟法(폐)	人訴
立木에 關한 法律	立木
自動車管理法	自管
自動車抵當法	自抵
自動車損害賠償保障法	自賠
傳統寺刹保存法	寺保
著作權法	著作
住民登錄法	住登
住宅建設促進法	住促
住宅賃貸借保護法	住賃
證券去來法	證去
集合建物의 所有 및 管理에 關한 法律	集建
土地區劃整理事業法	區整
土地收用法	土收
特許法	特許
破產法	破
河川法	河川
割賦去來에 관한 法律	割賦
航空法	航空
行政訴訟法	行訴
行政審判法	行審
憲法	憲
憲法裁判所法	憲裁

刑法	刑	環境政策基本法	環基
刑事訴訟法	刑訴	會社整理法	會整
戶籍法	戶籍		

(2) 法律의 施行令 또는 施行規則은 法律略語에 「令」 또는 「規」를 붙인다.

(3) 外國法律

獨民 ← 獨逸民法

佛民 ← 프랑스民法

瑞民 ← 스위스民法

瑞債 ← 스위스債務法

日民 ← 日本民法

墺民 ← 오스트리아民法

伊民 ← 伊太利民法

希民 ← 그리스民法

4. 文獻略語

(1) 教科書：著者名만으로 인용한다.

郭潤直, 債權各論, 再全訂版(1990), 新訂版(1995)

金基善, 韓國債權法各論(1982)

金錫宇, 債權法各論(1978)

金疇洙, 債權各論(1992)

金曾漢, 債權各論(1988)

金曾漢·安二濬 編著, 新債權各論(上)(1961)

________________, 新債權各論(下)(1965)

金顯泰, 新稿 債權各論(1969)

金亨培, 債權各論(上)(1995)

李銀榮, 債權各論(1992)

李太載, 債權各論新講(1967)

張庚鶴, 新稿 債權各論(1962)

鄭範錫, 新債權法各論(1963)

朱宰璜, 債權各論講義(1950)

崔 栻, 新債權法各論(1961)

黃迪仁, 現代民法論 Ⅳ(1987)

(2) 定期刊行物

法學 ←「서울大學校 法學」

民判硏 ←「民事判例硏究」

諸問題 ←「民事裁判의 諸問題」

新聞 ←「法律新聞」

司論 ←「司法論集」

司行 ←「司法行政」

月報 ←「判例月報」

(3) 기　타

註釋債總 ← 金曾漢 編輯代表, 註釋 債權總則

5. 外國文獻(기타는 그 각 本國에서 통용되는 方式에 의함)

(1) 獨　逸

Staudinger ← Staudingers Kommentar zum BGB, 12. Aufl.

MünchKomm. ← Münchener Kommentar zum BGB, 2. Aufl.

Soergal ← Kommentar zum BGB, begründet von Hs. Th. Soergel, 12. Aufl.

(2) 日　本

日注民 ← 有斐閣 刊行, 注釋民法

차　　례

第 5 節　消費貸借

第 598 條(消費貸借의 意義) ……………………………… (金　滉　植) …… 1
第 599 條(破産과 消費貸借의 失效) ……………………… (　同　) …… 5
第 600 條(利子計算의 始期) ………………………………… (　同　) …… 6
第 601 條(無利子消費貸借와 解除權) ……………………… (　同　) …… 7
第 602 條(貸主의 擔保責任) ………………………………… (　同　) …… 7
第 603 條(返還時期) ………………………………………… (　同　) …… 9
第 604 條(返還不能으로 因한 市價償還) ………………… (　同　) …… 11
第 605 條(準消費貸借) ……………………………………… (　同　) …… 12
第 606 條(代物貸借) ………………………………………… (　同　) …… 18
第 607 條(代物返還의 豫約) ………………………………… (　同　) …… 19
第 608 條(借主에 不利益한 約定의 禁止) ………………… (　同　) …… 19

第 6 節　使用貸借

第 609 條(使用貸借의 意義) ………………………………… (金　滉　植) …… 25
第 610 條(借主의 使用, 收益權) …………………………… (　同　) …… 28
第 611 條(費用의 負擔) ……………………………………… (　同　) …… 30
第 612 條(準用規定) ………………………………………… (　同　) …… 31
第 613 條(借用物의 返還時期) ……………………………… (　同　) …… 32
第 614 條(借主의 死亡, 破産과 解止) ……………………… (　同　) …… 33
第 615 條(借主의 原狀回復義務와 撤去權) ……………… (　同　) …… 34
第 616 條(共同借主의 連帶義務) …………………………… (　同　) …… 35
第 617 條(損害賠償, 費用償還請求의 期間) ……………… (　同　) …… 35

第7節 賃貸借

前 論 ……………………………………………………………(閔 日 榮)…… 37
第618條(賃貸借의 意義) ……………………………………(同)…… 57
第619條(處分能力, 權限 없는 者의 할 수 있는
短期賃貸借) ………………………………………(同)…… 68
第620條(短期賃貸借의 更新) ……………………………(同)…… 70
第621條(賃貸借의 登記) …………………………………(同)…… 73
第622條(建物登記 있는 借地權의 對抗力) ………………(同)…… 81
第623條(賃貸人의 義務) …………………………………(同)…… 85
第624條(賃貸人의 保存行爲, 忍容義務) …………………(同)…… 92
第625條(賃貸人의 意思에 反하는 保存行爲와 解止權) (同)…… 92
第626條(賃借人의 償還請求權) …………………………(同)…… 93
第627條(一部滅失等과 減額請求, 解止權) ………………(同)… 102
第628條(借賃增減請求權) ………………………………(同)… 106
第629條(賃借權의 讓渡, 轉貸의 制限) …………………(同)… 110
第630條(轉貸의 效果) ……………………………………(同)… 120
第631條(轉借人의 權利의 確定) …………………………(同)… 125
第632條(賃借建物의 小部分을 他人에게
使用케 하는 境遇) ……………………………(同)… 126
第633條(借賃支給의 時期) ………………………………(同)… 128
第634條(賃借人의 通知義務) ……………………………(同)… 129
第635條(期間의 約定 없는 賃貸借의 解止通告) ………(同)… 131
第636條(期間의 約定 있는 賃貸借의 解止通告) ………(同)… 134
第637條(賃借人의 破産과 解止通告) ……………………(同)… 135
第638條(解止通告의 轉借人에 對한 通知) ………………(同)… 138
第639條(默示의 更新) ……………………………………(同)… 139
第640條(借賃延滯와 解止) ………………………………(同)… 143
第641條(同前) ……………………………………………(同)… 145
第642條(土地賃貸借의 解止와 地上建物等에 對한

擔保物權者에의 通知) ………………………… (同) … 145
第 643 條(賃借人의 更新請求權, 買受請求權) …………… (同) … 146
第 644 條(轉借人의 賃貸請求權, 買受請求權) …………… (同) … 154
第 645 條(地上權目的 土地의 賃借人의 賃貸請求權, 買受請求權) ………………………………………… (同) … 156
第 646 條(賃借人의 附屬物買受請求權) …………………… (同) … 157
第 647 條(轉借人의 附屬物買受請求權) …………………… (同) … 163
第 648 條(賃借地의 附屬物, 果實等에 對한 法定質權) …… (同) … 164
第 649 條(賃借地上의 建物에 對한 法定抵當權) ………… (同) … 166
第 650 條(賃借建物等의 附屬物에 對한 法定質權) ……… (同) … 168
第 651 條(賃貸借存續期間) ………………………………… (同) … 169
第 652 條(強行規定) ………………………………………… (同) … 173
第 653 條(一時使用을 爲한 賃貸借의 特例) ……………… (同) … 173
第 654 條(準用規定) ………………………………………… (同) … 175
保證金 ………………………………………………………… (同) … 178
權利金 ………………………………………………………… (同) … 192
住宅賃貸借保護法 ………………………………………… (同) … 198

第 8 節 雇 傭

前 論 ……………………………………………………… (南 孝 淳) … 299
第 655 條(雇傭의 意義) …………………………………… (同) … 313
第 656 條(報酬額과 그 支給時期) ………………………… (同) … 357
第 657 條(權利義務의 專屬性) …………………………… (同) … 370
第 658 條(勞務의 內容과 解止權) ………………………… (同) … 381
第 659 條(3年 以上의 經過와 解止通告權) ……………… (同) … 389
第 660 條(期間의 約定이 없는 雇傭의 解止通告) ……… (同) … 399
第 661 條(不得已한 事由와 解止權) ……………………… (同) … 411
第 662 條(默示의 更新) …………………………………… (同) … 420
第 663 條(使用者破産과 解止通告) ……………………… (同) … 426

第9節 都 給

前 論 ……………………………………………………………(金 龍 潭)… 429
第664條(都給의 意義) ……………………………………(同)… 436
第665條(報酬의 支給時期) ………………………………(同)… 446
第666條(受給人의 目的不動產에 對한
抵當權設定請求權) ………………………………(同)… 450
瑕疵擔保責任 前論 ………………………………………(同)… 452
第667條(受給人의 擔保責任) ……………………………(同)… 456
第668條(同前 ── 都給人의 解除權) ……………………(同)… 460
第669條(同前 ── 瑕疵가 都給人의 提供한 材料 또는 指示에
基因한 境遇의 免責) ……………………(同)… 463
第670條(擔保責任의 存續期間) …………………………(同)… 464
第671條(受給人의 擔保責任 ── 土地,
建物等에 대한 特則) ……………………………(同)… 466
第672條(擔保責任免除의 特約) …………………………(同)… 467
第673條(完成前의 都給人의 解除權) ……………………(同)… 468
第674條(都給人의 破產과 解除權) ………………………(同)… 474

第10節 懸賞廣告

前 論 ……………………………………………………………(吳 宗 根)… 480
第675條(懸賞廣告의 意義) ………………………………(同)… 489
第676條(報酬受領權者) …………………………………(同)… 494
第677條(廣告不知의 行爲) ………………………………(同)… 497
第678條(優秀懸賞廣告) …………………………………(同)… 499
第679條(懸賞廣告의 撤回) ………………………………(同)… 507

第11節 委 任

第680條(委任의 意義) ……………………………………(李 在 洪)… 514

第 681 條(受任人의 善管義務) ……………………………… (　同　) … 535
第 682 條(復任權의 制限) ……………………………… (　同　) … 547
第 683 條(受任人의 報告義務) ……………………………… (　同　) … 552
第 684 條(受任人의 取得物等의 引渡, 移轉義務) ………… (　同　) … 555
第 685 條(受任人의 金錢消費의 責任) ……………………… (　同　) … 560
第 686 條(受任人의 報酬請求權) ……………………………… (　同　) … 563
第 687 條(受任人의 費用先給請求權) ……………………… (　同　) … 575
第 688 條(受任人의 費用償還請求權等) …………………… (　同　) … 578
第 689 條(委任의 相互解止의 自由) ……………………… (　同　) … 588
第 690 條(死亡, 破産等과 委任의 終了) …………………… (　同　) … 602
第 691 條(委任終了時의 緊急處理) ……………………… (　同　) … 606
第 692 條(委任終了의 對抗要件) ……………………………… (　同　) … 610

第12節　任　　置

前　論 ……………………………………………………… (全 孝 淑) … 613
第 693 條(任置의 意義) ……………………………………… (　同　) … 621
第 694 條(受置人의 任置物使用禁止) ……………………… (　同　) … 630
第 695 條(無償受置人의 注意義務) ……………………… (　同　) … 635
第 696 條(受置人의 通知義務) ……………………………… (　同　) … 643
第 697 條(任置物의 性質, 瑕疵로 因한 任置人의
　　損害賠償義務) ……………………………………… (　同　) … 645
第 698 條(期間의 約定 있는 任置의 解止) ……………… (　同　) … 647
第 699 條(期間의 約定 없는 任置의 解止) ……………… (　同　) … 658
第 700 條(任置物의 返還場所) ……………………………… (　同　) … 659
第 701 條(準用規定) ……………………………………………… (　同　) … 661
第 702 條(消費任置) ……………………………………………… (　同　) … 664

事項索引 ……………………………………………………………… 699

第 5 節　消費貸借

第 598 條(消費貸借의 意義)

消費貸借는 當事者 一方이 金錢 其他 代替物의 所有權을 相對方에게 移轉할 것을 約定하고 相對方은 그와 같은 種類, 品質 및 數量으로 返還할 것을 約定함으로써 그 효력이 생긴다.

Ⅰ. 消費貸借의 意義

消費貸借(Darlehen)는 당사자의 일방(貸主)이 金錢 기타의 代替物의 소유권을 相對方(借主)에게 이전할 것을 약정하고, 相對方은 동종·동질(동등)·동량의 물건을 반환할 것을 약정함으로써 성립하는 계약이다.

消費貸借는 使用貸借, 賃貸借와 함께 민법상의 貸借型의 계약으로서 타인의 재화를 빌려서 사용한 후에 반환하는 점에서 3자가 공통이나, 消費貸借에 있어서는 借主가 목적물의 소유권을 취득하여 이를 소비하고 나서 동종·동질·동량의 다른 물건을 반환하는 데 대하여 使用貸借와 賃貸借에 있어서는 목적물의 소유권은 貸主에게 유보되고 빌린 물건 그 자체를 반환하는 점에서 차이가 있다. 따라서 貸主는 使用貸借와는 달리 목적물을 사용·수익시키는 채무는 지지 않는다 하더라도 일정 기간 동안 借主에게 목적물을 이용시켜야 한다는 구속을 받는 것이다.

Ⅱ. 消費貸借의 法律的 性質

1. 消費貸借는 당사자의 합의만으로써 성립하는 諾成契約이다. 구민법은 독일(獨民 § 607), 불란서(佛民 § 1892) 등의 입법례에 따라 消費貸借를 要物契約(Realvertrag)으로 규정하여 借主가 貸主로부터 金錢 기타의 물건을 受取함으로 인하여 그 효력이 생긴다고 하였다(舊民 § 587). 그러나 消費貸借를 要物契約으로 하는 것은 로마법에 연원을 둔 연혁적인 것에 불과하고 이를 要物契約으로 하여야 할 이론

상의 근거나 실제상의 필요도 없다. 로마법에 있어서는 소수의 계약유형만이 당사자의 의사합치만에 의하여 성립될 수 있도록 하고 있었고 특히 消費貸借(mutuum)는 원래 무이자가 원칙이었던 터라 목적물이 授受되기 전의 단순한 합의에 어떠한 법률적 구속력을 인정하지 아니하였으며 따라서 목적물의 수수로서 비로소 계약을 성립시키는 要物契約으로 消費貸借를 구성하였던 것이다. 그러나 근대에 이르러 계약의 구속력의 근거를 개인의 자유로운 의사에서 구하는 이론이 형성되어 단순한 합의 그 자체에도 법적 구속력을 인정하지 않을 수 없게 되었으며 消費貸借의 豫約이 널리 허용·이용되는 한 消費貸借를 要物契約으로 고집할 필요는 없어졌다.[1] 뿐만 아니라 당사자간의 消費貸借에 관한 여러 가지 내용 즉 목적물의 종류·범위·변제기 등을 정하여 이에 관련된 증서를 작성하고 담보를 설정한 뒤에 목적물을 교부하는 거래현실에 비추어 보면 消費貸借를 要物契約으로 고집하는 것은 적절하지 아니할 뿐 아니라 위 증서(특히 그것이 公正證書인 경우)나 담보권의 효력이 문제될 여지도 있어 불편하다고 하지 않을 수 없었다. 즉 목적물이 교부되기 전에 목적물이 교부된 양 公正證書가 작성되거나 抵當權設定이 되는 경우가 왕왕 있으며 이 경우 要物契約이 성립되지 아니하여 公正證書나 抵當權設定의 효력이 없다는 해석이 나오는 등 거래현실과 맞지 않는 일이 생길 여지가 있었다. 민법이 消費貸借를 諾成契約으로 규정하고 있더라도 당사자 사이의 특약에 의하여 要物契約으로 약정할 수 있음은 계약자유의 원칙상 당연하다.

2. 消費貸借는 원칙적으로 無償契約이나 有償契約인 경우도 있다.

즉 민법상 借主는 貸主로부터 받은 金錢 기타의 代替物을 이용함으로써 재산상의 이득을 얻게 되나 그 대가로서 당연히 이자를 지급하는 것은 아니므로 無償契約인 것이 원칙이다. 그러나 당사자 사이의 특약이나 법률의 규정에 의하여 이자를 지급하여야 하는 때에는 그 이자는 貸主가 교부하는 金錢 기타 代替物의 이용에 대한 대가이므로 이 경우에는 有償契約이 된다. 한편 상법이 적용되는 상인 사이의 金錢消費貸借는 민법의 경우와는 달리 利子附인 것이 원칙이다(商 § 55). 그리고 消費貸借가 利子附이어서 有償契約인 때에는 그 消費貸

1) 독일에 있어서도 모든 계약은 원칙적으로 당사자의 의사합치에 의하여 성립됨을 근거로(§ 305) § 607 I 이 소비대차를 요물계약임을 천명한 것이 아니라, 다만 목적물의 교부가 없으면 반환도 없음을 명백히 한 것에 불과하다고 설명하기도 한다. Dieter Medicus, 123.

借에는 매매에 관한 규정이 준용되게 된다(民 §567).

3. 消費貸借契約은 원칙적으로 片務契約이나 雙務契約인 수도 있다. 즉 민법상의 消費貸借는 무이자가 원칙이며 無利子消費貸借는 片務契約이다. 그러나 이자의 특약이 있는 利子附消費貸借는 雙務契約이다. 즉 貸主가 부담하는 목적물의 소유권을 借主에게 이전하여야 할 채무와 借主가 부담하는 이전받은 목적물을 같은 種類, 品質 및 數量으로 반환할 채무는 대가적 의미를 갖는 것이 아니므로 片務契約이라 할 것이고, 다만 利子附消費貸借에 있어서는 貸主의 채무와 借主의 이자채무는 서로 대가적 의미를 가지므로 雙務契約이라 할 것이다.[2] 판례도 같은 입장이다.[3]

4. 消費貸借는 不要式契約이다. 금융업자와 사이의 消費貸借는 公正證書에 의하는 경우가 많고 통상의 消費貸借에 있어서도 어떠한 형식의 증서가 작성되는 경우가 많지만, 그 증서의 작성은 법률상의 요건이 아니므로 要式行爲는 아니다.

Ⅲ. 利子附消費貸借와 無利子附消費貸借

消費貸借는 無利子附가 원칙이나 利子附인 경우도 있다. 이 경우에는 통상의 消費貸借契約 이외에 이자에 관한 특약의 합의가 있어야 한다. 그리고 거래통념상 이자의 약정이 있었음은 추정되는 것이 아니다. 이율은 이자제한법의 제한 내에서 자유로이 결정할 수 있다.

이자제한법은 오직 金錢의 消費貸借에만 적용되므로 金錢 이외의 代替物의 消費貸借에 있어서 이자제한법의 제한을 넘는 이자를 약정한 때에는 借主는 약정이자의 전부를 지급하여야 한다. 이자제한법과 관련한 내용은 채권총론편에서 다루고 있다.

2) 郭潤直, 272, 金曾漢, 188.
3) 大判 66. 1. 25. 65다2337(要集 債權編 937).

Ⅳ. 消費貸借의 목적물

消費貸借의 목적물은 金錢 기타의 代替物이다. 그러므로 非代替物에 관하여는 消費貸借가 성립할 여지가 없다. 오늘날 金錢의 대차가 압도적으로 많으나 아직도 농촌지역에서는 곡물을 목적으로 하는 대차가 행해지고 있다. 곡물에 관한 消費貸借契約을 체결하면서 목적물의 교부는 그에 상당한 金錢으로 하는 경우도 있으나 이 경우에도 곡물에 관한 消費貸借임에는 변함이 없다. 즉 곡물에 관한 消費貸借인가 아니면 金錢에 관한 消費貸借인가는 당사자의 궁극적인 의사에 의하여 결정할 것이다. 또한 有價證券도 일종의 代替物이라 할 것이므로 消費貸借의 목적이 될 수 있다. 그러나 有價證券이라도 번호 등으로 특정하여 賃貸借의 목적물로 삼을 수 있다. 즉 有價證券을 목적으로 하는 대차가 消費貸借이냐 賃貸借이냐는 당사자의 의사, 곧 貸主가 그 有價證券에 대한 소유권 보류의 특약을 하였는지에 따라 결정되는 것으로 볼 것이다. 이와 관련하여 흔히 문제로 되는 것은 신원보증금·입찰보증금 등의 대용으로서 제3자에게 교부할 목적으로 公債證書 등을 차용한 경우에 이를 賃貸借(貸主가 소유권을 가짐)로 볼 것인가 消費貸借(貸主는 소유권을 상실)로 볼 것인가를 가리는 문제이기도 하다. 전자의 입장에서는 교부된 公債證書 등이 몰수되거나 처분된 경우에 한하여 貸主의 소유권이 상실되는 것이고 그렇치 아니한 경우에는 貸主가 소유권을 가짐으로써 借主의 채권자에 대한 관계에서 보호를 받게 된다.[4] 후자의 입장에서는 보증금에 대용하여 교부한다는 것은 당연히 그 제공자인 借主가 그 처분권능을 취득하는 것을 전제로 하는 것이므로 이러한 대차는 消費貸借로서 貸主는 借主의 채권자에 대한 관계에서 보호를 받지 못한다.[5]

어느 입장을 취하는가는 다분히 정책적인 문제이기도 하다. 無記名有價證券과 같이 그 자체 사용가치가 없는 물건을 더욱이 보증금 대용이라는 처분을 본래의 목적으로 하여 제3자가 보아 제공자의 재산으로 보여지는 이용상태에 놓는 대차는 일응 消費貸借로 보아야 할 것이고 貸主의 소유권유보의 특약이 있더라도 이를 무효라고 보아야 할 것이라는 견해가 있는 반면, 有價證券의 대차는 어느 면에서는 賃貸借 내지 使用貸借, 다른 면에서는 消費貸借의 성질

4) 福岡高裁 昭 32(1957).10.19(高民集 10, 7, 458).
5) 末川, 債權各論, 127.

을 갖는 일종의 특수한 대차라는 견해도 있다.[6)]

消費貸借의 목적물은 당사자간에 직접 수수되는 것뿐만 아니라 貸主가 자기의 계산 아래 제 3 자로 하여금 목적물을 교부시킬 수도 있고 貸主가 借主가 지시하는 제 3 자에게 교부함으로써 교부하는 수도 있다. 또한 대금을 借主 및 보증인의 구채무와 相計처리하거나 貸主가 借主의 제 3 자에 대한 채무를 변제하여 이를 消費貸借로 하는 것과 같이 경제상 현실의 수수와 동일한 이익의 교부가 있으면 목적물의 교부가 있다 할 것이다. 목적물이 교부되기 전이면 借主는 권리를 제 3 자에게 양도할 수 있고 또한 借主에 대한 貸主의 金錢債權과 相計할 수도 있을 것이고(그러나 통상 貸主쪽에서는 相計에 의하여 채무를 면할 수 없다는 특약이 있다고 보아야 할 것이다) 借主의 청구권은 압류될 수도 있다.

[金 滉 植]

第 599 條(破産과 消費貸借의 失效)

貸主가 目的物을 借主에게 引渡하기 前에 當事者 一方이 破産宣告를 받은 때에는 消費貸借는 그 效力을 잃는다.

1. 민법상의 消費貸借는 諾成契約이므로 貸主가 목적물을 교부하지 않더라도 당사자 사이에 합의만 있으면 유효하게 성립한다. 그러나 목적물이 인도되기 전에 당사자의 일방이 파산한 경우에는 당사자간의 신뢰관계가 깨어져 당초의 계약관계를 유지하는 것이 타당하지 아니하므로 本條는 消費貸借는 효력을 잃는다고 규정한 것이다. 즉 사정변경의 원칙이 적용되는 일례를 입법화한 것이다.

2. 本條의 입법취지를 살려서 이를 확장하여 적용할 수 있는지가 문제된다. 즉 借主의 재산상태에 현저한 변경이 생겨 貸主의 반환청구권의 행사가 위태로워 보이는 경우에도 계약은 실효되는가이다. 獨民 § 610는 貸主의 반환청구권이 위험하게 되는 정도로 借主의 재산상태가 악화한 때에는 貸主는 그

6) 鈴木, 債權法講義, 243.

의 의사표시를 철회할 수 있다고 정하고 있는바, 우리의 경우 계약이 당연히 실효한다고 하기는 어렵더라도 청약이나 승낙의 철회권이나 이행거절권을 인정하는 것이 신의칙에 부합한다 할 것이다.[1] 수인의 연대채무자 중의 1인이 파산한 경우에도 消費貸借는 실효된다 할 것이다.

3. 파산선고가 있었다는 것을 알지 못하고 목적물을 교부한 자는 非債辨濟를 이유로 하여 파산재단에 대하여 부당이득의 반환을 청구할 수 있다.

[金 滉 植]

第600條(利子計算의 始期)

利子 있는 消費貸借는 借主가 目的物의 引渡를 받은 때로부터 利子를 計算하여야 하며 借主가 그 責任 있는 事由로 受領을 遲滯할 때에는 貸主가 履行을 提供한 때로부터 利子를 計算하여야 한다.

1. 本條는 이자 있는 消費貸借의 경우에 있어서의 이자계산의 시기를 규정한 것으로서 민법이 消費貸借를 諾成契約으로 한 당연한 결과이다. 물론 당사자 사이의 약정에 의하여 달리 정할 수 있다. 즉 金錢授受가 없더라도 借主는 그 지위를 경제적으로 이용할 수 있으므로 그런 의미에서 계약성립일부터 이자를 붙이기로 하는 합의가 있을 수 있다. 다만 이자제한법의 적용에 관하여는 金錢수수일부터의 기간을 표준으로 하지 아니하면 아니된다.

2. 다른 약정이 없는 한 借主는 消費貸借의 목적물을 인도받은 때로부터 이자를 계산하여 貸主에게 지급하여야 하며, 借主가 그 책임 있는 사유로 목적물을 수령하지 아니할 때에는 貸主가 이행을 제공한 때로부터 이자를 계산하여야 한다.

[金 滉 植]

1) 郭潤直, 276.

第 601 條(無利子消費貸借와 解除權)

利子 없는 消費貸借의 當事者는 目的物의 引渡前에는 언제든지 契約을 解除할 수 있다. 그러나 相對方에게 생긴 損害가 있는 때에는 이를 賠償하여야 한다.

1. 이자 없는 消費貸借는 無償, 片務의 계약이며 貸主만이 경제적 손실을 보는 것이므로, 계약이 성립된 후라 하더라도 목적물이 인도되기 전에는 계약을 해제할 수 있게 해 주는 것이 貸主의 보호를 위해 필요하다. 한편 借主의 입장에서도 목적물을 이용할 필요가 없어진 경우까지 계약을 유지시킬 필요는 없다. 그러므로 貸主와 借主는 목적물의 인도 전에는 언제든지 계약을 해제할 수 있음을 규정한 것이 本條이다. 또한 借主는 목적물을 수령한 후라도 언제든지 그것을 반환할 수 있다. 이자 없는 消費貸借에서는 기한의 이익은 借主에게만 있기 때문이다.

2. 貸主와 借主는 그 消費貸借契約을 해제시킴으로써 만일 相對方에게 손해가 생긴 때에는 그것을 배상하여야 한다. 예컨대 消費貸借契約의 성립에 따라 借主가 수령준비를 위하여 비용을 지출하였다면 貸主는 借主의 이 비용을 배상하여야 한다.

[金 滉 植]

第 602 條(貸主의 擔保責任)

① 利子 있는 消費貸借의 目的物에 瑕疵가 있는 境遇에는 第580條 내지 第582條의 規定을 準用한다.

② 利子 없는 消費貸借의 境遇에는 借主는 瑕疵 있는 物件의 價額으로 返還할 수 있다. 그러나 貸主가 그 瑕疵를 알고 借主에게 告知하지 아니한 때에는 前項과 같다.

1. 貸主는 借主에게 목적물의 소유권을 이전할 의무를 지는데 이 경우

당연히 하자 없는 목적물을 인도하여야 한다. 만약 貸主가 교부한 목적물에 하자가 있으면 貸主는 일정한 담보책임을 져야만 한다. 그 책임의 정도는 利子附消費貸借와 無利子附消費貸借에 따라 차이가 있다. 즉 利子附消費貸借의 경우 貸主는 담보책임을 지나 無利子附消費貸借의 경우에는 원칙적으로 담보책임을 지지 아니하고 다만 貸主가 그 하자를 알고 借主에게 고지하지 아니한 때에만 담보책임을 지는 것이다.

2. 이자 있는 消費貸借에 있어서 貸主가 교부한 목적물에 하자가 있는 경우에는 貸主는 § 580 내지 § 582에 따라 담보책임을 진다. 이 담보책임을 지기 위하여는 借主는 선의·무과실이어야 하나 貸主의 고의나 과실의 유무는 문제되지 아니한다.

金錢消費貸借의 경우 현금이 교부된 때에는 목적물에 하자가 있다는 예는 드물 것이지만 현금에 갈음하여 有價證券이나 예금통장과 인장이 교부되는 代物貸借에 있어서는 그것으로써 현실적으로 金錢的 이익을 취득하지 못한다면 貸主는 담보책임을 지게 된다.

담보책임의 내용은, 그 하자가 중대하여 계약의 목적을 달성할 수 없는 경우에는 계약을 해제할 수 있고 그렇지 않는 경우에는 손해배상을 청구할 수 있으며(民 §§ 580, 575 I) 또는 계약의 해제나 손해배상의 청구에 갈음하여 하자 없는 다른 완전한 물건의 교부를 청구할 수 있다(民 § 582). 借主가 이러한 代物請求權을 행사하기 위하여는 하자 있는 물건을 반환하여야 한다. 借主가 代物을 수령하면 그 이후에 그 물건에 관하여 消費貸借가 존속하지만, 代物請求權은 목적물의 반환에 의하여 그 하자를 제거함을 목적으로 함에 지나지 아니하므로 별단의 의사표시가 없는 한 消費貸借 그 자체는 그것에 의해 갱신됨이 없이 종래와 같은 조건으로 존속한다. 다만 代物 교부 전의 이자는 원본에 하자가 있어 생긴 가격의 저하에 따라 감액되어야 한다. 물론 代物을 수령하였음에도 불구하고 전보되지 아니하는 손해는 그 배상을 아울러 구할 수 있다. 貸主의 담보책임은 특약으로 달리 정할 수도 있다.

그리고 이러한 담보책임을 물을 수 있는 借主의 권리의 제척기간은 6개월이다(民 § 582).

3. 이자 없는 消費貸借의 경우에는 그것이 無償契約이고 은혜적인 행위

이므로 貸主는 담보책임을 지지 아니하는 것을 원칙으로 한다. 그리고 借主는 하자 없는 물건의 인도를 청구할 수 없으며 목적물반환시에 하자 있는 물건의 가액으로 반환할 수 있다. 그것은 소비된 하자 있는 물건을 구하기 어렵고 하자 있는 것을 반환받아 유리할 것이 없기 때문이다. 그러나 貸主가 교부한 목적물에 하자가 있는 것을 알면서 이를 借主에게 고지하지 아니 않을 때에는 이자 있는 消費貸借에 있어서와 같은 담보책임을 진다.

[金 滉 植]

第 603 條(返還時期)

① 借主는 約定時期에 借用物과 같은 種類, 品質 및 數量의 物件을 返還하여야 한다.

② 返還時期의 約定이 없는 때에는 貸主는 相當한 期間을 定하여 返還을 催告하여야 한다. 그러나 借主는 언제든지 返還할 수 있다.

1. 借主가 차용물을 반환하는 시기는 그에 관한 약정의 유무에 따라 달라진다. 어느 경우에나 같은 種類, 品質 및 數量의 물건을 반환하여야 함은 같다.

2. 반환시기에 관한 약정이 있는 경우에는 借主는 그 약정시기에 반환하여야 한다. 따라서 약정된 반환시기가 확정시기인 때에는 借主는 그 시기가 도래한 때로부터 지체의 책임을 지고, 불확정시기이면 그 도래를 안 때로부터 지체의 책임을 진다. 반환시기가 정하여져 있는 경우이더라도, 借主가 담보를 손상, 감소 또는 멸실하게 한 때, 借主가 담보제공의 의무를 이행하지 않는 때, 채무자가 파산의 선고를 받은 때에는 기한의 이익을 잃게 되어 貸主의 청구가 있으면 곧 반환할 의무를 부담한다(民 § 388; 破 § 16).

이와 같이 민법 기타의 법률이 특히 정하고 있는 경우 이외에도 당사자가 기한의 이익의 상실에 관한 특약을 하고 그 특약으로 정한 사유가 발생한 때에는 借主는 역시 기한의 이익을 상실하게 된다.

기한의 이익은 相對方의 이익을 해하지 않는 한도에서 이를 포기할 수 있다(民 §153 Ⅱ). 따라서 無利子消費貸借에서는 借主는 언제나 기한의 이익을 포기할 수 있고 利子附消費貸借에 있어서는 기한이 借主만의 이익을 위한 것이면 변제시까지의 이자만을 붙여서 반환하면 되나 기한이 貸主의 이익을 위하여서도 존재하는 것이면 기한, 즉 이행기까지의 이자를 붙여서 기한 전에 반환할 수 있다고 할 것이다.

3. 반환시기의 약정이 없는 경우에는 貸主는 상당한 기간을 정하여 반환을 최고하여야 한다(民 Ⅱ §603 본문). 貸主의 이행최고로 막바로 이행지체에 빠진다면 借主는 消費貸借의 성립과 동시에 항상 이행준비를 하지 아니하면 아니되어 계약을 체결한 목적을 달성할 수 없기 때문이다. 따라서 상당한 기간이 지난 후에 借主는 지체에 빠지게 된다. 민법이 상당한 기간을 정한 최고를 요구하는 것에 관하여는 이는 借主의 보호를 위해 抗辯權을 준 것에 지나지 않는다는 것이라는 학설과 借主의 반환채무의 이행기를 도래시켜 借主의 이행지체를 발생시키는 필요요건이라는 학설로 나뉘어져 있다.[1] 판례는 本條의 규정은 借主의 이익을 보호하기 위하여 借主에게 抗辯權을 부여한 것에 불과하지 貸主가 반환청구권을 행사하는데 준수할 조건은 아니라고 한다.[2] 최고의 방법에는 어떠한 제한이 있는 것이 아니므로 어떠한 방법을 취해도 무방하다. 예컨대 반환의 최고는 소장의 송달로도 할 수 있다. 상당한 기간이냐 아니냐는 계약의 목적·금액·기타의 사정 등을 고려해서 구체적인 경우마다 결정할 것이고 채무자의 자력 등 주관적 사정은 고려할 것은 아니다. 기간을 정하지 않았거나 상당하지 아니한 기간을 정하여 최고한 경우라도 借主에게 반환의 준비를 시키는 상당한 유예기간만 지나면 이행기는 도래하고 그때부터 지체책임을 지는 것으로 보아야 할 것이다. 따라서 그러한 최고도 그러한 한도에서는 유효하다. 그러나 借主는 언제든지 반환할 수 있다(民 Ⅱ §603 단서). 利子附消費貸借에 있어서도 그때까지의 이자를 붙여서 반환할 수 있다.

[金 滉 植]

1) 日注民(15), 46.
2) 大判 57. 4. 4, 4289民上616(要集 967).

第 604 條(返還不能으로 因한 市價償還)

借主가 借用物과 같은 種類, 品質 및 數量의 物件을 返還할 수 없는 때에는 그때의 市價로 償還하여야 한다. 그러나 第376條 및 第377條 第2項의 境遇에는 그러하지 아니하다.

1. 消費貸借에 있어서의 借主의 채무는 種類債務로서 동종·동등·동량의 물건을 반환하면 족할 것이므로 이행불능이 생긴다는 것은 극히 희귀한 일이다. 그러나 반환기에 동종·동등·동량의 물건이 존재하지 않게 되거나(무기명주식이나 사채를 차용하였으나 그 회사가 해산해 버려 동종의 것이 없게 된 경우) 그 유통이 금지되어 借主가 이를 반환하는 것이 불가능 해진 때에는 이행불능의 일반원칙에 의하면 借主의 반환채무는 소멸한 셈이 되지만 借主는 이미 목적물을 소비하여 그 이익을 얻고 있으므로 반환채무가 그대로 소멸해 버린다면 借主는 부당한 이익을 얻는 것이 된다. 그러므로 本條는 현물의 반환에 갈음하여 가액으로 반환할 것을 규정한 것이다.

2. 반환불능이라고 하는 것은 위에 본 바와 같이 현물이 존재하지 아니하거나 거래가 금지되는 등 객관적으로 이행이 불능한 것으로 된 것을 말한다. 반환하여야 할 수량의 일부가 불능한 것으로 된 때에는 현물반환이 가능한 부분이 근소하여 급부로서의 가치가 없는 경우를 제외하고는 불능부분만을 가액으로 반환하고 나머지 가능한 부분은 현물로 반환하지 않으면 아니된다. 왜냐하면 가액반환은 현물반환에 갈음하는 보충적인 것이기 때문이다. 또한 借主가 이행지체에 빠진 후에 불능이 된 경우에는 통상의 손해배상의 책임을 진다.

가액산정의 표준시는, 본래대로 한다면 반환하여야 할 시기이겠지만 반환불능의 경우에 이행기를 표준으로 한다면 현물은 이미 시장에 존재하지 아니하므로 가액의 산정이 매우 곤란할 뿐 아니라 때로는 매우 고액이 되어 借主에게 불리한 결과가 될 수 있어 本條는 이행불능으로 된 때를, 즉 최후의 시장가액으로 이를 산정토록한 것이다.

3. 金錢消費貸借에 있어서는 특종의 통화로 반환할 약속이 있고 그 통화

가 강제통용력을 잃은 때에는 구화폐의 시장가액으로 상환할 것이 아니라 金錢債權의 통칙, 즉 §§ 376와 377의 규정에 따라서 다른 통화로 반환하지 않으면 안 된다.

[金 滉 植]

第 605 條(準消費貸借)

當事者 雙方이 消費貸借에 의하지 아니하고 金錢 其他의 代替物을 支給할 義務가 있는 境遇에 當事者가 그 目的物을 消費貸借의 目的으로 할 것을 約定한 때에는 消費貸借의 效力이 생긴다.

I. 準消費貸借의 意義

1. 예컨대, 매매계약에 의하여 대금채무가 생긴 경우 당사자간에 그 대금액을 消費貸借로 한다는 합의가 이루어지면 매수인으로서는 일단 대금을 지급한 뒤 다시 借主로서 이를 수취하는 식의 이중의 수수를 하지 않더라도 本條에 의하여 消費貸借는 성립한 것으로 보게 된다. 이와 같은 消費貸借를 準消費貸借라고 한다.

準消費貸借는 바로 지급할 수 없는 채무의 변제기를 연기하는 데에 이용할 수 있다고도 하고, 이런 목적이라면 꼭 準消費貸借의 형식을 취할 필요는 없고 단지 채무의 변제에 관하여 기한을 유예하면 될 것이므로 準消費貸借는 예컨대 종전의 복수의 채무를 모두어 한 개의 채무로 하거나 새로운 차용증서를 작성해서 채권채무관계의 명확화를 기하고 또 거기에 보증을 붙이거나 새로이 채무지급방법을 정하는 등 채권자의 소구의 편의를 위해 체결하는 경우가 많을 것이라는 등의 설명이 있다.[1] 특히 장래의 채무를 기초로 하는 準消費貸借 등은 채권자의 청구를 용이하게 할 수 있도록 하기 위하여 행해진다고 할 수 있다. 요컨대 準消費貸借는 당사자의 편의를 위하여 인정되는 제도라 할 수 있다.

1) 日注民(15), 20.

2. 準消費貸借는 당연히 목적물의 수수 없이 성립되는 것이므로 消費貸借를 要物契約으로 한 구민법하에서는 양자의 관계를 어떻게 이해해야 할 것인지가 문제로 되었으며 이는 현재 일본에서도 논의되는 바이다. 그러나 消費貸借를 諾成契約으로 하는 현행민법하에서는 논의의 실익이 없어졌다.

3. 準消費貸借는 기존채무를 소멸케 하고 신채무를 성립시키는 계약이며, 이 점에 있어서 更改와 같은 효력을 갖는다. 또한 準消費貸借는 채무의 발생원인을 종래의 원인으로부터 消費貸借로 변경하는 것이나, 이는 更改에서도 인정된다. 그러나 양자는 소멸하는 구채무와 새로 발생하는 신채무와의 사이에 동일성이 있느냐에 따라서 다르다. 更改에 있어서는 그러한 동일성이 없으나, 準消費貸借에 있어서는 그러한 동일성이 원칙적으로 인정된다고 한다. 이 점은 뒤에 설명한다.

Ⅱ. 準消費貸借의 成立要件

1. 基礎가 되는 債務가 存在할 것

(1) 準消費貸借가 성립하려면 우선 당사자 사이에 金錢 기타 代替物의 급부를 목적으로 하는 기왕의 채무가 존재해야 한다. 따라서 그러한 기초가 되는 채무가 있지 아니하거나 또는 존재하고 있더라도 어떤 사정으로 그것이 무효인 때에는 準消費貸借도 효력을 발생하지 않거나 무효로 된다. 예컨대 강행법규나 公序良俗에 위배된 채무에 관하여는 準消費貸借가 성립할 여지가 없다. 그러나 불법원인에 의한 급부의 반환계약은 유효로 해석되므로 그 반환계약에 의한 급부의무에 기한 準消費貸借가 성립될 수 있다.[2] 이와 같이 기존의 채무가 존재해야 하나 그 채무에 관하여는 별도의 제한이 없다. 즉 기초되는 채무가 소비대차, 매매대금, 체당금, 공동불법행위자의 1인이 다른 사람의 부담부분을 변제함에 따라 갖게 된 구상권, 동거중인 여자와 별거하면서 지급하기로 약정한 채무, 손해배상의무, 수표채무 등 그 발생원인을 가리지 아니한다. 그리고 장래의 채무에 관하여도 準消費貸借가 성립될 수 있다 할 것이다. 다만 이 경우 準消費貸借의 목적인 채무도 장래의 채무가 될 것이다. 시효가

2) 日注民(15), 25.

완성된 채무를 승인하여 그 이자를 準消費貸借의 목적으로 하는 것처럼 소멸시효에 걸린 채무에 관해서도 채무자가 시효의 이익을 포기한 것으로 보여지는 경우에는 準消費貸借를 성립시킬 수 있다. 2개의 채무를 일괄해서 또는 기존채무의 일부분에 대해서도 準消費貸借를 성립시킬 수 있다.

(2) 기초가 되는 채무의 존부에 관해서는, 準消費貸借契約의 효력을 주장하는 자가 기초가 되는 채무의 존재에 대하여 입증책임을 지는 것이 아니라 그 부존재를 사유로 하여 準消費貸借契約의 효력을 다투는 자가 그 사실에 대한 입증책임을 진다.[3)]

2. 基礎가 되는 債務의 目的物을 消費貸借의 目的으로 하는 취지의 합의

기존채무의 당사자가 그 채무의 목적물을 消費貸借의 목적으로 한다는 합의를 하여야 한다. 계약의 당사자는 기초가 되는 채무의 당사자일 것이 요구된다. 기존채권의 승계인은 기존채권에 터잡은 準消費貸借를 성립시킬 수 있으나, 기존의 급부의무의 목적물에 관하여 무권리자인 제3자와 채무자 사이의 準消費貸借는 무효이다. 그러나 연대채무자를 더 붙이는 것이나 새로운 저당권을 설정하는 것은 물론 가능하다. 準消費貸借의 성립에 있어서 차용증서가 작성되는 경우가 많으나 그것은 증거가 됨에 그치고 계약의 성립요건은 물론 아니다. 그리고 準消費貸借契約時 公正證書를 작성하면서 현금이 수수되었다고 기재되어도 公正證書로서의 효력을 잃는 것은 아니고 따라서 債務名義가 됨에 지장이 없다.

Ⅲ. 準消費貸借의 效力

1. 消費貸借로서의 效力

準消費貸借는 消費貸借로서의 효력이 생기므로 보통의 消費貸借와 다를 것이 없다. 물론 準消費貸借의 성질상 貸主의 목적물이전의무는 없다.

2. 既存債務와 新債務와의 관계

準消費貸借에 의하여 消費貸借상의 채무가 성립되고 기존채무는 소멸한

3) 日最判 昭 43(1968). 2. 16(民集 22, 2, 217).

다. 그리고 신채무의 성립과 기존채무의 소멸은 서로 조건을 이룬다. 즉 기존채무가 존재하지 않거나 무효인 경우에는 신채무는 성립하지 아니하고 신채무가 무효이거나 취소된 때에는 기존채무는 소멸하지 않았던 것이 된다.

3. 旣存債務와 新債務의 同一性

기존채무에 관하여 존재하는 담보나 抗辯權이 신채무에 존속하는지가 문제되는바, 이는 종래 양 채무의 동일성이 유지되는지와 관련하여 논의되는 문제이기도 하다.[4)]

이 문제에 관하여 편의상 일본의 학설이나 판례의 흐름을 먼저 본다.[5)]

예전에는 準消費貸借에 의하여 기존채무는 소멸하고 동일성이 없는 신채무가 성립한다는 것이 다수설과 판례를 이루었다. 그러나 그 후 채무의 동일성의 유무는 오로지 당사자의 의사에 의하여 정해지므로 당사자의 의사가 무엇인지를 밝혀야 한다는 이론 및 판례가 등장하였다. 이 입장에서도, 당사자의 의사는 원칙으로 채무의 동일성을 잃게 하는 것이라고 하는 입장과 채무의 동일성을 유지시키는 것이라는 입장으로 나뉜다. 이에 대하여도 곧 비판적인 다음과 같은 이론이 등장한다. 즉 위와 같은 견해들은 그 내용이나 적용의 결과에 있어서 상당한 차이를 가져오지만 근본적으로는 그 어느 것도 공통된 사고에 터잡은 것이라 할 수 있는데 그것은 구체적인 문제, 예컨대 同時履行의 抗辯權이나 담보 등이 존속하는지를 가림에 있어서 먼저 新舊兩債務의 동일성에 관한 당사자의 의사를 해석추정하고 그에 터잡아 이러한 사항들을 결정하고자 하는 사고에 있어서는 공통성을 갖는다는 것이다. 즉 추상적인 채무의 동일성 유무의 판단으로부터 출발하여 구체적 사항을 결정하려고 하는 점에서는 공통하다는 것이다. 그러나 이와 같은 입장은 당사자의 의사로 지배할 수 있는 담보, 기존채무의 성질을 전제로 하는 항변 등 성질이 다른 개개의 사항을 일률

4) 이에 관하여 大判 89. 6. 27, 89다카2957(要集 965)는 다음과 같이 판시하고 있다. 更改나 準消費貸借는 모두 기존채무를 소멸케 하고 신채무를 성립시키는 계약인 점에 있어서 동일하지만 更改에 있어서는 기존채무와 신채무와의 사이에 동일성이 없는 반면, 準消費貸借에 있어서는 원칙적으로 동일성이 인정된다는 점에 차이가 있는바, 기존채권채무의 당사자가 그 목적물을 소비대차의 목적으로 할 것을 약정한 경우 그 약정을 更改로 볼 것인가 또는 準消費貸借로 볼 것인가는 일차적으로 당사자의 의사에 의하여 결정되고 만약 당사자의 의사가 명백하지 않을 때에는 의사해석의 문제이나 특별한 사정이 없는 한 동일성을 상실함으로써 채권자가 담보를 잃고 채무자가 항변권을 잃게 되는 것과 같이 스스로 불이익을 초래하는 의사를 표시하였다고는 볼 수 없으므로 일반적으로 準消費貸借로 보아야 한다.

5) 日注民(15), 26 이하.

적으로 결정하는 것은 불가능한 것이며, 당사자의 의사의 해석, 채무의 동일성의 판단은 사항별로 하여야 한다는 것이다. 즉 準消費貸借를 하는 당사자의 보통의 의사는 기존채무에 消費貸借로서의 성격을 부여하는 것이고 따라서 구채무에 존재하는 담보, 보증 및 이에 준하는 사해행위취소권은 원칙으로 존속하지만 구채무에 딸린 항변으로 消費貸借의 성격과 합치하지 아니하는 同時履行의 抗辯權이나 어음항변은 소멸하고 또한 당사자의 의사에 좌우될 수 없는 시효에 관하여는 항상 새로이 고려하여야 한다는 것이다. 그리고 사항별로 채무의 동일성을 판단함에 있어서 당해 準消費貸借가 행해진 취지를 명확하게 판단하여 행할 것이라는 것이다.

요컨대 準消費貸借는 당사자의 의사에 기한 채무원인의 변경이므로 채무의 동일성의 유무는 당사자의 의사가 표준이 된다. 이 경우 당사자의 의사의 해석은 일반적·추상적으로 행해져서는 아니되며 구체적으로 어떤 취지로 행해지는지를 판단하여야 한다. 그리고 당사자의 의사에 관계 없이 동일성이 제한되는 사항도 있을 수 있다. 즉 準消費貸借에 의하여 기존채무는 消費貸借상의 채무로 변경되는 것이므로 채무의 종류·성질에 따라 결정될 뿐 당사자의 의사에 의하여 지배될 수 없는 사항에 관하여는 동일성이 제한되지 않을 수 없는 것이다. 이러한 기본입장을 전제로 하여 다음의 점을 살펴본다.

(1) 擔 保

기존채무에 존재하던 질권·저당권·보증 등은 원칙적으로 존속한다. 이들은 당사자의 의사에 의하여 좌우되는 사항이고 또한 채무의 종류와 성질과 관계가 없는 사항으로서, 채권자가 담보를 포기하여 스스로 불이익을 초래하고자 하는 의사는 추정되지 아니하기 때문이다.

(2) 詐害行爲取消權

구채무성립 후 準消費貸借契約 전의 詐害行爲에 대해서 이를 취소할 수 있는지가 문제되나, 사해행위취소권은 채무자의 일반재산의 보전을 목적으로 하는 점에서 보증과 동일시할 수 있으므로 존속한다 할 것이다.[6] 즉 사해행위취소권은 채무자의 책임재산을 보전하기 위하여 채권에, 그 종류와 성질에 관계없이, 인정되는 효력이므로 채권의 원인의 변경에 의하여 소멸한다는 것은 합리성이 없고 채권자가 사해행위취소권을 포기한다는 의사도 추정할 수 없기 때문이다.

---

6) 郭潤直, 279.

(3) 同時履行의 抗辯權

구채무에 따른 同時履行의 抗辯權은 消費貸借의 성격과는 합치하지 아니하므로 소멸한다는 견해가 있다.[7] 그러나 同時履行의 抗辯權은 원칙적으로 존속한다고 할 것이다. 원래 同時履行의 抗辯權은 雙務契約에 있어서 채무의 선이행으로 생기는 자기의 채권의 담보력을 잃게 되는 것을 막고 당사자 사이의 공평을 이루기 위한 것으로서 일종의 채권담보적 작용을 갖는 것이기 때문에, 채권자가 同時履行의 抗辯權을 포기하여 자기의 채권의 담보를 포기하는 것에 유사한 결과를 초래하는 의사는 원칙적으로 추정되지 아니하기 때문이다. 다만 당해 準消費貸借가 이루어진 취지에서 볼 때 同時履行의 抗辯權이 애당초 문제로 될 수 없는 경우나 그 성립요건이 결여되는 경우도 있다. 예컨대 매도인이 목적물을 매수인에게 인도하고 대금지급에 관하여 기한을 유예하는 취지로 準消費貸借가 행해진 경우에는 애당초 同時履行의 抗辯權은 문제가 될 수 없다. 매도인의 채무는 이미 이행되었기 때문이다. 또 부동산에 대한 매매계약을 체결하면서 대금지급 및 이전등기의 기일을 정하였으나 매수인이 그 기일에 대금지급을 할 수 없을 것이어서 양자의 합의로 대금채무에 대하여 기일을 당초의 기일보다 뒤로 하여 準消費貸借를 성립시킨 경우, 매수인이 당초의 기일에 매도인에 대하여 이전등기를 구하더라도 매도인은 대금의 지급을 同時履行으로 주장할 수는 없다. 매도인의 채무의 변제기가 도래하지 아니하여 매도인의 同時履行의 抗辯權은 그 성립요건이 결여되기 때문이다.

(4) 消滅時效

시효는 그 성질상 채무 자체의 성질에 의하여 결정될 것이지 당사자의 의사에 의하여 좌우될 것은 아니므로 언제나 신채무를 표준으로 하여 그 기간을 정하여야 한다. 그러므로 회사에 대한 노임채권에 관하여 準消費貸借契約이 체결된 경우, 그 노임채권이 民 § 164 iii 소정의 단기소멸시효의 적용을 받는 것이더라도, 그 準消費貸借契約은 상인인 회사가 영업을 위하여 한 상행위라고 추정하는 것이 상당하고, 따라서 그로부터 새로이 발생한 채권은 상사채권으로서 5년의 상사시효의 적용을 받게 된다고 판시한 대법원판결은 타당하다.[8]

[金 滉 植]

7) 金曾漢, 197.
8) 大判 81. 12. 22, 80다1363(公 674, 170).

第 606 條(代物貸借)

金錢貸借의 境遇에 借主가 金錢에 갈음하여 有價證券 其他 物件의 引渡를 받은 때에는 그 引渡時의 價額으로써 借用額으로 한다.

1. 消費貸借의 목적이 되는 것은 金錢에 한하지 않으나 金錢을 목적으로 하는 消費貸借가 가장 중요한 것임은 물론이다. 그런데 거래실제에 있어서 金錢을 목적으로 하는 경우에도 貸主는 현금을 교부하지 아니하고 현금에 갈음하여 약속어음·수표·국채·예금통장과 인장 등의 有價證券 기타의 물건을 인도하는 수가 적지 않으며 이것이 거래실정에 있어서 편리한 점이 많다. 이것을 대물대차라 하며 本條가 이를 간접적으로 규정하고 있다.

그런데 대물대차의 경우에는 金錢에 갈음하는 有價證券 기타의 물건의 가액은 시시로 변동하므로 消費貸借의 차용액을 결정하는 시기에 관하여 당사자 사이에 다툼이 생길 수 있다. 뿐만 아니라 貸主가 借主의 약한 지위를 이용하여 그 시가가 차용금액보다 훨씬 과소한 有價證券 기타의 물건을 차용금에 갈음하여 교부함으로써 이자제한에 관한 강행규정의 적용을 배제하고 폭리를 취하는 경우가 있게 된다. 이러한 당사자 사이의 다툼이나 貸主의 폭리에 대비하여 민법은 本條를 신설하여 인도시의 有價證券 기타 물건의 가액을 차용액으로 하도록 못박았다. 이는 물론 강행규정이며 이에 위반하는 당사자의 특약으로서 借主에게 불리한 것은 효력이 없다.

2. 借主는 반환시에 그가 받은 金錢에 갈음하는 물건을 반환하는 것이 아니라 약정된 금액의 金錢을 반환하게 되며 이 금액의 반환이 동종·동질·동량의 물건의 반환으로 간주되는 것이다. 그리고 반환하는 金錢의 액은 인도받은 물건의 인도시의 가액이다. 예컨대 지급기일이 도래하지 아니한 약속어음이 인도된 경우 액면금에서 지급기일까지의 이자상당액을 공제한 금액을 차용액으로 하여야 할 것이다. 물론 이 경우라도 당사자의 약정에 의하여 지급기일에 액면금액이 차용된 것으로 하는 것은 가능할 것이다.

[金 滉 植]

第 607 條(代物返還의 豫約)

借用物의 返還에 關하여 借主가 借用物에 갈음하여 다른 財産權을 移轉할 것을 豫約한 境遇에는 그 財産의 豫約當時의 價額이 借用額 및 이에 붙인 利子의 合算額을 넘지 못한다.

第 608 條(借主에 不利益한 約定의 禁止)

前 2條의 規定에 違反한 當事者의 約定으로서 借主에 不利한 것은 還買 기타 如何한 名目이라도 그 效力이 없다.

1. 代物返還의 예약은 消費貸借를 함에 있어서 借主가 본래 차용한 물건 대신 다른 재산권을 貸主에게 이전하겠다고 하는 경우에 이루어지는 것으로서 보통은 貸主의 채권회수책의 강화를 위해 행해진다. 이러한 代物辨濟의 약정은 계약자유의 원칙상 당연히 허용되어야 하는 것이지만, 자칫하면 채권자인 貸主가 경제적으로 우월한 지위를 이용하여 채무자인 借主를 불리하게 할 수 있으므로 借主의 이익을 보호하기 위한 취지로 本條를 규정한 것이다. 즉 借主가 차용물에 갈음하여 반환하는 재산은 예약 당시의 가액이 차용액 및 그것에 붙인 이자의 합산액을 넘지 못하도록 한 것이다. 이는 우리 신민법이 신설한 규정이다. 따라서 代物辨濟의 예약이 구민법시대에 성립된 경우에는 本條가 적용되지 않는다.[1)]

그리고 재산권의 가액을 산정하는 표준이 되는 시기는 예약상의 권리를 행사하는 때 또는 代物辨濟가 성립하는 시기가 아니라 예약 당시이다.[2)] 따라서 예약 당시에 차용액과 이자의 합산액을 넘지 않을 때에는 그 예약 후 예약상의 권리를 행사할 때까지 사이에 물가변동으로 재산권의 가액이 증가하여 합산액을 넘게 되더라도 本條의 적용은 없다. 합산액의 산정에 있어서 원본인 차용액에 대한 이자는 이자제한법의 제한을 받음은 물론이며, 따라서 만일 약정이율이 이자제한법의 제한을 넘을 때에는 그 제한이율에 의하여 이자를 산

1) 大判 64. 6. 9. 64다917(要集 民 1-2, 972).
2) 大判 65. 7. 6. 65다892(要集 民 1-2, 973).

정하여야 한다.

또한 § 607를 적용함에 있어서는 위에 본 가액상의 요건만 충족되면 족하고 借主의 궁박, 경솔 또는 무경험과 같은 주관적 요건은 필요하지 않다.

그리고 § 607에 위반하는 代物辨濟의 豫約 등은 효력이 없을 것이나 이는 어디까지나 借主의 보호를 위한 것이므로 借主가 스스로 원하는 경우, 즉 借主만이 예약상의 권리를 가지는 경우에는 그것은 유효하다고 해석된다. 즉 借主에 불리한 약정만이 그 효력이 없는 것이다. 다만 채무이행을 담보하기 위한 것이 아니고 그 채무에 갈음하여 완전히 그 권리를 相對方에게 이전하는 代物辨濟契約에는 本條가 적용될 여지가 없다. 그리고 本條는 準消費貸借의 경우에도 적용이 있다. 그러나 매매계약으로 인한 대금지급채무의 변제에 갈음하여 어떤 부동산에 대한 소유권을 양도하기로 약정하는 것은 消費貸借契約 또는 準消費貸借契約관계에서 생긴 代物辨濟의 예약이라 할 수 없으므로 本條가 적용될 수 없다.[3]

代物辨濟豫約에 있어서의 대물급부의 목적물에 관하여는 아무런 제한이 없다. 따라서 부동산·동산은 물론이고 기타의 권리를 목적물로 할 수 있다. 그러나 보통 가장 흔히 이용되는 것이 부동산이고 그 예약상의 권리를 확보하기 위하여 소유권이전청구권보전을 위한 가등기, 讓渡擔保 등이 행해진다. 이러한 가등기의 효력 등과 관련하여 §§ 607, 608가 중요한 의의를 지닌다. 그 상세한 내용은 물권편에서[4] 상세히 다루어지고 있으니 여기에서는 간단히 보기로 한다.

2. 민법은 담보권을 정형화하여 그 내용을 획일적인 것으로 해 두었고 그 실행에 있어서도 채무자의 이익을 보호하려는 태도를 취하기 때문에 금전대여자의 입장에서는 민법상의 전형적인 담보물권이 아닌 보다 안전하고 강력한 담보방법을 찾게 된다. 이러한 비전형적인 담보방법 중에서 대표적인 것이 소위 假登記擔保·讓渡擔保 등이다.

이는 당연히 채무자의 희생을 강요하는 결과에 이를 수 있으므로 이를 규제할 필요가 생긴다.

3) 大判 71.12.23. 70다2802(要集 民 1-2, 977).
4) 民法注解 Ⅶ, 264 이하.

(1) 舊民法時代

구민법시대에도 이에 대한 규제가 여러 가지로 시도되었다. 즉 일본이나 우리 나라에서 讓渡擔保나 代物辨濟의 豫約이 비교적 초기에서부터 하나의 비전형담보로서의 지위를 승인받고 있었지만 流抵當型의 賣渡擔保나 代物辨濟의 豫約의 경우에 채무원리금과 목적물의 가액의 차이가 클 때에는 폭리행위에 해당한다 하여 무효가 된다는 입장을 취하였다. 그러나 이러한 태도는 사적자치를 지나치게 침해하는 것이 될 뿐만 아니라 그 폭리의 수준이 사회질서에 반한다고 인정될 수준이 아니면 폭리라고 할 수 없는 등 그 실효성에 있어서도 문제가 없지 아니하였다. 그리하여 판례는 폭리행위의 이론을 유지하면서도 그 폭리행위 해당여부를 판단함에 있어 엄격한 요구를 함으로써 代物辨濟의 유효성을 인정하려는 방향으로 변하게 되었다.[5]

(2) 新民法時代의 判例

우리 민법은 구민법과는 달리 §§ 607, 608를 신설하여 借主가 차용물에 갈음하여 다른 재산권을 이전할 것을 예약한 경우에 그 재산의 예약 당시의 가액이 차용액과 이자의 합산액을 초과하면 그 약정은 명칭의 여하에 불구하고 효력이 없다고 하였다. 그렇기 때문에 이를 문자적으로 엄격히 적용하면 金錢을 차용한 후 변제기에 이르러 변제를 아니한 때에는 목적물의 소유권을 이전하기로 하는 형태의 계약은 대부분 무효가 되어버리고 만다. 그러므로 민법시행 직후의 판례는[6] 모든 代物辨濟豫約 형태의 담보계약에 대하여 民 §§ 607, 608에 위반된다고 하여 무효라고 하고, 그 계약에 기한 代物辨濟豫約의 완결로 소유권이전등기가 경료되었더라도 그 소유권이전등기는 무효의 등기로 말소되어야 한다는 입장을 취하여 왔다. 이러한 판례의 태도는 假登記擔保를 포함하여 모든 종류의 代物辨濟豫約 형태의 담보계약을 처음부터 효력이 아예 없는 것으로 만들어 버려 강한 담보를 원하였던 채권자에게는 무담보대여를 한 결과에 이르게 하고 말았다. 이는 사실상 私金融을 막아버리거나 선의의 제 3 자까지 손해를 입히는 결과를 가져온다. 이런 뜻하지 아니한 결론을 수정하고 民 §§ 607, 608의 본래의 의도대로 채권자의 부당한 이득을 막으면서도 채권자에게 합당한 범위 내에서 채권담보책을 강구해 줄 필요성은 당연히 제기되었다. 그리하여 초기의 판례가 假登記擔保를 무효라고 하였던 것을

5) 民法注解 Ⅶ, 273.
6) 大判 62.10.11, 62다290(集 10-1, 133); 大判 62.10.18, 62다291(要集 民 1-2, 974).

곧 수정하여 假登記擔保와 流抵當型의 賣渡擔保에 관한 판례는 그 계약의 代物辨濟의 豫約은 여전히 民 §§607, 608에 의하여 무효가 된다고 하면서도 동시에 그에 기한 소유권이전등기는 담보로서의 효력, 즉 약한 의미의 讓渡擔保로서의 효력을 갖는 것이 되어 유효하다는 해석을 보이게 된다.[7] 이러한 대법원의 태도는 당시 이미 확립된 신탁적 양도설의 입장에 선 讓渡擔保에 관한 판례의 태도와 결합하여 발전된 것으로서, 앞서 본 바와 같이 代物辨濟豫約은 무효일지라도 담보계약으로서의 효력은 가지며, 설사 채권자가 소유권이전등기를 경료받았다고 하더라도 변제기에 변제가 되지 아니하는 것만으로는 내부관계에서 소유권을 취득할 수 없고 정산절차를 밟을 의무가 있으며, 정산절차를 거쳐야만 채무자의 소유권은 종국적으로 소멸하며 채무자는 그 정산절차가 마쳐질 때까지 채무의 원리금을 변제하고 목적물의 반환을 구할 수 있으며, 가등기밖에 없는 상태에서도 채권자는 代物辨濟의 약정이 유효함을 전제로 소유권이전등기를 구할 수는 없을 지라도 담보권의 실행을 위하여 소유권이전등기와 명도를 구할 수 있으며 또한 채권자가 변제기 전후를 불문하고 그 부동산을 처분하면 제3자는 적법히 소유권을 취득한다고 하였다. 판례의 이러한 입장은 대체로 채권자와 채무자의 입장을 합리적으로 조정한 것으로 평가할 수 있는 것이지만 그 입론을 둘러싸고는 논란이 있다. 이를 이론적인 측면에서 살펴볼 필요가 있다.

(3) 新民法時代의 理論

위에 본 판례에서 나타나는 문제는, 어찌하여 "무효인 代物辨濟의 豫約에 기한 소유권이전등기"가 "유효한 讓渡擔保로서의 소유권이전등기"로 인정받게 되는 것이냐는 점이다.[8] 즉 원인행위가 무효인데 어찌하여 그에 기한 소유권이전등기는 유효하게 되는 것인가? 특히 무효인 代物辨濟의 豫約에 기하여 어떻게 소유권이전등기청구권이 생기는 것인가? 하는 점이다.[9] 또한 다른 측면에서의 비판은 판례가 무효인 代物辨濟의 豫約에 기한 소유권이전이 약한 의미의 讓渡擔保, 즉 신탁적 양도로서 유효하게 된다는 것은 결국 소유권이

7) 大判 64.6.23, 63다1146(要集 民 1-2, 973); 大判 64.10.30, 64다493(要集 民 1-2, 973); 大判 64.11.10, 64다613(要集 民 1-2, 973); 大判 67.1.31, 66다2227(要集 民 1-2, 975); 大判 83.10.11, 82누66(公 717, 1663).

8) 郭潤直, "代物辨濟豫約의 硏究", 12.

9) 이를 正當化하는 論理構成으로서는 一部無效, 이른바 超過行爲만의 無效理論(民 §137)과 無效行爲의 轉換理論(民 §138)이 논의된다. 그 상세에 관하여는 民法注解(7), 298 이하 참조.

외부에 대한 효력에 있어서는 완전히 유효하게 이전되는 것을 시인하게 되므로 民 §§ 607, 608를 무용의 것으로 만드는 이론에 불과하고 脫法을 용인하는 것이 된다는 것이다.[10)]

판례이론의 약점을 지적하여 시정하려는 시도는 곽윤직 교수로부터 비롯되었다. 1978년에 발표한 "代物辨濟예약의 연구"에서 그는 民 §§ 607, 608의 "효력이 없다"는 문구를 "무효"라고 해석해야 할 필요가 없다고 함에서 이론의 출발을 보이고 있다. 즉 代物辨濟의 예약은 그 외형에 불구하고 완전한 담보계약으로서, 그 消費貸借상의 담보를 확보하려는 담보계약의 실질을 직시하여 채권자는 피담보채권의 만족을 얻게 함에 그치게 하고 그 이상의 가치를 담보권의 실행으로 얻게 된다면 이는 부당이득이 되는 것이며 과거에는 이 부당이득이 사회상규에 비추어 폭리로 되는 경우만이 문제가 되었지만 민법의 시행으로 民 §§ 607, 608가 채무의 원리금을 초과히는 이득을 채권자가 취하게 되면 이를 폭리라고 선언하고 있다고 할 것이므로 이들 규정은 이 폭리를 채권자가 차지하지 못하는 규정으로 해석하면 족하다는 것이다. 그리하여 위 규정을 계약의 전면적 무효를 선언하는 규정으로 볼 것이 아니라 채무원리금의 만족을 초과하는 부분, 즉 폭리를 반환하는 의무를 채권자에게 지우는 규정, 즉 초과부분만을 무효로 하는 규정이라는 이론을 세우고 있다. 따라서 代物辨濟의 豫約 후 채무자가 변제를 하지 못하면 채권자는 유효한 담보계약인 代物辨濟의 豫約에 기하여 代物辨濟의 계약을 성립시켜 소유권이전등기를 함으로써 채무자의 소유권을 완전히 소멸시킬 수 있으나 목적물의 가액이 채무의 원리금을 초과하고 있는 한 民 §§ 607, 608에 의하여 채권자에게는 정산의무가 생겨서 그 초과이득을 채무자에게 반환하여야 하게 된다고 한다. 또 채권자는 스스로 자기에게 소유권을 귀속시키는 방법 대신 제 3 자에게 목적물을 처분하여 그 환가대금으로 채권의 만족을 얻을 수도 있으며, 이 때에도 그 환가대금이 채무의 원리금을 초과하는 때에는 채권자는 정산의무를 부담하게 될 뿐이라고 한다. 이러한 입장에서 代物辨濟의 豫約을 정의하여 "채무자가 본래의 급부에 갈음하여 다른 급부를 할 것을 미리 약속하는 것"이라는 종래의 정의 대신 "채무자가 변제기에 변제하지 않는 때에는 채권자가 채권담보물을 취득 또는 환가처분해서 채권의 변제를 받고 만일 목적물의 가격이나 환가금액

10) 金鼎鉉, "民法 제607조, 제608조의 출발점에 대한 根本的인 反省과 再構成", 法曹 31-2, 3.

이 원리금을 초과하고 있으면 그 초과분은 채무자에게 반환한다는 취지의 담보계약"이라고 하였다. 이 설의 실제적 적용결과에 따르면 假登記擔保의 가등기나 그 결과로 경료된 소유권이전등기가 유효함은 판례와 같고 채권자에게 정산의무가 인정되는 것도 같으며 제3자가 선의건 악의건 보호되는 것도 같다. 다만 판례는 일단 변제기 후에 채권자에게 소유권이전등기가 경료되고 난 후에도 내부적 소유권은 여전히 채무자에게 남아 있어 채권자의 정산이 있기까지는 언제든지 채무의 원리금을 반환하고 목적물의 소유권을 되찾을 수 있음에 반하여, 이 설에 의하면 채권자의 소유권이전등기시에 채무자의 소유권은 완전히 상실되어 버린다는 데에서 판례와 차이를 보였다. 이에 대하여 讓渡擔保의 성질에 관하여 담보권설을 취하는 입장에서 정산이 없이 채권자에게 소유권이전등기가 경료되어 있더라도 그 등기는 담보권의 표상방법에 불과한 것이며 따라서 채무자는 여전히 소유권을 잃지 아니하며 정산이 있을 때까지는 언제든지 채무의 원리금을 반환하고 소유권이전등기의 말소를 구할 수 있는 점에서는 판례와 결론을 같이하나 정산절차 없이 제3자에게 이전된 때에는 그 제3자에 대한 소유권이전등기가 무효가 된다는 점에서 판례와 크게 차이가 나게 된다.

[金 滉 植]

第 6 節 使用貸借

第 609 條(使用貸借의 意義)

使用貸借는 當事者 一方이 相對方에게 無償으로 使用, 收益하게 하기 위하여 目的物을 引渡할 것을 約定하고 相對方은 이를 使用, 收益한 後 그 物件을 返還할 것을 約定함으로써 그 效力이 생긴다.

1. 本條는 使用貸借의 意義, 成立要件을 규정한 것이다. 使用貸借에 있어서는 物件의 利用의 對價를 지급하지 않는 無償이라는 데에 본질적 특징이 있고, 이 점에서 賃貸借와 다르고, 한편 借用物 자체를 그대로 返還하는 점에서 消費貸借와 다르다. 使用貸借는 오늘날에 있어서 友人 또는 親族間에 호의적으로 일시적으로 貸借하는 기능만을 가질 뿐이고 중요성을 갖고 있지 아니하다. 구태여 意義를 찾는다면 그것은 賃貸借의 성질을 명백히 하는 데에 도움이 되고 一部規定이 賃貸借에 準用되는 데에 의미가 있을 뿐이다.

2. 目 的 物

使用貸借는 物件의 使用·收益을 목적으로 하는 契約이므로 物件에 관하여서만 성립한다. 그러므로 物件 이외의 것, 예컨대 權利, 營業이나 名義에 관하여는 使用貸借가 성립하지 아니하며 다만 使用貸借에 비슷한 無名契約이 성립할 뿐이다. 그리고 使用을 위하여 物件이 引渡되어야 하므로 特定되는 物件이어야 하며, 또한 使用·收益後 返還되어야 하므로 使用·收益에 의하여 目的物이 滅失, 消費되는 것이어서는 안 된다. 物件인 이상 動產 또는 不動產이든, 代替物이든 不代替物이든 상관없다. 또한 物件의 一部에 관해서도 使用貸借는 成立한다. 物件의 所有權이 누구에 속하느냐는 문제되지 아니한다. 경우에 따라서는 借主 자신의 所有物에 대하여도 使用貸借가 성립한다.

3. 法律的 性質

(1) 使用貸借는 諾成契約이다. 舊民法에서는 貸主가 目的物을 引渡하여야만 성립하는 要物契約이었으나, 現行民法에서는 當事者의 合意만으로 成立하는 諾成契約이다. 즉 貸主는 일정한 物件을 借主로 하여금 無償으로 使用·收益하게 할 것을 約定하고, 借主는 그 物件을 使用·收益한 후에 返還할 것을 約定하여, 이 合意가 이루어졌을 때에 契約은 成立한다.

(2) 使用貸借는 無償契約이다. 즉 借主는 使用·收益에 대한 對價를 지급하지 않는다. 이 점에서 賃貸借와 구별된다. 그러나 借主가 지는 債務가 用益에 대한 對價가 아닌 정도의 일정한 負擔을 지우는 것은 상관없다. 여기서의 對價는 반드시 金錢에 한하는 것은 아니다. 즉 金錢支給 대신에 일정한 債務를 부담하는 것도 對價를 支給하는 것에 해당한다. 예컨대 甲과 乙 사이에 乙이 甲 所有의 土地에 공원을 조성하여 그 때부터 일정 기간 동안 그 土地를 使用·收益하되 기간이 종료한 때에는 乙이 건립한 공원시설물 및 공원운영에 필요한 일체의 권리를 甲에게 무상양도하기로 약정되어 있고, 附帶契約書에 乙이 설치할 시설물의 單價와 總額이 명시되어 있다면, 乙의 그와 같은 義務는 土地의 使用과 對價關係에 있다고 할 것이므로 甲과 乙 사이에 체결된 貸借契約은 그 契約書상의 명칭이 使用貸借契約으로 되어 있다 하더라도 賃貸借契約에 해당한다.[1] 그리고 甲·乙이 각자의 소유인 土地를 相對方에 대하여 交換的으로 無償의 使用·收益權을 설정하는 경우에는 甲·乙間에 2個의 使用貸借契約이 성립하는 것이 아니라 1個의 有償契約(賃貸借類似의 無名契約)이 성립된다 할 것이다.[2]

(3) 使用貸借는 片務契約이다. 貸主는 借主에게 使用·收益하게 하기 위하여 目的物을 引渡할 義務가 있고 借主는 借用物을 返還할 義務가 있으나, 兩者 사이에는 對價的인 依存關係가 없으므로 使用貸借는 雙務契約이 아니며 이른바 不完全雙務契約으로서 片務契約에 속한다.

4. 貸主의 債務

貸主는 借主에 대하여 目的物을 使用·收益시킬 債務를 진다. 통설은 賃貸

1) 大判 94.12.2, 93다31672(公 984, 421).
2) 日大判 昭 10(1935).3.28(裁判例 9 民 84).

借에서는 貸主는 借主에 대하여 目的物을 使用·收益하게 할 積極的인 債務를 부담함에 대하여, 使用貸借에서는 無償契約이므로 단지 借主가 目的物을 使用·收益함을 인용하는 정도의 消極的 債務만을 진다고 한다. 이러한 차이는 賃貸借에 있어서 貸主의 目的物에 대한 修繕義務에 관한 규정(民 §623)에서 나타난다. 그러나 賃貸借에서도 修繕義務가 없는 것으로 하는 特約이 행해지는 경우가 많고, 貸主의 修繕義務라는 것이 賃貸借와 使用貸借에 있어서의 貸主의 債務의 本質的 區別이라고 할 수도 없다. 使用貸借에서도 貸主는 借主에게 目的物을 使用·收益하게 하는 債務를 지고, 貸主가 借主의 使用·收益을 故意로 방해하면 貸主의 債務不履行이 성립된다. 또한 使用貸借에서도 借主가 目的物의 修繕義務를 지는 特約을 할 수 있어, 兩者의 차이는 相對的인 것이라고 할 수도 있다. 아무튼 貸主가 借主의 정당한 用益을 방해하면 債務不履行의 責任을 지게 된다.

5. 借主의 目的物의 使用·收益權

借主는 使用貸借契約에 의하여 目的物을 使用·收益할 권리를 취득하고, 이를 위하여 目的物의 引渡를 구할 권리가 있다. 그리고 이러한 使用·收益權은 物權이 아니라 借主가 使用貸借에 의한 債權의 행사과정에서 가지는 權利에 지나지 않는다. 따라서 使用貸主로부터 目的物의 所有權을 讓受한 第3者의 明渡請求에 대하여 使用借主는 對抗力을 갖지 못한다.[3]

借主는 使用·收益中 目的物을 第3者로부터 侵奪되었거나 妨害를 받은 경우에는 占有訴權이나 使用貸主가 갖는 妨害排除請求權의 代位行使에 의하여 구제받을 수 있을 뿐 직접적인 妨害排除나 原狀回復請求權을 갖지는 못한다.

[金 滉 植]

3) 大判 62.12.27, 62다744(要集 民 Ⅰ-1, 517); 大判 65.1.26, 63다717(要集 民 Ⅰ-1, 521); 大判 66.9.20, 66다926(要集 民 Ⅰ-2, 984).

第610條(借主의 使用, 收益權)

① 借主는 契約 또는 目的物의 性質에 依하여 定하여진 用法으로 이를 使用, 收益하여야 한다.

② 借主는 貸主의 承諾이 없으면 第三者에게 借用物을 使用, 收益하게 하지 못한다.

③ 借主가 前2項의 規定에 違反한 때에는 貸主는 契約을 解止할 수 있다.

1. 本條는 借主의 使用·收益에 관한 義務와 그 義務違反時의 貸主의 契約解止權을 規定하였다. 借主의 使用·收益權에 관하여는 前條를 참조.

2. 使用·收益에 관한 借主의 義務

借主는 目的物을 使用·收益 함에 있어서 契約이 정한 바에 따를 義務가 있고, 契約에 정함이 없는 때에는 目的物의 性質에 의하여 정하여진 用法에 따라 使用·收益할 義務를 진다. 즉 使用·收益의 時期, 場所, 方法 등이 契約에 特定된 경우에 借主는 그에 따르지 아니하면 아니된다. 그리고 契約에 의하여 特定할 수 없는 부분에 관하여는 目的物의 性質에 의하여 정할 수밖에 없다. 使用借主만이 使用·收益할 수 있음이 원칙이고 第3者로 하여금 目的物을 使用·收益케 함은 貸主의 承諾이 없는 한 허용되지 아니한다. 예컨대[1] 居住目的의 가옥의 無償借主는 自己와 함께 家族이나 家事使用人을 居住시키는 것은 居住目的이라는 用法에 따르는 것이어서 허용되는 것이지만, 他人을 入住시키는 데에는 貸主의 承諾을 요한다. 借主가 退居한 뒤 家族이나 家事使用人만을 살게 하거나 집지키는 사람만을 남겨 두는 데에도 貸主의 承諾을 요한다. 第3者가 貸主의 承諾 없이 使用貸借의 目的物을 使用·收益하는 경우에는 貸主는 그 契約을 解止함이 없이 第3者에 대하여 그 目的物의 引渡를 請求할 수 있다.[2] 貸主의 承諾이 있어 第3者가 目的物을 使用·收益하는 경우에는 그 한도 내에서는 使用借主의 履行補助者라고 볼 것이다.

1) 日注民(15), 104.
2) 大判 65.11.16, 65다1748(要集 民 I-2, 984).

3. 使用貸主의 契約解止權

使用借主가 本條 Ⅰ·Ⅱ에 違反한 경우에는 債務不履行이 성립되고, 使用貸主는 催告를 요하지 아니하고 곧 契約을 解止할 수 있다. 使用貸借가 無償契約인 특성을 반영한 결과이다. 물론 損害가 있으면 그 賠償을 請求할 수도 있다.

4. 使用借權의 讓渡와 轉貸借

使用借權의 讓渡는 貸主의 承諾이 있는 한 有效하다. 讓受人은 使用貸主에 대해서 讓渡者인 使用借主와 同一한 法的 權利·義務의 관계에 선다. 貸主의 承諾은 債權讓渡의 對抗要件은 아니므로 債權讓渡의 §§450, 451의 適用은 없다. 讓受人이 讓渡를 받을 때 알지 못했던 使用貸借契約內容에 관해서는 알지 못했다는 것을 이유로 讓渡人이 지고 있던 義務를 자신은 지지 않는다고 주장할 수는 없다. 貸主의 承諾이 없는 使用借權의 讓渡는 本條 Ⅱ에 위반된다. 그러나 이에 대한 貸主의 追認은 使用借權의 讓渡의 承諾이라고 해석할 것이다.

借主가 하는 轉貸借에는 第3者에 대한 使用貸借와 賃貸借가 있다. 또한 目的物의 전부에 대한 것과 일부에 대한 것이 있다. 어느 경우에도 本條 Ⅱ이 적용된다. 使用貸主의 同意가 있는 第3者에의 轉貸借가 賃貸借인 경우에는 使用借主와 第3者의 사이에 賃貸借契約關係가 성립하지만 賃貸人은 使用借主로서의 權利밖에 갖지 아니하므로 賃貸人(第3者)은 使用貸主에 대해서 使用借主 이상의 權利를 주장할 수 없다. 使用貸主는 本條 Ⅱ의 第3者의 使用·收益에 承諾을 한 경우에도 별단의 약정이 없는 한 使用借主에 대하여 주장할 수 있는 權利를 第3者에 대해서도 행사할 수 있다.

[金 滉 植]

第 611 條(費用의 負擔)

① 借主는 借用物의 通常의 必要費를 負擔한다.

② 其他의 費用에 대하여는 第594條 第2項의 規定을 準用한다.

1. 本條는 借用物에 소요된 費用의 負擔에 관한 규정이다. 使用貸借는 無償契約이므로 當事者의 형평을 위하여 通常의 必要費는 使用者인 借主의 負擔으로 하고, 그 밖의 費用은 貸主의 利益으로 돌아가는 것이므로 貸主에 대하여 償還請求할 수 있도록 하였다. 本條가 任意規定임은 물론이다.

2. 通常의 必要費는 借主의 負擔이다. 借主는 借用物을 保管하면서 使用·收益한 후 이를 返還할 義務가 있으므로, 이를 善良한 管理者의 注意로써 保管할 義務를 지기 때문이다(民 §374). 이 法理는 果實收取權이 인정된 善意占有者의 占有物에 대한 必要費負擔의 法理와 같은 근거에 의한다. 通常의 必要費란 目的物에 대한 公課金, 現狀維持的인 保存에 필요한 補修費·修繕費(改良費는 除外)나 保管費(動物의 飼育費, 自動車의 駐車費用 등) 등이다. 目的物을 第3者의 侵害로부터 지키는 데에 필요한 費用은 通常의 必要費가 아니다. 借主가 이를 支出한 경우에는 事務管理로서 償還請求할 수 있다. 그러나 그 侵害가 借主의 善管注意義務違反에 의한 것인 때에는 그 費用은 借主의 債務不履行에 의하여 貸主가 입은 損害로서 借主가 이를 賠償할 義務를 진다.

通常의 必要費에는 借主가 支出한 것과 貸主가 支出한 것이 있으나, 本條 I의 의미는 借主가 支出한 때에는 貸主로부터 求償할 수 없고 貸主가 支出한 때에는 借主에 대하여 求償할 수 있다는 취지이다. 通常이 아닌 必要費를 借主가 支出한 때에는 事務管理의 法理에 의하여 借主는 貸主에 대하여 求償할 수 있다.

3. 借主가 目的物의 改良을 위한 費用 또는 其他의 有益費를 支出한 때에는 그 價額의 增加가 現存한 경우에 한하여 貸主의 選擇에 따라 借主는 그 支出金額이나 增加額의 償還을 請求할 수 있다. 그러나 改良行爲가 貸主의 委任에 의하여 이루어진 경우에는 借主는 本條보다 유리한 §688의 규정에 의한

費用償還請求權을 행사할 수 있고 또한 委任에 의한 것이 아니라고 하더라도 事務管理가 성립하는 경우에는 事務管理의 경우의 費用償還請求權의 法理에 따라(民 §739) 求償할 수 있다. 따라서 本條 Ⅱ를 반드시 적용하여야 할 경우는 그리 많지 않을 것이다.

有益費를 支出하여 償還請求權을 가지는 借主는 目的物에 대하여 留置權을 가지며, 다만 法院은 貸主의 請求에 의하여 相當한 償還期間을 許與할 수 있다(§611 Ⅱ에 의한 §594 Ⅱ의 準用).

4. 本條에 의한 費用償還請求權은 目的物을 返還한 때로부터 6月의 除斥期間으로 消滅한다.

[金 滉 植]

第612條(準用規定)

第559條, 第601條의 規定은 使用貸借에 準用한다.

1. 使用貸借는 無償契約이므로 원칙적으로 擔保責任이 없고(民 §559 Ⅰ의 準用), 다만 貸主가 目的物의 瑕疵 또는 權利의 欠缺을 알고 借主에게 告知하지 아니한 경우에는 貸主는 擔保責任을 진다(同條 但書의 準用). 그 責任의 內容은 借主가 그러한 瑕疵나 欠缺이 없다고 誤信하였기 때문에 받은 損害의 賠償이다. 그리고 借主가 일정한 負擔을 지는 使用貸借에 있어서는, 그 負擔의 한도에서, 賣渡人과 동일한 擔保責任을 지게 된다(民 §559 Ⅱ의 準用).

2. 貸主가 目的物을 引渡하기 前에는, 貸主나 借主 어느 편에서든지 契約을 解除할 수 있다(民 §601의 準用). 無利子消費貸借에 있어서와 같은 취지로서 無償契約의 特性을 반영한 것이다. 물론 그 解除로 인하여 相對方에게 생기는 損害를 賠償해야 함도 마찬가지이다.

[金 滉 植]

第613條(借用物의 返還時期)

① 借主는 約定時期에 借用物을 返還하여야 한다.

② 時期의 約定이 없는 경우에는 借主는 契約 또는 目的物의 性質에 의한 使用, 收益이 終了한 때에 返還하여야 한다. 그러나 使用, 收益에 족한 期間이 경과한 때에는 貸主는 언제든지 契約을 解止할 수 있다.

1. 使用貸借에 存續期間을 정하고 있을 때에는, 그 만료시에 使用貸借는 終了하고, 借主는 그 終了時에 借用物을 返還할 義務를 진다. 그 期間滿了後 借主가 使用·收益을 계속하고 貸主가 이를 알면서도 異議하지 않는 경우에 更新의 推定을 할 수 있는가가 문제될 것이나 使用貸借에서는 貸主에게 아무런 利益이 없는 것이므로 이를 推定할 수는 없다. 즉 §639는 準用되지 아니한다. 그리고 存續期間이 정하여진 경우라도 期限이 確定된 경우와 不確定된 경우가 있을 수 있다. 後者의 경우는 本條 Ⅱ의 경우와 구별이 애매한 때도 있을 것이나 契約의 合理的 解釋을 통하여 가릴 수밖에 없다.

2. 時期의 約定이 없는 경우에는, 借主는 契約 또는 目的物의 性質에 따르는 使用·收益이 終了한 때에 返還할 義務가 있다. 즉 契約에 정한 目的에 따른 使用·收益이 終了한 때가 契約의 終期이다. 借主가 使用·收益을 게을리하였기 때문에 아직 使用·收益이 끝나지 아니한 때에도 제대로 使用·收益하였다면 그에 足한 期間이 終了한 때가 終期이다. 이 경우 貸主는 그 期間이 경과한 때에는 언제든지 契約을 解止할 수 있는 解止權이 생긴다. 즉 貸主는 일정한 豫告期間 없이 契約을 解止할 수 있는 것이다. 本條 Ⅱ 소정의 使用·收益에 충분한 期間이 경과하였는지의 여부는 使用貸借契約 당시의 사정, 借主의 사용기간 및 이용상황, 貸主가 返還을 필요로 하는 사정 등을 종합적으로 고려하여 公平의 입장에서 貸主에게 解止權을 인정하는 것이 타당한가의 여부에 의하여 판단할 것이다.[1] 判例[2]는 期間의 約定이 없는 경우 借主는 그 使用貸借 또는 그 使用貸借目的物의 성질에 따른 使用·收益이 終了된 때에는

1) 大判 93.11.26, 93다36806(公 960, 198).
2) 大判 78.11.28, 78다13(公 604, 11614). 同旨 大判 76.1.27, 75다1828(公 531, 8951).

目的物을 返還하여야 하나 현실로 使用·收益이 終了하지 아니하여도 使用·收益에 족한 期間이 경과한 때에는 貸主는 언제든지 使用貸借契約을 解止할 수 있다고 한다.

3. 返還의 時期 또는 使用·收益의 目的이 전혀 약정되지 아니한 경우에는 貸主는 언제라도 返還請求를 할 수 있다(日民 §597 Ⅲ).

4. 借主는 目的物 자체를 返還하여야 한다. 借用物이 增大한 때에는 增大한 現狀대로 返還하여야 하나, 借主가 借用物에 附屬시킨 물건은 撤去하여 原狀으로 回復하여 返還하여야 한다. 返還의 場所는 契約에서 當事者가 정한 곳이나 그러한 約定이 없으면 契約成立 당시에 그 物件이 있었던 곳이 返還場所이다(民 §467). 그리고 動産의 使用貸借에 있어서는 貸主의 住所에 持參하여 返還한다는 特約이 있는 것으로 해석할 경우가 많을 것이다.

[金 滉 植]

第 614 條(借主의 死亡, 破産과 解止)

借主가 死亡하거나 破産宣告를 받은 때에는 貸主는 契約을 解止할 수 있다.

使用貸借는 無償이며 貸主·借主相互間의 對人的 信賴關係를 기초로 하여 성립하는 것이므로 借主가 死亡하거나 破産宣告를 받을 때에는 굳이 契約關係를 유지시킬 필요는 없다. 그리하여 本條는 그러한 경우에 貸主에게 解止權을 행사할 수 있는 권한을 부여하고 있다. 貸主가 契約關係를 굳이 解止할 필요를 느끼지 아니하는 경우도 있으므로 使用貸借關係가 당연히 終了하는 것으로 하지 아니하고 解止權만을 부여하였다. 借主가 死亡하였으나 契約關係가 解止되지 아니하는 경우에는 借主의 相續人과 貸主 사이에 使用貸借가 존속됨은 물론이다. 그러나 使用貸借契約이 체결된 사정에 따라서는 貸主가 借主의 死亡을 이유로 契約을 解止할 수 없다고 하여 本條의 적용을 배제할 경우도 있을 것이다. "일반으로 건물의 소유를 목적으로 하는 토지사용대차에 있어서는, 당해 토지의 사용, 수익의 필요는 당해 지상건물의 사용, 수익의 필요가 있는 한 그대로 존속하는 것이고, 이는 특별한 사정이 없는 한 차주 본인이 사망하더라도 당연히 상실되는 것이 아니어서 그로 인하여 곧바로 계약의 목적을 달성하게 되는 것은 아니라고 봄이 통상의 의사해석에도 합치되므로, 이러한 경우에는 본조의 규정에 불구하고 대주가 차주의 사망사실을 사유로 들어 사용대차계약을 해지할 수는 없다"고 한 判例[1]가 그것이다.

貸主가 死亡한 경우에 관해서는 규정한 바 없으나, 특별한 약정이 없는 한 使用貸借의 存續에는 영향이 없다 할 것이다.

[金 滉 植]

第 615 條(借主의 原狀回復義務와 撤去權)

借主가 借用物을 返還하는 때에는 이를 原狀에 回復하여야 한다. 이에 附屬시킨 物件은 撤去할 수 있다.

借主는 借用한 物件을 그대로 返還할 債務를 지는 것이며 이것은 使用貸借의 요소이다. 따라서 借主는 引渡될 당시의 상태로 目的物을 返還하여야 하며 또 目的物에 다른 物件을 附屬시킨 때에는 이것을 撤去할 수 있는 동시에 또한 附屬 以前의 原狀으로 만들어야 한다.

貸主의 承諾을 받고 附屬시킨 物件에 관해서는 借主는 返還할 때 그 物件을 撤去할 權利가 있다. 그러나 目的物의 通常의 使用·收益을 妨害하는 것이 附着되어 있거나 附屬시킨 物件이 獨立性을 가지며 借用物의 一部를 구성하는 것이 아니며 또 借主의 所有일 때에는 撤去의 義務도 진다. 그리고 이러한 撤去義務는 物件이 附屬된 채 目的物이 返還되었다 하더라도 消滅되지 아니하고 존속한다.

다음의 경우에는 借主에게 撤去權이 없다. i) 借主가 貸主의 委任(承諾이 아님)에 의하여 附屬시킨 경우로서 별도의 의사표시가 없는 경우, ii) 撤去가 目的物을

1) 大判 93. 11. 26, 93다36806(公 960, 198).

毁損하지 않으면 不可能할 경우, iii) 借主가 貸主로부터 物件을 附屬시키는 데 관하여 費用의 償還을 받은 경우, iv) 撤去權의 行使가 借主에게는 利益이 없고 貸主에게는 不利益하여 權利濫用에 해당하는 경우. 그리고 借主가 貸主에게 目的物을 返還한 後에는 撤去權이 없다. 本條의 撤去權은 借主가 物件을 返還할 때에 있어서의 權利이고 返還한 후에는 費用償還請求의 문제만이 남는다.

[金 滉 植]

第 616 條(共同借主의 連帶義務)

數人이 共同하여 物件을 借用한 때에는 連帶하여 그 義務를 負擔한다.

數人의 共同借主가 있는 경우에는 共同借主는 連帶하여 債務를 부담하게 된다. 즉 共同借主의 각자는 借主의 義務 전부를 부담하고 그 1人의 義務履行으로 인하여 다른 借主도 그 義務를 免하게 된다. 本條는 任意規定이므로 數人의 共同借主가 있는 경우에도 貸主와의 특약으로써 各自의 義務를 分割的인 것으로 할 수 있다.

[金 滉 植]

第 617 條(損害賠償, 費用償還請求의 期間)

契約 또는 目的物의 性質에 違反한 使用, 收益으로 인하여 생긴 損害賠償의 請求와 借主가 支出한 費用의 償還請求는 貸主가 物件의 返還을 받은 날로부터 6月內에 하여야 한다.

1. 本條는 契約 또는 目的物의 性質에 違反한 使用, 收益으로 인하여 생긴 損害賠償請求事件이나 費用償還請求의 문제는 使用貸借가 終了한 후 오래

도록 방치해 두는 것은 타당하지 아니하므로 短期의 除斥期間을 둔 것이다.

2. 本條의 適用을 받는 請求權은 契約 또는 그 目的物의 性質에 의하여 정하여진 用法으로 使用·收益하지 아니함으로써 생긴 貸主의 損害賠償請求權 뿐만 아니라 使用·收益에 수반하는 目的物의 保管·保存義務의 違反이나 §610 Ⅱ의 義務違反으로 인한 損害賠償請求權도 포함된다. 또한 擔保責任으로서의 信賴利益의 賠償에 관하여도 準用해야 할 것이다. 물론 貸主가 借主를 상대로 使用貸借期間이 지난 뒤 위 借主가 不法으로 계속하여 目的物을 사용하고 있다 하여 不法行爲를 請求原因으로 損害賠償을 請求할 경우에는 적용될 여지가 없다.[1] 그리고 借主가 貸主에 대하여 갖는 費用償還請求權은 물론 貸主가 借主에 대하여 갖는 必要費償還請求權에 대하여도 本條가 적용된다.

3. 本條가 정한 期間은 權利의 行使期間, 즉 除斥期間이다. 貸主가 物件의 返還을 받은 때로부터 6月 以內에 請求權을 행사하지 아니하면, 그 權利를 행사할 수 없게 된다.

[金 滉 植]

1) 大判 69. 8. 26, 69다1023(要集 民 Ⅰ-2, 983).

第7節 賃貸借

前　論

차 례

Ⅰ. 賃貸借의 意義
Ⅱ. 賃貸借의 사회적 작용
Ⅲ. 賃貸借法의 변천
1. 立法例
2. 우리 나라의 賃貸借法
Ⅳ. 不動産賃借權의 物權化
1. 不動産賃借權의 法的 性質의 변화
2. 對抗力의 부여
3. 自由處分의 보장
4. 存續의 보장
5. 侵害로부터의 보호

Ⅰ. 賃貸借의 意義

賃貸借는 당사자의 일방이 상대방에게 어떤 물건을 사용·수익하게 하기로 하고, 상대방은 그 사용 수익의 대가를 지급하기로 約定함으로써 성립하는 契約이다(民 §618). 여기서 상대방에게 물건을 사용 수익하게 하는 당사자의 일방을 賃貸人, 그 사용·수익하는 상대방을 賃借人, 사용·수익의 대가로 지급하는 것을 借賃이라 하고, 사용·수익의 대상인 물건을 賃貸物(賃貸人측에서 볼 경우) 또는 賃借物(賃借人측에서 볼 경우)이라 한다.

賃貸借는 타인의 물건을 빌려 사용·수익한다는 점에서 재산권의 이전을 목적으로 하는 賣買, 交換, 贈與 등과 다르고 消費貸借 및 使用貸借와 성질을 같이 한다. 다만, 그 사용 수익한 물건 자체를 반환한다는 점에서 消費貸借와 다르고, 사용·수익의 대가로 借賃을 지급한다는 점에서 使用貸借와 다르다.

賃貸借는 賃借人이 賃借物을 "사용·수익"하는 契約관계이다. 그러나 반드시 사용 및 수익을 하여야 하는 것은 아니며, 단순히 사용만을 목적으로 하거나 반대로 수익만을 목적으로 하는 것도 가능하며, 이러한 賃貸借도 民 §618 이하의 賃貸借에 해당한다. 이 점에서 사용만을 목적으로 하는 賃貸借를 使用賃貸借(Miete), 사용 및 수익의 兩者를 목적으로 하는 賃貸借를 用益賃貸借(Pacht)라 하여 兩者의 취급을 달리하는 獨逸民法이나 瑞西債務法의 立法例와 구별된다.

Ⅱ. 賃貸借의 사회적 작용

1. 사람들이 사회, 경제생활을 하기 위하여 필수적으로 요구되는 물건의 사용을 위하여 선택할 수 있는 방법을 크게 두 가지로 구분한다면, 그 하나는 그 물건을 대가를 지급하고 구입해서 자기의 소유로 만들어 사용하는 것이고, 다른 하나는 그 물건을 자기의 소유로 하는 데까지는 나아가지 않고 대가를 지급하고 일정기간 동안만 사용하는 것일 것이다. 前者가 바로 賣買이고, 後者가 바로 賃貸借이다. 물론 대가가 수반되지 아니하는 所有權의 이전 또는 사용도 있으나, 그것은 자본주의체제하에서는 법률문제로서는 크게 부각되지 아니한다. 중요한 것은 賣買와 賃貸借이다.

그런데, 後述(§618의 해설 참조)하는 바와 같이 賃貸借의 目的物에는 動產, 不動產이 모두 포함된다. 주로 消費貸借의 目的物로 되는 금전 기타의 代替物을 제외하고는 옷, 가구, 책, 그림 등 일상생활에 필요한 용품이나 자동차, 공작기계, 사무기기, 의료기기 등 산업용품은 물론 토지, 건물 등 각종 물건이 모두 賃貸借의 대상으로 되고 있다. 이는 바꾸어 말하면 賃貸借가 사람들의 실생활에 있어 차지하는 비중 및 역할이 그만큼 크다는 것을 의미한다.

2. 이처럼 賃貸借는 실생활에 있어 매우 큰 역할을 하는데, 그 중에서도 특히 중요한 작용을 하는 것이 토지, 건물 등 不動產의 賃貸借이다. 왜냐하면 住居를 위하여서건 아니면 생산 기타 산업활동을 위하여서건 不動產이 필수불가결의 요소인데 반하여, 不動產은 動產과 달리 한정되어 있기 때문에 누구든지 원한다고 해서 쉽사리 취득할 수 있는 것이 아니고, 따라서 자연히 많은 사람들이 타인의 不動產을 빌려 사용하지 않을 수가 없기 때문이다.

물론 타인의 不動產을 빌려 사용하는 방법으로서 民法은 地上權制度, 傳貰權制度 등도 마련하고 있긴 하나, 不動產 소유자로서는 자기 권리가 크게 제약을 받는 이들 제도를 이용하기를 꺼리는 것이 당연하기 때문에 결국 契約自由의 원칙이 지배하는 私法秩序 아래서는 賃貸借의 방법이 가장 많이 이용되고 있는 것이다.

3. 그런데 이와 같이 不動產의 소유자가 地上權이나 傳貰權의 제도를 꺼

리고 賃貸借를 선호한다는 것은 바로 賃貸借가 前者보다 자기에게 유리하다는 것을 의미하고, 이는 逆으로 타인의 不動產을 빌려서 사용하여야 하는 자의 입장에서는 賃貸借가 그만큼 불리하다는 것을 뜻한다. 이처럼 不動產의 賃貸借가 사회적으로 매우 중요한 역할을 하면서도 地上權이나 傳貰權 등 다른 제도에 비하여 사용자, 즉 賃借人에게 불리하다는 것은 바로 賃借人의 보호라는 문제를 필연적으로 불러오게 한다. 이는 경제적 약자인 賃借人을 보호하지 않고 방치하여 두면 경제적 강자인 賃貸人에 의하여 賃貸借가 좌지우지되고 결국에는 賃貸借제도가 파행을 면하기 어렵게 되기 때문이다. 賃貸借를 규율하는 법의 변천사는 바로 賃借人의 보호문제에 관한 역사라고 하여도 과언이 아닌 緣由가 바로 여기에 있다.

이에 이하에서는 賃貸借法의 변천을 먼저 간략하게 살펴보고, 不動產賃借權의 物權化로 요약되는 賃借人의 보호책에 관하여 언급한다.

Ⅲ. 賃貸借法의 변천

1. 立法例

(1) 概　觀

개인주의적 성격이 강한 로마법은 賃貸借를 순수한 債權關係로 파악하였다.[1] 따라서 賃貸人이 賃貸物을 제 3 자에게 讓渡하거나 그 위에 抵當權 등 制限物權을 설정하면 賃借人은 그 新所有者나 制限物權 취득자에 대하여 자기의 賃借權을 주장할 수 없었다. 賃借權의 讓渡도 불가능하였고, 轉貸禁止의 합의는 언제나 유효하였다. 이러한 로마법을 계수하여 제정된 근대 佛蘭西民法, 獨逸民法 및 스위스民法이 賃貸借를 債權關係로 규율하였음은 물론이다.

그러나 산업화의 진전 및 그로 인한 도시로의 인구집중에 따라 서서히 부각되기 시작한 住宅부족 문제가 제 1 차 세계대전을 계기로 사회 전면에 심각하게 대두되기에 이르자 賃貸借 관계를 단순한 債權關係로서 당사들 사이의 문제로만 방치할 수 없게 되었고, 英國의 "借賃 및 抵當利子 引上(戰時制限)法"(Increase of Rent and Mortgage Interest(War Restriction) Act, 1915년),[2] 獨

1) 로마법상의 賃貸借에 관하여는 崔秉祚, "住宅賃貸借法을 刷新하자", 司行(90. 5), 82-4 참조.

2) 이 법률은 그 후 제 1, 2 차 대전 및 전후의 부흥기를 거치면서 수차 개정되어 오다가

逸의 "賃借人保護法"((Das Mieterschutzgesetz, 1923년),[3] 佛蘭西의 1918년법, 日本의 借地法 및 借家法(1921년) 등 賃借人의 보호를 위한 각종 특별법이 제정되었다. 그 결과 賃貸借는 더 이상 단순한 債權關係의 영역에만 머물 수 없게 되었다. 이하 獨逸, 佛蘭西, 日本에서의 賃貸借法의 변천을 살펴본다.

(2) **獨逸에서의 賃貸借法의 변천**[4]

獨逸 民法典의 제정 당시 賃貸借를 物權法에 규정할 것인가 債權法에 규정할 것인가에 관하여 논의가 분분하였는바, 제1초안은 "賣買는 賃貸借를 깨뜨린다"는 로마법의 원칙에 충실하게 賃貸借를 債權法에 규정하였으나, 이에 대하여 반론이 많이 제기되자 제2초안은 賃貸借를 債權法에 두되 賃貸借의 目的物이 賃借人에게 引渡된 후에 賃貸借 目的物의 제3자에게 讓渡된 경우에는 讓受人은 賃貸借契約上의 권리에 대하여 賃貸人을 代位한다는 규정을 둠으로써 "賣買는 賃貸借를 깨뜨리지 않는다"는 원칙을 채택하였고, 이것이 民法典에 받아들여졌다. 그러나 기본적으로 契約自由의 원칙이 존중되어 借賃, 賃貸借期間, 賃貸人과 賃借人의 권리의무, 解止權의 행사 등은 당사자의 자유의사에 맡겨졌다.

그러나 제1차 세계대전으로 야기된 심각한 住宅부족 현상은 不動產賃貸借法 영역에서 새로운 법발전을 낳게 하였다. 즉, 住宅難의 해결에 있어 民法上의 賃貸借規定은 완전히 무력하였고 그 결과 契約自由의 원칙을 제한하는 수많은 특별법이 등장하였다. 1917. 7. 27. 처음으로 賃借人保護令(Mieterschutzordnung. 1918. 9. 23. 제2차 賃借人保護令이 공포됨)이 제정되어 賃貸人의 契約解止 및 借賃 引上에 대하여 賃借人이 異議를 제기하면 賃貸借調停官廳(Mieteinigungsamt)의 사후동의를 받도록 하였다. 그러나 賃貸借契約의 解止, 借賃引上의 제한에 관한 실질적인 규정이 없어 이것이 별 實效를 거두지 못하자, 借賃算

1968년의 借家法(Rent Act 1968)으로 일단 정리되었으며, 同法은 다시 1970년대 들어 保守黨과 勞動黨간의 정권교체로 몇 차례의 修正을 거치고 관련법을 통폐합한 1977년의 借家法(Rent Act 1977)으로 집대성되었다. 그 후에도 1980년의 住宅法(Housing Act 1980) 등 관련법의 제정으로 借家法의 내용이 일부 修正되었으나, 골격은 그대로 유지되고 있다.

3) 이 法의 母體는 후술하는 바와 같이 1917년 및 1918년의 賃借人保護令(Die Mieterschutzordnung)이다.

4) 이하 獨逸 賃貸借法의 변천 내용은 金學東, "獨逸에서의 賃貸借法의 變遷(上, 下)", 司行(82. 3), 21 이하(上) 및 司行(82. 4), 25 이하(下), 그리고 피터 아렌스(Peter Arens)(孫智烈 譯), "獨逸聯邦共和國에 있어서의 社會的 賃借權과 그 實際的 作用" (Das soziale Mietrecht in der Bundesrepublik Deutschland und seine praktischen Auswirkungen), 韓獨法學 3호(82. 7), 151 이하 및 Medicus, SchR Ⅱ, 90 Ⅰ, Ⅱ(S. 110ff.)를 요약한 것이다.

定의 법적 기준을 설정한 帝國借賃法(Reichsmietengesetz. 1922. 3. 24), 法定의 사유와 절차에 의하지 않는 한 賃借人의 의사에 반하여 賃貸借關係를 폐기하지 못하도록 한 賃借人保護法(Mieterschutzgesetz. 1923. 6. 1) 및 住宅에 대한 公的인 관리를 규정한 住宅缺乏救濟法(Wohnungsmangelgesetz. 1923. 7. 26)이 계속 제정되었다.[5)]

그 후 住宅부족현상이 점차 완화되자 1933. 4. 1. 住宅缺乏救濟法은 失效되었고, 帝國借賃法 및 賃借人保護法도 失效될 운명에 처하게 되었으나(1931. 2. 18.의 긴급명령으로 이 법률들은 民法의 賃貸借法이 사회법적으로 개정되면 실효되게 되어 있었다), 1936. 4. 18. 帝國借賃法 및 賃借人保護法의 개정에 관한 법률(Gesetz zur nderung des Reichsmietengesetzes und des Mieterschutzgesetzes)에 의하여 시간적 제한이 철폐되었다. 이는 이들 법률이 이제는 긴급법이 아니라 계속성을 지니게 되었다는 것을 의미한다. 뿐만 아니라 그 후 이들 법률의 시행령의 계속된 개정을 통하여 借賃引上은 더욱 제한되었고 賃借人保護法의 적용대상은 확대되어 갔다. 또한 제 2 차 세계대전으로 住宅부족현상이 다시 심화되자 住宅法(Wohnungsgesetz. 1946. 3. 8)이 제정되어 건물의 公的인 관리를 더욱 심화시켰다.

1950년대에 들어 전쟁으로 인한 住宅부족현상이 점차 해소되면서 住居의 통제법규도 완화되었다. 즉, 住宅建築法(Wohnungsbaugesetz. 1950. 4. 24), 營業用 建物 賃貸借法(Geschäftsraummietengesetz, 1952. 6. 25) 등 각종 특별법에 의하여 賃借人保護法의 적용범위가 축소되어 갔고, 借賃의 통제도 聯邦借賃法(Bundesmietengesetz. 1955. 7. 27)의 제정으로 완화되었다. 특히 1948년 이후에 신축된 건물에 대하여는 賃借人 보호가 배제되었다. 그리하여 마침내 수십년간 존속되어 온 住居統制經濟를 해제하고 그에 대신하여 모든 국민과 각 가정에 적절한 住居를 확보해 주기 위하여, "社會的 賃借權 및 住居權에 관한 住居統制經濟의 解除에 관한 法律"(Gesetz über den Abbau der Wohnungszwangswirtschaft über ein soziales Miet-und Wohnrecht, 1960. 6. 23: 이른바 "解體法"이라고 불리는 법률임)을 제정하여 賃貸借保護法, 聯邦借賃法을 단계적으로 폐지하고, 그 대신 이들을 民法에 흡수하여 民法의 賃貸借規定을 이른바 "社會的 條項"(soziales Klausel)으로 개정하였다. 그러나 1971년 다시 賃借權의 존속보호와 借賃規制를 목적으로 "住居賃貸借解止保護法"(Gesetz über den Kündigungs-

5) 賃借人保護法 및 借賃法의 내용의 소개에 관하여는 金學東, "獨逸에서의 賃借人保護法 및 借賃法", 法曹(82. 4), 34 참조.

schutz für Mietverhältnisse über Wohnraum, 1971. 11. 25)이 3년의 限時法으로 제정되었다가, 1974년에 이르러 일부는 民法에 흡수되고(§564b 등)[6] 일부는 借賃引上規制法(Gesetz zur Regelung der Miethöhe, 1974. 12. 18. 제정, 1976. 8. 18, 1978. 6. 27, 1982. 12. 20. 각 개정)[7]과 같은 특별법으로 남게 되었다.[8]

이러한 과정을 거친 오늘날의 獨逸에 있어서의 賃借人 보호문제는 크게 두 가지, 즉 賃貸借契約의 解止를 제한함으로써 賃借人의 영속적인 居住權을 보장하는 것(이에 관한 기본규정은 民 §564b이다)과 借賃의 引上을 제한하는 것(이에 관한 기본법은 借賃引上規制法이다)에 그 촛점을 두고 있다.[9] 다만, 賃借人 보호에만 치중하느라 賃貸人의 이익을 지나치게 害하게 되면 주택의 소유자가 집을 비워 둘 지언정 賃貸는 하지 않겠다는 사태가 발생할 수 있기 때문에 1983. 1. 1.부터 시행하는 "賃貸住宅供給促進法"(Gesetz zur Erhöhung des Angebots an Mietwohnungen, 1982. 12. 20)에 의하여 民法 및 借賃引上規制法의 몇몇 條文을 賃貸人에게 유리하게 改正하였다.[10]

(3) 佛蘭西에서의 賃貸借法의 변천[11]

佛蘭西의 民法典에는 물건의 賃貸借에 관한 공통의 通則的 規定(§§ 1708 내지 1751) 및 建物賃貸借(§§ 1752 내지 1762)와 農地賃貸借(§§ 1763 내지 1778)에 관한 약간의 특칙이 규정되어 있을 뿐이나, 제 1 차 세계대전 이후 심각해진 住宅難으로부터 賃借人을 보호하기 위한 특별법들의 제정을 거치면서 佛蘭西에서의 建物賃貸借가 다시 목적 건물의 용도에 따라 住居 및 업무용 건물의 賃貸借(baux d'habitation et professionnels)와 상·공업의 영업용 건물의 賃貸借(baux commerciaux)로 구분되었다.

佛蘭西에서의 住宅賃貸借에 관한 특별법의 기원은 제 1 차 세계대전중 응

6) 이 條文의 내용에 관하여는 후술하는 住宅賃貸借保護法 §4에서 소개한다.
7) 이 法의 내용에 관하여는 후술하는 住宅賃貸借保護法 §7에서 소개한다
8) 그 밖에 저소득층 賃借人에 대한 住居補助金 지급에 관한 住居補助金法(Wohngeldgesetz, 1985. 7. 11), 일정 범위의 저소득층 賃借人(Sozialmieter)에게만 제한된 借賃으로 賃貸가 가능한 社會的 住宅(Sozialwohnung)의 규율에 관한 住居拘束法(Wohnungsbindungsgesetz, 1982. 7. 22), 베를린에서의 借賃引上에 관한 제12차 聯邦借賃法(Zwölftes Bundesmietengesetz)(이 法은 法制 296호〈90. 3. 20〉, 57 이하에 全文이 번역 소개되어 있다) 등의 특별법이 있다.
9) 이에 관한 상세한 내용은 피터 아렌스(Peter Arens), 註 4) 論文 참조. 同 論文은 그 내용을 상세히 소개하고 있을 뿐만 아니라 賃借人의 과도한 보호가 불러온 逆機能에 관하여도 언급하고 있음에 유의할 필요가 있다.
10) 同 改正內容의 詳細에 관하여는 金曾漢, "1983年의 西獨新賃貸借法", 安二濬紀念論文集, 234 이하 참조.
11) 이하 佛蘭西 賃貸借法의 변천내용은 原田純孝/東川始比古, "外國の借家法の現狀(2)—フランス", 現代借地借家法講座(3)(1986), 69 이하 및 Jean-Luc AUBERT et Plilippe BIHR, LOCATION D'HABITATION ET MIXTE 267 이하를 요약한 것이다. 특히 後者의 요약은 필자가 佛語의 해독능력이 없기 때문에 朴宜映 敎授의 도움을 받았음을 밝힌다.

급조치법으로 제정된 1918. 3. 9.의 법률이다. 同法은 전쟁으로 인한 賃貸借의 혼란상황에 대처하기 위하여 借賃의 전부 또는 일부의 면제, 賃貸借期間의 강제적인 연장 등을 규정하였다. 특히 賃貸借期間의 연장조치는 제1차 세계대전의 종료 후에도 계속되어, 새로이 借賃 통제를 추가한 1922. 3. 1.의 법률로 이어졌다. 전쟁으로 인한 피해로 더욱 심해진 住宅難 때문에 전후에도 住宅의 사용관계에 관한 규제조치가 불가피하게 유지되었고, 住宅賃貸借 관계에 관한 상세한 규정을 둔 1926. 4. 1.의 법률이 제정되어 住宅賃貸借 관계에 관한 일반법적 역할을 하였다. 특기할 점은 1922. 3. 1.의 법률부터 住居用 건물의 賃貸借와 영업용 건물의 賃貸借가 구별되기 시작하여 同法에서는 賃貸借期間의 강제적인 연장을 住居用 건물의 賃貸借에 국한하였고, 1926. 4. 1.의 법률은 아예 住居用 건물의 賃貸借만을 대상으로 하였다는 점이다.

제2차 세계대전 후 전쟁으로 인한 住宅 피해가 엄청난데다 알제리 등 옛 식민지로부터의 귀국자의 증대, 농촌인구의 도시집중 등으로 住宅難이 더더욱 심해지자 위 1926. 4. 1.의 법률을 대체한 1948. 9. 1.의 법률이 제정되었다. 同法은 1926. 4. 1. 법률의 기본적인 골격을 유지하면서 그 동안 드러난 문제점들을 보완하여 住宅難에 직접적으로 대처하였는바, 同法에 의하여 賃借人의 계속적인 점유사용권이 보장되었다.[12] 그런데 위 1948. 9. 1.의 법률은 1948. 9. 1. 이전에 건축된 건물에 대하여만 적용되었기 때문에 그 후 새로운 住宅의 건설이 늘어남에 따라 1958. 12. 27.의 법률을 시발로 여러 특별법들의 제정에 의하여 同法의 적용영역은 상대적으로 축소되어 갔다. 이는 逆으로 住宅賃貸借의 자유화를 의미하기도 하나, 그 대신 저소득층 賃借人의 보호를 위하여 정부의 재정지원을 받은 適正借賃住宅(habitation à loyer modéré)을 건설·공급케 하고 이러한 住宅에 대하여는 借賃 통제 및 계속적인 점유사용권을 부여하였는바,[13] 그 공급된 물량이 1951년부터 1970년 사이에 지어진 전체 住宅의 30%에 이르렀다. 그러나 이러한 適正借賃住宅(habitation à loyer modéré)의 증가는 필연적으로 住宅의 質의 저하를 초래할 수밖에 없었기 때문에, 1977. 1. 3.의 법률을 기점으로 하여 住宅의 건설, 공급은 시장기능에 맡기고, 그로 인한 借賃上昇 문제를 정부가 借賃을 보조하여 해결하는 쪽으로 선회하였다.

12) 다만, 同法은 賃借人의 계속적인 점유사용권 및 借賃의 통제를 규정하긴 하였으나, 단순히 住宅의 賃借人을 보호한다는 차원이 아니라 기본적으로 住宅의 사용관계의 규제를 통하여 적정하고도 합리적인 분배를 의도한 것이었다.

13) 그 결과 1982년 현재 佛蘭西의 賃貸住宅에서 適正借賃住宅(habitation à loyer modéré)이 借地하는 비율이 약 1/3에 이르게 되었다.

이상에서 본 것처럼 1948. 9. 1.의 법률의 적용영역이 축소되어 가고, 나아가 適正借賃住宅(habitation à loyer modéré)의 비중도 줄어들게 됨에 따라 아무런 제한을 받지 아니하는 賃貸住宅이 꾸준히 증가하게 되었으며, 이는 곧바로 새로운 借家 문제의 야기로 연결되었다. 특히 借賃의 계속적인 引上과 賃貸人에 의한 短期賃貸借의 강요는 賃借人의 지위를 매우 불안정하게 하였고, 賃借人의 보호를 위한 조치가 새삼스레 요구되기에 이르렀다. 결국 1973. 12. 27.의 예산법률을 필두로 借賃引上의 제한, 賃貸借契約 解止의 제한을 위한 여러 법률들이 제정되었고, 급기야 1982. 6. 22. "賃借人과 賃貸人의 權利 및 義務에 관한 法律"(Loi n° 82-526 du 22 juin 1982. 일명 Quilliot법)의 제정을 보았다.

1948. 9. 1. 법률의 적용을 받는 住宅 및 適正借賃住宅(habitation à loyer modéré)도 그 적용대상에 포함시킨 同法은 住宅賃貸借에 관한 일반법의 성격을 지니며, 民法典上의 규정들은 同法에 의하여 대폭 대체되었다고 할 수 있다. 이 법은 공공질서라는 측면에서 住居用 건물의 賃借人의 이익에 세심한 주의를 기울였다. 書面에 의한 契約의 체결을 요구하는가 하면(§3), 契約체결자의 기본적인 의무를 강제화하였고(§§18, 19), 借賃을 정함에 있어 契約의 자유를 상당히 제한하였다(§51). 그 후 同法은 借賃의 보다 자유로운 결정 등 자유주의적인 사상이 깃든 1986. 12. 23.의 일명 Méhaignerie법(Loi n° 86-1290 du 23 décembre 1986)에 의하여 대체되었다가, 1989. 7. 6.의 "賃貸借關係 改善을 위한 法律"(Loi n° 89-462 du 6 jullet 1989, tendant à améliorer les rapports locatifs)[14]로 또 다시 대체되었다. 이 法律은 무엇보다도 賃借人의 이익을 위하여 賃貸借契約의 更新權을 부활시켰고, 借賃의 엄격한 한계를 새로이 정하였다. 그 밖에 同法은 1982년의 Quilliot법이 이미 규정하였던 賃貸借契約의 형식성——즉 書面으로 체결할 것을 요구함——, 契約 내용의 法定化, 강제의무, 금지조항 등을 두고 있다.

현재 住居用 건물이나 業務 住居 겸용 건물의 賃貸借契約은 원칙적으로 同法의 규율을 받으며, 同法에 규정이 없는 경우에 한하여 民法이 적용된다.

(4) **日本에서의 賃貸借法의 변천**[15]

民法典의 시행 직후에 "地上權에 관한 法律"(1900년)이 제정되어 民法典 시행 전부터 설정되어 있는 공작물 또는 竹木 소유 목적의 타인 토지의 사용

14) 이 法은 法制 296호(90. 3. 20자), 45 이하에 全文이 번역 소개되어 있다.
15) 이하 日本 賃貸借法의 변천내용은 日注民(15)(新版, 1989) 132-52 및 寺田逸郎, "新借地借家法の施行を迎えて", ジュリスト"(1992. 8(No. 1006)), 8 이하를 요약한 것이다.

권을 地上權으로 추정하고, 1909년에는 "建物 保護에 관한 法律"이 제정되어 土地賃借權 자체의 登記가 없어도 借地權者가 借地上에 登記한 건물을 소유하는 때에는 賃借權을 제3자에 대항할 수 있는 것으로 하였다. 建物保護法의 제정 후에도 借地人은 借地上에 장기에 걸쳐 건물을 소유할 수 있는 것이 보장되지 않았다. 제1차 세계대전 후 경제가 발달함에 따라 토지소유자와 기업경영자가 분리되어 타인의 토지상에 자본을 투하하여 건물 등을 소유하고 거기서 기업을 경영하는 일이 많아지자, 이러한 투하자본의 유지·회수의 보장을 위하여 借地權에 대한 강력한 보호가 요청되기에 이르러 1921년 借地法이 제정되었다. 同法은 借地權의 존속기간을 장기적·확정적인 것으로 하는 데 주안을 두었고, 建物買受請求權制度를 두었으며, 賃借權의 讓渡性을 강화하였다. 또한 사정변경에 의한 地料의 增減請求權도 규정하였다.

借地法의 제정과 동시에 경제발전에 따른 인구의 도시집중으로 인한 住宅문제에 대응하기 위하여 借家法(1921년)도 제정되었다. 同法은 建物賃借權에 引渡에 의한 對抗力을 인정하고, 해약기간을 6월로 법정하고, 사정변경에 의한 家賃의 增減請求權을 인정하였다. 1922년에는 借地借家 관계의 분쟁을 조정절차에 의하여 처리하는 借地借家調停法도 제정되었다.

中日戰爭이 일어나면서 생산력 증강, 물가상승의 억제라는 전시경제적 요청에 의하여 賃借權의 강화와 借賃의 통제가 행하여졌다. 1938년 農地調整法을 제정하여 農地의 引渡에 의하여 賃借小作權에 對抗力을 부여하였고, 地主의 해약권 및 갱신거절에 제한을 가하였다. 1939년에는 地代家賃統制令, 小作料統制令 등이 발령되었다. 1941년에는 借家法 및 借地法을 개정하여 建物賃貸借, 借地關係는 정당한 사유가 없이는 종료시킬 수 없게 하였다.

제2차 세계대전이 끝난 후에는 農地調整法의 改正(1945년) 및 自作農創設特別措置法(1946년)의 제정을 통하여 農地개혁을 단행 耕者有田의 원칙을 구현함과 동시에 農地의 賃貸借를 원칙적으로 금하였다. 전후 宅地, 住宅 事情의 혼란에 대응하기 위하여 각종 긴급입법으로 대처하여 오다가 1956년경부터 借地借家法을 개정하기 위한 작업이 시작되어 1966년에 借地法 및 借家法이 개정되었다. 그 주요내용으로는 견고건축물의 축조 및 증개축허가를 위한 裁判制度의 창설(借地法 §8의 2), 借地上의 건물의 讓渡 또는 競賣에 수반하는 敷地賃借權의 讓渡 또는 轉貸許可를 위한 裁判制度의 창설(借地法 §§9의 2, 9의 3), 地代, 家賃의 增減청구에 관하여 상당하다고 인정되는 액을 우선 지불하고 법원의 新地

代, 家賃의 결정에 의하여 정산하도록 한 것(借地法 §12 Ⅱ·Ⅲ; 借家法 §7 Ⅱ·Ⅲ), 建物賃借人이 상속인 없이 사망한 경우 사실혼관계자를 포함하여 同居親族이 賃借權을 승계하도록 한 것(借家法 §7의 2) 등을 들 수 있다.

1966년의 借地法, 借家法 개정의 주안점은 借家法 보다는 借地法에 있었다. 그 이유는 자본주의의 고도화에 수반하여 자본주의적 기업이 타인의 토지를 賃借하여 그 위에 거액의 자본을 투자하여 건물을 세운 경우의 투하자본의 보호요청 및 토지의 私的 所有의 桎梏을 완화하여 자본이 그 의도에 응하여 토지를 이용하여야 한다는 요청, 요컨대 토지의 합리적 이용의 요청이 강하였기 때문이다. 또 하나의 이유는 借家人의 보호는 당시의 借家法으로도 어느 정도 가능하였고 終戰 직후의 절대적인 住宅難 시대보다는 상대적으로 住宅難이 완화되었기 때문에 借家 문제의 긴급성이 입법자에게 그렇게 절실하지 않았던 데 있다.

1966년의 개정 후 20여년이 지남에 따라 土地, 住宅事情을 포함한 경제, 사회정세가 변하였고, 학계에서는 借地法, 借家法의 재검토가 꾸준히 행하여져 온 데다, 不動産 및 건설업계에서는 도시재개발의 효율적 촉진입장으로부터, 地主, 건물소유주측으로부터는 地價 急騰에 따른 고액의 임료확보의 요청에서 각각 借地法, 借家法의 개정요구가 강하게 제기됨에 따라 1985. 6.부터 借地法, 借家法의 개정을 위한 심의가 진행되어 1991. 9. 30. 종래의 建物保護에 관한 法律, 借地法, 借家法의 3개 법률을 통폐합한 借地借家法이 제정되어 1991. 10. 4. 공포되었고, 同法은 1992. 8. 1.부터 시행에 들어갔다. 그 주요골자는 借地權의 존속기간을 종래 그 지상건물의 견고성 여부에 따라 달리하던 것을 그러한 구별을 두지 않고 원칙적으로 30년으로 하였고(§3), 借地 借家關係의 해소요건으로서의 정당사유의 유무를 판단함에 있어 고려하여야 할 요소들을 명문화하였고(§§6, 28), 定期借地權制度(§22)·期限附建物賃貸借制度(§38)를 신설하였고, 地代·家賃의 增減을 둘러 싼 분쟁은 원칙적으로 調停에 의하여 해결하도록 하였다(民事調停法 §24의 2, 3; 借地借家法의 제정과 함께 民事調停法을 개정하여 동 조항을 신설하였다).

2. 우리 나라의 賃貸借法[16)]

(1) 民法 制定 前

본래 우리 나라에는 후술(§618의 해설 참조)하는 바와 같이 傳貰라는 고유의 관습이

16) 賃貸借 중 특히 住宅의 賃貸借制度의 변천사에 관하여는 高翔龍, "韓國 住宅賃貸借制度의 變遷史 小考", 법제연구, 창간호(1991), 222 이하 참조.

있었으나, 일제시대 이후 현행 民法이 제정되기 전까지는 다른 제도들과 마찬가지로 舊民法(日本民法)에 의하여 賃貸借가 규율되었다. 이 舊民法은 西歐의 자유주의적, 개인주의적 근대 民法典을 본받은 것이기 때문에 賃貸借는 전적으로 債權的 契約으로 구성되었다. 그 결과 賃貸借는 賃貸人에게 유리하고 賃借人에게 불리한 모습을 띠었고, 우월적 지위에 있는 債權者가 자연히 賃貸借를 선호하게 마련이었기 때문에, 그런 만큼이나 타인의 不動產 이용관계에서는 각종 用益物權制度는 외면당하고 주로 賃貸借가 이용되었다.

다만, 일제시대에는 산업화·도시화의 정도가 미약하고 농업에의 의존도가 높았기 때문에 農地의 小作人(賃借人)들이 가혹한 조건하에 地主(賃貸人)들과 소작관계를 맺어 문제가 되었을 뿐,[17] 住宅이나 건물을 둘러싼 賃貸借의 문제는 그다지 심각하지 않았다.

그러나 8·15광복, 6·25사변과 더불어 사정은 달라졌다. 해외동포의 귀국, 이북으로부터의 인구이동, 전쟁으로 인한 경제파탄이 인구의 도시집중을 가속화하였음에도 불구하고 그들이 거주할 住宅은 오히려 전쟁으로 대부분 파괴되었기 때문에 住宅이 절대적으로 부족하게 되었고, 자연히 住宅의 賃貸借를 둘러싸고 심각한 사회문제가 대두하였다. 이처럼 住宅의 賃貸借 문제가 전면으로 부상한 반면, 그 때까지 심각한 문제였던 農地의 소작관계는 1949년 農地改革法의 제정공포로 종래 지주로부터 農地를 賃借하였던 소작인들이 農地를 분배받게 된데다 農地의 賃貸借가 同法에 의하여 금지되었기 때문에 문제의 심각성이 어느 정도 줄어들었다.

(2) 民法의 制定

이처럼 住宅 문제가 심각해진 상태에서 제정, 공포된 현행 民法은 그 당연한 귀결로서 不動產 賃借人의 보호를 위한 각종 제도적인 장치를 마련하였다. 뿐만 아니라 傳貰權이라는 새로운 物權을 창설(§303 이하)하여 종래 債權關係였던 傳貰制度를 物權化하기까지 하였다.

物權으로서의 傳貰權에 관한 고찰은 物權篇으로 미루고, 여기서는 債權關係로서의 賃貸借에 관하여만 舊民法과 비교하여 달라진 주요한 점을 살펴보면,

첫째, 賃借人이 賃貸人에 대하여 登記節次에 협력할 것을 청구할 수 있게 하였다(§621). 더욱이 건물소유를 목적으로 하는 토지 賃借人은 건물에 대한 登記만으로 토지의 賃貸借에 관하여 對抗力을 취득할 수 있게 하였다(§622 I).

17) 때문에 朝鮮小作調停令(1932년 制令 5호)이 제정·공포되기도 하였다.

둘째, 묵시적인 期間更新을 인정하였다(§ 639 I).

셋째, 賃借人의 更新請求權 및 買受請求權을 강행규정으로 하였다(§ 652).

民法을 제정하면서 이처럼 不動產賃借人의 지위강화를 도모한 것은 "先進各國이 이 문제를 社會的·經濟的 문제로 보고, 각종의 特別法을 제정하여 사회적·경제적 약자이면서 동시에 사회발전의 힘의 원천이라고 볼 수 있는 不動產의 현실적 이용자인 賃借人을 두텁게 보호하고, 그 생활의 안정을 꾀하려고 한 새로운 法律思想과 法律政策의 영향의 결과"라고 설명된다.[18)]

(3) 特別法의 制定

현행 民法이 舊民法에 비하여 賃借人을 보호하는 여러 가지 규정을 두기는 하였으나, 후술하는 각 條文의 해설에서 보는 바와 같이 자세히 검토하여 보면 賃借人의 보호에 여전히 미흡한 상태이다. 그런데 농촌에서는 農地改革法의 시행으로 어느 정도 구현되었던 耕者有田의 원칙이 시간이 지남에 따라 다시 허물어지고 경작자가 다시 전처럼 小作人으로 전락하는 현상이 나타났고, 한편 도시에서는 경제발전에 따라 대도시로의 인구집중이 두드러져 住宅難이 매우 심각한 상황[19)]에 이르게 되었다.

여기서 農地의 小作人, 住宅의 賃借人의 보호를 위한 특별법의 제정이 시급한 과제로 부각되었고, 그 결과 農地賃貸借管理法(1986. 12. 31. 법률 제3888호), 住宅賃貸借保護法(1981. 3. 5. 법률 제3379호) 및 賃貸住宅建設促進法(1984. 12. 31. 법률 제3783호)의 탄생을 보게 되었다. 특히 住宅賃貸借保護法은 기존의 債權關係로서의 賃貸借라는 기본틀을 허물어 버린 파격적인 법률로서 住宅賃借人의 보호에 획기적인 전기를 마련하였으나,[20)] 그만큼 많은 어려운 문제점도 내포하고 있다.[21)]

한편, 農地의 賃貸借 등과 그 관리에 관한 사항을 정하였던 農地賃貸借管理法[22)]은 종래의 農地改革法, 農地의 保全 및 利用에 관한 法律 등과 통폐합되어 새로이 農地法(1994. 12. 22. 법률 제4817호)으로 정비되어 1996. 1. 1.부터 시행에 들어갔다.

18) 郭潤直, 299.

19) 1980년의 인구 및 住宅 센서스에 의하면 서울의 無住宅家口率이 56%에 달하였다. 10년 후인 1990년의 인구 및 주택 센서스에 의하면 주택보유율이 도시가 41.6%, 군지역이 77%(전국 평균 50.6%)로 도시지역의 無住宅家口率이 58.4%에 달하는 것으로 나타났다.

20) 金曾漢, 220은 民法의 賃貸借에 관한 규정이 住宅賃貸借保護法에 의하여 사실상 전면적으로 수정되었다고 하여도 과언이 아니라고 한다.

21) 住宅賃貸借保護法에 관하여는 民法의 賃貸借規定들의 해설 후에 일괄하여 詳述한다.

22) 同法은 종래 그늘에 숨어 있던 農地賃貸借를 양성화하였다는 점에서 일단 의의를 찾을 수 있으나, 위와 같은 특별규정들에도 불구하고 賃借農民의 보호에는 매우 미흡하고 또한 시대에 뒤떨어진 立法이라는 비난을 받았다(李銀榮, 305).

農地의 소유, 이용 및 보전 등에 관하여 필요한 사항을 일괄 규정함으로써 農地에 관한 기본법이 된 農地法은 임대차가 가능한 농지를 일정 범위로 제한하고(同法 §22), 農地의 賃貸借에 관하여 書面契約의 원칙(同法 §23), 최단기간의 제한(同法 §24), 賃借料의 제한(同法 §25), 默示의 更新(同法 §26), 解止의 제한(同法 §27), 賃貸人地位의 承繼(同法 §28), 임차료의 상한 심의 기타의 업무를 수행하는 農地管理委員會의 설치(同法 §§46-52) 등을 규정하고 있으며, 同法의 규정에 위반하여 賃借人에게 불리하게 賃借料의 上限을 초과하거나 契約解止權을 인정하는 賃貸借契約의 효력을 否認하고 있다(同法 §§25 Ⅱ, 26 Ⅱ).[23]

그리고 賃貸住宅의 건설·공급을 확대함으로써 국민의 住居生活의 안정을 도모하기 위하여 제정되었던 賃貸住宅建設促進法은 공공부분의 임대주택건설을 촉진시키는 데 공헌하였으나, 民間에 의한 賃貸住宅의 건설이 원활하지 못하여 民資에 의한 賃貸住宅의 건설을 활성화하고 賃借人의 보호를 강화하기 위하여 賃貸住宅法(1993. 12. 27, 법률 제4629호)로 확대개편되었다(1994. 4. 1. 부터 시행). 同法은 賃貸住宅의 원활한 건설을 촉진하기 위하여 건설부장관이 住宅建設促進法에 의한 國民住宅基金 중 일정액을 賃貸住宅 건설에 우선적으로 長期低利로 융자하여 주도록 하였고(同法 §5), 주택의 임대사업자에 관한 근거규정을 분명히 하여(同法 §§2, 6) 그에 대한 택지의 우선공급 규정을 두었고(同法 §7), 同法의 적용을 받는 賃貸住宅은 일정 기간 내에는 賣却이 금지되고(同法 §12), 한편 賃借人은 賃借權의 讓渡나 賃貸住宅의 轉貸를 할 수 없다(同法 §13).[24]

Ⅳ. 不動產賃借權의 物權化

1. 不動產賃借權의 法的 性質의 변화

(1) 概 說

賃借人이 賃借物을 사용·수익하는 권리가 바로 賃借權이다. 이러한 賃借權의 법적 성질을 어떻게 볼 것인가? 이는 특히 不動產賃借權에 관하여 논의된다.

전술한 바와 같이 개인주의적 성격이 강한 로마법은 賃貸借를 순수한 債

23) 農地法의 주요 條文은 그에 상응하는 民法 條文의 해설에서 각각 언급한다.

24) 同法 시행령(1994. 9. 13, 대통령령 제14381호) §12에 의하면 일정범위의 공공건설임대주택은 건설교통부장관에 의하여 賃借料도 통제를 받는다.

權關係로 파악하였기 때문에 賃貸人이 賃貸物을 제 3 자에게 讓渡하거나 그 위에 抵當權 등 制限物權을 설정하면 賃借人은 그 新所有者나 制限物權 취득자에 대하여 자기의 賃借權을 주장할 수 없었다. 賃借權의 讓渡는 불가능하였고, 轉貸禁止의 합의는 언제나 유효하였다. 이러한 로마법을 계수하여 제정된 근대 佛蘭西民法, 獨逸民法 및 瑞西民法도 賃貸借를 債權關係로 규율하였고 따라서 賃借權은 원칙적으로 債權에 지나지 않았다.

그러나 獨逸·佛蘭西의 民法典에는 예외적으로 不動産賃借權에 對抗力을 인정하는 條文을 두고 있고(獨民 § 571; 佛民 § 1743 이하), 나아가 民法典의 제정 이후 제 1, 2차 세계대전, 산업화의 진전 및 그로 인한 도시로의 인구집중에 따라 부각된 住宅不足 문제가 심각한 사회문제로 대두되기에 이르자 賃貸借關係를 단순한 債權關係로서 당사들 사이의 문제로만 방치할 수 없게 되었고, 그에 따라 각종 특별법의 제정을 통하여 不動産賃借權을 강화한 결과 不動産賃借權은 더 이상 단순한 債權의 영역에만 머물 수 없게 되었다.[25)]

그러면 우리 나라에서의 논의는 어떠한가?

(2) 學 說

㈎ 物 權 說 賃借權은 賃借物을 직접 지배하는 권리 즉 物權이라는 說이다. 전적으로 이 說을 취하는 견해는 없고, 金基善 교수가 登記된 賃借權에 한하여 物權으로 보고 있다. 同 교수에 의하면, "巷間에서는 新民法 제621조와 舊民法 제605조가 同一한 양으로 여기는 사람이 있으나 實은 그렇지 않다. 賃借權을 登記하면 제 3 자에 對하여 效力이 생긴다는 점에서는 同一하나 新民法이 原則으로 賃貸人에 대하여 登記義務를 負擔시킨 점에서는 다르다. 이는 物權行爲에 있어서 그 當事者에게 登記義務를 負擔시킴과 一脈相通하는 바이다. 債權이더라도 原則으로 그에 대하여 登記하게 하는 때에는 이미 그는 債權이라 할 수 없고 物權으로 되어 버린 것이다"고 한다.[26)]

㈏ 債 權 說 賃借權은 어디까지나 使用收益請求權을 내용으로 하는 債權이라는 說이다. 郭潤直 교수는 "우리 나라의 不動産賃借權은 그 본질에 있어서는 하나의 債權에 지나지 않으나, 그 실제의 효력에 있어서는 物權的인 것을 부분적으로 포함하는 특수한 債權이라고 그 성격을 규정하는 것이

25) 그렇게 본다면 賃借權을 債權으로 할 것이냐 아니면 物權으로 할 것이냐는 어떤 논리필연적인 귀결이 있는 것이 아니라 결국 각국의 입법정책에 달려 있는 셈이다(郭潤直, 302; 金曾漢, 222).

26) 金基善, 204-5. 또한 同, "賃借權의 本質에 關하여", 法曹(63.3), 29 이하 참조.

옳다"고 주장한다.[27] 그 밖에 "對抗力 있는 賃借權이 곧 物權은 결코 아니며 物權에 접근한 권리이지만 債權的 성격을 완전히 벗어나지 않은 권리"라고 하는 견해[28]도 이 범주에 속하지 않을까 한다.

㈐ 物權化說　賃借權은 본래 債權인데 物權化(Verdinglichung)하고 있는 권리라고 보는 說이다.[29]

(3) 檢　討

위 학설 중 賃借權을 物權으로 보는 견해는 우리 民法의 체계상 맞지 않는다. 登記된 賃借權에 한하여 物權으로 보아야 한다는 것도 무리이다. 물론 그것이 對抗力을 취득함으로써 物權的인 성격을 일부 지니는 것은 사실이나 對抗力이 物權의 속성의 전부는 아니기 때문이다. 그런가 하면 逆으로 不動產賃借權을 債權으로만 이해하는 것도 역시 무리이다. 登記된 賃借權은 순수한 債權에서는 볼 수 없는 對抗力을 가지며, 특히 住宅賃借權은 登記 없이도 引渡 및 주민등록만 끝내면 對抗力을 갖기 때문이다.

그런데 不動產賃借權의 성질에 관한 우리 나라의 학설들은 언뜻 보기에는 차이가 있는 것같아도 그 실질에 있어서는 大同小異한 게 아닌가 생각된다. 즉 어느 說을 취하든 賃借權이 본래 갖는 債權的 성질을 부인하지 아니하며, 登記 등에 의하여 對抗力이 부여될 경우에 物權的 성질을 어느 정도 띠게 되는 것도 부인하지 않고 있다. 결국은 표현의 차이만 있을 뿐 債權으로 출발한 不動產賃借權이 그 후 사회경제적 요청에 의하여 物權化의 길로 접어들고 있다고 보는 데 異論이 없는 것 같다.

그러면 이처럼 不動產賃借權이 物權化하고 있다고 할 때 그 구체적인 내용은 무엇인가. 이에 관하여 학자들은 일반적으로 對抗力의 부여, 자유처분의 보장, 존속의 보장, 침해로부터의 보호의 네 가지를 든다.[30] 이하 차례로 살펴본다.

2. 對抗力의 부여

不動產賃借權의 對抗力의 문제는 한마디로 賃貸借의 目的物인 不動產이

27) 郭潤直, 304.
28) 李銀榮, 332.
29) 金容漢, "民法上 賃貸借와 住宅賃貸借保護法", 考試界(83. 6), 28; 李根植, "住宅賃貸借保護法 解說", 考試界(81. 6), 79; 李範柱: "住宅賃借權의 對抗力", 方順元紀念論文集, 162; 金錫宇, 252; 金曾漢·安二濬, 325; 崔栻, 167. 그 밖에 李太載, 251도 이 견해를 취하고 있는 것으로 보인다.
30) 다만, 위 네 가지에 똑같은 비중을 두는 것은 아니며 실제로 각 나라마다 그 중 어디에 중점을 두느냐가 다르다.

賃貸人으로부터 제3자에게 讓渡된 경우에 賃借人이 그 제3자, 즉 新所有者에게 자기의 賃借權을 주장할 수 있느냐 하는 것이다. 흔히 "賣買가 賃貸借를 깨뜨리는가?"(Bricht Kauf Miete?)라는 표현으로 요약된다.

앞에서 본 바와 같이 로마법을 계수한 佛蘭西, 獨逸 그리고 이를 다시 傳受한 日本의 법제는 賃借權을 원칙적으로 債權으로 취급하면서도 民法典 자체 내에서 혹은 특별법의 제정을 통하여 일정한 요건하에 賃借權의 對抗力을 인정하고 있다.

우리 나라의 경우를 보면, 舊民法에서는 不動産賃貸借는 登記를 갖춘 때에 제3자에게 대항할 수 있다고 하였으나(舊民 §605), 登記를 하려면 賃貸人의 협력이 필요하였기 때문에 賃借人이 단독으로 對抗力을 취득할 수 없었고 따라서 사실상 有名無實하였다. 그에 비하여 현행 民法은 不動産賃貸借는 이를 登記한 때에 한하여 제3자에게 대항할 수 있다는 점에서는 舊民法과 같으나(§621 II), 舊民法과 달리 "반대의 특약이 없으면" 賃借人이 賃貸人에 대하여 登記節次에 협력할 것을 청구할 수 있게 하였고(§621 I), 나아가 건물소유를 목적으로 하는 土地賃借人은 건물에 대한 登記만으로 토지의 賃貸借에 관하여 對抗力을 취득할 수 있게 하였다(§622 I). 그만큼 不動産賃借人이 對抗力을 취득할 수 있는 길이 넓어진 셈이다.

다만, 賃貸人은 반대의 특약을 함으로써 登記에 협력할 의무로부터 쉽게 벗어날 수 있으며, 우리 나라에서 타인의 토지를 賃借하여 그 위에 건물을 소유한다는 일은 매우 드물기 때문에 舊民法과 달라진 현행 民法의 이러한 규정들이 과연 얼마나 實效性이 있는가에 관하여는 의문을 제기하는 견해[31]가 있음에 유의할 필요가 있다. 뿐만 아니라, 설사 반대의 특약을 하지 않았다 한들 賃貸人이 자발적으로 협력하지 않는 이상 登記를 원하는 賃借人으로서는 賃貸人을 상대로 賃借權設定登記節次의 이행을 구하는 소송을 제기할 수밖에 없는데 과연 그렇게까지 할 賃借人이 얼마나 있을지 의심스럽다. 더구나 舊法과 달리 物權으로서의 傳貰權이 民法에 규정되어 이용되고 있는 터인지라 登記를 할 바에는 賃借權보다는 傳貰權을 登記하는 쪽을 택할 것이다. 이렇게 본다면 결국 현행 民法上으로도 不動産賃借權의 對抗力은 有名無實한 셈이나 마찬가지이다.

이처럼 民法上으로는 不動産賃借權의 對抗力이 별 의미가 없는 데 비하여

31) 郭潤直, 306.

住宅賃貸借保護法에 의하여 住宅賃借權에 주어지는 對抗力은 이론상으로나 실제상으로나 커다란 의미를 지닌다. 자세한 내용은 뒤의 住宅賃貸借保護法에서 해설할 것이나, 同法에 의하여 對抗力이 부여된 住宅賃借權은 한마디로 物權에 버금가는 것이다.

한편 農地法에 의하면, 賃借農地의 讓受人은 賃貸人의 지위를 승계한 것으로 간주된다(同法 §28). 즉 農地의 賃貸借에 對抗力이 인정되는 것이다.[32]

3. 自由處分의 보장

만일 賃借人이 賃借權을 賃貸人과 상관없이 자유롭게 처분할 수 있다면 그것은 賃借權이 그만큼 物權에 가깝다는 것을 의미한다. 왜냐하면 債權은 자유로운 讓渡가 제한되는 데 비하여 物權은 원칙적으로 자유롭게 讓渡할 수 있기 때문이다. 賃借權의 자유로운 처분은 賃借人으로 하여금 賃借保證金 등 투하한 자본을 쉽게 회수하거나 원치 않는 賃貸借關係로부터 자유롭게 벗어날 수 있게 한다는 데 의의가 있다.

佛蘭西民法은 반대의 특약이 없는 한 賃借權의 讓渡, 轉貸의 자유를 인정하고(同法 §1717), 瑞西債務法도 賃貸人에게 불이익을 주지 아니하는 한 賃借權의 자유로운 讓渡, 轉貸를 인정한다(同法 §264). 獨逸民法上으로는 賃貸人이 중요한 이유 없이 轉貸의 승낙을 거절하면 賃借人이 賃貸借를 解止할 수 있도록 하고 있다(同法 §549). 日本은 民法 §612 Ⅰ이 임대인의 승낙 없이는 임차권의 양도, 전대를 금지하고 있는 반면, 借地借家法이 土地賃貸借의 讓渡, 轉貸에 한하여 §19 Ⅰ에서 "借地權者가 賃借權의 목적인 토지상의 건물을 제3자에게 讓渡하려고 하는 경우에 그 제3자가 賃借權을 취득하거나 轉借를 하더라도 借地權設定者에 대하여 불리하지 아니함에도 불구하고 借地權設定者가 그 賃借權의 讓渡 또는 轉貸를 승낙하지 아니하는 때에는 法院은 借地權者의 청구에 의하여 借地權設定者의 승낙에 갈음하는 허가를 할 수 있다. 이 경우에 당사자간의 이익의 형평을 꾀할 필요가 있는 때에는 賃借權의 讓渡 또는 轉貸를 조건으로 하는 借地條件의 변경을 命하거나 그 허가를 재산상의 給付에 연계시킬 수 있다"고 하고 있다.

이들 立法例와는 달리 우리 民法은 賃借權의 讓渡나 轉貸에 賃貸人의 동

32) 舊農地賃貸借管理法上으로는 讓受人이 직접 영농하고자 하는 경우에는 賃貸人의 지위 승계가 부정되었으나, 現行 農地法은 그러한 例外를 인정하지 않는다.

의를 받도록 함으로써 자유로운 처분을 허용하지 않는다(民 § 629). 단지 賃借建物의 작은 부분을 타인에게 사용케 하는 경우에 한하여 賃貸人의 동의 없이도 할 수 있게 하였다(民 § 632).

4. 存續의 보장

일반적으로 物權이 債權에 비하여 존속기간이 길다는 점을 염두에 둘 때, 賃借權의 존속기간 그 중에서도 특히 最短期間을 보장하는 것은 賃借權을 物權化하는 중요한 요소가 된다.

佛蘭西의 前述한 "賃貸借關係 改善을 위한 法律"(1989. 7. 6) § 10는 住居用建物 및 業務 住居의 兼用建物의 賃貸借는 그 최단기간을 賃貸人이 自然人인 경우 3년, 法人인 경우 6년으로 하고(同條 I), 일정한 절차에 따라 解止의 豫告를 하지 아니하면 위 기간의 종료 후 동일 기간 다시 연장되도록 하고 있다(同條 II).

獨逸民法은 住宅賃借權의 존속을 보장하기 위하여 住宅賃貸借의 解止를 다음과 같이 제한하고 있다.[33] 즉 § 56 4b는 "(1) 賃貸人은 賃貸借關係의 종료에 대하여 정당한 이익을 가지는 경우에 한하여 … 住宅에 관한 賃貸借關係를 解止할 수 있다. (2) 賃貸借關係의 종료에 대한 賃貸人의 정당한 이익은 다음 각호의 경우에 인정된다. 1. 賃借人이 그의 책임 있는 사유로 契約상의 의무를 상당한 정도 위반한 때. 2. 賃貸人이 住宅을 자신 또는 그의 세대에 속하는 자나 가족을 위하여 필요로 하는 때. 단, 賃貸住宅이 賃借人에게 引渡된 후에 賃貸人이 住宅의 소유권을 취득하거나 住宅의 소유권이 讓渡된 때에는 讓受人은 양수일로부터 3년이 지나지 않으면 제 1 항의 정당한 이익을 援用할 수 없다. 3. 賃貸人이 賃貸借關係의 지속으로 인하여 土地의 적절한 경제적 이용을 하지 못하고 그 결과 현저한 불이익을 입을 때. 단, 다른 사람에게 賃貸하면 보다 많은 借賃을 얻을 수 있다는 것은 고려의 대상이 되지 아니한다. 〈이하 생략〉. (3) 賃貸人의 정당한 이익으로서의 解止事由는 그것이 사후에 발생한 것이 아닌 한 解止通告書에 미리 明記되어 있어야 고려된다((4) 내지 (7)항은 생략)"고 하고 있다. 나아가 賃貸人이 설사 解止事由를 주장, 입증하더라도 다시 § 55 6a가 "(1) 住宅에 관한 賃貸借關係의 契約상의 종료가 賃借人 또는 그의 가족에게 가혹하고 그 가혹함이 임대인의 정당한 이익을 고려하더라도 정당화될 수 없을 때에는 賃借人은 解止에 대하여 異議를 제기할 수 있으며 또한 賃

33) 이에 관한 상세는 피터 아렌스(Peter Arens)(孫智烈 譯)(註 4), 152 이하 참조.

貸人에 대하여 賃貸借關係의 계속을 청구할 수 있다. 이러한 가혹함은 적절한 代替住宅이 기대가능한 조건으로 마련될 수 없을 경우에도 인정된다. 賃貸人의 정당한 이익으로서의 解止事由는 그것이 사후에 발생한 것이 아닌 한 제564a조 1항 후문에 의하여 解止通告書에 미리 明記되어 있어야 고려된다. (2) 제1항의 경우에 賃借人은 賃貸借關係를 모든 사정을 고려하여 적절하게 계속할 것을 청구할 수 있다. 賃貸人에 대하여 종전의 조건으로 賃貸借關係를 계속할 것을 기대할 수 없는 때에는 賃借人은 契約조건의 적절한 변경하에 賃貸借關係를 계속할 것을 청구할 수 있다. (3) 賃貸借關係의 계속, 존속기간 및 조건에 관하여 합의가 성립하지 아니하는 때에는 判決로써 이를 정한다. 賃貸借關係의 종료가 賃借人 또는 그의 가족에게 가혹한 것으로 되는 사정이 언제 없어질지 물확실한 경우에는 賃貸借關係는 기간의 정함이 없이 계속된다((4) 내지 (8)항은 생략)"고 하고, §556b Ⅰ은 "기간의 정함이 있는 住宅賃貸借의 경우에 賃貸人이 解止를 한 때에 제556a조에 의거하여 賃貸借關係의 계속을 청구할 수 있을 때에는 賃借人은 賃貸借關係의 계속을 청구할 수 있다. 그 밖의 점은 제556a조의 규정을 準用한다"고 하고 있다.

우리 나라에서는 住宅賃貸借保護法이 賃貸借期間을 최소한 2년 이상 보장하고 있으며(同法 §4 Ⅰ), 나아가 賃貸借가 종료한 후에도 賃借人이 保證金을 반환받을 때까지는 賃貸借關係가 존속하는 것으로 하고 있다(同法 §4 Ⅱ). 그리고 農地法에 의하면 農地의 賃貸借期間은 1년 이상으로 하여야 한다(同法 §24 Ⅰ 본문). 다만, 多年性植物을 재배하는 경우나 농업용시설을 설치하여 농작물을 경작하는 경우에는 3년 이상으로 하여야 한다(同法 §24 Ⅰ 단서). 당사자간에 約定한 農地賃貸借의 기간이 위 最短期間보다 짧은 때에는 위 最短期間으로 정한 것으로 본다(同法 §24 Ⅲ).

5. 侵害로부터의 보호

絶對權인 物權이 침해를 받은 때에는 그 침해의 배제를 구할 수 있는 物權的請求權이 인정되고, 나아가 不法行爲로 인한 損害賠償청구도 가능하다. 반면에 상대권인 債權의 경우는 침해를 받았다 하여 곧바로 그 침해의 배제를 구한다거나 損害賠償請求를 할 수 있는 것이 아니다. 그러면 不動産賃借權이 침해를 받은 경우는 어떤가?

賃借人이 不動産을 점유하고 있는 경우에 그 占有權의 침해를 이유로 妨害排除 및 損害賠償을 청구할 수 있음에는 의문이 없다(§§204-206). 賃貸人의 所有

物返還請求權을 代位行使하는 것도 가능하다.[34] 또한 賃借權의 침해가 제3자에 의한 債權侵害로서 不法行爲로 되는 경우에는 損害賠償請求를 할 수 있음도 물론이다.

문제는 賃借權 자체에 기하여 妨害排除請求를 할 수 있느냐 하는 것이다. 학설은 妨害排除請求權을 全的으로 否認하는 견해,[35] 妨害排除請求權을 인정하는 견해가 대립되며, 후자는 다시 어느 범위까지 妨害排除請求를 인정할 것이냐를 놓고,

첫째, 登記된 賃借權이 침해된 경우에 한하여 妨害排除請求를 인정하는 견해,[36]

둘째, 범위를 좀더 넓혀 登記를 하지 않더라도 賃借權이 對抗力이 있는 것인 때(예컨대, 住宅賃貸借保護法에 의하여 對抗力을 취득한 때)에는 妨害排除 및 妨害豫防請求를 인정하는 견해,[37]

셋째, 賃借權이 賃借物을 "使用·收益"하는 권리라는 점에서 傳貰權이나 地上權과 내용상 다를 바 없고, 賃借人이 타인의 물건을 사용·수익할 수 있는 것은 소유자와의 契約을 매개로 하여 所有權의 使用 收益權(能)을 양수한 데 기인하므로 賃借權은 所有權과 같은 고유의 妨害排除請求權도 契約을 통해 승계하게 되는 것이라 하여 登記 또는 對抗力의 구비 여부와 상관없이 賃借權에 널리 妨害排除請求權을 인정하는 견해[38]로 나뉜다.

私見으로는, 현행법상 賃借權이 對抗力을 구비하는 경우로는 賃借權을 登記하는 외에 건물소유를 목적으로 하는 賃貸借에 있어 지상건물을 登記한 경우와 住宅賃貸借保護法에 의하여 引渡 및 주민등록전입신고를 마친 경우의 세 가지가 있는바, 세 경우 모두 나름대로의 公示方法을 취하고 있으므로 굳이 登記된 賃借權에 한하여 妨害排除請求權을 인정할 것은 아니며, 그렇다고 妨害排除請求權을 전면적으로 인정하는 견해도 일면의 타당성이 없는 것은 아니나 전혀 公示方法이 없는 賃借權에 대하여 까지 妨害排除請求權을 인정하는 것은 거래의 안전을 해하게 되어 쉽게 찬성하기 어렵다 할 것이다. 반대로 妨害排除請求權을 전적으로 부정하는 견해는 賃借人의 보호라는 측면을 지나치

34) 崔鍾吉, "第三者에 대한 賃借人의 法的 地位", 司行(67.8), 18; 黃迪仁(Ⅳ), 289; 大判 57.12.19, 4290민상637(要集 민Ⅰ-2, 987).

35) 李銀榮, 338. 獨逸에서는 占有權에 기한 妨害排除나 損害賠償청구가 아닌 賃借權 자체에 기한 妨害排除請求權은 인정되지 않고 있다. Larenz, SchuR Ⅱ/1, § 48 Ⅳ(S. 240-41).

36) 金基善, 205-6; 金錫宇, 254; 崔栻, 161.

37) 金殷輯, "住宅賃貸借保護法 第3條 1項의 對抗力의 內容", 衡平과 正義 4집(1989), 72-3; 郭潤直, 308; 金曾漢, 225도 이 견해를 취하는 것으로 보인다.

38) 註釋各則 Ⅱ, 192.

게 輕視하여 역시 찬성할 수 없다. 결국 對抗力 있는 賃借權에 한하여 妨害排除請求權을 인정하는 견해가 가장 무난한 것으로 보인다.

다만 이 경우에 目的物返還請求權을 인정할 것이냐 하는 문제가 있는바, 目的物返還請求權까지 인정하는 것은 賃借權 보호의 범위를 넘는 것이기 때문에 부인하여야 한다는 견해[39]가 있다. 이 견해에 의하면, 甲이 住宅의 賃借權을 登記하였으나 아직 引渡를 받지 못하고 있는 사이에 賃貸人이 제3자 乙에게 다시 賃貸하고 乙이 먼저 引渡받은 경우를 예로 들면, 甲은 점유를 취득하지 못하였으므로 乙에게 占有權에 기한 返還請求를 할 수 없을 뿐만 아니라 賃貸人을 代位하여 返還請求를 할 수도 없다(賃貸人에게 返還請求權이 없으므로). 결국 賃借權 자체에 기한 返還請求權을 인정하지 않는 한 甲이 보호받을 길이 없다. 이런 실제상의 필요성을 고려한다면 返還請求權을 인정하는 것이 타당할 것이다.

[閔 日 榮]

第618條(賃貸借의 意義)

賃貸借는 當事者 一方이 相對方에게 目的物을 使用, 收益하게 할 것을 約定하고 相對方이 이에 對하여 借賃을 支給할 것을 約定함으로써 그 效力이 생긴다.

차 례

Ⅰ. 概　說
Ⅱ. 賃貸借의 대상 ── 目的物
　1. 非代替物, 有體物
　2. 動産, 不動産
　3. 物件의 일부
　4. 物件의 所有權
Ⅲ. 賃貸借의 目的
　1. 目的物의 使用, 收益
　2. 借賃의 지급
Ⅳ. 賃貸借契約의 形式
Ⅴ. 賃貸借의 분류 ── 특히 月貰와 대비되는 傳貰에 관하여

Ⅰ. 概　說

本條는 賃貸借의 성립에 관한 條文인 동시에 賃貸借의 내용을 한마디로

39) 郭潤直, 308; 金錫宇, 254.

요약하고 있는 條文이다. 즉, 本條는 目的物의 사용, 수익에 관한 約定 및 그 사용, 수익의 대가로서의 借賃의 지급에 관한 約定에 의하여 賃貸借가 성립함을 밝히고 있으며, 동시에 賃貸借의 대상(目的物), 賃貸借의 목적(目的物의 使用, 收益 및 借賃의 支給), 賃貸借契約의 형식(諾成·不要式 契約)을 정하고 있는 것이다.

Ⅱ. 賃貸借의 대상—目的物

賃貸借의 目的物은 물건이다. 民法은 賃貸借의 대상을 단순히 "目的物"이라고 규정하고 있으나, 학설은 위 目的物을 물건에 국한하는 것으로 해석하는 것이 통설[1]이다. 따라서 권리나 기업을 빌어서 사용, 수익하고 그 대가를 지급하는 契約도 얼마든지 가능하나,[2] 이는 民法上의 賃貸借가 아닌 그 類似의 無名契約으로 보는 것이 보통이다. 다만 물건이라도 산업시설·설비·기계·중기·차량·선박·항공기 등의 시설대여는 이른바 리스契約으로서 특수한 취급을 받는 경우가 있으며, 이러한 시설대여를 業으로 할 경우에는 施設貸與業法(1973. 12. 31, 법률 제2664호)의 규율을 받는다.

1. 非代替物, 有體物

소비목적의 代替物은 원칙적으로 消費貸借의 目的物로 되고 賃貸借의 대상이 되지 못한다. 賃貸借의 대상은 사용, 수익 후 그 자체를 반환하는 것이 전제로 되기 때문이다. 民法은 電氣 기타의 관리할 수 있는 自然力도 물건으로 보고 있으나(民 §98), 그와 같은 것은 마찬가지 이유에서 賃貸借의 대상이 되지 못한다.

다만 代替物이라 하더라도 그것을 소비하여 없애는 것이 아니라 소비 이외의 방법으로 단순히 일정기간 사용하고 반환할 것이라면 역시 賃貸借의 대상으로 될 수 있다.[3]

---

1) 郭潤直, 294; 金基善, 191; 金錫宇, 246; 金疇洙, 252-53; 金曾漢, 221; 李太載, 239; 黃迪仁, 民法(Ⅳ), 286. 반대 李銀榮, 299.

2) 물론 鑛業權 또는 租鑛權의 賃貸借를 금지하는 鑛業法 §11처럼 법률이 금지하는 경우는 예외이다.

3) 金基善, 191; 金錫宇, 247-48.

2. 動產, 不動產

賃貸借의 대상은 動產, 不動產을 가리지 않는다. 그러나 前述(賃貸借 前論)한 바와 같이 賃貸借가 그 중요성을 발휘하는 분야는 不動產[4]이다. 다만 不動產 중에서 農地의 경우는 본래 舊農地改革法(1949. 6. 21, 법률 제31호)에 의하여 원칙적으로 賃貸借가 금지되었으나(同法 §17), 위 금지가 유명무실화되어 賃貸借가 널리 행하여지게 됨에 따라 農地의 賃貸借를 허용하는 대신 賃借人을 보호하기 위한 여러 가지 제도적 장치를 마련한 農地法(1994. 12. 22, 법률 제4817호)이 제정되었다. 그리하여 農地의 賃貸借에 관하여는 우선적으로 同法의 적용을 받고, 同法에 규정되지 아니한 사항에 한하여 民法의 적용을 받는다.

3. 物件의 일부

賃貸借는 어느 물건의 전부에 대하여만 성립하는 것이 아니며, 그 일부(예컨대, 住宅의 방 1칸)라도 상관없다. 다만 그 부분이 특정되어야만 할 것임은 물론이다. 따라서 막연히 건물의 일부(예컨대, 甲건물의 50평)를 賃貸한다는 契約은 확정되지 아니한 것으로서 효력이 없다.

4. 物件의 所有權

(1) 賃貸借의 대상이 반드시 賃貸人의 소유에 속하여야 하거나, 賃貸人이 처분권한을 가지고 있어야 하는 것은 아니다.[5] 따라서 歸屬財產에 대하여

---

4) 不動產 중 특히 아파트의 賃貸借에 관하여 金容旭, "아파트의 賃貸借(1)(2)(3)", 司行(80. 11(1)), 19 이하, 司行(80. 12(2)), 22 이하, 司行(81. 2(3)), 24 이하 참조.

5) 大判 91. 3. 27, 88다카30702(公 91년 1252): 임대차는 당사자의 일방이 상대방에게 목적물을 사용, 수익케 할 것을 약정하면 되는 것으로서 나아가 임대인이 그 목적물에 대한 소유권이나 기타 그것을 처분할 권한을 반드시 가져야 하는 것은 아니며(大判 65. 5. 31, 65다562(요집 민Ⅰ-2, 988)), 임대차계약이 일단 유효하게 성립하고 임대인이 목적물을 인도하여 임차인이 이를 사용 수익하고 있었다면 그 후에 그 계약의 목적을 달성할 수 없는 사정이 발생한다 하더라도 특별한 사정이 없는 한 그 계약이 소급하여 무효로 되는 것은 아니고 그 사정이 당사자 중 어느 일방의 귀책사유에 의한 경우에는 그 귀책사유가 있는 당사자의 채무불이행의 문제만 남게 된다. 위와 같은 사정으로 당사자의 의사표시에 의하여 임대차계약이 종료되면 임차인은 임대인이 목적물에 대한 소유권 기타 사용, 수익권이 있는지 여부에 관계 없이 점유하고 있는 임차물을 임대인에게 반환하여야 할 계약상의 의무가 있는 것이다.

또한 大判 64. 12. 29, 64다804(集 12-2, 225)는 賃貸人 甲이 그 소유의 不動產에 관하여 乙과 使用貸借契約을 하고 引渡하였다가 同 契約을 解止하고 丙과 賃貸借契約을 체결한 다음 다시 丁에게 매도하고 所有權移轉登記를 넘겨 주었는바, 丙이 그 후 甲과의 賃貸借契約을 이유로 甲을 대위하여 乙에게 위 不動產의 引渡를 청구한 사안에서, 비록 甲이 丁에게 위 不動產을 매도하고 所有權移轉登記를 하여 줌으로써 所有權을 상실하였다 하더라도 甲은 賃貸人으로서 賃借人인 丙에게 賃貸物을 引渡하여 그 사용, 수익에

장차 所有權을 취득할 때에는 이를 賃貸하기로 하는 契約도 국가의 승인이 없더라도 유효하다.[6] 賃貸物이 반드시 賃貸人의 소유에 속하여야 할 필요가 없는 당연한 귀결로 賃貸人은 賃貸物에 대한 所有權이 없더라도 賃貸借契約이 만료하면 그를 이유로 賃貸物의 반환을 청구할 수 있다.[7]

賃貸借는 賃借人의 소유물에 대하여도 성립할 수 있다. 예컨대 甲소유의 不動産에 地上權이나 傳貰權을 가지고 있는 자가 甲에게 그 일부를 다시 賃貸하는 경우가 그것이다.[8]

(2) 賃貸人이 타인의 물건을 賃貸한 경우에는 賃貸借의 당사자간 및 진실한 소유자와의 사이에서 다음과 같은 몇가지 문제가 생길 수 있다.

(가) 먼저, 賃貸借 당사자간의 문제를 보면,

첫째, 賃借人이 賃貸人의 소유인 것으로 잘못 알고 賃貸借契約을 체결한 경우 賃借人은 錯誤를 이유로 契約을 취소할 수 있는가가 문제로 된다. 이에 관하여 判例는 "타인 소유의 부동산을 임대한 것이 임대차계약을 해지할 사유는 될 수 없고, 목적물이 반드시 임대인의 소유일 것을 특히 계약의 내용으로 삼은 경우라야 착오를 이유로 임차인이 임대차계약을 취소할 수 있다"고 한다.[9] 그러나 이에 대하여는 당사자가 조건으로 하지 아니한 이상 錯誤를 이유로 취소할 수 없다고 하여 賃貸人의 擔保責任問題로 해결하여야 한다는 견해[10]도 있다.

둘째, 賃借人이 目的物을 사용, 수익하는 한은 賃貸人에 대하여 借賃支給義務를 부담하고 賃貸人의 借賃收受는 不當利得이 되지 아니하나,[11] 賃貸人이 賃貸權限을 취득하지 못하여 賃借人으로 하여금 目的物을 사용, 수익할 수 있게 하여 주지 못할 경우(예컨대, 소유자로부터 明渡請求를 당하여 明渡하여 준 경우)에는 賃借人은 그 이후의 借賃의 지급을 거절할 수 있을 뿐만 아니라,[12] 賃貸借契約을 解止하고 損害賠償을

필요한 상태를 제공 유지하여야 할 의무가 있고, 또 甲은 乙과의 契約을 解止함으로써 위 不動産의 引渡를 청구할 권리가 있으므로 賃借人인 丙은 賃貸人인 甲의 위와 같은 권리를 대위행사할 수 있다고 한다.

6) 大判 65. 4. 13, 65다62(要集 민 I-2, 988).

7) 大判 68. 4. 30, 67다2319(要集 민 I-2, 989). 또한 大判 91. 3. 27, 88다카30702(公 91년 1252) 참조.

8) 이 때 賃貸借의 기초가 된 賃貸人의 권한이 소멸하고 賃借人이 스스로의 권한으로 目的物을 用益할 수 있게 되면 賃貸借가 당연히 종료하며, 賃借人이 그 사실을 알지 못하고 借賃을 지급하였다면 不當利得으로 반환을 청구할 수 있음은 물론이다. 金曾漢, 231.

9) 大判 75. 1. 28, 74다2069(公 508, 8297). 同旨 金疇洙, 261; 李銀榮, 309.

10) 註釋名則 Ⅱ, 196; 金曾漢, 229.

11) 金疇洙, 261; 金曾漢, 230.

12) 大判 78. 9. 12, 78다1103(集 26-3, 42).

청구할 수 있다(民 §§ 567, 570-572). 이 경우 기존의 延滯借賃은 어떤가? 소유자로부터 同額 상당의 不當利得返還請求를 동시에 받고 있는 한 賃貸人에 대한 지급을 거절할 수 있다고 보아야 할 것이다.[13] 그렇지 않으면 이중지급의 위험이 따르기 때문이다.

(나) 다음에 진실한 소유자와의 관계를 보면, 賃貸人이 소유자와의 契約 등에 의하여 처분권한을 가지고 賃貸한 경우에는 문제가 없으나, 그러한 처분권한 없이 賃貸한 경우에는 문제이다.

첫째, 賃貸人은 소유자에 대하여 借賃相當額을 不當利得으로 반환하여야 한다. 다만 賃貸人이 善意인 경우에는 返還義務를 지지 아니한다(民 § 201 I).[14] 그러나 이 때도 善意인데 過失이 있는 경우는 不當利得返還義務는 부인될지 몰라도 不法行爲로 인한 損害賠償責任을 부담한다고 보아야 할 것이다.[15]

둘째, 賃借人은 소유자가 청구할 경우 目的物을 引渡하여 주어야 한다. 뿐만 아니라 借賃相當額을 不當利得으로 반환하여야 한다. 설사 賃貸人에게 借賃을 지급하였다 하더라도 소유자와의 관계에서는 여전히 아무런 권원 없이 점유한 셈이기 때문이다.[16] 다만 賃借人이 賃貸人에게 賃貸權限이 있는 것으로 믿은 경우에는 善意의 점유자이므로 返還義務를 면한다 할 것이다(民 § 201 I). 그러나 善意인데 過失이 있는 경우는 不法行爲로 인한 損害賠償責任을 면할 수 없다고 보아야 할 것이다.[17]

Ⅲ. 賃貸借의 目的

1. 目的物의 使用, 受益

賃借人의 입장에서 본 賃貸借의 가장 기본적인 목적은 目的物을 사용, 수익하는 것이다. 그러나 반드시 사용 "및" 수익을 하여야 하는 것은 아니며, 단

13) 金曾漢, 230.
14) 註釋各則 Ⅱ, 197; 金疇洙, 262; 金曾漢·安二濬, 334.
15) 註釋各則 Ⅱ, 197.
16) 반대 崔鍾吉, "第三者에 대한 賃借人의 法的 地位", 司行(67. 8), 17; 金疇洙, 262; 金曾漢, 230-31은 賃貸人에게 借賃을 지급하지 아니하였으면 소유자가 직접 賃借人에게 借賃의 지급을 구할 수 있으나, 借賃을 지급한 이상 이득이 없으므로 소유자에게 다시 不當利得返還義務를 부담하지는 않는다고 한다. 그 밖에 註釋各則 Ⅱ, 197은 중대한 過失의 存否 여부로 해결하여야 한다고 하나 의미가 분명하지 않다.
17) 崔鍾吉(註 16), 18; 註釋各則 Ⅱ, 197; 金曾漢, 231.

순히 사용만을 목적으로 하거나 반대로 수익만을 목적으로 하는 것도 가능하며, 이러한 賃貸借도 民 §618 이하의 賃貸借에 해당한다. 이 점에서 사용만을 목적으로 하는 賃貸借를 使用賃貸借(Miete), 사용 및 수익의 양자를 목적으로 하는 賃貸借를 用益賃貸借(Pacht)라 하여 양자의 취급을 달리하는 獨逸民法이나 瑞西債務法의 立法例와 구별됨은 전술한 바와 같다(賃貸借 前論 참조).

賃借人이 目的物을 사용, 수익하는 것이 賃貸借의 기본적인 목적이기 때문에 그 목적 달성을 위하여 賃貸人은 目的物을 賃借人에게 引渡하고 賃貸借期間중 사용, 수익에 필요한 상태를 유지하여 줄 의무를 진다(民 §623). 賃貸人이 이러한 의무를 게을리하면 賃借人은 그 이행을 청구할 수 있으며, 사용, 수익의 불능으로 인한 契約의 解除, 解止 또는 損害賠償을 청구할 수 있다. 이에 관한 상세는 §623의 해설 참조.

賃借人이 目的物을 사용, 수익함에 있어서는 "契約 또는 그 目的物의 성질에 의하여 정하여진 用法"에 따라야 한다(民 §§654, 610 I). 賃借人은 賃貸人의 승낙 없이는 賃借物을 타인에게 사용, 수익하게 할 수 없으며(民 §629), 정하여진 用法을 벗어난 사용, 수익은 賃借人으로서의 의무불이행이 된다. 이에 관한 상세는 §629 및 §654의 해설 참조.

2. 借賃의 지급

(1) 賃貸人의 입장에서 본 賃貸借의 가장 기본적인 목적은 借賃을 지급받는 것이다. 借賃은 곧 賃貸借 目的物의 사용, 수익의 대가이다. 이처럼 사용, 수익의 대가로 借賃을 주고 받는 것이 契約의 요소인 점[18]에서 賃貸借는 使用貸借와 본질적으로 다르다.[19]

借賃은 그 가치정도, 貸主와 借主의 인적 관계 등 제반사정을 고려하여 볼 때 그 때문에 貸借關係가 이루어진 것으로 판단될 정도이어야 한다. 설사 반대급부가 제공되더라도 그것이 예컨대 건물에 대한 공과금을 부담하는 정도에 불과한 것과 같이 대가로서의 의미를 지니지 못하여 貸借關係가 借賃보다는 人的 관계에 치중하여 이루어진 것이라면 賃貸借로 보기 어렵다.

18) 즉 雙務契約이고, 동시에 有償契約이다. 金曾漢, "賃貸借의 雙務契約性", 法曹(79.3), 1 이하 참조.

19) 또한 他人의 土地를 사용, 수익하는 地上權의 경우에도 地代의 支給이 반드시 그 요소는 아니기 때문에 無償으로 地上權을 설정하는 것이 가능하고 이 점에서 賃貸借와 차이가 난다.

이와 관련하여 문제되는 것이 이른바 社宅의 이용관계이다. 社宅은 사용자가 자기가 고용하고 있는 종업원에게 住居用으로 제공하는 住宅을 말한다. 社宅은 그 거주자가 종업원의 지위에서 제공을 받는 것이기 때문에 사용료가 대체로 저렴하며 해고나 퇴직 등의 사유로 종업원의 지위를 상실한 때에는 곧바로 반환하기로 約定—명시적이든 묵시적이든—아래 이용관계가 설정되는 것이 보통이다. 이러한 社宅의 이용관계를 使用貸借로 볼 것이냐 아니면 賃貸借로 볼 것이냐는 매우 어려운 문제이다. 한마디로 社宅이라 하여도 그 형태가 기숙사, 독신자숙소, 單獨住宅, 아파트, 聯立住宅 등 다양하고 社宅의 사용료도 완전 無償에서부터 적게는 社宅에 부과되는 公租公課 상당액, 많게는 일반사회에서의 借賃 상당액에 이르기까지 다양하기 때문에, 社宅의 이용관계를 일률적으로 정하는 것은 사실상 불가능하다. 결국 社宅의 이용관계가 고용관계에 완전히 흡수되어 있느냐의 여부, 數人이 1실을 공동으로 사용하느냐 아니면 각자 독자적으로 사용하느냐의 여부, 사용료의 多寡 등을 종합적으로 고려하여 賃貸借 여부를 판단하는 수밖에 없다.[20)]

(2) 借賃은 반드시 금전으로 지급하여야 하는 것은 아니며, 그 크기, 지급방법은 원칙적으로 당사자가 자유롭게 정할 수 있다.[21)] 借賃의 지급시기는 後給이 원칙이다(民 § 633). 다만 借賃의 액수를 당사자의 자치에 완전히 일임하여 놓을 경우 상대적으로 강자의 지위에 있는 賃貸人이 약자의 지위에 놓여 있는 賃借人에게 지나치게 불리한 借賃約定을 강요할 수 있기 때문에 많은 나라에서 民法 또는 특별법을 통하여 일정 범위에서 借賃을 통제하고 있다.

우리 나라의 農地法 § 25도 農地賃借料의 上限을 제한하고 있다. 즉 同條에 의하면, 대통령령이 정하는 기준에 따라 지역별·농작물별로 농지소재지를 관할하는 農地管理委員會의 심의를 거쳐 市(서울특별시 및 광역시를 포함한다), 郡의 條例로 農地賃借料의 上限을 정하도록 되어 있으며(同條 I), 위와 같이 정하여진 賃借料의 上限을

20) 朴泰永, "住宅賃貸借保護法의 適用範圍", 裁判資料 32집, 459; 李範柱, "住宅賃借權의 對抗力", 方順元紀念論文集, 166.

21) 大判 59. 7. 23, 4291민상725(集 7, 172): 임대차계약에 있어 특정의 곡종을 임료로 정하였을 때에는 당사자간에는 특정된 곡종에 대한 임료청구권이나 임료지불의무만 있다.
大判 65. 8. 24, 65다1039(集 13-2, 84): 동일한 건물이라 할 지라도 그 전체를 단일한 임대차의 목적으로 하는 경우와 그 건물의 각 부분을 분할하여 임대하는 경우의 임대료 총액이 서로 다르고 분할임대하는 각 부분의 임대료액은 그 면적뿐만 아니라 당해 부분의 위치, 구조, 용도 등에 따라 좌우되는 것이 거래의 통념이라고 할 것인바, 계쟁 건물 중 임차인이 점거하고 있는 부분에 관하여 그 임대료 상당액을 구체적으로 심리 판단함이 없이 그 건물 전체의 월당 임료 상당액을 기준으로 하여 임차인 점거부분의 전체에 대한 면적의 비율에 의하여 그 액을 결정하는 것은 위법하다.

초과하여 賃貸借契約을 체결한 경우에는 그 초과부분의 효력이 부인된다(同條 II).

그 밖에 民法 §§627, 628, 住賃 §7에서 借賃의 增減請求에 관한 규정을 두고 있다. 상세는 후술하는 각 該當條文의 해설 참조.

(3) 한편 不動産賃貸人의 입장에서는 借賃請求權을 장기간에 걸쳐 확보할 필요가 있기 때문에 이를 위하여 傳來의 관습으로 保證金이 수수되고 있으며, 나아가 賃貸借不動産의 장소적 이익의 대가로 權利金이 수수되기도 한다. 住宅賃貸借保護法에서는 保證金에 관한 명문의 규정도 두고 있다. 保證金 및 權利金에 관하여는 賃貸借에 관한 각 條文의 해설 후에 별도의 항목을 설정하여 설명한다. 또한 住賃 §§7, 8의 해설 참조.

Ⅳ. 賃貸借契約의 形式

1. 賃貸借契約은 諾成, 不要式의 契約이다. 즉, 賃貸借契約은 賃貸人이 賃借人에게 目的物을 사용, 수익하게 할 것을 約定하고 賃貸人이 이에 대하여 借賃을 지급할 것을 約定하면 그것으로 곧 성립한다.[22] 계약의 성립을 위하여 約定에 반드시 書面을 요하는 것도 아니며, 約定 외에 물건을 引渡할 것을 요하지도 않는다.

이처럼 賃貸借를 諾成, 不要式의 契約으로 하고 있는 民法의 태도는 日本民法의 그것과 같다(日民 §601). 반면, 農地法은 農地의 賃貸借에 관하여 書面契約을 원칙으로 하고 있고(同法 §23), 獨逸民法은 기간이 1년이 넘는 土地賃貸借契約은 書面에 의할 것을 요구하며, 書面에 의하지 않은 경우에는 기간의 정함이 없는 것으로 본다(獨民 §566). 한편, 佛蘭西民法下에서는 賃貸借契約은 書面 또는 口頭로 할 수 있으나(佛民 §1714), 書面에 의하지 아니한 賃貸借가 아직 이행되지 않은 상태에서 당사자의 일방이 賃貸借를 부인하는 경우에는 證人에 의한 立證을 허용하지 않는다(佛民 §1715). 또한 口頭에 의한 賃貸借가 개시된 후 借賃에 관하여 분쟁이 발생하였는데 영수증이 없는 때에는 宣誓한 賃貸人의 陳述에 따른다. 다만 賃借人은 鑑定을 청구할 수 있다(佛民 §1716). 한편 佛蘭西의 "賃貸借關係 改善을 위한 法律"(Loi n° 89-462 du 6 juillet 1989, tendant à améliorer les rapports locatifs,

22) 大判 68.11.19, 68다1780(集 16-3, 217): 대지의 소유자가 그 지상건물의 소유자에게 차임을 요구하여 수령하고 그 대지의 점유사용을 허용한 경우에는 기간의 약정이 없는 대지의 임대차계약이 묵시적으로 성립하였다고 할 것이다.

1989. 7. 6.)은 住居用 建物이나 住居·業務 兼用 建物의 賃貸借는 書面에 의할 것을 요구하고 있다(同法 §§ 2, 3 I).

2. 賃貸借에 관하여도 豫約이 성립할 수 있다. 이 경우에는 豫約權利者의 豫約完結의 의사표시에 의하여 賃貸借契約이 성립한다(民 §§ 567, 564). 다만 장래의 특정일로부터 賃貸하기로 한다든가, 건축중의 건물을 완성 후에 賃貸하기로 한다든가, 현재 거주하고 있는 자를 퇴거시키고 賃貸하기로 하는 등의 契約은 賃貸借의 豫約이 아니라 기한부 또는 조건부의 本契約인 賃貸借가 성립한 것으로 보는 것이 옳다.[23]

V. 賃貸借의 분류——특히 月貰와 대비되는 傳貰에 관하여

1. 賃貸借는 구별기준을 어디에 두느냐에 따라 여러 가지로 분류할 수 있다. 예컨대, 賃貸借의 목적에 따라 使用賃貸借(Miete)와 用益賃貸借(Pacht), 대상에 따라 動産賃貸借와 不動産賃貸借,[24] 賃貸借期間에 따라 長期賃貸借와 一時使用을 위한 賃貸借(民 § 653) 등으로 분류할 수 있다.

그러나 무엇보다 중요한 것은 借賃의 지급방법에 따른 분류이다. 借賃을 정기적으로 지급[25]하는 통상의 賃貸借와 賃貸借契約時에 일정액의 목돈(이를 傳貰金이라고 한다)을 지급하고 그 이자를 借賃과 상계하는 傳貰가 바로 그것이다.[26]

본래 傳貰는 不動産 특히 건물에 관하여 오래 전부터 우리 나라에 특유한 관습으로 내려 오는 賃貸借制度이다.[27] 그것은 "전세권자가 상대방에 대하여 일정액의 전세금을 교부한 후 소정기간 상대방 소유의 가옥을 점유사용하고, 그 기간동안은 가임과 전세금의 이자를 상호 상계하며, 기간이 만료하면 가옥을 반환하는 대신 전세금도 돌려 받는 내용의 쌍무계약"이다.[28] 이처럼 傳貰

23) 金基善, 191; 金曾漢, 227.

24) 不動産賃貸借는 다시 土地賃貸借와 建物賃貸借로 세분된다.

25) 매월 지급하는 것이 가장 보편적인 형태이다. 그리하여 이러한 賃貸借를 후술하는 傳貰에 대비하여 아예 "月貰"라고 부르는 것이 보통이다.

26) 物權法의 傳貰權에 해당하지 아니하는 이른바 債權的 傳貰를 賃貸借의 일종으로 보는데 대하여는 대체로 異論이 없다. 다만 尹大成, "傳貰賃貸借論의 再檢討", 財産法硏究 7권 1호(90. 11), 91 이하는 이에 대하여 의문을 제기한다.

27) 傳貰에 관한 상세는 金榮一, "所謂 債權的傳貰權에 關한 慣習", 裁判資料 11집, 127 이하 및 尹大性, 韓國傳貰權法硏究(1988) 참조.

28) 大判 58. 4. 24, 4290민상867(集 6, 18); 大判 61. 1. 26, 4293민상274(要集 민 I-2, 988).

金은 借賃의 지급수단인 동시에 保證金의 역할도 하며, 건물소유자(賃貸人)의 입장에서 보면 不動産을 담보로 거액의 신용을 얻는 셈도 된다. 이를테면 不動產質의 역할을 하는 것이다. 그러나 傳貰는 어디까지나 債權契約에 지나지 않기 때문에 과거에는 傳貰期間의 종료 후 傳貰金을 확실하게 반환받기 위하여 傳貰契約과 동시에 傳貰目的物에 抵當權을 설정하거나 人的保證을 세우는 방법이 이용되었다고 한다.[29]

2. 民法상의 賃貸借에 관한 규정은 借賃을 정기적으로 지급하는 통상의 賃貸借를 상정한 것이고, 傳貰를 염두에 둔 것은 아니다. 다만, 舊民法과 달리 物權으로서의 傳貰權을 신설하여 상세히 규정하고 있다. 결국 物權으로서의 傳貰權에 해당하지 아니하는 이른바 "債權的 傳貰"는 여전히 관습에 맡긴 셈이다. 이러한 民法의 태도에 관하여는 학자들로부터 많은 비판이 가해져 왔고, 그러던 중 뒤늦게나마 1983년에 이르러 住宅賃貸借保護法의 개정으로 住宅의 債權的 傳貰는 同法의 적용을 받게 되었다(同法 §12. 따라서 이에 관한 상세는 후술하는 同法의 해설 참조). 결국 종래의 傳貰 중에서 현재 여전히 관습 내지 學說, 判例에 의한 규율에 의존하고 있는 것은 "住宅이 아닌 建物"[30]에 관한 債權的 傳貰인 셈이다.

이러한 住宅이 아닌 건물에 관한 債權的 傳貰는 그것도 賃貸借의 일종임에는 틀림이 없으므로 성질에 반하지 아니하는 이상 民法上의 賃貸借에 관한 규정이 적용된다고 볼 것이다. 예컨대 賃貸借의 登記에 관한 §621는 傳貰를 登記하면 이는 곧 物權으로서의 傳貰權을 登記하는 것이 될 것이므로 적용의 여지가 없다 할 것이나, 이처럼 명백히 성질에 반하는 것이 아닌 이상 賃貸借에 관한 규정을 그대로 적용할 것이다.

이에 대하여 입법자는 오히려 物權으로서의 傳貰權에 관한 규정이 가급적 유추적용될 것이라고 하였고,[31] 이에 同調하여 債權的 傳貰는 형식적으로 登記만 없을 뿐이지 실질적으로는 傳貰權과 마찬가지 기능을 한다 하여 物權으로서의 傳貰權에 관한 규정의 유추적용 필요성을 긍정하는 견해[32]도 있으나, 債權關係로서의 傳貰에 物權인 傳貰權에 관한 규정을 유추적용하는 것

29) 尹大性(註 26), 107.
30) 토지도 마찬가지이나, 토지에 관한 債權的 傳貰는 거의 행하여지고 있지 아니하기 때문에 論外이다.
31) 民法案審議錄(上), 183.
32) 註釋各則 Ⅱ, 275.

은 物權과 債權을 혼동하여 무리일 뿐만 아니라, 그럴 實益도 크지 않다고 할 것이다.

예컨대 傳貰權의 유추적용 필요성을 긍정하는 위 견해는 그 구체적인 傳貰權 규정으로서 民 §311(傳貰權의 消滅請求), §314(不可抗力으로 인한 滅失), §315(傳貰權者의 損害賠償責任), §317(傳貰權의 消滅과 同時履行) 등을 들고 있는 바,[33] 債權的 傳貰에 관하여 傳貰權에 관한 이들 규정은 새삼스레 이를 유추 적용하지 않아도 賃貸借에 관한 각 규정과 이론으로 얼마든지 해결이 가능한 것들이다.

3. 한편, 民 §628의 借賃增減請求權에 관한 규정에 관하여 "傳貰目的物은 거의 건물에 한정될 뿐만 아니라 그 기간이 短期인지라 公課負擔의 增減 기타 경제사정의 변동이 介在될 만치 장기간에 걸친 傳貰權 설정은 예상하기 어려우므로 실제상 문제될 여지가 없을 것이며, 傳貰金은 借賃이 지급되는 賃貸借와 달라서 約定期間에 걸쳐 不動產 사용에 대하여 그 增減을 문제삼지 않는다는 것이 당사자의 의사이고 일반 실정이라 할 것인 즉 위와 같은 규정은 債權的 傳貰權의 성질에 부합하지 않는다"는 견해[34]가 있으나, 위 條文은 賃借人의 보호를 위한 것일 뿐만 아니라, 傳貰權에도 傳貰金의 增減請求權이 인정되고(民 §312의 2), 住宅賃貸借保護法의 적용을 받는 傳貰에도 傳貰金의 增減請求權이 인정되는 마당에(同法 §§12, 7) 그 적용을 배제한다는 것은 타당하지 않다고 할 것이다.[35]

[閔 日 榮]

33) 註釋各則 Ⅱ, 276.
34) 朴禹東, "債權的 傳貰에 관하여", 法曹(67.3), 18.
35) 同旨 註釋各則 Ⅱ, 276.

第619條(處分能力, 權限 없는 者의 할 수 있는 短期賃貸借)

處分의 能力 또는 權限 없는 者가 賃貸借를 하는 境遇에는 그 賃貸借는 다음 各號의 期間을 넘지 못한다.

1. 植木, 採鹽 또는 石造, 石灰造, 煉瓦造 및 이와 類似한 建築을 目的으로 한 土地의 賃貸借는 10年
2. 其他 土地의 賃貸借는 5年
3. 建物 其他 工作物의 賃貸借는 3年
4. 動產의 賃貸借는 6月

Ⅰ. 槪　說

賃貸借는 물건의 이용에 관한 관리행위이지 처분행위가 아니므로 물건을 처분할 능력이나 권한이 없는 자도 賃貸借契約을 체결할 수 있다. 그러나 기간이 지나치게 긴 賃貸借契約을 체결하는 것은 사실상 처분행위를 하는 것과 다를 바 없으므로 民法은 처분능력 또는 권한 없는 자가 체결할 수 있는 賃貸借의 기간에 일정한 제한을 가하고 있다. 이러한 제한을 받는 賃貸借를 短期賃貸借라고 부른다.

다만, 이러한 제한을 받는 쪽은 어디까지나 賃貸人에 국한되며 賃借人에게는 해당하지 않는다.

Ⅱ. 處分의 能力 또는 權限 없는 賃貸人

처분의 능력 또는 권한이 없는 자란 물건을 관리할 능력이나 권한은 있으나 이를 처분할 능력이나 권한은 없는 자를 뜻한다. 관리할 능력이나 권한조차 없는 자는 아예 賃貸借契約을 체결할 수 없다.

그런데 관리할 능력은 있어도 처분할 능력이 없는 자는 舊民法上의 準禁治產者가 이에 해당하였으나, 舊民法上의 準禁治產者에 상응하는 현행 民法上의 限定治產者는 관리능력도 없기 때문에 현행법상으로는 관리할 능력은 있으나 처분할 능력이 없는 자가 없는 셈이다. 결국 本條가 처분의 능력이 없는

자를 들고 있는 것은 입법의 잘못이다.[1)]

관리할 권한은 있어도 처분할 권한이 없는 자로는 不在者財産管理人(民 §25), 권한이 정하여져 있지 아니한 代理人(民 §118 참조), 後見人(民 §§950, 946), 相續財産管理人(民 §§1023 Ⅱ, 1047 Ⅱ, 1053 Ⅱ 참조) 등이 있다.

Ⅲ. 短期賃貸借의 期間

(1) 制限期間

처분의 능력 또는 권한이 없는 자가 체결할 수 있는 短期賃貸借는 다음의 기간을 넘지 못한다.

(i) 植木, 採鹽 또는 石造, 石灰造, 煉瓦造 및 이와 유사한 건축을 목적으로 한 토지의 賃貸借――10년

(ii) 위 (i)항 이외의 토지의 賃貸借――5년

(iii) 건물 기타 공작물의 賃貸借――3년

(iv) 動産의 賃貸借――6월

(2) 期間의 更新

이에 관하여는 후술하는 §620의 해설 참조.

Ⅳ. 制限期間을 넘는 賃貸借의 效力

1. 처분의 권한이 없는 자가 本條의 제한기간을 넘는 賃貸借契約을 체결한 경우의 契約 자체의 효력은 각각 그 권한을 정하는 규정에 의하여 새겨야 할 것이다. 그렇게 볼 때 권한의 정함이 없는 代理人, 不在者財産管理人 또는 相續財産管理人의 행위는 無權代理行爲로 된다.[2)] 이 경우 그 契約의 효력은 전체로서 무효 또는 취소할 수 있는 행위로서 효력이 부정되는가 아니면 本條의 제한을 넘는 부분만 무효로 되는가?

이에 관하여 학설은 一部無效의 法理(民 §137)에 의하여 만일에 그러한 賃貸

1) 郭潤直, 317; 金錫宇, 261; 金疇洙, 307.
2) 金曾漢, 228; 李太載, 242.

借라면 賃借人 쪽에서 契約을 하지 않았으리라고 인정될 만한 사정이 없는 한 本條의 기간으로 단축된다고 해석하는 것이 통설이다.[3] 일반적인 賃貸借의 約定期間이 20년을 넘을 경우 이를 전부 무효로 하지 않고 20년으로 단축하는 것(民 §651 후문)과의 균형상으로도 이러한 해석이 타당하다 할 것이다.

2. 처분의 권한이 없는 자가 기간을 約定하지 않고 체결한 賃貸借는 언제든지 解止通告에 의하여 契約을 종료시킬 수 있으며(民 §636), 그러한 解止通告 없이 賃貸借가 계속될 경우에는 역시 本條의 제한기간 내에서 유효하다.[4]

[閔 日 榮]

第620條(短期賃貸借의 更新)

前條의 期間은 更新할 수 있다. 그러나 期間滿了前 土地에 對하여는 1年, 建物 其他 工作物에 對하여는 3月, 動產에 對하여는 1月內에 更新하여야 한다.

I. 概 說

처분의 능력 또는 권한이 없는 자가 체결할 수 있는 短期賃貸借의 기간은 이를 更新할 수 있다(本條 本文). 賃貸借期間의 제한을 둔 대신 합의에 의한 更新을 인정한 것이다. 다만, 그 更新에 있어서는 本條但書에 의하여 시기상의 제한을 받는다. 更新의 시기에 제한을 둔 이유는 賃貸借契約의 체결과 동시에 또는 그 후 아무 때나 게약의 更新을 인정하게 되면 §619의 입법취지가 자칫 沒却될 우려가 있기 때문이다. 따라서 소정의 기간 이전에 更新한 때에는 更新의 효력이 없다.[1]

---

3) 郭潤直, 318, 註釋各則(Ⅱ), 205; 金錫宇, 261; 金疇洙, 260; 金曾漢, 228.
이에 대하여 金基善, 195는 "無效로 함이 原則이나 다만 當事者가 所定期間의 範圍內에서 賃貸借를 成立시키려는 意思가 있는 양으로 解釋하는 때에 限하여서 所定의 期間으로 短縮시켜 有效로 함이 옳을 것이다"라고 한다. 李太載, 242도 同趣旨로 보인다.

4) 註釋各則 Ⅱ, 205.

1) 金基善, 195.

Ⅱ. 更新의 時期

(1) 短期賃貸借의 기간을 更新할 수 있는 시기는 다음과 같다. 즉, 土地賃貸借의 경우는 賃貸借期間이 만료하기 前 1년 내에, 建物 기타 工作物의 賃貸借의 경우는 賃貸借期間이 만료하기 前 3월 내에, 動産賃貸借의 경우는 賃貸借期間이 만료하기 前 1월 내에 更新하여야 한다.

(2) 本條의 更新은 당사자간의 합의에 의하여 賃貸借期間을 明示的으로 更新할 경우의 제한규정일 뿐 賃貸借의 종료에 따른 默示的 更新까지 제한하는 것은 아니다.[2] 따라서 民 § 639에 의한 賃貸借의 默示的 更新도 가능하다.

Ⅲ. 更新에 의한 期間

本條에 의하여 短期賃貸借의 기간을 更新할 경우 更新된 기간도 역시 民 § 619의 제한을 넘어서지 못함은 더 말할 것도 없다. 문제는 처음의 賃貸借期間과 更新된 기간을 합한 전체기간 또한 民 § 619의 제한을 받느냐 하는 것이다. 다시 말하면 更新된 기간 자체만 民 § 619의 제한을 넘지 않으면 얼마든지 更新이 가능한 것이냐, 아니면 애초부터의 기간을 통산하여 民 § 619의 제한을 넘게 되면 그 이상의 更新은 불가능한 것이냐 하는 것이다.

이에 관하여 "更新되는 기간이 제619조가 정하는 법정기간을 넘을 수 없음은 물론이다. 그렇지 않으면, 更新의 합의를 되풀이함으로써 제619조의 기간을 넘는 기간의 구속을 발생케 할 수 있게 되어, 제619조의 취지에 위반하게 되기 때문이다"라고 하여 의미가 꼭 분명한 것은 아니나 後者의 입장을 취하는 것으로 보이는 견해가 있다.[3]

그러나 私見으로는 前者의 입장을 취하는 것이 옳다고 본다. 당사자간의

2) 同旨 註釋各則 Ⅱ, 206.

3) 郭潤直, 318; 金疇洙, 259.
다만 郭潤直 교수는 일반적인 賃貸借의 최장기간 및 그 更新에 관한 § 651의 해석에서는 이와 달리 更新에 의하여 통산 賃貸借期間이 20년을 넘어도 무관한 것으로 보고 있는 것같다(郭潤直, 311). 따라서 同 교수가 短期賃貸借의 更新된 기간에 관하여 後者의 입장을 취하고 있다고 단정하기는 어려울지도 모른다. 아뭏든 만일 後者의 입장이라면 논리에 모순이 있지 않을까?

합의에 의한 賃貸借의 更新은 명문의 규정이 없더라도 가능한 것인바, 그럼에도 本條가 賃貸借期間을 更新할 수 있다고 굳이 별도로 규정하고 있는 것은 民 §619가 短期賃貸借의 기간에 제한을 두고 있기 때문이다. 즉 短期賃貸借는 원칙적으로 民 §619에 의하여 기간제한을 받지만 필요에 의하여 그 기간을 更新하는 것은 가능하다는 것이 本條 本文의 취지이며, 다만 그 남용을 방지하기 위하여 本條 但書를 둔 것이라고 봄이 옳을 것이다. 만일 後者의 입장처럼 해석한다면 本條 但書는 의미가 없게 된다. 애초부터의 기간을 통산하여 民 §619의 제한을 받는다면 굳이 更新時期에 제한을 둘 필요가 없을 것이기 때문이다.

한편 前者의 입장을 취하는 것이 文理的으로도 보다 합당하고 또한 현실적인 필요성에도 부합한다. 不在者財產管理人이 建物을 短期賃貸借하는 경우를 예로 들어 民 §§619, 620의 條文體系를 보면, 不在者財產管理人은 建物을 3년까지 賃貸할 수 있고 그 이상은 賃貸할 수 없으나(民 §619), 그 3년의 기간이 끝나기 전 3월 내에 賃貸期間을 다시 更新할 수 있다(民 §620)는 것이 된다. 다만 그 更新한 기간 역시 3년을 넘지는 못한다. 이러한 해석에는 법문상 전혀 무리가 없고, 실제상으로도 필요하다. 不在者를 위한 재산관리를 위하여 建物을 賃貸함에 있어 3년만으로는 부족한 경우가 얼마든지 있을 수 있을 것이기 때문이다. 만일 後者의 입장을 취하게 되면 建物을 처음에 3년 기간으로 賃貸하였다면 그 후로는 아무리 필요하다고 해도 다시는 기간을 更新할 수 없다는 결과가 되어 民 §620는 사실상 死文化되고 말 것이다.

Ⅳ. 更新의 效果

本條에 의하여 당사자간의 明示的인 約定으로 賃貸借를 更新하는 경우에는 그 契約內容은 당사자가 정하는 바에 따른다. 즉 당사자는 종전과 동일한 조건으로 契約을 更新할 수도 있고, 내용을 달리 할 수도 있을 것이다. 따라서 默示의 更新(民 §639)에서와 같은 전후 契約內容의 동일성 여부의 문제는 일률적으로 논할 성질의 것이 못된다. 그 당연한 귀결로 保證人이나 物上保證人과 같은 제3자의 책임도 당연히 승계되는 것은 아니며 역시 更新契約에서 정하기 나름이다. 물론 保證人이나 物上保證人을 계속 둘 경우에는 다시 그 자의 승낙을 받아야 함은 당연하다. 최초의 保證人이나 物上保證人은 애초의 賃貸借에 관하여 보증을 선 데 불과하기 때문이다.

短期賃貸借를 默示的으로 更新할 경우의 효과는 賃貸借의 일반적인 默示的 更新과 특별히 다를 바 없으므로 §639의 해설 참조.

[閔 日 榮]

第 621 條(賃貸借의 登記)

① 不動産賃借人은 當事者間에 反對約定이 없으면 賃貸人에 對하여 그 賃貸借登記節次에 協力할 것을 請求할 수 있다.

② 不動産賃貸借를 登記한 때에는 그 때부터 第三者에 對하여 效力이 생긴다.

차 례

Ⅰ. 概 說
Ⅱ. 賃貸借登記의 要件
 1. 不動産의 賃貸借
 2. 賃借人의 請求 ── 반대특약의 부존재
Ⅲ. 賃貸借登記의 效力
 1. 對 抗 力
 2. 第 3 取得者에 대한 관계
 3. 制限物權 取得者에 대한 관계
 4. 賃借權 侵害者에 대한 관계
Ⅳ. 動産賃借權의 對抗力 문제

Ⅰ. 概 說

舊民法에서는 不動産賃貸借는 登記를 갖춘 때에 제3자에게 대항할 수 있다고 하였으나(舊民 §605), 登記를 하려면 賃貸人의 협력이 필요하였기 때문에 賃借人이 단독으로 對抗力을 취득할 수 없었고 따라서 사실상 有名無實하였다. 그에 비하여 현행 民法은 不動産賃貸借는 이를 登記한 때에 한하여 제 3 자에게 대항할 수 있다는 점에서는 舊民法과 같으나(本條 Ⅱ), 舊民法과 달리 "반대의 특약이 없으면" 賃借人이 賃貸人에 대하여 登記節次에 협력할 것을 청구할 수 있게 하였다(本條 Ⅰ). 그만큼 不動産賃借人이 對抗力을 취득할 수 있는 길이 넓어진 셈이다.

다만 賃貸人은 반대의 특약을 함으로써 登記에 협력할 의무로부터 쉽게 벗어날 수 있으며, 登記節次를 밟는다는 것 자체가 번거로운 데다 賃借人이 등록세 등 登記費用을 부담하여야 하기 때문에 현행 民法下에서도 과연 얼마나 賃貸借登記가 행하여질 것이냐에 관하여 의문을 제기하는 견해가 있음[1]에 유의할 필요가 있다. 뿐만 아니라, 설사 반대의 특약을 하지 않았다 한들 賃貸人이 자발적으로 협력하지 않는 이상 登記를 원하는 賃借人로서는 賃貸人을 상대로 賃借權設定登記節次의 이행을 구하는 소송을 제기할 수밖에 없는데 과연 그렇게까지 할 賃借人이 얼마나 있을지 의심스럽다. 더구나 舊法과 달리 物權으로서의 傳貰權이 民法에 규정되어 이용되고 있는 터인지라 登記를 할 바에는 賃借權보다는 傳貰權을 登記하는 쪽을 택할 것이다. 이렇게 본다면 결국 本條는 큰 실효성이 없는 條文이라고 하여도 과언이 아닐 것이다. 그리하여 아예 住居用 建物에만 적용되는 住宅賃貸借保護法 제3조를 확대하여 모든 建物의 賃貸借에 관하여 賃借人이 引渡를 받은 때에는 제3자에 대항할 수 있도록 하여야 한다는 입법론도 제기되고 있다.[2]

獨民 §571 Ⅰ은 "賃貸人이 賃借人에게 賃貸土地를 인도한 후에 이를 제3자에게 讓渡한 때에는 讓受人은 그의 所有權의 존속중에 賃貸借關係에서 발생하는 권리 및 의무에 관하여 賃貸人의 지위를 承繼한다"고 하고, 同法 §572는 "賃借土地를 引渡받은 賃借人이 그의 義務履行을 위하여 賃貸人에게 擔保를 제공한 때에는 讓受人이 그 擔保에 관한 권리를 취득한다. 讓受人은 擔保를 넘겨 받거나 또는 賃貸人으로부터 그 返還義務를 引受한 때에 한하여 擔保를 반환할 의무를 진다"고 하고 있고, 佛民 §1743은 "賃貸人이 賃貸勿을 매도한 경우에 買受人은 공정 또는 정확한 日附가 있는 證書에 의하여 賃貸借契約을 체결한 農地賃借人 또는 住宅賃借人에 대하여 引渡請求를 할 수 없다. 다만, 賃貸借契約時 賃貸人이 권리를 留保한 때에는 그러하지 아니하다"고 하고 있고, 日本借地借家法 §31 Ⅰ은 "建物의 賃貸借는 登記를 하지 않더라도 建物을 引渡받은 때에는 그 후 建物에 관하여 物權을 취득한 자에 대하여 효력이 생긴다"고 하고 있다.

---

1) 郭潤直, 326.
2) 玄勝鍾, "傳貰權 및 賃借權의 強化", 司行(81.10), 7-8.

Ⅱ. 賃貸借登記의 要件

1. 不動産의 賃貸借

本條에 의하여 登記를 하는 것은 不動産의 賃貸借를 대상으로 한다. 動産의 賃貸借는 그 대상이 될 수 없음은 물론이다. 선박의 賃貸借에 관하여는 商法에 특별규정이 있는바(商 §765), 不動産의 경우와는 달리 後述하는 반대특약의 존부와는 상관없이 賃貸借를 登記할 수 있는 것이 특색이다.

2. 賃借人의 請求—반대특약의 부존재

賃借人은 本條 I에 의하여 賃貸人에게 賃貸借의 登記—정확히는 賃借權의 登記—를 청구할 수 있다. 다만 賃貸人과 賃借人 사이에 賃貸借를 登記하지 아니한다는 반대의 특약이 있는 경우에는 예외이다. 따라서 반대의 특약에 의하여 賃貸人은 登記義務를 쉽게 벗어날 수 있다.

賃貸借를 登記하려면 賃借人의 청구에 의하여 賃貸人과 賃借人이 공동으로 賃貸借登記를 신청하여야 한다(不登 §28). 賃貸人이 賃借人의 청구에 불응하면 賃借人은 賃貸人을 상대로 登記節次를 이행할 것을 訴求할 수밖에 없다. 賃貸人에 대하여 賃借人에게 賃貸借登記節次를 이행할 것을 명하는 확정판결을 얻은 賃借人은 그 판결을 가지고 단독으로 賃貸借登記를 신청할 수 있다.

賃貸借登記의 신청서에는 借賃을 기재하여야 하고, 존속기간, 借賃의 前給, 지급시기, 賃借保證金의 約定이 있는 때에는 이를 기재하며, 賃貸借를 한 자가 처분의 능력 또는 권한이 없는 자인 때에는 그 뜻을 기재하여야 한다(不登 §156 I).

Ⅲ. 賃貸借登記의 效力

1. 對 抗 力

不動産賃貸借를 登記한 때에는 그 때부터 제3자에 대하여 효력이 생긴다(本條 II). 賃借權에 이른바 對抗力이 생기는 것이다. 즉 賣買가 이제는 더 이상 賃貸借를 깨뜨리지 못한다(Kauf bricht nicht Miete). 이러한 對抗力은 賃貸借를 登記한 때부터 생긴다. 賃借權을 假登記(不登 §§3, 2 vii)하였다가 本登記를 한 경우에는 물론 假登記한 때에 소급하여 對抗力이 생긴다. 賃貸借가 更新된 경우에도 처음 취득한 對抗力은 지속된다.[3)]

이하에서는 對抗力의 구체적인 내용을 賃貸借目的物인 不動産에 대한 제3 취득자(新所有者), 制限物權 取得者 및 賃借權 침해자에 대한 관계에서 살펴본다.

2. 第三取得者에 대한 관계

(1) 賃借權의 주장

賃借人은 賃借不動産의 제3취득자에 대하여 자기의 賃借權을 주장할 수 있다. 제3취득자의 所有權 취득원인은 불문한다. 즉, 賣買, 交換 등 법률행위에 의한 것이든, 相續,[4)] 競賣 등 법률의 규정에 의한 것이든 묻지 아니한다. 다만, 제3취득자의 所有權 취득에 의하여 賃借權登記가 말소되어 버리는 경우는 賃借權을 주장할 수 없음은 물론이다. 예컨대, 賃借權登記에 앞서는 先順位의 抵當權이 설정되어 있거나 先順位의 假押留登記가 되어 있는 不動産에 대하여 競賣節次(強制競賣이든 擔保權實行을 위한 競賣이든)가 개시되어 競落된 경우에는 抵當權이나 假押留의 登記는 물론 그보다 순위가 뒤진 賃借權登記도 말소되기 때문에 賃借人은 競落人에 대하여 자기의 賃借權을 주장할 수 없다.[5)]

賃借權을 登記하지 아니한 이상은 目的物에 대하여 賃貸借가 이루어진 사실을 알면서 그 所有權을 취득한 자에 대하여도 賃借人은 자기의 賃借權으로 대항할 수 없으며,[6)] 제3취득자에 대하여 賃借權을 주장하는 자는 그 스스로 賃借權登記의 존재를 주장·입증하여야 하고, 제3취득자가 반대로 賃借權의 登記가 없다는 사실을 주장·입증할 것이 아님은 물론이다.[7)]

(2) 賃貸借의 承繼

不動産賃貸借가 제3자에 대하여 효력이 있어 賃借人이 제3취득자에 대

---

3) 李銀榮, 335.

4) 大判 66.9.20, 66다1238(集 14-3, 59): 원고 등이 본건 대지를 망 부친으로부터 상속에 의하여 취득한 것이 아니고 그 사망 전에 증여에 의하여 소유권을 취득한 것이라 하더라도, 피고 주장과 같이 본건 토지를 원고 등의 망부로부터 임차하고 있는 것이라면 원고 등은 그 부친의 사망으로 그의 피고에 대한 위 토지의 임대인으로서의 의무도 승계하였다고 보아야 할 것이고, 따라서 피고는 원고 등의 망부에 대한 본건 토지의 임차권을 원고 등에게도 주장할 수 있다.

위 判例에 의하면 상속의 경우는 登記 없이도 賃借權을 상속인에게 주장할 수 있는 셈이다.

5) 大判 83.4.26, 83다카116(集 31-2, 128).

6) 大判 77.12.13, 77다115(要集 민 I-2, 995).

7) 大判 69.1.28, 68다1399(要集 민 I-2, 995).

하여 賃借權을 주장할 수 있다는 것은 종래의 賃貸借가 新所有者인 제 3 취득자와 賃借人 사이에 그대로 존속하게 된다는 것을 의미한다.[8] 住賃 §3 Ⅱ이 "賃借住宅의 讓受人은 賃貸人의 지위를 승계한 것으로 본다"고 규정하고 있는데 비하여 民法에는 이에 관한 규정이 없으나,[9] "賃貸人의 채무는 실제에 있어서는 그렇게 짙은 개인적 색채를 갖는 것은 아니며, 目的物의 소유자라는 사실만으로써 거의 완전한 이행을 할 수 있다. 그리고 賃借人을 위하여도… 讓受人이 賃貸人의 지위를 승계해 주는 것이 훨씬 유리하다"고 하여 마찬가지로 보는 것이 일반적이다.[10] 다만 賃借人이 賃貸借의 승계를 원하지 아니할 때에는 곧 異議를 제기함으로써 승계되는 賃貸借關係의 구속을 면할 수 있다고 한다.[11] 이처럼 賃貸借가 승계될 경우 문제되는 것은 다음과 같다.

(가) 借 賃 借賃의 額, 지급시기, 지급방법 모든 것이 그대로 승계된다. 나만, 그 중 지급시기에 관한 특약, 借賃을 前給한 경우 그 내용은 登記事項이므로(不登 156 Ⅰ) 이를 登記하지 아니한 경우에는 제 3 취득자에 대하여 주장할 수 없다.[12]

借賃 중 제 3 취득자가 所有權을 취득한 한 때를 기준으로 이미 현실로 발생하여 延滯되어 있는 부분은 별도의 債權讓渡節次가 없는 한 舊所有者(종전 賃貸人)만이 청구할 수 있고 제 3 취득자에게 그 請求權이 이전되지 않는다.[13]

讓渡 후의 借賃을 賃借人이 前賃貸人에게 지급한 때에는 그것은 수령권한 없는 자에 대한 지급이므로 원칙적으로 변제의 효과가 생기지 않는다. 다만 賃借人이 讓渡事實을 알지 못한 경우에는 債權의 準占有者에 대한 辨濟(民 §470)

---

8) 大判 77.10.11, 77다1354(要集 민Ⅰ-2, 991): 건물임차인의 건물명도와 임대인(소유자)의 전세금반환을 서로 동시이행하기로 약정이 되어 있는 경우에 임대인으로부터 위 건물을 매수한 자가 그 매수 당시 임차인의 전세금을 떠 안고 매수하였다면 특별한 사정이 없는 한 신구소유자간에 위 동시이행의 의무를 신소유자가 승계하는 계약이 성립된 것으로 봄이 상당하다.

이 判例는 賃借人이 賃借權 登記를 별도로 하지 아니한 경우에도 당사자의 의사에 의하여 賃貸人의 지위가 신소유자에게 승계되는 것을 인정한 것으로서, 그것이 타당함은 더 말할 나위도 없다.

9) 前述한 바와 같이 獨民 §571 Ⅰ은 "賃貸人이 賃貸不動產을 賃借人에게 引渡한 후에 이것을 제 3 자에게 讓渡한 경우에는 그 취득자는 자기의 所有權이 존속하는 한 賃貸借關係로부터 발생하는 권리 의무에 대하여 賃貸人의 지위를 승계한다"고 하고 있다.

10) 金容闇, "建物 및 垈地賃借權의 對抗力", 司論(1), 32; 李範柱, "住宅賃借權의 對抗力", 方順元紀念論文集, 172; 註釋各則 Ⅱ, 209; 郭潤直, 307, 326; 金疇洙, 255-56; 金曾漢, 242.

11) 반대 李銀榮, 334.

12) 李範柱(註 10), 178; 註釋各則 Ⅱ, 210; 郭潤直, 326.

13) 金容闇(註 10), 33; 註釋各則 Ⅱ, 210; 郭潤直, 326; 金錫宇, 269; 金疇洙, 272; 金曾漢, 246; 李銀榮, 333.

로 보아 변제의 효력을 인정하여야 할 것이다.[14]

(나) 保 證 金 保證金도 이를 登記(不登 §156 I)한 경우에는 제3취득자와의 사이에 그대로 승계된다.[15] 다만 住宅賃貸借保證金 반환채무의 승계와 관련하여 筆者는 종전 賃貸人도 반환채무를 부담한다고 보는 것이 옳다고 주장한 바 있다(상세는 住賃 §3 II의 해설 참조).

保證金返還債務의 승계와 관련하여 제3취득자의 所有權 취득시 이미 延滯되어 있는 借賃을 新·舊 소유자간에 정산하고 제3취득자가 그 請求權의 양수절차를 밟은 경우에는 保證金의 반환시 이를 공제하여야 할 것이다. 그러나 이에 관한 讓渡讓受 절차가 없었던 경우에는 保證金 전액을 반환하여야 한다. 왜냐하면 前述한 바와 같이 延滯借賃債權이 당연히 제3취득자에게 이전하는 것은 아니기 때문이다. 그런데 통설은 이와 달리 해석하여 延滯借賃이 保證金에서 당연히 공제되고 그 잔액만이 제3취득자에게 승계된다고 하는바,[16] 舊所有者가 延滯借賃을 保證金에서 충당하였다면 모르되,[17] 그렇지 아니한 이상 賃貸借가 여전히 존속하고 있는데 통설과 같이 해석하는 것은 무리가 아닐까 한다. 다만 실제 거래에 있어서는 舊所有者가 延滯借賃을 保證金에서 충당하고 讓渡하는 것이 보통일 것이므로 통설처럼 해석하여도 무리는 없을 것이다.

住宅의 賃貸借가 아닌 한, 保證金을 登記하지 아니한 때에는 제3취득자에 대하여 주장할 수 없다. 保證金도 登記事項이기 때문이다(不登 §156 I).[18] 그런데

14) 李範柱(註 10), 179; 金曾漢·安二濬, 351; 李銀榮, 333.

15) 註釋各則 II, 210.

16) 金錫宇, "保證金", 中央大學校 法政論叢 7집, 29-30; 金容聞(註 10), 33; 金鍾大, "賃借保證金의 法的 性質과 그 轉付에 따른 實務上 問題點", 司論(18), 127-28; 註釋各則 II, 210; 郭潤直, 355; 金疇洙, 298; 金曾漢·安二濬, 388; 李太載, 265.

17) 賃貸借 존속 중에는 충당하고 안하고는 그의 자유이다. 後述하는 保證金에 관한 해설 III. 2. 참조

18) 大判 88. 4. 2, 87다카458(集 36-1, 159): 임차인이 부동산에 대한 임대차계약을 체결하고 임차권을 피보전권리로 한 처분금지가처분등기를 집행(기입)한 후에 강제경매신청에 의한 경매개시결정이 이루어지고 그 경매결과 제3자가 부동산을 경락받았다 하더라도 임차인이 임차권설정등기 이행청구의 본안승소판결을 받아 그 판결이 확정되면 임차권설정등기를 경료하였는지의 여부에 관계 없이 선행된 가처분등기와 위 확정판결에 기하여 그 경락인은 가처분권리자의 권리보전과 상용(상용)되지 아니하는 범위 내에서 그 권리를 취득하는 것으로 확정된다 할 것이고, 따라서 임차인은 임대인의 지위를 포괄승계한 경락인에 대하여 임차보증금의 반환을 청구할 수 있다.

이 判決은 위 假處分에 기한 本案勝訴判決에 기하여 賃借權登記를 하면서 保證金의 登記를 하지 아니하였던 事案(본래 賃貸借契約 당시에는 保證金의 約定을 하였는데 賃貸借登記를 命한 本案判決의 내용에는 그에 관한 사항이 누락되어 있었다)에 관한 것으로서, 原審判決은 保證金을 登記하지 하지 아니하였기 때문에 競落人에 대하여 保證金의 반환을 청구할 수 없다고 하였으나, 大法院은 위와 같이 保證金은 물론 賃借權 자체를 登記하지 않았어도 假處分의 효력으로 競落人에 대하여 保證金의 반환을 청구할 수

반드시 論旨가 분명한 것은 아니나 登記 여부와는 상관없이 제 3 취득자에게 주장할 수 있는 것처럼 보고 있는 것같은 견해[19]가 있는바, 保證金이 登記事項[20]이 아니라면 몰라도[21] 위와 같이 保證金을 登記事項으로 하고 있는 현행 不動産登記法의 체제 아래서는 이러한 견해는 타당성이 없다고 할 것이다.

(다) 存續期間 존속기간도 이를 登記(不登 § 156 I)한 경우에는 제 3 취득자와의 사이에 그대로 승계된다. 따라서 본래의 約定期間 중 소유자 변동시의 잔존기간 동안 賃貸借가 존속하게 된다. 존속기간의 정함이 있었는데도 이를 登記하지 아니한 때에는 이를 주장할 수 없으므로 결국 제 3 취득자와의 사이에서는 기간의 정함이 없는 賃貸借로 된다고 할 것이다. 종래의 것이 애당초 기간의 정함이 없는 賃貸借인 경우에는 제 3 취득자와의 사이에서도 마찬가지로 기간의 정함이 없는 賃貸借로 됨은 물론이다.

3. 制限物權 取得者에 대한 관계

登記한 賃借權자의 다른 制限物權 취득자[22]에 대한 對抗力 문제는 곧 그들간의 우열관계의 문제로서 이는 登記의 順位[23]에 의하여 결정된다.

抵當權은 用益의 요소가 없으므로 그것이 실행되지 않는 한 賃借權과 상충의 문제가 생기지 아니하고, 抵當權이 실행된 경우에는 결국 競落人과 賃借人 사이의 문제로 전환되어 前述한 제 3 취득자에 대한 관계의 문제로 귀결된다.

傳貰權者, 地上權者, 또 다른 登記한 賃借權者 및 住宅賃貸借保護法에 의하여 對抗力을 갖춘 자와의 사이에서는 충돌이 생기는바, 登記의 순위 또는 일자에 의하여 우선적 지위에 있는 賃借權者는 이들 後順位者의 用益權을 부인하고 자기의 사용, 수익을 주장할 수 있다.

있다고 한 것이다.

19) 郭潤直, 354; 金曾漢, 246; 李銀榮, 332-33.

20) 金錫宇, 269, 金疇洙, 272 및 金曾漢, 246은 保證金返還債務는 登記할 수 없기 때문에 登記 없이 당연히 승계된다고 하나 찬성할 수 없다.

21) 登記사항이 아닌 것이 제 3 취득자에게 당연승계되느냐 아니냐는 또 다른 문제이다. 不登 § 156 I 이 몇몇 사항에 한하여 登記할 것을 요구하고 있을 뿐, 民法 § 621는 對抗力이 생기는 賃借權의 범위에 관하여 규정하고 있지 않고, 登記事項이 아닌 것은 對抗力이 생기지 않는다고 하게 되면, 그 사항이 賃貸人 또는 賃借人의 어느 일방에 유리한 것이라면 그에게는 對抗力을 박탈하는 결과가 되고 반대편에게는 對抗力을 면하는 결과가 되어 형평을 잃기 때문에 登記사항 이외의 것은 제 3 취득자에게 당연승계된다고 볼 것이다. 同旨 李範桂(註 10), 178.

22) 抵當權者, 傳貰權者, 地上權者 및 物權은 아니나 또다른 登記한 賃借權者나 住宅賃貸借保護法에 의하여 對抗力을 갖춘 자를 포함한다.

23) 住宅賃貸借保護法에 의하여 對抗力을 갖춘 자와의 사이에서는 登記日字와 對抗力 具備日字의 先後.

4. 賃借權 侵害者에 대한 관계

登記한 賃借權이 제 3 자에 의하여 침해를 받은 경우에 賃借人이 不動產을 점유하고 있는 때에는 그 점유권의 침해를 이유로 妨害排除 및 損害賠償을 청구할 수 있다(民 §§ 204-206). 또한 賃借權의 침해가 제 3 자에 의한 債權侵害로서 不法行爲로 되는 경우에는 損害賠償請求를 할 수 있음도 물론이다. 문제는 賃借權 자체에 기하여 妨害排除請求를 할 수 있느냐인데, 학설은 登記하지 아니한 賃借權에 관하여는 이론이 분분하나, 登記된 賃借權에 대하여는 妨害排除請求權을 인정하는 데 異論이 없다(상세는 賃貸借前論 Ⅳ.5. 참조).

Ⅳ. 動產賃借權의 對抗力 문제

賃借人이 점유하는 動產의 所有權이 返還請求權의 讓渡에 의하여 이전된 경우에 賃借人이 그의 賃借權으로써 新所有者에게 대항할 수 있는가에 관하여 이를 긍정하는 견해[24]와 부정하는 견해[25]가 대립된다. 獨民 § 986 Ⅱ은 "物件이 제391조의 返還請求權의 讓渡에 의하여 讓渡된 경우에 그 물건의 점유자는 讓渡된 請求權에 대하여 가지는 抗辯으로써 新所有者에게 대항할 수 있다"고 규정하고 있으나, 이러한 明文의 규정이 없는 우리 民法의 해석론으로는 對抗力을 부정하는 後者의 견해가 옳다고 할 것이다. 不動產賃貸借에 있어서도 登記를 갖춘 때에만 예외적으로 對抗力이 인정되는 마당에 특별한 근거도 없이 動產賃貸借에 對抗力을 인정하는 것은 무리이기 때문이다.

[閔 日 榮]

24) 崔鍾吉, "第三者에 대한 賃借人의 法的 地位", 司行(67.8), 20; 金基善, 206; 金疇洙, 274; 金曾漢, 247-48; 金顯泰, 194; 李太載, 254.
25) 郭潤直, 328; 金錫宇, 270.

第 622 條(建物登記 있는 借地權의 對抗力)

① 建物의 所有를 目的으로 한 土地賃貸借는 이를 登記하지 아니한 境遇에도 賃借人이 그 地上建物을 登記한 때에는 第三者에 對하여 賃貸借의 效力이 생긴다.

② 建物이 賃貸借期間滿了前에 滅失 또는 朽廢한 때에는 前項의 效力을 잃는다.

Ⅰ. 槪 說

本條는 §621와 더불어 賃貸借가 對抗力을 취득하는 방법을 규정하고 있다. 양자가 다른 점은 §621는 賃借權을 직접 登記함으로써 對抗力을 취득하는 것을 규정하고 있는 데 비하여, 本條는 賃借權의 직접적인 登記 없이도 地上建物의 登記만으로 대지의 賃借權이 對抗力을 취득하는 것을 규정하고 있다는 것이다. 本條는 舊民法에는 없던 條文으로 日本의 舊"建物保護에 관한 法律" §1를 본딴 것이다.

地上建物의 登記는 土地賃借人이 단독으로 할 수 있으므로 법규정 자체만을 놓고 볼 때는 土地賃借人의 보호를 위하여 一大躍進[1]을 한 것으로 볼 수 있으나, 타인의 土地 위에 建物을 소유하는 것을 달갑게 여기지 않는 우리의 현실에서는 큰 의미가 없다.[2] 또한 賃借權의 登記에 의한 對抗力과 관련하여 분규를 야기한다고 하여 입법론상으로 의문을 제기하는 견해도 있다.[3]

日本借地借家法 §10 Ⅰ은 "借地權은 그 登記를 하지 않았더라도 借地權者가 土地上에 登記된 建物을 소유하는 때에는 이로써 제3자에게 대항할 수 있다"고 하고 있다.

Ⅱ. 對抗力 取得의 要件

1. 建物 所有 目的의 土地賃貸借

本條의 적용을 위하여는 먼저 建物의 소유를 목적으로 하는 土地의 賃貸

1) 金容闇, "建物 및 垈地賃借權의 對抗力", 司論(1), 39.
2) 金容漢, "不動產賃貸借에 關한 硏究", 行政硏究(建國大論文集) 6집(1982), 131; 郭潤直, 327.
3) 金曾漢·安二濬, 352.

借가 존재하여야 한다.[4] 따라서 土地賃貸借關係가 애당초 존재하지 않거나 존재하였다가 종료되고 나면 그 후에는 地上建物을 登記하여도 제 3 자에게 賃借權을 주장할 수 없다.[5]

土地賃貸借는 建物의 소유를 목적으로 하는 것이어야 한다. 따라서 建物소유 이외의 다른 목적으로 賃借한 土地에 建物을 신축하여 登記를 한 경우에는 對抗力이 없다. 그렇다고 오로지 建物의 소유만을 목적으로 한 賃貸借일 것을 요구하는 것은 아니다. 賃貸借의 주요목적이 建物의 소유를 위한 것인 한 다른 목적이 부수되어도 무방하다. 반대로 建物의 소유가 부수적인 목적이어서는 안된다. 예컨대 露天造船用의 土地賃貸借를 하여 그 위에 사무실 등의 附屬建物을 세우는 것은 本條의 적용대상이 되지 못한다.[6]

2. 地上建物의 登記

土地賃借人의 賃借權이 對抗力을 취득하기 위하여는 地上建物[7]에 관하여 所有權登記를 하여야 한다.[8] 所有權登記는 建物을 신축한 후 保存登記를 하는 것이 보통일 것이다. 그러나 꼭 保存登記에 국한할 것은 아니다. 예컨대, 土地上에 賃貸人 소유의 建物이 있고 土地賃借人이 그 建物을 양수하여 所有權移轉登記를 한 경우에도 土地賃借權에 對抗力이 있다고 볼 것이다.[9]

4) 大判 70. 3. 10, 70다14(要集 민 I -2, 997): 피고가 본건 대지를 임차인으로부터 전차하였다 하더라도 임대인이 위 전대차를 승인한 바 없는 한 피고와 임대인 사이에는 임대차관계가 발생할 수 없으므로, 설사 피고가 본건 대지상의 피고 소유의 건물에 대하여 소유권보존등기를 하였더라도 그 후에 본건 대지를 임대인으로부터 전득한 원고에 대하여 본조에 의한 임대차의 효력이 생긴다고 할 수 없다.

5) 大判 67. 11. 28, 67다1775(要集 민 I -2, 996)〔同旨 大判 63. 2. 14, 62다848(要集 민 I -2, 996〕: 본조의 규정은 임대차계약이 유효하게 존속중임을 전제로 하여 임차대지 위에 있는 기등기건물 소유자는 대지를 매수한 제 3 자에 대항할 수 있다는 규정인바, "본건 대지의 소유자가 본건 대지를 매도하여 그 소유자가 바뀐 때에는 임대차계약은 자연 해지된다"는 내용으로 임차인과 대지소유자가 임대차계약을 체결하였다면 그 내용에 따라 대지가 매도됨으로써 임대차계약은 당연히 해지되었다고 할 것이므로 임차인은 대지매수인에 대하여 임대차의 효력을 주장할 수 없다.

이 판결에 대한 評釋으로 金在德, "民 第六二二條에 關한 小考", 司行(73. 8), 26 이하는 위와 같은 특약은 강행법규인 民 § 622에 반하여 무효이고 따라서 賃借人은 垈地買受人에 대하여 賃貸借의 효력을 주장할 수 있다고 하여 判旨에 반대한다.

6) 金容閬(註 1), 40.

7) 地上建物의 일부에 관하여 區分所有權의 登記를 한 경우도 土地 전체의 賃借權에 대하여 對抗力을 인정하는 견해가 있으나(金容閬〈註 1〉, 40), 의문이다.

8) 大判 64. 6. 16, 63다1097(要集 민 I -2, 996): 건물의 소유를 목적으로 한 토지임대차계약은 그 지상건물을 등기하지 않는 한 새로운 토지소유자에게 그 차지권을 대항할 수 없고, 이러한 결론은 위 토지소유권자가 지상에 건물이 있음을 알고 토지를 취득하였다거나 위 토지 취득 후 위 건물 소유자 등이 건물등기를 하였다 하여 영향을 미칠 바 아니다.

9) 金容閬(註 1), 40; 金錫宇, 270; 金疇洙, 272; 金曾漢, 246; 金顯泰, 193; 大判 66. 9.

地上建物의 登記名義를 꼭 賃借人 이름으로 하여야 하는가? 土地 위에 賃借人 소유의 建物이 존재하고 그 建物이 登記되어 있는 한 土地거래의 안전을 해할 염려가 없으므로 地上建物의 登記名義를 꼭 賃借人으로 국한할 필요는 없을 것이다.[10]

또한 建物登記의 地番이 土地登記의 地番과 다르더라도 判例[11]는 "본조 제 1 항의 규정은 그 차지상에 임차인이 소유하는 건물의 등기라고 볼 만한 등기가 있으면 임차인은 그 차지권을 가지고 제 3 자에게 대항할 수 있다는 것으로서 건물등기의 지번이 반드시 토지등기의 지번과 일치할 것을 요구하고 있다고는 해석되지 아니하므로, 설사 그 표시가 다르다 하더라도 그 지상건물이 등기부상의 건물 표시와 사회통념상 동일성이 있고 그것이 임차한 토지 위에 건립되어 있어서 쉽게 알 수 있는 경우라면 경정등기 전이라 하더라도 동조 소정의 대항력을 갖추었다고 보아야 한다"고 하고 있음에 유의할 필요가 있다.

3. 建物의 존속

地上建物이 賃貸借期間 동안 계속 존속하여야 한다(本條 II). 중간에 建物이 멸실 또는 朽廢한 때에는 對抗力을 상실한다. 本條가 기본적으로 建物의 소유를 목적으로 하는 賃貸借를 보호하기 위한 규정이기 때문에 이는 당연한 귀결이다.

Ⅲ. 對抗力의 內容

本條에 의하여 土地賃借權이 對抗力을 취득한 경우 그 對抗力의 구체적인 내용으로서의 賃借人과 제 3 자와의 관계는 § 621 의 그것과 같다. 따라서 상세는 § 621 의 해설 Ⅲ. 참조.

여기서 한 가지 유의할 점은 本條의 對抗力은 賃貸借가 존속하는 동안에 賃借人이 賃貸人은 물론 제 3 자에 대하여도 자기의 賃借權을 주장할 수 있다는 데 불과하다는 것이다. 따라서 賃貸借契約이 종료하면 그 후의 賃借人의

27, 66다1224.

반대 李銀榮, 328은 保存登記에 국한하여야 한다고 한다.

10) 金容闇(註 1), 41-2.

11) 大判 86. 11. 25, 86다카1119(集 34-3, 133).

土地占有는 불법점유로 되므로 民 §643의 買受請求權의 행사는 별론으로 하고 垈地所有者의 建物撤去 및 垈地引渡를 거부할 수 없는 것이다.[12)]

그 밖에 문제되는 것으로는 다음과 같은 것이 있다.

1. 主 體

本條에 의하여 對抗力을 주장할 수 있는 자는 地上建物을 登記한 土地賃借人이다. 그리고 그로부터 建物을 양수하고 賃貸人의 동의를 얻어 土地賃借權을 적법하게 양수한 자도 對抗力을 주장할 수 있다.[13)] 判例[14)]도 "건물의 소유를 목적으로 하는 토지임차인으로부터 건물을 양수한 자가 임대인이나 그 토지의 제3취득자에게 그 임차권으로 대항할 수 있으려면 건물양수인이 토지소유자의 동의를 얻어 건물의 전소유자의 임차권을 적법하게 양수한 경우라야 한다"고 하여 이 점을 밝히고 있다.[15)]

2. 第三者

本條에 의하여 對抗力을 취득하는 것은 地上建物을 登記한 때이므로 그 登記時點을 기준으로 제3자에 대한 對抗力 여부가 결정된다. 제3자가 그 이전에 이미 土地에 대하여 所有權 기타 物權을 취득하였으면 그에 대하여는 賃借權을 주장할 수 없다(§621의 해설 Ⅲ. 참조).

判例[16)]도 "제3자가 그 토지 위에 물권취득의 등기를 한 후에 임차인이 건물의 등기를 한 때에는 그 제3자에 대하여 임차권의 효력이 생기지 않는다"고 하여 이 점을 분명히 하고 있다.

3. 範 圍

一筆의 土地의 일부에 建物이 존재하더라도 地上建物의 登記에 의한 賃借

12) 大判 65.1.16, 64다1395(要集 민Ⅰ-2, 996)〔이 판결에 대한 評釋으로 金在德, "建物登記 있는 借地權의 對抗力", 月報(73.10), 85 이하는 判旨에 반대한다〕; 大判 65.2.16, 64다1243(要集 민Ⅰ-2,996).

13) 註釋各則 Ⅱ, 215.

14) 大判 66.9.27, 66다1224(集 14-3, 101); 大判 93.4.13, 92다24950(公 93년 1379). 또한 大判 68.7.31, 67다2126(集 16-2, 331); 大判 74.5.28, 74다212(要集 민Ⅰ-2, 997); 大判 75.7.30, 74다2032(要集 민Ⅰ-2, 997) 참조.

15) 이에 비해 建物을 양수하여 所有權移轉登記만 하면 垈地所有者에 대하여 賃借權을 주장할 수 있다고 하는 주장도 있으나〔金在德, "民法 第622條에 관한 管見", 法曹(73.4), 82; 金容闇〈註 1〉, 45〕, 찬성하기 어렵다

16) 大判 65.12.21, 65다1655(集 13-2, 290). 同旨 大判 74.7.16, 74다472(要集 민Ⅰ-2, 997).

權의 對抗力은 그 土地의 전부에 대하여 미친다.[17] 따라서 垈地賃借人이 1필의 土地 위에 2개 이상의 建物을 소유하고 있는 경우에 그 중 1개 建物이라도 登記하면 未登記建物이 있는 土地部分에 대하여도 對抗力이 생긴다.

대지 賃借人이 甲, 乙 두 필지의 土地를 일괄 賃借하여 그 중 甲필지의 土地 위에 建物을 소유하고 登記한 경우 乙필지에 대하여도 對抗力이 생기는가? 이를 긍정하는 견해[18]도 있으나, 찬성하기 어렵다. 필지가 다른 이상 甲, 乙은 별개의 不動產이기 때문이다. 다만, 애당초 1필지의 土地 위에 賃借人 소유의 登記된 建物이 존재하였는데, 그 후 위 土地가 두 필지로 分筆되어 그 중 한 필지에 위치하게 된 경우에는 나머지 다른 필지의 賃借權에도 對抗力이 여전히 존속한다고 볼 것이다.

[閔 日 榮]

第 623 條(賃貸人의 義務)

賃貸人은 目的物을 賃借人에게 引渡하고 契約存續中 그 使用, 收益에 必要한 狀態를 維持하게 할 義務를 負擔한다.

차 례

Ⅰ. 概　　說
Ⅱ. 目的物引渡義務
Ⅲ. 妨害除去義務
Ⅳ. 修繕義務
1. 意　　義
2. 要　　件
3. 效　　果
Ⅴ. 擔保責任
1. 內　　容
2. 修繕義務와의 관계
Ⅵ. 費用償還義務

Ⅰ. 概　　說

賃貸人은 契約이 존속하는 동안 賃借人으로 하여금 賃貸借目的物을 사용, 수익하게 할 적극적인 의무를 부담한다. 無償契約인 使用貸借에 있어서 貸主는 借主의 사용, 수익을 단순히 容忍하여야 할 소극적인 의무를 부담하는 데 그치는 데 비하여, 有償契約인 賃貸借에 있어서는 단순한 容忍에 그치는 것이

17) 金錫宇, 270; 金曾漢, 247.
18) 金容闇(註 1), 44.

아니라 한 걸음 나아가 적극적으로 賃借人으로 하여금 사용, 수익하게 하여 줄 의무를 부담하는 것이다. 賃貸人의 이러한 의무야말로 賃借人의 借賃支給義務에 대응하는 賃貸人의 핵심적인 의무이다.

이처럼 賃貸人은 賃借人으로 하여금 目的物을 사용, 수익하게 하여 주어야 하기 때문에 그 목적달성을 위하여 다시 다음과 같은 파생적인 의무를 진다. 즉 우선 賃貸人은 目的物을 賃借人에게 引渡하여야 하고(目的物 引渡義務), 賃借人의 사용, 수익에 대한 제3자의 방해를 배제하여야 하고(妨害除去義務), 파손 등으로 目的物에 수선이 필요한 경우 이를 수선하여 주어야 하며(修繕義務), 目的物에 하자가 있는 때에는 損害賠償 기타의 책임을 진다(擔保責任). 또한 賃借人이 사용, 수익을 위하여 目的物에 관하여 비용을 지출한 때에는 賃貸人이 이를 賃借人에게 상환할 의무를 진다(費用償還義務).[1]

이하에서는 이들 의무에 관하여 차례로 살펴본다.

Ⅱ. 目的物引渡義務

賃貸人은 賃借人이 目的物을 사용, 수익할 수 있도록 目的物을 賃借人에게 引渡하여야 한다(本條前段). 따라서 賃借人에게 目的物을 引渡하기 전에 제3자에게 目的物을 讓渡 또는 賃貸하고 점유를 이전하여 줌으로써 賃借人에의 引渡가 불능으로 되면 賃貸人은 債務不履行責任을 진다.[2] 또한 賃貸借가 계속되는 동안에 目的物의 진정한 소유자의 요구에 의하여 그에게 目的物을 引渡한 경우에도 마찬가지이다.

賃貸借 계속중에 賃貸人이 目的物을 제3자에게 讓渡한 경우는 어떤가? 이 경우는 賃借人의 賃借權에 對抗力이 있는가의 여부에 따라 달라진다. 즉 賃借人이 제3자에게 賃借權을 주장할 수 있는 경우에는 賃貸人이 債務不履行責任을 지지 아니하나, 그렇지 않은 경우에는 賃借人이 제3자의 目的物 引渡請求를 거절할 수 없으므로 제3자가 賃借人에게 目的物의 返還請求나 借賃내지 그 상당액의 지급을 요구하게 되면 賃貸人의 사용, 수익시킬 의무는 이

1) 그 밖에 賃貸人은 賃借人이나 그의 가족이 賃借物의 사용, 수익에 있어 위험이 발생하지 않도록 하여 줄 안전배려의무를 진다고 하는 견해도 있다(李銀榮, 315). 또한 柳元奎, "家屋所有者의 賃借人에 대한 工作物責任", 民判硏 Ⅻ, 161 이하 참조.

2) 金錫宇, 262-63; 金曾漢, 238.

행불능으로 되고, 따라서 賃借人은 이행불능으로 인한 賃貸借의 종료를 이유로 借賃支給을 거절할 수 있다.[3)]

Ⅲ. 妨害除去義務

제 3 자가 賃借人의 점유를 침탈하는 등으로 賃借物의 사용, 수익을 방해하는 때에는 賃貸人은 賃借人을 위하여 그 방해를 제거할 의무를 진다. 賃借人 자신에게 占有保護請求權이 있거나 對抗力 있는 賃借權에 기한 妨害排除請求權이 있는 때에도 賃貸人의 이 의무가 면제되지 아니한다.[4)]

Ⅳ. 修繕義務

1. 意 義

賃貸人은 賃借人이 賃借物을 사용, 수익할 수 있도록 그에 필요한 상태를 유지하여 주어야 한다(本條後段). 따라서 賃借物이 파손 등으로 인하여 수선이 필요한 때에는 수선하여 주어야 한다. 이를 賃貸人의 修繕義務라 한다.[5)]

2. 要 件

(1) 修繕의 필요성

修繕의 필요성은 目的物의 파손 등으로 인하여 修繕하지 않으면 賃貸借契約에서 정한 목적에 따라 目的物을 사용, 수익할 수 없는 상태가 생긴 것을 말한다. 사용, 수익이 반드시 불능으로 될 것을 요하지는 않는다. 반대로 目的物이 객관적으로는 파손되었으나 사용, 수익에는 지장이 없다면 修繕義務가 생기지 않는다. "사용, 수익의 지장" 여부는 구체적인 경우에 사회통념에 따라 법률적으로 판단할 성질의 것이다. 이에 관하여 判例는 "부엌방에서 부엌

3) 金曾漢·安二濬, 342; 大判 78. 9. 12, 78다1103(集 26-3, 42).

4) 郭潤直, 320; 金錫宇, 263; 金曾漢, 238; 李銀榮, 306.

5) 金學東, "住宅賃貸借保護法上의 問題點", 月報(86. 11), 27은 住宅賃貸借는 人的인 요소는 거의 의미를 잃고 賃貸人의 사용, 수익시킬 의무는 소극적인 容忍義務로 변하고 있으며, 賃借權이 物權化하고 있고, 실질적으로 物權的 傳貰와 거의 같다는 점 등에 비추어 볼 때 住宅賃借人이 傳貰權者와 마찬가지로 目的物의 현상을 유지하고 그 통상의 관리에 속한 修繕義務(民 § 309)를 부담한다고 보아야 한다고 한다.

으로 통하는 문에 틈이 있고 부엌방의 바닥에 심한 균열이 있다 하여도 반드시 임대인에게 수선의무가 있는 대규모의 것이라고는 할 수 없다"고 한 것이 있다.[6] 이러한 修繕의 필요성은 꼭 賃貸人의 歸責事由에 기인할 것을 요하지는 않는다. 그 밖에 天災地變 기타의 불가항력으로 발생한 경우에도 賃貸人이 修繕義務를 부담한다.[7]

문제는 賃借人의 귀책사유로 생긴 경우에도 賃貸人이 修繕義務를 부담하는가이다. 肯定說은 이를 긍정하는 대신 賃借人에게 보호의무위반 또는 不法行爲로 인한 損害賠償義務를 지운다.[8] 이에 대하여 否定說은 "賃貸人의 修繕義務는 賃借人으로 하여금 사용, 수익시킬 의무의 하나의 내용이기는 하지만 賃借人이 사용, 수익의 장해가 되는 상태를 스스로 만든 경우에 까지도 그 장해의 배제를 賃貸人에게 命하는 것은 비록 賃貸人의 賃借人에 대한 損害賠償請求가 인정된다고 하더라도 타당치 않다"고 하여 賃貸人의 修繕義務를 부정한다.[9] 私見으로는 賃貸人이 修繕義務를 이행하지 않는 경우 後述하는 바와 같이 賃借人에게 借賃支給拒絶權 및 減額請求權을 인정하는 마당이라면 賃借人의 歸責事由로 修繕의 필요성이 생긴 경우에까지 賃貸人의 修繕義務를 인정하는 것은 지나치며, §627와도 균형이 맞지 않는다고 생각한다. 따라서 否定說에 찬동한다. 肯定說과 같이 볼 경우 賃借人이 借賃支給을 미루기 위하여 일부러 수선이 필요한 상태를 유발하여 놓고 그 未修繕을 이유로 借賃支給을 거절하는 것을 막을 수 없게 된다.

(2) 修繕의 가능성

賃貸人의 修繕義務는 수선이 가능한 경우에만 인정된다.[10] 수선이 아예 불가능한 경우에는 修繕義務는 더 이상 문제되지 아니하며, 賃貸物의 전부 또는

---

6) 大判 78.1.24, 77도3465(公 581, 10467)〔이 판결의 의미에 관하여 徐晟, "債權的 傳貰權에 있어 民法의 適用法條", 司行(79.2), 70 이하는 이 판결은 債權的 傳貰權에 있어 目的物에 대한 통상의 수선과 관리의무는 傳貰權者 즉 賃借人에게 있음을 명백히 밝혀 이에 관하여 賃借權에 관한 民 §623의 적용이 배제되고 傳貰權에 관한 民法 §309가 적용됨을 전제로 한 것이라고 보고 해석하고 있으나, 의문이다〕. 同旨 大判 83.9.27, 83도2096(公 716, 1641). 또한 大判 84.1.24, 81도615(公 724, 396); 大判 85.3.12, 84도2034(公 751, 577); 大判 89.9.26, 89도703(公 89년 1621) 참조.

다만, 위 판결들은 모두 賃貸人의 형사책임이 문제된 사안에 관한 것으로서 賃借人이 賃貸人을 상대로 民 §758 I 소정의 工作物의 설치 또는 보존상의 하자로 인한 損害賠償責任을 추궁하는 것은 별개의 문제이다. 大判 93.2.9, 92다31668(公 93년 944) 참조.

7) 金疇洙, 261; 金曾漢, 239.

8) 郭潤直, 321; 金基善, 197; 金錫宇, 263; 金曾漢, 239.

9) 註釋各則 Ⅱ, 218. 同旨 金疇洙, 261; 李銀榮, 218; 李太載, 246; 崔栻, 164.

10) 李孝鍾, "賃借人의 費用償還請求權", 裁判資料 32집, 366.

일부의 멸실에 의한 이행불능의 문제만 남는다.[11] 전부불능이면 賃貸借가 종료하고 賃貸人은 修繕義務를 면하게 된다. 대신 賃借人도 借賃支給義務를 면하게 됨은 물론이다. 일부멸실에 의한 불능이면 §627에 의하여 해결할 것이다.

수선이 가능하냐 불가능하냐는 물리적인 관념이 아니라 거래관념에 의하여 결정된다.[12] 따라서 신축하는 만큼의 비용이 드는 경우에는 수선불능으로 보는 것이 옳다.[13]

(3) 特　約

賃貸人의 修繕義務는 賃貸人과 賃借人 사이의 특약으로 면제할 수 있다는 데 이론이 없다. 다만, 단순히 "契約期間中의 修繕義務는 賃借人이 부담한다"고만 특약을 한 경우에 그것이 賃貸人의 修繕義務를 어느 경우에나 전적으로 면제한 것으로 볼 것이냐는 결국 의사해석의 문제이나, 보통은 통상적인 수선에 한하여 賃借人이 담당한다는 취지로 보아야 할 것이다. 또한 改正 前의 舊住宅建設促進法(1972. 12. 30, 법률 제7409호) §23, 同法施行令 §26, 同法施行規則 §18에 의하면 아파트의 賃貸를 하는 사업주체는 아파트의 수리관리를 할 법적 책임이 있으므로 入住와 賃貸할 때 住宅의 수리관리를 入住者가 책임지게 하는 합의는 배제된다.[14]

3. 效　果

(1) 損害賠償請求, 契約의 解止

수선이 필요한 경우 賃貸人은 賃貸借契約의 목적에 따른 사용, 수익을 위하여 사회통념상 요구되는 정도로 수선하여 주어야 한다.[15] 이를 이행하지 아니하면 賃借人은 債務不履行의 일반적 효과로서 사용, 수익의 불능으로 인한 損害賠償을 청구하거나(民 §390) 賃貸借契約을 解止(民 §544)할 수 있다.

(2) 借賃支給의 거절

㈎ 民法에 명문의 규정은 없으나 학설은 賃借人에게 借賃支給拒絶權을 인정하는 데 異論이 없다. 즉 賃借人은 賃貸人이 賃借物을 수선하여 주지 아니할 경우 수선으로 다시 사용, 수익할 수 있을 때까지 借賃의 지급을 거절할 수 있

---

11) 金基善, 199.
12) 郭潤直, 321.
13) 金基善, 199.
14) 大判 78. 6. 27, 78다489(要集 민 I-2, 999).
15) 大判 89. 8. 8, 88다카27249(公 89년 1354): 임대점포를 제3자가 파손함으로 인하여 임차인이 입은 영업상의 손실에 관하여는 임차인이 그 제3자에게 손해배상청구권을 갖는 것은 별론으로 하고 임대인으로서는 이를 배상할 의무가 없으므로 임대인이 임차인에게 위 손실금 상당액을 지급하였다 하더라도 제3자에게 이의 상환을 구할 수 없다.

다.[16) 17)] 나아가 賃借人은 賃貸人이 수선을 하지 아니하여 현실로 사용, 수익할 수 없었던 기간의 借賃은 사용, 수익할 수 없었던 비율만큼 감액을 청구할 수 있다.[18)]

이러한 감액의 청구는 주로 借賃을 先拂한 경우에 문제될 것이다. 後拂의 경우는 해당하는 만큼의 借賃의 지급을 거절하면 되기 때문이다.

(나) 賃借人의 借賃支給拒絶權은 同時履行의 抗辯權인가? 이를 긍정하거나,[19)] 엄밀한 의미의 同時履行의 抗辯權은 아니더라도 同時履行의 규정을 유추적용하여도 무방하다는 견해[20)]가 있으나, 찬성할 수 없다. 同時履行이라 할 경우 상정할 수 있는 것은 賃貸人의 修繕義務履行과 賃借人의 借賃支給義務履行인데, 여기서 논의하는 賃借人의 借賃支給拒絶權이란 다름아니라 賃貸人이 수선을 하여 주지 아니할 경우 수선할 때까지 賃借人이 借賃의 지급을 거절할 수 있다는 권리이므로 도대체 同時履行이 문제로 될 여지가 없는 것이다.[21)] 요컨대, 賃貸借 目的物에 修繕의 필요성이 발생한 경우 賃貸人의 修繕義務는 先履行義務일 뿐이다.

다만 先拂約定에 의하여 借賃을 先拂한 후 修繕의 필요성이 발생한 경우에 다음의 借賃 지급시기에 賃貸人이 借賃을 지급받아야 修繕義務를 이행하겠다고 할 수 있느냐 하는 문제를 상정할 수 있으나, 이 경우 역시 賃貸人은 修繕義務의 이행을 거절할 수 없다고 보아야 한다. 왜냐하면 賃借人은 이미 앞서 지급한 借賃의 對價만큼을 사용, 수익하고 있지 못하기 때문이다. 따라서 賃貸人은 修繕義務를 먼저 이행하여야만 借賃을 청구할 수 있으며, 賃借人은 修繕 前에는 借賃의 지급을 거절할 수 있다고 볼 것이다.

그 밖에 修繕의 필요성이 발생하기 전에 이미 賃借人이 借賃을 延滯하고

---

16) 다만, 일부의 사용, 수익불능에 대한 修繕義務不履行의 경우에는 借賃 전부의 지급을 거절할 수는 없고 사용, 수익불능의 비율에 상응한 借賃의 지급을 거절할 수 있을 뿐이며(註釋各則 Ⅱ, 220; 金曾漢, 239; 李太載, 247), 그 한도를 넘는 借賃의 지급거절은 債務不履行이 된다〔大判 89. 6. 13, 88다카13332 등(公 89년 106)〕.

17) 大判 87. 12. 8, 87다카1104(集 35-3, 306): 임차인이 임대인으로부터 그 임차건물의 보수공사를 도급받아 그 책임하에 공사기한을 정하여 시공한 다음 이를 사용하기로 하고서도 임차인이 약정한 공사기한까지 그 공사를 완료하지 못함으로써 임차건물을 사용할 수 없게 된 경우에는 그 공사기한이 경과한 이후부터는 임차인의 임차건물 사용이 불가능하다고 하더라도 이는 임차인 자신의 책임 있는 사유로 인한 것이어서 임차인은 그 사용불가능한 기간에 대하여도 약정 임료 내지 그 상당의 손해를 임대인에게 지급할 의무가 있다.

18) 註釋各則 Ⅱ, 220; 郭潤直, 321; 金錫宇, 264.

19) 金基善, 200; 金錫宇, 264; 金疇洙, 266; 金曾漢, 239; 李太載, 246-47.

20) 註釋各則 Ⅱ, 219-20.

21) 同旨 崔栻, "家屋賃貸料 支拂履行에 因한 契約解止", 司行(68. 6), 60; 郭潤直, 221; 金顯泰, 188.

있었던 경우에 賃貸人은 延滯借賃을 이유로 修繕義務의 이행을 거부할 수 있는가 하는 문제를 상정할 수 있다. 私見으로는 賃借人의 借賃延滯액이 2기의 借賃額에 달하기만 하면 賃貸人은 이를 이유로 契約을 解止할 수 있으므로(民 § 640), 契約의 解止 외에 修繕義務의 거부까지 인정할 필요는 없지 않을까 한다.

V. 擔保責任[22)]

1. 內 容

賃貸借는 有償契約이므로 賣買의 擔保責任에 관한 규정이 準用된다(民 § 567)[23)] 따라서 賃貸借의 目的物에 瑕疵가 있거나 權利에 瑕疵가 있는 때에는 賃借人은 賃貸人에게 손해의 배상을 청구할 수 있고(§ 618의 해설 Ⅱ. 4. 참조), 目的物의 수량이 부족한 경우에는 借賃의 감액을 청구할 수 있으며, 하자로 인하여 賃貸借의 목적을 달성할 수 없는 때에는 契約을 解除, 解止할 수 있다.

2. 修繕義務와의 관계

賃貸借의 目的物에 파손으로 하자가 있는 경우에 賃貸人은 擔保責任을 질 뿐만 아니라 前述한 바와 같이 이를 수선할 의무도 부담한다. 이러한 담보책임과 修繕義務는 병존하는 것으로 보는 것이 통설이다.[24)] 다만 수선불능시에는 擔保責任만이 문제될 것임은 물론이다.[25)]

Ⅵ. 費用償還義務

이에 관하여는 後述하는 § 626의 해설 참조.

[閔 日 榮]

22) 曺圭昌, "賃貸人의 瑕疵擔保責任", 考試硏究(91. 11), 93 이하는 賣渡人의 瑕疵擔保責任과 대비하여 賃貸人의 瑕疵擔保責任의 성격 및 효과를 詳述하고 있다.

23) 獨逸民法은 賣渡人의 擔保責任을 규정한 §§ 459 내지 492의 규정 및 이를 다른 有償契約에 준용하는 § 493의 규정을 두고 있으면서도, §§ 537 내지 541에서 賃貸人의 擔保責任에 관한 상세한 규정을 별도로 두고 있다.

24) 註釋各則 Ⅱ, 200; 郭潤直, 324; 金疇洙, 269; 金曾漢·安二濬, 346; 李太載, 247.
한편, 李銀榮, 307은 賃貸借에 있어서는 이처럼 擔保責任과 修繕義務가 병존하기 때문에 賣買와 달리 債務不履行責任과 擔保責任이 엄격히 구별되지 않는다고 한다.

25) 金錫宇, 267; 金疇洙, 269; 金曾漢, 242.

第624條(賃貸人의 保存行爲, 忍容義務)

賃貸人이 賃貸物의 保存에 必要한 行爲를 하는 때에는 賃借人은 이를 拒絶하지 못한다.

第625條(賃借人의 意思에 反하는 保存行爲와 解止權)

賃貸人이 賃借人의 意思에 反하여 保存行爲를 하는 境遇에 賃借人이 이로 因하여 賃借의 目的을 達成할 수 없는 때에는 契約을 解止할 수 있다.

民 §§624 및 625는 民 §623와 연관된 條文이다.

賃借人이 賃借物을 사용, 수익하는 데 필요한 상태를 유지하는 것은 賃貸人의 의무인 동시에(民 §623) 賃貸人의 권리이기도 하다. 즉, 賃貸人으로서는 향후의 사용을 위하여 賃貸物의 보존에 필요한 행위를 할 현실적인 필요가 있는바, 賃借人이 스스로 수선을 하지 아니하면서도 賃貸人의 보존행위를 반대할 경우 賃貸人이 보존행위를 하지 못하고 방치하여야 한다면 賃貸物이 朽廢하게 되므로 사회경제적으로 손해이다. 때문에 民 §624는 바로 이러한 경우를 대비하여 賃借人이 賃貸人의 보존행위를 거절하지 못하도록 규정하고 있는 것이다. 民 §624에서 규정하고 있는 "賃貸物의 保存에 필요한 行爲"는 곧 民 §623에서 본 사용, 수익에 필요한 상태를 유지하는 행위 즉 수선행위를 가리키는 것이다.

한편 賃借人이 원하지 않는데도 賃貸人이 民 §624에 의하여 자기의 권리라고 賃貸物에 관한 보존행위를 강행함으로써 정작 賃借人이 賃借物을 사용, 수익할 수 없게 된 경우에 이를 방치한다면 그도 불합리하다. 이에 民 §625는 그러한 경우에는 賃借人이 賃貸借契約을 解止할 수 있다고 함으로써 賃貸人과 賃借人의 권리보호에 균형을 도모하고 있다.

獨民 §541b Ⅱ은 賃貸人이 건물의 改善이나 난방에너지의 절약을 위하여 필요한 조치를 하기 위하여는 그 조치를 하기 2월 전에 종류, 범위, 시기, 예상기간 및 그로 인하여 예상되는 賃料의 상승폭을 賃借人에게 書面으로 통지하도록 하고 있고, 賃借人에게는 계약의 解止權을 인정한다. 다만, 그 조치가 賃貸된 공간에 대하여 전혀 영향을 미치지 않거나 微微한 영향을 미치는 데 불과한 경우 또는 借賃引上을 초래하지 않거나 微微한 引上을 초래하는 데 불

과할 경우에는 위와 같은 通知義務나 解止權이 부인된다. 또한 同條 Ⅲ에 의하면 賃貸人의 위와 같은 조치를 容忍하기 위하여 賃借人이 지출한 비용은 그 상황에 비추어 적절한 범위에서 賃貸人이 賠償하여야 하며, 필요한 경우에는 賃借人의 요구에 따라 그 비용을 미리 지급하도록 하고 있다.[1]

[閔 日 榮]

第626條(賃借人의 償還請求權)

① 賃借人이 賃借物의 保存에 關한 必要費를 支出한 때에는 賃貸人에 對하여 그 償還을 請求할 수 있다.

② 賃借人이 有益費를 支出한 境遇에는 賃貸人은 賃貸借終了時에 그 價額의 增加가 現存한 때에 限하여 賃借人의 支出한 金額이나 그 增加額을 償還하여야 한다. 이 境遇에 法院은 賃貸人의 請求에 依하여 相當한 償還期間을 許與할 수 있다.

차 례

Ⅰ. 概　　說
Ⅱ. 費用償還請求權의 要件
　1. 必要費償還請求權의 要件
　2. 有益費償還請求權의 要件
　3. 特　　約
Ⅲ. 費用償還請求權의 行使
　1. 行使時期
　2. 償還請求額
　3. 償還請求의 상대방
Ⅳ. 費用償還請求의 效果
　1. 留 置 權
　2. 同時履行의 抗辯 및 相計

Ⅰ. 概　　說

賃貸人은 賃借人이 賃借物을 사용, 수익할 수 있도록 그에 필요한 상태를 유지하여 주어야 하므로(民 §623) 그 유지를 위하여 수선이 필요하면 자기의 비용으로 수선을 하여 주어야 한다. 따라서 만일 賃借人이 賃借物의 보존에 관한 必要費를 지출하였다면 이는 賃貸人이 지출할 것을 대신 지출한 것이 되므로

1) 이에 관한 詳細는 金曾漢, "1983年의 西獨新賃貸借法", 安二濬紀念論文集, 234 이하 참조.

상태를 賃貸人은 이를 償還하여야 한다(本條 I).

또한 賃借人이 賃貸借期間중에 자기 비용으로 賃借物을 개량하여 그 효용가치를 높임으로써 가액을 증대시켰고 그 증가된 가액이 賃貸借 종료시에도 남아 있는 경우에, 賃貸人이 그 이익을 향유하는 것은 부당하므로 이를 賃借人에게 반환하여야 한다(本條 II).

本條는 賃貸人과 賃借人 사이의 이와 같은 費用償還의 관계를 賃貸人의 의무측면에서가 아닌 賃借人의 권리측면에서 규정하고 있다. 권리의 측면에서 본 賃借人의 費用償還請求權의 본질은 不當利得返還請求權이고, 따라서 本條는 不當利得에 관한 특칙인 셈이다.[1]

Ⅱ. 費用償還請求權의 要件

1. 必要費償還請求權의 要件

(1) 必要費의 지출

本條 I은 賃借人이 "賃借物의 보존에 관한 必要費"를 지출한 경우에 賃貸人에게 償還을 請求할 수 있다고 하고 있다.[2] 그러면 과연 어느 범위의 비용을 "賃借物의 保存에 관한 必要費"로 볼 것인가?

이에 관하여는 "단순히 目的物 자체의 原狀을 유지하거나 또는 그 原狀을 회복하는 비용에 한하지 않으며, 目的物을 통상의 용도에 적합한 상태로 보존하기 위하여 지출된 비용[3]을 포함한다"고 보는 견해[4]와 "賃貸人은 使用貸借의 貸主와는 달리 目的物을 賃借人이 契約의 목적에 따라 사용, 수익하는 데 적합한 상태에 둘 적극적 의무를 지기 때문에 그 의무의 이행을 위하여 필요한 일체의 비용은 통상이든 아니든을 묻지 않고 모두 本條의 必要費가 된다"

1) 李孝鍾, "賃借人의 費用償還請求權", 裁判資料 32집, 359.
2) 金學東, "住宅賃貸借保護法上의 問題點", 月報(86.11), 27은 住宅賃貸借의 경우에는 人的인 요소는 거의 의미를 잃고 賃貸人의 사용, 수익시킬 의무는 소극적인 容忍義務로 변하고 있으며, 賃借權이 物權化하고 있고, 실질적으로 物權的 傳貰와 거의 같다는 점 등에 비추어 볼 때 住宅賃借人이 傳貰權자와 마찬가지로 目的物의 현상을 유지하고 그 통상의 관리에 속한 修繕義務(民 §309)를 부담하고, 따라서 賃借人에게 必要費의 償還請求權이 인정되지 않는 것으로 보아야 한다고 한다.
3) 예컨대, 지붕의 기와를 갈아 잇기 위하여 지출한 비용, 도로의 보수공사 때문에 垈地가 도로보다 낮게 되어 빗물이 빠지지 않으므로 땅을 돋우기 위하여 지출한 비용 등.
4) 李孝鍾(註 1), 361; 郭潤直, 322; 金錫宇, 265; 金疇洙, 267; 金曾漢, 240.

는 견해[5])가 대립된다.

私見으로는 賃貸人의 費用償還義務가 기본적으로 賃貸人이 賃借人으로 하여금 賃貸物을 사용, 수익하게 하여줄 의무(民 §623)의 파생적 의무인 점에 비추어 보면 本條의 必要費는 賃貸借契約 목적에 따른 사용, 수익을 위하여 필요해서 지출한 모든 비용을 말한다고 보는 後者의 견해가 보다 논리적인 것으로 보이나, 실제 적용에 있어서는 큰 차이가 없는 것이 아닌가 한다.

判例上 나타난 예를 들면, 賃借人이 賃借建物에서 영업을 하기 위하여 한 施設改修費用이나 부착한 물건의 비용 등은 必要費나 有益費에 해당하지 않는다.[6]) 따라서 다방영업에 필요한 시설을 하기 위하여 지출한 비용은 必要費나 有益費에 해당하지 않고,[7]) 3층 建物 중 사무실로 사용하던 2층부분을 賃借한 후 삼계탕집을 경영하기 위하여 9,643,000원을 들여 보일러·온돌방·방문틀·주방·가스시설·전등 등을 설치하고 페인트칠을 한 경우에 이는 어디까지나 삼계탕집의 경영을 위한 것이지 建物의 보존을 위한다거나 그 객관적 가치를 증가시키기 위한 것이 아니기 때문에 必要費 또는 有益費의 지출이라고 할 수 없고,[8]) 통상점포의 일부분을 사용하는 자가 오로지 사진영업상 필요해서 한 특수설비는 그것이 비록 사진관 자체의 보존상 필요 또는 가치상 유익할지라도 통상점포의 必要費 또는 有益費에 해당하지 않는다.[9])

賃借物의 사용, 수익 그 자체를 위하여 지출한 비용(예컨대, 農地의 賃借人이 지출한 비료값, 자동차의 賃借人이 지출한 휘발류값 등)은 賃借人이 부담하여야 하는 비용이므로 必要費에 속하지 않는다.[10])

賃借人이 지출한 公租公課는 납부의무자가 누구이냐에 따라 必要費 여부를 결정하여야 한다. 예컨대, 賃借建物에 대한 재산세는 賃貸人이 납부하여야 하나, 수도료, 전기료는 賃借人이 납부하여야 한다. 따라서 賃借人이 前者를 지출한 때에는 必要費로 償還請求를 할 수 있으나, 後者는 償還請求할 수 없다.

(2) 賃貸人의 承諾 및 利得 여부

必要費는 賃借物의 보존을 위한 비용이므로 그 지출에 賃貸人의 동의를 요하지 아니하며,[11]) 賃借人이 必要費를 지출하면 賃貸人에 대하여 곧바로 償

5) 註釋各則 Ⅱ, 222; 金顯泰, 189.
6) 大判 80.10.14, 80다1851등(公 646, 13325).
7) 大判 68.12.17, 68다1923(要集 민Ⅰ-2, 1001).
8) 大判 93.10.8, 93다25738등(公 93년 3047).
9) 大判 48.4.12, 4280민상352(要集 민Ⅰ-2, 1001).
10) 李孝鍾(註 1), 369; 金基善, 201.
11) 다만 歸屬財產의 賃借人은 국가의 동의를 얻고 지출한 경우에 한하여 必要費償還請求를 할 수 있다는 것이 判例이다. 大判 57.1.12, 4289민상541(要集 민Ⅰ-2, 1001).

還請求權이 발생하고, 有益費償還請求와 달리 賃借人의 지출로 인하여 賃貸人이 이득을 보았을 것을 요하지 아니한다.

2. 有益費償還請求權의 要件

(1) 有益費의 지출

有益費는 賃借物의 객관적 가치를 증가시킨 비용이다. 따라서 賃借人의 주관적 취미나 특수한 목적을 위하여 지출한 비용은 포함되지 않는다. 다만, 객관적 가치의 증가를 위하여 반드시 賃借物 자체에 대하여 직접적으로 비용을 지출할 것을 요하지는 않는다.[12] 예컨대 가옥의 賃借人이 도로의 포장비용을 지출한 때에도 그것이 가옥의 가치를 증가시킨 한도에서 有益費가 될 수 있다.[13]

有益費에 해당되는가의 여부를 놓고 判例上 문제된 것을 보면, "민법 제626조에서 임대인의 상환의무를 규정한 유익비란 임차인이 임차물의 객관적 가치를 증가시키기 위하여 투입한 비용을 말하는 것이고 … 피고(賃借人: 筆者 註)가 지출한 공사비용 중에는 … 1층 내부공사에 있어 신발장 및 다용도장 공사비, 기존 칸막이 철거비용, 새로운 칸막이 공사비용, 주방 인테리어 공사비용 등이 포함되어 있음을 알 수 있는데, 이와 같은 비용은 얼른 보아도 임차물의 객관적 가치를 증대시키기 위하여 투입한 유익비라고는 보여지지 아니한다"고 한 것,[14] "이 사건 건물 중 피고가 임차한 이 사건 점포에서 카페영업을 하기 위한 공사를 하고, 또 카페의 규모를 확장하면서 내부시설공사를 하고, 또는 창고지붕의 보수공사를 하고 공사비를 지출한 사실을 인정할 수 있으나, 창고지붕의 보수공사비는 통상의 관리비에 속하고, 나머지 공사비인 이 사건 점포의 내부시설공사는 피고가 카페를 운영하기 위한 필요에 의하여 행하여진 것이고 그로 인하여 이 사건 점포의 객관적 가치가 증가한 것은 아니어서 이를 위하여 지출한 돈은 원고(賃貸人: 筆者 註)가 상환의무를 지는 유익비에 해당하지 아니한다"고 한 것[15]이 있다.

(2) 증가된 價額의 現存

賃借人이 有益費를 지출하여 증가된 가액이 賃貸借 종료시에 현존하여야

12) 李孝鍾(註 1), 374; 郭潤直, 322; 金錫宇, 265; 金疇洙, 267-68; 金曾漢, 241; 李太載, 248.
13) 金曾漢·安二濬, 344.
14) 大判 91.8.27, 91다15591등(公 91년 2426).
15) 大判 91.10.8, 91다8029(公 91년 2682).

한다(本條 II). 따라서 有益費의 지출로 賃借物의 가액이 일시적으로 증가하였다 하더라도 그 증가된 가액이 賃貸借 종료시에 더 이상 존재하지 않게 되면 償還을 請求할 수 없다. 이는 有益費는 必要費와는 달리 賃借物의 사용, 수익을 위하여 반드시 필요한 비용은 아니며, 賃貸借 존속중에 증가된 가치는 賃借人의 이익을 위하여 존재하였던 것이고, 賃貸借가 종료하여 賃貸人이 目的物을 돌려 받는 시점에서는 그 증가된 가치가 더 이상 존재하지 않아 賃貸人의 이득으로 될 것이 없다면 賃貸人에게 償還義務를 지울 수 없기 때문이다.

賃借人에 의한 賃借建物의 增改築部分은 특별한 사정이 없는 한 建物 자체의 구성부분을 이루어 附合의 법리에 따라 賃貸人의 소유로 되므로 그것이 현존하는 한 有益費償還請求의 대상이 된다.[16]

(3) 賃貸人의 承諾要否

必要費와는 달리 有益費는 賃借物의 사용, 수익을 위하여 꼭 필요한 것은 아니므로 그 지출에 있어 賃貸人의 승낙을 얻어야 비로소 償還請求를 할 수 있지 않을까 하는 의문이 들 수 있다. 그러나 학설은 附屬物買受請求權(民 § 646)과는 달리 賃貸人의 승낙을 필요로 하지 않는다고 보고 있다.[17] 有益費償還請求權을 인정하는 취지가 근본적으로 賃借人의 出捐에 의하여 객관적으로 증가된 가치를 不當利得으로 반환케 하려는 데 있기 때문이다.

3. 特 約

本條는 강행규정이 아니기 때문에 당사자 사이의 특약으로 費用償還請求를 포기하거나 제한하는 것이 가능하다. 判例도 "건물의 임차인이 임대차관계 종료시에는 건물을 원상으로 복구하여 임대인에게 명도키로 약정한 것은 건물에 지출한 각종 유익비 또는 필요비의 상환청구권을 미리 포기하기로 한 취지의 특약이라고 봄이 상당하므로 임차인은 유치권을 주장할 수 없다"[18]고 하거나, 賃借人이 賃借建物을 증개축하였을 때는 賃貸人의 승낙 여부를 불구하고 그 부분이 무조건 賃貸人의 소유로 귀속된다고 하는 約定은 賃借人이 原狀回復義務를 면하는 대신 투입비용의 변상이나 권리주장을 포기하는 내용이 포

16) 李孝鍾(註 1), 372-73.
17) 權南赫, "賃借人의 有益費償還請求에 있어서 增加된 價額의 評價算定의 基準時點", 司行(91.12), 42-3; 李孝鍾(註 1), 373; 註釋各則 II, 223.
18) 大判 75.4.22, 73다2010(公 514, 8432). 同旨 大判 74.3.12, 73다1814등(要集 민I-2, 1001); 大判 78.9.12, 78다810등(要集 민I-2, 1001-2).

되었다고 봄이 상당하다 할 것이고 이러한 約定은 특별한 사정이 없는 한 有效하다[19]고 하여 이 점을 명백히 하고 있다.[20]

또한 거래의 실제도 必要費는 賃借人의 부담으로 하고 有益費의 지출로 인한 증개축부분은 賃貸借 종료시에 賃借人이 원상회복시킨다는 約定을 함으로써 사실상 費用償還請求를 배제하는 경우가 많은 게 현실이다.

賃借人의 必要費償還請求權이 賃貸人의 修繕義務와 표리의 관계에 있는 점에 비추어 賃貸人의 修繕義務를 면제하는 특약을 한 경우에는 賃借人은 必要費의 償還請求를 할 수 없다고 볼 것이다.[21] 賃貸人의 승낙이 없는 한 賃借物을 변경할 수 없다는 특약도 費用償還請求를 배제하는 것으로 볼 것이다.[22]

이와 관련하여 "賃借人이 賃貸人의 승낙을 얻어 增改築한 경우에는 가령 原狀回復의 特約이 있더라도 賃借人은 原狀回復이 不能인 부분에 대해서는 有益費의 償還을 請求할 수 있다"고 하는 견해가 있으나,[23] 의문이다. 원상회복의 특약은 賃借人이 부가시키거나 증개축한 물건은 賃貸借 종료시 賃借人이 收去한다는 내용이 보통인바, 收去가 사회통념상 불가능하다면 賃借人은 원상회복의무를 면함으로써 더 이상 비용을 들이지 않는 것으로 족하지, 逆으로 그에 대한 有益費를 請求할 수 있다는 것은 원상회복의 특약을 맺은 당사자의 의사를 무시하고 너무 지나치게 賃借人 보호에 치우친 해석이라 할 것이다.

Ⅲ. 費用償還請求權의 行使

1. 行使時期

(1) 必 要 費

賃借人이 必要費를 지출한 때에는 즉시 償還請求를 할 수 있다. 즉 賃貸借

19) 大判 83. 2. 22, 80다589(集 31-1, 112).

20) 또한 "토지임대차계약을 체결함에 있어 임차인이 토지 위에 정구장 시설 및 그 부대시설인 가건물 등을 임차인의 비용으로 설치, 건축하여 정구장을 운영하되 임대차가 종료하였을 때에는 주위시설물 및 가건물을 임대인에게 증여하기로 약정한 사실이 인정된다면 이는 임차인이 유익비상환청구를 할 수 없다는 취지를 약정한 것으로 볼 것이다" 라는 判例〔大判 83. 5. 10, 81다187(公 707, 960)〕도 있다.

21) 李孝鍾(註 1), 367.

22) 大判 62. 2. 22, 4294민상486(要集 민Ⅰ-2, 1001).

23) 李孝鍾(註 1), 387-88; 註釋各則 Ⅱ, 225.

의 종료를 기다릴 필요가 없다.[24] 따라서 消滅時效도 바로 진행한다. 이 점에서 점유물을 반환한 때 비로소 행사할 수 있는 占有者의 必要費償還請求權(民 § 203 I)과 다르다. 그런데 必要費를 償還받지 아니한 채 賃貸人에게 目的物을 반환하였다면 그 반환한 날로부터 6월 내에 償還請求를 하여야 한다(民 §§ 654, 617). 이 6월은 除斥期間으로 보는 데 異論이 없다. 따라서 그 기간 내에 訴를 提起하여야 한다.[25]

(2) 有 益 費

(가) 賃借人이 有益費를 지출한 때에는 즉시 그 償還을 請求할 수는 없으며, 賃貸借가 종료하여야 비로소 請求할 수 있다. 有益費償還請求權이 讓渡된 경우에는 讓受人도 마찬가지로 賃貸借가 종료하여야 권리를 행사할 수 있다.

賃貸借 종료의 원인은 묻지 아니한다. 따라서 賃借人의 借賃延滯를 이유로 賃貸人이 契約을 解止한 경우라도 상관없다.

有益費의 지출 후 賃貸借契約이 更新된 때에는 그 更新된 賃貸借가 종료한 때에 비로소 有益費償還請求를 할 수 있다. 그 때까지는 賃借人이 有益費 지출로 인한 이익을 享有하기 때문이다.[26]

(나) 賃借人이 賃貸人에게 目的物을 반환한 경우에는 그 반환한 날로부터 6월 내에 償還請求를 하여야 한다(民 §§ 654, 617). 이 6월도 必要費의 경우와 마찬가지로 물론 除斥期間이다. 다만 後述하는 바와 같이 法院이 일정기간 償還의 猶豫를 許與한 경우에는 그 기간이 경과한 때로부터 6월의 기간을 기산하여야 한다.[27]

(다) 賃貸借가 종료하여 賃借人이 有益費의 償還을 請求하면 賃貸人은 이에 응하여야 하나, 과다한 有益費의 일시적인 償還義務로 인하여 賃貸人이 곤경에 처할 수도 있다. 이러한 경우를 대비하여 法은 賃貸人의 請求에 따라 法院이 有益費의 償還에 관하여 상당한 기간을 許與할 수 있도록 하고 있다(本條 II 후문).

24) 李孝鍾(註 1), 379; 郭潤直, 322; 金基善, 201; 金錫宇, 265; 金疇洙, 267; 金曾漢, 241; 李銀榮, 363; 李太載, 248; 黃迪仁(Ⅳ), 294.

25) 金錫宇, 266; 金曾漢, 241.
반대 李孝鍾(註 1), 381은 6월 안에 裁判外의 請求를 하여도 되며, 그로부터 다시 10년의 消滅時效期間이 인정된다고 한다.

26) 李孝鍾(註 1), 379-80.

27) 郭潤直, 323; 金曾漢·安二濬, 345.

2. 償還請求額

(1) 必要費는 償還請求의 범위에 제한이 없다. 즉 지출한 비용 전액을 請求할 수 있으며, 그 가액의 현존 여부를 묻지 아니한다. 반대로 必要費의 지출 후에 물가변동 등으로 가격이 증대되었다 하여도 증대한 가액을 請求할 수 없다.[28)]

(2) 有益費는 賃借人이 지출한 금액과 현존하는 증가된 가액 중 賃貸人이 선택한 것을 償還하여야 한다.[29)] 다만 賃借人이 상당한 기간을 정하여 선택을 催告하여도 賃貸人이 그 기간 내에 선택하지 아니하면 賃借人이 선택할 수 있다(民 § 381 II). 현실적으로 賃貸人이 선택을 하지 아니하는 것은 有益費의 지출을 부인하거나 증가된 가액의 부존재를 주장하는 경우일 것이며, 이 때에는 결국 有益費의 지출 및 증가된 가액의 존재를 주장하는 賃借人이 이를 모두 입증한 후 그 중 자기가 선택한 하나를 請求하여야 할 것이다.[30)]

현존하는 증가된 가액의 算定時點은 賃借物의 반환시로 보아야 한다.[31)]

3. 償還請求의 상대방

(1) 轉借人의 賃貸人에 대한 請求

賃貸人의 동의를 받아 적법하게 轉貸借가 이루어진 경우에 轉借人이 轉貸人에 대하여 費用償還請求를 할 수 있음은 물론이나, 賃貸人에 대하여도 費用償還請求를 할 수 있는가? 後述(§ 630의 해설 참조)하는 바와 같이 轉借人은 賃貸人에 대한 관계에 있어 轉貸借上의 의무만 부담할 뿐 권리는 갖지 못하기 때문에 費用償還請求를 할 수 없다고 할 것이다.[32)] 다만 占有者와 回復者에 관한 民 § 203의 일반론에 의하여 費用償還請求를 하는 것은 별개의 문제이다.[33)]

---

28) 李孝鍾(註 1), 371; 註釋各則 II, 223.

29) 權南赫(註 17), 42 및 李孝鍾(註 1), 378-79는 현존하는 증가된 가액보다 賃借人이 지출한 금액이 더 많을 경우 事務管理의 요건을 구비하면 賃貸人이 증가된 가액을 반환대상으로 선택하더라도 賃借人은 지출한 비용 전액을 償還請求할 수 있다고 한다.

30) 大判 62. 10. 18, 62다437(集 10-4, 93).
이에 대하여 梁祥勳, "消費貸借와 準消費貸借 및 賃貸借에 關한 證明責任의 몇 가지 問題", 裁判資料 26집, 243은 賃借人은 지출액과 현존액 중 자기에게 유리한 一方의 立證責任만을 부담할 뿐이라고 한다.

31) 權南赫(註 17), 42.

32) 郭潤直, 337.

33) 李孝鍾(註 1), 382; 註釋各則 II, 225.

(2) 新所有者에 대한 請求

賃借人의 비용지출 후에 賃貸物의 소유자가 변동된 경우 賃借人은 新所有者에게 費用償還請求를 할 수 있는가? 이는 賃借權이 對抗力이 있는가의 여부에 따라 달리 보아야 할 것이다. 즉 賃借權이 對抗力이 있는 것일 때에는 新所有者가 賃貸人의 지위를 승계하므로(§ 621의 해설 참조) 그에 대하여 費用償還請求를 할 수 있으나, 賃借權이 對抗力이 없는 것일 때에는 賃借人은 新所有者에 대하여 賃貸借關係를 주장할 수 없으므로 費用償還請求도 할 수 없다고 할 것이다.[34] 다만, 必要費는 지출과 동시에 償還請求를 할 수 있고 이를 근거로 後述하는 바와 같이 留置權을 행사할 수 있으므로 新所有者에 대하여 사실상 償還을 강제할 수는 있을 것이다.

Ⅳ. 費用償還請求의 效果

1. 留 置 權

賃借人은 費用償還請求權에 관하여 留置權을 갖는다. 다만, 有益費의 償還에 관하여 法院이 賃貸人에게 기간을 許與한 때에는 그 기간에는 有益費에 기한 留置權이 인정되지 아니한다. 또한 賃貸借가 종료한 후에 권원 없이 점유하면서 지출한 비용에 관하여도 留置權이 인정되지 아니함은 물론이다(民 Ⅱ § 320 참조). 다만, 이 경우에 賃借人이 賃貸借의 종료사실을 모르고 점유하면서 비용을 지출하였다면 불법점유로 볼 것이 아니기 때문에 留置權을 인정하는 것이 타당하다.[35]

留置權이 인정되는 이상 賃借人은 賃貸人은 물론이거니와 그로부터 賃貸物의 所有權을 이전받은 제3자로부터의 明渡請求에 대하여도 비용을 償還받기 전까지는 明渡를 거부할 수 있다. 競賣에 의하여 所有權이 이전된 경우도 마찬가지이다.

이처럼 留置權이 인정되는 결과 建物의 賃借人은 종전과 같이 그 建物에 거주하면서 이를 사용할 수 있다. 다만 선량한 관리자의 주의로써 사용하여야 하므로 멸실·훼손한 경우에는 損害賠償責任을 지고, 借賃相當額은 不當利得으로 賃貸人(또는 제3취득자)에게 반환하여야 한다.[36]

34) 李孝鍾(註 1), 382.
35) 郭潤直, 323; 金錫宇, 266; 金疇洙, 268; 金曾漢, 241.
36) 李孝鍾(註 1), 385-86.

2. 同時履行의 抗辯 및 相計

賃借人이 必要費를 지출한 경우에는 前述한 바와 같이 즉시 償還請求權이 발생하기 때문에 賃借人은 비용의 償還과 次期의 借賃支給에 관하여 同時履行을 주장할 수 있고,[37] 대등액에서 相計할 수도 있다. 물론 賃貸人도 償還할 비용과 履行期에 도달한 借賃을 相計할 수 있다.

賃貸人이 借賃延滯를 이유로 賃貸借契約 解除의 의사표시를 한 경우에 賃借人이 解除 이전에 갖고 있는 有益費償還請求權과 借賃債務를 대등액에서 相計한 결과 借賃債務가 소멸한 때에는 契約解除의 의사표시 이전에 相計適狀에 있었기 때문에 契約解除는 효력이 없다는 견해가 있으나,[38] 위 경우 有益費償還請求權은 契約의 解除로 賃貸借가 종료하여야 비로소 행사할 수 있는 권리이므로 相計適狀이 契約解除의 의사표시 이전에 있었다는 논리는 성립할 수 없다. 따라서 위 경우에는 契約은 적법하게 解除되며, 단지 그 후의 정산과정에서 延滯借賃과 有益費가 서로 相計되는 것 뿐이라고 할 것이다.

[閔 日 榮]

第627條(一部滅失等과 滅額請求, 解止權)

① 賃借物의 一部가 賃借人의 過失 없이 滅失 其他 事由로 因하여 使用, 收益할 수 없는 때에는 賃借人은 그 部分의 比率에 依한 借賃의 減額을 請求할 수 있다.

② 前項의 境遇에 그 殘存部分으로 賃借의 目的을 達成할 수 없는 때에는 賃借人은 契約을 解止할 수 있다.

I. 概 說

賃借人은 賃借物을 사용, 수익하는 대가로 借賃을 지급할 의무를 부담하며, 이 借賃支給義務야말로 賃貸人이 賃借人으로 하여금 目的物을 사용, 수익케

37) 註釋各則 Ⅱ, 226.
38) 李孝鍾(註 1), 383-84.

할 의무와 함께 賃貸借의 가장 핵심적인 요소임은 前述한 바와 같다(§618의 해설 참조).

그런데 당사자간의 約定에 의하여 借賃을 일단 정한 후에 특별한 사정이 생겨 그 借賃이 부적절하게 되는 경우가 있고, 民法은 이러한 경우 그 借賃의 減額 또는 增額을 請求할 수 있도록 하고 있다. 그 중 本條는 賃借物의 일부 멸실 등으로 인한 賃借人의 減額請求에 관하여 규정하고 있으며, 後述하는 §628는 賃借人의 減額請求 및 賃貸人의 增額請求에 관하여 규정하고 있다. 그 밖에 住宅賃貸借保護法에도 이에 관한 특별규정이 있다(同法 §7).

獨民 §552는 "賃借人은 자신의 一身上의 사유로 인하여 使用權의 행사가 방해됨을 이유로 하여 借賃의 支給이 면제되지 아니한다. 다만, 賃貸人은 그가 절약할 수 있었던 비용 및 다른 방법에 의한 사용으로 인하여 취득한 利得의 價額을 공제하여야 한다. 賃貸人이 제3자에 대한 使用承諾으로 인하여 賃借人이 사용할 수 없는 동안은 賃借人은 借賃의 支給義務를 지지 아니한다"고 하고 있고, 瑞西債務法 §257는 "賃借人이 자신의 過失 또는 一身上의 사유로 인하여 賃借物의 전부 또는 일부를 사용하지 못한 때에는 賃貸人이 賃貸物을 계약 내용대로 제공한 이상 賃借人은 借賃을 전액 支給할 義務가 있다. 다만, 賃貸人은 그가 절약할 수 있었던 비용 및 다른 방법에 의한 사용으로 인하여 취득한 利得의 價額을 공제하여야 한다. 중대한 이유에 의한 契約의 解止는 이를 留保한다"고 하고 있다.

Ⅱ. 要 件

1. 賃借物의 一部의 사용, 수익 불능

(1) 멸실 기타의 사유로 인하여 賃借物을 사용, 수익할 수 없어야 한다. 사용, 수익 불능은 객관적인 불능을 의미하며, 賃借人의 주관적 사정으로 인한 사용, 수익 불능은 減額請求의 요건이 되지 못한다. 불능여부의 판단은 물론 일반적인 거래관념에 의하여야 하며 물리적인 개념에 의할 것은 아니다.

(2) 賃借物의 일부를 사용, 수익하지 못하여야 한다. 賃借物의 전부를 사용, 수익하지 못할 경우는 어떤가? 이는 해석론에 맡겨져 있는바, 그것이 누구의 歸責事由에 기인하느냐에 따라 나누어 볼 필요가 있다.

첫째, 賃貸人의 歸責事由에 기인한 경우에는 賃貸人의 債務不履行을 이유로 한 賃借人의 契約解止를 기다릴 것도 없이 賃貸借가 종료하고, 賃貸人의 損害賠償 문제만이 남는다.[1] [2]

둘째, 賃借人의 歸責事由에 기인한 경우에도 위 첫째 경우와 마찬가지로 賃貸借가 종료하고 借賃支給義務는 발생하지 아니하며, 대신 賃借人의 損害賠償 문제만 남는다.[3] [4]

셋째, 賃貸人, 賃借人 어느 누구에게도 歸責事由가 없는 경우는 借賃支給義務가 소멸하고, 賃貸借關係는 종료한다(民 § 537).

2. 賃借人의 歸責事由의 부존재

賃借物의 일부를 사용, 수익할 수 없게 된 것이 賃借人에게 책임 없는 사유에 기인하여야 한다. 이와 관련하여

첫째, 不可抗力에 의한 일부의 멸실이나 土地收用과 같은 당사자 쌍방에게 책임 없는 사유로 賃借物의 일부를 사용, 수익할 수 없게 되는 경우에 減額請求權이 발생함에는 의문이 없다.

둘째, 賃貸人에게는 책임이 없는데 賃借人의 故意, 過失로 인하여 目的物의 일부를 사용, 수익할 수 없게 된 때에는 減額을 請求할 수 없고 借賃을 전액 지급하여야 함도 물론이다.

셋째, 문제는 賃借人에게는 책임이 없는데 賃貸人의 歸責事由로 目的物의 일부를 사용, 수익할 수 없는 경우에 어떻게 할 것이냐이다. 예컨대, 賃貸人이 目的物의 일부를 引渡하지 않거나 修繕義務를 이행하지 않아 賃借人이 일부를 사용, 수익할 수 없는 경우이다. 이 경우에는 本條와 같은 危險負擔의 특칙 가운데 債務不履行의 책임을 혼합시키는 것은 법의 논리를 혼란시킨다는 이유로 減額請求를 인정하지 않는 견해도 있을 수 있으나, 현재는 賃借人의 減額請求를 인정하는 견해만이 주장되고 있다.[5]

1) 郭潤直, 344-45; 金錫宇, 284-85; 金疇洙, 290-91; 金曾漢, 272.
2) 순수 이론적으로는 契約을 解止하기 전까지는 賃貸人은 塡補賠償義務를 지고 賃借人은 借賃支給義務를 진다고 할 수 있으나, 이는 너무 비현실적인 논리의 조작일 따름이다.
3) 郭潤直, 345; 金錫宇, 285; 金疇洙, 291; 金曾漢, 272-73.
4) 理論的으로는 이 경우는 이른바 危險負擔의 문제로 되어 賃借人이 여전히 借賃債務를 부담한다고 할 수 있으나, 賃貸借를 종료시키고 損害賠償의 문제로 해결하는 것이 간명하고 현실적이다.
5) 郭潤直, 344, 金錫宇, 284; 金疇洙, 290; 金曾漢, 272.

3. 殘存部分만에 의한 賃借의 目的達成 가능

사용, 수익할 수 없는 부분을 제외한 殘存部分만으로 賃借의 목적을 달성할 수 있어야 한다. 殘存部分만으로 賃借의 목적을 달성할 수 없는 때에는 賃借人은 契約을 解止할 수 있고(本條 II), 나아가 賃貸人에게 歸責事由가 있는 때에는 損害賠償도 請求할 수 있다.[6)]

Ⅲ. 效　　果

1. 借賃의 減額請求

(1) 賃借人은 賃貸人에 대하여 사용, 수익불능으로 된 부분의 비율에 따라 借賃을 減額할 것을 請求할 수 있다. 이 減額請求權은 形成權이기 때문에 賃借人이 請求하면 賃貸人의 승낙을 기다릴 것 없이 借賃이 당연히 減額된다고 보는 데 異論이 없다.

(2) 借賃의 減額은 賃借物의 일부를 사용, 수익할 수 없었던 기간에 한하며, 불능으로 되었다가 후에 다시 사용, 수익이 가능하여지면 그 때부터는 賃貸人은 애당초의 借賃을 請求할 수 있다.[7)]

2. 強行規定

本條는 강행규정이기 때문에 이에 위반하는 約定으로서 賃借人에게 불리한 것은 효력이 없다(民 § 652).

[閔 日 榮]

6) 반대 註釋各則 Ⅱ, 228은 損害賠償請求를 부정한다.
7) 金疇洙, 290.

第628條(借賃增減請求權)

賃貸物에 對한 公課負擔의 增減 其他 經濟事情의 變動으로 因하여 約定한 借賃이 相當하지 아니하게 된 때에는 當事者는 將來에 對한 借賃의 增減을 請求할 수 있다.

Ⅰ. 概 說

本條는 前述한 §627 및 後述하는 住賃 §7와 더불어 賃貸借契約 체결 후의 사정변경으로 인하여 당초 約定하였던 借賃을 재조정하는 것에 관한 규정이다.

賃貸借는 전형적인 繼續的 債權關係이기 때문에 契約關係가 지속되는 동안 사회, 경제사정의 변동 등으로 인하여 당초 約定하였던 내용이 현실과 동떨어진 것으로 될 수 있고, 그러한 경우에 당초의 約定 내용을 固守하는 것은 정의와 형평에 어긋나므로 변경된 사정에 맞게 契約 내용을 수정할 필요가 있다. 本條는 그 중에서도 특히 賃貸借의 핵심인 借賃의 增減을 통하여 적정한 賃貸借의 유지를 꾀하고 있는 것이다. 本條는 이른바 事情變更의 原則을 정면으로 받아들인 규정이라 할 수 있다.[1)]

日本借地借家法 §11 Ⅰ은 土地의 借賃에 관하여 "地代 또는 土地의 借賃(이하 '地代等'이라 한다)이 土地에 대한 租稅 기타 公課의 增減, 土地價格의 상승 또는 하락 기타 경제사정의 변동에 의하여, 또는 인근 類似土地의 地代等과 비교하여 상당하지 아니하게 된 때에는 契約條件에 불구하고 당사자는 장래에 향하여 地代等의 增減을 請求할 수 있다. 다만 일정기간 地代等을 增額하지 아니하기로 특약을 한 경우에는 그에 따른다"고 하고, 同法 §32 Ⅰ은 建物의 借賃에 관하여 "建物의 借賃이 土地 또는 建物에 대한 租稅 기타 負擔의 增減, 土地 또는 建物의 가격의 상승 또는 하락 기타 경제사정의 변동에 의하여, 또는 인근 同種建物의 借賃과 비교하여 상당하지 아니하게 된 때에는 契約條件에 불구하고 당사자는 장래에 향하여 借賃의 增減을 請求할 수 있다. 다만 일정기간 建物의 借賃을 增額하지 아니하기로 特約을 한 경우에는 그에 따른다"고 하고 있다.

---

1) 郭潤直, 345.

Ⅱ. 要 件

1. 經濟事情의 변동

借賃을 約定한 후 公課負擔의 增減 등 경제사정이 변동되어야 한다.[2] 경제사정의 변동이 꼭 公課負擔의 增減에 기인하여야 하는 것은 아니며, 어떠한 사유에 기하든 상관없다. 예컨대 不動產 가격의 큰 폭의 등락도 주요한 사유가 될 것이다. 그러나 賃貸人이 賃貸料를 종래보다 많이 올려서 請求하는 데 대하여 賃借人이 위 賃貸料가 종래에 비하여 과다하다는 이유로 減額을 請求하는 것은 賃貸人이 일방적으로 올린 賃貸料가 부당하다는 주장에 지나지 않아 그러한 주장은 本條의 借賃減額請求에 해당하지 않는다.[3]

경제사정의 변동이 借賃約定 후 얼마의 기간 후에 발생하여야 하느냐는 일률적으로 말할 수 없고, 구체적인 사정에 따라 결정하여야 한다.[4]

2. 종래 借賃의 不相當

종래의 借賃이 상당하지 아니하게 되어야 한다.[5] 즉 변동된 경제사정에 비추어 볼 때 종래의 借賃으로 당사자를 구속하는 것이 정의와 형평에 어긋나

---

2) 경제사정의 변동에는 해당하지 아니하나, 목측으로 정한 土地賃貸借契約상의 면적보다 賃借人이 실제로 점유사용하는 면적이 넓은 것으로 밝혀진 경우 賃貸人은 그에 비례한 임료를 더 請求할 수 있을지언정 契約을 解止할 수는 없다〔大判 67. 12. 29, 67다2365 (集 15-3, 474)〕.

3) 大判 69. 4. 29, 68다1884등(集 17-2, 62): 피고의 반소청구의 요지는 원고가 피고에게 종래 임대한 본건 토지에 대한 임대료를 종래보다 10배나 올려서 청구하므로 위 임대료는 전년도에 비하여 과다하므로 대지 평당 20원씩의 비율에 의한 사용료로 감액을 청구한다는 데 있는바, 위와 같은 감액 주장은 원고가 일방적으로 올린 임대료가 평당 20원을 넘는 부분은 부당하다는 주장에 지나지 않으며 이와 같은 주장이 民 § 628 소정의 차임감액청구에 해당될 수 없음이 명백할 뿐만 아니라, 이와 같은 주장은 원고의 임대료 증액주장에 대한 방어방법으로 소송상 주장함으로써 족한 것이고 이를 독립된 형성의 소로 제기할 성질의 것이 아니므로 피고의 위 반소는 부적법 각하를 면치 못할 것이다.

同旨 大判 68. 11. 19, 68다1882등(集 16-3, 229); 大判 68. 11. 26, 68다1902등(要集 민 Ⅰ-2, 1006).

4) 金曾漢, 269는 借賃의 約定 후 상당한 기간이 경과함을 요할 것이지만, 그것도 결국 경제사정의 변동이 급격하냐 어떠냐와 상관적으로 정할 수밖에 없다고 한다.

5) 大判 85. 11. 12, 85누219(公 767, 52): 임대인이 그와 특수관계에 있는 임차인과의 사이에 체결한 당초의 전세계약에서 정한 전세금액이 당시의 정기예금이자율에 비추어 적정하게 책정된 금액인 이상 그 전세계약 기간 중 정기예금이자율이 인하되었다고 하여 임대인으로서 임차인에게 인하된 이자율에 상응한 전세금의 증액 또는 이에 상당한 차임액의 추가지급을 당연히 요구할 수 있는 계약상 권리가 있다고 볼 수 없다.

불합리하게 되어야 한다.[6] 따라서 오히려 不相當하였던 종래의 借賃이 경제사정의 변동으로 인하여 상당하게 되었다면 새삼 本條에 의한 借賃의 增減을 請求할 수는 없다.

法文에는 상당하지 아니하게 된 것으로 借賃만 규정하고 있으나, 保證金도 本條의 적용대상에 포함되는 것으로 봄이 本條의 입법취지에 비추어 合當할 것이다.[7] 住賃 §7는 이 점을 분명히 하고 있다.

3. 特約의 不存在

借賃의 增額을 금지하는 특약이 없어야 한다. 즉 賃貸借의 全期間 또는 그 중 일정기간 동안은 借賃을 增額하지 않는다는 특약을 한 경우에는 本條에 의한 增額을 請求할 수 없다. 다만 이 경우에도 당사자가 전혀 예상할 수 없었던 급격한 경제사정의 변동이 생긴 때에는 增額을 請求할 수 있다고 봄이 상당하다.[8] 增額禁止의 특약과는 달리 減額禁止의 특약은 賃借人에게 불리하기 때문에 효력이 없다(民 § 652). 따라서 설사 그러한 특약을 하였더라도 賃借人은 경제사정의 변동을 이유로 借賃의 減額을 請求할 수 있다.

增減請求의 約定을 하는 것은 물론 가능하며,[9] 당사자간에 일정한 사유가 발생하면 일정액의 借賃增減請求를 할 수 있다고 특약한 경우에는 그에 해당하는 사유가 발생하고 당사자의 일방이 그 增減請求의 의사표시를 함으로써 당연히 그 借賃이 增減된다.[10] 다만 賃貸借契約 체결시에 賃貸人이 일방적으로 借賃을 引上할 수 있고 상대방은 이에 대하여 異議를 할 수 없다고 約定한 경우에는 이는 民 § 628에 위반하는 것으로서 賃借人에게 불리하여 民 § 652에 의하여 효력이 부인된다.[11]

4. 一時使用을 위한 賃貸借

本條는 일시사용을 위한 賃貸借에 대하여는 적용되지 아니한다(民 § 653). 사정변경의 문제는 繼續的 債權關係에서나 문제되기 때문이다.

---

6) 예컨대, 賃貸土地 및 隣近土地의 가격이 6배 내지 10배 騰貴하고, 適正借賃이 당초 借賃의 9배 가까이 되며, 公課金도 현저히 상승한 경우를 들 수 있다. 大判(全) 93. 12. 21, 92다46226(公 94년 80) 참조.
7) 李銀榮, 352.
8) 郭潤直, 346.
9) 大判 69. 6. 10, 68다1343(集 17-2, 169).
10) 大判 69. 6. 10, 68다2142(要集 민 I -2, 1006).
11) 大判 92. 11. 24, 92다31163등(公 93년 238).

Ⅲ. 效 果

1. 借賃의 增減請求

賃貸人 또는 賃借人은 借賃의 增額 또는 減額을 請求할 수 있다. 다만 이러한 請求는 장래에 대하여만 인정되며, 기존의 借賃에 대하여는 할 수 없다. 여기서 “장래”는 경제사정의 변동이 생긴 때 이후를 의미하는 것이 아니라 增額 또는 減額의 請求를 한 때 이후를 의미한다.[12)]前述한 바와 같이 法文에는 借賃의 增減請求만 규정하고 있으나, 保證金의 增減請求도 가능하다.

2. 增減額의 확정

借賃의 增減請求權은 그 성질이 形成權이며, 裁判上 및 裁判外에서 모두 행사할 수 있고, 增減請求의 의사표시가 상대방에게 도달한 때에 바로 借賃은 객관적으로 상당한 범위로 增減된다.[13)]

그런데, 당사자가 상당하다고 주장하는 增減額이 다를 경우에는 결국 法院이 그 상당액을 확정할 수밖에 없다. 다만, 法院이 확정하는 경우에도 그 확정액에 따라 增減의 효력이 발생하는 것은 확정시부터가 아니라 增減請求의 의사표시가 상대방에게 도달한 때부터로 소급한다.[14)]

增減額 확정의 어려움 때문에 本條의 실효성을 거두기 위한 입법론으로서, 法院 기타 일정한 기관을 두어 거기서 제 3 자의 입장에서 객관적인 상당액을 결정 내지 확인케 하고, 이 請求權을 행사하는 자는 상당액을 함부로 주장하지 못하게 하는 것이 필요하다는 주장도 있다.[15)] 後述하는 바와 같이 農地賃借料의 減免에 관하여는 특별기관을 두고 있다.

한편, 增額의 경우에는 賃借人의 보호를 위하여 大統領令이 정하는 비율을 넘지 못하도록 하여야 한다는 견해가 또한 입법론으로 제기되고 있다.[16)]

日本借地借家法 § 11 Ⅱ·Ⅲ 및 同法 § 32 Ⅱ·Ⅲ(前者는 土地의 借賃에 관한 것이고, 後者는 建物의 借賃에 관한 것임)은 借賃의 增額에 관하여 당사자간에 협의가 이루어지지 아니한 때에는 增額

12) 郭潤直, 347.

13) 大判 74. 8. 30, 74다1124(集 22-2, 275)〔이 판결에 대한 評釋으로 金聖煥, “借賃의 增額請求”, 法曹春秋(75. 2·3), 14 이하 참조〕. 다만 金疇洙, 292-93 및 金曾漢, 270-71은 裁判에 의하여만 增減의 효력이 생기는 것으로 하여야 한다는 立法論을 제기한다

14) 李銀榮, 312.

15) 郭潤直, 347. 또한 李銀榮, 312 참조.

16) 玄勝鍾, “傳貰權 및 賃借權의 強化”, 司行(81. 10), 8.

請求를 받은 자가 法院의 재판이 확정될 때까지 일단 스스로 상당하다고 인정하는 借賃을 지급케 하되, 法院의 재판이 확정된 경우에 이미 지급한 금액이 확정액에 부족한 때에는 지급일 이후부터 연 10%의 이자를 가산한 차액을 추가지급하도록 하고, 반대로 借賃의 減額에 관하여 당사자간에 협의가 이루어지지 아니한 때에는 減額請求를 받은 자가 法院의 재판이 확정될 때까지 일단 스스로 상당하다고 인정하는 借賃을 請求케 하되, 法院의 재판이 확정된 경우에 이미 지급받은 금액이 확정액을 초과하는 때에는 수령일로부터 연 10%의 이자를 가산한 차액을 반환하도록 하고 있다.

[閔 日 榮]

第629條(賃借權의 讓渡, 轉貸의 制限)

① 賃借人은 賃貸人의 同意 없이 그 權利를 讓渡하거나 賃借物을 轉貸하지 못한다.

② 賃借人이 前項의 規定에 違反한 때에는 賃貸人은 契約을 解止할 수 있다.

차 례

Ⅰ. 概 說
1. 意 義
2. 法的 性質
3. 民法의 태도와 그에 대한 批判
4. 立 法 例
Ⅱ. 賃貸人의 同意
1. 法的 性質
2. 同意의 當事者, 時期, 方法 등
3. 同意의 撤回의 可否
Ⅲ. 賃借權의 讓渡의 法律關係
1. 賃貸人의 同意가 있는 경우
2. 賃貸人의 同意가 없는 경우
Ⅳ. 賃借物의 轉貸의 法律關係
1. 賃貸人의 同意가 있는 경우
2. 賃貸人의 同意가 없는 경우

Ⅰ. 概 說

1. 意 義

本條부터 §632까지의 4개 條文과 §§638, 644, 647는 賃借權의 讓渡와

轉貸에 관하여 규정하고 있다.

賃借權의 讓渡는 賃借權을 동일성을 유지하면서 이전하는 것을 말한다. 따라서 賃借權을 讓渡하면 讓渡人은 賃借人의 지위에서 벗어나고 讓受人이 賃借人의 지위를 승계하게 된다. 즉 賃貸人과 讓渡人 사이의 賃貸借關係는 소멸하고, 그 대신 賃貸人과 讓受人 사이에서 위 소멸한 것과 동일한 賃貸借關係가 생기는 것이다.

轉貸는 賃借人이 동시에 賃貸人(轉貸人)이 되어 賃借物을 제 3 자(轉借人)에게 賃貸하는 것을 말한다. 賃借權을 讓渡한 경우에는 종래의 賃借人은 賃貸借關係에서 탈퇴하는 데 비하여, 轉貸의 경우에는 종래의 賃借人은 賃借人의 지위를 그대로 유지한 채 그와는 별도로 轉借人과의 사이에서 賃貸人의 지위를 동시에 갖는 것이다.[1] 轉貸人과 轉借人과의 관계는 賃貸借인 것이 보통이나, 使用貸借이더라도 상관없으며, 물건의 일부만을 대상으로 하기도 한다.

2. 法的 性質

賃借權의 讓渡 및 賃借物의 轉貸는 어느 것이나 讓渡人 또는 轉貸人과 讓受人 또는 轉借人 사이의 諾成·不要式의 契約이며, 賃貸人은 이 契約의 당사자가 아니다. 따라서 당사자 사이의 합의만에 의하여 契約이 성립한다.

다만 賃借權의 讓受人 또는 轉借人이 賃貸人 기타의 제 3 자에 대하여 유효하게 賃借權을 취득하기 위하여는 後述하는 바와 같이 賃貸人의 同意가 필요하다. 따라서 賃借人이 賃借權을 讓渡하였거나 賃借物을 轉貸하였음에도 불구하고 賃貸人이 同意를 하지 않아 讓受人 또는 轉借人이 賃借權을 완전히 유효하게 취득하지 못하게 되면 賃借人은 권한 없이 타인의 물건을 賃貸한 경우와 마찬가지의 擔保責任을 지게 된다.

3. 民法의 태도와 그에 대한 비판

民法上 賃借權의 讓渡 및 賃借物의 轉貸는 원칙적으로 금지되며,[2] 단지

1) 이처럼 賃借權의 讓渡에 있어서는 賃借權이 종래의 賃借人을 떠나 讓受人에게 귀속하는 데 비하여, 轉貸에 있어서는 賃借權은 여전히 종래의 賃借人에게 귀속하고 轉借人의 轉借權은 그것을 기초로 하여 성립한다는 점에서 볼 때, 前者는 賃借權의 移轉的 取得이고, 後者는 賃借權의 設定的 取得(創設的 取得)이라고 할 수 있다(金曾漢, 250).

2) 그 밖에 賃貸住宅法의 적용을 받는 賃貸住宅의 賃借人은 賃借權의 讓渡나 賃貸住宅의 轉貸를 할 수 없다(同法 §11). 住宅建設促進法 §38의 3 I 에도 유사한 조항이 있다. 다만, 위 法條들이 적용되는 경우에도 讓渡人과 讓受人 사이의 私法上의 효력까지 부인되는 것은 아니다〔大判 93. 6. 25, 93다13131(公 93년 2115)〕.

賃貸人의 同意가 있는 경우에만 유효하게 讓渡, 轉貸할 수 있다(本條 I). 만일 賃借人이 賃貸人의 同意를 받지 않고 賃借權을 讓渡하거나 賃借物을 轉貸한 때에는 賃貸人은 賃貸借契約을 解止할 수 있다(本條 II). 다만, 建物의 賃借人이 그 建物의 小部分을 타인에게 사용케 하는 경우에는 賃貸人의 同意를 받지 않아도 된다(民 § 632)[3]

이처럼 本條가 賃借權의 讓渡 또는 賃借物의 轉貸에 賃貸人의 同意를 받도록 요구하는 것은 賃貸人의 보호를 위한 것이다. 즉 물건을 사용, 수익하는 방법은 사람마다 다르기 때문에 賃借權의 讓渡나 賃借物의 轉貸를 자유롭게 할 수 있도록 하여 놓으면 賃貸人으로서는 예기치 않은 불이익을 당할 수 있기 때문에 그의 同意를 받도록 한 것이다.

그러나 이처럼 賃貸人 보호를 위하여 無斷讓渡, 無斷轉貸를 금지하는 民法의 태도는 賃借人의 입장에서 본다면 賃借物에 대한 투하자본의 회수를 곤란케 하고, 賃借權의 강화 내지 物權化의 경향에 逆行한다는 비판을 받는다.[4] 특히 建物所有를 위한 土地賃貸借 같은 경우는 賃借人이 누구이냐에 따라 사용, 수익이 크게 달라질 것도 없기 때문에 일률적으로 賃貸人의 同意를 받도록 한 것은 온당하지 못하다는 지적을 받는다.[5]

아무튼 本條는 단지 賃貸人의 보호를 위한 것이 때문에 강행규정이 아니며, 당사자의 특약으로 同意를 요하지 않게 하는 것이 얼마든지 가능하다는 데 이론이 없다.

4. 立法例

佛蘭西에서는 佛民 § 1717가 "賃借人은 특히 禁止되어 있지 아니하는 한 賃借權을 讓渡할 수 있다. 轉貸 또는 賃借權의 讓渡權限은 이를 전부 또는 일부 禁止할 수 있다. 이 禁止의 特約은 명백하게 하여야 한다"하고 있는 반면, "賃

3) 다만, § 632는 강행규정이 아니기 때문에 특약으로 이 경우에도 同意를 받도록 정할 수 있다. § 632의 해설 참조.

4) 註釋各則 II, 230; 郭潤直, 330-31; 金錫宇, 271; 金疇洙, 276; 金曾漢, 249.
반대로 李銀榮 339-40은 이러한 비판의 타당성에 대하여 강한 의문을 제기한다.
한편, 金學東, "住宅賃貸借保護法上의 問題點", 月報(86. 11), 26은 住宅賃貸借保護法上의 대항요건을 구비한 住宅賃借人은 반대의 특약이 없는 한 자유롭게 讓渡, 轉貸할 수 있다고 하는 것이 타당하다고 한다. 그리고 玄勝鍾, "傳貰權 및 賃借權의 强化", 司行(81. 10), 8은 後述하는 獨逸民法의 규정을 본딴 입법론으로서 賃貸人이 중대한 이유도 없이 同意를 거절할 경우에는 賃借人이 賃貸借契約을 解止할 수 있도록 하는 규정을 둘 것을 제안한다.

5) 郭潤直, 330-31.

貸借關係 改善을 위한 法律"(Loi n° 89-462 du 6 juillet 1989, tendant à améliorer les rapports locatifs, 1989. 7. 6) § 8 Ⅰ은 住居用 建物이나 住居·業務 겸용 建物에 관하여 "賃借人은 賃借權을 讓渡하거나 借賃에 관한 사항을 포함하여 賃貸人의 書面同意 없이 賃借住宅을 轉貸할 수 없다. 轉借된 建物의 住居 가능한 면적의 평방미터당 借賃은 賃借人이 지불한 금액을 초과할 수 없다"고 하고 있다.

瑞西債務法 § 264 Ⅰ은 "賃借人은 賃貸人에게 不利益한 결과를 야기하지 아니하는 한 賃借物의 전부 또는 일부를 제 3 자에게 轉貸하거나 賃借權을 讓渡할 수 있다"고 하고 있고, 獨民 § 549는 "(1) 賃借人은 賃貸人의 승낙 없이 賃借物을 제 3 자에게 사용하게 할 수 없으며, 특히 그 물건을 다시 賃貸할 수 없다. 賃貸人이 승낙을 거부하는 때에는 賃借人은 제 3 자에게 一身上의 중대한 사유가 존재하지 아니하는 한 법정기간 내에 賃貸借關係를 解止할 수 있다. (2) 賃貸借契約의 체결 후에 住宅의 賃借人에 관하여 그 住宅의 일부를 제 3 자에게 사용하게 할 정당한 이익이 발생한 때에는 賃借人은 賃貸人에 대하여 그 승낙을 請求할 수 있다. 그러나 제 3 자에게 일신상의 중대한 사유가 존재하는 경우 또는 그 밖에 賃貸人에게 승낙을 기대할 수 없는 경우에는 그러하지 아니하다. 借賃을 적절하게 引上할 경우에만 賃貸人의 승낙을 기대할 수 있는 때에는 賃貸人은 賃借人이 그러한 借賃의 引上에 同意할 것을 조건으로 승낙할 수 있다. 이와 다른 약정으로서 賃借人에게 불이익한 것은 효력이 없다. (3) 賃借人이 賃借物을 제 3 자에게 사용하게 한 때에는, 賃貸人이 그에 대한 승낙을 한 경우에도, 賃借人은 제 3 자의 사용중의 歸責事由로 인한 책임을 진다"고 하고 있다.

日本借地借家法은 土地 賃貸借의 讓渡, 轉貸에 한하여 § 19 Ⅰ에서 "借地權者가 賃借權의 목적인 土地上의 建物을 제 3 자에게 讓渡하려고 하는 경우에 그 제 3 자가 賃借權을 취득하거나 轉借를 하더라도 借地權設定者에 대하여 불리하지 아니함에도 불구하고 借地權設定者가 그 賃借權의 讓渡 또는 轉貸를 승낙하지 아니하는 때에는 法院은 借地權者의 請求에 의하여 借地權設定者의 승낙에 갈음하는 허가를 할 수 있다. 이 경우에 당사자간의 이익의 형평을 꾀할 필요가 있는 때에는 賃借權의 讓渡 또는 轉貸를 조건으로 하는 借地條件의 변경을 命하거나 그 허가를 재산상의 給付에 連繫시킬 수 있다"고 하고 있다. 그리고 위 法院의 허가는 土地所在地의 地方法院이 非訟事件節次法에 의하여 하도록 되어 있다(同法 §§ 41, 42 Ⅰ). 한편 同法 § 14는 "제 3 자가 賃借權의 목적인 土

地上의 建物 기타 借地權者가 權原에 의하여 土地上에 부속시킨 물건을 취득한 경우에 借地權設定者가 借地權의 讓渡 또는 轉貸를 승낙하지 아니한 때에는 그 제3자는 借地權設定者에 대하여 建物 기타 借地權設定者가 權原에 의하여 土地에 부속시킨 물건을 시가로 매수할 것을 請求할 수 있다"고 하고 있다.

Ⅱ. 賃貸人의 同意

1. 法的 性質

前述한 바와 같이 賃借權의 讓渡 또는 賃借物의 轉貸는 당사자 사이의 합의만에 의하여 성립한다. 다만 同意가 없는 경우에는 讓渡 또는 轉貸로써 賃貸人 기타의 제3자에게 대항할 수 없을 뿐이다. 따라서 賃貸人의 同意는 讓渡 또는 轉貸의 效力發生要件이 아니라 對抗要件이라 할 수 있다.[6] 이는 마치 指名債權讓渡에 있어 債務者의 同意(또는 債權讓渡의 通知)가 대항요건인 것과 구조가 같다.

그러나 이에 대하여는 賃貸人의 同意를 賃借人이 타인에게 賃借權을 讓渡하는 행위를 적법화시키는 賃貸人의 일방적 의사표시로 된 단독행위로 이해하는 견해도 있다.[7]

2. 同意의 當事者, 時期, 方法 등

賃貸人의 同意를 구하는 자는 賃借人에 한하지 않으며, 讓受人(또는 轉借人)도 할 수 있다. 同意의 상대방도 마찬가지로 賃借人이든 讓受人(또는 轉借人)이든 상관없다. 同意의 의사표시에 특별한 방법이 요구되지는 아니한다.

同意는 賃借權의 讓渡, 賃借物의 轉貸가 행하여지기 전에 일괄하여 또는 개별적으로 할 수 있을 뿐만 아니라 讓渡, 轉貸가 행하여진 후에도 할 수 있다.[8] 事後의 同意는 讓受人 또는 轉借人에 대하여 明示的 의사표시를 하든지, 아니면 借賃을 請求(혹은 借賃의 增額을 請求)하거나 그로부터 異議 없이 借賃을

6) 李順英, "賃借權의 無斷讓渡와 無斷轉貸", 저스티스 13권 1호(1975), 14; 金錫宇, 273; 金疇洙, 277; 金曾漢, 250.
7) 金基善, 214.
8) 梁彰洙, "賃借人의 無斷轉貸를 理由로 하는 賃貸人의 權利", 考試界(87.6), 101; 金基善, 214; 金錫宇, 273; 金疇洙, 277; 金曾漢, 250.

수령함으로써 默示的으로 할 수도 있다.[9] 事後의 同意에 遡及效를 인정할 것이냐는 同意를 하는 賃貸人의 의사해석의 문제로 귀착된다.[10]

賃貸人이 同意하였다는 사실은 그것을 주장하는 자가 立證하여야 한다.[11]

3. 同意의 撤回의 可否

賃貸人의 同意가 前述한 바와 같이 賃貸人의 이익을 위한 제도이기는 하나, 그렇다고 일단 주었던 同意를 자유롭게 철회하는 것은 부정하여야 한다.[12] 同意 撤回의 자유까지 賃貸人에게 부여하여서는 賃借人에게 너무 불리하기 때문이다. 賃貸人의 同意撤回를 인정하면 賃貸人이 同意하여 안심하고 賃借權을 讓渡하거나 賃借物을 轉貸한 賃借人으로서는 同意철회로 인하여 새삼스레 擔保責任을 져야 하는 부당한 결과를 초래하게 된다. 거래의 안전이 크게 위협받을 것임은 말할 것도 없다.

Ⅲ. 賃借權의 讓渡의 法律關係

1. 賃貸人의 同意가 있는 경우

賃貸人의 同意를 받아 賃借權을 讓渡한 경우에는 賃借權은 동일성을 유지하면서 讓受人에게 이전된다. 이러한 이전의 효과는 讓渡人(賃借人)뿐만 아니라 賃貸人 기타의 제 3 자에 대한 관계에 있어서도 마찬가지로 발생한다. 따라서 종전의 賃借人은 賃貸借關係에서 탈퇴하고 讓受人과의 사이에서 賃貸借關係가 생기므로 이제는 당연히 讓受人이 借賃支給義務를 부담한다.

종전 賃借人이 延滯한 借賃 기타 다른 의무위반에 의한 損害賠償義務는 어떻게 되는가? 이들은 별도의 引受特約이 없는 한 이전하지 않는다고 볼 것이다.[13] 이에 대하여 특약이 없는 한 이들은 이전하지 않는다고 해석하면서

9) 大判 80. 1. 15, 79다2059(要集 민Ⅰ-2, 1007-8).
10) 金基善, 214-15.
11) 李順英(註 6), 15.
12) 梁彰洙(註 8), 101; 郭潤直, 332; 金錫宇, 273; 金疇洙, 278; 金曾漢, 251; 黃迪仁, 民法(Ⅳ), 300.
이에 대하여 金基善, 215는 이해관계 있는 자의 철회의 同意를 조건으로 하거나 또는 아직 賃借人이 讓渡행위를 완료하지 않는 동안은 철회할 수 있다고 하고, 李銀榮, 340은 철회권을 유보한 경우 및 철회하여야 할 중대한 사유가 있는 경우에는 철회할 수 있다고 한다.
13) 黃迪仁, 民法(Ⅳ), 300.

도, 이들이 "당연히 讓受人에게 承繼된다고 하지 않으면 賃貸人에게 불이익을 주고 또한 不誠實한 賃借人에게 부당한 이익을 주는 것이 되기 때문"에 앞으로의 立法에서 賃貸人 보호를 위한 어떤 고려를 하여야 한다는 견해가 있다.[14] 그러나 賃貸人의 同意는 全的으로 賃貸人의 자유의사에 달려 있는 것이므로, 賃貸人은 同意하기에 앞서 기존 賃借人의 이러한 의무들의 부담에 관하여 나름대로의 조치를 강구할 것이기 때문에(예컨대 同意의 前提條件으로 延滯借賃을 先支給케 한다든지 아니면 讓受人이 引受케 한다든지 하는 등) 위 견해는 지나친 우려가 아닐까 한다.

2. 賃貸人의 同意가 없는 경우

(1) 賃借人(讓渡人)과 讓受人 사이의 관계

賃借權讓渡契約은 당사자 사이에서는 유효하므로,[15] 讓受人은 讓渡人에 대하여는 賃借權을 취득하고, 따라서 目的物을 사용, 수익할 수 있다.

賃借人은 賃貸人의 同意를 얻을 의무를 부담하므로[16] 그 同意를 얻지 못하면 擔保責任을 진다(民 § 567).

(2) 賃貸人과 讓受人 사이의 관계

讓受人은 賃貸人에 대하여 賃借權을 주장할 수 없다.[17] 따라서 目的物에 대한 점유는 不法占有가 된다. 그러나 賃貸人이 所有權에 기한 引渡請求를 하는 경우에도 賃借人(讓渡人)과의 賃貸借를 解止하지 않는 한 讓受人에 대하여 자기에게 目的物을 직접 引渡할 것을 請求하지는 못하며, 賃借人에게 반환할 것을 請求할 수 있을 뿐이다.[18] 또한 賃借人과의 賃貸借를 解止하지 않는 한 賃貸人은 賃借人에 대하여 여전히 借賃請求權을 가지므로 그 한도 내에서는 손해가 없기 때문에, 讓受人에게 不法占有를 이유로 한 借賃相當 損害賠償請

---

14) 郭潤直, 336; 金疇洙, 281.

15) 郭潤直, 332; 金錫宇, 272-73; 金疇洙, 272; 金曾漢, 251; 金顯泰, 201; 黃迪仁, 民法(Ⅳ), 300. 大判 55.7.7, 4288민상50(要集 민Ⅰ-2, 1007).
반대 李太載, 258-59는 "제629조 제1항은 그 法文上 賃貸人의 同意 없는 賃借權의 讓渡를 금지하는 규정으로 해석하는 것이 타당하다. 따라서 법률이 금지한 讓渡는 무효"라고 한다.

16) 大判 86.2.25, 85다카1812(集 34-1, 69).

17) 大判 85.2.8, 84다카188(集 33-1, 42): 임대인의 동의 없는 임차권의 양도는 당사자 사이에서는 유효하다 하더라도 다른 특약이 없는 한 임대인에게는 대항할 수 없는 것이고, 임대인에게 대항할 수 없는 임차권의 양수인으로서는 임대인의 권한을 대위행사할 수 없다.

18) 註釋各則 Ⅱ, 231; 郭潤直, 333; 金錫宇, 274; 金疇洙, 279; 金曾漢, 251.
반대: 李順英(註 6), 19-20 및 金基善, 217은 賃貸借契約의 解止 여부와 상관없이 賃貸人이 직접 자기에게 반환할 것을 請求할 수 있다고 한다.

求나 不當利得返還請求도 할 수 없다.[19]

(3) **賃貸人과 賃借人(讓渡人) 사이의 관계**

賃借人의 無斷讓渡를 이유로 賃貸人은 賃貸借契約을 解止할 수 있다(本條Ⅱ). 賃借權의 일부를 讓渡한 경우에도 賃貸人은 賃貸目的物 전부에 대하여 賃貸借契約을 解止할 수 있다.[20] 그런데 근래에 讓受人이 無斷讓渡가 賃借人의 背信行爲가 아니라는 것을 입증하면 賃貸人은 無斷讓渡를 이유로 賃貸借契約을 解止할 수 없다는 이른바 배신행위 이론을 채택한 判例[21]가 나왔는바, 後述하는 賃貸人은 賃借人의 無斷轉貸가 背信行爲일 것을 요하지 않고 賃貸借契約을 解止할 수 있다는 判例[22]와 相反되는 것이 아닌가 한다.

다만 賃借權의 讓渡契約 체결 사실만으로는 解止할 수 없고, 讓受人이 실제로 사용, 수익하는 때에 한하여 解止할 수 있다.[23] 이처럼 無斷讓渡契約 자체 보다는 讓受人인 제3자의 사용, 수익이 解止의 주요 원인이 되기 때문에, 賃貸借契約 解止에 기한 明渡請求에 있어서는 제3자의 사용, 수익이 主要事實로 되고, 讓渡이냐 轉貸이냐는 間接事實로서 당사자가 無斷讓渡를 주장하여도 法院이 無斷轉貸로 인정할 수 있다(그 逆도 마찬가지)고 할 것이다.[24]

解止하기 전까지는 양자 사이에 賃貸借關係가 계속 유지되므로,[25] 賃借人은 賃貸人에 대하여 여전히 借賃支給義務를 부담한다.[26] 目的物保管義務도 마찬가지로 부담하므로 讓受人의 행위로 賃貸人에게 손해가 발생하면 賃借人이 債務不履行으로 인한 損害賠償責任을 진다. 이 경우 讓受人이 不法行爲를 원

---

19) 郭潤直, 333; 金錫宇, 274-75; 金曾漢·安二濬, 356; 黃迪仁, 民法(Ⅳ), 300.
반대 李順英(註 6), 20은 적법한 법률효과로서의 借賃請求權과 不法行爲의 효과로서의 損害賠償請求權은 별개이므로 損害賠償請求가 가능하다고 한다.

20) 金基善, 216.

21) 大判 93.4.13, 92다24950(公 93년 1379). 同旨 大判 93.4.27, 92다45308(公 93년 1553)〔이 判決에 대한 評釋으로 金 淑, "建物所有를 目的으로 한 土地賃貸借의 無斷讓渡에 있어서 契約解止權을 제한하는 이른바 背信行爲 이론을 적용한 事例", 대법원판례해설 19-1호, 164 이하 참조〕.

22) 大判 72.1.31, 71다2400(集 20-1, 47).

23) 李順英(註 6), 22; 金基善, 216; 金錫宇, 274; 金疇洙, 272; 金曾漢·安二濬, 356.

24) 李順英(註 6), 23.

25) 大判 83.11.22, 82다카1696(集 31-6, 18): 임대차계약의 기간이 만료된 경우에 임차인이 임차목적물을 반환할 의무와 임대인이 임차보증금을 반환할 의무는 서로 동시이행의 관계에 있고, 임대인의 승낙 없이 당초 임차인으로부터 임차물이 양도 또는 전대되어 갑이 점유하게 된 경우라면 임차인은 위 임차물의 양도 또는 전대로써 임대인에게 대항할 수 없어 임차물을 임대인에게 반환하였다고 볼 수 없고, 따라서 임차인의 보증금반환청구권을 전부받은 자가 임대인을 상대로 제기한 전부금청구는 무조건 인용할 것이 아니라 임차물의 반환과 상환이행할 것으로 인용하여야 한다.

26) 黃迪仁, 民法(Ⅳ), 300.

인으로 한 損害賠償責任을 지는 것은 별개의 문제이다.

Ⅳ. 賃借物의 轉貸의 法律關係

轉貸借는 前述한 바와 같이 使用貸借관계일 수도 있으나, 賃貸借關係가 대부분이므로 이를 중심으로 살펴본다.

1. 賃貸人의 同意가 있는 경우

이에 관하여는 §§ 630, 631 의 해설 참조.

2. 賃貸人의 同意가 없는 경우

(1) 轉貸人(賃借人)과 轉借人 사이의 관계

轉貸借契約은 당사자 사이에서는 유효하므로,[27] 轉借人은 轉貸人에 대하여는 賃借權을 취득하고, 따라서 目的物을 사용, 수익할 수 있고, 대신 借賃支給義務를 부담한다.[28]

轉貸人은 賃貸人의 同意를 얻을 의무를 부담하므로 그 同意를 얻지 못하면 擔保責任을 지며(民 § 567)[29] 轉借人은 이를 이유로 轉貸借를 解除, 解止할 수 있다.

(2) 賃貸人과 轉借人 사이의 관계

이 법률관계는 賃借權을 無斷讓渡한 경우와 같다. 즉, 轉借人은 賃貸人에 대하여 賃借權을 주장할 수 없고, 따라서 目的物에 대한 점유는 不法占有가 되며, 轉借人은 賃借地 위에 부속시킨 물건의 所有權을 保留할 수 없다(民 § 256 但書가 적용되지 않는다). 그러나 賃貸人이 所有權에 기한 引渡請求를 하는 경우에도 賃借人(轉貸人)과의 賃貸借를 解止하지 않는 한 轉借人에 대하여 자기에게 目的物을 직접 引渡할 것을 請求하지는 못하며, 賃借人에게 반환할 것을 請求할 수 있을 뿐이다.[30] 또한 賃借人과의 賃貸借를 解止하지 않는 한 賃貸人은 賃借人에 대

27) 大判 59. 9. 24, 4291민상788(要集 민 I -2, 1007).
28) 大判 56. 5. 3, 4288민상179등(要集 민 I -2, 1007).
29) 李銀榮, 344.
30) 張庚鶴, "轉借人의 失火에 대한 賃借人의 責任", 考試界(88. 3), 160; 郭潤直, 334; 金錫宇, 276; 金疇洙, 280-81; 金曾漢, 252; 黃迪仁, 民法(Ⅳ), 302.
이에 대하여 李銀榮, 346 은 賃貸借를 解止하지 않는 한 賃借人에의 返還請求도 할 수 없다고 한다.

하여 여전히 借賃請求權을 가지므로 그 한도 내에서는 손해가 없기 때문에, 轉借人에게 不法占有를 이유로 한 借賃相當 損害賠償請求나 不當利得返還請求도 할 수 없다.

(3) **賃貸人과 賃借人(轉貸人) 사이의 관계**

이 법률관계도 賃借權을 無斷讓渡한 경우와 같다. 즉 賃借人의 無斷讓渡를 이유로 賃貸人은 賃貸借契約을 解止할 수 있다(本條 II). 無斷轉貸가 賃借人의 背信行爲일 것을 요하지 않는다는 것이 判例[31]이나, 前述한 바와 같이 賃借權의 無斷讓渡의 경우에는 그것이 賃借人의 背信行爲가 아니라는 것이 立證되면 賃貸借契約을 解止할 수 없다는 判例가 있어 兩者의 충돌여부가 문제로 등장하고 있다.[32]

解止하기 전까지는 賃貸人과 賃借人 사이에 賃貸借關係가 계속 유지되므로 賃借人은 賃貸人에 대하여 여전히 借賃支給義務를 부담한다. 目的物保管義務도 마찬가지로 부담하므로 讓受人의 행위로 賃貸人에게 손해가 발생하면 賃借人이 債務不履行으로 인한 損害賠償責任을 진다. 이 경우 讓受人이 不法行爲를 원인으로 한 損害賠償責任을 지는 것은 별개의 문제이다.

賃貸人의 解止權에 관하여는 다음의 몇 가지 문제가 있다.

첫째, 無斷轉貸의 범위이다. 賃借人이 가족·使用人·친족·친구 등을 동거하게 하는 것을 轉貸라고 할 수는 없다. 그렇다면 前述한 바와 같이 轉貸에 賃貸人의 同意를 얻게 한 취지가 사용, 수익자의 변동으로 賃貸人이 손해를 입는 것을 막기 위한 것임에 비추어 볼 때, 賃貸人이 解止權을 취득하는 轉貸는 轉借人이 目的物의 전부 또는 일부에 관하여 독립한 사용, 수익자로서의 지위를 취득하는 것이라야 할 것이다.[33] 建物의 소유를 목적으로 하는 土地

---

31) 大判 72.1.31, 71다2400(集 20-1, 47): 원심은 다음과 같이 판시하고 있다. 즉 무릇 임차인이 임대인의 동의 없이 임대물을 전대하더라도 그것이 임차인의 임대인에 대한 배신행위라고 인정함에 족하지 않는 특단의 사정이 있는 경우에는 임대인에 있어서 동의 없는 무단전대를 이유로 하는 임대차계약의 해제권을 발생치 않는다고 풀이함이 상당하다라는 취지이다. 그러나 민법 제629조 제1항의 규정에 의하면 임차인은 임대인의 동의없이 임차물을 전대하지 못한다라 하였고, 같은 조문 제2항의 규정에 의하면 임차인이 전항의 규정에 위반한 때에는 임대인은 계약을 해지할 수 있다라 하였는데 위에서 본 바와 같은 원심판단은 민법 제629조의 법리를 오해하고, 함부로 해석한 위법을 면치 못한다 할 것이다.

이에 대하여 李順英(註 6), 26-7은 賃借人 보호의 견지에서 이러한 判例의 입장에 반대한다. 또한 崔栻, "民法 第六二九條二項의 解止에 관하여", 法曹(61.9), 16 이하도 無斷轉貸를 이유로 解止하기 위하여는 그것이 背信行爲에 해당하여야 한다고 주장한다.

32) 金淑(註 21), 164 이하 및 梁彰洙, "93년도 民法判例回顧(下)", 人權과 正義(94.5), 27-8 참조.

33) 李順英(註 6), 21; 郭潤直, 335; 金錫宇, 275; 金疇洙, 280; 金曾漢, 252-53; 李銀榮, 345.

賃借人이 建物을 건축하여 賃貸하고, 그 建物의 賃借人이 합리적인 범위 내에서 土地를 사용하여도 賃借土地의 轉貸로 되지 않으며, 그 建物의 賃借人이 경영하는 사업의 공동경영자에게 이용시키는 경우에도 解止權이 생기지 않는다고 할 것이다.[34)]

둘째, 建物賃借人이 그 建物의 小部分을 타인에게 轉貸한 경우에는 轉貸를 이유로 賃貸借를 解止하지 못한다(民 §632). 이에 관하여는 §632의 해설에서 詳述한다.

셋째, 賃借人이 轉貸하였으나 賃貸人이 解止權을 행사하지 않고 있는 사이에 轉貸借관계가 종료하여 현재는 轉貸借關係가 존재하지 않게 된 경우에 賃貸人은 과거의 轉貸를 이유로 賃貸借를 解止할 수 있는가? 轉貸를 한 사정, 轉貸部分의 비율, 다시 轉貸를 할 우려의 有無 등을 고려하여 解止權을 인정하지 않으면 賃貸人의 이익이 침해된다고 인정되지 않는 한 解止權을 부정하여야 할 것이다.[35)] 참고로 獨民 §553는 賃貸人의 경고를 무시하고 轉貸를 계속하면 賃貸人은 賃貸借契約을 卽時解止할 수 있도록 하고 있다.

[閔 日 榮]

第630條(轉貸의 效果)

① 賃借人이 賃貸人의 同意를 얻어 賃借物을 轉貸한 때에는 轉借人은 直接 賃貸人에 對하여 義務를 負擔한다. 이 境遇에 轉借人은 轉貸人에 對한 借賃의 支給으로써 賃貸人에게 對抗하지 못한다.

② 前項의 規定은 賃貸人의 賃借人에 對한 權利行使에 影響을 미치지 못한다.

I. 槪 說

本條는 §631와 더불어 賃貸人이 轉貸에 同意한 경우의 법률관계를 규정

34) 金曾漢·安二濬, 358.

35) 崔栻(註 31), 24; 郭潤直, 335: 金錫宇, 275-76; 金疇洙, 280; 金曾漢, 253; 李銀榮, 345. 반대 金基善, 224; 李太載, 260.

하고 있는 條文이다. 이러한 법률관계는 轉貸人(賃借人)과 轉借人, 賃貸人과 轉借人, 賃貸人과 賃借人의 세 가지 측면에서 살펴볼 필요가 있다.

賃貸人이 轉貸에 同意하지 아니한 경우의 법률관계는 §629의 해설 참조.

Ⅱ. 轉貸人(賃借人)과 轉借人 사이의 法律關係

轉貸人과 轉借人 사이의 법률관계는 轉貸借契約의 내용에 따라 정하여진다. 轉貸가 有償이면 賃貸借일 것이고, 無償이면 使用貸借일 것이다. 轉貸借에 의하여 轉借人은 後述하는 바와 같이 賃貸人에 대하여 직접 의무를 부담하나, 그렇다고 轉貸人과의 법률관계가 없어지는 것은 아니며 轉貸人에 대하여도 賃借人으로서의 의무를 지며, 賃借人으로서의 권리는 轉貸人에 대하여 갖는다.

轉貸人이 賃貸人에 대하여 직접 借賃을 지급하면 그 한도 내에서 轉貸人에 대한 借賃支給義務를 면한다. 또한 賃貸人과 轉貸人(賃借人) 사이의 賃貸借와 轉貸人과 轉借人 사이의 轉貸借가 동시에 종료하는 경우에 轉借人이 賃貸人에게 目的物을 반환하면 轉貸人에 대한 返還義務를 면한다.

Ⅲ. 賃貸人과 轉借人의 관계

1. 概 說

賃貸人의 同意를 받아 이루어진 轉貸借에 의하여 轉借人이 취득하는 賃借權은 賃貸人에 대한 관계에 있어서도 적법하다. 그러나 그렇다고 賃貸人과 轉借人 사이에서 賃貸借關係가 직접 성립하는 것은 아니다. 다만 民法은 轉借人으로 하여금 賃貸人에 대하여 직접 의무를 부담하게 하고 있기 때문에(本條 I 前文), 권리는 없고 의무만 있는 일방적인 의무부담관계가 성립한다.

2. 轉借人의 義務

(1) 轉借人은 賃貸人에 대하여 직접 의무를 부담한다(本條 I 前文). 이는 賃貸人의 보호를 위하여 법이 특별히 규정한 것이다. 轉借人이 부담하는 주요한 의무로는 借賃支給義務, 目的物保管義務 및 그 위반에 의한 損害賠償義務, 賃

貸借 종료시의 目的物返還義務[1] 등이 있다.

(2) 轉借人이 부담하는 의무의 범위는 轉貸借契約 및 賃貸人과 賃借人(轉貸人) 사이의 賃貸借契約에 의하여 정하여진다. 즉 轉貸借契約으로 轉貸人에 대하여 부담하는 의무 이상으로 賃貸人에게 의무를 지지 아니하며, 동시에 賃貸借契約으로 賃借人이 賃貸人에 대하여 부담하는 의무 이상으로도 賃貸人에게 의무를 지지 아니한다. 결국 轉貸借契約(轉貸人과 轉借人 사이의)과 賃貸借契約(賃貸人과 轉貸人 사이의) 상의 의무 중 적은 쪽의 한도 내에서 의무를 지는 셈이다. 예컨대, 轉貸借의 借賃과 賃貸借의 借賃이 다를 경우 轉借人이 賃貸人에 대하여 부담하는 借賃支給義務는 적은 쪽의 借賃을 한도로 한다.[2] 그리고 賃貸人이 轉借人에 대하여 직접 借賃을 請求하려면 轉貸借上의 借賃支給時期 및 賃貸借上의 借賃支給時期가 모두 도래하여야 한다.

賃借人과 轉借人이 각각 賃貸人에 대하여 부담하는 借賃支給義務는 不眞正連帶債務로서 어느 한 사람이 변제하면 다른 사람은 그 범위 내에서 免責된다고 할 것이다.[3]

(3) 轉借人은 賃貸人과 轉貸人 중 어느 일방에 대하여 이행하면 그 범위 내에서 다른 쪽에 대하여는 의무를 면한다. 轉借人이 이중의 부담을 질 수는 없기 때문이다. 그러나 이 이론을 무조건 관철하게 되면 轉貸人과 轉借人이 짜고 轉貸人에게 借賃을 미리 지급함으로써 賃貸人의 轉借人에 대한 借賃債權을 무용하게 할 수 있다. 때문에 本條 I 後文은 "轉借人은 轉貸人에 대한 借賃의 지급으로써 賃貸人에게 대항하지 못한다"고 규정하고 있다. 따라서, 轉貸人에게 借賃을 이미 지급하였다 하더라도 賃貸人이 다시 借賃의 지급을 請求하면 轉借人은 이에 응하여야 한다. 다만 결과적으로 借賃을 이중지급한 轉借人은 轉貸人이 수령한 借賃을 不當利得으로 返還請求할 수 있다.

이처럼 轉貸人에의 지급을 가지고 賃貸人에게 대항할 수 없는 借賃은 그러면 어느 시점을 기준으로 할 것이냐 하는 문제가 있는바, 현재 학설은 轉貸借契約上의 借賃支給時期를 기준으로 하여 그 이전에 轉貸人에게 지급한 借賃은 이로써 賃貸人에게 대항하지 못한다고 보는 것이 일반적이다.[4]

---

1) 大判 64.9.8, 64다381(要集 민 I-2, 1009).
2) 郭潤直, 337-38; 金基善, 220; 金錫宇, 278; 金疇洙, 282; 金曾漢, 255; 李銀榮, 342; 李太載, 262.
3) 金基善, 221.
4) 다만, 金基善 221은 賃貸人 보호의 견지에서 "賃貸人이 轉借人에 대하여 갖는 借賃請求權의 辨濟期"를 표준으로 하여 그 이전에 지급한 경우에 대항할 수 없다고 하나, 賃

(4) 建物賃借人이 그 建物의 小部分을 타인에게 사용케 함으로써 발생한 轉貸借의 경우에는 轉借人이 賃貸人에 대하여 의무를 부담하지 아니한다(民 §632). 다만 §632는 강행규정이 아니기 때문에 이 경우에도 특약으로 轉借人이 직접 의무를 부담하도록 정할 수는 있다(後述하는 §632의 해설 참조).

3. 轉借人의 權利

轉借人은 賃貸人에 대하여 의무만 부담할 뿐 권리는 없다. 따라서 賃貸人에 대하여 사용, 수익에 필요한 수선을 요구하거나, 必要費나 有益費의 償還을 請求할 수도 없다.[5] 轉貸人에게 지급한 保證金의 반환을 賃貸人에 대하여 請求할 수 없음은 물론이다.[6]

Ⅳ. 賃貸人과 賃借人 사이의 法律關係

1. 賃貸人과 賃借人(轉貸人) 사이의 법률관계는 轉貸借에 의하여 영향을 받지 아니한다. 前述한 바와 같이 賃貸人은 賃借人에 대하여 직접 권리를 행사할 수 있으나, 그렇다고 해서 賃借人에 대하여 권리를 행사하는 데 지장을 받는 것은 아니다(本條 Ⅱ).[7]

그러면 賃貸人은 賃借人 및 轉借人에 대하여 권리, 예컨대 借賃의 請求를 동시에 하거나 賃貸人의 자유선택에 따라 누구에게나 先後 제한 없이 할 수 있는 것인가? 이에 관하여는 賃貸借와 轉貸借 사이의 혼란을 피하기 위하여 賃貸人은 우선 賃借人에게 借賃의 지급을 구하고 賃借人이 지급하지 아니할

貸人이 轉借人에 대하여 갖는 借賃請求權의 변제기가 무엇을 가리키는지 불분명하다.

5) 張庚鶴, "轉借人의 失火에 대한 賃借人의 責任", 考試界(88. 3), 161; 郭潤直, 337; 金基善, 218; 金疇洙, 282; 金曾漢·安二濬, 361.
반대 李銀榮, 341.

6) 大判 90. 12. 7, 90다카24939(公 91년 440): 건물매수인이 아직 건물의 소유권을 취득하지 못한 채 매도인의 동의를 얻어 제3자에게 임대하였으나 매수인(임대인)의 채무불이행으로 매도인이 매매계약을 해제하고 임차인에게 건물의 명도를 구하는 경우 임차인은 매도인에 대한 관계에서 전차인의 지위와 흡사하다 할 것인바, 임대인의 동의 있는 전차인도 임차인의 채무불이행으로 임대차계약이 해지되면 특단의 사정이 없는 한 임대인에 대하여 전차인의 전대인에 대한 권리를 주장할 수가 없고 또 임차인이 매매계약 목적물에 대하여 직접 임차권을 취득했다고 보더라도 대항력을 갖추지 아니한 상태에서는 그 매매계약이 해제되어 소급적으로 실효되면 그 권리를 보호받을 수가 없다는 점에 비추어 볼 때, 임차인의 건물명도의무와 매수인(임대인)의 보증금반환의무를 동시이행관계에 두는 것은 오히려 공평의 원칙에 반한다.

7) 大判 64. 9. 8(註 1).

때 비로소 轉借人에게 請求할 수 있다(즉 轉借人에게 催告의 抗辯權을 주는 것이다)고 하는 견해가 있는 바,[8] 타당하다고 본다.

2. 賃貸人이 賃貸借契約을 解止하려면 賃借人에 대하여 解止의 의사표시를 하여야 하고 또한 그럼으로써 충분하다. 後述하는 바와 같이 民 §638는 賃貸借가 解止通告로 종료한 경우에 賃貸人은 그 사유를 轉借人에게 통지하지 아니하면 解止를 가지고 轉借人에게 대항하지 못한다고 규정하고 있으나, 이는 解止通告 자체를 轉借人에게 하라는 것은 아니다.[9]

3. 賃借人은 賃貸人에 대하여 賃借物의 보관의무를 지므로 轉借人의 過失로 目的物이 훼손된 경우에 그 책임을 진다.[10] 다만 賃貸人의 同意를 받지 못한 轉貸와는 달리, 賃貸人의 同意를 받은 轉貸에 있어서는 轉借人의 選任監督에 過失이 없음을 증명하면 책임을 면한다고 해석한다.[11] 그 이유는 轉借人은 賃貸人에 대하여 독립적으로 債務者로서 보관의무를 지는 자이므로 賃借人의 단순한 履行補助者 내지 利用補助者라고 할 수 없으며, 또한 賃貸人은 轉貸에 대한 同意를 거절할 수 있는데도 불구하고 同意를 한 이상 스스로 위험을 作出하였다고 할 수 있으므로 賃借人의 책임이 경감되어야 하고, 구체적으로는 轉借人의 선임감독상의 주의의무를 지는 것으로 충분하다는 것이다.[12]

V. 轉借人의 보호

民法은 賃貸人의 同意를 받은 轉貸의 경우에는 §§631, 638, 644, 645, 647에서 轉借人의 보호를 위한 특별규정을 두고 있다. 상세는 각 해당 條文의 해설 참조.

[閔 日 榮]

---

8) 註釋各則 Ⅱ, 232.

9) 金曾漢, 254. 또한 §638의 해설 참조.

10) 獨民 §549 Ⅲ은 "賃借人이 賃借物을 제3자에게 사용하게 한 때에는, 賃貸人이 그에 대한 승낙을 한 경우에도, 賃借人은 제3자의 사용중의 歸責事由로 인한 책임을 진다"고 하여 이를 명백히 하고 있다.

11) 張庚鶴(註 5), 166; 郭潤直, 337: 金錫宇, 277; 金疇洙, 282; 金曾漢, 254; 金顯泰, 203; 李太載, 263.
반대 李銀榮, 344는 이 경우에도 책임을 면하지 못한다고 한다.

12) 張庚鶴(註 5), 166.

第 631 條(轉借人의 權利의 確定)

賃借人이 賃貸人의 同意를 얻어 賃借物을 轉貸한 境遇에는 賃貸人과 賃借人의 合意로 契約을 終了한 때에도 轉借人의 權利는 消滅하지 아니한다.

Ⅰ. 槪　說

轉借人의 轉借權은 轉貸人의 賃借權을 기초로 하여 그 위에 성립하는 것이다. 따라서 轉貸人의 賃借權이 기간의 만료, 債務不履行에 의한 解止 등으로 소멸하면 轉借人의 轉借權도 그 기초를 잃게 되어 소멸하고 만다. 그러나 賃借權이 소멸하면 언제나 轉借權도 소멸하는 것으로 하면, 賃貸人도 轉貸에 同意한 이상 賃借權이 적어도 기간만료시까지는 존속할 것으로 기대하고 轉借한 轉借人은 예기치 않은 불이익을 받게 된다. 여기서 民法은 本條의 특별규정을 두어 賃貸人의 同意를 얻어 행하여진 轉貸의 경우에는 賃貸人과 賃借人(轉貸人)이 "합의"하여 그들 사이의 賃貸借를 중도에 종료시킨 때에도 轉借人의 轉借權이 소멸하지 않는 것으로 하여 轉借人을 보호하고 있다. 本條는 강행규정으로서(民 §652) 舊民法에는 없던 조항이다.

학자에 따라서는 本條를 "기초하였던 賃貸借契約을 당사자의 합의에 의하여 解止할 수 있다 하더라도 그로 인하여 정당히 성립한 타인의 권리를 해할 수는 없다"는 당연한 결과를 명문화한 데 지나지 않는 것으로 보는 견해[1]도 있으나, 本條의 규정이 없어도 해석론으로 동일한 결과를 이끌어 낼 수 있다고 보기는 어렵지 않을까 한다.

Ⅱ. 賃借權 抛棄의 경우

本條는 賃貸借의 合意解止에 관하여만 규정하고 賃借人(轉貸人)이 그의 賃借權을 기간만료 전에 중도포기한 경우에 관하여는 규정하고 있지 않으나, 前述한 本條의 입법취지에 비추어 볼 때 이 경우에도 轉借人의 권리는 소멸하지

1) 金基善, 220.

않는다고 봄이 옳다.[2] 또한 이렇게 해석하는 것이 本條를 강행규정으로 한 民法(§652)의 취지에도 부합한다. 왜냐하면 賃借權 포기의 경우에는 本條가 적용되지 않는다고 하면, 賃貸人과 賃借人은 轉借權을 소멸시키기 위하여 合意解止 대신 賃借權의 포기방식을 택할 것이기 때문이다.

Ⅲ. 존속하는 法律關係의 內容

賃貸人과 賃借人의 합의로 賃貸借契約을 종료한 때에도 轉借人의 권리는 소멸하지 아니한다고 할 경우의 법률관계는 구체적으로 어떻게 되는가?

이에 관하여는 "轉借人의 轉借權의 기초를 잃게 하는 한도에서 賃貸人, 轉貸人 사이의 관계가 존속하고 그 이외의 관계에서는 賃貸人, 轉貸人 사이의 賃貸借關係는 종료한다"고 하는 견해[3]와 "본래의 賃貸借는 合意解止에 의하여 종료되고 다만 轉借人은 本條에 의하여 轉借權을 賃貸人 또는 賃借人(轉貸人)에 대하여 주장할 수 있다"는 견해[4]가 대립된다. 後者의 견해가 간명한 것으로 생각되어 이 견해에 찬동한다.

[閔 日 榮]

第632條(賃借建物의 小部分을 他人에게 使用케 하는 境遇)

前3條의 規定은 建物의 賃借人이 그 建物의 小部分을 他人에게 使用하게 하는 境遇에 適用하지 아니한다.

Ⅰ. 槪 說

本條는 建物의 賃借人이 그 建物의 小部分을 타인에게 사용하게 하는 경우에는 前述한 民法 §§629, 630, 631의 적용을 배제하고 있다. 建物의 일부를 轉貸한다 하여 賃貸人에게 특별히 불이익을 주는 일이 드물고, 그러한 경우에도 賃貸人의 契約解止權을 인정한다거나, 賃貸人의 轉借人에 대한 직접적인

2) 郭潤直, 338-39; 金錫宇, 279; 金疇洙, 284; 金曾漢, 256; 李太載, 262.
3) 郭潤直, 330; 金錫宇, 279; 金曾漢·安二濬, 363.
4) 註釋各則 Ⅱ, 234.

借賃請求를 인정한다거나, 賃借權이 合意解止로 소멸하였는데 轉借權만 존속시킨다는 것은 일반 거래관념에도 부합하지 않기 때문에 舊民法에는 없었던 條文을 현행 民法에서 신설한 것이다. 그러나 本條는 강행규정이 아니기 때문에 당사자의 특약으로 달리 정할 수 있다. 즉 특약에 의하여 이 경우에도 위 조항들이 적용되는 것으로 할 수 있는 것이다.

Ⅱ. 要 件

本條는 "建物"賃借人이 그 賃借建物의 "小部分"을 轉貸한 경우에만 적용된다. 따라서 土地賃借人의 轉貸나, 建物賃借人의 轉貸라 하여도 賃借建物의 전부 또는 小部分을 넘는 경우에는 本條가 적용되지 아니한다.

建物의 "小部分"의 轉貸냐 아니냐는 거래관념에 따라 정할 수밖에 없다.

Ⅲ. 效 果

1. 建物의 賃借人은 그 建物의 小部分을 賃貸人의 同意를 받지 않고 자유롭게 轉貸할 수 있다(§ 629의 적용배제). 따라서 賃貸人은 자기의 同意를 받지 않았다는 이유로 賃貸借를 解止할 수 없다.

2. 建物의 小部分을 전차한 轉借人은 賃貸人에 대하여 직접 의무를 부담하지 아니한다(§ 630의 적용배제). 轉貸借部分의 이용관계는 전적으로 轉貸人과 轉借人 사이에서 결정될 뿐이다.

3. 賃貸人과 賃借人(轉貸人) 사이의 賃貸借關係가 중도에 合意解止되면 小部分의 轉貸借는 그 기초를 잃고 소멸한다(§ 631의 적용배제). 따라서 轉借人은 賃貸人이나 賃借人에 대하여 轉借權을 주장하지 못한다.

[閔 日 榮]

第633條(借賃支給의 時期)

借賃은 動產, 建物이나 垈地에 對하여는 每月末에, 其他 土地에 對하여는 每年末에 支給하여야 한다. 그러나 收穫期 있는 것에 對하여는 그 收穫後 遲滯없이 支給하여야 한다.

1. 本條는 借賃後拂의 원칙을 규정하고 있다. 그러나 本條는 任意規定이기 때문에 당사자 사이의 특약으로 얼마든지 달리 정할 수 있으며, 지급시기에 관하여 특별한 관습이 있는 경우에는 그에 의할 것이다.[1)] 예컨대 이른바 債權的 傳貰의 경우에는 賃貸借契約時에 賃借人이 賃貸人에게 傳貰金을 지급하고 그 이자에 의하여 借賃支給에 갈음하고 있는 셈이다.[2)] 債權的 傳貰에 관한 상세는 前述한 §618의 해설 참조.

결국 本條는 借賃支給時期에 관하여 특약도 관습도 없는 경우에 보충적으로 적용되는 것이다.

2. 매년 말에 借賃을 지급하는 "기타 土地"로는 農地, 산림, 도로 등을 들 수 있다. 그 중 農地에 관하여는 農地法施行令 §28가 규정하고 있는바, 同條에 의하면, 農地의 賃借料는 당사자간의 約定에 따라 현물 또는 현금으로 지급하되, 당해 농지에서 경작하거나 재배한 농작물 또는 다년성식물을 수확한 후에 지급하는 것을 원칙으로 한다.

[閔 日 榮]

1) 郭潤直, 347.
2) 郭潤直, 363.

第 634 條(賃借人의 通知義務)

賃借物이 修理를 要하거나 賃借物에 對하여 權利를 主張하는 者가 있는 때에는 賃借人은 遲滯없이 賃貸人에게 이를 通知하여야 한다. 그러나 賃貸人이 이미 이를 안 때에는 그러하지 아니하다.

Ⅰ. 槪　說

賃借人은 賃貸借關係가 종료하여 賃借物을 賃貸人에게 반환할 때까지 선량한 관리자의 주의를 기울여 보관할 의무가 있다(民 § 374 참조). 따라서 賃借物의 보존을 위하여 수선이 필요하게 된 때에는 賃貸人이 이를 수선하는 행위를 용인하여야 한다(民 § 624). 한 걸음 나아가 本條는 賃借物에 수리를 요하는 상태가 발생하거나 권리를 주장하는 자가 있는 때에는 賃借人은 그 사실을 지체없이 賃貸人에게 통지할 것을 요구하고 있다.

이러한 사태가 발생하면 賃借人은 賃借物에 대한 자기의 사용, 수익이 방해를 받기 때문에 통상의 경우에는 修繕義務 및 擔保責任이 있는 賃貸人에게 알리는 것이 보통일 것이나, 賃貸借의 종료가 임박하였다거나 대규모의 수리로 인하여 오랜 수리기간 동안 사용, 수익할 수 없게 되는 경우에는 賃借人의 자발적인 통지를 기대하기 어려울 수도 있다. 本條는 바로 이러한 경우에 賃借人의 방치로 인하여 賃借物이 황폐화하는 것을 방지하려는 데 주된 목적이 있다.

本條는 任意規定이므로 당사자간의 특약으로 배제하거나, 달리 정하는 것도 무방하다.

Ⅱ. 通知義務의 要件

1. 賃借物이 修理를 요할 것

어느 경우에 수리를 요한다고 할 것이냐는 賃借物의 크기·용도 등에 비추어 사회통념에 의해 정할 수밖에 없다. 예컨대 大型建物의 유리 한 장이 파손된 것을 수리를 요하는 경우라고 할 수는 없을 것이나, 소규모의 유리전시실 전면의 유리가 파손된 경우는 수리를 요한다고 할 수도 있을 것이다.

獨民 § 545 Ⅰ은 "賃貸借期間內에 賃借物의 하자가 발생하거나 또는 예견하지 못한 위험으로부터 임차물을 보호하기 위하여 예방이 필요하게 된 때에는 賃借人은 賃貸人에 대하여 지체없이 이를 통지하여야 한다. 제3자가 임차물에 대한 권리를 주장하는 때에도 같다"라고 규정하여 구체적으로 賃借物에 대하여 하자가 발생한 경우와 예견하지 못한 위험으로부터 물건을 보호하기 위하여 예방을 요하는 경우에 통지의무를 인정하고 있다.

2. 賃借物에 대하여 第三者가 權利를 주장할 것

제3자가 주장하는 권리가 物權이든 債權이든 불문하며, 訴訟上으로 주장하든 訴訟外에서 주장하든 어느 경우에나 통지하여야 한다.[1] 이는 賃貸人으로 하여금 시기를 놓치지 않고 적절한 대책을 강구할 수 있게 하려는 것이다.

1과 2의 요건은 그 중 어느 하나만 갖추어지면 되며, 둘 다 한꺼번에 요구되는 것은 아니다.

3. 賃貸人이 모르고 있을 것

賃借人의 通知義務는 賃借物에 수리를 요하거나 권리를 주장하는 제3자가 나타났음을 알려 賃貸人에게 적절한 조치를 강구케 하려는 것이므로, 어떤 경로를 통해서든 이미 그러한 사태의 발생을 알고 있는 賃貸人에 대하여는 새삼스레 통지할 필요가 없다.

Ⅲ. 通知義務 懈怠의 效果

賃借人이 故意, 過失로 通知義務를 게을리하였기 때문에 賃貸人이 손해를 입은 경우에는 賃貸人은 그 배상을 請求할 수 있다. 그러나 契約解止權은 인정되지 않는다.[2] 통지하지 않은 데 過失이 없다면 損害賠償責任을 지지 아니함은 물론이다.

獨民 § 545 Ⅱ은 "賃借人이 통지를 懈怠한 때에는 그로 인하여 발생한 손

1) 李銀榮, 315.
2) 郭潤直, 350.

해를 배상할 책임을 지며, 통지를 懈怠함으로써 賃貸人이 필요한 구제조치를 할 수 없었던 범위 내에서는 賃借人은 제537조에 규정된 권리(賃借物의 하자로 인한 借賃減額: 筆者 註)를 주장하거나 제542조 1항 3문에 의하여 기간의 정함이 없이 契約解止를 하거나 債務不履行으로 인한 損害賠償을 請求하는 권리가 배제된다"고 明文으로 규정하고 있다.

[閔 日 榮]

第 635 條(期間의 約定 없는 賃貸借의 解止通告)

① 賃貸借期間의 約定이 없는 때에는 當事者는 언제든지 契約解止의 通告를 할 수 있다.

② 相對方이 前項의 通告를 받은 날로부터 다음 各號의 期間이 經過하면 解止의 效力이 생긴다.

1. 土地, 建物 其他 工作物에 對하여는 賃貸人이 解止를 通告한 境遇에는 6月, 賃借人이 解止를 通告한 境遇에는 1月
2. 動產에 對하여는 5日

I. 槪 說

本條부터 §638까지는 賃貸借의 解止通告에 관한 규정이다. 그 중 本條는 존속기간의 約定이 없는 賃貸借에 관한 것이고, §636는 존속기간의 約定은 있으나 中途解止權을 유보한 경우에 관한 것이고, §637조는 기간의 約定이 있으나 도중에 賃借人이 破產한 특수한 경우에 관한 것이고, §638는 解止通告에 따른 轉借人의 보호에 관한 것이다.

本條는 존속기간의 約定이 없는 賃貸借의 자유로운 解止通告(제1항)와 일정기간 경과 후의 解止效果 발생(제2항)을 규정하고 있다.[1] 존속기간을 정하지 아

1) 大判 64. 5. 26, 63다984(集 12-1, 123): 분묘를 수호하고 위토경작에서 생기는 수익의 일부를 제수료로 제공하는 소위 위토경작계약은 토지를 사용, 수익하고 대가로 임료를 지불하는 임대차계약과는 그 성질이 다르므로 본조가 적용되지 아니하고, 경작자가 분

니하였다는 것은 곧 당사자 일방이 언제든지 契約을 종료시킬 수 있다는 의미이기 때문에 자유로운 解止通告를 인정한 것이며, 그럼에도 解止效果의 발생에 일정기간이 경과할 것을 요구한 것은 그 동안 상대방으로 하여금 解止 후의 대책을 세울 수 있게 하기 위하여서이다.[2)]

그런데 賃貸人 자신이 직접 賃貸物을 사용, 수익한다든가 賃借人이 移住하는 등으로 賃借物을 사용, 수익하지 못하게 되었다는 등 賃貸借契約을 解止하여야 할 정당한 사유가 없는 한 賃貸借關係를 존속시키는 것이 각 당사자의 이익을 위하여 유익할 뿐만 아니라, 특히 賃貸人이 借賃이나 保證金의 과도한 引上을 꾀하기 위하여 賃貸借 解止權을 남용함으로써 賃借人의 지위를 불리하게 하는 것을 방지할 필요가 있다 하여 本條 Ⅰ에 "그러나 정당한 사유가 없는 경우에는 그러하지 아니하다"는 但書를 신설하여야 한다는 입법론이 제기되고 있다.[3)] 충분히 고려할 만한 의견이라 할 것이다.

本條에 의한 解止와 2기의 借賃延滯를 이유로 한 解止(民 §640)는 별개이므로 賃貸人이 그 중 어느 하나를 주장하여 賃貸物의 반환을 구하는 경우에는 法院은 그에 관하여만 판단하여야지 賃貸人이 주장하지 않는 다른 하나를 들어 그 당부를 판단할 수 없다.[4)]

Ⅱ. 解止의 通告

1. 존속기간을 정하지 아니한 것은 明示的으로 그렇게 한 경우 뿐만 아니라 默示的으로 한 경우도 포함한다.[5)]

묘수호 또는 제수준비의무를 불이행한 경우에 한하여 일반계약해제의 규정에 따라 해제할 수 있다.

同旨 大判 64. 7. 22, 63다1124(集 12-2, 47).

2) 註釋各則 Ⅱ, 237.

3) 玄勝鍾, "傳貰權 및 賃借權의 強化", 司行(81. 10), 8-9.

4) 大判 93. 4. 27, 93다1688(公 93년 1566).

5) 大判 68. 11. 19, 68다1780(集 16-3, 217): 피고가 원고 소유 대지상에 있는 건물을 소외인으로부터 매수하여 그 건물의 소유를 위하여 원고 소유의 대지를 점유하면서 그간 원고가 요구하는 대지의 1년간 임차액인 벼 3가마씩을 1966년도분까지 원고에게 지급하여 왔다면, 원고와 피고 사이에 명시적인 임대차 계약은 체결된 바 없으나 원고는 피고에게 차임을 요구하여 이를 수수하고 피고의 건물 소유를 위한 대지의 점유사용을 차용하여 온 것이므로 원 피고 사이에는 그 지상건물의 소유를 위하여 기간의 약정이 없는 대지사용의 임대차계약이 묵시적으로 성립하였다고 볼 것이다.

大判 75. 5. 14, 73다631(集 22-2, 1): 피고와 소외인 사이에 본건 토지에 관한 임대차 존속기간을 정한 賃貸借가 默示的으로 更新된 경우도 포함된다(民 § 639 I 但書).

2. 解止의 通告는 賃貸借契約을 장래에 향하여 종료시키겠다는 당사자 일방의 의사표시이다. 그 효력발생에 상대방의 승낙을 요하지 않는다. 이 의사표시 또한 반드시 明示的일 필요는 없고, 默示的으로도 가능하며, 訴狀의 送達로도 가능하다.[6)]

3. 賃貸人과 賃借人은 상대방에 대하여 언제든지 解止通告를 할 수 있다. 特約으로 賃貸人의 解止通告를 제한할 수는 있으나, 賃借人의 解止通告를 제한하는 것은 효력이 없다(民 § 652).

Ⅲ. 解止通告의 效果

1. 解止通告의 상대방이 解止通告를 받은 날로부터 다음의 기간이 경과하면 契約解止의 효력이 발생하여 賃貸借가 종료한다.

① 土地, 建物 기타 工作物: 賃貸人이 解止를 通告한 경우에는 6월, 賃借人이 解止를 通告한 경우에는 1월

② 動產: 解止 通告者가 賃貸人이든 賃借人이든 구별 없이 5일

2. 위 기간은 特約에 의하여 달리 정할 수 있으나, 다만 賃貸人의 解止通告 후 契約解止의 효력이 발생하기까지의 기간을 단축하는 特約은 賃借人에게 불리하여 효력이 없다(民 § 652).

[閔 日 榮]

계약을 체결함에 있어서 그 임대기한을 "본건 토지를 임차인에게 매도할 때까지"로 정하였다면, "본건 토지를 임차인에게 매도할 때까지"라고 하는 것은 별다른 사정이 없는 한 도래할 지의 여부가 불확실한 것이므로 그것은 기한을 정한 것이라고 볼 수 없으니 위 임대차계약은 기간의 약정이 없는 것이라고 해석함이 상당하다.

6) 大判 70. 3. 24, 69다721(要集 민Ⅰ-2, 1011): 기간의 약정이 없는 임대차는 소장송달로써도 해지통고의 효력이 있고, 그 때부터 법소정기간이 경과하면 해지의 효력이 발생한다.
大判 84. 3. 27, 83다카841(公 728, 696): 토지임대차계약의 해지를 원인으로 한 지상건물철거소송에 있어서는 가사 특별히 해지의 통고를 한 증거가 없다 하더라도 위 소송의 제기 자체를 해지의 통고라고 볼 것이므로 소제기 후 변론종결시까지 법정의 기간이 경과한 이상 임대차계약의 해지의 효력을 저지할 사유가 인정되지 않는 한 그 임대차계약은 종결되었다고 할 것이다〔同旨 大判 83. 9. 13, 83다카856(集 31-5, 2)〕.

第636條(期間의 約定 있는 賃貸借의 解止通告)

賃貸借期間의 約定이 있는 境遇에도 當事者 一方 또는 雙方이 그 期間內에 解止할 權利를 保留한 때에는 前條의 規定을 準用한다.

Ⅰ. 意義 및 要件

1. 賃貸借의 존속기간을 정한 경우에도 契約自由의 원칙상 다시 당사자 쌍방 또는 일방이 中途解止權을 保留하는 것이 얼마든지 가능하다. 그 중 당사자 쌍방이 解止權을 保留한 賃貸借는 사실상 기간의 정함이 없는 賃貸借와 다를 바 없다. 당사자 일방만이 解止權을 保留한 경우에는 그 자는 자기의 선택에 따라 解止權을 행사하여 중도에 賃貸借를 종료시키거나 끝까지 解止權을 행사하지 아니하여 본래의 존속기간을 다 채울 수 있는 반면, 상대방은 解止權을 保留한 자가 解止權을 행사하지 아니하는 한 중도에 契約을 종료시키고 싶어도 존속기간 만료시까지 契約에 구속된다.

한편 農地의 賃貸借의 경우에는 당사자의 일방 또는 쌍방이 賃貸借를 解止할 권리를 保留하는 特約을 할 수 없으며, 그러한 特約을 하였다 하더라도 효력이 없다(農賃 §10 Ⅱ).

2. 約定에 의하여 解止權을 保留한 자는 賃貸借의 존속기간 중에도 언제든지 상대방에 대하여 解止通告를 할 수 있다. 존속기간의 約定이 없는 賃貸借에 있어서는 解止權 保留의 特約이 의미가 없다. 그런 特約이 없어도 당사자의 일방이 언제든지 解止通告를 할 수 있기 때문이다(民 §635).

Ⅱ. 效 果

解止權을 保留한 자가 한 解止通告의 효과도 상대방이 通告를 받은 후 民 §635 Ⅱ에서 정한 유예기간이 경과하여야 발생한다. 즉 그 때 비로소 賃貸借가 종료한다. 다만 그 전에 먼저 본래의 존속기간이 만료하면 위 유예기간의 경과를 더 이상 기다릴 필요가 없이 賃貸借가 종료함은 물론이다.[1] 그렇지 않으면 解止通告에 의하여 존속기간이 연장되는 묘한 결과가 되기 때문이다.

한편 위 유예기간의 경과를 기다리지 않고 解止通告로 즉시 賃貸借를 종료시키기로 하는 解止權保留의 特約(이러한 特約도 가능하다, 本條는 강행규정이 아니다. §652 참조)을 한 경우에는 解止通告로 즉시 賃貸借가 종료한다.[2]

[閔 日 榮]

第 637 條(賃借人의 破產과 解止通告)

① 賃借人이 破產宣告를 받은 境遇에는 賃貸借期間의 約定이 있는 때에도 賃貸人 또는 破產管財人은 第635條의 規定에 依하여 契約解止의 通告를 할 수 있다.

② 前項의 境遇에 各 當事者는 相對方에 對하여 契約解止로 因하여 생긴 損害의 賠償을 請求하지 못한다.

Ⅰ. 概 說

賃借人이 破產宣告를 받게 되면 賃貸人의 借賃債權은 別除權(破 §84)으로 보호를 받을 수 없기 때문에 賃貸人의 이익이 침해될 염려가 있다. 따라서 비록 賃貸借契約期間이 존속중이라 하더라도 賃貸人에게 解止의 권리를 인정할 필요가 있다. 한편 破產한 賃借人의 입장에서도 賃貸借를 종료시킴으로써 借賃支給債務를 면하는 것이 그 자신으로서나 또는 그의 債權者들을 위해서나 이익이 될 수 있다. 이러한 필요성에서 本條는 賃借人이 破產宣告를 받은 경우에 賃貸人 또는 破產管財人에게 契約解止通告의 권리를 인정하고 있다.

---

1) 註釋各則 Ⅱ, 239.
大判 69. 1. 28, 68다1537(集 17-1, 106): 기간의 약정이 있는 임대차에 있어서는 특별한 사정이 없는 한 기간이 만료하면 사전 최고나 해지를 할 필요 없이 임대차는 종료한다.

2) 李銀榮, 361.

Ⅱ. 解止通告의 要件

1. 賃借人의 破產

本條는 賃借人이 破產한 경우에 관하여만 규정할 뿐 賃貸人이 破產한 경우에 관하여는 규정하고 있지 않다. 따라서 後者의 경우에는 破產法의 일반적인 규율에 따라야 한다. 이에 관하여 破 §54는 "① 賃貸人이 破產宣告를 받은 때에는 借賃의 前給 또는 借賃債權의 처분은 破產宣告時의 當期 및 次期에 관한 것을 제외하고는 이로써 破產債權者에게 대항할 수 없다. ② 前項의 규정에 의하여 破產債權者에게 대항할 수 없음으로 인하여 손해를 받은 자는 그 損害賠償에 관하여 破產債權者로서 그 권리를 행사할 수 있다"고 규정하고 있다. 따라서 賃貸人이 破產한 경우에 賃借人과의 사이에서는 契約解止는 인정되지 아니하며, 賃借人이 借賃을 미리 지급한 경우에는 그 중 破產宣告時의 當期分 및 그 次期分 것만 破產債權者에게 대항할 수 있고 그 나머지 부분은 그 지급으로써 破產債權者에게 대항할 수 없고, 그로 인하여 이중지급하게 됨으로써 손해를 보게 되면 그 損害賠償請求權을 가지고 破產債權者로 破產節次에 참여하게 될 뿐이다.

2. 期間의 정함이 있는 賃貸借

本條는 존속기간이 정하여져 있는 賃貸借에 관하여만 적용된다. 존속기간이 정하여져 있지 아니한 賃貸借의 경우는 §635에 의하여 언제든지 解止通告가 가능하기 때문에 새삼 本條의 적용이 문제로 될 여지가 없다.

3. 破產宣告

賃借人이 破產法 소정의 절차를 거쳐 破產宣告를 받아야 한다. 단순히 사실상으로 破產狀態에 있다는 것만으로는 부족하다.

4. 解止의 通告

(1) 解止의 通告는 賃貸借契約을 장래에 향하여 종료시키겠다는 당사자 일방의 의사표시이다. 그 효력발생에 상대방의 승낙을 요하지 않으며, 반드시 明示的일 필요는 없고 默示的으로도 가능하다.

다만 賃貸人은 스스로 解止通告를 할 수 있으나, 賃借人의 경우는 스스로

解止通告를 할 수는 없고 破産管財人이 解止通告를 하여야 한다.

(2) 賃借人이 破産宣告를 받더라도 賃貸人이나 破産管財人 모두 解止通告를 하지 않으면 賃貸借契約은 존속한다. 다만 당사자의 일방은 상당한 기간을 정하여 상대방에 대하여 契約을 解止할 것인가를 최고할 수 있으며, 그 기간이 지나도록 상대방이 확답을 하지 아니하면 契約을 解止한 것으로 보게 된다(破 §§ 53, 50).

Ⅲ. 解止通告의 效果

1. 賃貸借의 종료

賃貸人 또는 破産管財人이 解止通告를 하면 그 후 § 635 소정의 기간이 경과하면 賃貸借가 종료한다(本條 Ⅰ). 즉,

① 土地, 建物 기타 工作物: 賃貸人이 解止를 通告한 경우에는 6월, 破産管財人이 解止를 通告한 경우에는 1월

② 動産: 解止 通告者가 賃貸人이든 破産管財人이든 구별 없이 5일

의 각 기간이 지나면 賃貸借가 종료한다. 다만 § 636와 마찬가지로 위 각 유예기간 전에 먼저 본래의 존속기간이 만료하면 위 유예기간의 경과를 더 이상 기다릴 필요 없이 賃貸借가 종료함은 물론이다. 그렇지 않으면 解止通告에 의하여 존속기간이 연장되는 묘한 결과가 되기 때문이다.

2. 損害賠償請求의 배제

賃貸人이 解止通告를 하든 破産管財人이 解止通告를 하든 그로 인하여 상대방이 손해를 입더라도 배상을 할 필요가 없다(本條 Ⅱ). 損害賠償請求權을 일률적으로 부정하는 이러한 民法의 태도에 대하여는 "賃貸人이 解止를 한 경우에 破産者側이 損害賠償을 구할 수 없는 것은 解止가 자기의 歸責事由로 인한 것이이기 때문에 당연하다. 그러나 賃借人側(破産管財人)이 解止한 경우에 賃貸人이 損害賠償을 구할 수 없는 것은 합리적 근거가 없기 때문에" 부당하다는 지적이 가해진다.[1)]

[閔 日 榮]

---

1) 註釋各則 Ⅱ, 240-41.

第638條(解止通告의 轉借人에 對한 通知)

① 賃貸借契約이 解止의 通告로 因하여 終了된 境遇에 그 賃貸物이 適法하게 轉貸되었을 때에는 賃貸人은 轉借人에 對하여 그 事由를 通知하지 아니하면 解止로써 轉借人에게 對抗하지 못한다.

② 轉借人이 前項의 通知를 받은 때에는 第635條 第2項의 規定을 準用한다.

1. §§635 내지 637의 解止通告에 의하여 賃貸借契約이 종료하면 轉借人은 目的物을 賃貸人에게 반환하여야 한다. 轉貸借는 賃貸人과 賃借人(轉貸人) 사이의 賃貸借를 기초로 하는 것이기 때문이다. 그런데 解止通告는 賃貸人과 賃借人(轉貸人) 사이의 일이므로 그로 인한 賃貸借의 종료를 轉借人이 알지 못할 수가 있다. 여기서 本條는 賃貸人의 同意를 얻어 적법하게 轉貸되었을 때에는 賃貸人은 轉貸借의 기초인 賃貸借가 解止通告로 종료하였음을 轉借人에게 통지하지 아니하면 그 解止로써 轉借人에게 대항하지 못하는 것으로 규정하고 있다. 轉借人의 보호를 위하여 현행 民法에서 신설한 것이다.

本條는 §§635 내지 637의 解止通告에 의한 경우에 국한되므로, 賃借人의 債務不履行을 이유로 賃貸人이 賃貸借를 解止한 경우에는 轉借人은 本條에 의한 보호를 받지 못한다.[1]

賃借人이 賃貸人에 대하여 解止通告를 한 경우에도 賃貸人이 그 사실을 轉借人에게 통지하고 法定期間이 경과하여야 賃借物의 반환을 請求할 수 있다. 다만, 賃借人이 轉借人에게 이미 解止通告 사실을 통지한 경우에는 賃貸人이 또다시 통지할 필요는 없다.[2]

2. 轉借人이 賃貸人으로부터 解止通告에 의한 賃貸借의 종료사실을 통지받으면 그로부터 §635 Ⅱ의 소정의 기간이 지나야 解止의 효력이 轉借人에게 발생한다(本條 Ⅱ).

1) 金曾漢, 257. 同面은 轉借人에게는 책임이 없으므로 입법론으로서는 이 경우에도 역시 통지하여 明渡의 유예기간을 주는 것이 좋다고 한다. 그것은 동시에 轉借人에게 賃借人의 延滯借賃을 대신 지급할 기회를 주는 셈도 된다고 한다.

2) 李銀榮, 361-62.

本條는 강행규정이고(民 § 652), 일시사용을 위한 轉貸借에는 적용되지 아니한다(民 § 653).

[閔 日 榮]

第 639 條(默示의 更新)

① 賃貸借期間이 滿了한 後 賃借人이 賃借物의 使用, 收益을 繼續하는 境遇에 賃貸人이 相當한 期間內에 異議를 하지 아니한 때에는 前賃貸借와 同一한 條件으로 다시 賃貸借한 것으로 본다. 그러나 當事者는 第635條의 規定에 의하여 解止의 通告를 할 수 있다.

② 前項의 境遇에 前賃貸借에 對하여 第三者가 提供한 擔保는 期間의 滿了로 因하여 消滅한다.

I. 槪 說

賃貸借期間이 만료하면 賃借人은 賃借物을 당연히 賃貸人에게 반환하여야 하는데, 賃借人이 賃借物을 반환하지 않고 여전히 이를 사용, 수익하고 있음에도 불구하고 賃貸人이 그에 대하여 返還請求 등의 아무런 異議를 하지 아니한다면, 賃借人으로서는 賃貸人이 종전의 賃貸借關係를 그대로 존속시키려고 하는 것으로 신뢰하게 된다. 本條는 이러한 賃借人의 신뢰를 보호하기 위하여 그러한 경우에는 "前賃貸借와 동일한 조건으로 다시 賃貸借한 것으로 본다"고 하여 賃貸借의 이른바 "默示의 更新"("法定更新"이라고도 한다)을 인정한다.

이처럼 賃借人의 신뢰를 보호하여 默示의 更新을 인정하는 것은 賃貸借期間 만료 후 상당한 시일이 지난 다음에 새삼스레 그간의 賃借人의 사용, 수익을 不法으로 취급하게 되면 賃借人의 이익을 지나치게 해하고 공연히 법률관계만 복잡하게 만들기 때문이다.

한편 農地의 賃貸借에 관하여는 後述하는 바와 같이 農地法이, 住宅의 賃貸借에 관하여는 住宅賃貸借保護法이 각각 특별규정을 두고 있다.

Ⅱ. 要 件

1. 賃貸借期間이 만료하였을 것

默示의 更新이 문제로 되는 것은 기간의 정함이 있는 賃貸借에 한정된 것이며, 기간의 정함이 없는 賃貸借에서는 애초부터 문제로 되지 아니한다. 그리고 默示의 更新은 기간의 정함이 있는 賃貸借에 있어서도 그 정하여진 기간이 만료하였을 때 비로소 생기는 문제이다.

2. 賃借人이 賃借物을 계속 사용, 수익할 것

賃借人이 단순히 賃借物을 소지하는 것만으로는 부족하고 이를 종전처럼 적법하게 사용, 수익하여야 한다.[1] 따라서 賃借物의 반환을 지체하는 것만으로는 안 된다. 적법한 轉貸借가 이루어져 있었던 경우에는 轉借人이 사용, 수익을 계속하는 것도 賃借人의 사용, 수익에 해당한다고 볼 것이다.[2] 使用賃貸借와 用益賃貸借를 따로 구별하지 아니하는 우리 法制下에서는(前述한 前論 賃貸借 I. 참조) 반드시 사용 및 수익을 하여야 하는 것은 아니며 사용 또는 수익하면 됨은 물론이다.

3. 賃貸人이 상당한 기간 내에 異議하지 아니할 것

賃借人의 사용, 수익에 대하여 賃貸人이 곧바로 異議를 한 경우에는 默示의 更新은 인정되지 아니한다. 이 경우에는 보호하여야 할 賃借人의 신뢰라는 것이 존재하지 않기 때문이다. 그리하여 本條 I은 賃貸人이 "상당한 기간 내에 異議하지 아니한 때"에만 비로소 默示의 更新을 인정한다. "상당한 기간"은 사회통념에 따라 정할 수밖에 없다. 우리 民 §639에 해당하는 獨民 §568은 異議할 수 있는 기간을 2週로 제한하고 있다.

異議는 꼭 明示的으로 할 필요는 없으며 默示的으로도 가능하다. 異議의 예로는 사용, 수익을 하지 말라고 요구하는 것 외에 賃貸物의 返還請求라든지, 계속 사용하려면 借賃을 引上하여 달라고 하는 것 등을 들 수 있을 것이다. 判例는 賃借地상의 建物撤去訴訟의 제기를 賃借物 계속 사용에 대한 異議로 본다.[3] 借賃相當額을 賃借人의 권원 없는 사용, 수익으로 인한 손해액으로 수

---

1) 大判 72. 6. 27, 71누8(集 20-2, 행 21).
2) 註釋各則 Ⅱ, 242.
3) 大判 61. 12. 14, 4294민상97(要集 민Ⅰ-2, 1014); 大判 67. 1. 24, 66다2202(集 15-1, 34).

령하는 것으로 유보하고 수령하였다면 異議를 한 것으로 될 것이나, 아무런 유보 없이 수령하였다면 異議를 하지 아니한 것으로 될 것이다.[4)]

4. 賃貸人이 賃借人의 사용, 수익을 알았을 것

法文에는 없으나 賃借人의 사용, 수익사실을 賃貸人이 알면서도 異議하지 않았을 것이 요구된다.[5)] 그러한 사실을 몰랐기 때문에 異議하지 못한 賃貸人의 이익도 보호하여야 하기 때문이다. 逆으로 賃借人의 입장에서도 그처럼 賃貸人이 賃借人의 사용, 수익 사실을 알면서도 異議하지 않기 때문에 賃貸借의 계속에 관한 강한 신뢰가 형성되는 것이다.

5. 反對의 特約이 없을 것

本條는 강행규정이 아니기 때문에(民 § 652 참조) 반대의 特約으로 本條의 적용을 배제할 수 있다.[6)] 本條가 이처럼 任意規定으로 되어 있는 것에 대하여는 賃借人 보호의 입장에서 강행규정으로 하는 것이 옳다는 비판이 가해지기도 한다.[7)]

이에 관하여 判例[8)]는 "본조가 구 의용민법 제619조의 임대차계약의 묵시적인 갱신에 관한 추정규정을 의제규정으로 개정한 점에 비추어 동조는 기간을 정한 임대차계약인 이상 당사자간에 그 계약갱신에 관한 특약의 유무를 가리지 않고 동조에 정한 바와 같은 경우에 일반적으로 적용되는 강행규정이라고 해석된다"고 하여 少數說과 같은 입장에 있다.

Ⅲ. 效 果

1. 賃貸借의 更新

위에서 본 요건이 구비되면 前賃貸借와 동일한 조건으로 다시 賃貸借한 것으로 본다.[9)] 舊民法이 推定規定으로 하고 있던 것과는 달리(同法 § 619 Ⅰ), 현행법

4) 大判(全) 77. 9. 28, 77다1241등(集 25-3, 121) 참조.
5) 註釋各則 Ⅱ, 243.
6) 郭潤直, 315; 金疇洙, 305.
반대 李銀榮, 318은 本條가 강행규정이라고 한다.
7) 郭潤直, 315.
8) 大判 64. 12. 8, 64누62(要集 민Ⅰ-2, 1014).
9) 大判 89. 4. 25, 88다카4253등(公 89년 809): 임대인이 임대차보증금반환청구채권의 양도통지를 받은 후에는 임대인과 임차인 사이에 임대차계약의 계약기간 연장에 관하여

은 看做規定으로 하고 있다. 따라서 賃貸人은 반대의 의사가 있었음을 주장할 수 없다. 다만 당사자는 民 §635의 규정에 의하여 언제든지 解止의 通告를 할 수 있다(本條 I). 결국 默示的으로 更新된 賃貸借는 借賃 등 다른 내용은 종전과 동일하나 존속기간에 관한 한은 기간의 정함이 없는 것으로 되는 셈이다.[10] 民 §635의 규정에 의하여 解止通告를 하는 이상 解止의 효력이 발생하는 것은 同條에서 정하는 유예기간이 경과한 후임은 물론이다.

2. 擔 保

默示의 更新이 인정되는 경우에 前賃貸借에 대하여 제3자가 제공한 擔保는 기간의 만료로 인하여 소멸한다(本條 II). 이러한 擔保의 예로는 質權, 抵當權, 保證 등이 있다. 그러나 제3자가 제공한 賃借保證金은 여기의 소멸하는 擔保에 해당하지 아니한다는 것이 判例[11]이다.

默示의 更新으로 소멸하는 擔保는 제3자가 제공한 것에 한하며, 당사자가 제공한 擔保는 소멸하지 않고 更新 후의 賃貸借에 대하여도 계속 효력이 유지된다.

Ⅳ. 農地賃貸借 및 住宅賃貸借의 特則

農地賃貸借 및 住宅賃貸借의 默示의 更新에 관하여는 賃借人의 보호를 위하여 農地法 및 住宅賃貸借保護法이 각각 특별규정을 두고 있다. 農地法 §26에 의하면, 農地의 賃貸人이 賃貸借期間 만료 전 3월까지 賃借人에 대하여 그 更新의 거절 또는 賃貸借條件의 변경의 뜻을 통지하지 아니한 경우에는 그 기간이 만료된 때에 종전의 賃貸借와 동일한 조건으로 다시 賃貸借한 것으로 본다.

住宅賃貸借保護法의 특칙에 관하여는 後述하는 住賃 §6의 해설 참조.

[閔 日 榮]

명시적 또는 묵시적 합의가 있어라도 그 합의의 효과는 보증금반환채권의 양수인에 대하여는 미칠 수 없다.

10) 大判 66. 10. 25, 66다1467(要集 민 I -2, 1014).

11) 大判 77. 6. 7, 76다951(集 25-2, 86).
반대 金錫宇, 292 및 黃迪仁, 民法(Ⅳ), 307은 소멸한다고 한다.

第 640 條(借賃延滯와 解止)

建物 其他 工作物의 賃貸借에는 賃借人의 借賃延滯額이 2期의 借賃額에 達하는 때에는 賃貸人은 契約을 解止할 수 있다.

Ⅰ. 槪 說

本條는 舊民法下에서는 해석론상 借賃을 1회라도 延滯하면 賃貸人이 契約을 곧 解止할 수 있도록 되어 있었던 것을 賃借人의 보호를 위하여 借賃延滯額이 2기에 달하여야 解止할 수 있도록 명문의 규정을 신설한 것이다.[1] 한편 賃貸人의 입장에서 보면 借賃의 延滯를 이유로 契約을 解止할 수 있는 근거를 명문화하였다는 점에서 賃貸人보호의 규정으로 볼 수도 있다. 그렇게 본다면 本條는 賃借人과 賃貸人의 이익을 모두 고려한 규정이라고 할 수 있다.[2]

判例는 本條의 성격을 "다른 여러 가지 규정을 통하여 임차인을 강력하게 보호하는 반면에 임차인에게도 성실한 차임지급의무를 이행할 것을 요구하는 것"이라고 하였다.[3]

本條에 의한 解止와 賃貸借期間의 約定이 없는 것을 이유로 한 解止(民 § 635)는 별개이므로 賃貸人이 그 중 어느 하나를 주장하여 賃貸物의 반환을 구하는 경우에는 法院은 그에 관하여만 판단하여야지 賃貸人이 주장하지 않는 다른 하나를 들어 그 當否를 판단할 수 없다.[4]

Ⅱ. 要 件

1. 建物 기타 工作物의 賃貸借일 것

建物 기타 工作物의 소유 또는 植木, 採鹽, 牧畜을 목적으로 하는 土地의 賃貸借도 마찬가지이다(後述하는 § 641의 해설 참조). 이러한 土地나 建物 기타 工作物에 해당하지 아니하는 動產 등의 賃貸借의 경우는 明文의 규정이 없으므로 契約解止

1) 郭潤直, 348-49.
2) 註釋各則 Ⅱ, 244.
3) 大判 62.10.11, 62다496(集 10-4, 30).
4) 大判 93.4.27, 93다1688(公 93년 1566).

의 일반원칙에 따라 賃借人이 借賃을 1회라도 延滯하면 賃貸人은 상당기간을 정하여 최고한 후 곧바로 계약을 解止할 수 있다고 볼 것이다.[5)]

2. 借賃延滯額이 2기에 달할 것

이는 借賃의 延滯가 반드시 2기 연속될 것을 가리키는 것이 아니라 前後 합하여 延滯額이 2기분에 달하기만 하면 된다는 것을 의미한다. 예컨대 5, 6월분의 借賃을 계속 延滯한 경우뿐만 아니라 5월분 延滯 후 6, 7, 8월분을 지급하였다가 9월분을 다시 延滯한 경우도 여기에 해당하는 것이다.

3. 一時使用을 위한 賃貸借가 아닐 것(民 §653)

一時使用을 위한 賃貸借에서는 賃借人 보호의 필요성이 크지 않기 때문이다. 무엇이 一時使用을 위한 賃貸借인가에 관하여는 後述하는 §653의 해설 참조.

Ⅲ. 效 果

1. 契約의 解止

賃貸人은 借賃延滯를 이유로 契約을 解止할 수 있다. 이 경우에는 상당한 기간을 정하여 최고할 필요도 없다.[6)]

대규모 建物의 사무실 또는 점포를 賃貸借할 경우에 借賃을 2회 이상 延滯하면 解止의 의사표시 없이도 賃貸借가 당연히 종료한다는 이른바 失權約款을 두는 경우가 있는바, 이러한 約款은 賃貸人의 解止權 행사요건을 완화하여 賃借人에게 부당한 불이익을 줄 염려가 있으므로 효력이 없고(約款 §9 ii 참조), 따라서 賃貸人이 解止의 의사표시를 하여야 비로소 賃貸借가 종료한다.[7)]

2. 強行規定

本條는 강행규정으로서 本條에 반하는 約定으로서 賃借人에게 불리한 것

5) 李銀榮, 314.
6) 郭潤直, 349; 金錫宇, 288; 金曾漢, 277; 李銀榮, 313; 大判 62.10.11, 62다496(集 10-4, 32); 大判 77.3.8, 75다2032(要集 민Ⅰ-2, 1016); 大判 77.6.28, 77다402등(要集 민Ⅰ-2, 1016).
7) 金曾漢, 278; 李銀榮, 314.

은 무효이다(民 §652). 따라서 1기의 借賃만 延滯하여도 契約을 解止할 수 있다는 特約은 효력이 없다.

[閔 日 榮]

第 641 條(同前)

建物 其他 工作物의 所有 또는 植木, 採鹽, 牧畜을 目的으로 한 土地賃貸借의 境遇에도 前條의 規定을 準用한다.

前條가 建物 기타의 工作物의 賃貸借에 관하여 借賃延滯時의 契約解止를 규정하고 있는 데 비하여, 本條는 이들의 所有 또는 植木, 採鹽, 牧畜을 목적으로 한 土地賃貸借의 경우에도 前條를 準用하여 延滯借賃額이 2기분의 借賃額에 달할 때에는 賃貸人이 契約을 解止할 수 있도록 하였다.

따라서 賃貸借의 目的物만 前條와 다를 뿐 그 밖의 적용요건 및 효과는 前條에서 설명한 것과 동일하다.

[閔 日 榮]

第 642 條(土地賃貸借의 解止와 地上建物等에 對한 擔保物權者에의 通知)

前條의 境遇에 그 地上에 있는 建物 其他 工作物이 擔保物權의 目的이 된 때에는 第288條의 規定을 準用한다.

建物 기타 工作物의 소유 또는 植木, 採鹽, 牧畜을 목적으로 한 土地賃貸借에 있어 賃借人의 延滯借賃額이 2기분 借賃額에 달하기 때문에 賃貸人이 §§641, 640에 이하여 契約을 解止한 경우, 그 지상에 있는 建物 기타 工作物이 抵當權의 목적으로 되어 있는 경우에는 民 §288가 準用되기 때문에 그 抵當權者에게 통지한 후 상당한 기간이 경과하여야 解止의 효력이 생긴다.

抵當權者의 이익을 고려한 것임은 물론이다. 상세는 §288의 해설 참조.

[閔 日 榮]

第643條(賃借人의 更新請求權, 買受請求權)

建物 其他 工作物의 所有 또는 植木, 採鹽, 牧畜을 目的으로 한 土地賃貸借의 期間이 滿了한 境遇에 建物, 樹木 其他 地上施設이 現存한 때에는 第283條의 規定을 準用한다.

차 례

Ⅰ. 概 說
Ⅱ. 更新請求의 要件
1. 建物 기타 工作物의 소유 또는 植木, 採鹽, 牧畜을 목적으로 한 土地賃貸借일 것
2. 賃貸借의 期間이 만료하였을 것
3. 賃貸借期間이 만료하였을 때 建物, 樹木 기타 地上施設이 現存할 것
4. 賃貸借期間의 만료 후 지체없이 행사할 것
Ⅲ. 更新請求의 效果
1. 契約의 更新
2. 地上施設의 買受請求
3. 強行規定

Ⅰ. 概 說

賃借人이 그의 비용으로 賃借物에 부가한 것이 독립한 존재가치를 지니는 때에는 그 부가한 것의 所有權은 賃借人에게 있다(民 §256 但書). 따라서 建物 기타 工作物 등의 소유나 植木, 採鹽, 牧畜을 목적으로 한 土地賃貸借에 있어서는 그 賃貸借期間이 끝나게 되면, 賃借人은 契約期間중에 土地상에 설치한 地上施設의 所有權을 그대로 갖는 것이 보통이다. 그러나 이러한 地上施設은 그 賃借土地에 부속되어서 土地의 편익에 이바지하는 상태에서 가치가 있는 것이지, 그것을 떼어 내어 다른 곳으로 움직인다면 그 경제적 가치가 크게 감소하는 것이 보통이다.

그러므로 이러한 賃貸借에 있어서 賃貸借의 기간이 끝났다 하여 賃借人은 오로지 그 地上施設을 철거, 회수하여야 한다면 賃借人에게 매우 불리할 뿐만 아니라 국민경제적으로도 큰 손실이기 때문에, 本條는 賃借人으로 하여금 賃

貸人에게 賃貸借期間의 更新을 請求할 수 있도록 하고(本條 및 §283 Ⅰ), 만일 賃貸人이 契約의 更新에 응하지 아니할 경우에는 賃貸人에 대하여 그 地上施設을 매수하라고 請求할 수 있게 하였다(本條 및 §283 Ⅱ).[1]

本條는 賃借人의 보호를 위하여 현행 民法에서 신설된 條文이다.

日本借地借家法 §5 Ⅰ은 "借地權의 존속기간이 만료한 경우에 借地權者가 契約의 更新을 請求한 때에는 建物이 존재하는 경우에 한하여 前條의 규정에 의하는 외에는(更新期間이 10년을 넘지 못한다는 것: 筆者 註) 종전의 契約과 동일한 조건으로 契約을 更新한 것으로 본다. 다만, 借地權設定者가 지체없이 異議를 제기한 때에는 그러하지 아니하다"고 하고, 同法 §6는 "前條의 異議는 借地權設定者 및 借地權者(前借地權者를 포함한다. 이하 같다)가 土地의 사용을 필요로 하는 사정 외에 借地에 관한 종전의 경과 및 土地의 이용상황, 借地權設定者가 土地의 引渡를 조건으로 또는 土地引渡와 償還으로 借地權者에 대하여 재산상의 給付를 할 뜻을 밝힌 경우에는 이를 고려하여 정당한 사유가 있다고 인정되는 경우가 아니면 제기할 수 없다"고 하고 있다.

Ⅱ. 更新請求의 要件

1. 建物 기타 工作物의 소유 또는 植木, 採鹽, 牧畜을 목적으로 한 土地賃貸借일 것

建物 기타 工作物이 반드시 견고한 것이어야 할 필요는 없으며, 나아가 牧畜을 목적으로 한 土地賃貸借에도 本條가 적용된다. 최장기의 제한이 없는 賃貸借(民 §651 Ⅰ 참조)보다 범위가 넓은 셈이다.

2. 賃貸借의 期間이 만료하였을 것

本條는 賃貸借契約이 기간의 만료로 종료한 경우에 적용되며, 賃借人의 借賃延滯 등 債務不履行 또는 賃借權의 無斷讓渡나 無斷轉貸 등으로 契約이 解止된 경우에는 적용되지 아니한다.[2] 更新請求가 인정되지 아니하는 이상 그

---

1) 金曾漢, 259는 更新請求權은 그 자체로서는 하등 권리라고 할 만한 것은 아니며, 단지 地上施設買受請求權의 전제요건임에 불과하다고 한다.
2) 大判 72. 12. 26, 72다2013(集 20-3, 228).

와 표리의 관계에 있는 買受請求도 부정된다.[3] 그러나 기간의 정함이 없는 賃貸借가 賃貸人의 解止通告(民 §635)에 의하여 종료한 경우에는 역시 本條가 적용된다.[4] 다만 後者의 경우에는 賃貸人이 契約의 更新을 거부한 것이 解止通告로써 명백하게 표시되었기 때문에 賃借人의 更新請求權은 의미가 없으므로 更新請求의 有無에 상관없이 곧바로 地上施設의 買受請求權을 행사할 수 있다.[5]

賃借人이 土地와 建物을 함께 賃借하여 사용중 建物이 멸실하자 임의로 建物을 신축한 경우 또는 地上建物이 낡았음을 이유로 임의로 대수리를 하였기 때문에 賃貸人이 契約違反을 이유로 賃貸借契約을 解止한 경우는 어떤가? 이 때도 更新請求는 물론이거니와 買受請求도 부정하여야 할 것이다. 기본적으로 建物所有를 목적으로 한 賃貸借가 아니었을 뿐만 아니라, 賃借人의 의무위반을 이유로 契約이 종료된 것이기 때문이다.[6]

賃貸借契約을 合意解除한 경우는 更新請求는 문제될 여지가 없으나, 지상물의 買受請求는 가능한가 하는 문제가 있다. 判例는 賃貸人과 賃借人의 합의로 賃貸借契約을 해약하고 賃借人이 地上建物을 철거하기로 約定한 경우에 그 約定이 유효한 것으로 보고 있는바,[7] 결국은 의사해석의 문제로 귀착될 것이다. 賃借人이 買受請求權을 포기한 것이 아니라 그러한 권리가 있음을 몰랐거나 착오로 의사표시를 하지 못한 것으로 인정되면 買受請求權을 인정함이 상당할 것이다.[8]

3. 賃貸借期間이 만료하였을 때 建物, 樹木 기타 地上施設이 現存할 것

이들 地上施設이 존재하지 아니하면 更新請求를 인정할 이유가 없기 때문이다. 이들 地上施設은 꼭 賃借人 자신이 설치하여야 하는 것은 아니며, 이미 설치되어 있는 시설을 양수하였어도 무방하다. 반면 地上施設이 賃貸借의 목

3) 金曾漢·安二濬, 369; 李太載, 243; 大判 90. 1. 23, 88다카7245등; 大判 62. 10. 11, 62다496(集 10-4, 30); 大判 68. 11. 19, 68다1780(集 16-3, 217); 大判 91. 4. 23, 90다19695(公 91년 1464)〔이 판결에 대한 評釋으로 朴有信, "建物買受請求權을 排除하는 特約의 效力과 債務不履行을 理由로 賃貸借契約을 解止하는 境遇 建物買受請求權의 成立 與否", 大法院判例解說 15호, 179 이하 참조〕; 大判 94. 2. 22, 93다44104(公 94년 1076).

다만 賃借人의 無斷轉貸를 이유로 契約을 解止한 경우에는 買受請求權을 인정하여야 한다는 견해로 趙悅來, "賃貸借에 있어서의 買受請求權", 裁判資料 32輯, 399-400 참조. 또한 金曾漢, 261은 입법론으로 이를 고려할 만하다고 한다.

4) 大判 77. 6. 7, 76다2324(集 25-2, 111).

5) 大判 77. 7. 26, 77다373(要集 민 I-2, 1018).

6) 반대 趙悅來(註 3), 417은 이 경우에도 買受請求權을 인정한다.

7) 大判 69. 6. 24, 69다617(集 17-2, 243).

8) 趙悅來(註 3), 398.

적에 반한 것인 경우에는 부인된다.[9)]

地上施設이 존재하더라도 이미 朽廢한 경우에는 역시 更新請求가 부인된다고 볼 것이다.[10)] 賃貸借를 더 이상 존속시킬 가치가 없기 때문이다.

4. 賃貸借期間의 만료 후 지체없이 행사할 것

明文의 규정은 없으나 更新請求權은 賃貸借期間의 만료 후 지체없이 행사하여야 한다고 함이 상당하다.[11)] 賃貸借期間이 만료한 후 상당 기간이 지나서 뒤늦게 更新請求權을 행사하는 것은 賃貸人의 신뢰에 반하여 賃貸人에게 지나치게 불이익을 강요하는 것이 되기 때문이다. 失機하여 更新請求權이 인정되지 아니하는 이상 地上施設의 買受請求權도 부인된다.[12)]

다만, 賃貸借期間이 만료한 후 賃貸人이 상당한 기간 내에 異議를 하지 아니하면 賃貸借가 默示的으로 更新되므로 새삼 更新請求나 買受請求를 할 필요가 없다. 그런 의미에서 재판실무상 흔히 볼 수 있는 例인 賃貸人이 계약의 更新을 거절하고(明示的으로든 默示的으로든) 建物撤去 및 土地引渡의 請求를 한 경우에 비로소 買受請求權을 행사하는 것을 失機한 것으로 보아서는 안 될 것이다.[13)]

Ⅲ. 更新請求의 效果

1. 契約의 更新

賃借人의 更新請求權에 賃貸人이 응하면 賃貸借契約은 更新된다. 다만, 賃貸人은 更新請求에 반드시 응하여야 하는 것은 아니며, 원하지 아니하면 更新을 거절할 수 있으며, 賃借人이 이를 강제할 수는 없다.[14)]

9) 大判 93.11.12, 93다34589(公 94년 90) 참조.
10) 金曾漢, 260.
11) 註釋各則 Ⅱ, 247.
반대 金曾漢, 262는 更新請求가 거절된 후 사회관념상 상당한 기간 내에 행사하면 된다고 한다.
12) 이와 같이 해석하는 이상 更新請求權이나 買受請求權에 관하여 소멸시효를 논의하는 것(趙悅來(註 3), 403-4 참조)은 부적절하지 않을까 한다.
13) 다만, 建物撤去 및 土地引渡의 확정판결 후에 買受請求權을 행사하여 請求異議의 訴를 제기하는 것은 既判力의 時的 限界에 반하여 허용되지 않는다. 그러나 大判 95.12.26, 95다42195(公 96년 542)는 建物撤去 및 土地引渡의 확정판결 후에라도 그 판결이 執行되지 아니한 이상 買受請求權을 행사하여 別訴로 賃貸人에게 賣買代金의 지급을 청구할 수 있다고 한다.
14) 大判 74.2.26, 73다1394(要集 민Ⅰ-2, 1017-8).

2. 地上施設의 買受請求

(1) 賃貸人이 賃借人의 契約更新請求를 거절하면 賃借人은 賃貸人에 대하여 地上施設을 상당한 가격으로 매수하여 줄 것을 請求할 수 있다(民 §283 Ⅱ의 準用). 이 買受請求權은 形成權이기 때문에 그 행사로써 賃貸人과 賃借人 사이에 地上施設에 관한 賣買관계가 곧바로 성립하며,[15] 賃貸人은 매수를 거절할 수 없다. 逆으로 賃借人도 買受請求權을 일단 행사한 이상 이를 일방적으로 철회하는 것이 허용되지 않는다.[16]

賃借人으로부터 地上建物을 양수하거나 賃借한 자가 建物主(土地의 賃借人)를 代位하여 買受請求權을 행사하는 것은 부인된다.[17]

土地소유자가 賃貸土地를 제3자에게 讓渡한 경우에는 新所有者에 대하여 買受請求를 할 수 없다.[18] 다만 賃借人이 地上建物에 관한 所有權登記를 하여 賃借權에 對抗力이 생긴 경우(民 §622 Ⅰ)에는 新所有者에 대하여도 買受請求를 할 수 있다.[19]

(2) 買受請求의 대상은 地上施設에 한하며 土地는 당연히 대상이 되지 아니한다.[20] 土地는 본래 賃貸人의 소유이기 때문이다.

---

15) 大判 72.7.25, 72다653(要集 민Ⅰ-2, 1017); 大判 78.8.22, 78다1156(要集 민Ⅰ-2, 1018).
비록 賣買가 성립하기는 하나 民法상의 매도인의 擔保責任에 관한 규정은 성질상 적용될 여지가 없다(趙悅來(註 3), 427-28).

16) 趙悅來(註 3), 403.

17) 大判 93.7.27, 93다6386(公 93년 2400).
반대 趙悅來(註 3), 405는 地上建物을 賃借한 자의 買受請求權 代位行使를 인정한다.
한편 日本借地借家法 §14는 "제3자가 賃借權의 목적인 土地上의 建物 기타 借地權者가 權原에 의하여 土地上에 부속시킨 물건을 취득한 경우에 借地權設定者가 借地權의 讓渡 또는 轉貸를 승낙하지 아니한 때에는 그 제3자는 借地權設定者에 대하여 建物 기타 借地權設定者가 權原에 의하여 土地에 부속시킨 물건을 時價로 매수할 것을 請求할 수 있다"고 하고 있다.

18) 大判 76.6.22, 76다702(要集 민Ⅰ-2, 1018).

19) 大判 77.4.26, 75다348(集 25-1, 160): 건물의 소유를 목적으로 한 토지임차인의 건물매수청구권 행사의 상대방은 통상의 경우 기간의 만료로 인한 임차권 소멸 당시의 토지소유자인 임대인일 것이지만, 임차권 소멸 후 임대인이 그 토지를 제3자에게 양도하는 등으로 그 소유권이 이전되었을 때에는 제3자에 대하여 대항할 수 있는 임차권을 가지고 있던 토지임차인은 그 신소유자에 대하여도 위 매수청구권을 행사할 수 있다고 봄이 상당하다 할 것인바, 피고는 건물의 보존등기를 필함으로써 제3자에 대하여 대항할 수 있는 임차권을 가지고 있던 사람이며 피고에 대하여 위 기간의 정함이 없는 임대차의 해지의 통고를 한 소외인(토지의 신소유자)은 달리 특별한 사유가 없는 한 임대차계약의 갱신을 원하지 아니하는 것으로 일응 보아야 할 것이니, 그렇다면 특별한 사정이 없는 한 피고 주장의 원고(그 후 토지를 경락취득한 자)에 대한 위 건물매수청구권의 행사는 적법 유효하다고 보지 않을 수 없다.

20) 大判 76.9.28, 76다1804(要集 민Ⅰ-2, 1018).

買受請求의 대상이 되는 建物에 관하여, 判例[21]는 "임차인의 지상물매수 청구권은 건물 기타 공작물의 소유 등을 목적으로 한 토지임대차의 기간이 만료되었음에도 그 지상시설 등이 현존하고, 또한 임대인이 계약의 갱신에 불응하는 경우에 임차인이 임대인에게 상당한 가액으로 그 지상시설 등의 매수를 청구할 수 있는 권리라는 점에서 보면, 위 매수청구권의 대상이 되는 건물은 그것이 토지의 임대목적에 반하여 축조되고 임대인이 예상할 수 없을 정도의 고가의 것이라는 특별한 사정이 없는 한 임대차기간중에 축조되었다고 하더라도 그 만료시에 그 가치가 잔존하고 있으면 그 범위에 포함되는 것이고, 반드시 임대차계약 당시의 기존건물이거나 임대인의 동의를 얻어 신축한 것에 한정된다고는 할 수 없다"고 한다.

한편, 賃借人이 賃借한 土地와 자신의 土地 兩地上에 걸쳐 1동의 建物을 건축한 후에 賃貸借期間이 만료하거나, 賃借人이 甲, 乙 두 사람으로부터 각각 土地를 賃借하여 그 양 지상에 걸쳐 1동의 建物을 건축한 후에 어느 한 쪽의 賃貸借期間이 만료한 경우에 賃貸借期間이 만료한 建物 부분에 대하여 賃借人이 買受請求를 할 수 있는가 하는 문제가 있는바, 판례는 한때 이를 긍정하였다가[22] 그 중 구분소유의 객체가 될 수 있는 부분에 한하여 매수청구를 허용하는 것으로 바뀌었다.[23]

(3) 賣買價格으로서의 "상당한 가격"은 買受請求權을 행사할 당시[24]의 시가상당액[25]으로 보아야 하며, 당사자간에 의사합치가 이루어지지 아니하면 결국 法院이 감정 등을 통하여 정할 수밖에 없다.[26] 建物에 抵當權이 설정되

21) 大判 93.11.12, 93다34589(公 94년 90).

22) 大判 72.5.23, 72다341(集 20-2, 63)은 前者의 경우에 이를 긍정하고 있다. 또한 大判 91.3.27, 90다카20357(公 91년 1272)은 賃借垈地와 인접한 賃借人 소유 대지 위에 건립된 建物부분이 賃借垈地 위에 있는 독립된 單一建物 중의 방이나 부엌의 각 일부분에 불과하여 그것만으로는 효용가치가 극히 적다면 賃借人은 그 축조한 建物 전체에 대하여 買受請求權을 행사할 수 있다고 한다(이 판결에 대한 評釋으로 朴泰範, "賃借人이 買受請求權을 행사할 수 있는 建物의 범위", 大法院判例解說 15호, 81 이하 참조). 또한 趙悅來(註 3), 405-9 참조.

23) 大判(全) 96.3.21, 93다42634(公 96년 1109). 이 判決로 註 22) 判決들은 변경되었다.

24) 大判 72.7.25(註 15). 또한 大判 67.12.18, 67다2355(集 15-3, 386) 참조.

25) 大判 87.6.23, 87다카390(公 87년 1235): 건물소유를 목적으로 한 토지임대차·계약의 기간이 만료함에 따라 지상건물 소유자가 임대인에 대하여 본조에 의한 건물매수청구권을 행사한 경우에 그 건물의 매수가격은 건물 자체의 가격 외에 건물의 위치, 주위 토지의 여러 사정 등을 종합적으로 고려하여 매수청구권의 행사 당시 건물이 현존하는 대로의 상태에서 평가된 가격을 말한다.

26) 趙悅來(註 3), 416은 이 경우에 建物 자체의 가격만이 아니라 장소적 이익까지도 금액으로 환산하여 賣買價格에 포함시켜야 한다고 하나, 의문이다.

어 있는 경우에도 買受請求權이 인정되는바,[27] 이러한 경우에는 시가상당액에서 抵當債務額을 공제한 금액을 賣買價格으로 정하여야 할 것이다.

(4) 賃借人의 買受請求權이 인정되는 결과 賃貸借期間의 만료 후 賃貸人이 賃借人에 대하여 地上施設의 철거를 재판상 請求한 경우에 賃借人이 買受請求權을 행사하면 賃貸人의 請求를 기각하여야 하며,[28] 나아가 賃借人이 反訴로써 賣買代金의 지급을 請求하면 法院으로서는 그 지급을 명하여야 한다. 따라서 재판의 실무에서는 釋明權을 적절히 행사하여 原告인 賃貸人으로 하여금 建物撤去請求를 建物明渡請求로 변경하게 하고 賣買代金과의 償還履行을 命하는 판결을 할 것이 요구된다.[29] 買受請求權 행사의 결과로 地上施設의 明渡時까지 土地를 引渡하지 아니하고 계속 사용할 경우에는 그로 인한 이익은 不當利得으로 반환하여야 한다.[30]

3. 強行規定

本條는 강행규정으로서, 이에 반하여 賃借人의 更新請求權이나 買受請求權을 배제 또는 제한함으로써 賃借人에게 불리하게 約定하는 것은 인정되지 아니한다(民 § 652).[31] 이 경우 賃借人이 위 約定의 무효를 주장하는 것이 信義則에 반한다고 할 수 없음은 물론이다.[32] 그렇지 않으면 本條를 강행규정으로 한 취지가 沒却되기 때문이다.

賃借人이 賃貸人과의 사이에 당초의 契約으로 일정한 기간 동안 賃借土地를 사용하고 賃貸借期間이 만료된 후에 賃借地上의 地上建物을 철거하고 土地

27) 大判 72. 5. 23, 72다341(集 20-2, 63).

28) 大判 66. 6. 28, 66다712(集 14-2, 96): 임대인의 건물철거 및 토지인도의 청구에 대하여 임차인이 임차건물에 대한 민법 제643조, 제283조에 의한 매수청구권을 행사하고 그 매수대금을 지급하기 전에는 임대인의 건물철거에 응할 수 없다고 항쟁하는 경우 임대인의 건물철거와 건물부지의 인도청구에는 건물매수대금 지급과 동시에 건물명도를 청구하는 청구가 포함되었다고 할 수 없고, 임차인의 위와 같은 항변은 원고의 건물철거청구를 배척하는 주장에 지나지 아니하므로 임대인의 청구를 기각하여야 한다〔同旨 大判 66. 5. 24, 66다548(集 14-2, 30); 大判 72. 5. 23, 72다341(集 20-2, 63)〕.

이에 대하여 趙悅來(註 3), 422-24, 426은 地上建物의 명도를 명하고 한 걸음 더 나아가 所有權移轉登記를 명하는 것이 분쟁을 원활하게 해결하는 길이라고 한다.

29) 大判 91. 4. 9, 91다3260(公 91년 1363)은 그 전형적인 예이다. 또한 大判(全) 95. 7. 11, 94다34265(公 95년 2583)는 이러한 釋明을 하지 아니하면 違法이라고 한다.

한편, 金曾漢, 262는 買受請求權의 행사에 의한 代金債權에 관하여 留置權까지 인정한다.

30) 金基善, 209; 金曾漢, 262.

31) 大判 91. 4. 23(註 3); 大判 92. 10. 9, 92다22435(公 92년 3112); 大判 93. 6. 22, 93다16130(公 93년 2096); 大判 93. 7. 27, 93다6386(公 93년 2400).

32) 大判 93. 6. 22(註 31).

를 원상회복하여 이를 賃貸人에게 引渡하기로 한 경우에는 賃借人에게 買受請求權이 인정될 여지가 없다는 견해[33]가 있으나, 이는 本條가 강행규정임을 무시하는 것으로서 찬성할 수 없다.

다만 賃貸借期間이 만료하여 契約更新請求 및 建物買受請求權을 자유롭게 행사할 수 있는 상태에 놓인 후에 그 권리행사를 포기하겠다는 特約을 맺는 것까지 막는 것은 아니라고 할 것이다.[34] 또한 更新請求權이나 買受請求權을 제한하는 特約이 계약성립의 경과 기타 당사자 쌍방의 제반 사정을 참작할 때 실질적으로 賃借人에게 불리하지 않다면 그러한 特約을 무효라고 할 것은 아니다. 判例도, 賃借人의 소유이었다가 賃貸人 앞으로 所有權이 이전된 土地를 賃借人이 1년 동안 賃借하여 사용하되 賃貸借期間 만료일까지 約定된 대금을 지급하면 賃貸人으로부터 還買할 수 있으나, 위 기간 만료일까지 還買를 하지 못하면 賃借人은 위 土地 위에 종전부터 건립되어 있던 賃借人 소유의 建物을 철거하여 土地를 賃貸人에게 引渡하여 주기로 約定한 것은 유효하다고 하고,[35] 賃借人이 증개축한 시설물과 부대시설을 포기하고 賃貸借 종료시에 현상대로 原告의 소유로 하기로 하여 附屬物買受請求權을 포기하였지만 그 대가로 賃貸借契約의 保證金 및 月賃料를 파격적으로 저렴하게 하고 賃貸借期間도 장기간으로 約定하였으며, 賃貸借期間 만료 즉시 賃貸人이 이 사건 建物을 헐고 새 建物을 신축하려고 하고 있다는 점을 賃借人이 賃貸借契約 당시 알고 있었다면 위 附屬物買受請求權의 拋棄特約은 賃借人에게 불리한 것으로 볼 수 없다고 하고,[36] 甲이 1981. 9. 1. 乙에게 土地를 賃貸하면서 그 기간을 5년으로 하고 賃料 없이 保證金만 3,500,000원으로 하였는데, 乙은 그 지상에 建物을 지어 유치원 등으로 사용하다가 위 賃貸借期間이 만료될 무렵 甲의 승낙 없이 賃借權 및 地上建物을 丙에게 讓渡하고는 그 사실을 숨긴 채 甲과 위 賃貸借契約을 1988. 8. 31.까지 연장하는 更新契約을 체결하였는바, 甲이 賃借權의 無斷讓渡 사실을 뒤늦게 알고 이를 이유로 위 更新된 賃貸借契約을 解止하고 丙에게 地上建物의 철거 및 土地의 引渡를 구하자, 丙은 甲에게 甲과 乙 사이의 종전 賃貸借契約과 같은 조건으로 3년간만 土地를 계속 사용할 수 있게 하여 달라고 요청하였고, 이에 甲과 丙 사이에 賃貸借期間을 3년 연임료 금 500,000

---

33) 趙悅來(註 3), 397.
34) 朴有信(註 3), 184.
35) 大判 80. 12. 23, 80다2312(集 28-3, 249).
36) 大判 82. 1. 19, 81다1001(集 30-1, 17).

원, 保證金 5,500,000원으로 하는 賃貸借契約을 체결하면서 賃貸借 종료시에는 地上建物을 철거한다는 特約을 체결한 경우 위와 같은 建物買受請求權 포기의 約定은 丙에게 불리하다고 볼 수 없다[37)]고 하고 있다.

[閔 日 榮]

第644條(轉借人의 賃貸請求權, 買受請求權)

① 建物 其他 工作物의 所有 또는 植木, 採鹽, 牧畜을 目的으로 한 土地賃借人이 適法하게 그 土地를 轉貸한 境遇에 賃貸借 및 轉貸借의 期間이 同時에 滿了되고 建物, 樹木 其他 地上施設이 現存한 때에는 轉借人은 賃貸人에 對하여 前轉貸借와 同一한 條件으로 賃貸할 것을 請求할 수 있다.

② 前項의 境遇에 賃貸人이 賃貸할 것을 願하지 아니하는 때에는 第283條 第2項의 規定을 準用한다.

I. 槪 說

民 §630의 해설에서 본 바와 같이 賃貸人의 同意를 받은 轉貸借라 하더라도 轉借人은 賃貸人에 대하여 借賃支給 등의 의무만 부담할 뿐 아무런 권리를 취득하지는 못한다. 그러나 그렇게 되어서는 轉借人의 지위가 너무 불안정하기 때문에 賃貸借契約의 解止를 轉借人에게 통지하도록 한 §638와 같은 맥락에서 현행 民法은 轉借人의 보호를 위한 本條의 특별규정을 두었다. 즉 賃借人의 契約更新請求權 및 買受請求權을 轉借人에게도 인정한 것이다.

---

37) 大判 92.4.14, 91다36130(公 92년 1572)〔이 판결에 대한 評釋으로 閔庚道, "民法 제643조(地上物買受請求權)의 規定에 違反하는 約定이 賃借人에게 불리한가 여부를 판단하는 방법", 大法院判例解說 17호, 301 이하 참조〕.

Ⅱ. 要　件

1. 適法한 轉貸借일 것

賃貸人의 同意를 받지 않고 이루어진 無斷轉貸借에서는 애당초 本條의 보호문제가 일어나지 않는다.[1)]

2. 賃貸借 및 轉貸借의 기간이 동시에 만료하였을 것

따라서 賃貸借 또는 轉貸借의 일방이 契約解止 등으로 먼저 소멸하여 버리면 本條의 적용대상에서 제외된다.

3. 그 밖에 建物 기타 工作物의 소유 또는 植木, 採鹽, 牧畜을 목적으로 한 土地賃貸借일 것, 賃貸借期間이 만료하였을 때 建物, 樹木 기타 地上施設이 現存할 것, 賃貸借 및 轉貸借기간의 동시만료 후 지체없이 행사할 것 등의 요건은 §643에서 본 바와 동일하다.

다만 現存하는 建物, 樹木 기타 地上施設은 轉借人의 소유이어야 함은 물론이다. 轉借人이 賃借人(轉貸人)의 물건을 가지고 本條의 請求權을 행사하는 것은 비논리적이며, 이 때는 오히려 賃借人이 §643에 의하여 更新請求權 또는 買受請求權을 행사하면 족하다.

Ⅲ. 效　果

1. 賃貸借契約 체결의 請求

轉借人은 賃貸人에 대하여 종전 賃貸借와 동일한 조건으로 자기에게 賃貸하여 줄 것을 請求할 수 있다(本條 I). 賃貸人이 이에 응하면 새로이 賃貸借契約이 성립한다. 다만, 賃貸人은 轉借人의 請求에 반드시 응하여야 하는 것은 아니며, 원하지 아니하면 契約締結을 거절할 수 있다.

2. 地上施設의 買受請求

(1) 賃貸人이 轉借人의 賃貸借契約締結請求를 거절하면 轉借人은 賃

1) 大判 69.1.28, 68다2113(集 17-1, 122); 大判 93.7.27, 93다6386(公 93년 2400).

貸人에 대하여 地上施設을 상당한 가격으로 매수하여 줄 것을 請求할 수 있다(本條 Ⅱ, §283 Ⅱ). 이 買受請求權은 形成權이기 때문에 그 행사로써 賃貸人과 轉借人 사이에 地上施設에 관한 賣買관계가 곧바로 성립하며, 賃貸人은 매수를 거절할 수 없다.

(2) 買受請求의 대상은 地上施設에 한하며 土地는 당연히 대상이 되지 아니한다. 賣買價格으로서의 "상당한 가격"은 買受請求權 행사 당시의 시가상당액으로 보아야 하며, 당자간에 의사합치가 이루어지지 아니하면 결국 法院이 정할 수밖에 없다(§643의 해설 Ⅲ.2.(3) 참조).

(3) 轉借人의 買受請求權이 인정되는 결과 賃貸借期間 및 轉貸借期間의 만료 후 賃貸人이 轉借人에 대하여 地上施設의 철거를 請求한 경우에 轉借人이 買受請求權을 행사하면 賃貸人의 請求를 棄却하여야 하며, 나아가 轉借人이 反訴로써 賣買代金의 지급을 請求하면 法院으로서는 그 지급을 명하여야 한다.

3. 強行規定

本條는 강행규정으로서, 이에 반하여 轉借人의 賃貸借契約 締結請求權이나 買受請求權을 배제 또는 제한함으로써 轉借人에게 불리하게 約定하는 것은 인정되지 아니한다(民 §652).

[閔 日 榮]

第645條(地上權目的 土地의 賃借人의 賃貸請求權, 買受請求權)

前條의 規定은 地上權者가 그 土地를 賃貸한 境遇에 準用한다.

地上權의 목적인 土地의 賃借人은 土地轉借人과 크게 다를 바 없기 때문에 民法은 §644의 규정을 地上權의 목적인 土地의 賃貸借에도 準用하도록 하였다.

따라서 地上權者(賃貸借의 賃借人에 해당한다)로부터 土地를 賃借한 賃借人(賃貸借의 轉借人에 해당한다)은 地

上權設定者(賃貸借의 賃貸人에 해당한다)에 대하여 賃貸請求權 및 買受請求權을 갖는다.

賃貸請求權과 買受請求權의 요건, 내용은 §644에서 본 바와 같다.

[閔 日 榮]

第 646 條(賃借人의 附屬物買受請求權)

① 建物 其他 工作物의 賃借人이 그 使用의 便益을 爲하여 賃貸人의 同意를 얻어 이에 附屬한 物件이 있는 때에는 賃貸借의 終了時에 賃貸人에 對하여 그 附屬物의 買受를 請求할 수 있다.

② 賃貸人으로부터 買受한 附屬物에 對하여도 前項과 같다.

I. 槪 說

本條는 기본적으로 前述한 §643와 같은 맥락에 선 조항이다. 즉 賃借人이 그의 비용으로 賃借物에 부가한 것이 독립한 존재가치를 지니는 때에는 그 부가한 것의 所有權은 賃借人에게 있다(民 §256 但書). 따라서 建物 기타 工作物의 賃貸借期間이 끝나게 되면, 賃借人은 契約期間중에 賃借目的物에 부가한 물건의 所有權을 그대로 갖는 것이 보통이다. 그러나 이러한 附屬物은 그 賃借目的物에 부속되어서 그 편익에 이바지하는 상태에서 가치가 있는 것이지, 이를 따로 떼어 내어 다른 곳으로 움직인다면 그 경제적 가치가 크게 감소한다.

그러므로 이러한 賃貸借에 있어서 賃貸借의 기간이 끝났다 하여 賃借人은 오로지 그 附屬物을 철거, 회수하여야 한다면 賃借人에게 매우 불리하다. 더욱이 그 附屬物이 賃貸人의 同意를 얻어 부가한 것이거나 賃貸人으로부터 매수한 것이라면 더욱 그러하다.

여기서 本條는 賃貸人의 同意를 얻어 부가하였거나 賃貸人으로부터 매수한 附屬物에 관하여는 賃借人으로 하여금 賃貸人에게 그 附屬物을 매수하여 줄 것을 請求할 수 있게 함으로써 賃借人을 보호하고 있다. 本條 역시 현행 民法에서 신설한 규정이다.

Ⅱ. 買受請求權의 要件

1. 建物 기타 工作物의 賃貸借일 것

土地賃貸借의 경우에 관하여는 §643가 규정하고 있다. 한편 단순한 動産賃貸借의 경우에는 실효성이 크지 않기 때문에 買受請求權이 인정되지 않는다.

2. 賃借人이 建物 기타 工作物의 사용의 편익을 위하여 부가시켰을 것

賃借人이 부가시킨 附屬物[1]이 建物 기타 工作物의 사용의 편익에 이바지함으로써 建物 기타 工作物의 객관적 이용가치를 증대시켰어야 한다. 수도, 전기, 가스 등의 설비가 그 전형적인 예이다.[2] 따라서 가구 등과 같이 쉽게 떼어낼 수 있고 떼어 내더라도 가치가 감소하지 않는 것 혹은 부속된 물건이 오로지 賃借人의 특수목적에 사용하기 위하여 부속된 것일 때에는 이에 해당하지 않는다.[3] 建物 기타 工作物의 사용의 편익에 이바지하였느냐의 여부는 그 建物 기타 工作物의 구조, 위치 환경 기타 賃貸借 당시 당사자 사이에 합의된 用法 등을 고려하여 객관적으로 정하여야 한다.[4] 判例 중에 나타난 사례로는, 용도가 料食施設로 된 建物의 賃借人이 사용의 편익을 위하여 설치한 접객용 및 일반의 房施設, 廚房施設 등은 위 建物의 객관적 가치를 증가시키는 독립성 있는 물건으로서 附屬物買受請求權의 대상이 되나, 위 建物 외부의 숯불피우는 시설, 기름탱크, 가스저장실, 보일러실 및 人造造景木으로 된 휴게실 등의 시설은 위 建物에 부속된 물건이라고 볼 수 없어 買受請求權의 대상이 되지 아니한다고 한 것,[5] 5층 建物 중 公簿上 용도가 음식점인 1, 2층을 상하수도, 화장실, 전기배선 등 기본시설만 되어 있는 것을 賃借하여 대중음식점을 경영하면서 음식점 영업의 편익을 위하여 한 각종 시설물은 동 建物의 사용에

---

1) 附屬物은 有體物이어야 한다. 따라서 權利金과 같은 무형의 재산은 買受請求의 대상이 되지 아니한다(李起中, "賃借人의 附屬物買受請求權", 司論(13), 118-19).
2) 金疇洙, 286; 金曾漢·安二濬, 370.
3) 大判 93. 10. 8, 93다25738(公 93년 3047).
4) 大判 77. 6. 7, 77다50등(集 25-2, 128); 大判 91. 10. 8, 91다80299(公 91년 2682); 大判 93. 2. 26, 92다41627(公 93년 1082)〔이 判決에 대한 評釋으로 安榮文, "建物賃借人의 附屬物買受請求權", 대법원판례해설 19-1호, 171 이하 참조〕.
5) 釜山高判 89. 5. 19, 88나4751(下集 89년 2권, 40)〔이 判決은 上告許可申請이 棄却되어 확정되었음〕.

객관적인 편익을 가져오는 것이라 하여 買受請求權의 대상이 된다고 한 것,[6] 3층 建物 중 사무실로 사용하던 2층부분을 賃借한 후 삼계탕집을 경영하기 위하여 9,643,000원을 들여 보일러, 온돌방, 방문틀, 주방, 가스시설, 전등 등을 설치하고 페인트칠을 한 경우에 이는 어디까지나 삼계탕집의 경영을 위한 것으로 買受請求權의 대상이 되는 附屬物에 해당하지 않는다고 한 것[7]이 있다.

3. 賃貸人의 同意를 얻어 附屬物을 부가하였거나 賃貸人로부터 附屬物을 매수하였을 것

賃貸人의 同意는 賃借人이 建物 기타 工作物에 附屬物을 부가시키는 데 대한 승인을 의미한다. 同意가 꼭 明示的이어야 할 필요는 없다. 賃借人이 자기 임의로 부가시킨 附屬物에 대하여는 買受請求權이 부인된다. 本條가 後述하는 바와 같이 강행규정인 점에 비추어 아무 물건이나 부가시켜 놓고 매수를 강요한다면 賃貸人의 이익이 크게 침해되는 남용의 염려가 있기 때문이다.

賃貸人은 정당한 이유 없이 同意를 거절하거나 또는 부속시키는 데는 同意하지만 매수의무를 부담하지 않는다는 조건부로 同意할 수 있는가? 전기·수도를 설치하는 것과 같이 賃借建物 기타 工作物의 일반적인 객관적 이용가치를 증가시키는 것에 대하여 賃貸人은 정당한 이유 없이 同意를 거절할 수 없고 條件附의 同意도 할 수 없다고 봄이 상당할 것이다.[8]

부속시킬 당시의 賃貸人이 同意한 이상, 그 후 賃貸目的物이 讓渡되더라도 新所有者의 同意를 다시 얻을 필요는 없다.[9]

賃貸人으로부터 매수한 附屬物을 買受請求權의 대상으로 하는 것은 당연하며, 이 경우에는 賃借人이 직접 부가시킨 것과는 달리 그것이 建物 기타 工作物의 사용의 편익에 이바지함으로써 建物 기타 工作物의 객관적 이용가치를 증대시켰느냐의 여부를 묻지 아니한다.[10]

---

6) 大判 93. 2. 26(註 4).
7) 大判 93. 10. 8, 93다25738등(公 93년 3047).
8) 李起中(註 1), 122; 金疇洙, 287; 金曾漢, 263.
9) 金錫宇, 282-83; 金疇洙, 287; 金曾漢, 264.
10) 郭潤直, 342; 金錫宇, 282; 金疇洙, 287; 金曾漢, 264.

4. 附屬物이 獨立性을 가질 것

附屬物이 賃借人의 소유이어야 함은 물론이거니와, 그것이 建物 기타 工作物의 構成部分으로 되어서는 안 되고 독립성을 유지하여야 한다.[11] 建物 자체의 수선 내지 증개축부분은 특별한 사정이 없는 한 建物 자체의 구성부분을 이루고 독립된 물건이라고 보이지 아니하므로 本條에 의한 附屬物買受請求權의 대상이 되지 못한다.[12] 이 경우에는 有益費償還請求(民 §626)를 할 수 있을 뿐이다.[13] 그러나 附屬物이 建物 기타 工作物의 구성부분으로 되었느냐 아니면 독립성을 유지하고 있느냐를 구분한다는 것이 사실상 어렵기 때문에 다른 요건들이 구비되었다면 有益費償還請求權과 附屬物買受請求權을 선택적으로 행사할 수 있다고 보아야 한다는 견해도 있다.[14]

5. 賃貸借가 종료하였을 것

賃借人의 買受請求權이 발생하는 것은 賃貸借가 종료한 때이다. 다만 §643와는 달리 賃貸借의 종료원인은 묻지 아니하기 때문에 기간만료로 인한 경우뿐만 아니라, 賃借人의 借賃延滯를 이유로 한 契約解止의 경우에도 買受請求가 가능하다는 데 학설상 異論이 없다.[15] §643의 買受請求權은 契約의 更新을 전제로 하여 更新이 되지 아니할 때 비로소 인정되는 것임에 비하여, 本條의 買受請求權은 契約의 更新과는 무관한 것이기 때문이다.

그러나 判例는 통설과는 반대로 賃貸借契約이 賃借人의 債務不履行으로 解止된 경우에는 本條에 의한 買受請求權을 부정한다.[16]

6. 一時使用을 위한 賃貸借가 아닐 것

일시사용을 위한 賃貸借에 대하여까지 買受請求權을 인정할 필요성이 적기 때문에 이 경우에는 적용이 배제된다(民 §653).

11) 大判 82.1.19, 81다1001(集 30-1, 17); 大判 93.10.8, 93다25738(公 93년 3047).
12) 大判 83.2.22, 80다589(集 31-1, 112). 또한 大判 83.11.8, 83도2411(公 719, 63) 참조.
13) 李孝鍾, "賃借人의 費用償還請求權", 裁判資料 32집, 372-73.
14) 李起中(註 1), 115.
15) 李起中(註 1), 126; 金錫宇, 283; 金疇洙, 287; 金曾漢, 264.
16) 大判 90.1.23, 88다카7245등(公 90년 513).
이 판결에 대한 評釋으로 權五坤, "賃借人의 債務不履行으로 인하여 賃貸借契約이 解止된 경우의 建物賃借人의 附屬物買受請求權", 民判硏 XIII, 58 이하는 判旨에 반대하여 통설과 같은 입장에 선다.

Ⅲ. 買受請求權의 行使 및 效果

1. 賣買契約의 성립

賃借人의 買受請求權은 그 성질이 形成權이기 때문에(異說없음) 賃借人이 買受請求를 하면 賃貸人의 승낙을 기다릴 것도 없이 곧바로 賣買契約이 성립한다. 買受請求의 상대방은 附屬物의 부속에 同意한 賃貸人은 물론이거니와 賃借權이 對抗力이 있는 경우에는 그로부터 賃貸人의 지위를 승계한 자도 포함된다.[17] 賃借人의 買受請求는 書面에 의하든 口頭에 의하든 상관없다. 訴狀으로 買受請求의 의사표시를 한 경우에는 그 副本이 상대방에게 送達된 때에 효력이 발생한다. 買受請求權의 행사시기에 관하여도 제한이 없으므로 賃貸借가 종료하여 建物 기타의 工作物을 반환한 후라도 買受請求權을 포기하지 않은 이상 행사할 수 있다.[18]

賣買代金에 관하여는 §283를 準用하는 §643와는 달리 "상당한 가격"이라는 문언이 따로 규정된 바는 없으나, 그렇다고 달리 볼 것은 아니다. 결국 買受請求權 행사 당시의 시가에 의하는 것이 상당하며, 가격을 둘러싸고 분쟁이 있을 경우에는 法院이 정할 수밖에 없으나, 附屬物을 철거한 경우를 예상하여 떼어 낸 가격으로 평가할 것이 아니라 부속되어 있는 상태에서의 가격으로 평가하여야 한다.[19] 附屬物賣買代金을 예정하였을 경우 그 額이 상당한 이상 賃借人에게 불리하지 아니하므로 유효하나, 賃貸借 종료시의 시가가 예정액을 초과하는 때에는 §652의 규정상 賃借人은 위 예정액에 구속받지 않고 시가에 의한 買受請求를 할 수 있다.[20]

附屬物買受代金의 支給과 附屬物의 引渡가 同時履行의 관계에 있음은 더 말할 나위가 없고, 나아가 附屬物買受代金의 支給과 建物 기타 工作物의 明渡도 同時履行의 관계에 있다고 보는 것이 상당할 것이다.[21] 나아가 附屬物買受代金請求權에 관하여 留置權까지 인정할 것인가에 관하여는 이를 긍정하는 견해도 있으나,[22] 附屬物買受代金請求權이 建物 기타 工作物 자체에 대하여 생

17) 李起中(註 1), 118.
18) 李起中(註 1), 121-22; 金曾漢, 264.
19) 金曾漢, 265.
20) 李起中(註 1), 130.
21) 金曾漢·安二濬, 372. 또한 大判 81.11.10, 81다378(集 29-3, 192) 참조.
22) 李起中(註 1), 139; 金曾漢·安二濬, 372.

긴 권리라고 볼 수는 없으므로 부정하여야 할 것이다. 判例도 留置權을 부정한다.[23]

2. 強行規定

本條에 반하여 賃借人의 買受請求權을 배제 또는 제한함으로써 賃借人에게 불리한 特約을 맺는 것은 효력이 없다(民 §652).[24] 그러나 賃貸借가 종료한 후에 附屬物買受請求權을 포기하는 約定을 하는 것은 상관없다.[25] 이 時點에서는 賃借人이 賃貸人으로부터 압박을 받을 염려가 없기 때문이다. 따라서 이 時點에서는 賃借人이 임의로 賃貸人과 협의하여 시가보다 저렴한 가격으로 附屬物을 매도하더라도 역시 문제가 되지 않는다.

이와 관련하여 判例는 "건물임차인이 증개축한 시설물과 부대시설을 포기하고 임대차종료시에 현상대로 임대인의 소유에 귀속키로 하는 대가로 임대차계약의 보증금 및 월차임을 파격적으로 저렴하게 하고, 그 임대기간도 장기간으로 약정하고 임대인은 임대차계약의 종료 즉시 임대건물을 철거하고 그 부지에 건물을 신축하려고 하고 있으며, 임대차계약 당시부터 임차인도 그와 같은 사정을 알고 있었다면 임대차계약시 임차인의 부속시설의 소유권이 임대인에게 귀속하기로 한 특약은 단지 부속물매수청구권을 배제하기로 하거나 또는 부속물을 대가 없이 임대인의 소유에 속하게 하는 약정과는 달라서 임차인에게 불리한 약정이라고 할 수 없어 유효하다"고 한 것이 있다.[26]

[閔 日 榮]

23) 大判 77.12.13, 77다115(要集 민 I-1, 579).

24) 이에 대하여 金容旭, "아파트의 賃貸借(1)", 司行(80.11), 26은 아파트의 賃貸借에 관하여는 획일적 집단적인 관리가 요구되는 아파트의 성질상 本條에 의한 附屬物買受請求權을 포기하는 約定이 유효하다고 하고 있다. 그러나 아파트라 하여 일률적으로 이와 같이 볼 수 있을지는 의문이다.

25) 李起中(註 1), 130.

26) 大判 82.1.19(註 11). 또한 大判 92.9.8, 92다24998등(公 92년 2851)도 類似한 사례에서 同旨의 판결을 하고 있다.

第 647 條(轉借人의 附屬物買受請求權)

① 建物 其他 工作物의 賃借人이 適法하게 轉貸한 境遇에 轉借人이 그 使用의 便益을 爲하여 賃貸人의 同意를 얻어 이에 附屬한 物件이 있는 때에는 轉貸借의 終了時에 賃貸人에 對하여 그 附屬物의 買受를 請求할 수 있다.

② 賃貸人으로부터 買受하였거나 그 同意를 얻어 賃借人으로부터 買受한 附屬物에 對하여도 前項과 같다.

本條는 前述한 §646의 賃借人의 附屬物買受請求權을 轉借人에게도 적용하는 條文이다. 물론 賃貸人의 同意를 얻어 이루어진 적법한 轉貸借에 국한되는 것임은 말할 것도 없다.[1] §646의 해설에서 언급한 바와 같이 §646가 §643와 맥락을 같이하는 것이라면, 本條는 §644 Ⅱ과 맥락을 같이하는 條文이다. 本條 역시 轉借人의 보호를 위하여 현행 民法에서 신설한 條文으로서 강행규정이다(民 §652). 또한 일시사용을 위한 轉貸借에는 적용되지 아니한다(民 §653).

本條에 의한 買受請求의 대상이 되는 附屬物에는 賃貸人으로부터 매수한 것 외에 賃貸人의 同意를 얻어 賃借人(轉貸人)으로부터 매수한 것도 포함된다는 이외에는, 買受請求의 요건 및 효과가 §646에서 본 바와 다를 바 없으므로 상세는 前述한 §646의 해설 참조.

〔閔 日 榮〕

1) 賃借人이 賃貸人의 同意를 얻어 轉貸한 경우에 轉借人은 賃貸人에 대하여 그 사용의 편익을 위하여 賃貸人의 同意를 얻어 시설한 附屬物의 買受請求權을 행사할 수 있고, 賃貸人을 代位하여 明渡請求를 하는 자에 대하여 附屬物買受代金 지급시까지의 延期的 抗辯權을 주장할 수 있다〔大判 81. 11. 10, 81다378(集 29-3, 192)〕.

第648條(賃借地의 附屬物, 果實等에 對한 法定質權)

土地賃貸人이 賃貸借에 關한 債權에 依하여 賃借地에 附屬 또는 그 使用의 便益에 供用한 賃借人의 所有動產 및 그 土地의 果實을 押留한 때에는 質權과 同一한 效力이 있다.

Ⅰ. 概 說

本條는 賃貸人의 債權을 확보하고 보호하기 위하여 현행 民法이 신설한 조항이다. 賃貸借에 있어 賃借人에게는 賃貸借契約에 따른 賃借物의 사용, 수익이 가장 주된 관심사이듯이, 賃貸人에 있어서는 賃貸物을 사용, 수익케 하여 주는 對價로서 받는 借賃의 확보가 가장 중요하다. 따라서 賃借人을 위한 賃借權의 보장이 중요한 만큼이나 賃貸人을 위한 借賃確保의 보장도 중요하며, 양자가 균형을 이루지 못하면 賃貸借는 제구실을 할 수 없게 된다. 어느 일방의 희생만을 강요한다면 거래가 이루어질 수 없는 것은 自明한 이치이기 때문이다.

그런 의미에서 本條를 비롯하여 後述하는 §§649 및 650는 賃貸人의 권리 확보를 위한 法定擔保物權을 인정하고 있다.

Ⅱ. 本條의 要件

1. 土地의 賃貸借일 것

建物 기타 工作物의 賃貸借에 관하여는 §650가 규정하고 있다.

2. 賃貸借에 관하여 賃貸人에게 債權이 있을 것

賃貸人의 債權으로 가장 중요한 것은 물론 借賃債權이나, 반드시 그에 한정하는 것은 아니며 賃借物의 훼손 기타 賃借人의 債務不履行으로 인한 損害賠償請求權이라도 상관없다.[1] 損害賠償請求權은 보통 賃貸借 종료시에 문제될 것이나, 借賃債權은 賃貸借 계속중이라도 무관하다. 다만 借賃延滯額이 2기의 借賃額에 달할 경우에는 賃貸人은 契約을 解止할 수 있기 때문에(民 §640), 이 때

1) 註釋各則 Ⅱ, 253; 金基善, 197; 金曾漢, 274.

에는 契約을 解止함과 동시에 本條의 권리를 행사할 것이다. 그리고 賃貸借保證金을 미리 받은 경우에는 그 保證金으로 충당하고 남은 부분에 한하여 本條에 의한 권리를 행사할 수 있다다고 봄이 상당하다.[2]

3. 賃借地에 부속 또는 그 사용의 편익에 供用한 賃借人의 所有動産 및 그 土地의 果實

(1) "賃借地에 부속 또는 그 사용의 편익에 供用한 賃借人의 所有動産"의 예로는 土地에 고착시킨 기계류나 土地의 편익을 위한 給水 또는 전기시설 등을 들 수 있다.[3] 학자에 따라서는 "家畜, 牛馬車, 農具 등"을 그 예로 들기도 하나,[4] 農地의 賃貸借가 원칙적으로 금지되어 있기 때문에 위 물건들이 이에 해당하는 경우는 드물 것이라는 反論이 제기된다.[5] 그러나 農地法에 의하여 農地의 賃貸借가 가능하기 때문에 위 反論이 반드시 적절한지는 의문이다.

賃借地上의 建物에 관하여는 後述하는 § 649에서 규정하고 있다.

(2) "土地의 果實"의 예로는 賃借地에서 채취한 土砂, 岩石, 나무, 소금 등을 들 수 있다. 학자에 따라서는 "賃借地로부터 수취한 穀物, 野菜"를 그 예로 들기도 하나,[6] 이 역시 農地의 賃貸借가 원칙적으로 금지되어 있기 때문에 적절한 예가 되지 못한다는 反論이 제기된다.[7] 그러나 前述한 바와 같이 農地法에 의하여 農地의 賃貸借가 가능하기 때문에 위 反論이 반드시 적절한지는 의문이다.

4. 賃貸人의 押留

賃貸人이 土地賃貸借에 관한 債權에 의하여 위 물건들을 押留하여야 한다. 그러나 바로 이 요건 때문에 本條는 사실상 死文化되어 있다. 왜냐하면 押留를 위하여는 債務名義가 있어야 하고, 그 債務名義를 얻기 위하여는 賃貸人이 賃借人을 상대로 위 債權에 관한 履行의 訴를 제기하여야 하는바, 그 소송에서 勝訴確定判決을 받았을 무렵에는 이미 押留할 물건이 남아 있지 아니할 것이기 때문이다. 위 押留할 물건들이라는 것이 處分이나 消費가 용이한 動産

2) 金曾漢, 274.
3) 註釋各則 Ⅱ, 252.
4) 金基善, 197.
5) 註釋各則 Ⅱ, 252.
6) 金基善, 197.
7) 註釋各則 Ⅱ, 252.

이라는 점을 염두에 둘 필요가 있다. 물론 有體動産假押留節次를 이용하여 미리 보전할 수도 있겠으나, 실무상 그 예를 찾아보기 어려운 실정이다.

押留의 방법은 債務名義에 執行文을 부여받아 執行官에게 제출하여 執行官이 당해 물건의 占有를 취득함으로써 한다(民訴 § 527 I).

5. 一時使用을 위한 賃貸借가 아닐 것(民 § 653)

Ⅲ. 本條의 效果

賃貸人이 押留한 때에는 質權과 동일한 효력이 있다. 즉 法定質權이 성립한다. 따라서 賃貸人은 그 물건에 대하여 競賣를 請求할 수 있고(民 § 338), 競落代金으로부터 다른 債權者보다 자기 債權의 優先辨濟를 받을 권리가 있다(民 § 329).

[閔 日 榮]

第 649 條(賃借地上의 建物에 對한 法定抵當權)

土地賃貸人이 辨濟期를 經過한 最後 2年의 借賃債權에 依하여 그 地上에 있는 賃借人 所有의 建物을 押留한 때에는 抵當權과 同一한 效力이 있다.

Ⅰ. 槪 說

本條는 前述한 § 648와 마찬가지로 賃貸人의 債權을 확보하고 보호하기 위하여 현행 民法이 法定擔保物權을 신설한 조항이다. 賃貸借에 있어 賃借人에게는 賃貸借契約에 따른 賃借物의 사용, 수익이 가장 주된 관심사이듯이, 賃貸人에 있어서는 賃貸物을 사용, 수익케 하여 주는 대가로서 받는 借賃의 확보가 가장 중요하다. 따라서 賃借人을 위한 賃借權의 보장이 중요한 만큼이나 賃貸人을 위한 借賃 확보의 보장도 중요하며, 양자가 균형을 이루지 못하면 賃貸借는 제구실을 할 수 없게 된다. 어느 일방의 희생만을 강요한다면 거래가 이루어질 수 없는 것은 自明한 이치이기 때문이다.

그러나 도대체 타인의 土地를 賃借하여 그 위에 建物을 소유한다는 것은 우리 나라의 거래실정상 흔한 일이 아니기 때문에(§622의 I 해설 참조) 本條의 실효성은 크게 기대하기 어렵다.

Ⅱ. 本條의 要件

1. 土地의 賃貸借일 것

前述한 §648와 마찬가지로 本條는 土地의 賃貸借에 관하여 적용된다. 建物 기타 工作物의 賃貸借에 관하여는 後述하는 §650가 규정하고 있다.

2. 辨濟期를 경과한 최후 2년의 借賃債權

前述한 §648에 의하여 보호되는 賃貸人의 債權에는 借賃債權 기타 賃借物의 훼손 등 賃借人의 債務不履行으로 인한 損害賠償請求權 등 그 제한이 없는 데 반하여, 本條에 의하여 보호를 받는 賃貸人의 債權은 辨濟期를 경과한 최후 2년의 借賃債權에 한한다. 다른 擔保物權者 또는 일반 債權者를 보호하기 위하여 제한을 두고 있는 것이다.

3. 賃借地上의 建物

民 §648가 賃借地上의 動産을 대상으로 한다면 本條는 賃借地上의 建物을 대상으로 한다. 물론 그 建物은 賃借人의 소유일 것을 요한다. §648와 本條가 이처럼 대상을 구별하는 이유는 質權은 動産에 대하여만 성립하고 抵當權은 不動産에 대하여만 성립하기 때문이다. 그렇게 보면 土地賃貸人의 권리를 보호한다는 동일한 입법취지의 두 條文인 §648와 本條를 현재처럼 따로 규정할 것이 아니라, 本條를 §648의 Ⅱ으로 흡수하여 하나의 條文으로 하는 것도 가능하였을 것이다.

4. 賃貸人의 押留

賃貸人이 土地賃貸借에 관한 債權에 의하여 建物을 押留하여야 한다. 그러나 前述한 §648의 해설에서 본 것처럼 바로 이 요건 때문에 本條는 사실상

실효성이 거의 없다. 왜냐하면 押留를 위하여는 債務名義가 있어야 하고, 그 債務名義를 얻기 위하여는 賃貸人이 賃借人을 상대로 위 債權에 관한 履行의 訴를 제기하여야 하는바, 그 소송에서 勝訴確定判決을 받았을 무렵에는 이미 押留할 물건이 남아 있지 아니할 것이기 때문이다. 물론 建物假押留節次를 이용하여 미리 보전할 수도 있겠으나, 실무상 그 예를 찾아보기 어려운 실정이다.

押留의 방법은 債務名義에 執行文을 부여받아 建物所在地의 地方法院에 신청을 하여(民訴 §§ 599, 600), 同法院이 押留決定을 하고 이를 登記簿에 기입할 것을 登記公務員에게 촉탁함으로써 한다(民訴 § 611).

Ⅲ. 本條의 效果

賃貸人이 建物을 押留한 때에는 抵當權과 동일한 효력이 있다. 즉 法定抵當權이 성립한다. 押留의 효력발생시기는 정확하게는 押留決定의 記入登記가 행하여지거나 押留決定이 賃借人에게 송달된 때 중 앞선 시기이다(民訴 § 603 Ⅳ).

賃貸人은 押留에 의하여 建物에 抵當權을 취득한 것과 동일하므로 그 建物에 대하여 競賣를 請求할 수 있고(民 § 363), 競落代金으로부터 다른 債權者보다 자기 債權의 優先辨濟를 받을 권리가 있다(民 § 356). 다만 그 建物 위에 이미 다른 抵當權이 설정되어 있는 경우에는 물론 그보다 後順位로 된다.[1)]

[閔 日 榮]

第650條(賃借建物等의 附屬物에 對한 法定質權)

建物 其他 工作物의 賃貸人이 賃貸借에 關한 債權에 依하여 그 建物 其他 工作物에 附屬한 賃借人 所有의 動産을 押留한 때에는 質權과 同一한 效力이 있다.

前述한 § 648가 土地賃貸人의 賃貸借에 대한 債權을 보호하기 위하여 賃借地에 부속한 賃借人 소유 動産에 대하여 法定質權을 취득하는 것을 규정한

1) 金錫宇, 287; 金曾漢, 275; 李銀榮, 313.

것과 같은 맥락에서, 本條는 建物 기타 工作物의 賃貸人의 賃貸借에 관한 債權을 보호하기 위하여 建物 기타 工作物에 부속한 賃借人 소유 動産[1]에 대하여 法定質權을 취득하게 하고 있다.

따라서 §648와 달리 土地의 賃貸借가 아니라 建物 기타 工作物의 賃貸借라는 것, 押留의 대상이 賃借人이 부속한 動産에 국한하고 果實은 제외된다는 것만 다를 뿐 그 밖의 요건이나 효과는 §648와 다를 바 없다. 따라서 상세는 §648의 해설 참조.

[閔 日 榮]

第651條(賃貸借存續期間)

① 石造, 石灰造, 煉瓦造 또는 이와 類似한 堅固한 建物 其他 工作物의 所有를 目的으로 하는 土地賃貸借나 植木, 採鹽을 目的으로 하는 土地賃貸借의 境遇를 除한 外에는 賃貸借의 存續期間은 20年을 넘지 못한다. 當事者의 約定期間이 20年을 넘는 때에는 이를 20年으로 短縮한다.

② 前項의 期間은 이를 更新할 수 있다. 그 期間은 更新한 날로부터 10年을 넘지 못한다.

I. 槪 說

民法은 賃貸借의 기간을 契約으로 정하는 경우에 最長期에 관하여는 제한을 두고 最短期에 관하여는 제한을 두고 있지 않다. 이처럼 最長期에 제한을 둔 이유는 너무 오랜 기간에 걸쳐 賃借人에게 물건의 이용을 맡겨 놓으면 관리가 소홀하여지고 물건의 개량이 잘 이루어지지 않아 사회경제적으로 손해라는 데서 출발한다.[1]

---

1) 賃借人의 개인적인 所藏品이나, 建物 기타 工作物의 사용, 수익과 아무런 관련이 없는 금전, 유가증권 등은 포함되지 않는다(金曾漢, 275-76).

1) 郭潤直, 311.

그런데 民法은 이처럼 最長期에 관하여는 제한을 두면서 最短期에 관하여는 아무런 제한을 두고 있지 아니하다. 이는 賃借人 보호의 관점에서 볼 때 적절하지 못하다는 비판을 받는다.

다만 後述하는 바와 같이 農地에 관하여는 農地法이, 住宅에 관하여는 住宅賃貸借保護法이 각각 最短期를 제한하고 있다.

日本借地借家法 §3는 "借地權의 존속기간은 30년으로 한다. 다만 契約으로 이보다 長期로 정한 때에는 그 기간으로 한다"고 하고, 同法 §4는 "당사자가 借地契約을 更新하는 경우에는 그 기간은 更新日로부터 10년(借地權 설정후 최초의 更新의 경우에는 20년)을 넘지 못한다. 다만 당사자가 이보다 長期로 정한 때에는 그 기간으로 한다"고 하고 있다.

Ⅱ. 契約으로 期間을 정한 경우

1. 最 長 期

賃貸借의 最長期間은 원칙적으로 20년을 넘지 못한다. 20년을 넘는 기간을 約定한 경우에는 20년으로 단축된다(本條 I).

다만 *石造, 石灰造, 煉瓦造* 또는 이와 유사한 견고한 建物 기타 工作物의 소유를 목적으로 하는 土地賃貸借나 植木, 採鹽을 목적으로 하는 土地賃貸借의 경우는 20년의 제한을 받지 아니한다. 따라서 그 이상으로 얼마든지 賃貸借期間을 정할 수 있다. 여기서 말하는 "*石造, 石灰造, 煉瓦造* 또는 이와 유사한 견고한 建物"이라 함은 建物의 소재가 *石造, 石灰造, 煉瓦造*와 유사한 재료로써 건축된 견고한 건축물이라는 취지이고 建物의 소재가 *石造, 石灰造, 煉瓦造*와 유사한 재료로써 된 것이 아닌 이상 아무리 장기간 존속할 수 있는 木造建物이라도 여기에 해당하지 않는다.[2]

그러면 이러한 賃貸借는 그 기간을 영구무한으로도 정할 수 있는가? 이는 부정하여야 할 것이다.[3] 債權의 존속기간을 永久無限으로 한다는 것은 債權의 본질적인 속성에 반하기 때문이다. 그렇다고 그러한 特約의 효력을 완전히 무효로 할 것인가? 확실하지는 않으나 이를 긍정하는 듯한 견해가 없는 것

---

2) 大判 71.11.15, 71다1943(集 19-3, 98).
3) 註釋各則 Ⅱ, 255; 郭潤直, 311; 李太載, 241.

은 아니나,[4] 法院이 契約 체결의 동기, 契約의 내용 기타 주위사정을 종합하여 적절한 기간으로 감축할 수 있다고 보는 것이 보다 합리적일 것이다.[5] 왜냐하면 예컨대 30년의 賃貸借契約은 유효하다고 하면서 그보다 긴 永久無限의 賃貸借契約은 아예 무효라고 하는 것은 균형이 맞지 않기 때문이다.

2. 最短期

前述한 바와 같이 民法上으로는 賃貸借의 最短期에 관한 제한이 없다. 이는 입법의 미비이다. 賃貸借의 존속기간에 대한 제한의 필요성은 最長期보다는 最短期에 관하여 더욱 절실히 요청되기 때문이다. 사회적 약자인 賃借人에게는 最短期의 제한이 없기 때문에 생활이 안정될 수 없는 것이다.

여기서 학자들은 그 賃貸借가 행하여진 목적에 비추어 約定期間이 어느모로 보나 불합리하다고 인정될 경우에는 달리 그렇게 하여야만 할 특별한 사정이 없는 한 그 기간은 借賃의 고정기간으로 해석하여야 한다고 함으로써[6] 해석론으로나마 입법의 미비를 보완하고 있다. 그러나 이러한 해석은 해석론의 한계를 벗어난 것이 아닌가 하는 의구심을 떨쳐 버릴 수가 없다.

民法과는 달리 農地의 賃貸借에 관하여는 農地法이 住宅의 賃貸借에 관하여는 住宅賃貸借保護法[7]이 각각 賃貸借의 最短期間을 정하고 있다.

農地法에 의하면, 農地의 賃貸借期間은 1년 이상으로 하여야 한다(同法 §24 I 본문). 다만 多年性植物을 재배하는 경우나 농업용시설을 설치하여 농작물을 경작하는 경우에는 3년 이상으로 하여야 한다(同法 §24 I 단서). 당사자간에 約定한 農地賃貸借의 기간이 위 最短期間보다 짧은 때에는 위 最短期間으로 정한 것으로 본다(同法 §24 Ⅲ).

3. 期間의 更新

(1) 契約에 의한 更新

契約으로 정한 賃貸借期間은 당사자가 합의하여 다시 更新할 수 있다. 그러나 그 기간은 更新한 날로부터 10년을 넘지 못한다(本條 Ⅱ). 그러나 更新의 횟

4) 郭潤直, 311.
5) 李太載, 241은 기간을 永久無限으로 한 경우에는 기간을 정하지 아니한 長期賃貸借로 본다고 하고 있는바, 기간을 정하지 아니한 長期賃貸借의 의미가 불분명하다.
6) 註釋各則 Ⅱ, 255; 郭潤直, 312.
7) 住宅賃貸借保護法상의 賃貸借의 最短期間에 관하여는 後述하는 同法 §4의 해설 참조.

수에 제한이 없으므로 更新期間의 제한은 사실상 큰 의미를 지니지 못한다.

문제는 石造, 石灰造, 煉瓦造 또는 이와 유사한 견고한 建物 기타 工作物의 소유를 목적으로 하는 土地賃貸借나 植木, 採鹽을 목적으로 하는 土地賃貸借의 契約更新期間이다. 이들 賃貸借는 애당초 最長期 20년의 제한을 받지 아니하는 취지에 비추어 볼 때 10년이라는 更新期間의 제한도 받지 아니한다고 해석할 것이다.[8)]

한편, 農地의 賃貸借期間은 契約當事者 사이의 합의에 따라 계속 연장할 수 있으며, 約定 연장기간이 前述한 農地賃貸借의 最短期間에 미치지 못할 때는 위 最短期間을 연장기간으로 본다(農地法 §24 Ⅱ·Ⅲ).

(2) **賃借人의 更新請求權**

建物 기타 工作物의 소유 또는 植木, 採鹽, 牧畜을 목적으로 하는 土地賃貸借의 기간이 만료된 경우에 建物, 樹木 기타 地上施設이 現存하는 때에는 賃借人은 賃貸人에 대하여 賃貸借契約의 更新을 請求할 수 있고, 賃貸人이 불응하면 그 地上施設의 매수를 請求할 수 있다(民 §643). 상세는 前述한 §643의 해설 참조.

(3) **默示의 更新**

賃貸借期間이 만료한 후 賃借人이 賃借物의 사용, 수익을 계속하는 경우에 賃貸人이 상당한 기간 내에 異議를 하지 아니한 때에는 前賃貸借와 동일한 조건으로 다시 賃貸借한 것으로 본다(民 §639 Ⅰ). 상세는 前述한 §639의 해설 참조.

Ⅲ. 契約으로 期間을 정하지 아니한 경우

契約自由의 원칙상 賃貸借契約을 체결하면서 賃貸借期間을 정하지 아니하는 것도 가능하다. 다만 이 경우에는 당사자는 언제든지 契約解止의 通告를 할 수 있다(民 §635 Ⅰ). 다만 農地賃貸借의 경우에는 前述한 最短期間으로 정한 것으로 보며(農地法 §24 Ⅲ), 住宅賃貸借의 경우에는 2년의 기간으로 정한 것으로 본다(住賃 §4 Ⅰ). 상세는 前述한 §635의 해설 및 後述하는 住賃 §4의 해설 참조.

[閔 日 榮]

8) 郭潤直, 311; 金疇洙, 302; 金曾漢, 232-33; 李太載, 244.

第 652 條(強行規定)

第627條, 第628條, 第631條, 第635條, 第638條, 第640條, 第641條, 第643條 乃至 第647條의 規定에 違反하는 約定으로 賃借人이나 轉借人에게 不利한 것은 그 效力이 없다.

本條에 열거된 條文, 즉 § 627(一部滅失 등과 減額請求, 解止權), § 628(借賃增減請求權), § 631(轉借人의 權利의 確定), § 635(期間의 約定이 없는 賃貸借의 解止通告), § 638(解止通告의 轉借人에 대한 通知), § 640(借賃延滯와 解止), § 641(借賃延滯와 解止通知), § 643(賃借人의 更新請求權, 買受請求權), § 644(轉借人의 賃貸請求權, 買受請求權), § 645(地上權目的土地의 賃借人의 賃貸請求權, 買受請求權), § 646(賃借人의 附屬物買受請求權), § 647(轉借人의 附屬物買受請求權)는 強行規定이다.

그러나 그렇다고 이에 위반하는 約定이 모두 무효로 되는 것은 아니며 그 중 賃借人이나 轉借人에게 불리한 것만 효력이 없을 뿐이다. 따라서 위 각 條文에 위반되더라도 賃借人이나 轉借人에게 유리한 것은 여전히 유효하다. 결국 그렇게 본다면 이들 條文들은 賃借人 또는 轉借人만을 보호하기 위한 片面的인 強行規定인 셈이다.

위 각 條文들의 내용은 이미 해설하였으므로 상세는 각 條文의 해설 참조.

[閔 日 榮]

第 653 條(一時使用을 爲한 賃貸借의 特例)

第628條, 第638條, 第640條, 第646條 乃至 第648條, 第650條 및 前條의 規定은 一時使用하기 위한 賃貸借 또는 轉貸借인 것이 明白한 境遇에는 適用하지 아니한다.

1. § 651의 해설에서 설명한 것처럼 民法上 賃貸借(또는 轉貸借)에는 最短期의 제한이 없기 때문에 단 며칠 또는 몇 시간의 賃貸借(또는 轉貸借)도 이론상 가능하다. 이러한 賃貸借(또는 轉貸借)가 이른바 講學上 "一時使用을 위

한 賃貸借(또는 轉貸借)"[1]로 일컬어지는 것이다. 물론 一時使用을 賃貸借(또는 轉貸借)이냐 아니냐는 구체적인 사정에 따라 판단할 수밖에 없다.

그런데 民法상의 賃貸借(또는 轉貸借)에 관한 많은 규정들은 장기간에 걸친 賃貸借(또는 轉貸借)를 전제로 한 것이기 때문에 이러한 賃貸借(轉貸借)에는 적용하기 부적합한 것들이 있다. 즉 一時使用을 위한 賃借人에 대하여까지 그를 두텁게 보호할 필요가 없고 그 경우에는 契約自由에 맡겨 놓아도 별 폐단이 발생하지 않는 규정들이 있는 것이다. 本條는 바로 그러한 條文들의 배제를 규정한 것이다.

구체적으로 이에 해당하는 條文들로는 §628(借賃增減請求權), §638(解止通告의 轉借人에 대한 通知), §640(借賃延滯와 解止), §646(賃借人의 附屬物買受請求權), §647(轉借人의 附屬物買受請求權), §648(賃借地의 附屬物, 果實 등에 대한 法定質權), §650(賃借建物등의 附屬物에 대한 法定質權), §652(強行規定)가 있다.

또한 住宅賃貸借保護法도 一時使用을 위한 賃貸借에는 同法의 적용을 배제하고 있다(同法 §11).

2. 그러면 어느 경우를 "一時"사용을 위한 賃貸借라고 할 것인가?

이에 관하여 民法은 아무런 규정을 두고 있지 아니하다. 우선 기간이 短期間이어야 할 것임은 분명하다. 그러나 그 短期間도 어떤 기준으로 판단할 것이냐는 여전히 숙제로 남는다.

요컨대 존속기간의 長短이란 상대적이고 주관적인 것이므로, 결국은 賃貸借의 목적과 賃借物의 종류, 구조, 설비, 借賃의 액수 등 제반요건을 가미하여 볼 때 당사자 사이에 賃貸借를 短期間에 한하여 존속시킬 의사가 있었다고 판단되면 一時使用을 위한 賃貸借로 보는 것이 합리적일 것이다.[2]

[閔 日 榮]

---

1) 또는 줄여서 "一時賃貸借(또는 一時轉貸借)"라고 부르기도 한다.
2) 郭潤直, 362; 金疇洙, 315.

第 654 條(準用規定)

第610條 第1項, 第615條 乃至 第617條의 規定은 賃貸借에 이를 準用한다.

Ⅰ. 概 說

賃貸借는 借賃의 지급 여부만 다를 뿐 타인의 물건을 사용, 수익한다는 점에서 使用貸借와 공통되기 때문에, 借賃의 지급과 직접적인 관련이 없는 부분에 관하여는 使用貸借에 관한 많은 규정이 賃貸借에도 그대로 準用된다. 즉 使用貸借에 관한 규정 중 借主의 사용, 수익방법에 관한 §610 Ⅰ, 借主의 原狀回復義務와 撤去權에 관한 §615, 共同借主의 連帶義務에 관한 §616, 損害賠償, 費用償還請求의 기간에 관한 §617가 바로 그것이다.

Ⅱ. 賃借人의 使用法 遵守義務

賃借人은 契約 또는 그 賃借物의 성질에 의하여 정하여진 용법에 따라 이를 사용, 수익하여야 한다(本條, §610 Ⅰ). 즉, 契約에서 明示的으로 사용, 수익의 방법을 정한 때에는 그에 따라야 하고, 明示的으로 정하지 아니한 경우에는 그 賃借物의 성질에 의하여 정하여진 용법에 의하여 사용, 수익하여야 한다. 그러므로 예컨대, 住居用 建物을 賃借한 賃借人이 계약에서 달리 정한 바도 없는데 이를 공장이나 상가로 사용하는 것은 안 된다.[1)]

賃借人이 위와 같은 사용, 수익의 범위를 벗어나 賃借物을 사용, 수익하는 것은 債務不履行으로 된다. 따라서 賃貸人은 위반행위의 停止를 請求하고 損害賠償을 請求할 수 있으며, 나아가 契約을 解止할 수도 있다.

이에 관한 상세는 前述한 §610의 해설 참조.

---

1) 黃迪仁(Ⅳ), 295.

Ⅲ. 賃借人의 返還義務, 原狀回復義務 및 撤去權

賃貸借가 종료하면 賃借人은 賃借物을 반환하여야 한다.[2] 이 때 賃借人이 賃借目的物을 직접 점유하지 않고 있다는 이유로 그 반환을 거부할 수 없다.[3] 賃借物에 변경을 가하였을 경우에는 賃借物을 반환함에 있어 이를 원상으로 회복하여 반환하여야 한다.[4] 이와 같은 원상회복에 의한 반환은 賃貸人이 요구할 경우의 賃借人의 의무라면, 賃借人은 賃借物에 부속시킨 물건을 자기의 권리로서 철거할 수 있다(本條 § 615). 즉 賃貸人이 현상대로의 반환을 원하더라도 賃借人은 이를 거절하고 附屬物을 철거할 수 있는 것이다.

그런데 土地賃貸借의 경우에 地上施設이 現存하는 경우나(民 § 643), 建物 기타 工作物의 賃貸借의 경우에 賃貸人의 同意를 얻어 부속시킨 물건 또는 賃貸人으로부터 매수한 물건(民 § 646)은 賃借人이 賃貸人에 대하여 買受請求權을 행사할 수 있으므로, 결국 賃借人이 원상회복을 위하여 철거의무를 부담하는 것은 賃

2) 大判 67.12.5, 67다2251(集 15-3, 353): 가옥의 전세권자는 전세물에 관하여 선량한 관리자의 주의로 보존할 의무가 있고 임대차계약이 해지되면 임차물을 반환하여야 하는 채무를 지는 것이므로, 전세권자의 실화로 인하여 가옥을 소실케 하여 그 반환의무를 이행하지 못할 때에는 한편으로는 과실에 인하여 전세물에 대한 소유권을 침해한 것으로서 불법행위인 동시에 한편으로는 과실로 인하여 채무를 이행할 수 없게 됨으로써 채무불이행이 되는 것인바, 불법행위인 경우에는 전세권자의 과실이 있는 경우 또는 피용자가 그 사무집행에 관하여 과실이 있어서 사용자로서 책임이 있는 경우에 손해를 배상하여야 하는 것(다만 실화책임에 관한 법률에 의하여 중대한 과실이 있을 때에 한한다)이지만, 채무불이행인 경우에는 민법 제390조의 규정에 의한 손해배상책임이 있는 것으로서 이 경우에 있어서는 가옥에 대한 선관의무로써 전세물을 보존할 의무를 가지는 전세권자 또는 그 보조기관이 그 의무를 다하지 아니하면 채무불이행의 책임이 있다.

大判 69.3.18, 69다56(集 17-1, 323): 임차물인 가옥이 화재로 소실되어 임차인의 반환의무가 이행불능이 된 경우에 임차인은 그 이행불능이 자기의 책임질 수 없는 사유로 인한 것이라는 입증을 다하지 못하면 손해배상책임을 면할 수 없다. 화재발생의 원인이 불명이라고 하더라도 임차인이 배상책임을 면하려면 적어도 건물의 보존에 관하여 선량한 관리자의 주의의무를 다하였다는 입증을 하여야 한다. 同旨 大判 87.11.24, 87다카1575(集 35-3, 281); 大判 92.9.22, 92다16652(公 92년 2968); 大判 94.2.8, 93다22227(公 94년 1002).

3) 大判 91.4.23, 90다19695(公 91년 1464).

4) 大判 90.10.30, 90다카12305(集 38-3, 29): 전임차인이 무도유흥음식점으로 경영하던 점포를 임차인이 소유자로부터 임차하여 내부시설을 개조 단장하였다면 임차인에게 임대차 종료로 인하여 목적물을 원상회복하여 반환할 의무가 있다고 하여도 별도의 약정이 없는 한 그것은 임차인이 개조한 범위 내의 것으로서 임차인이 그가 임차받았을 때의 상태로 반환하면 되는 것이지 그 이전의 사람이 시설한 것까지 원상회복할 의무가 있다고 할 수는 없다. 임차인에게 임대차 종료로 인한 원상회복의무가 있는데도 이를 지체한 경우 그로 인하여 임대인이 입은 손해는 이행지체일로부터 임대인이 실제로 자신의 비용으로 원상회복을 완료한 날까지의 임대료 상당액이 아니라 임대인 스스로 원상회복을 할 수 있었던 기간까지의 임대료 상당액이다.

貸人의 同意 없이 建物 기타 工作物에 임의로 부가시킨 附屬物에 한하는 셈이 된다. 물론 買受請求權이 인정되는 경우에도 賃借人이 이를 행사하지 않고 손해를 감수하여 附屬物을 스스로 철거하는 것은 상관없다. 賃貸人에게는 買受請求權이 인정되지 아니하기 때문이다. 賃借物의 원상회복의무를 特約으로 배제할 수 있음은 물론이다.[5)]

한가지 주의할 것은 附屬物의 철거권이 인정되는 것은 그것이 賃借物의 일부분으로 되지 않고 독립성을 유지하고 있는 경우에 한한다는 것이다. 그렇지 않고 만일 附屬物이 賃借物의 일부로 되어 버렸다면 賃借人의 철거권은 부정되고, 대신 必要費 또는 有益費의 償還請求(民 § 626)만이 인정될 뿐이다.[6)]

이에 관한 상세는 前述한 § 615의 해설 참조.

Ⅳ. 共同賃借人의 連帶義務

數人이 공동하여 물건을 賃借한 때에는 연대하여 의무를 부담한다(本條, § 616). 따라서 賃借人의 가장 중요한 의무인 借賃支給義務에 관하여 賃貸人은 공동賃借人 중 어느 일인에 대하여도 전액 지급을 請求할 수 있고(民 § 414), 그 1人의 借賃支給으로 다른 賃借人은 借賃支給義務를 면한다(民 § 413).

이는 多數當事者의 債權關係는 分割債權關係를 원칙으로 하고 있는 현행 民法(民 § 408)의 중요한 예외로서, 賃貸人의 보호를 위한 규정임은 두 말할 것도 없다. 그러나 本條는 強行規定이 아니기 때문에 共同賃借人 각자의 의무를 분할하여 달리 정하는 것은 상관없다.[7)]

이에 관한 상세는 前述한 § 616의 해설 참조.

5) 大判 81. 11. 24, 80다320등(公 672, 62): 임차인이 임차건물을 증개축 기타 필요한 시설을 하되 그 투입비용의 변상이나 일체의 권리주장을 포기하기로 특약하였다면 이는 임차인이 임차건물 반환시에 비용상환청구 등 일체의 권리를 포기하는 대신 원상회복의무도 부담하지 아니한다는 내용을 포함하는 약정으로 볼 것이므로, 동 임대차계약서상에 "임차인은 임대인의 승인하에 가옥을 개축 또는 변조할 수 있으나 차가를 반환할 기일 전에 임차인이 일체의 비용을 부담하여 원상복구키로 함"이라는 인쇄된 부동문구가 그대로 남아 있다 하여 이에 기하여 임차인의 원상복구의무를 인정할 수 없다.

大判 83. 2. 22. 80다589(集 31-1, 112): "임차인이 임차건물을 증개축하였을 시는 임대인의 승낙 여부를 불구하고 그 부분이 무조건 임대인의 소유로 귀속된다"고 하는 약정은 임차인이 원상회복의무를 면하는 대신 투입비용의 변상이나 권리주장을 포기하는 내용이 포함되었다고 봄이 상당하다 할 것이고 이러한 약정은 특별한 사정이 없는 한 유효하다.

6) 金基善, 186; 金曾漢, 268.

7) 郭潤直, 292; 金曾漢·安二濬, 317.

V. 損害賠償, 費用償還請求의 期間

契約 또는 賃借物의 성질에 위반한 사용, 수익으로 인하여 생긴 損害賠償의 請求와 賃借人이 지출한 비용의 償還請求는 賃貸人이 賃貸物의 반환을 받은 날로부터 6월 내에 행사하여야 한다(本條, § 617). 賃貸人의 損害賠償請求나 賃借人의 費用償還請求에 관한 분쟁을 賃貸物의 반환 후에도 오랜 기간 방치하는 것은 증명도 어려울 뿐만 아니라 바람직하지도 않기 때문에 단시일내에 해결하도록 한 것이다. 따라서 위 6월의 기간은 除斥期間으로 보아야 한다.

損害賠償은 주로 契約 또는 賃借物의 성질에 위반한 사용, 수익으로 인한 손해, 賃借人의 目的物保管義務 위반으로 인한 손해, 賃貸人의 同意를 받지 아니한 無斷讓渡나 轉貸로 인한 손해 등이 문제로 되며, 費用償還請求는 必要費 또는 有益費의 償還請求가 문제로 된다. 다만, 有益費償還請求에 관하여는 賃貸人의 請求에 따라 法院이 상당한 기간을 유예할 수 있다(§ 626 II 후문).

이에 관한 상세는 前述한 §§ 617 및 626의 해설 참조.

[閔 日 榮]

保 證 金

차 례

I. 概　說
1. 意　義
2. 法的 性質
II. 保證金契約
1. 契約의 체결
2. 諾成契約
3. 當 事 者
4. 保證金額
5. 默示의 更新과 保證金
III. 保證金의 效力
1. 被擔保債權의 범위
2. 優先辨濟權의 행사
3. 立證責任
IV. 保證金의 承繼
V. 保證金의 返還
1. 返還時期
2. 同時履行의 與否
3. 留置權의 可否

Ⅰ. 槪　說

1. 意　義

保證金은 不動產, 특히 建物의 賃貸借에 있어 賃借人의 債務를 擔保하기 위하여 賃借人 또는 제3자가 賃貸人에게 교부하는 금전 기타의 有價物을 가리킨다. 前述(§618의 解說 참조)한 바와 같이 賃貸借의 핵심적인 내용은 賃借人의 賃貸物에 대한 사용, 수익과 그 대가로서의 借賃의 支給이다. 그런데 不動產賃貸借의 경우는 그 중요성으로 인하여 賃借人의 賃借權을 보호하여야 하는 문제가 있는 반면(이에 관하여는 賃貸借 前論에서 詳述하였다), 그 存續期間의 장기로 인하여 賃貸人의 借賃債權을 長期間에 걸쳐 확보할 필요가 있다. 더구나 오랜 賃貸借期間 동안에 賃借人이 賃借建物을 훼손할 수도 있으므로 賃貸人으로서는 이에 대한 대비책을 강구할 필요가 있다. 바로 이러한 필요에서 傳來의 관습으로 不動產 賃貸借에는 일정액의 保證金의 수수가 수반된다.

그러나 이처럼 傳來의 관습으로 賃貸借에 수반하여 保證金이 수수되고 있지만 民法에는 이에 관한 규정이 없기 때문에 그 성질, 내용, 효력에 관한 구체적인 문제의 해결은 전적으로 學說, 判例에 맡겨져 있다. 다만 住宅賃貸借保護法에서는 제 7 조 및 제 8 조의 두 규정을 두어 문제의 일부나마 해결하고 있는 실정이나, 이도 同法의 解說에서 後述하는 바와 같이 완전하지는 못하다.

保證金에 관한 외국의 立法例를 보면, 獨民 § 550b는 "(1) 住宅의 賃貸借에 있어 賃借人이 그의 義務이행을 위하여 保證金을 支給하여야 할 경우에는 제 2 항 제 3 문의 경우를 제외하고는 月借賃의 3배를 초과하지 못한다. 별도로 계산하여야 하는 부대비용은 참작하지 않는다. 賃借人은 保證金을 3개월에 균등하게 나누어 支給할 수 있고, 이 경우에는 賃貸借關係가 시작할 때 첫번째 保證金을 支給하여야 한다. (2) 住宅의 賃貸借에 있어 賃借人이 賃貸人에게 保證金을 支給한 때에는 賃貸人은 수수한 保證金을 자기의 일반 재산과는 분리하여 별도로 法的인 解止期間이 있고 이자가 발생하는 은행예금에 들어야 한다. 이자는 賃借人에게 귀속한다. 이자가 발생함으로써 保證金이 증가한다. (3) 賃借人에게 불리한 約定은 효력이 없다. (4) 학생이나 幼少年의 기숙사의 賃貸借의 경우에는 賃貸人에게 保證金을 利子附로 증식시킬 義務가 없다"고 하고 있고,

프랑스의 "賃貸借關係 改善을 위한 法律"(Loi n° 89-462 du 6 jullet 1989, tendant à améliorer les rapports locatifs, 1989. 7. 6.) 제22조는 住居用建物이나 業務·住居 兼用 建物의 賃貸借의 保證金에 관하여 "① 賃借人의 賃貸借상의 義務履行을 보증하기 위하여 賃貸借契約으로 保證金을 정하는 경우 그 금액은 2개월의 借賃額을 초과할 수 없다. ② 保證金은 2개월 이상 期間의 借賃을 先拂하는 경우에는 이를 정할 수 없다. 다만 賃借人이 제7조(賃借人의 義務에 관한 규정임: 筆者 註)의 규정에 의하여 借賃의 月納을 요구한 경우에는 賃貸人은 保證金을 요구할 수 있다. ③ 保證金은 경우에 따라 賃貸人에게 支給하여야 하는 잔액 및 정식으로 정상화되는 것을 조건으로 賃借人 대신 납부할 금액을 공제하고 賃借人이 열쇠를 반납한 날로부터 2월 이내에 返還한다. ④ 保證金에는 賃借人을 위한 이자가 발생하지 아니하며 更新된 賃貸借契約의 期間 동안 어떠한 변경도 하여서는 안 된다. ⑤ 정한 期間 내에 返還하지 아니하는 경우 賃借人에게 返還할 나머지 未支給 保證金에 대하여는 결산 후부터 法定利子가 발생한다"고 함으로써 비교적 상세히 규정하고 있다.

2. 法的 性質

保證金 支給의 법적 성질에 관하여 종래부터 日本에서는 많은 논의가 되고 있으나,[1] 현재 우리 나라에서는 停止條件附返還債務를 수반하는 金錢所有權의 移轉이라고 보는 것이 일반적이다.[2]

다만 그 停止條件의 내용을 어떻게 볼 것이냐에 관하여는 견해가 나뉜다. 제1설(終了時說)은 賃貸借가 종료하는 때에 賃借人의 債務不履行이 없으면 保證金의 전액을 返還하고, 債務不履行이 있으면 그에 상응하는 액수를 공제하고 잔액을 返還하는 조건이라고 보는 견해이다.[3]

제2설(明渡時說)은 賃貸借가 종료한 후 賃借人이 賃借物을 <u>返還할 때</u>[4]에

1) 상세는 朴駿緖, "賃貸借保證金의 法律關係", 民事裁判의 諸問題 7권, 112-18 참조.
2) 다만, 李銀榮, 352-53은 접근방법을 달리한다. 또한 金弘在, "家屋明渡債務와 保證金返還債務", 大韓辯護士協會誌 76. 7·8(합병호), 38은 保證金이 擔保로서의 목적을 달성한 후에는 잔액이 있으면 이를 擔保提供者에게 返還하는 것은 擔保의 法律構成으로서 당연한 것이므로 굳이 停止條件附返還請求權이라는 이름을 붙일 필요가 없다고 한다.
3) 洪起培, "賃借保證金返還債務와 賃借物返還債務와의 關係", 司行 78. 1, 43-4; 金基善, 225; 崔栻, 174; 尹天熙, 新住宅賃貸借保護法(1981), 226.
4) 다만 "返還하는 때"이냐, 아니면 "返還한 때"이냐의 표현상의 차이에 따라 後述하는 同時履行의 문제에 관한 해결방법이 달라진다. 그런 점에서 通說이 사용하는 "賃貸借目的物을 <u>引渡(明渡)한</u> 때"라는 표현은 "賃貸借 目的物을 <u>引渡(明渡)할</u> 때"라는 표현으로 수정할 필요가 있다.

賃借人의 債務不履行이 없으면 保證金의 전액을 返還하고, 債務不履行이 있으면 그에 상응하는 액수를 공제하고 잔액을 返還하는 조건이라고 보는 견해이다.[5)]

제 3 설(折衷說)은 제 1 설과 제 2 설을 절충하여 賃貸借가 종료하는 때에 保證金의 返還義務가 발생하나, 다만 賃借人의 債務不履行으로 인한 공제는 賃借物의 返還時까지로 보는 견해이다.[6)]

停止條件의 내용을 제 1 설과 같이 보는 경우에는 賃貸人이 賃貸借 종료 후 賃借物을 返還받을 때까지의 사이에 생긴 借賃相當額 등의 損害賠償債權을 保證金에서 공제할 수 없기 때문에 賃貸人에게 불리하다. 물론 이러한 損害賠償債權을 自動債權으로 하여 保證金返還債務와 相計할 수는 있으므로, 賃貸人에게 불리하다고 할 것도 없지 않은가 하는 反論도 있을 수 있으나, 賃借人의 保證金返還請求權이 賃借人의 다른 債權者에 의하여 押留되었을 경우에는 상계가 불가능하므로 역시 賃貸人에게 불리하다고 볼 것이다. 그렇게 볼 때 제2설의 입장이 賃貸人의 보호를 위하여 保證金을 수수하는 취지에 보다 합당하다고 할 것이다.

제 3 설은 保證金에 의하여 공제되는 대상을 賃借物의 返還時까지 발생한 손해로 보는 점에서 제 2 설과 같은데, 다만 賃借人이 保證金返還請求權을 언제 행사할 수 있느냐 하는 점에서 제 2 설과 차이가 있는 것처럼 보인다. 그러나 筆者의 私見으로는 제 2 설과 제 3 설에 실질적인 차이가 없어 양자를 구별하는 것은 空虛한 논의인 것 같다. 賃貸借契約이 종료하면 賃貸人은 賃貸物의 返還을 請求할 수 있고, 이에 대하여 賃借人은 保證金의 返還과 同時履行할 것을 주장할 수 있다고 보는 데는 後述하는 바와 같이 異論이 없다. 逆도 마찬가지이다. 즉 賃貸借契約이 종료하면 賃借人은 保證金의 返還을 請求할 수 있고, 이에 대하여 賃貸人은 賃貸物의 返還과 同時履行할 것을 주장할 수 있다. 요컨대 賃貸借의 종료 후 賃貸人이 賃貸物의 返還을 請求하든, 賃借人이 保證金의 返還을 請求하든 먼저 請求하는 쪽은 자기의 反對給付를 先履行한

5) 姜炳豪, "建物賃貸借가 終了된 경우 保證金返還에 관한 諸問題", 司論(20), 195; 郭潤直, 352; 金錫宇, 291; 金疇洙, 297; 金曾漢, 278; 金顯泰, 208; 李太載, 264.

6) 申昌洙, "賃貸借保證金關係의 法律的 構成", 司論(19), 125-26. 李載厚, "保證金返還義務와 賃借目的物返還義務와의 同時履行關係", 民判硏(Ⅰ), 149 이하도 같은 입장으로 보인다. 또한 金鍾大, "賃借保證金의 法的 性質과 그 轉付에 따른 實務上 問題點", 司論(18), 126-27 참조. 이 說에서는 後述하는 大判(全) 77.9.28, 77다1241등(集 125-3, 121)을 비롯하여 그 후의 大判 79.3.13, 78다2500등(集 27-1, 194) 및 大判 87.6.23, 87다카98(公 87년 1232)가 이 입장을 취한 것이라고 보고 있다.

후에만 비로소 상대방의 義務履行을 請求할 수 있는 것이 아니라, 자기의 反對給付 이행과는 상관없이 상대방의 義務履行을 請求할 수 있고 다만 상대방에게 同時履行의 抗辯權이 주어지는 데 불과하며, 제2설의 주장자 중에서 이 점을 달리 보는 학자는 찾아볼 수 없다. 나아가 이와 같이 保證金返還의 請求를 받은——먼저 직접 請求를 받든, 同時履行의 抗辯에 의하든——賃貸人은 그 請求를 받고 현실로 賃貸物을 返還하는 時點을 기준으로 그 때까지 발생한 賃借人의 債務不履行으로 인한 손해금을 공제한 나머지 保證金을 返還하여야 한다고 보는 데는 前述한 바와 같이 제2설과 제3설이 완전히 일치한다.[7)]

결국 兩說이 같은 내용을 지니면서도 마치 대립하는 별개의 學說인 양 보이는 것은 保證金의 성질에 관한 學說의 대립이 保證金返還의 停止條件인 공제대상범위를 정하는 基準時點을 둘러싼 것인데, 그 기준과는 별개의 문제인 保證金의 返還請求時期를 엉뚱하게 결부시킴으로써 비롯된 혼란이라 할 것이다.

아무튼 어느 설을 취하든 간에 결국 保證金이 賃借人의 借賃 기타 損害賠償債務를 擔保하는 성질을 지닌다고 하는 점에는 異論이 없다.

Ⅱ. 保證金契約

1. 契約의 체결

保證金을 수수하기로 하는 保證金契約은 賃貸借契約과 동시에 체결되는 것이 보통이다. 실제의 거래관행은 賃貸借契約의 한 항목으로 保證金에 관한 約定을 하는 것이 일반적이다. 그렇다고 반드시 保證金契約과 賃貸借契約을 동시에 체결하여야 하는 것은 아니다.

保證金契約은 賃貸借에 부수하는 從된 契約이므로 賃貸借契約이 유효하여야만 保證金契約도 유효함은 물론이다.

2. 諾成契約

保證金의 수수를 保證金契約의 성립요건으로 하는 要物契約도 가능함은 물론이나, 保證金을 수수하기로 하는 債權債務를 발생시키는 諾成契約도 얼마

7) 이에 반하여 제1설은 이처럼 賃貸人이 현실로 賃貸物을 返還하는 時點이 아니라 賃貸借종료시를 기준으로 保證金에서의 공제범위를 정하는 데서 차이를 보이는 것이다.

든지 가능하다.[8] 保證金契約이 아예 賃貸借契約의 일부를 이루고 있는 경우는 더 말할 것도 없고, 별도의 諾成契約을 맺은 경우에도 賃借人이 保證金支給義務를 이행하지 아니하면 賃貸人은 保證金契約뿐만 아니라 賃貸借契約 자체를 解止 또는 해제할 수 있다고 할 것이다.[9] 借賃의 수령은 賃貸人의 가장 중요한 관심사이고 保證金은 이를 확보하기 위한 擔保의 역할을 하는 것인데, 賃借人이 그 支給義務를 이행하지 아니한다면 賃貸人으로서는 賃貸借를 더 이상 존속시킬 이유가 없기 때문이다.

3. 當事者

保證金은 賃借人이 支給하는 것이 보통이나, 반드시 賃借人만이 支給하여야 할 필요는 없고, 제 3 자가 保證金契約의 당사자가 되어 保證金을 支給하는 것도 무방하다.

4. 保證金額

保證金의 액수에 관하여는 制限이 없다. 그러나 흔히 月借賃의 10배를 保證金으로 정하는 예가 많은 편이다. 전술한 바와 같이 獨逸은 月借賃의 3배, 프랑스는 月借賃의 2배를 초과할 수 없도록 법으로 규정하고 있다.

賃借人이 支給한 保證金에 대하여 이자가 발생하는 것은 아니며, 賃貸人은 賃貸物을 返還받을 때 保證金에서 賃借人의 債務不履行으로 인한 損害賠償額을 공제한 잔액만 돌려주면 된다.

5. 默示의 更新과 保證金

賃貸借가 默示的으로 更新된 경우에 保證金은 어떻게 되는가? 그 保證金이 賃借人이 제공한 것이라면 更新된 賃貸借의 保證金으로 여전히 존속한다. 그런데 제 3 자가 제공한 保證金이라면 문제이다. 民 § 639 Ⅱ에 의하면 賃貸借가 默示的으로 更新된 경우에 종전 賃貸借에 대하여 제 3 자가 제공한 擔保

---

8) 郭潤直, 352; 李銀榮, 350.
保證金契約을 要物契約으로 보는 견해로는 金錫宇, "保證金", 中央大學校法政論叢 7집, 18; 金基善, 225; 金疇洙, 297; 金曾漢, 278; 金顯泰, 209; 李太載, 264; 黃迪仁, 民法(Ⅳ), 306. 그러나 後者의 견해를 취하는 학자들도 대부분 諾成契約의 가능성을 부정하지 않기 때문에 실제로는 양자의 입장에 차이가 없는 셈이다.

9) 朴駿緖(註 1), 119; 郭潤直, 352; 金錫宇, 291; 金疇洙, 297; 金曾漢·安二濬, 386; 李銀榮, 350-51; 黃迪仁, 民法(Ⅳ), 306.

는 期間滿了로 소멸한다고 되어 있으므로, 保證金도 위 條項에서 말하는 擔保에 해당한다고 보면 賃貸人은 처음에 保證金을 제공하였던 제3자에게 保證金을 返還하여야 할 것이다. 그러나 제3자가 제공한 賃借保證金은 위 條項에서 말하는 소멸하는 擔保에 해당하지 아니한다는 것이 判例[10]이다.

Ⅲ. 保證金의 效力

保證金의 주된 효력은 賃貸借와 관련하여 賃借人이 賃貸人에 대하여 부담하는 債務를 擔保하는 것이다. 賃貸人은 保證金에서 이들 債務額을 우선적으로 공제함으로써 자기의 債權의 만족을 받을 수 있다.[11] 保證金으로 충당되어야 할 債務가 保證金額을 초과할 때에는 法定充當(民 §477)의 규정에 의한다.[12] 이와 관련하여 다음과 같은 문제가 있다.

1. 被擔保債權의 범위

保證金이 賃借人의 延滯借賃, 賃借物의 멸실·훼손 등에 의한 損害賠償債務 등을 擔保하는 것에는 의문이 없다. 문제는 이들 債務가 어느 時點에서 발생한 경우에 保證金에 의하여 擔保되느냐 하는 것이다.

먼저, 賃貸借가 성립한 이상 保證金이 교부되기 전이라 하더라도 이들 債務가 발생하면 被擔保債權에 포함시켜야 함이 옳을 것이다.[13] 그것이 당사자의 의사에 합치할 것이기 때문이다.

賃貸借가 종료한 이후에 발생한 債務는 어떤가? 이는 前述한 保證金의 성질에 관한 停止條件을 어떻게 보느냐 하는 문제와 직결되는 것으로서, 賃貸借 종료 후라도 賃貸物을 返還하기 전까지 생긴 債務는 保證金에 의하여 擔保된다[14]

10) 大判 77.6.7, 76다951(集 25-2, 86).
반대 金錫宇, 292 및 黃迪仁, 民法(Ⅳ), 307은 소멸한다고 한다.

11) 賃借人이 賃貸借目的物에 한 영업시설이나 賃借人의 영업권 등은 賃貸借關係와는 별개의 權利로서 그것이 賃貸借契約에 의하여 발생하는 임료 등 債權을 擔保하는 것이 아니어서, 그 영업권 등이 처분된 경우에 그 代金을 가지고 반드시 他債權에 우선하여 위 賃貸借契約에 의하여 발생하는 임료 등 債權의 변제에 충당하여야 하는 것은 아니다(大判 87.5.12, 86다카2714(公 87년 970)).

12) 姜炳豪(註 5), 197; 李太載, 264; 黃迪仁, 民法(Ⅳ), 307.

13) 朴駿緖(註 1), 119.

14) 大判 87.6.23, 86다카2865(公 87년 1229): 임차인과 임대인 사이에 임차인이 월임료를 2회 이상 지급하지 아니할 때에는 기한의 이익을 상실하고 임차인은 임대인에게 임대

고 보는 것이 타당함은 前述한 바와 같다. 따라서 保證金返還請求權이 押留·轉付된 경우에 그 轉付되는 保證金은 轉付命令이 賃貸人에게 송달된 時點에서 延滯借賃 등을 공제한 잔액이 아니라, 賃借人이 賃借物을 返還하는 時點에서 延滯借賃 등을 공제한 잔액이 된다.[15] 保證金返還請求權이 讓渡된 경우도 마찬가지로 賃貸人이 讓渡通知를 받은 時點에서 延滯借賃 등을 控除한 잔액이 아니라, 賃借人이 賃借物을 返還하는 時點에서 延滯借賃 등을 控除한 잔액이 讓渡되는 것이다.

그런데 이와 같은 해석의 결과로 賃借人이 賃借物을 賃貸人에게 返還하지 않는 한 保證金이 借賃에 의하여 계속 공제되어 결국에는 保證金이 無로 돌아가 保證金返還請求權을 轉付받거나 讓渡받은 자는 빈털털이로 전락하고마는 사태가 일어날 수 있다. 이러한 문제를 해결하기 위하여 判例[16]는 保證金返還請求權의 讓受人은 賃貸人을 代位하여 賃借人에게 賃借物의 返還을 請求할 수 있다고 한다.

2. 優先辨濟權의 행사

이는 다시 賃貸借 계속중과 賃貸借 종료 후로 나누어 볼 필요가 있다.

(1) 賃貸借 계속중

保證金은 본래 每期의 借賃 기타의 債務를 擔保하는 것이므로 賃貸人이 延滯借賃을 保證金에서 충당하느냐 않느냐는 그의 자유이다. 따라서 賃貸人은 保證金으로 延滯借賃 등에 충당할 수도 있고, 保證金은 그대로 둔 채 賃借人

기한에 관계 없이 임대목적물을 즉시 명도하기로 하는 내용의 제소전화해가 있었더라도 기한의 이익의 상실로 인한 임대인의 명도청구권은 임대인의 권리이지 의무가 아니므로, 임차인이 월임료를 2회 지급하지 아니하였을 때 임대인이 위 화해조서에 의하여 즉시 명도집행을 할 수 있었음에도 불구하고 즉시 명도집행을 하지 아니하였다 하여 그 사유만으로 2개월분의 임료를 넘는 임료부분을 보증금에서 공제할 수 없는 것은 아니다.

15) 大判 87.6.9, 87다68(公 87년 31); 大判 88.1.19, 87다카1315(公 88년 22)(이 判決에 대한 評釋으로 孫晋坤, "賃貸借保證金 返還請求權에 대한 轉付命令의 效力", 民判硏 XI, 433 이하 및 李載坤, "不動產賃貸借에 있어서 賃借保證金의 法的 性質과 賃貸借終了時 그 返還義務의 範圍 및 賃借保證金 返還請求債權에 대한 轉付命令의 效力", 大法院判例解說 9호, 227 이하 각 참조. 同 評釋들은 이 判決의 결론에 대하여 찬동하고 있다. 다만 前者는 근본적으로 保證金返還請求權의 被轉付適格을 인정하는 것에 관하여 의문을 제기한다). 다만, 그 전의 大判 81.11.10, 81다378(集 29-3, 192)은 論旨가 분명하지는 않으나 轉付命令 送達時點을 기준으로 정산한 금액이 전부되는 것으로 본 듯하다.

16) 大判 89.4.25, 88다카4253등(公 850, 809).
이 判決에 대한 評釋으로 韓騎澤, "賃借保證金返還請求權을 讓受한 者의 賃貸人의 賃借人에 對한 目的物明渡請求權의 代位行使", 民判硏 XII, 33 이하 및 李太載, "賃借保證金의 返還請求權의 讓渡와 賃貸人·賃借人間의 契約更新", 月報 89.6, 41 이하 참조.

에게 延滯借賃 등의 支給을 請求할 수도 있다(異說 없음).

그러나 이 경우에 賃借人은 保證金의 존재를 이유로 그로써 충당하라며 延滯借賃 등의 支給을 거절할 수 없다.[17] 이를 허용하면 그 충당 후에는 賃貸人은 자기 의사에 반하여 擔保를 상실하는 결과가 되며, 또한 2기의 借賃延滯를 이유로 한 契約解止權(民 § 640)도 박탈당할 수 있기 때문이다. 다만 多額의 保證金이 남아 있는데도 그로써 延滯借賃을 충당하지 않고 곧바로 契約을 解止하는 것은 경우에 따라 權利의 남용으로 될 수 있다.[18]

(2) **賃貸借 종료 후**

賃貸借 종료 후에 賃貸物의 返還時까지 賃借人의 債務가 존재하는 때에는 保證金에서 당연히 공제된다. 相計의 의사표시를 따로 할 필요도 없다.[19] 債務額이 保證金額을 넘을 때에는 法定充當의 규정(民 § 477)에 따라 充當된다.

賃貸人이 延滯借賃債權을 중간에 제3자에게 讓渡한 후에 賃貸借가 종료하면 어떻게 되는가? 이에 관하여는 賃貸人이 여전히 延滯借賃債權을 控除한 잔액만 賃借人에게 返還하면 되며, 延滯借賃債權을 讓受한 제3자(讓受人)는 賃貸人(讓渡人)에 대하여 不當利得 또는 擔保責任을 물어야 한다고 하는 견해가 있다.[20] 그 근거로는 이렇게 解하는 것이 賃借人에게도 불리하지 않고 또한 借賃債權의 讓受人은 保證金으로 擔保되는 債權을 讓受한 것이기 때문이라고 한다.

그러나 이러한 해석은 債權을 讓渡한 당사자들 및 그 讓渡通知를 받거나 讓渡를 승낙한 賃借人의 의사에 반하며, 賃貸人으로서는 있지도 아니한 延滯借賃債權을 가지고 保證金에서 공제를 하는 이득을 취하는 것이 되고, 賃借人으로서는 保證金에서 공제를 당하고도 자칫 2중변제의 請求를 당할 염려가 있는 등 오히려 法律關係를 복잡하게 만들 우려가 있다. 그리고 延滯借賃債權도 賃貸人이 賃借人에 대하여 갖고 있을 때 保證金에 의하여 擔保되는 것이지, 이를 따로 제3자에게 讓渡한 후에도 그것이 여전히 賃貸人이 가지고 있는 保證金에 의하여 擔保된다고 보는 것은 지나친 의제라고 여겨진다. 따라서 私見으로는 延滯借賃債權을 중간에 제3자에게 讓渡한 이상 賃貸人은 이를 保證金에서 공제할 수 없다고 봄이 상당하다고 생각한다.

---

17) 郭潤直, 353; 金錫宇, 292; 金曾漢·安二濬, 387; 李銀榮, 351-52; 李太載, 264; 黃迪仁, 民法(Ⅳ), 307.

18) 金錫宇(註 8), 23; 金曾漢·安二濬, 387.

19) 姜炳豪(註 5), 196; 金錫宇(註 8), 21; 朴駿緖(註 1), 120; 大判 87.6.23, 86다카2865 (公 87년 1229).

20) 金錫宇(註 8), 22; 朴駿緖(註 1), 121.

3. 立證責任

賃借人이 保證金의 返還을 請求하였는데 賃貸人이 延滯借賃의 공제를 주장하면 그것이 支給되어 延滯借賃이 존재하지 아니한다는 사실은 賃借人이 입증하여야 한다.[21] 賃借人은 借賃을 支給하였다는 적극적인 사실을 입증할 수 있어도, 賃貸人이 借賃을 받지 아니하였다는 소극적인 사실을 입증할 수는 없기 때문이다. 다만 延滯借賃의 공제를 주장하는 賃貸人으로서는 保證金 외에 借賃約定이 있었다는 사실을 먼저 입증하여야 한다. 나아가 延滯借賃控除의 主張責任까지는 賃貸人이 부담한다고 보아야 한다. 즉 賃借人으로서는 賃貸人이 延滯借賃의 공제 주장을 하지도 않는데 延滯借賃의 不存在까지 먼저 주장하고 이를 입증하여야 하는 것은 아니다.

Ⅳ. 保證金의 承繼

保證金 있는 不動産賃貸借에 있어서 賃貸目的物이 讓渡되고 賃借人이 新所有者에게 그 賃借權을 대항할 수 있는 경우에(民 §§ 621, 622) 舊賃貸人과 賃借人 사이의 保證金도 承繼되는가? 이에 관하여는 民法 § 621의 解說 Ⅲ. 2. (2) 참조.

Ⅴ. 保證金의 返還

1. 返還時期

賃貸人이 賃借人에게 언제 保證金을 返還하여야 하느냐는 賃貸借가 종료하면 返還하여야 한다고 보는 견해[22]와 賃貸借가 종료한 후 賃貸物을 返還받아야만 保證金도 返還하는 것이라고 보는 견해[23]가 대립되며, 대체로 前者의 견해는 保證金의 성질에 관한 學說 중 終了時說을 주장하는 학자들이 취하고, 後者의 견해는 保證金의 성질에 관한 學說 중 明渡時說을 주장하는 학자들이 취한다. 그러나 保證金의 성질을 어떻게 보느냐 하는 문제와 保證金의 返還時

21) 大判 78. 12. 26, 78다2084(集 26-3, 392).
22) 金基善, 227; 崔栻, 174. 同旨 李銀榮, 354.
23) 郭潤直, 355; 金錫宇, 293; 金疇洙, 299; 金曾漢, 279; 黃迪仁, 民法(Ⅳ), 310.

期의 문제를 꼭 결부시킬 것은 아니다. 保證金의 성질에 관한 논의는 오히려 前述한 바와 같이 返還할 保證金의 범위에 직결되는 문제일 뿐이다. 더구나 다음에서 보는 바와 같이 賃借人의 賃貸物返還義務와 賃貸人의 保證金返還義務가 同時履行關係에 있다고 보는 데 學說이 일치하는 마당에는 위 견해의 대립은 말 그대로 空虛할 뿐이다. 요컨대 賃貸借가 종료하면 賃借人은 당연히 賃借保證金의 返還을 請求할 수 있는 것이며,[24)] [25)] 누누히 말한 바와 같이 그 請求에 응하여 返還하여야 할 保證金의 범위(즉 延滯借賃 등을 控除한 나머지)는 별개의 문제이다.

2. 同時履行의 與否

(1) 賃貸人의 保證金返還義務와 賃借人의 賃貸物返還義務는 同時履行關係에 있는가?

이 문제 역시 保證金의 支給에 관한 停止條件을 어떻게 보느냐에 따라 달라진다고 보는 것이 일반적이다. 즉 停止條件을 賃貸借종료시에 債務不履行이 없을 것으로 보는 견해(終了時說)에 의하면 당연히 양자의 同時履行關係를 인정하고,[26)] 停止條件을 賃貸人이 賃貸物을 返還받은 때에 債務不履行이 없을 것으로 보는 견해(明渡時說)에 의하면 賃借人의 賃借物返還義務가 先履行義務라고 보아야 하고 따라서 同時履行關係에 있지 않다고 하여야 하나, 다만 賃借人의 보호를 위하여 同時履行을 인정하는 것이 타당하다고 한다.[27)] 또한 保證金의 支給에 관한 停止條件에 관하여 前述한 절충적인 입장을 취하는 견해도 同時履行關係를 인정한다.[28)]

그러나 私見으로는 停止條件을 "賃貸人이 賃貸物을 返還받은 때에 債務不履行이 없을 것"으로 볼 것이 아니라 "賃貸人이 賃貸物을 返還받을 때에 債務不履行이 없을 것"으로 본다면 後者의 견해처럼 궁색한 논리를 구사하지 않고도 쉽게 同時履行關係를 인정할 수 있지 않을까 한다. 즉 賃借人이 賃借物을 返還함과 동시에 賃貸人은 保證金을 返還하되, 다만 그 때까지 밀린 延滯借賃 등이 있으면 이를 控除한 잔액을 返還하면 되는 것이다. 保證金의 성질을 굳이 먼저 賃借物을 返還받아 精算을 한 연후에 保證金을 返還하는 식으로 이론

---

24) 大判 69.12.26, 69다1853(集 17-4, 242).
25) 賃貸人이 賃借物의 返還과 同時履行할 것을 주장하고 안하고는 그의 자유이다.
26) 崔栻, 175.
27) 姜炳豪(註 5), 203-4; 金永吉, "保證金 및 債權的 傳貰金에 관한 問題點 考察", 司行 75.10, 22; 朴駿緖(註 1), 124-25; 李載厚(註 6), 151; 郭潤直, 355-56; 李銀榮, 353.
28) 申昌洙(註 6), 130-31.

구성을 하려다 보니 賃借人의 보호문제가 발생하고 이론상의 난맥상을 보이는 것이다.

이렇게 본다면 적어도 賃借物의 返還과 保證金의 返還에 관한 同時履行의 문제는 保證金支給의 성질에 관한 停止條件의 해석을 어떻게 하느냐 하는 문제와는 무관하며, 어느 견해를 취하든 同時履行을 인정하는 것이 순리라고 생각한다.

(2) 이에 관하여 大法院判例는 처음에는 엇갈리는 태도를 취하다가,[29] 그 후 全員合議體判決[30]에서

> "임대차계약의 기간이 만료된 경우에 임차인이 임차목적물을 명도할 의무와 임대인이 보증금 중 연체차임 등 당해 임대차에 관하여 명도시까지 생긴 모든 채무를 청산한 나머지를 반환할 의무는 모두 이행기에 도달하고 이들 의무 상호간에는 동시이행의 관계에 있다고 보는 것이 상당하다. … 이에 반대되는 당원 1962. 3. 29. 선고 4294민상939 판결에 표시된 견해는 이 판결로써 이를 폐기하기로 한다"

고 判示함으로써 同時履行關係를 분명히 인정한 이래 이를 긍정하는 것이 判例의 확립된 태도이다.[31]

나아가 同時履行의 抗辯에 기한 賃借物의 계속 占有와 不法占有 및 不當利得의 여부에 관하여 判例는,

> "임대차의 종료에 의하여 발생된 임차인의 임차목적물 반환의무와 임대인의 연체차임을 공제한 나머지 보증금의 반환의무는 동시이행의 관계에 있는 것이므로 임대차계약 종료 후에도 임차인이 동시이행의 항변권을 행사하여 임차건물을 계속 점유해 온 것이라면… 임차인의 위 건물에 대한 점유는 불법점유라고 할 수 없고, 다만 그로 인하여 이득이 있다면 이는 부당이득으로서 반환하여야 하는 것은 당연하다 할 것이나, 법률상의 원인 없이 이득하였음을 이유로 한 부당이득의 반환에 있어서 이득이라 함은 실질적인 이익을 가리키는 것이므로 법률상 원인 없이 건물을 점유하고 있다 하여도 이를 사용 수익하지 않았다

---

29) 大判 62. 2. 15, 4294민상837(要集 민 I -2, 850)은 긍정하고, 大判 62. 3. 29, 4292민상939 (要集 민 I -2, 850)는 부정하였다. 金弘在(註 2), 39는 後者의 判決을 지지하면서도, 다만 債權的 傳貰의 傳貰金返還에 관하여는 同時履行을 인정한다.

30) 大判 77. 9. 28, 77다1241등(集 25-3, 121).
이 判決에 대한 評釋으로 李載厚(註 6), 140 이하 및 李太載(註 16), 37 이하 참조.

31) 이처럼 賃借目的物의 返還義務와 保證金의 返還義務가 同時履行의 關係에 있기 때문에, 賃貸借의 종료 후 賃借人이 賃借가옥을 明渡하지 아니하고 거주하고 있다면 傳貰金返還債權이 존재하고 있는 것으로 추정되고, 따라서 그 明渡 이전에 傳貰金을 返還하였다는 점은 賃貸人이 이를 입증하여야 한다(大判 84. 12. 26, 84다카1255(集 32-4, 177)).

면 이익을 얻은 것이라고 볼 수 없는 것인바, 임차인이 임대차계약 종료 이후에도 동시이행의 항변권을 행사하는 방법으로 목적물의 반환을 거부하기 위하여 임차건물부분을 계속 점유하기는 하였으나 이를 본래의 임대차계약상의 목적에 따라 사용 수익하지 아니하여 실질적인 이득을 얻은 바 없는 경우에는 그로 인하여 임대인에게 손해가 발생하였다 하더라도 임차인의 부당이득반환의무는 성립되지 않는다. 원심이 같은 취지에서… 피고는 적어도 임대차 종료 후에는 위 임차건물부분을 임차목적인 공인중개사의 사무실로는 전혀 사용치 아니하고 다만 자신의 동시이행항변권의 실효성을 확보하기 위하여 최소한의 점유사용만 하고 있을 뿐이라고 인정하고 이를 가지고 부당이득을 하였다고는 볼 수 없다고 판단한 것은 정당하"다

고 하고 있고,[32] 특히 그 賃貸借가 債權的 傳貰인 경우에는

"건물의 채권적 전세에 있어서는… 당사자 일방의 목적물 명도채무와 타방의 전세금 반환채무는 특단의 사정이 없는 한 동시이행관계에 선다… 전세계약기간 종료 후(전세금 반환치 않고 있다) 건물부분의 점유를 불법점유라 할 수 없고 점유사용에 따른 임료상당액과 전세금의 이자상당액은 서로 대가관계에 있다고 봄이 상당하다"

고 하여[33] 傳貰金返還時까지 계속 사용하여도 不當利得이 되지 않는 것으로 보고 있으며,

明渡遲延時의 約定 遲延損害金 支給義務에 관하여

"피고(賃借人: 筆者 註)가 이 사건 건물을 명도할 의무와 원고(賃貸人: 筆者 註)가 이 사건 임대보증금 중 미지급 임료 등을 공제한 나머지 보증금을 반환할 의무가 동시이행관계에 있는 이상… 원고가 피고에게 위 보증금 반환의무를 이행하였다거나 그 현실적인 이행의 제공을 하여 피고의 건물명도의무가 지체에 빠졌다는 사실이 인정되지 않는다면 피고는 이 사건 임대차기간 만료 후 명도를 지연할 경우 지급키로 한 약정 지연손해금을 지급할 의무가 없다"

고 하고 있다.[34]

32) 大判 93.11.23, 92다38980(公 94년 162). 同旨 大判 79.3.13, 78다2500등(集 27-1, 194); 大判 89.2.28, 87다카2114등(公 89년 521); 大判 89.10.27, 89다카4298(集 37-3, 278); 大判 90.12.21, 90다카24076(公 91년 590); 大判 92.4.14, 91다45202등(公 92년 1589)(이 判決에 대한 評釋으로 洪性戊, "賃貸借終了後 賃借人이 目的物을 繼續 占有하는 경우 不當利得이 성립하기 위한 實質的 利得의 意味", 大法院判例解說 17호, 311 이하 참조); 大判 92.5.12, 91다35823(公 92년 1840).

33) 大判 76.10.26, 76다1184(集 24-3, 166). 또한 大判 79.9.25, 79다762(公 621, 12260) 참조.

34) 大判 88.4.12, 86다카2476(集 36-1, 148).

한편 賃借人이 保證金에 관한 同時履行의 抗辯權에 기하여 賃借物의 引渡를 거절하는 경우에도 目的物保管義務를 지는바, 이에 관하여 判例는,

> "임차인은… 동시이행의 항변권에 기하여 목적물을 유치하면서 명도를 거절할 권리가 있는 것이나, 임차인은 임차 목적물을 명도할 때까지는 선량한 관리자의 주의로 이를 보존할 의무가 있어, 이러한 주의의무를 위반하여 임대 목적물이 멸실, 훼손된 경우에는 그에 대한 손해를 배상할 채무가 발생하며, 임대 목적물이 멸실, 훼손된 경우 임차인이 그 책임을 면하려면 그 임차건물의 보존에 관하여 선량한 관리자의 주의의무를 다하였음을 입증하여야 할 것이다.… 이 사건 건물 임대차 개시 후 피고(賃借人: 筆者 註)가 원고(賃貸人: 筆者 註) 명의로 사용한 전기, 전화요금을 납부하지 않아 전기의 동력선이 끊기고, 원고 명의의 전화가입권이 말소됨으로써 그 전화 및 전기 동력선 등의 재설치에 상당한 비용이 소요되는 등 손해를 입었다는… 사실이 인정된다면 피고로서는 그 손해에 대한 배상책임을 면할 수 없다"

고 하고 있다.

3. 留置權의 可否

保證金返還請求權을 賃借目的物에 관하여 생긴 債權으로 보아 民 § 320에 의하여 賃借人의 留置權을 인정할 것인가에 관하여는 이를 긍정하는 견해[35]와 부정하는 견해[36]가 대립되며, 判例[37]는 부정하고 있다.

私見으로는 賃借保證金의 返還請求權이 과연 留置權에서 말하는 賃借物에 관하여 생긴 債權인가에 의문이 있을 뿐만 아니라, 前述한 바와 같이 賃借物의 返還과 保證金의 返還에 관하여 同時履行關係를 인정하는 마당에 굳이 留置權까지 인정할 실익은 크지 않다고 본다. 留置權을 인정한다면, 賃貸借의 종

이 判決에 대한 評釋으로 吳世彬, "賃貸借 終了時 賃借人의 保證金返還債權이 押留된 경우 同時履行關係가 存續하는지 여부", 諸問題 6, 145 참조.

35) 姜炳豪(註 5), 205; 金曾漢·安二濬, 389; 金錫宇 294.

36) 趙武濟, "賃借保證金返還債權移轉의 法律關係", 司論(18), 111; 洪起培(註 3), 47; 金顯泰, 211; 李太載, 266.

37) 大判 76. 5. 11, 75다1305(集 24-2, 16): 건물의 임대차에 있어서 임차인이 임대인에게 지급한 임차보증금반환채권이나 임대인이 건물시설을 아니하기 때문에 건물을 임차 목적대로 사용하지 못한 것을 이유로 임차인에게 발생한 손해배상청구권은 모두 그 건물에 관하여 생긴 채권이라고 할 수 없으므로 그와 같은 채권을 가지고 건물에 대한 유치권을 행사할 수 없다.

同旨 大判 60. 9. 29, 4292민상229(要集 민 I -1, 576); 大判 61. 12. 21, 4294민상127등(要集 민 I -2, 988); 大判 76. 5. 11, 75다1305(集 24-2, 16); 大判 77. 12. 13, 77다115(要集 민 I -2, 991).

료 후 제3자에게 賃貸借目的物이 讓渡된 경우에 賃借人은 그 제3자에 대하여도 目的物의 引渡와 保證金의 返還을 償還履行할 것을 주장할 수 있을 것이다. 그러나 賃貸借가 종료한 후에 目的物을 讓渡받아 당해 賃借權과는 아무런 상관이 없는 讓受人에 대하여 償還履行을 주장하는 것은 부당하다고 할 것이다. 이 점에서도 留置權을 부정하는 것이 옳다고 할 것이다.

住宅賃貸借保護法은 바로 이런 관점에서 同法 §4 Ⅱ의 특칙을 두어 賃貸借가 종료한 후에도 賃借人이 保證金을 返還받을 때까지는 賃貸借關係가 존속하는 것으로 하고 있다(이에 관한 상세는 後述하는 住宅賃貸借保護法 §4의 解說 참조).

[閔 日 榮]

權 利 金

차 례

Ⅰ. 概　說
Ⅱ. 權利金의 發生要因
1. 場所的 利益의 對價
2. 施設物의 對價
3. 許可權의 對價
4. 기존의 權利金의 對價
5. 기　타
Ⅲ. 權利金의 法律關係
1. 授受當事者
2. 授受方法
Ⅳ. 權利金의 返還請求의 可否

Ⅰ. 概　說

權利金이란 不動産의 賃貸借, 轉貸借 또는 賃借權의 讓渡時에 그에 부수하여 賃借人, 轉借人 또는 賃借權의 讓受人이 賃貸人, 賃借人 또는 賃借權의 讓渡人에게 지급하는 금전 기타의 有價物을 말한다. 權利金은 주로 도시에서 특히 점포의 賃貸借 등에 부수하여 授受되는바, 不動産의 사용, 수익 자체와는 별개인 장소적 이익, 거래선 확보의 이익, 설비나 개축 등 비용의 이익, 장소와 결부된 허가권 이용의 이익 등의 對價 또는 不動産 사용권 자체의

對價[1])로서 지급되는데,[2]) 근래에는 프레미엄 혹은 웃돈의 이름으로 불리기도 한다.[3])

Ⅱ. 權利金의 發生要因

權利金을 발생시키는 주된 요인으로는 대략 다음과 같은 것을 들 수 있다.[4]) 이러한 것들은 그 중 어느 하나만으로도 權利金의 발생요인이 될 수도 있고, 여러 요인이 복합적으로 작용하여 權利金을 발생시킬 수도 있다.

1. 場所的 利益의 對價

賃貸借 不動產 자체가 賃貸借의 목적을 달성하기 위하여 지니는 장소적인 이익의 對價가 權利金 발생의 흔한 예라고 할 수 있다. 오랫동안 한 곳에 있었거나 광고, 선전 등을 통하여 그 명성이 세상에 널리 알려져 있고 따라서 자연히 고객이 많이 확보되어 있다든가, 백화점,[5]) 아파트의 상가, 同種 업종의 점포가 밀집되어 있는 곳 등과 같이 고객의 이용의 편익이 보장되어 있다든가, 유명제조회사(예컨대 LG, 삼성, 대우 등 家電 3社)의 대리점과 같이 지역적으로 할당되어 있어 어느 정도 독점적 영업을 할 수 있다든가, 신개발지에 위치하여 점포가 희귀하다는 것 등의 장소적인 이익이 그 향수의 對價로서 權利金을 授受케 하는 것이다.

---

1) 사용권 자체의 對價는 사용, 수익의 對價와는 구별된다. 後者는 곧 借賃을 의미하는 데 비하여, 前者는 실제 사용, 수익한 데 대한 對價가 아니라 그러한 사용, 수익을 할 수 있는 권리가 있다는 것 자체의 對價를 말하며, 이는 權利金에 속하는 것이다. 이러한 종류의 權利金은 특히 해방 후 이른바 귀속재산을 권원없이 사실상 점유하여 사용던 자가 그 사용권을 讓渡할 때, 또는 귀속재산을 국가로부터 賃借한 자가 그 賃借權을 讓渡할 때, 또는 국유재산을 賃借하여 사용하던 자가 그 사용권을 讓渡할 때 그 對價로서 授受되는 경우가 많았다(郭潤直, 356).

2) 金榮一, "賃貸借에 있어서 權利金을 둘러싼 諸問題", 裁判資料 32집, 322.

3) 權利金의 액수는 借賃의 수십배 내지 수백배에 달하는 것이 보통이다. 예컨대, 1993. 11. 현재 동대문평화시장의 2층 점포는 3평기준으로 4-5,000만원, 동대문종합시장의 1층 점포는 5-6평 짜리가 5,000만원-1억원, 용산전자상가 중 컴퓨터부품을 취급하는 나진상가의 1층 7평 짜리 점포는 5-6,000만원 정도이다. 그러나 이러한 금액도 장기간의 경기침체에다 金融實名制 실시의 여파가 겹쳐 재래시장의 판매부진이 계속되면서 金融實名制 실시 이전의 절반 수준으로 하락한 것이라고 한다. 1993. 11. 10.자 조선일보 10면.

4) 이러한 유형화는 주로 金榮一(註 2), 325-27을 참고하였다.

5) 大判 93. 12. 28, 93므409(公 94년 962) 참조.

2. 施設物의 對價

賃貸借 目的物을 改修 혹은 구조변경하였거나, 내부에 설치한 진열장, 냉난방설비, 전기 전자제품, 전화, 텔렉스, 모사전송기(팩시밀리) 등의 통신시설, 수도, 가스 등의 생활편의시설 등에 대한 對價로서 權利金이 授受된다. 이 경우에는 계약에 따라 이러한 시설에 대한 賣買代金으로 될 수도 있고, 단순한 사용대금으로 될 수도 있다.[6]

3. 許可權의 對價

국가가 법률 또는 정책적으로 설치에 관할 관청의 認·許可 등을 받도록 한 경우에는 賃貸借 목적 不動産이 그와 같은 認·許可를 받은 것이라는 자체가 權利金의 발생요인이 된다. 예컨대 신축이나 증설이 규제되어 영업허가를 받기가 어려운 지역의 여관·호텔·목욕탕·주유소·정비공장·세차장 등은 그것의 賃貸借, 轉貸借 또는 賃借權의 讓渡에 있어 賃借權보다는 오히려 허가권의 讓渡 내지 이용에 더 중점이 두어지며, 따라서 權利金도 借賃이나 賃貸借 保證金과는 비교가 안 되는 거액이 授受되는 경우가 흔하다.

4. 기존의 權利金의 對價

종전의 賃借人이 이미 權利金을 지급한 경우에는 轉貸借하거나 賃借權을 讓渡하는 경우에 轉借人 또는 讓受人으로부터 權利金을 동액 또는 그 이상으로 增額하여 授受하게 된다. 이 때 轉借人이나 讓受人이 異種의 영업을 영위하고자 하는 경우에도 마찬가지로 權利金이 授受된다.

5. 기　타

그 밖에 不動産 사용권 자체의 對價로 權利金이 授受되거나(前述 註 1 참조), 賃借 保證金이나 借賃을 지급하지 아니하는 대신 權利金으로 일괄하여 금원을 지급하거나(따라서 사실상 借賃의 先拂에 해당한다. 그러나 이러한 예는 극히 드물다), 賃借權의 讓渡나 轉貸借를 보장하는 對價로 賃貸人이 賃借人으로부터 權利金을 授受하는 예도 있다.[7]

---

6) 이러한 權利金이 문제된 사건으로 春川地判 92. 4. 22, 91가단3362(下集 92년 1권, 53) 참조.

7) 金榮一(註 2), 327; 郭潤直, 357; 金基善, 230.

Ⅲ. 權利金의 法律關係

1. 授受當事者

權利金은 前述한 것처럼 賃貸借,轉貸借 또는 賃借權의 讓渡에 부수하여 별도로 授受되는 것이기 때문에 賃貸借 등의 당사자와 權利金 授受의 당사자가 반드시 일치하는 것은 아니다.

우리 나라에 있어 權利金의 授受는 주로 轉貸借나 賃借權의 讓渡時에 발생한다.[8] 단일 점포의 轉貸借나 賃借權 讓渡의 경우는 물론이고, 賃借人이 建物主로부터 한두 층을 賃借하거나 종전 賃借人으로부터 賃借權을 讓渡받은 후 이를 여러 개의 코너로 분할하여 轉貸(部分轉貸)하는 경우에도 마찬가지로 權利金이 授受된다. 이 때 賃借目的物 전부에 대하여는 종전 賃借人과 후의 賃借人 사이에, 코너별로는 賃借人과 轉借人 사이 및 종전 轉借人과 나중 轉借人 사이에 權利金이 授受된다.

종래 우리 나라에 있어 賃貸人과 賃借人 사이에 賃貸借契約을 체결하면서 權利金이 授受하는 예는 드물었다.[9] 그런데 근래에는 주로 신축점포의 賃貸人이 먼저 假設賃借人을 만들어 놓은 후, 假設賃借人이 賃貸人의 同意를 받아 賃借權을 讓渡하는 형식을 취하면서 權利金을 받는 예가 늘고 있다고 한다. 이 경우 실질적으로는 賃貸人이 權利金을 받은 것이 되나, 외형상으로는 賃借權의 讓受人은 讓渡人인 종전 賃借人에게 權利金을 지급한 것일 뿐 賃貸人에게 權利金을 지급한 것이 아니기 때문에 賃貸借가 도중에 종료하더라도 賃貸人과 讓受人 사이에는 權利金의 반환문제가 발생하지 않는다.

2. 授受方法

權利金은 일시금으로 授受되는 것이 보통이다. 그러나 賃貸借契約書에는 明記하지 않는 것이 일반적이다. 오히려 賃貸人과 賃借人 사이의 賃貸借契約書에는 權利金은 인정하지 않는다고 附記하는 것이 상례이며, 다만 轉貸借나

8) 金榮一(註 2), 326은 장소적 이익의 對價로 權利金이 授受되는 경우에는 원칙적으로 賃貸人과 賃借人 사이, 賃借人과 轉借人 사이에서만 權利金이 授受된다고 하나, 賃借權의 讓渡人과 讓受人 사이에서 그러한 權利金이 授受되는 경우를 제외할 이유가 없고, 오히려 그러한 경우가 많지 않을까 생각된다.

9) 이 점이 日本에서는 주로 賃貸人과 賃借人 사이에서 權利金이 授受되는 것과 다르다. 日注民(15), 337 이하 참조.

賃借權의 讓渡時에 賃貸人이 이에 同意하면서 賃借人과 轉借人 사이 또는 讓渡人과 讓受人 사이에 權利金을 授受하는 것을 賃貸人이 묵인 내지 방관하는 대신, 새로운 賃借人이나 轉借人과의 사이에 賃貸借期間 만료시에는 시설물을 철거하여 원상회복시키고 權利金을 賃貸人에게 주장하지 않는다는 約定을 하는 것이 보통이다.

Ⅳ. 權利金의 返還請求의 可否

前述한 바와 같이 權利金은 賃貸借 目的物이 가지는 장소적 이익 등의 對價로서 지급되는 것이기 때문에 賃貸借가 종료하였다 하여 그 반환을 請求할 수는 없다.[10] 또한 그것이 당사자의 의사 및 거래관행에도 부합한다.

權利金에 관한 분쟁이 訴訟上에 나타나는 모습은 權利金을 지급한 자가 적극적으로 그 반환을 구하는 소송을 제기하는 경우도 있으나,[11] 判決에서 나타난 사례들을 보면 주로 賃貸人의 賃貸物明渡請求에 대하여 權利金을 반환받을 때까지는 明渡請求에 응할 수 없다는 抗辯形式으로 나타나는 것이 보통이다.[12] 그러나 賃借人, 轉借人 또는 賃借權의 讓受人이 賃貸人을 상대로 한 것은 물론이고,[13] 轉貸人과 轉借人 또는 賃借權의 讓渡人과 讓受人 사이에서도

---

10) 郭潤直, 357; 金疇洙, 301; 李銀榮, 359. 또한 大判 89.2.28, 87다카823등(公 89년 515) 참조.
다만 金基善, 230, 金錫宇, 296 및 黃迪仁, 民法(Ⅳ), 311은 論旨가 분명하지는 않으나 반환받을 수 있는 것처럼 기술하고 있다.

11) 예컨대 仁川地判 1985.11.18, 85가소5084 金榮一(註 2), 334에서 再引用함.

12) 예컨대 前述한 春川地判 92.4.22, 91가단3362(下集 92년 1권, 53).

13) 서울高判 74.3.8, 72나2048; 서울民事地判 83.7.14, 82가합7208(본소), 83가합3191(반소); 서울地法北部支院判 85.9.26, 85가단787 등.
이상의 판결은 金榮一(註 2), 331-33에서 再引用함. 판결의 내용은 同面 참조.
大判 89.2.28, 87다카823(公 846, 515): 상가개발업자인 甲이 상가건물 소유주인 乙과 상가개발계약을 맺음에 있어 甲이 점포분양 희망자들로부터 받을 임대보증금(순수한 임대보증금과 권리금을 포함한 것)에 대하여는 정하지 아니한 채 乙은 0.7평 점포를 기준하여 금 250만원의 임대보증금으로 모든 점포를 임대하여 줄 것과 상가개조공사권을 甲에게 수여하기로 하였다면, 甲은 乙을 대리하여 점포분양 희망자들과 임대차계약을 체결하고 그들로부터 임대보증금을 수령할 수 있는 지위와 다른 한편으로는 상가개발업자의 지위에서 상가개발비용과 수익 등을 고려하여 권리금 액수를 책정하고 분양희망자들과 절충하여 합의된 권리금을 수수하는 양면의 지위를 가진다고 볼 수 있고, 따라서 임대보증금 수령의 효과가 당연히 소유주에게 그 효력을 미치는 것과는 달리 개발업자와 임차인 사이에 수수된 권리금은 당연히 소유주에게 그효력을 미치는 것이 아니므로 임대차 해지시에 소유주가 이를 반환키로 하였다는 등 특별한 사정이 없으면 소유주에게 그 권리금을 반환할 의무가 없다.

일단 지급한 權利金의 返還請求를 부정[14])하는 것이 判例의 태도이다.

다만 장기간에 걸친 賃貸借를 예상하고 轉借人이 轉貸人에게 權利金을 지급하였는데, 도중에 建物主(賃貸人)의 명도요구에 의하여 轉貸借관계가 종료되어 버린 경우에는 權利金을 按分하여 目的物을 사용할 수 없었던 기간에 해당하는 부분은 반환하여야 한다는 판결도 있다.[15]) 이 경우의 반환의 성질은 不當利得의 반환이라고 봄이 상당할 것이다.[16])

또한 슈퍼마켓을 양수하면서 종전의 영업으로 창출되고 누적된 고객확보 등에 대한 대가와 장소적 이익이라는 無形의 경제적 가치에 대한 대가 등을 포괄평가하여 讓渡人에게 權利金을 지급한 경우에는 讓渡人은 슈퍼마켓을 인수한 讓受人이 고객확보나 영업이익이라는 측면에서 보아 적어도 以前과 동일한 상태에서 영업을 시작할 수 있는 기반을 넘겨 주어야 하는바, 물품판매의 핵심이라고 할 수 있는 가격을 실제가격보다 30% 높게 고의로 조작하여 양도함으로써 물품가격이 비싸 讓受人의 영업개시 시작부터 고객들이 이탈되도록 하여 讓受人에게 영업기반을 넘겨 주기는커녕 이를 침해하고 만 때에는 信義則상 讓渡人은 받은 權利金 중 장소적 이익에 대한 평가분을 제외한 나머지 고객확보에 대한 대가에 상당하는 부분을 반환하여야 한다는 판결도 있다.[17])

극히 예외적인 경우로 賃借人이 借賃의 先拂的인 성격을 지닌 權利金을 賃貸人에게 직접 지급한 경우에 그 賃貸借가 도중에 종료하면 같은 맥락에서 역시 權利金을 안분하여 잔존기간에 해당하는 부분은 賃借人에게 반환하여야 할 것이다.[18])

[閔 日 榮]

14) 前述한 仁川地判 85. 11. 18; 서울地法南部支院判 85. 4. 30, 84가합1313. 金榮一(註 2), 33-5에서 再引用함.
15) 前述 서울地法南部支院判 85. 4. 30. 同判決은 서울高等法院에서 항소기각(85나1689)되어 확정되었다.
16) 金榮一(註 2), 349.
17) 釜山地判 95. 1. 26, 944나16967(新聞 95. 3. 13자 10면).
18) 金榮一(註 2), 348.

住宅賃貸借保護法

前 論

1. 우리 나라의 심각한 住宅難[1]과 그로 인한 住宅賃借人 보호의 필요성은 이젠 새삼 거론할 단계를 지나버린 公知의 사실이 되었다. 그리고 "住居用建物의 賃貸借에 관하여 民法에 대한 특례를 규정함으로써 국민의 住居生活의 안정을 보장하기 위하여" 住宅賃貸借保護法이 制定(1981. 3. 5. 法律 제3379호), 1차 改正(1983. 12. 30. 法律 제3682호)된 것도 익히 알고 있는 대로이다.[2]

그러나 住宅賃貸借保護法은 制定 당시부터, 그리고 1차 改正 이후에도 꾸준히 문제점이 제기되어 왔으며 그 해결방안 또한 解釋論으로 또는 立法論으로 모색되어 왔다. 그 결과 同法이 시행된 지 8년여가 지나는 동안 學界·實務界에서의 연구가 축적되어 상당수준에 달하게 되었고, 이를 반영하여 舊民主黨(1988. 10. 10. 제출)과 舊平民黨(1988. 12. 7. 제출)에서 住宅賃貸借保護法의 2차 改正案을 국회에 제출하였고, 두 改正案과 정부의 의견을 반영한 통합된 改正案이 국회에서 통과되어 1989. 12. 30. 公布(法律 제3379호)되었으며, 그에 맞추어 同 改正法律에 따른 改正施行令도 1990. 2. 19. 공포되었다. 그리고 改正法律 및 改正施行令은

---

1) 建設交通部의 통계에 의하면 1987년말 현재 전국의 無住宅家口는 342만 4천 가구(그 중 서울이 135만 가구)에 달하여 전국 인구의 절반 가량이 셋집 등지에서 살고 있다고 한다(한국일보, 1989. 2. 23.자). 그 후 1991. 8.에 발표된 經濟企劃院의 "90년 인구 및 住宅센서스"에 의하면 住宅保有率이 도시가 41.6%, 郡지역이 77%(전국 평균 50.6%)로 도시의 無住宅家口率이 58.4%에 달하는 것으로 나타났다.

우리 나라의 賃貸住宅의 현황을 통계적으로 분석한 論文으로는 白相起, "賃貸住宅에 關한 硏究", 영남대학교 사회과학연구 4-1(1984. 4), 5 이하 참조.

2) 1차 改正의 주된 내용은, ① 적용범위를 住宅의 일부가 住居 외의 목적으로 사용되는 경우, 이른바 兼用住宅에까지 확대하였다(§2). ② 賃借住宅의 소유권이나 賃貸할 權利를 讓受한 사람은 賃貸人의 지위를 그대로 承繼하도록 하였다(§3 Ⅱ). ③ 賃貸借期間이 만료하였음에도 불구하고 賃貸人이 保證金을 返還하지 않을 경우에는 保證金返還時까지 賃貸借가 그대로 존속하는 것으로 하였다(§4 Ⅱ). ④ 경제사정의 변동으로 인한 借賃이나 保證金의 增減請求權을 인정하였다(§7). ⑤ 少額保證金에 優先辨濟權을 부여하였다(§8). ⑥ 賃借人과 사실상의 婚姻關係에 있는 자의 賃借權 承繼를 인정하였다(§9). ⑦ 未登記傳貰에 대하여도 住宅賃貸借保護法을 準用하도록 하였다(§12).

공포와 동시에 시행에 들어갔으며,[3] 同施行令은 그 후 1995. 10. 19. 다시 개정되었다.

이처럼 住宅賃貸借保護法은 탄생되자마자 改正作業에 들어가고, 그리하여 私法分野에서는 보기 드물게 制定된 지 10년도 안 되어 2차례나 改正되는 사태를 겪어야 하였지만, 그렇다고 문제가 다 해결된 것은 아니다. 制定 당시부터 제기되었던 문제점이 여전히 그대로 남아 있는 것이 있는가 하면, 1, 2차의 改正으로 인하여 새로이 발생한 문제점도 있다. 어쩌면 이 법은 그것이 존속하는 한은 해결할 수 없는 문제를 계속 지니게 될지도 모른다.

2. 學者에 따라서는 住宅賃貸借保護法이 불합리하고 不適法한 면이 많으므로 아예 民法의 賃貸借條項을 改正하여 住宅賃貸借保護法의 취지를 흡수하고 住宅賃貸借保護法은 폐지하는 것이 현실문제상으로나 비교법적으로(獨逸, 日本 등의 民法과 비교하여) 타당하다는 견해를 제시하기도 한다.[4] 물론 法體系上 특별법의 量產이 바람직하지 않고 궁극적으로 기본법에 편입시켜야 함에는 異論이 있을 수 없다. 그러나 과연 우리의 현실이 요구하는 賃借人 보호의 필요성을 기본법인 民法의 改正을 통하여 충족시킬 수 있을까는 의문이다. 住宅賃貸借保護法의 條項을 있는 그대로 혹은 改正이 필요하면 改正하여 民法에 편입하면 되지 못할 것도 없지 않느냐고 反論을 제기하면 할 말이 없으나 이는 일반법으로서의 民法의 성격에 부적절하지 않을까 한다.

獨逸의 賃借人保護法이 폐지되고 民法의 社會的 條項(sozial Klausel)으로 대체 되었다고 하나 이는 어디까지나 住宅사정이 호전되어 종전과 같이 강력한 賃借人保護法이 불필요하게 된 데서 기인함을 간과해서는 안 된다.[5] 따라서 住宅賃貸借保護法을 폐지하고 이를 民法에 편입시킨다는 게 아직은 시기상조라고 할 수밖에 없다.[6]

다만 위와 같은 立法論과 구별하여 덧붙이고 싶은 것은 현행 住宅賃貸借

3) 2차 改正의 주된 내용은, ① 賃借保證金의 회수를 위하여 일정한 요건을 구비한 賃借人에게 優先辨濟權을 인정하였다(§3의 2). ② 賃貸借의 最短期間을 2년으로 하였다(§4 I). ③ 少額保證金에 인정되던 優先辨濟權을 保證金 중 일정액에 대하여 인정하는 것으로 하였다(§8).

4) 玄勝鍾, "民法改正의 움직임과 賃貸借法", 司行 (81. 10), 31 이하; 韓國民事法學會, 民事法改正意見書(1982), 58-9(金錫宇).

5) 金學東, "獨逸에서의 賃貸借法의 變遷(下)", 司行(82. 4), 29; 李相赫, 不動產·賃貸借의 現代的 法理, 39-40.

6) 同旨 李銀榮, "住宅賃貸借保護法의 改正에 關한 硏究", 法曹(82. 4), 16.

保護法의 解釋論에 관하여서이다. 住宅賃貸借保護法의 立法趣旨가 사회적·경제적 약자인 賃借人을 사회보장적 관점에서 특별보호하자는 데 있고, 이에 異議를 제기할 사람은 없을 것이다. 그러나 그러한 立法趣旨가 住宅賃貸借保護法의 解釋論에 있어 無所不爲의 萬病通治藥으로 남용되어서는 안 된다. 위 立法趣旨를 내세워 엄연한 기존의 법질서를 무시하는 법해석을 하는 것은 바람직한 일이 결코 아니라 할 것이다. 解釋論은 어디까지나 解釋論에 머물러야 하기 때문이다.

[閔 日 榮]

第 1 條(目的)

이 법은 住居用 建物의 賃貸借에 관하여 民法에 대한 特例를 규정함으로써 국민의 住居生活의 안정을 보장함을 목적으로 한다.

住宅賃貸借保護法은 국민의 住居生活의 안정을 보장하기 위하여 住居用 建物의 賃貸借에 관하여 "民法에 대한 特例"를 규정한 법이다. 요컨대, 民法上의 賃貸借에 관한 규정에 대한 특별법인 것이다.

이러한 특별법을 制定한 이유는 두말할 것도 없이 賃借人 특히 그 중에서도 住宅의 賃借人의 賃借權을 보호하려는 데 있다. 民法上의 賃貸借의 解說에 관한 前論에서도 언급한 것처럼 賃貸借를 규율하는 법의 변천사는 바로 賃借人의 보호문제에 관한 역사라고 하여도 과언이 아니다. 그리고 그것은 "不動產賃借權의 物權化"라는 말로 집약되었고, 그 핵심적인 내용은 不動產의 賃借權에 對抗力을 부여하고 존속 및 자유처분을 보장하며, 외부로부터의 침해로부터 보호한다는 것이다(前述 民法上의 賃貸借의 解說에 관한 前論 Ⅳ 참조).

住宅賃貸借保護法은 이러한 不動產賃借權의 物權化의 내용 중 對抗力의 강화(§3), 賃借權의 존속의 보장(§§4, 6, 9)에 중점을 두는 외에, 우리 나라 賃貸借에 특유한 保證金·傳貰金의 返還請求權의 확보(§§3의 2, 8, 12)에도 특별한 배려를 하고 있으며, 그 밖에 借賃의 통제에 관한 규정(§7)도 두고 있다. 그 중에서도 對抗力과 保證金返還請求權의 확보에 관한 住宅賃貸借保護法의 규정은 賃貸借는 기본적으로 債權關係라는 전통적인 틀을 허물어 버린 파격적인 條項들이다. 특히 일정액의 少額保證金은 登記順位조차 무시하고 抵當權 등의 物權에 우선하여 返還받을 수 있도록 한 條項(§8)은 파격의 白眉라고 할 수 있을 것이다.

이러한 파격적인 條項의 설정의 배경이라 할 수 있는 "住宅은 인간다운 생활을 영위하기 위하여 필연적으로 요구되는 것으로, 住宅문제는 국민생활의 가장 기본문제라 할 것이다. 따라서 住宅문제를 규율하는 法律은 전통적인 市民法의 차원에서가 아니라 社會法的 차원에서 賃借人의 住居生活의 안정을 보장함을 그 목적으로 하여야 할 것"[1]이라는 사상이야말로 住宅賃貸借法의 성격을 단적으로 알게 하여 주고 있는 것이다.

아무튼 住宅賃貸借保護法은 民法에 대한 특별법이므로 住宅의 賃貸借에 관한 한 住宅賃貸借保護法이 우선적으로 적용되고, 住宅賃貸借保護法에 규정이 없는 사항에 한하여 民法이 보충적으로 적용된다.

[閔 日 榮]

第2條(適用範圍)

이 법은 住居用建物(이하 "住宅"이라 한다)의 전부 또는 일부의 賃貸借에 관하여 이를 적용한다. 그 賃貸住宅의 일부가 住居 외의 목적으로 사용되는 경우에도 같다.

차 례

Ⅰ. 住居用建物 — 住宅
1. 住 居 用
2. 建物의 전부 또는 일부
3. 兼用建物
Ⅱ. 賃 貸 借

Ⅰ. 住居用建物 — 住宅

1. 住 居 用

(1) 住宅賃貸借保護法은 住居用建物의 賃貸借에 관하여 적용된다. 前述

1) 제119회 國會 法制司法委員會 會議錄(1983), 제10호 3.

한 §1의 解說에서 보았듯이 이 법은 기본적으로 국민의 "住居生活"의 안정을 보장함을 목적으로 하기 때문에 그 적용범위를 住居用建物에 국한하는 것은 당연한 귀결이다.[1] 따라서 사무실·점포·공장·창고 등 非住居用의 建物에는 住宅賃貸借保護法이 적용되지 아니한다.[2]

다만, 住居用이냐 非住居用이냐의 판단은 建物의 현황·용도 등에 비추어 일상생활인 起臥寢食에 사용하느냐의 여부에 따라 실질적으로 판단하여야 하며, 登記簿나 건축물관리대장 등 公簿上의 표시에 의하여 형식적으로 판단할 일이 아니다.[3] 따라서 登記된 建物의 여부 또는 허가받은 建物이냐의 여부와는 전혀 무관하며, 公簿上으로는 공장이나 사무실로 등재되어 있어도 내부구조를 住居用으로 변경하여 起臥寢食에 사용하고 있다면 本條의 住居用 建物에 해당하는 것으로 보아야 한다.[4]

(2) 住居用建物이냐 아니냐의 여부를 판단하는 基準時點은 원칙적으로 賃貸借契約 체결시라고 보아야 할 것이다.[5] 따라서 非住居用建物을 賃借하여 사용중에 賃借人이 임의로 개조하여 住居用으로 사용하는 경우에는 住宅賃貸借保護法의 적용대상에 제외하여야 한다.[6] 다만, 본래 非住居用建物이었으나 당초 所有者(賃貸人)와의 賃貸借契約時 住居用으로 개조하여 사용하기로 합의하여 그렇게 개조 사용하고 있다면 국민의 住居生活의 안정을 보장한다는 住宅賃貸借保護法의 立法趣旨에 비추어 볼 때 本條의 住居用建物로 봄이 합당할 것이다. 逆으로 본래 住居用 建物인 것을 賃貸借契約時 非住居用으로 개조 사용하기로 합의하여 그렇게 사용한다면 이 때는 住宅賃貸借保護法의 적용이 배제되어야 한다.

2. 建物의 전부 또는 일부

(1) 建物은 사회통념상 建物이라고 판단되는 것인 이상 그 종류나 구조

1) 또한 非住居用 建物의 경우에는 주민등록에 의한 公示를 통한 對抗力의 부여에 어려움이 있기 때문에 보호범위를 住宅에 한정한 것이다(尹長根, "住宅賃貸借保護法 解說", 法制 81.4, 45-6).

2) 李漢吉, "住宅賃貸借保護法에 관한 小考", 立法調査月報(87.5), 42.

3) 大判 87.3.24, 86다카823(公 87년, 712).

4) 朴泰永, "住宅賃貸借保護法의 적용범위", 裁判資料 32집, 441; 李範柱, "住宅賃借權의 對抗力", 方順元紀念論文集, 163; 李胤承, "住宅賃貸借에 있어서 少額賃借人의 保護", 司論(19), 151-52.

5) 高翔龍, "住宅賃借法 2조의 「兼用住宅」이란 意味(下)", 新聞(85.9.16), 11; 大判 86.1.21, 85다카1367(集 34-1, 20).

6) 朴泰永(註 4), 441; 大判 86.1.21, 85다카1367(集 34-1, 20).

가 어떠하냐를 묻지 아니한다. 本建物이건 附屬建物이건, 관할관청의 허가를 받은 建物이건 그렇지 아니한 無許可建物이건,[7] 登記가 된 建物이건 未登記建物이건 상관없다.

(2) 住宅賃貸借保護法은 住居用建物의 전부에 대한 賃貸借뿐만 아니라 그 일부에 대한 賃貸借에도 적용된다. 이 경우 그 일부가 독립성을 지녀야 하는가 하는 문제가 있다.

처음부터 일부의 賃貸를 예상하고 출입구·화장실·부엌 등을 따로 마련하고 있는 경우는 더 말할 것도 없이 住宅賃貸借保護法의 적용대상이 된다 할 것이나, 문제는 방 한두 칸을 賃借하여 위와 같은 시설들을 공동으로 사용하는 경우이다. 그러나 이러한 零細賃借人이야말로 보호의 필요성이 가장 강력히 요구되는 계층이고, §8가 규정하는 少額保證金의 보호는 주로 이러한 賃貸借에서 위력을 발휘할 수 있다는 점을 고려한다면 이 경우에도 住宅賃貸借保護法을 적용하는 것이 타당하다 할 것이다.[8]

3. 兼用建物

(1) 住宅賃貸借保護法의 制定 당시에는 본래 住居用建物의 전부 또는 일부의 賃貸借에 관하여만 적용하였던 것을 1차 改正時(1983. 12. 30.) 그 범위를 확대하여 賃借住宅의 일부가 住居 외의 목적으로 사용되는 경우에도 住宅賃貸借保護法의 적용대상으로 하였다. 그 경위는 우리 나라의 建物 구조상 거주 겸 영업용의 兼用建物을 전부 또는 일부 賃貸借하는 경우를 많이 볼 수 있는데,[9] 이러한 兼用建物의 賃貸借가 住宅賃貸借保護法에 의한 보호대상이 되는가를 둘러싸고 住宅賃貸借保護法의 制定 당시부터 논란이 있었기 때문에 1차 改正時 위와 같은 建物도 住宅賃貸借保護法의 적용대상으로 하여 보호하여야 한다는 各界의 의견[10]에 따라 住宅賃貸借保護法의 적용대상에 포함시킨 것이다.

(2) 그러나 그렇다고 문제가 다 해결된 것은 아니다. 왜냐하면 어느 정

7) 崔 鍾, "競賣節次에 있어서 賃借人", 司論(18), 433.
8) 朴泰永(註 4), 443; 李範柱(註 4), 166; 李鎭江, 住宅賃貸借保護法令·假登記擔保等에 관한 法律解說(增補版, 1985), 29면.
9) 예컨대 1층은 점포로 사용하면서 2, 3층에서 住居生活을 한다든지, 방 한 칸이 딸린 구멍가게를 賃貸하여 영업을 하면서 그 방에서 住居生活을 하는 경우. 다만 근래에 많이 등장하는 이른바 住商複合建物의 경우는 商街用과 住居用이 대개 구분소유의 대상으로 되므로 문제가 되지 아니한다.
10) 法務部, 民事法改正試案에 대한 各界意見書(1982), 19 이하.

도의 兼用建物 다시 말해 賃借住宅의 어느 정도의 일부가 非住居用인 경우에 住宅賃貸借保護法의 적용대상으로 삼을 것인가 하는 문제가 여전히 남아 있기 때문이다. 이에 관하여는 다음의 4가지 견해가 대립된다. 즉,

첫째, 賃借住宅을 전체적으로 보아 住居用部分이 主가 되고 非住居用部分을 부수적으로 사용하는 경우에는 이를 住居用建物로 보아 住宅賃貸借保護法을 적용하고, 그 반대의 경우는 적용을 배제하여야 한다는 견해,[11)]

둘째, 賃借住宅의 住居用部分과 非住居用部分을 대비하여 非住居用部分의 면적이 작을 경우에만 위 法條上의 일부에 해당한다고 보아 住宅賃貸借保護法을 적용하여야 한다는 견해,[12)]

셋째, 賃借住宅 중 非住居用部分의 廣狹을 불문하고 賃借人이 그 建物의 일부에서 일상생활을 영위하는 한 住宅賃貸借保護法을 적용하여야 한다는 견해,[13)]

넷째, 住宅賃貸借保護法이 賃借住宅의 일부를 住居外의 목적으로 사용하는 경우에까지 그 적용범위를 확대한 것은 賃借人의 住居生活의 안정을 社會法的인 차원에서 보호하고자 하는 데 그 취지가 있으므로 賃借住宅의 전면적 중 住居用部分과 非住居用部分을 형식적으로 대비할 것이 아니라 賃借人의 住居生活의 안정을 보장하는 데 중점을 두고 賃貸借의 목적 기타 개별적·구체적 상황을 참작하여 일부의 개념을 정해야 한다는 견해[14)] 등이 그것이다.

위 4가지의 견해를 검토하여 보면, 둘째 설이 간명하기는 하나 너무 형식

---

11) 朴泰永(註 4), 447; 李鍵浩 "住宅賃貸借保護法 改正試案의 問題點", 大韓辯護士協會誌(82.10), 22-3; 李英大, "住宅賃借權의 對抗力", 제15기 사법연수생논문집(1985), 61; 河慶一, 實務 競賣와 住宅賃貸借保護法(1987), 181; 大判 87.4.28, 86다카2407(公 87년, 886); 大判 93.10.8, 93다25738(公 93년 3047); 서울民事地判 85.7.9, 84가합5893(新聞 85.8.5.字), 8; 釜山地判 84.5.16, 83가합4589(下集 84, 2), 274.

12) 獨逸의 舊賃借人保護法(Mieterschutzgesetz, 1923)이 취한 견해로서, 韓國民事法學會, 民事法改正意見書(1982), 85(金學東)은 이 입장으로 보인다.

13) 高翔龍, "住宅賃貸借保護法의 問題點과 그 改善方案", 民事法學 제4,5호(合倂號, 1985), 216; 李範柱(註 4), 164; 李相仁, "住宅賃貸借保護法 제8조의 少額保證金保護에 관련된 實務上 問題", 司法研究資料 16집, 414; 趙鍾炫, "住宅賃借權의 住居保護", 高昌鉉紀念論文集, 452.

14) 尹天熙, 改正住宅賃貸借保護法解說(1984), 12; 李胤承(註 4), 152-53; 李鎭江(註 8), 29.
大判 88.12.27, 87다카2024(公 89년, 224)는 이러한 입장에서 "건물의 일부가 임대차의 목적이 되어 주거용과 비주거용으로 겸용되는 경우에는 구체적인 경우에 따라 그 임대차의 목적, 전체 건물과 임대차 목적물의 구조와 형태 및 임차인의 임대차 목적물의 이용관계 그리고 임차인이 그 곳에서 일상생활을 영위하는지 여부 등을 아울러 고려하여 합목적적으로 결정하여야 할 것이다. … 위 법조(住宅賃貸借保護法 제2조: 筆者 註)의 후단 규정이 반드시 주된 목적이 주거용에 있는 주거용 건물의 일부가 주거 이외의 목적으로 사용되는 경우만을 대상으로 하는 것은 아니라고 할 것"이라고 判示하였다.

논리적이며 獨逸의 舊賃借人保護法에서와 같은 명문의 규정이 없는 한 쉽게 찬성하기 어렵고, 셋째 설은 賃借建物의 大部分이 非住居用이고 住居用은 극히 일부인 경우에도 적용되게 되어 "賃借住宅의 일부가 住居外의 목적으로 사용되는 경우" 라는 法文의 표현에 비추어 지나친 해석이라고 보이며, 넷째 설은 너무 추상적이라 실제문제의 해결에 어려움이 있다고 보인다. 결국 첫째 설이 가장 무난하다고 생각된다.

다만 그 경우 또다른 문제가 있으니 住居用, 非住居用의 主從을 구별하기가 어려울 때는 어찌할 것인가 하는 점이다. 主從關係를 구별하기 어려울 정도로 住居用의 비중이 크다면 賃借人 보호의 견지에서 住宅賃貸借保護法의 적용대상에 포함시켜야 한다고 볼 것이다.[15]

(3) 이상은 兼用住宅에 관한 현행 住宅賃貸借保護法의 解釋論이다. 한편 立法論으로 제기되는 것을 살펴보면, 위 셋째 설이 주장하는 바와 같이 非住居用部分의 廣狹을 불문하고 賃借人이 그 建物의 일부에서 일상생활을 영위하는 한 이를 보호할 필요성을 부인할 수 없을 뿐만 아니라 住居와 非住居의 兼用 내지 混用建物이 급증하는 게 현재의 추세임에도 위와 같이 住宅賃貸借保護法의 적용기준이 모호하여 분쟁의 소지가 많다면 賃借人 보호라는 법의 취지를 살려 住賃 §2 후단을 "賃借住宅의 일부가 住居外의 목적으로 사용되는 경우와 住宅이 아니라 하더라도 賃貸借契約 당시 住居와 非住居로 兼用 또는 混用하고 있는 建物"로 改正하자는 案이 2차 改正時(1989. 12. 30.) 舊平民黨案으로 국회에 제출되었었다(다만 위 案의 체계는 §2 Ⅱ으로 하고 있었다).

한 걸음 나아가 ― 住宅賃貸借保護法이 制定되면서부터 제기된 것이기도 하다 ― 賃借人 보호의 필요성은 住宅賃借人에 한하는 것이 아니라 영세한 소형점포와 같은 營業用建物의 賃借人도 마찬가지인데 이를 제외시킬 이유가 없지 아니한가 하는 견해가 또한 유력하다.[16] 경제적 強者인 建物의 賃貸人이 그의 유리한 지위를 이용하여 弱者인 賃借人을 매우 불리하게 만듦으로써 賃借人의 경제적 안정을 해할 뿐만 아니라 물가앙등을 가속화시키는 현상이 두드러지므로 이의 조정도 住宅賃貸借의 보호 못지않게 요구된다는 것이다. 이러한 주장에 대하여는 그 보호의 필요성을 인정하면서도 營業用建物의 賃貸借

15) 朴泰永(註 4), 447-48.

16) 李範柱(註 4), 163; 玄勝鍾, "傳貫權 및 賃借權의 강화", 民事法改正意見書(1982), 8; 李銀榮, "住宅賃貸借保護法의 改正에 관한 硏究", 法曹(82. 4), 18-19; 金容漢, "民法上賃貸借와 住宅賃貸借保護法", 考試界(83. 6), 39.

에 관하여 특별법을 새로 制定하는 게 바람직하다는 反論이 있고,[17] 그렇게 되면 같은 성질의 법이 또 내용에 있어서도 거의 같은 법이 2중으로 制定되는 결과가 되어 바람직하지 않다는 再反論이 前者의 입장에서 다시 제기된다. 아무튼 前者의 입장에서는 住宅賃貸借保護法을 아예 "建物賃貸借保護法"으로 이름을 바꿔 적용범위를 둘러싼 시비를 없애고, 궁극적으로는 民法의 賃貸借에 관한 규정을 改正하여 이를 民法에 흡수하는 게 바람직하다고 주장한다.[18] 당장의 현실성이 없어 쉽게 찬성하기는 어려우나 傾聽할 만한 견해임에는 틀림없다.

Ⅱ. 賃 貸 借

1. 住宅賃貸借保護法의 적용을 받는 것은 住居用建物의 "賃貸借"에 한한다. 따라서 住居用建物의 使用貸借에는 住宅賃貸借保護法이 적용되지 아니한다. 賃貸借와 使用貸借의 구별은 借主가 貸借目的物의 사용수익에 대한 對價로서 貸主에게 반대급부를 제공하느냐의 여부에 의하는바, 반대급부가 반드시 금전일 필요는 없으나, 그 급부의 가치정도, 貸主와 借主의 人的 關係 등 제반사정을 고려하여 볼 때 그러한 급부 때문에 貸借關係가 이루어진 것으로 판단되어야 한다.[19] 설사 반대급부가 제공되더라도 그것이 예컨대 建物에 대한 公租公課金을 부담하는 정도에 불과한 것과 같이 대가로서의 의미를 지니지 못하여 貸借關係가 반대급부보다는 人的 關係에 치중하여 이루어진 것이라면 賃貸借로 보기 어렵다.

이와 관련하여 문제되는 것이 이른바 社宅의 利用關係이다. 社宅은 사용자가 자기가 고용하고 있는 종업원에게 住居用으로 제공하는 住宅을 말한다. 社宅은 그 거주자가 종업원의 지위에서 제공을 받는 것이기 때문에 사용료가 대체로 저렴하며 해고나 퇴직 등의 사유로 종업원의 지위를 상실한 때에는 곧바로 返還하기로 約定 ── 明示的이든 默示的이든 ── 下에 利用關係가 설정되는 것이 보통이다. 이러한 社宅의 利用關係를 使用貸借로 볼 것이냐 아니면 賃貸借로 볼 것이냐는 매우 어려운 문제이다. 한마디로 社宅이라 하여도 그

17) 高翔龍(註 13), 247.
18) 韓國民事法學會, 民事法改正意見書(1982), 74-5(玄勝鍾).
19) 朴泰永(註 4), 451.

형태가 기숙사·독신자숙소·單獨住宅·아파트·聯立住宅 등 다양하고 社宅의 사용료도 완전 無償에서부터 적게는 社宅에 부과되는 公租公課 상당액, 많게는 일반사회에서의 借賃 상당액에 이르기까지 다양하기 때문에, 社宅의 利用關係를 일률적으로 정하는 것은 사실상 불가능하다. 결국 社宅의 利用關係가 雇傭關係에 완전히 흡수되어 있느냐의 여부, 數人이 1실을 공동으로 사용하느냐 아니면 각자 독자적으로 사용하느냐의 여부, 사용료의 多寡 등을 종합적으로 고려하여 賃貸借 여부를 판단하는 수밖에 없다.[20]

2. 住宅의 賃貸借라 하더라도 그것이 단순히 일시사용을 위한 것일 때에는 住宅賃貸借保護法이 적용되지 아니한다(§11). 그러나 住宅의 이른바 債權的 傳貰에 대하여는 住宅賃貸借保護法이 準用된다(§12). 상세는 後述하는 각 해당 條文의 解說 참조.

[閔 日 榮]

第 3 條(對抗力 등)

① 賃貸借는 그 登記가 없는 경우에도 賃借人이 住宅의 引渡와 주민등록을 마친 때에는 그 翌日부터 第三者에 대하여 효력이 생긴다. 이 경우 轉入申告를 한 때에 주민등록이 된 것으로 본다.

② 賃借住宅의 讓受人(기타 賃貸할 權利를 承繼한 자를 포함한다)은 賃貸人의 지위를 承繼한 것으로 본다.

③ 民法 第575條 第1項, 第3項 및 第578條의 규정은 이 법에 의하여 賃貸借의 목적이 된 住宅이 賣買 또는 競賣의 目的物이 된 경우에 이를 準用한다.

④ 民法 第536條의 규정은 第3項의 경우에 이를 準用한다.

---

20) 朴泰永(註 4), 459; 李範柱(註 4), 166.
이에 대하여 註釋各則 Ⅱ, 286은 社宅이 雇傭契約을 전제로 한 것인가를 고려하여, 雇傭契約과는 전혀 관계 없는 별개의 독립된 住宅使用關係의 존부에 따라 住宅賃貸借保護法의 적용 여부를 결정하여야 한다고 하나, 雇傭契約과는 전혀 관계 없는 住宅使用關係라면 이는 애당초 社宅의 利用關係 문제에 해당하지 아니할 것이므로 同語反復에 지나지 않는다 할 것이다.

차 례

Ⅰ. 概 說
Ⅱ. 對抗力 取得의 要件과 時期
1. 對抗力 取得의 要件
2. 對抗力 取得의 時期
3. 對抗力의 存續
Ⅲ. 對抗力의 內容
1. 賃貸人의 地位의 承繼
2. 具體的 檢討
Ⅳ. 讓渡人의 擔保責任
1. 立法趣旨
2. 要 件
3. 效 果
4. 同時履行

Ⅰ. 概 說

本條는 不動産賃借權의 物權化의 주요 내용인 對抗力의 강화에 관한 條文으로서, 그 성질상 住宅賃貸借保護法의 핵심적인 條文이라 할 수 있다. 賃貸借는 債權契約이기 때문에 원칙적으로 登記하여야 對抗力이 생기는 것이 民法上의 기본원칙인데(民 § 621), 賃貸人의 우월적인 지위 등의 사유로 인하여 그러한 登記가 잘 행하여지고 있지 아니한 거래실정을 고려하여(民法解說 § 621의 I 참조), 本條는 登記 없이도 引渡와 주민등록만으로 賃貸借에 對抗力을 부여하고 있다(本條 I). 그런데 住宅賃貸借保護法이 制定된 후 賃借人이 취득하는 對抗力의 내용이 무엇이냐를 둘러싸고 논의가 분분하자 1983. 12. 30. 1차 改正時 本條 Ⅱ을 신설하여 입법적인 해결을 꾀하였다.

한편 住宅의 引渡와 주민등록만으로 賃借權이 對抗力을 쉽게 취득하는 결과 그러한 賃借權이 있는 住宅의 賣買 또는 競賣時에 買受人 또는 競落人이 불측의 손해를 보는 경우가 생길 수 있기 때문에, 그에 대한 대책으로 制限物權이 있는 물건의 賣買의 경우의 賣渡人의 擔保責任에 관한 民法의 규정을 準用하도록 하여 買受人 또는 競落人을 보호하고 있다(本條 Ⅲ·Ⅳ).

외국의 입법례로는, 佛民 § 1743이 "賃貸人이 賃貸物을 매도한 경우에 買受人은 공정 또는 정확한 日附가 있는 證書에 의하여 賃貸借契約을 체결한 農地賃借人 또는 住宅賃借人에 대하여 引渡請求를 할 수 없다. 다만, 賃貸借契約時 賃貸人이 권리를 留保한 때에는 그러하지 아니하다"고 하고 있고, 日本借地借家法 § 31 I이 "建物의 賃貸借는 登記를 하지 않더라도 建物을 引渡받은 때에는 그 후 建物에 관하여 物權을 취득한 자에 대하여 효력이 생긴다"고 하고 있다.

Ⅱ. 對抗力 取得의 要件과 時期

1. 對抗力 取得의 要件

住宅의 引渡와 주민등록만으로 登記 없이도 賃借人은 賃借權의 對抗力을 취득한다.

(1) 引　渡

引渡는 占有의 이전을 말하며, 현실의 引渡뿐만 아니라 民法上 占有의 이전 방법으로 인정되는 簡易引渡, 目的物返還請求權의 讓渡에 의한 引渡, 占有改定에 의한 引渡 등을 모두 포함한다.[1] 占有改定에 의한 引渡는 제외하여야 한다는 견해[2]도 있으나, 引渡 이외에 주민등록을 또 하나의 요건으로 하는 현행 住宅賃貸借保護法上으로는 이를 제외시킬 이유가 없다고 본다.[3] 目的物返還請求權의 讓渡에 의한 引渡도 제외하는 견해[4]가 있으나, 역시 그럴 이유가 없다.

(2) 주민등록

㈎ 住宅賃貸借保護法은 對抗力 취득의 요건으로 引渡 이외에 賃借人의 주민등록을 요구한다.[5] 외국의 입법례[6]에서는 찾아볼 수 없는 특이한 요건이다. 引渡가 公示方法으로 불완전하다는 데서 이를 추가한 것이다. 따라서 주민

---

1) 高翔龍, "住宅賃貸借保護法 중 對抗力 등의 諸問題", 新聞(81. 6. 29), 4; 高龍喆, "住宅賃貸借保護法에 관한 硏究", 忠南大論文集 16 권(88. 12), 388; 金聖滿, "少額賃借保證金의 優先辨濟權에 있어서의 問題點", 月報(85. 12), 40; 尹天熙, 新住宅賃貸借保護法(1981), 80; 李範柱: "住宅賃借權의 對抗力", 方順元紀念論文集, 170; 李英大, "住宅賃借權의 對抗力", 제15기 사법연수생논문집(1985), 70; 林炳賢, "住宅賃貸借保護法에 관한 小考", 中央大學校法政論叢 23 집(83. 12), 137; 趙永晃, "住宅賃貸借保護法逐條解說", 司行(84. 6), 100; 趙容完, "賃貸借의 對抗力", 裁判資料 32 집, 468.

2) 李相仁, "住宅 賃貸借保護法 제 8 조의 少額保證金保護에 관련된 實務上 問題", 司法硏究資料 16집, 423; 李胤承, "住宅賃貸借에 있어서 少額賃借人의 保護", 司論(19), 159; 李銀榮, "住宅賃貸借保護法의 改正에 관한 硏究", 法曹(82. 4), 20; 李鎭江, 住宅賃貸借保護法令·假登記擔保等에 관한 法律 解說(增補版, 1985), 36; 李漢吉, "住宅賃貸借保護法에 관한 小考", 立法調査月報(87. 5), 43; 河慶一, 實務 競賣와 住宅賃貸借保護法(1987), 340.

3) 趙容完(註 1), 468.

4) 李胤承(註 2), 159; 河慶一(註 2), 340.

5) 주민등록은 적법한 것이어야 함은 물론이다. 住宅賃借人에의 對抗力 부여는 다른 利害關係人을 희생하면서까지 賃借人의 안정된 住居生活을 보호하려는 사회정책적인 배려인바, 이러한 특별보호를 실제 거주하지 않으면서 주민등록만 허위로 하고 있는 賃借人에게 부여하는 것은 옳지 않기 때문이다(李範柱〈註 1〉, 169; 李銀榮, 330).

6) 외국의 입법례에 관하여는 高翔龍, "傳貰制度의 再檢討", 金曾漢紀念論文集(1981), 340 이하; 金學東, "獨逸에서의 賃借人保護法 및 借賃法", 法曹(82. 4), 34 이하; 同, "獨逸에서의 住宅賃貸借保護法의 變遷", 司行(82. 3), 21 이하; 李相赫, 不動產賃貸借의 現代的 法理(1987), 198 이하 등 참조.

등록의 대상이 되지 아니하는 자(대한민국 국민 중에서 海外移住를 포기하지 아니한 海外移住者. 住民登錄法 §6 Ⅲ)는 住宅賃貸借保護法에 의한 對抗力을 취득할 수 없고, 法人도 주민등록이 불가능하므로 마찬가지이다.[7] 외국인은 주민등록의 대상은 되지 아니하나(住民登錄法 §6 Ⅰ), 출입국관리법에 의한 居留申告(同法 §27)로서 주민등록의 신고에 갈음하고 同法에 의한 외국인등록표(同法 §35)로 주민등록표에 갈음하므로(住民登錄法施行令 §6), 居留申告 및 외국인등록을 한 외국인은 주민등록을 한 것과 마찬가지로 보호를 받는다고 할 것이다.[8]

그러나 "주민의 居住關係를 파악하고 常時로 인구의 動態를 명확히 하여 行政事務의 適正하고 簡易한 처리를 도모함을 목적"(住民登錄法 §1)으로 하는 순수한 행정상의 제도인 주민등록제도를 住宅賃貸借保護法에 결부시킨 것에 대하여는

---

7) 趙容完(註 1), 469. 반대 서울고등법원 1996. 1. 9. 선고 95나21398 판결(新聞 96. 2. 12. 자 12면)은 법인인 회사가 직원의 복지를 위하여 주택을 임차하고 그 직원으로 하여금 주민등록을 마치고 거주하게 한 경우에는 그 직원은 회사의 점유보조자 내지는 회사로부터 점유사용을 허락받은 직접점유자에 해당한다 하여 그 직원의 주민등록이 적법하다면 법인인 회사는 임차인으로서 주택임대차보호법의 보호를 받는다고 한다.

8) 李鍵浩, "住宅賃貸借紛爭에 관한 法律相談의 實情", 法曹春秋 134호(1986), 107; 趙鍾炫, "住宅賃借權의 住居保護", 高昌鉉紀念論文集, 450.

서울民事地判 93. 12. 16. 93가합73367(하급심판결집 1993년 3권, 268면): "과연 원고와 같은 외국인의 경우에는 출입국관리법(1992. 12. 8. 법률 제4522호로 전문개정되기 전의 것, 이하 같다)상의 거류신고나 거류지변경신고(위 전문개정된 법률의 시행 이후에는 외국인등록 또는 체류지변경신고)로써 주택임대차보호법 제3조의 2 제1항, 제3조 제1항 소정의 주민등록에 갈음할 수 있는 것인지에 대하여 보건대, 시·군·구의 주민의 성명, 성별, 생년월일, 주소 등을 등록하게 함으로써 주민의 거주관계를 파악하고 상시로 인구의 동태를 명확히 하여 행정사무의 적정하고 간이한 처리를 도모하기 위하여 제정된 주민등록법에서는 30일 이상 거주할 목적으로 관할구역 안에 주소 또는 거소를 가진자는 그 시·군·구의 장에게 주민등록 또는 그 변경신고를 하여야 하며 그 의무위반자에 대하여는 벌칙에 처하거나 과태료를 부과할 수 있는 것으로 규정하면서 외국인은 예외로 하고 있고(위 법 제1, 6, 11, 14, 20, 21조), 한편 대한민국에 입국하거나 대한민국으로부터 출국하는 모든 사람의 출입국관리와 대한민국에 체류하는 외국인의 등록 등에 관한 사항을 규정하기 위하여 제정된 출입국관리법에서는 외국인은 원칙적으로 위 법에서 정하는 체류자격을 가진 자로서 유효한 여권 또는 선원수첩과 법무부장관이 발급한 사증을 가진 자만이 입국하여 국내에 거류할 수 있는데, 국내에 거류하고자 하는 외국인은 입국한 날로부터 90일 이내에 그 거류지를 관할하는 출입국관리사무소장에게 거류신고를 한 후 그로부터 14일 이내에 거류지를 관할하는 시·군·구의 장은 외국인등록대장과 외국인등록표를 비치하고 외국인등록사항을 기재하고, 외국인이 거류지를 변경할 경우에는 전거류지의 관할 시·군·구의 장에게 전출신고를, 신거류지의 관할 시·군·구의 장에게 전입신고를 하여야 하며 외국인이 위 등록 또는 신고의무에 위반할 경우에는 벌칙에 처할 수 있는 것으로 규정하고 있는데(위 법 제1, 7, 9, 15, 27, 34, 35, 36, 82, 85조), 주민등록법에서 위임된 사항과 그 시행에 필요한 사항을 규정함을 목적으로 하여 제정된 주민등록법시행령 제6조에서 외국인의 주민등록에 관한 신고는 출입국관리법에 의한 거류신고로써 갈음하며, 외국인의 주민등록표는 출입국관리법에 의한 외국인등록표로써 갈음한다고 규정하고 있으므로, 외국인인 원고로서는 위와 같이 출입국관리법에 의한 거류지변경신고를 함으로써 거래의 안전을 위하여 임차권의 존재를 제3자가 명백히 인식할 수 있는 공시의 방법으로 마련된 주택임대차보호법 제3조의 2, 제3조 제1항 소정의 주민등록을 마쳤다고 볼 것이다."

반대 趙容完(註 1), 469.

처음부터 비판이 많았다. 本條 I 後文이 비록 轉入申告時를 주민등록시로 본다고 규정하고는 있으나, 移徙 당일에 轉入申告를 한다는 것은 사실상 어려운 실정이기 때문에 이사 후 轉入申告 전에 당해 住宅이 賣買되거나 擔保物權이 설정됨으로써 賃借人의 對抗力 취득이 배제되는 결과를 초래하는 일이 일어날 수 있다.

이런 폐단을 막기 위한 궁여지책으로 住民登錄法이 정한 "행정상의 절차로 인하여 전입신고가 지연된 경우에 그 기간의 공백으로 연유한 불이익을 임차인한테 전가시키는 것은 주택임대차보호법의 입법취지에도 부합하는 것이 아니므로 이러한 경우에는 위 법 제3조가 정한 임대차의 대항력은 동조 소정의 주민등록을 주민등록법 소정의 기간 내에 전입신고를 이행하지 않음을 해제조건으로 하여 인도의 익일부터 취득한다"고 해석한 下級審判決[9]이 나오기에 이르렀고, 많은 학자들이 위 判決을 지지한다.[10] 또한 주민등록은 對抗力의 존속요건도 된다 하여 賃借人이 은행융자 등의 목적으로 일시적이나마 주민등록을 이전한 경우에도 對抗力을 상실한다고 하면서도,[11] 한편으로는 가족이 占有하면서 주민등록을 그대로 두는 한 賃借人의 일시적인 주민등록 이전은 對抗力을 상실케 하지 않는다는 判例[12]도 있다.

그런데 이러한 判決들은 어디까지나 편법에 지나지 아니하며, 근본적으로는 주민등록이라는 異質的인 요건을 住宅賃貸借保護法에서 삭제하는 것이 바람직하다고 주장하는 학자들이 많다.[13]

9) 서울高判 82.5.28, 82나231(新聞, 82.6.14), 8.

10) 高翔龍 "住宅賃貸借保護法상 對抗力의 發生要件", 新聞(82.7.26), 11; 權龍雨, "住宅賃借權의 對抗力의 取得과 存續", 月報(89.5), 35; 李範柱(註 1), 171; 李英大(註 1), 75; 李胤承(註 2), 170; 李銀榮, 330; 李鎭江(註 2), 50-1.

11) 大判 87.2.24, 83다카1695(公 87년 524). 이 判決의 事案은 賃借人이 對抗要件을 모두 구비한 다음 抵當權이 설정되었고, 그 후 賃借人이 주민등록만을 6개월간 다른 곳으로 이전하였다가 다시 원상태로 회복하였는데, 그 후 抵當權者의 抵當權 실행으로 競落받은 자가 賃借人을 상대로 賃借住宅의 明渡를 請求한 것이다. 이에 대하여 原審判決은 賃借人의 對抗力이 존속한다고 판시하였으나, 大法院은 對抗力이 소멸하였다고 한 것이다.
이에 대한 評釋으로 尹天熙, "住宅賃借權의 對抗力의 得失에 關한 問題(上, 下)", 月報(87.5(上)), 46 이하 및 月報(87.6(下)), 49 이하는 判旨에 반대하여 주민등록의 이전 후 복원 사이에 새로운 이해관계인이 생기지 않은 이상 對抗力이 존속한다고 한다. 반면 李載坤, "住民登錄의 退去와 住宅賃借權의 對抗力 喪失", 大法院判例解說 7호, 79 이하는 判旨에 찬성한다.

12) 大判 89.1.17, 88다카143(集 37-1, 18). 이 判決에 대한 評釋으로 權龍雨(註 10), 33 이하 참조.

13) 韓國民事法學會, 民事法改正意見書(1982), 44(玄勝鍾); 高翔龍, "住宅賃貸借保護法의 問題點과 그 改善方向", 民事法學 제4, 5호(合併號, 1985), 224; 李範柱(註 1), 171; 李銀榮(註 2), 19. 筆者도 한때는 이 견해에 同調하였다(閔日榮, "住宅賃貸借法에 관한 諸問題", 民判硏 XII, 465).

그러나 賃借人의 주민등록은 賃貸住宅에 관한 거래의 원활과 안전이라는 관점 및 제8조의 少額保證金의 優先辨濟制度의 악용(이에 관하여는 §8의 解說에서 詳述한다) 방지라는 필요성에 비추어 그 의의를 무시할 수 없기 때문에 새삼스레 이 요건을 삭제할 것은 아니라고 할 것이다.[14)]

아무튼 주민등록을 對抗力 취득의 요건에서 삭제하고 引渡만에 의하여 對抗力을 인정한다고 할 경우에는, 前述한 引渡의 방법에서 賃借人의 거주를 수반하지 아니하는 占有改定에 의한 引渡는 제외하여야 할 것이다. 왜냐하면 예컨대, 住宅의 所有者가 賃貸借契約을 체결하고도 종전과 같이 占有를 계속하면서 다만 賃借人에게 引渡한 것으로 하고 당분간 賃借人으로부터 使用貸借 혹은 賃借받은 경우에 당해 住宅을 매수하거나 擔保物權을 취득하려는 제3자로서는 그 住宅의 賃貸 여부를 알기 어렵기 때문이다.

(나) 賃借人이 占有補助者에 의하여 賃借住宅을 占有하는 경우[15)]에는 占有補助者의 주민등록만에 의하여 賃借人이 對抗力을 취득할 수 있다는 견해가 多數說·判例이다.[16)] 그 논거는 占有補助者는 타인의 지시를 받아 占有하는 것으로서 그 타인만을 占有者로 보므로 占有補助者의 주민등록도 그 타인을 위한 것으로 해석할 것이기 때문이라고 한다.

그러나 실제로 占有하는 자가 누구이냐와 주민등록을 한 자가 누구이냐는

주민등록을 對抗要件에서 삭제하여야 한다는 주장이 1983. 12. 30. 1차 改正時에도 강력히 제기되었으나 정부측의 반대로 관철되지 못했으며(李鎭江〈註 2〉, 52-3), 정부측의 반대이유는 "인구의 동태를 명확히 파악할 필요가 있으며 만약 賃借權의 對抗要件에서 주민등록을 삭제한다면 주민의 이동을 파악하기 어렵게 된다"는 데 있었다고 한다(高翔龍, "住宅賃貸借保護法中改正法律案에 관한 私見(上)", 新聞(89. 5. 5), 10.

1989. 12. 30.의 2차 改正時에도 前述한 舊平民黨에서 "賃借權의 發生時點이 주민등록시로 되어 있어 주민등록 전에 擔保權設定後 賣却, 轉入申告의 지연, 일시적인 주민등록의 이동 등에 따른 對抗力상실로 賃借人의 피해가 늘고 있다"는 이유로 주민등록이라는 요건을 삭제하자는 改正案을 내었으나 역시 채택되지 아니하였다.

14) 同旨 高龍喆(註 1), 389; 尹天熙(註 1), 83; 吳容鎬, "不動產競賣와 賃借權", 裁判資料 제36집, 370면; 李鎭江(註 2), 53. 단, 尹天熙, "住宅賃借權의 對抗力의 得失에 關한 問題(上)", 月報(87. 5), 50은 그 후 입장을 바꿔 삭제하여야 한다고 하고 있다.

15) 시골에 거주하는 부모가 학업 때문에 자식을 도시로 보내면서 자식의 거주를 위하여 住宅을 賃借하는 경우가 전형적인 예이다.

16) 姜鐘快, "住宅賃借權의 讓渡 轉貸와 對抗力의 承繼", 大法院判例解說 9호, 98; 李範柱(註 1), 169; 李胤承(註 2), 160; 趙容完(註 1), 471; 趙鍾炫(註 8), 450. 또한 崔鍾, "競賣節次에 있어서 賃借人", 司論(18), 435는 夫婦나 2촌 이내의 親族에 한하여 인정하는 것이 좋다고 한다.

한편 大判 87. 10. 26, 87다카14(公 87년 1779)는 妻의 주민등록으로 賃借人인 남편의 주민등록을 갈음할 수 있다고 하고(이 判決에 대한 評釋으로 李恭炫, "住宅賃貸借保護法上 對抗力要件으로서의 住民登錄對象者", 大法院判例解說 8호, 155 이하 참조), 大判 88. 6. 14, 87다카3093등(公 88년 1029)는 한걸음 더 나아가 子女의 주민등록만으로도 對抗力의 취득을 인정한다.

구별하여야 할 개념이 아닐까? 賃借人이 자기가 실제로 직접 占有하는 대신에 자기의 지시를 받는 占有補助者를 시켜 占有를 하는 경우에 賃借人을 占有者로 보는 것은 民法의 규정상(民 § 195) 그렇다 치더라도, 占有補助者의 주민등록으로 占有者의 주민등록까지 갈음한다는 것은 주민등록제도의 취지에도 맞지 아니할 뿐만 아니라, 그렇게 되면 前述한 주민등록의 대상이 아닌 자도 占有補助者를 통하여 주민등록을 함으로써 住宅賃貸借保護法의 적용을 받을 수 있다는 불합리한 결과가 된다. 私見으로는 占有는 占有補助者를 통하여 하더라도 주민등록만큼은 占有者가 하여야 한다고 봄이 옳다고 생각한다.

마찬가지로 間接占有의 경우에 直接占有者의 주민등록을 間接占有者의 주민등록으로 보는 것도 허용되지 아니한다고 할 것이다.[17] 따라서 賃借住宅을 賃貸人의 동의를 얻어 전부 轉借人에게 轉貸하고 賃借人은 주민등록을 퇴거한 경우에는 轉借人의 占有와 주민등록으로써 賃借人의 賃借權에 對抗力을 줄 수가 없으므로 轉貸借 역시 對抗力의 보호를 받지 못하는 결과가 된다. 轉貸借로 인하여 轉借人과 賃貸人 사이에 賃貸借關係가 생기는 것도 아니기 때문(前述한 民法 § 630의 解說 Ⅲ 참조)이다. 그러나 判例는 이러한 경우에 賃借人의 주민등록 퇴거일로부터 住民登錄法上의 轉入申告期間 내에 轉入申告를 마치고 住宅을 引渡받아 占有를 계속하고 있다면 비록 위 轉貸에 의하여 賃借權의 公示方法인 占有와 주민등록이 변경되었다 하더라도 원래의 賃借人이 갖는 賃借權의 對抗力이 소멸하지 아니하고 동일성을 유지한 채로 존속한다고 한다.[18] 賃借權이 讓渡된 경우는 讓受人이 賃借人으로서 새로이 直接占有하는 것이므로 위 判例의 논리가 적용될 수 있겠으나(위 判例는 賃借權의 讓渡의 경우도 위 논리를 그대로 적용하고 있다), 轉貸의 경우는 賃貸人과 轉借人 사이에 賃貸借關係가 생기지 아니하는 점에 비추어 위 논리에 찬성하기 어렵다.

㈐ 錯誤로 주민등록대상자의 성명이 잘못 기재되거나 賃貸借建物의 地番과 다른 地番에 주민등록이 된 경우에 관하여 判例[19]는,

> "주택임대차보호법 제3조 제1항에서 주택의 인도와 더불어 대항력의 요건으로 규정하고 있는 주민등록은 거래의 안전을 위하여 임차권의 존재를 제3

17) 同旨 李胤承(註 2), 160; 趙容完(註 1), 471; 崔 鍾, 436. 반대 李範杜(註 1), 169.

18) 大判 88.4.25, 87다카2509(集 36-1, 181).
이 判決에 대한 評釋으로 姜鐘快(註 16), 93 이하 및 尹天熙, "住宅賃借權의 讓渡轉貸時의 對抗力 存續要件에 관한 問題", 月報(89.5), 39 이하 참조.

19) 大判 87.11.10, 87다카1573(集 35-3, 245). 이 判決에 대한 評釋으로 李恭炫, "住宅賃貸借保護法上 對抗力要件으로서의 不實한 住民登錄", 大法院判例解說 8호, 165 이하 참조.

자가 명백히 인식할 수 있는 공시방법으로 마련된 것이라고 볼 것이므로 주민등록이 어떤 임대차를 공시하는 효력이 있는가의 여부는 일반 사회통념상 그 주민등록으로 당해 임대차건물에 임차인이 주소 또는 거소를 가진 자로 등록되어 있는지를 인식할 수 있는가의 여부에 따라 결정된다고 할 것이다. 원심이 적법히 확정한 바에 의하면 이 사건 건물의 지번은 이리시 남중동 97의 40인데 피고는 1973. 7. 29. 같은 동 97의 7에 주민등록(전입신고)을 하였다가 그 후 1984. 8. 3.경 관계공무원이 직권정정을 하면서 같은 날 같은 동 97의 40으로 전입신고가 있었던 것처럼 기재하는 방식으로 정정하였다는 것이니 그렇다면 이 사건 건물의 실제 지번과 명백하게 불일치한 같은 동 97의 7로 된 피고의 주민등록은 이 사건 임대차의 공시방법으로서 유효한 것이라고 할 수 없고, 실제 지번에 맞게 주민등록이 정리된 이후에야 비로소 대항력을 취득하였다고 볼 것이다"

고 하고 있다.[20)]

다만, 위 判例는 轉入申告 자체가 잘못된 경우에 관한 것이고, 賃借人의 轉入申告는 올바르게 되었는데 담당공무원의 착오로 주민등록표상에 잘못 기재된 경우에 관하여는 判例[21)]가

"주택의 임대차는 그 등기가 없는 경우에도 임차인이 주택의 인도와 주민등록을 마친 때에는 제3자에 대하여 대항할 수 있는 것이고 이 경우 전입신고를 하면 주민등록이 된 것으로 간주하는 것이다(주택임대차보호법 제3조 제1항). 임차인이 전입신고를 올바르게(즉 임차건물 소재지 지번으로) 하였다면 이로써 그 임대차의 대항력이 생기는 것이므로 설사 담당공무원의 착오로 주민등록표상에 신거주지 지번이 다소 틀리게 기재되었다 하여 그 대항력에 소장을 끼칠 수는 없다 할 것이다. 피고가 이 사건 건물 일부를 임차 입주하여 그 전입신고를 함에 있어 그 건물소재지 지번인 안양시 안양동 545의 5로 바로 기재하였는데도 담당공무원이 실수로 주민등록표의 신거주지를 안양동 545의 2로 잘못 기입한 것이라면(그 후 피고의 요청에 의하여 그 착오도 정정되었다) 피고의 전입신고는 적법한 것이어서 이로써 그 임대차는 제3자에 대하여 효력이 있다 할 것이다"

고 하고 있음에 유의할 필요가 있다.

2. 對抗力 取得의 時期

(1) 賃借權의 對抗力은 引渡 및 주민등록을 마친 다음 날부터 발생한다(本條 I 前文). 그런데 舊住民登錄法(1993. 12. 27. 법률 제4608호로 개정되기 전의 것)下에서는 주민등록의 移轉의

20) 또한 大判 89. 6. 27, 89다카3370(公 89년 1161) 및 大判 90. 5. 22, 89다카18648(公 90년 1344) 참조.

21) 大判 91. 8. 13, 91다18118(公 91년 2356).

경우에 前住居地에서의 退去와 新住居地에서의 轉入이 곧바로 연결되지 아니하고 그 사이에 공백이 생긴다는 이유로 下級審判決 중에는 前述한 바와 같이 住民登錄法 소정의 期間 내에 轉入申告를 이행하지 않을 것을 解除條件으로 하여 引渡받은 다음 날부터 對抗力을 취득한다고 본 判決이 있고 많은 학자들이 이 判決을 지지하고 있었다. 그러나 舊住民登錄法下에서도 舊居住地로부터 新居住地로 주민등록표가 送付되기 전이라도 舊居住地에서 退去申告를 하고 받은 접수증을 제시하면 新居住地에서의 轉入申告가 가능하였으며(同法施行令 §14), 그 후에 주민등록표가 送付되어 와 변동일자가 기재되더라도 轉入申告를 한 때에 遡及하여 주민등록이 된 것으로 보므로(本條 I 후문; 住民登錄法 시행규칙 3의 2는 주민등록표에 轉入申告日字를 기재하도록 하고 있다) 위 判決이나 學說들이 우려하는 賃借人의 불측의 손해는 걱정할 것이 못되었다. 더구나 1994. 7. 1.부터 시행되는 改正된 住民登錄法(1993. 12. 27, 법률 제4608호)下에서는 아예 舊居住地에서의 退去申告制度를 없애고 新居住地에서 轉入申告만 하면 되도록 하였으므로(同法 §14) 위와 같은 문제는 더더욱 걱정할 것이 못된다.

나아가 무엇보다도 도대체 法文이 엄연히 "引渡와 주민등록을 마친 때에는 그 翌日부터" 對抗力을 취득한다고 규정하고 있는데 위 判決이나 學說들처럼 해석하는 것은 지나친 논리의 비약이라고 할 것이다. 따라서 글자 그대로 引渡 및 주민등록을 모두 마친 다음 날부터 對抗力이 생긴다고 봄이 타당하다.[22)]

(2) 對抗力은 引渡 및 주민등록을 "마친 때"부터가 아니고 그 "翌日"부터 발생한다. 법이 이처럼 규정한 것은 引渡 및 주민등록을 마친 날과 제3자 名義의 所有權移轉登記나 抵當權設定登記 등이 같은 날 행하여질 경우 그 先後 결정에 어려움이 생기는 것을 대비[23)]한 것으로 보인다.[24)] 그러나 그 결과로 午前에 住宅의 引渡 및 주민등록을 마친 賃借人이 같은 날 午後에 경료된 제3자 名義의 登記로 인하여 피해를 보는 사태가 발생할 수 있다. 그렇다면 先後 결정은 立證의 문제로 해결케 하고, 法文에서 "翌日"을 삭제하여 對抗要件이 갖추어진 순간부터 바로 對抗力이 발생토록 하는 게 옳지 않을까 한다.[25)]

(3) 주민등록이 된 것으로 보는 時點은 轉入申告를 한 때이다(本條 I 後文). 이

22) 同旨 朴鍾斗, "賃借權의 強化", 民法論選(下), 399; 趙容完(註 1), 471; 河慶一(註 2), 351.

23) "翌日"부터로 하면 그 날은 0시부터 시작되고, 같은 날 위 登記가 경료된다 한들 그 登記는 아무리 빨라도 오전 9시 전에는 이루어지지 아니할 것이므로 先後 결정에 어려움이 없다.

24) 尹天熙, "住宅賃借權의 讓渡, 轉貸와 對抗力", 新聞(89. 4. 10), 11.

25) 尹天熙(註 14), 53.

條項의 취지는 轉入申告는 하였는데 주민등록표가 舊居住地로부터 送付되어 오지 않아 주민등록이 늦어지는 경우 그를 기다려 주민등록표가 정리된 때를 주민등록시로 보게 되면 賃借人이 그 사이의 物權變動으로 불측의 손해를 보는 것을 막기 위한 것이다. 이러한 경우에 주민등록표에는 주민등록표가 구거주지로부터 送付되어 와 정리된 주민등록표의 變動日과 그보다 앞선 轉入日(轉入申告日)이 모두 기재된다. 그 중 對抗力의 발생기준이 되는 날은 轉入日임은 물론이다.

舊住民登錄法下에서는 위와는 반대로 주민등록표는 舊居住地로부터 진작 送付되어 왔는데 轉入申告가 늦어지는 경우를 흔히 볼 수 있었다. 이 때에도 주민등록표에는 轉入日(轉入申告日)과 變動日이 모두 기재되었으며, 前者의 경우와는 달리 轉入日이 變動日보다 後의 日字로 기재되었다. 그러면 이러한 경우에는 어느 날을 對抗力 발생의 기준일로 삼을 것인가? 住宅賃貸借保護法이 자기의 귀책사유로 轉入申告를 게을리한 賃借人을 주민등록의 變動日로 소급하여 보호할 것까지 요구하는 것은 아니라 할 것이므로 이 경우 또한 轉入日을 기준으로 삼아야 할 것이다.

결국 주민등록의 變動日과 轉入日(轉入申告日)이 다른 때에는 그 前後에 관계 없이 언제나 轉入日을 기준으로 對抗力의 발생시기를 정하여야 한다.

(4) 賃借住宅을 競賣 또는 滯納處分한 경우에 어느 시기까지 對抗要件을 구비하여야 賃借人이 競落人 또는 滯納處分에 의한 買受人에 대하여 對抗力을 주장할 수 있느냐는 경우에 따라 다르다.

(가) 먼저 賃借住宅에 抵當權, 假押留 또는 押留의 登記가 되어 있는 경우에는 그 중 가장 빠른 登記가 경료된 時點을 기준으로 하여 그 전까지 對抗要件을 구비하지 못하면 賃借人은 競落人에 대하여 자기의 賃借權을 주장하지 못한다.[26] 이 경우에 위와 같이 가장 빨리 登記를 경료한 抵當權者, 假押留權者 또는 押留權者가 스스로 競賣를 申請하거나 滯納處分을 할 것을 요하지 아니한다는 점에 유의할 필요가 있다. 즉 그보다 後順位의 抵當權者나 一般債權者가 競賣를 申請하거나 後順位의 債權에 기한 滯納處分을 하여도 마찬가지이다.

26) 李胤承(註 2), 172; 大判 83.4.26, 83다카116(集 31-2, 128)(이 判決에 대한 評釋으로 李在性, "押留된 住宅을 賃借한 賃借人의 地位", 月報(84.1), 137 이하 참조); 大判 87.3.10, 86다카1718(公 87년 636)(이 判決에 대한 評釋으로 李玲愛, "抵當權設定登記와 強制競賣申請 사이에 對抗力을 갖춘 賃借權의 對抗力", 大法院判例解說 7호, 71 이하 참조).

賃借人이 對抗要件을 구비한 후에 抵當權이 설정되고, 그 후에 賃貸借期間이 만료하더라도 賃貸借를 更新하면 賃貸借의 동일성이 계속 유지되기 때문에 對抗力도 여전히 존속한다. 다만, 賃貸借를 更新하면서 保證金을 증액한 경우에는 抵當權 설정 전의 保證金額에 한하여 競落人에게 대항할 수 있을 뿐, 抵當權 설정 후에 증액된 部分에 대하여는 對抗力이 생기지 않는다.[27] 抵當權 설정 후의 保證金 증액합의는 抵當權을 害하여 賃貸人과 賃借人 사이에서만 효력이 있고 抵當權者에게는 대항할 수 없기 때문이다.

(나) 다음에 賃借住宅에 抵當權, 假押留 또는 押留의 登記가 되어 있지 아니한 경우에는 競賣開始決定 혹은 滯納處分에 의한 押留의 효력이 발생하기 전까지만 對抗要件을 구비하면 賃借人은 競落人에 대하여 자기의 賃借權을 주장할 수 있다. 押留의 효력은 競賣의 경우에는 競賣開始決定이 債務者에게 송달된 때와 競賣開始決定의 記入登記가 행하여진 때 중 빠른 시기에 발생하고 (民訴 § 603 Ⅳ), 滯納處分의 경우에는 押留의 登記가 행하여진 때에 발생한다(國稅徵收法 § 47 Ⅰ). 여기서 한 가지 유의할 점은 競賣開始決定 또는 滯納處分에 의한 押留의 효력 발생 후에 비로소 경료된 抵當權, 假押留 또는 押留의 登記는 위와 같은 對抗力與否 판정에 있어 아무런 기준이 되지 못한다는 것이다. 그러한 抵當權者, 假押留權者 또는 押留權者는 이미 競賣申請債權者나 滯納處分廳에 대항할 수 없기 때문이다.

결국 어느 경우에나 競落人 또는 滯納處分의 買受人의 소유권 취득시(이는 競落代金 또는 買受代金의 完納時이다. 民訴 § 646의 2; 國稅徵收法 § 77 Ⅰ)는 기준이 아니라는 데 유의할 필요가 있다.

이러한 法理는 賃借住宅에 대한 所有權移轉登記請求權을 保全하기 위한 處分禁止假處分權者나 假登記權者에 대한 관계에서도 마찬가지이다.[28] 즉 이들이 위 假處分이나 假登記에 기하여 所有權移轉登記를 경료한 경우에 賃借人의 對抗力 여부 判斷時點은 對抗要件을 所有權移轉登記時가 아니라 假處分 또

27) 大判 90. 8. 24, 90다카11377(集 38-2, 196).
이 判決에 대한 評釋으로 金相容, "賃借保證金의 增額과 競落人에 對한 對抗力(上)", 新聞(91. 1. 14), 15는 判旨에 찬성하고, 池大雲, "賃借保證金 增額의 後順位根抵當權者에 대한 效果", 新聞(91. 3. 7), 11은 判旨에 반대한다.

28) 高翔龍, "住宅賃貸借保護法의 諸問題(Ⅰ)", 月報(82. 12), 20; 李胤承(註 2), 172; 崔鍾(註 16), 445-46.
다만 擔保假登記의 경우에는 假登記擔保등에 관한 法律 § 5 Ⅴ 에서 별도의 규율을 하고 있음에 유의하여야 한다. 同條項에 의하면 擔保假登記 후에 對抗力 있는 賃借權을 취득한 자는 假登記權利者가 債務者(賃貸住宅의 所有者)에게 支給할 淸算金의 범위 안에서 保證金을 返還받을 때까지 同時履行의 抗辯權을 행사하여 가옥의 明渡를 거부할 수 있다.

는 假登記의 時點보다 먼저 구비하였느냐의 여부에 의하여 좌우된다. 對抗要件을 위 時點보다 뒤에 구비한 이상은 설사 그것이 所有權移轉登記時點보다는 앞선다 하더라도 對抗力을 주장할 수 없다.[29] 賃借人이 對抗要件을 구비한 후에 所有權移轉請求權保全의 假登記가 경료되고, 그 후에 賃貸借期間이 만료하더라도 賃貸借를 更新하면 賃貸借의 동일성이 계속 유지되기 때문에 위 假登記에 기하여 本登記를 경료한 자에 대한 對抗力도 여전히 존속한다. 다만, 賃貸借를 更新하면서 保證金을 증액한 경우에는 假登記 전의 保證金額에 한하여 新所有者에게 대항할 수 있을 뿐, 假登記 후에 증액된 部分에 대하여는 對抗力이 생기지 않는다.[30]

(5) 引渡와 주민등록에 의하여 對抗要件을 구비한 債權的 傳貰賃借人이 다시 傳貰權登記를 한 경우에 傳貰權登記가 先順位의 抵當權 실행으로 말소되더라도 對抗要件을 구비한 時點이 抵當權登記日字에 앞서는 한 債權的 傳貰賃借人은 對抗力을 상실하지 않는다.[31] 이 경우의 傳貰權登記는 債權的 傳貰의 효력을 강화하려는 데 불과한 것이기 때문이다. 따라서 配當節次에서 傳貰權에 기하여 傳貰保證金의 일부를 配當받았다 하더라도 나머지 保證金에 관하여는 여전히 對抗力이 존속한다.[32]

(6) 對抗要件을 구비한 賃借人에게 동시에 §3의 2나 §8에 의하여 優先辨濟權도 인정되는 경우에 對抗力의 주장이나 優先辨濟의 주장을 할 수 있는 權利는 併存하는 것이므로 賃借人이 賃借住宅의 競賣 당시 優先辨濟權을 행사하지 않았더라도 競落人에 대하여 對抗力을 주장하는 데는 아무런 지장이 없음은 물론이다.[33]

3. 對抗力의 存續

住宅의 引渡와 주민등록은 對抗力 취득의 요건인 동시에 존속요건이기도 하다.[34] 따라서 對抗力의 취득 후 주민등록을 다른 곳으로 옮기거나 住宅을

29) 大判 84.2.14, 83 다카 2131(集 32-1, 90) 참조. 이 判例는 所有權移轉登記請求權의 保全을 위한 假登記에 관한 것이다.
30) 大判 86.9.9. 86 다카 757(集 34-3, 39).
31) 大判 93.11.23, 93 다 10552등(公報 94년 170).
32) 大判 93.12.24, 93 다 39676(公 94년 501).
33) 大判 86.7.22, 86 다카 466등(集 34-2, 73)(이 判決에 대한 評釋으로 李興福, "賃借住宅의 競賣時 優先辨濟權을 行使하지 아니한 賃借人의 對抗力", 法曹(87.3), 100 이하 참조); 大判 87.2.10, 86 다카 2076(公 87년 426); 大判 92.7.14, 92 다 12827(公 92년 2404).
34) 姜鐘快(註 16), 98; 李胤承(註 2), 162; 趙容完(註 1), 472; 崔 鍾(註 16), 438; 大判 87.2.24(註 11).

引渡하면 對抗力이 상실되기 때문에 그 후에 당해 住宅을 讓受한 제3자에 대하여는 對抗力을 주장할 수 없다.[35]

이에 대하여 賃借人이 對抗要件을 모두 구비하고 있는 동안 抵當權이 설정된 경우에는 賃借人이 抵當權 실행 이전에 建物에서 퇴거하여 퇴거신고를 마친 경우에도 抵當權 실행으로 인한 競落人에게 대항할 수 있다고 하는 견해가 있고,[36] 위 경우에 설사 퇴거신고를 마쳤더라도 占有를 계속하고 있는 한 競落人에게 賃借權을 대항할 수 있다는 下級審判決[37]이 있으나, 私見으로는 제3자가 賃借住宅을 讓受하기 전에 對抗要件을 상실한 이상(引渡에 의해서든 退去申告에 의해서든) 競落人에게 賃借權을 주장할 수 있다고 하는 것은 거래의 안전을 害하여 부당하다고 본다. 競落人으로서는 賃借人이 주민등록이 되어 있지 아니하거나 占有를 하고 있지 아니하여 對抗力 있는 賃借權의 부담이 없는 것으로 알고 競落을 받은 것인데, 과거에 對抗要件을 구비하고 있었다 하여 賃借權에 對抗力을 부여한다면 예기치 않은 불이익을 받게 되기 때문이다.

위와는 달리 對抗要件의 구비 후에 제3자가 賃借住宅을 讓受함으로써 賃貸人의 지위를 承繼(本條 II)한 다음에 賃借人이 주민등록을 다른 곳으로 옮기거나 이사를 한 경우에는 賃借人은 그 제3자에 대하여 賃借保證金의 返還을 請求할 수 있음은 물론이다.

Ⅲ. 對抗力의 內容

1. 賃貸人 地位의 承繼

(1) 住宅賃貸借保護法이 制定된 후 賃借人이 취득하는 對抗力의 내용이 무엇이냐를 둘러싸고 논의가 분분하자 1983. 12. 30. 1차 改正時 "賃借住宅의 讓受人은 賃貸人의 지위를 承繼한 것으로 본다"는 本條 Ⅱ을 신설하였다.[38] 이 條項과 같은 입법례로는 獨民 §571 Ⅰ이 "賃貸人이 賃借人에게 賃貸土地

35) 다만 賃借人의 의사와는 무관하게 가옥소유주가 몰래 退去申告를 하고 抵當權을 설정한 후 다시 轉入申告를 한 경우에는 賃借權의 對抗力이 소멸하지 않는다고 보아야 한다(馬山地判 89. 6. 13, 88나4472 등(下集 89-2, 150)).

36) 趙容完(註 1), 473.

37) 서울民事地判 84. 8. 27, 84가단4033(下集 84-3, 329).

38) 이에 관한 상세는 閔日榮, "賃貸住宅의 讓渡人에 대한 賃借保證金의 返還請求", 民判研 Ⅸ, 100 이하 참조.

를 인도한 후에 이를 제3자에게 讓渡한 때에는 讓受人은 그의 所有權의 존속중에 賃貸借關係에서 발생하는 權利 및 義務에 관하여 賃貸人의 지위를 承繼한다"고 규정하고 있다.

賃貸人 地位의 承繼는 法律上의 當然承繼이므로 讓渡人이나 讓受人에 의한 讓渡사실의 통지 혹은 賃借人의 승낙 등은 불필요하며, 讓受人의 權利취득의 원인은 賣買·贈與 등의 法律行爲이든, 相續·競賣[39]·滯納處分 등의 法律의 규정에 의한 경우이든 상관없이 모두 포함된다.[40] 다만, 讓渡擔保에 의한 權利취득은 이에 해당하지 않는다.[41] 반면, 建物이 무허가로 未登記인 경우에는 그 建物의 소유권을 讓受하여 사실상 所有者로 權利행사를 하는 자는 여기의 讓受人에 해당한다.[42]

한편 賃借人은 賃貸人의 地位承繼를 원하지 아니하는 경우 異議를 제기함으로써 賃貸借關係의 구속력으로부터 벗어날 수 있다고 볼 것이다.[43] 이 때 異議를 제기할 수 있는 시한은 賃借人이 賃借住宅의 讓渡사실을 안 때로부터 異議與否를 결정하는 데 필요한 상당한 期間 내라고 봄이 상당할 것이다. 무한정 異議가 가능하다면 讓渡人·讓受人의 지위가 불안해지기 때문이다. 그런 맥락에서 한번 한 異議는 철회할 수 없다고 보아야 할 것이다.[44]

當然承繼의 효과를 배제하는 特約은 賃借人에게 불리한 것으로서 효력이 없다(§10). 물론 賃借人이 새로운 所有者와 새로운 내용의 賃貸借契約을 체결하

39) 大判 86.7.22, 86다카466등(集 34-2, 73); 大判 87.2.10, 86다카2076(公 87년 426); 大判 92.7.14, 92다12827(公 92년 2404).

40) 姜炳豪, "建物賃貸借가 終了된 경우 保證金返還에 관한 諸問題", 司論(20), 209; 李範柱(註 1), 177면; 趙容完(註 1), 474; 註釋各則 Ⅱ, 293; 大判 93.11.23, 93다4083(公 94년 168).

41) 大判 93.11.23(註 40): 주택임대차보호법 제3조 제2항에…… 의하여. 임대인의 지위를 승계한 것으로 보게 되는 임차주택의 양수인이 될 수 있는 경우는 주택을 임대할 권리나 이를 수반하는 권리를 종국적, 확정적으로 이전받게 되는 경우라야 한다고 할 것이므로, 매매, 증여, 경매, 상속, 공용징수 등에 의하여 임차주택의 소유권을 취득한 자 등은 위 조항에서 말하는 임차주택의 양수인에 해당한다고 할 것이나, 이른바 주택의 양도담보의 경우는 채권담보를 위하여 신탁적으로 양도담보권자에게 주택의 소유권이 이전될 뿐이어서, 특별한 사정이 없는 한 양도담보권자가 주택의 사용수익권을 갖게 되는 것이 아니고 또 주택의 소유권이 양도담보권자에게 확정적, 종국적으로 이전되는 것도 아니므로 양도담보권자는 이 법조항에서 말하는 "양수인"에 해당되지 아니한다.

42) 大判 87.3.24, 86다카164(公 87년 708).
이 判決에 대한 評釋으로 李載坤, "住宅賃貸借保護法 第3條 第2項에서 賃貸人의 地位를 承繼한 것으로 보는 賃借住宅의 讓受人," 大法院判例解說 7호, 89 이하 참조.

43) 趙容完(註 1), 474. 金學東, "住宅賃貸借保護法上의 問題點", 月報(86.11), 22도 同旨(다만, 競賣에 의한 賃貸人 地位의 承繼의 경우에는 賃借人의 의사와는 상관없이 承繼가 일어난다고 한다). 또한 郭潤直, 307 및 金曾漢·安二濬, 351 참조.

44) 金學東(註 43), 23.

는 것은 무방하다.[45]

對抗力 있는 賃貸借의 期間이 종료한 후 賃貸借保證金을 返還하기 전에 賃貸住宅이 讓渡된 경우는 어떤가? 賃貸借保證金을 返還하기 전까지는 여전히 賃貸借關係가 존속하므로(§4 II) 이 경우에도 賃貸人의 지위가 承繼된다고 할 것이다.

(2) 法文에는 讓受人에 "기타 賃貸할 權利를 承繼한 者를 포함한다"고 규정되어 있는바, 이는 1983.12.30. 1차 改正時 정부에서 제출한 改正案에는 없었는데 國會 法制司法委員會의 심의과정에서 추가된 것으로서, 그 추가이유는 "賃借住宅의 讓受人이라고 하는 것은 賃借住宅의 소유권의 讓受人을 지칭하는 것이고 또 讓受라고 하는 용어가 對價를 교부하고 재산권을 이전받는 것을 의미하기 때문에, 案 제3조의 立法趣旨는 소유권 이외의 權利를 그리고 그 移轉이 對價 없는 경우까지도 포함하려는 것으로 보이므로 그 의미를 확실하게 하려는 것"이라고 한다.[46] 그리하여 賃借住宅에 대하여 抵當權을 취득한 자도 讓受人에 포함된다고 하는 견해가 있다.[47]

그러나 法律上 讓受의 개념에는 대가를 교부하지 않고 재산권을 이전하는 경우는 포함되지 않는다는 定義가 과연 무엇에 근거를 둔 것인지 극히 의문스러우며, 만일 賃借住宅에 抵當權을 취득한 자를 기타 賃貸할 權利를 承繼한 자에 포함시킬 의도였다면 이는 잘못이다. 도대체 賃借住宅에 대한 사용, 수익과는 전혀 무관한 抵當權者가 賃貸人의 지위를 承繼한다는 것은 생각할 수 없는 일이기 때문이다.[48] 賃貸人 地位의 承繼는 抵當權의 설정 그 자체와는 전혀 무관한 것이며, 그 抵當權이 실행되어 競落됨으로써 競落人이 賃借住宅의 소유권을 취득하였을 때 비로소 등장하는 문제일 따름이다. 그 밖에 不動產物權 중 住宅에 관하여 인정될 수 있는 權利로는 占有權과 傳貰權이 있으나, 그 중 어느 것의 取得者에게도 賃貸人 지위의 承繼問題가 일어날 여지가 없다. 결국 讓受人에 "기타 賃貸할 權利를 承繼한 자를 포함한다"는 규정은 불필요한 것이 아닌가 한다. 굳이 여기에 해당하는 자를 찾는다면 賃借住宅이 무허가의 未登記建物인 경우에 그 建物의 소유권을 讓受하여 사실상 所有者로 權

45) 趙容完(註 1), 475.
46) 제119회 國會法制司法委員會 會議錄 제16호, 9(高翔龍, "住宅賃貸借保護法中 改正法律의 解說", 改正民事法解說, 226에서 재인용).
47) 高翔龍, "住宅賃貸借保護法中 改正法律의 解說", 改正民事法解說, 226.
48) 이를 인정한다면 예컨대, 賃借人보고 抵當權者에게 借賃을 支給하고, 抵當權者로부터 保證金을 返還받으라고 하는 셈인데 그것이 과연 타당할까?

利行使를 하는 자를 들 수 있겠으나, 前述한 바와 같이 이러한 자는 그냥 賃借住宅의 讓受人에 해당하는 것으로 보아 무방할 것이다.[49)]

(3) 이처럼 賃貸人의 지위가 自動承繼되는 반면, 住宅賃借人의 對抗要件은 登記된 賃借權에 비하여 그 公示가 불완전하기 때문에 賃借住宅을 매수하거나 擔保權을 취득하려는 자가 賃貸借契約의 내용에 관하여 문의할 경우에는 賃借人은 이를 진실대로 告知할 義務가 있다.[50)] 이와 관련하여 判例[51)]는,

> "피고가 이 사건 건물에 관하여 사실은 전세금을 주고 전세계약을 체결하였으면서도 원고은행 직원에게 임대차계약을 체결하거나 그 보증금을 지급한 바가 없다는 내용의 각서를 작성하여 주었다면 이는 원고은행으로 하여금 위 부동산에 대한 담보가치를 높게 평가하도록 하여 위 ○○○에게 대출하도록 한 것이므로 만일 원고가 이 사건 건물에 대한 경매절차가 끝날 때까지도 피고의 위 채권적 전세관계를 알지 못하였다고 한다면 피고가 원고의 이 사건 명도청구에 즈음하여 이를 번복하면서 위 전세금 반환을 내세워 그 명도를 거부하는 것은 특단의 사실이 없는 한 금반언 내지 신의칙에 위반된다"

고 하고 있음에 유의할 필요가 있다.

2. 구체적 검토

이처럼 賃貸人 지위가 讓受人에게 承繼된다고 할 때 문제되는 것을 구체적으로 검토하여 보면 다음과 같다.

(1) 借 賃

借賃의 額, 支給時期, 支給方法 모든 것이 그대로 承繼된다. 그 중 支給時期에 관한 特約, 借賃을 前給한 경우 그 내용은 일반 賃貸借의 경우에는 登記事項이므로(不登 §156 I) 이를 登記하지 아니한 경우에는 讓受人에 대하여 주장할 수 없으나,[52)] 住宅賃貸借의 경우에는 登記 여부와는 무관하게 이를 주장할 수

49) 이에 대하여, 姜炳豪(註 40), 210은 賃貸할 權利를 承繼한 자의 예로서, "가령 委任契約에 의하여 受任人이 자기 이름으로 委任人 소유의 住宅을 제3자에게 賃貸하고 保證金을 받은 후 賃貸借 존속중에 委任契約이 解止되어 委任人이 受任人으로부터 賃貸人의 지위를 承繼한 경우에는 委任人은 賃貸借 종료 후에 賃借人에게 保證金을 返還할 義務를 부담한다"고 하고 있으나, 受任人은 기본적으로 委任人의 사무를 처리하는 자이기 때문에 위 예의 경우에도 受任人은 받은 保證金을 委任人에게 引渡하여야 하므로(民 §684) 賃貸借 종료 후에 委任人이 賃借人에게 保證金의 返還義務를 지는 것은 本條項이 없더라도 당연하다. 따라서 위 경우 과연 委任人이 受任人의 權利를 承繼하는 것으로 볼 것인지는 의문이다.

50) 金殷집, "住宅賃貸借保護法 第3條 1項의 對抗力의 內容", 衡平과 正義 4집(1989), 67.

51) 大判 87.11.24, 87다카1708(公 88년 164).

52) 註釋各則 Ⅱ, 210; 郭潤直, 326.

있다.[53)]

借賃 중 讓受人이 소유권을 취득한 때를 기준으로 이미 현실로 발생하여 延滯되어 있는 部分은 별도의 債權讓渡節次가 없는 한 舊所有者(종전 賃貸人)만이 請求할 수 있고, 그 請求權이 讓受人에게 이전하지 않는다.[54)]

(2) 保 證 金

保證金 및 債權的 傳貰의 傳貰金도 登記(不登 §156 I)한 여부와 상관없이 讓受人과의 사이에 그대로 承繼된다고 보는 것이 通說[55)]·判例[56)]이다. 讓受人이 保證金이나 傳貰金의 授受사실을 알았느냐, 讓受人과 舊所有者 사이에 保證金에 관하여 따로 계산을 하였느냐의 여부를 묻지 아니한다.

讓受人의 소유권 취득시 이미 延滯되어 있는 借賃을 新·舊所有者 사이에 정산하고 讓受人이 延滯借賃債權의 讓受節次를 밟은 경우에는 保證金의 返還時에 이를 공제하여야 할 것이다. 그러나 이에 관한 讓渡·讓受 절차가 없었던 경우에는 保證金 전액을 返還하여야 한다. 왜냐하면 前述한 바와 같이 延滯借賃債權이 당연히 讓受人에게 이전하는 것은 아니기 때문이다. 그런데 通說은 이와 달리 해석하여 延滯借賃이 保證金에서 당연히 공제되고 그 잔액만이 讓受人에게 承繼된다고 하는바,[57)] 舊所有者가 延滯借賃을 保證金에서 충당하였다면 모르되(賃貸借 존속중에는 충당하고 안하고는 그의 자유이다. 前述한 保證金에 관한 解說 Ⅲ.2. 참조) 그렇지 아니한 이상 賃貸借가 여전히 존속하고 있는데 通說과 같이 해석하는 것은 무리가 아닐까 한다. 다만 실제 거래에 있어서는 住宅의 讓渡時에 舊所有者가 延滯借賃을 保證金에서 충당하고 讓渡하는 것이 보통일 것이므로 通說처럼 해석하여도 크게 부당하지는 않을 것이다.

賃借人이 對抗力을 취득한 후에 賃貸住宅이 讓渡되어 讓受人이 일단 賃借保證金返還債務를 부담하게 된 이상, 그 후 賃借人이 주민등록을 다른 곳으로

53) 李胤承(註 2), 173; 趙容完(註 1), 475.

54) 金股輯(註 50), 66; 李範柱(註 1), 179; 趙容完(註 1), 476.

55) 李範柱(註 1), 179-80; 尹天熙, 改正住宅賃貸借保護法解說(1984), 14; 金鎭沅, "住宅賃貸借保護法에 관한 硏究"(서울대학교 碩士學位論文), 52; 李鎭江(註 2), 55; 註釋各則 Ⅱ, 293.

獨民 §572는 "讓渡된 土地의 賃借人이 賃貸人에게 의무이행을 위하여 擔保를 제공한 때에는 그 土地讓受人은 擔保로 인하여 발생한 權利를 취득한다. 讓受人은 擔保가 자기에게 引渡되거나 擔保返還義務를 引受한 때에 한하여 擔保를 반환할 의무를 진다"고 하고 있다.

56) 大判 93.12.7, 93다36615(公 94년 343).

57) 金股輯(註 50), 66; 趙容完(註 1), 478; 註釋各則 Ⅱ, 210; 郭潤直, 355; 金基善, 228; 金曾漢·安二濬, 388.

옮겼다 하여도 讓受人의 賃借保證金返還債務가 소멸하는 것은 아니므로 賃借人은 여전히 讓受人에 대하여 賃借保證金의 返還을 請求할 수 있다.[58]

이와 관련하여 賃借人은 종전 賃貸人에게는 賃借保證金返還請求를 전혀 할 수 없는가 하는 문제가 있는바, 判例[59]은 이를 명백히 부정하고 있다. 그 이유는 住宅賃貸借保護法 §3 Ⅰ·Ⅱ 의 해석상 종전 賃貸人의 債務는 소멸한다고 보아야 한다는 것이다. 그러나 私見으로는 繼續的 債權關係로서의 賃貸借契約의 성질, 住宅賃貸借保護法의 立法趣旨 및 賃借人의 보호의 견지에서 종전 賃貸人에 대하여도 賃借保證金의 返還請求를 인정하여야 한다고 생각한다.[60] 또한 本條 Ⅱ의 當然承繼 규정으로 인하여 賃借人이 입게 될 불이익을 방지하기 위하여 賃借人이 當然承繼를 원하지 아니할 경우에는 賃借建物의 소유권이 이전된 사실을 알고 지체없이 종전의 賃貸人에게 異議를 제기함으로써 賃貸人의 지위가 새로운 所有者에게 承繼되는 것을 부인하여야 한다는 견해[61]와 法律行爲에 의한 所有權移轉의 경우에는 위와 마찬가지로 해석하고, 競賣로 소유권이 이전될 경우에는 競賣期日까지 異議를 제기함으로써 賃貸人 地位의 承繼를 저지할 수 있다는 견해[62]도 주장되고 있다.

(3) **存續期間**

存續期間도 登記(不登 §156 Ⅰ)여부와 상관없이 讓受人과의 사이에 그대로 承繼된다. 따라서 본래의 約定期間중 所有者 변동시의 殘存期間 동안 賃貸借가 존속하게 된다. 종래의 것이 애당초 期間의 정함이 없는 賃貸借인 경우에는 讓受人과의 사이에서도 마찬가지로 期間의 정함이 없는 賃貸借로 됨은 물론이다.

(4) **讓渡, 轉貸의 特約**

舊所有者와 賃借人 사이에 賃借人이 자유롭게 賃借權을 讓渡하거나 轉貸借할 수 있다는 特約을 한 경우에는 그러한 特約도 讓受人에게 그대로 承繼된

58) 大判 93.12.7, 93다36615(公 94년 343).
59) 大判 87.3.10, 86다카1114(公 87년 632)(이 判決에 대한 評釋으로 李在性, "賃貸住宅을 讓渡한 者의 賃貸人에 대한 保證金返還責任", 李在性判例評釋集(Ⅹ) (1989), 501 이하는 判旨에 반대하고 있고, 李玲愛, "賃貸人 地位의 承繼와 賃貸借保證金 返還債務", 大法院判例解說 7호, 65 이하는 判旨에 찬동하고 있다. 또한 姜炳豪(註 40), 208 및 崔鍾(註 16), 444, 그리고 李銀榮(註 2), 334도 同旨); 大判 89.10.24, 88다카13172(公 89년 1746); 大判 93.7.16, 93다17324(公 93년 2293); 大判 93.11.23, 93다4083(公 94년 168); 大判 94.3.11, 93다29648(公 94년 1176).
60) 상세는 閔日榮(註 38), 104 이하 참조. 결론적으로 私見으로는 本條 Ⅱ에 "그러나 賃借人이 讓渡事實을 알고 지체없이 賃貸人에게 異議를 제기한 경우에는 그러하지 아니하다"는 但書條項을 신설하는 것이 좋다고 생각한다(獨民 §571 Ⅱ 참조).
61) 吳容鎬(註 14), 374; 李範柱(註 1), 176 참조.
62) 趙容完(註 1), 475.

다.[63] 따라서 賃借住宅이 讓渡된 경우에 賃借人은 讓受人의 동의 없이도 賃借權을 讓渡하거나 轉貸借할 수 있다. 이 경우 賃借權의 讓受人이나 轉借人은 住宅의 引渡 및 주민등록이라는 對抗要件을 구비하지 않아도 讓受人에 대하여 자기의 賃借權 또는 轉借權을 주장할 수 있으나, 讓受人으로부터 다시 住宅을 轉得하는 제3자에 대하여 주장하기 위하여는 對抗要件을 갖추어야 한다.[64]

이와 관련하여 賃借人이 舊所有者의 동의를 받아 賃借權을 讓渡한 후 賃借權 讓受人이 對抗要件을 구비하기 전에 住宅이 讓渡된 경우에는 賃借權의 讓受人은 新所有者에 대하여 賃借權을 주장할 수 없다는 견해가 있으나,[65] 의문이다. 舊所有者가 한 賃借權의 讓渡에 대한 동의는 新所有者에게 承繼된다고 보아야 균형이 맞지 않을까 한다. 왜냐하면 賃借權의 自由讓渡의 特約이나 賃借權의 讓渡에 대한 동의는 讓受人이 특정되어 있느냐 아니냐의 차이가 있을 뿐 그 실질은 동일한 것인데, 위에서 본 바와 같이 "賃借權의 自由讓渡의 特約 → 住宅의 讓渡 → 賃借權의 讓渡"의 경우에는 賃借權의 讓受人이 對抗要件을 갖춘 여부와 상관없이 賃借權을 주장할 수 있다고 하면서, "賃借權의 讓渡에 대한 同意 → 賃借權의 讓渡 → 住宅의 讓渡"의 경우에는 賃借權의 讓受人이 먼저 對抗要件을 갖추지 아니한 이상 賃借權을 주장할 수 없다고 하는 것은 모순이기 때문이다.

(5) **必要費償還請求權 등**

必要費償還請求權(民 § 626 I)은 필요비의 지출시에 곧바로 생기는 權利이므로 住宅의 讓渡 이전에 이미 발생되어 있는 必要費償還請求權을 讓受人에 대하여 행사할 수 있는지에 관하여는 의문이 있으나, 필요비는 賃借住宅의 보존을 위하여 지출한 비용이므로 讓受人에게 償還義務가 承繼된다고 보아도 불합리한 점이 별로 없다고 보는 것이 일반적인 견해이다.[66]

有益費償還請求權(民 § 626 II)이나 附屬物買受請求權(民 § 646)은 賃貸借의 종료시에 발생하는 權利이므로 讓受人에 대하여 당연히 행사할 수 있음은 물론이다.[67]

---

63) 李範桂(註 1), 181-82.
64) 趙容完(註 1), 479.
65) 趙容完(註 1), 479-80.
66) 李範桂(註 1), 182; 趙容完(註 1), 481.
67) 李範桂(註 1), 183.

(6) 制限物權取得者에 대한 關係 및 中間賃借人의 문제

(가) 對抗力 있는 住宅賃借人의 다른 制限物權取得者(抵當權者, 傳貰權者 및 物權은 아니나 登記한 賃借權者를 포함한다)에 대한 對抗力 문제는 곧 그들간의 優劣關係의 문제로서 이는 對抗要件을 구비한 일자와 制限物權의 登記日字의 선후에 의하여 결정된다.

住宅賃貸借保護法에 의하여 對抗力을 갖춘 자와 傳貰權者, 地上權者 또는 登記한 賃借權者 사이에서는 충돌이 생기는바, 어느 쪽이 먼저 對抗力을 취득하였느냐에 따라 우열이 정하여진다.[68] 따라서 對抗要件을 먼저 구비한 住宅賃借人은 그보다 늦게 登記한 傳貰權者 또는 賃借權者의 權利를 부인하고 자기의 사용수익을 주장할 수 있다.

(나) 抵當權은 用益의 요소가 없으므로 그것이 실행되지 않는 한 對抗力 있는 住宅賃借人의 賃借權과 상충의 문제가 생기지 아니하고, 抵當權의 실행으로 競賣가 행하여진 경우에는 결국 競落人과 賃借人 사이의 異議 문제로 전환되어 前述한 讓受人에 대한 관계의 문제로 귀결된다. 이 경우 競落人의 지위는 前述한 바와 같이 競落으로 인한 소유권 취득일이 아니라 1順位抵當權의 설정일자를 기준으로 정하여진다. 따라서 1順位抵當權과 2順位抵當權 사이에 住宅賃借人의 對抗要件이 구비된 경우에 당해 住宅이 競落되면 競落人의 지위는 1順位抵當權을 기준으로 하여 정해지므로 賃借權은 소멸하게 되는바, 이 때 競落代金을 1順位抵當權者에게 配當하고 난 잔액을 賃借人에게 配當할 것이냐 아니면 2順位抵當權者에게 配當할 것이냐 하는 문제가 있다. 이른바 中間賃借人에 관한 문제이다. 이 문제를 는 좀더 상술하면 다음과 같다. 즉,

근래 건축되는 國民住宅 규모의 아파트나 聯立住宅 혹은 單獨住宅의 경우 거의 은행으로부터 장기융자를 받고 그 擔保로 1番根抵當權을 설정한다. 그런데 위 융자금은 일반적으로 1-2,000만원 내외이고 그 償還期間이 長期(10년-20년)여서 당해 住宅에 입주하려는 賃借人은 1番抵當權에 대하여 크게 신경을 쓰지 않는 게 보통이다.[69] 문제는 그 후 2番根抵當權이 설정되는 데서 비롯된다. 이 때는 被擔保債權의 액수도 커지고, 변제기도 短期여서 居住期間중 이 抵當權의 실행가능성이 높고 그 경우 賃借權이 비록 2番根抵當權에는 우선한다고 하나, 일단 競賣에 들어가면 1番根抵當權이 소멸하고(民訴 §608 Ⅱ) 그 결과 그보다

68) 金殷輯(註 50), 71; 李範柱(註 1), 186; 趙容完(註 1), 486. 이에 대하여 尹天熙(註 55), 73은 먼저 履行을 받은 자가 優先한다고 하나 찬성할 수 없다.

69) 居住期間중 根抵當權 실행의 염려가 거의 없고 실행되어도 保證金을 返還받는 데 별 지장이 없다고 생각하기 때문이다.

後順位인 賃借權도 함께 소멸하기 때문이다.[70) 71)] 그런데 賃借權에 對抗力이 있다는 의미는 賃貸人인 所有者가 바뀌더라도 賃借人이 新所有者에 대하여 종전 賃貸借의 효력을 주장할 수 있다는 데 불과하지 競賣節次에서의 優先辨濟權까지 인정된다는 것은 아니기 때문에, 결국 2번根抵當權者는 賃借權者보다 열후의 지위에 있으면서도 1번根抵當權者가 配當받고 남은 競落代金으로부터 賃借權者보다 優先辨濟를 받게 된다. 이러한 결과는 불합리하다 하여 위의 경우는 1번抵當權이 소멸하지 않고 따라서 賃借權도 소멸하지 않는다는 견해,[72)] 혹은 賃借權이 소멸하더라도 2번抵當權者에 앞서 賃借人이 優先辨濟받는다는 견해[73)] 등이 주장되기도 하나, 對抗要件을 구비한 賃借人이 §3의 2에 의하여 2順位抵當權者의 登記보다 먼저 確定日字까지 갖추었거나 §8의 少額賃借人에 해당하지 아니하는 이상 그에게 優先辨濟權을 주는 것은 법의 해석을 벗어나기 때문에 찬성할 수 없다. 요컨대, 2順位抵當權者에게 配當하여야 한다.[74)]

Ⅳ. 讓渡人의 擔保責任

1. 立法趣旨

住宅賃貸借保護法은 住宅의 引渡와 주민등록이라는 간이한 방법으로 賃借權의 對抗力을 인정하므로 讓受人은 그러한 對抗要件을 갖춘 賃借人이 있다는 사실을 모르고 당해 住宅을 讓受할 수 있다. 그 결과 讓受人은 保證金返還債

70) 姜炳豪(註 40), 209; 金相容(註 27), 15; 金鼎鉉, 競賣實務要論(上) (1975), 553-54; 金午燮, "賃貸借에 있어서의 少額保證金의 保護를 둘러싼 諸問題", 裁判資料 32집, 519; 吳容鎬(註 14), 377; 李範柱(註 1), 185; 李英大(註 1), 91; 李胤承(註 2), 172; 趙誠洙, "不動産競賣節次에 있어서의 몇 가지 問題點", 司論 16집, 498; 黃迪仁, 民法(Ⅳ), 298; 大判 1987.2.24, 86다카1936(公 87년 525)(이 判決에 대한 評釋으로 梁祥勳, "1番抵當權 設定後에 對抗力을 取得한 住宅賃借權보다 後에 設定된 抵當權의 實行으로 目的物을 競落받은 者가 住宅賃貸借保護法 제3조 所定의 讓受人에 該當하는지 與否", 大法院判例解說 7호, 99 이하 참조); 大判 87.3.10(註 26); 大判 90.1.23, 89다카33043(公 90년 516).

71) 이러한 결과는 1번 抵當權이 있는 상태에서 強制競賣가 행하여지는 경우도 마찬가지로 발생함은 물론이다.

72) 梁祥勳(註 70), 109; 尹天熙(註 55), 53-4; 李在性, "不動産의 競落과 假登記의 效力", 李在性判例評釋集(Ⅵ), 373.

73) 高翔龍, "住宅賃貸借保護法의 問題點과 그 改正 補完방법(上)", 新聞(87.12.14), 10; 高龍喆(註 1), 392; 金殷輯(註 50), 70; 李銀榮, 325.

74) 同旨 趙容完(註 1), 483. 따라서 賃借人으로서는 제1順位抵當權의 被擔保債務가 少額일 경우 이를 代位辨濟하여 抵當權을 소멸시킴으로써 자기가 最先順位로 對抗要件을 구비한 자로 되는 방법을 강구하는 것도 스스로의 權利救濟로서 고려할 만하다.

務의 承繼 등 뜻하지 아니한 손해를 입을 수 있으며, 居住의 목적으로 讓受한 경우에 그 목적을 달성할 수 없는 사태도 일어날 수 있다. 여기서 讓受人의 보호대책을 강구함으로써 거래의 안전을 도모할 수 있는 대책이 요청되며, 이러한 요청에 부응하여 本條 Ⅲ은 賃貸住宅의 賣買 및 競賣의 경우에 擔保責任에 관한 民法 §575 Ⅰ·Ⅲ 및 §578를 準用함으로써 讓受人을 보호하고 있다.

2. 要　件

i) 住宅에 引渡와 주민등록에 의하여 對抗要件을 구비한 賃借人이 있을 것.

ii) 위 住宅이 賣買 또는 競賣에 의하여 讓渡되었을 것.

iii) 讓受人이 위와 같이 對抗要件을 구비한 賃借人이 있다는 사실을 몰랐을 것.

對抗要件을 갖춘 賃借人이 존재한다는 사실을 알고 住宅을 讓受한 자는 보호할 필요가 없다. 문제는 對抗要件을 갖춘 賃借人이 존재한다는 사실에 대하여 讓受人의 惡意가 推定되느냐는 것이다.

地上權이나 傳貰權과 같이 登記簿만 열람하여 보면 그 존부를 쉽게 알 수 있는 物權과는 달리, 賃借權은 占有와 주민등록만으로 對抗力을 쉽게 취득하는 반면 登記簿에 의하여 公示되는 것도 아니고 현행 住民登錄法上 주민등록표를 열람하거나 등본을 떼어 볼 수 있는 사람이 制限되어 있는데다, 賃借人의 占有를 확인하는 것도 쉽지가 않으므로 對抗要件을 갖춘 賃借人이 존재한다는 사실에 대한 買受人의 惡意를 推定하는 것은 아무래도 무리라고 생각된다.[75)]

다만 競賣의 경우에는 賃貸借의 期間, 借賃, 保證金, 住民登錄 轉入申告日字 등이 競賣物件明細書에 기재되어 일반인의 열람에 제공될 뿐만 아니라 競賣期日의 공고내용에 포함되므로(民訴 §§617의 2, 618) 이와 같이 공고된 賃貸借에 대하여는 競落人이 그 존재를 알았다고 보아야 할 것이다. 만일 對抗力 있는 賃貸借가 競賣物件明細書 및 競賣期日의 공고내용에서 누락(執行官의 賃貸借調査報告書가 不實한 경우 등에 이런 일이 일어날 수 있다)된 채 競賣가 진행되어 競落許可決定이 확정되었다면 이 때에는 競落人이 善意라고 보아야 하므로 擔保責任의 추궁이 가능하다고 할 것이다.[76)]

75) 同旨 趙容完(註 1), 482.
76) 趙容完(註 1), 482.

3. 效 果

對抗力 있는 賃貸借의 존재로 인하여 목적을 달성할 수 없는 경우, 예컨대 居住의 목적으로 매수하였는데 居住할 수 없게 된 경우에는 契約을 해제할 수 있으며, 목적은 달성할 수 있으나 그로 인하여 손해를 입게 된 경우, 예컨대 保證金返還債務를 承繼하여야 하거나 賃借人을 退去시키기 위하여 이사비용·明渡訴訟費用 등을 지출한 경우에는 損害賠償을 請求할 수 있다(民 § 575 I). 다만 이러한 權利는 買受人이 對抗力 있는 賃借權의 존재사실을 안 날로부터 1년 내에 행사하여야 한다(民 § 575 II). 競賣의 경우에는 善意의 競落人은 契約의 解除, 代金의 返還 또는 損害賠償을 請求할 수 있다(民 § 578). 상세는 民法의 당해 條文에 관한 解說 참조.

4. 同時履行

讓受人이 讓渡人의 擔保責任을 추궁하여 契約을 解除하거나 損害賠償을 請求한 경우에 讓受人은 讓渡人에 대하여 그가 이미 支給한 代金의 返還 또는 손해금의 支給을 구할 수 있는 반면, 자기가 수령하였던 것은 返還하여야 한다. 讓渡人과 讓受人이 부담하는 이들 義務는 雙務契約에 기한 것은 아니지만 서로 밀접한 관계에 있기 때문에 그 이행에 관하여 牽連性을 인정하는 것이 공평하다. 때문에 本條 IV은 이 경우에 民 § 536를 準用하여 讓渡人과 讓受人의 義務가 同時履行의 關係에 있는 것으로 하였다.

[閔 日 榮]

第 3 條의 2(保證金의 回收)

① 第 3 條 第 1 項의 對抗要件과 賃貸借契約證書上의 確定日字를 갖춘 賃借人은 民事訴訟法 및 競賣法에 의한 競賣 또는 國稅徵收法에 의한 公賣時 賃借住宅(垈地를 포함한다)의 換價代金에서 後順位權利者 기타 債權者보다 우선하여 保證金을 변제받을 權利가 있다. 다만, 賃借人이 당

해 住宅의 讓受人에게 대항할 수 있는 경우에는 賃貸借가 종료한 후가 아니면 保證金의 優先辨濟를 請求하지 못한다.

② 賃借人은 賃借住宅을 讓受人에게 引渡하지 아니하면 第1項의 규정에 의한 保證金을 수령할 수 없다.

③ 第1項의 규정에 의한 優先辨濟의 順位와 保證金에 대하여 異議가 있는 利害關係人은 競賣法院 또는 滯納處分廳에 異議를 申請할 수 있다.

④ 民事訴訟法 第590條 내지 第597條의 규정은 第3項의 규정에 의하여 競賣法院에 異議를 申請하는 경우에 이를 準用한다.

⑤ 第3項의 규정에 의하여 異議申請을 받은 滯納處分廳은 利害關係人이 異議申請일로부터 7일 이내에 賃借人을 상대로 訴를 제기한 것을 증명한 때에는 당해 訴訟의 종결시까지 異議가 申請된 범위 안에서 賃借人에 대한 保證金의 변제를 留保하고 잔여금액을 배분하여야 한다. 이 경우 留保된 保證金은 訴訟의 결과에 따라 배분한다.

차 례

Ⅰ. 概 說
Ⅱ. 優先辨濟權의 要件
  1. 對抗要件의 具備
  2. 確定日字
  3. 賃借住宅이 競賣 또는 滯納處分에 의하여 賣却되었을 것
  4. 賃借人이 당해 住宅의 讓受人에게 대항할 수 있는 경우에 賃貸借가 종료하였을 것
  5. 配當要求 또는 優先權行使의 申告를 하였을 것
Ⅲ. 優先辨濟의 內容
  1. 保證金의 優先辨濟
  2. 賃借住宅의 引渡
  3. 賃借人이 競賣를 請求하는 경우의 특수문제
Ⅳ. 利害關係人의 救濟
  1. 競賣의 경우
  2. 滯納處分의 경우

I. 概 說

本條는 일정한 요건을 구비한 住宅賃借人에게 그 保證金에 관하여 優先辨濟權을 인정함으로써 §§4 Ⅱ, 8와 더불어 住宅賃借人의 保證金返還請求權을 보호하고 있는 규정이다. 다만 뒤의 두 條文은 1983. 12. 30. 1차 改正時 신설된 데 비하여 本條는 그보다 6년 늦은 1989. 12. 30. 2차 改正時 신설되었다. 物權인 傳貰權者의 優先辨濟權(民 §303)도 1984. 4. 10.의 民法改正에 의하여 비로소 인정된 것(시행은 1984. 9. 1.부터)을 생각하면, 그보다 앞서 住宅賃借人에게 優先辨濟權을 인정하기도 어려웠을 것이다. §3에 의하여 對抗力이 부여되었을 뿐만 아니라 本條에 의하여 이처럼 優先辨濟權까지 부여됨으로써 住宅의 賃借權은 단순한 債權의 영역에서 벗어나 더욱 物權化하였다고 할 수 있을 것이다.

아무튼 本條가 신설됨으로써 住宅賃借人의 보호가 한층 강화되었으며, 특히 1順位抵當權者와 2順位抵當權者 사이의 이른바 中間賃借人이 2順位抵當權者보다 우선적으로 변제를 받을 수 있는 길이 열리게 되어, 中間賃借人에 관하여 종래 지적되었던 불합리가 많이 시정되었다. 아무런 擔保物權이나 假押留가 없는 住宅의 賃借人으로서 對抗要件을 구비한 자나, 1順位의 擔保物權이나 假押留보다 對抗要件을 먼저 구비한 賃借人은 賃借住宅이 競賣되더라도 競落人에게 대항할 수 있기 때문에 本條가 없더라도 保證金을 返還받을 수 있다는 것을 생각하면, 本條는 결국 先順位의 抵當權者나 假押留權者보다 뒤에 對抗要件을 구비한 賃借人의 보호를 위하여 실질적인 의미가 있다 할 것이다.

Ⅱ. 優先辨濟權의 要件

1. 對抗要件의 具備

優先辨濟權은 §3 Ⅰ에서 요구하는 住宅의 引渡와 주민등록이라는 對抗要件을 구비한 賃借人에게만 인정된다. 따라서 對抗要件을 구비하지 아니한 賃借人에게는 後述하는 確定日字 취득 여부와는 상관없이 애당초 優先辨濟權이 인정될 여지가 없다. 對抗要件의 상세는 §3의 解說 참조.

2. 確定日字

(1) 優先辨濟權이 인정되기 위하여는 對抗要件의 구비 외에 賃貸借契約書에 確定日字를 갖출 것이 요구된다. 賃貸借契約書에 確定日字를 갖출 것을 요구하는 이유는 優先辨濟權의 인정 여부는 다른 債權者들에게 利害關係가 크게 걸려 있는 문제인데, 保證金에 관한 아무런 公示도 없이 優先辨濟權을 인정하게 되면 賃貸人과 賃借人이 保證金額數에 관하여 얼마든지 談合하여 다른 債權者들의 權利를 크게 해할 수 있기 때문이다.

賃貸借契約書에 確定日字를 갖추는 방법은 첫째, 公證人事務所, 法務法人 또는 公證認可 合同法律事務所 등 공증기관에서 賃貸借契約書를 公正證書로 작성하는 방법, 둘째, 私文書로 된 賃貸借契約書에 위 공증기관에서 確定日字印을 찍어 주는 방법, 셋째, 私文書로 된 賃貸借契約書에 法院이나 登記所의 공무원이 確定日字인을 찍어 주는 방법의 세 가지가 있다. 그 중 현재 주로 이용되고 있는 셋째의 방법을 民法附則 §3 및 "사문서의 일자확정업무 처리지침"(大法院 1990. 3. 1. 등기행예 제27호 예규)에 의하여 상술하면 다음과 같다.

賃貸借契約書를 작성한 당사자나 所持人은 언제든지 地方法院(서울가정법원은 제외), 支院 또는 登記所(商業登記所는 제외)에 그 契約書의 原本을 가지고 가서 確定日字를 부여하여 줄 것을 구술로 請求할 수 있다(위 예규 §§2 I, 4, 5).[1] 契約書의 일부에 공란이 있는 때에는 그 部分을 지우고 문서작성인이 날인한 것이어야 한다(위 예규 §4 II). 確定日字의 부여는 法院이나 登記所의 관할과 상관없이 어느 곳에서나 가능하다(위 예규 §3). 確定日字 부여업무를 담당하는 공무원은 登記公務員 또는 地方法院長이나 支院長이 지정하는 法院公務員이다(위 예규 §2 II). 確定日字의 부여를 請求받은 담당공무원은 당해 賃貸借契約書의 여백(여백이 없는 경우에는 뒷면)에 다음과 같은 양식에 의한 記簿番號를 記入하고 確定日字印을 찍은 후 매 장마다 간인하며, 賃貸借契約書에 가감 또는 정정한 部分이 있는 경우에는 작성명의인으로 하여금 그 部分에 날인하고 그 欄外에 가감 또는 정정의 글자 수를 記入하게 한 후 그 난의 部分에 별도의 確定日字印을 찍는다(위 예규 §6 ii).

---

1) 確定日字請求의 수수료는 1건당 600원이며, 다만 契約書의 매수가 4매를 초과하는 경우에는 초과매수 4매마다 100원씩 가산된다(사문서의 일자확정 청구수수료규칙 〈1995. 11. 20. 大法院規則 제1400호〉 §2 I).

확정일자 제 ○○○○ 호

(記簿番號의 樣式)

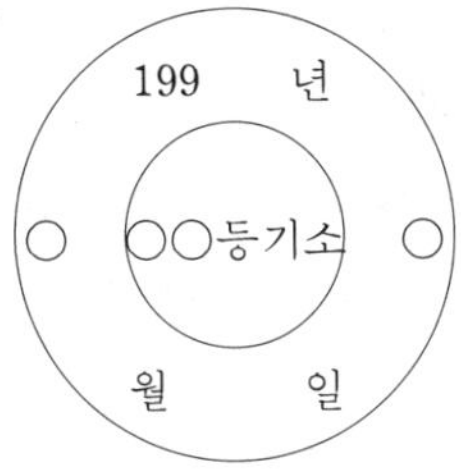

(確定日字印)

(2) 이처럼 賃貸借契約書에 確定日字를 갖출 것을 요구함으로써 賃貸人과 賃借人의 담합에 의한 保證金額의 사후 변경 내지 조작을 어느 정도 막을 수는 있으나,[2] 賃貸借契約書를 公的으로 공개하는 것이 아니기 때문에 제3자로서는 確定日字를 받았는지, 받았다면 保證金額이 얼마인지를 알 길이 없다. 따라서 賃貸住宅의 擔保權者는 자기가 賃借人보다 先順位인지 後順位인지, 後順位라면 先順位債權은 얼마나 되는지를 알 수가 없으므로 거래의 안전이 크게 위협을 받는다.[3]

이렇게 볼 때, 對抗要件을 구비한 賃借人에게 保證金에 관한 優先辨濟權을 인정하기 위하여는 단순히 確定日字를 갖추도록 할 것이 아니라, 주민등록 轉入申告時에 保證金額을 신고하도록 하여 주민등록표에 기재하는 방법이나, 동·읍·면사무소에 주민등록표 외에 賃貸借登錄簿를 별도로 비치하여 保證金을 포함한 賃貸借에 관한 모든 사항을 기재하고 이를 열람할 수 있게 하는 방법 등을 강구하여야 하지 않을까 한다. 아니면 최소한 賃貸借契約書를 公正證書로 작성하게 함으로써 保證金額의 사후 조작에 의한 분쟁을 막는 제도적 장치를 강구하여야 할 것이다.

(3) 確定日字와 관련하여 保證金의 公示에 관한 문제를 좀더 살펴본다.

住宅賃貸借保護法이 두 차례에 걸쳐 改正되면서 賃借人의 保證金에 관한 보호장치가 계속 강화되었다. 그러나 賃借人의 保證金이 보호되면 될수록 그것이 公示되지 아니하는 한 脫法的으로 악용될 소지가 많아지며, 그로 인한

2) 保證金額數를 정정한 경우에는 위에서 본 바와 같이 그 난의 部分에 별도의 確定日字印을 찍게 되어 있으나, 같은 문서를 法院이나 登記所에 보관하는 것도 아니고 法院이나 登記所에서 보관하는 장부인 確定日字簿에는 請求人의 주소, 성명, 문서명, 확정일자 부여일자 등만 기재할 뿐 保證金額과 같은 契約 내용을 기재하는 것이 아니다(확정일자부 및 일자인조제에 관한 규정〈1990. 10. 13. 大統領令 제13134호〉 별지 제1호 서식). 따라서 한 번 정정하여 確定日字를 받은 保證金額數를 나중에 다시 임의로 정정한 경우에는 어느 것이 진정한 保證金額數인지 판정하기 어렵게 된다.

3) 朴東涉, "確定日字에 관하여", 金祥源, 尹一泳紀念論文集, 64.

피해는 賃貸人이나 賃借人이 아닌 제3의 讓受人 혹은 擔保權者에게 돌아가게 되고, 결국 거래의 안전은 더욱 침해되는 결과를 초래한다. 그런데 住宅賃貸借保護法은 이에 관하여 철저히 외면하고 있었으며, 2차 改正時에 위에서 본 優先辨濟權의 전제조건만에 국한하여 確定日字를 요구하는 것이 추가된 정도일 뿐이다. 결국 賃借人을 우선 보호하는 데만 급급했다는 인상을 떨쳐버리기 어렵다. 保證金의 公示가 立法技術上 혹은 시행상 난점이 있다고 할지는 모르겠으나, 그렇다고 미룰 일이 아니라고 본다.

여기서 학자들이 그간 保證金의 公示方法의 일환으로 제시한 것을 보면,

① 주민등록표에 保證金欄을 신설하여 주민등록시 그 금액을 기재하는 방법,[4)]

② 官認賃貸借契約書만 사용하여 賃貸借契約을 체결케 하고 공인중개사가 서명날인하도록 하는 방법,[5)]

③ 賃貸人과 賃借人의 인감이 날인된 賃貸借契約書의 작성을 강제하는 방법,[6)]

④ 賃貸借契約書에 洞事務所 등에서 確定日字를 부여하도록 하여 公證하는 방법,[7)]

⑤ 賃貸借契約書의 작성을 강제하는 방법,[8)]

⑥ 賃貸借契約書를 작성하되 賃貸人·賃借人이 서명날인하게 하는 방법,[9)]

⑦ 賃貸借契約書를 確定日字 있는 증서에 의하도록 하는 방법,[10)]

⑧ 保證金을 세무신고토록 하는 방법,[11)]

⑨ 賃借人이 保證金返還請求權을 被保全權利로 하여 賃借住宅에 假押留를 하고 假押留登記時에 被保全債權이 賃借保證金과 그 保證金의 數額을 기재하는 방법[12)] 등이 있으며, 나아가 위와 같은 방법을 住宅賃貸借保護法 등의 法律에 정할 것이냐,[13)] 아니면 大統領令에 위임할 것이냐[14)]에 관해서도 견해가 나뉜다.

---

4) 尹天熙, 改正住宅賃貸借保護法解說(1984), 44.
5) 高翔龍, "住宅賃貸借保護法의 改正에 관한 立法論", 新聞(88. 10. 3), 10.
6) 金顯泰, "民法 및 住宅賃貸借保護法改正案에 대하여", 司行(82. 8), 6.
7) 韓國民事法學會, 民事法改正意見書(1982), 53-4(李在性).
8) 韓國民事法學會, 民事法改正意見書(1982), 90(金學東).
9) 李銀榮, "住宅賃貸借保護法의 改正에 관한 硏究", 法曹(82. 4), 20.
10) 韓國民事法學會, 民事法改正意見書(1982), 49(玄勝鍾).
11) 韓國民事法學會, 民事法改正意見書(1982), 153(金鼎鉉).
12) 姜信仲, "執行節次에 있어서의 住宅賃借人의 地位", 裁判資料 71집, 460-61.
13) 李銀榮(註 9), 30.
14) 高翔龍(註 5), 10.

위 견해들 중 ④의 견해를 改正住宅賃貸借保護法이 받아들인 셈이다. ②③⑤⑥의 견해는 公示方法과는 사실상 거리가 멀다고 할 수 있고,[15] ⑦의 견해는 ④의 견해와 유사하며, ①, ⑧의 견해는 公示方法을 보다 강화한 것이라고 할 수 있다. 한편 ⑨의 견해는 公示方法으로는 훌륭하나 賃借人이 일방적으로 하는 결과 賃貸人과의 사이에 분란을 일으킬 가능성이 있다. 私見으로는, 前述한 바와 같이 주민등록 轉入申告時에 保證金額을 신고하도록 하여 주민등록표에 기재하는 방법이나, 동·읍·면사무소에 주민등록표 외에 賃貸借登錄簿를 별도로 비치하여 保證金을 포함한 賃貸借에 관한 모든 사항을 기재하고 이를 열람할 수 있게 하는 방법을 강구할 필요가 있다고 생각한다.

3. 賃借住宅이 競賣 또는 滯納處分에 의하여 賣却되었을 것

賃借人이 優先辨濟權을 행사하기 위하여는 당해 賃借住宅이 競賣 또는 滯納處分에 의하여 매각되었어야 한다. 競賣나 滯納處分에 의하지 아니하고 단순히 賣買·交換 등의 法律行爲에 의하여 賃借住宅이 讓渡된 경우에는 對抗力의 여부만이 문제로 될 뿐 優先辨濟權은 인정될 여지가 없다.

(1) 競 賣

競賣는 국가나 지방자치단체 등의 공공기관이 아닌 일반 私人의 金錢債權을 만족시키기 위하여 국가공권력이 동원되어 債務者의 재산을 押留하고 이를 換價한 후 그 代金을 債權者에게 교부하는 제도이다. 이러한 競賣가 종래에는 民事訴訟法上의 절차에 의하여 행하여지는 이른바 "強制競賣"와 競賣法上의 절차에 의하여 행하여지는 이른바 "任意競賣"의 두 가지로 구별되었기 때문에, 本條 Ⅰ도 "民事訴訟法 및 競賣法에 의한 競賣"라고 하여 양자를 모두 규정하고 있다. 그러나 1990. 1. 13. 民事訴訟法이 改正되면서 競賣法을 폐지하고 종래의 競賣法을 民事訴訟法에 흡수함으로써 절차를 통일하였기 때문에 本條 Ⅰ은 "競賣法에 의한 競賣"라는 규정은 무의미하게 되었다.

(2) 滯納處分

滯納處分은 국가나 지방자치단체 등 공공기관(이하 "滯納處分廳"이라고 한다)이 조세 기타 공공요금의 강제징수를 위하여 직접 滯納者의 재산을 押留하여 換價하고 그 代金에서 조세 등을 걷는 제도이다. 本條 Ⅰ은 國稅徵收法에

15) 대부분 이미 賃貸借契約書를 작성하고 있는 것이 현재 거래의 실정이지 않을까? 문제는 그 契約書의 내용, 그 중 특히 保證金을 公示하는 방법을 찾자는 것이다.

의한 "公賣"시에 賃借人의 優先辨濟權을 인정하는 것으로 규정하고 있으나, 용어의 사용이 정확하지 못하다. 公賣는 押留 → 換價 → 淸算으로 이루어지는 滯納處分 수순 중 換價의 한 방법일 뿐이며(稅徵 §61 참조), 換價方法에는 公賣 외에 隨意契約에 의한 매각방법도 있음(同法 §62)[16]에 유의할 필요가 있다. 本條 I이 滯納處分 중 公賣에 의한 換價만에 적용되고 隨意契約에 의한 換價에는 적용되지 않는다고 볼 이유는 어디에도 없으므로, 法文의 "公賣"는 조세 등의 강제징수절차를 포괄하는 개념인 "滯納處分"으로 바꾸는 것이 적당하다(추측컨대, 立法者가 公賣와 滯納處分을 같은 개념으로 혼동한 것이 아닌가 싶다).

滯納處分의 절차에 관하여는 稅徵 §24 이하에서 상세히 규정하고 있다. 그리고 國稅徵收法의 滯納處分에 관한 규정은 地方稅法 기타 여러 法律에 援用되고 있다.[17] 따라서 비록 本條 I은 단지 "國稅徵收法에 의한" 公賣라고만 규정하고 있으나, 이를 文言 그대로 "國稅"의 징수를 위하여 賃借住宅을 國稅徵收法에 따라 滯納處分하는 경우에 국한하는 것으로 볼 것이 아니라, 國稅徵收法의 滯納處分의 예에 의하여 賃借住宅을 滯納處分하는 그 밖의 모든 경우를 포함하는 것으로 보아야 할 것이다.

4. 賃借人이 당해 住宅의 讓受人에게 대항할 수 있는 경우에는 賃貸借가 종료하였을 것

(1) 賃借人이 당해 住宅의 讓受人, 즉 競賣나 滯納處分에서 당해 住宅의 소유권을 취득한 자에 대하여 대항할 수 있고 賃貸借期間이 아직 남아 있는 경우에는 원칙적으로 그 남은 期間 동안 賃借人과 讓受人 사이에 賃貸借가 그대로 존속한다(§3 II). 따라서 그러한 경우에는 賃借人은 남은 期間이 경과하여 賃貸借가 종료하여야 비로소 讓受人에 대하여 保證金의 返還을 請求할 수 있다. 保證金은 그 본질상 賃貸借가 존속중인 한은 返還을 請求할 수 없는 것이기 때문이다(前述한 保證金에 관한 解說 I. 및 V. 참조). 그러므로 競賣나 滯納處分에 의한 賃借住宅의 換價代金으로부터도 優先辨濟를 받을 수 없다.

당해 住宅의 讓受人에 대항할 수 있는 賃借人의 판정기준에 관하여는 §3

16) 예컨대, 賃借住宅을 1년에 5회 이상 公賣하여도 매각되지 아니하면 隨意契約으로 매각할 수 있다(同法 §62 v).

17) "…의 滯納處分에 관하여는 國稅滯納處分의 예에 의한다"라고 규정하거나(예컨대 地方稅法 §28 IV), "…國稅滯納處分의 예에 의하여 이를 徵收할 수 있다"(예컨대 産業災害補償保險法 §27의 2 I; 醫療保險法 §55 III; 國民年金法 §79 III)라고 규정하는 것이 일반적이다.

의 解說 Ⅱ.2.(4) 참조.

(2) 이와 관련하여 實務상 흔히 문제되는 것은 讓受人에 대항할 수 있는 賃借人이 賃貸借期間이 아직 남아 있는데도 優先辨濟를 請求하는 경우 이를 어떻게 처리할 것이냐 하는 것이다.[18)]

이러한 賃借人은 원래 남은 期間의 경과 후 讓受人으로부터 保證金을 返還받을 수 있으므로 굳이 그에게 優先辨濟請求權을 인정할 필요는 없으며, 만일 優先辨濟請求權을 인정한다고 하면 賃借住宅에 관하여 競賣가 申請되었다 하여 반드시 換價에 의한 配當으로까지 이어지는 것은 아니고 取下 등으로 도중에 競賣節次가 종료되는 경우도 많은데 競賣가 申請되었다는 사유만으로 법의 明文의 규정도 없이 賃借人에게 賃貸借의 解止權을 인정하는 결과로 되어 부당하다는 견해도 있을 수 있으나,[19)] 賃借人은 賃貸人의 地位承繼를 원하지 아니하는 경우 異議를 제기함으로써 賃貸借關係의 구속력으로부터 벗어날 수 있다고 보는 것이 일반적인 견해이기 때문에(§3의 Ⅲ.1. 解說 참조),[20)] 위와 같은 賃借人이 配當要求, 즉 優先辨濟를 請求하면 그것으로써 賃貸借關係를 종료시킬 의사를 표시한 것으로 보아 賃貸借關係가 종료한 것으로 하여 配當을 하고 있는 것이

18) 이에 관하여는 崔成俊, "讓受人에 대하여 對抗할 수 있는 住宅의 賃貸借에 있어서 賃借人의 競賣節次에서의 優先辨濟權", 民事裁判의 諸問題(下)(李時潤華甲紀念論文集)(1995), 460 이하가 자세히 다루고 있다.

19) 李宙興, "住宅賃借保證金 回收를 위한 優先辨濟權의 行使와 競賣節次上 取扱", 法曹 1994년 11월호, 49-50은 그 밖에 住宅賃貸借保護法은 賃貸人의 人的 要素를 그렇게 중시하지 않는다는 점, 賃貸借가 競落人에게 引受된다 하여 賃貸借 종료에 따른 優先辨濟權이 당해 競落으로 소멸되는 것은 아니라는 점, 競賣申請登記日로부터 6개월 이상의 기간이 남아 있는 傳貰權은 競落으로 소멸하지 않는데 物權化된 대항력 있는 賃貸借에서 이와 달리 취급할 이유나 근거를 헤아리기 어렵다는 점 등을 들어 아무런 法文上의 근거 없이 賃借人이 일방적으로 계약의 구속력을 破棄하고 그 승계를 부인할 수는 없다고 한다.

다만, 同論文 50-1은 대항력 있는 임대차가 기간 만료 후 默示의 更新에 의하여 존속하고 있었던 경우에는 賃借人의 일방적인 解止通告에 의하여 賃貸借關係를 종료시킬 수 있으므로 賃借人의 配當要求書를 解止通告書의 성격을 兼有한 문서로 보아 그 送達(民訴 §606 Ⅰ)로써 賃貸借契約이 종료되었다고 할 것이기 때문에 優先辨濟權을 인정하여 配當하여도 무방하다고 한다.

20) 한편, 李在性, "住宅賃貸借保護法 第3條와 競落人의 住宅明渡請求", 李在性判例評釋集(Ⅸ), 275은 임대주택에 競賣申請이 있으면 賃貸人은 民法 제623조 소정의 賃貸人의 의무를 다하지 못하게 될 것임이 명백하게 드러났다고 할 수밖에 없으므로 賃借人은 民法 제544조에 의하여 賃貸借契約을 解止할 수 있다고 한다.

이에 대하여 金午燮, "賃貸借에 있어서의 少額保證金의 保護를 둘러싼 諸問題", 裁判資料 제32집, 504은 "임대인 지위의 승계는 임대인의 채무가 거의 개인적인 색채를 갖는 것이 아니며 목적물의 소유권을 보유하는 것만으로도 거의 완전히 이행할 수 있다는 것을 고려한 법정효과라는 점에 비추어 법문상의 근거도 없이 임차인에 의한 승계의 부인을 인정할 필요는 없다고 생각한다"고 反論을 제기한다.

타당할 것이다.[21] 判例도 같은 立場을 취한다.[22]

다만 이에 의하면 賃借人이 配當要求를 하느냐 않느냐에 따라 競落人과 다른 配當債權者의 이해가 서로 상반되게 좌우된다는 점에서 절차의 안정성이 흔들린다는 단점이 있다. 또한 賃借人이 配當要求를 함으로써 賃貸借關係가 종료하였다고 보았는데 정작 取下 등에 의하여 競賣節次가 도중에 종결된 경우에는 어떻게 할 것이냐 하는 문제도 생길 수 있으나, 賃借人의 配當要求를 競賣가 끝까지 진행되어 配當을 실시할 것을 조건으로 賃貸借關係를 종료시키겠다는 의사표시, 즉 配當에까지 이르지 아니할 것을 解除條件으로 하는 解止의 의사표시라고 본다면 문제가 없을 것이다.

---

21) 서울민사지방법원, 보전처분 및 입찰에 관한 실무지침, 67-8; 金志映, "少額保證金賃借人의 優先辨濟權"(서울대학교 석사학위논문)(1995), 35-6.

또한, 崔成俊(註 18), 477-78은 賃借人에게 자신의 對抗力을 포기할 수 있게 함으로써 優先辨濟請求를 인정하여야 한다고 하고, 立法論으로서, 賃貸借가 종료하지 않은 對抗力과 確定日字를 갖춘 賃借人은 임차주택에 대하여 경매신청이 있을 경우 落札이 되지 아니할 것을 解除條件으로 하여 賃貸借契約을 解止할 수 있다는 규정을 新設할 것을 제시한다. 傾聽할 만한 견해라고 생각된다.

한편, 申東閏, "不動産競賣에 있어서의 配當에 관한 問題點, 司論(23), 299-300은 論旨가 반드시 분명한 것은 아니나, 期間의 정함이 있는 賃貸借의 경우에는 위와 같은 처리가 불가능하다고 하고, 默示的으로 更新된 賃貸借에 한하여 위와 같은 처리를 인정하고 있는 듯하다. 後者의 경우에도 그 論據는 民訴 §608 Ⅱ의 類推適用에서 찾고 있다.

22) 大判 96.7.12, 94다37646(公 96년 2458): 양수인에게 대항할 수 있는 임차권자라도 스스로 임대차관계의 승계를 원하지 아니할 때에는 승계되는 임대차관계의 구속을 면할 수 있다고 보아야 하므로 임차주택이 임대차기간의 만료 전에 경매되는 경우 임대차계약을 해지함으로써 종료시키고 우선변제를 청구할 수 있다고 할 것이다. 위의 경우 임차인에게 인정되는 해지권은 임차인의 사전 동의 없이 임대차 목적물인 주택이 경락으로 양도됨에 따라 임차인이 임대차의 승계를 원하지 아니할 경우에는 스스로 임대차를 종료시킬 수 있어야 한다는 공평의 원칙 및 신의성실의 원칙에 근거한 것이므로, 해지통고 즉시 그 효력이 생긴다고 보아야 할 것이다.

그리고 임대차의 목적물인 주택이 경매되는 경우에 대항력을 갖춘 임차인이 임대차기간이 종료되지 아니하였음에도 경매법원에 배당요구를 하는 것은 스스로 더 이상 임대차관계의 존속을 원하지 아니함을 명백히 표명하는 것이어서 다른 특별한 사정이 없는 한 이를 임대차 해지의 의사표시로 볼 수 있고, 한편 민사소송법 제606조 제1항은 배당요구사실을 경매법원이 채무자에게 통지하도록 규정하고 있고 제728조가 담보권실행을 위한 경매에도 준용하고 있으므로, 경매법원이 위 법조에 정한 바에 따라 임대인에게 배당요구사실의 통지를 하면 결국 임차인의 해지의사가 경매법원을 통하여 임대인에게 전달되어 이 때 해지통지가 임대인에게 도달된 것으로 볼 것이니, 임대차관계는 위 배당요구 통지의 임대인에 대한 도달 즉시 해지로 종료된다고 할 것이다.

따라서 임차주택이 임대차기간의 만료 전에 경매되는 경우에 대항력 있는 임차인이 배당요구를 하고 그 배당요구의 통지가 임대인에게 도달하였다면 임대차관계는 이로써 종료되어 주택임대차보호법 제3조의 2 제1항 단서에 해당하지 아니하게 되므로 임차인에게 같은 법조 제1항 본문 또는 제8조 제1항에 의한 우선변제권을 인정하여야 할 것이다.

5. 配當要求 또는 優先權行使의 申告를 하였을 것

賃借人이 換價代金으로부터 優先辨濟를 받기 위하여는 競賣法院에 配當要求를 하거나 滯納處分廳에 優先權의 行使를 신고하여야 한다. 對抗要件을 갖춘 賃借權이 登記簿상 公示되는 것이 아니기 때문에 賃借人이 스스로 配當要求를 하거나 우선권의 행사를 신고하지 아니하는 이상 競賣法院이나 滯納處分廳으로서는 그러한 賃借權의 존재를 알 길이 없기 때문이다.

競賣의 경우에 이러한 配當要求를 할 수 있는 시한은 競落期日까지이다(民訴 § 605 I).[17] 滯納處分의 경우에 우선권의 행사를 신고할 수 있는 時限은 傳貰權者나 抵當權者의 경우는 國稅徵收法상 滯納處分廳으로부터 押留事實의 통지를 받은 날로부터 10일 이내에 신고하도록 되어 있고(同法 § 48 II), 그러한 신고를 하지 않았더라도 賣却代金의 배분일까지 신고하면 賣却殘餘金을 교부하도록 되어 있으나(同法施行令 § 79), 賃借人에 관하여는 규정이 없다. 滯納處分의 경우에는 競賣와 달리 剩餘의 가망이 없을 때에도 절차를 취소하지 아니하는 점(稅徵 § 62 i 참조), 賣却期日 외에 賣却決定期日이 따로 없는 점(稅徵 § 73 III 참조) 등을 고려하면 賣却代金을 배분할 때까지 우선권 행사의 신고를 하면 되지 않을까 한다.[24]

III. 優先辨濟의 內容

1. 保證金의 優先辨濟

對抗要件을 구비하고 賃貸借契約書상에 確定日字를 갖춘 賃借人은 競賣 또는 滯納處分에 의한 賃借住宅의 換價代金으로부터 後順位權利者 기타 債權者보다 우선하여 保證金을 변제받을 權利가 있다(本條 I).

(1) 優先順位의 결정

法文에는 賃借人이 後順位權利者보다 우선하여 保證金을 변제받는다고만

23) 따라서 對抗要件 및 確定日字도 그 때까지 구비하여야 함은 물론이다. 그런데 尹天熙, "改正住宅賃貸借保護法의 解說", 司行(90.4), 92는 配當期日까지 이러한 요건을 구비하면 된다고 하나, 이는 民事訴訟法의 配當要求의 시한에 관한 규정을 도외시한 것으로 부당하다.

24) 賣却代金의 배분은 配分計算書에 의하여 하는바, 配分計算書는 買受人으로부터 賣却代金을 完納받는 즉시 작성하여(稅徵 基本通則 3-11-9), 傳貰權者나 抵當權者 등 利害關係人의 열람에 제공된다(同法 § 83 III). 配分計算書에는 배분할 총액, 배분의 順位 및 금액, 배분일자 등이 기재된다(同法施行令 § 80).

되어 있을 뿐, 과연 누가 後順位權利者인가에 관하여는 아무런 규정을 두고 있지 않다. 解釋論상으로는 賃借人의 優先辨濟權은 마치 抵當權과 동일한 취급을 받는 것으로 봄이 상당할 것이다. 實務에서도 이와 같이 취급하고 있다.

따라서 賃借人의 保證金은 優先辨濟權이 없는 一般債權이나 優先辨濟權은 있되 抵當權보다는 항상 劣後에 있는 債權[25]에 대하여는 항상 우선하는 반면, 최종 3개월분의 임금 및 퇴직금채권이나 當該稅인 국세보다는 언제나 後順位이다(勤基 §30의 2 Ⅱ; 稅基 §35 Ⅰ iii).

賃借人과 抵當權者, 假登記擔保權者 또는 傳貰權者와 같은 擔保物權者들과의 사이에서는 賃借人이 對抗要件 및 確定日字를 모두 갖춘 最終時點과 擔保物權을 登記한 時點의 전후에 의하여 優先順位가 결정된다.[26] 賃借人과 假押留權者 사이에서는 賃借人이 對抗要件 및 確定日字를 모두 갖춘 最終時點과 假押留의 登記를 한 時點의 前後에 의하여 전자가 앞서면 賃借人이 우선하고 후자가 앞서거나 같은 날이면 同順位가 된다.[27] 이와 관련하여 實務上 다음과 같은 것들이 문제로 된다.

㈎ 賃借人이 對抗要件과 確定日字 중 對抗要件을 늦게 갖춘 경우에 優先順位 결정의 기준일은 對抗要件을 구비한 날인가 아니면 그 다음날인가? 예컨대 賃借人이 確定日字를 받은 날이 1993.12.6, 引渡와 주민등록의 對抗要件을 모두 갖춘 날이 1993.12.10.이고, 抵當權者의 抵當權登記가 경료된 날이 1993.12.10.이라고 할 때 賃借人이 우선하는가 抵當權者가 우선하는가가 문제로 된다. §3 Ⅰ이 住宅賃借權의 對抗力은 對抗要件을 구비한 다음날부터 생긴다고 규정하고 있기 때문에 위 예의 경우 賃借人의 優先辨濟權 취득일은 1993.12.11.이 되고 따라서 抵當權者보다 後順位가 된다고 볼 여지가 있다.[28] 그러나 §3 Ⅰ이 對抗力의 발생일을 對抗要件을 구비한 다음날로 규정한 데 비하여, 本條 Ⅰ은 對抗要件과 確定日字를 갖추면 곧바로 優先辨濟權이 발생하는 것으로 규정하고 있는 점에 비추어 보면, 優先辨濟權과 對抗力의 발생일을 꼭 결부시켜 해석할 것은 아니라고 할 것이다. 따라서 위 예의 경우 賃借

25) 예컨대, 의료보험료채권(의료보험법 §56)이나 산업재해보상보험료채권(산업재해보상보험법 §27의 4).
26) 尹天熙(註 17), 94.
27) 大判 92.10.13, 92다30597(公 92년 3138).
이 判決에 대한 評釋으로 金相容, "住宅賃貸借에 있어서 順位에 의한 優先特權", 司行(93.3), 76 이하 및 尹弘根, "住宅賃貸借保護法에 의한 優先辨濟權의 發生時期", 民判研 XVI, 121 이하 각 참조.
28) 서울地判 96.11.5, 96가합61006(新聞 96.11.1, 3).

人의 優先辨濟權은 對抗要件을 구비한 날인 1993. 12. 10.에 발생한다고 보아야 하고, 결국 保證金返還請求權과 抵當權附債權은 同順位라고 할 것이다.[29]

(나) 賃借人이 對抗要件 및 確定日字를 구비한 같은 날에 前後 두 개의 抵當權이 설정된 경우는 어떤가? 예컨대 賃借人이 對抗要件 및 確定日字를 모두 갖춘 날이 1993. 12. 6.인데, 같은 1993. 12. 6.에 2번抵當權과 3번抵當權이 모두 설정되었을 경우 賃借人의 保證金返還請求權과 각 抵當權에 의하여 擔保되는 債權의 優先順位는 어떻게 되는가가 문제로 된다. 實務上 흔히 볼 수 있는 일이다. 抵當權 상호간에는 분명 優先順位가 정하여져 있지만, 賃借人이 對抗要件 및 確定日字를 모두 갖춘 시각과 각 抵當權이 설정된 시각의 선후를 정한다는 것은 사실상 불가능하다. 결국 우선 위 3개의 債權을 同順位로 취급하여 按分配當을 한 다음, 抵當權 상호간에는 우열이 있으므로 2順位抵當權者가 자기 債權의 만족을 받을 때까지 3順位抵當權者의 配當額을 흡수하는 것으로 처리할 수밖에 없다. 실제로 서울地方法院의 實務例도 이와 같이 하고 있다.

(다) 賃貸借가 更新된 경우는 어떤가? 예컨대 賃借人이 1992. 12. 1. 賃貸借契約을 체결하고 1992. 12. 6. 對抗要件 및 確定日字를 모두 갖추었고, 그 후 1994. 1. 1.에 抵當權이 설정되었는데, 1994. 12. 1. 賃貸借契約을 更新한 경우에는 처음의 對抗要件 및 確定日字를 갖춘 1992. 12. 6.을 기준으로 賃借人의 優先辨濟順位를 결정하여야 한다. 後順位抵當權者는 賃貸借의 更新을 항상 예견하여야 하기 때문이다.

문제는 更新과 더불어 保證金이 인상된 경우이다. 학자에 따라서는 인상된 保證金에 대하여도 對抗力 및 優先辨濟權을 인정하는 견해를 취하는 사람이 있고,[30] 下級審判決 중에도 그러한 입장을 취한 것이 있으나,[31] 그렇게 되면 제3자의 이익을 너무 침해하게 되어 부당하다. 讓受人이나 抵當權者 등 제3자는 기존의 賃貸借保證金을 容忍하고 物權을 취득하는 것이지 장래 얼마가 될지도 모르는 인상될 保證金까지 容忍하고 物權을 취득하는 것은 아니기 때문이다. 賃借人이 對抗要件을 구비한 후에 抵當權이 설정되고, 그 후에 賃貸

29) 비록 같은 날에 賃借人이 對抗要件을 구비하고 抵當權者가 抵當權을 취득하였다고 하나, 엄밀히 말하면 거기에도 先後가 있을 것이나 이를 입증하는 것은 사실상 불가능하므로 同順位로 취급할 수밖에 없다.

30) 註釋各則 Ⅱ, 302.

31) 서울民事地判 90. 3. 27, 89나1978(新聞 90. 5. 24, 8).

借期間이 만료하더라도 賃貸借를 更新하면 賃貸借의 동일성이 계속 유지되기 때문에 對抗力도 여전히 존속하되, 다만 賃貸借를 更新하면서 保證金을 증액한 경우에는 抵當權 설정 전의 保證金額에 한하여 競落人에게 대항할 수 있을 뿐, 抵當權 설정 후에 증액된 部分에 대하여는 對抗力이 생기지 않는다는 判例[32]에 따라 實務例도 인상 전의 保證金에 한하여 優先辨濟를 인정하고 있다. 다만, 更新과 더불어 인상된 保證金에 대하여 確定日字를 받고 그 날짜가 抵當權 설정일자보다 앞선다면 그 인상된 保證金에 대하여 優先辨濟權이 인정되는 것은 더 말할 나위도 없다.

(2) 優先辨濟를 받는 대상

㈎ 賃借人은 賃借住宅의 換價代金으로부터 優先辨濟를 받는다. 建物만의 賃借人이라 할지라도 垈地를 포함한 換價代金으로부터 優先辨濟를 받는다(本條 I). 이는 賃借人의 보호를 위한 것인바, 建物만의 傳貰權者는 建物代金에서만 優先辨濟를 받는 것에 비하여 볼 때 住宅賃借權이 物權인 傳貰權보다 더 강한 優先辨濟權을 갖는 결과가 된다. 그러나 아무리 賃借人을 보호한다고 하지만 이렇게까지 보호하는 것이 과연 立法論상 타당한지는 의문이다. 住宅賃借權이라 해서 전체적인 법체계를 뒤흔들어 놓아도 좋은 天下에 둘도 없는 權利인 것은 아니기 때문이다.

㈏ 그런 의미에서 위와 같이 垈地로부터도 優先辨濟를 받는 것은 建物 및 垈地에 抵當權이 설정되어 그 抵當權의 실행으로 競賣가 진행되는 경우 또는 그러한 建物 및 垈地에 대한 一般債權者의 強制競賣申請에 의하여 競賣가 진행되는 경우에 국한하여야 하는 것으로 해석할 것이다. 따라서, 예컨대 實務上 흔히 볼 수 있는 예인 裸垈地에 抵當權이 설정되었는데 그 후에 지상에 無許可建物이 신축되고 토지의 抵當權 실행으로 競賣가 진행될 경우에는 建物의 賃借人은 토지의 換價代金에서 優先辨濟를 받지 못한다. 위 예에서 그 建物이 설사 허가를 받은 것이라 하여도 마찬가지이다.[33]

또한 토지와 建物에 대하여 抵當權이 설정되었는데 建物所有者가 임의로 建物을 헐어버리고 새로운 建物을 신축하여 賃貸한 경우에 토지의 抵當權 실

32) 大判 90. 8. 24, 90다카11377.
이 判決에 대한 評釋으로 金相容, "賃借保證金의 增額과 競落人에 對한 對抗力(上)", 新聞(91. 1. 14), 15는 判旨에 찬성하고, 池大雲, "賃借保證金 增額의 後順位根抵當權者에 대한 效果", 新聞(91. 3. 7), 11은 判旨에 반대한다.

33) 이 경우에 토지의 抵當權者가 建物에 대하여 一括競賣를 申請하여(民 §365) 建物도 競落된 경우에는 賃借人은 그 建物代金으로부터 優先辨濟를 받을 수 있음은 물론이다.

행으로 競賣가 진행될 경우에도 建物의 賃借人은 토지의 換價代金에서 優先辨濟를 받지 못한다고 할 것이다. 종전 建物의 철거로 建物상의 抵當權이 소멸함으로써 피해를 입은 抵當權者에게 賃借人의 優先辨濟로 인한 손해까지 부담케 하는 것은 너무 가혹하기 때문이다. 그리고 위 경우에는 新建物에 대하여도 종전 建物의 범위 내에서 法定地上權이 인정되므로,[34] 토지의 競落人에 의하여 新建物이 철거될 염려는 없고, 따라서 賃借人이 아무런 대책 없이 建物에서 쫓겨나는 일도 없다는 점을 염두에 둘 필요가 있다.

(다) 建物과 垈地가 동시에 競賣되든 시기를 달리하여 따로 競賣되든 각 절차에 모두 참가하여 優先辨濟를 받을 수 있다. 다만 먼저 시작된 配當節次에서 전부 優先辨濟를 받게 되면 그로 인해 配當을 못받게 된 後順位者는 賃借人을 대위하여 나중의 配當節次에 참가할 수 있다. 이른바 配當節次에 있어서의 異時配當의 문제로 그에 관한 상세는 本法의 해설범위를 벗어나므로 생략한다.[35]

2. 賃借住宅의 引渡

(1) 賃借人이 賃借住宅의 換價代金에서 優先配當된 保證金을 수령하기 위하여는 賃借住宅을 讓受人에게 引渡하여야 한다(本條 II). 賃借人이 保證金을 優先辨濟받고도 賃借住宅을 讓受人에게 引渡하지 아니하면 代金을 모두 支給한 讓受人에게 매우 불리하기 때문이다.

본래 賃貸人의 保證金返還과 賃借人의 賃借住宅返還은 同時履行關係에 있어(前述한 保證金에 관한 解說 V.2. 참조) 양자의 이익이 균형을 이룬다. 그런데 競賣나 滯納處分의 경우는 賃借住宅을 매각한 競賣法院이나 滯納處分廳이 讓受人(競落人 또는 買受人)으로부터 代金을 납부받아 보관하다가 그 중에서 保證金債權에 配當된 금원을 賃借人에게 支給하는 것이기 때문에, 賃借人의 保證金返還債權의 확보를 위하여 인정되는 同時履行의 抗辯權을 이 경우에까지 인정할 필요는 없는 것이다. 즉 賃借人의 先引渡義務를 규정하여도 賃借人에게 불리한 점이 없다. 왜냐하면 賃借人은 讓受人에게 賃借住宅을 引渡한 사실만 증명하면 競賣法院이나 滯納處分廳으로부터 곧바로 자기 몫의 配當金을 수령할 수 있기 때문이다.

競賣實務에서는 優先配當된 保證金을 수령하려고 하는 賃借人으로 하여금

34) 大判 90. 7. 10, 90다카6399(集 38-2, 167).

35) 法院行政處, 法院實務提要 強制執行(上)(改訂增補版, 1992), 652 이하에 상세히 설명되어 있다

競落人으로부터 明渡確認書를 받아 제출케 하고 있다.

(2) 賃借人이 讓受人에게 대항할 수 있음에도 불구하고 優先辨濟請求를 한 경우에는 賃貸借關係를 종료시키려는 의사표시를 한 것으로 보아 換價代金에서 그에게 優先辨濟를 하는 것이 상당함은 前述한 바와 같다. 그런데 이 때 換價代金이 保證金額에 모자라는 경우 어떻게 할 것인가? 競賣의 경우에는 그와 같이 될 경우 剩餘의 가망이 없다 하여 미리 競賣節次를 취소할 것이기 때문에(民訴 §616) 일반적으로 위와 같은 일이 일어나기 어려우나 競賣法院이 간과하여 競賣를 끝까지 진행하는 경우가 있을 수 있고, 滯納處分의 경우에는 競賣와 달리 剩餘의 가망이 없다 하여 취소하는 제도가 없으므로 위와 같은 일이 일어날 수 있다.

생각건대 §4 Ⅱ을 유추하여 賃借人이 위 부족액만큼을 讓受人으로부터 수령하고 賃借住宅을 引渡하면 競賣法院이나 滯納處分廳으로부터 換價代金을 수령할 수 있다고 할 것이다. 또한 賃借人이 賃借住宅을 讓受人에게 먼저 引渡하고 競賣法院이나 滯納處分廳으로부터 換價代金을 수령한 다음 부족액을 讓受人에게 請求하는 것도 물론 가능하다.

(3) 對抗力 있는 賃借人은 비록 賃貸借契約書에 確定日字를 구비하였다 하더라도 換價代金으로부터 優先辨濟를 받는 것이 강요되는 것은 아니기 때문에 자기의 선택에 따라 讓受人으로부터 保證金의 전액을 返還받는 길을 택할 수 있는바, 이 경우에는 保證金의 返還과 賃借住宅의 返還이 同時履行關係에 있음은 더 말할 나위도 없다.[36)]

3. 賃借人이 競賣를 請求하는 경우의 특수문제

對抗要件 및 確定日字를 갖추고 있는 賃借人은 다른 債權者의 申請에 의한 競賣나 滯納處分에서 優先辨濟를 받을 수는 있어도 스스로 競賣를 申請할 수는 없다. 傳貰權者와는 달리 競賣請求權이 없는 것이다. 따라서 競賣를 申請하는 다른 債權者가 없는 한 優先辨濟權은 쓸모가 없게 된다.[37)] 賃借人이 직접 保證金을 返還받기 위하여는 賃貸人을 상대로 保證金返還請求訴訟을 제기하여 勝訴確定判決의 債務名義를 얻어 強制競賣를 申請하는 수밖에 없다. 그러나 위 訴訟에서는 賃貸人이 賃貸住宅의 返還과 상환하여 保證金을 返還하겠다고 抗

36) 大判 94.2.22, 93다55241(公 94년 1083) 참조.
37) 때문에 賃借人에게 競賣請求權을 인정하자는 주장이 제기된다. 高翔龍, "住宅賃貸借保護法의 問題點과 그 改正 補完방법(下)", 新聞(87.12.17), 10.

辯하는 것이 보통이고, 결국 償還履行判決이 선고될 것이다(前述한 保證金에 관한 解說 V.2. 참조).

賃借人이 위 償還履行判決을 債務名義로 하여 強制競賣를 申請하기 위하여는 賃借住宅을 引渡한 사실을 증명하여야 한다(民訴 §491의 2 I). 그런데 賃借住宅의 占有는 對抗力의 구비요건인 동시에 존속요건이기 때문에(前述한 §3의 解說 Ⅱ.3. 참조) 賃借人이 賃借住宅을 일단 賃貸人에게 引渡하면 對抗要件을 구비하지 못한 것으로 된다. 그 결과 賃借人은 자기가 申請한 위 競賣節次에서는 一般債權者에 불과할 뿐 優先辨濟를 받지 못하게 된다(賃借人이 優先辨濟를 받기 위하여는 配當期日까지 對抗要件을 구비하고 있어야 한다).

이와 같이 다른 사람이 申請한 競賣節次에서는 優先辨濟를 받는 데 비하여, 적극적으로 자기가 나서서 申請한 競賣節次에서는 優先辨濟를 받지 못한다는 것은 확실히 균형이 맞지 않는다. 그러나 현행법의 해석으로서는 어쩔 수 없지 않을까 한다. 立法論으로 對抗要件과 確定日字를 갖춘 賃借人에게 競賣請求權을 주는 것을 생각하여 볼 만하다. 前述한 바와 같이 優先辨濟를 받는 범위에 관하여 物權인 傳貰權에 비하여 강력한 보호를 하는데다, 少額保證金은 한걸음 더 나아가 더욱 강력한 보호를 하는 마당이라면 傳貰權에는 인정되는 競賣請求權을 住宅賃借權에 인정하지 못할 것도 없을 것이다.

Ⅳ. 利害關係人의 救濟

1. 競賣의 경우

競賣에 의한 賃借住宅의 換價代金을 配當함에 있어 對抗要件과 確定日字를 갖춘 賃借人의 優先順位와 保證金에 관하여 異議가 있는 利害關係人은 競賣法院에 異議를 申請할 수 있고(本條 Ⅲ), 이러한 異議申請에 대하여는 民訴 §§590 내지 597의 配當票에 대한 異議에 관한 규정이 準用된다(本條 Ⅳ). 여기서 優先順位에 대한 異議란 賃借人이 異議를 제기하는 자보다 優先辨濟를 받는 것에 대하여 異議하는 것을 말하고, 保證金에 관한 異議는 順位에는 異議가 없으나 保證金의 액수에 대하여 異議를 제기하는 것을 말한다. 法文에는 마치 優先順位와 保證金에 대하여만 異議를 할 수 있는 것처럼 규정되어 있으나, 賃借人이 對抗要件과 確定日字를 구비하였다는 것 자체, 즉 賃借人에게 優先辨濟權이 있다는 것 자체에 대하여도 異議를 할 수 있음은 물론이다.

본래 1990. 1. 13. 競賣法이 폐지되어 民事訴訟法에 흡수되기 전까지는 競

賣法에 의한 任意競賣의 경우 配當異議制度가 없었다. 따라서 적어도 競賣法에 의한 任意競賣에 관한 한 本條 Ⅲ·Ⅳ과 같은 규정을 둘 실익이 있었다. 그러나 競賣法을 흡수한 현행 民事訴訟法하에서는 종래의 競賣法에 의한 任意競賣에 해당하는 擔保權實行을 위한 競賣節次에도 債務名義에 기한 强制競賣節次가 그대로 準用되는 결과(民訴 §735) 配當異議가 인정되기 때문에 本條 Ⅲ 중 競賣法院에 대한 異議申請을 규정한 部分과 本條 Ⅳ은 무의미해졌다. 이제는 그러한 규정이 없어도 賃借人의 優先順位와 保證金 및 優先辨濟權 자체에 관하여 異議가 있는 利害關係人은 民事訴訟法상의 配當異議에 관한 규정(民訴 §§590-597)에 의하여 당연히 異議를 申請할 수 있기 때문이다.

配當異議에 관한 상세는 여기서 기술할 성질의 것이 아니므로 생략한다.[38]

2. 滯納處分의 경우

滯納處分에 의한 賃借住宅의 換價代金을 배분함에 있어 對抗要件과 確定日字를 갖춘 賃借人의 優先順位와 保證金에 관하여 異議가 있는 利害關係人은 滯納處分에 異議를 申請할 수 있고(本條 Ⅲ), 異議申請일로부터 7일 이내에 賃借人을 상대로 訴를 제기한 것을 증명한 때에는 滯納處分廳은 당해 訴訟의 종결시까지 異議가 申請된 범위 안에서 賃借人에 대한 保證金의 변제를 유보하여야 한다(本條 V).[39] 애당초 賃借人에게 배분하기로 예정하였던 금원 중 異議申請의 대상이 되지 아니한 잔여금액은 물론 賃借人에게 배분하여야 하며, 유보된 保證金은 위 訴訟의 결과에 따라 배분한다.

결국 이러한 異議節次는 競賣에서의 配當異議節次와 거의 같은 셈이다.

[閔 日 榮]

---

38) 閔日榮, "不動產競賣節次에 있어 配當票에 대한 異議에 관한 小考", 저스티스 25-2 (1992. 12) 이하 참조.

39) 支給을 유보한 금원은 滯納處分廳이 직접 보관하는 것이 아니라 한국은행에 預託하고 그 뜻을 賃借人에게 통지하도록 되어 있다(稅徵 §84 Ⅰ·Ⅱ). 이는 마치 配當異議의 대상이 된 금원을 競賣法院이 직접 보관하는 것이 아니라 供託하는 것과 같다.

第4條(賃貸借期間 등)

① 期間의 정함이 없거나 期間을 2년 미만으로 정한 賃貸借는 그 期間을 2년으로 본다.

② 賃貸借가 종료한 경우에도 賃借人이 保證金을 返還받을 때까지는 賃貸借關係는 존속하는 것으로 본다.

차 례

Ⅰ. 賃借權의 存續의 保障
  1. 本條 第1項의 立法趣旨
  2. 2년의 存續期間
Ⅱ. 法定賃貸借關係
  1. 本條 第2項의 立法趣旨
  2. 本條 第2項의 效果
  3. 立 法 論

Ⅰ. 賃借權의 存續의 保障(本條 I)

1. 本條 第1項의 立法趣旨

本條 I은 賃借權의 존속을 보장하기 위한 규정이다. 이 條項은 본래 "期間을 1년미만으로 정한 賃貸借는 그 期間의 정함이 없는 것으로 본다"로 되어 있었고, 거기에 "期間의 정함이 없는 賃貸借에 있어 賃貸人은 契約을 체결한 날로부터 6월이 경과하지 아니하면 契約의 解止通告를 할 수 없다"는 §5 본문의 규정이 추가됨으로써 住宅의 賃貸借를 최소한 1년은 존속을 보장하였었다.[1)]

그러면 1년이 지나면 어떻게 되었는가? 賃貸人은 賃貸借期間 만료 전 6월부터 1월까지 사이에 賃借人에 대하여 아무런 制限 없이 契約更新을 거절하는 통지를 하거나 혹은 조건을 변경하지 않으면(예컨대 保證金의 인상 등) 更新하지 않겠다는 통지를 할 수 있고(§6 I의 반대해석), 이에 따라 賃借人은 퇴거하여야 했다. 賃貸人이 위 통지를 하지 아니하여 종전 賃貸借가 동일조건으로 更新된 것으로 간주되어도(§6 I 전단), 이 때는 期間의 정함이 없는 賃貸借로 될 뿐만 아니라(§6 I 후단), 賃貸人의 解止通告가 즉시 ── 6개월을 기다릴 것 없이 ── 가능하여(§5 단서) 결국 賃貸借期間이 6개월 연장되는 데 그치고 말았다.

1) 賃貸人이 解止通告를 할 경우에는 6월이 지나야 解止의 효력이 생긴다(民 §635 Ⅱ i)는 점을 상기할 필요가 있다.

그런데 소비자보호원의 1988년 賃貸借 실태조사에 의하면 대상조사가구 768가구 중 傳貰期間을 1년으로 한 契約이 754가구(98.2%)이고, 그 중 1년 이상 거주하고 있는 가구가 656가구(62.8%)였다고 한다.[2] 여기서 1년 이상 거주하고 있는 62.8%의 가구는 인상된 保證金을 감수하여 契約을 更新하고(保證金의 인상 없이 契約을 更新한다는 것은 생각하기 어렵다) 거주하는 것으로 보아야 하고, 1년밖에 거주하지 아니하고 다른 곳으로 이사하는 가구의 상당수는 인상된 保證金을 감당할 수 없어 이곳 저곳을 轉轉하는 것으로 보아도 틀림없었다.[3] 때문에 住宅賃貸借保護法이 존속을 보장한 賃貸借期間인 1년은 현실과 동떨어진 期間으로서 賃借人의 보호에 미흡하다는 비판을 받았고, 賃借人의 계속거주를 보장하기 위하여는 賃借權의 最短期間을 연장하든가, 아니면 賃借人이 당해 住宅에서 계속 거주할 것을 바라는 한 契約期間에 關係 없이 賃貸人의 契約解止나 更新拒絶을 制限하여야 한다거나,[4] 最短存續期間을 2년으로 하여야 한다는 견해[5]가 제시되었다.

그에 따라 1989.12.30. 住宅賃貸借保護法의 2차 改正時에 舊法의 §4 I과 §5를 통합하여 현재의 §4 I처럼 改正한 것이다.[6] 그러나 이처럼 2년의 存續期間을 보장하는 것도 외국의 입법례에 비추어 보면 만족할 만한 수준은 아니다.

佛蘭西의 "賃貸借關係 改善을 위한 法律"((Loi n° 89-462 du 6 juillet 1989, tendant à améliorer les rapports locatifs) §10는 住居用 建物 및 業務·住居의 兼用建物의 賃貸借는 그 최단기간을 賃貸人이 自然人인 경우 3년, 法人인 경우 6년으로 하고(同條 I), 일정한 절차에 따라 解止의 豫告를 하지 아니하면 위 기간의 종료 후 동일 기간 다시 연장되도록 하고 있다(同條 II).

住宅賃借權의 존속을 보장하기 위하여 獨民 §564b 및 §556a는 아예 住居賃貸借의 解止를 다음과 같이 制限하고 있다.[7] 즉 §564b는 "(1) 賃貸人은 賃貸借關係의 종료에 대하여 정당한 이익을 가지는 경우에 한하여 住宅에 관

2) 高翔龍, "住宅賃貸借保護法 중 改正法律案에 관한 私見(下)", 新聞(89.5.15), 10.
3) 특별한 이유도 없이 1년마다 이사하는 것을 좋아할 사람은 아무도 없을 것이다.
4) 李銀榮, "住宅賃貸借保護法의 改正에 관한 硏究", 法曹(82.4), 26-27.
5) 趙鍾炫, "住宅賃借權의 住居保護", 高昌鉉紀念論文集, 459.
6) 당시 平民黨이 국회에 제출하였던 住宅賃貸借保護法의 改正案은 법 제3조의 2를 신설하여 "賃貸人은 특별한 사유가 없는 한 本契約 이후 2년 이내에는 賃借人의 의사에 반하여 賃借人의 更新請求의 거절이나 契約解止通告를 하지 못한다"고 하고 있었다.
7) 이에 관한 상세는 피터 아렌스(Peter Arens)(孫智烈 譯), "獨逸聯邦共和國에 있어서의 社會的 賃借權과 그 實際的 作用"(Das soziale Mietrecht in der Bundesrepublik Deutschland und seine praktischen Auswirkungen), 韓獨法學 3호(82.7), 152 이하 참조.

한 賃貸借關係를 解止할 수 있다. (2) 賃貸借關係의 종료에 대한 賃貸人의 정당한 이익은 다음 각호의 경우에 인정된다. 1. 賃借人이 그의 責任 있는 사유로 契約상의 義務를 상당한 정도 위반한 때. 2. 賃貸人이 住宅을 자신 또는 그의 세대에 속하는 자나 가족을 위하여 필요로 하는 때. 단, 賃貸住宅이 賃借人에게 引渡된 후에 賃貸人이 住宅의 소유권을 취득하거나 住宅의 소유권이 讓渡된 때에는 讓受人은 讓受일로부터 3년이 지나지 않으면 제1항의 정당한 이익을 원용할 수 없다. 3. 賃貸人이 賃貸借關係의 지속으로 인하여 토지의 적절한 경제적 이용을 하지 못하고 그 결과 현저한 불이익을 입을 때. 단, 다른 사람에게 賃貸하면 보다 많은 借賃을 얻을 수 있다는 것은 고려의 대상이 안 된다. 〈이하 생략〉 (3) 賃貸人의 정당한 이익으로서의 解止事由는 그것이 사후에 발생한 것이 아닌 한 解止通告書에 미리 明記되어 있어야 고려된다. (4) 내지 (7)항은 생략"고 하고 있다.

뿐만 아니라 賃貸人이 설사 解止事由를 주장, 입증하더라도 다시 § 556 a가 "(1) 住宅에 관한 賃貸借關係의 契約상의 종료가 賃借人 또는 그의 가족에게 가혹하고 그 가혹함이 賃貸人의 정당한 이익을 고려하더라도 정당화될 수 없을 때에는 賃借人은 解止에 대하여 異議를 제기할 수 있으며 또한 賃貸人에 대하여 賃貸借關係의 계속을 請求할 수 있다. 이러한 가혹함은 적절한 代替住宅이 기대가능한 조건으로 마련될 수 없을 경우에도 인정된다. 賃貸人의 정당한 이익으로서의 解止事由는 그것이 사후에 발생한 것이 아닌 한 제564 a조 제1항 후문에 의하여 解止通告書에 미리 明記되어 있어야 고려된다. (2) 제1항의 경우에 賃借人은 賃貸借關係를 모든 사정의 고려하여 적절하게 지속할 것을 請求할 수 있다. 賃貸人에 대하여 종전의 조건으로 賃貸借關係를 계속할 것을 기대할 수 없는 때에는 賃借人은 契約條件의 적절한 변경하에 賃貸借關係를 계속할 것만을 請求할 수 있다. (3) 賃貸借關係의 계속, 存續期間 및 조건에 관하여 합의가 성립하지 아니하는 때에는 判決로써 이를 정한다. 賃貸借關係의 종료가 賃借人 또는 그의 가족에게 가혹한 것으로 되는 사정이 언제 없어질지 불확실한 경우에는 賃貸借關係는 期間의 정함이 없이 계속된다. (4) 내지 (8)항은 생략"고 하고, 동 § 556 b Ⅰ은 "期間의 정함이 있는 住宅賃貸借의 경우에 賃貸人이 解止를 한 때에 제556 a조에 의거하여 賃貸借關係의 계속을 請求할 수 있을 때에는 賃借人은 賃貸借關係의 계속을 請求할 수 있다. 그 밖의 점은 제556 a조의 규정을 準用한다"고 하고 있다.

2. 2년의 存續期間

(1) 期間의 정함이 없거나 期間을 2년 미만으로 정한 賃貸借는 그 期間을 2년으로 본다(本條 I). 이에 위반하여 賃借人에게 불리하게 約定을 맺은 것은 효력이 없다(§10). 따라서 住宅의 賃借人은 한 번 賃貸借契約을 체결하면 적어도 2년 동안은 保證金의 인상부담 없이 마음놓고 그 곳에 거주할 수 있다. 또한 賃貸借가 默示的으로 更新되면(§6) 역시 期間의 정함이 없는 賃貸借로 되어 그 期間이 다시 2년으로 된다.[8)]

그런데 다음과 같은 문제가 實務上 종종 등장한다.

즉 期間을 정하지 않았거나 期間을 1년으로 정한 賃借人이 1년 만에 이사를 가겠다고 할 경우에 賃貸人이 本條 I을 들어 賃貸借期間이 2년이므로 保證金을 그 때까지는 返還할 수 없다고 할 수 있느냐는 것이다. 요컨대 本條를 援用하여 賃貸借期間이 2년이라고 주장할 수 있는 자는 賃借人에 국한되는 것이냐, 아니면 賃貸人도 그와 같은 주장을 할 수 있느냐 하는 것이다.

생각건대 本條 I이 2년의 存續期間을 보장한 것은 어디까지나 賃借人이 그의 의사에 반하여 거의 1년마다 이사를 다녀야 하는 것을 막고 그의 住居의 안정을 보호하려는 취지라고 보아야 한다. 賃借人이 자기가 진실로 원하고 또 필요하여 1년의 賃貸借契約을 체결하고 그 期間 경과 후에 이사하려는 것을 못하게 하고 억지로 2년을 한 곳에 살라고 강요하는 것까지 本條 I이 요구하는 것은 아니다. 요컨대 2년 미만의 存續期間 約定은 그것이 賃借人에게 불리하게 작용할 경우에만 효력이 없는 것이지 賃借人이 그 적용을 원하는 경우에 까지 효력이 없는 것은 아니라고 할 것이다. 따라서 賃貸借期間을 1년으로 한 賃借人이 그 期間 경과 후에 保證金의 返還을 請求하면 賃貸人이 本條 I을 들어 返還을 거부할 수 없다고 할 것이다. 마찬가지 이유로 賃貸借期間을 정하지 아니한 경우에는 賃借人은 언제나 解止通告를 할 수 있고, 통고 후 1월이 경과함으로써 賃貸借契約은 解止된다고 할 것이다(民 §635 II i).

이와 같은 해석은 賃借住宅이 讓渡된 경우에 對抗力 있는 賃借人이 賃貸人 지위의 承繼를 원하지 아니할 경우에는 §3 II의 규정에 불구하고 賃貸借의 구속력으로부터 벗어날 수 있다고 보는 해석(§3의 解說 III.1. 참조)과 궤를 같이한다.

(2) 2년의 存續期間을 보장한다 하여 賃借人의 귀책사유를 이유로 한

8) 大判 92. 1. 17, 91다25017(公 92년 864).

賃貸人의 契約解止까지 制限되는 것은 아니라고 할 것이다. 예컨대 借賃의 延滯額이 2기의 借賃額에 달하거나(民 §640), 賃借權을 무단으로 讓渡 또는 轉貸하거나(民 §629 II), 기타 賃借人으로서의 義務를 위반한 때(民 §§544, 546)에는 賃貸人은 賃貸借를 解止할 수 있다. 이러한 경우에까지 2년의 存續期間을 보장하는 것은 불성실한 賃借人을 과보호하여 賃貸人의 이익을 지나치게 해할 뿐이기 때문이다. 後述하는 바와 같이 이러한 경우에는 賃貸借契約의 默示의 更新도 인정되지 아니한다(§6의 解說 참조).

II. 法定賃貸借關係(本條 II)

1. 本條 第2項의 立法趣旨

本條 II은 賃貸借가 종료한 경우에도 賃借人이 保證金을 返還받을 때까지는 賃貸借關係가 존속하는 것으로 의제함으로써 §§3의 2, 8와 더불어 住宅賃借人의 保證金返還請求權을 보호하고 있다. 애초의 住宅賃貸借保護法에는 없었던 條項인데 1983. 12. 30. 1차 改正時 신설되었다.

賃貸借가 종료하였는데 賃貸人이 保證金을 返還하지 아니한 채 賃借住宅의 明渡만을 請求하면 賃借人은 同時履行의 抗辯을 함으로써 보호를 받을 수 있다(前述한 保證金에 관한 解說 V.2. 참조). 그런데 賃貸借 종료 후에 賃貸住宅을 讓受한 제3자가 明渡를 請求한 경우에는 賃貸借가 종료된 후의 讓渡이므로 住宅賃貸借保護法 §3 II의 적용여지가 없고,[9] 따라서 賃借人은 제3자에 대하여 同時履行의 抗辯을 할 수 없으므로[10] 保證金을 返還받지 못한 채 賃借住宅을 明渡하여 주어야 한다. 이러한 결과는 賃貸人으로 하여금 保證金의 返還을 면탈하기 위하여 제3자와 짜고 賃貸住宅을 그에게 讓渡하여 賃借人에 明渡請求를 하게 하는 것을 조장할 염려가 있다.

여기서 本條 II은 賃貸借가 종료한 경우에도 賃借人이 保證金을 返還받을 때까지는 賃貸借關係가 존속하는 것으로 의제함으로써 賃貸人의 위와 같은 편

9) 高翔龍, "住宅賃貸借保護法 중 改正法律의 解說", 改正民事法解說(1985), 231; 李範柱, "住宅賃借權의 對抗力", 方順元紀念論文集, 183-4; 李英大, "住宅賃借權의 對抗力", 제15기 사법연수생논문집(1985), 79; 李鎭江, 住宅賃貸借保護法令 假登記擔保等에 관한 法律解說(增補版, 19885), 65; 趙永晃, "住宅賃貸借保護法逐條解說", 司行(84.6), 102.

10) 이를 인정하면 賃借保證金返還請求權에 留置權을 인정하는 결과가 된다. 前述한 保證金에 관한 解說 V.3. 참조.

법수단으로부터 賃借人의 保證金返還請求權을 보호하고 있는 것이다.[11] 이로써 賃借人은 賃借保證金返還請求權에 관하여 마치 留置權을 갖는 것과 동일한 효과를 누리는 셈이다.

2. 本條 第2項의 效果

(1) 賃貸借가 종료한 경우에도 賃借人이 保證金을 返還받을 때까지는 賃貸借關係가 존속하는 것으로 본다. "賃貸借가 종료한 경우에도"… "賃貸借關係가 존속"한다는 것은 일견 모순되는 것으로 보이나, 이는 賃貸借期間이 만료한 경우 또는 賃貸借契約을 解止한 경우에도 賃借人이 保證金을 返還받을 때까지는 그 精算을 위하여 일종의 法定賃貸借關係가 여전히 존속한다는 의미이므로 꼭 모순된 것은 아니다.

(2) 賃借人이 保證金을 返還받을 때까지는 賃貸借關係가 존속하므로 賃借人은 계속 거주하는 한 借賃支給義務를 여전히 부담하나, 그 곳에 거주하지 않고 이사한 이상은 借賃支給義務를 부담하지 않는다고 할 것이다. 本條 Ⅱ은 오로지 賃借保證金의 返還確保라는 측면에서 賃貸借關係를 존속시키는 것이기 때문이다.[12] 이 점에서 契約期間중이면 거주 여부를 불문하고 借賃을 支給하여야 하는 본래의 賃貸借關係와 다르다.

賃貸借關係가 존속하는 이상 그 期間중에 지출한 費用償還請求權(民 §626)에 관하여는 留置權이 성립한다.[13]

(3) 賃借人이 §3 Ⅰ의 對抗要件을 여전히 구비하고 있는 이상 賃貸借 종료 후에 賃貸住宅을 讓受한 제3자도 賃貸人의 지위를 承繼하여야 하므로(同條 Ⅱ), 그가 賃借人을 상대로 明渡를 請求할 경우 賃借人은 賃借保證金의 返還과 同時履行할 것을 주장할 수 있다.[14]

3. 立 法 論

本條 Ⅱ에 의하여 賃貸借 종료 후 賃貸人이 당해 住宅을 제3자에게 讓渡

---

11) 李銀榮, 355.
1983. 12. 30. 1차 改正 당시 大法院이나 大韓辯護士協會에서는 위 경우에도 同時履行의 抗辯權이 인정된다 하여 위 條項의 신설을 반대하였으나(法務部, 民事法改正試案에 대한 各界意見書〈1982〉, 25), 의문이다.

12) 註釋各則 Ⅱ, 300 참조.

13) 金曾漢, 241.

14) 黃迪仁, 民法(Ⅳ), 296.

할 경우의 保證金 返還問題는 해결이 되었으나, 賃貸人이 保證金 返還을 지체하는 경우의 賃借人 적극적인 자구책에 관하여는 위 條項에도 언급이 없다. 물론 賃借人이 保證金返還請求의 訴를 제기하여 勝訴判決을 받아 賃貸人의 일반재산에 관하여 強制執行하는 길이 있긴 하나 거기에 소요되는 시간·비용 등을 고려할 때 보다 현실적인 대책이 요구된다.

여기서 1989. 12. 30. 2차 改正 당시 舊平民黨이 국회에 제출하였던 改正案을 보면, 本條에 Ⅲ을 신설하여 "民法 제318조의 규정은 제 2 항의 경우에 이를 準用한다"고 하여 賃借人의 賃借住宅에 대한 競賣請求權을 부여하고 있었고, 이에 대하여는 그렇게 되면 賃貸借 종료 후 保證金返還이 지연된다는 이유로 賃借人이 즉시 競賣申請을 함으로써 住宅의 일부를 賃借한 賃借人의 申請으로 그 住宅의 전부가 競賣되는 사태까지 발생하여 賃貸人은 물론 다른 賃借人들의 이익까지 침해하는 결과를 초래하여 형평에 반한다는 反論이 제기되었었다.[15]

생각건대 住宅의 일부에 대하여 傳貰權을 취득한 자가 傳貰金의 返還을 위하여 당해 住宅의 전부에 대하여 競賣를 申請하는 것은 허용되지 않기 때문에,[16] 民 §318를 準用한다 하여 위 反論이 제기하는 것과 같은 문제는 발생하지 않는다 할 것이나, 私見으로는 위와 같이 競賣請求權을 인정하기보다는 賃借人이 자유로이 그의 賃借權을 讓渡함으로써 保證金을 返還받게 하는 것이 賃貸借의 期間이 만료할 즈음이면 賃貸人이 새로 賃借人을 구하든가 아니면 종전 賃借人이 賃貸人의 승낙하에 새로운 賃借人을 구하여 保證金 相當額을 주고 받고 있는 현재의 거래관행에도 부합하지 않을까 한다.

그러므로 本條에 Ⅲ을 신설하되 "제 2 항의 경우에 賃貸人이 保證金의 返還을 상당기간 지체하면 賃借人은 賃貸人의 동의가 없어도 그의 賃借權을 讓渡할 수 있다"고 규정함이 어떨까 한다.[17]

學者에 따라서는 賃借人의 자유로운 轉貸權도 인정하자는 견해[18]를 제시

---

15) 高翔龍, "住宅賃貸借保護法 중 改正法律案에 대한 私見(下)", 新聞(89. 5. 15), 10.
이에 대하여는 다시 住宅 一部의 賃借人에게도 住宅 전체의 競賣權을 부여하는 것이 타당하다는 再反論이 제기되기도 하였다. 韓國民事法學會, 民事法改正意見書(1982), 54 (李在性).

16) 大決 92. 3. 10, 91마256등(公 92년 1269).
이 決定에 대한 評釋으로 閔日榮, "不動產의 一部에 대한 傳貰權者의 不動產 全部에 대한 競賣請求의 可否", 民判硏 Ⅳ, 100 이하 참조.

17) 閔日榮, "住宅賃貸借法에 관한 諸問題", 民判硏 Ⅻ, 471.

18) 高翔龍(註 15), 10.

하기도 하나, 당해 住宅에서 保證金을 返還받아 다른 곳으로 이사하려는 賃借人에게 轉貸權을 부여하는 것은 實益이 없다고 본다.[19]

[閔 日 榮]

第5條(삭제)(1989. 12. 30.)

第6條(契約의 更新)

① 賃貸人이 賃貸借期間 만료 전 6월부터 1월까지에 賃借人에 대하여 更新拒絶의 통지 또는 조건을 변경하지 아니하면 更新하지 아니한다는 뜻의 통지를 하지 아니한 경우에는 그 期間이 만료된 때에 前賃貸借와 동일한 조건으로 다시 賃貸借한 것으로 본다. 이 경우에 賃貸借의 存續期間은 그 정함이 없는 것으로 본다.

② 2기의 借賃額에 달하도록 借賃을 延滯하거나 기타 賃借人으로서의 義務를 현저히 위반한 賃借人에 대하여는 第1項의 규정을 적용하지 아니한다.

I. 槪　說

일반적인 賃貸借에 있어서는 賃貸借期間의 만료 후에 賃借人이 賃借物을 返還하지 않고 여전히 사용수익하고 있는데도 불구하고 賃貸人이 그에 대하여 返還請求 등의 아무런 異議를 하지 아니할 경우, 賃借人으로서는 賃貸人이 종전의 賃貸借關係를 그대로 존속시키려고 하는 것으로 신뢰하게 되고, 賃借人의 이러한 신뢰를 보호하기 위하여 民 §639가 그러한 경우에는 "前賃貸借와 동일한 조건으로 다시 賃貸借한 것으로 본다"고 규정하여 賃貸借의 이른바 "默示의 更新"을 인정한다.

19) 轉貸借를 하면 賃借人이 여전히 賃貸借의 구속을 받게 되는바 이는 賃借人의 의사에 反한다.

住宅賃貸借保護法은 여기서 한 걸음 더 나아가, 賃貸人이 賃貸借期間 만료 전 6월부터 1월까지에 賃借人에 대하여 更新拒絶의 통지 또는 조건을 변경하지 아니하면 更新하지 아니한다는 뜻의 통지를 하지 아니한 경우에는 그 期間이 만료된 때에 前賃貸借와 동일한 조건으로 다시 賃貸借한 것으로 간주함으로써 賃借人을 더욱 보호하고 있다. 賃貸人이 期間이 만료되었다 하여 아무런 사전 통지도 없이 賃借人보고 賃借住宅을 明渡하라고 요구할 수 있다고 하면 賃借人의 住居安定이 심각한 위협을 받기 때문에, 賃貸人이 契約의 更新을 원하지 않거나 契約條件을 변경하려면 미리 賃借人에게 통지하도록 함으로써 賃借人으로 하여금 그에 대비할 수 있도록 한 것이다.

다만 更新拒絶에 대한 制限조치가 없어 賃借人 보호에 실효성을 거두기 어렵다는 지적을 받고 있는바,[1] 이에 관한 日本의 借地借家法은 좋은 참고가 될 것이다. 즉,

> 일본借地借家法 §26 Ⅰ·Ⅱ은 "① 建物의 賃貸借에 관하여 期間의 정함이 있는 경우에 당사자가 期間 만료 1년 전부터 6월 전까지의 사이에 상대방의 대하여 更新拒絶의 통지 또는 조건을 변경하지 아니하면 更新을 하지 아니한다는 뜻을 통지하지 아니한 때에는 종전의 契約과 동일한 조건으로 契約을 更新한 것으로 본다. 다만 그 期間은 정함이 없는 것으로 한다. ② 前項의 통지를 한 경우에도 建物의 賃貸借期間이 만료한 후 建物의 賃借人이 사용을 계속하는 경우에 建物의 賃貸人이 지체없이 異議를 제기하지 아니한 때에도 前項과 같다" 고 하고, 同法 §28에서 "建物의 賃貸人에 의한 제26조 제1항의 통지는 建物의 賃貸人 및 賃借人(轉借人을 포함한다. 이하 같다)이 建物의 사용을 필요로 하는 사정 외에 建物의 賃貸借에 관한 종전의 경과, 建物의 이용상황 및 建物의 현황, 建物의 賃貸人이 建物의 明渡를 조건으로 또는 建物明渡와 상환으로 建物의 賃借人에 대하여 재산상의 급부를 할 뜻을 밝힌 경우에는 이를 고려하여 정당한 사유가 있다고 인정되는 경우가 아니면 제기할 수 없다"

고 하여 賃貸人의 更新拒絶을 각 制限하고 있다.

Ⅱ. 要　件

1. 賃貸借期間이 만료하였을 것

默示의 更新은 賃貸借의 정하여진 期間이 만료하였을 때 비로소 생기는

1) 註釋各則 Ⅱ, 301.

문제이다. 따라서 賃借人의 의사에 반하는 賃貸人의 보존행위(民 § 625), 賃借住宅의 멸실(民 § 627 Ⅱ), 借賃延滯(民 § 640), 賃借權의 無斷讓渡 또는 轉貸(民 § 629 Ⅱ), 기타 賃貸人 또는 賃借人의 債務不履行(民 §§ 544, 546)을 이유로 賃貸借가 도중에 解止된 경우에는 默示의 更新을 인정할 여지가 없다.

期間의 정함이 없거나 期間을 2년 미만으로 정한 賃貸借는 賃貸借期間이 2년인 것으로 간주되므로(§ 4 Ⅰ) 2년의 期間이 만료하여야 한다.

2. 賃貸人이 賃貸借期間 만료 전 6월부터 1월까지 사이에 賃借人에 대하여 更新拒絶의 통지 또는 조건을 변경하지 아니하면 更新하지 아니한다는 뜻의 통지를 하지 아니하였을 것(本條 Ⅰ)

(1) "更新拒絶"의 통지는 賃貸借期間이 만료하면 더 이상 賃貸借關係를 존속시키지 아니하겠다는 통지를 말한다. 이러한 통지는 꼭 명시적으로 할 필요는 없으며 默示的으로도 가능하다고 할 것이다. 예컨대 賃貸借期間이 만료하는 대로 즉시 賃借住宅을 明渡하여 달라고 통지한 경우에는 更新을 거절한 것으로 볼 것이다.

(2) "條件變更"의 통지는 賃貸借期間이 만료하면 賃貸借契約의 내용을 변경하겠으며, 만일 賃借人이 이에 응하지 않는다면 더 이상 賃貸借關係를 존속시키지 아니하겠다는 통지를 말한다. 賃借人으로서는 賃貸人이 원하는 조건을 검토하여 그에 응할지의 여부를 결정하여야 하므로 위 통지는 구체적으로 그 내용을 밝혀 행하여야 한다.

(3) 以上의 통지는 그 성질이 이른바 意思의 通知이기 때문에 賃借人에게 도달한 때 효력이 생긴다(民 § 111). 통지의 期間을 賃貸借期間 만료 전 6월부터 1월까지 사이로 制限한 것은 賃借人에게 대비할 수 있는 期間을 주기 위한 것이다.

3. 賃貸借期間 만료시 賃借人의 현저한 義務違反이 없을 것(本條 Ⅱ)

賃貸借期間 만료시에 賃借人이 2기의 借賃額에 달하도록 借賃을 延滯하고 있거나 기타 賃借人으로서의 義務를 현저히 위반하고 있는 경우에는 默示의 更新이 인정되지 아니한다. 이러한 賃借人까지 보호할 필요는 없기 때문이다.

(1) 2기의 借賃額에 달하도록 借賃을 延滯한다는 의미는 借賃의 延滯가 반드시 2기 연속될 것을 가리키는 것이 아니라 전후 합하여 延滯額이 2기분

에 달하기만 하면 된다는 것을 뜻한다. 예컨대 5, 6월분의 借賃을 계속 延滯한 경우뿐만 아니라 5월분 延滯 후 6, 7, 8월분을 支給하였다가 9월분을 다시 延滯한 경우도 여기에 해당한다.

(2) 기타 賃借人으로서의 義務를 현저히 위반한 경우란 무엇을 가리키는가? 일반적으로 賃貸借에 있어서 賃借人이 부담하는 義務는 借賃支給義務, 賃借物保管義務 및 賃借物返還義務의 세 가지를 들 수 있는바, 借賃의 延滯에 관하여는 前述한 것처럼 따로 규정하고 있고, 賃借物返還義務의 위반은 默示의 更新에서는 문제될 여지가 없으므로, 결국 여기서 말하는 "賃借人으로서의 義務를 현저히 위반"한 경우란 賃借物保管義務를 현저히 위반한 경우를 가리킨다고 할 것이다. 즉 賃借人이 賃借物을 선량한 관리자의 주의로써 보관하여야 함에도(民 § 374) 그 義務를 현저히 게을리한 경우를 말하는 것이다. 예컨대 賃借住宅을 파손한 경우, 賃借住宅이 대규모의 수리를 요하거나 賃借住宅에 대하여 權利를 주장하는 자가 있는데도 불구하고 賃借人이 그러한 사실을 지체없이 賃貸人에게 알려 주지 아니하여 賃借住宅의 황폐화를 초래한 경우(民 § 634 참조) 등이 이에 해당할 것이다.

그 밖에 학자에 따라서는, 여기서 말하는 賃借人으로서의 義務를 현저히 위반한 경우란 "당사자간의 信賴關係를 도저히 유지할 수 없을 정도의 행위를 한 경우"를 말한다고 설명하고, 그 예로 당해 住宅에서 마약제조를 하는 등 범법행위를 하는 경우를 들거나,[2] 당해 住宅을 비밀요정, 댄스홀 등 住居 이외의 목적으로 사용하는 경우를 들기도 한다.[3]

(3) 法文의 표현은 명확하지 않으나, 默示의 更新을 부정하기 위하여는 위와 같은 義務違反이 賃貸借期間의 만료시에 존재하여야 한다고 볼 것이다. 賃貸借期間중에 위와 같은 義務違反이 있었으나 그를 이유로 賃貸人이 契約을 解止하지 아니한 동안 그 義務違反이 해소되었고 賃貸借期間의 만료시에는 더 이상 義務違反의 상태가 존속하지 아니하는 경우에는 과거의 義務違反을 이유로 默示의 更新을 부정할 것은 아니라고 할 것이기 때문이다.

---

2) 註釋各則 Ⅱ, 303.
3) 趙鍾炫, "住宅賃借權의 住居保護", 高昌鉉記念論文集, 457.

Ⅲ. 效 果

1. 賃貸借의 更新

(1) 위에서 본 요건이 구비되면 前賃貸借와 동일한 조건으로 다시 賃貸借한 것으로 본다. 다만 存續期間에 관한 한은 期間의 정함이 없는 것으로 본다(本條 I). 이러한 更新의 효과를 부정하는 特約은 賃借人에게 불리하여 효력이 없다(§10).

여기서 문제로 등장하는 것은 일반적으로 存續期間의 정함이 없는 住宅賃貸借는 §4 I의 규정에 의하여 賃貸借期間을 2년으로 보게 되는데, 默示的으로 更新된 賃貸借의 경우에도 同條가 적용되느냐 하는 점이다. 글자 그대로 期間의 정함이 없는 賃貸借로 되어 당사자는 民 §635의 일반원칙에 따라 언제든지 契約解止의 통고를 할 수 있고, 同條에서 정하는 猶豫期間이 경과하면 解止의 효력이 발생한다고 볼 여지가 없는 것은 아니나, 判例[4]는 默示的으로 更新된 賃貸借의 期間에 관하여도 住賃 §4 I이 적용된다고 보아 更新된 賃貸借의 期間을 역시 2년으로 보고 있다.

(2) 종전의 賃貸借가 §3 I의 對抗要件을 구비하여 對抗力이 있는 것이었던 경우에는 그 對抗力은 更新된 賃貸借에도 계속된다. 따라서 예컨대 종전의 賃貸借에서 賃借人이 對抗要件을 구비한 時點이 1993. 12. 20.이고 제3자가 賃借住宅을 讓受한 것이 1994. 1. 1.이라면 賃借人은 賃貸借가 默示的으로 更新된 후에도 讓受人에게 대항할 수 있다. 즉 更新 전의 賃貸借의 對抗力 구비時點이 默示的으로 更新된 賃貸借에 있어서도 그대로 對抗力의 구비 時點으로 되는 것이다. 제3자는 本條의 규정에 의하여 住宅賃貸借가 자동적으로 更新될 수 있다는 것을 예상하여야 하기 때문에 불측의 손해를 본다고 할 수 없을 것이다.[5]

2. 擔 保

默示의 更新이 인정되는 경우에 前賃貸借에 대하여 제3자가 제공한 擔保는 期間의 만료로 인하여 소멸한다. 이러한 擔保의 예로는 質權, 抵當權, 保證

4) 大判 92. 1. 17, 91다25017(公 92년 864).
5) 註釋各則 Ⅱ, 302.

등이 있다. 그러나 제 3 자가 제공한 賃借保證金은 擔保에 해당하지 아니한다.[6)]

默示의 更新으로 소멸하는 擔保는 제 3 자가 제공한 것에 한하며, 당사자가 제공한 擔保는 소멸하지 않고 更新 후의 賃貸借에 대하여도 계속 효력이 유지된다.

[閔 日 榮]

第 7 條(借賃等의 增減請求權)

約定한 借賃 또는 保證金이 賃借住宅에 관한 租稅·公課金 기타 負擔의 증감이나 경제사정의 변동으로 인하여 상당하지 아니하게 된 때에는 당사자는 장래에 대하여 그 增減을 請求할 수 있다. 그러나 증액의 경우에는 大統領令이 정하는 기준에 따른 비율을 초과하지 못한다.

I. 槪 說

本條는 住宅賃貸借契約 체결 후의 사정변경으로 인하여 당초 約定하였던 借賃이나 保證金이 상당하지 아니한 것으로 된 경우에 이를 재조정하는 규정으로서, 1983. 12. 30. 1 차 改正時 신설되었다.

賃貸借는 전형적인 繼續的 債權關係이기 때문에 契約關係가 지속되는 동안 사회·경제사정의 변동 등으로 인하여 당초 約定하였던 借賃이나 保證金이 현실과 동떨어진 것으로 될 수 있고, 그러한 경우에 당초의 約定 借賃을 고수하는 것은 정의와 형평에 어긋나므로 변경된 사정에 맞게 이를 수정함으로써 적정한 賃貸借의 유지를 꾀하려는 것이 바로 本條의 취지이다.

그런데 本條는 단서를 달기 위한 입법기술상의 필요에서 그렇게 하였는지 모르겠으나, 본문의 내용이 표현만 약간 다를 뿐 民 § 628 와 大同小異하다. 결국 本條의 중점은 本文보다는 但書에 있다고 해도 과언이 아닐 것이다.

獨逸에서는 借賃引上規制法(Gesetz zur Regelung der Miethöhe, 1974. 12. 18. 制定, 1976. 8. 18., 1978. 6. 27., 1982. 12. 20. 각 改正)에 의하여 賃貸住宅의 借賃引上

6) 大判 77. 6. 7, 76다951(集 25-2, 86).

을 엄격하게 규제하고 있다. 同法에 의하면, 住宅의 賃貸人은 借賃引上의 목적으로 賃貸借를 解止할 수 없고(§1), 借賃의 引上은 賃貸借契約의 체결 또는 인상 후 1년이 지나야 할 수 있으며(§2 I i), 지난 3년간 그 住宅 인근의 동종의 住宅의 借賃水準을 초과하여 인상할 수 없다(§2 I ii). 賃貸人의 引上請求는 引上根據를 밝힌 文書로 하여야 하며(§2 II), 賃借人은 賃貸人의 引上請求書를 받은 후 둘째 달이 경과하기까지 賃貸借의 解止通告를 할 수 있다(§9). 借賃引上制限 규정에 위반한 借賃引上의 합의는 무효이다(§10 I). 다만 賃貸借契約 존속중에 賃借人이 賃貸人과 10년의 期間 내에서 一定期間마다 일정액의 借賃을 증액할 것을 서면으로 합의한 경우에는 借賃引上規定의 적용이 배제된다(§10 II).[1)]

Ⅱ. 要 件

1. 經濟事情의 변동

借賃 또는 保證金을 約定한 후 조세, 공과금 기타 부담의 증감 등 경제사정이 변동되어야 한다. 法文은 마치 조세, 공과금 기타 부담의 증감은 경제사정의 변동에 해당하지 아니하는 것처럼 규정하고 있으나, 民 §628와 비교하여 볼 때 조세, 공과금 기타 부담의 증감도 넓은 의미에서 경제사정의 변동에 해당한다고 볼 것이다.

아무튼 경제사정의 변동이 꼭 공과부담의 증감에 기인하여야 하는 것은 아니며, 어떠한 사유에 기하든 상관없다. 예컨대 不動産 가격의 큰 폭의 등락도 주요한 사유가 될 것이다.

경제사정의 변동이 借賃約定 후 얼마의 期間 후에 발생하여야 하느냐는 일률적으로 말할 수 없고, 구체적인 사정에 따라 결정하여야 한다.

2. 종래 借賃 또는 保證金의 不相當

종래의 借賃이나 保證金이 상당하지 아니하게 되어야 한다. 즉 변동된 경제사정에 비추어 볼 때 종래의 借賃이나 保證金으로 당사자를 구속하는 것이

1) 그 밖에 상세한 내용은 Medicus, SchR Ⅱ, §90 Ⅳ(S. 119ff.)와 Larenz, SchR, Ⅱ/1, §48 Ⅳ(S. 258ff.) 및 피터 아렌스(Peter Arens)(孫智烈 譯), "獨逸聯邦共和國에 있어서의 社會的 賃借權과 그 實際的 作用"(Das soziale Mietrecht in der Bundesrepublik Deutschland und seine praktischen Auswirkungen), 韓獨法學 3호(82. 7), 159 이하 참조.

정의와 형평에 어긋나 불합리하게 되어야 한다. 따라서 오히려 不相當하였던 종래의 借賃이 경제사정의 변동으로 인하여 상당하게 되었다면 새삼 本條에 의한 借賃의 增減을 請求할 수는 없다.

3. 特約의 不存在

借賃이나 保證金의 증액을 금지하는 特約이 없어야 한다. 즉 賃貸借의 全期間 또는 그 중 一定期間 동안은 借賃 또는 保證金을 증액하지 않는다는 特約을 한 경우에는 本條에 의한 증액을 請求할 수 없다. 다만 이 경우에도 당사자가 전혀 예상할 수 없었던 급격한 경제사정의 변동이 생긴 때에는 증액을 請求할 수 있다고 봄이 상당하다.

增額禁止의 特約과는 달리 減額禁止의 特約은 賃借人에게 불리하기 때문에 효력이 없다(§10). 따라서 설사 그러한 特約을 하였더라도 賃借人은 경제사정의 변동을 이유로 借賃이나 保證金의 減額을 請求할 수 있다.

Ⅲ. 效　果

1. 借賃의 增減請求

(1) 賃貸人 또는 賃借人은 借賃이나 保證金의 증액 또는 감액을 請求할 수 있다. 다만 이러한 請求는 장래에 대하여만 인정되며, 기존의 借賃이나 保證金에 대하여는 할 수 없다. 여기서 "장래"는 경제사정의 변동이 생긴 때 이후를 의미하는 것이 아니라 증액 또는 감액의 請求를 한 때 이후를 의미한다.

(2) 증액의 경우에는 約定한 借賃이나 保證金의 1/20을 초과하지 못하며, 賃貸借契約 또는 約定한 借賃이나 保證金을 증액한 때로부터 1년 이내에는 할 수 없다(本條 단서; 本法施行令 §2). 借賃이나 保證金의 1/20을 초과하여 증액하기로 約定한 경우 그 超過部分은 효력이 없고(§10), 이미 支給한 경우에는 返還을 請求할 수 있다.[2)]

그러나 이러한 증액의 制限을 받는 것은 賃貸借의 존속중에 賃貸人이 일방적으로 증액을 請求하는 경우에 한하며, 賃貸借期間이 만료하여 更新하는 경우 또는 賃貸借期間 만료 전이라도 賃貸人과 賃借人의 합의로 증액하는 경우에

2) 金相容, "賃借保證金의 增額과 競落人에 對한 對抗力(下)", 新聞(91. 1. 17), 11.

는 制限을 받지 않는다. 이 경우에도 制限을 한다면 賃貸人은 更新을 거부하고 새로운 賃借人을 구할 것이기 때문에 오히려 賃借人만 불리하게 될 것이다.[3]

判例도 "주택임대차보호법 제 7 조는 약정한 차임 또는 보증금이 그 후의 사정변경으로 인하여 상당하지 아니하게 된 때에는 당사자는 장래에 대하여 그 증감을 청구할 수 있고, 증액의 경우에는 대통령령이 정하는 기준에 따른 비율을 초과하지 못한다고 규정하고 있으므로, 위 규정은 임대차계약의 존속 중 당사자 일방이 약정한 차임 등의 증감을 청구한 때에 한하여 적용되고, 임대차계약이 종료된 후 재계약을 하거나 또는 임대차계약 종료 전이라도 당사자의 합의로 차임 등이 증액된 경우에는 적용되지 않는 것이다"[4]고 하여 이 점을 분명히 밝히고 있다.

(3) 결국 賃借人의 보호를 위한 本條 단서의 借賃 및 保證金 증액규제는 별 실효를 거두지 못하는 셈이다.

借賃 및 保證金의 통제가 실효성을 확보하기 위하여는 무엇보다도 먼저 賃借人의 계속거주가 보장되어야 한다. 즉 賃借人이 당해 住宅에서 계속 거주할 것을 바라는 한 賃貸人의 更新拒絶을 制限하고,[5] 아울러 更新에 따른 借賃 및 保證金의 조정에 있어 증액을 制限하여야 비로소 소기의 목적을 달성할 수 있는 것이다.[6] 매우 혁신적이고 근본적인 해결책이 될 수 있다고도 보여지나, 그럴 경우 賃貸住宅의 공급이 순조롭지 못할 염려가 있지 않을까 한다. 만일 그로 인하여 住宅 부족의 현상이 더욱 심화된다면 자칫 矯角殺牛의 愚를 범하

3) 註釋各則 Ⅱ, 305-6은 새로운 賃借人과 賃貸借契約을 체결함에 있어서도 增額制限이 여전히 유효한 것처럼 기술하고 있으나, 이는 지나친 확대해석으로서 찬성할 수 없다. 한편, 金相容(註 2), 11은 期間滿了로 更新하는 경우에는 增額制限을 초과한 部分은 賃貸人과 賃借人 사이에서는 유효하나 제 3 取得者에 대하여는 효력이 없다고 하나, 역시 찬성할 수 없다.

4) 大判 93. 12. 7, 93다30532(公 94년 338).

5) 참고로 賃貸住宅建設促進法(1984. 12. 31. 法律 제3783호)에 따라 國民住宅基金의 지원을 받아 건설되어 同法의 적용을 받는 賃貸住宅은 同法施行規則 제 9 조에서 정한 사유에 해당하지 않는 한 賃貸人이 賃貸契約을 解止하거나 更新을 거절할 수 없다(大判 94. 1. 11, 93다27161(公 94년 689)).

6) 李銀榮, "住宅賃貸借保護法의 改正에 관한 硏究", 法曹(82. 4), 26-7. 또한 趙鍾炫, "住宅賃借權의 住居保護", 高昌鉉記念論文集, 459 참조.

학자에 따라서는 아예 借賃, 保證金의 통제대상을 契約당사자로 하지 말고 賃借住宅을 대상으로 하여, 법령의 公布時點을 기준으로 모든 借賃, 保證金을 동결하고 공과금의 인상, 수선 등을 고려하여 5%의 증액만을 인정하는 방안을 강구하여야 한다는 견해를 제시하기도 한다. 그러면 賃貸人이 期間更新을 거절하고 새로운 賃借人과 契約을 체결하여도 借賃, 保證金이 동결되어 있기 때문에 굳이 期間更新을 거절하려 하지 않을 것이며, 따라서 借賃, 保證金의 고액화, 부당한 인상의 문제가 생기지 않는다는 것이다(高翔龍, "住宅賃貸借保護法의 問題點과 그 改正·補完方法(下)", 新聞(87. 12. 17), 10).

게 되는 것이다.

2. 增減額의 확정

借賃 또는 保證金의 增減請求權은 그 성질이 形成權이며, 裁判上 및 裁判外에서 모두 행사할 수 있다. 따라서 增減請求의 의사표시가 상대방에게 도달한 때에 바로 객관적으로 상당한 범위로 증감된다.[7]

그런데 당사자가 상당하다고 주장하는 증감액이 다를 경우에는 결국 法院이 그 상당액을 확정할 수밖에 없다. 다만 法院이 확정하는 경우에도 그 확정액에 따라 증감의 효력이 발생하는 것은 判決確定時부터가 아니라 增減請求의 의사표시가 상대방에게 도달한 때부터이다.

裁判에 의한 증감액 확정은 시간이 오래 걸리고 비용이 많이 드는 등 어려운 점이 많기 때문에 本條의 실효성을 거두기 위한 立法論으로서, 法院 기타 일정한 기관을 두어 거기서 제3자의 입장에서 객관적인 상당액을 간이한 절차로 결정 내지 확인케 하는 방법도 강구하여 볼 만하다.[8]

[閔 日 榮]

第8條(保證金 중 일정액의 보호)

① 賃借人은 保證金 중 일정액을 다른 擔保物權者보다 우선하여 변제받을 權利가 있다. 이 경우 賃借人은 住宅에 대한 競賣申請의 登記前에 第3條 第1項의 요건을 갖추어야 한다.

② 第3條의 2 第1項 단서, 第3項 내지 第5項의 규정은 第1項의 경우에 이를 準用한다.

③ 第1項의 규정에 의하여 優先辨濟를 받을 賃借人 및 保證金 중 일정액의 범위와 기준은 住宅價額(垈地의 價額을 포함한다)의 2분의 1의 범위 안에서 大統領令으로 정한다.

---

7) 大判 74.8.30, 74다1124(集 22-2, 275) 참조.
8) 郭潤直, 347 참조.

차 례

Ⅰ. 概 說
Ⅱ. 優先辨濟權의 要件
1. 少額賃借人일 것
2. 對抗要件을 갖추었을 것
3. 賃借住宅이 競賣 또는 滯納處分에 의하여 매각되었을 것
4. 少額賃借人이 당해 住宅의 讓受人에게 대항할 수 있는 경우에는 賃貸借가 종료하였을 것
5. 配當要求 또는 優先權行使의 申告를 하였을 것
6. 轉借人의 該當 與否
Ⅲ. 優先辨濟의 內容
1. 保證金 중 일정액의 優先辨濟
2. 賃借住宅의 引渡
Ⅳ. 利害關係人의 救濟

Ⅰ. 概 說

賃借人은 保證金 중 일정액을 다른 擔保物權者보다 우선하여 변제받을 수 있다(本條 I).

건설부에서 1981년 말에 전국적으로 조사한 賃貸住宅의 保證金 현황에 의하면 200만원 미만이 전체 賃借가구의 약 50%, 500만원 미만이 약 94% 였고,[1] 1981. 1. 5.부터 동년 12. 31.까지 사이에 YMCA 시민중계실에 접수된 住宅賃貸借에 관한 민원 중 약 64%가 50만원 이상 350만원 미만의 保證金을 돌려받지 못한 채 賃借人이 집주인의 횡포 또는 抵當權者의 抵當權 실행에 의한 競賣로 살던 집에서 쫓겨난 것을 내용으로 하였다.[2]

零細賃借人의 保證金은 그것이 그들의 전재산이나 다름없는 것이어서 그에 대한 특별한 보호대책이 절실히 요구되었고, 그에 따라 1983. 12. 30. 1차 改正時 "① 賃借人은 少額의 保證金에 관하여 다른 擔保物權者보다 自己債權의 優先辨濟를 받을 權利가 있다. ② 제1항의 경우에 少額保證金의 범위와 기준은 住宅의 價額(垈地의 價額을 포함한다)의 2분의 1의 범위 안에서 大統領令으로 정한다"는 법 제8조가 획기적으로 신설되었다.[3]

1) 李鎭江, 住宅賃貸借保護法令·假登記擔保等에 관한 法律 解說(增補版, 1985), 84.
2) 李鎭江(註 1), 83-4.
3) 다만 소규모의 住宅을 소유하면서 그 일부를 타인에게 賃貸하고 있는 住宅所有者도 역시 국가의 보호를 받아야 할 서민들이 대부분인데 법 §8가 신설됨으로써 住宅의 擔保價值가 그만큼 하락하여 住宅을 擔保로 융자 받고자 하는 住宅所有者, 특히 住宅을 擔保로 융자받아 상공업을 경영하고자 하는 영세상공인들에게는 막대한 타격을 주게 되었다는 점을 간과해서는 안 될 것이다(李相仁, "住宅賃貸借保護法 제8조의 少額保證金

그러나 당시 신설된 법 §8는 그것이 획기적인 만큼이나 문제점도 많았다. 그 중에서도 특히 첫째, 少額保證金이 보호를 받기 위하여는 賃貸借契約이 법 §3 I 의 對抗要件을 구비하여야 하는가. 둘째, 보호의 대상을 施行令에서 정하는 "少額"의 保證金에 한정할 경우 오히려 賃貸人에 의하여 악용될 여지는 없는가. 셋째, 少額保證金에 優先辨濟權이 인정되기 위하여는 賃借權이 언제까지 성립하여야 하는가 하는 문제가 지적되었고, 논의가 분분하였다.

이에 1989. 12. 30. 2차 改正時 법 §8를 다시 改正하여 위와 같은 문제점을 어느 정도 해결하였다. 그러나 그러한 입법적인 해결노력에도 불구하고 本條는 이하에서 보는 바와 같이 여전히 많은 문제점을 지니고 있다.

Ⅱ. 優先辨濟權의 要件

1. 少額賃借人일 것

(1) 優先辨濟를 받을 수 있는 것은 住宅의 모든 賃借人이 아니라 保證金이 서울특별시 및 광역시에서는 3,000만원 이하, 기타의 지역에서는 2,000만원 이하인 賃借人에 한한다(本條 Ⅲ; 施行令 §4).[4)]

保護에 관련된 實務上 問題", 司法硏究資料 16집, 408-9; 李海鎭, "少額保證金保護에 관한 小考", 辯護士(15)(1985), 243).

그리하여 1983. 12. 30. 1차 改正으로 법 §8를 신설할 당시 이미 大法院에서는 "先順位의 擔保權者보다 우선하여 優先辨濟를 받을 權利를 인정하는 것은 ― 비록 少額으로 한정한다고 하더라도 ― 先順位擔保權者의 旣得利益을 심히 침해하는 결과가 되므로 불합리하다"고 하여 신설을 반대하였고(法務部, 民事法改正試案에 대한 各界意見書, 30), 금융계에서도 "금융기관 등 신용제공자는 少額保證金의 優先辨濟權을 감안하여 擔保物의 擔保價額을 낮게 책정하게 될 것이므로 住居用 建物의 擔保價値를 저하시킬 가능성이 있으며, 따라서 擔保物權制度를 약화시키고 서민금융을 어렵게 할 우려"가 있다고 하여 반대하였다(法務部, 民事法改正試案에 대한 各界意見書 32).

4) 施行令 §3 Ⅳ에 의하면 하나의 住宅에 賃借人이 2인 이상이고 이들이 그 住宅에서 가정공동생활을 하는 경우에는 이들을 1인의 賃借人으로 보아 이들의 각 保證金을 합산하도록 되어 있다. 그러나 이 條項에는 문제가 있다. 이러한 사례는 흔히 未婚의 동생(乙)이 結婚한 형(甲)네 집에서 같이 사는 경우에 발생하는바, 甲의 이름으로 1,500만원의 賃貸借契約을 체결하였을 뿐만 아니라 乙의 이름으로도 1,000만원의 賃貸借契約을 체결하였다 하여 각각 配當要求를 하는 예를 競賣實務에서 볼 수 있다. 실제로는 甲의 이름으로만 賃貸借契約을 체결하고 乙은 거기에 얹혀 살고 있는 것인데도 불구하고 이처럼 각각 配當要求를 하면 각각 700만원씩 합계 1,400만원의 配當을 받을 것을 기대하고 허위의 賃貸借契約書를 첨부하여 配當要求를 하는 것이다. 이 때 施行令 §3 Ⅳ을 적용하여 保證金의 합계가 2,500만원이라고 하게 되면 甲이고 乙이고 한 푼도 配當을 못받는 사태가 벌어지고 만다. 혹을 떼려다 혹을 붙인 격이 된다. 法院을 속이려 한 만큼 그 應報를 받는 것이라고 치부하여 버리면 그만이겠으나 그러기엔 너무 가혹하다. 이러한 경우에 가정공동생활을 하는 것이 아니라고 하여 甲, 乙에게 각각 700만원씩 합

㈎ 이러한 少額賃借人에 해당하는 여부의 判斷時點은 원칙적으로 配當時이다. 비록 처음 賃貸借契約을 체결할 당시에는 保證金額數가 적어 少額賃借人에 해당하였다 하더라도 그 후 更新과정에서 증액되어 위에서 본 한도를 초과하면 이제는 더 이상 少額賃借人에 해당하지 않는다. 逆으로 처음에는 保證金額이 많아 少額賃借人에 해당하지 않았는데 更新과정에서 保證金額이 줄어 配當時에는 위에서 본 한도 이하로 되었다면 少額賃借人에 해당한다. 다만 少額賃借人으로서 優先辨濟를 받기 위한 脫法手段으로 賃貸人과 짜고 허위로 保證金額을 줄인 것이 명백하면 優先辨濟에서 제외하여야 한다. 競賣開始決定의 記入登記가 된 후에 賃貸借契約을 更新하여 保證金을 위에서 본 한도 이하로 낮춘 경우는 일단 허위로 推定하여도 무방할 것이다. 그러나 賃貸人과 賃借人이 짜고 은밀하게 만든 契約書가 허위라는 것을 밝힌다는 것은 사실상 어려운 실정이다.

㈏ 제1차 改正에 의하여 本條가 신설될 당시에는 保證金이 서울특별시 및 직할시에서는 300만원 이하, 기타의 지역에서는 200만원 이하였다가(1984. 6. 14.자 施行令 (대통령령 제11441호)), 1987. 12. 1.자로 施行令이 改正되어 각 500만원 이하, 400만원 이하로 상향되었고, 제2차 法改正에 따른 施行令의 再改正(1990. 2. 19)으로 각 2,000만원 이하, 1,500만원 이하로 상향되었고 1995. 10. 19.자로 施行令이 다시 改正되어 서울특별시 및 광역시에서는 3,000만원 이하, 기타의 지역에서는 2,000만원 이하로 되었다. 각 改正에 따른 경과규정에 관하여는 後述하는 附則의 解說 참조.

(2) 그런데 優先辨濟를 받을 수 있는 賃借人을 이처럼 少額賃借人에 국한하는 것은 문제가 있다. 즉 保證金이 3,000만원(서울특별시 및 광역시의 경우)이면 보호받으면서 거기서 단돈 1원이라도 초과하면 보호를 못 받는 불합리한 사태가 발생한다. 3,000만원이 少額保證金이라면 3,000만 1원도 少額保證金임에 틀림이 없다. 그럼에도 후자는 보호를 못 받는다는 것은 매우 불합리하다. 이러한 문제점은 법 §8가 처음 신설된 때부터 제기되어 왔으나,[5] 1989. 12. 30. 제2차 改

계 1,400만원을 配當하는 것이나, 가정공동생활을 하는 것이라고 하여 甲, 乙 모두에게 한 푼도 配當하지 않는 것이나 양쪽 모두 형평에 맞지 않는다. 때문에 競賣實務에서는 甲에게만 700만원을 配當하고 乙은 假裝賃借人으로 처리하여 配當에서 제외하는 방법을 취하고 있다.

5) 高翔龍, "住宅賃貸借保護法 중 改正法律의 解說", 改正民事法解說(1985), 241; 金權澤, "強制執行에 있어서의 各種 優先特權", 裁判資料 36집, 393; 金午燮, "賃貸借에 있어서의 少額保證金의 保護를 둘러싼 諸問題", 裁判資料 32집, 500; 吳容鎬, "不動產競賣와 賃借權," 裁判資料 제36집, 355; 李相仁(註 3), 418, 432; 李海鎭(註 3), 250; 趙誠洙,

正時에도 기본틀이 그대로 유지되었다.

여기서 실제로 競賣實務를 보자.

少額賃借人을 保證金이 3,000만원(서울특별시 및 광역시) 이하인 賃借人에 국한하는 데서 오는 웃지 못할 일이 競賣實務에서는 非一非再하게 일어나고 있는 심각한 실정이다. 즉 競賣節次를 시작하면서 執行官이 賃貸借 조사를 할 때만 하여도 멋도 모르고 곧이 곧대로 保證金이 5,000만원 내지 1억원(賃借住宅의 종류, 규모로 볼 때 그것이 상식적으로 합당한 금액임은 물론이다)이라고 하였던 賃借人들이 配當要求를 하면서는 賃貸人과 짜고 契約書를 허위로 急造하여 保證金이 3,000만원이라고 配當要求書에 버젓이 적어 내며,[6] 그러면 法院은 賃借住宅의 종류, 규모로 볼 때 그것이 뻔한 거짓말이라는 것을 알면서도 명백한 증거가 없기 때문에 어쩔 수 없이 少額賃借人으로 처리하여 그에게 그 중 일정액(서울특별시 및 광역시에서는 1,200만원)을 配當하여 주고 있다.

더욱 가관인 것은 같은 집에 같은 규모로 세들어 사는 賃借人들(따라서 그들 상호간에는 각자의 保證金을 서로 잘 안다) 중 집행관에 의한 賃貸借 조사시에는 保證金이 5,000만원이라고 하였다가 配當要求時에는 3,000만원이라고 뻔뻔스럽게 거짓말한 사람은 이처럼 少額賃借人으로 취급받아 1,200만원을 配當받는 데 비하여, 賃貸借 조사시 및 配當要求時 모두 5,000만원이라고 사실대로 말한 사람은 少額賃借人이 아니라 하여 配當에서 완전히 제외되는 일이 配當法廷에서 버젓이 벌어지고 있다. 과연 이들 賃借人들이 競賣法院을 어떤 시각으로 바라볼까? 결국 卓上空論으로 만들어진 잘못된 법이 국민을 거짓말장이로 만들고 있으며, 法院은 속는 줄 뻔히 알면서도 그 장단에 놀아날 수밖에 없는 지경이다. 論者에 따라서는 이처럼 거짓말을 하는 賃借人은 競賣法院이 配當에서 제외하면 되지 않느냐는 소박한 反論을 제기할 수도 있을 것이다.[7] 그러나 예컨대 서울 강남지역의 40-50평짜리 아파트를 독채로 賃借하고서도 保證金이 2,500만원 내지 3,000만원이라고 한다면 분명 눈가리고 아웅하는 소리임에 틀림없으나, 적극적으로 職權에 의한 사실조사를 할 수 없는 競賣法院으로서는 그런 賃借人이 제출하는 비상식적인 契約書가 첨부된 配當要求書에 구속받을 수밖에 없으며, 오직 그로 인해 配當을 못받거나 적게 받는 다른 利害關係人이 配當異議訴訟을 통하

"不動產競賣節次에 있어서의 몇 가지 問題點", 司論 16집, 490; 尹天熙, 改正住宅賃貸借保護法解說(1984), 35; 李鎭江(註 1), 90; 黃迪仁, 民法(Ⅳ), 308.

6) 심지어는 公正證書로 작성하거나 確定日字를 받은 진짜 契約書를 제출하고도 그 후 保證金을 날조한 허위의 契約書를 다시 제출하는 예를 흔히 볼 수 있다.

7) 李胤承, "住宅賃貸借에 있어서 少額賃借人의 保護", 司論(19), 157 참조.

여 다투는 길밖에 없다는 점을 유념할 필요가 있다. 그러나 승소가능성이 확실하지도 않은 마당에[8] 시간과 비용을 들여 번거롭게 配當異議訴訟을 제기하느니 차라리 1,200만원의 손해를 감수하겠다는 利害關係人이 더 많은 게 현실정이다.

(3) 위와 같은 극히 비정상적인 사태를 치유하는 길은 결국 保證金의 보호를 少額賃借人에 국한하고 있는 현행법의 태도를 내버리고, 모든 保證金 중 일정액에 優先辨濟權을 주는 방법밖에 없다.[9]

즉 保證金의 일정액에 관하여 優先辨濟權을 부여하되 그 일정액의 범위를 大統領令으로 조절한다면, 애초의 立法趣旨인 少額賃借人을 보호하는 것과 똑같은 효과를 거두면서 동시에 위에서 본 바와 같은 불합리를 방지할 수 있을 것이다.

2. 對抗要件을 갖추었을 것

(1) 優先辨濟權은 §3 I 에서 요구하는 住宅의 引渡와 주민등록이라는 對抗要件을 구비한 少額賃借人에게만 인정된다. 나아가 그 對抗要件은 住宅에 대한 競賣開始決定의 記入登記[10]前에 구비하여야 한다(本條 I 후문).

따라서 對抗要件을 구비하지 아니한 賃借人에게는 優先辨濟權이 인정될 여지가 없다. 그리고 對抗要件은 配當時까지 계속 구비하고 있어야 한다.[11] 다만, 競賣實務에서는 配當要求時에 對抗要件을 적법하게 갖추고 있는 賃借人은 配當時까지 계속 그 요건을 구비하고 있는 것으로 推定하여, 配當하면서 對抗要件의 존속 여부를 다시 확인하고 있지는 아니하며, 다른 利害關係人이 異議를 하는 경우에 한하여 조사하고 있다.

對抗要件의 상세는 §3의 解說 참조.

(2) 제2차 改正 전에는 對抗要件의 구비 요부에 관하여 명문의 규정이

8) 賃貸人과 賃借人이 共謀하고 있는 판국에 제3자가 賃借人의 保證金額이 3,000만원이 넘는다는 사실을 立證한다는 것이 쉬운 일인가.

9) 金殷輯, "住宅賃貸借保護法 第3條 1項의 對抗力의 內容", 衡平과 正義 4집(1989), 70 참조.

10) 法文에는 "競賣申請의 登記"라고 되어 있으나, 登記되는 것은 競賣申請이 아니라 競賣申請에 의하여 競賣開始決定을 하면 그 開始決定을 登記하는 것이므로 競賣開始決定의 記入登記라는 용어가 정확하다.

11) 반대 朴聖哲, "少額保證金의 優先辨濟와 競賣實務", 新聞(84. 11. 15), 4는 일단 구비하고 나면 그 후 占有 또는 주민등록을 이전하여도 무방하다고 한다. 그러나 이렇게 보게 되면 대항요건의 구비가 對抗力의 존속요건이라는 것과 상충될 뿐만 아니라, 무엇보다도 後述하는 假裝賃借人의 기승을 더욱 조장하는 것이 되어 찬성할 수 없다.

없었다. 때문에 對抗要件을 구비하여야 한다고 볼 근거가 없고, 그럴 필요도 없으며, 對抗要件을 구비하지 못한 賃貸借 중에 보호의 필요성이 오히려 더 큰 경우가 많고, 對抗要件의 구비를 요구한다 해도 假裝賃借人을 방지하기 어렵고, 또한 假裝賃借人을 방지하기 위하여 진정한 賃借人의 보호를 외면할 수는 없다는 등의 이유로 對抗要件의 구비가 불필요하다고 하는 견해[12]와 住宅賃貸借保護法의 취지가 對抗要件을 갖춘 실질적인 賃借人의 住居權을 보호하는 데 있고, 對抗要件의 구비를 요구하지 않으면 住居와 關係 없는 賃借人을 보호하는 경우도 생기고, 나아가 假裝賃借人의 조작으로 執行債權者를 해하게 되므로 對抗要件의 구비가 필요하다는 견해[13]가 대립되었으며, 實務例는 後者를 따르고 있었다. 그런 점에서 本條 I 후문은 이 문제를 입법적으로 해결하면서 後者의 견해 및 實務例를 따른 셈이다.

(3) 少額保證金의 優先辨濟權이 인정되기 위하여는 賃借權이 어느 시기까지 성립하여야 하는가에 관하여 제 2 차 改正 전에는 명문의 규정이 없었다. 때문에 住宅所有者는 그의 소유권을 상실하기까지는 얼마든지 유효하게 賃貸借契約을 체결할 수 있으므로 競落人의 소유권 취득시까지 賃借權을 취득한 자는 優先辨濟權이 있다는 견해(이른바 所有權移轉時說)[14]와 競賣申請에 의한 押留登記를 기준으로 하여 그 이전에 성립한 賃借權만 보호하여야 한다는 견해(이른바 押留時說)[15]가 대립되었다.

참고로 前說의 논거는, 住宅賃貸借保護法 제 8 조의 보호대상이 되는 少額賃借權의 성립시기를 押留時를 기준으로 함은 사회보장적인 견지에서 少額賃借權者를 특별히 보호하고 있는 住宅賃貸借保護法의 취지에 맞지 아니하고, 법 제 8 조에 의한 보호는 賃借權 그 자체에 대한 것이라기보다는 保證金返還請求權이라는 특정 債權에 대한 것이므로 그것이 押留 전에 성립했느냐 押留

12) 少數說이었다. 金午燮(註 5), 497; 李銀榮, 356; 李鎭江(註 1), 100; 河慶一, 實務 競賣와 住宅賃貸借保護法(1987), 720.

13) 通說이었다. 金權澤(註 5), 394; 金聖滿, "少額賃借保證金의 優先辨濟權에 있어서의 問題點", 月報(85.12), 41; 閔日榮, "住宅賃貸借法에 관한 諸問題", 民判硏 XII, 475; 朴聖哲(註 11), 4; 吳容鎬(註 5), 358; 李相仁(註 3), 422-23; 李英大, "住宅賃借權의 對抗力", 제15기 사법연수생논문집(1985), 92; 李胤承(註 7), 158; 李海鎭(註 3), 245; 趙誠洙(註 5), 486-87; 崔 鍾, "競賣節次에 있어서 賃借人", 司論(18), 451; 註釋各則(Ⅱ), 309; 尹天熙(註 5), 41.

14) 金權澤(註 5), 393; 金午燮(註 5), 498; 朴聖哲(註 11), 4; 尹天熙, "住宅賃借權의 對抗力의 得失에 관한 問題(上)", 月報(87.5), 51; 李胤承(註 7), 155; 趙誠洙(註 5), 489; 註釋各則 Ⅱ, 309.

15) 金聖滿(註 13), 42; 閔日榮(註 13), 478; 吳容鎬(註 5), 352; 李相仁(註 3), 416; 李海鎭(註 3), 4; 崔 鍾(註 13), 452; 河慶一(註 12), 221.

후에 성립했느냐에 따라 보호 여부를 달리할 이유가 없고, 登記된 擔保權者보다도 우선하는 少額賃借人의 權利가 強制競賣에 있어 一般債權者인 押留債權者에 우선하지 못한다 함은 모순이고, 少額賃借人에게 契約締結 전에 登記簿를 일일이 열람하여 押留 여부를 확인하기를 기대하기도 어려운 일이라는 데 있었다.

이에 대하여 後說의 논거는, 押留에 의하여 競賣目的物의 處分制限效果가 발생하므로 押留 후에 체결한 賃貸借는 押留債權者 또는 擔保權者에게 효력이 없다 할 것이고, 따라서 그 賃借權에 기한 保證金返還請求權도 押留債權者에게는 주장할 수 없다고 함이 이론상 타당하며, 押留 후에 성립한 少額賃借權者도 보호를 받는다면 악용의 여지가 많고, 少額賃借人의 保證金返還請求權에 관하여 擔保權者에 우선하는 權利를 부여하는 자체만으로도 이미 큰 보호를 주는 것인데, 더 나아가 집행절차에 있어서의 기본원칙을 배제하면서까지 보호를 할 필요는 없다는 데 있었다.

제2차 改正時 舊平民黨 및 舊民主黨의 改正案은 모두 後者의 견해를 취하여 "제1항의 경우에 賃借人은 競賣申請登記 前에 법 제3조 제1항의 요건을 갖추어야 한다"는 법 §8 Ⅲ을 신설할 것을 제안하고 있었고, 그것이 本條 Ⅰ 후문으로 입법화된 것이다.

(4) 假裝賃借人의 문제

이처럼 少額賃借人이 對抗要件을 그것도 住宅에 대한 競賣開始決定의 記入登記 전에 구비하여야만 優先辨濟權이 인정되기 때문에 競賣開始決定 후 허위로 주민등록의 轉入申告만 하여 놓는 假裝賃借人을 어느 정도 막을 수 있다.

그러나 여기서 다시 競賣實務를 보자.

적어도 債務者가 빚에 몰려 그의 住宅이 競賣로 넘어가기까지는 상당한 期間이 소요된다. 債務者가 전혀 예상치도 못한 사이에 어느 날 갑자기 競賣가 시작되는 것은 아니다. 債權者가 判決 등의 債務名義를 취득하여 競賣를 申請하는 경우는 말할 것도 없고 抵當權 등을 실행하기 위하여 競賣를 申請하는 경우도 마찬가지이다. 때문에 債務者는 자기가 빚을 갚지 않았기 때문에 머지 않아 競賣가 시작될 것을 예상할 수 있으며, 그는 마음만 먹으면 그 때부터 얼마든지 주위 사람들을 동원하여 허위의 주민등록 轉入申告를 하여 假裝賃借人을 量産할 수 있다.

競賣開始決定의 記入登記가 되기 한두달 전에 방 하나에 한 세대 꼴로 한

꺼번에 주민등록 轉入申告가 되어 있는 것을 競賣節次에서 흔히 볼 수 있는 所以가 바로 여기에 있다.[16] 재미 있는 것은 이 경우 競賣申請債權者가 부지런하여 그들의 姻戚關係 등을 열심히 추적한 결과 債務者와 이들 급조된 賃借人들간에 부자·부부·형제자매·동서 등 姻戚關係가 있거나 사장과 종업원 등 雇傭關係가 있는 사실이 밝혀지는 예가 종종 있다는 점이다. 물론 이와 같은 사실이 밝혀지면 그들은 일단 配當에서 제외하는 것이 보통이다.[17] 그러나 이러한 姻戚 내지 雇傭關係 역시 競賣法院이 적극적으로 조사할 수 있는 것이 아니기 때문에 다른 利害關係人이 밝히지 않는 이상 이들 假裝賃借人에게도 配當을 하여 줄 수밖에 없는 실정이다.

이러한 假裝賃借人을 줄이려면 競賣開始決定의 記入登記로부터 최소한 6개월 전에 주민등록 轉入申告를 하지 않으면 優先辨濟權을 인정하지 않는 방안을 생각하여 볼 수 있으나, 그 期間의 정함이 恣意的일 수 있고, 결국은 정도의 차이만 있을 뿐 근본적인 대책은 되지 못한다.

아무튼 賃借保證金, 그것도 少額保證金에 한하여 優先辨濟權을 인정하는 바람에 많은 국민들로 하여금 거짓말을 하게끔 조장할 뿐만 아니라, 法院의 權威는 있는 대로 실추시키고 있는 현행법 §8는 근본적인 재검토를 요한다.

3. 賃借住宅이 競賣 또는 滯納處分에 의하여 매각되었을 것

少額賃借人이 優先辨濟權을 행사하기 위하여는 당해 賃借住宅이 競賣 또는 滯納處分에 의하여 매각되었어야 한다. 競賣나 滯納處分에 의하지 아니하고 단순히 賣買, 交換 등의 法律행위에 의하여 賃借住宅이 讓渡된 경우에는 對抗力의 여부만이 문제로 될 뿐 優先辨濟權은 인정될 여지가 없다.

상세는 §3의 2 解說 Ⅱ. 참조.

4. 少額賃借人이 당해 住宅의 讓受人에게 대항할 수 있는 경우에는 賃貸借가 종료하였을 것(本條 Ⅱ, §3의 2 Ⅰ 단서)

少額賃借人이 당해 住宅의 讓受人, 즉 競賣나 滯納處分에서 당해 住宅의

---

16) 이들은 競賣節次를 진행하면서 주민등록지로 각종 통지를 계속 보내도 대개 送達不能으로 된다.

17) 명백한 경우에 한하여 조심스럽게 配當에서 제외하고 있음에도 불구하고, 이들 假裝賃借人들은 오히려 대개 격렬한 항의를 하고 配當異議를 제기하는 主客이 顚倒된 모습을 보일 때가 많다.

소유권을 취득한 자에 대하여 대항할 수 있고 賃貸借期間이 아직 남아 있는 경우에는 원칙적으로 그 남은 期間 동안 少額賃借人과 讓受人 사이에 賃貸借가 그대로 존속한다(§3 II). 따라서 그러한 경우에는 少額賃借人은 남은 期間이 경과하여 賃貸借가 종료하여야 비로소 讓受人에 대하여 保證金의 返還을 請求할 수 있다. 保證金은 그 본질상 賃貸借가 존속중인 한은 返還을 請求할 수 없는 것이기 때문이다. 그러므로 競賣나 滯納處分에 의한 賃借住宅의 換價代金으로부터 優先辨濟를 받을 수 없다.[18]

이와 관련하여 實務상 흔히 문제되는 것은 讓受人에 대항할 수 있는 賃借人이 賃貸借期間이 아직 남아 있는데도 配當節次에 참가하여 優先辨濟를 請求하는 경우 이를 어떻게 처리할 것이냐 하는 것이다. 賃借人은 賃貸人의 地位承繼를 원하지 아니하는 경우 異議를 제기함으로써 賃貸借關係의 구속력으로부터 벗어날 수 있다고 보는 것이 일반적인 견해이기 때문에(§3의 解說 III.1. 참조), 위와 같은 賃借人이 配當要求, 즉 優先辨濟를 請求하면 그것으로써 賃貸借關係를 종료시킬 의사를 표시한 것으로 보아 賃貸借關係가 종료한 것으로 하여 配當을 하는 것이 타당하다. 상세는 §3의 2 解說 II. 참조.

이 경우 配當節次에 참가하였으나, 賃貸借契約書上에 確定日字를 받아 놓지 않아 保證金 중 일정액만 優先辨濟받은 때에는 나머지 保證金에 관하여는 競落人에게 對抗力을 주장할 수 있음——즉 競落人이 同 금원을 返還하여야 함——은 물론이다.[19]

5. 配當要求 또는 優先權行使의 申告를 하였을 것

(1) 少額賃借人이 換價代金으로부터 優先辨濟를 받기 위하여는 競賣法院에 配當要求를 하거나 滯納處分廳에 優先權의 행사를 신고하여야 한다.[20] 少額賃借權이 登記簿상 公示되는 것이 아니기 때문에 少額賃借人이 스스로 配當要求를 하거나 優先權의 행사를 신고하지 아니하는 이상 競賣法院이나 滯納處分廳으로서는 그러한 賃借權의 존재를 알 길이 없기 때문이다.[21] 少額賃借

18) 朴聖哲(註 11), 4.

19) 大判 93.12.24, 93다39676(公 94년 501).

20) 주택임대차보호법 제8조에 관한 질의회답(大法院 송민 84-10 예규) 문 4, 大法院例規集 訟務篇, 459-60; 高龍喆, "住宅賃貸借保護法에 관한 硏究," 忠南大論文集 16권(1988.12), 391; 金權澤(註 5), 396; 金聖滿(註 13), 41; 朴聖哲(註 11), 4; 吳容鎬(註 5), 361; 李相仁(註 3), 425; 李胤承(註 7), 164; 李海鎭(註 3), 253; 尹天熙(註 5), 42; 李鎭江(註 1); 河慶一(註 12), 731.

21) 이에 대하여는 住宅賃貸借保護法이 사회보장적 견지에서 少額賃借人을 특별히 보호하

人이 配當要求를 하지 아니하여 失權의 불이익을 받는 것을 막기 위하여 競賣實務에서는, 執行官의 賃貸借調査報告書에 나타난 賃借人들에 대하여 제1회 競賣期日을 통지하면서 아울러 競落기일까지 配當要求를 하지 아니하면 配當을 받을 수 없다는 내용을 기재한 통지서를 발송하고 있다.

(2) 競賣에 있어 少額賃借人의 配當要求의 終期에 관하여, 民事訴訟法이 1990. 1. 13. 改正되기 전에는 強制競賣의 경우는 競落期日까지이고 任意競賣의 경우는 配當期日까지라고 보아야 한다는 견해[22]와 少額保證金에 관한 優先辨濟權은 少額賃借人의 보호를 위해 사회보장적 견지에서 특별히 인정되는 강력한 權利이므로 強制競賣·任意競賣를 가리지 않고 競落代金의 配當이 가능한 최후시기 즉 配當期日까지 配當要求를 하면 된다는 견해[23]가 대립되었었다. 그러나 1990. 1. 13. 民事訴訟法의 改正으로 모든 配當要求는 競落期日까지만 가능하게 되었기 때문에(民訴 §§ 605 I, 735), 少額賃借人이라 하여 달리 취급할 것이 아니다. 현재의 競賣實務도 競落期日까지 配當要求한 少額賃借人에 한하여 優先辨濟權을 인정하고 있다.

(3) 配當要求의 방법에 관하여는 住宅賃貸借保護法은 물론이고 民事訴訟法에도 특별한 규정이 없다.

현재의 競賣實務에서는 保證金이 기재된 賃貸借契約書寫本 및 轉入申告가 기재된 주민등록표등본을 첨부하여 配當要求書를 法院에 제출하면 配當을 하고 있다. 配當要求書의 양식은 法院의 競賣擔當窓口에 비치되어 있다.

경우에 따라서는 少額賃借人이 少額賃借人으로서의 權利申告書만 제출하고 配當要求書는 내지 않는 수가 있는바, 서울 民事地方法院의 競賣實務는 權利申告書에 賃貸借契約書 및 주민등록등본을 첨부한 이상 配當要求의 의사가 있었는데 법의 不知로 權利신고만 한 것으로 해석하여[24] 權利申告를 配當要求로 보아 처리하고 있다.[25]

(4) 配當要求를 하지 아니하여 競賣節次에서 優先辨濟를 받지 못한 이

려는 취지의 法律이므로 配當要求가 없더라도 賃貸借調査結果 등으로 競賣節次에서 少額保證金의 존재가 밝혀지든가, 賃借人이 이를 증명한 때에는 優先配當하여야 한다는 견해(金午燮(註 5), 512-13; 趙誠洙(註 5), 488)도 있으나, 찬성할 수 없다.

22) 李海鎭(註 3), 254-45.

23) 金權澤(註 5), 396; 金聖滿(註 13), 41, 朴聖哲(註 11), 4; 吳容鎬(註 5), 362; 李胤承(註 7), 165; 李鎭江(註 1), 114; 趙誠洙(註 5), 489; 河慶一(註 12), 771.

24) 일반인으로서는 權利申告와 配當要求를 구별한다는 것이 쉬운 일이 아니다.

25) 주택임대차보호법 제8조에 관한 질의회답(大法院 송민 84-10 예규) 문 5, 大法院例規集 訟務篇, 460 및 李胤承, 164는 權利申告만 한 少額賃借人은 다시 配當要求를 하여야 한다고 하고 있으나, 지나치게 무리한 요구이다.

상 따로 競落人에 대하여 保證金의 優先辨濟를 요구할 수 없음은 물론이다.[26)]

문제는 少額賃借人이 配當要求를 하지 아니하여 根抵當權者가 少額賃借人이 配當받아야 할 賃借保證金 상당의 금원까지 配當받은 경우 少額賃借人이 根抵當權者를 상대로 同額 상당의 不當利得返還請求를 할 수 있느냐 하는 것이다.

이에 관하여 判例[27)]는 配當節次에 의하여 실체법상의 權利가 확정되는 것이 아니라는 이유로 不當利得返還請求를 긍정한다. 그러나 이 判例에는 찬성할 수 없다. 이 判例의 논리대로 한다면 民事訴訟法이 配當要求制度를 두어 그 終期를 競落期日까지로 한정하고(民訴 § 605 I), 配當票에 대한 異議 및 配當異議訴訟에 일정한 요건을 요구하고 있는 것(民訴 §§ 658, 659)이 완전히 虛構化된다. 왜냐하면 少額賃借人은 後順位權利者를 상대로 언제든지 不當利得返還請求를 할 수 있으므로 굳이 시기적으로 制限받고 절차상으로 까다로운 配當要求나 配當異議를 할 필요가 없기 때문이다. 위 判例의 底邊에는 절차법상의 이유로 실체법상의 權利行使가 制限받을 수는 없다는 논리가 깔려 있는 것으로 보이나, 旣判力에 의하여 權利行使가 차단되고, 제 1 심 判決 후에 訴를 取下한 자는 다시 同一訴訟을 제기할 수 없는 法理가 보여 주듯이 현행 법체계하에서도 절차법에 의하여 실체법상의 權利行使가 制限되는 예는 많다. 따라서 民事訴訟法이 配當要求制度를 둔 이상 配當要求를 하지 아니하여 優先辨濟를 받지 못한 少額賃借人을 不當利得返還請求에 의하여 구제하는 것은 혼란만 야기할 뿐이다. 실체법상의 權利行使方法을 절차법으로 정한다 하여 이상할 것은 하나도 없을 것이다.

(5) 그 밖에 § 3의 2 解說 Ⅱ. 참조.

6. 轉借人의 該當 與否

賃借人으로부터 住宅을 轉借한 少額轉借人에게도 優先辨濟權이 인정되는가?

이에 관하여는, 少額保證金에 관한 優先辨濟의 權利는 법 § 8에 의하여

26) 大判 88. 4. 12, 87다카844(公 88년 830).

27) 大判 90. 3. 27, 90다카315등(公 90년 1229).
위 判例는 競賣法이 民事訴訟法에 흡수되기 전의 事案에 관한 것으로서 1990. 1. 13.부터 시행되고 있는 改正 民事訴訟法하에서도 그대로 유지될 것인지가 관심거리였는데, 그 후 大判 94. 2. 22, 93다55241(公 94년 1083)은 改正民事訴訟法하에서도 위 判例를 그대로 답습하고 있다.

物權的 성질을 갖는 강력한 權利로 승격되었다 할 것인바, 서민보호를 위한 이러한 강력한 立法趣旨에 비추어 少額轉借權者도 保證金返還請求權에 관하여 少額賃借權者와 동일한 權利를 갖는다고 해석하여야 한다는 견해[28]가 있다.

그러나 轉貸借의 경우에는 轉借人이 賃貸人, 즉 住宅所有者에 대하여 직접 保證金의 返還을 請求할 수 없는바(民 §630의 解說 Ⅲ.3. 참조), 所有者에 대하여 返還을 請求할 수 없는 保證金을 競落代金으로부터 優先辨濟받는다는 것은 분명 모순이다. 아무리 本條의 立法趣旨가 서민보호에 있다고 하더라도, 解釋論으로 법의 근본체계를 부정하는 것은 찬성할 수 없다. 서민보호의 立法趣旨라 하여 아무렇게나 휘둘러도 좋은 傳家의 寶刀일 수는 없는 것이다. 뿐만 아니라 少額轉借人에게 優先辨濟를 인정하게 되면 少額賃借人의 요건에 해당하지 않는 임차인이 賃借住宅을 쪼개어 허위로 少額轉借人을 量産한 후 그들로 하여금 配當要求를 하게 하는 탈법을 조장할 염려가 있다.[29] 때문에 서울地方法院의 競賣實務에서는 少額轉借人에게는 優先辨濟權을 인정하지 않고 있다.

Ⅲ. 優先辨濟의 內容

1. 保證金 중 일정액의 優先辨濟

少額賃借人은 競賣 또는 滯納處分에 의한 賃借住宅의 換價代金으로부터 다른 擔保物權者보다 우선하여 保證金 중 일정액을 변제받을 權利가 있다(本條 Ⅰ 前文).

(1) 優先辨濟額

優先辨濟받는 범위는 少額保證金 전액이 아니라 그 중 일정액이다. 구체적으로는 本條 Ⅲ의 위임을 받은 住賃施 §3가 정하고 있다. 同條에 의하면,

㈎ 少額賃借人이 保證金 중 優先辨濟받는 금액은 서울특별시 및 광역시에서는 1,200만원 이하이고, 기타의 지역에서는 800만원 이하이다. 따라서 예컨대 서울의 경우 賃借保證金이 1,500만원이면 그 중 1,200만원에 한하여 優先辨濟權이 인정되며, 賃借保證金이 1,000만원이면 保證金 전액에 대하여 優先辨濟權이 인정된다.

1983. 12. 30. 제1차 法改正에 의하여 本條가 신설될 당시에는 優先辨濟받

28) 주택임대차보호법 제8조에 관한 질의회답(大法院 송민 84-10 예규) 문 9, 大法院例規集 訟務篇, 460; 李胤承(註 7), 154.

29) 李胤承(註 11), 157-58은 이 경우에까지도 優先辨濟를 인정하고 있으나, 찬성할 수 없다.

는 保證金이 서울특별시 및 직할시에서는 300만원 이하, 기타의 지역에서는 200만원 이하이었다가(1984. 6. 14.자 施行令 (대통령령 제11441호)), 1987. 12. 1.자로 施行令이 改正되어 각 500만원 이하, 400만원 이하로 상향되었고, 제2차 法改正에 따른 施行令의 再改正(1990. 2. 19)으로 각 2,000만원 이하, 1,500만원 이하로 상향되었고, 1995. 10. 19.자로 施行令이 다시 改正되어 위와 같이 되었다.

(나) 優先辨濟의 대상이 되는 위 (가)항 기재 금액이 住宅價額의 1/2을 초과하는 때에는 住宅價額의 1/2에 해당하는 금액에 한하여 優先辨濟權이 인정된다. 예컨대 서울의 경우 賃借保證金이 3,000만원이면 그 중 1,200만원을 優先辨濟받을 수 있으나, 住宅價額이 2,000만원에 불과하다면 그 1/2에 해당하는 1,000만원만 優先辨濟받게 된다.

여기서 말하는 住宅價額은 住宅의 시가가 아닌 競落價額임은 물론이다.[30] 다만 競落價額으로부터 競賣費用을 공제한 나머지 액을 기준으로 하여야 한다는 견해가 있으나,[31] 住宅賃貸借保護法의 취지에 비추어 그렇게까지 볼 것은 아니다.[32] 競賣實務에서도 競落價額을 기준으로 하고 있다.

(다) 하나의 住宅에 少額賃借人이 2인 이상이고, 그들이 優先辨濟를 받을 保證金의 합산액이 住宅價額의 1/2을 초과하는 경우에는 그 각 優先辨濟를 받을 保證金의 합산액에 대한 각 賃借人의 優先辨濟를 받을 保證金의 비율로 그 住宅價額의 1/2에 해당하는 금액을 분할한 금액을 優先辨濟받는다.

예컨대 서울에서 少額賃借人이 甲, 乙, 丙 3인이고 甲의 賃借保證金이 3,000만원, 乙의 賃借保證金이 1,500만원, 丙의 賃借保證金이 900만원인데 住宅價額은 4,000만원이라고 할 경우, 優先辨濟를 받을 수 있는 금액은 甲, 乙이 각 1,200만원, 丙이 800만원으로 되나, 住宅價額의 1/2이 2,000만원에 불과하므로 甲, 乙, 丙은 위 금액을 전부 優先辨濟받지는 못하고 그 중 甲, 乙은 각각 750만원(2,000만원×1,200만/3,200만), 丙은 500만원(2,000만원×800만/3,200만)만 優先辨濟를 받게 된다.

(라) 住宅의 價額에는 垈地의 價額이 포함된다(本條 III). 따라서 建物만의 賃借人이라 할지라도 垈地를 포함한 換價代金으로부터 優先辨濟를 받는다.[33] 建

30) 주택임대차보호법 제8조에 관한 질의회답(大法院 송민 84-10 예규) 문 11, 大法院例規集 訟務篇, 461.
31) 吳容鎬(註 5), 363.
32) 同旨 李胤承(註 7), 166; 崔 鍾(註 13), 455.
33) 주택임대차보호법 제8조에 관한 질의회답(大法院 송민 84-10 예규) 문 12, 大法院例規集 訟務篇, 461-62.

物과 垈地가 시기를 달리하여 競賣되더라도 각 競賣節次에 참가하여 優先辨濟를 받을 수 있으며, 먼저 競落되는 물건의 競落代金의 1/2 한도 안에서 優先辨濟를 받고, 못받은 것이 있으면 후에 競賣되는 물건의 競落代金의 1/2 한도 안에서 다시 優先辨濟를 받는다.[34]

그 밖에 관련된 문제는 §3의 2 解說 Ⅲ.1.(2)의 설명이 여기에도 그대로 적용되므로 同所 참조.

(2) **優先辨濟順位**

少額賃借人의 保證金 중 위에서 본 일정액은 다른 擔保物權보다 우선하여 변제받는다(Ⅰ 本條 前文). 뿐만 아니라 국세·지방세 등의 모든 租稅債權보다도 우선하여 변제받는다(稅基 §35 Ⅰ iv, 地方稅法 §31 Ⅱ iv). 다만, 근로자의 최종 3개월분의 賃金, 退職金 및 災害補償金 債權(勤基 §30의 2 Ⅱ)과는 同順位로 配當받는다.[35] 결국 일정액의 少額保證金은 최종 3개월분의 임금 등 債權과 더불어 제1順位로 優先辨濟를 받는 셈이다.

(3) **傳貰權者가 동시에 少額賃借人에 해당하는 경우의 특수문제**

이른바 債權的 傳貰契約을 체결하고 입주한 賃借人이 權利보호를 한다고 傳貰權登記를 하는 경우가 흔히 있다. 이 때 垈地에 대하여도 傳貰權登記를 하면 큰 문제가 없는데, 住宅의 일부에 대하여만 傳貰契約을 체결하였거나 住宅이 集合建物인 경우에는 建物의 전부 또는 그 일부에 대하여만 傳貰權登記를 하는 것이 보통이다.[36] 이처럼 傳貰權登記를 하게 되면 그 후부터는 단순한 賃借人이 아니라 物權者인 傳貰權者로 취급된다. 그런데 문제는 바로 여기서 발생한다. 傳貰權登記보다 先順位의 抵當權登記가 존재하고 그 被擔保債權이 巨額이면 傳貰權者에게 돌아갈 몫이 없게 되는 사태가 흔히 발생한다. 先順位의 抵當權附債權額이 많지 않다 하더라도 傳貰權登記는 建物에 국한되었기 때문에 역시 傳貰權者에게 돌아갈 몫이 미미한 경우가 많다(住宅의 競賣시에 競落價額의 대부분을 차지하는 것은 土地價額임을 상기할 필요가 있다).

先順位의 抵當權이 존재하는 경우에 이처럼 傳貰權登記를 함으로써 物權者인 傳貰權者로 승격한 종전 賃借人은 거의 보호를 받지 못하는 반면, 傳貰

34) 주택임대차보호법 제8조에 관한 질의회답(大法院 송민 84-10 예규) 문 13, 14, 大法院例規集 訟務篇, 462.

35) 부동산경매에서 우선채권간의 배당순위(大法院 송민 91-2 예규), 大法院例規集 訟務篇, 458.

36) 大法院 登記例規 제316호, 大法院例規集 登記篇, 188 참조.

權登記를 하지 않은 채 여전히 賃借人으로만 머무르고 있는 자는 그가 만일 少額賃借人이라면 抵當權者에 우선하여 변제를 받으며, 그것도 建物價額만이 아니라 土地價額으로부터도 優先辨濟를 받는다.

순전히 法形式的으로만 고찰하면 위와 같은 논리를 받아들여야 하나, 이는 일반 국민의 법감정과 너무도 거리가 있다. 少額의 債權的 傳貰契約을 체결한 사람이 傳貰權登記를 하는 것은 어떻게든 법의 보호를 조금이라도 더 받자는 데 목적이 있는 것이지 傳貰權登記 전보다 더 불리해지자고 하는 것은 결코 아니다. 따라서 위와 같은 자에게는 少額賃借人으로서의 지위를 계속 인정하여야 한다.[37] 현재 서울地方法院의 實務例도 傳貰權者가 동시에 少額賃借人에 해당하는 경우에는 그에게 유리한 쪽으로 配當을 하고 있다.

2. 賃借住宅의 引渡

(1) 少額賃借人이 賃借住宅의 換價代金에서 優先配當된 일정액의 保證金을 수령하기 위하여는 賃借住宅을 競落人에게 引渡하여야 한다.[38] 本條 Ⅱ이 §3의 2 중 Ⅱ을 準用하고 있지 아니하기 때문에 配當額을 少額賃借人에게 무조건 支給하여야 한다는 견해도 있으나,[39] 賃借保證金의 返還은 賃借住宅의 引渡와 同時履行의 關係에 있으므로 賃借人의 義務履行 전에 配當額을 支給할 수는 없고, 停止條件附債權에 대한 配當額의 교부방법과 마찬가지로 住宅의 引渡를 조건으로 配當額을 공탁하여 두고 賃借人이 引渡를 증명한 때에 이를 支給하는 것이 타당하다. 競賣實務例도 이에 의하고 있다. 만일 配當金을 무조건 支給하여야 한다면 賃借人이 保證金을 優先辨濟받고도 賃借住宅을 競落人에게 引渡하지 아니하면 代金을 모두 支給한 競落人에게 매우 불리하기 때문이다.

(2) 반면, 賃借人이 住宅을 引渡하여야 配當金을 수령할 수 있다고 하면 사실상 賃借人의 先履行을 강요하는 것이 되나, 賃借人은 引渡事實을 증명하기만 하면 競賣法院으로부터 配當額을 언제든지 수령할 수 있으므로 그로 인하여 불이익을 받는 것이 없다.

---

37) 大判 93. 11. 23, 93다10552등(公 94년 170) 참조.
38) 주택임대차보호법 제 8 조에 관한 질의회답(大法院 송민 84-10 예규) 문 10, 大法院例規集 訟務篇, 460-61.
39) 金志映, "少額保證金賃借人의 優先辨濟權"(서울대학교 석사학위 논문)(1995), 65-6.

Ⅳ. 利害關係人의 救濟

競賣에 의한 賃借住宅의 換價代金을 配當함에 있어 少額賃借人의 優先順位와 保證金에 관하여 異議가 있는 利害關係人은 競賣法院에 異議를 申請할 수 있고(本條 Ⅱ, §3의 2 Ⅲ), 이러한 異議申請에 대하여는 民事訴訟法 §§590 내지 597의 配當票에 대한 異議에 관한 규정이 準用된다(本條 Ⅱ, §3의 2 Ⅳ).

滯納處分에 의한 賃借住宅의 換價代金을 배분함에 있어 少額賃借人의 優先順位와 保證金에 관하여 異議가 있는 利害關係人은 滯納處分에 異議를 申請할 수 있고(本條 Ⅱ, §3의 2 Ⅲ), 異議申請日로부터 7일 이내에 少額賃借人을 상대로 訴를 제기한 것을 증명한 때에는 滯納處分廳은 당해 訴訟의 종결시까지 異議가 申請된 범위 안에서 少額賃借人에 대한 保證金의 변제를 留保하여야 한다(本條 Ⅱ, §3의 2 Ⅴ).

이에 관한 상세는 §3의 2 解說 Ⅳ. 참조.

[閔 日 榮]

第 9 條(住宅의 賃借權의 承繼)

① 賃借人이 相續權者 없이 사망한 경우에 그 住宅에서 가정공동생활을 하던 사실상의 婚姻關係에 있는 자는 賃借人의 權利와 義務를 承繼한다.

② 賃借人이 사망한 경우에 사망 당시 相續權者가 그 住宅에서 가정공동생활을 하고 있지 아니한 때에는 그 住宅에서 가정공동생활을 하던 사실상의 婚姻關係에 있는 자와 2촌 이내의 親族은 공동으로 賃借人의 權利와 義務를 承繼한다.

③ 第 1 項 및 第 2 項의 경우에 賃借人이 사망한 후 1월 이내에 賃貸人에 대하여 반대의사를 표시한 때에는 그러하지 아니하다.

④ 第 1 項 및 第 2 項의 경우에 賃貸借關係에서 생긴 債權·債務는 賃借人의 權利義務를 承繼한 자에게 귀속한다.

차 례

Ⅰ. 概　說
Ⅱ. 賃借權의 承繼者
1. 賃借人이 사망하고 相續權者가 없는 경우
2. 賃借人이 사망하고 相續權者가 있는 경우
Ⅲ. 賃借權 承繼의 效果
1. 債權의 承繼
2. 債務의 承繼
3. 共同承繼
Ⅳ. 賃借權 承繼의 拋棄

Ⅰ. 概　說

住宅의 賃貸借 期間중에 賃借人이 사망하더라도 使用貸借와 달리 賃貸借는 종료하지 아니하므로 생존한 사람들이 民法에 따라 사망한 賃借人을 상속한다면 별 문제가 없다.

문제는 相續權者가 없거나, 있다 하더라도 사망한 賃借人이 相續權者와 동거하지 않고 사실상의 婚姻關係에 있는 자, 養親子關係에 있는 자 또는 後順位相續權者와 동거하고 있었던 경우에 발생한다. 賃借權이 相續權者가 없다 하여 국가에 귀속되거나(民 §1058 I), 동거 않던 相續權者가 있어 그에게 귀속되어 버린다면 賃借人과 이제껏 동거하던 사실상의 婚姻關係에 있는 자, 養親子關係에 있는 자 또는 後順位相續權者의 住居生活의 안정이 크게 위협받게 된다. 상속받을 자의 요구에 의해 당해 住宅에서 쫓겨날 수밖에 없기 때문이다.

이러한 동거가족의 住居生活의 안정을 보호하기 위하여 1983. 12. 30. 1차 法改正時 本條를 신설하여, 賃借人이 相續權者 없이 사망한 경우에는 "그 住宅에서 가정공동생활을 하던 사실상의 婚姻關係에 있는 자"가 賃借人의 權利와 義務를 承繼하도록 하고, 賃借人이 사망한 경우에 相續權者가 있긴 하나 그가 그 住宅에서 가정공동생활을 하지 아니한 때에는 "그 住宅에서 가정공동생활을 하던 사실상의 婚姻關係에 있는 자와 2촌 이내의 親族"이 공동으로 賃借人의 權利와 義務를 承繼하도록 하였다.[1] 相續法의 일반원리가 사망한 賃借人과 동거하던 가족의 住居生活 보호라는 社會法的 이념에 의하여 수정을 받고 있는 셈이다.

1) 本條의 입법과정 및 외국의 立法例에 관하여는 高翔龍, "賃借權의 承繼", 改正民事法解說(1985), 253 이하 참조.

獨民 §569a는 "(1) 賃借人이 자기의 配偶者와 공동세대를 이루고 있는 住宅의 賃貸借關係에 있어서 賃借人이 사망한 때에는 配偶者가 賃貸借關係를 承繼한다. 配偶者가 賃借人의 사망을 안 후 1월 내에 賃貸人에 대하여 그 賃貸借關係를 계속하지 아니할 뜻을 표시한 때에는 賃貸借關係를 承繼하지 아니한다. … (2) 그 住居에서 1인 또는 수인의 다른 가족구성원과 공동세대를 이루고 있었던 경우에 賃借人이 사망한 때에는 이들 구성원이 당해 賃貸借關係를 承繼한다. 賃借人이 자기의 配偶者 및 1인 또는 수인의 다른 가족구성원과 공동세대를 이루고 있었던 경우에 그 配偶者가 賃貸借關係를 承繼하지 아니하는 때에도 그러하다. 이 경우에는 제1항 후문의 규정을 준용하며, 가족구성원이 수인인 때에는 각자 자신에 관한 의사표시를 할 수 있다. 수인의 가족구성원이 賃貸借關係를 承繼한 때에는 이들 구성원은 그 賃貸借關係에 의한 權利를 공동으로만 행사할 수 있고, 義務에 관하여는 連帶債務者로서의 責任을 진다. (3) 내지 (7)항은 생략"고 하고,

日本借地借家法 §36는 "① 住居用 建物의 賃借人이 相續人 없이 사망한 경우에 그 당시 婚姻 또는 入養의 신고를 하지 아니하였으나 建物의 賃借人과 사실상 부부 또는 養子의 關係에 있었던 동거인이 있는 때에는 그 동거인이 建物의 賃借人의 權利義務를 承繼한다. 다만 相續人 없이 사망한 사실을 안 후 1월 이내에 建物의 賃貸人에 대하여 반대의 의사를 표시한 때에는 그러하지 아니하다. ② 전항 본문의 경우에 建物의 賃貸借關係에 기하여 발생한 債權 또는 債務는 전항의 규정에 의하여 建物의 賃借人의 權利義務를 承繼한 자에 귀속된다"고 하고 있다.

Ⅱ. 賃借權의 承繼者

1. 賃借人이 사망하고 相續權者가 없는 경우

住宅의 賃借人이 相續權者 없이 사망한 경우에는 그 住宅에서 가정공동생활을 하던 사실상의 婚姻關係에 있는 자가 賃借權을 承繼한다(本條 I).

(1) 사실상의 婚姻關係에 있는 자란 단지 형식적으로 婚姻申告만 하지 아니하였을 뿐 실질적으로는 夫婦關係를 이루고 있는 자를 말한다. 本妻가 있음에도 불구하고 다른 여자와 性的 關係를 계속하는 夫妾關係는 이에 해당하

지 않는다.[2)]

(2) 가정공동생활을 한다는 것은 동거하면서 서로 부양하며 협조한다는 것을 의미한다(民 I §826 참조). 그렇다고 1년 내내 매일같이 宿食을 같이하면서 同居하여야 하는 것은 아니며,[3)] 입원·출장·여행 등과 같이 일정한 사유로 일시적으로 別居하고 있는 경우는 여전히 가정공동생활을 하고 있는 것으로 보아야 한다. 학자에 따라서는 가정공동생활을 하던 자는 법 §3의 對抗力과의 關係로 보아 주민등록상에 賃借人의 同居人으로 등재되어 있을 것을 요한다고 주장하기도 하나,[4)] 賃貸人과의 關係에서 賃借權을 承繼하는 데 있어 주민등록상에 同居人으로 기재되어 있어야 한다고 볼 근거가 없다. 다만 承繼한 賃借權을 賃貸住宅의 제3取得者에 대하여 주장하려면 그 때는 법 §3가 요구하는 對抗要件을 갖추어야 함은 물론이다.

(3) 本條 I은 사실상의 婚姻關係에 있는 자만 규정하고 있으나, 本條의 立法趣旨와 보호의 필요성 면에 비추어 볼 때 사실상의 養親子關係에 있는 자(民法 및 戶籍法에 의한 入養申告節次만 마치지 못한 자)를 제외하는 것은 균형을 잃으므로 사실상의 養親子關係에 있는 자에게도 本條 I을 유추 적용하는 것이 좋을 것이다.[5)]

(4) 相續權者가 없다는 것은 法定相續人이 전혀 없는 경우는 물론이거니와 法定相續人이 모두 相續缺格資로 된 경우(民 §1004)를 포함한다.[6)] 住宅의 賃借人이 相續權者 없이 사망하고, 그 住宅에서 가정공동생활을 하던 사실상의 婚姻關係에 있는 자도 없는 경우에는 賃借權은 국가에 귀속한다(民 §1058 I).

2. 賃借人이 사망하고 相續權者가 있는 경우

이 경우는 다시 相續權者가 그 住宅에서 가정공동생활을 하고 있었는지의 여부에 따라 달라진다

(1) 相續權者가 그 住宅에서 가정공동생활을 하고 있었던 경우

이 때에는 相續法의 일반원리에 따라 相續權者만이 賃借權을 상속한다.[7)]

2) 高翔龍(註 1), 281; 尹天熙, "住宅賃借權 承繼規定의 問題點", 改正民事法解說(1985), 209; 趙鍾炫, "住宅賃借權의 住居保護", 高昌鉉紀念論文集(1987), 461; 李鎭江, 住宅賃貸借保護法令·假登記擔保等에 관한 法律 解說(增補版, 1985), 117-18.

이에 대하여 曺日煥, "賃貸借保護法과 住居權承繼에 관한 硏究", 高昌鉉紀念論文集(1987), 474는 의문을 제기한다.

3) 高翔龍, "賃借權과 相續", 考試硏究(85. 1), 66; 趙鍾炫(註 2), 460.

4) 尹天熙, "住宅賃借權 承繼規定의 問題點", 改正民事法解說(1985), 209.

5) 同旨 高翔龍(註 3), 64; 尹天熙(註 4), 209-10; 曺日煥(註 2), 475; 趙鍾炫(註 2), 461.

6) 尹天熙(註 4), 209.

7) 尹天熙(註 4), 210.

相續權者가 數人인 경우에는 상속비율에 따라 공동으로 상속한다.

本條는 어디까지나 賃借人과 동거하던 사실상의 婚姻關係에 있는 자의 住居生活의 안정을 위하여 상속의 예외를 규정하고 있는 것이므로, 本條에서 예외로 규정하고 있지 아니한 경우에 관하여는 相續法의 일반원리를 적용할 수 밖에 없는 것이다. 이에 대하여는 이러한 경우에도 그 住宅에서 가정공동생활을 하던 사실상의 婚姻關係에 있는 자에게 賃借權의 承繼를 인정하였어야 옳다는 立法論的 비판이 가해진다.[8]

한편, 학자에 따라서는 위 경우에 가정공동생활을 하던 相續權者가 賃借權을 취득하는 원인은 "相續"이 아니라 "承繼"라 하면서, 相續의 抛棄는 賃借權의 承繼에 아무런 영향을 미치지 않는다는 견해를 제시하기도 하나,[9] 法解釋論의 범주를 지나치게 벗어나는 것 같다.

(2) 相續權者가 그 住宅에서 가정공동생활을 하고 있지 않았던 경우

이 때에는 그 住宅에서 가정공동생활을 하던 사실상의 婚姻關係에 있는 자와 2촌 이내의 親族이 공동으로 賃借權을 承繼한다(本條 II). 따라서 2촌 이내의 親族이 없는 때에는 그 住宅에서 가정공동생활을 하던 사실상의 婚姻關係에 있는 자가 단독으로 賃借權을 承繼한다.[10]

本條 II에서 말하는 2촌 이내의 親族을 親族 중 촌수를 따져 2촌 이내이면 모두 포함하는 것처럼 볼 것인가? 本條는 어디까지나 가정공동생활을 하던 사실상의 婚姻關係에 있는 자의 보호를 위하여 상속에 대한 예외를 규정하고 있는 데 불과한 것이지 相續權者가 아닌 그 밖의 자까지 보호하는 것은 아니므로, 本條 II의 2촌 이내의 親族은 相續權者(民 § 1000) 중에서 2촌 이내인 자에 국한하는 것으로 보아야 한다.[11] 그리고 그러한 자가 數人인 경우에는 그 중에서 사실상의 婚姻關係에 있는 자와 공동으로 賃借權을 承繼할 자를 상속의 일반원칙(民 § 1000)에 따른 相續順位에 의하여 정하여야 한다. 代襲相續의 법리(民 §§ 1001, 1003 II)도 그대로 적용된다.

학자에 따라서는 本條 II의 共同承繼規定에 관하여 이는 賃借權承繼의 본래의 취지에 반하고 賃貸人과 共同承繼人間, 共同承繼人 상호간에 복잡한 法律關係를 야기하므로, 相續權者가 賃借人과 동거하지 않았던 경우에는 그를

8) 金學東, "住宅賃貸借保護法上의 問題點", 月報(86. 11), 28-9; 註釋各則 II, 318.
9) 註釋各則 II, 327.
10) 金學東(註 8), 29.
11) 尹天熙(註 4), 211.

承繼人에서 제외하고 동거하던 사실상의 婚姻關係에 있는 자가 단독으로 賃借人의 權利와 義務를 承繼하도록 하여야 한다는 견해를 제시하기도 하나,[12] 과연 기존의 相續法질서를 위와 같이 전면적으로 부인할 수 있을지는 의문이다.

Ⅲ. 賃借權 承繼의 效果

賃貸人과 사망한 賃借人 사이의 賃貸借關係에서 생긴 債權·債務는 賃借人의 權利義務를 承繼한 자에게 귀속한다(本條 Ⅳ).

1. 債權의 承繼

賃借人과 가정공동생활을 하였다는 이유로 당해 住宅에서 거주를 계속할 수 있고 그 위에 재산상의 이익까지 받는다는 것은 어느 모로 보아도 부당하다는 이유로 本條에 의하여 承繼되는 債權은 "居住權"에 한하며 傳貰金, 保證金 등의 返還請求權은 相續人에게만 상속될 뿐이라고 하는 견해가 있으나,[13] 이는 本條 Ⅳ이 명문으로 "賃貸借關係에서 생긴 債權, 債務는 賃借人의 權利義務를 承繼한 자에게 귀속한다"고 규정하고 있는 것을 도외시한 해석이라고 볼 수밖에 없다. 위 견해를 주장하는 학자는 그 立論의 근거로 "예컨대 傳貰金 등을 出捐하지도 않고, 相續人도 아닌 형제가 賃借人과 동거했다는 이유로 傳貰金까지 承繼한다는 것은 타당하지 않기 때문이다"라고 한다. 그러나 이는 本條를 오해한 데서 나오는 立論이다. 相續人도 아니면서 賃借人과 동거하였다는 이유만으로 賃借權을 承繼하는 자는 사실상의 婚姻關係에 있는 자에 국한될 뿐이다. 前述한 바와 같이 사실상의 婚姻關係에 있는 자를 보호하기 위하여 그에 한하여 상속의 예외를 인정한 것이지 그 밖의 자까지 상속의 예외가 인정되는 것은 아니다. 따라서 賃借人과 동거하던 형제라도 그가 賃借權을 承繼하려면 먼저 相續人으로 되지 아니하면 안 된다. 즉 賃借人의 直系尊卑屬이 존재하지 아니하여 형제가 相續人으로 되는 경우에 한하여 賃借權을 承繼할 뿐이다. 그리고 이처럼 형제가 相續人으로 된 이상은 그가 賃借權을 承繼

12) 尹天熙(註 4), 218; 또한 高翔龍, "住宅賃貸借保護法 중 改正法律의 解說", 改正民事法解說(1985), 251 및 趙鍾炫(註 2), 462 참조.

13) 高翔龍(註 1), 289; 林炳賢, "住宅賃貸借保護法에 관한 小考", 中央大學校法政論叢 23집(83.12), 145.

한다 하여 하등 이상할 것이 없다.

결국, 本條에 의한 賃借權의 承繼者는 사망한 賃借人이 賃貸借關係로 인하여 賃貸人에게 갖는 債權, 즉 賃借保證金返還請求權·修繕請求權·費用償還請求權·附屬物買受請求權 등 모든 權利를 承繼하는 것으로 보아야 한다.[14)]

다만 賃借權의 承繼者는 이처럼 賃貸借關係에서 생긴 債權만 承繼할 뿐 賃貸借와 무관하게 발생한 債權, 예컨대 賃借人이 賃貸人에게 대여한 금전의 返還請求權은 承繼하지 않으며, 그러한 權利는 相續法에 따라 본래의 相續權者에게 상속될 뿐이다.

2. 債務의 承繼

前述한 것처럼 本條에 의한 賃借權의 承繼者는 사망한 賃借人이 賃貸借關係로 인하여 賃貸人에게 갖는 모든 債權을 承繼한다고 보는 이상, 반대로 사망한 賃借人이 賃貸借關係로 인하여 賃貸人에게 부담하는 모든 債務도 承繼한다고 볼 것이다. 그 주된 것은 물론 借賃支給債務이다. 賃借權을 承繼하여 계속 거주함에 따른 이후의 借賃을 支給하여야 하는 것은 물론이고, 사망한 賃借人의 延滯借賃도 承繼한다고 볼 것이다.[15)] 賃借物을 契約 및 用法에 따라 사용 수익하여야 할 義務도 承繼함은 더 말할 것도 없다.

3. 共同承繼

賃借人이 사망한 경우에 사망 당시 相續權者가 그 住宅에서 가정공동생활을 하고 있지 아니한 때에는 그 住宅에서 가정공동생활을 하던 사실상의 婚姻關係에 있는 자와 2촌 이내의 親族이 賃貸借關係에서 생긴 債權債務를 "공동으로" 承繼한다(本條 II·IV). 따라서 예컨대 賃借保證金返還請求權 또는 借賃支給義務를 공동으로 承繼한다. 그러면 이들 共同承繼者 사이의 權利關係는 그 법적 성질을 어떻게 볼 것인가?

비록 우리 民法上 다수당사자의 債權關係는 分割債權關係가 원칙이고(民 §408),

14) 尹天熙(註 4), 214; 趙鍾炫(註 2), 464; 黃迪仁, 民法(Ⅳ), 313.

15) 尹天熙(註 4), 214; 趙鍾炫(註 2), 464; 李銀榮, 323.
高翔龍(註 1), 289-90은 賃借權을 承繼한 자는 賃借人과 가정공동생활을 하기 전에 이미 발생한 延滯借賃 등의 債務에 대하여는 責任이 없으나 賃借權承繼者로서 相續人과 연대하여 그 債務를 지며, 이러한 경우에 賃借權承繼者가 그러한 債務를 변제하거나 기타 자기의 出捐으로 공동의 免責을 얻었을 때에는 相續人에 대하여 求償權을 행사할 수 있다고 한다.

共同相續人은 상속재산을 共有하면서 각자의 상속분에 따라 被相續人의 權利義務를 承繼하도록 되어 있으나(民 §§ 1006, 1007), 사실상의 婚姻關係에 있는 자와 相續人 사이에 상속분을 정할 수 있는 것도 아니므로 本條 Ⅱ의 "공동으로"의 의미는 "連帶하여"의 의미라고 해석하는 것이 어떨까 한다.[16)]

그런데 賃借人의 사망 후 사실상의 婚姻關係에 있는 자만이 계속 거주한다면 이후의 借賃支給義務는 그가 단독으로 부담하는 것이 당연하고,[17)] 사망한 賃借人의 借賃延滯로 인하여 賃貸借契約이 解止되고 賃借住宅을 明渡하여야 할 단계라면 사실상의 婚姻關係에 있는 자의 住居保護도 더 이상 의미가 없고 그가 明渡義務를 질 뿐이다.

결국 현실적으로 共同承繼가 문제되는 것은 주로 사망한 賃借人의 延滯借賃과 賃借保證金返還請求權의 귀속일 것이다. 이 경우 賃貸人은 사실상의 婚姻關係에 있던 자와 2촌 이내의 相續權者 중 일방에 대하여 延滯借賃을 전액 請求할 수 있고 그에게 賃借保證金을 전액 返還할 수 있다.[18)] 이 때 延滯借賃을 전액 支給한 일방은 타방에 대하여 求償할 수 있으며, 賃借保證金을 전액 返還받은 자는 타방의 求償에 응하여야 한다. 문제는 求償比率인바, 明文의 규정이 없으므로 1/2로 할 수밖에 없지 않을까(民 § 424). 그리고 相續權者가 數人(예컨대 數人의 直系尊屬)인 경우에는 그들의 몫을 합쳐 1/2로 하는 것이 상당할 것이다.

Ⅳ. 賃借權 承繼의 拋棄

本條 Ⅰ·Ⅱ에 의한 承繼權者가 賃借權의 承繼를 원하지 아니할 경우에는 賃借人이 사망한 후 1월 이내에 賃貸人에 대하여 반대의사를 표시함으로써 承繼를 포기할 수 있다(本條 Ⅲ). 賃借權의 承繼權者가 당해 住宅에 계속 거주하는 것을 원하지 않든가, 賃貸借로 인한 債權보다 債務가 훨씬 많아 承繼의 결과로 承繼人이 도리어 불리한 지위에 놓이게 되는 경우에 그의 의사에 반하여 賃借權이 承繼되는 것을 방지하기 위한 것으로서, 民 § 1019의 財産相續拋棄

16) 註釋各則 Ⅱ, 333 참조.
17) 相續權者는 자기가 거주하지도 않으면서 사망한 賃借人과 사실상의 婚姻關係에 있던 자의 借賃을 부담할 이유가 없다.
18) 이에 대하여 尹天熙(註 4), 218은 사실상의 婚姻關係에 있던 자와 2촌 이내의 相續權者가 공동으로 賃借保證金返還請求權을 행사하여야 한다고 한다.

制度와 일맥상통한다.

承繼拋棄는 "賃借人이 사망한 후 1월 이내"에 賃貸人에 대하여 하여야 한다. 이 期間은 除斥期間으로서 承繼權者가 賃借人의 사망사실을 알든 모르든 사망 후 1월이 지나면 承繼를 포기할 수 없고, 賃借權이 당연히 承繼된다.[19] 그러나, 民法上의 相續拋棄의 이른바 熟慮期間이 "相續開始 있음을 안 날로부터 3월 내"(民 §1019 I)인 점에 비추어 볼 때 承繼權者가 賃借人의 사망사실을 모르고 있었는데도 사망 후 1월이 경과하였다 하여 當然承繼토록 한 것은 의문이다. 本條 Ⅲ은 承繼權者보다는 賃貸人 보호에 중점을 둔 게 아닌가 하는 생각마저 든다. 그런 의미에서 本條 Ⅲ의 承繼拋棄期間을 "賃借人의 사망을 안 날로부터 1월 이내"로 改正하는 것이 바람직하다.[20]

한편 이에 대하여는 가정공동생활을 하던 사실상의 婚姻關係에 있는 자가 賃借人의 사망사실을 모르고 있다는 것은 예상하기 어렵다 하여 위와 같은 改正이 불필요하다는 反論[21]이 있으나, 가정공동생활의 의미가 前述한 바와 같이 매일같이 宿食을 같이하여야 하는 것을 뜻하지는 않으므로 賃借人이 해외출장·여행중에 사망한 경우 등에는 그 사실을 1월 이내에 모를 수 있는 것이 충분히 예상되기 때문에 위 反論은 타당하지 않다고 할 것이다.

賃借權 承繼拋棄의 의사표시의 효력은 賃借人의 사망시에 遡及한다. 따라서 이 의사표시에 의하여 承繼權者는 賃借人의 사망시로부터 賃借人의 賃貸人에 대한 權利義務를 承繼하지 않는 것으로 된다.

[閔 日 榮]

第 10 條(強行規定)

이 법의 규정에 위반된 約定으로서 賃借人에게 불리한 것은 그 효력이 없다

1. 本條는 본법의 立法趣旨를 살리기 위한 條文이다. 사회적 약자인 住宅賃借人을 보호하기 위하여 만든 법이 바로 住宅賃貸借保護法이라는 것을 염

19) 尹天熙(註 4), 213.
20) 閔日榮, "住宅賃貸借法에 관한 諸問題", 民判硏 Ⅻ, 485; 尹天熙(註 4), 219.
21) 趙鍾炫(註 2), 463; 李鎭江(註 2), 124.

두에 두면 本條의 가치를 금방 알 수 있다. 즉 住宅賃借人을 보호하기 위하여 住宅賃貸借保護法이 아무리 여러 가지 제도적 장치를 마련한다 하더라도 사회적 강자인 賃貸人이 契約自由의 美名下에 그에 구애됨이 없이 賃借人을 강요하여 자기가 원하는 대로 賃貸借契約을 체결하는 것을 그대로 방치한다면 住宅賃貸借保護法은 한낱 空念佛에 지나지 않게 된다.

바로 여기서 住宅賃貸借保護法의 규정을 契約自由의 원칙과는 무관하게 強行規定으로 할 필요성이 대두되는 것이고, 本條가 바로 그 역할을 하는 것이다.

2. 賃貸借契約이 住宅賃貸借保護法에 위반된다 하여 모두 효력이 부인되는 것은 아니며 그것이 賃借人에게 불리할 경우에만 무효로 된다. 따라서 住宅賃貸借保護法에 위반된다 하더라도 오히려 賃借人에게 유리하다면 효력을 부인할 이유가 없다.

㈎ 住宅賃貸借保護法에 비하여 賃借人에게 유리한지 불리한지의 여부는 당해 約定條項 자체만을 놓고 판단하여야 한다.[1] 설사 賃貸借契約이 전체적으로는 住宅賃貸借保護法에 비하여 賃借人에 유리하다 하더라도, 그 중 일부가 賃借人에게 불리하다면 그 部分의 불리가 다른 유리한 部分에 의하여 보상되는 것이 아니다.

㈏ 효력이 부인되는 것은 住宅賃貸借契約 중 賃借人에게 불리한 約定部分에 국한되며, 契約 전체가 무효로 되는 것은 아니다. 그리고 무효로 된 사항은 住宅賃貸借保護法의 該當條項이 정하고 있는 바에 의하여 규율된다.

[閔 日 榮]

第 11 條(一時使用을 위한 賃貸借)

이 법은 一時使用을 위한 賃貸借임이 명백한 경우에는 이를 적용하지 아니한다.

1. 賃貸借에는 본래 最短期의 制限이 없기 때문에(民 § 651) 몇 개월 심지어는 단 며칠 또는 몇 시간의 賃貸借도 이론상 가능하다. 이러한 賃貸借가 이른

1) 註釋各則 Ⅱ, 334.

바 講學上 "一時使用을 위한 賃貸借"(줄여서 "一時賃貸借"라고도 한다)로 일컬어지는 것이다. 물론 一時使用을 賃貸借이냐 아니냐는 구체적인 사정에 따라 판단할 수밖에 없다.

그런데 住宅賃借人의 보호를 위하여 制定된 住宅賃貸借保護法은 長期間에 걸친 賃貸借를 전제로 한 것이기 때문에 위와 같은 一時使用을 위한 賃貸借에는 적용하기 부적합하다. 즉 一時使用을 위한 賃借人에 대하여까지 그를 두텁게 보호할 필요가 없고 그 경우에는 契約自由에 맡겨 놓아도 별 폐단이 발생하지 않는다. 때문에 本條는 一時使用을 위한 賃貸借임이 명백한 경우에는 住宅賃貸借保護法을 적용하지 아니한다고 규정한 것이다.

一時使用을 위한 賃貸借에는 이처럼 住宅賃貸借保護法이 적용되지 아니할 뿐만 아니라 나아가 賃借人의 보호를 위한 民法上의 규정들까지도 적용이 배제되고 있다(民 § 653).

2. 그러면 어느 경우를 "一時"사용을 위한 賃貸借라고 할 것인가?

이에 관하여 住宅賃貸借保護法이나 民法은 아무런 규정을 두고 있지 아니하다. 우선 期間이 短期間이어야 할 것임은 분명하다. 그러나 그 短期間도 어떤 기준으로 판단할 것이냐는 여전히 숙제로 남는다.

요컨대 存續期間의 長短이란 상대적이고 주관적인 것이므로, 결국은 賃貸借의 목적과 賃借物의 종류·구조·설비, 借賃의 액수 등 제반요건을 加味하여 볼 때 당사자 사이에 賃貸借를 短期間에 한하여 존속시킬 의사가 있었다고 판단되면 一時使用을 위한 賃貸借로 보는 것이 합리적일 것이다(民 § 653의 解說 참조).

이에 관하여는 住宅利用關係가 아무리 일시적이라 하더라도 保證金의 수수가 계약내용에 포함되어 있는 한 그 保證金 返還確保의 필요성 때문에 일시사용을 위한 賃貸借로 인정하여서는 안 된다는 견해도 있다.[1)] 그러나 이 견해대로라면 保證金이 수수되는 한 아무리 短期間의 일시적인 賃貸借라 하더라도 그 期間이 2년으로 되어 버리는 결과가 되어 선뜻 찬성하기 어렵다. 그렇다고 住宅賃貸借保護法의 保證金에 관한 條項은 적용되고 그 밖의 條項은 적용되지 아니한다고 해석할 수도 없으므로,[2)] 保證金이 수수되는 賃貸借라 하여 무조건 一時使用을 위한 賃貸借가 아니라고 단정할 수는 없지 않을까 한다.

[閔 日 榮]

1) 註釋各則 Ⅱ, 336.
2) 民 § 653와 本條의 규정방식을 비교하여 볼 때 이러한 해석은 도저히 불가능하다.

第 12 條(未登記傳貰에의 準用)

이 법은 住宅의 登記하지 아니한 傳貰契約에 관하여 이를 準用한다. 이 경우 "傳貰金"은 "賃貸借의 保證金"으로 본다.

본법의 적용범위는 住居用 建物의 "賃貸借"에 국한되어 있다(§2). 따라서 비록 住宅의 登記하지 아니한 傳貰契約, 즉 이른바 "債權的 傳貰"도 일종의 賃貸借라고 보는 것이 通說·判例이기는 하지만, 보기에 따라서는 일반적인 賃貸借와는 구별되므로 債權的 傳貰에는 本法이 적용되지 아니한다는 解釋論도 불가능한 것만은 아니다.

이에 1983. 12. 30. 1차 法改正時 주의적 규정으로 本條를 신설하여 아예 논란의 여지를 없앤 것이다.

한편 本條와 관련하여 引渡와 주민등록에 의하여 對抗要件을 구비한 債權的 傳貰賃借人이 다시 傳貰權登記를 하면 그 후로는 物權인 傳貰權者로서만 보호를 받고 本法에 의한 보호는 받지 못하는가 하는 문제가 있다. 이에 관하여 判例는,

> "국민의 주거생활의 안정을 기하기 위하여 제정된 주택임대차보호법의 입법취지를 볼 때, 위 법(住宅賃貸借保護法: 筆者 註) 제12조(미등기전세에의 준용)로 「이 법은 주택의 등기하지 아니한 전세계약에 이를 준용한다」고 규정한 것은, 이 법을 주택의 등기하지 아니한 전세계약에 확장적용한다는 취지이지… 건물소유자와 전세계약을 맺고 주민등록을 하여 주택임대차보호법에 의한 대항력을 갖춘 입주자라도 그 후 전세권설정등기를 하면 위 법의 보호대상에서 배제한다는 취지는 아니라고 할 것이다"

라고 判示하였다.[1]

[閔 日 榮]

1) 大判 93. 11. 23, 93다10552등(公 94년 170).

附 則(1981. 3. 5, 法律 제3379호)

① (施行日) 이 법은 公布한 날로부터 시행한다.

② (經過措置) 이 법은 이 법 시행 후 체결되거나 更新된 賃貸借에 이를 적용한다. 다만, 제 3 조의 규정은 이 법 시행 당시 존속중인 賃貸借에 대하여도 이를 적용하되 이 법 시행 전에 物權을 취득한 第三者에 대하여는 그 효력이 없다.

1. 施行日

최초로 制定된 住宅賃貸借保護法(法律 제3379호)은 부칙 Ⅰ에서 공포일로부터 시행한다고 하였는바, 그 공포일은 1981. 3. 5.이다.

2. 經過措置

부칙 Ⅱ은 同法의 時的 적용범위에 관하여, 同法은 원칙적으로 同法 시행 후 체결되거나 更新된 住宅賃貸借에 적용됨을 밝히고(同項 本文), 예외적으로 § 3의 對抗力에 관한 규정은 기존의 住宅賃貸借에 대하여도 적용하되 同法 시행 전에 物權을 취득한 제 3 자에 대하여는 효력이 없음을 밝히고 있다(同項 但書).

위 부칙 Ⅱ 단서의 의미에 관하여는 判例[1]가 상세히 설명하고 있으므로 아래에 그대로 인용한다.

> "주택임대차보호법(1981. 3. 5. 법률 제3379호) 부칙 제 2 항에 의하면, 이 법은 이 법 시행 후 체결되거나 경신된 임대차에 이를 적용한다. 다만, 제 3 조의 규정은 이 법 시행당시 존속중인 임대차에 대하여도 이를 적용하되 이 법 시행 전에 물권을 취득한 제 3 자에 대하여는 그 효력이 없다고 규정하고 있다.
>
> 위 단서는 주택임대차보호법 시행 전에 체결된 미등기의 임대차라고 할지라도 주택의 인도와 주민등록을 마친 때에는 같은 법 제 3 조에 따라 제 3 자에 대하여 이를 대항할 수 있으나, 다만 위 법 시행 전에 이미 물권을 취득한 제 3 자에 대하여는 그 물권취득시기가 같은 법 제 3 조 소정의 임대차 효력발생시기보다 앞이거나 뒤이거나에 관계 없이 임대차의 효력으로써 대항할 수 없다는 취지라고 풀이함이 타당하다.
>
> 만일 위와 달리 같은 법 시행 전에 취득한 물권이라도 그 취득시기가 같은 법 제 3 조 소정의 임대차 효력발생시기보다 뒤인 때에는 임대차의 효력에 우선

1) 大判 84. 2. 14, 83다카2131(集 32-1, 90).

당한다고 풀이하게 되면 위 부칙 제2항 단서의 후단을 둔 의미가 없을 뿐 아니라, 주택임대차보호법 시행 전에 있어서 등기가 없는 임대차의 임대인은 그 임대차 성립 후에 물권을 취득한 제3자에 대하여도 임대차의 효력을 주장할 수 없었던 것인데 위 법의 시행으로 위와 같은 물권자에 대하여 임대차의 효력을 주장할 수 있게 된다면 결과적으로 물권자는 미등기임차인에 대하여 가지고 있었던 우선적 효력을 소급하여 상실하는 결과가 되어 부당하다."

한편 위 부칙 Ⅱ 단서의 "物權을 취득한 제3자"의 범위와 관련하여 假登記權者가 이에 포함되느냐 하는 문제가 있는바, 위에서 본 判例는

"…주택임대차보호법 시행 전에 부동산등기법 제2조 소정의 물권 등 취득에 관한 순위보전의 가등기를 경료한 자가 같은 법 시행 후 본등기를 경료한 경우에 물권 등 취득의 효력이 가등기시에 소급하는 것은 아니지만 가등기의 순위보전의 효력에 의하여 중간처분이 실효되는 결과를 가져오므로 위와 같은 가등기권자는 위 주택임대차보호법 부칙 제2항 단서에 규정된 같은 법 시행 전의 물권을 취득한 자와 동일하게 보아야 할 것이다"

라고 판시하여 적극적으로 해석하고 있다.[2] 그러나 處分禁止假處分權者는 이에 해당하지 않는다.[3]

[閔 日 榮]

2) 이에 대하여 註釋各則 Ⅱ, 338-39는 제3조가 對抗力을 받는 자의 범위에 관하여 단순히 "제3자"라고 한 것과 달리 부칙 Ⅱ은 "物權을 취득한 제3자"라고 制限的으로 규정하고 있는 이상 여기의 "物權을 취득한 제3자"는 物權法上의 物權을 취득한 제3자에 국한한다고 보는 것이 賃借人 보호에 더 충실하다고 주장한다.

3) 大判 87.6.23, 86다카2408(公 87년 1221).

附 則(1983. 12. 30, 法律 제3682호)

① (施行日) 이 법은 1984년 1월 1일부터 시행한다.

② (經過措置의 原則) 이 법은 특별한 규정이 있는 경우를 제외하고는 이 법 시행 전에 생긴 사항에 대하여도 이를 적용한다. 그러나 종전의 규정에 의하여 생긴 효력에는 영향을 미치지 아니한다.

③ (借賃 등의 增額請求에 관한 經過措置) 第7條 단서의 改正規定은 이 법 시행 전에 借賃 등의 增額請求가 있은 경우에는 이를 적용하지 아니한다.

④ (少額保證金의 保護에 관한 經過措置) 第8條의 改正規定은 이 법 시행 전에 賃借住宅에 대하여 擔保物權을 취득한 자에 대하여는 이를 적용하지 아니한다.

1. 施 行 日

住宅賃貸借保護法 중 1983. 12. 30. 1차 改正된 部分의 시행일은 1984. 1. 1. 이다(부칙 I).

2. 經過措置

住宅賃貸借保護法 중 1983. 12. 30. 1차 改正된 部分은 改正 전의 사항에 대하여도 적용된다(부칙 II). 다만 다음의 예외가 있다.

(1) 借賃 등의 增額請求

借賃 또는 保證金의 增額請求를 制限하는 §7 단서의 改正規定은 同 改正規定의 시행일인 1984. 1. 1. 전에 이미 借賃 또는 保證金을 增額請求한 경우에는 적용하지 아니한다.

(2) 少額保證金의 保護

少額保證金의 보호에 관한 §8의 改正規定은 同 改正規定의 시행일인 1984. 1. 1. 전에 賃借住宅에 대하여 擔保物權을 취득한 자에 대하여는 적용하지 아니한다. 그런데 §8 II은 少額保證金의 범위와 기준을 大統領令으로 정하도록 하고 있는바, 그 大統領令이 1984. 6. 14.에야 공포 시행되기에 이르렀고, 그에 의하면 保證金이 서울특별시 및 직할시에서는 300만원 이하, 기타의 지역에서는 200만원 이하(1987. 12. 1.자로 大統領令이 改正되어 각 500만원 이하, 400만원 이하로 上向되었다)인 경우에 한하여 少額保證金으로 보호를 받는다.

여기서 改正住宅賃貸借保護法의 시행일인 1984. 1. 1. 이후로서 大統領令의 시행일인 1984. 6. 14. 전에 체결된 賃貸借契約의 保證金이 위 기준 이하인 경우에 少額保證金으로 보호를 받느냐 하는 문제가 제기된다.[4] 예컨대 서울에서 1984. 4. 1. 保證金 250만원의 賃貸借契約을 체결하였고, 同 賃借住宅에 1984. 3. 1. 抵當權이 설정된 경우에 賃借人이 抵當權者에 우선하여 保證金을 변제받을 수 있느냐는 것이다.

私見으로는 改正法律이 1984. 1. 1.부터 시행되는 이상 施行令인 大統領令의 미비로 보호를 받지 못한다고 하는 것은 本末이 전도된 해석이라고 할 것이다. §8 Ⅱ이 대통령에 위임한 것은 少額保證金의 범위이지 少額保證金의 보호개시일자까지 위임한 것은 아니기 때문이다. 요컨대 위와 같은 賃借人도 保證金의 優先辨濟를 받을 수 있다고 할 것이다.[5]

근본적으로는 法律을 改正하면서 施行令으로 정할 것을 위임하여 놓은 사항이 있으면 改正法律의 시행시기에 施行令의 시행시기를 맞추는 입법기술적인 노력이 절실이 요구되는 장면이라 할 것이다. 법의 改正이 분쟁을 줄이는 것이 아니라 분쟁을 야기하는 쪽으로 나아가서는 안 되기 때문이다. 그러나 그럼에도 불구하고 後述하는 바와 같이 1989. 12. 30.의 2차 改正에서도 입법자는 똑같은 잘못을 저지르고 있다. 참으로 안타까운 일이라고 아니할 수 없다.

(3) 종전의 규정에 의하여 효력이 생긴 경우

예컨대 改正法律의 시행일인 1984. 1. 1. 전에 이미 賃貸借期間이 만료한 경우에는 §4 Ⅱ의 적용이 배제된다. 또한 1984. 1. 1. 전에 賃借人이 사망한 경우에는 賃借權의 承繼는 全的으로 相續法의 法理에 따르게 된다.

[閔 日 榮]

---

4) 이러한 문제는 §7에 관하여도 발생한다. 즉 改正住宅賃貸借保護法의 시행일인 1984. 1. 1. 이후로서 大統領令의 시행일인 1984. 6. 14. 전에 借賃 등 또는 保證金의 增額請求를 한 경우에 1/20을 초과할 수 있느냐 하는 문제가 제기된다.

5) 同旨 註釋各則 Ⅱ, 339-40.

附 則(1989. 12. 30, 法律 제4188호)

① (施行日) 이 법은 공포한 날로부터 시행한다.

② (存續中인 賃貸借에 관한 經過措置) 이 법은 특별한 규정이 있는 경우를 제외하고는 이 법 시행 당시에 존속중인 賃貸借에 대하여도 이를 적용한다.

③ (擔保物權者에 대한 經過措置) 이 법 시행 전에 賃貸住宅에 대하여 擔保物權을 취득한 자에 대하여는 종전의 규정에 의한다.

④ (賃貸借期間에 관한 經過措置) 이 법 시행 당시 존속중인 賃貸借期間에 대하여는 종전의 규정에 의한다.

⑤ (少額保證金의 保護에 관한 經過措置) 이 법 시행 당시 종전의 第8條의 규정에 의한 少額保證金에 해당하는 경우에는 종전의 규정에 의한다.

1. 施 行 日

住宅賃貸借保護法 중 1989. 12. 30. 2차 改正된 部分의 시행일은 공포일인 1989. 12. 30.이다(부칙 I).[6)]

2. 經過措置

住宅賃貸借保護法 중 1989. 12. 30. 2차 改正된 部分은 改正 전의 사항에 대하여도 적용된다(부칙 II). 다만 다음의 예외가 있다.

(1) 擔保物權者

改正住宅賃貸借保護法의 시행 전에 賃貸住宅에 대하여 擔保物權을 취득한 자에 대하여는 종전의 규정에 의한다(부칙 II).

이 규정이 주로 문제되는 것은 保證金의 보호에 관한 §3의 2 및 §8에 관하여서이다. 예컨대 改正住宅賃貸借保護法의 시행일인 1989. 12. 30. 전에 對抗要件 및 確定日字를 갖춘 賃借人과 抵當權者가 있는 경우에 설사 賃借人이 對抗要件 및 確定日字를 갖춘 일자가 抵當權 설정일보다 앞선다 하더라도 賃

6) 시행일이 本法의 처음 制定時에는 公布日, 1차 改正時에는 부칙에서 정한 特定日, 2차 改正時에는 다시 公布日로 변경되었는바, 뚜렷한 이유도 없이 이랬다 저랬다 하여 일관성이 없다.

借人의 保證金이 抵當權보다 우선하지 못한다는 것이다. 또한 위 예에서 賃借人의 保證金이 少額(예컨대 서울에서 1,000만원)이라 하더라도 그 중 일정액(즉, 700만원)에 관하여도 優先辨濟를 받지 못한다.

요컨대 1989.12.30. 이전에 擔保物權을 취득한 자와 賃借人과의 사이에서의 優劣關係는 改正 전의 法律(1983.12.30. 法律 제3682호)에 의하여서만 판단하여야 한다. 종전 擔保物權者의 旣得權을 보호하기 위한 것임은 더 말할 나위도 없다.

그런데 改正法의 §8의 改正規定에 관하여도 前述한 1983.12.30. 1차 改正된 §8에 관한 부칙의 解說에서 본 것과 같은 문제가 발생한다. 즉 保證金 중 일정액의 보호에 관한 §8의 2차 改正規定은 同改正規定의 시행일인 1989.12.30. 전에 賃借住宅에 대하여 擔保物權을 취득한 자에 대하여는 적용하지 아니한다. 그런데 §8 Ⅲ은 優先辨濟權이 있는 少額賃借人 및 保證金의 범위와 기준을 大統領令으로 정하도록 하고 있는바, 그 大統領令이 1990.2.19.에야 공포 시행되기에 이르렀고, 그에 의하면 保證金이 서울특별시 및 광역시에서는 2,000만원 이하, 기타의 지역에서는 1,500만원 이하인 경우에 한하여 그 중 일정액(서울특별시 및 광역시에서는 700만원 이하, 기타의 지역에서는 500만원 이하. 1995.10.19.자로 大統領令이 改正되어 優先辨濟權이 있는 少額賃借人은 保證金이 서울특별시 및 광역시에서는 3,000만원 이하, 기타의 지역에서는 2,000만원 이하인 경우이고, 그 중 優先辨濟를 받는 일정액은 前者에서는 1,200만원 이하, 後者에서는 800만원 이하이다)이 優先辨濟의 보호를 받는다.

여기서 改正住宅賃貸借保護法의 시행일인 1989.12.30. 이후로서 大統領令의 시행일인 1990.2.19. 전에 체결된 賃貸借契約의 保證金이 위 기준에 해당하는 경우에 保證金의 일정액이 優先辨濟의 보호를 받느냐 하는 문제가 제기된다. 예컨대 서울에서 1990.2.1. 保證金 1,500만원의 賃貸借契約을 체결하였고, 同賃借住宅에 1990.1.15. 抵當權이 설정된 경우에 賃借人이 保證金 중 700만원을 抵當權者에 우선하여 변제받을 수 있느냐는 것이다.

私見으로는 改正法律이 1989.12.30.부터 시행되는 이상 施行令인 大統領令의 미비로 보호를 받지 못한다고 하는 것은 本末이 顚倒된 해석이라고 할 것이다. 改正法의 §8 Ⅲ이 大統領令에 위임한 것은 保證金의 범위이지 保證金의 보호개시일자까지 위임한 것은 아니기 때문이다. 요컨대 위와 같은 賃借人도 保證金 중 일정액에 관하여 優先辨濟를 받을 수 있다고 할 것이다.

(2) 賃貸借期間

1989.12.30. 현재 존속중인 賃貸借는 그 期間이 2년 미만이라 하더라도 2년으로 되지 아니하며, 1년 미만인 경우에는 期間의 정함이 없는 것으로 될

뿐이다(부칙 Ⅳ, 舊法(1983. 12. 30, 法律 제3682호) § 4 Ⅰ). 그리고 期間의 정함이 없는 賃貸借에 있어서는 賃貸人은 契約締結日로부터 6월이 경과하면 契約의 解止通告를 할 수 있다(舊法(1983. 12. 30, 法律 제3682호) § 5).

종전의 賃貸借가 1989. 12. 30.자로 默示的으로 更新된 경우는 舊法이 적용되는가 아니면 改正法이 적용되는가? 이에 관하여 判例[7]는

> "묵시적으로 갱신된 임대차계약은 전의 임대차와 동일한 조건(존속기간은 제외)으로 다시 임대차를 한 것으로 보아야 하므로(주택임대차보호법 제6조 제1항, 민법 제639조 제1항) 개정된 주택임대차보호법의 시행 당시 존속중이던 종래의 임대차계약이 계속되는 것이 아니라 종래의 임대차계약과는 별개의 임대차계약이 그 법 시행 이후에 개시된 것이라고 보아야 할 것이고, 따라서 이에 대하여는 구 임대차보호법이 적용될 여지가 없고 개정된 주택임대차보호법이 적용된다 할 것이다. 그리하여 위 계약은 기간의 정함이 없는 임대차계약으로서 그 임대차기간은 주택임대차보호법 제4조에 의하여 2년으로 의제된다고 할 것이다"

고 하고 있다.

(3) **少額保證金**

改正住宅賃貸借保護法 시행일인 1989. 12. 30. 현재 존속하는 賃貸借의 保證金이 改正 전 法律(1983. 12. 30. 法律 제3682호) 제8조의 규정에 의한 少額保證金에 해당하는 경우에는 종전의 규정에 의한다(부칙 Ⅴ). 즉 서울의 경우 1989. 12. 30. 현재 존속하는 賃貸借의 保證金이 500만원 이하라면 改正 전 제8조가 적용된다는 것이다. 따라서 賃借住宅에 대한 競賣開始決定의 記入登記 전에 引渡와 주민등록이라는 對抗要件을 구비하지 않았어도 競落期日까지 配當要求만 하면 優先辨濟가 인정된다.

이상에서 본 것처럼 住宅賃貸借保護法 및 同施行令의 少額保證金에 관한 규정이 여러 번 바뀌고 그 때마다 경과조치를 두었기 때문에 少額賃借人과 抵當權者의 優劣關係가 매우 복잡하다. 여기서 抵當權과 少額保證金의 優劣關係를 예를 들어 정리하여 보면 다음과 같다.

서울에서 賃借住宅에 다음과 같은 抵當權이 설정되어 있다고 하자.

1번 抵當權 설정일자: 1983. 12. 30. 전

7) 大判 92. 1. 17, 91다25017(公 92년 864).

2번 抵當權 설정일자: 1983. 12. 30. 이후 1987. 12. 1. 전

3번 抵當權 설정일자: 1987. 12. 1. 이후 1989. 12. 30. 전

4번 抵當權 설정일자: 1989. 12. 30. 이후 1995. 10. 19. 전

5번 抵當權 설정일자: 1995. 10. 19. 이후

위 住宅의 賃借人의 保證金額數에 따라 다음의 네 가지를 상정할 수 있다.

(사례 1) 保證金이 300만원 이하인 경우

이 경우에 保證金은 1번 抵當權에 대하여만 後順位일 뿐 나머지 抵當權보다는 우선한다.

(사례 2) 保證金이 300만원 초과 500만원 이하인 경우

이 경우에 保證金은 1, 2번 抵當權에 대하여는 後順位이나, 3, 4번 抵當權에 대하여는 우선한다.

(사례 3) 保證金이 500만원 초과 2,000만원 이하인 경우

이 경우에 保證金은 1, 2, 3번 抵當權에 대하여는 後順位이고, 競賣開始決定의 記入登記가 되기 전에 對抗要件을 구비한 때에 한하여 4, 5번 抵當權에 대하여 700만원 한도 내에서 우선한다.

(사례 4) 保證金이 2,000만원 초과 3,000만원 이하인 경우

이 경우 保證金은 1, 2, 3, 4번 抵當權에 대하여는 後順位이고, 競賣開始決定의 記入登記가 되기 전에 對抗要件을 구비한 때에 한하여 5번 抵當權에 대하여 1,200만원의 한도 내에서 우선한다.

(사례 5) 保證金이 3,000만원을 넘는 경우

이 경우에는 어느 抵當權에 대하여도 우선하지 못한다. 다만 確定日字를 갖춘 경우에는 4, 5번 抵當權에 한하여 對抗要件 및 確定日字를 구비한 시기가 抵當權 성립일보다 앞서면 우선한다.

이상 어느 경우에나 賃借人이 競落期日까지 配當要求를 하지 아니하면 優先權을 상실한다는 점에 유의할 필요가 있다.

[閔 日 榮]

第 8 節 雇　傭

前　論

차 례

Ⅰ. 總　說
 1. 雇傭에 관한 立法例
 2. 雇傭과 他契約의 區別
 3. 雇傭契約과 勤勞契約
 4. 身元保證契約
Ⅱ. 雇傭의 成立
Ⅲ. 雇傭의 效力
Ⅳ. 雇傭의 終了
 1. 雇傭의 解止
 2. 當事者의 死亡
 3. 終了後의 法律關係

Ⅰ. 總　說

雇傭은 당사자 일방이 상대방에 대하여 勞務를 제공할 것을 그리고 상대방은 이에 대하여 報酬를 지급할 것을 내용으로 하는 契約이다. 雇傭은 勞務提供과 報酬支給이라는 두 요소를 본질적 요소로 한다. 勞務를 제공하는 자를 勞務者라 하고 報酬를 지급하는 자를 使用者라고 부른다.

1. 雇傭에 관한 立法例

雇傭에 관한 법의 규율은 입법례에 따라 상이하다.

(1) 로 마 法

로마法에서는 雇傭은 賃貸(*locatio conductio*)에 속하였다. 로마法상 賃貸란 일방이 상대방에게 물건의 사용, 노무의 제공 또는 일의 완성을 약속하고 상대방이 그 대가로서 借賃(*merces*)을 지급할 것을 약속하는 계약을 말한다. 賃貸라는 하나의 계약유형이 그 목적이 무엇이냐에 따라 편의상 物件賃貸(*locatio rei*), 勞務賃貸(*locatio operarum*), 그리고 都給賃貸(*locatio operis faciendi*)라고 불렀다.[1] 賃貸의 목적이 勞務인 勞務賃貸(*locatio conductio operarum, locatio operarum*)가 바로 오늘날의 雇傭에 해당하였다. 雇傭을 賃貸로 구성한 것은 노예가

1) R. Villers, Rome et le droit privé, p. 386.

물건이었던 관계로 물건의 賃貸와 동일하게 취급한 데에서 유래한다. 이러한 관념은 노예제도가 폐지된 후에도 잔존하여, 인간의 노동을 상품으로 취급하여 賃貸로 규율되었다. 賃貸는 賣買와 동일하게 諾成의 有償·雙務契約이다.

勞務賃貸는 로마法에서 크게 발달하지 못하였다.[2] 로마시대에는 가장은 노예와 가족의 노동력을 무상으로 사용할 수가 있었기 때문이다. 노예가 해방되어 자유인이 된 경우에도 노예가 해방시에 노무제공선언을 하였던 관계로 주인은 해방노예의 노동력을 무상으로 이용할 수 있었다.[3] 따라서 로마法상 勞務賃貸는 자유인의 勞務만을 대상으로 하여 성립하였다.[4] 한편 勞務賃貸는 자유인의 모든 勞務를 대상으로 하지는 않았다. 특별한 능력과 지식을 요구하는 변호사, 건축사, 의사, 교사 등의 高級勞務는 勞務賃貸의 대상이 되지 못하였다.[5] 따라서 로마法상 勞務賃貸는 하루분의 單純勞務를 대상으로 하여서만 성립하였다. 勞務者는 약정된 기간 동안 勞務를 제공하여야 하고, 使用者는 보수를 지불하여야 하였다. 勞務者는 원칙적으로 실제 勞務를 제공한 일수에 대하여서만 보수를 청구할 수 있을 뿐이었다. 勞務者는 자신에게 책임이 없는 사유에 의하여 勞務를 제공할 수 없는 경우에도 報酬를 청구할 수 있다는 특약을 하는 경우가 있었다. 한편 탄광업과 같은 유형의 거래에서는 불가항력에 의하여 노무제공이 불가능한 경우 使用者는 報酬支給義務가 없음을 특약하거나 勞務者가 정당한 사유에 의하지 않고 勞務提供을 하지 않는 경우에는 위약금을 특약하는 경우가 많았다.[6]

(2) 獨逸民法

雇傭契約에 관한 1차적 法源은 獨逸民法이다. 다만 獨逸民法상의 雇傭契約에는 獨立雇傭契約과 從屬勞動契約이 있는데, 그 중 從屬勞動에 관하여는 獨逸民法 이외에 많은 聯邦特別法이 제정되어 있다.[7] 예를 들면 휴가에 관한 法律(Bundes-urlaubsgesetz), 解雇保護法(Kündigungschutzgesetz), 수당·퇴직에 관한 法律(Betriebsrenten-gesetz), 근무시간에 관한 法律(Arbeitszeitordnung) 등

2) A. E. Giffard, Droit romain et Ancien droitçfran ais, les obligations, par R. Villers, p. 76; R. Villers, op.cit., p. 386.
3) 玄勝鍾·曺圭昌, 로마法, 760.
4) R.Villers, op.cit., p.387.
5) A.E.Giffard, op.cit., p.77.
6) R.Villers, op.cit., p.387.
7) 雇傭契約에 관한 獨逸民法 및 기타 特別法에 관한 해설은 M. Fromont et A. Rieg, Introduction au droit allemand, t. Ⅲ, Droit privé, Editions Cujas, 1991, pp. 456-522를 참조하였다.

이 있다. 한편 獨逸民法상으로도 獨立雇傭契約과 從屬勞動契約이 별도로 규율되는 경우가 있다. 예를 들면 解止通告期間과 관련하여 獨民 §621는 獨立雇傭契約에 獨民 §622는 從屬勞動契約에 각각 적용된다. 또 부득이한 사유에 의한 即時解止를 규정한 獨民 §626는 從屬雇傭에 주로 적용되는 반면 獨民 §627는 獨立雇傭에 적용된다.

獨逸民法은 雇傭契約에 대하여 상세한 규정을 두고 있다. 獨逸民法은 雇傭에 관하여 20개의 조문(§§611-630)을 두고 있다. 雇傭의 의의(獨民 §611), 報酬의 합의(獨民 §612), 勞務者와 使用者의 權利義務의 전속성(獨民 §613), 受領遲滯(獨民 §615), 일시적 장애시의 報酬請求權(獨民 §616), 使用者의 保護義務(獨民 §§617, 618), 雇傭의 종료(獨民 §620), 雇傭의 解止(獨民 §§621-623), 雇傭의 최장기간(獨民 §624), 고용기간 만료시의 默示의 更新(獨民 §625), 不得已한 事由에 의한 雇傭契約의 解止(獨民 §626), 即時解止(獨民 §§627-629), 구직을 위한 휴가(獨民 §629), 증명서의 청구(獨民 §629)에 관하여 규정하고 있다.

(3) 佛蘭西民法

佛蘭西民法은 雇傭에 관련하여 두 조문(§§1779, 1780)을 두고 있을 뿐이다.[8] 현재 雇傭은 대부분 1910년에 제정된 勞動法典(Code du travail, 1910. 12. 28. 法律)에 의하여 규율된다. 勞動法典은 雇傭契約에 관하여 기존에 존재하던 법령들을 法律과 命令의 순서로 단순히 모아 놓은 것에 지나지 않는다. 勞動法典은 제1편 勞動法律編, 제2편 勞動國參事院令編, 그리고 제3편 勞動命令編으로 이루어져 있다.

佛蘭西民法은 로마法의 전통에 따라 雇傭을 賃貸의 하나로 규정하고 있다. 佛民 §1779는 세 가지의 賃貸를 勞務·勞作賃貸의 기본유형으로 규정하고 있다. 첫째, 타인에 고용된 勞務者의 賃貸(§1779 1°), 둘째, 여객 또는 물건을 운송할 의무가 있는 육상 및 해상운송인의 賃貸(§1779 2°), 셋째, 측량, 견적에 의한 건축기사, 도급인 및 기술자의 賃貸(§1779 3°)가 그것이다. 이 중 1°의 勞務賃貸(louage de service)가 바로 雇傭에 해당한다. 2°은 運送契約 그리고 3°은 都給에 해당한다. 19세기에 들어와서는 勞務賃貸(le louage de services)를 勞動契約(le contrat du travail)이라고도 부르기 시작하였고, 1973년 7월 13일자 法律에 의하여 勞動法典上 勞務賃貸는 모두 勞動契約이라는 말로 대체되었다. 한

8) 佛蘭西民法典 제정 당시에는 雇傭契約의 입증책임에 관하여서도 하나의 조문(§1781)이 있었으나 이는 1868년 8월 21일자 法律에 의하여 폐지되었다. 그리고 民法典 제정 당시에는 §1780는 하나의 항만이 있었을 뿐이나 1890년 12월 27일자 法律에 의하여 6개의 항이 신설되었다.

편 佛民 §1780는 雇傭의 기간에 관하여 규정하고 있다. 중요한 내용으로, 첫째, 勞務者는 일정한 기간 또는 일정한 사업을 위하여서만 勞務提供을 약속할 있고(§1780 I), 둘째, 기간의 정함이 없는 勞務賃貸는 당사자의 일방이 언제나 解止할 수 있고(§1780 II). 셋째, 당사자 일방이 勞務賃貸를 解止하면 손해배상의 책임이 있다(§1780 III).

(4) 瑞西債務法

雇傭契約에 관한 1차적 法源은 瑞西債務法이다.[9] 瑞西債務法(제2부, 제10편)은 雇傭契約에 관하여 매우 상세한 규정(§§319-362)을 두고 있다. 雇傭에 관한 부분은 1971. 6. 25. 聯邦法律에 의하여 대폭 개정되었다. 그 후 1995년 현재까지 14차례에 걸쳐 雇傭에 대하여 부분적인 개정이 이루어졌다. 그 중 특기할 것은 국민투표에 의하여 EC가입이 부결된 후 일부분이기는 하지만 雇傭에 관한 규정을 EC法과 일치시키기 위한 개정이 있었는데, 雇傭關係의 이전에 관한 瑞債 §§333, 333a와 集團解雇에 관한 瑞債 §§335d, 335e, 335f, 335g, 336, 336a 등이 그것이다.

瑞西債務法은 團體協約과 就業規則(제3장 §§356-360)에 관하여서도 규정하고 있는 점이 다른 나라의 입법에서 찾아볼 수 없는 특징이다. 즉 瑞西債務法上의 雇傭에 관한 규정은 個別勤勞關係뿐만 아니라 集團勞動關係에도 적용이 되는 勞動法의 1차적인 法源이라고 하겠다. 瑞西債務法은 雇傭契約을 다시 一般雇傭契約(제1장 §§319-343)과 特殊雇傭契約(제2장 §§344-355)으로 구분하여 규정하고 있다. 特殊雇傭契約으로는 徒弟契約(§§344-346), 外務社員契約(§§347-350), 在宅勞動契約(§§351-354) 등이 있다.

雇傭契約 일반에 관한 규정 중 중요한 것을 살펴보면, 勞務者의 誠實義務(瑞民 §321)와 注意義務(瑞民 §321a), 使用者의 명령·지시권(瑞民 §321d), 報酬支給(瑞民 §§322-323b), 受領遲滯(瑞民 §324), 일시적 장애시의 報酬支給(瑞民 §324a), 使用者의 保護義務(瑞民 §§328-328a), 영업양도에 따른 고용관계의 이전(瑞民 §333), 고용기간의 만료에 의한 고용관계의 종료(瑞民 §336), 雇傭의 최장기간(瑞民 §336d), 不得已한 事由에 의한 解止(瑞民 §337b), 勞務者의 競業避止義務(瑞民 §§340-340c)에 관한 규정을 들 수 있다.

(5) 日本民法

日本民法은 雇傭에 관하여 9개의 조문(§§623-632)을 두고 있다. 雇傭의 의의(日民 §623),

9) 雇傭契約에 관한 瑞西債務法 및 기타 특별법에 관한 해설은 Christiane Brunner, Jean-Michel Bühler et Jean-Bernard Waeber, Commentaire du contrat de travail, Lausanne를 참조하였다.

報酬의 지급시기(日民 §624), 勞務者와 使用者의 權利義務의 전속성(日民 §625), 고용의 최장기간(日民 §626), 기간의 정함이 없는 雇傭契約에 대한 解止의 통고(日民 §627), 不得已한 事由에 의한 雇傭契約의 解止(日民 §628), 고용기간 만료시의 默示의 更新(日民 §629), 雇傭契約에 대한 解除의 비소급효(日民 §630), 使用者의 破産宣告에 의한 雇傭契約의 解止(日民 §631)에 관하여 규정하고 있다.

(6) **韓國民法**

우리 民法은 雇傭에 대하여 9개의 조문(§§655-663)을 두어, 雇傭의 의의(民 §655), 報酬額과 그 지급시기(民 §656), 勞務者와 使用者의 權利義務의 전속성(民 §657), 勞務의 내용과 解止權(民 §658), 雇傭의 최장기간(民 §659), 기간의 정함이 없는 雇傭契約에 대한 解止의 통고(民 §660), 不得已한 事由에 의한 雇傭契約의 解止(民 §661), 고용기간 만료시의 默示의 更新(民 §662), 使用者의 破産宣告에 의한 雇傭契約의 解止(民 §663)에 관하여 규정하고 있다. 우리 民法의 雇傭에 관한 규정은 사소한 차이를 제외하고는 日本民法의 雇傭에 관한 규정과 대동소이하다. 우리 民法이 雇傭의 최장기간을 3년으로 하고(民 §659), 기간 없는 雇傭契約에 있어서 解止通告期間을 1월로 하고 있는 점에 차이가 있다. 또 우리 民法은 §658를 신설하여 한편으로 使用者가 勞務者에 대하여 약정하지 아니한 勞務의 제공을 요구하는 경우 勞務者가 雇傭契約을 解止할 수 있도록 하고 다른 한편으로 勞務者가 약정한 勞務에 특수한 기능이 필요함에도 勞務者가 기능이 없는 때에는 使用者가 雇傭契約을 解止할 수 있도록 규정하고 있다. 그리고 우리 民法은 雇傭契約에 대한 解除의 비소급효(民 §630)에 관한 규정을 두고 있지 않으나 이에 의하여 실질적인 차이가 발생하는 것은 아니다.

2. 雇傭과 他契約의 區別

雇傭은 勞務供給契約 중의 하나이다. 한편 雇傭契約은 勞動法의 규율을 받는 勤勞契約과 마찬가지로 勞務의 제공을 목적으로 한다. 雇傭이 다른 勞務供給契約과 勤勞契約과 어떻게 구별되는지가 문제된다.

(1) **勞務供給契約**

民法은 타인의 勞務를 이용하는 것을 목적으로 하는 契約으로 雇傭(民 §655) 이외에 都給(民 §664), 懸賞廣告(民 §675), 委任(民 §680)과 任置(民 §693)를 규율하고 있다. 이들 契約은 일방이 타방을 위하여 일을 한다는 것, 즉 일방으로부터 타방에게 어떠한 형태로든 勞務가 공급된다는 공통점을 가지고 있어 勞務供給契約이라고 부른다. 勞務供給契約의 유형과 그 내용은 입법례에 따라 다르다.[10] 雇傭과 기타의 勞務供給契約을 비교하기 위하여 먼저 勞務供給契約의 각 유형의 특성을 간단히 살펴본다.

㈎ 雇 傭 雇傭은 勞務者가 「勞務를 제공」하는 것을 목적으로 하는 契約이다(民 §655). 「勞務의 제공」을 목적으로 한다는 것은 勞務者는 勞務를 공급하는 것으로 족하다는 것을 의미한다. 勞務者는 勞務를 제공하여 스스로 어떠한 일을 처리하거나 일을 완료하거나 또는 일을 완성하여야 할 義務를 부담하지는 않는다. 이러한 이유에서 일반적으로 雇傭을 勞務者에 의한 「勞務 자체의 제공」 내지는 「勞務의 제공 자체」를 목적으로 하는 契約이라고 한다.[11] 그리고 勞務者가 「勞務를 제공」한다는 것은 使用者가 勞務를 수령한다는 것을 의미한다. 즉, 勞務者가 제공한 勞務를 직접 사용하는 것은 使用者이다. 勞務者에 의하여 제공된 勞務를 어떠한 목적으로 어떠한 방법으로 사용하여 어떠한 결과를 가져올 것인가라고 하는 것은 전적으로 使用者의 권한에 속한다고 하겠다. 따라서 使用者는 勞務者를 지휘·감독하는 권한을 가지게 되고 그 결과 勞務者는 자주성과 독립성을 상실하여 使用者에 대하여 종속적인 지위를 가지게 된다.

㈏ 都 給 都給은 民 §664가 규정하고 있는 바와 같이 「일의 완성」을 契約의 목적으로 한다. 受給人으로부터 일정한 勞務가 나오지만 都給은 제공된 勞務 자체를 목적으로 하지 않고 그에 의하여 달성되는 「일의 완성」을 직접적인 목적으로 한다. 「일의 완성」이라고 하는 성과만이 契約의 목적이 되므로 일이 완성되기까지의 과정은 원칙적으로 受給人의 자유와 책임에 맡겨진다. 즉, 「일의 완성」이 있기까지 어떠한 勞務를 어떻게 사용하고 운용

10) 佛蘭西民法은 위임사무를 법률행위로 한정한다(§1994). 판례와 학설은 법률행위에 사실행위가 수반되는 경우에는 受任人은 사실행위를 할 수도 있다고 한다. 佛蘭西民法은 委任人과 受任人, 受任人과 상대방, 상대방과 委任人 사이의 관계를 일체적으로 위임관계로 파악한다. 이에 반하여 사실행위만을 목적으로 하는 것은 都給이나 雇傭의 대상이 될 뿐이다.

한편 都給과 委任은 여러점에서 차이를 나타낸다. (i) 都給과 委任의 가장 큰 차이점은 受任人은 대리권이 있지만 受給人은 그렇지 않다는 것이다. 즉, 都給人은 受給人의 행위에 대하여 구속을 당하지 않는다는 것이다. (ii) 都給人은 受給人이 일을 이행하는 중에 입은 손해를 배상할 책임이 없다. 즉, 受給人은 위험을 부담하지만 受任人의 경우는 그렇지 않다. (iii) 都給과 委任의 어느 경우나 법원은 사전에 약정되지 않은 한 보수를 조정할 수 있다. 그러나 의사, 변호사, 건축가, 상담자 등이 하는 정신적 노무의 보수는 사전에 약정된 것일지라도 조정할 수 있다. 그러나 건축계약의 공사금은 조정할 수 없다.

11) 郭潤直, 368; 金錫宇, 303; 金曾漢, 286; 金顯泰, 218; 註釋債各(Ⅱ), 341.

할 것인지는 受給人의 권한에 속한다고 하겠다. 그리고「일을 완성」하는 과정에서 발생하는 危險도 受給人이 부담하게 된다. 受給人으로부터 勞務가 제공되었다고 하더라도「일의 완성」이라는 결과가 발생하지 않는 한 受給人은 都給人에게 報酬를 청구할 수 없다.

(다) 懸賞廣告　懸賞廣告는「광고에 정한 行爲(指定行爲)의 완료」를 契約의 목적으로 한다(民 §675). 懸賞廣告도 都給과 같이 勞務 그 자체가 아니라 勞務에 의하여 이루어지는「指定行爲의 완료」라고 하는 결과를 직접적인 목적으로 한다. 따라서 指定行爲가 완료되기까지의 과정은 응모자의 자유와 책임에 속하게 된다.「指定行爲의 완료」가 있기까지 어떠한 勞務를 어떻게 사용하고 운용하는가는 응모자에게 맡겨져 있고 그 과정에서 발생하는 危險도 응모자가 부담하게 된다. 따라서「指定行爲의 완료」라는 결과가 발생하지 않는 한 응모자는 광고자에게 어떠한 報酬도 청구할 수 없다.

(라) 委　任　委任은 일정한「事務의 처리」를 목적으로 하는 契約이다(民 §680).「事務의 처리」라 함은 소송사건의 해결, 병의 치료, 재산의 관리와 같이 勞務를 일정한 방향으로 통일적으로 그리고 체계적으로 제공하는 것을 말한다. 委任은 事務가 처리되어 일정한 결과가 달성되는 것, 예를 들면 訴訟에서의 승소, 병의 치유 또는 재산의 증식을 목적으로 하지는 않는다. 이 점에서 委任은「일의 완성」,「指定行爲의 완료」와 같은 일정한 결과를 목적으로 하는 都給이나 懸賞廣告와 구별된다. 따라서 일정한 성과가 발생하지 않더라도 受任人은 委任人에게 사무처리에 든 비용과 유상인 경우에는 報酬도 청구할 수 있다. 그러나 委任은 勞務의 단순한 제공 그 자체를 목적으로 하는 것도 아니라는 점에서 雇傭과도 차이가 있다. 이러한 委任의 특징을 고려하여 委任은「事務의 처리」라는「통일적인 勞務」를 목적으로 하는 契約이라고 말하고 있다.[12] 통일적인 勞務를 제공하기 위하여 受任人은 자신의 지식, 경험, 수단을 사용하여 자신의 재량 아래 勞務를 제공하게 된다.[13] 그 범위 내에서 受任人은 委任人으로부터 독립하여 自主性을 갖는다.

(마) 任　置　任置는 타인의「금전, 유가증권 기타 물건의 보관」(民 §693)이라고 하는 한정된 勞務를 목적으로 하는 契約이다. 任置는 委任의 특수한 형태라고 할 것이므로 委任에 관한 설명이 그대로 적용된다. 그리하여

12) 郭潤直, 358; 金錫宇, 303; 金曾漢, 287; 金顯泰, 218; 註釋債各(Ⅱ), 341.
13) 金錫宇, 303; 金曾漢, 287; 金顯泰, 218; 註釋債各(Ⅱ), 341.

民法은 委任에 관한 규정들을 任置에 준용하고 있다(民 §701).

(2) **雇傭과 다른 勞務供給契約의 區別**

당사자 사이에 체결된 勞務供給契約이 어떠한 계약인지는 매우 중요하다. 그 결과에 따라 당사자 사이에 발생하는 의무와 책임의 내용이 달라지기 때문이다. 雇傭과 다른 勞務供給契約을 구별하는 것으로 두 가지의 기준이 제시된다.[14] 契約의 대상이 勞務 자체이냐 아니면 勞務의 성과이냐 그리고 勞務提供이 종속적이냐 아니면 독립적이냐에 따른 기준이다. 그러나 이러한 기준은 일응의 기준이 될 뿐이지 절대적은 것은 아니라고 할 것이다.[15] 첫째, 雇傭은 勞務提供 자체를 목적으로 한다. 이에 반하여 都給과 縣賞廣告는 勞務의 성과를 목적으로 한다. 그 결과 일정한 성과의 불도달로 인한 危險을 누가 부담하는지도 달라진다. 즉, 雇傭에서는 使用者가 危險을 부담하나, 都給과 縣賞廣告에 있어서는 受給人과 應募者가 위험을 부담한다. 둘째, 雇傭에 있어서는 勞務者는 使用者의 지휘·감독하에 놓이게 되므로 자주성을 갖지 못하고 使用者에게 종속된다. 즉, 雇傭은 종속노동을 그 대상으로 한다. 이와 반대로 都給, 委任과 任置의 경우에는 受給人, 受任人 및 受置人은 상대방으로부터 독립하여 자주성을 갖는다. 독립성의 정도는 都給과 委任에 있어서 다르다. 즉, 都給의 경우 勞務가 일정한 성과를 달성하지 못한 경우의 危險을 受給人이 부담한다는 점에서 독립성이 강하지만 委任에 있어서는 委任人이 危險을 부담한다는 점에서 독립성이 약하다.

요컨대 雇傭과 다른 勞務供給契約과의 차이는 勞務 그 자체와의 직접성여부에 따른 차이라고 할 것이다. 雇傭은 勞務者에 의한 勞務의 제공 그 자체를 직접 목적으로 한다. 이는 使用者가 勞務를 직접 수령한다는 것, 즉 使用者가 勞務 그 자체와 직접적인 관련을 맺는다는 것을 의미한다. 使用者는 제공된 勞務를 직접 지배하게 된다. 이에 반하여 都給과 縣賞廣告에 있어서는 都給人

14) 金顯泰, 218-19; 註釋債各(Ⅱ), 341-42.

15) 예를 들면 자동차를 맡는 경우 당사자가 제공하여야 할 勞務가 어떠한 것이냐에 따라 당사자 사이에 체결된 契約의 유형은 지극히 다양할 수 있다. 혹은 타방이 단순히 주차공간을 빌려주는 경우에는 賃貸借契約이 성립한다. 혹은 일방이 자동차를 호텔이나 관리인에게 맡기는 경우에는 任置契約이 성립한다. 혹은 자동차의 수리를 부탁하는 경우에는 委任契約 또는 都給契約이 성립한다. 자동차를 수리할 목적으로 맡긴 경우에는 都給契約이 함께 체결되었다고 볼 것이고, 반대로 차를 맡기면서 손 좀 보아달라고 하는 것은 任置契約이 된다고 할 것이다. 한편 여러 요소가 복합적으로 얽혀 있는 경우에는 여러 계약이 경합적으로 체결되었다고 볼 수도 있고 혹은 어느 한 요소를 중심으로 하나의 계약이 체결된 것으로 볼 수도 있다.

과 應募者는 勞務 그 자체를 직접 지배하지는 않는다. 따라서 勞務는 어디까지나 자주성을 띠게 된다.[16] 즉, 상대방은 勞務 그 자체와는 직접적인 관련을 맺지 않고 제공된 勞務에 의하여 이루어지는 결과인「일의 완성」이나「지정행위의 완료」를 목적으로 한다. 그리고 비록 정도의 차이는 있지만 委任과 任置에 있어서도「事務의 처리」나「物件의 보관」이 契約의 목적이 됨으로써 委任人과 任置人은 勞務 그 자체와는 일정한 거리를 갖게 된다는 점에서 여전히 雇傭과 구별된다고 볼 수 있다.

이상의 결과를 바탕으로 雇傭과 다른 勞務供給契約 특히 都給과의 법률관계의 차이를 살펴보면 다음과 같다. 첫째, 勞務者는 일정기간 동안 勞務를 제공할 義務를 부담하고, 受給人은 일정한 일을 완성하여야 할 義務가 있다. 둘째, 勞務者는 勞務를 제공한 시간 또는 제공된 勞務에 따라 보수를 받지만, 受給人은 자신이 이행한 일에 대하여 보수를 받는다. 셋째, 勞務者는 상대방의 지휘·감독을 받으나, 受給人은 상대방의 지휘·감독을 받지 않고 자신이 맡은 일을 수행하는 데에 자유를 갖는다. 즉, 勞務者의 상대방은 使用者이나, 受給人에게는 使用者가 존재하지 않고 의뢰인에 불과한 都給人이 있을 뿐이다. 넷째, 勞務者는 독립하여 상인이나 장인이 될 수 없으나, 受給人은 독립성이 있는 결과 상인이나 장인이 될 수 있다. 다섯째, 勞務者는 일정한 결과가 발생하지 않은 데에 대한 危險을 부담하지 않으나, 受給人은 자신이 제작한 물건이 인도 전에 불가항력에 의하여 멸실되면 報酬請求權이 없다. 이상의 차이는 궁극적으로 勞務者는 종속적인 지위에 있고, 受給人은 자주성·독립성이 있다는 데에서 비롯되는 것이라고 할 것이다. 이런 점에서 都給이 雇傭보다 창조·위험·자유의 정신을 기반으로 하고 자유직업, 자유경제의 역동성의 기초가 된다고 하겠다.

3. 雇傭契約과 勤勞契約

民法의 규율의 대상인 雇傭契約과 勞動法의 규율의 대상인 勤勞契約에는 본질적인 차이가 있는가? 일반적으로 勞動法學者들은 勞動法은 종속노동을 그 대상으로 한다고 본다. 이에 반하여 民法學者들은 이를 부인한다.

(1) 雇傭契約과 勤勞契約

雇傭契約과 勤勞契約의 관계에 대하여는 양자의 본질을 달리 보는 견해와

16) 李銀榮, 369.

동일하게 보는 견해로 나뉘어져 있다.

(가) 區 別 說 일반적으로 勞動法學者들은 勞動法에 의하여 규율을 받는 勤勞契約은 종속노동을 대상으로 하는 반면 雇傭은 그렇지 않다고 한다.[17] 종속노동의 본질이 무엇인지에 대하여는 경제적 종속설, 법률적 종속설, 인격적 종속설, 조직적 종속설 등 여러 가지 견해가 제시되고 있다. 경제적 종속설은 勤勞者는 使用者보다 경제적으로 열악하여 使用者가 일방적으로 제시하는 불리한 계약을 체결하지 않을 수 없는 지위에 있다는 것을 종속관계의 본질이라고 본다. 법률적 종속설은 勤勞者는 勤勞契約을 체결함으로써 使用者에게 자신의 노동력에 대한 처분권을 양도하여 使用者의 지휘·감독하에 놓이게 되는 데에 종속성이 있다고 본다. 요컨대 勤勞契約은 다른 사람에게 근로를 제공하는 점에서는 民法上의 雇傭, 委任 및 都給 등의 계약에 의한 勞務提供과 다를 바가 없지만, 勤勞契約의 경우는 근로형태가 使用者에 의하여 정해지고, 勤勞를 제공하는 과정에서 使用者의 구체적인 개별적인 지휘·감독을 받으며 그 보수형태가 일의 결과가 아닌 근로의 양과 질에 의해 報酬가 결정된다는 점에서 종속노동을 대상으로 한다고 본다.[18] 바로 이러한 종속관계에 있는 勞動을 특별히 보호하기 위하여 제정된 것이 바로 勞動法이라고 한다.

(나) 同 一 說 民法上의 雇傭契約도 종속노동을 대상으로 한다는 점에서는 勤勞契約과 동일하다고 본다.[19] 勞動法學者들이 勤勞契約만이 종속노동을 대상으로 한다고 보는 것은 獨逸法의 영향을 받은 결과라고 본다. 즉, 獨逸民法은 委任을 무상으로 규율하고 있으므로, 자유·고급노무의 제공에 대하여 대가를 받는 것은 委任이 아니라 雇傭이 된다. 그리고 자유노무를 대상으로 하는 雇傭은 勞動法의 대상인 勤勞契約이 될 수가 없다. 따라서 勞動法의 대상인 勤勞契約을 民法상의 雇傭, 특히 자유노무를 대상으로 하는 雇傭과 구별하기 위하여 勤勞契約의 종속성을 강조하는 것일 뿐이라고 한다. 이에 반하여 우리 民法은 委任을 무상으로 하지 않기 때문에 獨逸에서와 같은 문제는 생기지 않는다고 한다. 따라서 종속성이 勤勞契約의 특질이라는 주장은 우리 民法에서는 특별한 의미가 없다고 한다. 다시 말하면 雇傭契約에 있어서도 勞務者는 자주성을 상실하므로 勤勞契約과 본질을 달리하는 것은 아니라고 한다.[20]

17) 金亨培, 勤勞基準法, 21; 李炳泰, 最新勞動法, 41.
18) 李炳泰, 9.
19) 郭潤直, 377; 李銀榮, 370-76.
20) 郭潤直, 377.

㈐ 結　語　위의 학설의 대립은 단순히 이론적 차원의 논의에 머무는 것은 아니고, 다음과 같은 실제적인 차이를 가져온다. 同一說에 의하면 勤勞契約은 雇傭契約과 본질상 차이가 없으므로 그 규율에 관하여 勞動法(특히 勤勞基準法)에 특별한 규정이 없는 경우 民法의 雇傭에 관한 규정이 적용된다고 본다. 이에 반하여 區別說은 양자는 그 본질을 달리한다고 보므로 勤勞契約의 규율에 관하여 勞動法에 흠결이 있는 경우 民法의 雇傭에 관한 규정이 그대로 적용되는 것은 아니고 때로는 勞動法의 목적에 따라 독자적으로 해결되어야 한다고 본다. 이른바 경제적 종속성, 법률적 종속성, 인격적 종속성은 반드시 勤勞契約에만 나타나는 것이 아니다. 勞務者가 勞務를 제공함에 있어서 使用者의 지휘·명령을 받는다는 사실로부터 종속성은 이미 존재한다고 할 것이다. 결국 종속노동을 대상으로 한다는 점에서는 雇傭契約과 勤勞契約 사이에는 아무런 차이가 없다고 할 것이다.[21] 民 §655가 雇傭契約을 당사자 일방이 상대방에 대하여 勞務를 제공할 것을 약정하고 상대방이 이에 대하여 報酬를 지급할 것을 약정하는 계약이라고 규정하고 있는 것과 勤基 §17가 勤勞契約을 勤勞者가 使用者에게 근로를 제공하고 使用者는 이에 대하여 임금을 지급함을 목적으로 체결된 계약이라고 규정하고 있는 것 사이에는 아무런 실질적인 차이도 발견할 수 없다. 다만 차이가 있다면 雇傭契約과 勤勞契約은 모두 종속노동을 대상으로 하지만 그 규범체계인 民法과 勞動法이 양자를 규율함에 있어서 차이를 보이고 있을 뿐이라고 하겠다. 규율방법의 차이는 양자의 존재목적의 차이에서 기인하는 것이라고 하겠다. 즉, 民法은 당사자의 형식적 자유·평등을 전제로 하여 종래의 시민법의 원리에 따라 종속노동을 개별적으로 규율하고 있다. 雇傭契約은 계약자유의 원칙을 전제로 하여 勞務者와 使用者 사이의 순수한 채권관계로 규율된다. 즉, 雇傭契約은 勞務와 報酬의 교환적 관계로서 규율될 뿐이다. 따라서 勞務者는 勞務提供義務를 이행하여야 할 義務者로서 규율을 받고, 勞務提供義務를 이행하지 않으면 債務不履行責任을 지게 된다. 이에 반하여 勞動法은 勤勞者의 생존권을 확보하기 위하여 당사자의 형식적 자유·평등을 떠나 勤勞者의 이익을 보호하기 위하여 집단적으로 勤勞契約을 규율한다. 勞動法은 勤勞契約을 단순히 勞務와 賃金의 대가관계로 규율하지 않고, 주로 勤勞者의 권리를 보호하고 이를 위하여 使用者에게

21) 佛蘭西民法의 경우도 雇傭契約(le louage de service)도 勤勞契約(le contrat de travail)은 종속노동을 대상으로 하는 것으로 보고 있다(Jurisclasseur civil, Art. 1779, Louage d'ouvrage et d'industrie, Diverses espèces de louages, n° 6, p. 3).

여러 가지 義務를 규정하고 있다. 한편 우리 나라의 경우 동일한 규율대상에 대하여 民法과 勞動法이 사용하는 용어도 다른 경우가 많다. 雇傭契約에 대하여 勤勞契約, 勞務者에 대하여 勤勞者, 勞務에 대하여 勞動 또는 勤勞, 報酬에 대하여 賃金, 雇傭契約의 解止에 대하여 勤勞者의 解雇, 解止의 通告에 대하여 解雇의 豫告 등이 그것이다. 이러한 용어는 규율의 차이로 말미암아 그 의미도 바뀌는 수가 있다. 예를 들면 雇傭契約에 있어서 報酬라 함은 제공된 勞務 자체에 대한 대가를 말한다. 그러나 勤勞契約에 있어서 賃金이란 구체적으로 제공된 勞動에 대한 대가가 아니라 使用者에 고용된 勤勞者라는 지위에서 받는 일체의 대가를 말한다고 할 것이다. 거기에는 육아수당, 교육수당, 주택수당, 교통수당, 보험수당 등 제 수당이 포함된다.

요컨대 民法과 勞動法은 그 존재이념과 규율방법에 차이가 있는 것이고 그러한 규율의 차이로부터 雇傭契約과 勤勞契約이 규율되는 모습이 다를 뿐인 것이다. 처음부터 雇傭契約과 勤勞契約이 본질을 달리하는 것은 아니라고 할 것이다. 근대후기 이후 생성된 勞動法의 발달로 말미암아 대부분의 雇傭契約은 勞動法의 규율을 받게 되었다. 결국 雇傭契約 중에서도 勤勞基準法 내지는 勞動法의 대상이 되는 雇傭契約이 바로 勤勞契約이라고 할 것이다.[22)]

(2) 民法과 勤勞基準法(勞動法)의 適用範圍

勤基 §10 Ⅰ에 의하면 勤勞基準法은 상시 5인 이상의 勤勞者를 사용하는 모든 사업 또는 사업장에 적용된다. 다만 동거의 친족만을 사용하는 사업 또는 사업장과 家事使用人에 대해서는 勤勞基準法이 적용되지 아니한다. 동거의 친족이란 세대를 같이하고 일상생활을 공동으로 하는 8촌 이내의 혈족, 4촌 이내의 인척 및 배우자를 말한다. 家事使用人이란 가정부·파출부 등과 같이 가사에 종사하는 勤勞者를 말한다. 동거의 친족과 家事使用人에 대하여는 勤勞基準法 대신에 民法상의 雇傭에 관한 규정이 적용된다. 한편 勤基 §10 Ⅱ (1989. 3. 29. 개정)은 상시 4인 이하의 勤勞者를 사용하는 사업 또는 사업장에 대하여는 大統領令이 정하는 바에 따라 勤勞基準法의 일부규정을 적용하도록 하였다. 따라서 勤勞基準法은 비록 일부규정이기는 하지만 모든 사업 또는 사업장에 적용될 수 있게 되었다. 그 결과 勤勞基準法의 적용범위가 확대되었고 반대로 民法상의 雇傭에 관한 규정의 적용범위는 축소되었다. 이는 결국 雇傭契約과

---

22) 郭潤直, 378.
반대로 勞動法의 규율을 받지 않는 雇傭契約은 民法의 적용을 받게 되는 것이다.

勤勞契約은 실질적으로 아무런 차이가 없다는 것을 전제로 하는 것이라고도 볼 수 있다. 그러나 勤基 §10 Ⅱ을 시행하기 위한 勤勞基準法施行令 §1가 개정되지 않아 勤勞基準法의 적용이 실행되지 않고 있다.

4. 身元保證契約

身元保證契約은 장차 使用者가 勞務者에 의하여 받게 될지도 모르는 손해의 배상을 타인이 담보하는 계약을 말한다. 이 타인을 身元保證人이라고 한다. 身元保證에 관하여는 身元保證法(1957. 10. 5, 法律 第449號)이 제정되어 있다.[23]

Ⅱ. 雇傭의 成立

民 §665의 注解를 참조.

Ⅲ. 雇傭의 效力

民 §655의 注解를 참조.

Ⅳ. 雇傭의 終了

雇傭은 고용기간의 만료, 기타 계약종료의 일반적 사유에 의하여 종료된다. 한편 民法은 雇傭契約의 경우 解止에 대하여 특별한 규정을 두고 있다.

1. 雇傭의 解止

雇傭의 解止란 장래에 향하여 雇傭을 종료시키는 것을 말한다.

(1) 一般的 解止事由

이는 民法의 일반적 규율을 받게 된다.

(2) 特別解止事由

民法은 雇傭契約에 특별한 해지사유를 규정하고 있다. 이에는 최장기간을

23) 상세한 것은 身元保證法의 注解를 참조.

초과하는 雇傭契約의 解止(民§659), 고용기간의 약정이 없는 경우의 解止(民§660), 不得已한 事由에 의한 解止(民§661), 默示의 更新에서의 解止(民§662), 使用者의 破產宣告에 의한 解止(民§663)가 있다.

2. 當事者의 死亡

瑞債 §328a Ⅰ에 의하면 使用者의 사망으로 고용관계는 상속인에게 이전한다. 다만 瑞債 §338a Ⅱ은 使用者의 인격을 고려하여 체결된 契約은 使用者의 사망으로 종료된다는 예외적 규정을 두고 있다. 우리 民法은 위와 같은 규정을 명시적으로 두고 있지 않지만 동일한 결과를 인정하여야 할 것이다. 우선 勞務者의 사망은 고용관계를 종료시킨다.[24] 勞務의 일신전속성상 勞務提供義務는 상속인에 의하여 상속될 수 없다고 보아야 할 것이기 때문이다.[25] 이에 반하여 使用者의 사망은 원칙적으로 고용관계를 종료시키지 않는다.[26] 다만 勞務의 내용이 사용자에게만 제공되어야 하는 특별한 사정이 있거나 使用者의 노무실현을 지휘하는 권능에 중요한 차이가 있으면 雇傭은 종료한다고 보아야 할 것이다.[27]

3. 終了後의 法律關係

雇傭契約가 종료하면 고용관계로부터 발생하는 모든 債權은 원칙적으로 이행기가 도래하게 된다(瑞民§339). 그리고 당사자 사이에는 일정한 의무가 새로 발생할 수 있다.

(1) 使用者의 義務

雇傭契約은 계속적인 계약관계인 성질상 그 종료 후에도 勞務者와 使用者에게 信義則에 의하여 일정한 의무가 발생할 수 있다.[28] 勤基法은 이에 대하여 상세한 규정을 두고 있다.

(2) 勞務者의 競業避止義務

勞務者는 고용관계의 계속중에 알게 된 使用者의 업무상이나 기술상의 비밀을 부당하게 이용해서는 안 될 競業避止義務를 부담한다고 할 것이다.[29] 그

24) 金錫宇, 318; 金顯泰, 231.
25) 金錫宇, 318.
26) 金錫宇, 318; 金顯泰, 231.
27) 金錫宇, 318; 金顯泰, 231.
28) 金曾漢, 302; 金錫宇, 318.
29) 金曾漢, 302; 金錫宇, 319.

러나 이는 勞務者의 직업선택의 자유 및 노동의 자유를 부당하게 침해하는 것이어서는 아니된다. 따라서 일정한 시간적 및 장소적 한계에서 합리적인 범위 내에서만 그 효력이 인정된다고 할 것이다.[30)]

[南 孝 淳]

第655條(雇傭의 意義)

雇傭은 當事者 一方이 相對方에 對하여 勞務를 提供할 것을 約定하고 相對方이 이에 對하여 報酬를 支給할 것을 約定함으로써 그 效力이 생긴다.

차 례

Ⅰ. 雇傭의 意義
1. 勞務의 提供
2. 報酬의 支給
Ⅱ. 雇傭의 法的 性格
1. 勞務供給契約
2. 雙務·有償契約
3. 諾成契約
4. 不要式契約
5. 繼續的 契約
Ⅲ. 雇傭의 成立
1. 雇傭契約의 成立
2. 雇傭契約의 無效·取消時의 法律關係
Ⅳ. 雇傭의 效力
1. 基本的 給付義務
2. 附隨的 義務

Ⅰ. 雇傭의 意義

民 §655에 의하면 雇傭은 當事者 일방이 상대방에 대하여 勞務를 제공할 것을 약정하고 상대방은 이에 대하여 報酬를 지급할 것을 약정하는 것을 내용으로 하는 契約이다. 獨民 §611 Ⅰ도 雇傭에 의하여 勞務者는 勞務를 제공할 의무를 부담하고 使用者는 報酬를 지급할 義務를 부담한다고 규정하고 있다. 한편 瑞債 §319 Ⅰ은 雇傭이란 勞務者는 일정기간 또는 기간의 정함이 없이 使用者를 위하여 勞務를 제공할 義務를 부담하고 使用者는 시간 또는 제공된 勞務에 따라 일정한 報酬를 지급할 義務를 부담하는 契約으로 규정하고 있다. 瑞西債務法은 勞務提供과 報酬支給 이외에 期間도 雇傭의 중요한 요소임을 잘

30) 金錫宇, 319.

보여주고 있다. 여기서는 勞務提供과 報酬支給에 대하여서만 다루고 雇傭期間에 대하여는 民 §659 이하에서 다루도록 한다.

1. 勞務의 提供

雇傭契約은 勞務의 제공을 勞務者가 이행하여야 할 급부의 내용으로 한다. 民法은 勞務提供과 관련하여 勞務提供義務의 一身專屬性(§657)과 勞務의 내용(§658)에 관하여 규정을 두고 있다. 이를 기초로 하여 勞務提供이 갖는 의미와 勞務의 종류에 대하여 살펴본다.

(1) 勞務의 提供

勞務者가 하여야 할 의무는 勞務의 제공이다.

(가) 勞務提供의 意味 雇傭은 勞務者에 의한 勞務의 제공 내지는 공급 그 자체를 契約의 목적으로 한다.[1] 즉 勞務者는 勞務를 공급하는 것으로 족하고 스스로의 주도로 어떠한 일을 완성하거나 사무를 처리하여야 하는 것은 아니다. 이점에서 雇傭은 勞務의 제공 그 자체가 아니라 勞務에 의하여 이루어지는 일정한 결과를 목적으로 하는 委任이나 都給·縣賞廣告와 구별된다. 따라서 都給에 있어서는 일정한 결과가 발생하지 않으면 報酬請求權이 발생하지 않지만 雇傭에 있어서는 勞務를 제공한 사실 자체만으로도 勞務者에게 報酬請求權이 발생한다.

(나) 勞務提供의 從屬性 제공된 勞務에 대한 지배권은 상대방인 使用者에게 있다. 勞務者가 제공한 勞務를 어떠한 목적을 위하여 어떠한 방법으로 사용하여 어떠한 결과를 가져올 것인가 하는 것은 전적으로 使用者의 자유에 맡겨져 있다. 使用者는 勞務者가 勞務를 제공하는 것을 지휘·감독하는 권한을 가지게 된다. 따라서 勞務者는 勞務提供에 있어서 자주성을 잃게 되고 使用者에 대하여 종속적인 지위에 놓이게 된다. 즉, 雇傭은 다른 勞務供給契約과는 달리 종속노동을 그 대상으로 한다.[2] 종속노동의 여부는 체결된 계약의 형식이나 명칭이 雇傭契約이냐 아니면 都給契約, 委任契約이냐에 따라 결정되지 않고 勞務의 실질에 의하여 결정된다.

勤勞契約도 종속노동을 대상으로 한다는 점에서는 雇傭契約과 다를 바가 없다. 종속노동의 여부는 업무의 내용이 사용자에 의하여 정하여지고, 업무수

---

1) 郭潤直, 368; 金曾漢, 229; 金顯泰, 223; 註釋債各(Ⅱ), 345.
2) 雇傭契約과 勤勞契約의 본질에 대하여는 前論을 참조할 것.

행과정에 있어서 使用者로부터 지휘·감독을 받는다는 사실, 使用者에 의하여 근무시간과 장소가 지정되고 이에 구속된다는 사실, 근로자가 스스로 제3자를 고용하여 업무를 대체할 수 없다는 사실, 고정액의 報酬를 받는다는 사실 등은 일응 종속노동의 존재를 추정할 수 있는 기준이 된다고 할 것이다. 그러나 어느 기준도 그 자체로서 결정적인 기준은 될 수가 없고 모든 사실을 종합적으로 고려하여 종속노동의 여부를 판단하여야 할 것이다.[3] 判例에 의하면 안마사가 정액의 월급이 아니라 자신이 제공한 근로의 양에 따라 수입의 일정비율을 수당의 형식으로 받았을지라도 매일의 출·퇴근시간이 일정하고 그 대기장소와 근로제공에 관하여 使用者의 포괄적인 지휘, 감독을 받은 경우는 勤勞者이고,[4] 수련의가 의사면허를 받은 후 전문의시험 응시자격취득을 위한 수련과정의 이수를 위해 전공의로 임용되어 인턴 또는 레지던트로서 의료행위를 하는 경우 피교육자적인 지위와 함께 병원에서 정한 진료계획에 따라 근로를 제공하고 그 대가로서 임금을 받는 勤勞者의 지위를 동시에 갖는다고 한다.[5] 반대로 判例는 운동선수를 스카우트하기 위하여 맺은 전속계약은 구단과 운동선수 사이의 지위의 대등성 및 그 제공하는 勞務의 특수성에 비추어 勤勞者가 아니고, 전기회사 수금원이 수금업무에 종사하는 자체에 중점이 있다기보다는 수금의 실적 자체가 오히려 중점이 있을 뿐이고 使用者인 회사로부터 아무런 지휘·감독을 받지 않으면 勤勞者가 아니고,[6] 운전사가 동시에 운송사업면허를 받는 지입차주로서 자기 계산하에 운전사업에 종하는 경우는 근로자가 아니라고 본다.[7] 또 判例는 생명보험회사의 외무원은 일반사원과는 다른 별도의 외무원규정, 보수규정이 있어, 보험모집책임액과 그 실적에 따라 일정비율의 제수당을 지급받았을 뿐 기본급이나 고정급이 없고, 출퇴근사항이나 활동구역에 등에 특별한 제한을 받지 않고, 보험가입의 권유나 모집, 수금업무 등을 수행함에 있어서 직접적이고 구체적인 지휘감독을 받음이 없이 각자의 재량과 능력에 따라 업무를 처리하여 왔다면 종속적인 근로관계를 인정할 수 없다고 판시하였다.[8]

(다) 勞務提供의 主體 雇傭에 있어서는 계약당사자가 스스로 勞務

3) 大判 94.12.9, 94다22859(公 984, 448).
4) 大判 92.6.26, 92도674(公 926, 2324).
5) 大判 89.7.11, 88다카21296(公 855, 1222).
6) 大判 70.7.21, 69누152(集 18-2, 33).
7) 大判 72.3.28, 72다334(민사판결집원본 182, 370).
8) 大判 90.5.22, 88다카28112(公 876, 1336).

를 제공하여야 한다. 계약당사자와 勞務者가 일치하여야 한다. 따라서 契約者가 자신이 아닌 제 3 자로 하여금 勞務를 제공케 하여 성립하는 契約은 雇傭이 아니다.[9] 이를 勞務調達契約 또는 勞務者供給契約이라고 부른다. 이른바 勞務調達契約에 있어서는 勞務를 조달하는 자와 勞務를 수령하는 자 사이에는 雇傭이 성립하지 않지만 勞務調達者와 勞務提供者 사이에는 雇傭이 성립한다고 할 것이다. 그러나 雇傭에 있어서 勞務提供者와 勞務提供에 대한 대가인 報酬를 수령하는 자가 동일할 필요는 없다. 제 3 자가 報酬를 수령하는 경우에는 勞務者와 使用者 사이에 제 3 자를 위한 契約이 체결된 것으로 볼 수 있다.

㈑ 勞務提供의 一身專屬性 勞務者는 契約에 정해진 바에 따라 스스로 勞務를 제공하여야 한다. 따라서 勞務者는 使用者의 동의없이 임의로 제 3 자로 하여금 자기에 갈음하여 勞務를 제공하게 하지 못하고(民 §657 Ⅱ), 使用者도 勞務者의 동의없이는 그 권리를 제 3 자에게 양도하지 못한다(民 §657 Ⅰ). 한편 使用者는 상대방이 약속한 勞務에 대하여서만 권리를 갖는다. 따라서 使用者는 勞務者에 대하여 약정하지 아니한 勞務의 제공을 요구할 수 없다(民 §658 Ⅰ).

(2) 勞務의 種類

民法은 勞務의 종류에 대하여 특별한 규정을 두고 있지 않다. 獨民 §611 Ⅱ은 雇傭契約의 목적인 勞務는 그 종류를 묻지 않음을 명시적으로 규정하고 있다. 위와 같은 특별한 규정을 두고 있지 않는 우리 民法에 있어서도 마찬가지라고 할 것이다. 勞務의 종류에는 아무런 제한이 없다. 일시적이든 계속적이든, 개별적이든 포괄적이든, 육체적이든 정신적이든 이를 불문한다. 일상생활에서는 일시적으로 肉體的 勞務를 제공하는 자만을 勞務者라고 부르고 있으나, 법률적으로는 精神的 勞務를 제공하는 자도 勞務者가 된다. 精神的 勞務 중에서 고도의 기술이나 전문적 지식 또는 특수한 자격이나 능력을 요구하는 勞務 즉, 자유노무 내지는 고급노무도 雇傭의 목적이 될 수 있다. 그러나 자유노무나 고급노무가 契約의 목적인 경우에는 전술한 바와 같이 종속노동에 해당하여야만 雇傭이 성립할 수 있다. 勞務를 제공하는 자가 자주성을 가져 使用者가 지휘·명령의 권한을 갖지 못하면 이는 雇傭이 아니라 委任 또는 都給이 된다고 할 것이다. 일반적으로 의사·변호사·변리사 등 전문인이 제공하는 勞務는 委任이나 都給의 목적이 되는 경우가 많다고 할 것이다.[10] 이는 勞務

9) 郭潤直, 380; 金錫宇, 307.
10) 金錫宇, 306; 金顯泰, 223; 註釋債各(Ⅱ), 345.

를 수령하는 상대방은 전문지식의 결여로 사실상 노무제공자를 지휘·감독할 수 없는 것이 보통이기 때문이다. 그러나 첫째, 상대방도 勞務의 제공자와 동일한 전문성을 가지고 있어서 당사자 사이에 지휘·감독관계가 형성되어 있으면 당연히 雇傭이 성립한다고 할 것이다. 개인이 운영하는 병원이나 법률사무소에 근무하는 醫師나 辯護士는 民法의 관점에서 본다면 雇傭關係에 있다고 할 것이다. 그리고 둘째, 상대방이 비록 제공되는 勞務 그 자체에 대하여는 전문적 지식이 없더라도 고급노무를 일정한 목적에 일정한 방법으로 사용하는 권한을 가지는 경우에도 雇傭이 성립한다. 예를 들면 회사, 硏究所 등에서 근무하는 의사·변호사·학자는 勞務者가 된다.[11]

2. 報酬의 支給

雇傭契約은 勞務提供이라는 급부에 대하여 報酬支給을 반대급부로 하고 있다. 民法(§656)은 報酬와 관련하여 報酬, 報酬額과 報酬의 지급시기에 대하여서만 규정을 두고 있을 뿐 그 외의 사항에 대하여는 침묵을 지키고 있다. 報酬와 관련된 그 외의 사항에 대하여 당사자의 약정이 없는 때에는 결국 民 §656의 취지에 따라 慣習에 따라야 할 것이다. 慣習이 없을 때에는 條理에 따르게 된다.[12]

(1) 報酬의 約定

報酬支給은 雇傭契約의 또 하나의 구성요소에 해당한다.[13] 따라서 報酬支給에 관한 약정이 없이 勞務의 제공을 목적으로 하는 契約은 民法上의 雇傭이 될 수 없다. 그것은 일종의 無名契約일 뿐이다. 따라서 民法上의 雇傭은 有償契約으로만 성립하고 「無償의 雇傭契約」은 모순개념으로서 존재할 수가 없다. 이 점에서 雇傭은 勞務供給契約 중에서 都給(民 §664)·懸賞廣告(民 §675)와 동일하고 無償을 원칙으로 하는 委任(民 §686)·任置(民 §701)와 구별된다.[14]

報酬支給에 관한 약정은 묵시적으로도 존재할 수 있다. 동일한 使用者에게 고용된 다른 勞務者가 報酬를 받는 경우에는 특정의 勞務者에 대하여도 동일한 報酬支給의 묵시적 합의가 있었던 것으로 보아야 한다. 報酬支給은 雇傭

11) 郭潤直, 380.
12) 상세한 것은 民 §656의 注解를 참조.
13) 金錫宇, 309; 金曾漢, 209.
14) 民法의 규정은 별도로 하고 거래의 실제에 있어서는 委任이나 任置도 有償인 것이 대부분이라고 할 것이다.

의 구성요소이므로 報酬支給에 대한 약정은 묵시적으로도 존재하여야 한다. 報酬支給에 관한 합의가 있는지의 여부에 대하여는 사회의 慣行 또는 慣習이 판단의 중요한 근거가 된다고 할 것이다. 즉, 동일 또는 유사한 勞務가 제공되는 분야에서 사회의 일반관행이 報酬를 지급하는 것이 통상적일 경우에는 報酬支給에 대하여 默示的 合意가 있었던 것으로 보아야 한다.[15] 民法(§656)이 「報酬 …의 약정이 없는 때에는 慣習에 의하여 지급」할 것을 규정하고 있는 것도 이러한 취지에서라고 할 것이다.

(2) **報酬의 意義**

民 §655에 의하면 報酬란 「勞務提供에 대한 대가」이다. 이를 엄밀하게 해석한다면 報酬란 「제공된 勞務」에 대한 대가로서의 의미만을 갖게 된다. 그러나 勞務者에게 있어서는 報酬란 단순히 「勞務提供에 대한 대가」로서의 의미만을 갖지는 않는다. 즉, 勞務者에게 있어서는 勞務를 실제로 제공한다는 구체적 사실과 관계없이 「雇傭의 사실」에 대한 대가의 의미를 가질 수 있다. 그러나 民法은 報酬의 이러한 측면을 고려에 넣지 않고 있다. 이는 勞動法의 영역에서 비로소 규율되고 있다.

(3) **報酬의 種類**

民法에는 報酬의 종류에 대하여 특별한 규정이 없다. 따라서 報酬는 勞務에 대한 대가가 될 수 있는 생활상의 이익이면 족하고 그 종류에는 아무런 제한이 없다. 따라서 報酬는 유형적인 것에 한하지 않고 무형적인 것도 얼마든지 가능하다. 가장 통상적인 것으로는 금전이라는 유형의 報酬를 들 수 있다. 그러나 이에 한하지 않는다. 勤勞基準法(§36)은 단체협약에 특별한 규정이 없는 한 통화 이외의 것으로 賃金을 지급하는 것을 금지하고 있다. 民法上 雇傭에 있어서는 금전 이외의 것으로 報酬를 지급하기로 하는 약정은 契約自由의 原則上 원칙적으로 유효하다고 할 것이다. 報酬로 물건을 교부하는 것도 가능하다. 한편 무형적인 報酬로는 勞務者에게 물건을 사용하게 하거나 고객으로부터 팁을 수령하게 하는 것을 들 수 있다. 그리고 徒弟契約에 있어서처럼 일정한 기술을 전수하는 것이 報酬가 될 수도 있다. 그런데 금전 이외의 報酬를 지급하는 것이 勞務者에게 지나치게 불리한 경우에는 報酬에 관한 약정은 무효로 보아야 한다. 이 경우 약정에 따르지 않고 民 §656의 취지에 좇아 慣習에 의하여 報酬의 종류를 결정하여야 할 것이다.

15) 郭潤直, 381; 註釋債各(Ⅱ), 345.

계약당사자의 일방이 勞務를 제공하는 데에 대하여 상대방도 勞務를 제공하는 契約도 雇傭이라 할 수 있는가? 이론적으로만 본다면 勞務를 제공받는다는 것도 일종의 무형의 이익이 되므로 이를 雇傭이라 볼 수 없는 바는 아니다. 그렇게 되면 각당사자는 모두 勞務者의 지위와 使用者의 지위를 동시에 갖게 된다. 그러나 民法의 취지상 勞務提供은 報酬가 될 수 없다고 할 것이다. 民 §655는 勞務提供과 報酬支給을 그리고 勞務者와 使用者를 대립시키고 있으므로 雇傭은 어느 일방만이 勞務를 제공하고 상대방은 이에 대하여 勞務 이외의 報酬를 지급하는 것을 전제로 하고 있다고 보아야 한다. 勞務를 報酬로 하는 契約은 無名契約이라고 할 것이다.

(4) 報酬의 算出基準

報酬에 관한 사항으로 아주 중요한 의미를 갖는 것이 바로 報酬額의 산출방법 내지는 산출기준이다. 報酬額의 산출방법에 의하여 使用者의 報酬支給義務의 범위가 구체적으로 확정된다. 이론적으로 報酬額의 산출방법에는 정액제, 도급제 그리고 양자를 혼합한 방법이 있을 수 있다. 첫째, 정액제란 시간에 따라 報酬額을 정하는 방법을 말한다. 이를 시간제라 부르기도 한다. 정액제는 報酬額을 정하는 기준이 되는 단위시간이 무엇이냐에 따라 다시 시간제·일급제·주급제·월급제·연봉제 등으로 나누어진다. 우리 나라의 노동시장에서는 정액제는 월급제로 하는 것이 일반적이다. 둘째, 도급제란 勞務 전체에 대하여 報酬를 정하거나 또는 勞務 전체나 일정기간 제공한 勞務에 의하여 발생한 어떤 결과에 따라 報酬를 정하는 방법을 말한다. 예를 들면 使用者가 勞務者가 독립하여 사업을 개시할 때에 일시불로 금액을 지급하기로 하는 경우가 있다.[16] 그리고 勞務를 제공한 결과 산출된 물건의 수량, 접촉한 사람의 수 또는 처리된 사건의 수에 따라 報酬를 정하는 경우가 있다.[17] 報酬가 도급제인 雇傭契約은 都給契約과의 구별이 용이하지 않으나 당사자 사이에 從屬的 勞務關係가 존재하는 경우는 雇傭 그렇지 않은 경우는 都給이라고 할 것이다. 셋째, 시간제와 도급제의 혼합형태는 전자를 기본으로 하면서 일정한 조건하에 부수적으로 都給制를 가미한 형태이다. 이는 노동능률을 향상시키는 방법으로서 많이 이용된다.

16) 註釋債各(Ⅱ), 346.
17) 勤勞基準法(§39)은 勤勞者를 보호하기 위하여 都給 기타 이에 준하는 제도로 사용하는 勤勞者에 대하여는 勤勞時間에 응하여 일정액의 賃金을 보장하도록 규정하고 있다.

(5) **報酬의 支給**

民法은 報酬의 지급시기에 대하여 규정을 두고 있다. 한편 勞務提供의 경우와는 달리 報酬支給義務에 대하여는 一身專屬性을 규정하고 있지 않다.

(가) 報酬支給의 時期　報酬의 지급시기는 당사자가 약정한다. 당사자의 약정이 없으면 慣習에 의하고 慣習이 없으면 노무제공이 종료된 후에 지급하는 후급제가 民法上의 원칙이다.[18)]

(나) 報酬支給의 主體　雇傭에 있어서는 계약당사자 자신이 스스로 勞務를 제공하듯 報酬를 지급하는 주체도 계약당사자여야 한다. 그러나 報酬支給의 주체와 勞務受領의 주체가 동일할 필요는 없다. 제3자가 勞務를 수령하는 경우에는 使用者와 勞務者 사이에 제3자를 위한 契約이 체결된 것으로 볼 수 있다. 勞務를 제공하는 대가로 제3자로부터 「팁」을 받게 하는 경우 雇傭의 성립이 문제된다. 그러나 이 경우에도 팁 그 자체를 주는 주체는 제3자이지만 일정한 사업 또는 장소에서 팁을 받을 수 있는 기회라는 무형의 이익을 제공하는 자는 使用者이므로 雇傭이 성립할 수 있다.

(다) 報酬支給의 非專屬性　報酬支給義務는 勞務提供義務와 달리 一身專屬性이 없다. 民法도 報酬支給에 관하여는 勞務提供에 있어서와 같은 특별규정(§657)을 두고 있지 않다. 따라서 使用者는 勞務者의 동의 없이 임의로 제3자로 하여금 자기에 갈음하여 報酬를 지급하게 할 수 있고 勞務者도 使用者의 동의 없이 그 권리를 제3자에게 양도할 수 있다고 하겠다.

(6) **報酬의 受領**

報酬를 수령하는 자는 勞務者이다. 勞務者가 未成年者이거나 限定治産者인 경우도 마찬가지라고 할 것이다. 勤基 §54에 의하면 未成年者는 독자적으로 賃金을 청구할 수 있다. 民法에는 그러한 규정이 없지만 雇傭契約에도 준용된다고 할 것이다.[19)]

Ⅱ. 雇傭의 法的 性格

民 §655가 내리고 있는 雇傭에 대한 정의로부터 雇傭은 다음과 같은 法

18) 報酬支給時期에 관하여는 民 §656의 注解를 참조.
19) 李銀榮, 379.

的 性格을 갖는다.

1. 勞務供給契約

雇傭契約은 勞務의 제공을 급부의 내용으로 하는 契約으로서 都給·懸賞廣告·委任 및 任置와 함께 勞務供給契約의 한 유형을 구성한다. 그러나 雇傭은 순수히 勞務者가 제공하는 從屬的인 勞務 그 자체를 목적으로 한다는 점에서 다른 勞務供給契約과 구별된다.

2. 雙務·有償契約

雇傭에 있어서 勞務者와 使用者는 각각 勞務提供義務와 報酬支給義務를 基本的 給付義務로 하는 雙務契約이다. 그리고 雇傭은 勞務의 제공과 報酬의 지급이 서로 對價關係를 이루고 있는 有償契約이다. 이 점에서 雇傭은 有·無償契約으로 성립할 수 있는 委任이나 任置와 다르고 有償契約인 都給과 동일하다. 따라서 報酬에 관한 약정이 없으면 民法上의 雇傭이 될 수는 없고 단지 無名契約에 지나지 않음은 전술하였다.

3. 諾成契約

民 §655가 "雇傭은 …約定함으로써 그 효력이 생긴다"고 규정하고 있는 바와 같이 雇傭은 民法上의 일반의 다른 典型契約과 마찬가지로 당사자의 합의만으로 성립하는 諾成契約이다. 로마法에 있어서도 雇傭은 諾成契約으로 성립하였다. 이 점에서 勞務供給契約이면서도 요물계약으로만 성립하는 懸賞廣告와 구별된다.

4. 不要式契約

民法은 雇傭契約의 성립함에 있어서 아무런 방식을 요구하지 않으므로 雇傭契約은 不要式契約이다.

5. 繼續的 契約

雇傭은 賣買나 交換처럼 급부와 반대급부의 순간적 실행에 의하여 실현되는 계약이 아니다. 雇傭은 본질적으로 勞務의 제공이라는 계속적 상태를 요구하고 따라서 계속성은 雇傭의 요소를 구성한다. 이러한 이유에서 雇傭은 繼續

的 契約의 전형에 해당한다.

私的 自治의 원칙에 따른다면 당사자는 勞務를 제공하는 기간, 즉 雇傭期間을 자유롭게 약정할 수 있을 것이다. 그러나 勞務는 물건과 달리 사람의 인격과 불가분의 관계를 갖기 때문에 너무 장기간 동안 勞務提供을 강요당하게 되면 勞務者는 使用者에 대하여 예속적 관계에 놓이게 된다. 바로 이러한 이유에서 民法(§659)은 雇傭期間의 최장기간에 제한을 두고 있다.

勞務의 제공은 일시적일 수도 계속적일 수도 있다. 그런데 일시적인 勞務提供이 契約의 목적인 경우에는 당사자 사이에 雇傭, 委任 또는 都給 중에서 어느 契約이 성립하고 있는지를 판별하기가 어렵다.[20] 설령 이 경우 雇傭의 성립을 인정하더라도 雇傭契約의 전형적인 특징이 잘 드러나지 않는다. 실제 사회생활에서 빈번하게 이루어지고 雇傭으로서의 특징이 가장 잘 드러나 중요한 의의를 갖는 것은 勞務提供이 일정기간 계속되는 雇傭이라고 할 것이다. 이러한 경우 전형적으로 雇傭에 의하여 勞務者와 使用者 사이에는 당사자의 긴밀한 협력과 신뢰를 요하는 繼續的 債權關係가 성립한다.

Ⅲ. 雇傭의 成立

民法은 雇傭契約의 성립에 관하여는 특별한 규정을 두고 있지 않다.

1. 雇傭契約의 成立

雇傭契約도 契約이므로 雇傭契約의 성립에 있어서는 法律行爲 내지 契約에 관한 일반규정이 적용된다. 그러나 契約當事者의 일방인 勞務者의 경우 그 行爲能力, 代理 등에 관하여 民法上 그리고 勤勞基準法上 특별한 규정이 있다.

(1) 勞務와 報酬에 관한 合意

雇傭契約은 勞務者와 使用者의 합의에 의하여 성립한다. 즉, 勞務者가 勞務를 제공하겠다는 의사표시와 使用者가 報酬를 지급하겠다는 의사표시가 합치하여 雇傭契約이 성립한다.

(2) 無能力者의 雇傭契約締結

無能力者도 使用者와 勞務者가 되어 雇傭契約을 체결할 수 있다. 특별히

20) 金顯泰, 223.

문제가 되는 것은 無能力者가 勞務者가 되는 경우이다.

(가) 未成年者인 勞務者의 雇傭契約締結　　未成年者가 雇傭契約을 체결할 수 있는 태양은 民法과 勤勞基準法이 다르다.

(a) 民法上 雇傭契約締結　　民法上 未成年者인 勞務者의 雇傭契約은 두 가지 방법에 의하여 체결될 수 있다. 첫째의 방법은 未成年者가 法定代理人의 동의를 얻어 스스로 雇傭契約을 체결하는 것이다(民§5 I 본문). 둘째는 法定代理人인 친권자나 후견인이 未成年者를 代理하여 雇傭契約을 체결하는 방법이다(民§920 본문). 그런데 이 경우 雇傭契約의 체결에 의하여 「未成年者의 행위를 목적으로 하는 債務」가 발생하므로 法定代理人은 未成年者의 雇傭契約을 代理함에 있어서 언제나 民 §920 단서에 따라 본인인 未成年者의 동의를 얻어야만 한다.

(b) 勤勞基準法上의 勤勞契約締結　　勤基 §53 I 은 "친권자 또는 후견인은 未成年者의 勤勞契約을 代理할 수 없다"고 규정함으로써 전술한 두 번째 방법에 의한 勤勞契約의 체결을 인정하지 않는다. 즉, 勤基 §53 I 은 未成年者의 동의만 있으면 法定代理人이 雇傭契約을 代理할 수 있다는 民法上의 원칙(民§920 본문)에 대한 중대한 예외를 규정하고 있는 것이다. 이는 未成年者와 法定代理人 사이에 존재하는 특별한 관계로 인하여 未成年者의 동의가 자유롭지 못한 상태에서 비자발적으로 내려질 수가 있고 따라서 친권자나 후견인이 未成年者의 노동을 착취하는 것을 완전 배제할 수가 없기 때문에 未成年者로 하여금 스스로 雇傭契約을 체결하게 하려는 것이다.[21] 따라서 본조에 위반하여서 法定代理人이 未成年者를 代理하여 체결한 雇傭契約은 無權代理에 의한 法律行爲로서 無效가 된다고 할 것이다.[22] 勤基 §53 I 에 의하여 未成年者는 단독으로 유효한 勤勞契約을 체결할 수 있는 능력을 갖게 되는지가 문제된다. 한편 勤基 §52는 18세 이상의 미만의 未成年者의 경우는 친권자 또는 후견인의 동의서를 사업장에 비치하도록 규정하고 있다. 未成年者의 행위능력과 관련하여 위 두 규정을 어떻게 해석할 것인지가 문제된다. 이에 대하여는 학설이 대립하고 있다. 첫째, 未成年者에게는 法定代理人의 동의가 필요없다는 견해가 있다(第1說).[23] 이 견해는 우선 勤基 §52에 반한다. 둘째, 未成年者에게

21) 金致善, 237; 金亨培, 200.
22) 金顯泰, 225; 註釋債各(Ⅱ), 348.
23) 李英俊, 民法總則, 813; 金容漢, 民法總則, 111.

는 法定代理人의 동의가 필요하다는 견해가 있다(第2說).[24] 이 견해에 의하면 勤基 §52에 의하여 18세 이상인 未成年者의 경우는 法定代理人의 동의는 필요하나 동의서의 비치는 면제된다고 본다. 셋째, 18세 미만의 未成年者에 대하여서만 동의가 필요하다는 견해가 있다(第3說).[25] 勤基 §52에 의하여 18세 이상의 未成年者는 法定代理人의 동의 없이 단독으로 유효하게 勤勞契約을 체결할 수 있게 된다. 생각건대 勤基 §53 I이 民法上의 未成年者의 無能力의 原則(民§5 I 본문)을 배제하는 것은 아니라고 할 것이다.[26] 따라서 第1說은 곤란하다고 하겠다. 한편 第3說도 未成年者를 보호하는 데에 소홀하지는 않다. 즉, 18세 이상의 未成年者가 자신에게 불리한 勤勞契約을 체결하더라도 法定代理人은 勤基 §53 Ⅱ에 의하여 이를 解止할 수 있기 때문이다. 그러나 未成年者의 보호라는 취지에서 볼 때에는 그러한 契約은 원천적으로 봉쇄하는 것이 가장 타당하므로 第2說이 가장 타당한 해석론이 될 것이다.

한편 勤基 §53 Ⅱ은 "친권자, 후견인 또는 노동부장관은 勤勞契約이 未成年者에게 불리하다고 인정하는 경우에는 향후 이를 解止할 수 있다"고 규정하고 있다. 勤基 §53 Ⅱ도 I과 마찬가지로 未成年者를 보호하는 데에 그 취지가 있다. 즉, 勤基 §53 Ⅱ은 未成年者를 보호하기 위하여 勤勞契約이 未成年者에게 「불이익」하다는 이유만으로 解止權을 부여하고 있는 것이다. 여기서 「불이익」의 여부는 친권자나 후견인인 法定代理人의 입장에서가 아니라 勤勞者인 未成年者의 입장에서 판단하여야 한다. 그리고 勤勞契約이 불이익하다고 인정하기 위해서 未成年者에게 약속된 勤勞를 제공할 수 없을 정도의 장해가 있어야 하는 것은 아니라고 하겠다. 勤勞條件 기타 未成年者에게 존재하는 사정으로 미루어 未成年者에게 「불이익」하다는 것으로 족하다고 할 것이다. 그리고 본조가 노동부장관에게도 解止權을 부여하는 것은 法定代理人이라고 하여 반드시 未成年者의 이익을 도모하는 것은 아니기 때문에 노동행정의 최고 감독기관인 勞動部長官에게 解除權을 부여하는 것이다.[27] 이 解止權은 未成年者를 보호하기 위하여 未成年者의 法定代理人 또는 감독기관에 주어지는 것이므로 未成年者 자신에게는 발생하지 않는다.[28]

---

24) 金相容, 民法總則, 181.
25) 注解(Ⅰ), 280.
26) 註釋債各(Ⅱ), 348; 日注民(16), 21.
27) 金亨培, 202.
28) 金致善, 237.

(나) 年少者·女子인 勞務者의 雇傭契約締結　民法上 특별한 제한규정이 없으므로 원칙적으로 누구나 契約의 당사자가 될 수 있다. 그런데 雇傭契約에 있어서는 契約의 목적인 「勞務」는 契約當事者인 勞務者로부터 직접 제공되어야 한다는 특성상 일정한 경우 일정한 자에 대하여는 雇傭契約 자체를 체결하는 것이 금지되는 수가 있다.

(a) 年齡上의 制限　民法上으로는 勞務者가 未成年者인 경우에도 行爲無能力에 의한 제한이 있는 것을 별론으로 하더라도 未成年者는 雇傭契約의 당사자가 될 수 있다. 雇傭契約이 法定代理人의 代理에 의하여 체결되는 경우에도 未成年者가 雇傭契約上의 당사자임에는 의문의 여지가 없다. 그런데 勞務는 勞務者로부터 직접 제공되는 것이므로 정신적으로 특히 육체적으로 아직 성숙하지 못한 연소한 未成年者에 대하여서까지 勞務를 제공하게 하는 것은 곤란하다고 하지 않을 수 없다. 다만 民法은 雇傭契約의 당사자가 될 수 있는 최저연령에 대하여 특별한 규정을 두고 있지 않으므로 어느 연령을 최저연령으로 할 것인지가 문제이다.

勤勞基準法(§50 I 본문)은 13세 미만자를 勤勞者로 사용하는 것을 금지하고 있다. 다만 13세 미만인 未成年者가 노동부장관의 취업인허증을 소지한 경우에는 예외로 한다(§50 I 단서). 따라서 勤勞基準法上으로는 13세 미만의 未成年者는 원칙적으로 勤勞契約의 당사자가 될 수 없고 따라서 이에 위반하여 체결된 勤勞契約은 無效가 된다고 할 것이다.[29] 勤勞基準法의 이러한 취지는 民法上의 雇傭에도 유추적용된다고 할 것이다.[30] 즉, 勤勞基準法上의 규정이 직접 民法上의 雇傭에 적용되는 것은 아니지만 그러한 취지는 民 §103에 의하여 수용되어 雇傭契約의 효력을 無效로 한다고 할 것이다.[31] 예를 들면 연소자에게 무거운 勞務를 제공하게 하는 雇傭契約은 사회적 타당성이 없는 것으로 無效가 된다.[32] 마찬가지로 年少者의 義務敎育에 지장이 생기게 하는 契約도 無效로 보아야 한다.[33] 다만 無效인 契約에 의하여 勞務가 이미 제공된 경우에는 제공된 勞務에 대하여는 연소자인 勞務者는 使用者에 대하여 報酬를 청구할 수가 있다.

29) 金顯泰, 225.
30) 郭潤直, 382; 金錫宇, 308
31) 郭潤直, 383; 金曾漢, 292; 金錫宇, 308-9.
32) 同旨 郭潤直, 382; 金曾漢, 291; 金錫宇, 308; 金顯泰, 224; 註釋債各(Ⅱ), 347.
33) 郭潤直, 382; 註釋債各(Ⅱ), 348.

(b) 業種上의 制限 勤勞基準法(§51)은 女子와 18세 미만자를 도덕상 또는 보건상 유해·위험한 사업에 사용하는 것을 금지하고 있다. 民法은 이와 같은 특별한 規定을 두고 있지 않지만 위에서 살펴본 연령상의 제한에 있어서와 마찬가지로 民法上의 雇傭契約에 있어서도 勤基 §51의 취지는 유추적용되어야 할 것이므로 女子와 연소자를 도덕상 또는 보건상 有害·危險한 업종에 사용하는 것을 내용으로 하는 契約은 반사회적 法律行爲로서 無效라고 할 것이다.[34]

(다) 限定治産者인 勞務者의 勤勞契約締結 限定治産者에 대하여는 勤基 §§52, 53 Ⅰ·Ⅱ와 같은 규정이 없다. 학설로는 限定治産者에 대하여는 위와 같은 규정들이 없으므로 法定代理人도 限定治産者를 代理하여 勤勞契約을 체결할 수 있다는 견해가 있다.[35] 그러나 限定治産者를 未成年者를 달리 취급할 이유는 없다고 하겠다. 따라서 勤基 §§52, 53 Ⅰ·Ⅱ은 限定治産者에게도 적용된다고 할 것이다.[36]

(라) 禁治産者인 勞務者의 勤勞契約締結 禁治産者에 대하여는 勤基 §§52, 53 Ⅰ·Ⅱ와 같은 규정이 없으므로 禁治産者의 勤勞契約은 法定代理人이 代理하여 체결할 할 수 있을 뿐이다(民 §13). 다만 禁治産者가 의사능력을 회복하였을 때에는 본인의 동의를 요한다(民 §949).[37]

2. 雇傭契約의 無效·取消時의 法律關係

雇傭契約(이하의 설명은 勤勞契約에도 해당한다)에도 民法上의 無效·取消의 法理가 적용되므로 無效의 원인(社會的 妥當性의 결여·無權代理)이 있거나 取消의 원인(無能力·錯誤·詐欺·強迫)이 있어 取消된 雇傭契約은 그 효력을 발생할 수 없다. 만일 雇傭契約이 체결되었으나 아직 勞務者가 勞務를 제공하지 않고 있는 경우에는 無效와 取消의 일반법리에 의하여 雇傭契約의 효력을 원천적으로 또는 소급적으로 부정하는 것에는 아무런 문제가 없다. 그러나 勞務者가 이미 勞務를 제공한 경우에는 반드시 그렇지는 않다. 雇傭契約이 無效이거나 取消되면 使用者가 勞務를 수령한 것은 법률상 원인이 없으므로 勞務者와 使用者 사이에는 不當利得에 의한 반환청구관계가 성립하게 된다. 그런데 勞務는 그 원물반환이 불가능하므로 使用者에게는 勞

34) 郭潤直, 382; 金曾漢, 291; 註釋債各(Ⅱ), 348.
35) 金曾漢, 民法總則, 130; 金容漢, 民法總則, 122.
36) 郭潤直, 民法總則, 172; 註釋債各(Ⅱ), 349.
37) 註釋債各(Ⅱ), 348.

務者에 대하여 가액반환의무가 발생하게 된다(民 §747 I). 이 경우 勞務의 가액이란 勞務로 말미암아 使用者에게 생긴 일정한 결과 또는 수익이 될 것이다. 勞務로 인한 수익 또는 결과가 존재하는지 그리고 그 범위가 무엇인지를 판단한다는 것은 사실상 어려운 경우가 많고 그리고 그것이 가능하다고 하더라도 使用者에게 일정한 이익이 발생한 데에 대하여는 勞務者의 勞務만 기여한 것이 아니므로 勞務를 포함한 모든 요인에 대하여 使用者의 수익에 기여한 정도를 합리적으로 평가한다는 것은 사실상 불가능하다. 이러한 이유에서 勞務가 현실적으로 제공된 후에는 雇傭契約의 효력을 원천적으로 또는 소급적으로 부인하는 것만으로는 언제나 法律關係를 타당하게 또는 합리적으로 해결할 수는 없게 된다. 여기서 雇傭契約은 대부분의 경우 일정한 기간 繼續的 契約으로서 성립한다는 특수성과 현실의 勞務提供이 갖는 사회적 중요성을 고려하여 無效·取消의 소급효를 적용하지 않고 法律關係를 해결할 필요성이 발생한다. 현재 이에 대한 특별한 규정이 없는 상황에서는 두 가지의 방법론이 제시되고 있는바, 하나는 事實的 契約關係論이고 다른 하나는 無效·取消의 遡及效의 制限論이다.

(1) 比 較 法

瑞債 §320 Ⅲ은 勞務者가 사후에 無效임이 판명된 契約에 기하여 善意로 使用者에게 勞務를 제공한 경우에는 勞務者와 使用者는 契約이 무효임을 이유로 雇傭關係가 일방 또는 타방에 의하여 종료될 때까지 유효한 契約이 체결된 것과 동일하게 雇傭關係에서 발생한 義務를 이행하여야 한다고 규정하고 있다. 위 규정은 無效·取消를 이유로 이미 당사자 사이에 형성된 雇傭關係가 소급하여 소멸하는 것을 방지하기 위하여 특별히 두어진 규정이다. 위 규정은 당사자가 나중에 雇傭契約이 無效임을 이유로 雇傭關係를 종료시키더라도 이미 勞務가 제공된 후에는 그 범위 내에서는 契約이 유효하게 존속하였음을 의제하고 있다. 瑞債 §320 Ⅲ은 요건으로 勞務者의 善意를 요구하고 있다. 獨逸의 경우는 瑞西債務法과 같은 특별규정은 없지만 雇傭契約이 無效이거나 取消된 경우 일반 契約의 無效, 取消의 경우와 구별하여 勞務者의 報酬請求權을 인정하기 위하여 事實的 雇傭關係論(faktisches Arbeitsverhältnis)이 제시되고 있다. 한편 佛蘭西勞動法의 경우도 특별한 규정이 없고, 학설은 일반의 繼續的 契約關係에 있어서와 마찬가지로 雇傭契約에 있어서도 無效·取消는 遡及效가 제한되어야 하는 것으로 보고 있다.

(2) 事實的 契約關係論

事實的 契約關係論이란 일정한 경우 請約·承諾에 해당하는 진정한 의사표시가 없더라도 일정한 事實的 행위나 활동에 의하여 契約이 유효하게 성립할 수 있고 또 의사표시가 無效이거나 取消되어 契約이 그 효력을 상실하는 경우에도 사실상 給付가 이행된 부분에 대하여는 契約이 유효하게 성립한 것과 동일하게 다루자는 이론이다.[38] 후자의 대표적인 경우가 바로 雇傭과 같은 繼續的 契約關係에 있어서 契約이 無效·取消되는 경우로서 勞務가 이미 제공된 雇傭關係에 대하여는 契約이 유효하게 성립하고 있었던 것과 같이 다루어지게 된다.[39] 그 결과 雇傭契約은 장래에 향하여는 그 효력을 발생하지 못하나 이미 勞務가 제공된 부분에 대하여는 그 효력을 부인할 수 없게 된 것이므로 후술하는 遡及效制限論에 있어서처럼 無效 또는 取消의 주장은 解止와 같은 효력을 가지게 될 뿐이다.[40]

(3) 遡及效制限論

雇傭契約에 無效·取消의 원인이 있으면 無效·取消의 法理를 적용하되 다만 그 遡及效를 제한하여야 한다는 解釋論이다.[41] 즉, 取消와 無效는 장래에 대하여서만 발생하게 되므로 그 효력은 解止에 있어서와 완전히 동일하게 된다.

(4) 結 語

이상의 해석론은 勞務者가 報酬請求權을 갖는 계기와 無效·取消의 효력을 설명하는 데에 차이를 나타내고 있다. 勞務者가 報酬請求權을 가지는 것은 事實的 契約關係論에 의하면 당사자 사이에 雇傭契約에 유사한 債權關係가 성립하였기 때문이나, 遡及效制限論에 의하면 無效 또는 取消가 주장되기까지 雇傭契約이 부분적으로 효력을 발생하였기 때문이다. 그러나 이러한 사소한 설명의 차이를 제외하고는 事實的 契約關係論과 遡及效制限論은 실제에 있어서 근본적인 차이가 있는 것은 아니라고 하겠다. 즉, 契約이 無效이거나 取消된 경우에도 이미 勞務가 제공된 범위 내에서는 契約이 유효하게 체결된 것과 동일하게 다루려는 점에 있어서는 마찬가지라고 하겠다. 다만 事實的 契約關係論은 遡及效制限論과는 달리 無效·取消의 遡及效를 차단하기 위하여 적극적으로 事實的 契約關係라는 개념을 사용한다는 데에 차이가 있을 뿐이라고 하겠다.

---

38) 상세한 것은 郭潤直, 74 이하를 參照.
39) 郭潤直, 385.
40) 郭潤直, 385.
41) 金曾漢, 293; 金錫宇, 309; 金顯泰, 225; 李銀榮, 381; 註釋債各(Ⅱ), 349.

Ⅳ. 雇傭의 效力

雇傭契約에 의하여 계약당사자인 勞務者와 使用者는 일정한 義務를 부담하게 된다. 民 §655는 勞務者에게는 勞務提供義務가 그리고 使用者에게는 報酬支給義務가 발생함을 규정하고 있다. 그러나 雇傭契約에 의하여 勞務者와 使用者가 부담하게 될 義務가 이에 국한되는 것은 아니다. 위의 義務 이외에도 당사자는 契約에 특별히 정한 사항에 대하여서도 義務를 부담한다. 그리고 雇傭에 있어서는 당사자 사이에는 信賴關係를 기초로 하여 장기간에 걸쳐 契約關係가 존속하기 때문에 비록 특별한 약정이 없는 경우에도 信義則上 여러가지 義務가 발생한다고 할 것이다. 예를 들면 瑞西債務法은 업무중 제3자로부터 수령한 금전 기타의 것(§321b I)과 업무중의 산출물을 使用者에게 즉시 인도할 引渡義務(§321b II) 그리고 使用者의 일반적 명령과 특별히 주어진 지시를 성실하게 준수하여야 할 服從義務(§321d II)를 勞務者의 義務로 규정하고 있다. 또 瑞西債務法은 주의를 다하여 勞務를 제공할 注意義務와 使用者의 정당할 이익을 보호할 誠實義務(§321a)를 勞務者의 義務로 규정하고 있다. 그리고 獨逸民法(§618)과 瑞西債務法(§328)은 勞務者의 생명·건강 등의 人格權을 보호할 義務를 使用者의 保護義務로 각각 규정하고 있다.

勞務者와 使用者에게 발생하는 義務는 그 내용과 태양에 있어서 매우 다양하다고 하겠다. 그런데 이러한 다양한 義務도 일정한 기준을 세워 구분할 수 있다. 예를 들면 義務의 내용이 기본적이냐 부수적이냐 그리고 義務의 발생근거가 무엇이냐에 따라서 義務를 구분해 볼 수 있다. 이하에서는 일차적으로 義務의 내용이 기본적이냐 아니면 부수적이냐를 기준으로 하여 義務를 구분하고 다시 이차적으로 義務의 주체가 勞務者이냐 아니면 使用者이냐에 따라 義務를 구분하여 설명하고자 한다. 특히 附隨的 義務에 있어서는 그 발생근거가 신의칙이냐 아니면 특약이냐에 따라 구분한 후에 勞務者와 使用者가 각각 부담하게 되는 附隨的 義務에 관하여 설명하고자 한다.

1. 基本的 給付義務

基本的 給付義務란 雇傭契約을 다른 契約 특히 雇傭契約을 제외한 勞務供給契約으로부터 구별하게 하는 義務로서 계약당사자가 雇傭契約의 본질상 이

행하여야 하는 義務를 말한다. 民 §655는 「雇傭의 意義」라는 表題 아래 「勞務의 提供」과 「報酬의 支給」을 雇傭의 두 가지 기본요소로서 규정하고 있으므로 雇傭契約에 있어서의 基本的 給付義務란 바로 勞務提供義務와 報酬支給義務라고 할 수 있을 것이다.

(1) 勞務者의 勞務提供義務

勞務提供義務는 勞務者자 부담하여야 할 중심적 義務이다. 이는 使用者가 부담하는 報酬支給義務의 對價를 구성하는 義務이다.

(가) **勞務提供義務의 範圍** 勞務者가 이행하여야 할 勞務提供義務의 내용과 범위는 契約이 정하는 바에 의하여 결정한다. 만일 契約에 의하여서도 이를 알 수 없는 경우에는 거래의 慣行이나 慣習에 의하여 정한다.[42] 그리고 慣習도 없으면 信義則(民 §2 I)에 의하여 그 내용을 정하여야 한다. 특히 契約이 정하는 勞務의 내용이 구체적이지 않고 포괄적인 경우에는 勞務의 내용은 信義則에 따라 결정되어야 한다. 따라서 비록 契約이 구체적으로 정하는 바가 없다고 하더라도 基本的 給付義務를 이행하기 위하여 필요한 범위내에서는 勞務者는 慣習이나 信義則에 의하여 부수적으로 일정한 勞務를 제공하여야 할 義務를 부담하게 된다.

使用者는 勞務者에 대하여 약정하지 아니한 勞務를 요구할 權利가 없다. 勞務者는 使用者의 요구에 응하지 않더라도 債務不履行이 성립하지 않는다. 약정된 勞務의 종류나 내용을 변경·확장하기 위해서는 당사자 사이에 새로운 약정이 있어야 한다.[43] 民法은 使用者가 약정하지 아니한 勞務의 제공을 요구한다는 사실만으로도 勞務者에게 契約을 解止할 수 있는 權利를 부여하고 있다(民 §658 I).[44] 한편 勞務者는 약정된 勞務가 특수한 기능을 요하는 경우에는 이를 제공하여야 한다. 이를 제공하지 못하면 勞務者는 債務不履行의 責任을 지게 된다. 民法은 勞務者에게 勞務가 특수한 기능을 요하는 경우에 勞務者에게 기능이 없다는 사실만으로도 使用者에게 契約解止權을 부여하고 있다(民 §658 I).[45]

(나) **勞務提供義務의 一身專屬性** 계약당사자 사이에 특별한 약정이 없는 한 勞務는 계약당사자인 「勞務者」로부터 나와서 「使用者」에게 공급되어

42) 民 §656는 報酬에 관한 約定이 없으면 慣習에 의할 것을 명시적으로 규정하고 있는 바 勞務의 內容에 관하여서도 마찬가지라고 할 것이다.
43) 金顯泰, 226; 李銀榮, 377; 註釋債各(Ⅱ), 350; 日注民(16), 25.
44) 勞務者의 解止權에 관하여는 民 §658의 注解를 참조.
45) 使用者의 解止權에 관하여는 民 §658의 注解를 참조.

야 한다. 동일한 勞務라 할지라도 勞務를 제공하는 주체와 이를 사용하는 주체가 누구냐에 따라서 제공되는 勞務의 구체적 내용은 달라질 수 있다. 이는 勞務者에 따라 기술·지식·경험·숙련도 등이 다르고 그리고 使用者에 따라서는 勞務를 사용하는 목적·방법과 인적·물적 설비 등이 달라 勞務의 내용에 영향을 미칠 수 있기 때문이다. 이처럼 勞務에 대한 權利와 義務는 雇傭契約을 맺는 상대방에 대하여서만 그 의미를 갖게 되는바 勞務務提供義務와 이에 대한 勞務請求權은 一身專屬性을 갖게 된다. 民法(§657)도 勞務에 관한 權利와 義務의 一身專屬性을 명백하게 선언하고 있다.

勞務者는 자기 자신이 스스로 勞務를 제공하여야 한다. 따라서 勞務者는 使用者의 동의가 없는 한 제3자로 하여금 자기에 갈음하여 勞務를 제공하게 하지 못한다(民 §657 Ⅱ).

勞務者에 대하여 勞務를 청구할 수 있는 權利를 갖는 자는 使用者이다. 使用者가 누구냐에 따라서 權利의 행사방법이 달라진다. 그래서 民法(§657 Ⅰ)은 勞務者의 동의가 없이는 그 權利를 제3자에게 양도하지 못하게 함으로써 債權의 양도성의 原則(民 §449 본문)에 제한을 가하고 있다.

勞務者 또는 使用者가 상대방의 동의없이 제3자로 하여금 義務를 이행하게 하거나 제3자에게 權利를 양도하는 경우에는 상대방은 契約解止權을 갖는다(民 §657 Ⅲ).[46]

㈐ 勞務提供義務의 實現 勞務者는 勞務를 제공하여 使用者의 지휘·명령을 받을 수 있는 상태에 두어야 하고 그리고 使用者의 지시·명령하는 바에 좇아서 勞務를 제공하여야 한다. 첫째, 勞務者는 자신의 勞務를 使用者가 처분할 수 있는 상태에 두는 것으로 족하고 반드시 使用者가 현실적으로 이를 처분하여야 勞務提供義務의 이행되는 것은 아니다. 예를들면 勞務者가 회사의 주문량이 부족하여 회사작업장에서 대기하고 있거나, 안전요원이 대기실에 대기하고 있는 것만으로 勞務提供義務는 이행한 것이 된다. 둘째, 勞務를 이용하는 권한이 使用者에게 있기 때문에 勞務者는 자신의 뜻대로 勞務를 제공하여서는 안되고 使用者의 지시를 따라 제공하여야 한다. 使用者는 勞務의 실현에 있어서 勞務者를 지휘·명령할 權利를 갖게 되고 이에 따라 勞務者에게는 복종의무가 발생한다.[47]

46) 상세한 것은 民 §657의 注解를 참조.
47) 郭潤直, 390.

(a) 使用者의 指揮·命令權의 範圍 使用者는 제공받은 勞務를 수령하여 계약의 목적을 달성하기 위하여 勞務者를 지휘·명령할 권한을 갖는다. 瑞債 §321d Ⅰ은 使用者의 지휘·명령권의 구체적 내용으로 使用者가 勞務者의 행위에 대하여 일반적인 규칙을 정하고 특별한 지시를 내릴 수 있음을, 그리고 瑞債 §321d Ⅱ은 勞務者는 이를 준수할 義務가 있음을 명문으로 규정하고 있다. 그러나 使用者가 행사하는 지휘·명령권은 절대적인 권한이 아니다. 이는 勞務者의 勞務를 契約의 목적에 적합하게 효율적으로 이용하는 데 필요한 범위 내에서만 발생하고 그 한도 내에서만 행사되어야 한다. 즉, 使用者의 권한은 契約의 취지나 慣行 그리고 信義誠實의 原則이 허락하는 한에서 발생하고 또 이에 적합하게 행사되어야 한다는 제한을 받는다.[48] 특히 使用者는 勞務者의 인격권을 보호하여야 할 保護義務를 부담하고 있으므로 勞務者의 인간으로서 갖는 신체적·정신적·사회적 가치 등을 침해하지 않는 범위 내에서만 지휘·명령권을 갖는다고 할 것이다. 따라서 한도를 넘는 권한의 행사에 대하여는 勞務者에게는 服從義務가 없으며 또 使用者의 행위에 의하여 勞務者의 법익이 부당하게 침해된 경우에는 刑法上으로 범죄행위(身體에 대한 가해나 감금)를 성립하고 民法上으로는 不法行爲로 인한 損害賠償責任을 발생시킨다.

(b) 勞務者의 責任 勞務者가 使用者의 지휘·명령권을 위배하여 勞務를 제공하는 경우에는 다음의 두 가지 결과가 발생할 수 있다.[49] 첫째, 勞務者에게 債務不履行의 책임이 발생할 수 있다. 勞務者가 使用者의 지시에 위배하여 勞務를 제공하는 것은 債務의 내용에 좇은 이행이 되지 않으므로 이로 인하여 使用者에게 손해가 발생한 때에는 勞務者는 이를 배상하여야 한다. 둘째, 勞務者는 契約에서 특별히 정한 불이익을 받게 된다. 일반적으로 雇傭契約이나 勤勞契約에는 使用者의 지시를 어긴 경우에 대비하여 일정한 懲戒處分을 규정하는 경우가 많은바 예를 들면 감봉·벌금·해고 등의 재산상의 불이익이 그것이다. 특히 勤勞契約關係에 있어서는 就業規則이나 團體協約이 이를 정하고 있다. 이와 같은 특약이 있으면 使用者의 지시를 위반한 勞務者는 징계처분을 받게 된다. 그러나 어느 경우에도 징계는 신체적 법익에 대한 침해를 내용으로 할 수는 없다. 이는 使用者의 지휘·명령권이 갖는 내재적 한계이기 때문이다. 勞務者의 의무위반이 중대한 경우에는 民 §661에 의하여 卽時解止가 인정된다.

48) 金錫宇, 310; 金曾漢, 298; 註釋債各(Ⅱ), 350.
49) 郭潤直, 390.

㈑ 勞務提供義務의 受領不能 　勞務者가 勞務를 제공하려 하였거나 또는 제공하였으나 使用者가 수령할 수 없는 경우 이를 법률적으로 어떻게 취급할 것인지가 문제된다. 특히 단전·기계의 고장과 같은 기술장애, 홍수·지진과 같은 자연적 재해 그리고 파업 등과 같은 사회적·경제적인 돌발사태 처럼 使用者의 歸責事由 없이 使用者가 勞務를 수령할 수 없는 경우에 문제가 된다. 한편 使用者에게 歸責事由가 있는 경우에도 이를 어떻게 취급할 것인지가 여전히 문제된다. 왜냐하면 통상의 경우 受領遲滯라고 하면 債務者가 이행을 하는 것이 여전히 가능한 경우를 전제로 한다. 그런데 雇傭의 경우는 고용시간이 경과하면 추가로 勞務를 제공한다는 것은 불가능하게 된다. 이상의 경우를 통상의 受領遲滯와 구별하여 受領不能이라고 부른다.

受領不能의 문제가 발생하는 가능성과 범위는 어느 때에 勞務提供義務가 辨濟된 것으로 볼 것이냐에 따라 달라질 수 있다. 勞務의 특성상 勞務者가 사업장에 들어가 使用者의 지휘·명령이 가능한 상태에 있으면 현실적으로 使用者가 勞務를 사용하지 않더라도 勞務者로서는 勞務提供을 완전히 이행한 것으로 보고 따라서 報酬請求權은 현실적으로 발생한다는 견해가 있을 수 있다.[50] 이 견해에 따르면 勞務의 성질상 勞務의 현실제공만 있으면 辨濟가 있는 것으로 보므로 受領不能이 발생할 여지가 그만큼 적게 된다. 한편 勞務는 使用者에 의하여 현실적으로 수령되어야 비로소 辨濟가 있다고 보는 견해도 있을 수 있다. 이 견해를 취하면 受領不能이 발생할 가능성이 더 많아진다. 어쨌든 어느 견해에 의하든 受領不能이 발생한 경우 우리 民法에 규정된 受領遲滯(債權者遲滯)의 효과(民 §§ 400-403)만으로는 이를 규율할 수가 없다. 한편 이러한 경우 勞務者는 사실상 勞務提供이 가능하였거나 가능하므로 통상적인 履行不能이라고 보기도 어려운 점이 있다. 여기서 두 가지 문제가 발생한다. 첫째, 受領不能을 受領遲滯로 볼 것인지 아니면 履行不能으로 볼 것인지의 문제가 발생한다. 만일 受領不能을 受領遲滯라고 보는 경우 使用者의 報酬支給義務를 어떠한 근거에서 인정하거나 부정할 것인지가 문제된다. 둘째, 受領不能의 경우 使用者에게 歸責事由가 없는 경우에도 使用者의 給付義務를 인정할 것인지의 문제가 발생한다.

(a) 比 較 法 　獨逸民法과 瑞西債務法은 勞務受領不能의 경우 受領遲滯의 효과로서 勞務者에게 報酬請求權을 인정하고 있다. 獨民 §615는 使用者가 勞務의 수령을 지체한 경우 勞務者는 추완할 의무를 지지 않고 급부할

50) 日注民(16), 27 이하 참조.

수 없었던 勞務에 대하여 약정된 報酬를 청구할 수 있고, 그 대신 勞務를 제공하지 않음으로써 절약할 수 있었거나 勞務를 다르게 사용함으로써 취득하거나 또는 惡意로 취득을 태만히 한 것이 있으면 그 가액을 공제하여야 한다고 규정하고 있다. 使用者는 歸責事由가 없는 경우에도 勞務者는 報酬請求權을 갖는다고 본다. 한편 瑞債 §324 Ⅰ은 使用者가 귀책사유에 의하여 勞務者가 제공하는 勞務를 수령하지 못하거나 또는 기타의 사유로 勞務의 수령을 지체하는 경우에는 勞務者가 사후에 勞務를 제공할 義務를 부담함이 없이 使用者는 報酬를 지급할 義務가 있다고 규정하고, 瑞債 §324 Ⅱ은 勞務者는 勞務를 제공하지 않음으로써 절약한 것, 勞務를 제공함으로써 취득한 것 또는 고의로 취득하지 아니한 것을 報酬에서 공제하여야 한다고 규정하고 있다. 瑞債 §324 Ⅰ의 후단에 규정된 기타의 사유란 기술장애, 자연적 재해 그리고 사회적·경제적 돌발사태와 같이 使用者에게 귀책사유가 없는 경우를 포함한다고 보아, 본조의 취지는 위와 같은 사유로 인한 危險을 使用者에게 부담시키려는 데에 있다고 본다. 그리고 使用者는 勞務者가 勞務를 제공할 준비를 하고 있는 것으로 곧 受領遲滯에 빠지며, 勞務者가 형식적으로 勞務를 계속하려고 하거나 재개하려고 할 필요도 없다고 본다. 결국 獨逸民法과 瑞西債務法은 이른바 受領不能을 受領遲滯로 보고 使用者에게 雇傭契約이 통상적으로 이행된 경우와 동일하게 報酬支給義務를 인정하고 있다고 하겠다. 즉, 勞務者는 손해배상을 청구하는 것이 아니라 報酬를 청구하는 것이다. 日本民法은 위와 같은 규정을 두고 있지 않다. 學說과 判例는 일시적 장애 이후에도 이행과 수령이 여전히 존재할 수가 있는 경우만을 債權者遲滯로 본다. 그런데 雇傭에 있어서는 시간이 중요한 요소에 해당하므로 勞務提供에 대하여는 債權者遲滯는 있을 수 없고 오로지 受領不能의 사태가 있을 뿐이라고 한다.[51] 그리고 反對給付請求權에 대하여 취급하는 危險負擔의 제도가 존재하는 이상 受領不能을 受領遲滯의 문제로 취급하는 것은 무익하고 불합리하다고 한다.[52]

(b) 學 說 우리 民法은 受領不能 일반에 대하여 그리고 雇傭에서의 受領不能에 대하여서도 특별한 규정을 두고 있지 않다. 學說은 使用者에게 歸責事由가 있는 경우에는 勞務者의 報酬請求權을 인정하고 있다. 그러나 기술적 장애, 자연적 장애, 사회적·경제적 돌발사태와 같은 경우에도 危險

51) 日注民(16), 35.
52) 日注民(16), 35.

을 使用者에게 부담시킬 것인지에 대하여는 學說이 대립하고 있다. 그리고 어느 경우이든 使用者에게 危險을 부담시키거나 부담시키지 않는 경우 그 근거 법조가 무엇인지에 대하여는 설명하는 방법이 학설에 따라 다르다.

(i) 債權者遲滯說: 領域說 이 견해는 受領不能이 일시적이든 종국적이든 이를 債權者遲滯로 본다. 급부불능의 객관적 상태가 債權者 또는 債務者 중에서 어느 쪽의 영향권 내에서 발생하였느냐에 따라 債權者遲滯와 履行不能을 구분한다. 만약 급부불능의 원인이 債權者 쪽에 있으면 債權者遲滯가 된다고 본다.[53] 원래 獨逸에서 제기된 領域說은 債權者에게 歸責事由가 없는 경우에도 債權者로 하여금 危險을 부담하도록 하는 이론으로서 제시되었다. 그러나 우리의 학설은 반드시 이를 전제로 하는 것 같지는 않다. 즉, 학설은 受領不能이 債權者의 歸責事由에 의한 것일 때에는 民 §538에 의하여 勞務者는 반대급부인 報酬支給請求權이 있다고 본다.[54] 그리고 勞務者는 나중에 使用者에게 다시 勞務를 제공할 義務가 없다고 한다.[55] 그러나 債權者의 歸責事由를 넓게 보아 경영장애까지도 債權者의 歸責事由에 의한 受領不能으로 볼 것인지에 대하여 명확히 설명하고 있지 않다.

(ii) 履行不能說: 危險負擔說 종국적 受領不能은 債權者遲滯의 잠정적 효과로서는 해결할 수 없으므로 이를 給付不能의 문제로 다루어야 한다고 본다.[56] 債權者遲滯는 급부가능을 전제로 하고 나중에 급부의 실현이 가능한 일시적 受領不能에 한한다고 한다. 종국적 受領不能은 給付不能의 문제로 다루게 되는바, 雙務契約에서는 民 §538 I 에 따라 債權者는 給付請求權을 상실하나 반대채무는 이행하여야 하므로 危險은 債權者가 부담한다고 한다.[57]

한편 民 §538 I 전단의 歸責事由의 의미를 어떻게 해석할 것인지에 대하여는 견해가 대립되고 있다. 혹은 使用者의 작위·부작위가 그 원인이 되었거나 반대급부를 지급하지 않으면 信義則에 반하는 때에는 民 §538 전단을 적용하고, 給付不能의 원인이 사업장의 경영과 관련된 장애원인에 의하여 발생된 때에는 使用者에게 民 §538 I 전단에 규정된 歸責事由가 없는 때에도 널리

53) 郭潤直, 債權總論, 179; 金容漢, 債權法總論, 173; 玄勝鍾, 債權總論, 140.

54) 郭潤直, 394; 金錫宇, 313; 金曾漢, 301; 金顯泰, 228; 李銀榮, 379; 註釋債各(Ⅱ), 353.

55) 郭潤直, 394; 金錫宇, 313; 金疇洙, 342; 金曾漢, 301; 金顯泰, 228; 李銀榮, 379. 반대의 해석론, 李太載, 283 참조.

56) 金亨培, 債總, 336; 李銀榮, 債總, 324; 權五乘, 341.

57) 李銀榮, 債總, 342(債權者의 歸責事由로 인한 給付不能은 債權者가 위험을 부담한다고 한다. 즉, 片務契約에서는 債權者는 給付請求權을 상실하여 債權者의 위험으로 된다고 한다).

使用者의 歸責事由를 인정하여 勤基 §38 본문을 적용한다는 견해가 있다.[58] 혹은 경영자측사정에 의한 급부불능도 民 §538 Ⅰ에 포함시키는 견해가 있다.[59]

(c) 判 例 判例는 使用者가 勤勞者를 解雇한 것이 無效이거나 취소된 된 경우 民 §538 Ⅰ을 적용하고 있다.[60] 그리고 휴직처분이 무효인 경우도 마찬가지이다.[61] 判例는 이른바 受領不能을 履行不能에 의한 危險負擔의 法理에 의하여 해결하고 있는 듯하다. 그러나 使用者의 歸責事由에 의하지 않고 受領不能이 발생한 경우에 대하여는 아직 判例는 없다.

(d) 私 見 領域說은 受領不能도 債權者遲滯의 法理만으로 해결이 가능하다고 보고 있다. 그런데 領域說은 다른 학설로부터 勞務者가 報酬를 청구할 수 있는 근거가 명확하지 않다는 비판을 받고 있다. 우리의 領域說은 債權者遲滯를 債務不履行責任으로 보는 債務不履行責任說을 전제로 한다. 債務不履行責任說은 債權者遲滯의 효과로서 損害賠償義務를 인정하고 있으므로 領域說은 위의 경우 損害賠償義務 대신에 使用者의 報酬支給義務를 인정하고 있는 듯하다. 그런데 債權者의 損害賠償義務 대신에 報酬支給義務를 인정하는 것은 비록 법적 감각에서 볼 때는 당연한 것이라고 볼 수 있을지는 모르지만, 그 실정법적 근거가 분명하지 않다는 문제를 안고 있다. 그리고 債權者에게 歸責事由가 없는 경우 이른바 경영장애의 경우는 勞務者의 報酬支給義務를 인정할 수 없게 된다. 한편 債權者遲滯의 본질을 債務不履行責任으로 보지 않는 學說은 債權者遲滯의 효과로서 債權者의 損害賠償義務를 인정하지 않으므로 使用者의 勞務支給義務의 발생을 인정할 수가 없게 된다. 따라서 이를 해결하기 위해서는 債權者遲滯는 일시적 受領不能에 한하고 종국적 受領不能은 給付不能으로 보아 危險負擔의 문제로 해결하지 않을 수 없게 되는 것이다.

요컨대 雙務契約에 있어서는 受領不能을 債權者遲滯로 보든 給付不能으로 보든 危險負擔의 법리에 귀결될 수밖에 없다고 하겠다. 債權者遲滯說이 債權者의 損害賠償義務 대신에 債權者의 反對給付義務를 인정하는 것은 다름아닌 危險負擔의 法理라고 할 것이다.[62] 왜냐하면 우리의 領域說은 受領不能에 의

58) 金亨培, 債總, 345.

59) 李銀榮, 143.

60) 大判 91. 5. 14, 91다2656(公 899, 1657); 92. 3. 31, 90다8673(公 920, 1395); 大判 92. 12. 8, 92다39860(公 937, 441); 大判 93. 5. 25, 92다31125(公 949, 1839).

解雇가 無效인 경우의 法律關係에 관하여는 民 §660의 注解 중 Ⅲ. 4. 不當解雇의 效力을 참조.

61) 大判 1992.11.13, 92다16690(公 935, 103).

62) 물론 反對給付義務의 이행으로 전보될 수 없는 부분에 대하여는 損害賠償義務가 성립한다.

하여 債務者는 給付義務를 면하는 것을 당연한 전제로 하고 있다. 그 결과 債務者는 債務를 면함으로 인하여 받은 이익을 債權者에게 상환하여야 된다고 한다. 그런데 일방의 債務가 소멸하는 것을 전제로 하고 타방의 義務를 문제삼는 것은 바로 危險負擔의 법리에 해당한다. 즉, 勞務者의 勞務提供義務의 소멸을 전제로 使用者의 報酬支給義務를 문제삼는 것이 바로 危險負擔의 法理라고 해석할 수 있을 것이다. 어느 학설에 의하든 결국 勞務提供義務가 受領不能인 경우 危險負擔의 문제로 취급하지 않을 수가 없는 것이다. 다만 그것을 債權者遲滯에 의한 危險負擔인지 아니면 履行不能에 의한 危險負擔인지로 볼 것이냐에 따른 차이가 있을 뿐이라고 하겠다.

위의 논의를 통하여 危險負擔制度가 受領不能과 給付不能을 모두 포섭할 수 있는 가능성을 엿볼 수가 있다. 危險負擔의 法理를 반드시 굳이 給付不能의 효과로만 파악해야 하는 것은 아니라고 볼 수 있는 것이다. 危險負擔의 法理를 給付不能의 효과로만 보게 되면 履行不能說처럼 受領不能을 給付不能이라고 보는 인위적인 조작이 필요하게 된다. 그러나 만일 危險負擔의 法理를 受領不能과 給付不能을 포괄하는 독립적인 제도로 인정하면 그러한 필요성은 없다고 하겠다. 그런데 우리 民法(§§537, 538)은 給付不能을 전제로 하여서만 危險負擔을 규정하고 있어서 受領不能에는 이는 적용할 수 없는 한계점이 있다. 바로 여기서 危險負擔의 法理를 독립적인 제도로 기능하게 하기 위해서는 民 §§537, 538를 다음과 같이 확대해석하는 것이 필요하고 또 그것으로 족하다고 하겠다. 雙務契約의 당사자 일방의 債務가 당사자 쌍방의 책임 없는 사유로 이행·「수령」할 수 없게 된 때에는 債務者는 상대방의 이행을 청구하지 못하고(民 §537), 雙務契約의 당사자 일방의 債務가 債權者의 責任 있는 사유로 이행·「수령」할 수 없게 된 때에는 債務者는 상대방의 이행을 청구할 수 있다(民 §538 I). 이 경우 債務者는 자기 債務를 면함으로써 이익을 얻은 때에는 이를 債權者에게 상환하여야 한다(民 §538 II).

(e) 勤勞基準法　勤勞基準法(§38)에 의하면 使用者의 歸責事由로 인하여 휴업하는 경우에는 使用者는 휴업기간 중 당해 勤勞者에 대하여 평균임금의 100분의 70 이상의 수당을 지급하여야 하고, 다만 부득이한 사유로 사업계속이 불가능하여 勞動委員會의 승인을 얻은 경우에는 그 범위 이하의 휴업수당을 지불할 수 있다. 부득이한 사유는 勞動委員會로부터 승인을 받지 못하면 수당의 지급을 면할 수 없다.[63] 勤基 §38는 勤勞者의 생존권을 확보하기

63) 大判 68. 9. 17, 68누151(集 16-3, 行 1).

위한 규정으로서 民 §538의 危險負擔의 법리와는 그 근거를 달리하는 규정이라고 본다.[64] 따라서 勤基 §38에 규정된 歸責事由는 民 §538의 歸責事由보다 넓은 의미를 갖는다고 한다. 使用者의 故意·過失 또는 이와 동일시할 수 있는 사유뿐만 아니라 경영상의 장애와 같이 使用者가 불가항력을 주장할 수 없는 사유까지도 포함한다고 한다.[65] 따라서 勤基 §38의 의의는 使用者에게 民法上의 歸責事由가 없는 경우에도 평균임금의 70% 이상을 청구할 수 있다는 데에서 찾을 수 있다고 하겠다.

使用者에게 발생한 사유가 民法上의 歸責事由의 요건도 갖춘 경우에는 勤勞者는 民 §538 I에 의하여 임금 전액의 청구를 할 수 있는가? 일반적으로 勤基 §38에 의한 休業手當請求權과 民 §538 I에 의한 임금전액청구권이 동시에 발생하여 양자는 請求權이 경합하는 것으로 본다(請求權競合說).[66] 따라서 휴업수당의 한도내에서는 民法上의 請求權이 소멸하고, 임금지급이 평균임금 100분의 70 이상이 되는 부분에 대하여는 休業手當請求權이 소멸하게 된다. 判例도 請求權의 경합을 인정하고 있다.[67] 그리고 受領不能 중 勤勞者에게 중간수입이 있는 경우에는 民 §538 II에 의하여 이를 반환하여야 하지만, 휴업수당의 한도 내에서는 이를 중간수입공제의 대상으로 삼을 수 없고 휴업수당을 초과하는 범위 내에서만 공제가 인정된다.[68]

(2) **使用者의 報酬支給義務**

使用者는 勞務者가 勞務를 제공하는 데에 대한 대가로 報酬를 지급하여야 한다(民 §§655, 656). 勞務提供義務가 勞務者의 基本的 給付義務에 해당하는 것에 대응하여 報酬支給義務는 使用者의 基本的 給付義務를 구성한다.[69]

㈎ 勞務提供不能時의 報酬支給義務 使用者에게 있어서 報酬란 자신에게 제공된 勞務에 대한 대가로서 지급되는 것이다. 使用者는 제공된 勞務에 대하여서만 勞務者에게 報酬를 지급하려고 한다. 반대로 勞務者의 입장에서는 報酬는 勞務提供에 대한 대가 이상의 의미를 갖는다. 첫째, 勞務者에게는 報酬란 勞務提供과 관계 없이 使用者에게 雇傭되어 있다는 사실에 대한 대가

64) 金亨培, 285.
65) 金亨培, 285; 李炳泰, 693.
66) 金亨培, 285; 李炳泰, 693.
67) 大判 91.5.14, 91다2656(公 899, 1657); 92.3.31, 90다8673(公 920, 1395); 大判 92.12.8, 92다39860(公 937, 441); 大判 93.5.25, 92다31125(公 935, 103).
68) 大判 93.11.9, 93다37915(公 959, 85).
69) 報酬支給義務에 있어서 報酬의 종류, 산출기준, 지급시기에 관하여는 雇傭의 의의(II. 2)와 民 §656의 注解를 참조.

로서의 의미를 갖는다. 勞務者는 使用者에 雇傭되어 있는 한 타인에게 勞務를 제공한다는 것이 불가능해지기 때문이다. 둘째, 勞務를 유일한 생산수단으로 하는 勞務者에게는 報酬는 생존을 위한 유일한 소득원이 된다.[70] 따라서 勞務者는 전혀 또는 일정기간 勞務를 제공하지 못한 경우에도 報酬 전부를 청구하려고 할 것이다. 이처럼 報酬의 지급과 관련하여 使用者와 勞務者의 대립하는 이해관계를 어떻게 조절할 것인지가 문제된다. 民法(§656)은 報酬支給義務와 관련하여 報酬의 지급, 報酬額과 報酬支給時期에 대하여서만 규정을 두고 있을 뿐 이러한 사항에 대하여는 침묵을 지키고 있다. 그렇다면 위의 경우 民法의 債務不履行 또는 危險負擔를 적용하여 해결하여야 할 것인가?[71] 그러나 報酬가 갖는 특별한 의미로 말미암아 아무런 수정없이 위의 법리를 그대로 雇傭契約에 적용할 수는 없다고 할 것이다. 이 문제에 대하여는 勞務者가 勞務를 제공하지 못하게 된 사유가 어떠한 원인에 의하여 발생하였는지에 따라 이를 살펴본다.

(a) 勞務者에게 責任 있는 事由에 의한 履行不能 勞務者가 자신에게 책임 있는 사유에 의하여 勞務를 제공하지 못한 경우에는 勞務者를 보호할 필요는 없다고 하겠다. 따라서 勞務를 제공하지 못한 기간에 상응하는 報酬에 대하여는 使用者에게 아무런 報酬支給義務가 발생하지 않는다고 할 것이다.[72] 使用者가 이미 報酬를 지불한 경우에는 부당이득반환으로 報酬의 반환을 청구할 수 있다고 하겠다. 이 경우는 오히려 使用者가 勞務者에 대하여 債務不履行으로 인한 損害賠償請求權을 갖는다. 勤勞契約의 경우는 契約 자체에 또는 就業規則이나 團體協約에 歸責事由에 의한 勞務提供不能에 대하여 특별규정을 두는 것이 보통이다.

勞務者가 勞務를 제공하였으나 그 이행이 불완전한 경우에도 勞務者는 報酬請求權을 행사할 수 있는가? 이 경우에는 일단 외형상 勞務의 제공이 있었고 使用者가 이를 수령한 이상에는 勞務者에게는 報酬請求權이 발생하고 다만 使用者는 不完全履行 또는 瑕疵擔保責任을 원용하여 勞務者에게 損害賠償을 청구할 수 있을 뿐이라고 하여야 할 것이다.[73]

報酬에 勞務의 제공과는 관계 없는 부분, 즉 勞務者라는 지위 그 자체에

---

70) 日注民(16), 31.

71) 民法의 一般法理에 반하지 않는 慣習이 있으면 民 §656의 취지에 비추어 慣習의 적용이 있다고 할 것이다.

72) 郭潤直, 393; 金錫宇, 312; 金曾漢, 301; 金顯泰, 228; 註釋債各(Ⅱ), 350.

73) 日注民(16), 32.

의하여 주어지는 수당 등이 포함되어 있는 경우에는 勞務者는 그 수당의 법적 성격과 당사자가 약정한 바에 따라 이를 청구할 수 있다고 하겠다. 勞務者는 혹은 수당 전부에 대하여 權利를 갖거나 혹은 勞務를 제공한 일수의 비율에 따라 權利를 갖거나 혹은 수당에 대하여 전혀 權利를 갖지 못하게 될 것이다.

(b) 使用者에게 責任 있는 事由에 의한 履行不能　勞務者가 使用者에 의하여 제공된 음식에 의하여 식중독에 걸렸거나 使用者에게 책임이 있는 안전사고에 의하여 부상을 당하였기 때문에 勞務者가 勞務를 제공할 수 없게 된 경우에는 勞務者는 使用者에게 報酬의 지급을 청구할 수 있다고 하겠다(民 §538 I).[74]

勞務者가 勞務를 제공할 수 있음에도 불구하고 使用者의 책임 있는 사유에 의하여 사실상 勞務를 제공할 수 없는 경우에 관하여는 이를 受領遲滯로 볼 것인지 아니면 履行不能으로 볼 것인지에 대하여는 견해가 대립하고 있음은 이미 살펴보았다.

(c) 勞務者·使用者 雙方에게 責任 없는 事由에 의한 履行不能

勞務者와 使用者 雙方에게 책임 없는 사유에 의하여 勞務者가 勞務를 제공하지 못한 경우에도 使用者는 報酬支給義務를 부담하는지가 문제된다. 예를 들면 홍수 또는 교통기관종사자들의 파업으로 인하여 교통기관의 운행이 정지되어 勞務者가 勞務를 제공하지 못한 경우에 위와 같은 문제가 발생한다. 이 경우는 危險負擔의 法理가 적용되는 전형적인 예에 해당한다. 따라서 債務者 危險負擔主義(民 §537)에 의하여 勞務者에게는 報酬支給請求權이 발생하지 않게 된다.[75]

이 경우에도 (b)에서와 같이 勞務를 제공할 수 없는 경우에 관하여는 이를 受領遲滯로 볼 것인지 아니면 履行不能으로 볼 것인지의 문제가 발생한다.

(d) 勞務者에게 責任 없는 一身上의 事由에 의한 一時的 履行不能

勞務者가 질병, 근친자의 사망, 병역의무이행, 예비군훈련 등 자신에게 책임이 없는 일신상의 사유에 의하여 일시적으로 勞務를 제공하지 못한 경우에도 使用者는 報酬支給義務를 부담하지 않는가? 즉, 勞務者에게 책임 없는 일신상의 사유는 결국 勞務者와 使用者 쌍방에게 책임 없는 사유에 해당하게 되므로 債務者危險負擔主義에 의하여 勞務者는 使用者에 대하여 報酬의 지급을 청구할 수 없게 된다(民 §537). 그러나 이러한 해결은 報酬를 유일한 소득원으로 하는 勞

74) 金曾漢, 301; 金錫宇, 313.
75) 金顯泰, 228; 李太載, 284; 註釋債各(Ⅱ), 313; 日注民(16), 33.

務者에게는 매우 가혹하다고 하겠다.

獨逸民法과 瑞西債務法은 일정한 조건하에 勞務者에게 報酬請求權을 인정하고 있다. 즉 勞務者에게 歸責事由 없는 일신상의 사유에 의하여 발생한 일시적 履行不能으로 인한 危險을 使用者에게 부담시키고 있다. 獨民 §616에 의하면 勞務者는 일시적 이행불능이 비교적 중요하지 않은 기간에 발생한 때에는 報酬請求權을 상실하지 않는다. 勞務者의 질병은 使用者의 保護義務와 관련이 될 사항이기 때문에 본조는 대부분 질병 이외의 일신상의 사유에 의하여 勞務提供이 이루어지지 못한 경우에 적용이 된다. 勞務를 제공하지 못한 기간이 비교적 중요한 기간인지의 여부는 雇傭期間 전체와 비교하고 그리고 개개의 구체적 사정을 참작하여 판단한다. 1회로 끝날 勞務給付에 있어서는 단기간 勞務를 급부하지 못하더라도 본조의 적용이 없는 것으로 본다. 그리고 본조의 적용을 위하여는 勞務者가 자신에게 過失 없음을 입증할 필요는 없고, 使用者가 勞務者에게 過失 있음을 입증하여 본조의 적용을 배제하여야 한다. 그리고 瑞債 §324a I에 의하면 勞務者가 질병, 사고, 법적 의무의 이행 또는 공무의 수행 등의 일신상의 사유로 歸責事由 없이 勞務提供에 장해가 있는 경우에는 고용관계가 3월 이상 존속되었거나 3월 이상의 기간으로 시작된 때에는 使用者는 勞務者에게 상당한 보수를 지급하여야 한다. 한편 日本民法은 위와 같은 특별한 규정을 두고 있지 않다. 그러나 상당기간에 걸쳐 使用者의 지시에 따라 불특정의 勞務를 제공하여야 할 雇傭에 있어서는 당사자 사이에 일종의 인적 결합관계가 발생하고 있고, 이 경우는 雇傭의 전기간에 제공한 勞務의 총량과 報酬의 총량이 대가관계에 있으므로 雙務契約의 요건이 갖추어져 있다고 보아야 하므로 동일한 결론을 인정하고 있다.[76)]

우리 民法도 日本民法과 마찬가지로 특별한 규정을 두고 있지 않다. 이를 어떻게 해석할 것인지에 대하여 학설은 대립하고 있다. 우선 雙務契約에 있어서의 履行不能에 관한 일반법리인 危險負擔의 法理에 의하여 해결하는 해석론이다. 勞務者는 債務者危險負擔主義(民 §537)에 의하여 使用者에 대하여 報酬의 지급을 청구할 수 없다고 한다.[77)] 이와 반대로 民 §537의 적용을 거부하고 勞務者의 報酬請求權을 인정하는 해석론도 있다.[78)] 즉, 일시적 履行不能이 비교적 중요하지 않은 단기간인 경우에는 勞務者는 報酬請求權을 상실하지 않는다고

76) 日注民(16), 34.
77) 金亨培, 勤勞基準法, 130, 註 1).
78) 郭潤直, 394; 金錫宇, 312; 金曾漢, 300.

한다.[79] 그 논거로는 혹은 비교적 장기간에 걸치는 雇傭關係에 있어서는 使用者는 勞務者에게 책임 없는 一身上의 事由로 인하여 일시적으로 勞務提供이 중단되는 것을 당연히 예측할 수 있는 것이고, 특히 雇傭에 있어서는 報酬는 단순히 勞務提供의 대가에 그치지 않고 勞務者의 생존을 위한 주된 수단이라는 점을 고려하여 民法上의 危險負擔의 원칙을 수정하는 것이 충분히 가능하다고 한다.[80] 혹은 雇傭의 특질인 인적 결합관계를 지배하는 信義則에 비추어 報酬請求權을 인정하는 것이 타당하다고 한다.[81]

(나) 契約의 無效·取消時의 報酬支給義務 雇傭契約이나 無效이거나 取消된 경우라도 勞務가 현실적으로 제공된 경우에는 使用者는 報酬支給義務가 있음에는 이론이 없다. 법률구성에 있어서는 학설에 따라 차이가 있다.[82]

(다) 勞動法上 報酬支給義務의 履行保障 民法(民 §655)은 「報酬의 지급」을 「勞務의 제공」에 대한 대가로서만 이해하고 있다. 따라서 民法은 勞務者의 報酬請求權을 보호하기 위한 특별한 규정을 두고 있지 않다. 그러나 勞動法은 勤勞者를 보호하기 위하여 勤勞者에게 생존의 유일한 수단이 되는 賃金의 지급을 보장하는 규정들을 두고 있다.[83]

2. 附隨的 義務

勞務者와 使用者는 民 §655에 규정된 勞務提供義務와 報酬支給義務만을 부담하는 것은 아니다. 이러한 基本的 給付義務 이외에 당사자가 부담하는 의무를 통상적으로 附隨的 義務라고 부른다. 그런데 附隨的 義務라는 용어가 가질 수 있는 오해를 조심하여야 한다. 첫째, 「附隨的」 義務라고 해서 그것이 중요하지 않은 義務라는 것을 말하는 것은 아니다. 일정한 내용의 義務에 대하여 당사자가 契約에서 특별히 정하고 있다면 그것은 당사자에게는 중요한 의미를 갖는 義務라고 할 것이다. 예를 들면 違約金 내지 損害賠償의 예정, 競業避止 등에 관한 특약이 있다면 競業避止義務, 違約金支給義務는 당사자 사이에는 중요한 義務를 구성한다고 할 것이다. 둘째, 「附隨的」 義務라고 해서 언제나 信義則에 의하여서만 발생하는 것은 아니다. 附隨的 義務가 발생하는 계

79) 獨逸民法에서와 동일한 결과를 취하는 것이 된다. 어느 정도의 기간을 중요하지 않은 短期間이라고 할 것인지의 문제가 남는다.
80) 郭潤直, 394.
81) 金曾漢, 300.
82) 상세한 것은 2. 雇傭契約의 無效·取消時의 法律關係를 참조.
83) 상세한 것은 民 §656의 注解를 참조.

기에는 信義則 이외에도 당사자의 약정, 去來의 慣行이 있을 수 있다. 다만 附隨的 義務에 대하여 약정이 있거나 去來의 慣行이 성립하고 있지 않은 경우에는 信義則이 附隨的 義務의 주된 발생근거가 된다고 할 것이다. 그리고 契約이나 去來慣行에 의하여 발생된 附隨的 義務도 구체적 상황에 있어서는 다시 信義則에 따라 그 내용과 이행의 정도가 다양할 수 있다는 점에서 信義則이 특별한 기능이 있다고 하겠다. 그리고 雇傭에 있어서는 勞務者와 使用者 사이에 인적 신뢰관계를 기초로하여 계속적인 債權關係가 성립하므로 契約의 이행이 일정한 시점이나 짧은 기간에 이루어지는 다른 契約들과는 달리 信義則이 강하게 지배하고 그만큼 信義則에 의하여 발생하는 附隨的 義務가 중요한 의미를 갖게 된다고 하겠다.

雇傭에 있어서 계약당사자가 부담하게 될 附隨的 義務는 雇傭契約의 목적, 勞務가 실현되는 상황, 작업장이 어떠하냐에 따라 실로 다양하다. 이를 일일이 열거하기란 사실상 불가능하다. 먼저 발생근거에 따라서 구분한 후 勞務者와 使用者가 부담하는 附隨的 義務에 대하여 살펴본다.

(1) 信義則上의 附隨的 義務

信義則上의 附隨的 義務로서 일반적으로 중요하게 논의되고 있는 것으로는 誠實義務, 注意義務, 勞務受領義務, 保護義務가 있다.[84]

㈎ 勞務者의 附隨的 義務　　勞務者의 附隨的 義務에는 誠實義務와 注意義務가 있다. 양자의 구별이 반드시 용이한 것은 아니다. 誠實義務의 한 내용으로 勞務者의 秘密維持義務과 競業避止義務가 있다.

(a) 比 較 法　　瑞西債務法은 勞務者의 誠實義務와 注意義務에 대하여 상세한 규정을 두고 있다. 우선 瑞債 §321a는 勞務者는 주의를 다하여 勞務를 실현하고 使用者의 정당한 이익을 성실하게 보호하여야 한다고 함으로써 勞務者의 注意義務와 誠實義務를 명문으로 규정하고 있다. 注意義務에 대하여는 우선 瑞債 §321a Ⅱ은 勞務者는 使用者의 기계, 작업도구, 설비, 시설 및 차량을 규정에 따라 사용하고 그리고 이들을 勞務를 위하여 제공된 자재와 함께 주의를 다하여 취급하여야 한다고 규정하고 있다. 그리고 勞務者가 기울여야 할 주의의 정도에 대하여, 瑞債 §321e는 직업상의 위험, 노무의 실행을 위하여 필요한 교육과 지식 그리고 使用者가 알았거나 알 수 있었던 勞務者의

84) 이 義務들은 서로 배타적인 기준에 의하여 분류한 것이 아니므로 보는 관점에 따라서는 그 내용이 중첩될 수도 있다.

자질과 성품을 고려하여 주의의 정도를 정한다고 규정하고 있다. 한편 瑞西債務法은 勞務者의 誠實義務의 예로서 競業避止義務와 秘密維持義務에 대하여 별도로 규정하고 있다. 瑞債 §321a Ⅲ은 勞務者는 雇傭關係가 존속하는 중에는 誠實義務에 반하거나 특히 使用者에게 경쟁이 되는 경우에는 제3자에게 유상으로 勞務를 제공하지 못한다고 규정하고 있다. 그리고 瑞債 §321a Ⅳ은 勞務者는 雇傭關係가 존속하는 중에는 고용중 취득한 제조비밀과 업무상의 비밀 등과 같이 비밀을 보전하여야 할 사실을 이용하거나 공개하여서는 안 되며, 그리고 勞務者는 契約이 종료된 후에도 使用者에게 정당한 이익을 보호할 필요가 있는 한 비밀을 유지하여야 한다고 규정하고 있다. 佛蘭西民法과 佛蘭西勞動法典은 勞務者의 성실의무에 대하여 특별한 규정을 두고 있지 않다. 그러나 判例는 信義則에 관한 佛民 §1134를 근거로 하여 勞務者의 競業避止義務(l'obligation de non-concurrence), 誠實義務(l'obligation de loyauté)과 注意義務(l'obligation de discrétion)를 勞務者의 附隨的 義務로 인정하고 있다.

(b) 誠實義務 勞務者가 使用者에 대하여 「誠實義務 내지는 忠實義務」를 부담한다는 것에 대해서는 학설이 일치하고 있다.[85] 勞務者는 후술하는 바와 같이 使用者가 勞務者에 대하여 保護義務(扶助義務)를 부담하는 것에 대응하여 誠實義務를 부담한다고 한다.[86] 誠實義務는 信義則上 채무이행의 일반에 있어서 요구되는 것이라고 하겠으나, 계속적 채권관계로서 인적 신뢰관계를 기초로 하는 雇傭에서는 더욱 중요한 의미를 갖는다고 하겠다.[87] 그러나 어느 경우에도 誠實義務를 勞務者가 최선을 다하여 使用者와 그의 경영의 이익을 도모하고 그 이익에 해가 되는 일체의 일을 행하지 않을 義務로 확대하여 이해하여서는 안된다고 할 것이다.[88]

誠實義務의 의의와 그 구체적인 내용이 무엇인지에 대하여는 이해하는 바가 다양하다. 첫째, 誠實義務를 勞務의 제공 자체와 관련시켜서만 이해하기도 한다. 이 경우 誠實義務란 다름아닌 「勞務를 성실히 제공하는 義務」를 가리킨다. 즉, 勞務者가 勞務 자체의 질이나 양과 관련하여 부담하는 義務를 誠實義務로 이해한다. 예를 들면 勞務의 질과 관련하여 勞務者는 「善良한 管理者의

85) 「忠實義務」라는 용어는 전근대적인 勞使關係의 이미지를 가지므로 이를 「相互利益保護義務」로 대신하는 것이 타당하다는 주장이 있다(李銀榮, 390).
86) 郭潤直, 395; 金曾漢, 298.
87) 註釋債各(Ⅱ), 351; 日注民(16), 29.
88) 李銀榮, 381 참조.

注意」로써 勞務를 제공하여야 한다고 하여 誠實義務를 善管主義義務와 동일하게 이해하거나,[89] 또는 勞務의 양과 관련하여 가사사용인이 근로시간이나 노무양이 일단 약정된 경우에도 使用者에게 정당한 필요가 있을 때에는 초과근무를 하여야 하는 것을 誠實義務의 내용으로 보기도 한다.[90] 둘째, 誠實義務를 使用者의 정당한 이익을 부당하게 침해하지 않을 의무로 이해한다. 예를 들면 使用者의 가정생활상 또는 영업상의 비밀을 타인에게 누설하거나, 법률상 허용된 정당한 노동운동 이외에 동료 勞務者를 선동하거나 원조하여 사용자의 이익을 해치거나, 직무상의 지위를 이용하여 수뢰를 하는 것을 誠實義務의 위반이라고 본다.[91] 使用者에게 급박한 침해가 있는 때, 예를 들면 절도나 횡령의 사실이 있으면 이를 使用者에게 통지하여야 하는 義務도 誠實義務에 포함시킨다.[92] 셋째, 誠實義務를 勞務提供義務를 비롯하여 勞務者가 부담하는 여러 가지 附隨的 義務를 성실하게 이행하여야 하는 義務로 이해하기도 한다.[93]

생각건대 使用者의 정당한 이익을 부당하게 침해하지 않을 義務를 勞務者의 誠實義務로 이해하는 것이 雇傭契約에서 誠實義務를 특별히 信義則上의 義務로 인정하는 의미가 있다고 할 것이다. 勞務者는 使用者의 정당한 이익을 침해하는 일체의 행위를 삼가야 하며 경우에 따라서는 使用者의 정당한 이익을 보호하는 데에 필요한 일체의 조치를 취하여야 하는 경우도 있다. 특히 使用者에게 손해가 발생하는 것을 방지하여야 하는 경우도 있을 수 있다. 그러나 이러한 誠實義務는 勞務를 실현하는 데에 필요한 범위 내에서만 인정된다고 할 것이다. 일반적으로 말하여 使用者가 상세한 규칙을 정하고 이에 따라 勞務를 제공하는 경우보다 勞務者가 勞務를 제공함에 있어서 어느 정도 재량이 있는 경우에 誠實義務는 보다 더 넓게 인정될 수 있을 것이다.

(c) 注意義務 民 §681는 受任人은 委任의 본지에 따라 善良한 管理者의 注意로써 위임사무를 처리하여야 한다고 규정하고 있다. 그러한 규정이 없는 雇傭에 있어서도 勞務者와 使用者 사이에 존재하는 특별한 信賴關係에 비추어 볼 때 勞務者는 「善良한 管理者의 注意」로 勞務提供義務를 이행하여야 한다고 할 것이다. 이를 勞務者의 「注意義務」라고 한다.[94] 勞務者가

89) 金顯泰, 226.
90) 金顯泰, 226 참조.
91) 金錫宇, 310.
92) 註釋債各(Ⅱ), 351.
93) 郭潤直, 391.
94) 金顯泰, 226; 註釋債各(Ⅱ), 351.

부담하는 注意義務는 다시 使用者에 대한 義務와 제 3 자에 대한 義務로 구분할 수가 있다.

(i) 使用者에 대한 注意義務　勞務者는 勞務를 제공하는 과정에서 불가피하게 使用者의 인적·물적 자원과 관계를 맺거나 접촉하게 된다. 勞務者는 使用者의 사업장, 사무실 기타 使用者가 지정한 장소에서 使用者에게 속하거나 그의 책임하에 있는 원료·기계·설비·시설 등을 사용하거나 관리하게 되고 그리고 使用者가 고용하고 있는 다른 勞務者들과 공동으로 또는 협동하여 勞務를 제공하게 된다. 이 경우 勞務者는 勞務를 제공함에 있어서 使用者에게 인적 또는 물적 손해를 야기하지 않도록 주의를 하여야 할 것이다. 만일 勞務者가 注意義務를 이행하지 않아 使用者에게 손해가 발생한 때에는 당연히 損害賠償責任을 부담하게 된다. 많은 경우 勞務者는 使用者의 지휘·명령을 받게 되므로 注意義務를 위반하는 경우에도 使用者와 責任을 분담하는 경우가 많다.

勞務者가 부담하는 注意義務의 정도는 원칙적으로 債務者 일반에게 적용되는 「善良한 管理者」의 注意義務라고 할 것이다.[95] 勞務者는 자신과 동일한 지식, 경험, 기술, 경력 그리고 직업 등을 가진 사람에게 요구되는 정도의 注意義務를 기울어야 한다. 勞務者는 勞務를 제공함에 있어서 使用者의 지휘·명령을 받게 되므로 注意義務를 위반하였는지의 여부는 使用者와의 지휘·명령권의 관계에서 종합적으로 판단되어야 할 것이다. 특히 勤勞者의 경우는 産業安全保健法(§6)이 정하고 있는 안전기준을 준수할 義務가 있다.

(ii) 第 3 者에 대한 注意義務　勞務者가 使用者를 대신하여 제 3 자와 직접 관계를 맺는 경우 勞務者는 제 3 자를 상대로 하여서도 注意義務를 부담하게 된다. 勞務者가 注意義務를 위반하여 제 3 자에게 손해를 발생시킨 때에는 使用者는 두 가지의 방향에서 제 3 자에 대하여 責任을 진다. 하나는 勞務者는 使用者의 이행보조자가 되므로 勞務者의 故意·過失은 使用者의 故意·過失이 되어 使用者는 제 3 자에 대하여 債務不履行責任을 지게 된다(民 §391). 다른 하나는 使用者는 勞務者의 행위에 대하여 使用者로서의 不法行爲責任(民 §756)을 지게 된다. 이 경우 勞務者도 제 3 자에 대하여 損害賠償責任을 연대하여 부담하게 된다(民 §756 II). 어느 경우나 使用者는 勤勞者에 대하여 求償權을 가질 수 있다.

95) 注意義務라고 해서 모두 附隨的 義務인 것은 아니다. 勞務의 성질상 注意義務를 내용으로 하는 경우에는 注意義務는 基本的 給付義務에 해당한다고 할 것이다. 예를들면 看護士가 환자를 간호하고 환자의 상태에 이상이 발생하지 않도록 그리고 발생한 이상에 신속한 대처를 하는 注意義務는 곧 看護士의 基本的 給付義務에 해당한다고 할 것이다.

(d) 秘密維持義務·競業避止義務　　秘密維持義務란 勞務者가 勞務提供과 관련하여 취득한 使用者의 사업 또는 영업에 관한 비밀을 제3자에게 누설하지 않을 의무를 말한다. 競業避止義務란 勞務者가 使用者와 동일한 부류에 속하는 영업을 하거나 使用者와 경쟁관계에 있는 제3자에게 유상으로 勞務를 제공하여 使用者에게 손해를 발생시키지 않을 義務를 말한다. 商 §17 I, 獨商 §60는 商業使用人의 競業避止義務를 명시적으로 규정하고 있다. 그러나 그러한 특별규정이 없더라도 雇傭契約이 존속하는 동안에는 당사자 사이에 특약이 없더라도 勞務者에게 秘密維持義務와 競業避止義務가 발생함은 당연하다고 하겠다. 그것은 雇傭契約이 존속하는 한 勞務者는 使用者에게 성실하게 勞務를 제공하여 부당한 손해를 끼치지 말아야 할 義務, 즉 이른바 誠實義務를 부담하고 있기 때문이다.[96] 獨逸判例도 獨商 §60의 규정은 誠實義務의 구체적 적용으로 보아 이를 다른 勞務者에게도 적용하고 있다. 契約 중의 秘密維持義務와 競業避止義務란 誠實義務의 일종이 된다고 하겠다.[97] 고용기간중에 발생한 秘密維持義務와 競業避止義務는 雇傭契約이 종료함으로써 소멸하는 것이 원칙이다. 그러나 필요한 경우에는 雇傭契約이 종료한 후에도 信義則上의 義務로서 존재할 수 있다고 하겠다.[98] 瑞債 §321a Ⅳ은 勞務者는 契約이 종료된 후에도 秘密維持義務가 존속할 수 있음을 명시적으로 규정하고 있다. 그러나 契約終了 후에 信義則上 성립하는 競業避止義務는 제한된 범위 내에서밖에 인정될 수 없다. 왜냐하면 雇傭契約이 종료한 후에는 勞務者는 경제적 활동에 대한 자유를 가지기 때문이다. 따라서 秘密維持義務와 競業避止義務는 使用者의 정당한 이익을 보호할 필요가 있는 범위 내에서 그리고 勞務者의 정상적인 직업생활에 장애가 되지 않는 범위 내에서만 인정된다고 할 것이다.

(나) 使用者의 附隨的 義務　　使用者의 附隨的 義務로 논의되는 것에는 勞務受領義務와 保護義務가 있다.

(a) 勞務受領義務　　勞務受領義務란 使用者는 勞務者가 제공하는 勞務를 수령하거나 또는 勞務者가 勞務를 제공하는 데에 대하여 협력하여야 하는 義務를 말한다. 그런데 使用者에게 勞務受領義務가 있는지, 勞務受領義務가 있다고 한다면 그 근거와 법적 성격이 무엇인지 그리고 勞務受領義務를 이행하지 않은 경우 使用者가 부담하여야 할 責任의 내용이 무엇인지에 대하여

96) 郭潤直, 397; 註釋債各(Ⅱ), 357.
97) 註釋債各(Ⅱ), 357.
98) 郭潤直, 397; 註釋債各(Ⅱ), 358.

는 견해가 대립하고 있다. 이는 受領遲滯(民§400)의 본질에 대한 견해의 대립이기도 하다. 여기서는 勞務受領義務의 설명에 필요한 범위 내에서만 債權者遲滯本質論에 대하여 간단히 살펴본다.

法定責任說에 의하면 使用者는 勞務의 제공을 청구할 權利를 가질 뿐 특약이나 관습에 의하는 이외에는 勞務受領義務를 부담하지 않게 된다.[99] 使用者側의 사정에 의하여 勞務를 수령하지 못하고 있는 경우 공평하게 이익을 조절한다는 취지에서 法은 使用者에게 일정한 責任을 지우고 있다. 즉, 受領遲滯중에는 勞務者는 故意 또는 중대한 過失이 없으면 勞務를 제공하지 못한 데에 대하여 責任이 없고(民§401), 勞務를 제공하는 데에 증가된 비용을 부담하여야 한다(民§403).[100] 이에 반하여 債權者 일반에게 受領義務를 인정하는 債務不履行責任說에 따르면 使用者에게는 勞務受領義務가 존재한다.[101] 즉, 고용관계란 使用者와 勞務者가 공동의 목적을 향하여 서로 협력하여야 할 일종의 협동체 내지는 유기적 관계이기 때문에 使用者는 權利를 가짐과 동시에 信義則에 의하여 勞務受領義務 내지는 協力義務를 부담하고 이를 위반하면 債務不履行責任을 부담하게 된다. 使用者가 故意·過失에 의하여 勞務受領義務를 위반하면 勞務者는 民法이 정하는 責任을 추궁할 수 있는 외에 使用者를 상대로 契約을 解除(民§544)하거나 使用者에게 손해배상(民§390)을 청구할 수 있다.[102] 한편 위의 두 가지 학설의 중간적인 입장을 취하여 원칙적으로는 債權者의 受領義務를 인정하지 않지만 債權關係의 유형 또는 債務의 내용에 따라 개별적인 경우 受領義務를 인정하는 折衷說이 있다.[103] 이에는 다시 受領義務의 法的 性格이 무엇인지에 대하여 學說이 나뉘어진다. 첫번째 學說에 의하면 단지 債權者의 수령 내지 협력이 없이는 債務者가 그의 給付義務를 면할 수 없을 뿐인 경우에는 債權者에게 債務者의 급부를 수령하거나 협력하여야 할 「法的 責務」가 발생하지만 예외적으로 契約의 내용이나 信義則에 따라 債權者에게 債務者의 급부를 수령하거나 이에 협력하여야 할 「法的 義務」가 인정될 수도 있다고 한다.[104] 전자의 「法的 責務」에 있어서는 債務者는 債權者에게 이를 소구하거나 그로 인한 損害賠償責任을 물을 수는 없지만 만일 債權者가 급부를 수령하지 않거

99) 崔栻, 209.
100) 民 §402는 雇傭契約에 적용될 여지가 없다.
101) 郭潤直, 159.
102) 郭潤直, 162.
103) 權五乘, 277-78; 金亨培, 336-37.
104) 權五乘, 277-78.

나 이에 협력하지 않을 경우 債權者는 歸責事由의 유무에 관계 없이 民法이 정하는 불이익을 감수하여야 하지만, 반대로 「法的 義務」인 受領義務의 경우에는 債權者가 受領義務 내지 協力義務를 위반하면 일반의 債務不履行이 성립한다고 한다.[105] 이 설에 의하면 雇傭의 경우 契約이 체결되는 구체적 상황에 따라서 使用者는 法이 정하는 「法的 債務」를 지거나 또는 「法的 義務」인 受領義務를 지게 된다. 또 다른 學說에 의하면 賣買·都給任置와 같은 契約類型에 있어서는 명시적·묵시적 합의나 信義則에 의하여 債權者에게는 附隨的 義務의 일종으로서 受領義務가 인정되고 이를 위반하면 일반의 債務不履行이 성립한다.[106] 이 學說에 의하면 雇傭契約은 使用者에게 受領義務가 발생하는 계약유형에 해당하고 勞務者가 勞務受領義務를 이행하지 않는 경우에는 債務不履行으로 인한 모든 責任을 지게 된다.

생각건대 雇傭의 경우 그 특성상 勞務提供에 대하여는 使用者의 受領行爲가 필요하다고 할 것이다.[107] 즉, 使用者는 일반적으로 일정한 장소에 勞務者를 수용하여야 하고 또 勞務者가 勞務의 제공을 완료하기 위하여 使用者가 미리 재료, 기계, 설비를 제공하여야 하거나 勞務者에게 勞務提供의 방법과 관련하여 일정한 지시를 내려야 할 것이므로 使用者에게는 勞務受領義務 내지는 協力義務가 발생한다고 보아야 할 것이다.[108] 다만 使用者의 受領義務를 인정한다고 하더라도 그 위반에 어떠한 효과를 인정할 것인지는 受領遲滯의 본질론에 따라 달라진다고 하겠다.

(b) 保護義務 使用者는 勞務者가 勞務를 제공하는 과정에서 생명·신체·건강 등의 人格權에 피해를 입지 않도록 인적·물적 조치를 강구하여야 할 義務를 부담한다는 데에 學說은 일치하고 있다.[109] 이를 使用者의 保護義務, 扶助義務,[110] 또는 配慮義務라고 부른다.[111] 이를 勞務者의 誠實義務에 대응하여 使用者의 誠實義務라고 부르기도 한다.[112]

(i) 比 較 法 使用者의 保護義務에 관하여는 獨逸民法, 瑞西

105) 權五乘, 278.
106) 金亨培, 336.
107) 金顯泰, 227.
108) 金顯泰, 227.
109) 郭潤直, 395; 金錫宇, 313; 金曾漢, 301; 金顯泰, 228-29; 註釋債各(Ⅱ), 353.
110) 金錫宇, 313.
111) 配慮義務라는 용어는 전근대적인 勞使關係의 이미지를 가진다고 하여 타당하지 않다는 주장이 있다(李銀榮, 383).
112) 郭潤直, 395; 金曾漢, 301; 註釋債各(Ⅱ), 354.

債務法 그리고 佛蘭西勞動法典은 비교적 상세한 규정을 두고 있다. 우선 獨民 §618 Ⅰ은 使用者는 생명과 건강에 대한 위험으로부터 勞務者를 보호할 의무가 있음을 규정하고 있다. 또 獨民 §617는 勞務者가 使用者와 가족공동체로 생활하는 경우에는 使用者는 勞務者의 질병이 故意 또는 重過失에 의한 것이 아닌 한 勞務者에게 급식과 의료를 제공할 義務가 있음을 규정하고 있다. 그리고 獨民 §618 Ⅳ은 使用者가 保護義務를 이행하지 않은 경우에는 不法行爲에 관한 §§824-846에 의하여 損害賠償責任을 지게 됨을, 그리고 獨民 §619는 使用者의 保護義務는 미리 계약에 의하여 배제 또는 제한할 수 없음을 명시적으로 규정하고 있다. 한편 瑞債 §328 Ⅰ은 使用者는 雇傭關係에 있어서 勞務者의 인격을 보호하고 존중하며, 勞務者의 건강을 고려하며 그리고 윤리가 준수되도록 유의하여야 할 義務가 있음을 규정하고 있다. 그리고 특히 본조는 使用者는 勞務者가 성적 희롱을 당하지 않고 그로 인하여 불이익을 당하지 않도록 유의할 義務가 있음을 규정하고 있다. 또 瑞債 §328a는 勞務者가 使用者의 가족공동체와 생활하는 경우 使用者는 숙식을 제공하고 치료 및 간호를 하여야 함을 규정하고, 瑞債 §328b는 使用者는 勞務者의 자질과 관련이 있거나 또는 雇傭契約의 이행에 필요한 범위 내에서만 勞務者에 관한 정보를 사용하여야 함을 규정하고 있다. 그리고 瑞債 §328b는 1992년 6월 21일자 情報保護에 관한 聯邦法律은 勞務者에게도 적용됨을 명시적으로 규정하고 있다. 한편 佛蘭西勞動法典은 제 3 부 제 3 편(衛生, 安全 및 勤勞條件)에서 使用者의 保護義務에 관하여 상세하게 규정하고 있다. 日本民法은 위와 같은 특별규정을 두고 있지 않다. 그러나 信義則에 기하여 이를 인정하고 있는 것이 통설·판례이다.[113] 그리고 保護義務는 그 성질상 당사자의 특약으로 제한하거나 배제하는 것은 인정되지 않는다고 한다.[114] 우리 民法은 雇傭에 있어서 使用者가 부담할 保護義務에 관하여 아무런 규정을 두고 있지 않다.

(ii) 保護義務의 根據 후술하는 바와 같이 勞動法의 경우는 勤勞基準法과 기타 특별법이 使用者의 保護義務를 명시적으로 규정하고 있다. 그러한 특별한 규정이 없는 雇傭의 경우에 있어서도 使用者에게는 信義則에 근거하여 保護義務가 발생함을 일반적으로 인정하고 있다.[115] 즉, 勞務者가 使用者에 대하여 信義則에 기하여 誠實義務를 부담하는 것에 대응하여 使用者는

113) 日注民(16), 46.
114) 日注民(16), 46.
115) 郭潤直, 395; 金錫宇, 313; 金曾漢, 301; 金顯泰, 228-29; 李銀榮, 383; 註釋債各(Ⅱ), 353.

勞務者에 대하여 信義則에 의하여 保護義務를 진다고 한다.[116] 그러나 이에 대하여는 다시 雇傭契約에 있어서 信義則을 적용하여 使用者에게 保護義務를 부담지우는 실질적 이유 내지는 근거는 무엇인가하는 물음이 제기된다. 이에 대하여는 學說에 따라 설명하는 바가 다르다. 혹은 勞務者가 일정한 기간 동안 계속적으로 使用者를 위하여 勞務를 제공하게 되는 경우에는 그들 사이에는 勞務와 報酬의 단순한 교환관계가 아니라 그 이상의 인적 결합관계가 성립하고, 그리고 인적 결합에 의하여 당사자 사이에 하나의 인격적 관계 내지 공동체관계가 성립하며, 그러한 공동체 내에서는 당사자는 서로 信義則上 誠實義務를 부담하게 되는바 이것이 바로 保護義務라고 한다.[117] 이 학설은 고용관계를 인격적 공동체관계라고 보는 한에서는 使用者의 保護義務를 雇傭契約에서 인정되는 독자적인 의무라고 보는 듯하다. 혹은 고용관계 및 勤勞關係를 특별한 공동체관계로 파악하기 보다는 契約에 기초해 발생하는 일반의 債權關係에 지나지 않는다고 보고, 保護義務란 信義則上의 附隨的 義務로서 일반적인 행위의무에 지나지 않는다는 견해가 있다.[118] 생각건대 일반적으로 雇傭契約 이외의 契約에서도 保護義務가 인정된다.[119] 그런데 雇傭은 계속적인 勞務의 제공을 그 본질로 하므로 勞務者는 필연적으로 신체적·정신적인 위험에 노출된다는 점이 다른 契約에서는 찾아볼 수 없는 점이라고 할 수 있다. 더구나 勞務者는 使用者의 계속적인 지휘·감독을 받으므로 勞務者는 使用者에 대하여 종속관계에 놓이게 되고 따라서 勞務者의 人格權이 침해될 가능성이 큰 만큼 雇傭契約에서는 使用者의 保護義務가 성립하는 계기는 더욱더 강화된다고 하겠다. 따라서 雇傭契約의 경우는 雇傭契約 내지는 그 내용이 되는 勞務의 본질상 使用者의 保護義務는 契約上의 義務로서 성립하고 따라서 使用者는 그 위반에 대하여 債務不履行責任을 져야 한다고 할 것이다.

(iii) 保護義務의 內容　　勤勞基準法을 비롯한 勞動關係法이 使用者가 질 保護義務에 대하여 상세히 규정하고 있다. 이들 규정은 民法上 使用者가 부담하게 될 保護義務의 내용을 정하는 데 기준이 될 수 있을 것이다.

(ㄱ) 勞動法上의 使用者의 保護義務　　産業安全保健法(이하 安全保健法이라

116) 郭潤直, 395.
117) 郭潤直, 395; 金曾漢, 301; 註釋債各(Ⅱ), 354.
118) 李銀榮, 382.
119) 다만 그 불이행으로 인한 責任을 債務不履行責任으로 볼 것인지, 아니면 不法行爲責任으로 볼 것인지에 대하여는 학설이 대립하고 있다.

고 칭한다)은 생산시설이 기계화·동력화되고 또 위험물질의 사용이 빈번해짐에 따라 발생할 수 있는 產業災害와 질병을 예방하여 勤勞者의 안전·보건을 보호하기 위하여 使用者에게 일정한 保護義務를 부과하고 있다.[120] 使用者는 勤勞者의 안전을 해치는 기계·설비에 의한 위험, 폭발성·발화성·인화성 물질에 의한 위험 그리고 전기·열·기타 에너지에 의한 위험의 발생을 예방하는 데 필요한 안전上의 조치를 취해야 한다(安全保健法 §23 I). 또 굴삭·채석·하역·벌목·운송·조작·운반·해체·중량물취급 등의 작업에 있어서 불량한 작업방법 등에 기인하여 발생할 수 있는 위험을 방지하거나(安全保健法 §23 II) 그리고 추락할 위험이 있는 장소, 토사·구축물 등이 붕괴될 우려가 있는 장소, 물체가 낙하·비래할 위험이 있는 장소에 발생할 수 있는 위험을 방지하기 위하여서도 안전상의 조치를 취하여야 한다(安全保健法 §23 III). 使用者는 安全管理規程를 작성하고(安全保健法 §20) 안전장비와 보호구를 설치하여야 한다(安全保健法 §41). 그리고 使用者는 勤勞者의 보건에 장해가 발생하지 않도록 보건상의 조치도 아울러 취하여야 한다(安全保健法 §24). 즉, 使用者는 원재료·가스·증기·분진·산소결핍공기·병원체에 의한 보건장해(安全保健法 §24 I i) 방사선·유해광선·고온·저온·초음파·소음·진동·이상기압 등에 의한 건강장해(安全保健法 §24 I ii), 事業場에서 배출되는 기체·액체·잔재물에 의한 건강장해(安全保健法 §24 I iii) 컴퓨터단말기조작·정밀공작에 의한 보건장해(安全保健法 §24 I iv) 그리고 환기·채광·조명·보온·방습·청결 등에 적정기준을 유지하지 아니함으로 인한 보건장해(安全保健法 §24 I v)를 예방하기 위한 조치를 취하여야 한다. 또 벤젠 등의 유해물질 기타 화학물질을 제조하는 使用者는 유해성을 조사하고 시설·설비의 설치와 정비·보호구의 비치 등의 조치를 하여야 한다(安全保健法 §41). 이상의 안전·보건을 총괄하여 관리하기 위하여 안전보건관리책임자(安全保健法 §13)와 그를 보좌하는 안전관리자(安全保健法 §15)와 보건관리자(安全保健法 §16)를 두어야 한다. 그리고 使用者는 정기적으로 勤勞者에 대하여 안전보건교육(安全保健法 §31)과 건강진단(安全保健法 §43)을 실시하여야 하고 유해·위험한 기계·기기·설비에 대하여는 정기점검(安全保健法 §36)을 실시하여야 한다.

勤勞基準法(第5章 女子와 少年, §§50-63)은 신체적으로 열등한 女子와 少年을 특별히 보호하기 위하여 使用者에게 不作爲義務를 부과하고 있다. 使用者는 女子와 18歲

120) 개정 전의 勤勞基準法은 「安全과 保健」(§§64-73)이라는 장을 두어 勤勞者의 安全·保健을 위하여 使用者에게 여러 가지 義務를 부담시켰었다. 그럼에도 불구하고 늘어나는 產業災害와 疾病을 예방하기 위하여 「產業安全保健法(1990. 1. 13, 法律 第4220號)」이라고 하는 독립한 法律이 제정되었다.

미만인 少年을 보건상 유해·위험한 사업에 종사시키지 못하고(勤基 §51), 하오 10시부터 상오 6시 사이에 勤勞시키지 못하고(勤基 §56), 坑內에서 勤勞시키지 못한다(勤基 §58). 그리고 勤勞基準法(제 8 章 災害補償, §§78-93)은 勤勞者가 업무상 부상 또는 질병에 걸린 경우 使用者로 하여금 勤勞者에게 요양을 행하게 하거나 요양비를 부담하게 하여 使用者에게 無過失責任을 부담시키고 있다(勤基 §78). 요양중에 있는 勤勞者에 대하여는 평균임금의 100분의 60에 해당하는 휴업보상(勤基 §79)을 그리고 勤勞者가 완치후에 신체에 장해가 있는 경우에는 法이 정하는 기준에 따라 장해보상(勤基 §80)을 행하도록 하고 있다. 마지막으로 勤勞基準法上의 災害補償을 완전하게 하기 위하여 産業災害補償保險法(1963. 11. 5, 法律 第1438號. 이하 産災保險이라고 칭한다)이 제정되었다. 使用者는 産業災害補償保險에 강제로 가입하여야 하며(産災保險法 §6), 使用者는 보험료를 납입하여야 한다(産災保險法 §19)

(ㄴ) 民法上의 使用者의 保護義務　　使用者는 勞務者가 인간으로서 갖는 신체적·정신적·사회적 이익 등 일체의 人格的 가치와 이익을 보호할 義務가 있다. 使用者는 자신이 직접 勞務者의 인격적 이익을 침해하지 말아야 할 뿐만 아니라 勞務者가 상급자 또는 동료에 의하여 人格的 利益을 침해당하지 않도록 주의하여야 할 義務가 있다.

使用者가 부담할 保護義務의 내용은 雇傭이 체결된 사정을 기초로 하여 信義則에 따라 정해진다고 할 것이다. 使用者는 수시로 작업장소를 점검하면서 환기·채광·조명·보온·방습·청결 등이 적정수준으로 유지되도록 하여야 한다. 또 使用者는 제작기준이나 안전기준에 적합하지 아니한 유해·위험한 기계·기기·설비를 설치하거나 사용하여서는 안 된다. 그리고 使用者가 제공한 재료·기계·설비·장소가 勞務者의 생명·신체·건강에 위험을 발생시키지 않도록 안전상·보건상의 조치를 취하여야 한다.[121] 특히 勞務者가 使用者와 함께 동거하는 경우에는 使用者에 대한 종속관계가 더욱 강해서 스스로 사적 생활을 보호하기가 곤란하므로 거실·침실·음식·근로시간·휴식시간이 勞務者의 사생활을 유지하고 건강에 적합하도록 하여야 한다.[122] 만일 使用者는 勞務者가 勞務給付와 관계 없이 그리고 그의 過失 없이 부상을 당하거나 질병에 걸린 경우에는 이를 보상할 義務가 발생한다.[123] 즉, 使用者는 일정한 기간 요

121) 獨民 §618 Ⅰ·Ⅲ; 瑞債 §328를 參照.
122) 獨民 §618 Ⅱ; 瑞債 §328a 參照.
123) 金錫宇, 313; 金曾漢, 287; 金顯泰, 228-29; 註釋債各(Ⅱ), 354.

양을 주어야 하고,[124] 요양을 주는 경우 勞務의 제공이 없더라도 勞務者에게 상당한 報酬를 지급하여야 할 것이다.

使用者의 保護義務로서 오늘날 특별한 의미를 갖는 것으로 다음의 두 가지 義務를 들 수 있다. 첫째, 오늘날과 같이 정보화된 사회에 있어서 使用者는 특히 勞務者에 관하여 취득한 업무상 및 사생활상의 정보와 사실을 업무 이외의 목적으로 이용하거나 공개하여서는 안 될 義務가 있다. 이는 勞務者의 秘密維持義務에 대응하는 義務라고 할 수 있다. 둘째, 오늘날과 같이 성적 관심이 개방된 사회에서는 使用者는 勞務者가 성적인 침해를 받지 않도록 보호할 義務가 있다. 性에 관한 勞務者의 감정과 내면의식은 절대적으로 존중되어야 한다. 勞務者로부터 성적 배려를 얻기 위한 것이든 단순히 성에 관한 흥미를 유발시키기 위한 것이든, 언어에 의한 것이든 육체적 행위에 의한 것이든, 使用者에 의한 것이든 제3자에 의한 것이든, 使用者는 性에 관한 勞務者의 개인적 존엄성을 해치는 일체의 침해를 방지하여야 한다.

使用者가 이상의 保護義務를 어느 정도 부담하는지는 작업환경 기타의 사정을 고려하여 信義則에 비추어 구체적으로 정하여야 할 것이다.[125] 使用者가 부담하는 保護義務는 勞務者의 생명·신체·건강이라고 하는 기본적인 인격적 법익에 관한 義務이다. 따라서 당사자의 특약으로 이를 배제하거나 제한할 수는 없다고 할 것이다.[126]

(2) 特約上의 附隨的 義務

勞務者와 使用者는 雇傭契約을 체결함에 있어서 여러 가지 附隨的 義務에 대하여 특별히 규정하는 경우가 많다. 당사자의 특약에 의하여 발생하는 附隨的 義務로서 중요한 것으로 違約金支給義務, 退職金支給義務와 競業避止義務를 들 수 있다.

(가) 賠償豫定額·違約金의 支給義務　勞務者와 使用者는 일방의 債務不履行에 관하여 특별한 약정을 하는 수가 있다. 특히 勞務者의 債務不履行을 이유로 특약을 하는 수가 많다. 이러한 약정을 두는 것은 債務不履行에 관한 입증의 어려움과 당사자 사이의 다툼을 미연에 방지하기 위한 것이다. 당사자의 약정은 손해배상액에 관한 것이 특히 많은바 이를 損害賠償額의 豫定

124) 獨民 §617; 瑞民 §328a 參照. 獨民 §617는 勞務者에게 6週間의 療養을 주도록 규정하고 있다.
125) 郭潤直, 396; 註釋債各(Ⅱ), 354.
126) 註釋債各(Ⅱ), 353. 獨民 §§617, 618와 瑞債 §§328, 328a, 328b는 強行規定이다.

또는 違約金의 특약이라고 한다(民 §389). 예를 들면 勞務者가 고용기간 만료 전에 이직 또는 전직하는 경우에는 일정한 손해를 배상하도록 하는 약정이나 또는 勞務者가 使用者의 비용으로 교육을 받은 후 일정기간 동안 재직하지 않으면 일정한 금액을 반환하도록 하는 약정을 들 수 있다.

(a) 民法上의 賠償豫定額·違約金의 支給義務 의사자치의 원칙상 債務不履行에 대한 특약이나 損害賠償額의 예정은 유효하다고 할 것이다. 그러나 雇傭의 경우는 특약의 효력을 인정함에 있어서 신중을 기하여야 할 이유가 있다. 첫째, 勞務는 勞務者의 인격과 분리될 수 없는 것으로서 勞務者의 자유의사를 가급적 존중하여야 한다. 위의 특약을 아무런 제한 없이 인정하면 사실상 고용관계를 강제하는 결과가 되고 만다. 둘째, 실제 거래에 있어서 약정의 내용이 勞務者에게 일방적으로 불리한 경우가 많다. 따라서 그만큼 雇傭에 있어서는 이러한 특약은 사회질서에 위반하여 無效가 되거나(民 §103) 또는 법원이 예정액을 감액하는 계기가(民 §398 Ⅱ) 많다고 할 것이다. 그리고 雇傭의 기회는 勞務者에게는 생존의 수단이 됨을 고려할 때 使用者의 債務不履行으로 인한 책임을 감경하는 약정도 반사회적인 것이어서 無效가 되는 수가 많다고 하겠다. 예를 들면 使用者에게 故意가 있음에도 불구하고 損害賠償責任을 지지 않는다고 하는 약정은 無效가 된다고 하겠다.

(b) 勤勞基準法上의 賠償豫定額·違約金의 約定禁止 民法과 달리 勤勞基準法(§24)은 勤勞者의 勤勞契約不履行에 대한 違約金 또는 손해배상을 예정하는 契約을 전적으로 금지하고 있다. 이는 違約金 또는 賠償額을 예정하는 것은 곧 勤勞者의 의사에 반하여 노동을 강요하는 것이 된다고 보기 때문이다.[127] 勤基 §24의 문언은 債務不履行으로 인한 손해배상의 예정만 금지하고 있지만 본조의 취지상 不法行爲로 인한 손해배상에 대한 예정도 금지되는 것으로 보아야 할 것이다.[128] 금지되는 것은 손해배상의 예정이므로 勤勞者의 勤勞契約不履行이나 不法行爲에 의하여 使用者에게 현실적으로 발생한 손해의 배상까지 금지되는 것은 아니다. 勤勞基準法이 금지하는 違約金 또는 損害賠償의 예정은 勤勞者 자신뿐만 아니라 친권자·신원보증인·보증인 기타 제3자가 손해를 배상하는 것을 내용으로 하는 것도 모두 無效라고 할 것이다.[129]

127) 郭潤直, 397; 金致善, 211; 李炳泰, 573.
128) 金亨培, 178; 李炳泰, 574.
129) 金致善, 211; 金亨培, 179.

判例는 회사의 비용으로 해외연수를 실시한 후 勤勞者에게 의무재직기간을 설정하고 그 기간 동안 재직하지 않는 경우에는 그 비용의 전부 또는 일부를 상환하도록 하는 약정은 損害賠償의 예정이라고 보지 않는다.[130] 이는 금전소비대차계약의 채무면제에 관한 약정으로 보고 의무재직기간을 상환의무면제기간으로 해석하고 있다. 勤勞者에 대한 身元保證契約은 違約金의 약정으로 보지 않는다.[131]

(나) 使用者의 退職金支給義務 일정한 경우 使用者는 퇴직하는 勞務者에게 금품을 교부한다. 이를 退職金 또는 退職手當이라고 한다. 民法上의 雇傭의 경우 使用者가 退職金支給義務를 부담하는 것은 당사자 사이에 특약이 있는 경우에 한한다.

勤勞基準法은 民法과 달리 退職金에 관한 규정을 두고 있다. 使用者는 勤勞年數가 1년 이상인 勞務者에 대하여 계속근무연수 1연에 대하여 30일분 이상의 평균임금을 退職金으로 지급하여야 한다(勤基 §28). 그리고 退職金에 관한 사항은 就業規則의 필요적 기재사항이다(勤基 §94 v).

(다) 勞務者의 秘密維持義務·競業避止義務 당사자 사이에 특약이 없더라도 고용관계가 종료된 후에도 勞務者는 信義則에 따라 秘密維持義務와 競業避止義務를 부담하게 된다. 不正競爭防止法 §10는 핵심기술자종사자는 퇴직 후에도 동일 분야에 종사하지 못하도록 규정하고 있다. 勞務者는 고용관계 종료 후에도 信義則이 요구하는 범위 내에서 秘密維持義務와 競業避止義務를 부담한다. 고용관계 종료 후 秘密維持義務와 競業避止義務가 특별히 중요한 의의를 갖는 것은 使用者와의 특약에 의하여 부담하는 경우이다. 따라서 넓은 범위의 競業避止義務를 인정하기 위해서는 반드시 당사자 사이에 이러한 취지의 특약이 있어야만 한다.[132] 그리고 競業禁止의 특약도 무제한으로 인정할 수는 없다. 그것은 勞務者의 사회적·경제적 활동을 부당하게 제한하지 않는 합리적인 범위 내에서만 효력이 인정된다고 할 것이다.[133] 勞務者의 직업선택의 자유와 근로의 자유를 침해할 수 있기 때문이다. 특약의 효력을 판단함에 있어서 우선 시간적 그리고 장소적 제한에 있어서 합리적이어야 한다.[134]

130) 大判 74. 1. 29, 72다2565(公 483, 7726); 大判 78. 2. 28, 77다2479(公 583, 10709); 大判 80. 7. 8, 80다590(公 639, 12999); 大判 92. 2. 25, 91다26232(公 918, 1128).
131) 大判 80. 9. 24, 80다1040(公 644, 13224).
132) 郭潤直, 397; 註釋債各(Ⅱ), 358; 日注民(16), 41.
133) 郭潤直, 398; 註釋債各(Ⅱ), 358.
134) 郭潤直, 398; 註釋債各(Ⅱ), 358.

그리고 영업을 하지 않는 데 대하여 일정한 대가가 교부되었는지도 고려의 대상이 된다. 그러나 어느 경우에도 勞務者가 종신토록 영업을 금지하는 특약은 효력을 인정받을 수 없다고 할 것이다.

[南 孝 淳]

第 656 條(報酬額과 그 支給時期)

① 報酬 또는 報酬額의 約定이 없는 때에는 慣習에 依하여 支給하여야 한다.

② 報酬는 約定한 時期에 支給하여야 하며 時期의 約定이 없으면 慣習에 依하고 慣習이 없으면 約定한 勞務를 終了한 後 遲滯없이 支給하여야 한다.

차 례

Ⅰ. 總 說
1. 比 較 法
2. 民法 第656條의 趣旨
Ⅱ. 報酬·報酬額 및 기타 事項
1. 適用範圍
2. 約定이 있는 境遇
3. 約定이 없는 境遇
Ⅲ. 報酬의 支給時期
1. 約定이 있는 境遇
2. 約定이 없는 境遇
Ⅳ. 報酬請求權의 保護·消滅時效
Ⅴ. 雇傭關係의 中斷時의 報酬
1. 勞務者에게 歸責事由가 있는 경우
2. 使用者에게 歸責事由가 있는 경우
3. 쌍방에게 歸責事由가 없는 경우
Ⅵ. 報酬와 勤勞基準法

Ⅰ. 總 說

雇傭은 勞務를 제공하는 勞務者에 대하여 使用者가 報酬를 지급할 것을 약정하는 契約이다(民 §655). 즉, 報酬는 雇傭契約의 본질적인 요소 중의 하나를 구성하고 報酬의 지급은 雇傭契約의 이행의 본질적 부분의 일부를 구성한다. 民 §656는 使用者의 報酬支給義務의 이행과 관련하여 당사자 사이에 아무런 약정이 없는 경우를 위하여 보충규정을 두고 있다. 民 §656는 報酬 또는 報酬

額의 약정이 없더라도 慣習에 의하여 지급하여야 할 것, 약정한 시기에 報酬를 지급할 것, 시기의 약정이 없으면 慣習에 의하고 관습이 없으면 勞務를 종료 한 후 지급할 것을 규정하여, 보수의 지급범위·지급시기에 관하여 규정을 두고 있다.

1. 比較法

獨民 §614에 의하면 報酬는 노무를 제공한 후에 지불하고 기간으로 報酬를 정한 경우에는 기간의 경과후에 지급하면 된다. 獨民 §614는 報酬支給時期에 관하여 후급제를 규정하고 있다. 日民 §624도 獨民 §614와 완전히 동일한 취지의 규정을 두고 있다. 이는 사물의 성질상 勞務의 공급과 報酬의 지급은 동시이행으로 하는 것이 사실상 곤란하여 어느 債務를 선이행하게 하지 않을 수 없는바, 日本民法의 입안자는 외국의 입법례와 日本의 관습과 계약당사자의 의사를 참고하여 별단의 사유가 없는 한 勞務를 선이행하고 報酬를 후급으로 추정하는 것이 타당하다고 본 것이라고 한다.[1] 우리 民法은 보수의 지급시기에 있어서 당사자의 약정이 없으면 慣習에 의할 것을 그리고 慣習이 없는 경우 후급제를 규정하고 있다(民 §656 Ⅱ). 그런데 獨民 §614와 日民 §624에 있어서도 당사자의 약정이 있으면 이것이 우선적으로 적용되고 그리고 약정이 없으면 慣習이 民法의 임의규정에 앞서 적용되는 것이 당연하므로 우리 民法과 다른 나라의 民法과 차이가 있는 것은 아니라고 할 것이다. 한편 瑞債 §321 Ⅰ·Ⅱ은 더 짧은 기간 또는 별도의 기한에 관한 약정이나 관습이 없고 就業規則이나 團體協約이 없는 경우에는 報酬 및 기타 수당은 매월 말에 지급하여야 하다고 규정하여 報酬의 지급시기를 월말로 하고 있다. 瑞西債務法이 이러한 규정을 둔 것은 勞動 현실이 그러하기 때문이고, 다른 한편으로는 다른 분야에서도 매월 말을 期限으로 하는 것과 일치시키기 위한 것이라고 한다.

2. 民法 第656條의 趣旨

民 §656는 報酬의 범위, 報酬의 지급시기에 관하여 당사자의 약정이 없는 경우를 위하여 보충규정을 두고 있다. 즉 民 §656는 報酬額과 報酬支給時期에 대하여 당사자의 약정이 없으면 慣習에 의할 것을 규정하고 있다. 民 §656는 당사자의사가 없으면 慣習에 의하여야 한다는 民 §106의 구체적 適用

1) 日注民(16), 47-48.

例라고 하겠다.

한편 民 §656 Ⅱ은 報酬의 지급시기에 관하여 慣習도 없으면 使用者는 勞務者의 노무제공이 종료된 후 지체없이 이를 지급할 것을 규정하고 있다. 雇傭契約의 경우 勞務者의 勞務提供과 사용자의 報酬支給은 통상적으로 동시에 이행될 수 없어서 어느 일방의 債務가 먼저 이행되어야 하는바 民法은 報酬支給時期에 관하여 후급제를 원칙으로 규정하고 있는 것이다. 이에 반하여 民 §656 Ⅰ은 報酬 또는 報酬額에 대하여 慣習이 없는 경우 어떻게 규율할 것인지에 대하여 침묵을 지키고 있다.

Ⅱ. 報酬·報酬額 및 기타 事項

民 §656 Ⅰ은 "報酬 또는 報酬額의 약정이 없는 때에는 慣習에 의하여 지급하여야 한다"고 규정하고 있다. 여기서 民 §656 Ⅰ이 "報酬 …의 약정이 없는 때에는 慣習에 의하여"라고 규정하고 있어서 마치 報酬의 지급 여부 자체도 慣習에 의하여 결정되는 것처럼 보인다. 즉 위 규정은 雇傭의 성립을 전제로 報酬의 지급 여부는 慣習에 의하여 결정될 수 있음을 말하는 것처럼 보인다. 그러나 報酬는 雇傭의 본질적 구성부분에 해당한다. 報酬支給을 전제로 하지 않는 雇傭은 존재할 수 없다. 雇傭이 성립하기 위해서는 報酬支給에 관한 약정은 묵시적으로라도 반드시 존재하여야 한다. 이러한 이유에서 民 §655도 雇傭이 성립하기 위하여 「報酬를 지급할 것을 약정」할 것을 명시적으로 요구하고 있는 것이다. 만일 당사자 사이에 報酬의 지급 여부에 대하여서도 전혀 약정이 없는 경우에는 당사자 사이에 체결된 것은 雇傭契約이 아니라 일종의 無名契約이라고 하여야 할 것이다. 따라서 民 §656 Ⅰ에 규정된 「報酬」는 「報酬額」과 대등한 것으로서 報酬가 금전이 아닌 경우 報酬의 내용 또는 범위를 가리키는 말이라고 보아야 한다.

현실에 있어서는 과연 報酬支給에 대한 약정이 있는지의 여부, 즉 당사자 사이에 체결된 契約이 雇傭契約인지 아니면 無名契約인지가 반드시 명확한 것은 아니다. 瑞債 §320 Ⅱ은 使用者가 상황으로 미루어 보아 報酬에 대한 대가로서 제공되었음에 틀림없는 그러한 勞務를 제공받은 경우에는 雇傭契約이 체결된 것으로 추정한다고 규정하고 있다. 요컨대 묵시의 약정이 있었는지의 여부는 당사자 사이의 제반사정이나 관행을 참작하여 결정한다. 사례를 살펴보면 甲은 1958. 8. 26. 乙회사의 주주총회에서 상무취체역에 취임하였다. 그런데 甲의 보수에 관하여는 乙회사의 정관에 아무런 규정이 없었고 주주총회에서 결의된 바도 없었다. 그 후 甲은 1960. 9. 8. 임시주주총회의 해임결의에 의하여 같은 해 11. 17. 그 직에서 해임되었다. 大法院은 甲이 위 직에 재임중 취체역의 결의로서 2회에 걸쳐 10,000원씩의 가불을 받은 사실이 있었고 또 甲의 후임으로 취임한 상무취체역이 월 18,000원의 보수를 받고 있다는 사실에 비추어 乙회사가 甲을 상무취체역으로 선임함에 있어서도 보수의 지급을 약정하였던 것이라고 추정할 수 있다고 판시하였다.2)

1. 適用範圍

民 §656 Ⅰ은 당사자 사이에 약정이 없는 사항으로서 「報酬 또는 報酬額」만을 규정하고 있다. 그러나 民 §656 Ⅱ의 규정내용을 미루어 볼 때 지급시기를 제외한 報酬에 관한 일체의 사항에 관하여 民 §656 Ⅰ의 적용이 있다고 할 것이다. 그러한 사항으로는 報酬의 종류, 報酬의 산출방법 등을 들 수 있다.3)

2. 約定이 있는 境遇

당사자는 雇傭契約을 체결하면서 報酬와 관련된 사항에 대하여 약정을 두는 것이 통상적이다. 이미 체결한 雇傭契約을 更新하는 경우에는 당사자 사이에 報酬에 대하여 특별한 약정이 없으면 종전의 契約을 따르게 된다(民 §662).

3. 約定이 없는 境遇

報酬는 勞務者와 使用者 모두에게 아주 중요한 사항이므로 報酬에 관하여 아무런 약정을 두지 않는 경우란 매우 드물다고 할 것이다. 그러나 당사자 사이에 報酬의 종류, 報酬의 범위 또는 報酬의 산출방법 등에 관하여 아무런 약정을 두고 있지 않은 경우 報酬에 관한 문제를 어떻게 해결할 것인지가 문제된다.

---

2) 大判 65. 8. 31, 65다카1156(集 13-2, 109).
3) 報酬에 관한 사항에 대하여는 民 §655의 注解를 참조.

(1) **慣習에 의한 決定**

報酬와 관련한 사항들, 예를 들면 報酬의 종류, 報酬의 범위 그리고 報酬의 산출방법 등에 관하여 아무런 약정이 없는 경우 民 §656 Ⅰ에 의하여 慣習에 의한다.

(2) **慣習이 없는 境遇**: 條理에 의한 決定

民法이 일정한 법률관계를 慣習에 의하여 규율하는 경우에는 慣習이 없는 때를 위하여 일정한 기준을 제시하는 것이 보통이다. 예를 들면 民法은 자연유수에 관련 된 공사비용의 부담(民 §224), 수류변경(民 §229 Ⅲ), 용수권(民 §234), 경계표·담의 설치 비용의 부담(民 §237 Ⅲ), 경계선부근의 건축(民 §242 Ⅰ), 특수지역권(民 §302) 등의 경우 慣習이 존재하지 않는 경우를 위하여 적용될 기준을 스스로 규정하고 있다. 그러나 報酬의 경우는 雇傭契約이 체결되는 각 분야의 구체적인 사정을 고려하지 않고 일률적인 기준을 제시한다는 것은 불가능하고 또 무의미하다. 그리하여 民 §656 Ⅰ은 Ⅱ의 경우와 달리 慣習이 없는 경우를 위하여 일정한 기준을 제시하고 있지 않다.

慣習도 없는 경우에는 報酬의 종류, 報酬의 한도 그리고 報酬의 산출방법 등은 어떻게 할 것인가? 이 경우는 條理에 의하여 정할 수밖에 없다고 할 것이다(民 §1). 위에서 살펴본 常務取替役의 報酬額에 관한 사안에서 原審法院이 乙이 甲에게 재임기간중 "월 10,000원의 보수를 지급함이 條理上 상당하다고 인정된다"고 판시하였다. 이에 대하여 乙은 "무릇 條理라 함은 성문 관습 등과 달라 그 자체가 일정의 형식 내용으로써 하는 객관적 표시가 아니고 오직 사물의 도리로서의 추상적인 명제에 불과한 것이니 그러한 추상적인 명제로부터 소론과 같은 구체적인 수액이 산정될 수 있다함은 그 자체가 모순일뿐더러 그 산정의 과정에 있어서 수긍할 수 있는 이론적 비약을 범하고 있어 이것이 소론과 같이 조리상 타당한 판단이라고는 도저히 볼 수 없다"고 상고하였다. 이에 大法院은 原審法院이 甲이 乙회사의 자매회사였던 丙회사에서 10,000원씩의 월급을 받아 온 점, 현재 상무취체역이 월 18,000원씩의 보수를 받고 있는 점 등을 종합하여 월급을 10,000원으로 보는 것이 상당하다고 단정하였던 것이므로 原審法院의 "월 10,000원의 보수를 지급함이 條理上 상당하다고 인정된다"는 구절에 구애될 필요가 없다라고 하여 原審法院이 條理를 원용한 것이 적절하지 않았다고 판단하고 있는 듯하다라고 판시하였다.[4] 그러나 慣習도

4) 大判 65. 8. 31, 65다카1156(集 13-2, 109).

없는 경우 法院은 民 §1에 규정하는 바와 같이 條理에 의하여 재판할 수밖에 없고 따라서 이 사안에서도 條理에 의하여 당사자의사를 보충할 수밖에 없다는 점에서 비추어 볼 때 原審判決에 아무런 문제가 없다고 할 것이다.

Ⅲ. 報酬의 支給時期

民 §656 Ⅱ은 "報酬는 약정한 시기에 지급하여야 하며 시기의 약정이 없으면 慣習에 의하고 慣習이 없으면 약정한 勞務를 종료 한 후 지체없이 支給하여야 한다"고 규정하고 있다.

1. 約定이 있는 境遇

報酬의 支給時期에 관하여 약정이 있으면 使用者는 약정한 시기에 당연히 이를 지급하여야 한다. 雇傭契約을 更新하는 경우 報酬의 지급시기에 대하여 특별한 약정이 없으면 종전의 契約에 정한 지급시기에 따라 지급하여야 할 것이다(民 §662).

(1) 約定의 拘束力

지급시기는 계약당사자인 使用者와 勞務者 모두를 구속한다. 첫째, 지급시기가 약정되면 使用者는 약정된 시기 이후에 지급하는 것이 허용되지 않는다. 만일 이를 위반하면 使用者는 勞務者에게 손해를 배상하여야 한다. 그리고 報酬가 금전인 경우에는 使用者는 過失이 없는 경우에도 반드시 법정이율에 따른 지연이자를 지급하여야 한다(民 §397 Ⅱ). 使用者는 약정된 시기 이전에 지급할 수 있는가? 期限의 이익은 債務者를 위한 것이 원칙이므로(民 §153 Ⅰ) 使用者는 報酬를 미리 지급할 수 있다고 할 것이다. 둘째, 勞務者는 약정한 시기 전에 使用者에 대하여 報酬의 지급을 청구할 수 없다.

(2) 支給時期의 種類

報酬의 지급시기는 이론적으로는 勞務의 제공이 시작되거나 시작되기 전의 시점, 勞務의 제공이 시작되는 시점에서 종료되는 시점에 이르는 어느 시점 그리고 勞務의 제공이 종료되거나 종료된 후의 시점 중 어느 하나로 합의할 수 있다. 위의 어느 경우에 해당하느냐에 따라 선급, 중간급, 후급제가 된다. 그리고 都給制에 있어서는 분할급이 있을 수가 있다. 報酬의 지급시기와 관련하여 문제가 되는 것이 전차금제도이다.

前借金이란 勞務를 제공할 것을 조건으로 하여 使用者가 勞務者에 의한 勞務提供이 있기도 전에 미리 勞務者에게 대여하는 금전을 말한다. 금전이 勞務者와 이해관계가 있는 자에게 교부된 경우에도 마찬가지라고 할 것이다. 前借金과 관련하여 두 가지의 문제를 살펴볼 필요가 있다. 하나는 前借金契約의 효력을 인정할 것인가 하는 문제이고 다른 하나는 前借金에 의한 報酬의 상계를 허용할 것인가 하는 문제이다.

(가) 前借金契約의 效力 民法이 인정하는 사적 자치의 원칙상 노무제공을 조건으로 하는 前借金契約의 효력을 부정할 수는 없는 것이 원칙이라고 할 것이다.[5] 그러나 前借金은 勞務提供을 조건으로 하여 대여되기 때문에 여러 가지 폐단을 가져올 수 있다. 금전에 곤궁한 勞務者는 노무제공이라는 조건을 거절할 수가 없기 때문에 前借金은 사실상 勞務者의 근로의 자유 내지는 직업선택의 자유를 부당하게 제한하는 수가 있게 된다. 前借金은 강제노동의 수단으로 사용되는 수가 있다. 이 경우 勞務者는 열악한 계약조건하에서 그리고 저보수로 勞務를 제공하지 않을 수 없게 되는바 前借金은 또한 노동력 착취의 수단이 되기도 한다. 前借金契約 또는 前借金의 교부가 강제노동이나 노동착취의 수단이 되어 반사회적일 경우에는 前借金契約은 효력이 없고 또 前借金을 교부한 使用者에게는 그 반환도 인정되지 않는다고 할 것이다.[6]

(나) 前借金에 의한 報酬相計의 허용 여부 前借金이 교부되는 경우 당사자 사이에는 보수지급과 관련하여 勞務者가 勞務를 제공하게 되면 前借金을 報酬와 상계한다는 약정을 두는 것이 일반적이다. 勤勞基準法에서는 그러한 약정은 효력이 부정된다. 勤基 §25는 "使用者는 前借金 기타 근로할 것을 조건으로 하는 前貸債權과 賃金을 상쇄하지 못한다"고 규정하고 있기 때문이다.[7] 前借金關係와 勤勞契約을 분리하여 취급하고자 하는 것이 勤勞基準法의 취지라고 할 것이다. 따라서 前借金에 관한 債權과 賃金債權을 서로 상계하는 약정은 효력을 갖지 못할 뿐만 아니라 使用者가 임의로 양 채권을 相計하는 것도 허용되지 않는다. 그렇다면 금지규정이 없는 民法上의 雇傭에 있어서는 相計契約이나 相計는 허용된다고 할 것인가? 사적 자치의 원칙상 그 효력을

5) 郭潤直, 380.
6) 李炳泰, 最新勞動法, 576.
7) 勤勞基準法(§25)도 前借金이 강제노동의 원인이 될 수 있지만 前借金 그 자체를 금지하고 있지는 않다.

인정하여야 할 것이다. 따라서 使用者는 前借金返還請求權을 자동채권으로 하고 勞務者의 報酬支給請求權을 수동채권으로 하여 相計할 수가 있다고 할 것이다.

2. 約定이 없는 境遇

民 §656 Ⅱ은 報酬의 지급시기에 관하여 당사자 사이에 約定이 없는 경우 報酬의 지급시기를 결정하는 방법으로 두 가지를 제시하고 있다. 첫째가 慣習에 의하여 지급시기를 결정하는 것이고, 둘째가 노무제공의 종료시에 지급하는 것이다.

(1) 慣習에 의한 支給

勞務가 제공되는 각 분야에는 그 분야에 따라 報酬支給時期에 대하여 일정한 慣習이 형성되는 것이 통상적이라고 할 것이다. 이러한 이유에서 民 §656 Ⅱ은 報酬의 지급시기에 관하여 당사자 사이에 약정이 없으면 慣習에 의할 것을 명시적으로 규정하고 있는 것이다.[8)]

(2) 慣習이 없는 경우: 後給의 原則

보수지급시기에 대하여 당사자 사이에 약정이 없고 그리고 勞務가 제공되는 분야나 직장에서도 이에 관하여 아무런 慣習이 형성되어 있지 않은 경우 民 §656 Ⅱ에 의하면 使用者는 노무의 제공이 종료된 때에 지체없이 報酬를 지급하여야 한다. 즉, 雇傭契約에 있어서 報酬의 지급을 후급제를 원칙으로 하고 있다. 都給制인 경우는 勞務가 종료된 때에 그리고 시간제인 경우는 단위기간이 만료된 때에 使用者는 지체없이 報酬를 지급하여야 한다. 따라서 勞務者는 使用者가 노무제공을 청구하는 경우 반대의 특약이나 慣習이 없는 한 使用者에 대하여 同時履行의 抗辯權을 원용하여 동시에 報酬를 지급할 것을 주장하지는 못한다.[9)]

㈎ 雇傭에 있어서의 同時履行의 關係 　雇傭契約에 있어서 勞務提供義務와 報酬支給義務는 서로 同時履行의 關係에 놓일 수 없는가? 이는 使用者가 지급하여야 하는 報酬의 종류가 무엇이냐에 따라 그 대답이 달라진다고 할 것이다. 첫째, 報酬가 勞務의 제공처럼 계속적인 급부를 내용으로 하는 때에는 同時履行의 關係가 성립할 수 있다. 예를 들면 報酬가 勞務者에게 물건

8) 慣習이 法律의 규정에 의하여 준용되는 경우 그 慣習의 效力에 관하여는 학설의 대립이 있다.
9) 金顯泰, 228; 註釋債各(Ⅱ), 359.

을 사용하게 하거나 도제계약에 있어서처럼 勞務者에게 일정한 기술을 전수하는 것일 때에는 勞務의 제공과 동시에 報酬의 지급이 있는 것으로 볼 수가 있다. 일정기간의 勞務와 報酬는 同時履行의 關係에 놓인다고 할 수가 있다. 둘째, 報酬가 금전의 지급이나 물건의 교부인 경우에는 同時履行의 關係가 성립할 수 없다. 이 경우 勞務提供은 「線의 行爲」인 반면 報酬支給은 「點의 行爲」이므로 양자가 동시에 이행된다는 것은 논리상으로도 사실상으로도 불가능하다. 대부분의 경우 報酬는 금전지급을 그 내용으로 하므로 雇傭契約은 雙務契約임에도 불구하고 통상적으로 同時履行의 關係(民 §536)가 적용될 수 없는 것이다.

(나) 報酬支給의 後給制 勞務者의 勞務提供와 使用者의 報酬支給이 동시에 이행될 수 없는 성질의 것인 경우 당사자 중 어느 일방의 채무를 먼저 이행하게 하지 않을 수 없다. 이 경우 報酬支給을 선급으로 할 것인가 아니면 후급으로 할 것인가? 報酬는 그 성질상 일정한 범위의 노무 전체에 대하여 대가를 이룬다. 즉, 報酬는 정액제에 있어서는 일정기간에 제공되는 勞務 전체에 대하여 그리고 都給制의 경우는 제공된 勞務 또는 그에 의하여 발생하는 일정한 결과 전체에 대하여 대가를 구성한다. 그렇다면 이론상 報酬는 선급으로 하는 것보다 후급으로 하는 것이 보다 합리적이라고 할 것이다. 이러한 사정을 참작하여 民法은 다른 勞務供給契約인 都給(§ 665), 委任(§686 Ⅲ)에 있어서처럼 雇傭에 있어서도 報酬를 후급제로 규정하고 있는 것이다. 따라서 勞務者는 정액제에 있어서는 일정기간이 경과한 후 都給制의 경우는 勞務 또는 그에 의한 결과가 발생하는 때에 報酬를 청구할 수 있게 된다.

使用者가 일정한 기간의 노무에 대한 報酬를 지급하지 않는 경우 勞務者는 전기의 報酬가 지급되지 않으면 후기의 노무제공을 거절할 수 있다고 할 것이다.[10] 勞務者가 報酬를 청구할 수 있는 때부터 報酬請求權의 시효가 진행된다.[11]

Ⅳ. 報酬請求權의 保護·消滅時效

賃金은 勤勞者의 유일한 생존의 기초가 되므로 勞務者의 勞務로 인하여

10) 金顯泰, 228; 註釋債各(Ⅱ), 360; 日注民(16), 48.
11) 註釋債各(Ⅱ), 360; 日注民(16), 48.

받은 報酬의 2분의 1을 초과하는 액 또는 그 유족의 부조료는 押留의 대상이 되지 않는다(民訴 §579). 또 押留가 금지되는 범위에서는 使用者는 報酬請求權을 受動債權으로 하여 相計를 하지 못한다(民 §497).

報酬는 1년 이내의 기간으로 정하여 금전으로 지급되는 것이 보통이다. 따라서 勞務者의 報酬請求權은 民 §163 i에 규정된 「1년 이내의 기간으로 정한 금전 또는 물건의 지급을 목적으로 한 債權」에 해당하여 3년의 短期消滅時效의 대상이 된다고 하겠다. 民 §163 i과 관련하여는 두 가지 문제가 제기될 수 있다. 첫째, 勞務에 대한 報酬는 금전 또는 물건에 한하지 않고 무형적인 것도 얼마든지 있을 수 있다. 무형의 報酬에 대한 請求權은 일반의 消滅時效의 대상이 되는지가 문제된다. 그러나 이 경우에도 報酬請求權은 일반의 給料請求權과 동일하게 3년의 消滅時效에 걸린다고 보아야 할 것이다. 둘째, 民 §164 iii는 勞役人의 債權에 대하여는 별도로 1년의 短期消滅時效를 규정하고 있다. 여기서 勞役人과 勞務者와의 관계가 문제된다. 勞役人이란 使用者와 雇傭關係에 있지 않고 勞務를 제공하는 자라고 보는 것이 타당할 것이다.[12]

V. 雇傭關係의 中斷時의 報酬

雇傭契約이 약정된 勞務가 다 제공되지 못하거나 또는 약정된 기간을 채우지 못하고 중단되는 경우 勞務者가 청구할 수 있는 報酬의 범위는 어떠한가? 고용관계의 중단의 원인이 누구에게 있느냐에 따라 달라진다고 할 것이다.[13] 어느 경우에나 勞務者의 報酬請求權은 노무중단 사유가 발생한 때에 즉시 발생하는지 아니면 정상적으로 勞務가 종료될 시기에 발생하는지가 문제된다. 勞務者에게 특별히 불리한 사정이 존재하지 않는 한 후자로 보아야 할 것이다.[14]

1. 勞務者에게 歸責事由가 있는 경우

勞務者는 제공된 노무 또는 勞務를 제공한 기간에 비례하여서만 報酬에

12) 注解(Ⅲ), 453.
民 §164 iii의 勞役人을 勞務者로 보아 勞務者의 報酬請求權은 1년의 消滅時效의 대상이 된다는 견해도 있다(李炳泰, 72).
13) 상세한 것은 民 §655의 注解를 참조.
14) 日注民(16), 49.

대하여 權利를 갖는다고 할 것이다.[15] 따라서 使用者가 報酬를 선불 또는 전급으로서 미리 지급한 경우에는 勞務者는 權利를 갖지 않는 부분은 使用者에게 반환하여야 한다. 한편 勞務者는 債務不履行의 책임을 짐은 물론이다.

2. 使用者에게 歸責事由가 있는 경우

勞務者는 약정된 노무 전부 또는 약정된 전기간에 대하여 報酬를 청구할 권리를 갖는다고 할 것이다.[16]

3. 쌍방에게 歸責事由가 없는 경우

1의 경우와 마찬가지로 이행된 勞務 또는 이행한 기간에 비례하여 報酬에 대한 권리를 갖는다고 할 것이다.[17]

Ⅵ. 報酬와 勤勞基準法

勤勞基準法上으로는 勞務의 대가인 報酬를 「賃金」이라고 부른다. 賃金이란 使用者가 勤勞者의 勤勞의 대상으로 勤勞者에게 임금, 봉급 기타 여하한 명칭으로든지 지급하는 일체의 금품을 말한다(勤基 §18). 금품은 현금에 한하지 않고 시설이용 등 경제적 이익도 될 수 있다. 賃金은 勤勞者의 인간다운 생활을 보장하기 위한 물질적 수단이 되기 때문에 勤勞基準法은 賃金을 보장하기 위하여 많은 규정을 두고 있다.

(1) 賃金額의 保障

勤勞者의 인간다운 생활을 보장하기 위하여 最低賃金制가 실행되고 있다. 이를 위하여 最低賃金法(1986. 12. 31, 法律 第3927號)이 제정되었다.

使用者는 都給 기타 이에 준하는 제도로 사용하는 勤勞者에 대하여는 勤勞時間에 응하여 일정액의 賃金을 보장하여야 한다(勤基 §39).

使用者의 귀책사유로 인하여 휴업하는 경우에는 使用者는 휴업기간중 당해 勤勞者에 대하여 평균임금의 100분의 70 이상의 수당을 지급하여야 한다(勤基 §38). 勤基 §38와 民 §538 Ⅰ의 관계에 대하여는 다양한 학설이 제기되고 있으나

15) 註釋債各(Ⅱ), 359; 郭潤直, 392; 日注民(16), 49.
16) 日注民(16), 49.
17) 日注民(16), 49.

일반적으로 勤勞者를 보호하기 위하여 勤基 §38의 使用者의 귀책사유는 민법상 귀책사유를 구성하지 않는 사유도 포함된다고 본다. 따라서 민법상의 귀책사유에 대하여는 使用者에게 임금 전액을 청구할 수 있고 그렇지 않은 경우에도 勤基 §38에 의하여 평균임금의 70%의 지급을 청구할 수 있게 된다.[18)]

(2) **賃金의 支給方法**

勤勞 §36는 임금의 지급에 관한 기본원칙을 규정하고 있다. 즉, 賃金은 통화로 직접 勤勞者에게 그 전액을 지급하여야 하고(勤基 §36 I), 賃金은 매월 1회 이상 일정한 기일을 정하여 지급하여야 한다(勤基 §36 II). 이로부터 賃金支給에 관하여 通貨支拂의 原則, 直接支拂의 原則, 全額支拂의 原則, 月1回以上支拂의 原則, 一定期日支拂의 原則의 賃金支給에 관한 5대원칙이 성립한다. 賃金은 법령 또는 단체협약에 특별한 규정이 있는 경우에 한하여 賃金의 일부를 공제하거나 통화 이외의 것으로 지급할 수 있을 뿐이다(勤基 §36). 한편 勤基 §37에 의하면 使用者는 勤勞者가 출산, 질병, 재해 기타 대통령령으로 정한 비상한 경우의 비용에 충당하기 위하여 청구하는 경우에는 支給期日前이라도 기왕의 勤勞에 대한 賃金을 지급하여야 한다. 使用者는 前借金과 기타 근로할 것을 조건으로 하는 前貸債權과 賃金을 상계하지 못하고(勤基 §25), 勤勞契約에 부수하여 강제저축 또는 저축금의 관리를 규정하는 계약을 체결하지 못한다(勤基 §26).

(3) **賃金債權의 確保**

勤勞者의 賃金債權의 이행을 확보하기 위한 수단이 법적으로 마련되어 있다. 법적 수단으로는 都給事業에서의 連帶債務의 성립(勤基 §36-2), 優先辨濟權(勤基 §30-2) 및 押留制限(民訴 §579)을 들 수 있다.

勤基 §36-2는 사업이 수차의 都給에 의하여 행하여지는 경우 下受給人이 直上受給人의 歸責事由로 인하여 勤勞者에게 賃金을 지급하지 못한 때에는 그 直上受給人은 당해 受給人과 연대하여 책임을 지도록 규정하고 있다. 都給事業에서는 直上受給人은 도급금액의 범위내에서 下受給人과 연대채무를 부담하게 된다.

勤基 §30-2 I은 賃金, 퇴직금, 재해보상금 기타 근로관계로 인한 債權은 使用者의 총재산에 대하여 질권 또는 저당권에 의하여 담보된 채권을 제외하고는 조세, 공과금 및 다른 채권에 우선하여 변제되어야 한다고 규정하고 있다. 勤勞者의 생존을 보장하기 위하여 勤勞者의 근로관계로 인한 債權에 대하

18) 李炳泰, 693.

여 질권이나 저당권에 의하여 담보된 債權 다음으로 優先辨濟權을 인정하고 있는 것이다. 다만 질권 또는 저당권에 우선하는 조세, 공과금에 대하여는 그러하지 않다(勤基 §30-2 I). 사용자의 총재산에는 부동산, 동산뿐만 아니라 무형의 재산도 포함된다. 그러나 사용자가 취득하기 전에 이미 재산 위에 설정된 담보권에 대하여는 우선하는 지위는 인정되지 않는다.[19] 한편 勤基 §30-2 I은 최종 3월분의 임금과 퇴직금 및 재해보상금은 使用者의 총재산에 대하여 질권 또는 저당권에 의하여 담보된 채권, 조세, 공과금 및 다른 채권에 우선하여 변제되어야 한다고 규정하고 있다. 즉 최종 3월분의 임금, 퇴직금 및 재해보상금에 대하여는 最優先辨濟權을 인정하고 있다. 여기서 「최종 3월분」이란 최종 3개월의 근무분을 말하는 것이 아니라 최종 3개월안에 지급사유가 발생한 채권을 말한다.[20] 따라서 예를 들면 최종 3월 내에 지급사유가 발생한 퇴직금은 전액에 대하여 最優先辨濟權이 인정된다. 이상의 優先辨濟權은 일종의 법정담보물권의 효력을 갖게 된다. 따라서 우선변제이든 최우선변제이든 使用者의 재산에 대하여 제3자가 압류를 한 경우 그 압류의 효력을 배제시킬 수는 없다.[21] 또 優先辨濟權은 使用者의 재산에 대하여 강제집행절차나 임의경매절차가 개시된 경우에 그 배당절차에서 질권이나 저당권의 피담보채권이나 일반채권보다 우선하여 변제받을 수 있음에 그치고 使用者가 제3자에게 처분한 재산에 대하여까지 추급하여 우선변제를 받을 수 있는 권리는 아니다.[22] 賃金은 勤勞者의 유일한 생활자원이므로 勤勞者의 勞務로 인하여 받은 報酬의 2분의 1을 초과하는 액 또는 그 유족의 부조료는 압류할 수 없다(民訴 §579).

(4) **賃金債權의 時效**

勤基 §41는 賃金債權은 3년의 消滅時效의 대상이 됨을 규정하고 있다. 그런데 民法上의 雇傭契約에 의한 報酬請求權도 3년의 短期消滅時效(民 §163 i)의 대상이 되므로 勤基 §41는 民法에 대한 특별규정으로서의 의미는 없다고 하겠다.

[南 孝 淳]

19) 大判 94.1.11, 93다30938(公 963, 692).
20) 大判 95.7.25, 94다54474(公 999, 2942).
21) 大判 88.4.22, 87다카1886(公 824, 837).
22) 大判 94.12.27, 94다19242(公 985, 663).

第657條(權利義務의 專屬性)

① 使用者는 勞務者의 同意 없이 그 權利를 第三者에게 讓渡하지 못한다.

② 勞務者는 使用者의 同意 없이 第三者로 하여금 自己에 갈음하여 勞務를 提供하게 하지 못한다.

③ 當事者 一方이 前2項의 規定에 違反한 때에는 相對方은 契約을 解止할 수 있다.

차 례

Ⅰ. 總 說
1. 比較法
2. 民法 第657條의 趣旨
Ⅱ. 勞務請求權의 讓渡
1. 勞務請求權의 讓渡
2. 使用者地位의 讓渡
Ⅲ. 勞務提供義務의 第三者에 의한 履行
1. 第三者에 의한 勞務提供의 禁止
2. 例 外
Ⅳ. 契約의 解止
Ⅴ. 勤勞基準法上의 勞務의 一身專屬性

Ⅰ. 總 說

民 §657 Ⅰ·Ⅱ은 使用者는 勞務者의 동의 없이 그 權利를 제3자에게 양도하지 못하고, 勞務者는 使用者의 동의 없이는 제3자로 하여금 자기에 갈음하여 勞務를 제공하게 하지 못한다고 규정하여 使用者의 권리와 勞務者의 의무가 一身專屬的인 것임을 밝히고 있다. 그리고 民 §657 Ⅲ은 당사자 일방이 이를 위반한 때에는 상대방은 雇傭契約을 解止할 수 있음을 규정하고 있다.

1. 比較法

獨民 §613은 의심스러운 경우 勞務提供의 의무는 勞務者 스스로 이를 이행하여야 하고, 의심스러운 경우 勞務請求權은 이를 양도할 수 없다고 규정하고 있다. 瑞債 §321는 勞務者는 계약에 의하여 약정한 勞務를 자기 자신이 급부할 것을 규정하고 있다. 그리고 瑞債 §333 Ⅳ은 使用者는 제3자에게 雇傭關係로부터 발생한 권리를 양도할 수 없다고 규정하고 있다. 日民 §625 Ⅰ·Ⅱ은 우리 民法 §657 Ⅰ·Ⅱ와 동일한 취지의 규정을 두고 있다. 다른 점은 日民 §625 Ⅲ은 契約解止權을 勞務者가 使用者의 동의 없이 제3자로 하여금

勞務를 제공하게 한 경우에 한하여서만 인정하고 있는 것이다. 그러나 使用者가 勞務者의 동의 없이 勞務請求權을 양도한 경우에도 마찬가지로 勞務者가 契約解止權을 갖는 것으로 해석하고 있다.[1)]

2. 民法 第657條의 趣旨

동일한 勞務라 할지라도 勞務를 제공하는 주체가 누구냐에 따라서 勞務의 구체적 내용은 달라질 수 있다. 이는 제공되는 勞務와 관련된 기술·지식·숙련도·경험 등이 勞務者가 누구이냐에 따라 달라지기 때문이다. 이런 점에서 勞務는 勞務者로부터 분리하는 것이 허용되지 않고 그 결과 雇傭契約에는 인적 색채가 매우 강하게 존재하게 된다.[2)] 그런데 勞務는 이를 제공하는 주체가 동일하더라도 이를 사용하는 使用者가 누구이냐에 따라서도 勞務의 구체적인 내용이 달라질 수가 있다. 왜냐하면 勞務를 사용하는 목적과 방법 그리고 인적·물적 설비 등이 使用者에 따라서 다를 것이고 그에 따라 勞務者가 제공하여야 할 勞務의 구체적 내용이 달라질 수 있기 때문이다. 雇傭契約에 있어서 勞務者와 使用者 사이에는 특별한 인적 신뢰관계가 성립하게 된다.[3)] 勞務에 대한 權利와 義務는 雇傭契約을 맺는 상대방에 대하여서만 그 의미를 갖는다고 할 것이다. 즉, 勞務請求權과 勞務提供義務는 一身專屬性을 갖게 된다.[4)] 바로 이러한 이유에서 民 §657 Ⅰ·Ⅱ은 勞務에 대한 권리를 제3자에게 양도하거나 제3자에 의하여 勞務를 제공하게 하는 것을 원칙적으로 금지하고 있는 것이다. 한편 분업화되고 기계화된 현대생활에 있어서는 勞務가 정형화·규격화되기도 하고 그러한 경우 雇傭은 단순한 노동력의 賣買로서의 성질만을 띠게 된다. 그만큼 雇傭의 인적 색채는 퇴색된다고 할 것이고 그 결과 雇傭에 의하여 발생하는 權利와 義務의 一身專屬性도 희박해진다고 할 것이다. 이러한 이유에서 民 §657 Ⅰ·Ⅱ은 勞務者와 使用者의 동의가 있는 경우에는 勞務請求權과 勞務提供義務의 一身專屬性을 완화하여 주고 있다. 그러나 勞務請求權과 勞務提供義務의 一身專屬性이 반드시 당사자의 동의가 있어야만 완화되는 것은 아니라고 할 것이다. 요컨대 雇傭契約의 당사자, 목적 기타 契約이 체

1) 日注民(16), 51.
2) 郭潤直, 392; 金曾漢, 299; 註釋債各(Ⅱ), 350; 日注民(16), 51; Christiane Brunner, Jean-Michel Bühler et Jean-Bernard Waeber, op. cit., p. 22.
3) 註釋債各(Ⅱ), 361; 郭潤直, 389.
4) 李銀榮, 377.

결되는 상황에 따라 勞務에 관한 權利나 義務의 一身專屬性은 차이가 있을 수 있다고 하겠다.

Ⅱ. 勞務請求權의 讓渡

勞務者는 使用者에 대하여 勞務를 제공할 義務를 부담한다. 그리고 勞務者는 使用者에게 勞務를 제공하는 것으로 자신의 債務를 이행한 것이 된다. 使用者는 勞務者로 하여금 제 3 자에게 勞務를 제공할 것을 요구하지 못한다. 그러나 당사자 사이에 제3자에게 勞務를 제공할 것을 내용으로「제 3 자를 위한 契約」이 체결된 경우에는 가능하다.

使用者는 勞務請求權을 제 3 자에게 양도할 수 없는가? 勞務請求權이 양도되는 태양은 여러 가지가 있다. 하나는 勞務請求權만 양도되는 경우이고 다른 하나는 勞務請求權의 양도가 使用者地位의 양도에 수반되는 경우이다. 후자는 다시 使用者地位가 개별적으로 양도되는 경우와 使用者地位가 집단적으로 양도되는 경우가 있다. 후자는 企業 또는 영업의 양도가 있는 경우에 발생하는 것으로 商法과 勞動法의 대상이 된다.

1. 勞務請求權의 讓渡

民法上(§449 Ⅰ 本文) 債權은 원칙적으로 양도성을 갖는다. 그런데 전술한 바와 같이 勞務는 이를 제공받아 사용하는 자가 누구이냐에 따라서 그 내용과 성질이 달라질 수 있다. 즉, 使用者가 달라짐에 따라 그 권리행사의 방법도 차이가 생길 수가 있고 그 결과 勞務者에게 불이익이 발생할 수가 있다.[5] 그러므로 民 §657 Ⅰ은 雇傭關係에서 존재하는 인적 결합관계를 고려하여 使用者가 勞務者에 대한 權利를 제 3 자에게 양도하는 것을 원칙적으로 금지하고 있다.[6] 勞務請求權의 양도는 民 §449 Ⅰ 단서가 규정하는「債權의 성질이 양도를 허용하지 아니하는 경우」에 해당하는 경우로서 채권양도원칙에 대한 예외를 구성한다고 할 것이다.[7]

---

5) 郭潤直, 389; 日注民(16), 51.
6) 金顯泰, 227.
7) 註釋債各(Ⅱ), 361; 日注民(16), 51.

(1) 勞務請求權의 讓渡許容

民 §657 Ⅰ도 인정하고 있듯이 勞務請求權의 양도불가성은 절대적인 것은 아니라고 할 것이다. 勞務請求權의 양도에 대하여는 두 가지의 문제가 있다. 하나는 어떤 요건과 절차에서 이를 인정할 것인지의 문제이다. 다른 하나는 勞務請求權이 양도되는 경우 勞務者는 누구에 대하여 報酬支給請求權을 갖는가 하는 문제이다.

勞務請求權의 양도가 제한되는 이유는 債務者인 勞務者의 이익을 보호하기 위한 것이라고 하겠다. 따라서 債務者의 동의가 있으면 勞務請求權은 제3자에게 양도할 수 있다. 勞務者의 동의 없는 권리양도는 양도로서의 효력이 없다고 할 것이다. 勞務者는 애초의 使用者에 대하여만 勞務提供의 義務를 질 뿐이고 양수인은 勞務者에게 勞務提供을 청구할 수 없다. 使用者가 수령을 거절하는 경우에는 勞務者는 報酬請求權을 잃지 않는다.[8] 다만 勞務請求權의 양도의 효력은 絶對的 無效라고 할 필요는 없으며 債務者인 勞務者와의 관계에 있어서만 無效이고 양도당사자 사이에서는 효력이 있는 相對的 無效로 보는 것이 타당할 것이다.[9] 즉, 양도당사자 사이에는 유효라고 할 것이다. 따라서 양수인인 제3자가 權利를 행사하기 전까지 勞務者가 동의를 표시한 경우에는 소급하여 양도로서의 효력이 발생한다고 할 것이다.[10] 勞務者의 동의는 명시적일 필요는 없고 묵시적인 것도 가능하다. 즉, 勞務者가 使用者와 제3자 사이에 讓渡契約이 있음을 알면서도 아무런 이의를 제기하지 않거나 또는 양수인이 제3자에게 직접 勞務를 제공하는 경우에는 묵시의 동의가 있었던 것으로 볼 수가 있다.

(2) 報酬支給義務者

使用者가 갖는 勞務請求權이 양도되면 勞務者는 양수인인 제3자에게 勞務를 제공하여야만 債務를 이행한 것이 된다. 그러면 勞務者는 누구에 대하여 報酬請求權을 행사하여야 하는가? 이는 勞務請求權과 더불어 使用者의 지위가 양도되었는지의 여부에 따라 결정된다고 할 것이다. 使用者의 지위의 포괄적 이전이 없는 경우에는 勞務請求權이 양도되더라도 報酬支給義務는 이전되지 않는다고 할 것이다. 즉, 이 경우 雇傭契約 그 자체는 여전히 使用者와 勞務者 사이에 존속하게 된다. 따라서 양수인이 勞務請求權의 양수와 함께 報酬支給

8) 상세한 것은 民 §655의 注解를 참조.
9) 徐 敏, 債權讓渡에 관한 硏究, 53; 日注民(16), 52.
10) 郭潤直, 債權總論, 364; 金容漢, 債權法總論, 436; 徐 敏, 55.

義務도 인수하는 절차를 갖지 않는 한, 勞務者는 讓渡人인 使用者에 대하여 報酬를 청구하여야 한다.[11] 그러나 使用者가 勞務請求權을 양도하면서도 使用者의 지위를 그대로 보유하는 데에는 실익이 없는 경우가 대부분이어서 이러한 경우를 상정하기는 매우 어렵다고 할 것이다. 따라서 제3자가 勞務請求權을 양수받는 경우에는 원칙적으로 이와 함께 使用者의 지위가 이전되고 따라서 報酬支給義務도 이전된다고 볼 것이다.[12] 이에 대하여는 항을 바꾸어 설명한다.

2. 使用者地位의 讓渡

使用者地位의 양도는 勞務者에 대하여 개별적으로 이루어지는 경우와 포괄적으로 이루어지는 경우로 나눌 수가 있다. 후자가 바로 企業이나 營業의 양도시에 전형적으로 발생한다.

(1) 使用者地位의 個別的 讓渡

개별 勞務者에 대한 使用者의 지위의 양도를 통상적으로 轉籍이라고 한다. 判例에 의하면 轉籍은 勞務者의 동의가 있는 경우에만 허용된다. 勞務者의 동의가 없는 한 轉籍은 무효가 된다. 그룹 내에서 다른 계열기업으로 轉籍시키는 경우에도 勞務者의 동의를 요한다.[13] 그러나 그룹 내의 다른 계열기업으로 轉籍시키는 데에 그룹 내에 관행이 성립된 경우에는 勞務者의 동의를 필요로 하지 않는다고 할 것이다. 한편 조합원의 제반 인사문제는 使用者의 전권사항으로 하거나 使用者가 업무의 필요에 따라 사원에게 이동보직을 명할 수 있고 담당직무를 변경할 수 있다고 하는 就業規則이나 團體協約에 의하여 勞務者의 동의는 사전에 포괄적으로 줄 수도 있다. 그러나 判例는 위와 같은 취지의 團體協約 또는 就業規則이 있더라도 이것이 반드시 轉籍에 대하여 포괄적인 동의를 한 것으로 볼 수는 없다고 판시하고 있다.[14]

(2) 使用者地位의 包括的 讓渡

使用者가 자신의 企業을 양도하는 경우 기존의 使用者와 勞務者들 사이에 존재한 雇傭關係는 어떻게 되는가? 民法과 勞動關係法에는 이를 규율하는 규정이 없다. 雇傭關係의 이전 여부와 관련하여 두 가지 문제가 제기된다. 하나

11) 金錫宇, 311; 金曾漢, 299; 金顯泰, 227; 註釋債各(Ⅱ), 362; 日注民(16), 52.
12) 金曾漢, 299; 金顯泰, 228; 李太載, 283; 註釋債各(Ⅱ), 362; 日注民(16), 52.
13) 大判 93.1.26, 92누8200(公 940, 868); 大判 93.1.26, 92다11695(公 940, 854).
14) 大判 94.6.28, 93누22463(公 973, 2128).

는 企業의 양도시에 양도인과 양수인 사이에 雇傭關係의 양도에 대한 특약이 있어야 하는지의 문제이고 다른 하나는 雇傭關係가 이전됨에 있어서 勞務者 개인의 동의가 필요한지의 문제이다.

(가) 比較法 獨民 §613a Ⅰ에 의하면 영업 또는 그 일부를 양도하는 경우 양수인은 양도시에 존재하는 雇傭關係상의 權利와 義務를 승계한다. 이 경우 獨逸聯邦勞動法院은 勞務者는 雇傭關係의 이전을 거부할 수 있다고 본다. 또 獨民 §613a Ⅱ은 종전의 使用者로 하여금 양도시에 이미 발생하였거나 양도 후 1년 내에 발생하는 義務에 대하여는 영업양수인과 연대책임을 지도록 규정하고 있다. 그리고 獨民 §613 Ⅳ은 종전의 使用者와 양수인은 營業讓渡를 이유로 雇傭關係를 解止할 수 없음을 특별히 규정하고 있다. 한편 瑞債 §333 Ⅰ에 의하면 使用者가 영업 또는 그 일부를 제 3 자에게 양도하는 때에는 勞務者의 반대의 의사표시가 없는 한 雇傭關係는 모든 權利와 義務와 함께 제 3 자에게 이전된다. 위 규정은 營業讓渡에 관한 瑞債 §181 Ⅰ의 내용을 부연적으로 규정하고 있는 것이다. 종전 使用者도 새로운 使用者도 營業讓渡를 이유로 雇傭契約을 解止할 수 없다. 그리고 雇傭關係의 이전은 법률의 규정에 의하여 당연히 발생하는 것이므로 당사자들은 雇傭關係의 이전을 명시할 필요도 없다. 瑞債 §333는 強行規定에 해당한다. 瑞債 §333 Ⅱ은 勞務者가 반대의 의사를 표시한 경우에는 雇傭關係는 解止의 통고기간이 만료되는 때에 종료되며, 통고기간이 만료하기까지는 勞務者와 양수인은 각자 자신의 의무를 이행하여야 함을 규정하고 있다. 그리고 瑞債 §333 Ⅲ에 의하면 양도시까지 이미 발생한 使用者의 義務, 영업양도시 雇傭關係가 解止된 경우 그것이 통상적으로 종료되는 시기까지 使用者가 부담할 義務 그리고 雇傭關係의 이전을 반대한 勞務者에게 부담하는 使用者의 義務에 대하여는 종전의 使用者도 양수인과 함께 연대책임을 진다. 그리고 佛蘭西勞動法典 §L. 122-12 Ⅱ은 상속·매매·합병·영업양도 등의 사유에 의하여 使用者의 법적 지위가 변경되는 경우에도 모든 勞動契約은 새로운 使用者와 勞務者 사이에 존속한다고 규정하고 있다. 雇傭關係는 法律에 의하여 자동적으로 이전된다. 그러나 勞務者는 사직할 수는 있다.

(나) 雇傭關係讓渡特約의 필요 여부 雇傭關係의 양도에 별도의 특약이 필요한지에 대하여는 학설이 나누어져 있다.

(a) 特約不要說 勞動法的 고려 또는 商法的인 고려에 의하여 雇

傭關係의 이전에는 營業讓渡當事者의 합의가 필요 없다고 보는 견해이다.[15] 당사자 사이에 雇傭關係의 이전에 대한 특약이 당연히 있었다고 의제하는 견해도 特約不要說에 속한다고 볼 수 있을 것이다. 企業이나 營業의 양도가 있으면 당사자 사이에 반대의 특약이 없는 한 雇傭關係의 포괄적 양도의 합의가 있었던 것으로 보아 雇傭關係는 자동적으로 양도가 된다는 견해가 이에 해당한다.[16] 그 논거로는 企業이란 인적·물적 자원이 결합된 유기적 조직체이므로 企業의 양도가 있으면 企業은 조직적 통일체로서 포괄적으로 이전되기 때문이라고 한다.[17] 또는 勤勞者의 실직을 방지하기 위해서는 營業讓渡時에 勤勞關係는 당연히 이전된다고 보아야 한다고 한다. 그리고 營業讓渡는 勤基 §27 I 상의 정당한 해고사유가 되지 못하므로 특정의 勤勞關係의 이전을 제한하는 특약도 효력이 없다고 본다.

(b) 特約必要說 企業이나 營業의 양도당사자 사이에는 특약이 있어야 雇傭關係가 양수된다는 반대설도 있다.[18] 雇傭關係에는 해고제한에 관한 勤勞基準法(§27 I)은 적용되지 않고 또한 주택임대차에 있어서와 같이 임차주택의 양수인이 임대인의 지위를 승계한 것으로 본다는 규정이 없기 때문이라고 한다.[19]

(c) 判 例 判例는 營業의 양도가 있은 후 양도인에게 고용되어 근무한 勤勞者들이 양수인에 대하여서도 계속 근무하였고 또 양수인이 근로자들이 양도인에게 입사한 때로부터 계속 근무를 한 것으로 인정하여 그에 따른 상여금 또는 퇴직금을 지급하여 온 경우에는 雇傭關係를 포함한 영업일체를 포괄적으로 승계한 것으로 본다고 판시하고 있다.[20] 이 판결만으로는 긍정설을 취하고 있는지 아니면 부정설을 취하고 있는지가 명백하지 않다. 그러나 그 후 "營業讓渡 당사자 사이에 근로관계의 일부를 승계의 대상에서 제외하기로 하는 특약이 있는 경우에는 그에 따라 근로관계의 승계가 이루어지지 않을 수 있으나, 그러한 특약은 실질적으로 解雇나 다름이 없으므로 勤勞基準

15) 金亨培, 629-30.
16) 郭潤直, 389; 金錫宇, 311; 金曾漢, 299; 徐 敏, 55; 金亨培, 305; 註釋債各(Ⅱ), 362; 日注民(16), 54.
17) 郭潤直, 389; 金錫宇, 311; 金曾漢, 299; 徐 敏, 55; 金亨培, 305; 註釋債各(Ⅱ), 362. 긍정설 중에는 勤勞基準法이 적용되지 않는 民法上의 雇傭關係에 있어서는 양도당사자의 특약이 필요하다는 견해도 있다(林種律, 71).
18) 李銀榮, 378; 林種律, 營業의 讓渡와 勞動關係, 崇田大 法學論叢, 1985, 61.
19) 李銀榮, 378. 입법론으로서는 獨逸民法과 같은 규정이 필요하다고 한다.
20) 大判 90. 11. 27. 90다5429(公 888, 199).

法 제27조 제 1 항 소정의 정당한 이유가 있어야 유효하며, 營業讓渡 그 자체만을 사유로 삼아 근로자를 해고하는 것은 정당한 이유가 있는 경우에 해당한다고 볼 수 없다"고 한 判決이 있다.[21] 이 판결은 간접적이기는 하지만 勤勞基準法의 적용에 있어서는 特約不要說을 수용한 것으로 볼 수 있다.

(d) 結 語 생각건대 民法上의 雇傭關係에 있어서도 企業 내지는 營業이라는 통일적 조직체가 양도되는 경우 使用者 개인과 勤勞者 개인의 인적 결합관계가 강하다는 특별한 사유가 없는 한 양도당사자의 특별한 합의가 없더라도 雇傭關係는 당연히 이전된다고 보아야 할 것이다.[22] 企業의 동일성을 유지하고자 하는 경제적·경영적 요청뿐만 아니라 勤勞者에게 勤勞의 기회를 보장하고자 하는 勞動法의 취지는 民法에서도 유지되어야 한다는 취지에서도 雇傭關係의 자동인수를 인정하여야 할 것이다.

(다) 勞務者의 同意必要 여부 한편 雇傭關係가 이전되는 데에 勞務者 개인의 동의가 있어야 하는지는 별도의 문제이다.

(a) 同意必要說 勞務者의 동의가 필요하다는 학설에 의하면 勞務者의 동의가 없는 한 使用者와 양수인 사이의 雇傭關係의 이전은 무효가 된다.

(b) 同意不要說 학설은 대체로 勞務者 개인의 동의가 필요 없다고 보고 있다.[23] 그리고 반대의 특약이 없는 한 勞務者는 합의한 것으로 보는 견해도 이와 동일하게 취급할 수 있다.[24] 그러나 이것이 勞務者가 반대의 의사를 표시할 수 없다는 것을 말하는 것은 아니다. 勞務者 개인의 의사에 반하여서까지 勞務提供을 강제한다는 것은 부당하기 때문이다. 그 구체적인 방법으로는 혹은 勞務提供을 원하지 않는 勞務者는 企業의 양수인을 상대로 즉시 雇傭契約을 해지할 수 있다고 하거나,[25] 혹은 勞務者가 勞務提供을 원하지 않음을 표시한 때에는 使用者가 解雇의 절차를 거쳐야 한다는 견해가 있다.[26]

(c) 判 例 아직 이에 대한 判例가 없다.

(d) 結 語 同意不要說 사이에도 미묘한 차이가 있다. 반대의 특약이 없는 한 同意한 것으로 본다는 견해는 勞務者의 同意 자체는 필요하다는 것으로서 이는 民 §659 Ⅰ은 營業讓渡의 경우에도 여전히 적용된다는 것

21) 大判 94. 6. 28, 93다33173(公 973, 2082).
22) 金亨培, 306.
23) 郭潤直, 389; 金錫宇, 311; 金曾漢, 299; 金亨培, 306.
24) 郭潤直, 389.
25) 金錫宇, 311; 金曾漢, 299; 金亨培, 303; 註釋債各(Ⅱ), 362.
26) 日注民(16), 54.

을 말한다. 이에 반하여 반대의 의사표시가 있는 경우에만 雇傭關係가 이전되지 않는다는 견해는 雇傭關係의 이전에 勞務者의 同意 자체는 필요 없다는 것으로서 이는 民 §659 Ⅰ은 개별적인 雇傭關係의 이전에만 적용되고 營業讓渡의 경우에는 적용되지 않는 것을 말한다. 생각건대 우리 民法의 경우 비록 獨民 §613a와 瑞債 §333 Ⅱ과 같은 명문의 규정은 없지만 雇傭關係가 그 전체로서 이전되는 營業讓渡에 있어서는 民 §659 Ⅰ이 적용되지 않고 勞務者의 반대의 의사표시가 없는 한 雇傭關係는 자동적으로 이전된다고 보는 것이 營業讓渡의 현실에 부합한다고 할 것이다.

Ⅲ. 勞務提供義務의 第三者에 의한 履行

雇傭契約을 체결한 勞務者는 자기 자신이 勞務를 제공하여야 한다. 만약 契約의 내용이 계약당사자가 스스로 勞務를 제공하지 않고 타인인 제3자로 하여금 勞務를 제공하게 하는 것일 때에는 雇傭契約이 체결된 것이 아니라고 할 것이다.[27] 그러나 契約이 원칙적으로는 勞務者가 勞務를 제공하지만 다만 일정한 경우에 勞務者에게 제3자로 하여금 이행을 대신할 수 있게 하는 것을 허용한 때에는 雇傭으로서의 법적 성격을 상실하지 않는다고 할 것이다. 그런데 勞務者가 스스로 勞務를 제공할 것을 약정하였음에도 불구하고 제3자로 하여금 자신에 갈음하여 勞務를 제공하게 할 수 있는가?

1. 第三者에 의한 勞務提供의 禁止

民 §657 Ⅱ은 "勞務者는 使用者의 동의 없이 제3자로 하여금 자기에 갈음하여 勞務를 제공하게 하지 못한다"고 규정함으로써 제3자에 의한 勞務提供을 원칙적으로 금지하고 있다. 전술한 바와 같이 勞務는 勞務者로부터 나오므로 인적 색채가 강한 것으로서 勞務者가 갖고 있는 기술·숙련도·경험 등에 따라서 勞務의 내용과 그 성질이 판이하게 달라질 수가 있다. 따라서 使用者에게 있어서는 勞務를 제공하는 주체가 누구이냐가 굉장히 중요한 의미를 갖게 된다고 할 것이다. 바로 이러한 이유로 民 §657 Ⅱ은 勞務者에 갈음하여 第3者가 勞務를 제공하게 하는 것을 원칙적으로 금지하고 있는 것이다.

---

27) 金錫宇, 311; 金曾漢, 299; 註釋債各(Ⅱ), 362.

2. 例 外

勞務者의 지위 내지는 勞務者가 부담하는 勞務提供義務가 갖는 一身專屬性은 절대적인 것은 아니라고 할 것이다. 勞務者는 일정한 경우 제 3 자로 하여금 자신을 대신하여 勞務를 제공하게 할 수 있다. 이 경우 使用者에 대하여 報酬를 청구할 수 있는 자는 누구인가?

(1) 第三者의 勞務提供이 許容되는 境遇

(가) 使用者의 同意 民 §657 Ⅱ은 勞務者는 使用者의 동의가 있는 경우에는 제 3 자로 하여금 勞務를 제공하게 할 수 있다고 규정하고 있다. 使用者의 동의는 명시적일 필요는 없고 묵시적인 것도 가능하다. 즉, 使用者가 제 3 자가 勞務者를 대신 하여 勞務를 제공하는 것을 알면서도 아무런 이의를 제기하지 않거나 또는 使用者가 勞務者와 일정한 관계에 있는 제 3 자에게 직접 勞務를 제공할 것을 청구한 경우에는 묵시의 동의가 있었던 것으로 볼 수가 있다.

(나) 其 他 使用者의 동의가 없으면 어느 경우에도 勞務者는 제 3 자에게 勞務를 제공하게 할 수는 없는가? 이는 勞務者의 지위 내지는 勞務提供義務의 一身專屬性을 어디까지 인정할 것인가의 문제라고 할 것이다. 결론적으로 말하여 一身專屬性은 원칙적으로 보장되지만 그러나 절대적인 것은 아니라고 할 것이다.[28] 따라서 만일 勞務者를 대신하여 제 3 자가 勞務를 제공하여도 使用者에게는 아무런 불이익이 발생하지 않는다면 이를 허용하여야 할 것이다. 그럼에도 불구하고 使用者가 제 3 자가 제공하는 勞務의 수령을 거절한다면 권리행사가 신의칙에 좇지 않은 것으로서 權利濫用이 된다고 할 것이다.[29] 그러나 실제에 있어서는 제 3 자로 하여금 勞務를 제공하게 하더라도 使用者에게 아무런 영향을 미치지 않는 경우란 거의 없을 것이다.[30]

(2) 報酬支給請求權者

使用者가 勞務者에게 제 3 자로 하여금 勞務를 제공하게 하는 것을 허용하는 경우 使用者에 대하여 報酬請求權을 가지는 자는 勞務者인가 아니면 제 3 자인가? 勞務者는 여전히 契約의 당사자로서의 지위를 갖는다고 할 것이다. 따라서 報酬請求權의 귀속자는 勞務者이다. 제 3 자는 勞務者와의 내부관계에

28) 註釋債各(Ⅱ), 362.
29) 郭潤直, 380; 金曾漢, 299; 註釋債各(Ⅱ), 362; 日注民(16), 56.
30) 日注民(16), 56.

기하여 勞務者에 대하여 勞務提供에 대한 대가의 지급청구권을 가질 뿐이라고 하겠다.

Ⅳ. 契約의 解止

使用者 또는 勞務者가 상대방의 동의없이 勞務에 대한 權利를 제 3 자에게 양도하거나 또는 勞務를 제공할 의무를 제 3 자로 하여금 이행하게 하는 경우 民法(§657 Ⅲ)은 상대방에게 契約解止權을 부여하고 있다. 勞務請求權을 양도하는 양도계약이나 勞務提供義務를 인수하는 인수계약은 상대방의 동의가 없는 한 勞務者와 使用者 사이에서는 효력을 발생하지 않음은 전술한 바와 같다. 그런데 民法은 勞務에 대한 權利를 양도하거나 勞務를 제 3 자로 하여금 제공하게 하는 경우에는 더 이상 使用者 또는 勞務者에게 勞務를 수령하거나 勞務를 제공할 의사가 없을 것이라고 보고 상대방에게 雇傭契約을 解止할 수 있도록 하고 있契約의 이행이 있기 전이면 契約의 解除가 인정된다.

Ⅴ. 勤勞基準法上의 勞務의 一身專屬性

勤勞者의 勞務의 一身專屬性은 동일한 使用者에게 고용되어 있는 경우에도 유지되어야 한다. 勤基 §27 Ⅰ에 의하면 使用者는 勤勞者에 대하여 정당한 이유없이 轉職을 하지 못한다. 轉職이란 동일기업 내에서 직무내용(직종)이 변경되는 것을 말한다.[31] 勤勞契約에 의하여 勤勞者는 자신의 노동력에 대한 처분을 포괄적으로 使用者에게 위임하였다고 볼 수 있다. 따라서 使用者는 근로의 종류를 변경시킬 수 있다고 볼 수가 있다. 그러나 근로의 내용까지도 변경하는 처분권은 인정되지 않는다고 할 것이다. 바로 이러한 이유에서 勤基 §27 Ⅰ은 轉職에는 정당한 사유를 요구하고 있는 것이다. 判例도 "전직처분은 일반적인 인사이동인 전근, 전보 등과 달리 근로조건의 중요한 변경을 가져와 불이익을 수반하는 수가 많으므로 고용계약상의 권리의무의 전속성을 규정하고 있는 민법 제 657 조의 취지에 비추어 특별한 사정이 없는 한 개별적 내지

31) 李炳泰, 588.

근로계약이나 취업규칙 또는 단체협약에 의하여 동의가 있어야 가능하다"라고 판시하여 轉職의 금지를 勞務의 一身專屬性에서 찾고 있다.[32] 轉職에는 정당한 사유가 있어야 할 뿐만 아니라 勤勞者의 동의가 있어야 한다.[33]

企業 또는 營業이 양도되는 경우의 勤勞關係의 이전에 대하여는 이미 살펴보았다.

[南 孝 淳]

第 658 條(勞務의 內容과 解止權)

① 使用者가 勞務者에 對하여 約定하지 아니한 勞務의 提供을 要求한 때에는 勞務者는 契約을 解止할 수 있다.

② 約定한 勞務가 特殊한 技能을 要하는 境遇에 勞務者가 그 技能이 없는 때에는 使用者는 契約을 解止할 수 있다.

차 례

Ⅰ. 總 說
1. 民法 第 658 條의 趣旨
2. 解止權의 性質
Ⅱ. 勞務者의 解止權
1. 約定되지 않은 勞務의 요구와 雇傭關係
2. 勞務者의 解止權
Ⅲ. 使用者의 解止權
1. 解止權의 趣旨
2. 解止權의 發生要件
3. 解止權과 錯誤·詐欺에 의한 取消權
Ⅳ. 解止權의 行使와 行使效果
1. 解止權의 行使
2. 解止權의 行使效果

Ⅰ. 總 說

民 §658는 일반의 債務不履行에 의하지 않는 사유에 의하여 당사자에게 解止權을 부여하고 있다. 즉, 使用者가 勞務者에 대하여 약정하지 아니한 勞務의 제공을 요구하는 경우에 勞務者에게 契約解止權을 주고 또 약정한 勞務가 특수한 기능을 필요로 하는 경우에 勞務者에게 그 기능이 없는 때에는 使用者에게 契約解止權을 부여하고 있다.

32) 大判 89. 5. 9, 88다카4918(公 851, 892).
33) 大判 89. 5. 9, 88다카4918(公 851, 892); 大判 93. 1. 26, 92누8200(公 940, 868).

1. 民法 第658條의 趣旨

雇傭契約에 있어서 勞務者가 부담하는 勞務提供義務는 勞務者가 제공하여야 할 基本的 給付義務에 해당한다. 勞務者가 제공하여야 할 勞務의 내용은 契約이 정한 바에 따라 결정된다. 契約에 의하여 정하여진 勞務에 대하여서만 使用者는 權利를 지고 勞務者는 義務를 부담한다. 따라서 使用者는 勞務者에게 契約으로 약정하지 아니한 勞務를 요구할 수 없고, 勞務者는 약정한 勞務가 특수한 기능을 요구하는 경우 그 기능이 없으면 契約을 이행할 수 없게 된다. 바로 이러한 이유에서 民 §658는 使用者가 契約이 정하지 않은 勞務를 요구하거나 또는 勞務者가 契約에 정한 勞務에 필요한 특수한 기능이 없는 경우 상대방에 대하여 契約解止權을 부여하고 있다.

2. 解止權의 性質

民 §658가 규정하고 있는 解止權은 일반의 債務不履行을 원인으로 하여 발생하는 解止權과는 그 법적 성격이 다르다. 본조의 解止權은 契約의 이행이나 契約의 목적달성이 불가능하다고 판단되는 객관적 사정이 존재하는 경우에 인정되는 解止權이다. 본조의 解止權은 다시 그 주체가 勞務者이냐 아니면 使用者이냐에 따라 解止權이 갖는 구체적인 의미가 다르다.

Ⅱ. 勞務者의 解止權

民 §658 Ⅰ은 使用者가 勞務者에 대하여 약정하지 아니한 勞務를 요구하는 것만으로도 勞務者에게 契約을 解止할 수 있는 權利를 인정하고 있다. 이 解止權이 갖는 의의를 알기 위해서는 使用者가 勞務者에게 契約에 정하지 않은 勞務를 요구하는 경우 雇傭關係에 어떠한 영향과 변화를 가져오는지를 먼저 살펴보는 것이 필요하다.

1. 約定되지 않은 勞務의 요구와 雇傭關係

使用者가 약정되지 아니한 勞務의 제공을 요구하더라도 원칙적으로 雇傭關係에는 아무런 영향을 미치지 않는다. 우선 使用者에게는 勞務者에 대하여 약정하지 아니한 勞務를 요구할 權利가 없고 勞務者도 契約에 정하지 아니한 勞務를 제공할 義務가 없다. 따라서 勞務者가 使用者의 요구에 응하지 않더라도 債務不履行이 되지 않는다. 그리고 使用者가 勞務者에게 契約에 정한 것 이외의 勞務를 요구한다고 해서 勞務者가 契約에 정한 勞務를 제공할 義務를 면하게 되는 것도 아니다. 따라서 勞務者는 雇傭契約이 존속하는 한 약정된 勞務를 제공할 義務를 부담한다. 그러나 使用者가 勞務者에 대하여 약정하지 않은 勞務의 제공을 요구하는 것이 勞務者가 제공한 勞務의 수령을 거부하기 위하여 행하여 지는 것일 경우에는 使用者는 受領遲滯에 빠지게 된다. 勞務者는 受領遲滯를 이유로 使用者에게 債權者遲滯責任(民 §400)을 추궁할 수 있다. 우선 勞務者는 使用者의 受領遲滯 중에는 故意 또는 중대한 過失이 없는 한 자신의 勞務提供義務의 불이행으로 인한 責任이 없다(民 §401). 그 밖에 使用者의 受領遲滯로 말미암아 勞務者에게 損害賠償請求權과 契約解止權도 발생하는지는 受領遲滯의 법적 성격을 어떻게 파악하느냐에 따라 그 해답이 달라진다. 그리고 일반적으로 債權者가 受領遲滯에 빠지면 債務者는 供託(民 §487)을 함으로써 債務의 구속으로부터 벗어날 수가 있다. 그러나 勞務는 그 성질상 供託의 대상이 될 수 없으므로 債權者遲滯를 이유로 解止權을 인정하지 않는 한 勞務者는 언제까지나 債務의 구속으로부터 벗어날 수 없게 된다.

2. 勞務者의 解止權

일반적으로 解止權이란 契約上의 債務를 부담하는 債務者가 그 債務를 이행하지 않는 경우에 債權者에게 발생하는 權利를 말한다. 雇傭에 있어서는 勞務者에게 解止權이 발생하는 것은 使用者가 자신의 債務인 報酬支給義務와 保護義務를 이행하지 않는 경우라고 할 것이다. 使用者가 契約에 정하지 않은 勞務를 勞務者에게 요구하는 것만으로 使用者가 債務를 불이행한 것이 되지는 않는다. 따라서 民 §658 Ⅰ이 인정하는 勞務者의 解止權은 債務不履行으로 인한 解止權은 아니라고 할 것이다. 그렇다면 民 §658 Ⅰ이 勞務者에게 解止權을 부여하는 근거는 어디에 있는 것일까?

(1) 解止權의 趣旨

使用者가 약정되지 아니한 勞務의 제공을 요구하는 경우 다음과 같은 문제를 야기한다. 첫째, 雇傭은 勞務者가 약속한 특정의 勞務의 제공을 그 내용으로 한다. 만일 使用者가 약정되지 아니한 勞務의 제공을 요구하게 되면 雇

傭契約의 동일성이 상실된다. 둘째, 勞務者는 자신이 제공할 수 있는 勞務를 약속한다. 勞務는 勞務者로부터 분리될 수 없수 없는 인적 색채가 강한 급부이다. 만약 使用者가 勞務者에게 약정된 勞務 이외의 勞務를 요구한다면 그것은 勞務者에게는 불가능을 요구하는 것이 된다. 셋째, 使用者가 약정되지 않은 勞務를 요구하는 것은 使用者에게는 종전의 勞務를 내용으로 하는 雇傭契約을 더이상 존속시킬 의사가 없다는 것을 말한다. 이상의 이유에서 民法은 勞務者에게 解止權을 부여하고 있는 것이라고 하겠다.

(2) **解止權의 發生要件**

民 §658 Ⅰ은 勞務者에게 解止權이 발생하기 위한 요건으로 使用者가 「약정하지 아니한 勞務의 제공을 요구하는 것」만을 규정하고 있을 뿐이다. 勞務者의 解止權이 발생함에 있어서 使用者에게 歸責事由가 있어야 되는지에 대하여 民法은 아무런 언급이 없다.

㈎ 約定하지 아니한 勞務의 要求　　民 §568 Ⅰ은 「약정하지 아니한 勞務」를 요구하는 것을 勞務者의 解止權의 발생요건으로 규정하고 있다. 여기서 약정이 존재하는지의 여부는 형식적으로 해석하여서는 아니된다. 使用者가 契約이 정하는 「基本的 給付義務」 이외의 勞務를 제공할 것을 요구하는 경우에 비로소 勞務者에게 解止權이 발생한다고 하겠다. 그러나 使用者가 契約에 정한 이외의 勞務를 요구한다고 해서 언제나 勞務者에게 解止權이 발생하는 것은 아니라고 할 것이다. 비록 契約에 규정되어 있지 않는 勞務라고 할지라도 그것이 基本的 給付義務의 내용이 되는 勞務를 이행하기 위하여 필요한 경우에는 使用者는 이를 요구할 수 있다고 할 것이다. 이는 信義則에 어긋나지 않는 것으로서 정당한 權利行使가 된다고 하겠다. 그러한 附隨的 勞務는 契約에 의하여서도 그 내용을 알 수 없으면 거래의 관행에 따르고 거래의 관행도 없으면 信義則에 좇아 그 내용을 결정하여야 할 것이다.

㈏ 使用者의 歸責事由 不問　　民 §658 Ⅰ상의 勞務者의 解止權은 使用者에게 歸責事由가 있는 경우에만 발생하는 것은 아니다. 일반적으로 使用者가 약정되지 않은 勞務를 제공할 것을 요구하는 것만으로 歸責事由의 존재를 인정할 수 있을 것이다. 그러나 使用者가 약정하지 않은 勞務를 요구하는 것이 그의 歸責事由에 의한 것이 아니고 불가피한 사유에 의한 경우에도 勞務者는 契約을 解止할 수 있다고 할 것이다. 따라서 勞務者는 解止權을 주장하기 위하여 使用者에게 歸責事由 있음을 입증할 필요가 없고 반대로 使用

者가 자신에게 歸責事由가 없었음을 입증하더라도 勞務者의 解止權을 부인할 수 없다고 할 것이다.

(다) 履行期到來不要　勞務者에게 解止權이 발생하기 위하여서 勞務者의 勞務提供義務가 반드시 履行期에 있을 필요는 없다. 履行期가 도래하기 전이라도 使用者가 勞務者에게 契約에 정하지 않은 勞務의 제공을 요구한다면 더이상 契約을 존속시킬 이유가 없으므로 勞務者는 契約을 소멸시킬 수 있다고 할 것이다. 다만 이 경우 契約이 解止되는 것이 아니라 契約이 解除되는 것이라고 보아야 한다.

(라) 受領遲滯不要　民 §658 Ⅰ을 근거로 勞務者에게 解止權이 발생하기 위하여서 使用者가 受領遲滯에 빠져 있어야 하는 것은 아니다. 民 §658 Ⅰ이 규정하는 解止權은 受領遲滯와는 관계 없이 勞務者에게 주어지는 權利라고 하겠다.[1]

Ⅲ. 使用者의 解止權

民 §568 Ⅱ은 약정한 勞務가 특수한 기능을 요하는 경우에 勞務者가 그 기능이 없는 때에는 使用者에게 契約을 解止할 수 있는 權利를 인정하고 있다.

1. 解止權의 趣旨

民 §658 Ⅱ의 解止權이 인정되는 근거를 勞務者가 契約時에 善良한 管理者의 注意義務를 위반한 것에 대한 債務不履行責任으로 이해하는 解釋論이 있다.[2] 그러나 본조의 근거는 善管義務의 위반도 契約時의 義務違反도 아니라고 할 것이다. 約定된 勞務가 특수한 기능을 필요로 함에도 불구하고 勞務者가 그러한 기능을 가지지 못하다면 勞務者는 債務를 이행하는 것이 객관적으로 불가능하게 된다. 이 경우 勞務者에게 歸責事由가 있으면 使用者는 民 §658 Ⅱ에 의하지 않고도 일반의 債務不履行責任을 추궁하여 民 §543에 의하여 契約을 解止할 수 있다. 따라서 民 §568의 Ⅱ은 履行不能에 의하여 발생하는 解止權에 관한 단순한 주의적 규정은 아니라고 할 것이다. 그렇다면 民 §568 Ⅱ

1) 註釋債各(Ⅱ), 362.
2) 金錫宇, 310.

이 使用者의 解止權을 규정하는 이유는 어디에 있는 것일까? 民 §568의 Ⅰ과 Ⅱ이 각각 나란히 勞務者와 使用者에게 解止權을 부여하고 있는 사실로 미루어 볼 때, 民 §568 Ⅰ이 규정하는 解止權이 債務不履行으로 인한 解止權이 아닌 것과 마찬가지로 民 §568 Ⅱ이 규정하는 解止權도 債務不履行으로 인한 것이 아니라고 할 것이다. 그렇다면 民 §568 Ⅱ의 특별한 존재근거는 어디에 있는 것일까? 요컨대 雇傭契約의 특성상 使用者에게 특별히 인정되는 權利라고 할 것이다. 勞務者가 약정한 勞務가 특정의 기능을 필요로 하는데도 만일 勞務者에게 그 기능이 없다면 이제 契約의 목적을 달성하는 것은 불가능하게 되기 때문에 따라서 더이상 契約을 존속시킬 하등의 이유가 없으므로 民 §568 Ⅱ은 使用者에게 解止權을 부여하는 것이라고 볼 것이다.

2. 解止權의 發生要件

使用者의 解止權이 발생하기 위한 요건을 분설하면 다음과 같다.

(1) 特殊機能의 必要

약정한 勞務가 특수한 기능을 필요로 하여야 한다. 그러한 기능은 반드시 契約에 명시적으로 규정되어 있을 필요가 없다. 거래의 관행이나 기타 勞務者가 종사할 분야의 특성상 특수한 기능이 필요한 경우에도 해당한다.

(2) 機能의 缺如

勞務者에게는 제공할 勞務에 필요한 기능이 없어야 한다. 기능이 결여된 시기는 언제여야 하는가? 契約 당시에 기능이 결여된 경우가 포함됨에는 의문의 여지가 없다. 기능이 契約이 체결된 후에 후발적으로 상실된 경우도 포함되는가? 民 §658 Ⅱ의 취지를 契約時의 善管義務의 위반에 대한 責任으로 보는 解釋論에 의하면 契約 후에 기능이 상실되는 경우는 포함되지 않을 것이다.[3] 그러나 본조의 취지상 勞務者가 나중에 기능을 상실한 경우도 포함된다고 할 것이다.

(3) 契約目的達成의 不可能

비록 民 §568 Ⅱ이 명시적으로 규정하고 있지는 않지만 勞務者에게 기능이 없음으로 말미암아 雇傭契約의 목적을 달성할 수 없는 경우에 비로소 使用者에게 解止權이 발생한다고 할 것이다.[4] 이는 解止權이 예외적으로 특별히

3) 金錫宇, 310 參照.

4) 受領遲滯를 債務不履行責任으로 보는 학설은 受領遲滯를 이유로 하여서도 使用者에게 解止權을 인정하게 된다.

인정되는 權利임에 비추어 볼 때 당연하다고 할 것이다.

(4) **勞務者의 歸責事由 不問**

民 §568 Ⅱ에 규정된 解止權은 債務不履行으로 인한 解止權이 아니므로 그것이 인정됨에 있어서 勞務者가 특수한 기능을 갖지 못하거나 또는 상실한 데에 대하여 歸責事由가 있음을 요하지 않는다.

(5) **使用者의 歸責事由 不問**

民 §658 Ⅰ의 취지상 使用者의 解止權은 使用者에게 歸責事由가 있는 경우에도 발생한다고 하겠다. 다만 勞務가 특수한 기능을 요구한다는 것 또는 勞務者가 그 機能을 갖추지 못하거나 상실하게 된 것에 대하여 使用者에게 歸責事由가 있은 경우에는 使用者의 歸責事由에 의하여 수령을 할 수 없게 된 것에 해당하므로 損害賠償責任이 인정된다고 할 것이다.[5]

3. 解止權과 錯誤·詐欺에 의한 取消權

약정한 勞務가 특수한 기능을 요구하나 勞務者에게 기능이 없는 勞務者는 錯誤 또는 詐欺를 이유로 雇傭關係를 종료시킬 수 있다.

(1) **解止權과 錯誤에 의한 取消權**

勞務者에게 특수한 기능이 있다는 것을 전제로 하여 雇傭契約을 체결하였으나 실제로는 勞務者에게 그러한 기능이 없으면 法律行爲의 내용의 중요한 부분에 錯誤가 있었던 것이 된다. 이 경우 使用者는 錯誤를 이유로 의사표시를 取消할 수가 있다(民 §109). 民 §568 Ⅱ이 규정하는 解止權은 다음의 점에서 錯誤를 이유로 하는 取消權과 구별된다. 첫째, 본조의 解止權은 使用者의 錯誤를 요하지 않는다. 둘째, 錯誤에 의한 取消權은 勞務者에게도 발생할 수 있지만 본조의 解止權은 使用者에게만 발생한다. 셋째, 錯誤로 인한 取消權은 중대한 過失이 없어야만 발생하지만 본조의 解止權은 使用者에게 중대한 過失이 있는 경우에도 발생한다. 다만 使用者에게는 損害賠償責任이 인정된다고 할 것이다.[6] 넷째, 取消에 의하여 雇傭契約은 처음부터 無效였던 것이 되지만(民 §141) 解止權의 행사에 의하여서는 契約은 장래에 향하여서만 효력을 상실한다(民 §550).

(2) **解止權과 詐欺에 의한 取消權**

勞務者가 使用者에게 자신에게 특수한 기능이 있다고 기망하였다면 使用

5) 註釋債各(Ⅱ), 363.
6) 註釋債各(Ⅱ), 363.

者에게는 民 §110에 의하여 取消權도 발생한다. 이 경우 解止權과 取消權은 중첩적으로 적용된다고 할 것이다. 뿐만 아니라 勞務者는 기망이라는 不法行爲로 인한 損害賠償責任도 부담하게 된다

Ⅳ. 解止權의 行使와 行使效果

1. 解止權의 行使

使用者가 勞務者에 대하여 약정하지 아니한 勞務의 제공을 요구하거나 勞務者에게 특수한 기능이 없으면 상대방은 곧 解止權을 행사할 수 있다.

2. 解止權의 行使效果

解止에 의하여 雇傭關係가 소멸된다는 점에서는 일반의 解止에 있어서와 동일하다. 이미 雇傭關係가 이행되고 있는 경우에는 雇傭關係는 장래를 향하여 소멸하게 된다. 그러나 民 §658의 解止權은 상대방의 債務不履行을 원인으로 하여 발생하는 것이 아니므로 원칙적으로 損害賠償請求權이 발생하지 않는다. 그러나 상대방에게 歸責事由가 있는 경우에는 당연히 損害賠償請求權이 인정된다고 할 것이다.

[南 孝 淳]

第659條(3年 以上의 經過와 解止通告權)

① 雇傭의 約定期間이 3年을 넘거나 當事者의 一方 또는 第三者의 終身까지로 된 때에는 各當事者는 3年을 經過한 後 언제든지 契約解止의 通告를 할 수 있다.

② 前項의 境遇에는 相對方이 解止의 通告를 받은 날로부터 3月이 經過하면 解止의 效力이 생긴다.

차 례

Ⅰ. 總 說
  1. 比 較 法
  2. 民法 第659條의 趣旨
  3. 民法 第659條의 法的 性格
  4. 解止通告權의 意義
Ⅱ. 解止權의 發生要件
  1. 雇傭期間의 意義
  2. 約定된 雇傭期間이 3年을 超過하거나 終身期間일 것
  3. 事由 不問
Ⅲ. 解止의 通告期間
  1. 通告期間의 趣旨
  2. 通告期間
  3. 通告期間의 制限·排除
Ⅳ. 解止의 效力
Ⅴ. 民法 第659條와 勤勞基準法 第21條, 第27條
  1. 勤勞契約의 期間
  2. 期間의 정함이 없는 勤勞契約: 使用者의 解止權의 制限

Ⅰ. 總 說

民 §659는 雇傭의 약정기간이 3년을 넘거나 당사자의 일방 또는 제3자의 종신까지로 된 때에는 각 당사자는 3년을 경과한 후 언제든지 契約解止의 통고를 할 수 있음을 규정하고 있다. 그리고 본조에 의하면 상대방이 解止의 통고를 받은 날로부터 3월이 경과하면 解止의 효력이 발생한다.

1. 比 較 法

獨民 §624는 어떤 자의 종신간 또는 5년 이상의 기간으로 고용관계를 체결한 때에는 勞務者는 5년을 경과한 후 解止를 통지할 수 있다고 규정하고 있다. 解止의 통고기간은 6월이다. 본조에 의하면 勞務者만이 雇傭關係를 종료시킬 수 있고 使用者는 이를 할 수 없다. 본조의 취지는 勞務者로 하여금 장기간의 구속으로부터 벗어나게 하려는 데에 있으므로 당사자들의 약정으로 解止告知期間을 6월보다 단축하는 것은 허용되나 6월보다 연장하는 것은 금지

된다고 본다. 瑞債 §334 Ⅲ에 의하면 10년 이상의 기간으로 체결된 雇傭契約은 각 당사자는 10년이 경과한 후 6월의 통고기간에 의하여 이를 解止할 수 있으며, 解止는 월말에 효력을 발생한다. 佛民 §1780 Ⅰ은 누구든지 일정기간 또는 일정한 사업을 위하여서만 勞務를 약속할 수 있다고 규정하고 있다. 문언만으로 보면 雇傭契約은 반드시 기간의 정함이 있어야 하는 것처럼 보인다. 그러나 곧이어 佛民 §1780 Ⅱ은 기간의 정함이 없는 勞務賃貸는 당사자가 언제든지 이를 解止할 수 있다고 규정하고 있는바, 학설과 判例는 일치하여 본 규정은 기간의 정함이 없는 勞動契約이 雇傭契約의 원칙이라는 것을 전제로 하는 것이라고 보고 있다. 이러한 이유에서 勞動法典 §L 121-5도 勞動契約은 기간의 정함이 없이 체결된다고 규정하고 있다. 따라서 佛蘭西民法에서는 종신의 契約만 금지가 되고, 고용기간의 장단은 문제가 되지 않는다. 佛民 §1780 Ⅰ이 종신계약을 금지하는 것은 민법의 기본원리에 따른 것이라고 한다.[1] 즉, 종신계약을 허용하지 않는 것은 당사자의 자유를 보호하기 위한 것으로 그것은 사회의 기초일 뿐 아니라 개인의 삶의 본질이기 때문이라고 한다. 이는 佛蘭西民法에 규정된 가사노무자의 雇傭契約뿐만 아니라 기타 雇傭契約 나아가 모든 종류의 계약에서 당연히 준수되어야 하는 원칙이라고 한다.[2] 그러면 종신계약의 효력은 어떻게 되는가? 당사자에게 解止權이 인정되지는 않는다고 한다. 解止權을 인정하면 기간의 정함이 없는 雇傭契約과 동일하게 취급하는 것이 되는바, 그러한 결과는 당사자의 의사에 반한다고 한다. 또한 그것은 일방이 당사자 사이에 형성된 형평을 일방적으로 파기하는 것이 되어 인정할 수 없다고 한다. 따라서 종신의 雇傭契約은 절대적 무효가 된다고 한다.[3] 日民 §626 Ⅰ은 종신고용계약이나 고용기간이 5년이 넘는 雇傭契約은 당사자 일방이 5년을 경과한 후에는 언제든지 解除할 수 있도록 규정하고 있다. 獨民 §624와 달리 勞務者에게뿐만 아니라 使用者에게도 解止權을 인정하고 있다. 우리 民法 §659는 日民 §626와 동일한 취지의 규정이다. 다만 고용기간의 최장기간을 5년이 아닌 3년으로 하고 있는 점에 차이가 있다. 이 점에서 우리 民法은 외국의 입법례보다 고용기간을 엄격히 제한하고 있다고 볼 수가 있다.

1) Jurisclasseur civil, Art 1780, Louage d'ouvrage et d'industrie, Contrat de travail, n° 23, p. 2.
2) Jurisclasseur civil, Art 1780, op. cit., n° 26, p. 5.
3) Jurisclasseur civil, Art 1780, op. cit., n° 52, p. 9.

2. 民法 第659條의 趣旨

契約自由의 원칙에 따르면 고용기간을 어떻게 정할 것인지는 勞務者와 使用者의 자유의사에 맡겨져 있다. 당사자는 원하면 고용기간을 구체적으로 정하지 않을 수도 있고 또 일정기간으로 할 수도 있다. 그리고 고용기간을 일정기간으로 정한 경우에는 契約의 구속력에 따라 당사자는 약정된 고용기간이 만료하기까지는 임의로 雇傭契約을 解止하지 못하게 된다. 그런데 民 §659는 일정기간을 경과한 후에는 고용기간이 만료하기도 전에 각 당사자에게 解止權을 인정함으로써 契約의 구속력에 대한 중대한 예외를 두고 있다. 民 §659가 契約의 구속력을 제한하면서까지 勞務者와 使用者에게 解止權을 부여하는 취지는 무엇이고 解止權에 의하여 雇傭契約은 어떠한 상태에 놓이게 되는가?

(1) 民法 第659條의 趣旨

고용기간이 당사자의 종신으로 하는 계약은 아무리 자유롭게 체결된 것이라고 할지라도 당사자에게 노예의 지위를 인정하는 것이 되므로 마땅히 금지되어야 한다.[4] 한편 고용기간이 너무 장기간이면 당사자가 장기간 契約에 구속됨으로 말미암아 당사자에게는 여러 가지 불이익이 발생할 수 있다. 노무자측에서는 고용기간이 너무 장기간이면 自由가 박탈되어 勞務者에게는 신분적인 제약에 가까운 결과가 발생한다.[5] 뿐만 아니라 계약체결 후 장기간이 경과하면 제반사정이 변화함에도 불구하고 勞務者는 여전히 동일한 고용조건하에서 장기간 계속하여 노무를 제공하여야 하므로 계약시에 예측하지 못한 불이익이 발생할 수가 있다.[6] 이는 결국 勞務者가 그의 의사에 반하여 장기간 노동을 강제당하는 것과 같다. 判例도 民 §659와 동일한 취지의 규정인 勤基 §21의 법적 취지를 근로자의 퇴직의 자유를 제한하여 근로의 계속을 강요하는 것을 방지하기 위한 것에서 찾고 있다.[7] 한편 使用者의 경우에 있어서도 고용기간이 장기간이면 마찬가지로 제반여건의 변화에 대처하지 못하게 되는 불이익을 당할 수가 있다고 할 것이다. 바로 이러한 이유에서 당사자가 자유의사에 의하여 고용기간을 정하였음에도 불구하고 최장기간을 제한할 필요성

4) Jurisclasseur civil, Art 1780, op. cit., n° 26, p. 5.
5) 郭潤直, 399; 註釋債各(Ⅱ), 365; Christiane Brunner, Jean-Michel Bühler et Jean-Bernard Waeber, op. cit., p. 169.
6) 郭潤直, 399; 註釋債各(Ⅱ), 365.
7) 大判 80. 7. 8, 80다590(公 639, 12999).

이 생기는 것이다. 즉, 民 §659는 장기간의 구속력을 갖는 雇傭契約은 공익에 반하는 것으로 규정하고 있다고 하겠다.[8] 그런데 고용의 현실에 있어서는 勞務者에게 발생하는 불이익이란 使用者의 그것에 비할 수 없이 심각하다고 할 것이다. 그러나 民法은 勞動法과는 달리 勞務者와 使用者의 경제적·사회적 지위의 차이를 고려하지 않고 양자를 형식적으로 평등하게 취급하므로 民 §659는 使用者에게도 勞務者와 함께 解止權을 인정하고 있는 것이다. 그렇다면 어느 정도의 기간을 부당한 장기간으로 볼 것이며, 그리고 어느 시점에서 當事者를 契約의 구속으로부터 벗어나게 할 것인가? 民法은 3년을 그 기준으로 정하고 있다. 獨逸民法과 日本民法이 5年, 瑞西民法이 10년으로 한 것에 비해 단기라고 볼 수 있다.

(2) **解止權과 雇傭契約**

民 §659 Ⅰ에 의하면 3년 이상의 雇傭契約은 처음부터 무효가 되거나 3년이 경과한 후 자동적으로 無效가 되는 것은 아니다.[9] 3년이 경과한 후 각 당사자가 雇傭契約을 解止하는 경우에 비로소 雇傭關係가 종료된다. 雇傭契約의 당사자가 장기간 契約에 구속됨으로 인하여 받을 수 있는 불이익을 방지할 수 있는 이상적인 방법은 무엇일까? 첫째, 고용기간이 3년 이상인 契約을 처음부터 無效로 하는 방법이 있을 수 있다. 그러나 契約을 無效로 하는 것은 使用者와 勞務者 모두에게 불리하므로 이상적인 방법이 되지 못한다. 둘째, 3년을 경과한 후 雇傭契約을 자동적으로 종료시키는 방법이 있을 수 있다. 그러나 당사자가 원하는 경우에는 契約의 존속을 인정할 필요가 있을 수도 있으므로 이 방법도 이상적인 방법이 되지 못한다. 셋째, 3년이 지난 후에는 雇傭契約의 장래를 당사자의 자유의사에 맡기는 것이라고 하겠다. 이것이 가장 합리적인 방법이라고 볼 수가 있다. 民 §659 Ⅰ이 계약당사자에게 解止權을 부여하는 것이 바로 이에 해당한다.

(3) **民法 第659條와 民法 第660條**

한편 民 §660는 고용기간의 약정이 없는 때에도 당사자에게 언제든지 契約을 解止할 수 있는 解止權을 부여하고 있다. 따라서 民 §659가 당사자에게 解止權을 부여하는 것은 곧 3년이 경과한 후에는 雇傭契約을 「기간의 정함이 없는 契約」으로 취급하는 것이라고 볼 수 있다. 그런데 民 §660 Ⅱ이 解止通

---

8) 日注民(16), 65.
9) 日注民(16), 66.

告期間을 1월로 규정하고 있는 데 반하여 民 §659 Ⅱ은 解止通告期間을 3월로 규정하고 있으므로 이 점에서 양자의 적용을 구별할 필요가 있게 된다.

3. 民法 第659條의 法的 性格

民 §659의 취지상 본조는 強行規定이라고 보아야 할 것이다.[10] 따라서 勞務者의 解止權과 使用者의 解止權을 부정하거나 제한하거나 통고기간을 단축하거나 배제하는 특약은 무효라고 할 것이다.[11]

4. 解止通告權의 意義

民 §659는 勞務者와 使用者에게 발생하는 權利를「解止通告權」이라 하고 있다. 解止通告權은 解止權가 어떠한 차이가 있는가? 日民 §626 Ⅱ은 解除를 하려면 3월 전에 예고를 하여야 하는 것으로 규정하여, 문언의 형식상 豫告를 한 후 별도로 解止의 의사표시를 하여야 하는 것처럼 보인다. 그러나 통설은 예고를 한 후 3월이 경과하면 별도의 解止의 의사표시는 필요 없다고 본다. 이 점에 있어서는 우리 民法의 규정은 훨씬 명확하다. 즉, 民 §659 Ⅱ은 통고기간이 경과한 후에는 解止의 효력이 있다고 규정하고 있다. 즉, 雇傭契約은 통고기간이 경과하면 자동적으로 解止된다. 따라서 解止通告權이란 실질에 있어서 解止權과 동일하다고 할 것이다. 解止의 통고란 곧 解止의 의사표시라고 할 것이다. 다만 그 효력은 통고기간이 경과한 후 효력을 발생하게 된다.

Ⅱ. 解止權의 發生要件

民 §659는 계약당사자를 부당한 장기기간의 구속으로보터 벗어나게 하기 위하여 일정한 조건하에서 解止權을 인정하고 있다. 즉, 3년을 넘는 기간 또는 당사자의 일방 또는 제3자의 종신까지로 하는 고용기간이 약정되어 있는 雇傭契約이 3년이 경과한 후에 각 당사자에게 契約解止權이 발생한다. 이를 분설하면 다음과 같다.

10) 郭潤直, 399; 註釋債各(Ⅱ), 364; 日注民(166), 66.
11) 註釋債各(Ⅱ), 364.

1. 雇傭期間의 意義

民 §659를 적용함에 있어서는 먼저 고용기간의 의미를 명확히 할 필요가 있다. 고용기간에는 통상적으로 세 가지가 있을 수 있다. 첫째는 그 기간의 만료에 의하여 雇傭이 자동적으로 종료되는 기간이다. 이 기간은 최단기간임과 동시에 최장기간에 해당한다. 이 경우에는 기간의 종료로 자동적으로 雇傭契約이 종료되므로 解止의 통고도 필요없다. 民 §662가 고용기간의 만료로 고용기간이 종료된다는 것을 전제로 默示의 更新을 인정하는 것은 바로 이러한 의미의 고용기간을 전제로 하고 있는 것이다. 만일 이 기간이 3년을 초과한 경우에는 民 §659 Ⅰ에 의하여 그 기간은 3년으로 단축되어 3년이 경과하면 당사자에게는 解止의 通告權이 발생한다. 둘째는 기간의 만료에 의하여 雇傭契約이 자동적으로 종료되지는 않고 기간의 만료시에 雇傭契約이 종료되기 위해서는 解止의 통고가 있어야 하는 기간이다. 이 경우 고용기간은 최소한의 고용기간을 보장하는 의미의 최단기간의 성질을 갖는다. 당사자에게 부득이한 사유가 있는 경우에는 최단기간 내에도 雇傭契約의 解止를 허용한다(民 §661). 民 §660 Ⅲ에 규정된 보수를 정하는 기간도 바로 이에 해당한다. 셋째는 당사자 사이에 최대한 雇傭契約이 존재할 수 있는 기간이다. 이는 최장기간에 해당한다. 이 기간의 정함만 있는 것은 사실상 고용기간의 정함이 없는 경우에 해당한다. 이 경우 民 §660 Ⅰ이 적용된다.

당사자가 일정한 고용기간을 정한 경우 어떠한 의미로 규정한 것인지는 당사자 의사의 해석문제이다. 당사자의 의사가 명확하지 않고 慣習도 없는 경우에는 첫째의 의미의 기간으로 보아야 할 것이다.[12] 民 §659 Ⅰ은 그 기간의 만료로 자동적으로 雇傭契約이 종료되지는 않는다는 것을 전제로 하므로 본조의 고용기간은 최단기간을 말하는 것이 된다.[13] 따라서 民 §659 Ⅰ은 첫째의 의미의 고용기간과 둘째의 의미의 고용기간의 정함이 있는 경우에 그 적용이 있다.

2. 約定된 雇傭期間이 3年을 超過하거나 終身期間일 것

民 §659 Ⅰ에 의하면 고용기간이 3년을 넘는 기간이거나 또는 당사자의

12) 日注民(16), 70; Christiane Brunner, Jean-Michel Bühler et Jean-Bernard Waeber, op. cit., p. 168.
13) 日注民(16), 66.

일방 또는 제 3 자의 종신기간으로 약정되어 있는 경우에 解止權이 발생한다. 따라서 다음과 같은 경우에는 본조가 적용되지 않는다. 첫째, 고용기간을 전혀 정하고 있지 않은 경우에는 본조는 적용되지 않는다. 이 경우에는 民 §660 I 이 적용되어 당사자는 계약체결 후 언제든지 雇傭契約을 解止할 수 있다. 둘째, 고용기간이 3년을 초과하지 않는 경우에도 적용되지 않는다.

雇傭契約에 구체적으로 고용기간이 정하여져 있지 않고 일정한 사업이 완성되거나 목적이 달성될 때까지를 고용기간으로 약정하고 있는 경우에는 어떻게 될 것인가? 사업완성 또는 목적달성에 필요한 기간이 3년을 초과하느냐의 여부에 따라 본조가 적용된다고 할 것이다.[14)]

3. 事由 不問

民 §659 I 에 의하면 使用者와 勞務者는 3 년이 경과한 후에는 언제든지 契約의 解止를 통고할 수 있다. 여기서 「언제든지」란 이유 여하를 불문하는 것을 말한다.[15)] 따라서 당사자에게 아무런 불이익이 없는 경우에도 契約解止를 통고할 수 있다.

Ⅲ. 解止의 通告期間

解止는 즉시 효력을 발생하지 않는다. 民 §659 Ⅱ에 의하면 상대방이 解止의 통고를 받은 날로부터 3 월이 경과하여야 비로소 解止의 효력이 발생한다.

1. 通告期間의 趣旨

解止에 대하여 통고기간을 두는 것은 갑작스러운 解止로 인하여 상대방에게 불측의 손해가 발생하는 것을 방지하기 위한 것이다. 勞務者에게는 새로운 雇傭의 기회를 찾을 수 있는 시간적 여유를 주고 使用者에게는 새로이 勞動力을 조달할 수 있는 시간적 여유를 주기 위한 것이다. 특히 勞務者에게 있어서는 勤基 §27-2 가 勤勞者를 해고하는 경우에 적어도 30 일 전에 解雇를 예고하게 하는 「解雇豫告制度」에 있어서와 동일하다고 할 것이다.

---

14) 註釋債各(Ⅱ), 364; 日注民(16), 66.
15) 註釋債各(Ⅱ), 364; 日注民(16), 66.

2. 通告期間

解止의 通告期間은 3월이다. 당사자가 解止의 통고를 하지 않고 解止를 하거나 3월 미만의 기간을 두는 경우에도 3월이 경과하여야만 解止의 효력이 발생한다고 할 것이다. 통고기간 내에는 雇傭契約은 존속한다. 통고기간의 기산점은 일반의 의사표시(民 §111 I)에 있어서처럼 解止의 의사표시가 상대방에게 도달한 때이다. 통고기간의 계산에 있어서는 특별한 규정을 두고 있지 않으므로 일반원칙에 따른다.

3. 通告期間의 制限·排除

契約을 解止함에 있어서 통고기간은 언제나 준수하여야 하는가? 이는 使用者와 勞務者가 解止하는 경우를 구분하여 고찰하여야 할 것이다.

(1) 使用者의 解止權行使時

勞務者를 보호하려는 본조의 취지상 使用者가 解止權을 행사하는 경우를 예정하여 통고기간을 배제하거나 단축하는 약정은 무효라고 할 것이다. 그러나 본조의 취지가 보장되는 방법이 따로 있는 경우에는 通告期間을 준수하지 않아도 된다고 하겠다. 勤基 §27-2에 의하면 使用者가 勤勞者를 解雇하고자 할 때에 30일 전에 예고를 하지 아니한 때에는 30일분 이상의 通常賃金을 지급하여야 한다. 전술한 바와 같이 民 §659 II이 통고기간을 두는 취지는 적어도 勞務者와의 관계에 있어서는 勤勞基準法에 규정된 解雇豫告制度에 있어서와 동일하다. 그러므로 勤勞基準法의 경우와 같이 使用者가 미리 3월분의 보수를 지급하고 解止를 하는 때에는 解止 즉시 그 효력이 발생한다고 할 것이다.[16)]

(2) 勞務者의 解止權行使時

勞務者가 解止權을 행사하는 경우를 예정하여 통고기간을 배제하거나 단축하는 약정은 유효하다고 할 것이다.[17)]

IV. 解止의 效力

解止에 의하여 雇傭契約은 장래에 향하여 효력을 상실하게 된다. 解止에

16) 註釋債各(II), 365.
17) 註釋債名(II), 366.

의하여 상대방에 불이익이 발생하는 경우에도 損害賠償責任이 없다.

V. 民法 第659條와 勤勞基準法 第21條, 第27條

勤勞基準法도 勤勞契約의 존속기간을 제한하는 규정을 두고 있다.

1. 勤勞契約의 期間

勤勞基準法은 民法보다 근로계약기간을 단기로 제한하고 있다.

(1) **勤勞契約期間 1년의 원칙**

勤基 §21는 勤勞契約은 기간의 정함이 없거나 일정한 사업완료에 필요한 기간을 정한 것을 제외하고는 그 기간이 1년을 초과할 수 없도록 규정하고 있다. 따라서 勤勞者와 使用者가 근로기간을 일정기간으로 약정하는 경우에는 1년의 최장기간의 제한을 받는다. 判例는 기업체에서 비용을 부담하여 사원을 해외에 파견하여 기술연수를 시키면서 해외연수 후 1년을 넘는 기간의 의무재직기간을 약정하는 것은 勤基 §21에 위반하지 않는다고 본다.[18)]

(2) **1년을 초과하는 勤勞契約의 효력**

1년을 초과하는 근로기간을 가지는 勤勞契約의 효력은 어떻게 되는가? 勤勞期間이 1년을 초과한다고 해서 勤勞契約이 전부가 무효가 되지는 않는다. 勤基 §20 Ⅱ에 의하여 1년을 초과하는 기간을 가진 勤勞契約은 1년의 기간을 가진 契約으로 된다.[19)20)]

근로기간이 1년을 경과한 후에는 勤勞契約의 효력은 어떻게 되는가? 우선 勤勞者가 解止의 통고를 하지 않는 한 勤勞契約은 1년을 단위로 하여 자동으로 갱신된 것으로 보아야 한다는 견해가 있을 수 있다.[21)] 또는 勤勞者의 보호상 기간의 약정이 없는 勤勞契約으로 된다는 견해가 있을 수 있다.[22)] 전자의 견해에 의하면 勤勞者도 勤勞契約이 갱신된 후 1년 내에는 勤勞契約을 解

18) 大判 80.7.8, 80다590(公 639, 12999)(이 判決은 의무재직기간을 지키지 않은 근로자에 대하여 연수비반환채무를 규정한 것은 위약금 또는 손해배상예정의 약정이 아니고 단순히 연수비반환채무의 면제기간을 정한 데에 불과하다고 하여 그 효력을 인정하고 있다).
19) 金致善, 209; 金亨培, 163; 李炳泰, 568.
20) 그 밖에도 使用者는 勤基法(§111)이 정하는 벌칙을 받게 된다.
21) 金致善, 209.
22) 金亨培, 163; 李炳泰, 568.

止하지 못하게 된다. 이에 반하여 후자의 견해에 의하면 후술하는 바와 같이 勤勞者는 1년 내에도 언제든지 勤勞契約을 解止할 수 있다. 判例는 1년을 경과한 후에는 기간의 정함이 없는 勤勞契約이 된다는 후자의 견해를 취하고 있다.[23] 그런데 勤勞基準法上 기간의 약정이 없는 勤勞契約은 民法의 기간의 약정이 없는 雇傭契約이 알지 못하는 제한을 받는다. 이에 대하여는 항을 바꾸어 설명한다.

2. 期間의 정함이 없는 勤勞契約: 使用者의 解止權의 制限

民法(§660)에 있어서는 고용기간의 약정이 없으면 각 당사자는 언제나 자유롭게 契約을 解止할 수 있다. 그러나 勤勞基準法은 勤勞者를 보호하기 위하여 使用者의 解止權을 제한하고 있다. 勤基 §27 I에 의하면 使用者는 정당한 이유 없이 勤勞者를 解雇할 수는 없다. 즉 使用者에게는 정당한 이유가 있는 경우에만 解止權이 발생한다고 할 것이다.[24] 개정된 勤勞基準法(§27-2)은 경영상의 이유에 의한 勤勞者의 解雇를 정당한 사유에 의한 解雇의 하나로 별도로 규정하고 있다. 使用者는 계속되는 경영의 악화, 생산성 향상을 위한 구조조정과 기술혁신 또는 업종의 전환 등 긴박한 경영상의 필요가 있으면 勤勞者를 解雇할 수 있다(勤基 §27-2 I). 이 경우 使用者는 解雇를 피하기 위한 노력을 다하여야 하며 합리적이고 공정한 解雇의 기준을 정하고 이에 따라 그 대상자를 선정하여야 하며(勤基 §27-2 II), 기타 법이 정하는 解雇節次를 준수하여야 한다(勤基 §27-3). 使用者는 경영상의 이유로 勤勞者를 解雇한 경우 解雇의 사실을 알린 날로부터 2년 이내에 勤勞者를 채용하고자 할 때에는 解雇된 勤勞者가 원하는 경우 그를 우선적으로 고용하도록 노력하여야 한다(勤基 §27-4). 따라서 使用者에게는 民 §660가 적용되지 않는다. 그러나 勤勞者는 民 §660에 의하여 이유를 불문하고 아무런 제한 없이 勤勞契約을 解止할 수가 있다.[25] 결국 1년의 근로기간의 경과 후에는 勤勞者의 解止權이 된다.[26]

[南 孝 淳]

---

23) 大判 89. 7. 11, 89다카21296(公 855, 1222).
24) 상세한 것은 民 §660의 注解를 참조.
25) 註釋債各(II), 365.
26) 金亨培, 164.

第 660 條(期間의 約定이 없는 雇傭의 解止通告)

① 雇傭期間의 約定이 없는 때에는 當事者는 언제든지 契約解止의 通告를 할 수 있다.

② 前項의 境遇에는 相對方이 解止의 通告를 받은 날로부터 1月이 經過하면 解止의 效力이 생긴다.

③ 期間으로 報酬를 定한 때에는 相對方이 解止의 通告를 받은 當期後의 1期를 經過함으로써 解止의 效力이 생긴다.

차 례

Ⅰ. 總 說
1. 比 較 法
2. 民法 第660條의 趣旨
3. 民法 第660條의 法的 性格
4. 解止通告權의 意義
Ⅱ. 解止權의 發生要件
1. 第 1 解釋論
2. 第 2 解釋論
3. 結 語
Ⅲ. 民法 第660條와 勤勞基準法
1. 使用者의 解止權의 制限
2. 解雇禁止期間
3. 解雇豫告期間
4. 不當解雇의 效力

Ⅰ. 總 說

民 §660에 의하면 雇傭期間의 약정이 없는 契約은 당사자가 언제든지 契約解止의 통고를 할 수 있고, 解止는 상대방이 解止의 통고를 받은 날로부터 1월이 경과하면 解止의 효력이 발생하고, 기간으로 報酬를 정한 때에는 상대방이 解止의 통고를 받은 당기 후의 1기를 경과함으로써 解止의 효력이 발생한다. 후술하는 바와 같이 본조를 해석함에 있어서는 民 §660 Ⅱ의 기간을 어떠한 의미로 볼 것이냐에 따라 그 해석이 달라질 수가 있다.

1. 比 較 法

(1) 獨逸民法

獨逸民法은 기간의 약정이 없는 雇傭契約係의 종료를 다시 獨立雇傭契約(§621)과 從屬雇傭契約, 즉 勞動契約(§621)으로 구분하여 따로 규정하고 있다. 우선 獨立雇傭契約을 보면 獨民 §621에 의하면 報酬를 日로 정한 때에는 어느 날이든지 解止하면 그 익일이 경과하는 때에 雇傭契約이 종료되고, 報酬를 週로 정한 때에는 늦어도 週의 첫째 근무일에 解止하면 다음의 토요일에 雇傭契約

이 종료되고, 報酬를 月로 정한 때에는 늦어도 어느 달의 15일까지 解止하면 그 달의 종료시에 雇傭契約이 종료되고, 報酬를 4분의 1년 또는 그 이상의 기간으로 정한 때에는 6주일 전까지 통지하면 4분의 1년의 종료시에 雇傭契約이 종료되고, 報酬를 기간으로 정하지 않은 때에는 언제든지 雇傭契約을 解止할 수 있다. 다만 마지막 경우 雇傭關係가 勞務者의 생업활동의 전부 또는 주요부분에 해당하는 때에는 2週의 解止通告期間을 준수하여야 한다. 따라서 언제든지 雇傭契約을 解止할 수 있는 것은 報酬를 기간으로 정하지 않고, 그리고 노무제공이 勞務者에게 부업인 경우에 한한다. 한편 從屬雇傭契約을 보면 舊民法은 생산직노무자에 대하여는 2週 그리고 관리직노무자에 대하여는 6週의 통고기간을 주었다. 이에 대하여는 위헌시비가 제기되었다. 본조에 대한 위헌결정이 있은 후 解止通告期間은 모두 6週로 개정되었다. 현재 獨民 §622 Ⅰ에 의하면 月의 15일 또는 말일까지 解止하면 4週가 경과한 후 雇傭契約이 종료된다. 다만 獨民 §622 Ⅱ은 雇傭關係가 2년 이상 존속한 경우에 대하여는 다시 존속기간에 따라 解止通告期間을 1月에서 7月까지 차등화하여 규정하고 있다.

(2) **佛蘭西民法**

民 §1780 Ⅱ에 의하면 기간의 정함이 없는 雇傭契約은 당사자는 언제든지 解止할 수 있다. 佛蘭西民法에 있어서는 기간의 정함이 없는 雙務契約에 대하여는 解止를 인정하는 것이 기본원칙인바(佛民 §§1736, 1780 Ⅱ, 1872-1), 佛民 §1780 Ⅱ도 그 중의 하나라고 한다. 그런데 勞動法典 §L. 122-4는 기간의 정함이 없는 勞動契約은 일방이 임의로 종료시킬 수 있음을 인정하면서도 제반규정을 준수할 것을 요구하고 있다. 첫째, 使用者는 解雇節次를 사전에 거쳐야 한다(勞動法典 §L. 122-14-4). 만일 使用者가 解雇節次를 거치지 않은 경우에는 최고 1월에 해당하는 賃金을 勞務者에게 지급하여야 한다. 둘째, 使用者는 「실재하는 중대한 사유(motif réel et sérieux)」가 있는 경우에만 契約을 解止할 수 있다(勞動法典 §L. 122-14-3 Ⅰ). 解止事由가 「실재」한다는 것은 사유가 객관적으로(objectif) 존재하고(existant) 명확(exact)하다는 것을 말한다. 그리고 「중대」하다는 것은 해당사유가 기업경영 또는 勞動契約의 실현을 불가능하게 하는 것을 말한다. 勞務者의 歸責事由가 있다고 해서 언제나 중대한 사유가 되는 것은 아니다. 중대한 사유의 실재의 여부는 裁判官이 판단한다. 의심스러울 때에는 勞務者의 이익으로 돌아간다(勞動法典 §122-14-3 Ⅲ). 이상의 제한으로 말미암아 使用者의 解止의 자유는 제한을 받게 되었고 그 결과 民 §170 Ⅱ는 使用者와의 관계에서는 사문화되어 버렸다.

使用者가 실재하는 중대한 사유 없이 勞動契約을 解止한 경우에는 당사자들의 법률관계는 어떻게 되는가? 부당한 解止가 無效가 되는 것은 아니라고 한다. 따라서 解雇의 無效를 전제로 한 복직은 원칙적으로 허용되지 않는다. 다만 파업을 이유로 한 解雇(勞動法典 §L. 521-1), 勞動組合活動을 이유로 한 解雇(勞動法典 §L. 122-45) 등은 헌법상의 勞務者의 권리를 침해하는 것으로서 無效가 되어 복직이 허용된다. 그 이외에는 勞務者는 첫째, 최소한 6월의 임금에 해당하는 賠償金을 받을 수 있고, 둘째, 실업수당을 받을 수 있을 뿐이다. 賠償金의 지급에 있어서는 勞務者의 현실적인 손해의 발생의 여부를 묻지 않는다. 이는 일종의 民事罰에 해당한다.

(3) **瑞西債務法**

瑞債 §335 Ⅰ에 의하면 기간의 정함이 없는 雇傭契約은 각 당사자가 이를 解止할 수 있다. 瑞債 §335c Ⅰ에 의하면 최초의 1년은 1월, 2년부터 9년까지는 2월, 그리고 그 후에는 3월의 解止通告期間을 주어야 하며, 解止의 효력은 月末에 그 효력을 발생한다. 解止의 효력이 月末에 발생한다는 부분은 강행규정으로 해석되고 있다.

(4) **日本民法**

日民 §627 Ⅰ은 "당사자가 고용기간을 정하지 않은 경우에는 각 당사자는 언제든지 解止의 통고를 할 수 있다. 이 경우 雇傭은 解止의 통고를 한 후 2주를 경과함으로 인하여 종료된다", 日民 §627 Ⅱ은 "기간으로 보수를 정한 경우에는 解止의 통고는 다음기 이후에 대하여서 할 수 있다. 단 그 통고는 당기의 전반에 이를 하여야 한다", 그리고 日民 §627 Ⅲ은 "6개월 이상의 기간으로 보수를 정한 경우에는 전항의 통고는 3개월 전에 이를 하여야 한다" 고 규정하고 있다. 본조에 대하여는 두 가지의 해석론이 제기되고 있다.[1] 우리 民法 §660도 日民 §627와 解雇通告期間의 차이를 제외하고는 동일한 취지의 규정이다. 따라서 日民 §627의 해석론은 우리 民法 §660의 해석론과도 밀접한 관련이 있다.

제1해석론은 日民 §627 Ⅰ에 규정된 고용기간에 특별한 의미를 부여하지 않는다. 日民 §627 Ⅰ 후단의 「이 경우」란 전단의 「고용기간을 정하지 않은 경우」를 말하는 것이 아니라 그 중에서도 日民 §627 Ⅱ과 Ⅲ이 규정하고 있는 「기간으로 報酬를 정한 경우」를 제외한 경우를 말한다. 즉, 「고용기간을 정하지 않은 경우」 중에서 「기간으로 報酬를 정하지 않은 경우」만을 말한다.

1) 상세한 것은 日民 §627의 해석론을 참조.

이 경우는 解止通告期間은 2주이다. 한편 日民 §627 Ⅱ에 의하면「기간으로 報酬를 정한 경우」에는 解止의 통고는 다음기 이후에 대하여서만 할 수 있다. 이러한 제한이 있는 데 대하여는 특별한 설명을 하지 않는다. 만약 보수를 정하는 기간이 6개월 미만인 경우에는 당기의 전반에 解止의 통고를 하여야 하고, 6개월 이상인 경우에는 3개월 전에 解止의 통고를 하여야 한다.

제2해석론은 日民 §627 Ⅰ상의 고용기간에 특별한 의미를 부여하는 해석론이다. 입법자의 의사에 부합하는지의 여부는 별론으로 하고 日民 §627는 다음과 같이 해석하는 것이 사태를 명확하게 한다고 한다. 즉, 고용기간에는 한편으로는 기간의 만료에 의하여 雇傭이 자동적으로 종료되는 의미의 최장기간이 있고, 다른 한편으로는 부득이한 사유가 없는 한 解止의 통고를 할 수는 없어 雇傭의 존속이 보장되는 의미의 최단기간이 있다. 日民 §627는 바로 최단기간의 정함의 유무와 관련이 있다고 본다. 日民 §627가 적용되는 경우를 나누어 구체적으로 살펴보면 다음과 같다. 첫째, 최단기간의 정함이 있고 그것이 동시에 최장기간에 해당하는 경우이다. 이것이 통상적으로 고용기간의 정함이 있는 경우에 해당한다. 解止의 통고는 필요하지도 않고 또 가능하지도 않다. 부득이한 사유가 없는 한(日民 §628) 고용기간 내에는 解止가 인정되지 않는다. 이 경우 기간의 만료에 의하여서만 雇傭契約이 자동으로 종료된다. 둘째, 최단기간의 정함이 없는 경우이다. 日民 §627 Ⅰ의 전단의 고용기간은 바로 이 최단기간을 말한다. 이에는 어떠한 의미의 기간도 정함이 없는 경우와 단지 최장기간의 정함만 있는 경우(예를 들면 기간을 정하면서 기간 내의 해약권을 보류한 경우)가 모두 포함된다. 日民 §627 Ⅰ의 고용기간의 정함이 없는 경우도 위의 두 경우를 모두 포함한다. 따라서 日民 §627 Ⅰ 후단이 정하는 이 경우란 전단을 그대로 받아 최단기간의 정함이 없는 경우를 말하고, 이 경우 언제나 解止의 통고를 할 수 있고, 2주의 통고기간이 경료한 후 解止의 효력을 발생한다. 만일 2주간의 임금을 지불하는 경우에는 즉시 解止가 가능하다. 어떤 계약이 최단기간의 정함이 없는 계약인지는 의사표시의 해석의 문제이다. 명시 또는 묵시의 의사표시가 없더라도 慣習 또는 임의법규에 의하여 최단기간의 정함이 있다고 해석될 수가 있다. 日民 §627 Ⅱ 전단이 바로 이러한 임의법규에 해당한다고 본다. 즉, 日民 §627 Ⅱ이 말하는「기간으로 보수를 정한 경우」에 해당하지 않는 경우에는 별단의 의사표시 또는 慣習이 없으면 언제든지 解止의 통고를 할 수 있다. 셋째, 최단기간의 정함이 있으나 그것이 동시에 최장기간은 아닌 경우이다. 이 경우에는 부득이한 사유가 없는 한(日民 §628) 그 기간 내에는 解止는 인정되지 않고 그 기간 후 雇傭을 종료하기 위해서는 이러한 계약에는 최단기간이 당초에 1회로 정해져서 이 기간의 경과 후는 언제라도 解止의 통고를 할 수 있는 계약이 있고, 또 당초의 기간의 만료시에 효력을 발생시키는 解止의 통고가 없으면 자동적으로 동기의 기간으로 계약이 연장되어 이것이 반복되는 계약이 있다. 후자의 경우에는 解止의 통고에 의하여 雇傭을 종료시킬 수 있는 시기가 주기적으로 도래하는 일정한 시기로 한정된다. 이상의 경우 解止의 통지에 의하여 雇傭을 종료시킬 수 있는 시기를 제한하는 기간의 정함이 있는지의 여부는 의사표시의 해석의 문제이다. 따라서 의사표시가 없더라도 慣習이나 임의규정에 의하여 이러한 기간의 정함이 있다고 해석될 수가 있다. 기간으로 報酬를 정한 경우에는 별단의 의사표시나 관습이 없는 한 日民 §627 Ⅱ·Ⅲ에 의하여 報酬를 정한 기간(주급, 월급, 연봉에 있어서의 주, 월, 연)은 동시에 주기적으로 반복되는 최단기간이 된다고 본다. 단 日給은 기간으로 報酬를 정한 경우에 포함되지 않는다고 본다. 이 경우 日民 §627 Ⅱ 본문에 의하면 解止의 통고를 하여 당기의 중간에 雇傭을 종료시킬 수는 없고, 1기완료의 시점 이후, 즉 다음 기 이후에 대하여서만 解止의 통고가 가능하다. 日民 §627 Ⅱ 본문이 「다음 기 이후」라고 한 것은 기말에 한하지 않고 다음 기의 중간에 雇傭을 종료되는 경우를 포함한다고 해석한다. 이 점에서 獨民 §621 Ⅱ·Ⅲ이 주말, 월말에 한정하는 것과 다르다고 한다.[2] 한편 최단기간만을 정한 경우 解止의 통고기간도 당사자가 정할 수 있다. 그러한 규정이 없는 경우를 위하여 日民 §627 Ⅱ·Ⅲ은 解止通告期間을 정하고 있다. 즉, 보수를 정하는 기간이 6개월 미만이면 解止의 통고는 당기의 전반에 하지 않으면 안 된다(日民 §627 Ⅱ 단서). 예를 들면 月給의 경우 月 15일까지 解止의 통고를 하면 그 월말 또는 익월의 중도에 고용을 종료시킬 수 있다. 중도에 종료되면 보수는 일할계산에 의한다. 보수를 정하는 기간이 6월 이상이면 解止의 통고는 3개월 전에 하지 않으면 안 된다(日民 §627 Ⅲ). 年俸의 경우 당해연도 말 또는 다음해의 중도에 雇傭을 종료시키려면 당해연도 종료 3개월 전에 解止의 통고를 하지 않으면 안 된다.

(5) **韓國民法**

民 §660는 日民 §627처럼 고용기간의 정함이 없는 경우 당사자는 언제

2) 日注民(16), 71(그러나 이러한 해석이 반드시 타당한지는 의문이다. 日本民法의 경우도 다음 기의 종료시점에 解止의 효력이 발생한다고 해석할 가능성이 있다고 할 것이다).

든지 解止의 통고를 할 수 있다는 것을 규정하고 있다는 점에서 본질적으로 동일한 취지의 규정이라고 하겠다. 따라서 民 §660의 해석론에 있어서도 日民 §627에서와 같이 동일한 문제가 발생한다. 다만 日民 §627와 民 §660 사이에는 본질적인 것은 아니지만 다음과 같은 차이가 있다. 첫째, 日民 §627 Ⅰ이 解止通告期間을 2주로 규정하고 있는 데에 반하여, 民 §660 Ⅱ은 1월로 규정하고 있다. 둘째, 日本民法은 기간으로 報酬를 정한 경우 그 기간이 6개월 미만인 경우(§627 Ⅱ)와 6개월 이상인 경우(§627 Ⅲ)를 구분하고 있으나, 民 §660 Ⅲ은 이러한 구분을 알지 못한다. 셋째, 日本民法은 報酬를 정한 기간이 6개월 미만인 경우에는 解止通告를 전반부(§627 Ⅱ)에 할 것을 그리고 6개월 이상 경우에는 3개월 전(§627 Ⅲ)에 할 것을 요구하고 있으나, 民 §660 Ⅲ에 의하면 解止의 통고는 당기의 아무때나 하면 된다. 넷째, 日民 §627 Ⅱ·Ⅲ에 의하면 解止의 효력은 다음기의 중도에도 발생할 수 있으나, 民 660 Ⅲ에 의하면 解止는 다음 기가 경과하는 시점에 일률적으로 발생한다.

2. 民法 第660條의 趣旨

契約自由의 원칙상 雇傭契約의 당사자는 雇傭期間을 약정하지 않을 수도 있다. 雇傭期間은 雇傭契約의 한 요소이기는 하나 그에 관한 약정이 없더라도 雇傭契約은 유효하게 성립한다. 民 §660도 이를 전제로 하고 있다.[3] 그러나 기간의 정함이 없어도 契約이 유효하게 성립한다고 해서 당사자가 契約에 무한정 구속된다는 것을 의미하지는 않는다. 이 경우 당사자 사이의 고용기간을 어떻게 규율할 것인지에 대하여 民 §660는 보충규정을 두고 있는 것이다. 民 §660 Ⅰ에 의하면 고용기간의 정함이 없는 경우에는 당사자는 언제나 契約을 解止할 수 있다. 따라서 고용기간의 정함이 없는 雇傭契約의 존속여부는 전적으로 당사자의 의사에 달려 있게 된다. 즉, 勞務者는 자유롭게 勞務의 공급을 중지할 수 있고 使用者는 자유롭게 勞務를 거절할 수 있게 된다. 民法이 解止權을 부여하는 것은 당사자가 아무런 기간을 정하지 않고 契約을 체결한 것은 당사자가 언제든지 원하기만 하면 契約의 구속으로부터 벗어날 수 있기를 바라는 것으로 보기 때문이다.

3. 民法 第660條의 法的 性格

民 §660가 強行規定인지에 대하여는 명확하지가 않다. 우선 본조 Ⅰ은 당

3) 賃貸借에 있어서도 동일한 취지의 규정(民 §635)이 있다.

사자의 의사를 보충하는 임의규정이라고 보아야 한다. 따라서 당사자가 기간의 정함이 없는 契約을 체결함에 있어서 勞務者나 使用者의 解止權을 제한하는 특약을 하는 것은 본조의 취지에 위배되지는 않는다고 할 것이다. 그러나 통고기간을 규정하는 본조 Ⅱ·Ⅲ은 반드시 동일하게 해석할 수는 없다고 하겠다. 勞務者에 대하여 해지통고기간을 두는 취지를 생활안정을 위한 사회정책적 배려에 의한 것으로 본다면 그 범위 내에서는 본조 Ⅱ은 強行規定이 될 것이다.[4] 그러나 民 §659에 있어서와 마찬가지로 勤勞 §27-2가 규정하는 解雇手當에 있어서처럼 使用者가 미리 1월분의 報酬를 지급하고 解止를 하는 경우에는 解止 즉시 그 효력이 발생한다고 할 것이다.[5] 이에 반하여 勞務者가 解止權을 행사하는 경우를 예정하여 통고기간을 배제하거나 단축하는 약정은 유효하다는 견해가 있다.[6] 한편 日本의 경우는 日民 §627의 어느 항도 모두 任意規定이라고 하는 견해도 있다.[7]

4. 解止通告權의 意義

民 §660가 규정하는 解止通告權도 정확히 말하면 民 §659의 경우에 있어서와 마찬가지로 解止權에 해당한다.

Ⅱ. 解止權의 發生要件

우리 民法 §660의 해석에 있어서도 日本民法의 경우에 있어서처럼 다음의 두 가지의 해석론이 가능하다.

1. 第1解釋論

우리 학설들은 民 §660 Ⅰ에 규정되어 있는「고용기간」에 대하여 특별한 의미를 부여하고 있지 않다.[8] 따라서 民 §660 Ⅲ상의「기간으로 報酬를 정한 경우」도 고용기간을 정하지 않은 경우에 해당한다. 民 §660 Ⅰ·Ⅱ과 民 §660

4) 郭潤直, 399; 註釋債各(Ⅱ), 366.
5) 註釋債各(Ⅱ), 366; 日注民(16), 72.
6) 註釋債各(Ⅱ), 366.
7) 日注民(16), 72.
8) 金曾漢, 296. 金錫宇, 229; 金顯泰, 230.

Ⅲ의 차이는 解止通告의 효력발생시기에 있어서만 차이가 발생할 뿐이다.

(1) 解止의 事由 不問

民 §660는 解止權의 발생요건으로 아무런 제한을 두고 있지 않다. 따라서 民 §659에 있어서와 마찬가지로 특별한 이유가 없더라도 당사자는 언제나 契約을 解止할 수 있다.[9] 解止權은 계약체결 후 곧 발생하고 당사자는 계약체결 후 언제든지 契約解止의 통고를 할 수 있다.

(2) 解止의 효력발생시기

고용기간의 약정이 없는 경우 당사자는 解止의 통고는 언제나 할 수 있다. 그러나 기간으로 報酬를 정하였는지의 여부에 따라 그 효력이 발생하는 시기가 달라진다. 民 §660 Ⅱ은 원칙적으로 상대방이 解止의 통지를 받은 날로부터 1월이 경과하면 解止의 효력이 발생하는 것으로 규정하고 있다. 그러나 기간으로 報酬를 정한 경우에 대하여는 民 §660 Ⅲ이 "상대방이 解止의 통고를 받은 당기 후의 1기를 경과함으로써 解止의 효력이 생긴다"는 특칙을 두고 있다. 즉, 상대방이 解止通告를 받은 날이 속하는 단위기간이 경과한 후 다시 다음의 단위기간이 경과하여야만 解止의 효력이 발생한다. 예를 들면 월급으로 報酬를 정한 경우에 만일 使用者가 3月중에 勞務者에게 解止할 의사를 통고하였다면 4月이 경과한 후인 5月 1日에 비로소 雇傭은 종료하게 된다.[10]

2. 第2解釋論

고용기간이 정함이 없다고 해서 언제나 民 §660가 적용되는 것은 아니다. 즉, 고용기간의 정함이 있더라도 그 기간의 성질에 따라 民 §660가 적용될 수가 있다.

(1) 民法 第660條의 적용이 없는 경우

당사자가 고용기간을 정하였는데 그 기간이 최단기간임과 동시에 최장기간인 경우에는 民 §660가 적용될 여지가 없다. 이 경우에는 부득이한 사유가 없는 한 고용기간의 만료에 의하여 雇傭契約은 자동적으로 종료된다.

(2) 民法 第660條의 적용이 있는 경우

民 §660가 적용되는 태양은 다음과 같다.

(가) 民法 第660條 第1項·第2項 民 §660 Ⅰ·Ⅱ은 최단기간의

9) 註釋債各(Ⅱ), 366.
10) 郭潤直, 399; 註釋債各(Ⅱ), 366.

정함이 없는 경우에 적용된다. 최단기간의 정함이 없는 경우란 어떠한 의미의 고용기간도 정함이 없는 경우와 고용기간의 정함은 있으나 최장기간의 정함이 있는 경우를 말한다. 이 경우 당사자는 언제나 解止의 통고를 할 수 있다. 최장기간의 성질상 그 기간의 경과 전에도 당사자는 언제든지 解止의 통고를 할 수 있는 것이다. 상대방이 解止의 통고를 한 때로부터 1월이 경과하면 解止의 효력이 발생한다.

(나) 民法 第660條 第3項 民 §660 Ⅲ은 고용기간이 최단기간으로서 정해진 경우에 적용된다. 民 §660 Ⅲ가 報酬를 정하는 기간을 최단기간의 성질을 갖는 것으로 전제하여 규정하고 있는 것이다. 이 경우에는 최단기간의 성질상 雇傭이 종료되는 것은 고용기간이 만료된 이후이다. 그리고 雇傭의 종료를 위해서는 解止의 통지가 필요하다. 民 §660 Ⅲ에 규정된 「기간으로 報酬를 정한 경우」가 별단의 의사표시나 관습이 없는 한 報酬를 정한 기간이 고용의 최단기간이 된다. 최단기간의 중간에는 雇傭을 종료시킬 수는 없고, 다음 기의 1기에 대하여서만 解止의 통고가 가능하다. 예를 들면 月給의 경우 3월에 解止의 통고를 하면 4월이 경과한 후 5월 1일부터 雇傭은 종료하게 된다.

3. 結 語

民 §660 Ⅲ에 의하면 「보수를 정하는 기간」은 解止의 대상이 될 수 없음이 명백하다. 그러한 점에서 볼 때 이 기간은 雇傭이 보장되는 기간, 즉 최단기간의 성질을 갖는다고 보아야 할 것이다. 따라서 民 §660의 Ⅲ과 관련하여 볼 때 民 §660 Ⅰ·Ⅱ에 규정된 고용기간은 최단기간을 의미한다고 보아야 할 것이다. 그 결과 당사자 사이에 고용기간의 약정이 있더라도 그것이 최장기간인 경우에는 고용기간의 정함이 없는 것으로 보아 民 §660 Ⅰ·Ⅱ이 적용된다고 할 것이다. 이것이 최장기간을 정하는 당사자의 취지에도 부합한다고 할 것이다. 따라서 첫째, 당사자 사이에 고용기간에 대하여 아무런 약정이 없는 경우 民 §660 Ⅰ·Ⅱ이 적용된다. 둘째, 당사자 사이에 최장기간의 정함이 있더라도 최단기간의 정함이 없는 때에도 民 §660 Ⅰ·Ⅱ이 적용된다. 이상의 두 경우 당사자는 언제든지 解止의 통고를 할 수 있고(民 §660 Ⅰ), 解止의 통고로부터 1월이 경과하면 解止의 효력이 발생한다(民 §660 Ⅱ). 셋째, 報酬를 정하는 기간이 최단기간인 경우에는 民 §660 Ⅲ가 적용된다. 넷째, 최단기간이 규정되어 있는 경우에는 최단기간이 경과한 후에 당사자는 얼마든지 解止의 통고를 할 수 있다.

Ⅲ. 民法 第660條와 勤勞基準法

勤勞契約의 기간을 정하지 않은 경우에 대하여 勤勞基準法은 특별한 규정을 두고 있지 않으므로 民 §660가 적용된다. 勤勞基準法은 경제적 약자인 勤勞者를 보호하기 위하여 使用者의 解止權의 발생과 해지시기에 대하여 특별한 규정(§27)을 두고 있다. 이에 반하여 勤勞者의 解止權에 대하여는 勤勞基準法上 아무런 특별한 규정이 없으므로 勤勞者는 民 §660에 의하여 이유를 불문하고 언제든지 勤勞契約을 解止할 수 있다.

1. 使用者의 解止權의 制限

民法(§660)에 의하면 使用者도 勞務者와 동일한 지위에서 契約의 解止權을 갖는다. 그러나 勤勞基準法(§27 I)에 의하면 使用者는「正當한 理由」없이는 勤勞者를 解雇할 수 없다. 이는 만일 勤勞關係에 있어서도 使用者의 解止의 자유를 인정한다면 그것은 노동의 제공이 유일한 소득원이 되는 勤勞者에게는 직장의 박탈을 의미할 뿐이므로 使用者의 解止權을 제한할 필요가 있기 때문이다. 使用者는「정당한 이유」가 있는 경우에만 解止權이 발생하므로, 정당한 이유 없이 한 勤勞契約의 解止는 무효가 된다.[11] 정당한 이유는 一身上의 事由, 行態上의 事由 그리고 經營上의 事由임을 불문한다.

2. 解雇禁止期間

勤基 §27 Ⅱ에 의하면 使用者가 정당한 이유가 있어 勤勞者를 解雇하는 경우에도 일정한 기간 동안에는 解雇할 수가 없다. 즉, 업무상 부상 또는 질병을 위한 휴업기간과 그 후 30일간 그리고 産前·産後의 휴업기간과 그 후 30일간은 使用者는 원칙적으로 勤勞者를 解雇할 수 없다. 이를 解雇禁止期間이라고 한다. 그러나 勤基 §84가 정하는 일시보상을 지급하였거나 천재·사변 기타 부득이한 사유로 인하여 사업계속이 불가능한 때에는 예외적으로 使用者는 勤勞者를 즉시 解雇할 수 있다. 다만 부득이한 사유에 대하여는 노동부장관의 인정을 받아야 한다(勤基 §27 Ⅲ). 解雇禁止期間을 둔 이유는 건강상태가 불량하여 노동력을 상실하고 있는 근로자에게 실직의 위험 없이 노동능력의 회복에 전념하도록 하는 데에 있다.

11) 大判 89.10.24, 89다카166(公 862, 1763).

解雇禁止期間중에는 解雇豫告도 할 수 없다고 본다.[12] 한편 解雇豫告期間중에 解雇禁止事由가 발생한 경우에는 解雇豫告期間이 만료되었더라도 解雇가 인정되지 않는다. 이 경우는 解雇禁止期間은 解雇豫告期間의 진행을 정지시킬 뿐이고 解雇禁止期間이 만료되면 잔여 解雇豫告期間이 다시 진행된다고 할 것이다.[13]

3. 解雇豫告期間

使用者가 정당한 이유가 있어 勤勞者를 解雇하는 경우에도 적어도 30일 전에 이를 예고하거나 30일분 이상의 통상임금을 지급하여야 한다(勤基 §27-5). 勤勞者의 歸責事由에 의하여 勤勞者를 解雇할 때에는 解雇豫告期間은 적용되지 않는다.[14]

4. 不當解雇의 效力

使用者가 정당한 이유 없이 勤勞者를 解雇하는 경우 使用者와 勤勞者 사이의 법률관계는 어떻게 되는가? 佛蘭西勞動法典 §L. 521-1와 瑞西債務法 §337c I에 의하면 解雇가 부당하다고 해서 무효가 되지는 않는다. 즉 부당한 解雇에 의해서도 雇傭關係는 사실상 종료되고, 勤勞者는 법이 정하는 범위 내에서 손해배상과 보상금을 청구할 수 있을 뿐이다.[15] 우리 民法과 勤勞基準法은 위와 같은 특별규정을 두고 있지 않으므로 부당한 解雇는 無效가 된다고 할 것이다. 한편 勤基 §27-3는 부당한 解雇에 대하여 특별한 구제절차를 마련하고 있다. 그러나 勤勞基準法상의 특별구제절차가 일반적인 사법적 구제절차를 배제하는 것은 아니다.

勤勞者는 우선 법원에 해고무효확인의 소를 제기할 수 있다. 해고무효확인의 소를 제기하는 데에는 기간의 제한을 받지 않는다. 그러나 예외적으로 勤勞者가 解雇無效를 주장하는 것이 信義則에 반하는 경우에는 그러하지 아니하다. 예를 들면 解雇된 勤勞者가 解雇 이후에 퇴직금 등을 수령하면서 아무런 이의의 보류나 조건을 제기하지 않았다면 특별한 사정이 없는 한 그 해고처분의 효력을 인정하였다 할 것이고 따라서 그로부터 오랜 기간이 지난 후에 그 解雇의 효력을 다투는 소를 제기하는 것은 禁反言의 原則에 위배되어 허용될 수 없고,[16] 또 면직 후 바로 아무런 이의 없이 퇴직금을 수령하였으며 그로부터 9년 후 1980년 해직공무원의 보상 등에 관한 특별조치법 소정의 보상

12) 金亨培, 691.
13) 金亨培, 691.
14) 大判 68. 11. 5, 68다1619(集 16-3, 142).
15) 상세한 것은 民 §660 및 §661의 注解 중 比較法을 참조.
16) 大判 92. 8. 14, 91다29811(公 929, 2651).

금까지 수령하였다면 면직일로부터 10년이 다 되어 면직처분무효확인의 소를 제기함은 失效의 原則에 따라 권리행사가 허용되지 않는다고 할 것이다.[17] 不當解雇의 무효가 확인되면 使用者는 勤勞者를 원직에 복귀시켜야 한다. 만일 使用者가 勤勞者를 복직시키지 않을 경우에는 임금을 지급하여야 할 뿐만 아니라, 使用者의 복직거부로 勤勞者에게 정신상의 고통을 가한 경우에는 不法行爲로 인한 손해배상책임도 함께 지게 된다.[18]

不當解雇가 무효인 경우 勤勞契約은 계속 유효하게 존속하였던 것이 된다. 그런데 현실적으로 解雇기간 동안 勤勞者는 노무제공의무를 이행하지 못하였으므로 어떠한 법리에 의하여 임금의 청구을 인정할 것인지가 문제된다. 判例에 의하면 使用者의 歸責事由에 의하여 勤勞者의 勞務提供義務의 履行不能으로 되었으므로 使用者는 반대급부(임금지급)의 위험을 부담하게 된다.[19] 勤勞者는 부당해고기간중 평균임금의 지급을 청구할 수 있다.[20] 그러나 民 §538 Ⅱ이 규정하는 바와 같이 勤勞者는 노무제공을 면함으로써 절약한 비용과 수입(중간수입)은 상당인과관계가 있는 범위 내에서 상환하여야 한다.[21] 判例에 의하면 해고기간중 휴업수당에 해당하는 임금, 즉 평균임금의 70%(勤基 §38)는 공제의 대상이 되지 않는다.[22] 따라서 받을 임금 중에서 휴업수당을 초과하는 금액에 대하여서만 중간수입의 공제가 이루어진다. 그리고 使用者가 不當解雇에 의하여 임금 및 지연손해금 상당의 손해를 가하는 것 이외에 정신적 손해를 입힌 경우에는 不法行爲에 의한 손해배상책임을 지게 된다.[23]

한편 勤勞者는 勤基 §27-3에 의하면 勤勞者는 부당한 解雇에 대하여 勞動委員會에 그 구제를 신청할 수도 있다. 구제신청 및 심사절차는 부당노동행위에 관한 구제절차인 勞動組合法 §§40-44의 규정이 준용된다.

[南 孝 淳]

---

17) 大判 92.12.11, 92다23285(公 937, 452). 同旨의 判決 大判 92.5.26, 92다3670(公 924, 2013).
18) 大判 94.2.8, 92다893(公 965, 995).
19) 大判 92.3.31, 90다8763(公 920, 1395); 大判 92.12.8 92다39860(公 937, 441).
20) 大判 93.12.21, 93다11463(公 962, 488).
21) 大判 91.6.28, 90다카25277(公 902, 45); 大判 93.5.25, 92다31125(公 949, 1839).
22) 大判 91.6.28, 90다카25277(公 902, 45); 大判 91.12.13, 90다18999(公 913, 498); 大判 93.11.9, 93다37915(公 959, 85).
23) "懲戒權의 남용이 우리의 건전한 사회통념이나 사회상규상 용인될 수 없음이 분명한 경우에 있어서는 그 解雇가 勤勞基準法 제27조 제1항에서 말하는 정당성을 갖지 못하여 효력이 부정되는 데 그치는 것이 아니라, 위법하게 상대방에게 정신적 고통을 가하는 것이 되어 근로자에 대한 관계에서 不法行爲를 구성할 수 있다"(大判 93.10.12, 92다43586(公 957, 3061)). 同旨의 判決 大判 93.12.21, 93다11463(公 962, 488).

第 661 條(不得已한 事由와 解止權)

雇傭期間의 約定이 있는 境遇에도 不得已한 事由 있는 때에는 各當事者는 契約을 解止할 수 있다. 그러나 그 事由가 當事者 一方의 過失로 因하여 생긴 때에는 相對方에 대하여 損害를 賠償하여야 한다.

차 례

Ⅰ. 總 說
1. 比 較 法
2. 民法 第661條의 趣旨
3. 民法 第661條의 法的 性格
Ⅱ. 不得已한 事由에 의한 解止
1. 解止權의 發生要件
2. 卽時解止
3. 損害賠償責任
Ⅲ. 民法 第661條와 勤勞基準法 第27條, 第27條의 5
1. 不得已한 事由의 意味
2. 卽時解止의 意味
3. 勤勞部長官의 認定

Ⅰ. 總 說

民 §661는 雇傭期間의 약정이 있는 경우에도 不得已한 사유가 발생한 때에는 契約當事者로 하여금 즉시 契約을 解止할 수 있도록 허용하고 있다. 本條는 繼續的 契約關係에 있어서 공통적으로 발생할 수 있는 不得已한 事由에 의한 卽時解止權을 雇傭契約에서 규정하고 있는 것이다. 本條의 趣旨와 法的 性格을 고찰하면 다음과 같다.

1. 比 較 法

獨民 §626 Ⅰ에 의하면 개별의 경우에 있어서 일체의 사정을 고려하고 또 계약당사자 쌍방의 이익을 형량하여 고지기간이 경과할 때까지 또는 약정된 雇傭關係가 종료할 때까지 雇傭關係를 존속시키는 것을 기대할 수 없는 사실이 존재하는 때에는 당사자는 重大한 事由에 기하여 고지기간을 준수하지 않고 雇傭關係를 解止할 수가 있다. 獨民 §626 Ⅱ에 의하면 각 당사자는 전항의 사유를 안 때로부터 2週 이내에만 解止할 수 있다. 解止權者는 상대방의 청구가 있으면 解止事由를 지체없이 서면으로 통지하여야 한다. 한편 瑞西債務法은 중대한 사유에 대하여 보다 상세한 규정을 두고 있다. 우선 瑞債 §337 Ⅰ에 의하면 使用者와 勞務者는 정당한 사유가 있으면 언제나 雇傭契約을 즉

시 解止할 수 있다. 瑞債 §337 Ⅱ은 구체적으로 信義則에 비추어 解止者에게 雇傭關係를 계속시키는 것을 기대할 수 없는 사정을 정당한 사유로 규정하고 있다. 瑞債 §337a는 使用者의 지급불능을 정당한 사유의 하나로 규정하고 있다. 즉, 使用者가 상당한 담보를 제공하지 않는 경우 勞務者는 즉시 雇傭契約을 解止할 수 있다. 瑞債 §337b는 卽時解止의 사유가 일방의 계약위반에 의한 것인 경우 모든 손해를 배상하여야 함을 규정하고 있다. 한편 瑞債 §337c Ⅰ은 使用者가 정당한 사유 없이 勞務者를 解雇한 경우 使用者는 勞務者가 취득하였을 이익을 배상하여야 함을 규정하고 있다. 瑞債 §337c Ⅰ은 특별한 의의를 가진다. 즉, 위 규정은 使用者의 부당한 卽時解止에 의하여 雇傭關係는 일단 종료됨을 전제로 하고 이에 기초하여 使用者의 손해배상책임을 규정하고 있다는 데에 그 특징이 있다. 위 규정은 1988년 3월 18일자 연방법률에 의하여 개정된 것으로서, 이에 의하여 使用者가 정당한 사유 없이 일방적으로 契約을 解止하면 雇傭契約이 존속하는지 아니면 종료되는지에 대한 종래의 논쟁은 종지부를 찍었다. 즉 비록 부당한 解雇라고 할지라도 雇傭契約은 일단 종료되는 결과 勞務者는 노무를 제공하지 않음으로써 절약한 것과 노무를 제공함으로써 얻은 이익 또는 고의로 취득하지 않은 이익을 공제하여야 한다(瑞債 §337c Ⅱ). 한편 裁判官은 勞務者에게 아무런 손해가 발생하지 않은 경우에도 使用者에게 6개월의 報酬를 넘지 않는 범위에서 일정금액의 지급을 명할 수 있다. 이는 使用者의 부당한 解止를 방지하기 위한 것이다(瑞債 §337c Ⅲ). 그리고 瑞債 §337d Ⅰ에 의하면 勞務者가 정당한 사유 없이 노무제공장소에 나타나지 않거나 장소를 이탈하는 경우에는 使用者는 손해배상을 청구할 수 있는 이외에 월보수의 4분의 1에 해당하는 배상금의 지급을 청구할 수 있다. 위 규정은 瑞債 §337c Ⅰ에 대응하여 勞務者가 정당한 사유 없이 고용관계를 解止하는 경우에 대하여 규정하고 있는 있는 것이다. 裁判官은 使用者에게 아무런 손해가 발생하지 않았거나 발생한 손해가 위의 배상금보다 적은 경우에는 배상금을 경감할 수 있다(瑞債 §337d Ⅱ). 日民 §628에 의하면 당사자가 고용기간을 정한 경우에 부득이한 사유가 있는 경우 각 당사자는 즉시 계약을 해제할 수 있다. 그러나 그 사유가 당사자 일방의 過失에 의하여 발생한 경우에는 상대방에 대하여 손해배상의 책임이 있다. 우리 民 §661는 日民 §628와 완전히 동일한 취지의 규정이다.

2. 民法 第661條의 趣旨

民 §661는 不得已한 事由가 발생하여 사회통념상 더 이상 契約의 이행을 기대하는 것이 불가하다고 인정되는 경우에 契約當事者로 하여금 즉시 雇傭契約을 解止할 수 있도록 하려는 데에 그 취지가 있다. 즉, 본조는「不得已한 事由에 의한 契約履行의 장애」라고 하는 객관적 사정이 발생한 경우에 契約의 각 당사자에게 卽時解止權을 부여하는 것이다. 흔히 民 §661는 事情變更의 原則에 바탕하여 부당 또는 불공정한 법률관계를 정상화하고 또 당사자의 이익을 도모하는 데에 그 취지가 있다고 한다.[1] 그러나 본조는 事情變更의 原則을 포섭하고 있지만 이 원칙이 본조의 유일한 근거가 되는 것은 아니라고 할 것이다. 일반적으로 事情變更의 原則이란 당사자가 예견할 수 없었던 중대한 사유가 우발적으로 발생하여 契約의 기초로 되었던 사정이 현저히 변경되었을 경우에 契約의 내용을 조정하거나 계약해지를 인정하는 것을 말한다. 그런데 이 原則이 인정되기 위해서는 事情의 變更은 當事者의 歸責事由에 의하여 발생한 것이어서는 안된다고 하는 것이 일반론이다. 그러나 民 §661 단서는 당사자 일방의 過失에 의하여 不得已한 事由가 발생된 경우에도 당사자에게 解止權을 인정하고 있으므로 본조의 근거를 事情變更原則에서만 찾을 수는 없다고 할 것이다.

民 §661는 최단기간의 정함이 있는 경우에 각별한 의미가 있다. 民 §661가「雇傭期間의 약정이 있는 경우에도」라고 한 것은 바로 최단기간의 약정이 있는 경우를 말한다고 하겠다. 최단기간이란 그 기간 동안 고용의 보장이 되는 최소한의 기간을 말한다. 따라서 최단기간의 약정이 있으면 당사자는 그 기간 동안 雇傭契約의 존속을 보장하여야 한다. 그러나 不得已한 事由가 발생한 경우에까지 고용관계를 존속을 강제한다는 것은 당사자에게 불가능한 것을 강요하는 것과 마찬가지로서 부당하다고 하겠다. 바로 이러한 이유에서 民 §661는 최단기간의 정함이 있는 경우에도 不得已한 事由가 발생하면 각 당사자는 雇傭契約을 解止할 수 있고 그것도 즉시 契約을 解止할 수 있음을 규정하고 있는 것이다.

1) 註釋債各(Ⅱ), 367.

3. 民法 第661條의 法的 性格

民 §661는 不得已한 事由가 발생한 경우에는 契約을 계속 존속시키는 것이 사회통념상 인정될 수 없다는 데에 근거를 두고 있다. 본조는 強行規定이라고 할 것이다. 따라서 본조에 취지에 반하는 특약은 社會的 妥當性을 결하는 것으로서 無效가 된다고 할 것이다.[2] 따라서 첫째, 당사자의 歸責事由가 없이 不得已한 事由가 발생한 경우 당사자에게 解止權을 박탈하는 特約은 無效이다. 둘째, 당사자의 歸責事由인 故意·過失에 의하여 不得已한 事由가 발생하는 경우에는 解止權을 부정하는 특약도 無效이다.

Ⅱ. 不得已한 事由에 의한 解止

民 §661가 규정하는 解止權의 발생사유와 解止權의 행사를 보면 다음과 같다.

1. 解止權의 發生要件

民 §661는 解止權의 발생요건으로 「不得已한 事由」를 요구하고 있다. 본조 단서는 당사자에게 過失이 있는 경우에도 解止權이 발생할 수 있음을 규정하고 있다. 그러면 不得已한 事由가 당사자의 故意에 의하여 발생한 경우에도 解止權이 발생할 수 있는지가 의문이다. 본조의 취지상 故意에 의한 경우도 이에 포함된다고 할 것이다.

(1) 不得已한 事由

民 §661는 「不得已한 事由」가 어떠한 사유를 말하는지를 구체적으로 밝히고 있지 않다. 그 의미는 본조의 취지에 비추어 고찰하여야 할 것이다. 첫째, 不得已한 事由란 契約을 계속하여 존속시켜 그 이행을 강제하는 것이 사회통념상 불가능한 사유를 말한다. 「不得已한 事由」가 존재한다고 하기 위해서는 주관적 요건과 객관적 요건이 모두 갖추어져야 한다. 즉, 雇傭契約의 이행을 강제하는 것이 契約을 체결한 당사자에게뿐만 아니라 보통 일반인에게도 부당하다고 여겨질 정도의 사유가 不得已한 事由에 대항한다. 雇傭契約을 체

2) 註釋債各(Ⅱ), 368.

결한 목적을 달성하는 데에 중대한 지장을 야기하거나 또는 契約을 계속시키는 것이 일반적으로 보아 부당하거나 또는 불공평하다고 인정되는 사유가 不得已한 事由가 된다.[3] 雇傭은 계속적 계약으로 당사자 사이의 특별한 신뢰관계를 전제로 하므로 雇傭關係를 계속하여 유지하는 데에 필요한 신뢰관계를 파괴하거나 해치는 사실도 不得已한 사유에 포함된다고 할 것이다. 따라서 雇傭契約상의 의무의 중대한 위반이 있는 경우도 不得已한 事由에 포함된다. 예를 들면 노무제공의 계속적 거부, 使用者의 이익을 해치는 경쟁, 勞務者의 인격에 대한 중대한 침해, 성적 희롱 등이 이에 해당한다. 둘째, 不得已한 事由는 계약당사자의 一身上의 事由임을 요하지 않는다. 적성의 결여, 이주, 질병 등의 一身上의 事由뿐만 아니라 그 외 천재, 지변 등의 事由도 포함된다.[4] 셋째, 一身上의 事由인 경우 勞務者에게 발생한 사유이든 아니면 使用者에게 발생한 사유이든 이를 불문한다. 民法은 勞動法과는 달리 勞務者와 使用者를 형식적으로 평등하게 다룬다는 점이 여기서도 잘 나타난다. 따라서 使用者는 경영부진, 금융난, 원료부족, 동력부족, 설비손괴 등을 이유로 契約을 解止할 수 있다.

不得已한 事由는 이를 이유로 契約을 즉시 解止하는 당사자가 그 발생을 입증하여야 한다.

(2) 不得已한 事由의 원인을 不問

民 §661는 不得已한 事由에 의하여 契約을 존속시키는 것이 더 이상 사회통념상 불가하다고 인정되는「계약이행의 장애」라고 하는 객관적 사정에 기초하여 契約解止權을 인정하고 있다. 그리고 不得已한 事由가 발생하게 된 원인을 불문한다. 즉, 歸責事由의 유무를 불문한다. 따라서 본조는 債務不履行責任, 債權者遲滯責任, 事情變更의 原則 등과 관련이 있지만 그 이상의 취지를 갖는다고 할 것이다.

첫째, 당사자 일방 또는 쌍방에게 책임이 없는 원인에 의하여 不得已한 事由가 발생한 경우에는 당연히 解止權이 발생한다고 할 것이다. 이것은 이른바 事情變更原則의 적용이 있는 전형적인 예라고 할 것이다. 천재, 지변으로 또는 不可抗力 의하여 발생한 一身上의 事由에 의하여 契約의 이행이 불가능한 경우, 예를 들면 勞務者가 질병으로 勞務를 제공하지 못하거나 공장이 화

3) 日注民(16), 88.
4) 註釋債各(Ⅱ), 368.

재로 인하여 소실된 경우 勞務者와 使用者는 각각 契約을 解止할 수 있다. 判例는 월남전쟁의 국지적인 전황변경은 雇傭契約解止를 위한 不得已한 事由 또는 勤勞者를 解雇함에 있어서 정당한 사유가 될 수 없다고 판시하고 있다.[5)]

둘째, 不得已한 事由가 일방의 책임이 있는 원인에 의하여 발생한 경우에 그 상대방에게 契約解止權이 발생하는 것도 당연하다고 하겠다. 이 경우가 통상적으로 많을 것이다. 그런데 책임이 있는 사유에 의하여 발생한 不得已한 事由에 의하여 契約履行이 불가능하게 되었다면 상대방은 民 §661를 원용하지 않더라도 당사자에게 債務不履行 또는 受領遲滯의 責任을 추궁하여 契約解止權과 損害賠償請求權을 가질 수 도 있다. 예를 들면 勞務者가 過失로 인하여 질병에 걸려 노무제공불능상태에 빠진 경우 使用者는 債務不履行을 이유로 解止權을 갖는다. 그리고 使用者의 관리부주의에 의하여 시설이 파괴되어 노무수령불능상태에 놓이게 되었다면 勞務者는 契約解止權은 갖는다고 하는 것이 일반적이다.[6)] 여기서 民 §661와 民 §§544, 546의 관계가 문제된다. 이에는 履行不能은 不得已한 事由에 포함되지 않으므로 일반의 解除가 적용된다는 견해와 반대로 解除의 일반적 규정은 본조에 의하여 적용이 배제된다는 견해가 있을 수 있다.[7)] 요컨대 民 §661는 상대방의 歸責事由에 의하여 債務不履行이 발생한 경우와 반드시 일치하지는 않는다고 하겠다. 즉 본조는 不得已한 事由의 발생을 요하므로 이에 준하는「重大한」債務不履行이 있어야만 卽時解止가 인정된다고 하겠다. 따라서 근무자의 임시이탈, 일시적 만취, 근무시간의 사소한 不遵守, 使用者의 報酬支給의 일시적 지체 등 사소한 債務不履行은 不得已한 事由에 해당하지 않고 따라서 民 §661에 의한 卽時解止는 인정되지 않는다고 할 것이다.

셋째, 不得已한 事由가 일방의 責任 있는 원인에 의하여 발생한 경우에도 그 당사자는 解止權을 갖는다. 民 §661가 특별한 의미를 갖는 것은 바로 이 경우라고 하겠다. 不得已한 사유가 발생한 경우 勞務者는 履行遲滯나 履行不能에 빠지고 使用者는 受領遲滯에 놓이게 된다. 그럼에도 불구하고 民 §661는 不得已한 事由를 발생하게 한 데에 대하여 責任을 물어야 할 勞務者나 使用者

5) 大判 69. 3. 4, 68다1972(集 17-1, 268); 大判 70. 5. 26, 70다523, 524(集 18-2, 80).

6) 受領遲滯責任의 내용으로 상대방에게 契約解止權이 발생하는가에 대하여는 학설의 대립이 있다. 法定責任說은 이를 부정하나 債務不履行責任說은 이를 인정한다. 기타의 학설은 적어도 債權者에게 故意·過失이 있는 경우에는 契約解止權을 인정하는 것이 일반적이다.

7) 日注民(16), 92-3을 참조.

에게도 契約解止權을 부여하고 있는 것이다. 民 §661 단서가 過失이 있는 자에게 損害賠償責任을 인정하는 것은 過失責任의 원칙상 당연하다고 할 것이다.[8)]

(3) 雇傭期間約定의 不問

不得已한 事由로 인한 解止權이 발생하는 데에 있어서 雇傭期間에 대한 약정이 있다는 사실도 아무런 영향을 미치지 않는다. 우선 雇傭期間의 약정이 없는 경우에는 각 당사자는 民 §660에 의하여 不得已한 事由가 없더라도 언제든지 契約을 解止할 수 있다. 이 경우 解止는 1월의 통고기간이 경과하여야 그 효력을 발생한다. 그러나 不得已한 事由가 있는 경우에는 각 당사자는 解止의 통고기간의 경과를 기다릴 필요도 없이 民 §661에 의하여 즉시 契約을 解止할 수 있다. 약정된 雇傭期間이 최장기간인 경우도 雇傭期間에 대한 약정이 없는 경우와 마찬가지로 취급하면 된다. 한편 고용기간이 최단기간인 경우에도 不得已한 事由가 있으면 당사자는 즉시 계약을 解止할 수 있다. 요컨대 그 기간이 최단기간으로 약정된 것이든 또는 최단기간임과 동시에 최장기간으로 약정된 것이든 이를 묻지 않고 解止權은 발생한다.[9)] 다만 民 §661가 최단기간의 정함이 있는 경우에 특별한 의미가 있다는 것은 이미 전술하였다.

2. 卽時解止

民 §661는 不得已한 事由에 의하여 解止權을 행사하는 경우 解止의 통고기간을 요구하지 않고 있다. 이것이 民 §§659와 660가 기간의 정함이 있는 雇傭契約이나 기간의 정함이 없는 雇傭契約을 解止하는 경우 일정한 통고기간을 요구하고 있는 것과 다른 점이다. 즉, 不得已한 事由에 의한 契約解止의 특징은 卽時解止에 있다고 하겠다. 民法은 不得已한 事由의 발생은 卽時解止를 정당화한다고 보고 있는 것이다.

---

8) 故意로 不得已한 事由를 발생시킨 당사자에게도 解止權을 인정할 것인가? 民 §661 단서의 「過失로 인하여」라는 문언을 형식적으로 이해한다면 解止權을 부정하게 될 것이다. 民 §661가 비록 「不得已한 事由에 의한 계약이행의 장애」라고 하는 객관적 사정에 기초하고 있는 것은 사실이지만 당사자의 故意에 의하여 발생한 장애에까지 본조를 적용하는 것은 적절치 않다고 볼 수도 있다. 당사자가 契約을 체결하였음에도 불구하고 契約의 이행을 원하지 않아 故意로 不得已한 事由를 발생시키고 契約을 解止할 수 있다고 한다면 이는 契約의 구속력을 전면적으로 부정하는 것이 되고 따라서 契約의 이행을 법의 보호밖에 놓이게 하는 것이 된다는 점에서 설득력이 없는 것은 아니다. 그러나 不得已한 事由에 의하여 계약의 이행이 불가능한 이상에는 故意·過失을 구별하는 것이 실익이 없다고 할 것이다.

9) 日注民(16), 59.

3. 損害賠償責任

過失로 인하여 不得已한 事由를 발생하게 한 자는 상대방에 대하여 손해를 賠償하여야 한다. 不得已한 事由를 발생하게 한 자가 契約을 解止하는 자이든 解止 당하는 자이든 이를 불문한다. 民 §661 단서가 규정하는 損害賠償責任은 債務不履行責任 또는 受領遲滯責任(債務不履行責任說의 입장)에 해당한다고 할 것이다.

Ⅲ. 民法 第661條와 勤勞基準法 第27條, 第27條의 5

民 §661는 勤勞基準法에 있는 특별규정으로 말미암아 勤勞契約에 적용될 때에는 일정한 제한을 받는다. 우선 不得已한 사유가 발생하여 勤勞者가 契約을 解止하는 경우는 勤勞基準法은 아무런 특별규정을 두고 있지 않다. 따라서 勤勞者는 民 §661를 원용하여 不得已한 事由가 발생한 즉시 勤勞契約을 解止할 수 있다. 그러나 使用者가 不得已한 事由를 이유로 雇傭契約을 解止하는 경우에 관하여는 勤勞基準法은 특별규정(§§27, 27-5)을 두고 있으므로 民 §661의 적용이 배제된다. 그런데 勤勞基準法(§§27, 27-5)에서도 不得已한 事由가 발생한 경우 使用者는 勤勞者를 卽時에 解雇할 수 있다는 점은 民 §661에서와 동일하다.

1. 不得已한 事由의 意味

勤勞基準法上 不得已한 事由는 民法(§661)上의 不得已한 事由와 그 의미가 완전히 동일하지는 않다. 첫째, 使用者의 歸責事由에 의하여 발생한 不得已한 事由에 의하여서도 卽時解止權이 발생하는지가 문제될 수 있다. 民 §661는 不得已한 事由가 발생한 원인에 대하여 解止 當事者의 과실여부를 불문하므로 당연히 자신의 歸責事由에 의하여 발생한 「不得已한 事由」에 대하여도 使用者는 즉시 契約을 解止할 수 있다. 그런데 勤勞基準法(§27 I)은 「正當한 理由」가 있는 경우에만 使用者는 勤勞者를 解雇할 수 있다. 그런데 不得已한 事由에 의한 卽時解雇(§§27 I 단서, 27-5 I 단서)도 解雇(§27 I)의 연장에 불과하다고 할 것이다. 그렇다면 使用者의 歸責事由로 말미암아 不得已한 事由가 발생한 경우에는 卽時解雇가 인정되지 않는다고 볼 수도 있을 것이다. 그러나 후술하는 바와 같이 사업계속이 불가능한 경우에까지 雇傭關係를 존속시키는 것은 사실상 불가능한 것

을 강요하는 것이 된다. 따라서 勞務者에게는 損害賠償의 청구를 인정하는 것으로 하고, 解雇를 인정하는 것이 타당하다고 볼 수가 있을 것이다. 둘째, 不得已한 事由는 「사업계속을 불가능」하게 할 정도여야 한다. 이는 勤基 §27 Ⅱ 단서와 §27-5 Ⅰ 단서가 천재·사변 기타 不得已한 事由로 「사업계속이 불가능 할 때」라고 하여 不得已한 事由를 천재·사변에 준하여 취급하고 있는 것을 미루어 잘 알 수가 있다. 그러므로 화재로 인한 건물·설비 등의 파괴는 不得已한 事由가 되나 단순한 경영부진, 금융난, 원료공급의 곤란 등은 不得已한 事由에 해당하지 않는다.[10] 다만 事業繼續이 불가능하지 않더라도 勤勞者의 故意에 의하여 일정한 사유가 발생한 결과 사업에 막대한 지장을 초래하거나 재산상의 손해를 끼친 때에는 勤勞基準法(§27-5 Ⅰ 단서)은 使用者에게 豫告節次를 면제하여 주고 있다. 이를 종합하면 勤勞基準法上 不得已한 事由란 사업계속을 불가능하게 하는 천재·사변에 준하는 사유를 말한다.

2. 卽時解止의 意味

勤勞基準法에 있어서는 卽時解雇는 두 가지의 의미를 갖는다. 첫째, 卽時解雇에는 통고기간이 요구되지 않는다. 이 점은 民法(§661)上의 卽時解止에 있어서와 동일하다. 勤勞基準法(§27-5 Ⅰ)에 의하면 使用者는 勤勞者를 解雇하고자 할 때에는 적어도 30일 전에 豫告를 하여야 하고 30일 전에 豫告를 하지 않는 경우에는 30일분 이상의 通常賃金을 지급하여야 한다. 그러나 不得已한 事由가 있는 때에는 예외적으로 使用者는 勤勞者를 즉시 解雇할 수가 있다(勤基 §27-5 Ⅰ 단서). 둘째, 卽時解雇는 解雇禁止期間의 제한을 받지 않는다. 勤勞基準法上에는 使用者가 정당한 이유가 있어 勤勞者를 解雇하는 경우에도 法이 정하는 일정한 기간 동안에는 勤勞者를 解雇할 수 없다(§27 Ⅱ 본문). 즉, 업무상 부상 또는 질병을 위한 휴업기간과 그 후 30일간 그리고 산전·산후의 휴업기간과 그 후 30일간은 使用者는 勤勞者를 解雇할 수 없다. 그러나 不得已한 事由가 있는 때에는 使用者는 勤勞者를 즉시 解雇할 수 있다(勤基 Ⅱ §27 단서).

3. 勞動部長官의 認定

使用者가 不得已한 事由에 의하여 勤勞者를 解雇할 때에는 勞動部長官의 인정을 받아야 한다(勤基 §27 Ⅲ). 勞動部長官의 인정을 받지 않고 勤勞者를 解雇한

10) 金亨培, 705; 註釋債各(Ⅱ), 368.

경우 解雇의 효력은 어떠한가? 본조의 취지상 使用者는 사전에 不得已한 事由를 勞動部長官으로부터 인정받아야 한다고 할 것이나 이는 단순한 절차상의 요건일 뿐 효력발생요건은 아니라고 할 것이다.[11)]

[南 孝 淳]

第 662 條(默示의 更新)

① 雇傭期間이 滿了한 後 勞務者가 繼續하여 그 勞務를 提供하는 境遇에 使用者가 相當한 期間內에 異議를 하지 아니한 때에는 前雇傭과 同一한 條件으로 다시 雇傭한 것으로 본다. 그러나 當事者는 第660條의 規定에 依하여 解止의 通告를 할 수 있다.

② 前項의 境遇에는 前雇傭에 對하여 第三者가 提供한 擔保는 期間의 滿了로 因하여 消滅한다.

차 례

Ⅰ. 總 說
1. 比 較 法
2. 民法 第662條의 趣旨
3. 雇傭期間滿了에 의한 雇傭의 終了時의 當事者의 責任
Ⅱ. 民法 第662條 第1項(雇傭契約의 默示의 更新)
1. 更新의 條件
2. 更新의 內容
3. 更新의 擬制
Ⅲ. 民法 第662條의 第2項(擔保의 消滅)
Ⅳ. 民法 第662條와 勤勞基準法
1. 勤勞契約의 更新
2. 勤勞契約의 條件

Ⅰ. 總 說

民 §662 Ⅰ은 雇傭期間이 만료된 후 勞務者가 계속하여 勞務를 제공하는 경우에 使用者가 상당한 기간 내에 이의를 하지 아니한 때에는 동일한 조건으로 다시 雇傭한 것으로 의제한다. 그리고 民 §662 Ⅰ 但書는 당사자는 民

11) 勤基 §27-2의 개정이 있기 전에는 勤勞者의 歸責事由에 의하여 卽時解止를 하는 경우 勞動委員會의 인정을 받도록 하였었는데 判例(大判 70. 3. 31, 69누75(集 18-1, 行 71))는 "勤勞者의 歸責事由가 인정되는 한 勞動委員會의 인정이 없다 하여 解雇가 無效한 것이라 할 수 없다"고 판시하였다.

§660에 의하여 解止의 통고를 할 수 있고, 民 §662 Ⅱ은 제3자가 제공한 담보는 기간의 만료로 인하여 소멸함을 규정하고 있다.

1. 比較法

獨民 §625는 勞務者가 고용기간의 경과후에 상대방의 양해하에 고용관계를 계속하는 때에는 상대방이 지체없이 이의를 제기하지 아니하는 한 고용관계는 기간이 정함이 없는 것으로 연장된 것으로 본다. 瑞債 §334 Ⅱ은 雇傭期間의 약정이 있는 契約이 약정기간이 만료된 후 묵시적으로 更新된 경우에는 기간의 정함이 없는 契約이 된다고 규정하고 있다. 즉 당사자들이 아무런 의사의 표시 없이 雇傭關係가 지속되는 경우 묵시적인 更新이 있는 것으로 본다. 한편 佛蘭西勞動法典 §L.122-1-2은 기간의 정함이 있는 계약은 1회에 한하여 更新될 수 있고 雇傭期間은 처음의 고용기간을 합하여 1년 6월을 초과할 수 없다고 규정하고 있다. 勞動契約의 更新이 인정되기 위해서 원래의 契約에 미리 更新을 명시할 필요는 없고, 나중에 당사자가 更新의 합의를 하면 된다. 위의 요건을 지키지 않고 만일 전체 雇傭期間이 1년 6월을 초과하거나 명시적인 의사표시 없이 雇傭關係가 계속되는 경우에는 기간의 정함이 있는 勞動契約은 기간의 정함이 없는 勞動契約으로 된다고 본다. 日民 §629 Ⅰ은 고용기간의 만료 후 勞務者가 계속하여 그 勞務를 제공하는 경우 使用者가 이를 알고도 이의를 하지 아니한 때에는 전고용과 동일한 조건으로 다시 雇傭을 한 것으로 추정하고, 다만 각 당사자는 日民 §627에 의하여 解止의 통지를 할 수 있음을 규정하고 있다. 또 日民 §629 Ⅱ은 전고용에 대하여 당사자가 담보를 제공한 경우 그 담보는 기간만료에 의하여 소멸하나, 신원보증금은 존속하는 것으로 규정하고 있다. 우리 民 §662는 日民 §629와 대동소이한 취지의 규정이다. 그러나 다음과 같은 차이가 있다. 첫째, 日民 §629는 默示의 更新을 추정함에 그치나, 民 §662는 默示의 更新을 의제하고 있다. 둘째, 日民 §629는 당사자가 제공한 담보도 소멸시키고 있으나, 民 §663는 제3자가 제공한 담보만 소멸시키고 있다.

2. 民法 第662條의 趣旨

고용기간을 정한 雇傭契約은 그 기간의 만료로 그 효력을 상실한다. 獨民 §620 Ⅰ은 이를 명시적으로 규정하고 있다. 그리고 瑞債 §334 Ⅰ은 기간의 정함이 있는 雇傭契約은 解止의 통고도 필요 없이 종료됨을 규정하고 있다. 비록 명문으로 정하고 있지는 않지만 우리 民 §662도 이를 전제로 하고 있다고 할 것이다. 기간이 만료된 雇傭契約은 당사자의 의사표시가 있는 경우에 다시 更新된다. 당사자가 更新의 합의가 있으면 새로운 雇傭契約이 체결된 것으로 본다. 그러나 일정한 경우 비록 당사자의 의사표시가 없더라도 雇傭契約이 更新된 것으로 보아야 하는 경우가 있다. 무엇보다도 노동의 기회가 생활의 근거가 되는 勞務者를 보호할 필요에서 그러하다. 그리하여 民 §662는 일정한 조건이 성립하는 경우 雇傭契約은 묵시적으로 更新된 것으로 간주한다.

3. 雇傭期間滿了에 의한 雇傭의 終了時의 當事者의 責任

民 §662의 고용기간이란 기간의 만료에 의하여 雇傭은 자동적으로 종료되고 당사자의 解止의 의사표시도 필요 없는 기간을 말한다. 본조는 고용기간의 만료에 의하여 雇傭契約이 원칙적으로 종료되는 것을 전제로 하여 예외적으로 雇傭이 更新되는 경우에 대하여 특별한 규정을 두고 있을 뿐이다. 고용기간의 만료로 雇傭이 종료되는 데에 解止를 필요로 하지 않는다 하더라도 일정한 경우 당사자 특히 使用者에게 책임이 발생할 수 있다. 使用者가 기간만료에 앞서 적당한 시기에 勞務者에 대하여 雇傭의 종료에 관하여 통지를 하지 않았기 때문에 勞務者가 雇傭의 종료 후에 곧 새로운 취직을 구할 수 없는 경우에는 손해를 배상하여야 하는 경우가 있다.[1] 첫째, 고용의 목적에 의하여 雇傭의 기간이 정해진 경우 목적도달이 되어 고용의 종료가 가까운 것을 使用者는 예견할 수 있었지만 勞務者는 예견할 수 없는 경우이다. 이 경우에는 使用者는 勞務者에게 이 사실을 고지하지 않으면 안 된다. 둘째, 고용기간이 정해졌지만 勞務者가 속한 직종 또는 使用者의 사업장의 관행으로 통상적으로 기간만료 후 雇傭이 계속되는 경우에는 使用者는 고용종료의 예고의무가 있다고 하겠다. 이러한 의무는 信義則상 인정된다고 할 것이다.

Ⅱ. 民法 第662條 第1項(雇傭契約의 默示의 更新)

民 §662가 규정하는 默示的更新의 조건과 내용을 살펴보면 다음과 같다.

1) 日注民(16), 58.

1. 更新의 條件

다음의 조건이 갖추어진 경우 民 §662 I 에 의하여 雇傭契約이 默示的으로 更新된 것으로 擬制된다.

(1) 雇傭期間의 존재

전술한 바와 같이 民 §662 I 은 고용기간의 만료에 의하여 고용관계가 종료되는 것을 전제로 한다. 따라서 民 §662 I 에 규정된 고용기간이란 그 기간의 경과로 당연히 고용관계를 종료시킬 수 있는 기간을 말한다. 즉 民 §662 I 은 약정된 雇傭期間이 최단기간임과 동시에 최장기간임을 전제로 한다고 할 것이다. 반대로 최단기간만 약정되어 있는 경우에는 최단기간 후에는 당사자는 解止權을 가지게 될 뿐 약정기간의 만료에 의하여 당연히 雇傭契約이 更新되는 것은 아니라고 할 것이다. 다만 위의 어느 경우나 약정된 고용기간이 3년을 넘는 경우에는 民 §659 I 에 의하여 3년이 경과된 후에는 당사자에게는 解止의 通告權이 발생한다.

(2) 勞務의 繼續的 提供

勞務者가 雇傭期間이 만료된 후에도 계속하여 勞務를 제공하고 있어야 한다. 勞務가 제공되었다는 사실은 고용관계를 의제할 수 있도록 허용하는 객관적 기초를 형성한다. 그리고 이러한 실질적 관계는 적어도 勞務者와의 관계에 있어서는 契約을 更新하고자 하는 의사가 있음을 확정적으로 보여주는 계기가 된다고 할 것이다.

(3) 相當한 期間內의 異議의 不存在

使用者가 勞務者가 계속하여 勞務를 제공하는 것에 대하여 상당한 기간 내에 아무런 이의를 제기하지 않아야 한다. 使用者가 勞務者가 계속하여 勞務를 제공하고 있다는 사실을 알면서도 아무런 이의를 제기하지 않는 것은 契約을 更新하는 의사로 볼 수가 있는 것이다.

2. 更新의 內容

雇傭契約은 이전의 雇傭契約과 동일한 조건으로 更新된 것으로 본다. 그런데 民 §662 I 단서는 民 §660에 의하여 각 당사자가 解止의 통고를 할 수 있음을 인정하고 있다. 따라서 각 당사자는 雇傭契約이 更新된 후에도 언제든지 解止의 통고를 할 수 있고(民 §660 I), 解止의 통고 후 1월이 경과함으로써 解

止의 효력이 발생한다(民 §660 Ⅱ). 여기서 更新된 雇傭契約의 고용기간이 어떻게 되는지가 문제된다. 우선 更新된 雇傭契約은 「기간의 약정이 없는 契約」으로 보는 견해가 있을 수 있다.[2] 民 §662 단서가 民 §660에 의한 解止權을 인정하고 있는바, 民 §660는 고용기간의 정함이 없는 것을 전제로 하고 있으므로 위와 같은 견해가 가능하다. 이에 반하여 당사자가 解止權을 갖는 것은 별도로 고용기간은 종전과 동일한 것으로 보는 견해도 있을 수 있다. 즉, 고용기간도 종전 雇傭契約과 동일한 것으로 보되 다만 당사자에게 解止權이 인정된 것으로 보는 것이다. 이러한 취지의 判決을 찾아볼 수가 있다.[3] 어느 견해에 의하더라도 실질적인 차이는 발생하지 않는다. 그러나 전자의 견해가 조문에 충실한 해석론이라고 볼 수 있다.

3. 更新의 擬制

民 §662는 契約이 更新된 것으로 「의제 내지는 간주」하고 있다. 따라서 당사자가 반증을 들어 契約의 更新을 다투는 것을 허용하지 않는다. 그리고 본조 단서는 각당사자에게 解止權을 부여하고 있으므로 更新의 의제로 인하여 당사자가 부당한 불이익을 받는다고 할 수는 없을 것이다. 여기서 民法이 契約의 更新을 의제하는 것은 이미 勞務가 제공된 기간에 한하는 것이 아니다. 당사자가 解止權을 행사하지 않는 한 장래에 있어서도 雇傭契約은 更新된 것으로 본다.

Ⅲ. 民法 第662條 第2項(擔保의 消滅)

雇傭契約에 부속하여 체결된 擔保契約은 契約의 동일성이 인정되는 한 존속하는 것이 원칙이다. 따라서 勞務者가 제공한 담보는 그대로 효력을 갖는다.[4] 그러나 제3자가 제공한 담보에 대하여는 勞務者 자신이 제공한 담보와 동일하게 취급할 수는 없다. 제3자는 일정한 기간, 즉 이전의 契約의 고용기간에

2) 郭潤直, 398; 李銀榮, 383.
3) "民法 第662條에 의하면 고용기간이 만료된 후 勞務者가 계속하여 勞務를 제공한 경우에 使用者가 상당한 기간 내에 이의를 하지 아니한 때에는 앞의 雇傭契約과 동일한 조건으로 雇傭한 것으로 보게 되어 있으므로 원·피고간의 이 사건 해외취업연장계약기간은 특단의 사정이 없는 한 당초의 해외취업계약기간과 동일한 기간인 1년으로 연장되었다고 보아야 한다"(大判 86.2.25, 85다카2096(集 34-1, 97)).
4) 金錫宇, 316.

한하여 담보를 제공한 것으로 보아야 할 것이므로 更新된 契約에 대하여는 담보가 존속하지는 않는다고 할 것이다. 따라서 民 §662 Ⅱ은 제3자가 제공한 담보는 기간의 만료로 인하여 소멸하는 것으로 규정하고 있다.

Ⅳ. 民法 第662條와 勤勞基準法

民法은 개인주의적 법사상을 기초로 하여 勞務者와 使用者를 형식상 동일하게 취급하는 데에 반하여 勞動法은 어디까지나 勤勞者를 보호하는 데에 그 목적이 있다. 그렇다면 가능한 한 좋은 조건하에서 한번 가진 노동의 기회를 계속하여 보장하는 것이 勞動法의 취지에도 부합한다고 할 것이다. 따라서 勤勞契約의 종료를 民法上의 雇傭契約의 종료와 완전히 동일하게 취급할 수는 없다고 할 것이다.

1. 勤勞契約의 更新

勤勞契約도 고용기간이 만료로 원칙적으로 종료된다. 그러나 勤勞者에게 있어서 노동은 사회적·경제적 생활근거가 되므로 가능한 노동의 기회를 보장하여야 한다. 그러므로 民 §662가 勤勞契約에 적용됨에 있어서는 일정한 수정을 받는 것이 타당하다고 할 것이다. 즉, 默示的 更新을 좀더 용이하게 인정하여야 할 경우가 있다. 勤勞契約이 반복될 객관적 사정이 존재하는 경우에는 使用者가 적극적으로 반대의 의사를 표시하지 않는 한 勤勞契約은 更新된 것으로 보아야 한다. 따라서 첫째, 勞務者가 勞務를 현실적으로 제공하지 않더라도 契約은 更新된 것으로 보아야 하는 경우가 있을 수 있다. 둘째, 雇傭期間이 만료된 후 勞務를 제공한 경우에는 使用者가 즉시 이의의 제기가 없는 한 勤勞契約은 更新된 것으로 보아야 하는 경우가 있을 수 있다.

2. 勤勞契約의 條件

更新되는 契約의 勤勞條件은 반드시 이전의 契約에 있어서와 동일한 것은 아니다. 새로운 就業規則이나 團體協約이 체결된 경우에는 更新된 勤勞契約의 勤勞條件은 이에 따라 결정되어야 할 것이다.

[南 孝 淳]

第663條(使用者破產과 解止通告)

① 使用者가 破產宣告를 받은 境遇에는 雇傭期間의 約定이 있는 때에도 勞務者 또는 破產管財人은 契約을 解止할 수 있다.

② 前項의 境遇에는 各 當事者는 契約解止로 因한 損害의 賠償을 請求하지 못한다.

I. 總 說

民 §663는 使用者가 破產宣告를 받은 경우 고용기간의 약정이 있는 때에도 勞務者 또는 破產管財人에게 契約을 解止할 수 있음을 규정하고, 다만 각 당사자는 解止로 인한 손해배상을 청구할 수 없음을 규정하고 있다.

1. 比較法

瑞債 §337a에 의하면 使用者가 지불불능인 경우에는 勞務者는 상당한 기간 내에 계약상의 청구권을 위한 담보를 제공받지 아니한 때에는 즉시 契約을 解止할 수 있다. 瑞債 §337a는 정당한 사유에 의한 卽時解止를 규정한 瑞債 §337와 동일한 취지의 규정으로서 使用者의 지불불능은 卽時解止가 인정되는 정당한 사유의 한 경우에 해당한다고 본다. 다만 瑞債 §337a는 使用者가 담보를 제공하지 않았을 것을 요구하고 있는 점에 차이가 있다고 한다. 그러나 使用者의 지불불능에 의하여 報酬가 지급되지 않는 등의 사유가 발생한 경우에는 瑞債 §337에 의하여 勞務者는 담보제공을 요청하지 않고도 卽時解止할 수 있다고 한다. 한편 瑞西債務法은 使用者의 破產宣告는 卽時解止의 사유로 특별히 규정하고 있지 않다. 그러나 이 경우에도 勞務者는 雇傭契約을 즉시 解止할 수 있다고 본다. 使用者의 破產宣告는 使用者에 대하여는 卽時解止의 사유가 되지 않는다고 본다. 위의 각 경우 勞務者는 瑞債 §337b에 의하여 使用者에게 손해배상을 청구할 수 있다. 한편 日民 §631는 使用者가 파산의 선고를 받은 경우 고용기간이 정해져 있더라도 勞務者 또는 破產管財人은 日民 §627의 규정에 의하여 解止를 통고할 수 있음을 규정하고 있다. 그리고 日民 §631는 이 경우 각 당사자는 상대방에 대하여 解止로 인한 손해배상을 청구할 수 없다고 규정하고 있다. 우리 民法 §663는 日 §627와 동일한 취지의 규정이다.

2. 民法 第663條의 趣旨

使用者가 破産宣告를 받으면 使用者와 勞務者로 하여금 雇傭契約을 정상적으로 이행하는 것을 곤란하게 한다. 여기서 民 §663는 使用者에 대한 破産宣告가 있으면 계약당사자에게 解止權을 부여하고 있다. 따라서 使用者의 破産宣告는 民 §661가 규정하고 있는 不得已한 事由에 해당한다고 할 것이다.

Ⅱ. 民法 第663條 第1項

解止權의 발생요건과 행사를 살펴보면 다음과 같다.

1. 解止權의 發生要件

民 §663는 解止權의 발생요건으로 使用者의 파산선고만을 규정하고 있다. 그리고 民 §663는 고용기간의 약정이 있는 때에도 解止權이 발생함을 규정하고 있다. 이를 차례로 살펴본다.

(1) 使用者의 破産宣告

民 §663가 勞務者의 破産宣告에 대하여는 解止權을 인정하지 않는 이유는 무엇일까? 勞務者의 破産宣告는 그 성질상 雇傭契約의 존속에 직접적인 영향을 주지 않기 때문이라고 할 것이다.[1] 이에 반하여 使用者가 破産宣告를 받은 경우에는 그러하지 않다. 우선 勞務者의 입장에서는 報酬의 수령이 보장되지 않아 위험이 있으므로 勞務者에게 종전과 동일하게 雇傭契約에 구속시키는 것은 타당하지 않고,[2] 破産宣告에 의하여 使用者도 재정형편상 더 이상 勞務를 수령할 수 없거나 필요로 하지 않는 상태에 있을 수가 있어 마찬가지로 雇傭契約의 준수를 기대하는 것이 곤란하다.[3] 따라서 民 §663는 使用者가 破産宣告를 받은 경우 破産管財人에게도 契約解止權을 부여하고 있다.

(2) 雇傭期間의 約定不問

使用者에 대한 破産宣告는 雇傭契約의 예정된 이행을 곤란하게 하는 원인이 된다. 이는 고용기간에 대한 약정이 있다고 해서 달라지는 것은 아니라고

1) 註釋債各(Ⅱ), 370.
2) 金顯泰, 230.
3) 日注民(16), 94.

할 것이다. 따라서 破產宣告는 기간에 대한 약정의 유무를 불문하고 解止權을 발생시킨다.

2. 解止의 通告

民 §665는 解止의 통고기간이 필요한지에 대하여 명시적으로 규정하고 있지 않다. 日民 §631는 日民 §627(解止의 通告)에 따를 것을 규정하여 解止의 통고기간을 인정하고 있다. 日本과 같이 명시적인 규정이 없는 우리의 경우는 다음과 같은 해석론이 가능하다. 첫째, 民 §660에 따르는 해석론이다.[4] 즉, 기간의 정함이 없는 契約에서와 같이 1월의 통고기간이 필요하다고 본다. 둘째, 우선 破產宣告가 不得已한 事由를 구성하는 경우에는 民 §661에 좇아 통고기간을 인정하지 않고, 그렇지 않은 경우에는 통고기간을 인정하는 해석론이다. 셋째, 破產宣告를 民 §661의 不得已한 事由로 보아 解止의 통고가 필요 없이 契約을 즉시 解止할 수 있다고 보는 해석론이다. 생각건대 셋째의 해석론이 합당하다고 할 것이다. 그 이유는 첫째, 民法(§§659 Ⅰ, 660 Ⅰ, 662 Ⅰ)은 解止의 통고가 필요한 경우에는 이를 명시적으로 요구하고 있는데 民 §663는 民 §661과 마찬가지로 解止의 통고를 요구하고 있지 않기 때문이다. 둘째, 실질적으로도 使用者의 破產宣告는 民 §661가 규정하는 不得已한 事由에 해당한다고 볼 수 있기 때문이다.

Ⅲ. 民法 第663條 第2項

解止를 하는 자도 그리고 당하는 자도 상대방에 대하여 契約解止로 인한 손해의 배상을 請求하지 못한다. 使用者의 破產宣告를 이유로 破產管財人이 契約을 解止하거나 解止당하는 경우 勞務者에 대하여 손해배상을 청구할 수 없음은 당연하다고 할 것이다. 따라서 民 §663 Ⅱ은 勞務者에게 손해배상청구를 인정하지 않는 데에 그 기능이 있다.[5] 이에 대하여는 입법론으로서 타당하지 않다는 견해가 있다.[6] 전술한 바와 같이 瑞西債務法의 경우는 使用者에게 歸責事由가 있는 경우에는 損害賠償責任이 면제되지 않는다.

[南 孝 淳]

4) 註釋債各(Ⅱ), 370.
5) 李銀榮, 384.
6) 日注民(16), 94.

第9節 都　　給

前　　論

차 례

Ⅰ. 都給契約 一般
1. 都給의 意義
2. 社會的 作用
Ⅱ. 製作物供給契約
1. 概　　念
2. 獨逸民法 第651條
3. 學說·判例
4. 私　　見
Ⅲ. 都給에 관한 特別法의 規定
1. 運　　送
2. 建設工事
3. 下 都 給

Ⅰ. 都給契約 一般

1. 都給의 意義

都給(舊民法에서는 「請負」라고 하였음)은, 當事者의 一方(受給人)이 어느 일을 完成할 것을 約定하고, 相對方(都給人)이 그 일의 結果에 對하여 報酬를 支給할 것을 約定함으로써 성립하는 계약이다(民 §664).

都給은 雇傭, 懸賞廣告, 委任, 任置와 더불어 「勞務供給契約」(Arbeitslieferungsvertrag)의 일종이나, 「일의 完成」을 목적으로 하는 데에 그 특색이 있다.

「일」은 물건의 제작이나 수리와 같은 有形的인 것일 수도 있고, 운반과 같은 無形的인 것일 수도 있으나, 노무 그 자체가 계약의 목적이 아니고, 노무에 의하여 이루어진 결과가 계약의 목적이다. 이에 반하여 「雇傭」은 「勞務者 자신에 의한 勞務의 공급 그 자체」를 목적으로 하는 계약이며, 제공되는 노무에 의한 어떤 일의 완성이나 또는 어떤 통일적인 「사무의 처리」와 같은 일정한 결과의 달성 여부는 고려되지 않는다.

「懸賞廣告」도 노무에 의하여 이루어진 결과인 일정한 행위 즉 「廣告로 指定된 행위의 완료」를 목적으로 하는 점에서 도급과 비슷하나, 請約을 不特定 多數人에 대한 광고의 방법으로 하는 점에서 도급과 다르다.

「委任」은 특정한 소송사건의 처리, 특정한 병의 치료와 같은 일정한 사무를 처리하기 위한 統一的인 勞務를 목적으로 하는 契約으로서, 어디까지나 信任을 기초로 하여 부탁한 사무를 처리한다는 데에 주안이 있을 뿐, 사무처리에 따른 일의 완성을 목적으로 하지 않는 점에서 도급과 다르다.

「任置」는 타인의 물건을 보관한다는 한정된 특수한 노무를 목적으로 하는 계약으로서, 계약의 목적이 따로 한정되지 아니한 도급과 다르다.

2. 社會的 作用

(1) 로마법은 물건의 제작·수선·가공 등을 비롯하여 陸上 또는 海上에서의 물건이나 사람의 운반을 위한 계약으로서의 도급(locatio conductio operis)을 알고 있었다. 그러나 그것은 賃貸借(locatio conductio rei), 雇傭((locatio conductio operarum)과 더불어 이른바 貸借(locatio conductio)의 일종으로 생각되었다.

위와 같이 都給은 이미 로마법에서도 인정되어 있었다고 하지만, 역사적으로 보아서 그것이 가장 큰 의의를 가졌던 것은 手工業者에 의한 注文生産 내지 顧客生産(Kundenproduktion)이 지배적이었던 中世社會에서이다. 즉 당시의 수공업자는 일정한 일터와 간단한 도구만을 가지고 注文者(즉 都給人)가 공급하는 재료에다가 자기의 手工的 技術을 발휘하여 주문받은 물건을 만들거나 또는 수선하는 것이 보통이있다. 사회적 분업의 발전으로 注文者가 原材料를 자기의 경제권 내에서 마련하지 못하게 되고, 이를 다른 자로부터 구하여야 할 단계에 이르러서도, 여전히 그러한 재료는 주문자가 이를 조달해서 공급하여야 하였다. 中世社會에서는 도급이라는 계약형태로 사회의 생산이 행하여졌으며, 당시에 있어서의 도급의 중요성을 쉽게 인식할 수 있다. 도급의 작용은 위와 같은 일상용품 등에 관하여서뿐만 아니라, 건물 특히 교회와 같은 큰 건축물의 건설에 있어서도 찾아볼 수 있다. 심지어는 예술가나 공예가에 의한 작품의 제작에 있어서도 주문자가 공급하는 재료에 의한 도급계약에 의하였다. 한편 중세가 경과하는 동안에 보게 된 교통과 무역의 발달로 육상 및 해상의 운송이 큰 사회적 작용을 하였음은 물론이다.

(2) 위와 같이 中世에 중요한 역할을 한 都給은, 近世에 들어서면서 보게된 資本制經濟의 발달과 경영형식의 발전으로, 그 기능에 있어서 변화를 겪게 되었다. 즉 종전의 注文生産 내지 手工業的 生産이 서서히 市場生産 내지 商品生産으로 옮겨가고, 경영형식은 手工業에서 家內工業(Hausindustrie)으로, 다시 工場制工業(Fabriksystem)으로 변하여 갔으며, 家內工業의 성립은 종래의

手工業者들의 대부분을 그들의 노동력 즉 手工的 熟練을 매각하는 단순한 賃金勞動者로 몰락하게 하였다. 手工業은 경제적 사회적으로 제2차적 지위로 떨어져 나갈 수밖에 없었다. 바꾸어 말하면 중세에는 특정한 주문자의 수요를 만족시키기 위한 不代替物의 제작이라는 수공업적 생산이 사회적 생산의 주요한 모습이었기 때문에 그에 관한 계약으로서 都給이 대단히 중요한 작용을 하였으나, 근대 이후의 資本主義經濟에서는 기업가가 工場制工業이라는 방식으로 不特定多數人의 수요를 충족시키기 위한 代替的 商品을 大量生産하는 방법으로 사회적 생산이 행하여지게 되자, 기업가는 종래의 수공업자와 같은 기술 또는 숙련의 소유자를 임금노동자로서 고용하거나 또는 위임이라는 法形式을 빌려서 이용하게 되어, 종래의 도급이 담당하였던 기능은 雇傭이나 委任에 의하여 크게 침식되는 결과를 가져왔다.

(3) 그러나 오늘 날에 있어서도 土木工事, 각종의 建築, 船舶의 建造 등과 같이 工場制工業이 행할 수 없는 분야에서 都給契約이 활용되고 있으며, 사회의 변천 발달은 종래에는 보지 못한 새로운 특수한 都給契約을 탄생시키고 있다. 出版契約, 藝術人의 出演契約, 과학적인 연구의뢰에 관한 계약, 旅行契約 등은 그 예이다.

Ⅱ. 製作物供給契約(Werklieferungsvertrag)

1. 槪　　念

순수한 都給契約의 경우, 受給人은 都給人이 제공한 재료로 일을 完成하는 것이다. 그러나「受給人이 오로지 또는 主로 자기의 재료를 사용하여 제작한 물건을 도급인에게 공급하기로 하는 계약」, 좀더 자세히 말한다면,「당사자의 일방(受給人)이 상대방(都給人)의 주문에 따라서 全的으로 또는 主로 자기의 소유에 속하는 재료를 사용하여 만든 물건을 공급할 것을 약정하고, 이에 대하여 상대방이 報酬를 지급할 것을 약정하는 계약」도 널리 또한 빈번하게 이용되고 있다. 그리고 위와 같은 계약을 製作物供給契約(Werklieferungsvertrag)이라 한다.

2. 獨逸民法 第651條

위와 같은 제작물공급계약에 관하여 특별규정을 두고 있는 것은 독일민법이다. 獨民 §651 Ⅰ에 의하면, 「受給人이 스스로 조달하는 재료로 일을 완성할 의무를 부담한 때에는 도급인에게 제작물을 인도하고 또한 그 물건의 소유권을 취득케 하여야 한다」고 하면서, 이러한 종류의 계약에는 賣買에 관한 규정을 적용하되, 제작할 물건이 「不代替物」(eine nicht vertretbare Sache)인 때에는 매매의 규정에 갈음하여 주로 도급에 관한 규정을 적용하는 것으로 규정하고 있다. 따라서 독일의 해석론으로서는, 제작자가 주재료를 공급하는 경우이더라도, 그 제작물이 「代替物」인 때에는 그것은 賣買에 지나지 않으며, 제작물이 「不代替物」인 때에는 일종의 都給과 賣買의 混合契約이라는 것이 통설이다.

3. 學說·判例

그런데 우리의 민법은 물론이고 다른 실정법에도 위와 같은 이른바 製作物供給契約에 관한 규정을 찾아볼 수 없다. 따라서 그 계약을 어떤 성질의 계약으로 볼 것인가는 결국 학설·판례에 의할 수밖에 없으며, 실제로 학설은 대립하고 있다.

混合契約說은, 제작물공급계약은 物件의 製作이라는 면에서는 都給의 성격을, 그 製作物의 供給이라는 면에서는 매매의 성격을 가지므로, 都給과 賣買의 混合契約으로 파악하여야 하며, 개개의 법률관계의 특성에 맞게 매매 또는 도급의 규정이 적용되어야 한다고 한다.[1)]

이에 대하여 독일의 통설과 같이 제작물의 성질에 따라서 그것이 「代替物인 때에는 賣買」로 보고, 「不代替物인 때에는 都給」으로 보아야 한다는 說이 있다.[2)] 이 밖에 거래의 성질에 따라서 당사자의 의사를 유형화하고, 각 유형에 따라 그것이 도급이냐 매매이냐의 어느 한쪽으로 구별하는 것이 적당하다는 說이 있으나,[3)] 이 견해는 결과에 있어서 제작물의 성질에 따라 구별하는 위 說과 다름이 없다.

한편 판례는, 「이른바 제작물공급계약은 그 제작의 측면에서는 도급의 성질이 있고, 공급의 측면에서는 매매의 성질이 있어 이러한 계약은 대체로 매매와 도급의 성질을 함께 가지고 있는 것으로서 그 적용법률은 계약에 의하여 제작공급하여야 할 물건이 대체물인 경우에는 매매로 보아서 매매에 관한 규정이 적용된다고 할 것이나, 물건이 특정의 주문자의 수요를 만족시키기 위한

1) 金顯泰, 234; 黃迪仁, 現代民法論 Ⅳ, 319; 李銀榮, 401.
2) 郭潤直, 408-9.
3) 金曾漢·安二濬, 451-52.

不代替物인 경우에는 당해 물건의 공급과 함께 그 제작이 계약의 주목적이 되어 도급의 성질을 강하게 띠고 있다 할 것이므로 이 경우에는 매매에 관한 규정이 당연히 적용된다고 할 수 없다」고 한다.[4)]

4. 私　見

제작물의 성질에 따라서 구별하는 견해는, 대체물의 경우 「製作은 旣製品의 供給에 의하여 代用 내지 代替될 수 있으며, 비록 新製品供給의 合意가 있더라도, 그것은 단순한 製品의 性質에 관한 保證에 지나지 않는다. 따라서 이 경우에는 供給者에게 '製作義務'는 없다고 보아야 하고, 契約은 보통의 賣買라고 하는 것이 타당하다」고 설명한다.[5)] 그러나 이 설명은 의문이다. 제작물공급계약에 있어서도 '製作義務'는 있는 것이며, 위와 같은 경우는 제작물공급계약이라고 할 수 없는 것이기 때문이다. 따라서 混合契約說 쪽이 설명의 방법으로서는 좀더 정당한 것이 아닌가 생각된다. 그러나 구체적인 법률관계에 들어가면—설명의 방법에는 차이가 있으나— 그 결론이 크게 다른 것은 아니다.

(1) 먼저, 제작물공급계약에 있어서 수급인은 제작물의 소유권을 도급인에게 이전할 의무를 진다. 민법의 도급에 관한 규정에는 목적물의 소유권이전의무에 관한 규정이 없지만, 제작물공급계약을 都給으로 보는 경우에도, 그 義務는 긍정된다.

(2) 製作物의 所有權歸屬關係에 대하여는 後述(→§664 注解 Ⅱ. 3).

(3) 제작물의 성질에 따라서 구별하는 견해에 의하면, 공급된 그 대체물에 하자가 있는 경우에는 공급자는 民 §581에 따른 책임을 지게 되며, 따라서 瑕疵補修義務는 지지 않는 것으로 될 것이다. 그러나 제작물의 성질에 따라서 구별하는 견해에 의하더라도, 그 하자가 가벼운 것일 때에는 「信義則上」 民 §667와 같은 補修義務를 인정한다.[6)]

(4) 한편 混合契約說에 의하더라도, 제작물공급계약의 주문자에게는 「公平의 原則上」 완성 전의 都給人의 解除權을 규정한 民 §673의 적용이 부정되며, 賣買의 契約金에 관한 民 §565가 적용된다.[7)]

---

4) 大判 87.7.21, 86다카2446(公 1987, 1380); 大判 90.3.9, 88다카31866(集 38-1, 121; 公 1990, 859).
5) 郭潤直, 409.
6) 郭潤直, 409.
7) 李銀榮, 401. 반대설은 있다. 金疇洙, (上) 359.

Ⅲ. 都給에 관한 特別法의 規定

1. 運 送

運送은 예로부터 都給의 일종으로 발달하여 온 제도이며, 특히 자본주의적 상품경제에 있어서는 대단히 중요한 지위를 차지한다. 각국의 법률은 모두 운송에 관하여 특수한 규정을 두고 있으며, 우리 商法에도 §§ 125 내지 150, §§ 780 이하에 자세하게 규정한다. 그러나 경제의 발전과 과학의 발달로 오늘날 운송은 집단적·조직적이면서도 고도로 기술화되어 있어서, 많은 복잡한 법률관계가 얽히게 되기 때문에, 상법의 규정만으로는 부족하여 각종의 특별법이 제정되어 있다. 鐵道法·鐵道小運送業法·道路運送車輛法·自動車運輸事業法·海上運送事業法·港灣運送事業法·航空法 등이 그것이다. 오늘날에 있어서는 運送은 都給의 일종이라기보다는, 하나의 독립한 제도라고 하는 것이 더 적당할는지 모른다.

2. 建設工事

都給이 활용되는 가장 중요한 경우는 土木, 특수구조물의 시공, 건축 등 각종 建設工事의 경우이다. 이러한 건설공사에 있어서는 발주자인 건설공사의 도급인뿐만 아니라 일반공중의 재산과 안전까지도 문제되기 때문에, 시공자인 건설업자에게는 일정한 수준의 기술을 갖추고 있을 것, 충분한 자금, 업자로서의 성실성 등이 강하게 요구된다. 최근에 대규모의 공사가 나날이 늘어가고, 도시에서의 주택난이 심해지면서, 이러한 요구는 더욱 절실해졌다. 수급인의 기술적 무능, 무자력, 불성실은 도급인이나 일반공중에게 뜻하지 않은 큰 손해를 주게 될 것이며, 특히 무능한 또는 신용 없는 군소건설업자의 난립과 무책임한 하도급업자의 관여는 그러한 위험성을 더욱 짙게 할 것이다. 또한 행정청이 발주자인 경우에는 일정한 행정목적의 성취와 관련되기도 한다. 그러나 민법의 도급에 관한 규정은 위와 같은 사정들을 고려하기에는 너무나 간단하고 충분치 못하며, 이에 건설공사에 대한 어떤 강력한 國家的 統制가 필요하게 된다. 그리고 그러한 규제를 위하여 建設業法이 마련되게 되었으나, 아직 충분하다고 할 수 없으며, 그 整備에는 계속적인 노력이 요구된다.

3. 下 都 給

(1) 원래 都給은 노무의 결과인 일의 完成을 목적으로 하는 것이므로, 일 자체는 반드시 受給人 자신의 勞務로써 하여야 하는 것은 아니다. 수급인은 그 일을 다시 제3자에게 맡길 수도 있다. 수급인(原受給人)이 맡은 일의 전부나 일부를 다시 제3자가 下受給人으로서 맡는 것이 「下都給」이며, 「下請」이라고 俗稱된다.

일의 성질이나 당사자의 의사에 의하여 금지되지 않는 한, 수급인은 이러한 하도급을 이용할 수 있다고 보아야 한다. 실제로 규모가 큰 일의 도급에서는 흔히 하도급이 이용되고 있다.

(2) 이 하도급은 原受給人과 下受給人 사이의 都給契約으로서, 原都給人과 原受給人 사이의 도급계약과는 별개의 계약이다. 따라서 하도급계약에 의하여서는 원수급인과 하수급인사이에 도급관계가 생길 뿐이고, 하수급인이 원도급인에 대하여 직접 권리 의무를 갖지는 않는다. 그러나 원수급인은 일의 완성에 관하여는 하수급인의 행위에 관하여서도 책임을 져야만 한다. 하수급인은 일종의 履行補助者이기 때문이다. 또한 하도급은 원도급과는 별개의 계약이기 때문에 下都給禁止의 特約이 있더라도 이에 위반하여 제3자와 맺은 하도급계약이 당연히 무효로 되지는 않으며, 다만 원수급인이 원도급인에 대하여 계약상의 채무불이행의 책임을 질 뿐이다.

그러나 하도급 또는 하청이라고 불리우는 경우라도, 그 실질은 하도급이 아니고, 고용관계에 불과한 경우가 있음을 유의하여야 하며, 따라서 그 법률관계는 구체적인 경우에 검토 결정하여야 한다.

(3) 그런데 하도급관계에 있어서의 原受給人과 下受給人 사이의 관계는 경제력·사업규모·시장지배율 등의 현저한 차이로 말미암아 中間搾取問題 등 사회문제를 야기하는 수가 많다. 이에 下都給去來상의 공정성 확보를 위하여 「下都給去來公正化에 관한 法律」(1984. 12. 31, 법률 제3779호)이 제정 공포되어 시행되고 있다. 이 법에 의하여, 통상 지급되는 代價보다 현저하게 낮은 수준으로 下都給代金을 결정하는 것은 금지되며(同法 §4), 하수급인에게 정당한 사유 없이 원수급인이 지정하는 물품·장비 등을 매수하거나 사용하도록 강요하여서도 안 된다(同法 §5). 그 밖에, 不當返品의 禁止(同法 §10), 不當減額의 禁止(同法 §11), 不當한 代物辨濟의 禁止(同法 §17), 부당한 경영간섭의 금지(同法 §18) 등이 규정되어 있으며, 下受給人이 적시에

정당한 보수(하도급대금)를 지급받을 수 있도록 보장(同法 §13)한다.

建設下都給의 경우에는, 建設業法에 의하여서도 규제된다. 동법에 의하면, 一括下都給은 제한되고(同法 §22), 수급인이 도급인으로부터 보수를 받은 때에는 그 지급받은 날로부터 15일 이내에 하수급인에게 現金으로 하도급금액 또는 시공분에 상당한 금액을 지급하여야 한다(同法 §27). 또한 下受給人은 그가 하도급받은 건설공사의 시공에 있어서는 도급인에 대하여 수급인과 동일한 의무를 지도록 되어 있으며(同法 §25), 發注者는 일정한 경우 下都給金額을 下受給人에게 직접 지급할 수 있다(同法 §28).

[金 龍 潭]

第664條(都給의 意義)

都給은 當事者 一方이 어느 일을 完成할 것을 約定하고 相對方이 그 일의 結果에 對하여 報酬를 支給할 것을 約定함으로써 그 效力이 생긴다.

차 례

Ⅰ. 都給契約의 法律的 性質
Ⅱ. 受給人의 義務
1. 일을 完成할 義務
2. 目的物引渡義務
3. 完成物의 所有權歸屬關係
4. 都給에 있어서의 危險負擔
5. 受給人의 擔保責任
Ⅲ. 都給人의 義務
1. 報酬支給義務
2. 目的物受領義務
3. 保護義務
Ⅳ. 都給의 終了

Ⅰ. 都給契約의 法律的 性質

都給은 諾成·有償·雙務·不要式의 契約이다.

(1) 本條는 都給契約을 諾成契約으로 규정하고 있다. 즉 도급계약은, 당사자의 일방(受給人)이 「어느 일을 完成할 것을 約定」하고, 상대방(都給人)이 그 일의 결과에 대하여 報酬를 지급할 것을 約定함으로써 그 효력이 생긴다.

(2) 도급은 일의 완성에 대하여 「報酬」를 지급하는 계약이며, 따라서 그

것은 有償·雙務契約이다.

도급은 위와 같이「일의 완성」에 대하여 報酬을 지급할 것을 약정하는 것이고, 이 점에서 다른 勞務供給契約과 구별되는 것이나, 특히 無形의 일을 목적으로 하는 경우에는 委任과의 구별에 주의하여야 한다.

예컨대 病의 치료를 목적으로 하는 의사 또는 병원과의 계약에 있어서 병을 고치는 것을 목적으로 하면 都給이 되나——따라서 병이 고쳐지지 않았다면 報酬는 물론이고 지출한 비용의 상환도 청구하지 못한다——병의 치료라는 일 내지 사무의 처리를 목적으로 하면 委任이 된다. 따라서 병을 고치지 못하여도 비용과 報酬를 청구할 수 있다. 변호사에게 소송사건을 맡기는 계약도 마찬가지로 都給이 되는 수가 있는가 하면 委任이 되기도 한다.

(3) 도급은 또한 不要式契約이어서 書面의 작성과 같은 특별한 방식을 필요로 하지 않는다.

규모가 큰 土木·建設工事나, 복잡한 설계에 의한 큰 기계의 제작과 같은 高額의 도급계약에 있어서는 오히려 書面을 작성하는 것이 보통이기는 하나, 이러한 경우에도 서면의 작성이 계약성립의 요건은 아니다.

建設業法은 건설공사의 도급계약은 일정한 사항을「書面으로써 명백히 하여야 한다」고 규정하고 있다(建設業法 § 20). 그러나 이 경우에도, 건설업법은 행정적 감독을 목적으로 하는 법률이어서, 그 취지는 중요한 사항에 관하여 이를 명백히 함으로써 당사자 사이의 다툼을 미리 막으려는 데 지나지 않으며, 결코 도급계약을 요식행위로 한 것이라고 볼 것은 아니다. 따라서 書面으로 작성하지 않은 건설공사의 도급계약이 무효로 되는 것은 아니다.[1)]

Ⅱ. 受給人의 義務

1. 일을 完成할 義務

수급인은 적당한 시기에 계약의 목적인 일에 착수하여 계약에서 정하여진 내용의 일을 완성할 의무가 있다. 이것은 수급인의 가장 기본적인 의무이다.

(1)「일」이라 함은 노무에 의하여 생기는 결과를 말하며, 건물의 건축, 선박의 건조, 물건의 제작 수선과 같은 有形的 결과뿐만 아니라, 원고의 출판,

1) 異說 없다.

운송, 병의 치료, 소송사건의 처리, 음악의 연주 등과 같은 無形的인 결과도 포함한다.

(2) 일의「完成」이라 함은 노무에 의하여 일정한 결과를 발생하게 하는 것을 말한다. 도급은 일의 완성을 목적으로 한다는 것은, 바꾸어 말하면 일의 완성과 報酬가 對價關係에 있다는 것, 즉 都給人은 완성된 결과에 대하여서만 報酬를 지급한다는 것을 의미한다. 따라서 아무리 受給人이 노무를 제공하였더라도 소기의 결과가 발생하지 않으면 채무를 이행한 것이 되지 않으며, 報酬는 그 일부조차도 이를 청구하지 못하는 것이 원칙이다. 한편 약속한 결과를 발생시키면 受給人 자신이 스스로 노무를 공급하지 않았어도 이행한 것으로 되는 것이 원칙이다. 따라서 受給인은 자유로이 보조자나 下受給人 등을 이용할 수 있다.

(3) 수급인이 일의 착수를 게을리하는 때에는 도급인은 §§544, 545에 의하여 계약을 해제할 수 있게 되나, 원래 도급은「일의 완성」이 그 목적이므로 착수가 다소 지연되더라도 약정의 기일까지 완성하는 것이 가능한 경우에는 신의칙상 해제권은 발생하지 않는다고 새겨야 한다.[2)]

그러나 報酬의 일부를 先給할 특약이 있는 경우에는 수급인은 그 제공이 있을 때까지 일의 착수를 거절할 수 있으며, 이로 말미암아 일의 완성이 지연되더라도 수급인의 채무불이행책임은 발생하지 않는다.

(4) 수급인은 계약의 내용에 따라서 일을 하여야 함은 물론이나, 특약이 없더라도 수급인에게 큰 부담을 주지 않는 범위 안에서 적당한 指示나 監督을 할 수 있다고 보아야 한다(§669 참조). 그러한 지시가 부적당한 경우에 이를 따를 필요가 없음은 당연하다. 그러나 부적당한 지시이더라도, 일단 그것에 따른 후에는, 그로 인한 일의 瑕疵에 대하여 歸責事由 없음을 이유로 책임을 면하지는 못한다. 수급인은 그 일에 관한 한 전문적 지식을 갖는 것으로 생각되기 때문이다.[3)]

(5) 특약이 있다든가 또는 일의 성질상 수급인 자신이 하지 않으면 채무의 본지에 따른 이행이 될 수 없다는 등의 특별한 사정이 있는 경우 외에는, 수급인 자신이 일을 완성하여야 할 필요는 없고, 노무자(협의의 履行補助者)를 사용하는 것은 물론, 下受給人(履行代行者)을 사용하여도 무방하다. 그러나 이러한 자들의 故意·過失에 대하여서도 수급인은 책임을 져야 한다(§391 참조). 다만 하수급인의 사

---

2) 同旨 郭潤直, 411.
3) 同旨 郭潤直, 411.

용에 대하여 특히 도급인의 승낙이 있는 경우에는, 수급인은 원칙적으로는 選任·監督상의 과실에 대하여서만 책임을 진다고 해석하여야 할 것이다.[4]

그리고 위와 같이 수급인은 하수급인을 이용할 수 있으나, 建設工事의 하도급에 관하여는 건설업법에 특칙이 있다(建設業法 §§ 22, 23).

2. 目的物引渡義務

(1) 수급인은 일을 완성할 의무를 부담할 뿐만 아니라, 도급의 종류나 성질에 따라서는, 다시 완성한 일을 도급인에게 引渡할 의무가 있다. 즉 도급의 목적인 일이 有形的인 것일 때에는, 그 완성한 물건을 도급인에게 인도한다는 것이 필요하며, 完成物引渡義務는 수급인의 기본의무인 「일을 完成할 義務」의 한 내용으로 보아야 한다. 그리고 도급인은 그의 報酬支給義務를 목적물의 인도와 동시에 이행하여야 하므로(民 § 665 I 本), 목적물의 인도와 보수의 지급은 원칙적으로 동시이행의 관계에 서는 것이 된다. 또한 목적물이 도급인의 소유물인 때에는, 수급인은 보수를 지급받을 때까지 그 목적물을 留置하여 留置權을 행사할 수 있다.

(2) 「引渡」의 意義

수급인의 目的物引渡義務에 있어서 「引渡」의 의미가 무었이냐에 대하여는 문제가 있다. 獨民 § 640 I 은, 「일의 성질상 수령의 필요가 없는 것이 아닌 한, 도급인은 계약에 적합하게 완성된 일을 수령할(das vertragsmäßig hergestellte Werke abzunehmen) 의무가 있다」고 규정한다. 그리고 이 「受領(Abnahme)]의 뜻에 관하여, 학설의 다툼이 없는 것은 아니나, 多數說은 直接占有를 받고 아울러 일의 결과가 계약내용대로의 것임을 是認하는 것(Billigung)을 의미하는 것으로 해석한다.

도급인은 수급인의 인도가 있을 때에는 과연 그 목적물이 계약내용대로 완성되었는가를 살피고, 그 후에 목적물을 받는 것이라고 새기는 것이 도급의 성질에 부합한다고 할 것이다. 그렇다면 우리 민법의 해석론으로서도 원칙적으로 도급인은 목적물을 點檢하고, 일이 계약내용대로 완성되었음을 명시적 또는 묵시적으로 시인해서 그 직접점유를 받는 것을 의미한다고 해석하는 것이 온당하다고 할 것이다.[5] 즉 도급인에 의한 「檢收」를 의미하는 것이다.

4) 日 新版注釋民法(16), 124.
5) 同旨 郭潤直, 412.

(3) 目的物의 所有權移轉義務

수급인은 위와 같이 目的物引渡義務를 부담하나, 나아가 목적물의 所有權移轉義務도 부담하는 경우가 있다. 목적물의 소유권은 보통은 도급인에게 속하는 것이지만, 이른바 不代替物에 관한 製作物供給契約에 있어서는 법률상 그 제작물의 소유권이 수급인에게 귀속하는 수가 있다(→자세한 것은 아래 항). 그리고 그러한 경우에는, 수급인은 목적물의 인도의무 외에 목적물의 소유권이전의무도 부담한다고 하는 것이 타당하다. 원래 도급은 어디까지나 일의 완성이 목적이고, 매매와 같이 재산권의 이전을 목적으로 하는 것은 아니지만, 수급인이 주로 자기의 재료로 不代替物을 제작·공급하는 경우에는, 그 계약의 주된 목적은 역시 물건의 제작 즉 일의 완성에 있고, 수급인의 관심은 보수를 받는데 있는 것이며, 소유권을 보유하는 데 있지 않다. 따라서 이러한 경우에는 수급인은 목적물의 인도의무 외에 목적물의 소유권이전의무도 부담한다고 보아야 하며, 이를 인정하여도 도급의 본질에 어긋나는 것은 아니다.[6]

3. 完成物의 所有權歸屬關係

(1) 材料의 공급과 소유권의 귀속에 관한 문제

도급의 목적인 일의 완성에 있어서 반드시 재료를 사용하여야 하는 것은 아니지만, 보통은 材料를 필요로 하며, 필요한 재료를 누가 공급하느냐는 계약으로 정하여진다. 그런데 도급계약의 목적이 物件의 製作인 경우,[7] 材料의 供給者와의 관계에서 제작된 물건의 所有權의 歸屬이 어떻게 되느냐 하는 문제가 생긴다.

(2) 學說·判例

(가) 도급인이 재료의 전부 또는 주요 부분을 제공하는 경우에는, 완성된 목적물이 動産이든 不動産이든 이를 묻지 않고, 소유권은 원시적으로 도급인에게 귀속하며, 加工에 관한 §259는 적용이 없다는 데 판례와 학설[8]은 일치되어 있다.

---

6) 郭潤直, 412-13.

7) 도급계약이 物의 製作이 아닌 경우에는 문제가 생기지 않는다. 즉 「건물의 일부가 멸실 파손된 경우에 주문에 의하여 수리공사한 청부인이 그 수리공사에 자기의 소유재료를 사용하였을지라도 그 수리된 건물이 종전의 건물과 동일성을 잃지 아니하는 한 청부인이 건물의 소유권을 취득하는 것은 아니다.」 大判 55. 3. 8, 4287민상378.

8) 郭潤直, 414; 金基善, 242; 李太載, 294; 金顯泰, 235; 大判 62. 7. 5, 4292민상876(輯 10-3 民 140).

(나) 수급인이 재료의 전부 또는 주요 부분을 제공하는 경우에는, 완성된 목적물의 소유권은 원칙적으로 일단 受給人에게 歸屬한 다음, 引渡에 의하여 都給人에게 移轉한다고 하는 것이 判例[9]이다.

그러나 위와 같은 소유권귀속의 법리는 당사자 사이에 특약이 없는 경우에 적용되며, 特約이 있는 때에는 그에 따라 소유권의 귀속관계가 결정된다. 그리고 위와 같은 特約은 明示의 것이어야 하는 것은 아니고, 默示의 것이라도 상관없다. 판례에 의하면, 「도급인이 그 건물을 타인에게 매도함에 있어 매매계약서에 입회인으로 기명날인한 경우에는 도급인에게 소유권을 취득케 하였다고 볼 수도 있」고,[10] 「담보의 목적으로 건축허가명의를 담보권자로 하였다면 건축완성과 동시에 건물의 대외적인 소유권은 허가명의자인 담보권자에게 원시적으로 귀속」되며,[11] 또한 甲과 乙이 甲소유의 토지 위에 건물을 신축한 후 타에 매각하여 각 투자비율에 따라 그 대금을 분배하기로 동업계약을 체결함에 있어 甲이 위 대지대금의 확보를 위하여 建築許可名義를 甲명의로 하였을 경우에는, 「다른 특별한 사정이 없는 한 건물이 완공되면 건축허가명의자의 이름으로 준공검사를 받아 그의 이름으로 가옥대장에 소유자로 등재하고 가옥대장에 등재된 자의 이름으로 소유권보존등기를 하게 됨이 부동산등기법·건축법 등이 정하는 바에 의하여 명백함에 비추어, 이 때 위 건축명의를 (甲)명의로 한 것은 그 건물의 소유권을 대지제공자인 甲이 취득하여(그렇지 않다 하더라도 최소한 명의신탁관계는 성립된다) 이를 매각한 다음 그 대금을 투자비율에 따라 분배하기로 한 것이라고 볼 것」[12] 이라고 한다.

多數說은 판례와 같은 입장이다.[13] 이에 대하여 완성물이 動産인 경우에는 판례와 다수설과 같은 결론을 인정하면서도, 완성물이 不動産인 경우 즉 建物 建築의 경우에는, 재료를 누가 공급하였느냐를 불문하고 언제나 소유권

9) 大判 55.11.10, 4288민상376(集 4-2 民 1); 大判 62.7.5, 4292민상876(集 10-3 民 140); 大判 62.10.11, 62다460(카 8164); 大判 63.1.17, 62다743(集 11-1 民 13); 大判 71.7.13, 71다979, 980(민판집 165, 402); 大判 74.2.12, 73다993, 994(민판집 195, 94); 大判 79.6.12, 78다1992(集 27-2 民 58; 公 1979, 122061); 大判 80.7.8, 80다1014(公 1980, 13009); 大判 84.11.27, 80다177(集 32-4 民 109; 公 744-66); 大判 88.12.27, 87다카1138, 1139(公 1989, 222).

10) 大判 62.6.7, 4294민상1538(集 10-3, 6).

11) 大判 79.7.24, 79다769(集 27-2 民 210; 公 1979, 12103); 大判 87.6.23, 86다카60(公 1987, 1205); 大判 90.4.24. 89다카18884(集 38-1, 220; 公 1990, 1135); 다만 뒤의 두 판결에서는 「담보목적의 범위 내에서 원시적으로 귀속」됨을 명백히 판시하고 있다.

12) 大判 85.5.28, 84다카2234(公 1985, 909).

13) 金顯泰, 235-36; 李太載, 295; 金基善, 242-43.

이 도급인에게 귀속된다고 새기는 少數說[14)]이 있다.

① 수급인이 주로 자기의 재료를 사용한 경우에, 완성된 부동산은 수급인의 것이며, 「引渡」에 의하여 도급인에게 이전한다고 하는 판례와 다수설의 견해는, 우리 민법의 物權變動의 理論에 맞지 않는 것이라는 점, ② 도급계약의 특수성은 「注文者(즉 도급인)를 위하여」 목적물을 만든다는 데 있고, 수급인의 관심사는 보수를 받는 데 있지 소유권을 취득하는 데 있지 않으며, 건물이 완성되면 그 소유권을 도급인이 취득한다고 하는 묵시적 합의가 도급계약의 내용으로서 포함되어 있다고 새기는 것이 오히려 타당하다는 점, ③ 수급인이 자기의 재료로 공사를 한 경우에, 그 수급인이 소유권을 취득한다고 할 필요를 느끼게 되는 것은, 수급인에게 보수의 징수를 확보케 하려는 데에 있는 것으로 짐작되나, 대지의 利用權이 없는 수급인에게 건물의 소유권을 인정한다고 하여 수급인의 報酬請求權을 확보하는 데 실효성이 있는지도 의심될 뿐만 아니라, ④ 수급인의 報酬請求權을 확보하려는 목적은 留置權, 同時履行의 抗辯權, 抵當權(民 §666) 등으로 달성될 수 있는 점 등을 고려하면, 少數說의 견해가 타당하다고 할 것이다.

4. 都給에 있어서의 危險負擔

(1) ㈎ 일의 完成前에 목적물이 滅失·毁損된 경우, 수급인은 그 의무가 이행불능으로 된 것이 아닌 한, 그 멸실·훼손이 불가항력에 의한 경우뿐 아니라 도급인의 귀책사유에 의한 것이라도 아직 일을 완성할 의무를 진다.[15)] 다만 목적물의 멸실·훼손이 도급인의 귀책사유에 의한 것인 경우에는 수급인은 손해배상을 청구할 수 있으며, 이것은 報酬의 增額을 청구하는 것과 비슷한 결과가 될 것이다. 목적물의 멸실·훼손이 불가항력에 의한 경우에는 사정변경의 원칙에 의하여 수급인은 報酬增額請求權 또는 解除權을 취득할 수 있다.

㈏ 이에 대하여, 일의 完成前에 履行不能이 생긴 경우――예컨대 修繕都給의 목적물이 멸실한 경우 등――에는 일의 완성의무는 소멸한다. 이 경우 이행불능이 수급인의 귀책사유에 의한 것인 때에는, 수급인은 손해배상책임을 질 뿐만 아니라 報酬請求權을 잃게 된다. 이행불능이 수급인의 귀책사유에 의한 것이 아닌 경우에는 危險負擔의 문제로 된다. 이행불능이 당사자 쌍방의

14) 金曾漢, 310; 郭潤直, 414-17.

15) 日 新版注釋民法(16), 128.

책임질 수 없는 사유로 생긴 때에는 특별한 합의가 없는 한, §537에 의하여 처리되어 報酬請求權은 소멸하며, 지출한 비용의 償還請求權도 없다. 도급인의 책임 있는 사유로 이행할 수 없게 된 때에는 §538에 의하여 처리되며, 수급인은 報酬請求權을 잃지 않지만(民 §538 I), 殘債務를 면함으로써 얻은 이익 즉 완성에 이르기까지 필요한 비용과 노력의 가액은 도급인에게 상환하여야 한다(民 §538 II).

(2) 일의 목적물의 引渡를 요하는 도급에 있어서 일의 完成後 引渡前에 목적물이 멸실·훼손한 경우에는, 원칙적으로 이를 이행불능으로 취급하여야 하는 것이 타당하다. 따라서 이 경우에는 위 (나)에서 설명한 바와 같이 처리된다.

(3) 위에서 본 것은 대부분 雙務契約에 있어서의 危險負擔의 법리를 도급계약에 그대로 적용한 것에 불과한 것이지만, 이는 수급인에게 가혹한 것임을 부인할 수 없다. 그래서 최근, 위와 같은 민법상의 전통적인 의미에 있어서의 본래의 危險負擔이 아니라, 그것과는 좀 다른 의미에 있어서의 위험부담을 도급계약에서 일어나는 特殊問題로서 論議하는 견해[16]가 있다. 즉 不可抗力에 의하여 수급인이 일을 완성하는 것이 방해되거나 또는 受給人이 全部 또는 一部의 일을 完成한 後 引渡할 때까지의 사이에 불가항력에 의하여 그 제작물이 멸실·훼손됨으로써 損害가 생기게 된 경우 그 손해를 도급인과 수급인 중 누구에게 부담시키느냐를 「都給에 있어서의 危險負擔의 問題」로 파악하고, 위와 같은 경우에는, 信義則 또는 事情變更의 原則에 의하여 수급인에게 報酬의 상당한 增額請求를 인정하거나 또는 새로 일을 완성할 의무를 면하게 하는 것이 적당하다고 주장하는 것이다.[17]

실제로 독일민법의 해석론으로서는 이러한 견해가 지배적이며, 스위스채무법 §373 II은, 「예견하지 못한 또는 쌍방당사자의 예상에 포함되지 않은 특별사정이 생기고, 그로 말미암아 일의 완성이 방해되거나 또는 현저하게 곤란하게 될 때」에는 報酬의 增額請求나 契約의 解除權을 인정함으로써 그 해결을 모색하고 있다.

이 문제의 가장 무난한 해결방법은 계약을 맺을 때에 당사자가 협의에 의하여 미리 이에 관한 특약을 해 두는 것이다. 報酬를 약정함에 있어서 이른바 實質精算制度(cost plus fee system)에 의한다는 특약을 하는 것이 그 한 방법일

16) 郭潤直, 429-30.
17) 郭潤直, 430.

것이다. 그러나 우리 나라의 실정이 그런 위험부담에 관하여서까지 계약에 약관을 포함시킨다는 일은 드문 예외에 속한다는 사실에 비추어, 위와 같은 독일의 통설이나 스위스채무법의 규정과 같은 해석을 하는 것이 타당할 것이다.[18]

5. 受給人의 擔保責任

§§ 667～672 의 注解 참조.

Ⅲ. 都給人의 義務

1. 報酬支給義務

도급인은 수급인에 대하여 報酬(도급대금)를 지급할 의무가 있다. 도급인의 이 의무는 수급인의 일을 완성할 의무와 對價關係에 선다.

(1) 報酬의 종류와 결정방법, (2) 報酬의 支給時期, (3) 報酬의 支給拒絶權에 관하여는→§ 665 의 注解.

2. 目的物受領義務

도급인에게 목적물을 수령할 의무가 있는가. 이것은 일의 목적물의 인도를 요하는 도급의 경우에 문제가 된다. 일반적으로 채권자에게 수령의무를 인정할 것이냐의 문제로서 다루어지며, 민법상 明文의 규정은 없으나 긍정하는 것이 일반적이다.

독일민법의 경우에는 明文의 규정(獨民 § 640 I)이 있으며, 受領의 의미가 「檢受」라는 것에 대하여는 이미 설명한 바와 같다(Ⅱ. 2. (2)).

3. 保護義務

원래 수급인은 독립한 하나의 기업인으로서 일에 종사하는 것이고, 도급인의 지배에 복종하는 것이 아니다. 즉 이 점에서 도급은 노무자의 종속성을 특색으로 하는 고용과 구별되는 것이다. 그러나 도급인이 대자본을 갖는 제조·판매업자이고, 수급인은 그러한 도급인의 재료를 사용할 뿐만 아니라, 제품의 규격은 물론이고 사용하는 도구나 기계에 관하여서도 그의 지시에 따라서 물

---

18) 郭潤直, 430.

품을 제작·공급하는 경우에는, 이들 도급인과 수급인 사이에는 그 한도에서 고용과 비슷한 관계가 생긴다. 이러한 점에 착안하여 독일의 판례는, 그러한 경우에는 도급인은 노무의 성질이 허용하는 범위에서 노무자의 생명·건강에 위험이 생기지 않도록 주의할 保護義務(Fürsorgepflicht)가 있다고 하면서, 도급인이 이 의무에 위반하면 불법행위와 마찬가지의 損害賠償責任이 생긴다고 하고 있으며, 학설은 이를 지지한다.

우리 나라에서는 아직 이에 관한 판례는 보이지 않으나, 학설은 특수한 형태의 도급에 관하여는 독일에서와 같은 해석을 하여 도급인의 보호의무를 인정하는 것이 타당하다고 한다. 즉 대기업의 하부구조로서 실질적으로는 고용된 노무자와 크게 다르지 않은 도급업자(수급인)가 우리 나라에도 많으며, 이들과 대기업인 주문자(도급인)와의 사이에는 위와 같은 보호의무를 인정하는 것이 다.[19] 타당한 견해라고 할 것이다.

Ⅳ. 都給의 終了

도급계약은 繼續的 債權契約은 아니다. 따라서 期間滿了에 의한 종료라든가 契約의 解止같은 것은 문제가 되지 않는다. 민법은 도급에 특수한 종료원인으로서 일을 완성하기 前의 都給人의 任意解除(§ 673), 도급인이 破產한 경우의 受給人 또는 破產管財人의 解除(§ 674)에 관하여 규정한다. 자세한 것은 §§ 673, 674의 각 注解 참조.

[金 龍 潭]

19) 金曾漢, 313; 郭潤直, 426-27.

第 665 條(報酬의 支給時期)

① 報酬는 그 完成된 目的物의 引渡와 同時에 支給하여야 한다. 그러나 目的物의 引渡를 要하지 아니하는 境遇에는 그 일을 完成한 後 遲滯없이 支給하여야 한다.

② 前項의 報酬에 關하여는 第656條 第2項의 規定을 準用한다.

I. 報酬의 種類와 決定方法

報酬의 종류에는 제한이 없으며 金錢에 한하지 않는다. 그러나 금전으로 정하여지는 것이 가장 보통임은 물론이다. 報酬가 금전으로 정하여지는 경우에도 그 결정방법은 일정하지 않고 여러 가지가 있다. 보통은 일의 완성에 필요한 재료·노동력 기타의 비용의 견적액에다 적당한 이윤을 포함시켜서 산출한 총액을 報酬로 한다(定額都給).[1] 그러나 특별한 경우에는 報酬額을 미리 확정하지 않고, 그 槪算額만을 정하는 경우(槪算都給) 또는 報酬의 금액을 정하지 않고 후에 지급할 단계에 이르러서 결정하게 되는 경우도 있다. 어느 경우에나 실제로 필요로 한 비용과의 관계에서 문제가 생긴다.

(1) **定額都給의 경우**

가장 보통의 경우이며, 報酬額이 일정되어 있는 때에는 원칙적으로 定額都給으로 보아야 한다. 이 경우에는 약정액 이상의 비용이 필요하게 되더라도 수급인은 증액을 청구하지 못하며, 반대로 약정액보다 훨씬 적은 비용을 지출하였더라도 반환할 필요가 없다. 그러나 도급의 목적에 따라서는 일의 완성까지 상당히 긴 기간을 필요로 하는 수가 있으며, 그 동안 당사자가 전혀 예상하지 못한 경제사정의 급격한 변화가 있는 때에는 당초의 약정한 報酬額을 가지고 일을 완성할 것을 강제하는 것이 대단히 공평하지 못한 경우가 있을 수 있다. 이러한 경우에 事情變更의 원칙을 적용하여 수급인에게 상당한 增額을 請求하는 權利를 인정하거나 또는 契約의 解除權을 인정할 것이냐가 문제된다. 瑞債 §373는 그러한 경우에는 즉 同條 II에서 정하는 바와 같이 「예견하지 못한 또는 쌍방당사자의 예상에 포함되지 않은 특별사정(ausserordentliche Umstände)이 생기고 그로 말미암아 일의 완성이 방해되거나 또는 현저하게 곤

1) 大判 65.9.7, 65다1314(集 13-2 民 127); 大判 65.11.16, 65다1176(카 1612).

란하게 될 때」에는 법관이 재량으로 報酬額을 증가하거나 또는 계약의 해제를 인정할 수 있다고 한다. 우리 민법의 해석론으로서도 같은 결론을 인정하는 것이 타당하다고 할 것이다.[2)]

(2) **概算都給의 경우**

이 경우에는 다시 그 概算額이, ㈎ 最高額으로 정하여져 있는 때, ㈏ 最低額으로 정하여져 있는 때, 또는 ㈐ 특별한 제한 없이 단순한 概算額으로 정하여져 있는 때 등이 있게 된다. 이들 각 경우에 실제로 필요한 비용과 개산액이 다른 때에는, 적당히 增減하게 된다. 즉 ㈎의 경우에는, 실제의 비용이 개산액보다 적은 때에는 상당한 減額을 하게 된다. 그러나 실제의 비용이 개산액을 초과하더라도 수급인은 개산액 이상을 청구하지는 못한다. ㈏의 경우에는, 실제의 비용이 개산액보다 고액인 때에는 상당한 증액을 하게 되고, ㈐의 경우에는, 실제의 비용에 따라서 상당한 증액 또는 감액을 하게 된다. 문제가 되는 것은 ㈏와 ㈐의 경우에, 개산액을 초과하는 것이 현저하게 고액인 때에 어떻게 처리하느냐이다. 이 때에도 事情變更의 原則을 적용하여, 도급인은, 그 때까지 수급인이 지출한 비용을 변상하고 계약을 해제할 수 있다고 새기는 것이 공평할 것이다.[3)]

(3) **報酬額을 정하지 않은 경우**

이 경우에는 거래의 관행에 따라서 실제의 필요한 비용에 상당한 이윤을 포함시킨 액을 報酬額으로 정하여야 할 것이다.[4)]

Ⅱ. 報酬의 支給時期

1. 報酬의 支給時期에 관하여 당사자 사이에 特約이 있으면 그것에 따르고, 特約이 없으면 慣習에 의하게 된다(§§ 665 Ⅱ, 656 Ⅱ). 그러나 당사자간의 특약이나 관습이 없는 경우, 報酬는 그 完成된 目的物의 引渡와 同時에 支給하여야 하며(§ 665 Ⅰ 本文), 目的物의 引渡를 요하지 아니하는 경우에는 그 일을 完成한 後 遲滯없이 支給하여야 한다(§ 665 Ⅰ 但書). 本條 Ⅰ 本文의 경우에도, 報酬의 支給과 同時履行의 관계에 서는 것은 目的物의 引渡이고, 일의 完成 그 자체가 報酬의

2) 同旨 郭潤直, 422-23.
3) 同旨 郭潤直, 423; 李銀榮, 387. 참고 獨民 § 650; 瑞債 § 375.
4) 大判 65. 11. 16, 65다1176(카 1612).

支給과 동시이행관계에 서는 것은 아니다. 즉 일의 完成義務는 先履行義務이고, 報酬는 後給이 원칙이다.

2. 지급시기에 관한 특약으로서 全額을 先給하기로 특약하는 경우는 드물고, 몇 회로 나누어 지급하는 특약을 하는 것이 보통이다. 先給의 특약이 있으면, 그 支給이 있을 때까지 受給人은 일에 착수하는 것을 거절할 수 있고, 分割給의 특약이 있는 때에는, 앞의 부분에 대한 지급이 있을 때까지는 뒤의 부분의 일의 계속을 거절할 수 있다.[5)]

그리고 판례는 분할지급의 특약이 있는 경우에, 「수급인이 상당정도의 공사를 시행한 후 그 이후의 공정의 공사시행을 포기함으로써 잔여부분의 도급공사가 중단되었다 하여도 이미 시행한 공사분에 대한 약정보수채권은 위 도급계약 자체가 해제되었다거나 기왕의 보수채권을 포기하는 등 특별한 사정이 없는 한 그 일의 전체가 완성되지 못하였다는 사유만으로 당연히 소멸된다고 할 수 없고 도급인이 공사의 현장을 인도받아 잔여공사를 완성하였다 하여 기히 발생한 보수지급의무를 면하는 것은 아니」라고 한다.[6)]

3. 수급인의 報酬請求權은, 後給인 때에도 계약과 동시에 성립한다. 일의 완성에 의하여 비로소 성립하는 것이 아니다. 따라서 수급인의 채권자는 일의 완성 전이라도 報酬請求權을 押留할 수 있다. 또한 판례는 수급인의 報酬請求權도 轉付命令의 대상이 되며, 다만 보수청구권이 구체적으로 확정되는 때에 그 轉付의 효력도 확정된다고 한다.[7)]

Ⅲ. 報酬支給拒絶權

1. 本條에 의하여, 목적물의 인도를 요하는 도급에 있어서는 목적물의 인도와 報酬의 지급과는 동시이행의 관계에 있게 되고, 따라서 도급인은 목적

---

5) 大判 62. 12. 20, 62다621(카 6407)은, "건축의 기초공사가 끝나면 일정한 공사금을 지급하기로 특약하였는데, 그 공사금을 지급하지 아니하므로 나머지 공사를 중단한 경우 설혹 그 공사가 예정기일에 완성하지 못하였다 하여도 공사지연의 책임을 물을 수 없다"고 한다.

6) 大判 85. 5. 28, 84다카856(公 1985, 899).

7) 大判 62. 4. 4, 62다63.

물의 인도의 제공이 있을 때까지 報酬의 지급을 거절할 수 있다.

2. 일의 목적물에 하자가 있는 경우에는 도급인은 수급인에 대하여 하자의 補修를 청구할 수 있고, 또한 하자의 補修에 갈음하여 또는 하자의 補修와 함께 손해배상을 청구할 수 있으며(§667 I·II), 동시이행항변권의 규정(§536)이 준용된다(§667 III). 따라서 도급인은 瑕疵補修를 請求한 때에는 補修의 완료에 이르기까지 손해배상을 청구한 때에는 손해배상의 제공이 있을 때까지 보수의 지급을 거절할 수 있게 된다.[8]

다만, 판례에 의하면 "도급인이 하자의 보수에 갈음하여 손해배상을 청구한 경우, 도급인은 그 손해배상의 제공을 받을 때까지 손해배상액에 상당하는 보수액의 지급만을 거절할 수 있는 것이고, 그 나머지 보수액의 지급은 이를 거절할 수 없는 것이라고 보아야 할 것이므로, 도급인의 손해배상채권과 동시이행관계에 있는 수급인의 공사금채권은 공사잔대금채권 중 위 손해배상채권액과 동액의 금원뿐이고, 그 나머지 공사잔대금채권은 위 손해배상채권과 동시이행의 관계에 있다고 할 수 없다"고 한다.[9]

3. 일의 완성 전에 報酬를 지급하기로 하는 특약이 있는 경우에, 계약체결 후 수급인의 재산상태가 악화하여 그 채무의 이행을 기대할 수 없게 되었다고 인정되는 때에는, 수급인이 그 채무를 이행하거나 또는 채무이행을 위한 담보를 제공할 때까지, 도급인은 특약에 의한 報酬의 지급을 거절할 수 있다고 새겨야 할 것이다(不安의 抗辯權).[10]

[金 龍 潭]

---

8) 大判 89.12.12, 88다카18788(公 1990, 249).
9) 大判 90.5.22, 90다카230(公 1990, 1353).
10) 日 新版注釋民法(16), 133-34.

第666條(受給人의 目的不動產에 對한 抵當權設定請求權)

不動產工事의 受給人은 前條의 報酬에 關한 債權을 擔保하기 爲하여 그 不動產을 目的으로 한 抵當權의 設定을 請求할 수 있다.

Ⅰ. 不動產工事의 受給人은 報酬債權을 擔保하기 위하여 그 目的不動產 위에 抵當權을 設定할 것을 都給人에게 請求할 수 있다.

이 제도는 舊民法에는 없었던 것인데, 현행민법이 獨民 §648 Ⅰ을 본받아 새로 마련한 것이다. 원래 구민법에서는 수급인의 도급대금을 확보해 주기 위하여 先取特權制度를 이용하고 있었던 것인데(舊民 §§327, 321, 326 등), 현행민법의 제정과 더불어 일반적으로 先取特權制度가 폐지되면서, 종래의 不動產工事의 先取特權에 갈음하여 두게 된 것이 바로 本條의「受給人의 目的不動產에 대한 抵當權設定請求權」인 것이다.

Ⅱ. 本條의 제도가 독일민법의 §648 Ⅰ을 본받은 것이기는 하지만, 그 제도의 작용에는 상당한 차이가 있다.

不動產工事의 가장 대표적인 建物의 建築都給 경우에, 獨民 §648 Ⅰ에 의하면, 抵當權의 客體는 도급인 소유의 土地(Baugrudstücke des Bestellers)가 된다. 그러나 本條에 따르면 完成된 建物이 저당권의 객체가 되며, 따라서 우리나라에서는 도급인이 반드시 토지소유자일 필요는 없고, 단순한 토지의 임차인이더라도 무방하며, 저당권을 설정하려면 우선 도급인 앞으로 건물의 보존등기를 하여야 한다.

그러나 수급인이 재료를 공급하면 완성된 건물의 소유권은 원칙적으로 수급인에게 귀속한다는 판례와 다수설의 입장에서 보면, 본조에 의하여 저당권을 설정하여야 할 경우는 제한적이 될 수밖에 없다. 또한 우리 나라에서는 수급인이 건물을 신축하여 저당권을 갖게 되더라도, 경락인은 건물만을 취득하게 되기 때문에 그 저당권의 실행에 많은 난점을 가지게 된다. 오히려 저당권을 설정하는 것보다는, 차라리 留置權을 행사하는 것이 수급인에게 훨씬 간편하며 有利하기도 하다.

독일민법에서는 우리의 留置權과 같은 법정담보물권을 인정하고 있지 않은 점을 고려하면, 본조의 受給人의 目的不動產에 대한 抵當權設定請求權制度가 우리 나라에서 실효성을 거두게 될 것인지 의심스럽다고 할 것이다.

Ⅲ. 1. 본조가 인정하는 수급인의 抵當權設定請求權은 순수한 請求權이다. 따라서 수급인의 이 청구권의 행사로 곧 저당권이 설정되는 것은 아니며, 도급인이 그 청구에 응하여 승낙을 하고 등기를 갖추어야 비로소 저당권은 성립한다.

2. 저당권설정청구권자는 不動產工事의 受給人이다. 건물은 독립한 부동산이므로, 부동산공사의 수급인 속에는 결국 토지공사의 수급인과 건축공사의 수급인이 있게 된다. 단지조성, 제방이나 축대의 축조, 건물아닌 시설의 건설 등은 토지공사에 속할 것이고, 건물의 신축·증축·개축 등은 건축공사가 될 것이다.

이 청구권자의 상대방이 누구이냐는 문제이나, 저당권설정의 목적 부동산의 소유자인 도급인이라고 해석하여야 할 것이다.[1)]

3. 저당권의 客體가 되는 것은 일의 목적인 부동산 즉 土地 또는 建物이다. 만약 도급인이 목적부동산을 양도하면 수급인의 저당권설정청구권은 소멸한다고 해석하는 것이 타당하다.[2)] 이 경우에 수급인이 그 청구권을 가지고 양수인에게 대항하려면 그 청구권을 보전하여야 한다.

4. 피담보채권은 수급인의 報酬債權이다. 변제기가 도래하고 있어야 하는 것은 아니다. 따라서 報酬請求權이 성립한 후에는 언제든지 저당권의 설정을 청구할 수 있다.

[金 龍 潭]

1) 郭潤直, 426.
2) 郭潤直, 426.

前　論 [瑕疵擔保責任(§§ 667~672)]

I. 序　說

1. 문 제 점

受給人의 擔保責任에 관한 규정은 都給에 관한 규정 11개 중 6개 조문을 차지하고, 또한 도급에 관하여 생기는 분쟁도 담보책임에 관한 문제가 적지 아니하지만, 우리 민법의 受給人의 瑕疵擔保責任에 관한 규정은 독일민법 등의 상세한 규정에 비하면 간단하다.

더욱이 우리 나라에서는 도급인과 수급인 또는 하도급인과 하수급인 사이의 관계가, 최근에 어느 정도 개선되었다고 하지만 아직 前近代的이고, 瑕疵擔保責任이 생기는 경우라도 法律問題로서 다루어지는 경우가 적어서, 판례의 원칙도 확립되어 있다고 하기 어렵다.

또한 都給契約의 중심을 이루는 建設都給契約에 있어서는, 다음에서 보는 바와 같은 변화가 생기므로 擔保責任의 문제를 새로 검토할 필요가 생겼다.

(1) 첫째, 현재와 같이 建築生產이 大量生產化되고 또한 초고층빌딩의 건설 등에서 보는 바와 같이 技術革新의 성과가 도입되면, 현장에서 조립하는 작업이 많아지게 된다. 이 경우 수급인의 일은 현장에서의 단순한 조립공사나 마무리공사일 뿐이므로, 책임은 재래공법에 있어서보다 그만큼 가벼워지고, 책임은 본질적으로 새로운 建材 등의 메이커측에 옮겨지게 된다. 그리하여 瑕疵擔保責任이 施工측에 있는가 建材측에 있는가를 명백히 할 필요가 생긴다.

(2) 둘째, 건설산업의 근대화가 진행됨에 따라서 하자담보책임은 保證制度에 의하여 합리적으로 해결하여야 할 요구가 생긴다. 즉 債務者不履行으로 損害가 생긴 경우, 損害를 커버할 保證人의 능력은 불안정하고, 채권자의 입장도 충분히 보호되지 않는 것이 보통이다. 그런데 자본주의가 발전함에 따라, 신용의 세계도 확대되어, 보증의 면에 있어서도 保證을 專門으로 하는 法人企業이 설립되기에 이르렀다. 이와 같은 제도는 미국에서 가장 잘 발달되어 있으며, 瑕疵擔保保證(maintenance bond)도 건설공사에 있어서의 保證制度의 하나로서 활용되고 있으나, 우리 나라에서는 아직 하자담보보증이 일반적으로는 널리 행하여지지 않고 있다.

2. 一般原則의 排除

도급은 有償契約이므로, 원칙적으로 民 §567에 의하여 賣渡人의 擔保責任에 관한 賣買의 규정이 준용되어야 할 것이다. 그러나 수급인이 완성한 일에 있어서의 瑕疵는 단순한 재료의 하자에 의하여만 생기는 것이 아니고, 수급인의 작업방식 즉 제작과정의 불완전에 의하여도 생기므로, 우리 민법은 受給人의 瑕疵擔保責任에 관하여 특별한 규정을 두고 있다.

3. 瑕疵擔保責任과 不完全履行

수급인의 담보책임은 수급인의 귀책사유에 의하여 생기는 경우도 있으나, 이 경우에 수급인은 不完全履行의 책임을 지게 될 것이다. 그렇다면 民 §667 이하의 수급인의 담보책임에 관한 규정과 불완전이행의 일반이론과의 관계가 문제로 된다. 獨民 §635는 「일의 하자가 수급인이 책임져야 할 사정에 기인한 때에는, 도급인은 계약의 해제 또는 감액청구에 갈음하여 不履行으로 인한 損害賠償을 청구할 수 있다」고 규정하지만, 우리 민법에는 그와 같은 명문규정이 없으므로 학설이 나뉘고 있다.

(1) 1說은 民 §667 이하의 규정은 瑕疵가 생긴 이유의 여하를 묻지 않고 하자의 종류나 정도에 따라서 요건과 효과를 정한 것이라고 보아야 하며, 따라서 이들 규정에 의하여 不完全履行의 一般理論은 배제된다는 견해이다.[1] 도급은 매매와 달리 일의 완성을 목적으로 하는 것으로서 일의 완성의 개념 중에는 수급인이 노무를 공급할 의무를 부담한다는 요소가 포함되어 있고, 수급인의 담보책임의 개념 중에는 재료의 하자가 있는 경우와 공작에 관한 불완전한 점이 있는 경우가 있어, 후자의 경우에는 불완전이행만이 문제될 뿐 담보책임이 문제되지 않는다고 할 수 있으나, §668가 계약의 목적을 달할 수 없는 정도의 중대한 하자가 없으면 해제할 수 없다고 규정하여, 해제권의 발생요건을 따로 정하고, 수급인의 담보책임을 무과실책임으로 하고, 한편 채무불이행의 일반원칙을 배제함에 의하여 공평을 유지하려는 것으로 보는 것이 獨民 §635에 해당하는 규정이 없는 우리 민법의 해석에 합당하다는 것이다.

(2) 이에 대하여 다른 견해는, 受給人의 瑕疵擔保責任에 의하여 都給人의 損害가 충분히 塡補되지 않는 範圍에서 수급인의 不完全履行의 責任을 인

1) 金疇洙, (上) 375.

정하는 것이 정당하다고 한다.[2] 하자담보책임은 무과실책임이고 그 손해배상의 범위는 신뢰이익에 限한다고 새겨야 하므로 수급인의 귀책사유에 의한 하자의 경우에는, 불완전이행을 이유로 이행이익의 배상을 도급인에게 인정하는 것이 타당하다는 것을 그 근거로 든다.

4. 受給人의 擔保責任의 종류와 내용

受給人의 담보책임의 종류와 내용은, ① 瑕疵補修請求權, ② 損害賠償請求權, ③ 契約解除權의 3종인데, 매매에 있어서의 담보책임의 일반원칙과 비교하면 다음의 세 가지 점에 차이가 있다. 즉 i) 瑕疵補修義務라는 賣渡人에게 인정되지 않는 권리가 인정된 점, ii) 瑕疵가 重大하여 계약의 목적을 달할 수 없는 경우가 아니면 계약의 해제권이 생기지 않는 점, iii) 土地의 工作物에 관한 도급은 여하한 경우에도 해제할 수 없는 점이다.

Ⅱ. 成立要件

1. 일의 目的物에 瑕疵가 있을 것

수급인의 담보책임이 생기는 것은 일의 目的物에 瑕疵가 있는 경우이다. 瑕疵에 관하여 獨民 §633 Ⅰ은, "수급인은 그 보증한 성질을 가지며 통상 또는 계약에 의하여 결정된 가치나 효용을 감쇄시키거나 상실시키는 등의 흠이 없는 일을 완성하여야 한다"고 규정하고, Ⅱ은 "일이 그 성질을 갖지 아니한 경우에는 도급인은 하자의 제거를 청구할 수 있다"고 규정한다. 우리 민법의 규정의 표현은 독일민법과 같이 상세하지 않으나, 마찬가지로 해석하여야 할 것이다. 즉 일의 목적의 瑕疵란 ① 재료의 결점으로부터 생긴 것이거나 일의 완성을 위하여 지출한 정신적·육체적 노무의 불완전으로부터 생긴 것을 불문하며, ② 통상 또는 계약에 의하여 결정된 일정한 성상을 갖지 않거나, ③ 일의 결과가 수급인이 보증한 성질을 갖지 않거나, ④ 그것이 경제적 가치를 감쇄시키는 것과 같은 불완전한 점이 있거나, ⑤ 법률상 제한이 있거나 한 경우이다.

민법은 「完成된 目的物」이라고 하고 있으나, 有形的인 일에 한하지 않으

2) 郭潤直, 418.

며, 無形의 일이라도 상관없다. 담보책임이 생기는 경우는 물건을 제작하거나 가공하는 경우에 많을 것이나, 예컨대 병의 치료나 소송사건의 처리 등을 도급의 목적으로 한 경우와 같이 無形의 일의 완성을 내용으로 하는 도급의 경우에도 적용될 것이다.

2. 受給人의 瑕疵擔保責任은 無過失責任이다

獨民 §§ 633, 634 및 瑞債 § 368는 수급인에게 귀책사유가 없으면 報酬減額請求權만 생길 뿐, 손해배상청구권은 생기지 않는 것으로 하고 있다. 損害賠償의 範圍에 관하여는 信賴利益에 한하지 않고 언제나 履行利益의 賠償을 포함한다고 새기는 것이 다수설이다.[3] 그 이유로서는 도급에서는 단순한 물건의 인도가 아니라 일을 완성하는 것 즉 하자 없는 완전한 일을 할 의무가 있으므로 그 책임은 하자에 의하여 생긴 모든 손해배상 즉 履行利益도 배상하여야 한다는 것이다. 그러나 이에 대하여는 수급인의 하자담보책임을 무과실책임으로 보는 이상 손해배상은 信賴利益에 한하는 것이 타당하며, 수급인에게 귀책사유가 있는 때에만 履行利益의 배상을 인정하는 것이 타당하다는 견해가 있다.[4]

3. 擔保責任의 發生時期

수급인의 하자담보책임이 생기는 시기는 목적물의 인도를 요하지 않는 도급에 있어서는 完成時, 목적물의 인도를 요하는 도급에 있어서는 引渡時라 할 것이다.

[金 龍 潭]

---

3) 金曾漢·安二濬, 470; 李太載, 303; 金疇洙, (上) 375; 金顯泰, 241.
4) 郭潤直, 418.

第667條(受給人의 擔保責任)

① 完成된 目的物 또는 完成前의 成就된 部分에 瑕疵가 있는 때에는 都給人은 受給人에 對하여 相當한 期間을 定하여 그 瑕疵의 補修를 請求할 수 있다. 그러나 瑕疵가 重要하지 아니한 境遇에 그 補修에 過多한 費用을 要할 때에는 그러하지 아니하다.

② 都給人은 瑕疵의 補修에 갈음하여 또는 補修와 함께 損害賠償을 請求할 수 있다.

③ 前項의 境遇에는 第536條의 規定을 準用한다.

I. 瑕疵補修請求權

1. 瑕疵補修請求權의 행사

(1) 의 의

도급인은 수급인에 대하여「完成된 目的物 또는 完成前의 成就된 部分에 瑕疵가 있는 때에는」「相當한 期間을 정하여」그 하자의 보수를 청구할 수 있다. 그러나 瑕疵가 重要하지 아니한 경우에 그 補修에 過多한 費用을 요할 때에는 하자 보수를 청구할 수는 없고 손해배상을 청구할 수 있을 뿐이다.

㈎ 과다한 비용을 요하는 것이냐의 여부는 보수에 필요한 비용과 보수에 의하여 생기는 이익과를 비교하여 판단하여야 할 것이다.

㈏ 하자는 수급인의 過失에 의하여 생긴 것일 필요는 없고,[1] 또한 숨은 하자일 필요도 없다.

(2) 相當한 期間

㈎ 도급인이 補修를 청구하려면「相當한 期間」을 정하여서 하여야 한다. 그 기간이 경과할 때까지는 補修에 갈음하는 손해배상을 청구하지 못한다. 本條는 도급인에게 瑕疵補修請求權과 補修에 갈음하는 손해배상청구권의 두 가지의 권리를 인정하고 있으나, 어느 한쪽만을 선택적으로 행사할 수 있는 것으로 정하고 있고, 어느 한쪽을 선택한 이상 그것에 구속된다고 하여야 할

1) 그러나 損害賠償 範圍의 결정에 있어서, 당사자의 과실의 有無를 고려할 수 있다는 점에 관하여는 大判 80.11.11, 80다923, 924(公 1980, 13366).

것이기 때문이다.[2)]

㈏ 수급인이 그 기간 내에 보수를 하지 않는 경우에는 어떤 효과가 생기는가? 독일민법은 이 점에 관하여 특별한 규정을 두어 기간의 경과 후에는 瑕疵補修를 더 이상 청구할 수 없는 것으로 하고 있으나(獨民 § 634 I 後文), 우리 민법의 해석으로서는 도급인이 瑕疵補修請求權을 포기하지 않는 한, 기간이 경과한 후에도 여전히 補修를 청구할 수 있다는 것이 通說이다.

수급인이 상당한 기간 내에 補修를 하지 않은 경우에 契約을 解除할 수 있느냐? 民法이 § 668를 두어 완성된 목적물의 하자로 인하여 계약의 목적을 달성할 수 없는 경우에 한하여 계약을 해제할 수 있는 것으로, 解除權을 제한하고 있는 점을 고려하면, 기간 내에 補修를 하지 않는다는 사정만으로 막바로 解除權이 생기는 것은 아니고, 民 § 668의 요건을 구비한 때에 비로소 解除할 수 있는 것이라고 새겨야 할 것이다.[3)]

2. 補修의 完了와 報酬支給時期

(1) 第536條의 준용

㈎ 상당한 기간을 정하여 補修를 청구하고 있는 경우, 補修를 완료할 때까지는 수급인의 채무가 완전히 이행된 것은 아니기 때문에 도급인은 民 § 536의 同時履行의 抗辯權을 주장하여, 그 補修를 완료할 때까지 報酬의 지급을 거절할 수 있다.[4)]

㈏ 일의 未完成과 報酬의 支給拒絶 일의 미완성은 담보책임의 문제가 아니고 채무불이행의 문제이므로, 民 § 536가 適用된다. 따라서 일이 아직 완성되지 않은 경우에는 도급인은 報酬의 지급을 거절할 수 있다.

(2) 瑕疵를 이유로 하는 目的物의 受領拒絶과 報酬의 支給拒絶

목적물의 인도를 요하는 都給의 경우 都給人에게 목적물의 受領義務가 있다는 점에 대하여는 前述하였다(民 § 664의 注解 Ⅲ. 2 참조). 문제는 목적물에 하자가 있는 경우이다. 하자가 있는 이상 채무는 완전히 이행된 것이 아니므로 報酬의 지급을 거절할 수 있다고 할 수도 있을 것이다. 그러나 목적물에 瑕疵가 있는 경우는 목적물의 未完成의 경우와는 달라서 일의 목적물의 주요한 부분이 완성

---

2) 郭潤直, 419.

3) 同旨 郭潤直, 420. 그러나 獨民 § 634 Ⅰ은 기간의 경과만으로 계약을 解除(Wandelung)할 수 있다고 규정한다.

4) 大判 65. 11. 16, 65다1711(카 1610).

된 때에는 부수적인 부분에 경미한 하자가 있어도 受領을 거절할 수 없다고 하여야 할 것이다. 또한 목적물에 하자가 있다는 이유만으로 瑕疵補修請求도 또는 이에 갈음하는 損害賠償請求도 하지 아니한 채 報酬의 지급을 거절할 수 없다.[5)]

따라서 목적물에 하자가 있는 경우라도 都給人은 瑕疵補修請求를 하는지 損害賠償請求를 하는지를 명백히 하여야 한다. 도급인이 위 권리 중 어느 것을 골라 청구하지 않으면, 수급인은 무엇을 하여야 할지를 정할 수 없으므로, 부당하게 불이익을 입을 가능성이 생기기 때문이다.

(3) 輕微한 瑕疵의 경우

목적물의 하자가 중요하지 아니하고 또한 그 보수에 과다한 비용을 요하는 경우에는 수급인은 하자보수의무를 면하게 되고 도급인은 손해배상청구만을 할 수 있다. 따라서 都給人은 輕微한 瑕疵를 이유로 全部의 報酬支給을 거절할 수 없다(民 §665의 注解 Ⅲ 참조).

3. 都給人의 默示의 承認

都給人이 목적물의 引渡를 받은 후에도 수급인의 瑕疵擔保責任이 존속함은 물론이다. 그러나 도급인이 목적물에 하자 있음을 알고 있으면서, 아무런 留保도 없이 引渡받은 경우에도 瑕疵擔保責任은 존속하는가? 獨民 §640 Ⅱ은 위와 같은 경우에 관하여 明文으로 하자담보책임을 부정하고, 瑞債 §370 Ⅰ도 같은 취지이다. 우리 민법의 해석으로서도 위와 같은 경우에는 원칙적으로 擔保請求權抛棄의 意思가 표시되었다고 보는 것이 타당할 것이다.[6)]

4. 讓渡된 경우의 擔保責任

도급인이 목적물을 제3자에게 양도한 후에도 담보책임은 존속한다. 도급인이 수급인의 담보책임을 물을 수 있는 권리는 도급인으로서의 계약상의 지위에서 주어진 것이라고 보아야 하기 때문이다. 따라서 수급인은 목적물을 도급인에게 인도한 후에도 하수급인에 대하여 담보책임을 물을 수 있다.

---

5) 郭潤直, 419; 大判 65. 4. 6, 64다1802(카 1793).
6) 郭潤直, 419.

Ⅱ. 損害賠償請求權

都給人은 ① 瑕疵의 補修에 갈음한 損害賠償을 請求하거나, 또는 ② 補修와 함께 損害賠償을 請求할 수 있다.

1. 瑕疵補修에 갈음하는 損害賠償請求權

(1) 이 손해배상청구권은 無過失責任이다. 배상액이 履行利益이냐 信賴利益이냐에 대하여는 前論 Ⅱ. 2. 참조.

(2) 하자보수에 갈음하는 손해배상을 청구하는 것과 補修를 청구하는 것은 선택적으로 어느 하나를 행사할 수 있다.

(3) 補修에 갈음한 손해배상청구권은 補修請求權과 倂存하여 처음부터 도급인에게 존재하는 권리이다. 이 손해배상의 청구에는 補修와 달리 유예기간을 줄 필요가 없고 막바로 청구할 수 있다.

(4) 이 손해배상청구권은 補修가 불가능하거나 또는 하자가 중요하지 않고 그 補修에 과다한 비용을 요하는 경우에 한하는 것이 아니고, 瑕疵의 補修가 가능한 경우에도 補修를 청구하지 아니하고 바로 補修에 갈음한 손해배상을 청구함이 가능하다. 그러나 信義則에 따라 補修가 용이하고 補修에 의하여 손해가 전혀 남지 않는 경우에는 먼저 補修請求를 하여야 할 것이다.

(5) 이 손해배상청구권의 손해액산정의 시기는 補修請求時 또는 손해배상청구시를 기준으로 하며 過失相計의 규정이 적용될 수 있다.[7)]

(6) **都給人의 減額請求**

거래의 실제를 보면 도급인이 목적물의 引渡를 받은 후 목적물에 瑕疵가 있음을 발견하고서도, 수급인에게 補修請求 또는 손해배상을 청구함이 없이, 報酬의 減額만을 청구하는 경우가 흔히 있다. 위와 같은 경우 도급인의 減額請求는 허용되는가?

獨民 § 634 Ⅰ은 瑕疵補修를 청구하였음에도 불구하고 補修期間 내에 補修가 이행되지 않은 때에는 "그 期間經過 後 都給人은 契約의 解除(Wandelung) 또는 減額請求(Minderung)를 할 수 있다"고 규정한다. 우리 나라에서 이 문제를 정면으로 다룬 학설은 없는 것 같으며, 明文의 규정이 없는 우리 민법의

7) 大判 80. 11. 11, 80다923, 924(公 1980, 13366).

해석론으로서는 다소 어려움이 있을는지 모른다. 그러나 독일민법의 규정과 같이 해석하더라도 실제상 불합리한 경우는 없으며, 오히려 대부분의 경우 그러한 처리방법이 당사자의 의사에도 합치하고 또한 간명한 처리방법이기도 하다. 따라서 補修에 갈음하는 손해배상청구의 한 내용으로서 도급인에 의한 減額請求가 가능하다고 본다.

2. 瑕疵補修請求와 함께 하는 損害賠償請求

(1) 이 손해배상청구는 補修를 하여도 남게 되는 손해에 대한 배상청구이다. 즉 일의 완성이 지연되거나 補修에 의하여도 완전한 것이 되지 않음에 따라 생기는 손해에 대한 배상청구이다.

(2) 補修와 「함께」라는 것은 補修와 「병행하여」라는 의미이다.

3. 第536條의 準用

補修에 갈음하여 또는 補修와 함께 하는 손해배상청구권은 목적물의 하자에 기하여 경제적 가치의 감소에 대한 손해배상의 청구이며, 계약채무불이행에 기한 손해배상의 청구와 같이 본래의 채무와 동일성을 갖는 것은 아니다. 그러나 형평의 원칙으로부터 §536를 준용하여 동시이행의 관계에 서게 한 것이다.

[金 龍 潭]

第668條(同前──都給人의 解除權)

都給人이 完成된 目的物의 瑕疵로 因하여 契約의 目的을 達成할 수 없는 때에는 契約을 解除할 수 있다. 그러나 建物 其他 土地의 工作物에 對하여는 그러하지 아니하다.

I. 解除權의 行使

완성된 目的物의 瑕疵로 인하여 「契約의 目的을 달성할 수 없는 때」에는 도급인은 契約을 解除할 수 있다.

(1) 완성된 목적물의 하자로 인하여 계약의 목적을 달성할 수 없을 정도의 중대한 하자가 있는 때에는, 도급인은 前條에 규정된 瑕疵의 補修나 또는 그에 갈음하는 損害賠償의 청구를 하는 외에 本條의 규정에 의하여 契約을 解除할 수도 있다.

(2) 하자가 중대하지 않고 輕微한 경우에는, 비록 수급인이 補修義務를 게을리하고 있더라도 계약을 해제할 수는 없고,[1] 도급인은 瑕疵補修請求權 또는 補修에 갈음하는 損害賠償請求權을 행사할 수 있을 뿐이다.

獨民 § 633 Ⅲ은 수급인이 하자보수를 게을리하고 있는 경우에는 도급인이 하자를 補修하고 그 비용의 상환을 청구할 수 있다고 규정하고, 또한 § 634 Ⅲ은 경미한 하자의 경우에는 도급인은 계약을 해제할 수 없다고 규정하고 있다. 우리 민법에 明文의 규정은 없지만, 도급인과 수급인 사이에 利害의 公平을 도모하기 위하여 마찬가지로 해석하여야 할 것이다.[2]

(3) 계약을 해제하는 경우에 催告를 요하는가? 明文상의 규정은 없다. 그러나 補修가 불가능한 때에는 최고 없이 곧 해제할 수 있으나, 補修가 가능한 경우에는 해제에 관한 § 544를 유추 적용하여 상당한 기간을 정하여 최고한 후에 해제할 수 있다고 새기는 것이 타당할 것이다.[3]

(4) 本條에 의하여 계약을 해제한 경우에 도급인은 損害의 賠償을 청구할 수 있느냐? 明文의 규정은 없지만, § 551가 정하는 해제의 효과에 관한 원칙에 따라 손해의 배상도 청구할 수 있다고 해석하여야 할 것이다.[4]

(5) 해제의 결과 생긴 양 당사자의 원상회복의무는 동시이행의 관계에 있고, 또 해제의 효과로서 제 3 자의 권리를 害하지 못하는 것에 대하여는 §§ 549, 548 Ⅰ 단서의 규정이 유추적용된다.

Ⅱ. 解除權行使의 排除

완성된 목적물이 「建物 기타 土地의 工作物」인 경우에는 아무리 하자가 중대하다고 하더라도 계약을 해제할 수 없다(本條 但書).

1) 大判 73. 7. 24, 73다576(민판집 188, 558).
2) 同旨 日 新版注釋民法(16), 151.
3) 郭潤直, 420.
4) 同旨 郭潤直, 420.

(1) 완성된 목적물이「建物 기타 土地의 工作物」인 경우에도 해제를 인정한다면, 수급인에게 과대한 손실을 줄 뿐만 아니라 이미 세워진 건물 등을 부숴서 원상회복한다는 것은 사회경제적으로도 손실이 크기 때문이다. 따라서 補修가 전혀 불가능한 경우라도 도급인은 손해의 배상만을 청구할 수 있을 뿐이며, 이 규정이 強行規定이라고 해석하는 데에는 異論이 없다.

(2) 위와 같은 경우는 건물 기타 토지의 공작물이 완성된 경우이고, 공작물이 완성되기 前에는 채무불이행의 일반원칙에 따라 해제할 수 있다. 그러나 공사의 진행정도와 채무불이행의 모습과를 고려하여 원상회복이 중대한 사회적 손실을 초래하는 경우에는 本條 但書의 취지에 따라 해제의 효과를 제한하여야 할 것이다. 大判 86. 9. 9, 85다카1751은 이와 관련하여 "건축도급계약에 있어서 미완성부분이 있는 경우라도 공사가 상당한 정도로 진척되어 그 원상회복이 중대한 사회적·경제적 손실을 초래하게 되고 완성된 부분이 도급인에게 이익이 되는 경우에, 수급인의 채무불이행을 이유로 도급인이 그 도급계약을 해제한 때는 그 미완성부분에 대하여서만 도급계약이 실효된다고 보아야 할 것이고, 따라서 이 경우 수급인은 해제한 때의 상태 그대로 그 건물을 도급인에게 인도하고 도급인은 그 건물의 완성도 등을 참작하여 인도받은 건물에 상당한 보수를 지급하여야 할 의무가 있다"고 판시한다.[5)]

[金 龍 潭]

5) 集 34-3 民 12; 公 1986, 1377.

第669條(同前——瑕疵가 都給人의 提供한 材料 또는 指示에 基因한 境遇의 免責)

前2條의 規定은 目的物의 瑕疵가 都給人이 提供한 材料의 性質 또는 都給人의 指示에 基因한 때에는 適用하지 아니한다. 그러나 受給人이 그 材料 또는 指示의 不適當함을 알고 都給人에게 告知하지 아니한 때에는 그러하지 아니하다.

Ⅰ. 擔保責任의 排除와 輕減

本條는 §672와 함께 수급인의 담보책임을 배제 또는 경감하는 규정이다. 목적물의 하자가 도급인이 제공한 재료의 성질 또는 도급인의 지시에 기인한 때에는, 수급인은 담보책임을 지지 않는다. 하자의 원인이 주문자의 행위에 기인한 경우에는, 原因主義에 따라 수급인의 담보책임을 면하게 하는 것이 공평에 적합하기 때문이다.

이 규정은 하자가 생긴 경우에 그 하자가 도급인 또는 그 위임을 받아 설계, 감리를 한 설계자의 책임인가 또는 수급인의 책임인가를 판정할 때의 규정이다. 원수급인과 하수급인과의 사이는 원칙적으로 도급인과 수급인의 관계라고 생각되기 때문에 원수급인과 하수급인 사이의 책임소재를 판정할 때에도 적용된다.

도급인과 원수급인, 원수급인과 하수급인 사이에 하자담보책임을 둘러싼 법률적 쟁송이 많아질수록 이 규정이 쓰여질 소지가 많게 될 것이다. 즉 도급인이 정부기관인 경우에는 도급인이 官給材로서 재료를 공급하는 경우가 많은데, 공급된 재료로 하자가 생긴 경우에는 수급인은 담보책임을 지지 않는다. 또한 설계자의 설계라든지 시공과정상의 指導에 의하여 하자가 생긴 경우에도 수급인은 담보책임을 지지 않는다.

Ⅱ. 本條 但書

그러나 수급인이 재료 또는 지시의 부적당함을 알고서도 도급인에게 고지하지 아니한 경우에는, 성실의무를 게을리한 것이기 때문에, 담보책임을 면하지 못한다.

우리 나라의 건설공사의 대부분, 특히 大工事의 경우에는 도급인은 설계사무소에 설계를 의뢰하고 설계자에 의하여 설계·감리 즉 指示를 행하는 것이 통례이므로, 본조 본문에 의하여 수급인의 하자담보책임은 배제되어야 한다는 주장이 있을 수 있다. 그러나 건설공사의 全過程이 監理 즉 指示에 의하여 행하여지는 것은 아니므로 본조 본문을 적용하여 수급인이 하자담보책임을 전혀 지지 않게 된다고는 할 수 없을 것이다.

[金 龍 潭]

第 670 條(擔保責任의 存續期間)

① 前 3 條의 規定에 依한 瑕疵의 補修, 損害賠償의 請求 및 契約의 解除는 目的物의 引渡를 받은 날로부터 1年內에 하여야 한다.

② 目的物의 引渡를 要하지 아니하는 境遇에는 前項의 期間은 일의 終了한 날로부터 起算한다.

I. 擔保責任의 存續期間——原則的으로 1년

수급인의 담보책임의 존속기간은 원칙적으로 1년이다. 따라서 瑕疵補修請求, 補修에 갈음하는 損害賠償請求와 契約의 解除는 1년 내에 하여야 한다. 담보책임의 존속기간은 목적물의 인도를 받은 때에는「引渡를 받은 날로부터」, 인도를 요하지 않는 경우에는「일의 終了한 날로부터」起算한다. 수급인의 담보책임의 존속기간을 원칙적으로 1년으로 한 것은, 長期의 期間을 경과하면 하자의 판정이 곤란하게 되기 때문이다.

위 기간은 매도인의 담보책임의 존속기간과 마찬가지로 除斥期間이라고 해석된다.[1]

1) 大判 90. 3. 9, 88다카31866은 "본조의 하자담보책임에 관한 제척기간은 재판상 또는 재판외의 권리행사기간이며 재판상 청구를 위한 출소기간은 아니다"라고 한다(公 1990, 859).

Ⅱ. 特約에 의한 短縮

本條의 담보책임의 존속기간은 당사자의 특약으로 이를 단축할 수 있다.[2)]

Ⅲ. 擔保責任의 存續期間에 있어서의 擔保物

수급인이 그 채무의 이행을 담보하기 위하여 제공한 擔保物은, 담보책임의 존속중에는 반환을 청구할 수 없다. 그러나 수급인이 그 이행을 완료한 경우에는 도급인은 장래 발견될지도 모르는 하자를 이유로 하여, 본조 및 § 671에 규정에 따른 담보책임의 존속기간중이라는 사정만으로 그 담보물을 유치할 수 없다고 할 것이다. 즉 현실적으로 완전한 이행이 행하여져 수급인에게 담보책임이 없는 한, 도급인은 담보책임의 존속기간중이라도 담보물을 반환할 의무가 있다.

[金 龍 潭]

2) 大判 67. 6. 27, 66다1346(카 3805).

第 671 條(受給人의 擔保責任──土地, 建物等에 對한 特則)

① 土地, 建物 其他 工作物의 受給人은 目的物 또는 地盤工事의 瑕疵에 對하여 引渡後 5年間 擔保의 責任이 있다. 그러나 目的物이 石造, 石灰造, 煉瓦造, 金屬 其他 이와 類似한 材料로 造成된 것인 때에는 그 期間을 10年으로 한다.

② 前項의 瑕疵로 因하여 目的物이 滅失 또는 毁損된 때에는 都給人은 그 滅失 또는 毁損된 날로부터 1年內에 第667條의 權利를 行使하여야 한다.

Ⅰ. 土地의 工作物의 擔保責任의 존속기간

보통의 토지의 공작물의 하자의 경우에는 인도가 있은 후 5년이고, 石造, 石灰造, 煉瓦造, 金屬 기타 이와 유사한 材料로 造成된 것인 때에는 10년이다.

地盤工事에 관하여는 어느 경우에나 인도가 있은 후 5년이다.

Ⅱ. 第2項의 意義

工作物이 Ⅰ에서 규정하는 기간 안에 멸실 또는 훼손된 때에는, 그 때로부터 1년 내에, §667의 補修 또는 損害賠償의 청구를 하여야 한다. 위와 같이 기간을 단축한 것은 공작물이 멸실 또는 훼손한 때에는 하자가 명백하기 때문이다.

[金 龍 潭]

第 672 條(擔保責任免除의 特約)

受給人은 第667條, 第668條의 擔保責任이 없음을 約定한 境遇에도 알고 告知하지 아니한 事實에 對하여는 그 責任을 免하지 못한다.

I. 特約의 有效性

담보책임에 대한 규정은 § 668 단서를 제외하고는 임의규정이기 때문에, 담보책임을 부담하지 않기로 하는 특약 또는 책임경감의 특약도 유효하다.

II. 告知義務

1. 그러나 위와 같은 특약을 하였더라도 수급인이 알고 고지하지 아니한 사실에 대하여는 그 책임을 면하지 못한다. 매도인의 담보책임면제의 특약을 규정한 民 § 584와 같은 취지이다. 따라서 수급인의 고지의무위반이 신의성실의 원칙에 반할 정도에 이른 경우에는 도급인은 수급인의 담보책임 배제 또는 경감의 특약을 解除할 수 있다고 할 것이다.

2. 獨民 § 637는 위와 같은 특약의 경우에 수급인이 고의로 하자를 고지하지 않은 경우(wenn der Unternehmer den Mangel arglistig verschweigt), 特約 그 자체를 무효로 규정한다. 그러나 本條는 "告知하지 아니한 事實에 대하여는 그 責任을 免하지 못한다"고 규정하고 있을 뿐인바, 수개의 하자가 있는 경우 그 중 고지한 사실에 대하여는 책임을 면하지만, 고지하지 아니한 사실에 대하여는 책임을 면하지 못하는 것으로 된다.

[金 龍 潭]

第673條(完成前의 都給人의 解除權)

受給人이 일을 完成하기 前에는 都給人은 損害를 賠償하고 契約을 解除할 수 있다.

차 례

Ⅰ. 總 說
1. 立法趣旨
2. 「解除」의 性格
Ⅱ. 要 件
1. 解除를 하는 이유는 묻지 않는다
2. 解除權을 행사할 수 있는 時期
3. 解除權行使의 방법
4. 製作物供給契約에 대한 本條의 적용 여부
Ⅲ. 效 果
1. 문제점과 그 個別的 解決
2. 都給人의 損害賠償義務
3. 受給人은 일의 결과를 引渡할 義務가 있는가
Ⅳ. 本條에 의한 解除와 다른 사유에 의한 解除와의 관계
1. 序
2. 民法 第544條에 의한 解除와의 관계
3. 第546條에 의한 解除와의 관계
4. 당사자간의 特約에 의한 解除權留保와의 관계

Ⅰ. 總 說

1. 立法趣旨

本條는 그 다음의 §674, 즉 도급인이 파산한 경우의 수급인 또는 파산관재인의 해제에 관한 규정과 함께 도급계약의 특수한 종료원인의 하나로서 민법이 규정한 것이다. 그리고 본조에 의할 경우 "受給人이 일을 完成하기 前에는 都給人은 損害를 賠償하고 契約을 解除할 수 있다."

일반적인 원칙에서 본다면 도급계약도 당사자 쌍방의 의사의 합치에 의하여 성립하는 것이기 때문에, 당사자 일방만의 의사에 의하여 그 존재를 없애 버릴 수는 없다고 하여야 할 것이다. 그러나 도급계약에 있어서는 도급인의 수요에 응하여 또한 도급인의 이익을 위하여, 일의 완성을 목적으로 하는 계약을 수급인과 체결한다고 하는 데 도급계약의 특질이 있으므로, 계약성립 후 사정변경에 의하여 도급인이 이미 일의 완성을 필요로 하지 않게 되었음에도 불구하고 수급인에게 일을 계속시키는 것은, 도급인쪽에 무의미한 것이 될 뿐만 아니라 사회적으로도 불경제적인 것이 되고, 반면 수급인쪽으로 보아서는

일을 할 것으로 기대하였거나 일에 착수함으로써 입은 손해가 배상되면 그 밖에 다른 불이익을 입을 것은 없기 때문에, 本條는 도급인이 손해를 배상하는 것을 조건으로 도급계약을 해제할 수 있다고 한 것이다.

본조에 대응하는 외국의 입법례로는 日民 § 641, 佛民 § 1794, 獨民 § 649, 瑞債 § 377를 들 수 있다.

2. 「解除」의 性格

本條에서 「解除」라는 표현을 사용하고 있는데, 그 성격에 대하여는 논의의 여지가 있다. 도급의 성격을 일의 완성이라는 결과를 발생시키는 것을 목적으로 함과 함께 일의 결과에 대하여 報酬를 지급하는 것을 내용으로 하는 계약으로 볼 뿐, 시간적으로 분할될 수 있는 계속적 법률관계를 발생시키는 계약은 아니라고 보면, 본조의 「解除」를 일반의 解除와 다를 바가 없는 것으로 이해하게 될 것이다. 그러나 이에 대하여 도급을 고용·위임·임치 등과 같이 채무자가 계속적으로 노무를 제공하여야 하는 계약으로 보면, 이미 제공된 노무에 대해서 소급적으로 소멸시킨다는 일은 있을 수 없고, 또한 도급인이 제공한 재료에 이미 작업을 진행하고 있는 경우 解除의 效果로서 수급인이 原狀回復義務(民 § 548 I)를 진다는 것은 부당하게 된다.[1)]

Ⅱ. 要 件

1. 解除를 하는 이유는 묻지 않는다

본조에 의한 해제는 도급인의 필요나 편의에 따라, 그의 일방적인 의사에 기하여 할 수 있는 것이며, 해제를 하는 이유는 묻지 않는다.

2. 解除權을 행사할 수 있는 時期

도급인이 해제권을 행사할 수 있는 시기는 「契約의 成立後 일의 完成前」이면 언제라도 좋다. 수급인이 일에 착수한 前後를 묻지 않으며, 일에 착수한

1) 李銀榮, 397은 "원래 舊民法은 解止라는 용어를 모르며 '解除'라는 표현 속에 '遡及效 있는 解除와' 遡及效 없는 解除(우리 民法의 解止)를 포함하는데, 우리 民法의 制定 당시 舊民法의 '解除' 중에서 소급효 없는 해제는 모두 '解止'라는 표현으로 바꾸면서 제673조의 '解除'만은 '解止'로 바꾸지 않았다"고 한다.

후라도 아직 일의 完成前이면 언제라도 해제권을 행사할 수 있다. 그러나 일의 未完成이 본조의 해제권행사의 요건이기 때문에, 일을 완성한 후에는 해제권의 행사가 허용되지 않는다.

도급계약의 내용에 따라서는 수급인이 일을 완성한 후 그 목적물을 도급인에게 인도할 필요가 있는 경우가 있는데, 일을 완성하였으나 아직 引渡하지 않고 있는 동안에 해제할 수 있느냐? 목적물의 인도는 도급계약의 목적으로부터 보면 종된 의무이고, 그에 요하는 비용도 근소한 것이 보통이며, 비록 목적물을 인도하지 않았더라도 해제를 인정할 실익이 없기 때문에 否定하여야 할 것이다.

또한 급부가 可分이고 당사자가 그 급부에 대하여 이익을 가지는 경우에는 완성된 부분에 대하여는 해제권의 행사가 허용되지 않는다고 하여야 할 것이다. 건설도급계약에 있어 既成部分에 대하여는 해제의 효과가 미치지 않는다는 점에 관한 前述의 판례(民解 §668의 注 Ⅱ. (2))는 여기에서도 타당할 것이다.

3. 解除權行使의 방법

해제권을 행사함에 있어서는 단순한 의사표시로써 족하다고 하는 데 대하여 현재 異論이 없다. 法文상 「損害를 賠償하고 契約을 解除할 수 있다」고 되어 있으나, 도급인이 해제하기 위하여 손해배상의 제공을 하여야 하는 것은 아니다. 본조의 경우 손해액의 산정은 간단한 문제가 아니며 오히려 불명확한 경우가 많으므로, 그럼에도 불구하고 제공을 요한다고 한다면 사실상 도급인의 해제가 곤란하여지기 때문이다.

4. 製作物供給契約에 대한 本條의 적용 여부

製作物供給契約의 성질을 어떻게 이해하는가에 따라 결론이 달라질 수 있을 것이나, 混合契約說에 의하더라도 본조의 적용을 否定하고, §565를 적용한다는 점에 대하여는 總說 Ⅱ. 4. (4) 참조.

Ⅲ. 效 果

1. 문제점과 그 個別的 解決

본조에 규정된 해제의 성격을 어떻게 이해할 것이냐에 대하여는 문제가 있음은 앞서 본 바와 같다. 종래의 통설이 주장하는 바와 같이, 본조의 해제가 民 §543 이하에 규정된 일반의 해제와 같은 성격을 가지는 것이고 해제의 효과로서 이른바 직접효과설을 취하게 되면, 도급인이 본조의 해제권을 행사함으로써, 이미 유효하게 성립한 도급계약의 효력은 소급적으로 소멸하고, 처음부터 그 계약은 성립하지 않았던 것처럼 법적 취급을 하게 된다. 따라서 계약의 양 당사자는 모두 원상회복의무를 부담하게 된다. 그러므로 수급인이 미리 보수를 받은 것이 있으면 이를 도급인에게 반환하여야 하고, 도급인으로부터 재료의 제공을 받았으나 아직 사용하지 않고 있다면 이를 반환하여야 하는 것은 물론이다.

(1) 그러나 적어도 건설도급계약에 있어서는 본조의 해제의 경우, 미이행부분에 대하여서만 해제를 인정하고, 기이행부분에 대하여는 소급적 해제를 인정하지 않는다는 것이 최근의 판례의 태도라고 하는 것은 前述한 바와 같다.

(2) 또한 판례와 종래의 통설에 의하더라도, 수급인의 급부의 내용이 可分인 경우에는 도급인은 완성하지 않은 부분에 대하여 해제권을 행사할 수 있지만, 그와 같은 경우에는 이미 완성된 可分의 部分에 대하여는 해제권행사의 효과가 미치지 않고 未完成의 部分에 대하여만 해제의 효과가 소급한다고 해석하여야 할 것이라는 점이다.

2. 都給人의 損害賠償義務

(1) 序 說

본조의 규정에 의한 도급인의 계약해제권행사의 효과로서 특유한 것은, 도급인이 수급인에 대하여 손해배상을 하도록 한 점이다. 法文에는 「損害를 賠償하고」라 하였으나, 해제의 의사표시를 함에 있어서 손해배상을 제공하여야 한다는 것은 아니다. 본조의 규정에 의한 해제권을 행사하면, 그 결과로서 도급인은 손해배상의무를 지게 된다라는 의미로 이해하면 충분할 것이다. 다만 손해배상의 성질과 그 범위에 대하여는 문제가 있다.

(2) 損害賠償의 性質

본조의 규정에 의한 손해배상의 성질에 대하여 명확히 논하고 있는 학설은 아직 보이지 않고 있다. 법률의 규정에 따라 인정되는 특별한 것으로 이해할 수밖에 없을 것이다.[2]

2) 다만 李銀榮, 397 만이 "債務不履行을 이유로 하는 解除에 있어서 解除와 함께 청구하

(3) 損害賠償의 範圍

損害賠償의 範圍에 대하여 본조는 물론 달리 그 범위를 정한 규정이 없으므로 문제가 된다. 그러나 현재 우리 나라의 학설로서는 수급인이 이미 지출한 비용과 일을 완성하였더라면 얻었을 이익을 합한 것으로 보아야 한다는 데 異論이 없는 것 같다.

3. 受給人은 일의 결과를 引渡할 義務가 있는가

受給人이 이미 일에 착수하여 완성을 향하여 일을 진행하던 중 都給人이 본조의 규정에 의한 해제의 의사표시를 한 경우에 그 때까지 성취된 부분을 도급인에게 인도할 의무가 있느냐? 일반적으로 일이 아직 완성되지 않은 경우에는 미완성인 채로 인도할 의무가 있다고는 할 수 없다. 그러나 도급인이 해제시 충분한 損害賠償을 하고 특히 그 손해배상에 기성부분에 대한 報酬가 포함되어 있으면, 수급인은 일의 결과의 인도를 거부할 수 없는 것으로 해석하여야 할 것이다.

Ⅳ. 本條에 의한 解除와 다른 사유에 의한 解除와의 관계

1. 序

본조에 의한 解除는 일의 未完成의 경우에 도급인이 임의로 행하는 해제로서 도급계약의 특질에 기하여 도급인의 이익을 고려하여 인정하는 특수한 것이므로 일반적 사유에 의한 解除, 예를 들면 民 §544 이하의 규정에 의한 解除와는 별개의 것이라고 보지 않으면 안 된다. 그러나 두 종류의 해제 모두가 계약관계를 폐기시키는 의미를 갖는 解除라면, 양자의 관계를 일응 이해해 둘 필요가 있다.

는 損害賠償은 債務不履行으로 인하여 생긴 損害賠償請求權이다. 解除 자체로부터는 原狀回復請求權 및 不當利得返還請求權은 생길지언정 損害賠償請求權은 결코 생기지 않는다. 그런데 제673조는 損害를 賠償하고 契約을 解除할 수 있다고 함으로써 도급인에게 任意解除時 損害賠償義務가 생김을 규정한다. 도급인의 解除權은 아무런 해제사유를 요하지 않고 임의로 행사가능한 것이므로, 이 때의 損害賠償은 수급인의 채무불이행에 기초한 것이 아님은 분명하다. 또한 民法은 損害賠償請求權의 발생에 관하여 過失責任主義를 취하고 있는데, 본조의 손해배상에 있어서만은 도급인의 過失을 要件으로 하지 않는다. 이 때 도급인이 부담하는 채무는 損失補償의 성격을 갖는다. 그러므로 立法論으로서는 '損害를 補償하고'로 바꾸는 것이 바람직하다"고 한다.

양자의 해제는 일방이 타방을 배척하는 관계에 있는 것은 아니다. 본조에 의한 解除는 수급인에게 債務不履行이 있을 것을 필요로 하지 않음은 앞서 본 바와 같지만, 수급인에게 채무불이행이 있는 경우에 본조에 의한 해제를 하는 것이 배척되고, 民 § 544 이하의 규정에 의하여만 해제를 할 수 있는 것이 아니다. 이러한 경우에 있어서도 본조에 의한 해제를 하는 데 필요한 요건이 충족되는 한, 본조에 의한 해제가 허용된다고 할 것이다.

2. 民法 第544條에 의한 解除와의 관계

도급인이 수급인에 대하여 채무불이행이 있다고 주장하여 民 § 544에 의한 계약해제를 하였으나, 수급인에게 채무불이행의 사실이 없어 그 해제가 무효인 경우에, 도급인은 본조에 의한 해제로서 그 해제의 의사표시의 유효를 주장한 것으로 인정할 수 있느냐 하는 것이 문제된다.

이 경우 당연히 본조에 의한 해제가 있는 것이라고 인정하여 이를 긍정하여도 좋을 것처럼 보이기도 한다. 그러나 § 544에 의한 해제를 하였다고 한다면 都給人은 損害賠償請求를 할 수 있는 해제를 한 셈이 되는바, 본조에 의한 해제의 경우에는, 오히려 도급인이 손해배상을 하지 않으면 안 되므로, § 544에 의한 해제의 의사표시가 당연히 본조의 解除의 意思表示를 한 것으로 보는 것은 都給人의 의사에 반할 뿐 아니라, 의사표시의 해석의 원칙에도 반한다고 할 것이다. 受給人의 입장으로서는 채무불이행의 사실이 없으므로 § 544에 의한 해제는 무효라고 믿고 일을 계속하였는데, 그 해제가 본조에 의한 해제로서 유효라고 한다면 불측의 손해를 입는 경우가 없다고 할 수 없다. 본조에 의한 해제의 제도는 어디까지나 도급인의 이익을 고려하여 인정하는 특수한 것이므로, 都給人은 해제를 함에 있어서 수급인이 불이익을 입지 않도록 자기의 이익을 위하여 해제를 한다는 뜻을 명백히하지 않으면 안 된다.

3. 第546條에 의한 解除와의 관계

受給人의 歸責事由에 의한 履行不能이 있다는 이유로 도급인이 民 § 546에 의한 해제를 하였으나, 그와 같은 履行不能의 사실이 없고 따라서 그 해제가 무효인 경우에는 본조에 의한 해제로서도 유효가 될 수 없음은 앞에서 본 바와 같다고 할 것이다. 다만 履行期 이전에 있어서 履行期까지에 일을 완성하는 것이 불가능하다는 사실이 분명해진 때에는 본조에 의한 해제를 할 수 있음은 말할 것도 없고, 그와 함께 도급인이 수급인에 대하여 履行不能을 이유로 하여 期限渡來 전이라도 계약을 해제할 수 있다 할 것이다.

4. 당사자간의 特約에 의한 解除權留保와의 관계

당사자간의 특약으로, 각 당사자가 언제라도 都給契約을 해제할 수 있는 권리를 유보하는 경우가 있다. 이러한 경우 당사자가 유보한 解除權에 기하여 당해 都給契約을 해제한 때에는 본조의 적용이 배제되는가가 문제될 수 있다. 그러한 경우 도급인이 유보한 해제권에 기하여 해제권을 행사한 경우에는 당연히 수급인에 대하여 損害賠償義務를 부담하지는 않게 될 것이다. 물론 당사자간에 그러한 경우에 대비하여 損害賠償義務를 특약함은 자유이지만, 특약에 기하여 도급인이 손해배상을 하고 解除權을 행사하여도, 그 損害賠償이 본조에 의한 손해배상이 아닌 것은 당연하다.

[金 龍 潭]

第674條(都給人의 破産과 解除權)

① 都給人이 破産宣告를 받은 때에는 受給人 또는 破産管財人은 契約을 解除할 수 있다. 이 境遇에는 受給人은 일의 完成된 部分에 對한 報酬 및 報酬에 包含되지 아니한 費用에 對하여 破産財團의 配當에 加入할 수 있다.

② 前項의 境遇에는 各 當事者는 相對方에 對하여 契約解除로 因한 損害의 賠償을 請求하지 못한다.

차 례

Ⅰ. 總 說
Ⅱ. 都給人이 破産宣告를 받은 경우
Ⅲ. 受給人이 破産宣告를 받은 경우
Ⅳ. 會社整理節次의 開始와 都給契約
1. 總 說
2. 會社整理節次의 개시를 이유로 하는 解除 또는 履行의 請求

I. 總　　說

本條는 都給契約의 특수한 종료원인으로서, 도급인이 破產宣告를 받은 경우에 수급인 또는 파산관재인의 해제권을 규정한 것이다. 그리고 都給人이 破產宣告를 받은 때에는 아직 일의 완성에 이르지는 못하였을지라도 수급인으로 하여금 그 때까지 완성된 부분에 대한 보수와 보수에 포함되지 않은 비용에 대하여 破產財團의 배당에 가입할 수 있게 함으로써, 受給人을 보호하려는 것이다. 즉 本條는 도급계약에 기한 채무가 아직 미이행의 상태에 있는 동안, 도급인이 파산선고를 받은 경우에 도급계약상의 미해결의 권리관계에 관한 처리방법에 관하여 규정한 것이다.

1. 都給人이 破產宣告를 받았다고 하여 도급계약을 당연히 종료시켜야 할 적극적인 이유는 없다. 따라서 위와 같은 규정이 없다면, 일의 진행중 도급인이 파산선고를 받았다고 하더라도 수급인은 일을 계속하여 완성시켜야 할 것이다. 그러나 도급인이 破產宣告를 받아 그 재산상태가 크게 변동하였음에도 불구하고 수급인에게 일의 完成義務를 지워 일을 계속시키고 일의 완성에 이르지 못한 이상 보수를 청구할 수 없다고 하는 것은 수급인에게 크게 불리하다. 그래서 本條는 수급인 또는 파산관재인에게 계약해제권을 부여한 것이고, § 637(賃借人의 破產과 解止通告), § 663(使用者破產과 解止通告) 등과 그 취지를 같이하는 규정이다.

2. 都給人이 破產宣告를 받은 경우 아직 일을 완성하지 못한 이상 수급인은 어떠한 보수도 청구할 수 없다고 한다면, 도급계약에 기하여 어느 정도 일을 진행시킨 수급인에게는 가혹한 것이 된다. 이에 本條는 受給人에게 契約解除權을 부여함과 함께 「일의 완성된 부분에 대한 보수 및 보수에 포함되지 아니한 비용에 대하여 파산재단의 배당에 가입」할 수 있게 함으로써 수급인 보호를 도모한 것이다.

Ⅱ. 都給人이 破產宣告를 받은 경우

도급인이 파산선고를 받은 때에는 수급인 또는 파산관재인은 계약을 해제할 수 있다(本條前文 I). 일반적으로 쌍무계약의 일방당사자가 파산선고를 받은 경우에 관하여는 破 § 50의 규정이 있으나, 도급인이 파산선고를 받은 경우에 관한 本條의 규정은 위 破 § 50의 特則이라고 이해된다.

(1) 本條에 의한 해제가 인정되려면 도급인이 破 § 116 또는 § 117의 규정에 의하여 破產宣告를 받을 것을 요한다. 소위 파산의 상태 또는 단순한 사실상의 파산상태에 빠진 것만으로는 부족하다.

(2) 도급인이 파산선고를 받으면 수급인 또는 破產管財人에게 解除權이 발생한다. 이 해제권을 행사하면 도급계약은 종료한다.

(3) 본조에 의한 해제가 행하여진 경우에는 본조 I 에 의하여 수급인은 그 때까지 행한 일의 비율에 따라 報酬 및 보수 중에 포함되지 않은 費用에 대하여 破產財團의 配當에 가입할 수 있다. 본조 I 은 수급인의 보호를 위하여 설정된 특칙이지만, I 에 따라 파산재단의 배당에 가입할 수 있는 債權額의 範圍에 관하여 문제가 없는 것은 아니다. 수급인이 파산재단의 배당에 가입할 수 있는 채권액은 이미 행한 일의 부분이 일의 전체에서 차지하는 비율에 비례한 報酬額임을 원칙으로 하지만, 이러한 보수 외의 費用에 대하여는 문제가 있다. 報酬額을 정함에 있어서 그 안에 재료의 대가 등의 비용을 포함시킨 경우에는 報酬로서 파산재단의 배당에 가입할 수 있음은 물론이고, 예컨대 일을 계속하기 위한 설비나 재료를 운반한 비용과 같이 이미 수급인에 의하여 지출된 특별한 비용으로서 보수액을 정함에 있어서 그 중에 포함되지 않은 것은 보수에 가산시켜 파산재단의 배당에 가입할 수 있다고 해석된다.[1)]

(4) 도급계약해제의 결과 각 당사자는 손해를 입을 가능성이 있으나, 본조 I 에 의하여 수급인이 도급인에 대하여 I 後文에서 정한 報酬와 費用을 청구할 수 있는 것 외에는 "각 당사자는 상대방에 대하여 계약해제로 인한 손해배상을 청구하지 못한다"(본조 Ⅱ). 本條 Ⅱ의 규정의 취지는 賃貸人 破產의 경우의 § 637 Ⅱ, 使用者 破產의 경우의 § 663 Ⅱ과 같은 것이라 할 것이다.

(5) 본조에서는 「解除」라는 용어가 사용되고 있으나, 그 의미는 장래에

1) 金滉植, 註釋 債權各則(Ⅱ), 412.

향하여 도급의 효력을 소멸시키는 의미라고 해석하여야 할 것이다. 따라서 수급인은 이미 행한 일에 대하여 報酬請求權을 갖는 것이 당연하고, 또한 이미 행한 일의 목적물은 파산재단에 기속하는 것으로 되기 때문에 도급인에게 인도하여야 한다.[2)]

Ⅲ. 受給人이 破産宣告를 받은 경우

受給人이 破産宣告를 받은 경우에 관하여는 민법상 특별한 규정이 없다. 그러므로 수급인이 파산선고를 받은 경우에는 破産法상의 원칙에 따를 수밖에 없으나, 破 §50의 적용의 유무에 관하여 해석론상 다툼이 있을 수 있다.[3)] 다만 파산법상의 원칙에 따를 경우에는 다음과 같이 될 것이다.

(1) 수급인이 파산선고를 받은 경우로서 일이 未完成인 때에는 破 §50 I의 규정에 의하여 당연히 管財人이 계약의 해제 또는 이행청구를 선택할 수 있는 것처럼 보인다. 그러나 이 경우에도 수급인이 일을 실행하는 것 즉 노무에 종사하는 그 자체는 破産財團의 管理 또는 處分에 속하지 아니하므로 이 점에 관한 破産者의 자유는 방해받지 않고, 따라서 도급계약은 여전히 존속할 수 있다. 즉 수급인이 파산한 경우에도 도급계약의 내용이 수급인의 노무만에 의하여 가능한 일의 완성이라면 破産財團과는 무관계하고 따라서 그 報酬는 이른바 新得財産(破 §6)이 된다.

(2) 수급인이 일을 破産宣告前에 완성하였다 하더라도 아직 도급인으로부터 報酬를 받지 않았다면 그 報酬請求權은 물론 破産財團에 속한다. 또한 破産宣告 당시 일이 未完成이었더라도 파산선고 後 완성되면 그 일에 대한 報酬請求權이 破産財團에 속함도 물론이다. 따라서 파산선고 당시 일이 미완성이었더라도 이를 완성시키는 것이 재단을 증가시켜 이익이 되고 또한 파산자로서도 이익이 될 수 있으므로 수급인이 파산선고를 받았다고 하더라도 반드시 계약을 해제하지 않아도 좋다고 할 것이다. 그리하여 파산법은 특별한 규정을 두어 파산재단이 필요한 재료를 제공하여 파산자로 하여금 일을 완성케 하거나 제3자를 시켜 일을 완성케 할 수 있도록 하였다(破 §55). 이 규정은 물론

2) 金滉植, 註釋 債權各則(Ⅱ), 413.
3) 특히 일본에서 이 문제가 활발하게 논의되어 왔는바, 학설로서는 破産法 第50條(日本破産法 第59條) 不適用說, 2分說, 破産法 第50條適用說의 대립이 있다.

破 §50 Ⅰ에 의한 破産管財人이 이행을 선택한 경우에 있어서의 파산자의 채무이행방법을 정한 것은 아니고, 이와 별도로 파산자가 그 노무만에 의하여 할 수 있는 일에 대하여 파산재단이 필요한 재료를 제공하여 도급관계가 파산재단에 속하도록 한 것이다. 따라서 이 경우 報酬請求權도 破産宣告前에 체결된 도급계약에 기한 것이므로 파산재단에 귀속하게 된다(破 §55 Ⅱ). 그러나 上記의 報酬 일체를 파산재단에 귀속시킬 필요는 없으므로, 파산선고 후에 파산자에게 일을 시킨 경우에는 그 노무에 대하여는 제3자에게 일을 시킨 경우와 같이 별도로 파산재단이 報酬를 지급케 함이 타당하다.

Ⅳ. 會社整理節次의 開始와 都給契約

1. 總　說

都給人 또는 受給人이 株式會社인 경우에 그 주식회사가 재정적 궁핍으로 파탄에 직면하였으나 갱생의 가망이 있다면, 회사정리절차가 개시되어 그 사업의 유지 갱생이 도모된다(會社整理法 §§1, 30). 그런데 本條는 도급인이 파산선고를 받은 경우 도급계약의 해제에 관한 규정이고, 따라서 직접적으로는 회사정리절차와 아무런 관계가 없으며 또한 파산절차와 회사정리절차를 대비하여 보더라도, 前者는 清算 즉 기업의 해체라는 결과를 가져오는 것인 데 대하여, 後者는 企業의 更生 즉 회사의 존속과 재조직을 의도하는 것으로서 그 목적에 있어 현저히 대조적인 것이다. 그러나 파산과 회사정리의 양자는 모두, 다수의 이해관계인의 권리를 조정한다는 면에서 공통의 것이 있고, 정치하게 발달한 파산절차의 개념과 절차는 회사정리절차를 규율함에 있어 많은 참고가 되며 회사정리절차의 부차적인 효과는 파산의 방지라는 면이 있는 것을 부정할 수 없다.

그러므로 편의상, 주식회사인 도급인 또는 수급인에 대하여 회사정리절차가 개시된 경우의 도급계약의 운명에 대하여 설명한다.

2. 會社整理節次의 개시를 이유로 하는 解除 또는 履行의 請求

(1) 주식회사인 도급인 또는 수급인에 대하여 회사정리절차가 개시된 경우의 도급계약의 운명에 대하여, 회사정리법상 도급계약만을 따로 떼어 규율하는 특별한 규정은 없다. 따라서 雙務契約에 관한 규정인 會社整理法 §103

에 따라 처리하게 된다.

(2) 회사정리절차가 개시된 대상이 도급인이냐 수급인이냐에 상관없이, 「정리회사와 그 상대방이 모두 회사정리절차개시 당시에 아직 그 이행을 완료하지 아니한 때에는 관리인은 계약을 해제하거나 회사의 채무를 이행하고 상대방의 채무이행을 청구할 수 있다」(會社整理法 § 103 Ⅰ).

(3) 會社整理法 § 103 Ⅰ에 의한 도급계약의 처리는, 당사자 쌍방 모두가 아직 계약상의 채무를 이행하지 않은 경우에 한한다. 당사자의 일방이 완전히 이행을 종료한 경우에는 별 문제가 없다. 즉 도급인인 주식회사에 대하여 정리절차가 개시된 당시 수급인이 일을 완성하고 있었다면 수급인의 보수청구권은 정리채권으로 처리되며, 미리 보수가 지급된 때에는 관리인은 수급인에 대하여 계약상의 채무이행으로서 일의 완성을 구할 수 있다. 수급인인 주식회사에 대하여 정리절차가 개시된 경우 그 개시 당시 도급인이 보수전액을 지급한 때에는 관리인은 계약상의 의무의 이행으로서 일을 계속하여야 한다.

(4) 會社整理法 § 103 Ⅰ에 의한 雙方未履行 都給契約관계 처리로서의 契約解除 또는 履行請求는 관리인이 이를 결정하여야 할 것이며, 그 시기에 관한 별도의 제한은 없다. 상대방에게는 契約解除權 또는 履行請求權 그 어느 것도 주어지지 않으며, 다만 그 지위의 불안정을 제거하기 위하여 催告權만이 주어질 뿐이다. 즉 상대방은, 「관리인에 대하여 계약의 해제나 그 이행의 여부를 확답할 것을 최고할 수 있」으며, 「관리인이 그 최고를 받은 후 30일 내에 확답을 하지 아니하는 때에는」 관리인이 위 解除權을 拋棄한 것으로 본다(會社整理法 § 103 Ⅱ).[4)]

법원은 관리인 또는 상대방의 신청에 의하여 또는 직권으로 위 확답기간을 伸張하거나 短縮할 수 있다(會社整理法 § 103 Ⅲ).

[金 龍 潭]

4) 破産의 경우, 破産管財人이 기간 내에 확답을 하지 아니한 때에는 계약을 해제한 것으로 보는 것(破 § 50 Ⅱ 후단)과 거꾸로 임을 주의하여야 한다.

第10節 懸賞廣告

前 論

차 례

Ⅰ. 意 義
 1. 民法의 規定
 2. 特別法의 規定
Ⅱ. 法的 性質
 1. 概 觀
 2. 契約說
 3. 單獨行爲說
 4. 結 論
Ⅲ. 比較法
 1. 獨 逸
 2. 日 本
 3. 기 타

Ⅰ. 意 義

1. 民法의 規定

일정한 행위를 한 자에게 報酬를 지급하겠다는 意思를 廣告에 의하여 表示하는 행위를 懸賞廣告라 한다. 예를 들어 분실한 카메라를 찾아주는 이에게 10만원을 주겠다고 廣告하거나, 마라톤에서 신기록을 세운 자에게 일정한 賞金을 주겠다고 하는 따위이다. 懸賞廣告 중에는 지정한 행위를 한 자 가운데에서 특히 優秀한 자에게만 報酬를 지급하겠다고 하는 것도 있는데 이를 優秀懸賞廣告라고 한다. 예를 들어 文藝作品을 모집하면서 當選者에게만 賞金을 주겠다고 하는 따위이다.

이와 같은 懸賞廣告는 과거부터 사람이나 물건을 찾거나, 犯罪者를 逮捕하는데, 또는 학술논문과 문학작품의 募集이나 發明 등의 촉진과 같은 여러 방면에 걸쳐서 많이 이용되어 왔으나 이를 둘러싸고 일어난 법률적 분쟁은 별로 많지 않았던 것 같다. 현재까지 이에 관한 이렇다 할 判例를 찾아볼 수 없다는 것이 이를 대변해 준다. 특히 오늘날에는 신문·방송 등의 대중매체를 廣告手段으로 하여 懸賞廣告를 商品의 선전 또는 판매 등에 이용하는 懸賞販賣廣告[1]

1) 懸賞販賣廣告란 廣告者(事業者)가 공급하는 商品 및 用役에 관하여 去來行爲를 하는 것을 指定行爲로 하여 指定行爲者(消費者) 중에서 우연의 요소(抽籤 등)에 의해 特定된

가 많은데, 이에 관해서는 "獨占規制 및 公正去來에 관한 法律"(1990. 1. 13, 法 4198호)에서 특별한 규제를 하고 있다(後述 2) 참조).

依用民法은 懸賞廣告에 관하여 契約成立의 款에서 4개의 조문을 두고 있었는데(依民 §§ 529-532), 現行民法은 典型契約인 都給과 委任에 관한 규정 사이에 5개의 조문을 두고 있다(民 §§ 675-679). 依用民法의 懸賞廣告에 관한 규정이 그 내용상 獨逸民法 제1草案을 많이 참조한 것으로 평가되는 데 반하여,[2] 現行民法은 依用民法과는 달리 廣告 있음을 알지 못하고 指定行爲를 完了한 자에 관한 규정을 신설한 점과 위와 같은 규정위치 등에 비추어 현행 獨逸民法의 태도에 가깝다고 할 수 있다.

2. 特別法의 規定

民法 이외에 懸賞廣告를 규율하는 特別法에는 "獨占規制 및 公正去來에 관한 法律"과 "射倖行爲 등 規制法"(1991. 3. 8, 法 4339호)[3]이 있다. 民法上 懸賞廣告의 규정목적이 廣告者의 應募者에 대한 義務를 중심으로 한 權利義務關係를 규율하는 것에 있는 데 반하여, 懸賞廣告와 관련된 獨占規制法의 규정목적은 事業者의 顧客에 대한 부당한 去來誘引을 방지하여 公正한 去來를 유지함으로써 결과적으로 消費者 등을 보호하기 위해 景品附販賣廣告 및 懸賞販賣廣告를 제한하는 데에 있다. 한편 "射倖行爲 등 規制法"은 懸賞業[4] 등의 射倖行爲關聯營業의 團束을 목적으로 한다.

獨占 § 23 I 은 6가지의 不公正去來行爲를 금지하고 있다. 특히 懸賞廣告에 관련되는 것은 iii의 "不當하게 競爭者의 顧客을 자기와 去來하도록 誘引하거나 强制하는 行爲"이다. 부당한 顧客誘引에 해당하는 구체적인 유형 및 기준에 관해서는 "경품류 제공에 관한 불공정거래행위의 유형 및 기준 지정고

자에 대하여 報酬를 지급하기로 하는 廣告를 말한다. 懸賞販賣廣告 역시 懸賞廣告의 일종이라고 할 것이다(郭潤直, 439). 廣告者와 去來를 행한 者 모두에게 物品 기타 經濟上 利益을 제공한다는 廣告는 단순한 景品附販賣廣告로서 懸賞販賣廣告와는 구별된다. 그것은 통상 契約의 請約 혹은 請約의 誘引으로 볼 것이다. 그러나 日本의 下級審判例 중에는 이 때에도 廣告內容의 撤回 내지 變更에 관하여 懸賞廣告에 관한 규정이 類推適用될 수 있다고 한 것이 있다: 熊本地判 昭 35(1960). 9. 15(下級民集 11-9, 1904).

2) 植林弘, 注釋民法(13), § 529, 175.

3) 同法은 종전의 "福票發行, 懸賞其他射倖行爲團束法"(1961. 11. 1, 法 762호)을 全文改正한 것이다.

4) "射倖行爲 등 規制法"에서 懸賞業이라 함은, 특정한 設問에 대하여 그 解答의 제시 또는 的中을 조건으로 應募者로부터 金品을 모아 그 設問에 대한 正答者나 的中者의 전원 또는 일부에 대하여 財産上의 이익을 주고 다른 參加者에게 損失을 주는 행위를 하는 營業을 말한다(동법 § 2 참조).

시"(1990. 11. 2, 公正去來委員會 告示 제90-11호)(이하에서는 略하여 指定告示라 한다)에서 규정하고 있다. 同告示는 事業者가 去來에 부수하여 혹은 去來에 부수하지 않고 廣告 등의 방법에 의하여 去來相對方 또는 一般 消費者에게 제공하는 景品類[5]의 金額限度와 提供回數 및 期間 등을 제한하고 있다.

公正去來委員會는 이러한 제한에 위반되는 不公正去來行爲에 대한 是正命令(獨占 § 24)이나 是正勸告(獨占 § 51)를 할 수 있으며, 事業者를 告發하여 刑事處罰을 받게 할 수 있다(獨占 §§ 67, 71). 또한 事業者는 不公正去來行爲로 인해 損害를 입은 被害者에게 無過失의 損害賠償責任을 진다.

한편 事業者가 懸賞에 의하여 景品類를 제공하고자 하는 경우에 그 懸賞內容이 射倖心을 유발할 우려가 있는 시설 또는 방법에 의하여 영리를 도모하고자 하는 행위인 때에는 "射倖行爲 등 規制法"의 적용을 받으며(指定告示 § 18), 同法은 이러한 행위에 대한 許可 및 監督과 罰則에 관하여 규정하고 있다.

Ⅱ. 法的 性質[6]

1. 概 觀

(1) 依用民法下의 學說

依用民法 시대에는 懸賞廣告의 法的 性質에 관하여 당시 日本의 다수설인 契約說이 주장되었다.[7]

(2) 立法者의 意思

現行民法을 制定함에 있어서 立法者는 契約說에 기초하고 있음이 명백하다. 즉 民法案審議錄(上)의 § 675(草案 § 667)에 대한 審議經過에 따르면, "草案이 現行法(依用民法을 가리킴)에서 契約, 總則에서 규정하였던 懸賞廣告를 他의 有名契約과 같이 獨逸·滿民의 立法例에 따라 各則에 一節을 設하여 규정한 것은 타당하다"고 하고 있다.[8] § 677(草案 § 669)에 대한 審議經過에서도, "契約, 總則에 규

5) 景品類란 事業者가 去來相對方 등에게 제공하는 物品·金錢 기타 經濟上 利益을 말한다(指定告示 §§ 2, 4 참조).

6) 이하에서는 懸賞廣告 一般의 法的 性質에 대해서 논한다. 특히 優秀懸賞廣告의 法的 性質에 대해서는 § 678의 注解部分에서 후술한다.

7) 金基善, 債權法, 92(1956); 朱宰璜, 債權各論講義, 60(1950). 다만 陳承錄, 債權法各論, 277(1954)은 契約說을 취하면서도, 廣告를 알지 못하고 指定行爲를 完了한 경우에도 交叉請約으로 인해 계약이 성립한다고 한다.

8) 民議院 法制司法委員會 民法案審議小委員會, 民法案審議錄(上), 393.

정한 現行法下에서는 兩說로 나누어 있으며 單獨行爲說에 의하면 承諾의 意思 없이 行爲를 完了한 경우도 이에 해당한다는 결론에 도달하나 多數說인 契約說에 의하면 主觀的 合致, 즉 承諾의 意思를 가지고 行爲를 完了하여야 된다는 결론에 도달한다. 現行法(依用民法을 가리킴)下에 있어서도 現行法 제529조 이하의 규정은 단지 特殊의 要請方法(請約方法)에 의한 契約으로 懸賞廣告를 해석함이 타당하였던바, 草案은 이를 契約各則에 규정함으로써 契約의 일종임을 밝힌 관계로 더욱 主觀的 一致, 즉 承諾의 意思를 가지고 行爲를 完了하여야 한다는 결론에 도달한다. 따라서 要請(廣告) 있음을 알지 못하고 行爲를 한 경우에는 本條와 같은 特別規定이 필요하게 된 것이다"고 하고 있다.[9] § 678(草案 § 670)에 대한 審議經過에서도 "應募期間은 承諾期間에 해당하므로…"라고 하고 있다.[10] 또한 民事法硏究會의 民法案意見書에도 "草案이 懸賞廣告를 독립적으로 규정하여 典型契約의 일종으로 한 점에 찬성한다"는 玄勝鍾 教授의 의견이 실려 있다.[11]

(3) 現行法下의 學說

이러한 立法者의 명백한 意思에도 불구하고, 現行民法 施行 직후부터 지금까지 懸賞廣告의 法的 性質에 대하여는 契約說과 單獨行爲說이 여전히 대립하고 있다.[12] 현재로서는 契約說이 다수설이다.

2. 契約說

契約說은 廣告者의 廣告를 불특정 다수인에 대한 請約으로, 그에 대한 應募 내지 指定行爲의 完了를 위 請約에 대한 承諾으로 설명한다. 다만 指定行爲의 完了를 廣告者에게 通知하는 것이 요구되지 않는 점에서 意思實現에 의한 契約成立과 유사하다.[13] 廣告 있음을 알지 못하고 指定行爲를 完了한 者와

9) 前註, 394, 395.
10) 前註, 395.
11) 民事法硏究會, 民法案意見書, 187.
12) 民法施行 前後의 학설로서 契約說의 입장은 金容晋, 新民法解義(債權法各論), 204(1958); 崔栻, 新債權法各論, 187(1961); 玄勝鍾, 民法(債權法) 269(1973); 金曾漢·安二濬, 新債權各論(下), 489(1965)(다만 이전의 金曾漢·安二濬, 新民法(Ⅱ), 334(1959)은 이론적으로는 單獨行爲說이 타당하지만 民法의 규정태도와 依用民法시대 이래의 종래의 통설에 따라 契約說에 의해 설명한다고 하고 있다) 등이 있다. 單獨行爲說의 입장은 金顯泰, 新民法債權各論講義, 164(1958)(그러나 후에 金顯泰, 債權法各論, 249(1982)에서는 견해를 변경하여 契約說의 입장을 취한다)이 있다. 현행학설로서 契約說의 입장은 金曾漢, 債各, 316(1989); 金顯泰, 債權法各論, 249(1982); 李銀榮, 債各, 413(1989); 李太載, 債各, 311(1985) 등이 있다. 單獨行爲說의 입장은 郭潤直, 債各, 434(1990); 金疇洙, 債各, 390(1992); 註釋債權則(Ⅱ), 420 등이 있다.
13) 朱宰璜, 61; 李太載, 311.

의 사이에는 契約이 성립하지 않으므로 報酬請求權이 인정되지 않음이 원칙이다. 다만 民法은 §677의 특별규정을 두어 그러한 자에 대해서도 報酬請求權을 인정하고 있는데, 이 경우를 通常의 懸賞廣告와 구별하여 '準懸賞廣告'라고 한다. 이 때 準懸賞廣告의 法的 性質은 單獨行爲라고 한다.[14] 그리고 優秀懸賞廣告에 있어서는 應募가 있으면 判定을 條件으로 하여 契約이 성립한다고 한다.

契約說의 주된 논거는 다음과 같다. 첫째, 民法은 懸賞廣告를 都給契約과 委任契約 사이에 규정하고 있어 典型契約의 하나와 같이 취급하고 있다. 둘째, 懸賞廣告를 定義하고 있는 民 §675가 "懸賞廣告는 … 이에 應한 者가 그 廣告에 定한 行爲를 完了함으로써 그 效力이 생긴다"고 규정하여 應募의 點을 명시하고 있다. 셋째, 民法은 廣告 있음을 알지 못하고 指定行爲를 完了한 자에게 報酬請求權을 인정하는 소위 '準懸賞廣告'에 관하여 獨逸民法과는 달리 별도의 條文(民 §677)을 두면서, 通常의 懸賞廣告의 效力에 관한 規定(民 §676)을 "準用한다"고 하고 있는데, 이는 '單獨行爲'인 準懸賞廣告와 '契約'인 通常의 懸賞廣告를 구별하려는 취지로 볼 수 있다. 넷째, 法律에 특별한 규정이 없는 한 單獨行爲에 의해서는 他人에게 債權·債務가 발생하지 않는다는 것[15] 등이다.

懸賞廣告를 契約說의 입장에서 파악하는 경우, 그것을 어떤 종류의 契約으로 볼 것인가에 대해 논란이 있다. 相對方의 指定行爲 完了로 懸賞廣告契約이 성립하면 廣告者는 報酬支給債務를 負擔하는 데 반하여 相對方은 아무런 債務를 負擔하지 않는 점에서 片務契約이며, 指定行爲가 完了되어야만 契約이 성립하므로 要物契約이라고 하는 점에는 異說이 없다. 그러나 懸賞廣告가 有償契約인지에 대해서는 논란이 있다. 통설[16]이 이를 有償契約이라고 보는 데 반하여, 指定行爲의 完了를 停止條件으로 하는 贈與와 유사한 것으로서 無償契約으로 보는 견해[17]가 있다. 양설의 차이점은 擔保責任을 비롯한 賣買에 관한 규정이 懸賞廣告에 準用되는가에 있다. 報酬가 指定行爲의 完了에 대한 對價로서 인정되는 경우에는 有償契約이라 할 것이지만, 그러한 對價性이 인

14) 金曾漢, 316.

15) 獨逸民法은 이에 관해 명문의 규정(同法 §305)을 두고 있다. 우리 民法은 이러한 규정을 두고 있지 않지만, 해석론으로 동일한 理論이 주장되고 있다(郭潤直, 7; 金基善, 韓國債權法各論, 22(1988)).

16) 郭潤直, 495; 金顯泰, 債權法各論, 250(1982); 金曾漢, 316; 註釋債各(Ⅱ), 423; 金基善, 268.

17) 李太載, 312.

정되지 않는 경우에는 無償契約이라 할 것이다. 또한 懸賞廣告가 불특정다수인에 대한 廣告의 方式에 의하여 請約되어야 한다는 점을 이유로 이를 要式契約이라고 보는 견해[18]가 있으나, 廣告의 方式은 자유이므로 要式契約이라고 할 것이 아니다.[19]

3. 單獨行爲說

單獨行爲說은 指定行爲를 完了한 者에게 報酬를 支給한다는 불특정다수인에 대한 一方的 意思表示가 懸賞廣告라고 한다. 單獨行爲說에 의하는 경우에도 현실로 報酬請求權이 성립하기 위해서는 指定行爲의 完了를 필요로 한다. 이 때 指定行爲의 完了를 어떻게 설명하느냐와 관련하여 두 가지 견해가 존재한다. 즉 懸賞廣告는 廣告의 意思表示만으로 성립하고 廣告者는 그에 의하여 指定行爲의 完了를 停止條件으로 하여 報酬支給債務를 부담한다는 견해(停止條件說)[20]와, 廣告의 意思表示와 指定行爲의 完了라는 2개의 法律的 事實의 結合에 의하여 비로소 報酬支給債務가 성립한다는 견해[21](結合說)가 있다.

單獨行爲說은 契約說이 드는 논거를 다음과 같이 비판한다.

첫째, 民法의 懸賞廣告에 관한 규정의 위치가 契約說의 근거가 된다는 점에 대하여는 그러한 法典上의 위치는 懸賞廣告가 하나의 契約으로서 규정되어 있다는 보충적인 근거는 되어도 결정적인 근거는 되지 못하며, 懸賞廣告를 규정하고 있는 民法 債權編 第2章 '契約', 특히 第2節 이하는 널리 주요한 債權의 發生原因을 정하는 것이고, 꼭 契約에 관하여만 규정한 것은 아니라고 한다.

둘째, 民 §675의 문언이 契約說의 근거가 된다는 점에 대하여는 同條가 廣告에 "應한 者"에게 懸賞廣告의 效力을 인정한 점에서 확실히 懸賞廣告를 하나의 契約으로서 규정하는 것같이 보이지만, 同條만을 가지고 懸賞廣告의 性質을 결정하려는 것은 옳지 않고, 廣告가 있음을 알지 못하고 指定行爲를 한 者에게도 報酬請求權을 인정하는 民 §677나 懸賞廣告의 撤回를 인정하는 民 §679 등의 다른 民法規定들을 종합적으로 고찰해 보면 單獨行爲說에 의해

18) 金基善, 268; 李太載, 312.
19) 同旨 郭潤直, 435; 註釋債各(Ⅱ), 423.
20) 郭潤直, 433; 金疇洙, 390; 我妻榮, 債權各論(上), 73.
21) 註釋債各(Ⅱ), 421(그러나 이 견해는 일반적인 懸賞廣告에 대해서는 單獨行爲說을 취하면서도, 廣告 있음을 알지 못하면 指定行爲를 完了할 수 없는 경우와 優秀懸賞廣告에 대해서는 契約說의 입장을 취한다); 西澤修, 懸賞廣告, 契約法大系 Ⅵ, 6; 植林弘(註2), 183.

서만 일관된 설명이 가능하다고 한다.

셋째, 廣告의 內容이 전혀 동일함에도 廣告 있음을 알았는가 몰랐는가의 우연한 사정 때문에 그 法的 性質을 契約과 單獨行爲로 달리하는 것은 불합리하다고 한다.

넷째, 債權·債務關係가 발생하기 위해서는 法律에 특별규정이 없는 한 契約이 요구된다는 점에 대해서는, 이에 관한 명문의 규정(獨民 §305)을 두고 있는 獨逸에서도 懸賞廣告의 法的 性質을 單獨行爲로 파악하고 있는 사실에 비추어 볼 때 이는 모든 法律關係를 契約理論으로 설명하려는 傳統 契約理論에 拘碍된 것이라고 한다.[22]

4. 結 論

(1) 論議의 實益

원래 懸賞廣告의 法的 性質에 관한 契約說과 單獨行爲說의 다툼의 실익은, 懸賞廣告를 알지 못하고 指定行爲를 完了한 者에게 報酬請求權을 인정할 것인지, 廣告 있기 前에 이미 指定行爲를 完了한 者에게도 報酬請求權을 인정할 것인지, 指定行爲를 完了한 者가 無能力者인 경우에도 有效하게 報酬請求權을 취득하는지 등에 있었다. 원칙적으로 이들 경우에 대해 契約說은 報酬請求權의 成立을 부인함에 반하여, 單獨行爲說은 이를 인정한다.

그러나 現行民法은 §677를 두고 있기 때문에 契約說을 취하건 單獨行爲說을 취하건 실제 결과에 있어서 큰 차이가 없다. 즉 契約說을 취하는 경우에도 §677에 의해 廣告 있음을 모르고 指定行爲를 完了한 者에 대해서 報酬請求權이 인정되며, 廣告 以前에 이미 指定行爲를 完了한 者에 대해서도 §677를 類推適用할 수 있으며[23](자세한 論議는 §677에 대한 注解에서 후술한다), 指定行爲를 完了한 者가 無能力者인 경우에도 法定代理人에 의해 取消할 수 있을 뿐 일단 有效한 것이기 때문에 報酬請求權을 취득한다고 할 수 있다[24](실제에 있어서도 無能力者에게 有利한 결과를 가져오는 것이기 때문에 取消可能性은 거의 없다).

22) 獨逸民法의 경우 懸賞廣告에 관한 규정은 §305에 대한 예외규정의 의미를 갖는다: Flume, AT Ⅱ(3. Aufl.), S. 136.

23) 同旨 金顯泰, 債權法各論, 251(1982); 金錫宇, 351.

24) 다만 契約說의 입장에서도 指定行爲 完了者에게 行爲能力이 요구되지 않는다고 하는 견해가 있다. 그 근거로서 指定行爲가 承諾의 의미를 갖는다고는 하지만, 懸賞廣告의 중점은 指定行爲를 사실상 하는 것에 중점이 있다고 할 것이므로 事實上 指定行爲를 完了하면 그것으로 족하다는 것을 들고 있다(金曾漢·安二濬, 新債權各論(下), 493; 金顯泰, 債權法各論, 252(1982)).

(2) **民法의 立場**

이상에서 살펴본 바와 같이 §677를 두고 있는 現行民法下에서는, 이에 해당하는 명문의 규정을 두고 있지 않은 日本民法이나 瑞西債務法에서와는 달리, 懸賞廣告의 法的 性質과 관련된 契約說과 單獨行爲說간에 다툼의 실익이 없다. 다만 現行民法이 취하고 있는 立場을 따져 본다면, 契約說의 立場이라고 할 수 있다. 그것은 民法案審議錄 등에 명백히 나타난 바와 같이 立法者의 意思가 契約說의 입장이었다는 점과, 懸賞廣告를 定義하는 §675에서 懸賞廣告는 廣告에 應한 者가 指定行爲를 完了함으로써 效力이 생긴다고 하여 應募의 點을 명시하고 있으며, 廣告 있음을 모르고 指定行爲를 完了한 者의 報酬請求權에 관해서, 獨逸民法[25]과는 달리 별도의 규정을 두어 通常의 懸賞廣告에 관한 규정을 準用하는 형식을 취한 점 등에 비추어 그러하다.

Ⅱ. 比 較 法

1. 獨　逸

獨逸民法은 懸賞廣告에 관하여 個別的 債權關係인 都給契約과 委任契約 사이에 비교적 상세한 5개의 조문을 두고 있다(同法 §§ 657-661). 懸賞廣告의 法的 性質에 관하여는 獨逸普通法時代부터 契約說(Vertragstheorie)과 單獨行爲說(Pollizitationstheorie)이 대립되었는데 契約說이 우세하였다.[26] Windscheid에 의해 대표되는 契約說은 懸賞廣告를 不特定多數人에 대한 請約으로 보며, 이 請約에 대해 特定人이 (指定行爲를 행함으로써) 承諾을 하여야 비로소 그 사람과 사이에 契約이 성립하며, 이 때 廣告者의 報酬支給債務가 성립한다는 이론이다. 반면에 單獨行爲說은 廣告者의 債務成立原因을 廣告에 의한 一方的 約束의 拘束力에서 찾는다. 즉 廣告者는 廣告에 의한 約束에 기해서 指定行爲를 完了한 者에게 報酬를 지급할 債務를 지며, 그 約束에 대한 承諾은 요구되지 않는다.

獨逸民法을 制定함에 있어서 立法者는 그 중에서 單獨行爲說에 따르고 있

25) 獨逸民法의 경우 懸賞廣告를 정의하는 §657은 "일정한 행위의 수행, 특히 일정한 결과의 도출에 대해 報酬의 지급을 廣告에 의해 約束한 자는 그 指定行爲를 수행한 자에 대해, 설사 廣告를 고려함이 없이 수행한 경우에도, 報酬支給의 義務가 있다"고 규정하고 있다.

26) MünchKomm/Seiler, §657 Rdnr. 3.

으며,[27] 이러한 입장은 獨民 § 657가 懸賞廣告 있음을 알았는지 여부와 관계없이 指定行爲를 행한 者에게 報酬請求權을 인정하고 있는 점에서 명백히 드러난다. 현재의 獨逸의 통설[28]도 單獨行爲說을 취한다.

2. 日 本

日本民法은 契約成立의 款에서 懸賞廣告에 관한 4개의 조문(同法 §§ 529-532)을 두고 있다. 同法이 이를 契約成立의 款에서 규정한 것과 관련하여, 日本民法修正案理由書는 "懸賞廣告는 單獨行爲라 하여도 契約에 유사한 法律關係를 발생시키는 것이기 때문에 여기에 규정하는 것이고, 그 法律的 性質은 學說에 맡기는 취지"라고 하고 있다.[29]

日本民法은 우리 民法이나 獨逸民法과는 달리 懸賞廣告 있음을 알지 못하고 指定行爲를 完了한 者에게 報酬請求權을 인정하는 규정을 두고 있지 않은 관계로 일찍부터 懸賞廣告의 法的 性質에 관하여 契約說[30]과 單獨行爲說[31]이 대립되어 왔다. 종래의 다수설은 契約說이었으나, 현재의 다수설은 單獨行爲說이다. 판례로는 契約說을 전제로 하고 있는 것처럼 보이는 몇몇 下級審判決[32]이 있다.

3. 기 타

瑞西債務法은 懸賞廣告에 관하여 한 개의 조문(同法 § 8)만을 두고 있으며, 그 法的 性質에 관하여는 契約說과 單獨行爲說이 대립되어 있다.[33] 佛蘭西民法의 경우에도 懸賞廣告의 法的性質과 관련하여 契約說과 單獨行爲說이 대립한다.[34]

27) Motiv, Bd. Ⅱ (1899), S. 519; Staudinger/Wittmann, Vorbemerkungen zu §§ 657-661, Rdnr. 3; MünchKomm/Seiler, § 657 Rdnr. 3.

28) Staudinger/Wittmann, Vorbem. zu §§ 657-661, Rdnr. 1; MünchKomm/Seiler, § 657, Rdnr. 4; Palandt, Bürgerliches Gesetzbuch, 50. Aufl., § 657, Rdnr. 1; Esser/Weyers, SchuR Ⅱ, 7. Aufl., S. 330; Larenz, SchuR Ⅱ/1, 13. Aufl., S. 405.

29) 植林弘(註 2), 180.

30) 石田穰, 民法 Ⅴ(契約法), 40(다만 이 견해는 契約說을 취하면서도 廣告 있음을 알지 못하고 指定行爲를 完了한 者의 報酬請求權을 인정한다. 廣告 있음을 알지 못하고 指定行爲를 完了한 것을 承諾의 意思表示로 볼 수는 없지만, 이러한 法律的 行爲에 따른 法律效果로서 契約이 成立하는 것으로 보기 때문이다).

31) 植林弘(註 2), 183; 西澤修(註 21), 5; 我妻榮(註 20), 73.

32) 日東京高判 昭 29(1954). 1. 30(高裁民集 7-1, 36); 日靜岡地判 昭 47(1972). 6. 2(判例時報 671-26, 30).

33) Bern/Becker, Kommentar zum Schweizerischen Zivilgesetzbuch Bd. Ⅵ, § 8 OR. Rdnr. 1; Jäggi, Kommentar zum Schweizerischen Zivilgesetzbuch, 3. Aufl., § 8 OR. Rdnr. 32-7.

34) Litvinoff, Louisiana Civil Law Treatise Vol. 6, Obligations, Book Ⅰ, § 148; Ferid, Das

英美法에서는 懸賞廣告를 請約의 한 유형으로 다루고 있다. 즉 不特定多數人에 대한 請約(offer to the public) 또는 廣告에 의한 請約(promise by advertisement)의 한 형태로서 懸賞廣告를 이해하고 있다.[35] 따라서 이러한 不特定多數人에 대한 請約에 대해 指定行爲를 完了함으로써 契約이 성립하게 된다.[36] 이때 指定行爲를 完了한 者가 廣告 있음을 알지 못한 경우에도 契約이 성립하는지에 대해서는 논란이 있지만 일반적으로 부정한다.[37]

[吳 宗 根]

第 675 條(懸賞廣告의 意義)

懸賞廣告는 廣告者가 어느 行爲를 한 者에게 一定한 報酬를 支給할 意思를 表示하고 이에 應한 者가 그 廣告에 定한 行爲를 完了함으로써 그 效力이 생긴다.

차 례

Ⅰ. 懸賞廣告의 要件
  1. 廣　　告
  2. 指定行爲의 完了
Ⅱ. 懸賞廣告의 效果
  1. 報酬請求權
  2. 損害賠償責任
  3. 擔保責任
  4. 製作物에 관한 權利의 歸屬

Ⅰ. 懸賞廣告의 要件

1. 廣　　告

(1) 廣 告 者

廣告者는 自然人 또는 法人이 될 수 있으며, 行爲能力者이어야 한다. 懸賞廣告 이후에 廣告者에게 발생한 廣告者의 死亡이나 行爲能力의 喪失, 法人의

Französische Zivilrecht Bd. 1, S. 442.

35) Atiyah, the Law of Contract, 4. ed., 67; Calamari/Perillo, the Law of Contracts, 3. ed., 36ff.

36) Atiyah(註 35), 78.

37) Calamari/Perillo(註 35), 74. 긍정하는 견해로는 Atiyah(註 35), 70; Corbin, Corbin on Contracts, Vol. 1(1963), 59.

承繼 등의 사유는 이미 행하여진 廣告의 效力에 영향을 미치지 않는다.[1] 다만 이 경우에 權利承繼人 혹은 法定代理人은 §679에 따라 撤回할 수 있다. 한편 犯罪被害者가 犯人에 관한 懸賞手配를 경찰에 의뢰하는 경우처럼, 廣告者와 報酬의 支給義務者는 서로 다를 수도 있다.

(2) **廣告의 目的**

廣告者가 무슨 目的으로 廣告를 하였는지는 원칙적으로 문제되지 않는다. 廣告者의 개인적인 利益을 위하거나, 혹은 과학·기술의 발전이나 예술의 진흥 등 公共의 利益을 위하거나 상관없다. 심지어 廣告者에게 不利益한 결과를 초래하는 懸賞廣告도 有效하다.[2] 특히 문제되는 것은, 廣告者가 자신의 선전을 신뢰시키거나 혹은 자신의 주장을 뒷받침하기 위해, 실패할 것을 기대하면서도 자신의 주장을 반박하는 자에게 報酬를 支給하겠다고 廣告하는 경우이다. 이에 관한 사례로서 獨逸文獻에서 자주 인용되는 것에 Dasbach 사례가 있다.

예수교 옹호자인 Dasbach가 어느 공식집회에서 "目的이 手段을 거룩하게 한다"는 命題를 가르치는 예수회문서가 있다는 것을 立證하는 자에게 報酬의 支給을 約束하였다. 그러나 Dasbach는 그러한 立證의 실패를 기대하였다. 그 후 어떤 자가 자신이 이를 立證하였다고 주장하면서 約束된 報酬의 支給을 청구하였다.[3]

위의 사례에 대해 獨逸의 학설은 廣告者에게 眞正한 債務負擔의 意思가 있었는지는 별론으로 하고, 일단 有效한 懸賞廣告의 존재를 인정함이 일반적이다.[4] 영국의 判例[5] 역시 유사한 사례에서 報酬請求權을 인정하였다.

(3) **廣告의 方法**

懸賞廣告에 있어서 廣告는 不特定多數人에 대한 意思表示를 의미한다. 不特定多數人에 대한 것이 아니면 懸賞廣告라고 할 수 없다(Ohne Publizitätkeine

1) Staudinger/Wittmann, § 657 Rdnr. 2.
2) 郭潤直, 436.
3) MünchKomm/Seiler, § 657 Rdnr. 17.
4) Staudinger/Wittmann, Vorbem. zu §§ 657-661 Rdnr. 6; MünchKomm/Seiler, § 657 Rdnr. 17; Larenz, SchuR Ⅱ/1, § 55. 반대의 견해는 이 경우에 當事者들 사이에는 내기契約(Wette)이 성립할 뿐이라고 한다(Medicus, SchuR Ⅱ, § 112 Ⅱ 1 b). 내기契約은 拘束力이 없으므로 報酬의 支給을 強制할 수 없다.
5) Carlill v. Carbolic Smoke Ball Co., 1 Q. B. 256(1893). 이 判決의 事案은 다음과 같다: 被告會社는 신문에 廣告를 내어 자신이 제조하는 Smoke Ball이란 藥을 지시에 따라 복용하고서도 감기에 걸린 사람에게는 누구에게나 100파운드를 지급하겠다고 하였다. 또한 被告會社는 자신의 진지성을 보여주기 위해서, 있을 수 있는 청구에 대비하여 은행에 1,000파운드를 예금해 놓았다고 하였다. 原告는 위 Smoke Ball을 지시에 따라 복용하였지만 감기에 걸렸다. 이에 原告는 被告會社에 대해 100파운드의 지급을 요구하였다.

Auslobung). 따라서 特定한 數人의 건축가에게 건축설계를 의뢰하여 그 중 優秀한 하나를 채택하기로 하는 것은 懸賞廣告가 아니다.[6] 그러나 그 對象을 일정한 범위로 制限하는 것은 상관없다. 예컨대 남자 또는 여자에 限한다거나, 特定大學의 재학생 또는 特定新聞의 정기구독자로 제한하더라도 懸賞廣告가 아니라고 할 수 없다. 이와 같이 不特定多數人이 알 수 있는 것이면 되므로 口頭에 의하건, 新聞·雜誌 등에 揭載하건, 라디오나 텔레비전의 방송을 이용하건 아니면 삐라를 붙이건 어떤 方法을 사용하는가는 전혀 자유이다.

廣告의 의사는 廣告者 자신에 의하여 外部에 表示되어야 한다. 따라서 政府機關이 신문기자와의 회견에서 전달한 政府施策에 대한 신문보도는 懸賞廣告의 表示行爲에 해당하지 않는다.[7]

(4) **廣告의 內容**

懸賞廣告는 일정한 指定行爲를 한 者에게 報酬를 支給할 意思를 表示하는 것이다. 指定行爲에는 作爲뿐만 아니라 不作爲도 포함된다.[8] 訃告, 同窓會 모임의 廣告 등 법적 의미가 없는 것이나, 株主總會의 召集廣告와 같은 觀念의 通知, 求人廣告나 商品廣告 등의 請約의 誘引 등은 懸賞廣告가 아니다. 또한 일정한 行爲의 完了가 아니라 事實狀態의 存在에 대해 報酬를 支給하겠다는 廣告, 예를 들어 우량아·미인선발대회의 廣告나 廣告者의 70세 생일에 출생한 모든 아이들에게 돈을 주겠다는 廣告 등도 懸賞廣告라고 할 수 없다.[9]

廣告者가 指定行爲의 完了에 條件이나 期限을 붙이는 것은 가능하다. 특히 優秀懸賞廣告에서는 그 廣告에 應募期間을 定한 때에 限하여 有效하다(民 §678 I). 廣告에 指定行爲의 完了期間을 둔 경우에는 그 期間 滿了前에 廣告를 撤回할 수 없다(民 §679 I). 廣告의 內容이 善良한 風俗 기타 社會秩序에 反하거나 強行法規에 反하는 경우에 懸賞廣告는 無效이다(民 §103). 또한 客觀的으로 眞意의 表示라고 인정될 수 없는 誇大한 廣告 역시 無效이다(民 §107).[10]

6) 다만 獨逸의 判例는 이와 유사한 事例(太陽黑點의 본질에 관한 자신의 이론이 잘못되었음을 立證하는 자에게 報酬를 지급하겠다는 意思를 書面으로 작성하여 몇몇 特定人에게 送付한 경우)에 대해 優秀懸賞廣告에 관한 규정이 類推適用될 수 있다고 한다(BGHZ 17, 366).

7) 日東京地判 昭 25(1950).10.16(下級民集 1-10, 1639); 日東京高判 昭 29(1954).1.30(高裁民集 7-1, 36).

8) Staudinger/Wittmann, § 657 Rn. 7.

9) 郭潤直, 436; 金曾漢, 317; 註釋債各 II, 425.

10) 李太載, 313.

(5) 報酬의 規定

廣告에는 指定行爲를 完了한 者에 대한 報酬가 규정되어 있어야 한다. 報酬의 數額은 廣告 속에 確定되어 있을 필요는 없고, 그 確定基準이 表示되어 있으면 된다. 報酬는 金錢인 경우가 많으나, 그 밖에 社會的·經濟的 利益 예를 들어 계속적인 연구기회의 부여, 해외유학, 免許發給 등의 資格이나 榮譽를 주는 것 등도 報酬가 될 수 있다. 그러나 賞狀이나 博士學位 등은 학술·기예 등을 증명하기 위하여 수여하는 것이므로 통상의 경우 이것을 報酬라고 할 수는 없다.[11]

日本判例에는 美術展을 위해 작품을 公募하는 優秀懸賞廣告에서 입선작품을 전시하는 것[12]과, 論文의 優秀懸賞廣告에서 입선논문을 廣告者가 간행하는 잡지에 게재하는 것[13]도 報酬에 해당한다고 한 사례가 있다.

2. 指定行爲의 完了

指定行爲의 完了의 의미에 대해 契約說은 廣告의 意思表示에 의한 請約에 대해 이를 承諾하는 것으로 본다. 반면에 單獨行爲說은 懸賞廣告에 따라 廣告者가 부담하는 報酬支給債務 등의 停止條件으로 보는 견해와 廣告의 意思表示와 結合하여 報酬支給債務를 成立시키는 또다른 요건으로 보는 견해가 있다(前述 前論 Ⅱ 참조).

單獨行爲說의 입장에 따르는 경우에 指定行爲의 完了는 단순한 事實行爲에 불과하므로, 行爲無能力者도 有效하게 報酬請求權을 취득할 수 있다. 제3자의 일정한 行爲가 廣告의 指定行爲에 해당하는지 여부에 대한 판단은, 判定者에 관하여 廣告에서 미리 정하여 둔 때나 優秀懸賞廣告에서와 같이 法에 규정이 있는 때에는 그에 따르면 될 것이다. 그러나 위와 같은 判定者가 없거나, 그러한 判定者의 판단이 심히 不公正한 경우에는 결국 法院의 판단에 따른다.[14]

---

11) 金顯泰, 債權法各論, 251(1982); 西澤修, 懸賞廣告, 契約法大系 Ⅵ, 3.
12) 日靜岡地判 昭 47(1972). 6. 2(判例時報 671, 26-30).
13) 日東京地判 平 1(1989). 10. 16(判例時報 1333, 116-120).
14) Staudinger/Wittmann, § 657 Rdnr. 10.

Ⅱ. 懸賞廣告의 效果

1. 報酬請求權

指定行爲를 完了한 者는 원칙적으로 指定行爲의 完了가 있은 순간에 報酬請求權을 취득하고, 이를 廣告者에게 通知하거나 또는 廣告者가 알아야만 하는 것이 아니다.[15] 그러나 指定行爲의 內容이 廣告者에게 일정한 사실을 通知하는 것(예컨대 범죄자에 대한 제보)이거나, 廣告者에 대한 通知가 있어야만 報酬支給義務가 있는 것으로 미리 廣告에서 정한 때에는 通知가 있어야 한다. 이미 발생한 報酬請求權은 相續人도 청구할 수 있다. 다만 報酬의 內容이 一身專屬的인 경우(예를 들어 계속적인 연구 기회의 부여가 報酬인 경우)에는 相續되지 않는다.[16]

2. 損害賠償責任

指定行爲의 完了가 廣告 당시에 이미 客觀的으로 不可能한 경우에 그 懸賞廣告는 無效이다. 이 때 指定行爲의 完了가 不可能하다는 것을 廣告者가 알고 있었던 경우에 廣告者는 損害賠償責任을 부담하는가? 瑞西의 학설은 이에 대해 廣告者의 不法行爲責任을 인정한다.[17] 우리 民法上으로도 契約締結上의 過失責任 혹은 不法行爲責任이 인정될 수 있겠다.

한편 廣告者가 (廣告 以後에) 指定行爲의 完了를 不可能하게 한 경우에는 어떠한가? 獨逸의 학설은 指定行爲의 完了가 있기 까지에는 權利者가 존재하지 않으므로 獨民 § 826(善良한 風俗에 反하는 故意的인 加害行爲에 관한 규정)의 不法行爲가 성립하는 경우를 제외하고는 損害賠償責任을 부담하지 않는다고 한다. 또한 獨民 § 162(條件成就 및 不成就에 대한 反信義行爲에 관한 규정)도 適用되지 않는다고 한다. 廣告者는 指定行爲의 完了時까지 懸賞廣告를 撤回할 수 있기 때문이다.[18] 우리 民法上으로는 不法行爲責任이 문제될 수 있겠다.

3. 擔保責任

報酬가 金錢이 아닌 경우에는 支給한 報酬에 대한 擔保責任이 문제될 수

---

15) 郭潤直, 438. 그러나 李銀榮, 417은 應募者가 指定行爲를 完了하고 그 사실을 廣告者에게 通知한 때에 비로소 廣告者는 報酬支給義務를 부담한다고 한다.
16) Staudinger/Wittmann, § 657 Rdnr. 9.
17) Jäggi, Kommentar zum Schweizerischen Zivilgesetzbuch, 3. Aufl., § 8 OR. Rdnr. 56.
18) Staudinger/Wittmann, § 657 Rdnr. 12.

있다. 통설은 懸賞廣告에는 有償性이 인정됨을 전제로 하여 廣告者에게 賣渡人과 같은 擔保責任을 인정한다.[19] 그러나 報酬가 指定行爲의 完了에 대한 對價로서 인정되는 경우에는 賣渡人과 같은 擔保責任을 부담하지만, 그러한 對價性이 인정되지 않는 경우에는 贈與者와 같은 擔保責任을 부담할 뿐이라고 함이 타당하다.[20]

4. 製作物에 관한 權利의 歸屬

제 3 자가 指定行爲를 함으로써 일정한 物件이나 權利가 발생한 경우에, 廣告에 따로 정하지 않는 한, 그 所有權이나 著作權 또는 特許權 등은 廣告者의 報酬支給에 의해 廣告者에게 移轉하지 않음이 원칙이다(자세한 것은 後述 民 § 678 注解 부분 참조).

[吳 宗 根]

第 676 條(報酬受領權者)

① 廣告에 定한 行爲를 完了한 者가 數人인 境遇에는 먼저 그 行爲를 完了한 者가 報酬를 받을 權利가 있다.

② 數人이 同時에 完了한 境遇에는 各各 均等한 比率로 報酬를 받을 權利가 있다. 그러나 報酬가 그 性質上 分割할 수 없거나 廣告에 1人만이 報酬를 받을 것으로 定한 때에는 抽籤에 의하여 決定한다.

I. 槪 說

指定行爲의 性質에 따라서는 오직 한 사람만이 그 行爲를 完了할 수 있는 경우도 있지만(예를 들어 마라톤에서 우승을 하는 자에게 賞金을 주는 경우), 여러 사람이 指定行爲를 完了할 수도 있다. 즉 數人이 서로 獨立的으로 指定行爲를 完了할 수도 있고, 혹은 數人이 共同으로 指定行爲를 完了할 수도 있다. 전자의 경우에는 그들 중 누가 報酬請求權을 取得하는가 하는 문제가, 후자의 경우에는 그들 사이에 報酬가 어떻

19) 註釋債各 Ⅱ, 429; 李銀榮, 418.
20) Staudinger/Wittmann, § 657 Rdnr. 12.

게 分配될 것인가 하는 문제가 발생한다. 民法은 本條에서 그 중 전자에 대해서만 규정을 하고 있다. 그러나 本條의 규정은 廣告者의 意思를 推定하는 것으로서 任意規定이므로, 廣告者가 廣告에서 이와 다른 內容의 意思를 表示한 경우에는 그에 따라야 할 것이다.[1]

Ⅱ. 數人이 獨立的으로 指定行爲를 完了한 경우

1. 完了時期가 서로 다른 경우──先行原則(Prioritätsgrundsatz)

數人이 각각 獨立的으로 指定行爲를 完了하였는데 그 完了時期가 서로 다른 경우에는 가장 먼저 그 行爲를 完了한 자에게 報酬請求權이 있다(§676 I).

이는 누가 가장 먼저 指定行爲를 完了하였는지를 廣告者가 모르고 있는 경우에도 마찬가지이다. 따라서 廣告者가 甲이 가장 먼저 指定行爲를 完了한 것으로 알고 甲에게 報酬를 支給하였는데, 실제로는 乙이 가장 먼저 指定行爲를 完了한 경우, 廣告者는 乙에 대해서 여전히 報酬支給債務를 부담하는 한편, 甲으로부터는 이미 支給한 報酬를 不當利得으로서 返還請求할 수 있다. 이 때 乙이 직접 甲에게 不當利得返還請求할 수는 없다.[2] 일단 指定行爲를 가장 먼저 完了한 者가 報酬請求權을 取得한 이후에 그가 報酬請求權을 行使하지 않거나 抛棄하여도 나중에 指定行爲를 完了한 者가 새로 報酬請求權을 取得하게 되는 것은 아니다.[3]

2. 同時에 完了한 경우

數人이 同時에 指定行爲를 完了한 경우에, 報酬가 分割 可能하면 각각 同等한 比率로 報酬를 받을 權利가 있으며, 報酬가 分割될 수 없거나 廣告에 1인만이 報酬를 받을 것으로 정한 때에는 抽籤에 의하여 報酬受領權者를 결정

1) 金曾漢·安二濬, 新民法(Ⅱ), 335(1959); Staudinger/Wittmann, §659 Rdnr. 1. 원래 民 §676에 해당하는 依民 §531는 제3항에서 "前 2項의 規定은 廣告 속에 이와 다른 意思를 表示한 때에는 適用하지 않는다"고 하여 同條가 任意規定임을 밝히고 있었는데, §676(草案 §668)에 대한 審議經過에서 "依用民法 제531조 제3항은 당연한 事理이므로 규정할 필요 없다"고 하여 삭제되었다(民議院 法制司法委員會 民法案審議小委員會, 民法案審議錄(上) 394).

2) Staudinger/Wittmann, §659 Rdnr. 2; MünchKomm/Seiler, §659 Rdnr. 2. 그러나 金顯泰, 新民法債權各論講義, 166(1958)는 제470조에 의해 假裝權利者에 대한 善意의 報酬支給을 有效한 것으로 본다.

3) 郭潤値, 438.

한다(§676 Ⅱ).

후자의 경우에 廣告者는 數人의 指定行爲 完了者들에 대해 抽籤實施義務를 부담한다. 抽籤은 廣告에 달리 정한 바가 없거나 關係人들 사이에 合意가 존재하지 않는 한, 廣告者가 信義則에 따라서 수행한다. 抽籤의 效果는 指定行爲를 完了한 때에 遡及한다.[4] 數人이 同時에 指定行爲를 完了하였다는 事實에 대한 立證責任은 廣告者에게 있다.[5]

Ⅲ. 數人이 共同으로 指定行爲를 完了한 경우

數人이 共同으로 指定行爲를 完了한 경우에 대해 獨逸民法은 명문의 규정을 두어, 廣告者가 결과에 대한 各自의 寄與程度를 고려하여 公平하게 報酬를 分配하도록 하고 있다(獨民 §660). 그러나 이에 관해 명문의 규정을 두고 있지 않는 우리 民法下에서는 債權者가 數人인 경우의 일반원칙에 따라야 할 것이다.[6] 즉 廣告에 달리 규정하고 있지 않는 한, 報酬가 分割될 수 있는 것이면 각각 均等한 比率로 報酬를 청구할 수 있으며(民 §408), 報酬가 分割될 수 없는 것이면 數人이 不可分債權으로서 報酬請求權을 갖는다(民 §409). 다만 報酬가 可分인 경우에 있어서 共同으로 指定行爲를 完了한 數人들 사이에 寄與의 程度가 서로 다르면 그들 內部關係에서 求償할 수 있다.[7]

[吳 宗 根]

4) 郭潤直, 438; 註釋債各 Ⅱ, 431; 金顯泰, 債權法各論, 254(1982).

5) Baumgärtel, Handbuch der Beweislast, 2. Aufl., Bd. 1, § 659; Staudinger/Wittmann, § 659 Rdnr. 3.

6) 郭潤直, 438, 439; 註釋債各 Ⅱ, 431.

7) 金基善, 271; 金顯泰, 254; 西澤修, 懸賞廣告, 契約法大系 Ⅵ, 11. 反對 註釋債各 Ⅵ, 432.

第 677 條(廣告不知의 行爲)

前條의 規定은 廣告 있음을 알지 못하고 廣告에 定한 行爲를 完了한 境遇에 準用한다.

Ⅰ. 概 說

종래 懸賞廣告의 法的 性質에 관하여 契約說과 單獨行爲說이 대립하고 있음은 전술하였다(前述 前論 Ⅱ 참조). 契約說에 따르면, 指定行爲의 完了는 廣告를 통한 請約의 意思表示에 대한 承諾을 의미하기 때문에 指定行爲 完了者는 廣告 있음을 알고 있었을 것이 요구된다. 반면에 單獨行爲說은 廣告 있음을 알았는지 여부를 문제삼지 않는다. 따라서 廣告 있음을 알지 못하고 指定行爲를 完了한 者에게도 報酬請求權을 인정하는 本條는 契約說을 취하는 경우에 비로소 특별한 의미를 갖는 것이며, 單獨行爲說을 취하는 경우에는 당연한 규정이 된다. 한편 契約說은 本條가 報酬受領權者에 관한 §676의 규정을 "準用"하는 형식을 취하고 있음을 들어, 本條는 契約인 通常의 懸賞廣告와 구별하여 單獨行爲인 '準懸賞廣告'를 규정한 것으로 설명하고 있다.[1)]

Ⅱ. 適用範圍──廣告 以前에 指定行爲를 完了한 경우

本條의 適用範圍와 관련하여, 廣告 있기 以前에 이미 指定行爲를 完了한 者에 대해서도 報酬請求權이 인정되는가라는 문제가 발생한다. 懸賞廣告의 法的 性質에 관하여 單獨行爲說을 취하는 경우에는 이를 인정하는 데 별다른 어려움이 없다. 그러나 契約說의 입장을 취하는 경우에, 원칙적으로는 이를 인정하기 곤란하다. 指定行爲의 完了는 承諾을 의미하므로, 請約인 廣告에 應하여 그 以後에 존재하여야 할 것이기 때문이다. 이 문제에 대한 해결은 廣告者의 意思에 대한 解釋에서 찾아야 할 것이다. 즉 廣告者가 指定行爲의 完了 자체에 대해 관심을 두고 이에 대해 報酬를 支給하려는 意思였던 경우에는 本條를 類推適用하여 廣告 以前에 指定行爲를 完了한 者에 대해서도 報酬請求權을 인정하여야 할 것이다. 그러나 廣告者의 意思가 단순히 報酬의 指示를 통해서

1) 金曾漢, 316.

指定行爲를 誘發 내지 奬勵하려 한 것에 지나지 않는 경우에는 이를 부정하여야 할 것이다.[2)]

Ⅲ. 比 較 法

比較法的으로도 廣告 있음을 알지 못하고 指定行爲를 完了한 者에게 報酬請求權을 인정하는 예가 많다. 獨逸民法은 이를 명문으로 인정하고 있다(獨民 §675). 日本[3)]과 瑞西[4)]는 이에 관한 명문의 규정을 두고 있지 않으나 懸賞廣告의 法的 性質에 관해 單獨行爲說을 취하는 입장에서 이를 인정하고 있다.

佛蘭西의 경우에도 單獨行爲說을 취하는 견해는 報酬請求權을 인정하는데 반하여, 契約說을 취하는 견해는 이를 부인하면서 事務管理 혹은 不當利得의 문제로 처리한다.[5)] 英美法에서는 報酬請求權을 인정함이 衡平에 맞다는 일부 학설과 判例가 있으나,[6)] 다수의 학설과 判例는 일반적으로는 이를 부인한다.[7)] 이 때 廣告 있음을 알아야 하는 時期와 관련하여, 指定行爲에 着手할 때부터 이를 알아야 한다는 견해와 完了時에 아는 것으로 충분하다는 견해로 나뉘어 있다.[8)]

[吳 宗 根]

2) 金曾漢, 318; 註釋債各 Ⅱ, 428.
3) 植林弘, 注釋民法(13), 189. 한편 石田穰, 民法 Ⅴ(契約法), 40(1982)은 契約說을 취하면서도 이를 인정하며, 星野英一, 民法概論 Ⅵ(契約), 35(1986)은 자신은 單獨行爲說을 취하지만 契約說의 입장에서도 이를 인정할 수 있다고 한다.
4) Bern/Becker, Kommentar zum Schweizerischen Zivilgesetzbuch Bd. Ⅵ, § 8 OR. Rdnr. 5; Jäggi, Kommentar zum Schweizerischen Zivilgesetzbuch 3. Aufl., § 8 OR. Rdnr. 44.
5) Litvinoff, Louisiana Civil Law Treatise Vol. 6, Obligations, Book Ⅰ, § 148.
6) Atiyah, the Law of Contract., 4. ed., 70.
7) Calamari/Perillo, the Law of Contracts, 3. ed., 74.
8) Calamari/Perillo(前註), 75.

第 678 條(優秀懸賞廣告)

① 廣告에 定한 行爲를 完了한 者가 數人인 境遇에 그 優秀한 者에 限하여 報酬를 支給할 것을 定한 때에는 그 廣告에 應募期間을 定한 때에 限하여 그 效力이 생긴다.

② 前項의 境遇에 優秀의 判定은 廣告中에 定한 者가 한다. 廣告中에 判定者를 定하지 아니한 때에는 廣告者가 判定한다.

③ 優秀한 者 없다는 判定은 이를 할 수 없다. 그러나 廣告中에 다른 意思表示가 있거나 廣告의 性質上 判定의 標準이 定하여져 있는 때에는 그러하지 아니하다.

④ 應募者는 前 2項의 判定에 대하여 異議를 하지 못한다.

⑤ 數人의 行爲가 同等으로 判定된 때에는 第676條 第2項의 規定을 準用한다.

차 례

Ⅰ. 意義 및 法的 性質
  1. 意　義
  2. 法的 性質
Ⅱ. 要　件
  1. 廣　告
  2. 應　募
  3. 判　定
Ⅲ. 效　果
  1. 報酬請求權
  2. 製作物에 관한 權利의 歸屬

Ⅰ. 意義 및 法的 性質

1. 意　義

優秀懸賞廣告는 指定行爲를 完了한 者 가운데 優秀하다고 判定된 者에게만 報酬를 支給하기로 하는 특수한 懸賞廣告를 의미한다. 보통의 懸賞廣告와의 주된 차이점은, 여러 사람의 競爭을 전제로 하여 應募期間을 정하고 그 기간 내에 應募한 者 중에서 優秀하다는 判定을 받은 者만이 비로소 報酬請求權을 취득한다는 점에 있다.

優秀懸賞廣告 역시 懸賞廣告의 일종이긴 하지만, 먼저 指定行爲를 完了한 者에게 報酬請求權이 있다는 § 676 Ⅰ과, 廣告不知의 行爲에 관한 § 677, 懸賞廣告의 撤回에 관한 § 679 Ⅱ·Ⅲ 등의 규정은 優秀懸賞廣告에는 적용이 없다.

왜냐하면 優秀懸賞廣告의 경우에는 多數의 指定行爲 完了者들 중에서 優秀하다고 判定된 者에게만 報酬請求權이 인정되며, 應募할 것을 요구하므로 廣告 있음을 모르고 指定行爲를 完了하는 경우가 있을 수 없으며, 應募期間을 두어야 하므로 원칙적으로 懸賞廣告의 撤回 문제는 발생할 여지가 없기 때문이다.

懸賞期間을 정할 것을 요구하는 I을 제외하고 本條의 規定은 모두 任意規定이다.[1)]

2. 法的 性質

優秀懸賞廣告의 法的 性質에 관해서도 종래 契約說과 單獨行爲說의 대립이 있다. 契約說에 의하면 廣告는 不特定多數人에 대한 請約이고, 應募는 이에 대한 承諾이며, 따라서 應募가 있으면 廣告者와 각 應募者 사이에 判定을 停止條件으로 하는 優秀懸賞廣告契約이 성립한다고 한다.[2)] 한편 契約說 중에는, 廣告는 請約의 誘引에 불과하고 이에 대한 應募가 請約이며 判定에 의하여 비로소 契約이 성립한다는 견해도 있다.[3)] 單獨行爲說에 의하면, 廣告者의 廣告의 意思表示로 優秀懸賞廣告는 성립하게 되며, 廣告者는 應募한 者 가운데 優秀한 者가 있다는 判定을 停止條件으로 하여 報酬支給債務를 부담하게 된다.[4)]

優秀懸賞廣告에서는 應募를 요구하는 점에서 廣告 있음을 모르고 指定行爲를 完了한 者의 報酬請求權에 관한 문제가 발생할 여지가 없으므로, 契約說과 單獨行爲說의 다툼의 실익은 크지 않다. 그러나 行爲無能力者가 應募한 경우에 應募의 效力問題와, 應募의 撤回可能 여부, 判定의 法的 性質 등에서 여전히 차이를 보일 수 있다. 優秀懸賞廣告 역시 懸賞廣告의 일종이므로, 전술한 懸賞廣告의 法的 性質 部分(前論 II)에서 이미 논한 바와 같이 契約說의 입장이 타당하다고 생각한다. 한편 契約說 중에서도 廣告를 請約의 誘引으로, 이에 대한 應募를 請約으로, 優秀하다는 判定을 承諾으로 보는 견해에는 찬성할 수 없다. 왜냐하면, 위 견해는 應募가 있는 경우에 廣告者가 應募者들에 대해 부담하는 判定義務의 성립근거에 대한 설명과, 廣告者가 아니라 제3자가 判定者인 경우에 이러한 제3자의 判定을 廣告者의 承諾으로 인정함에 있어서 어려움이 예상되기 때문이다.[5)]

1) Staudinger/Wittmann, § 661 Rdnr. 14.
2) 金基善, 272; 金顯泰, 債權法各論, 255(1982).
3) 註釋債各 II, 422; 李銀榮, 418.
4) 金疇洙, 389.
5) 위 견해는 判定者인 제3자의 地位를 廣告者의 代理人으로 본다(註釋債各 II, 439 참조).

Ⅱ. 要 件

1. 廣 告

(1) 廣 告

優秀懸賞廣告도 懸賞廣告의 일종이므로 不特定多數人에 대한 意思表示가 있어야 한다. 따라서 몇 사람의 건축가에게 건축설계를 의뢰하여 그 중 하나를 채택하는 것은 懸賞廣告라고 할 수 없고 특수한 契約이라고 할 수밖에 없다. 다만 獨逸의 判例[6]는 이와 유사한 사례에 대해 優秀懸賞廣告에 관한 규정이 類推適用될 수 있다고 한다.

(2) 指定行爲

優秀懸賞廣告는 指定行爲를 完了한 數人 중에서 優秀한 者에게만 報酬를 支給하는 것이므로, 指定行爲는 여러 사람이 각각 獨立하여 完了할 수 있는 行爲여야 하고, 또 그에 대하여 서로간에 優劣을 비교할 수 있는 것이어야 한다. 그러나 競爭可能性이 있는 行爲이면 충분하므로 실제로는 한 사람만이 應募하였더라도 아무런 지장이 없다.[7]

(3) 應募期間

優秀懸賞廣告는 그 廣告에 應募期間을 定한 때에 限하여 그 效力이 생긴다(民 §678 I).[8] 즉 應募期間을 정하지 않은 優秀懸賞廣告는 無效이다. 法이 이와 같이 優秀懸賞廣告에서 應募期間의 규정을 필수적인 요건으로 한 것은, 廣告者가 보다 優秀한 應募者가 나타날 것을 기다린다는 이유로 判定을 계속 미루는 것을 막고 判定을 강제하기 위한 것이다.[9] 또한 應募期間이 규정되어 있으므로, 優秀懸賞廣告는 指定行爲를 完了하기 前이라도 撤回할 수 없다(民 §679 I).

(4) 報酬의 規定

優秀懸賞廣告에서 報酬의 支給은 반드시 가장 優秀한 者 한사람에게로 한정될 필요가 없다. 1등, 2등, 3등으로 나누어 각각 그 報酬額에 차이를 두는 것도 무방하다. 또한 일정한 기준에 달하지 않는 경우에는 누구에게도 報酬를

6) BGHZ 17, 366.

7) 註釋債各 Ⅱ, 437.

8) 本條 Ⅰ에 해당하는 草案 §670 Ⅰ은 원래 "… 應募期間을 定하여야 한다"라고 규정하였으나, 審議經過에서 應募期間을 두지 않은 경우에 優秀懸賞廣告 자체가 效力을 발생하지 않는다는 것을 명문화하기 위해 "… 應募期間을 定한 때에 限하여 그 效力이 생긴다"로 수정하였다(民議院 法制司法委員會 民法案審議小委員會, 民法案審議錄(上), 395).

9) Staudinger/Wittmann, § 661 Rdnr. 4; MünchKomm/Seiler, § 661 Rdnr. 2.

支給하지 않는다는 表示도 有效하다(民 § 678 Ⅲ).

2. 應 募

應募는 廣告者에 대하여 指定行爲를 完了하였다거나 또는 指定行爲를 完了하겠다는 通知를 의미한다. 應募는 통상 指定行爲를 完了한 以後에 행하지만, 현상경기에의 참가신청과 같이 應募가 先行하는 경우도 있다. 指定行爲의 完了는 廣告 있기 前이어도 무방하지만, 應募는 반드시 應募期間 내에 있어야 한다. 應募가 應募期間 경과 후에 廣告者에게 도달한 때에는 그 應募者는 判定의 對象에서 제외된다. 契約說에 따라 應募에 의하여 契約이 成立하는 것으로 보는 경우에, 應募期間 경과 후에 到達한 應募에 대해서는 § 528 등이 적용된다.[10)]

應募의 方法은 우선 廣告에서 규정된 바에 따라야 하나, 廣告에서 이에 관하여 규정하고 있지 않는 경우에는 指定行爲의 性質이나 그러한 優秀懸賞廣告에서 일반적으로 행하여지는 慣行이 기준이 된다.[11)]

應募者는 判定이 있을 때까지 자신의 應募를 撤回할 수 있는가? 優秀懸賞廣告의 法的 性質에 대해서 契約說의 입장을 취하는 경우에 應募는 廣告에 의한 請約에 대해 이를 承諾하는 것을 의미하므로, 應募에 의하여 廣告者와 應募者 사이에 (優秀)懸賞廣告契約이 성립하게 되고, 따라서 廣告에서 달리 정하지 않았다면 應募의 撤回를 인정하기 곤란하다. 또한 契約說 중 일부 견해에 따라 應募를 請約으로 보는 경우에도 請約의 拘束力(民 § 527 참조)으로 인해 원칙적으로 이를 撤回할 수 없다.[12)] 한편 單獨行爲說을 취하는 경우에는 이를 인정함에 있어서 별다른 어려움이 없다.[13)]

單獨行爲說이 통설인 獨逸에서는 應募는 判定이 있기까지의 應募者가 任意로 撤回할 수 있는 것으로 일반적으로 인정되고 있으며,[14)] 日本의 경우 契約說을 따르는 학자들은 이를 부인함에 반하여, 單獨行爲說을 취하는 학자들은 이를 인정한다.[15)]

廣告者는 廣告 속에 應募의 撤回時에 參加金을 반환하지 않거나, 違約金

10) 金曾漢, 320.
11) 郭潤直, 439; 金曾漢, 319; 註釋債各 Ⅱ, 428.
12) 그러나 註釋債各 Ⅱ, 438은 優秀懸賞廣告의 法的 性質과 관계 없이 실제상의 고려에서 應募의 撤回를 인정하여야 한다고 한다.
13) 金疇洙, 395.
14) Staudinger/Wittmann, § 661 Rdnr. 7; MünchKomm/Seiler, § 661 Rdnr. 6.
15) 植林弘, 注釋民法(13), 214; 西澤修, 懸賞廣告, 契約法大系 Ⅵ, 13.

을 물도록 미리 규정함으로써 應募의 撤回를 제한할 수 있다.

3. 判 定

(1) 判定義務

廣告者는 應募期間 내에 應募한 자들에 대하여 그들 중 優秀한 者를 자신이 직접 혹은 제 3 자를 통하여 判定할 義務를 진다.[16] 따라서 각 應募者는 廣告者에 대하여 判定을 내릴 것을 청구할 수 있다. 優秀懸賞廣告의 法的 性質에 관하여 契約說을 따르는 경우에 이러한 廣告者의 判定義務는 應募에 의하여 성립하는 優秀懸賞廣告契約에 기해서 발생하는 것이며,[17] 반면에 單獨行爲說을 따르는 경우에 그것은 單獨行爲인 廣告 자체에 기해서 발생하는 것이다.

각 應募者는 判定義務의 不履行을 이유로 자신에게 발생한 損害(報酬 혹은 應募에 소요된 費用 등)의 賠償을 廣告者에게 청구할 수 있는가? 判定이 있기까지는 어느 應募者에게도 報酬請求權이 인정될 수 없는 것이고, 應募에 소요되는 費用은 判定이 있는 경우에도 應募者가 부담하여야 할 것이기 때문에, 間接強制의 방법으로 判定義務를 強制할 수 있을 뿐이고, 위의 損害賠償請求權은 인정되지 않는다 할 것이다.[18] 그러나 應募者가 應募時에 支給한 審査料 등의 手數料에 대한 반환청구는 인정되어야 할 것이다.[19]

(2) 判 定 者

判定은 1차적으로 廣告 중에 정해진 者가 행하며, 廣告 중에 정하지 아니한 때에는 廣告者가 判定한다(民 § 678 Ⅱ). 判定者인 제 3 자가 사망 기타 사유로 判定할 수 없게 되거나, 判定을 거부하는 경우에도 廣告者가 判定하여야 한다.[20] 제 3 자가 判定者인 경우에도 應募者에 대해 判定義務를 부담하는 것은 廣告者이며, 제 3 자가 직접 應募者에게 判定義務를 부담하는 것은 아니다.[21] 다만 제 3 자는 判定義務와 관련하여 廣告者의 履行補助者의 지위를 갖는 것이므로,

16) 郭潤直, 440; 註釋債各 Ⅱ, 438.

17) 契約說 중에서 廣告者의 廣告는 請約의 誘引에 불과하고, 應募者의 應募가 請約이며, 判定에 의하여 優秀懸賞廣告契約이 성립한다는 견해에 따르는 경우에는 이러한 判定義務의 근거를 설명하기 곤란하다.

18) 同旨 註釋債各 Ⅱ, 438; MünchKomm/Seiler, § 661 Rdnr. 10. 그러나 西澤修(註 15), 14는 損害賠償請求權을 인정하며, 다만 判定 前이므로 未必의 損害賠償으로서 總應募者를 위해 報酬總額을 供託하게 하는 것이 타당하다고 한다.

19) 植林弘(註 15), 218.

20) 郭潤直, 440; 金基善, 274; 金顯泰, 254; Staudinger/Wittmann, § 661 Rdnr. 8. 그러나 長尾治助, 廣告表示の法的トラフル, 203은 이 경우에 廣告者는 判定者인 제 3 자와 사이의 判定依賴契約을 解除하고, 다른 사람을 判定者로 할 수 있다고 한다.

21) Staudinger/Wittmann, § 661 Rdnr. 8.

判定者인 제3자의 故意·過失에 의한 判定懈怠는 廣告者의 判定義務 不履行으로 된다.[22]

한편 應募者 優秀判定에 의해 報酬를 청구할 수 있는 期待利益을 갖는 것이므로, 判定者는 지체없이 判定하여 應募者의 이러한 期待利益을 침해하지 않을 信義則上의 義務가 있다고 할 것이다.[23] 따라서 判定者가 이러한 義務에 위반한 경우에는 應募者에 대하여 不法行爲責任을 질 수도 있다.[24]

(3) 判　定

判定者는 判定을 함에 있어서 廣告者의 廣告意圖에 충실하여야 하며, 判定者 자신의 意志에 따라 任意로 해서는 안 된다.[25] 判定은 원칙적으로 객관적인 기준에 따른 絶對的 優秀者를 결정하는 것이 아니라 應募者들 사이에서 相對的 優劣을 가리는 것이므로, 優秀한 者가 없다는 判定은 원칙적으로 하지 못한다. 다만 廣告 중에 다른 意思表示가 있거나 廣告의 性質上 判定의 標準이 정하여져 있는 때에는 그렇지 않다(民 § 678 Ⅲ).[26] 報酬의 總額에 변경이 없는 한, 1등에 해당하는 자가 없으므로 2등, 3등 등에 해당하는 자의 수를 늘리는 判定도 가능하다.[27] 判定者가 數人인 경우에는 원칙적으로 全員一致가 아니라 多數決에 의해 判定한다.[28]

判定의 法的 性質에 관해서는 견해가 나뉜다. 통설은 判定을 어느 行爲가 優秀하냐의 事實에 관한 觀念의 表示로 보며, 따라서 그 法的 性質은 準法律行爲이지 意思表示가 아니라고 하지만, 그 또한 精神作用의 表示이기 때문에 意思表示에 관한 규정이 準用된다고 한다.[29] 그러나 優秀懸賞廣告의 法的 性

---

22) 長尾治助(註 20), 207.
23) 前註, 209.
24) 日東京地判 平 2(1990). 10. 16(判例時報 1333, 116-120)은 학술잡지에 게재하기 위하여 논문을 투고한 사례에 대해서, 논문의 게재 여부를 결정하는 判定人(編輯人)의 논문 투고자에 대한 不法行爲責任이 인정되기 위해서는, 단순히 신속한 審査를 하지 않았다거나 게재하지 않는다는 뜻을 通知하지 않은 것만으로는 충분하지 않고, 게재에 적합하다고 판단하였음에도 불구하고 不法한 意圖에서 게재를 지체시키거나, 게재에 적합하지 않다고 판단한 경우에 투고자가 투고를 撤回하여 다른 학술잡지에 투고하는 등 다른 수단에 의하여 연구결과를 발표하는 것을 違法하게 妨害하거나 困難하게 하였다고 인정되는 사정이 있어야 한다고 한다(결국 위 判決은 不法行爲責任을 否認하였다).
25) 註釋債各 Ⅱ, 439; Staudinger/Wittmann, § 661 Rdnr. 8.
26) 本條 Ⅲ은 依用民法에는 규정이 없는 條項으로서, 本條에 해당하는 草案 § 670에도 원래 규정되어 있지 않았으나, 草案에 대한 審議經過에서 당시의 학설에 따라 이를 명문화하여 新設하였다(民法案審議錄(上)(註 8), 395 참조).
27) 金顯泰, 256; 金曾漢·安二濬, 497.
28) 郭潤直, 440; 註釋債各 Ⅱ, 439.
29) 註釋總則(下), 414; 金基善, 273.

質에 관한 契約說의 입장 중에서도 判定을 請約인 應募에 대한 承諾으로 보는 견해는 당연히 判定의 法的 性質을 意思表示로 본다.[30] 어느 견해에 의하더라도 意思表示에 관한 규정, 특히 錯誤·詐欺·強迫 등에 관한 규정이 判定에 대해서도 準用된다고 하고 있기 때문에 실제적인 결과에 큰 차이가 없다.

廣告에서 달리 정하고 있지 않는 한 원칙적으로 廣告者는 判定의 결과를 應募者에게 通知할 필요가 없다. 그러나 判定을 承諾의 意思表示라고 보는 견해는 判定의 通知를 요구한다.[31]

(4) 判定의 拘束力

일단 判定이 있으면 應募者는 그에 대해 異議를 하지 못한다(民 § 678 Ⅳ). 廣告者 역시 제 3 자의 判定에 拘束되는가? 우리 民法은 獨逸民法과 달리 이를 인정하는 명문규정을 두고 있지 않지만, 獨逸과 마찬가지로 廣告者 역시 자신이 스스로 지정한 判定者의 判定에 拘束된다고 할 것이다.[32] 그러나 判定의 拘束力이란 判定者의 價値判斷에 대해 異議를 하지 못한다는 것을 의미하므로, 당선작품이 僞作이라거나, 應募資格이 없는 자를 당선시켰다거나, 判定者가 廣告에 정한 者가 아니라는 것과 같이 判定 자체에 영향을 미친 判定節次上의 중대한 瑕疵가 있는 경우와, 不法的인 方法, 예를 들어 判定者를 買收하거나 欺罔하여 判定이 내려진 경우 등에는 예외적으로 判定의 拘束力을 부인하여 應募者 및 廣告者 등은 判定에 대해 異議를 할 수 있다.[33]

Ⅲ. 效 果

1. 報酬請求權

應募者 가운데 優秀한 者로 判定된 者는 廣告者에 대하여 報酬請求權을 취득한다. 報酬請求權의 取得時期는 원칙적으로 判定이 있었을 때이며, 判定결과가 應募者에게 通知되어 應募者가 이를 알았는지 여부와는 관계 없다.[34] 또

30) 註釋債各 Ⅱ, 439.
31) 註釋債各 Ⅱ, 441.
32) 郭潤直, 440; 註釋債各 Ⅱ, 440; 金顯泰, 255.
33) 註釋債各 Ⅱ, 440; Staudinger/Wittmann, § 661 Rdnr. 10; MünchKomm/Seiler, § 661 Rdnr. 12.
34) 郭潤直, 440; 金曾漢, 320. 그러나 判定을 承諾의 意思表示로 보는 견해에서는 判定의 通知가 요구된다(註釋債各 Ⅱ, 441).

한 통설은 判定의 效果가 應募時에 遡及하지 않는다고 한다.[35]

數人의 行爲가 同等하다고 判定된 때에는 民 §676 Ⅱ이 準用된다(§678 Ⅴ). 따라서 각자가 均等한 比率로 報酬를 받게 되는 것이 원칙이지만, 報酬가 不可分이거나 廣告에 1인만이 報酬를 받을 것으로 정한 때에는 抽籤에 의하여 報酬를 받을 자가 결정된다. 다만 위의 本條 Ⅴ의 규정은 任意規定이므로 廣告者가 廣告에서 이와 다른 意思를 表示한 경우에는 이에 따른다.[36]

2. 製作物에 관한 權利의 歸屬

應募者가 廣告者에게 제출한 製作物에 관한 所有權·著作權·特許權 등의 權利는 누구에게 歸屬하는가? 獨逸民法은 所有權에 관하여 명문규정을 두고 있다. 즉 廣告 중에 製作物의 所有權을 移轉할 것을 정하고 있는 경우에만 廣告者는 所有權의 移轉을 청구할 수 있다(獨民 § 661 Ⅳ). 獨逸의 통설은 所有權 이외에 著作權 및 特許權 등에 대해서도 동일한 解釋을 하고 있다.[37] 우리 民法은 이에 관한 명문의 규정을 두고 있지 않지만, 통설은 獨逸과 마찬가지로 廣告에 달리 정하지 않은 한 廣告者에로의 權利의 移轉을 부인한다.[38]

한편 제출한 製作物의 所有權 기타 諸權利를 廣告者에게 移轉하기로 하는 廣告規定의 효력 문제도 검토의 여지가 있다. 그것이 判定에 의해 當選되어 報酬를 받게 되는 製作物에 한정되지 않고, 應募한 모든 製作物에 대해 權利의 移轉을 지시하는 경우에는 善良한 風俗 기타 社會秩序에 反하여 無效가 될 수 있을 것이다.[39] 또한 當選된 製作物에 한정된 경우에도, 報酬가 그러한 權利를 廣告者에게 移轉할 정도로 상당한 경우에만 有效하다고 하여야 할 것이다.[40]

실제의 優秀懸賞廣告에서는 應募者가 제출한 製作物은 일체 返還하지 않는다고 규정하는 경우가 많은데, 그것은 제출한 製作物에 대한 廣告者의 返還義務를 免하게 하는 것으로, 그 결과 應募者는 제출한 製作物 자체에 대한 所有權을 抛棄한 것으로 推定될 수 있을 것이다. 그러나 所有權 이외에 製作物

35) 郭潤直, 440; 金曾漢, 320; 金顯泰, 255; 李太載, 315.
36) Staudinger/Wittmann, § 661 Rdnr. 14.
37) Staudinger/Wittmann, § 661 Rdnr. 13; MünchKomm/Seiler, § 661 Rdnr. 15.
38) 郭潤直, 441; 註釋債各 Ⅱ, 441; 金曾漢, 321; 金基善, 274.
39) 註釋債各 Ⅱ, 442; Staudinger/Wittmann, § 661 Rdnr. 13; MünchKomm/Seiler, § 661. Rdnr. 16.
40) 長尾治助(註 20), 208.

에 대한 著作權·特許權 등의 價値權은 원칙적으로 應募者가 그대로 보유한다고 할 것이다. 따라서 그 경우에 廣告者가 이를 不法利用한다면 應募者는 損害賠償을 청구할 수 있다.

[吳 宗 根]

第 679 條(懸賞廣告의 撤回)

① 廣告에 그 指定한 行爲의 完了期間을 定한 때에는 그 期間滿了前에 廣告를 撤回하지 못한다.

② 廣告에 行爲의 完了期間을 定하지 아니한 때에는 그 行爲를 完了한 者 있기 前에는 그 廣告와 同一한 方法으로 廣告를 撤回할 수 있다.

③ 前廣告와 同一한 方法으로 撤回할 수 없는 때에는 그와 類似한 方法으로 撤回할 수 있다. 이 撤回는 撤回한 것을 안 者에 대하여만 그 效力이 있다.

차 례

Ⅰ. 概 說
1. 民法의 態度
2. 懸賞廣告의 法的 性質과의 關係
3. 比 較 法
4. 懸賞廣告의 取消
Ⅱ. 懸賞廣告의 撤回
1. 撤回의 時期
2. 撤回의 方法
3. 撤回權의 排除
4. 懸賞廣告의 變更
Ⅲ. 撤回의 效力
1. 報酬支給債務
2. 損害賠償責任

Ⅰ. 概 說

1. 民法의 態度

民法은 원칙적으로 指定行爲를 完了한 자가 있기까지 廣告者는 廣告를 任意로 撤回할 수 있다고 한다(民 §679 Ⅱ). 이와 같이 懸賞廣告의 撤回를 인정하는 실질적인 이유로는, 첫째, 懸賞廣告에 있어서는 廣告의 相對方이 特定되어 있지 않으므로 廣告者가 懸賞廣告의 內容을 變更하거나 이를 實效시키기 위하여 協議하고자 하여도 協議할 當事者를 알 수 없다는 점과, 둘째, 廣告者의 義務 자체도 廣告者의 一方的 意思表示에 의하여 발생한다는 점을 감안하면 指定行爲를 完了한 者가 있기 前까지는 廣告가 지속될 것이라고 믿을 廣告 相對方의 利益 보다는 廣告를 撤回하려는 廣告者의 利益이 보다 더 보호될 가치가 있다는 평가를 들 수 있다.[1] 그리하여 民法은 廣告 相對方의 利益을 보호하기 위하여 몇몇 경우에 廣告의 撤回를 制限하면서도, 원칙적으로는 廣告의 撤回를 인정하고 있다.

2. 懸賞廣告의 法的 性質과의 關係

종래 懸賞廣告의 撤回問題를 懸賞廣告의 法的 性質과 관련시켜, 單獨行爲說에 의해야만 懸賞廣告의 撤回를 인정하는 근거를 설명할 수 있다고 하면서, 民法이 本條에서 懸賞廣告의 撤回를 인정하는 것을 單獨行爲說의 한 논거로서 제시하는 주장이 있다.[2]

그러나 本條는 契約說의 입장에서도 설명이 가능하다. 즉 契約說을 따르는 경우에 廣告는 請約에 해당하게 되고, 따라서 이를 撤回할 수 없지만(民 § 527), 전술(1. 民法의 態度)한 바와 같이 廣告의 撤回를 인정해야 할 실질적인 이유에서 그 撤回를 制限的으로 인정하는 § 527의 例外規定이라고 설명할 수 있다.[3]

한편 單獨行爲說의 입장에서도 그 설명이 반드시 용이한 것은 아니다. 특히 單獨行爲說 중에서도 廣告者는 廣告의 意思表示에 의하여 停止條件附로 債務를 負擔한다는 입장(停止條件說)에 따르는 경우에 廣告의 撤回를 인정함은, 이미 成立한 債務를 債務者 자신이 一方的 意思表示에 의해 免하게 하는 것인데, 이는 이론적으로 타당하지 못하다. 원래 懸賞廣告의 撤回문제는 獨逸普通法시대부터 논의되어 온 것으로, 오히려 그 당시에는 契約說이 懸賞廣告의 撤回를 긍정한 반면에 單獨行爲說은 이를 부인하였었다.[4] 또한 懸賞廣告의 撤回를 명문으로 인정하는 瑞西(瑞債 § 8)와 日本(日民 § 530)에서도 懸賞廣告의 法的 性質에 대해서는 契約說과 單獨行爲說이 대립되고 있음을 이미 살펴보았다(前論 Ⅲ 참조). 결국

---

1) 註釋債各 Ⅱ, 442-43.
2) 郭潤直, 435; 金疇洙, 390-92.
3) 李銀榮, 416. 한편 金基善, 270은 廣告가 請約이라 하더라도 일정한 行爲의 完了를 契約의 要件으로 삼는 要物契約의 請約이므로 本條와 같은 特則을 둔 것이라고 한다.
4) MünchKomm/Seiler, § 658 Rdnr. 1.

懸賞廣告의 撤回문제는 懸賞廣告의 法的 性質과 직접 관련되는 것이 아니다.[5)]

3. 比較法

(1) 獨 逸

獨逸民法은 單獨行爲說을 토대로 하여 懸賞廣告를 규율하면서, § 658에 懸賞廣告의 撤回를 원칙적으로 인정하고 있다. 그 내용은 우리 民法과 거의 유사하다. 다만 撤回의 方法으로 前의 廣告와 同一한 方法 이외에, 廣告者가 자신이 알고 있는 자를 상대로 個別的으로 撤回의 意思를 通知하는 特別通知(besondere Mitteilung)에 의한 方法을 인정하며, 指定行爲의 完了期間을 정한 때에 撤回權을 排除하는 우리 民法과는 달리 撤回權을 抛棄한 것으로 推定하고 있을 뿐이다.

(2) 日 本

日本民法은 懸賞廣告의 法的 性質에 관해서는 명확한 입장을 밝히지 않고 이를 학설에 맡기고 있지만, 懸賞廣告의 撤回에 관해서는 이를 인정하는 규정을 두고 있다(日民 § 530). 그 내용은 역시 우리 民法과 거의 동일하다. 다만 指定行爲의 完了期間을 정한 때에는 獨逸民法과 같이 撤回權을 抛棄한 것으로 推定한다.

(3) 기 타

瑞西債務法 역시 懸賞廣告의 撤回를 인정하면서, 한편으로 撤回가 있음을 모르고 善意로 費用을 支出한 者에 대하여 廣告를 撤回한 者는 廣告에서 정한 報酬의 範圍內에서 賠償義務가 있다고 한다(瑞債 § 8).

英美法의 경우에는 우리 民法과는 달리 원칙적으로 請約의 拘束力을 인정하지 않는다. 承諾期間을 정한 경우에도 마찬가지이다.[6)] 따라서 懸賞廣告를 請約의 한 유형으로 파악하는 英美法에서는, 完了期間의 설정 여부와 관계 없이 懸賞廣告의 撤回가 원칙적으로 인정된다 할 것이다. 이 때의 撤回는 원래의 廣告를 알고 있는 相對方이 撤回事實을 알 수 있는 合理的인 方法으로 하여야 한다. 通常의 경우에는 前의 廣告와 同一한 方法으로 撤回할 것이지만, 그것이 不可能한 경우에는 가능한 最上의 方法을 사용하여야 한다.[7)] 한편 廣告者가

5) 註釋債各 Ⅱ, 442.
6) Atiyah, the Law of Contract, 4. ed., 81; Calamari/Perillo, the Law of Contract, 3. ed., 121.
7) Atiyah(註 6), 82; Calamari/Perillo(註 6), 96-7.

指定行爲에 着手한 자를 개별적으로 알고 있는 경우에는, 그에게 撤回事實을 通知하여야 有效한 撤回가 된다.[8)]

4. 懸賞廣告의 取消

懸賞廣告의 撤回 이외에, 廣告者는 無能力·錯誤 또는 詐欺·強迫 등을 이유로 廣告의 意思表示를 取消할 수 있다. 이러한 廣告의 取消는 廣告者의 撤回權이 排除되는 경우(後述 Ⅱ. 懸賞廣告의 撤回 참조)에 특히 그 효용을 발휘한다.

이 때에 문제되는 것은 指定行爲의 完了 이전에도 取消할 수 있는가이다. 이는 取消權의 除斥期間(民 §146)의 起算點 문제와도 직접 관련된다. 한편 指定行爲 完了 이전에도 取消할 수 있다고 하면, 取消의 相對方이 特定되지 않은 상태에서 누구를 상대로 어떤 방식으로 取消하느냐의 문제가 또한 발생한다. 獨逸과 日本의 학설은 指定行爲 完了 이전에도 廣告와 同一한 方式으로 取消할 수 있다고 한다.[9)] 우리 民法上으로도 동일한 해석을 할 수 있을 것이다.[10)]

Ⅱ. 懸賞廣告의 撤回

1. 撤回의 時期

懸賞廣告의 撤回는 指定行爲를 完了하기 전까지만 가능하다. 廣告의 撤回 이외에 廣告의 內容을 변경하는 것도 가능하다 할 것이다. 指定行爲 完了前이면, 準備行爲를 하였다거나 指定行爲에 이미 着手하였더라도 상관없다. 그러나 일단 指定行爲가 完了된 이후에는, 完了한 者가 이를 廣告者에게 通知하지 않았거나 기타 廣告者가 完了事實을 알지 못한 경우에도 廣告의 撤回는 허용되지 않는다.[11)] 撤回가 있었다는 事實의 立證責任은 廣告者에게 있으며, 그 경우에 廣告에 의한 報酬請求權을 주장하려는 자는 撤回 이전에 指定行爲를 完了하였다는 事實을 立證하여야 한다.[12)]

8) Calamari/Perillo(註 6), 97.
9) Staudinger/Wittmann, § 658 Rdnr. 6; MünchKomm/Seiler, § 658 Rdnr. 9; 植林弘, 注釋民法(13), 200.
10) 註釋債各 Ⅱ, 446.
11) 註釋債各 Ⅱ, 444; Staudinger/Wittmann, § 658 Rdnr. 2.
12) 註釋債各 Ⅱ, 444; Baumgärtel, Handbuch der Beweislast, Bd. 1, § 658; Staudinger/Wittmann, § 658 Rdnr. 2.

2. 撤回의 方法

懸賞廣告의 撤回는 원칙적으로 懸賞廣告와 同一한 方法으로 하여야 한다(民 § 679 Ⅱ). 그래야만 제 3 자가 懸賞廣告가 撤回되었음을 모르고 피해를 입는 것을 최대한 방지할 수 있기 때문이다. 그러나 때에 따라서는 廣告와 同一한 方法으로 撤回하는 것이 不可能한 경우(예를 들어 廣告를 게재한 日刊紙가 廢刊된 경우)가 있을 수 있다. 이 때에는 前의 廣告와 類似한 方法[13](예를 들어 다른 日刊紙에 게재하는 방법)으로 撤回할 수 있다. 그러나 이러한 撤回는 撤回한 것을 안 자에 대해서만 效力이 있다(§ 679 Ⅲ). 이 때 相對方이 撤回事實을 알았는지 여부에 대한 立證責任은 廣告者에게 있다.[14]

한편 前의 廣告와 동일하지는 않으나 前의 廣告와 동일한 效果를 기대할 수 있는 방법에 의하여 撤回한 경우에는, 同一한 方法에 의하여 撤回한 것과 마찬가지로 撤回한 것을 알지 못한 자에게도 撤回의 效力을 인정하여야 한다는 견해가 있다.[15] 그러나 懸賞廣告의 撤回는 자신이 행한 意思表示의 效力을 일방적으로 부인하는 것으로서 民法上 예외적인 제도라는 점과 撤回事實을 모르고 피해를 입는 제 3 자를 보호하여야 한다는 점에 비추어 볼 때 그 인정범위를 확대하는 위 견해의 타당성은 의심스럽다.

獨逸民法은 이외에도 特別通知(besondere Mitteilung)에 의한 撤回를 인정하고 있다(獨民 § 658 Ⅰ). 즉 廣告者는 자신이 알고 있는 자를 상대로 個別的으로 撤回의 意思를 通知할 수 있으며, 이 경우에 撤回는 受領을 要하는 單獨行爲이므로 직접 通知를 받은 자에게만 有效하다. 우리 民法은 이에 관한 명문의 규정을 두고 있지 않지만, 동일한 해석을 할 수 있다고 생각된다.[16] 그러나 직접 通知를 받은 자 이외에 이를 안 제 3 자에게도 撤回의 效力을 인정하는 견해[17]

---

13) 依用民法은 단순히 "다른 方法"으로 撤回할 수 있다고 하였다(依民 § 530 Ⅱ). 그러나 現行民法이 이를 "類似한 方法"으로 변경함에 있어서 큰 의미를 부여한 것 같지는 않다. 民法案審議錄의 本條(草案 § 671)에 대한 提案說明에 따르면, 本條가 "現行法(依用民法을 가리킴) 제530조와 同一 趣旨이다"라고 하고 있기 때문이다(民議院 法制司法委員會 民法案審議小委員會, 民法案審議錄(上), 396). 한편 現行民法下에서도 廣告와 전혀 다른 方法으로 撤回된 때에도 相對方이 撤回事實을 알았다면 撤回의 效力을 인정하는 견해가 있다(金曾漢·安二濬, 新債權各論(下), 493(1965)). 그러나 이것은 本條 Ⅲ에 정면으로 반하는 것이어서 그 타당성은 의심스럽다.

14) 金顯泰, 253. 그러나 金曾漢·安二濬(前註), 492은 類似한 方法으로 행해진 이상 同一한 方法으로 撤回된 경우와의 균형상 相對方이 스스로 撤回사실을 알지 못하였음을 立證하여야 한다고 한다.

15) 註釋債各 Ⅱ, 444; 西澤修, 懸賞廣告, 契約法大系 Ⅵ, 11.

16) 同旨 註釋債各 Ⅱ, 445.

17) 註釋債各 Ⅱ, 445.

는, 本條 Ⅲ에 비추어 찬성할 수 없다.

3. 撤回權의 排除

廣告에 指定行爲의 完了期間을 정한 때에는 그 期間滿了 전에 廣告를 撤回하지 못한다(民 §679 Ⅰ). 廣告者가 이와 같은 期間을 정한 것은 그 期間 내에 指定行爲가 完了될 것을 기대하기 때문인데 그 期間 내에 廣告者가 다시 撤回할 수 있다면 이는 期間을 정한 취지와 모순되기 때문이다. 獨逸民法이나 日本民法은 이 경우에 廣告者가 撤回權을 抛棄한 것으로 推定하고 있을 뿐이다. 優秀懸賞廣告는 應募期間을 정한 때에 한하여 效力이 있는 것이므로 優秀懸賞廣告의 撤回는 허용되지 않는다.

指定行爲의 完了期間이 경과하면 廣告는 그 효력을 잃는다고 보아야 할 것이므로, 위 期間 滿了 후에 撤回하는 것은 의미가 없다.[18] 完了期間을 정하지 않은 廣告의 경우에, 撤回를 하지 않는 한 그 廣告의 效力은 언제까지나 有效한가? 承諾期間을 정하지 않은 請約의 경우 상당한 期間 내에 承諾의 通知를 받지 못하면 效力을 잃는 것(民 §529)과의 균형상, 信義則上 相當한 期間 내에 指定行爲를 完了한 者가 없는 경우에는 그 效力을 잃는다고 할 것이다.[19]

한편 廣告者는 撤回權을 미리 抛棄할 수도 있다. 즉 廣告者는 廣告와 동시에 혹은 廣告 이후에도 廣告와 동일 또는 유사한 방법에 의하여 抛棄의 意思表示를 할 수 있다. 이러한 抛棄의 意思表示는 제3자가 이를 알았는지 여부와 관계 없이 모든 제3자에 대하여 효력이 있다. 抛棄事實에 관한 立證責任은 報酬請求權을 주장하는 자에게 있다.[20]

4. 懸賞廣告의 變更

이미 행한 懸賞廣告의 內容을 變更하는 것은, 그 부분에 대한 懸賞廣告를 撤回하고 이를 보충하는 새로운 懸賞廣告를 하는 것이라고 볼 수 있다. 그러므로 懸賞廣告를 變更할 수 있는 時期·方法 등에 대해서는 懸賞廣告의 撤回에 관한 규정이 類推適用될 수 있다.[21]

18) 註釋債各 Ⅱ, 446; 金顯泰, 252.
19) 金曾漢·安二濬, 492.
20) Staudinger/Wittmann, § 658 Rdnr. 4.
21) 註釋債各 Ⅱ, 404; Staudinger/Wittmann, § 658 Rdnr. 2; 植林弘, 注釋民法(13), 202.

Ⅲ. 撤回의 效力

1. 報酬支給債務

廣告의 有效한 撤回가 있으면, 廣告者는 그 후에 指定行爲를 完了한 者가 있어도 그에 대한 報酬支給債務를 免한다. 그러나 廣告와 同一한 方法으로 撤回하는 것이 불가능하여 이와 類似한 方法으로 撤回한 경우에는 撤回한 것을 안 자에 대해서만 報酬支給債務를 免한다.

2. 損害賠償責任

廣告의 有效한 撤回가 있은 경우에, 廣告者는 제 3 자가 그때까지 指定行爲에 着手하거나 準備하기 위하여 지출한 費用에 대해 損害賠償責任을 부담하는가? 瑞西債務法은 이를 긍정하는 명문의 규정을 두고 있다(瑞債 §8 Ⅱ). 이에 관한 명문의 규정이 없는 獨逸에서는 일반적으로 이를 부정하지만, 獨民 § 226(시카아네를 禁止하는 규정) 혹은 § 826(善良한 風俗에 反하는 故意的인 加害行爲에 관한 규정)에 해당하는 廣告者의 惡意的인 行爲가 존재하거나 同法 § 307(契約締結上의 過失責任에 관한 규정)에 해당하는 경우에 예외적으로 긍정한다.[22] 우리 나라의 학설로는 廣告者가 처음부터 加害의 意思를 가졌던 경우에 不法行爲責任이 인정되는 것 외에는 별도로 廣告者의 責任이 인정되지 않는다는 것이 통설이다.[23] 다만 이 때에는 廣告를 한 것 자체에 過失이 있으면 契約締結上의 過失責任이 인정될 수 있다는 견해가 있다.[24]

[吳 宗 根]

民法上의 懸賞廣告는 아니지만, 廣告內容의 變更이 문제된 判決로는 日本의 下級審判決인 熊本地判 昭 35(1960). 9. 15(下級民集 11-9, 1904(1988))이 있다. 事案의 내용은 다음과 같다: 購買額에 따라 抽籤券을 交付하고, 抽籤結果 當籤되지 않은 자에 대해서도 抽籤券 1매당 1통의 성냥을 준다는 景品附販賣廣告에서 廣告者가 抽籤當日에 廣告의 內容을 變更하여 抽籤券 3매당 1통의 성냥을 주는 것으로 하였다.

이에 대해 위 判決은, 景品附販賣廣告는 廣告의 方法에 의해 不特定多數人에게 意思表示하는 점에서 懸賞廣告와 유사하므로, 그 撤回 내지 變更에 대해서도 懸賞廣告의 撤回에 관한 규정(日民 § 530)을 類推適用하여, 實施期間이 정해져 있는 景品附販賣廣告의 경우에는 撤回 내지 變更할 權利가 拋棄된 것으로 해석함이 상당하다고 하였다.

22) Staudinger/Wittmann, § 658 Rdnr. 2; MünchKomm/Seiler, § 658 Rdnr. 7.

23) 李太載, 314; 金顯泰, 253; 金曾漢, 318.

24) 金顯泰, 253; 金基善, 271.

第11節 委 任

第680條(委任의 意義)

委任은 當事者 一方이 相對方에 對하여 事務의 處理를 委託하고 相對方이 이를 承諾함으로써 그 效力이 생긴다.

차 례

Ⅰ. 一 般 論
1. 委任契約의 本質
2. 民法의 規定態度
3. 民法上의 委任規定의 存在意義
4. 委任契約의 種類
Ⅱ. 委任契約의 性質
1. 無 償 性
2. 諾成, 不要式의 契約
3. 繼續的 契約
Ⅲ. 委任과 다른 法律制度와의 關係
1. 委任과 代理와의 關係
2. 雇傭, 都給과의 구별
Ⅳ. 委任의 沿革 및 立法例
1. 로마法上의 委任
2. 게르만法과 獨逸法上의 委任
3. 瑞西法의 委任
4. 佛蘭西法의 委任
5. 舊民法上의 委任
Ⅴ. 關聯問題
1. 委任의 範圍
2. 白紙委任狀의 問題
3. 委任事務와 利益의 歸屬
4. 復委任의 許否
5. 委任에 親하지 않은 法律行爲

Ⅰ. 一 般 論

1. 委任契約의 本質

(1) 概 要

委任(獨逸語로는 Auftrag)은, 위 法條文이 明示하고 있는 바와 같이, 當事者의 一方이 法律行爲 其他의 事務의 處理를 相對方에게 委任하고 相對方이 이를 承諾함으로써 效力이 생긴다. 즉 委任契約은 原則的으로 片務·無償·諾成·不要式의 契約이다. 그러나 例外的으로 報酬를 支給하기로 하는 特約이나 慣習이 있다면, 雙務·有償契約이 된다. 一般的으로 契約에는 諾成·不要式의 契約이 많다는 점에 비추어 보면, 委任은 原則的으로 片務·無償의 契約임이 그 특징이라고 말할 수 있다.

(2) **委任契約의 淵源**

사람들의 社會生活은 자신의 能力만으로 이루어질 수 없고 다른 사람의 힘을 빌리는 것이 必然的으로 要求되므로, 다른 사람에게 일을 부탁할 수밖에 없다. 이와 같은 緣由로 委任契約이 誕生하는 것이다. 이와 같이, 他人의 勞務를 이용하는 契約이 委任契約이다. 그런데 一般的으로 委任은 그 沿革的인 側面에서도 알 수 있듯이, 他人의 特殊한 知識·經驗·才能 따위를 目的으로 하는 知能的인 高級勞務를 利用하는 關係(예컨대, 醫師나 辯護士의 一般人에 대한 勞務提供關係)이다. 委任이 原則的으로 無償이고, 有償은 例外的이라는 것도 이러한 점과 關聯이 있다. 그러나 他人의 特殊한 知識·經驗을 利用하는 것만 委任契約이 될 수 있는 것은 아니다. 委任契約의 例는 醫師나 辯護士의 勞務提供關係뿐만 아니라, 結婚仲媒者의 一時的·好意的인 勞務提供이나 不動產仲介人의 仲介勞務 등에서도 발견되는 것이다.

委任契約의 當事者들은 報酬를 받는 경우가 있어도 반드시 事前에 報酬를 特約하는 것은 아니다. 비록 이들이 事後에 謝禮를 받는 일이 있어도 이는 반드시 事前에 報酬를 約定하였기 때문이 아닌 것이다.

(3) **委任과 類似한 契約**

委任은 他人의 勞務를 이용하는 契約이라는 점에서, 雇傭이나 都給과 同一한 範疇에 속한다. 그러나 雇傭은 使用者에게 從屬되어, 그의 指揮命令대로 勞務를 提供하는 關係이지만, 委任은 一般的으로 受任人에게 勞務의 내용이 대체적으로 委任되어, 具體的인 勞務의 內容은 受任人의 裁量에 따라 이루어진다는 점에서 雇傭과 다르다.[1] 즉 雇傭에 있어서는 勞務 그 自體의 供給을 目的으로 하지만, 委任은 委託된 目的을 위하여 事務를 處理하는 것이고, 그 目的의 範圍 내에서 受任人 스스로 事務處理方式 등에 관하여 裁量權을 갖는다는 점에서 특징이 있다.

한편 都給은 일의 完成을 目的으로 하므로, 일이 完成되지 않는 한 報酬를 받을 수 없지만, 委任은 반드시 일이 完成되어야만 하는 것은 아니므로, 그 目的達成 與否를 不問하고 일을 遂行하기만 하면 족한 것이다. 그러기에 受任人이 중도에서 委任事務의 遂行을 中止하더라도 이미 遂行한 部分에 相應하는 報酬를 받을 수 있다.[2] 이 점이 都給과의 가장 중요한 差異點이다. 原則的으

1) 日 新版注釋民法(16), 206.
2) 郭潤直, 442.

로 都給의 경우는 일의 完成이 必要하기 때문이다(그러나 例外的으로 建設工事都給契約의 경우는, 일이 완성되지 않더라도 特別한 事情이 없는 한 이미 遂行한 部分에 相應하는 報酬를 받을 수 있다는 점에서 委任의 경우와 類似하다).

그렇지만 위 3者間의 위와 같은 차이점이 반드시 明白한 것은 아니어서, 실제의 사안에서는 委任과 都給, 委任과 雇傭을 區別하기 어려울 때가 많다. 한편 委任은 他人의 勞務를 利用한다는 점에서 都給과 雇傭을 널리 포함한다고도 말할 수 있다. 그러기에 委任에는 雇傭的 委任과 都給的 委任이 있다고 하는 學說도 있다.[3]

(4) 委任契約에 있어서의 信賴關係의 絶對性

委任人이 그의 事務의 處理를 受任人에게 委託하는 것은, 受任人의 人格·識見·知能·技倆 등에 관한 特別한 對人的 信賴를 基礎로 하는 것이다. 이 점은 受任人의 委任人에 대한 關係에 있어서도 마찬가지이다. 이와 같이 委任은 그 本質上 當事者 사이의 人的 信賴關係를 基礎로 하는 것이기 때문에, 이 점에서 雇傭契約이나 都給契約과 질적으로 다르다.[4] 이와 같은 當事者間의 信賴關係의 絶對性은, 受任人에게 委任事務를 特別히 愼重하게 處理할 것을 要求하게 되며, 具體的으로는 受任人의 善管注意라는 엄한 責任으로 나타난다(民 § 681). 이 점에서 다른 無償契約에서는 一般的으로 責任이 輕減되는 것과 對照的이다.[5] 즉 贈與者와 使用貸主의 擔保責任은 減輕되며(民 §§ 559, 612), 특히 無償의 任置에 있어서 受置人은 "自己財產과 同一한 注意"를 할 責任이 있을 뿐이나(民 § 695), 受任人은 有償의 경우는 물론이고 無償의 경우에도 언제나 善良한 管理者의 注意義務가 要求된다. 이것들은 모두, 委任이 當事者의 特別한 人的 信賴關係를 核心으로 하는 것이라는 점에서 由來하는 것이다.

2. 民法의 規定態度

우리 民法은 委任의 意義에 관하여 包括的인 1개의 規定을 두고 있다. 반면에, 舊民法은 物件의 賣買나 賃貸借와 같은 法律行爲의 處理를 委託하는 것을 本來의 委任이라고 하고(舊民 § 643), 法律行爲가 아닌 事務의 處理의 委託을 目的으로 하는 경우에는 이를 準委任이라고 하여, 委任과 準委任을 區別하였다(舊民 § 656). 이것은 아래에서 보는 바와 같이 日本法과 同一한 立法態度이다. 그러나 舊民

3) 廣中, 249.
4) 註釋債各(Ⅱ), 454.
5) 郭潤直, 445.

法上으로도 委任과 準委任이 다르게 다루어지지 않았기 때문에, 法律上 또는 事實上 어떤 차이가 있었던 것은 아니다.

日本民法은, 委任을 "法律行爲를 할 것을 委託하는 契約"으로 規定하고 있으며(日民 §643), 法律行爲 이외의 事務를 委託하는 것은 準委任이라고 하여 委任에 관한 規定이 準用되는 것으로 規定되어 있다(日民 §656). 이와 같이 法律行爲와 그 이외의 事務를 준별하는 規定을 두고 있기는 하지만, 委任과 準委任 사이에는 法律上으로나 實際的으로 特別히 區別할 實益이 없다. 그렇기 때문에 日本法上으로도 委任이라고 하면 널리 事務處理를 委託하는 契約이라고 理解되고 있다.[6]

3. 民法上의 委任規定의 存在意義

(1) 委任契約의 分化

위에 열거된 例는 委任關係의 典型的인 것들이다. 그런데 오늘날, 社會的·經濟的 活動이 복잡 다기해짐으로써, 委任의 모습도 더욱 다양해졌다. 한편, 委任關係의 特質은 雇傭, 都給, 賃貸借나 使用貸借 등 다른 法律關係 속에도 浸透되어 들어가고 있다. 즉 雇傭, 都給契約 등에서도 委任的 特質을 相當部分 발견할 수 있는 것이다. 이와 같이 委任의 特殊한 類型이 獨立한 制度로서 發達·確立되어 商法 기타의 特別法 속에 포함됨에 따라, 民法의 委任에 관한 規定은 그 適用의 餘地가 거의 없게 되었다. 예컨대 去來의 仲介나 委託賣買는 일찍부터 特殊한 營業으로서 成立하였으며(中世末에서 近世初에 걸쳐 成立하였다고 한다), 그에 관한 契約은 特殊한 類型을 이루어 商法에 포함되게 되었다. 우리 商法도 仲介行爲와 委託賣買 其他의 周旋行爲를 基本的 商行爲로 規定하고(商 §46 xi·xii), 다시 仲介業(商 §93 이하),[7] 委託賣買業(商 §101 이하), 그리고 運送周旋業(商 §114 이하)에 관하여 자세히 規定하고 있다. 한편, 商人과 金融業者 사이의 送金 또는 送金委託에 관한 關係는, 어음이나 수표라는 대단히 合理的인 制度로 발달하여, 오늘날 각각 特別法에

---

6) 日 新版注釋民法(16), 206.

7) 仲介業에 관하여는 注意할 점이 있다. 商 §93에 의하면 他人 사이의 "商行爲"의 仲介를 營業으로 하는 것이 仲介業이다. 따라서 商行爲 이외의 사항의 仲介(就職의 斡旋이나 婚姻의 仲媒 등)에 관하여는 商法이 적용될 수 없다. 그리하여 이러한 이른바 "民事仲介"에 관하여 따로 規定하는 立法例도 있다. 예컨대 獨逸法은 商法에서 商事仲介人에 관하여 規定하면서(獨商 §§93, 104), 한편 民法에서는 仲介契約을 일종의 典型契約으로 規定하고 있다(獨民 §§653-657). 그러나 學者들은 이를 委任의 일종으로 보고 있다. 우리 民法에는 民事仲介에 관한 特別規定이 없다. 그러나 民事仲介는 委任의 일종이므로 民事仲介에 대하여는 民法의 委任規定이 적용되어야 할 것이다.

서 規制되고 있다.[8]

(2) 委任規定의 存在意義

그렇기에 이제 民法上의 委任規定은 他人의 事務處理에 관한 法律關係의 通則이 되고 말았다. 즉 委任規定의 存在意義는 위와 같이 分化된 特殊한 委任關係의 基礎的이면서도 補充的인 規定이라는 데서 찾을 수 있을 것이다.

여기서 "基礎的"이라는 意味는, 民法상의 委任의 規定은 앞서 든 特殊한 類型 이외의 委任契約에 널리 適用되는 것이라는 意味이다. 그리고 "補充的"이라는 意味는, 他人의 事務의 處理라는 法律關係가 委任契約에 의하지 않고서 발생하게 되는 경우에도 委任의 規定이 準用된다는 점을 뜻한다. 여기서 그러한 例를 들어 보면 다음과 같다.[9]

첫째, 不動產仲介의 委任關係에 대하여는 오늘날 不動產仲介業法이라는 特別法이 이를 規制하고 있으므로 不動產仲介業法이 우선적으로 適用될 것이지만, 그 실체적인 委任關係는 여전히 民法上의 委任規定이 基本을 이루고 있는 것이며, 不動產仲介業法上 規定이 없는 事項에 대하여는 民法規定이 適用되는 것이다.

둘째, 親權者에 의한 子의 財產의 管理(民 §919), 法定後見人에 의한 被後見人의 財產의 管理(民 §§ 956, 959), 일정한 경우의 相續人에 의한 相續財產의 管理(民 § 1048 II) 등과 같이, 일정한 자가 法律의 規定에 의하여 당연히 他人의 事務를 處理하여야 할 경우에, 民法은 委任의 規定을 準用하는 것으로 하고 있다.

셋째, 指定後見人(民 §§ 956, 959), 指定 또는 選任에 의한 遺言執行者 등(民 §§ 1103, 1104)과 같이, 家庭法院 또는 第3者에 의하여 選任 또는 指定된 자가 他人의 事務를 處理하는 경우에도 民法의 委任의 規定은 準用된다.

넷째, 그 밖에도 委任이 아닌 다른 典型契約關係에 있는 자들 사이에 역시 委任의 規定을 準用하는 수가 많다. 受置人의 權利義務(民 §701), 業務執行組合員의 權利義務(民 §707), 運送周旋契約[10] 등은 그 例이다.

---

8) 郭潤直, 446.

9) 郭潤直, 446.

10) 判例를 보면, "商法 제46조 제12호, 제114조에 의하여 자기의 명의로 물건운송의 주선을 영업으로 하는 상인을 운송주선인이라고 하고, 여기서 주선이라 함은 자기의 이름으로 타인의 계산 아래 법률행위를 하는 것을 의미하는 것이므로, 운송주선계약은 운송주선인이 그 상대방인 위탁자를 위하여 물건운송계약을 체결할 것 등의 위탁을 인수하는 계약으로 민법상의 위임의 일종이기 때문에, 운송주선업에 관한 상법의 규정이 적용되는 외에 민법의 위임에 관한 규정이 보충적용된다"고 한다(大判 87. 10. 13, 85다카1080(公 813, 1691)).

(3) 그러나 여하튼, 오늘날 委任의 民法規定이 그 重要性을 喪失하고 말았다고 말할 수 있다. 그 이유는 무엇인가? 委任의 內容들이 分化되어 獨立되어 나가고, 이제 그 分家하지 않고 남아 있는 몇몇 식구들만이 委任으로 殘存하고 있기 때문이다. 그렇지만 事實上 委任의 家系는 매우 위대하다. 현재 民法典에 있는 都給·雇傭 등도 광범위하게는 委任의 한 分野라고 말할 수 있고, 商法典의 任置, 仲介, 會社와 理事와의 關係 등도 모두 委任의 한 領域이어서, 窮極的으로는 民法上의 委任의 規定이 補充的으로 適用될 수 있는 것이다. 요컨대 民法上의 委任은 매우 유서깊은 家系로서 그 전통을 分家된 것들에 傳授하고 있기는 하지만, 分家로 인하여 그 勢力이 事實上 거의 消滅한 집안인 것이다.

4. 委任契約의 種類

(1) 委任契約의 例

委任事務內容은 거의 無制限이다. 즉 委任은 모든 法律關係에 미치는 包括的인 性質을 가지고 있다. 不動産을 포함한 각종 物件의 賣買, 管理, 賃貸借 등의 法律行爲의 委託은 물론, 訴訟의 委託, 登記의 申請, 債權의 推尋, 公認會計士에의 會計調査의 委託, 財産目錄作成의 委託, 治療의 委託, 學校經營의 委託, 幼兒養育의 委託 등의 事務의 處理에 대하여도 委任이 成立한다. 이 밖에도 株式去來所 仲介人과 注文者와의 關係, 組合의 理事와 組合과의 關係, 中學校建設促進會와 會員과의 關係, 手票契約에 있어서 發行人과 支給人과의 關係, 電信送金契約에 있어서 送金依賴人과 銀行과의 關係 등을 그 例로 들 수 있다.[11] 學校長으로서 지는 學生들에 대한 訓育業務도 여기에서 말하는 事務에 포함되므로, 私立學校 經營者와 校長과의 關係도 雇傭으로 보기보다는 委任으로 봄이 相當하다는 것이 日本의 判例·學說이다.[12]

國選辯護人의 경우는 어떠한가? 日本判例[13]에 의하면, "國選辯護人의 選任에 기한 法律關係에 대하여는 民法의 委任의 規定이 適用되지 아니한다"고 한다. 즉 法院이 國選辯護人을 選任하는 것은 裁判의 形式으로 하는 處分 내지 訴訟行爲이며, 法院 내지 나라와 國選辯護人間에는 委任契約이 締結되는

11) 註釋債各(Ⅱ), 453.
12) 日大判 昭 14(1939). 4. 12(民集 18, 397): 이 判例는 "私立學校의 經營者와 校長과의 法律關係는 準委任關係이다"라고 判示하였다.
13) 日最判 昭 29(1954). 8. 24(民集 8-8, 1549).

것이 아니라고 判示하고 있다.

(2) 위 事例에서 볼 수 있는 바와 같이, 一般的으로 他人의 事務를 處理하는 것을 目的으로 하는 法律關係에는 다소라도 委任關係가 포함되어 있다. 그런데 經濟去來關係의 발달과 더불어 생긴 大量去來에 의한 契約關係의 多樣性이나 類型行爲의 反復繼續性 및 契約自由의 原則과 債權契約의 非強行性에 의하여 이러한 法律關係는 각종의 無名契約으로 分化하여 각각 固有의 契約類型을 형성하고 있다. 이러한 無名契約(當座預金契約·電信送金契約 등)은 各各의 特性이 있으므로, 이러한 契約에 있어서는 當事者의 約定書, 免責約款 또는 去來의 慣習이 作用하는 範圍가 크다. 또한 注意義務의 내용과 정도도 個個의 契約에 따라 달라질 수밖에 없다.[14)]

(3) 民事的 委任과 商事的 委任 등

委任은 民事的 委任과 商事的 委任, 團體的 委任 등으로 分類될 수 있다.[15)]

㈎ 民事的 委任에는 不動產賣買의 仲介契約, 不動產管理契約, 辯護士에의 訴訟委任, 辨理士나 法務士에의 特許出願이나 登記節次의 委任, 醫師에의 治療委任,[16)] 幼兒의 監護養育의 委託 등을 들 수 있다.

㈏ 商事的 委任에는 株式 내지 商品去來仲介人에의 株式과 商品賣買의 委託,[17)] 運送委託業者에의 運送委託, 어음·수표의 發行人의 支給人에의 支給委託 등을 들 수 있다.

㈐ 團體的 委任에는 產業組合의 理事에의 業務委託, 株式會社와 理事와의 關係, 私立學校 經營者와 校長과의 關係 등이 있다. 그리고, 車輛을 持込하는 法律關係에 있어서, 持込車主와 持込會社와의 關係를 委任으로 봄이 相當하다. 判例[18)]의 立場도 이와 같다.

14) 註釋債各(Ⅱ), 453

15) 日 新版注釋民法(16), 207.

16) 大判 88.12.13, 85다카1492(公 840, 88)은 "의사가 환자에게 부담하는 진료의무는 질병의 치료와 같은 결과를 반드시 달성해야 할 결과채무가 아니라 환자의 치유를 위하여 선량한 관리자의 주의의무를 가지고 현재의 의학수준에 비추어 필요하고 적절한 진료조치를 다해야 할 채무, 이른바 수단채무라고 보아야 한다. 그러므로 진료의 결과를 가지고 바로 진료채무불이행사실을 추정할 수는 없으며, 이러한 이치는 진료를 위한 검사행위에 있어서도 마찬가지이다"라고 判示하였다.

17) 大判 91.5.24, 90다14416(公 900, 1725)는 "고객이 증권회사직원을 통하여 매매거래구좌설정계약을 체결하고 그에게 송금하여 주식을 매수하고, 위 직원은 위탁자로부터 그 거래구좌의 통장 및 인감을 건네받아 주식의 매입, 매도 등 거래전반에 관하여 위임을 받은 후, 위탁자 명의로 거래를 계속해 왔다면, 위탁자와 증권회사 사이에 증권매매위탁약정이 성립되었다 할 것이다"라고 判示하고 있다.

18) 大判 88.12.27, 87다카3215(公 842, 230).

Ⅱ. 委任契約의 性質

1. 無 償 性

(1) 概 觀

委任契約은 片務·無償의 契約임이 原則이며, 例外的으로 有償契約이 된다. 受任人의 報酬는 그것을 特約한 경우에만 請求權이 발생한다. 委任이 無償契約이면 片務契約이 되고, 有償契約이면 雙務契約이 된다.

(2) 無償性의 沿革

이러한 委任의 無償性은 다분히 沿革的인 데에서 由來한 것이다. 즉 로마법상으로는 "無償契約이 아니라면 委任은 無效"라는 法則이 지배하였다.

獨逸民法에서도 無償原則이 維持되어, 無償契約이라는 점이 委任契約의 要件으로 되어 있다.[19] 그리하여 獨逸民法上으로는 그 契約이 有償이라면 雇傭이나 都給에 속하게 된다. 그러나 이들은 雇傭契約이나 都給契約에서도 委任의 規定을 準用함으로써 그로 인하여 생길 수 있는 문제를 해결하고 있다.[20] 그러나 獨逸을 除外한 대부분의 나라에서는 委任契約에 대하여 無償의 原則을 견지하되, 特約이나 慣習에 따라 有償契約이 될 수 있는 餘地를 남겨 놓고 있다.[21]

이와 달리, 伊民 §1079는 有償을 推定하고 있고, 英美法上으로는 代理人이 一般的으로 報酬請求權을 가지고 있다. 또 우리 民法上으로도 受託者가 商人이라면 報酬特約이 없어도 相當한 報酬를 請求할 수 있다. 한편 뒤에서 보는 바와 같이 우리 判例는, 辯護士에 대하여는 報酬의 特約이 없어도 默示的으로 報酬支給의 合意가 있는 것으로 보고 있으므로, 結果的으로 우리 大法院은 辯護士委任契約을 有償契約으로 推定하고 있는 셈이다(日本 判例[22]도 또한 같다).

(3) 無償性의 實像과 虛像

그런데 모든 委任契約이 片務·無償의 契約인 것은 아니다. 報酬에 대하여 特約·慣習이 있으면 雙務·有償契約으로 된다. 즉 民法上 委任契約은 無償을 原則으로 하고 有償을 例外로 한다. 이 점이 委任契約의 가장 큰 특징이다. 그

---

19) 獨民 §662.
20) 獨民 §675.
21) 佛民 §1986; 瑞債 §394 Ⅲ; 墺民 §1004.
22) 日大判 昭 14(1939).2.15(判決全集 6-6, 18).

런데 委任의 無償性에 관련하여 다음과 같은 점들을 注意할 필요가 있다.[23]

첫째, 民法이 無償의 委任을 認定한다고 하여, 그것이 法律上의 拘束力이나 效力이 전혀 없는 非法律關係인 單純한 "好意關係"를 뜻하는 것은 아니며, 無償의 委任도 受任人이 善管注意義務를 가지고 事務를 處理하여야 할 "債務"를 부담하는 法律關係임을 意味한다. 물론 우리의 일상생활에 있어서 單純한 好意關係에 지나지 않는 事務處理의 委任關係를 흔히 볼 수 있다(친구에게 서신의 발송을 부탁한다든가 또는 차 속에서 옆자리의 사람에게 어느 역에서 깨워달라고 부탁하는 경우 등). 따라서 그러한 好意關係가 아닌 法律關係로서의 無償의 委任이 成立하기 위하여는, 當事者에게 法律關係를 成立시키고자 하는 意思가 있음이 認定되어야 한다. 이것은 具體的인 경우에 去來의 慣行과 그때 그때의 事情을 考慮하여 判斷할 問題이다.

둘째, 委任은 無償을 原則으로 하기 때문에, 委任關係에 의하여 受任人에게 어떤 經濟的인 負擔을 주거나 損失을 주어서는 안 된다는 것이다. 民法이 委任人에게 受任人이 支出한 必要費의 償還義務와 그 先給義務를 認定하고(民 §§ 687, 688), 다시 委任事務의 處理에 있어서 받은 受任人의 損害를 賠償할 義務를 認定하는 것은 이 때문이다(民 § 688).

셋째, 委任은 無償을 原則으로 한다고 하지만, 실제로 있어서는 有償契約이 압도적이고 또한 보통이다. 無償의 委任이 作用하는 것은 주로 知己, 親舊, 親族, 隣人 사이와 같은 非經濟的 社會生活關係에 있어서이다. 그러나 이 경우에도 社會生活의 실제에 있어서 어떤 形式의 것이든 일정한 謝禮가 交付되는 것이 보통이다. 이 때에 그 謝禮가 事務處理의 對價이냐 아니냐는 當事者의 意思의 解釋問題이다. 한편 經濟的 生活關係에 있어서는 明示的·默示的으로 報酬의 特約이 있는 것이 보통이다. 오늘날 他人의 일을 해 주면서 無償으로 한다는 것은 오히려 예외적인 현상이기 때문이다. 즉 社會現實上 委任契約은 有償이 原則이고 無償이 例外라고 함이 相當하다. 비록 그 報酬가 적더라도 대부분의 委任契約에서 報酬支給의 特約이 있으며, 순수한 無償契約은 매우 드물다. 특히 委任事務가 受任人의 營業 내지 業務에 관련되어 있는 경우에는 有償이라고 보는 것이 社會通念 내지 去來의 慣行이다. 民法이 原則으로 하는 無償委任은 일상생활에 있어서 法律的·經濟的 比重을 잃고 있다.

그럼에도 우리 民法上 委任契約은 無償이 原則이고 有償이 例外라고 되어 있다. 결국, 우리는 委任을 통하여 法律과 現實이 乖離하고 있는 현상의 한 단

23) 郭潤直, 444-45.

면을 목격하고 있는 것이다. 그러면 이러한 현상이 생기는 이유는 무엇인가? 그것은 委任契約의 歷史性에서부터 由來한다. 그러므로 委任契約과 관련하여서는 그 歷史性의 考察이 가장 먼저 필요하다(이에 대하여는 뒤에서 보기로 한다).

(4) 無償契約으로서의 例外的 特質

委任契約에서는 그것이 無償契約인지의 與否를 不問하고, 受任人은 善管注意義務를 진다(無償契約임에도 불구하고 善管義務를 진다는 점은 다소 不合理하게 보일 수도 있다). 委任契約은 相對方을 위해서 하는 이른바 好意契約이기 때문이다. 이것이 委任契約의 가장 큰 특징이라고 말할 수 있다. 왜냐하면 委任을 除外한 다른 無償契約에서는 有償契約과는 달리 注意義務가 輕減되어 있는 것이 一般的이기 때문이다. 예컨대 有償任置에서는 受置人에게 善管注意義務가 부과되지만, 無償任置에서는 "自己의 財產과 同一한 注意"만이 부과되고 있는 것이다. 이 점에서는 우리 民法의 態度가 日本民法이나 瑞西民法의 그것과 同一하다. 그렇지만 伊太利民法과 佛蘭西民法은 "過失에 관한 責任은 無償의 受任人에 대하여는, 報酬를 받는 자에 대한 경우보다 輕減된다"라고 規定함으로써,[24] 다소 다른 態度를 취하고 있다.

2. 諾成, 不要式의 契約

委任契約은 委任人과 受任人간의 合意에 의하여 成立되며, 아무런 形式을 必要로 하지 않는다. 委任契約은 明示 또는 默示의 意思表示에 의하여 成立한다. 예컨대 不動產의 登記名義人이 學生이라면 그의 아버지가 이를 處分·浪費할 염려가 있어 특히 다른 사람에게 管理를 委任하였다는 경우에 있어서는 特別한 事情이 없는 한 그는 留學次 出國할 때에 위 不動產에 대한 管理權을 그 아버지에게 默示的으로 委任하였다고 推定하여도 무방하다.[25]

본래, 無償契約의 경우는 要式 또는 要物契約인 경우가 많다. 예컨대 消費貸借나 使用貸借, 任置 등은 要物契約이다(다만, 消費貸借나 任置의 要物性은 有償이냐 無償이냐를 不問한다). 또 贈與는 비록 諾成契約이지만, 書面에 의한 贈與約定은 取消할 수 없고, 이미 履行한 部分에 대하여는 取消할 수 없다고 함으로써, 단순히 口頭에 의한 경우와는 效果를 달리하고 있다. 그럼에도 委任이 諾成契約이라는 점은 특징적이라고 말할 수 있다.

물론 辯護士에 대한 委任契約처럼 委任狀을 주고 받는 것이 普遍化된 契

24) 佛民 §1992.
25) 大判 70.10.30, 70다1174(總 4-1(A), 736-4).

約關係도 있기는 하지만, 이것이 委任契約의 要件은 아니다. 이것은 단지 委任을 하였다는 證據에 지나지 않는 것이고, 要件에 해당되는 것은 아니기 때문에 그러한 事由로 辯護士에 대한 委任契約이 要式契約이 된다고 말할 수 없다. 이 경우에도, 委任契約의 內容을 確定함이 없이 그 必要事項을 記載하지 않고 空白으로 하여 交付하는 소위 白紙委任狀이 이용되는 경우가 많다. 白紙委任狀에 의한 委任도 有效하다. 一般的으로 效力發生要件인 事實은 반드시 契約成立時에 同時에 完備됨을 要하는 것은 아니고 차차 具備되어도 무방하므로, 受任人 또는 委任事項을 空白으로 하여 두고, 후에 그것이 記入될 때에 確定되어 그 때에 委任이 效力을 發生한다고 보아도 아무 상관이 없기 때문이다. 또한 辯護士에 대하여 委任契約과 함께 着手金을 交付하는 경우가 많지만, 그렇다고 하여 이것이 要物契約인 것은 아니다.

3. 繼續的 契約

委任事務는 통상 繼續的인 事務이다. 그래서 委任契約은 繼續的 契約이 될 수밖에 없다. 따라서 委任解除의 效果는 遡及하지 않는다. 또한, 중도에서 受任人의 歸責事由가 아닌 事由로 委任關係가 終了된 경우에는 委任人은 이미 履行된 部分에 相應하는 報酬를 請求할 수 있는 것이다(다만, 報酬支給의 特約이 있을 경우). 그러나 반면에, 當事者는 相對의 信賴性에 疑心을 가질 때에는 理由를 밝힐 必要 없이 任意로 委任을 解除할 수 있다.

Ⅲ. 委任과 다른 法律制度와의 關係

1. 委任과 代理와의 關係

(1) 歷史的 關聯性

委任은 예로부터 代理制度와 밀접한 關聯을 가지고 있는바, 이 점의 理解를 위하여는 歷史的인 考察을 필요로 한다.

오늘날 代理라고 하면 통상 直接代理를 의미하지만, 넓은 의미의 代理 속에는 直接代理 외에 間接代理가 포함되어 있으며, 이 間接代理가 委任과의 연결고리로서 작용한 것이다. 즉 委任은 로마법의 mandatum에서 발달한 것으로서, mandatum은 受任人이 委任人을 위하여 事務를 處理하는 契約이었다.

이 때, 委任人과 第3者와의 사이에는 아무런 直接的인 關係가 생기지 않았으며, 이것이 이른바 間接代理인 것이다. 그런데 로마법상 直接代理는 認定되지 않았기 때문에, 實質的으로는 mandatum이 直接代理의 機能을 하고 있었다.[26]

한편, 게르만법에서는 委任制度가 發達하지 못하였으며, 勞務供給契約으로는 雇傭과 都給만이 存在하고 있었다. 그러다가 近代에 이르러서는 게르만법상으로도 委任制度가 나타났는바, 이는 로마법을 받아들임으로써 비롯된 현상인 것이다. 그리고 17世紀에 이르러 獨逸에서 直接代理가 獨立한 制度로서 發展하여 認定되게 되었으나, 로마법의 mandatum이 間接代理關係였었기 때문에, 그 영향으로 委任契約과 代理關係를 같이 보게 되고 代理權을 委任의 本質的 構成部分으로 생각하였다. 그러나 獨逸普通法學은 兩者의 內容이 다른 것임을 차차로 認識하게 되었으며, 처음에는 兩者를 하나의 契約關係의 外部的 側面과 內部的 側面으로 보았으나(즉 代理를 委任의 對外關係로 이해하였음), Laband라는 學者가 이에 관한 學說을 定立한 이후에는 委任(獨語: Auftrag)과 代理權(獨語: Vollmacht)은 서로 같이 가는 일은 있어도 결코 必然的으로 結合하는 것이 아니며, 兩者는 서로 獨立하여 成立하고 獨自의 效力을 갖는 것이라 하여, 兩者를 觀念上 區別하게 되었다. 獨逸民法은 이러한 立場에서 代理權授與行爲(授權行爲)를 獨立한 單獨行爲로서 構成하고 있다. 그러나 舊民法은 Laband 이전의 學說에 따라서 委任과 代理를 規制하였다. 그러나 現行 民法은 그러한 舊民法의 態度를 止揚하고 있는 것으로 解釋되며,[27] 또한 代理와 委任을 區別하는 것이 判例[28]이자 通說[29]이다.

(2) **實際의 同伴關係**

그러나 이와 같은 委任과 代理의 區別은, 우리 民法의 態度나 그 解釋論에 있어서만 뚜렷할 뿐이다. 즉 觀念上으로만 委任과 代理가 別個의 것이다. 실제에 있어서는 兩者는 여전히 密接한 關聯이 있음을 잊어서는 안 된다. 去來의 慣行을 보면, 通常的으로 委任이 있으면 당연히 代理權의 授與가 따른다. 따라서 委任事務가 法律行爲(또는 準法律行爲)를 하여야 하는 것일 때에는, 그 事務處理에 있어서 第3者와 關係를 갖게 되는 한, 委任은 代理權의 授與를

26) 郭潤直, 442.
27) 民 §128 參照.
28) 大判 62. 5. 24, 4294민상251(要集 民 I-1, 169).
29) 郭潤直, 443 등.

隨伴한다고 새기는 것이 妥當할 것이다.[30)]

(3) 代理權의 授與가 委任契約에 의한 것인가, 單獨行爲에 의한 것인가에 대하여는 學說上 다툼이 있다. 물론 委任契約에 의하여 代理權이 부여되는 경우가 있다는 점에 대하여는 다툼이 없다. 그러나 代理權이 發生하는 경우만이 委任契約이 成立하는 것은 아니다. 委任契約 중 受任人이 委任人의 이름으로 法律行爲를 하는 것이 許容되어 있는 경우는 代理權도 授與되어 있다고 보아야 할 것이지만, 受任人이 自己의 이름으로 法律行爲를 할 때에는 代理權과는 상관이 없다. 그리하여 不動產賣買의 仲介 등에서는 代理權이 없는 것이 通常이고, 辯護士에의 訴訟事件의 委任, 法務士에의 登記事件의 委任, 辨理士에의 特許事件의 委任 등에서는 그 性質上 代理權이 있을 수밖에 없다.

(4) 委任에 隨伴하여 代理權이 授與되고 있을 때에는, 受任人이 하는 法律行爲의 效果는 代理의 規定에 따라 本人인 委任人에게 歸屬한다. 이에 反하여 代理權이 授與되고 있지 않을 때는, 受任人은 委任人의 計算으로 受任行爲를 하는데 그치며, 受任人이 한 行爲의 效果는 受任人 自身에 대하여 생기는 것으로서, 受任人은 스스로 取得한 權利·義務를 다시 委任人에게 移轉하게 되는 것이다. 判例[31)]는

> "지입차주가 그 지입된 차량을 직접 운행관리하면서 화물운송계약을 체결한 경우에 있어서 위 지입차주는 대외적으로는 그 차량의 소유자인 회사의 위임을 받아 운행관리를 대행하는 지위에 있는 것이므로 그 운행관리에 관한 행위의 법률상의 효과는 위 회사에 귀속되는 것이고, 운임 등 경제적 이익이 지입차주에게 귀속된다고 하여 법률행위의 효과까지도 그 귀속을 같이할 의도였다고 볼 수는 없다"

고 한다.

2. 雇傭, 都給과의 구별

委任은 一定한 目的 아래 統一된 勞務의 提供을 委託하는 것이므로 소위 勞務供給契約의 一種이다. 그러나 雇傭에 있어서처럼 勞務 그 自體의 供給을 目的으로 하는 契約과는 다르다. 즉 委任은, 統一된 勞務의 提供을 目的으로

30) 特約 기타의 特別한 事情이 있는 때에만, 例外的으로 代理權의 不存在를 인정하는 편이 자연스럽다.

31) 大判 88. 12. 27(註 18).

하는 것이니만큼, 그 目的의 範圍 내에서 受任人 스스로 다소의 自由裁量權을 갖는다는 점에서 雇傭과 다른 本質的 特色이 있다.

다른 한편, 事務의 處理가 一定한 目的과 結合하여 있다는 점에서는 都給과 비슷하다. 그러나 委任은 委託된 目的을 위하여 事務를 處理한다는 자체를 內容으로 하는 것이므로, 일의 完成을 內容으로 하는 都給과 다르다. 그러므로 委任은 原則的으로 第3者로 하여금 자기를 代身하여 事務處理를 하게 할 수 없고(民 §682), 또 일을 完成하지 못한다고 하더라도 履行의 比率에 따라 報酬를 請求할 수도 있다(民 §686 Ⅲ). 또한 委任은 雇傭이나 任置와 마찬가지로 繼續的인 契約關係이다. 繼續的 契約이라는 特色은 주로 解止가 遡及效를 가지지 않는 점에서 뚜렷이 나타난다.

Ⅳ. 委任의 沿革 및 立法例

1. 로마法上의 委任

委任契約은 로마법으로부터 시작된다. 로마법상 委任은 無償을 原則으로 하였다. 로마에서는 市民들이 軍人 등이 되어 外國에 出征함에 따라 그 財産管理에 관하여 親戚이나 親舊 등과 委任契約을 締結한 것을 始發로 하여, 즉 不在者의 財産管理를 중심으로 委任의 範圍가 점차 擴張되게 되었다. 결국 委任의 無償性은, 委任이 그 起源에 있어서 委任人의 營利行爲로서가 아니라 親戚이나 親舊간의 個人的 信賴關係에 기하여 發生한 것이라는 점에서 쉽게 그 뿌리를 찾아볼 수 있다.[32] 그러므로 그 勞務에 대한 報酬의 請求는 당연히 委任의 性格에 걸맞지 않았던 것이다. 그리고 이러한 無償委任의 현상은 오늘날에도 親戚·親舊간의 委任關係에서 얼마든지 발견될 수 있다. 그런데 이러한 歷史性이 그에 그치지 아니하고 그대로 法律에 뚜렷이 아로새겨져, 親戚·親舊간이 아닌 關係에까지 그대로 適用된다는 점에 現代 委任契約의 問題點이 있다.

또한 로마법의 委任契約(mandatum)에 있어서는, 그 委任事務의 內容은 自由人의 自由勞務(高級勞務)였다. 委任은 一般的으로 僧侶·敎師·技術者·醫師·辯護士 등 소위 自由勞務를 目的으로 한 것이었고, 따라서 이러한 高級勞

32) 日 新版注釋民法(16), 213.

務에 대하여는 賃金이 아니라 謝禮(Honorar)가 주어져야 한다고 생각되었다. 이 점에서 雇傭業務의 內容이 不自由人의 低級勞務인 것과 對照를 이루었고, 이에 따라 委任과 雇傭의 法律的 性格이 달라지게 되었다. 즉 委任事務의 內容이 自由人의 自由勞務(高級勞務)이니만큼, 그러한 勞務에 대하여 對價인 報酬를 要求하는 것은 自由人의 名譽에 걸맞지 않은 것으로 생각하였다(돈은 高貴한 것은 되지 못한다는 觀念은 東西古今을 막론하고 共通된다). 그러한 탓에, 유스티니아누스 皇帝가 만든 Digesta 17卷 1章 4節을 보면, 처음에는 無償을 委任契約의 絶對的 要素로 함으로써, "有償의 委任契約은 無效이다"는 趣旨로까지 規定하였다. 이러한 規定의 밑바닥에는 自由勞務의 給付에 대하여 對價로서 報酬를 구하는 것은 不名譽라는 생각이 깔려 있는 것이다.

그러나 이러한 觀念의 힘만으로는 委任契約에 따르는 報酬의 現實的인 必要性을 완전히 막을 길은 없었다. 그리하여 로마 後期의 帝政時代에 이르러서는, 謝禮(honorarium)의 約束이 있다고 하여 委任契約의 本質에 어긋나는 것은 아닌 것으로 되었다. 뿐만 아니라, 그러한 約束이 履行되지 않은 경우에 特別한 訴訟節次에 의하여 그 謝禮를 請求하는 것을 認定하기에 이르렀다.[33] 또한 그 謝禮는 事後에 賦與되는 것에 한하지 않고, 事前에 約束되어도 상관이 없었다. 그러나 이러한 것은 어디까지나 例外的인 것에 지나지 않았으므로, 委任이 無償이라는 基本原則이 흔들린 것은 아니었다.

한편 責任에 관한 側面을 보면, 古典時代의 로마법에 있어서는 受任人은 故意로 委任人의 信賴를 저버린 行爲에 대하여만 責任을 졌으나, 그 후 유스티니아누스법에 이르러 過失에 관하여도 責任을 지는 것으로 되었다. 요컨대 로마법에서는 委任이 無償임에도 불구하고 受任人은 故意뿐만 아니라 過失에 대하여도 責任을 졌던 것이다.

2. 게르만法과 獨逸法上의 委任

이러한 로마법을 이어 받은 獨逸에서는 普通法시대에 "謝禮를 주는 것이 對價의 支給에 該當되는가?", "謝禮를 주는 것을 內容으로 하는 委任도 委任이라고 할 수 있는가?"에 대하여 論爭이 있었다. 通說은, "委任은 必然的으로 無償이며, 謝禮는 對價가 아니다"라는 立場을 취하였다. 이에 따르면 謝禮는

33) 다만 謝禮의 請求를 通常의 委任의 訴(actio mandati)에 의하는 것은 不可能하였고, 非常訴訟(extraordinaria cognitio)에 의하여만 그 請求가 可能하였다.

市場의 交換價格에 相當하는 賃金이 아니고, 단지 金錢으로 換算할 수 없는 勞務給付의 好意에 대한 言外의 感謝 또는 尊敬의 表示에 지나지 않다는 것이다. 다른 學說은, "委任의 勞務에 대한 謝禮 내지 報酬는, 感謝의 表示가 아니라 生活扶助로서 그의 支給은 道德上의 義務이다"라는 態度를 보였다. 이에 따르면, "委任契約에 있어서의 謝禮의 支給은 賃金과는 다르다. 賃金은 勞務에 대한 反對給付이지만, 謝禮는 勞務給付를 可能하게 하는 手段에 지나지 않는다"는 것이다. 또한 兩說의 折衷說로서, "謝禮는 賃金(Lohn)은 아니고 感謝의 表示로서 計算하기 곤란한 費用의 賠償이다. 이는 受任人이 事務를 處理하는 동안의 生活費를 補助하는 機能을 한다"는 것도 있다. 또 다른 學說에 의하면, "謝禮는 비록 그것이 적은 額數이더라도 처음부터 그의 支給을 約束한다면 對價인 性質을 가지는 것이다. 따라서 委任無償의 原則은 고집하는 것은 이와 相容하지 아니하므로, 委任은 有償인가 無償인가를 不問한다고 보아야 한다"는 것도 있었다.

이러한 論爭의 渦中에서, 獨逸民法 第1草案 §586는 "委任人은 委任의 遂行에 대하여, 受任人에게 報酬를 支給할 義務를 질 수가 있다. 이 때 事情에 따라, 委任의 遂行이 報酬에 對應하여만 기대되는 경우에는, 默示的으로 報酬를 約束하는 것으로 볼 수 있다"라고 規定하였다. 第1草案 理由書를 보면, "普通法의 一部學說은 의연히 로마법의 無償의 原則을 固守하면서 이것이 委任과 雇傭을 구별짓는 特色이라고 하지만, 이미 普通法의 有力한 學者 내지 判例에 의하여 認定된 바와 같이, 嚴格한 無償의 要件은 現代의 法意識 내지 去來事情에 있어서는 더 이상 通用될 수 없다"라고 하고 있다. 그런데 同 草案 §585는 委任의 目的인 事務의 種類를 制限하지 않고, 널리 勞務 一般에 걸친다고 하고 있었기 때문에, 雇傭·都給·委任의 區別에 대하여 疑問이 생겨, 결국 第1草案의 §586의 有償委任에 관한 規定을 全部削除하고 §585에 "無償으로"라는 어귀를 덧붙임으로써 第2草案 §593가 탄생하게 되었다. 그리하여 獨逸民法典은 로마법의 無償의 原則을 그대로 채택하였던 것이다. 즉 獨民 §662는 無償委任만이 認定된다고 規定하였으며, 그 주된 이유는 勞務의 性質에 의한 區別만으로써는 雇傭과의 限界가 不分明하다는 점에 근거한 것이다.

이에 따라, 다른 立法例에서는 有償委任으로 處理되는 法律關係, 예컨대 醫師나 辯護士 등의 關係가 獨逸法上으로는 委任으로 規律될 수 없고, 雇傭이나 都給의 規定에 의할 수밖에 없게 되었는바, 이로 인하여 實際의 社會現實

과는 乖離가 발생하였다. 그리하여 獨逸民法은, 雇傭에 관한 規定 중에 高級勞務를 目的으로 하는 雇傭의 特則을 設定하는 一方,[34] 委任에 관한 規定 중에 새로이 獨民 §675를 둘 수밖에 없게 되었다. 이 條項에 따르면, 有償契約인 雇傭契約과 都給契約 가운데서도 事務處理를 目的으로 하는 경우에는, 委任의 規定을 準用하게 하였다. 즉 事務處理를 위한 有償委任을 雇傭·都給이라고 부르면서도 委任의 規定에 따르게 한 것이다. 그리하여 이전에 謝禮가 있는 委任과 雇傭·都給과의 區別이 問題였던 데에 비하여, 이제는 雇傭·都給 가운데 事務處理를 目的으로 하는가의 與否가 問題로 擡頭되게 되었다(그러나 이제 世界的으로는 이러한 獨逸法의 태도는 異例에 속한다).

그럼에도 獨逸民法은, "有責의 受任人은 輕過失에 대하여도 債務不履行에 의한 損害賠償責任을 負擔한다"고 規定하였다. 그러나 이 法文의 規定에도 불구하고 獨逸判例는 委任이 相對方의 利益을 目的으로 하는 契約인 점을 이유로 하는 등의 根據를 들어 이 責任을 輕減시키고 있다.

한편, 獨民 §662는 "受任人은 委託된 事務를 委任人을 위하여 處理하여야 할 義務를 負擔한다"고 規定하여 委任이 法律行爲에 限하지 않음을 명확히 하였다. 따라서 獨逸法上 法律의 禁止規定이나 善良한 風俗에 反하지 않는 한 法律的·事實的인 것을 不問하고 어떠한 行爲도 委任의 目的으로 할 수 있다고 解釋된다.

3. 瑞西法의 委任[35]

瑞債 §394는, 委任에 대하여 'ubertragenen Geschafte oder Dinste'라고 規定하고 있지만, 이는 法的 行爲나 法律行爲만이 아니라 순수한 事實上의 行爲도 給付의 目的이 될 수 있다고 解釋되고 있다. 同法 §394 Ⅲ에 의하면 "報酬는 約定 또는 慣習이 있는 때에 認定된다"는 것이지만, 同法 §398 Ⅰ은 雇傭契約에 관한 同法 §328 Ⅱ의 被用者와 同一한 責任을 規定하고 있기 때문에, 無償의 受任人도 똑같이 輕過失責任을 負擔한다. 더구나 同條 Ⅱ은 "受任人은 委任人에 대하여 委任事務를 忠實하고 注意 깊게 履行하여야 할 責任을 負擔한다"는 趣旨로 規定하였다. 그러나 同法 §99 Ⅱ은 責任의 정도를 受任行爲의 特別한 性質에 따라 정하여, 그 受任行爲가 債務者의 利益을 目的으

34) 獨民 §§622, 623.
35) 註釋債各(Ⅱ), 450.

로 하지 아니할 때에는 그것을 輕減한다는 뜻을 規定하고 있으므로, 이것에 의하여 受任人은 救濟될 수 있다.

4. 佛蘭西法의 委任

佛蘭西法에 있어서는 委任의 目的이 法律上의 行爲에 限定된다. 따라서 事實上의 行爲는 雇傭契約이나 都給契約의 目的이 됨에 그친다. 佛蘭西法이 委任을 法律行爲에 限定한 것은 로마법과 달리 代理를 認定한 결과, 委任의 目的을 代理에 한하기 때문이다. 佛蘭西民法도 "特約이 없는 한 委任은 無償으로 한다"라고 規定하여, 特約에 의한 有償委任을 認定한다.[36] 受任人은 一般的으로 過失에 대하여도 責任을 진다.[37] 그러나 過失의 標準은 注意 깊은 所有者의 注意이다.[38] 한편, 모든 受任人이 過失責任을 지기는 하지만, 無償의 受任人에 대하여는 有償의 受任人에 대해서보다 그것을 緩和할 수 있음을 規定하고 있다.[39]

5. 舊民法上의 委任

舊民法은 物件의 賣買나 賃貸借와 같은 "法律行爲"의 處理를 委託하는 것을 本來의 委任이라고 하고(舊民 §643), 法律行爲가 아닌 事務의 處理의 委託을 目的으로 하는 경우에는 이를 準委任이라고 하였다(舊民 §656). 결국 舊民法上으로는 法律行爲의 委託과 法律行爲가 아닌 事務의 處理의 委託을 구별하였던 것이다(이것은 日本民法의 規定과 同一하다). 그러나 兩者의 法律效果가 다른 것은 아니었기 때문에, 그것은 概念의 區別에 불과하였을 뿐, 실제적인 차이를 가져온 것은 아니었다.

이것은 委任의 本質, 특히 委任과 代理와의 關係를 올바르게 인식하지 못한 데에 由來하는 것으로서 不當하며, 現行 民法이 그러한 구별을 하지 않고서, 널리 "事務處理"의 委託을 委任으로 하고 있음은 지극히 妥當하다.[40]

---

36) 佛民 §1986.
37) 佛民 §1992 Ⅰ.
38) 佛民 §1137 Ⅰ.
39) 佛民 §1992 Ⅱ.
40) 郭潤直, 441.

V. 關聯問題

1. 委任의 範圍

委任의 範圍는 委任契約에 의하여 정해진다. 그러나 委任契約에 의하여 명확히 정해지지 않은 것은 意思解釋 등에 의하여 판단될 수밖에 없다. 그리하여 委任의 範圍에 관하여 많은 判例들이 나와 있다. 다음은 그 例이다.

① 연대보증용 인감증명의 발급을 위임하였으나 공증용 인감증명을 발급받아 본인을 연대보증인으로 하여 강제집행인낙의 취지가 포함된 금전소비대차계약에 관한 공정증서를 작성한 경우, 비록 공증용으로 인감증명을 발급받도록 동의한 바가 없다고 하더라도 연대보증용으로 발급받도록 동의한 이상, 이는 연대보증인으로서의 채무부담을 목적으로 한 것이므로 당초 위임의 취지에 반한다거나 그 위임의 범위를 벗어난 것이라고 할 수 없다.[41)]

② 매수인으로부터 매매대금을 지급받는 데 필요하다는 소외 갑회사의 직원의 요구에 응하여 매도인이 그 직원에게 대금수령확인서와 입금표를 작성하여 준 경우, 대금수령확인서는 매매대금수령에 관한 수령인백지의 위임장이며, 입금표는 매매대금의 영수증임이 명백하므로, 다른 특별한 사정이 없는 한 위와 같은 사정만으로도 매도인이 이 회사직원에게 매매대금의 수령권한을 위임하였다고 보아야 한다.[42)]

③ 원고가 소외 회사와의 소송을 변호사에게 위임함에 있어 원고승소로 완전해결하여 주는 것을 계약의 내용으로 하였다면, 의제자백판결이 확정되었다고 하더라도 항소추완의 신청이 있어 그 사건이 법원에 계속중이라면 수임사무가 완전히 처리되었다고 말할 수 없다.[43)]

④ 원고가 군에 입대할 당시에 가사처리 일체를 부에게 위임하였다고 하더라도 장래 있을지도 모를 소송행위까지 위임하였다고 인정할 수 없다.[44)]

2. 白紙委任狀의 問題

(1) 委任이 效力을 發生하기 위하여는 "누가 어떠한 事務의 處理를 누구

41) 大判 91. 2. 8, 90다85279(公 893, 956).
42) 大判 90. 2. 23, 88다카30108(公 870, 730).
43) 大判 62. 3. 22, 4294민상1012(集 10-1, 231).
44) 大判 58. 12. 11, 4290민상876(要集 民 I-2, 1038).

에게 委託하는가" 하는 것, 즉 委任人과 受任人, 그리고 委任事務의 內容이 確定되는 것이 必要하다. 法律行爲는 一般的으로 그 內容이 確定되지 않으면 效力을 發生할 수 없다고 하는 점에 비추어 보아도 이는 當然한 理致이다. 그러나 效力發生要件인 事實은 一時에 完備될 것을 要하는 것은 아니고 將來에 具備되더라도 지장은 없는 것이며, 그 全部가 完備되기에 이르렀을 때 그 效力이 發生할 뿐이다.

委任에 있어서도 이러한 理致에 따라 白紙委任狀이라는 것이 널리 盛行되고 있다. 즉 委任人이 누구에게 委託할 것인가, 무엇을 委託할 것인가 하는 점들을 스스로 確定시키지 않고, 그 部分을 空白狀態로 하여 他人에게 交付하는 委任狀이 白紙委任狀이다. 그리하여 그 委任狀을 取得한 者가 白紙를 補充하여 事務處理에 들어 가는 것이다.

(2) 受任人을 白紙로 한 것에는 대략 다음과 같은 3가지 種類가 있다.

첫째는 商法上 名義改書의 白紙委任이다.

둘째는 株主總會 기타의 會議體에 있어서의 議決權 行使를 白紙委任하는 것이다.

셋째는 代理人選任의 白紙委任이다. 契約當事者의 一方이 將來의 契約에 관하여 해야 할 協定이나 紛爭解決에 대하여 自己의 代理人이 될 者의 選任을 相對方에게 맡기는 形式의 白紙委任이 이것이다. 建物賃貸借를 하면서 장차 紛爭이 생기면 裁判上 和解를 하기로 하고 그 和解를 위한 代理人의 記載를 하지 아니한 채 委任狀을 賃貸人에게 交付하는 경우, 月賦販賣契約上의 物件買受人이 장차 일어날지도 모르는 訴訟을 위한 代理人의 選任을 白紙로 賣渡人에게 委任하는 경우 등이 그 예이다.

3. 委任事務와 利益의 歸屬

委任은 委任人 또는 第3者를 위한 것이다. 委任人을 위하여서만 事務가 委託되는 것은 委任이 아니다. 즉 受任人 自身의 事務는 委任의 目的이 될 수 없는 것이다. 그러나 여기서 중요한 것은 法律上의 效果이다. 즉 事務處理의 法律上의 效果가 委任人에게 생기는 한, 結果的으로는 受任人의 利益을 위한 것이더라도 委任이 成立하는 데에는 아무런 지장이 없다. 예컨대 債務者가 債權者에게 자기의 債權의 推尋을 委任하고, 그것을 가지고 자기의 債務의 辨濟에 充當하는 경우, 그 實際的인 利益이 受任人인 債權者에게 歸屬하더라도 事

務處理의 法律上의 效果는 일단 委任人인 債務者에게 歸屬되는 것이므로, 이 경우는 委任이 成立할 수 있다. 株式의 讓渡人이 讓受人에게 株式의 名義改書를 委託하는 경우도 그러한 例의 하나이다.

4. 復委任의 許否

委任人은 受任人을 信賴해서 事務處理를 委任하는 것이기 때문에, 原則的으로 受任人은 스스로 事務를 處理하여야 하고, 이를 다시 他人에게 委任해서는 안 된다(復委任의 禁止). 復委任의 權限이 없이 復委任을 한 경우에는, 復委任이 없었더라면 발생하지 않았을 것이라고 認定되는 損害는 全面的으로 受任人의 責任이 된다. 그러나 復委任權이 없는 경우에도 受任人은 履行補助者를 使用할 수 있다.

外國의 例를 보면, 佛民 §1994는 委任契約上 특히 禁止되어 있지 않는 한 復委任할 수 있다고 規定하는 일방, 復委任의 경우의 受任人의 責任에 대하여 規定하고 있다. 伊民 §1717도 같은 趣旨의 規定을 두고 있다. 그렇지만 原則的으로 復委任을 禁止하는 立法例에서도, 특히 復委任權을 賦與하는 경우나 事情에 의해 必要한 경우 등에는 復委任이 認定되고 있다.[45]

日本民法은 이에 대하여 特別한 規定을 두고 있지 않다. 그러나 日本民法上으로도, 委任事務를 完遂하기 위하여는 一定範圍에서 復委任이 認定된다고 解釋되고 있다. 여기에 대하여는 代理人의 復委任權의 規定이 類推適用된다고 한다. 우리 民法은 §682에서 委任人의 承諾이 있는 때, 또는 不得已한 事由가 있는 때에 한하여 復委任을 할 수 있다고 規定하고 있다.

5. 委任에 親하지 않은 法律行爲

婚姻·入養·離婚 등의 家族法上의 法律行爲(身分行爲)는, 그 性質上 本人 스스로 意思決定을 하여야 하는 行爲이다. 따라서 代理의 對象이 되지 않는 것과 같이 委任의 對象이 되지도 않는다. 그러나 그러한 것과 관련하여 書類를 提出하거나 調停과 審判을 申請하는 것, 訴訟을 提起하는 것 등 단순히 節次에 관하여 事務를 委託하는 것은 委任으로서 有效하다.

[李 在 洪]

45) 瑞債 §398 但.

第 681 條(受任人의 善管義務)

受任人은 委任의 本旨에 따라 善良한 管理者의 注意로써 委任事務를 處理하여야 한다.[1)]

차 례

Ⅰ. 序　說
Ⅱ. 具體的 內容
　1. 善管注意義務의 意義
　2. "本旨에 따라"의 意味
　3. 自身服務의 原則
Ⅲ. 善管注意義務의 具體的 事例
　1. 不動産仲介業者
　2. 辯 護 士
　3. 法 務 士
　4. 醫　師
　5. 債權推尋의 受任人
　6. 기타의 경우

Ⅰ. 序　說

(1) 우리 民法上 委任人은 委任의 本旨(뜻)에 따라 善良한 管理者의 注意로써 委任事務를 處理할 義務를 負擔한다.[2)] 無償委任의 경우에도 마찬가지이다(委任은 無償이 原則이라는 점에 유의). 이와 같이 善良한 管理者의 注意義務로써 委任事務를 處理할 債務를 負擔한다는 점에서 委任契約은 아무런 債務를 負擔하지 않는 이른바 '好意契約'과 다르다.

(2) 원래 委任은 그 性質上 一方當事者인 委任人의 利益만을 目的으로 하는 것이다. 一方當事者의 利益만을 위한다는 性質(好意的 性質)을 가진다는 점에서, 委任은 任置와 共通性을 가진다. 이와 같이 一方當事者의 利益만을 目的으로 하는 契約에서는 債務者는 故意 또는 重過失에 대하여만 責任을 負擔하고 輕過失에 대하여는 責任을 負擔하지 않는 것이 相當하다. 만약 그렇지 않으면 他人을 위하여 好意를 베풀 자가 적어지고, 이로 인하여 社會共同生活이 저해될 염려가 있기 때문이다.

(3) 그럼에도 불구하고, 無償의 委任人도 有償의 委任人과 같이 善管注意義務를 負擔토록 하고 있는 이유는 무엇인가? 그것은 委任契約의 特殊한 "信任關係"에서 由來하는 것이다. 따라서 契約의 無償·有償과는 直接的인 關係가 없는 것이다.

---

1) 外國法의 該當條文: 日民 §644; 佛民 §1992; 獨民 §§665, 276; 瑞債 §§398, 328.
2) 註釋債各(Ⅱ), 459.

우리 현실의 社會生活에 있어서도 受任人을 信賴하여 委託한 委任人은 가령 事實上 無償의 경우에도 有償의 경우와 똑같은 注意를 受任人에게 기대하는 것이 通常이다. 그리고 受任人이 이러한 委任人의 信賴에 부응하여 委任事務를 處理하는 이상, 受任人이 形式的으로 事務를 處理함으로써 족하다고 말할 수 없는 것은 當然한 일이다. 따라서 本條는 當然한 原理를 注意的으로 規定해 둔 것이라고 볼 수 있다.

(4) 원래 善管注意義務는 特約이 없는 한 注意義務에 관한 하나의 基準에 불과할 뿐이지, 그것 自體가 債務라고 할 수는 없다. 그러나 本條가 특히 注意義務에 관하여 명확히 規定함으로써, 無償委任의 경우에도 注意義務가 輕減되지 않는다는 점이 명백해졌고, 善管注意義務에 일종의 債務性이 부여되었다고 解釋되고 있다.

Ⅱ. 具體的 內容

1. 善管注意義務의 意義

善良한 管理者의 注意는 로마법의 "良家父의 注意"에 그 淵源을 두고 있으며, 佛蘭西民法의 "善良한 家父의 注意"(佛民 §1137 I)나 獨逸民法의 "去來에 必要한 注意"(獨民 §276)에 相當하는 것이다. 이는 民法上 注意義務나 過失의 標準의 한 種類로서, 이 注意義務를 게을리한 것은 抽象的 輕過失 내지 客觀的 輕過失에 해당하는 것이다.[3]

이것은 受任人의 직업·지위·지식 등에 있어서 一般的으로 要求되는 平均人의 注意義務를 가리키는 점에서는 抽象的이다. 그렇지만 각 具體的 경우에서는, 去來의 通念에 좇아 相當하다고 認定되는 사람이 가져야 할 注意의 정도를 말한다고 할 수 있다. 요컨대 抽象的인 一般人이 아니라 具體的 狀況에 있는 行爲者로서의 注意義務를 뜻한다.

이는 委任契約의 信任關係에서 특히 기대되는 誠實한 受任人이 갖는 注意義務라고 解釋된다. 具體的 輕過失과는 달리 受任人 個人의 개인적 기능이나 학력·경험연수·건강상태·성별 등의 主觀的 標準은 責任의 基礎가 되지 않는다. 그러나 委任事務의 各 分野에서의 高度의 職業的 分化나 各種 無名契約의

3) 日 新版注釋民法(16), 225.

出現, 學文이나 硏究의 進步에 따라 注意義務의 專門的 高度化는 부단히 진행한다. 따라서 善管注意義務라고 하는 白紙規範의 內容을 한마디로 단정하는 것은 不可能하다.

2. "本旨에 따라"의 意味

(1) 一 般 論

委任人은 委任의 本旨에 따라 委任事務를 處理할 債務를 負擔한다. 여기에서 委任의 本旨란 民 §390와 §460에서 말하는 "債務의 內容"과 같은 말이다. 요컨대 委任契約의 目的과 그 事務의 性質에 따라서 가장 合理的으로 處理하는 것을 意味한다.

그러나 그 具體的인 內容은 各各의 委任契約과 事例를 통해서만 確定될 수 있을 것이다. 예컨대 不動産仲介業者자는 賣渡 등 處分을 하려는 자가 眞正한 權利者와 同一人인지의 與否를 不動産登記簿와 住民登錄證 등에 의하여 調査·確認할 義務가 있는 것이다.[4]

(2) 委任人의 指示

㈎ 事務의 處理에 관하여 委任人의 指示가 있는 때에는, 受任人은 우선적으로 委任人의 指示에 따라야 한다. 委任人의 指示가 委任事務處理 以前에 이미 이루어졌든, 그 以後에 행해졌든 상관이 없다.

㈏ 그러나 이 指示에 따르는 것이 委任의 趣旨에 適合하지 않거나 또는 債務者에게 不利益한 때에는 곧바로 그러한 內容을 委任人에게 通知하고 指示의 變更을 要求할 수 있다. 事情이 급하여 그와 같은 通知와 變更要求를 할 여유가 없을 경우에는 例外이다. 그러한 경우에는 受任人에게 臨時의 必要한 措置를 취할 수 있는 權限과 義務가 있다고 새겨야 한다.[5] 獨逸民法과 瑞西債務法은 이를 명확히 規定하고 있다.[6] 따라서 이 경우에는 善管注意義務의 範圍 내에서 委任人의 指示에 따르지 않을 수 있고, 또 委任人에 의하여 委任된 範圍를 넘는 行爲를 할 수도 있다.[7] 委任人의 指示에 따르는 것보다 指示에 反하는 편이 委任人의 利益에 適合한 때에도, 그것이 根本的으로 委任의

4) 大判 92. 2. 11, 91다36239(公 917, 1000).
5) 郭潤直, 449. 日本의 通說도 同旨임.
6) 獨民 §665; 瑞債 §398.
7) 商 §49 參照.

本旨에 反하지 않는 한, 마찬가지로 委任人의 指示 등을 無視할 수 있다.[8]

3. 自身服務의 原則

(1) 우리 民法은 委任에 관하여 自身服務의 原則을 明文으로 規定하지는 않았다.[9] 그러나 委任契約에 있어서의 自身服務의 原則을 明文으로 規定한 立法例[10]도 있다. 그런데 委任에 관하여는 이러한 明文의 規定이 없더라도 이 原則이 適用된다고 봄이 相當하다. 信任關係에 基礎한 것이 委任이기 때문에 受任人 스스로 勞務를 提供함을 原則으로 하는 것은 당연한 것이다.[11]

(2) 그러나 이는 一般的인 경우에 適用될 原則에 불과하며, 委任人이 다른 사람에게 일을 맡겨도 좋다고 許諾한 경우에는 이 原則이 適用되지 않는다. 우선 消極的인 側面에서 본다면, 委任人의 許諾이 있는 이상 다른 사람에게 일을 맡기는 것을 금할 이유가 없기 때문이다. 또한 積極的인 側面에서 보면, 일정한 경우에 있어서는 다른 사람에게 일을 맡기도록 하는 편이 오히려 일의 處理가 순조롭고 빠를 수 있기 때문에 이를 장려할 경우가 생기는 것이다. 委任이 주로 受任人의 利益을 위하여 행하여지는 경우, 예컨대 債務者가 辨濟를 위하여 第3者에 대한 債權의 推尋을 自己의 債權者에게 委任하는 경우나 委任이 白紙委任狀으로 된 경우에는 그 讓渡性에 疑問이 없다.[12] 또한 委任關係가 當事者間의 個人的인 信賴關係를 넘어서 客觀的인 企業經營(회사·은행·상점·병원 등)을 受任人에게 委託하고 있을 때에는 그 地位의 讓渡는 善管注意義務에 違反되지 아니하며 一般的으로 가능하다고 할 것이다.[13]

그리하여 民法은 다음의 民 §682에서 보는 바와 같이 受任人에게 一定한 範圍의 復委任權을 認定하고 있는 것이다.

(3) **履行補助者**

受任人은 事務의 性質에 따라서는 自己의 責任하에 事務處理의 手段인 勞

---

8) 日京都地判 昭 26(1951). 3. 23(下民集 2-3, 414)은 "환자의 병치료를 위임받은 의사는, 환자의 증상이 제한 이상의 페니실린을 필요로 할 때에는, 그 취지를 환자에게 알리고 비용부담의 유무를 확인하여야 하고, 의사가 환자가 알지 못하는 사실을 이유로 일방적으로 필요한 처치를 중단하는 것은 강하게 비난받아야 한다"고 한다.

9) 우리 民法도 §657 Ⅱ를 통하여 雇傭에 관하여는 自身服務의 원칙을 규정하고 있다.

10) 獨民 §664 Ⅰ; 瑞債 §398 Ⅲ.

11) 그러나 이 自身服務의 原則을 복잡하게 변한 오늘날의 社會에서도 그대로 적용할 것인가에 대하여는 再檢討를 要한다.

12) 金顯泰, 264; 日 大阪地判 昭 27(1952). 10. 31(下裁民集 3-10, 1536).

13) 我妻, 債各 中(二), 676.

務를 提供받기 위하여 補助者를 使用할 수 있다. 그러나 全體的인 事務處理는 受任人 스스로 행할 필요가 있다. 경우에 따라서는 補助者를 使用하지 않는 것이 오히려 善管注意義務에 違反하는 것으로 되는 경우조차 있을 것이다. 開業醫가 아닌 病院의 醫師와 患者와의 關係에서 委任契約의 當事者는 통상 病院經營者와 患者이지 醫師와 患者가 아니기 때문에 이 경우의 醫師는 病院經營者의 履行補助者의 地位에 있게 된다. 다만 受任人의 歸責事由에는 履行補助者의 過失도 포함됨은 물론이고,[14] 따라서 履行補助者의 故意·過失에 대하여 受任人이 그 責任을 지게 되므로, 結果的으로는 差異가 없게 된다.[15]

Ⅲ. 善管注意義務의 具體的 事例

1. 不動産仲介業者

(1) 우리 判例上의 事例

㈎ 土地에 대한 抵當權設定과 같은 斡旋紹介行爲를 業으로 하는 자는 斡旋行爲의 受任者로서 民 §681에 따라 善良한 管理者의 注意를 다하여 契約이 아무 고장 없이 맺어지고 履行되어 그 目的을 달할 수 있도록 斡旋事務를 處理할 義務가 있다. 따라서 第3者에게 金員을 貸與하고 抵當權設定을 하도록 斡旋한 紹介業者는 第3者가 抵當目的物로 提供한 土地의 登記簿上 權利關係나 位置, 地積이나 時價 등을 調査할 義務가 있다. 그러므로 土地의 所有者가 擔保提供者인 第3者가 아닌 것을 몰랐고 또 그 土地를 委任人에게 紹介할 때에 값이 비싼 다른 土地를 보일 때에도 그런 것을 전연 몰랐다 하더라도 이는 受任人이 그 斡旋任務를 處理할 業務上의 注意義務를 怠慢히 한 까닭에 생긴 것이라고 할 것이고, 따라서 紹介業者는 그 過失에 의한 不法行爲責任을 지게 된다.[16]

㈏ 不動産仲介業者와 仲介依賴人과의 法律關係는 民法上의 委任關係와 같다. 그러므로 民 §681에 의하여 仲介業者는 仲介依賴의 本旨에 따라 善良한

14) 日最判 昭 30(1955). 4. 19(民集 9-5, 556).
15) 日最判 昭 35(1960). 6. 21(民集 14-8, 1487).
16) 大判 69. 7. 8, 69다604(總 4-1(A), 737). 이 判決은 바로 仲介業者의 責任을 不法行爲責任으로 설시하였으나 原告가 契約責任으로 구하였다 하더라도 注意義務는 마찬가지라고 하겠다.

管理者의 注意로써 依賴받은 仲介義務를 處理하여야 할 義務가 있다. 뿐만 아니라, 그는 不動産仲介業法 §16에 의하여 信義와 誠實로써 公正하게 仲介行爲를 하여야 할 義務도 負擔하고 있다. 한편 不動産仲介業法 §17 Ⅰ은 仲介依賴를 받은 仲介業者는 當該 仲介對象物의 權利關係, 法令의 規定에 의한 去來 또는 利用制限事項 기타 大統領令이 정하는 事項을 確認하여 仲介依賴人에게 說明할 義務가 있음을 明示하고 있고, 이 權利關係 중에는 當該 仲介對象物의 權利者에 관한 事項도 포함되어 있다. 따라서 仲介業者는 善良한 管理者의 注意와 信義, 誠實로써 賣渡 등 處分을 하려는 者가 眞正한 權利者와 同一人인지의 與否를 不動産登記簿와 住民登錄證 등에 의하여 調査·確認할 義務가 있다.[17]

(다) 不動産仲介業者로서는 賣渡依賴人이 알지 못하는 사람인 경우에 필요할 때에는 登記權利證의 所持 與否나 그 內容을 確認調査하여 보아야 할 注意義務가 있다.[18]

(2) 日本判例上의 事例

(가) 不動産仲介人은 仲介에 있어 仲介契約의 本旨에 따라 善良한 管理者의 注意를 가지고 仲介를 할 義務가 있다. 仲介業者가 登記簿를 살펴보는 등의 방법으로 權利關係를 調査하여야 함에도, 이를 하지 않고 賣渡人의 代理人이라고 칭하는 자를 쉽사리 믿어 買受人에게 이를 紹介함으로써 買受人이 賣買代金을 詐取당한 경우, 仲介人에게 過失이 있다. 이 경우, 仲介業者는 代理人이라고 칭하는 者의 權限의 有無를 確認함에는 委任狀·印鑑證明書·權利證 등의 提示를 구하여야 한다.[19]

(나) 위와 같은 사안에서, 專門知識과 經驗을 가진 仲介業者를 信賴하여 그 이상 스스로 相對方의 事情을 調査하지 아니한 委託者에게는 過失이 없다.[20]

(다) 위와 같은 사안에서, 登記名義人이 직접 賣渡人이 아니더라도 그 賣渡人이 登記名義人의 權利證書·委任狀·印鑑證明書 등 必要한 關係書類를

17) 大判 92.2.11, 91다36239(公 917, 1000). 이 사안에서, 仲介業者인 被告는 訴外 甲의 所有인 不動産을 原告에게 買受하도록 仲介함에 있어서, 甲을 詐稱하는 乙을 甲으로 誤信하여 原告에게 賣買를 斡旋함으로써 原告에게 賣買相當의 金員을 詐取당하게 만들었고, 이에 原告는 被告를 상대로 損害賠償請求訴訟을 낸 것이다(이러한 경우, 原告 자신의 過失에 관하여 過失相計가 있어야 할 것이다. 이 사안에서는 20% 過失相計하였음).

18) 大判 93.5.11, 92다55350(公 948, 1684).

19) 日東京高判 昭 28(1953).1.30(高裁民集 6-1, 38).

20) 日東京地判 昭 30(1955).12.21(下裁民集 6-12, 264).

所持하고 있다면, 仲介業者로서는 위 事實을 確認하면 족하고 다시 登記名義人에게 문의하는 등 賣渡人의 權限을 더 이상 確認할 義務는 없다.[21)]

㈑ 直接的인 委託關係가 없더라도 不動産仲介業者의 介入을 信賴하여 去來를 하기에 이른 第3者 一般에 대하여도 不動産仲介業者는 信義誠實의 原則上 目的不動産의 瑕疵, 權利者의 眞僞 등에 대하여 각별한 注意를 기울여야 할 業務上의 一般的 注意義務를 負擔한다.[22)]

㈒ 不動産賃貸의 仲介業者는 賃貸人이 當該不動産에 관하여 賃貸의 權限을 가지고 있는가의 與否 또는 當該不動産에 瑕疵가 存在하는가의 與否를 調査함에 있어서는 우선 當該土地의 登記簿謄本 내지 賃貸人의 印鑑證明 등의 提示를 要求하는 한편, 當該土地에 現場踏査를 하여 土地支配의 實情을 調査하여 眞實한 所有者임을 確認하여야 한다. 나아가 의심스러운 때에는 特段의 注意를 기울여 住民登錄票 등에 대하여 調査하는 등의 방법에 의해 確認해야 한다.[23)]

㈓ 宅地의 買受를 依賴받은 仲介業者는 宅地에 綠地地域 등 都市計劃法上의 制限이 있는 事實을 調査說明하지 않았다면 仲介契約의 義務不履行이 있다고 할 것이다.[24)]

㈔ 買受人이 조용한 장소일 것을 條件으로 不動産仲介業者의 仲介를 받아 土地와 建物을 買受하였는바 당시 이미 주변에는 開發計劃이 있어 그 후에 開發이 進行되었기 때문에 조용한 장소가 되지 못한 경우에 仲介業者는 調査說明義務違反의 債務不履行責任을 負擔한다.[25)]

2. 辯護士

辯護士의 善管注意義務에 관한 判例를 보면 다음과 같다.

(1) 우리 判例上의 事例

㈎ 一般的인 경우 辯護士가 抗訴를 提起한 當事者로부터 訴訟行爲 遂行事務處理를 委任받았을 경우에는 當事者의 訴訟代理人으로서 辯論期日에 出席하여 그 訴訟을 유리하게 하기 위하여 攻擊 또는 防禦를 위한 陳述을

21) 日名古屋地判 昭 46(1971).4.20(判タ 264, 224).
22) 日東京高判 昭 32(1957).11.29.
23) 日東京地判 昭 31(1956).11.26(下裁民集 7-11, 3364).
24) 日東京地判 昭 48(1973).3.23(判タ 295, 279).
25) 日東京高判 昭 53(1978).12.11(判時 921, 94).

하고, 證據方法을 제출하는 등의 訴訟行爲를 하여야 할 것이고, 만일 이를 懈怠하고 辯論期日에 2回 不出席함으로써 抗訴取下로 看做되어 委任人敗訴의 判決이 確定되기에 이르렀다면 受任人인 辯護士는 委任의 本旨에 따라 善良한 管理者의 注意로써 委任事務를 處理할 義務에 違反한 것이다.[26] 그리고 訴訟代理人이 抗訴期間을 徒過함으로 말미암아 本人이 입은 損害의 範圍는 適法하게 抗訴를 提起했더라면 本人에게 유리하게 變更되었을 정도를 審理하여 決定하여야 한다.[27]

上告人의 訴訟代理人이 上告理由書提出期間을 徒過하여 上告人敗訴로 確定된 경우에 설사 이를 徒過하지 아니하였다 하더라도 그 上告理由가 理由 없어 排斥될 것이었던 이상 위 敗訴로 上告人에게 그 訴訟代理人에 대하여 賠償을 구할 수 있는 어떠한 損害가 發生하였다고 보기 어렵다.[28]

(나) 辯護士法 第24條 違反의 경우 辯護士가 當事者 一方으로부터 相議를 받아 그 受任을 承諾한 후, 그 事件의 相對方이 委任하는 事件을 受任한 경우이다. 被告代理人이었던 辯護士가 뒤에 同一事件의 原告代理人이 된 경우[29]나, 刑事被告人의 辯護士가 關聯民事事件의 被害者의 訴訟代理人이 된 경우[30] 등이 그것이다. 이와 같이 辯護士法 §24에 違反된 訴訟行爲라도 相對方이 異議하지 아니하면 有效하다는 것이 大法院의 見解이다.[31]

(2) 日本判例上의 事例

(가) 刑事被告事件에 있어서 國選辯護人은 소위 私選辯護人과 같이 被告人과 直接의 委任關係에는 서지 않지만 마치 後者와 같이 善良한 管理者의 注意義務를 가지고 辯護活動을 하여야 할 法律上의 義務를 被告人에 대한 關係에서 負擔하는 것이며, 辯護士로서 다할 義務의 內容 및 範圍는 國選이건 私選이건 아무 것도 다를 바가 없다.[32]

(나) 訴訟委任을 받은 辯護士가 依賴人으로부터 事情聽取나 依賴人에 대한 訴訟進行狀況의 報告 등을 하지 아니한 결과 依賴人을 敗訴시켰다면 辯護

26) 大判 59. 11. 26, 4292민상271(集 7, 317).
27) 大判 72. 4. 25, 72다56(總覽 4-1(A), 738-5).
28) 大判 73. 1. 16, 72다2035(要集 民 Ⅰ-2, 1041). 이 판결은 善管注意義務의 違反은 인정하였으나, 損害가 發生하지 않았다는 점에 기하여 결과적으로 受任人의 勝訴判決이 난 것이다.
29) 大判 70. 6. 30, 70다809(集 18-2, 128).
30) 大決 62. 12. 27, 62두12(總 25-2(A), 690).
31) 大判 75. 5. 13, 72다1183(集 23-2, 1).
32) 日東京地判 昭 38(1963). 11. 28(判時 354, 11).

士는 債務不履行責任을 져야 한다.[33]

3. 法 務 士

㈎ 登記權利者와 登記義務者 雙方으로부터 登記節次의 委囑을 받고 그 節次에 必要한 書類를 交付받은 法務士는, 節次가 끝나기 전에 登記義務者로부터 登記申請을 保留해 달라는 要請이 있었다 하여도, 登記權利者에 대한 關係에 있어서는 그 사람의 同意가 있는 등 特別한 事情이 없는 한 그 要請을 拒否해야 할 委任契約上의 義務가 있다.[34]

㈏ 被擔保債權의 滿足을 얻기 위하여 擔保物件 全部에 관하여 抵當權을 實行할 必要가 있는가의 與否는 抵當權者 自身이 判斷할 문제로서, 競賣申請書類의 作成을 委任받은 法務士는 그러한 判斷에 積極的으로 助言하고 協力할 義務가 없다.[35]

㈐ 法務士가 根抵當權設定登記申請의 委任을 받은 때로부터 4개월이나 지나서 登記申請을 함으로써, 다른 사람의 根抵當權設定登記보다 順位가 늦어졌다면 債務不履行으로 인한 損害賠償責任을 져야 한다.[36]

4. 醫 師

醫師의 責任에 관하여 우리 判例는 주로 不法行爲의 側面에서 파악하고 있는데, 契約關係의 側面에서 보면 醫師와 患者의 關係는 原則的으로 委任關係라고 볼 것이다.[37]

대체로 醫師에게는 通常人보다 高度의 職務上 注意義務가 要求되고 있다. 그러나 具體的인 注意義務의 內容은 注射·手術·投藥 등 각 경우에 따라, 그리고 患者의 狀態, 特異體質, 患者의 同意 與否에 따라 각각 다를 것이다.

(1) 우리 判例上의 事例

㈎ 염화칼슘의 量을 測定하지 않고, 點滴形式의 注射方法에 의하지 않고, 醫師가 注射하거나 立會하지도 않고 看護員으로 하여금 注射케 하고, 看護員의 注射中 副作用反應이 나타났음에도 注射를 中斷하지 아니하여 患者가 心

33) 日東京地判 昭 54(1979).5.30(判タ 394, 93).
34) 大判 87.6.24, 85다카2239(公 806, 1202); 日最判 昭 63(1978).7.10(最高裁民集 32, 5, 868).
35) 日高松高判 昭 59(1984).4.11(判時 1125, 121).
36) 日仙台高判 昭 62(1987).4.27(判時 1238, 93).
37) 尹景鉉, "醫療過誤의 責任", 司論 6, 125.

臟痲痺로 死亡하였다면 醫師에게 過失이 있다.[38]

㈏ 醫師가 患者에게 負擔하는 診療債務는 疾病의 治癒와 같은 結果를 반드시 달성해야 할 結果債務가 아니라 患者의 治癒를 위하여 善良한 管理者의 注意義務를 가지고 現在의 醫學水準에 비추어 必要하고 適切한 診療措置를 다해야 할 債務, 이른바 手段債務라고 보아야 하므로 診療의 結果를 가지고 바로 診療債務不履行事實을 推定할 수는 없으며, 이러한 理致는 診療를 위한 檢査行爲에 있어서도 마찬가지이다.[39]

(2) 日本判例上의 事例

患者가 輸血에 의하여 梅毒이 感染된 경우, 사람의 生命 및 健康을 管理해야 하는 業務에 從事하는 자는 그 業務의 性質에 비추어 危險防止를 위하여 實驗上 必要로 되어 있는 最善의 注意義務가 要求되는 것은 不得已한 일이므로, 善管注意義務를 다하지 않았다고 봄이 相當하다.[40]

5. 債權推尋의 受任人

(1) 우리 判例上의 事例

㈎ 他人으로부터 約束어음의 推尋依賴를 받은 자가 그 어음을 紛失하여 善良한 管理者로서의 注意義務를 다하지 못하고 他人으로 하여금 어음상의 權利를 行使할 수 없게 하였다면 紛失者는 債務不履行으로 인한 損害賠償을 할 責任이 있고, 그 範圍는 어음의 額面相當額이다.[41]

㈏ 他人으로부터 手票의 推尋依賴를 받아 이를 美國所在 會社에 그 推尋을 委任하였던바 그 會社가 支給人銀行의 支給拒絶을 理由로 手票를 受任人에게 返送하였는데 그 手票가 郵送途中 紛失되었고 그 후 推尋을 依賴받은 者가 誠實하게 그 事後處理를 위하여 努力하였다면 受任人은 手票推尋의 受任事務處理에 있어 善良한 管理者의 注意義務를 다하였다 할 것이다.[42]

㈐ 별다른 條件 없이 手票의 推尋을 委任받은 銀行으로서는 그 手票의 支給提示期間內에 支給을 위한 提示를 한 이상, 受任人으로서 委任의 本旨에 따라 委任事務를 處理한 것이라고 할 것이고, 혹 支給提示期間中 일찍 提示하

---

38) 大判 81. 6. 23, 81다413(公 662, 14101).
39) 大判 88. 12. 13, 85다카1491(公 840, 88).
40) 日最判 昭 36(1961). 2. 16(民集 15-2, 224).
41) 大判 75. 2. 10, 74다597(公 510, 8343).
42) 大判 78. 10. 31, 78다1758(公 602, 11555).

였더라면 支給을 받을 수 있었는데 늦게 提示를 하였기 때문에 發行人의 資金事情이 惡化되어 預金不足으로 支給拒絶이 되었다 하여도 推尋委任을 받은 銀行이 위와 같은 資金事情의 惡化로 인한 預金不足을 豫見하거나 豫見할 수 있었음에도 불구하고 늦게 提示하였다는 등 특단의 사정이 없는 한 支給提示期間內에 受任人으로서 善良한 管理者의 注意를 게을리한 責任이 있다고 할 수 없다.[43]

(2) 日本判例上의 事例

(가) 發行日이 白紙로 된 手票의 推尋을 委任받은 金融機關은, 특단의 사정이 없는 한, 스스로 白紙를 補充할 義務가 없을 뿐만 아니라, 推尋依賴人에 대하여 白紙의 補充을 促求할 義務도 없다.[44]

(나) 保險診査醫가 診療하지도 아니한 채 虛僞의 診察報告書를 作成함으로써 保險會社에게 損害를 끼쳤다면, 保險診査醫에게 過失이 있었다고 봄이 相當하다.[45]

6. 기타의 경우

(1) 證券會社의 경우

통상 一般人들은 證券會社 職員을 통하여 賣買去來口座設定契約을 締結하고, 그에게 送金하여 株式을 買受하며, 證券會社 職員의 委託者의 委任 아래 그로부터 그의 去來口座의 通帳 및 印鑑을 건네받아 株式의 買入, 賣渡 등 去來全般에 관하여 委託者 名義로 去來를 하게 된다.

이러한 一般的인 경우, 委託者는 證券會社 職員에게 그의 裁量的 判斷 아래 株式去來를 하여 利得을 남겨줄 것을 依賴함과 동시에, 利益配當金의 受領이나 無償增資에 따른 新株의 引受 등 株式委託과 관련하여 통상 委託者에게 損害가 되지 않고 經濟的으로 利益이 된다고 볼 수 있는 諸般事項의 代行을 包括的으로 委任한 것이다. 그리고 이 경우, 委託者와 證券會社 사이에 있어서도 그와 같은 內容의 證券賣買委託約定이 成立되었다고 본다.

그러므로 이러한 경우, 證券會社가 委託받은 株式에 관한 利益配當金의 受領이나 無償增資에 의한 新株의 引受를 履行하지 아니하였다면 이는 특단의 사정이 없는 한 위 委託約定에 관한 債務不履行이 된다. 그러므로 證券會社는

43) 大判 85.5.28, 84다카2451(公 756, 914).
44) 日大阪高判 昭 54(1979).4.27(判時 947, 115).
45) 日 保險判例百選, 174.

委託者에게 이로 인한 損害를 賠償하여야 할 義務가 있다.

한편 有償增資의 경우는 委託者 本人의 請約 및 그에 따른 業務代行委任에 관한 明示的인 意思表示가 있는 때에 한하여 證券會社가 그 業務를 代行處理하는 것이 去來慣行이다. 따라서 特約이 없는 한 有償株式의 引受에 관한 通知나 業務代行이 委託者와 證券會社 사이의 委託賣買約定上의 債務에 당연히 포함되는 것이 아니다.[46]

(2) 株式會社 理事의 경우

株式會社의 理事가, 社員이 作成한 貸借對照表의 眞否를 調査하지 아니한 채, 그것을 盲信하여 監事에게 提出함으로써, 그것에 기하여 不當한 利益配當이 행해진 경우에는, 善良한 管理者의 注意를 缺如한 경우에 해당한다.[47]

(3) 觀光會社가 觀光用地 買受를 군(郡)에 委託한 경우

觀光會社가 觀光團地 造成을 위한 用地의 買受業務를 군(郡)에게 委託하였다면 이와 같은 業務의 委託은 民法上의 委任契約의 성질을 가진다. 그러므로 이를 受任한 郡으로서는 그 委任의 本旨에 따라 善良한 管理者의 注意로써 그 委任事務를 處理하여야 할 것이다. 그리고 만약 그와 같은 注意義務를 다하지 아니한 業務處理를 하여 委託者에게 損害를 끼쳤다면 受任人으로서는 그 損害를 賠償할 責任이 있다.

그리고 이러한 경우, 비록 觀光會社가 觀光團地의 用地買受業務를 郡에게 委託하였다 하더라도 그 用地의 買受事務는 性質上 買受人인 委託者 자신의 事務인 것이며, 委託者로서는 어디까지나 土地를 그 자신의 資金으로 買受하는 것이다.

그러므로 비록 그 土地買受와 關聯된 一切의 業務는 郡이 擔當하기로 協約이 되었다 하더라도 그 委任事務의 性質上 만약 委託者가 土地買受 當時에 그 土地에 根抵當權이 設定되어 있음을 알고 있었다면 마땅히 그 買受業務를 擔當한 受任人과 根抵當權의 抹消對策 및 그 代金支給 與否를 協議하여 處理할 것이 信義則上 要請된다. 그리고 委託者가 이와 같은 措置를 취하지 아니한 채 受任人으로 하여금 賣買代金을 所有者에게 支給하도록 放任하였다면 거기에 合理的인 理由가 없는 한 委託者에게 그 責任의 일단이 있다. 그리하여 이는 過失相計의 法理에 따라 郡의 賠償責任과 그 數額算定에 있어 參酌事由

46) 大判 91.5.24, 90다14416(公 900, 1725).
47) 日大判 大 12(1923).11.6.

가 된다.[48)]

(4) 家政婦紹介業者

日本判例 중에는 家政婦紹介業者와 委任者間에 準委任契約이 成立하지만, 그 사건의 경우 低廉한 紹介料 등의 事情을 綜合하면, 家政婦가 委任者의 집에서 窃盜를 한 경우에도 家政婦紹介業者는 責任이 없다[49)]고 한 것이 있다.

(5) 保險診査醫

保險診査醫에 대하여도 善管注意義務가 認定된다. 그러나 保險診査가 類型的인 調査카드에 의하여 事務的으로 處理되는 것이 通常이기 때문에 特別한 症狀을 呼訴하는 患者를 대하는 開業醫의 注意義務보다는 다소 緩和됨이 相當하다. 그리하여 保險診査醫의 責任은 報酬의 多寡에 따라 信義則上 正當한 範圍에 制限된다고 봄이 相當하다.[50)] 다만 이와 반대되는 日本의 옛 判例가 있다. 즉 "保險業者의 囑託을 받은 保險醫는 被保險者를 診斷하여 開業醫가 通常 發見할 수 있는 症狀을 알아내야 할 注意義務가 있다"고 判示한 判例[51)]가 있다.

한편, 保險診査醫의 報酬가 비록 低廉하더라도 診査醫는 注意義務에 관한 減輕特約이 없는 한 法的으로는 善管注意義務를 負擔한다는 判例도 있다.[52)]

[李 在 洪]

第 682 條(復任權의 制限)

① 受任人은 委任人의 承諾이나 不得已한 事由 없이 第三者로 하여금 自己에 갈음하여 委任事務를 處理하게 하지 못한다.

② 受任人이 前項의 規定에 依하여 第三者에게 委任事務를 處理하게 한 경우에는 第121條, 第123條의 規定을 準用한다.

48) 大判 87.10.13, 87다카1345(公 813, 1714).
49) 日東京高判 昭 41(1966).5.10(判時 451, 39).
50) 明石, "委任と善管注意義務", 判例演習 債權法(2), 90.
51) 日大判 明 45(1912).5.15(民錄 18, 492).
52) 日大判 大 10(1921).4.23(民錄 27, 757).

Ⅰ. 立法趣旨 等

1. 立法趣旨

受任人은 原則的으로 스스로 事務를 處理하여야 하며, 이것을 他人에게 맡겨서는 안 된다. 委任人은 다른 사람이 아닌 바로 受任人 自體를 信賴하여 委任하는 것이기 때문이다.

그러나 이 原則을 固守하게 되면, 受任人 스스로 事務를 處理할 수 없는 不得已한 事由가 있어도 他人에게 事務를 맡기는 것이 不可能해진다는 문제가 생긴다. 그리하여 絶對로 復委任을 許容하지 않는다면, 경우에 따라서는 도리어 委任人에게 不利益이 될 수 있다. 예컨대 疾病·旅行 등으로 인하여 委任事務를 處理할 수 없는 경우와 같이 "不得已한 事由가 있는 때"에는, 復受任人을 選任하지 않는 것이 도리어 善管注意義務 違反이 될 수도 있을 것이다. 또한 委任人이 他人에게 事務를 處理하게 하는 것을 許諾한 경우에는 이를 禁할 이유가 없다.[1] 그리하여 本條 Ⅰ은 受任人의 承諾이 있는 때, 또는 不得已한 事由가 있는 때에 復委任을 許容하고 있는 것이다. 요컨대 委任人의 許諾을 받은 경우나 事務處理를 위해 不可避한 경우 一定한 範圍 내에서 復委任權을 認定하고자 하는 것이 本條의 立法趣旨이다.

2. 類似한 規定

代理에 관하여 民 §120는 "代理權이 法律行爲에 의하여 付與된 경우에는 代理人은 本人의 承諾이 있거나 不得已한 事由가 있는 때가 아니면 復代理人을 選任하지 못한다"고 하여 本條와 같은 趣旨의 規定을 두고 있고, 雇傭에 관하여는 民 §657 Ⅱ이 "勞務者는 使用者의 同意 없이 第3者로 하여금 自己에 갈음하여 勞務를 提供하게 하지 못한다"고 規定하고 있다.

3. 復代理 規定의 準用與否

(1) 復委任契約도 一種의 委任契約이다.[2] 이와 관련하여, "復受任人은 受任人과 같이, 委任人에 대하여 直接的인 權利義務의 關係에 서 있는 것인

1) 郭潤直, 449.
2) 我妻, 債各 中(二), 675; 宗宮, 280.

가"가 문제된다. 즉 民 §123의 準用與否가 문제된다. 이 문제는 受任人에게 代理權이 있는 경우와 없는 경우 등 두 가지 경우로 나누어 생각해 보아야 할 것이다.

(2) 먼저, 受任人에게 代理權이 있는 경우이다. 이 때에는 復受任人이라는 地位에까지 나아가 생각할 필요 없이, 復代理人의 地位 自體에 의하여 民 §123가 直接 適用될 것인만큼, 그 準用與否를 따질 實益이 없을 것이다. 즉 復受任人에게 委任人에 대한 關係에서 復代理의 關係가 同時에 存在하는 경우에는, 民 §123 Ⅱ은 당연히 適用된다. 그 경우의 本人에의 受領物引渡義務에 대하여, 日本判例[3]는 다음과 같이 判示한 바가 있다.

> "本人과 代理人間의 委任契約(自賠法에 根據한 損害賠償金의 請求 및 受領權, 復代理人의 選任權 등이 授與됨)이 締結되고, 이에 기하여 代理人과 復代理人間의 復委任契約이 締結된 경우에 있어서, 復代理人이 委任事務를 處理하면서 受領한 物件을 代理人에게 引渡한 때에는, 特別한 事情이 없는 한, 本人에 대한 受領物引渡義務는 消滅하고, 그와 同時에 復代理人의 本人에 대한 受領物引渡義務 역시 消滅한다."

(3) 다음으로, 受任人에게 代理權이 없는 경우는 어떠한가? 이 때야말로 民 §123가 準用되는가가 問題된다. 通說에 따르면, "民 §123 Ⅱ의 '第 3 者' 내지 同條 Ⅰ은, 代理에만 適用됨이 相當한 特有한 것이기 때문에 類推適用의 여지는 없다"고 한다. 그러므로 準用與否는 "民 §123 Ⅱ의 '本人과 復代理人의 關係'에 대한 規定을, '委任人과 復受任人의 關係'에 類推適用할 수 있는가?"에 그 焦點이 있는바, 이에 대하여는 意見이 갈리고 있다. 대다수의 學說은, "復委任이란 受任人과 復受任人間의 內部的인 委任關係에 지나지 않고, 受任人은 委任人의 名義에 터잡아 復委任을 할 수는 없는 것이다. 그렇기 때문에, 復代理의 경우와는 달리 復受任人은 委任人에 대한 直接的인 關係에 서 있지 않고, 따라서 委任人은 債權者代位權의 規定에 따라, 復受任人에 대하여 委任事務處理를 請求할 수 있음에 지나지 않는다"고 한다.[4] 한편 日本判例[5]는, "物品販賣의 委託을 받은 問屋이 다른 問屋에 이것을 再委託한 경우에, 再委託을 받은 問屋과 委託者 本人과의 間에 民法 第107條 第 2 項을[6] 準用할 수 없다"고 하면서, "그 本質이 單純한 委任으로서 代理權을 隨伴하지 않는

3) 日最判 昭 51(1976). 4. 9(民集 30-3, 208).
4) 石田, 154; 謄本, 134; 永田, 267.
5) 日最判 昭 31(1956). 10. 12(民集 10-10, 1260).
6) 우리 民法 §123 Ⅱ에 해당.

問屋의 性質에 비추어 볼 때, 再委託의 경우에는 이것을 準用할 수 없는 것이다"라고 判示한 것이다.

그러나 이 規定(§123 Ⅱ의 '本人'에 관한 부분)은 代理에 隨伴하는 內部關係에 관한 것이기에, 이것을 類推하지 않으면 存在意義가 없다고 하여, 이를 肯定하는 說도 有力하다.[7] 또 復受任人의 選任에 관하여, 受任人은 당연히 民 §121의 責任을 져야 할 것이다.

Ⅱ. 內 容

1. 要 件

(1) 復委任을 할 수 있는 것은 "委任人의 承諾이 있는 때" 또는 "不得已한 事由가 있는 때"에 한한다.

(2) 委任人의 承諾이 있으면 受任人은 언제나 復受任人을 選任할 수 있다. 承諾은 委任과 同時에 행해질 필요는 없다. 復受任人의 選任前에 행해지는 것이 原則이겠으나, 復受任人을 選任한 후에 承諾(追認)하더라도 상관없다.

(3) 한편 不得已한 事由란, "受任人이 疾病·旅行 등으로 委任事務를 處理할 수 없는 때", "委任人의 所在를 알 수 없을 때", "委任人의 許諾을 얻어 비로소 다른 者에게 委任시키는 등의 措置를 취하고 있다가는 機會를 잃어 도리어 委任의 본뜻에 反하게 될 事情이 있는 때" 등을 말한다. 그러나 이 事由를 지나치게 嚴格하게 解釋할 필요는 없으며, 客觀的인 事情에 비추어 受任人 자신에 의한 任務遂行을 기대하기 어려운 한편, 本人에 의한 별도의 措置를 기다릴 여유가 없는 경우에는 널리 "不得已한 事由"를 認定하여도 무방할 것이다.

2. 責 任

受任人이 他人(復受任人)에게 事務處理를 委託한 경우에, 그로 말미암아 委任人에 損害가 생겼다면 그 損害의 處理를 어떻게 할 것인가?

(1) 이 경우에는, 受任人은 그 復委任人의 選任 또는 監督을 잘못한 때에만 損害賠償責任이 있다(民 §121 Ⅰ의 準用). 受任人이 復委任을 한 것은, 委任人의 承諾에 기한 것이거나 不得已한 事情에 의한 것이므로, 항상 그로 인한 損害를

7) 我妻, 債各 中(二), 674.

受任人이 負擔하는 것이 不當하다. 따라서 이와 같이 損害賠償責任을 지는 경우를 制限하는 것이다.

그리하여 選任 또는 監督을 잘못하는 경우의 範圍를 정하는 것이 중요한 문제로 대두된다. 이 範圍를 넓게 잡느냐, 좁게 잡느냐에 따라 受任人의 責任이 달라지게 된다. 이는 判例에 의하여 形成될 領域이다.

(2) 그런데 이러한 制限에는 다시 例外가 있다. 위의 例에서는 復受任人을 選任함에 있어 消極的으로 委任人의 承諾 등이 있었던 경우인바, 만일 여기서 한 걸음 더 나아가 積極的으로 委任人이 復受任人을 指名함에 따라 受任人이 復受任人을 選任한 경우라면 위와 같이 비교적 넓은 範圍로 受任人의 責任을 認定함은 不當할 것이다. 그러므로 委任人이 指名한 者가 不適任 또는 不誠實함을 알고서도 그 사실을 委任人에게 通知하거나 解任하는 것을 게을리한 때에만 受任人이 그 責任을 지도록 함이 相當하다(民 §121 Ⅱ의 準用). 委任人의 指名에 의하여 復受任人을 指名한 이상, 復受任人의 選任 또는 監督의 잘못을 이유로 受任人에게 責任을 지울 수 없음은 당연한 일이다.

(3) 受任人이 復委任을 할 權限이 없는 경우에 復受任人에게 事務處理를 맡긴 때에는 이미 이 점에서 義務違反이 있으므로, 復委任人의 故意·過失을 묻지 않고 復委任을 하지 않았더라면 생기지 않았으리라고 생각되는 損害를 賠償하지 않으면 안 된다.[8]

3. 復受任人과 委任人과의 사이의 關係

復委任의 경우에 復受任人과 委任人의 關係에 대하여는 民 §123의 規定이 準用된다. 다만 民 §123 Ⅰ은 準用될 餘地가 없으며, §123 Ⅱ은 準用된다. 이에 따라 復受任人과 委任人 사이에는 委任人과 受任人 사이에 있어서와 같은 權利義務關係가 생기게 된다. 따라서 委任人은 復受任人에게 事務處理·報告 등을 直接 請求할 수 있고, 復受任人은 委任人에 대하여 費用償還·報酬 등을 直接 請求할 權利가 있다. 그러나 復受任人과 委任人과의 사이에 直接 생기게 되는 위와 같은 權利義務關係의 範圍는 委任人과 受任人 사이의 本來의 關係를 한도로 할 뿐만 아니라, 다시 受任人과 復委任人 사이의 復委任契約에서 정하여지는 範圍에 한정된다. 그리고 이러한 直接的인 關係가 委任人·復受任人 사이에 있게 되더라도, 委任人·受任人 사이의 本來의 委任契約의 效力에는

8) 金曾漢·安二濬, 512.

영향이 없음은 물론이다. 다만 委任人·復受任人 사이에서 直接 履行이 있게 되면, 그 한도에서 本來의 委任人·受任人의 關係도 消滅하게 됨은 당연하다.

4. 關聯事項

(1) 受任人에게 復委任權이 없는 경우에도 이른바 履行補助者를 使用할 수 있고, 이 때에 그 履行補助者의 歸責事由에 대하여도 責任을 져야 한다.

(2) 受任人의 地位는 委任人의 同意 없이는 이를 任意로 讓渡하지 못한다. 이 점은 역시 앞에서 설명한 自身服務의 原則의 당연한 결과이다. 그러나 特約이 있는 때, 특히 委任이 白紙委任狀에 의하고 있는 때에는 그 讓渡性이 認定된다.

(3) 受任人에게 復委任을 할 수 있는 權限이 없음에도 復委任이 행해진 경우, 復受任人의 行爲에 의하여 委任事務가 處理된 때에는 受任人은 債務를 履行한 것으로 되어 復受任人에 의해서 取得한 金錢 기타의 物件을 委任人에게 引渡할 義務를 지며 復受任人에게 支給한 事務處理費用의 償還을 請求할 수 있는 등 受任人이 이른바 履行補助者를 使用한 경우와 마찬가지의 關係가 생기는 것은 말할 것도 없다. 그러나 이 경우, 復受任人과 委任人間에는 直接的인 關係가 생기지 않는다.

[李 在 洪]

第 683 條(受任人의 報告義務)

受任人은 委任人의 請求가 있는 때에는 委任事務의 處理狀況을 報告하고 委任이 終了한 때에는 遲滯없이 그 顚末을 報告하여야 한다.[1)]

I. 立法趣旨 等

(1) 本條는 民 §681의 受任人의 善管注意義務에서 由來한 義務의 하나이다. 委任人은 委任事務가 處理되고 있는 도중에도, 과연 善管注意에 의하여

1) 日民 §645; 佛民 §1993; 獨民 §666; 瑞債 §400.

事務處理가 잘되고 있느냐의 與否 등 事務處理의 現況을 알고, 將來를 위하여 適切한 措置를 취할 필요가 있다. 또한 委任事務終了後에도 그 顚末을 報告받을 필요도 있다.

(2) 各國의 立法도 이 義務를 認定하며, 英美法에 있어서도 같다.[2] 다만 佛民 §1993와 이를 繼受한 舊民法은 計算義務에 한하여 規定한 바 있다. 그렇지만 現行民法은 널리 報告義務를 認定하였다. 그러나 債權의 去來나 財產管理 등의 委任에 있어서는 計算이 그 報告의 主要한 內容이 됨은 말할 필요도 없다.[3]

(3) 本條는 強行規定이 아니므로, 이러한 義務는 明示 또는 默示의 特約에 의하여 輕減하거나 免除할 수 있다. 委任人이 부단히 受任人을 監督하거나, 證據書類를 委任人이 保管하고 있는 경우와 같은 때에는 報告義務免除에 관한 默示의 合意가 있다고 볼 수 있을 것이다.

Ⅱ. 報告義務의 發生要件

1. 委任의 終了前

委任人의 請求가 있을 경우, 受任人은 委任事務의 處理狀況을 報告할 義務가 생김은 물론이다. 그러나 반드시 이러한 경우에 限定되는 것은 아니며, 受任人은 委任人의 利益을 위하여 필요하다면 언제든지 委任人의 請求를 기다리지 않고 報告해야 할 것이다.

獨民 §666는 "受任人은 委任人에게 필요한 報告를 하며, 委任人의 請求에 의하여도 委任事務의 處理狀況을 報告하고, 委任終了의 後에는 그 顚末을 報告하여야 한다"라고 規定하고 있는데, 우리 民法上으로도 똑같이 解釋해야 할 것이다.

商 §88는 代理商에 관하여 "代理商이 去來의 代理 또는 仲介를 한 때에는 遲滯없이 本人에게 그 通知를 發送하여야 한다"라고 規定하고 있는데, 民事의 委任에 있어서도 이 規定의 정신을 類推適用하여, 特別한 信義則과 善管注意義務가 要求되는 範圍 내에서 어느 정도 積極的인 通知義務를 認定해야

2) Powell, Agency, p. 304; Restatement(America), Agency, 1958, p. 381.
3) Restatement(America), Agency, 1958, p. 382.

할 것이다. 즉 이 商法規定에 대한 例外로 볼 것은 아니다.[4)]

한편 委任人이 數年間에 걸쳐 受任人에게 아무런 報告도 要求하지 않다가 돌연히 過去의 時點의 것까지 遡及하여 報告할 것을 要求하는 것은 信義則에 反한다. 다만 受任人의 信頼性에 대하여 疑惑이 생기고, 또 그것이 相當한 理由가 있는 때에는 例外的으로 그러한 報告를 要求할 수도 있을 것이다.

2. 委任이 終了한 때

委任이 終了한 때에는 委任事務를 全部 履行한 後이건, 履行의 中途에 있서 不問하고, 遲滯없이 顚末을 報告할 義務가 있다. "委任이 終了한 때"라고 하는 것은 終了事由가 發生한 때가 아니라, 委任事務가 終了한 때라고 보아야 한다.

Ⅲ. 報告義務의 內容과 懈怠效果

1. 內　容

(1) 報告에 관하여는 一定한 形式이 없고, 委任事務處理狀況의 經過, 顚末을 명확히 하면 족하다.

(2) 受任人으로서 會計報告의 義務가 있는 者가 收支의 狀況 등을 일응 명확히 한 會計報告書를 提出한 이상, 그 內容에 脫漏나 不實의 記載가 있더라도 受任人의 報告義務는 일단 履行된 것으로 보아야 할 것이다.

(3) 委任人이 死亡하면 委任은 終了하나, 委任人의 相續人은 受任人에게 委任人의 死亡時까지의 委任事務處理의 報告를 請求할 權利가 있다.

2. 報告義務懈怠의 效果

(1) 受任人이 本條에 規定된 報告義務를 게을리하는 것은, 受任人이 그의 債務를 不履行한 것에 해당된다. 따라서 委任人은 이를 理由로 受任人을 相對로 契約의 解除와 損害賠償의 請求를 할 수 있으며, 이에 덧붙여 間接強制에 의하여 報告를 시킬 수도 있다.

(2) 受任人이 委任人에 대한 報告를 怠慢히 하였더라도, 그러한 事情은 受任人과 第3者 사이에 행해진 行爲의 效力에는 아무런 영향을 미치지 않는

4) 金曾漢·安二濬, 514; 我妻, 債各 中(二), 677.

다. 예컨대 組合의 業務 一切의 執行을 委任받은 組合員이 組合에 대하여 報告를 怠慢히 하였다고 하여도, 그 組合員이 第3者와 행한 行爲는 여전히 有效하다.[5)]

[李 在 洪]

第 684 條(受任人의 取得物等의 引渡, 移轉義務)

① 受任人은 委任事務의 處理로 因하여 받은 金錢 其他의 物件 및 그 收取한 果實을 委任人에게 引渡하여야 한다.

② 受任人이 委任人을 爲하여 自己의 名義로 取得한 權利는 委任人에게 移轉하여야 한다.

I. 立法趣旨

本條에서 規定하고 있는 義務도 前條에서 規定하고 있는 義務와 같이 民 §681의 善管注意義務에서 由來한 것으로서, 一種의 派生的 義務라고 말할 수 있다.

委任事務의 處理에 있어서 受任人이 委任人 또는 第3者로부터 取得한 物件은, 代理關係가 隨伴하는 등의 特別한 事情이 없는 한, 法律上으로는 委任人에게 直接 歸屬할 수 없음이 原則이지만, 實質的으로는 委任人에게 속하는 것이다. 그러므로 受任人이 이를 委任人에게 引渡함은 당연한 것이다. 受任人이 委任人을 위하여 取得한 權利도 物件의 경우와 마찬가지로, 實質的으로 委任人에게 歸屬되어야 할 것이므로, 受任人은 이를 委任人에게 移轉하여야 함도 같은 法理에 의한 것이다.

委任에 代理가 隨伴된다면 그 法律效果가 直接 委任人에게 歸屬되므로, 本條와 같은 規定이 必要 없는 것이지만, 委任이 반드시 代理를 隨伴하는 것이 아니므로, 受任人이 委任人을 위하여 일단 受任人의 名義로 物件이나 權利를 取得하게 되는 경우, 이를 신속히 委任人에게 移轉하도록 하는 것이 필요하다. 여기에 本條의 存在意義 내지 立法趣旨가 있는 것이다.

5) 日大判 大 10(1921).11.1(民錄 27, 1917).

Ⅱ. 取得物의 引渡義務

1. 一般的인 경우

目的物은 委任事務의 處理로 인하여 받은 金錢 기타의 物件이다. 이 目的物은 第3者로부터 받은 것이건, 委任人으로부터 받은 것이건 모두 이에 포함된다. 判例[1]는 "受任人이 自己名義로 契約을 締結하여 取得한 權利는 委任人에게 移轉하여야 한다"라고 判示하고 있다.

(1) 第3者로부터 받은 物件

土地共有者 중의 一部가 다른 共有者를 위하여 土地收用의 損失補償金을 受領한 경우, 受領한 共有者는 다른 共有者에게 그에게 歸屬될 部分에 해당하는 金員을 引渡하여야 할 것이다.

債權推尋의 受任人은 債權者로부터 金錢을 受領하면 이를 委任人에게 引渡하여야 할 것이다. 그러나 債權推尋의 경우, 아직 債權을 推尋하지 아니하였다면 推尋物을 委任者에게 引渡하여야 할 具體的 義務는 없다고 하겠다. 判例[2]에 의하면, "債權推尋의 委任을 받은 자는 當事者間의 契約에 의하여 債權推尋委任의 履行으로서 債權을 推尋하여야 할 義務가 있을 뿐만 아니라 그 義務履行으로서 債權을 推尋한 경우에 그 推尋된 것을 委任人에게 支給 또는 引渡하여야 될 抽象的 義務가 있고(이상을 '前者'라 함), 受任人이 債權推尋으로서 債務者로부터 支給받은 경우에 그 推尋物을 委任人에게 引渡 또는 支給하여야 할 具體的인 義務(이상을 '後者'라 함)가 있다고 할 것이므로(委任人이 受任人에게 代理權까지 授與한 경우 또는 推尋을 하기 前의 委任人과 受任人과의 合意로써 推尋物의 所有權을 推尋과 同時에 委任者에게 歸屬케 한다는 特約이 있는 경우에는 推尋物의 所有權은 推尋과 同時에 委任人에게 歸屬될 것이다), 受任人이 아직 債權을 推尋하지 아니한 경우에는 委任人은 前者의 權利만이 있을 뿐이요, 後者의 權利는 아직 없다고 할 것이다"라고 한다.

金錢貸付의 委任을 解除한 경우, 委任人은 受任人에 대하여 受任人이 그 委任에 기하여 第3者에 대하여 取得한 金錢債權의 讓渡 및 通知를 請求할 수 있다.[3]

(2) 委任人으로부터 받은 物件

仲介人이 委任人으로부터 保證金을 받았다가 그 一部가 不必要하게 되어

1) 大判 62.11.1, 62다506(要集 民 1-2, 1043).
2) 大判 63.9.26, 63다423(要集 民 Ⅰ-2, 1038).
3) 日大判 大 10(1921).10.21(大審民錄 24, 2018).

남아 있다면 그 殘金은 委任人에게 돌려 주어야 할 것이다. 또 先給費用의 殘額도 돌려 주어야 한다.

2. 代替物인 경우

受任人이 取得한 物件이 代替物인 경우에는 문제가 있다. 그 取得한 物件과 同種·同量의 物件을 引渡하면 되는가, 아니면 取得한 物件 그 自體를 引渡하여야 하는가가 그 爭點이다. 大法院 判例를 보면, 前者를 支持한 判決도 있고,[4] 後者를 支持한 判決도 있다.[5] 後者의 判決을 보면, "受任人이 委任事務를 處理함에 있어 받은 物件으로 委任人에게 引渡할 目的物은 그것이 代替物이더라도 當事者間에 있어서는 特定한 物件과 같은 것으로 보아야 한다"고 判示하고 있다.

3. 例外的인 경우

(1) 受任人이 中途辭任한 경우

受任人이 中途에서 辭任하고 後任者가 이를 受任한 경우는 어떠한가? 原則的으로는 第3者 또는 委任人으로부터 받은 物件을 委任人에게 引渡해야 할 것이다. 다만 例外的으로 委任人의 承諾이 있거나 또는 適法하게 그 物件을 後任者에게 引渡한 때에는 委任人에게의 引渡義務는 消滅한다.[6]

(2) 復受任人이 復代理人인 경우

本人과 代理人 사이에 委任契約이 締結되고, 代理人과 復代理人 사이에 復委任契約이 締結된 경우에 復代理人이 委任事務를 處理함에 있어서 受領한 物件을 代理人에게 引渡한 때에는 特別한 事情이 없는 한 復代理人의 本人에 대한 受領物引渡義務는 消滅한다.[7]

---

4) 大判 56. 2. 25, 4288민상216(要集 民 Ⅰ, 169).

5) 大判 69. 12. 16, 67다1525(集 17-4, 189).

6) 日大判 大 10(1921). 10. 15(大審民錄 26, 1512)은 "法院에 의하여 選任된 不在者의 財産管理人이 辭任하고 在任中 不在者를 위하여 第3者로부터 取得하여 保管하고 있는 金錢을 後任者에게 引繼하면 前任者는 不在者에 대한 金錢返還義務를 免한다"고 判示하였다.

7) 日最判 昭 51(1976). 4. 9(民集 30-3, 208)는 이에 대하여 다음과 같이 判示하고 있다. 즉 "復受任人人(復代理人)이 委任事務를 處理하면서 受領한 物件을 受任(代理人)에게 引渡한 때에는, 特別한 事情이 없는 한, 委任人(本人)에 대한 受領物引渡義務는 消滅하고, 그와 동시에 復受任人(復代理人)의 委任人(本人)에 대한 受領物引渡義務 역시 消滅한다."

(3) **取得한 物件의 所有權이 이미 委任人에게 歸屬되어 있는 경우**

取得한 物件의 所有權이 이미 委任人에게 歸屬되어 있다면 受任人은 그 物件의 占有權만을 移轉하면 족할 것이다. 그러나 그 所有權이 受任人에게 남아 있을 때에는 그 所有權도 同時에 移轉해야 한다.[8)]

受任人에게 代理權이 있는 경우는 取得한 物件의 所有權이 당연히 委任人에게 移轉하여 있는 것이 보통일 것이나(代理의 效果에 의하여), 受任人이 代理權을 가지지 아니한 경우라면 受任人이 自己의 이름으로 取得한 物件의 所有權은 委任人에게 그 登記를 넘기지 않는 한 여전히 受任人에게 있을 것이다. 따라서 受任人이 이것을 處分하더라도 橫領罪는 成立하지 않는다. 他人의 物件이 아니기 때문이다. 그런데 金錢의 경우는 物件의 경우와 다른 점이 있기 때문에 문제된다. 日本判例는 "受任人이 委任人의 代理人으로서 受領한 金錢은 물론, 代理權이 없더라도 委任人을 위하여 受領한 金錢의 所有權은 당연히 委任人에게 歸屬한다"고 보고 있다.[9)] 그러나 日本學者들은 이에 대하여 批判하고 있다. "본래 金錢은 占有와 所有가 密接하게 結合되어 있는 것이며, 金錢의 所有權 自體는 항상 現實의 受領者인 受任人에게 돌아가고 同額의 金錢을 委任人에게 支給할 義務가 있는 데 불과한 것이다"라는 것이 이 批判의 根據이다.[10)] 위 日本判例의 立場에 따르면, 가령 受任人이 受領한 "物件"이 盜難당한 때 그것이 受任人의 責任 없는 事由에 의한 것이라면 履行不能이 된다고 보게 되고, 이러한 立場은 옳다.

그러나 그것이 金錢債務의 경우에도 그대로 適用될 수는 없다. 이 경우는 본래 民 §397 Ⅱ 後但에 의하여 金錢債務에 관해서는 不可抗力으로 抗辯하지 못하는 것으로 하여 受任人이 盜難의 危險을 負擔하여야 하는 것이지만, 委任에 관하여만은 民 §688 Ⅲ의 趣旨를 類推適用하여 受任人의 責任을 免除하여야 한다.

한편 受任人이 受任事務處理로 受領한 金錢을 自己의 債務의 辨濟를 위하여 使用한 때에, 辨濟를 받은 債權者가 委任人에 대하여 不當利得을 한 것으로 된다고 하는 것은 妥當하지 않다. 그리고 受任人이 委任人에게 讓渡하면

---

8) 이러한 例는 不動產을 取得한 경우를 상정하면 쉽게 理解된다. 즉 不動產의 登記는 委任人에게 移轉하고 그 占有만을 受任人이 하고 있는 경우가 前者의 경우이고, 그 登記가 아직 受任人에게 남아 있는 경우가 後者의 경우이다.

9) 日大判 昭 3(1928). 8. 21(民錄 18, 31).

10) 우리 나라와 日本의 通說. 末川, "貨幣と所有權", 民法論集, 25 이하.

引渡로 되며, 委任人은 受任人에 讓渡를 請求할 수 있다.

(4) 한편 受任人이 取得할 不動産의 所有權을 委任人에게 移轉하는 物權的 意思表示가 委任時에 미리 있었다고 推定할 事例에 대한 오래 전의 判例가 있다. 이 判例[11]에 따르면, "代理權을 隨伴하지 않은 委任에 있어서 受任人이 自己名義로 委任人을 위하여 動産 또는 不動産을 買受하였을 때에는 賣買目的物의 所有權은 일단 受任人에게 歸屬하는 것이고 그 所有權이 受任人을 거치지 않고 直接 第3者로부터 委任人에게 移轉하는 것이 아님은 물론이다. 그렇지만 受任人이 委任人에게 所有權을 移轉하는 物權的 意思表示는 受任人이 所有權을 取得하기 전에 하여도 무방하므로, 만일 그러한 경우에는 受任人이 所有權을 取得함과 同時에 委任人은 受任人으로부터 所有權을 取得할 수 있고, 委任人이 委任을 할 때에 代金充當을 위한 金錢交付를 했다면 委任과 同時에 受任人으로부터 委任人에게 所有權을 移轉하는 物權的 意思表示를 미리 한 것으로 推定할 수 있다"고 判示한다.

(5) 受任人이 報酬 및 實費의 請求權을 가지고 있는 경우에는, 受任人의 그러한 請求權과 委任人에 대한 金錢債務는 同時履行의 關係에 선다고 보아야 한다.

(6) 引渡時期에 관하여 본다. 引渡時期는 當事者間의 特約이 있으면 그에 따라야 할 것이고, 特約이 없으면 委任終了時가 된다고 보아야 한다.[12] 다만 委任의 內容에 따라서는 委任終了前에 引渡하는 것이 委任의 본뜻에 適合한 경우도 있다. 만약 委任人으로부터 引渡請求를 받았다면 그 때에 履行期가 到來하였다고 본다.[13]

[李 在 洪]

---

11) 大判 55. 9. 15, 4288민상25(集 3-1, 1).
12) 郭潤直, 419.
13) 日名古屋高判 昭 53(1978). 5. 9(判時 911, 126).

第685條(受任人의 金錢消費의 責任)

受任人이 委任人에게 引渡할 金錢 또는 委任人의 利益을 爲하여 使用할 金錢을 自己를 爲하여 消費한 때에는 消費한 날 以後의 利子를 支給하여야 하며, 그 外에 損害가 있으면 賠償하여야 한다.

Ⅰ. 立法趣旨

本條는 前條인 民 §684와 關聯된 條文이다. 즉 受任人이 前條의 金錢引渡義務를 履行하지 아니할 때에 受任人에게 制裁를 가하는 의미의 規定이다.[1)]

본래 受任人이 委任人에게 引渡해야 하는 金錢 또는 委任人을 위하여 使用해야 할 金錢은, 즉시 委任人에게 引渡하든가 또는 銀行 등에 預金하여 利子를 늘리도록 하여야만 受任人으로서의 善管注意義務를 다하는 것이라고 할 것이다. 그러므로 이러한 善管注意義務를 다하지 못하는 것에서 한 걸음 더 나아가, 그것을 自己를 위하여 消費한 경우에는 一種의 背任行爲에 해당한다고도 말할 수 있다. 따라서 그에 대하여는 制裁가 있음이 마땅하므로, 受任人에게 契約違反 또는 不法行爲로 인한 損害賠償義務를 지울 수 있을 것이다. 그러나 그러기 위해서는 委任人側에서 受任人의 故意, 過失, 損害의 發生 등의 立證責任을 지게 되며, 이것은 그렇게 容易한 일이 아니다. 그리하여 本條는 受任人의 善意, 惡意, 故意, 過失의 有無를 不問하고, 또 委任人이 損害의 證明을 할 필요 없이 당연히 受任人에게 法定利子를 請求할 수 있는 것으로 하였다.[2)] 또 受任人은 損害가 發生하지 않았음을 立證하여도 責任을 免하지 못한다. 이러한 점들은 一般原則과는 달리 委任에 관한 特則이라고 말할 수 있고, 바로 이 점에 本條의 存在意義 내지 立法趣旨가 있다.

더구나 本條의 特徵은 委任人이 法定利子 이상의 損害가 생긴 것을 立證하면 그 賠償마저도 受任人에 請求할 수 있는 점에 있다. 이와 같이 法定利子 이상의 損害의 賠償을 請求할 수 있으므로, 本條는 金錢債務에 관한 損害賠償의 一般原則인 民 §397의 例外를 規定하는 셈이 된다.[3)] 요컨대 本條의 責任

1) 金顯泰, 265.
2) 金顯泰, 265-66.
3) 金顯泰, 266.

은 委任의 特質을 고려하여, 一般의 債務不履行이나 不法行爲에 대한 責任과는 별도로 法이 특히 認定한 責任이다.

Ⅱ. 責任發生의 要件과 效果

1. 要　件

(1) 金錢을 消費한 경우에 한한다

金錢을 消費한 경우에 한하며, 金錢 이외의 物件을 消費한 때에는 일반의 債務不履行 또는 不法行爲의 原則에 의해서 解決된다.

(2) 金錢의 取得源은 묻지 않는다

그 金錢은 第3者로부터 받은 것이든 委任人으로부터 받은 것이든 상관이 없다.

(3) "自己를 위하여 消費한 때"의 意味

受任人은 第3者 또는 委任人으로부터 받은 金錢에 관하여 즉시 所有權을 取得한다고 보아야 한다.

受任人은 그가 받은 金錢 그 自體를 그대로 委任人에게 返還할 필요는 없고 그것과 同額의 金錢을 返還하면 된다. 따라서 그가 自己를 위하여 원래 받은 金錢을 消費한다고 하더라도 그것은 그 消費時에 있어서 受任人의 資産·信用 등으로 보아 同額의 金錢을 委任人에게 返還하거나 委任人의 利益을 위하여 支出하는 것이 不能 또는 困難하게 되는 事情이 있는 경우만을 意味한다고 할 것이다. 따라서 受任人이 받은 金錢 그 自體를 自己의 利益을 위하여 流用하는 모든 경우를 말하는 것은 아니다.[4)]

2. 效　果

(1) "消費한 날 以後의 利子"의 意味

이것은 返還의 履行期가 到來하지 않은 狀態에서 消費한 경우에 관한 規定이다. 즉 受任人이 委任人에게 金錢을 返還해야 하거나 또는 委任人의 利益을 위하여 消費해야 할 時期가 到來하지 아니한 동안에 自己를 위하여 消費한 경우에 관한 規定인 것이다.

4) 金曾漢·安二濬, 516-17; 我妻, 債各 中(二), 680.

履行期가 到來하고 있는 경우에는 그 以後의 遲延利子를 支給하는 것은 당연하며, 遲延利子의 支給義務가 발생하는 것은 受任人의 消費의 有無와 아무런 關係가 없어 특히 本條의 規定까지 適用할 필요가 없기 때문이다.

(2) "損害"의 賠償

이것은 受任人이 任意로 金錢을 消費한 경우에, 그 利子는 당연히 委任人에게 支給하여야 하지만, 그 이외에도 損害가 있으면 이를 賠償하라는 意味이다. 여기서 損害의 賠償이라고 하는 것은, 예컨대 委任人의 債務를 辨濟하기 위하여 받은 金錢을 受任人이 自己를 위하여 消費하였기 때문에 資金이 없게 된 委任人이 그에 대한 債權者로부터 提訴당하여 訴訟費用의 損害를 입은 경우에 이를 賠償하여야 한다는 意味이다.

따라서 甲이 乙을 속여 債權推尋의 委任을 받고 債務者로부터 推尋한 金錢을 消費한 경우에 乙은 消費한 金錢의 利子와 그 損害의 賠償(損害가 생긴 때에 한하여)을 請求할 수 있는 權利를 取得한다. 다만 甲이 推尋한 金錢 그 自體는 本條와 아무런 關係가 없다.

受任人이 自己를 위하여 金錢을 消費하는 行爲는 一種의 背任行爲이며, 委任人에게 단순히 遲延利子를 支給하는 것만으로는 補償할 수 없는 損害를 끼치는 경우가 있다. 다만 遲延利子의 경우와는 달리, 委任人은 그 損害의 發生을 立證하여야 한다. 그러나 이 역시 受任人의 無過失責任이라고 보아야 할 것이다.

[李 在 洪]

第 686 條(受任人의 報酬請求權)

① 受任人은 特別한 約定이 없으면 委任人에 對하여 報酬를 請求하지 못한다.

② 受任人이 報酬를 받을 境遇에는 委任事務를 完了한 後가 아니면 이를 請求하지 못한다. 그러나 期間으로 報酬를 定한 때에는 그 期間이 經過한 後에 이를 請求할 수 있다.

③ 受任人이 委任事務를 處理하는 中에 受任人의 責任 없는 事由로 因하여 委任이 終了된 때에는 受任人은 이미 處理한 事務의 比率에 따른 報酬를 請求할 수 있다.

차 례

Ⅰ. 一 般 論
Ⅱ. 報酬請求權의 發生要件
1. 民法의 경우
2. 特別法의 경우
3. 明示的 合意가 없는 경우의 報酬請求權의 根據
4. 委託을 하지 않은 相對方에 대한 報酬請求權
Ⅲ. 報酬의 內容
1. 一 般 論
2. 報酬의 額

Ⅰ. 一 般 論

本條는 委任이 原則的으로 無償이고, 特約이 있는 때에만 有償이라는 原則을 規定한 것이다. 이와 같은 소위 二元主義는 우리 나라에 한하지 않고, 日本·獨逸·佛蘭西·墺地利·瑞西·英國·美國 등 世界 主要國家들이 모두 채택하고 있는 原則이다.[1] 다만 英美法은 有償이 原則이고 無償이 例外이다. 이 점에서 英美法系는 우리 나라나 日本·獨逸같은 大陸法系와 중대한 차이가 있다. 그런데 獨逸은 無償委任만을 認定하여 無償이 아니면 委任이 아니라고까지 規定하였다.[2]

여기에는 沿革的인 理由가 있다. 로마법에서는 委任事務의 內容이 自由人의 自由勞務이어서 雇傭의 目的이 不自由人의 不自由勞務인 것과 對照를 이루

1) 註釋債各(Ⅱ), 479.
2) 獨民 §662.

었고, 委任의 目的은 高級의 勞務라고 생각되었다. 따라서 로마인의 名譽를 걸고, "委任은 無償이 아니면 無效이다"라고 하였다. 그러나 로마법에 있어서도 帝政時代에 이르러서는 謝禮를 받아도 괜찮았고, 報酬로서 謝禮를 받더라도 訴權을 喪失하지 않는 것으로 되었다. 더구나 그 謝禮는 事後에 支給되는 것에 한하지 않고, 事前에 約束하여도 관계가 없었다.

이것이 獨逸普通法에도 繼受되어 "謝禮가 對價인가 아닌가?", "謝禮를 支給하는 委任을 委任이라고 말할 수 있는가 그렇지 않은가?"에 대하여 크게 論議되었다. 그 후 獨逸民法의 制定에 있어서도 第1草案에서는 報酬의 特約을 認定하고 있다가,[3] 第2草案에서는 現在와 같이 無償委任만을 認定하게 되었다. 이와 같이 變更된 주된 이유는 委任을 有償으로 하면 雇傭·都給·委任 등 3者의 區別이 어렵게 된다는 것 때문이었다.

그러나 이렇게 되면 實狀에 맞지 않는 경우가 많이 發生한다. 즉 有償으로 事務의 處理를 委託하는 경우, 그리고 醫師나 辯護士와 같은 高級事務의 경우에도 委任이 아니라 雇傭 또는 都給이라고 할 수밖에 없게 되는 것이다. 그리하여 委任에 관한 獨民 §675는 이러한 것들을 일응 雇傭 또는 都給이라고 하면서도 여기에 委任의 規定을 準用하고 있다. 오늘날에는 事務處理를 目的으로 하는 雇傭·都給과 그렇지 아니한 雇傭·都給의 區別에 論議가 集中되어 獨逸民法에 새로운 혼란이 일고 있다.

오늘날의 立法例로서는 이와 같은 獨逸民法의 規定은 異例에 속하지만, 獨逸에서도 特殊한 委任인 不動產仲介·雇傭仲介 등은 明示 또는 默示의 報酬特約을 認定하고, 나아가 辯護士·執行官 등은 特別法에 의하여 당연히 報酬請求權이 있는 것으로 되어 있다. 그리고 우리 民法 §686, 佛民 §1986, 墺民 §1004 등은 原則的으로 無償이라고 規定하고 있는 반면에, 瑞債 §394 Ⅲ은 "合意 또는 慣習이 있는 때에는 報酬를 支給하지 않으면 아니된다"라고 規定하여 無償의 原則을 깨뜨렸다. 英美法에서는 有償이 原則으로 되어 있어, 委任이 無償이라는 점을 主張하고자 하는 자가 이를 立證하지 않으면 안 되게 되어 있다.[4]

본래 委任은 雇傭이나 都給과는 달리, 特別한 尊敬 내지 信賴關係라고 하는 精神的 要素가 강한 關係이므로, 受任人의 勞務의 對價로서 報酬를 받는

3) 獨民 第1草案 §586.
4) 註釋債各(Ⅱ), 480.

것을 不名譽로 생각하여 겨우 謝禮로서 慰勞받을 수밖에 없었다. 그러나 오늘날 사실상으로는 이 好意的 勞務에 대하여 有形的인 謝意表示가 있는 것이 통상이어서 委任은 好意契約으로서 法律上의 權利·義務關係로서는 無償이 原則이라고 말하여지면서도 事實上 이미 有償으로 되었다고 보는 것이 정확하다.[5)]

Ⅱ. 報酬請求權의 發生要件

1. 民法의 경우

民法은 報酬請求權이 發生하기 위하여는 特約이 있을 것을 要件으로 하고 있다. 不動産仲介業者나 執行官 등 專門業者의 경우, 手數料의 額이나 料率表를 公衆이 보기 쉬운 곳에 揭示하도록 法定되어 있다.[6)] 다른 各種의 業者도 事實上 手數料表를 揭示하거나 또는 委任人이 알 수 있도록 하는 경우가 많은데, 이러한 방법을 쓰고 있는 경우에는 거기에 報酬에 관한 明示的 合意가 있다고 볼 수 있을 것이다. 그러나 報酬請求權이 認定되기 위하여 반드시 明示的 合意가 필요한 것은 아니며, 默示的 合意가 있어도 된다. 그러나 默示的 合意의 認定은 곤란한 때가 많다. 默示的 合意가 있는가의 與否는 當事者의 職業, 委任事務의 內容과 性質, 社會의 慣行 등에 의하여 決定하는 수밖에 없을 것이다.

2. 特別法의 경우

特別法 중에는, 受任人이 당연히 報酬請求權을 가진다는 趣旨를 規定하고 있는 것이 상당수 있다. 예컨대 不動産仲介業法 §20는 "仲介業者는 仲介業務에 관하여 仲介依賴人으로부터 所定의 手數料를 받는다"고 規定하고 있다. 또한 執行官法 §16, 公證人法 §7, 辯護士法 §19에 기초한 大韓辯護士協會會則 §44 등도 報酬請求權을 明定하고 있다.

5) 無償의 原則을 貫徹하고 있는 獨逸에서조차도 辯護士·仲介業者·執行官 등 職業的 受任人의 報酬請求權이 法的으로 인정되는 경우가 많아지고, 사람들의 경제적 觀念의 발달에 따라 法的으로도 委任無償의 原則에 例外가 증가하여 主客이 顚倒되고 있다고 말할 수 있다.

6) 不動産仲介業法 §26; 執行官法 §7-3.

3. 明示的 合意가 없는 경우의 報酬請求權의 根據

報酬의 特約은 明示的인 것에 한하지 않고, 默示的인 경우도 가능하며, 當事者의 意思를 추측하여 報酬의 特約이 있는 것으로 인정될 수도 있다. 아래에서는 具體的인 對象別로 파악해 보기로 한다.

(1) **不動産仲介業者의 경우**

㈎ 不動産仲介業者는 民事仲介人이지만, 그 商人性(商 §§ 46 xi, 4) 때문에, 商 §61에 의한 報酬請求權이 있다.[7] 日本判例에 의하면, 專門的인 仲介業者가 아닌 木材商이 他人을 위하여 木材賣却을 周旋한 때에는 特約의 有無를 묻지 않고 商 §§61, 47에 의하여 相當한 報酬를 請求할 수 있다고 한다.[8] 그런데 商 §61에 의하면 賣買가 成立하지 아니한 경우에도 報酬를 支給하도록 되어 있어, 不動産仲介業者의 경우 賣買가 成立하지 않으면 報酬를 請求할 수 없다는 原則과 相馳되는 難點이 있다.

㈏ 仲介의 경우에는 또한 商事仲介人의 報酬請求權에 관한 商 §100를 根據로 하여 契約이 成立되지 않으면 報酬를 請求할 수 없다고 본다. 民事仲介에 있어서도 商人인 때에는 이 說이 타당하다고 본다.[9] 判例에 의하면, "賣買仲介料請求權은 仲介人의 손을 거쳐 賣買가 成立함을 條件으로 하여 發生하는 것이므로 仲介行爲로 인하여 賣買가 成立되지 않은 이상 그 努力의 比率에 相當한 報酬를 請求할 수는 없다"[10]고 한다.

(2) **辯護士의 경우**

㈎ 報酬約定이 없는 경우　　辯護士에게 係爭事件의 處理를 委任함에 있어서 그 報酬 및 額에 관하여 明示의 約定을 아니하였다 하여도 無報酬로 한다는 등의 特別한 事情이 없는 한 應分의 報酬를 支給할 默示의 約定이 있는 것으로 봄이 相當하다.[11]

㈏ 額數의 約定이 없는 경우　　判例[12]에 의하면, "辯護士의 訴訟委任事務處理에 대한 報酬에 관하여 當事者間에 그 額數의 約定이 없는 경우에도 法院은 事件受任의 經緯, 事件의 經過와 難易程度, 訴訟物價額, 勝訴로 인

7) 大判 68. 7. 24, 68다955(集 16-2, 304).
8) 日大判 昭 8(1933). 9. 29(民集 12, 2376).
9) 日東京地判 昭 52(1977). 12. 7(判時 902, 104).
10) 大判 56. 4. 12, 4289민상81(總 4-1(A), 748).
11) 大判 76. 5. 25, 75다1637(公 539, 9188); 大判 93. 2. 12, 92다42941(公 941, 975).
12) 大判 81. 7. 28, 80다2485(集 29-2, 239); 大判 76. 5. 25(註 11).

하여 當事者가 얻는 具體的 利益과 所屬辯護士會 報酬規定 및 依賴人과 辯護士間의 關係 기타 辯論에 나타난 諸般事情을 參酌하여 決定함이 相當하다"고 한다.

辯護士의 成功報酬金 請求訴訟에서 勝訴判決의 確定與否와 關係 없이 그 報酬金을 請求할 수 있도록 約定한 辯護士로서는, 勝訴判決의 宣告나 送達이 있은 후 相當期間內에 訴訟依賴人에게 報酬金의 支給을 재촉하였을 것이 쉽게 짐작이 가고, 이에 대하여 依賴人이 報酬金의 支給은 勝訴判決이 確定된 뒤에 支給하면 좋겠다고 猶豫를 要請하였다는 것도 어렵지 않게 짐작할 수 있는 일이다.[13]

(다) 勝訴로 確定된 때와 同一視할 事件歸結이 된 경우의 報酬 判例는 "辯護士는 그 受任事件이 勝訴로 確定된 때와 이와 同一視할 事件歸結이 된 경우에는 無報酬로 한다는 特約이 없는 한 勝訴謝禮金을 請求할 수 있다"고 한다.[14] 또 다른 判例[15]는, "民事事件의 訴訟代理業務를 委任받은 辯護士가 그 訴訟提起前에 相對方에 債務履行을 催告하고 刑事告訴를 提起하는 등의 事務를 處理함으로써 事件委任人과 相對方 사이에 裁判外 和解가 成立되어 結果的으로 訴訟提起를 할 필요가 없게 된 경우에, 事件本人과 辯護士 사이에 訴提起에 의하지 아니한 事務處理에 관하여 明示的인 報酬의 約定을 한 바가 없다고 하여도 특단의 사정이 없는 한 事件委任人은 辯護士에게 위 事務處理에 들인 努力에 相當한 報酬를 支給할 義務가 있다"고 한다. 이 判例의 사안은 訴訟代理業務를 委任한 것이지만, 訴訟提起 없이 事前에 다른 方法으로 事件을 解決한 것이므로 純粹한 法理的인 側面에서 본다면 다소 문제가 있다고 볼 수도 있다. 그러나 訴訟代理業務만을 委任하였다고 보는 것은 形式的인 觀察이고, 當事者의 意圖는 事件의 解決에 있는 것이므로, 辯護士가 訴訟提起 이전에 다른 正當한 方式을 통하여 訴訟에서 勝訴한 것과 같은 結果를 가져온 이상, 當事者는 辯護士에게 報酬를 支給할 義務가 있다고 본 判例의 태도는 正當하다.

(라) 現物支給 約定의 경우 辯護士에 대한 成功謝金으로서 訴訟目的物인 現物을 주기로 約束한 경우라도 受任事件에 勝訴하여 現實로 위 訴訟目的物인 權利가 回復되지 않은 이상, 그 權利의 一部를 現物로 請求할 수는

13) 大判 91.11.12, 91다7989(公 911, 85).
14) 大判 76.5.25, 75다1637(公 539, 9188).
15) 大判 82.9.14, 82다125등(公 691, 909).

없다.[16)]

(마) "訴取下時는 勝訴로 看做한다"는 謝金約定의 意味 辯護士와의 成功謝金約定에서 訴取下時는 勝訴로 看做한다는 特約은 事件依賴人의 反信義行爲를 制裁하기 위한 것이므로 民 §150의 規定趣旨에 비추어 볼 때, 勝訴의 可能性이 있는 訴訟을 不當하게 取下하여 辯護士의 條件附權利를 侵害하는 경우에 한하여 適用되는 것이라 할 것이며, 勝訴의 可能性이 전연 없음이 明白하여 訴訟費用을 節約하고 不當訴訟行爲의 責任을 免하기 위하여 不得已 訴訟을 取下하는 경우에는 適用될 수 없다.[17)]

(바) 雙不取下看做의 경우에 있어 勝訴者의 勝訴與否 判例는 대체로 雙不取下看做의 경우도 勝訴한 것에 準하는 것으로 보고 있다. 즉 判例는 "被告의 訴訟代理를 受任하면서 成功報酬金을 約定한 경우에 그 事件이 일단 雙不로 取下看做되었다면 결국 提訴者의 訴權行使를 沮止한 結果를 가져온 것이므로 그 後에 다시 提訴된 與否에 구애없이 被告訴訟代理人이 勝訴한 경우에 準한다고 解釋할 것이다"라고 한다.[18)] 그러나 다른 判例는 "勝訴時에 謝禮金을 支給받기로 하고 被告의 訴訟代理를 受任한 경우에 雙不取下로 訴訟이 終了되면 그 訴訟節次에서의 努力에 따라 응분의 報酬를 支給하여야 하고, 勝訴判決이 아니라 하여 일률적으로 그 努力을 否定할 수는 없다"고 한다. 즉 否定說의 立場을 취하는 것은 아니지만, 그 額數에 대하여 勝訴한 경우와 同一하게 보지는 아니하고 있다.

(사) 不當히 過多한 辯護士報酬約定 判例는, "辯護士의 報酬에 관한 當事者 사이에 約定이 있는 경우, 委任事務를 終了한 辯護士는 原則的으로 約定報酬額 全額의 支給을 請求할 수 있는 것이지만, 事件受任의 經緯, 事件處理의 經過와 難易度, 訴訟物價額, 勝訴로 인하여 當事者가 얻은 具體的 利益과 所屬辯護士會報酬規定 기타 辯論에 나타난 諸般事情에 비추어 그 約定報酬額이 不當하게 過多하여 信義誠實의 原則이나 衡平의 原則에 어긋나는 경우에는 相當하다고 約定되는 範圍를 認過하는 報酬額의 支給을 請求할 수 없다"라는 態度를 堅持하고 있다.[19)] 예컨대 "辯護士와 事件當事者間의 30,582,000원의 報酬約定이 실제로 出捐한 努力과 費用의 정도에 비추어 不當히 過多하다면

16) 大判 79. 4. 10, 77다2213등(要集 民 Ⅰ-2, 1045).
17) 大判 79. 6. 26, 77다2091(公 615, 12035); 大判 80. 12. 9, 79사9(要集 民 Ⅰ-1, 249).
18) 大判 70. 12. 22, 70다2312(集 18-3, 389).
19) 大判 91. 12. 13, 91다8722등(公 913, 503).

이는 信義誠實의 原則에 反하는 契約으로서 無效이다"[20]라고 한다. 그러나 "約定報酬額 總額이 辯護士報酬規則의 料率表에 의하여 算定되는 限度額을 超過한다는 理由만으로 그것이 不當하다고 말할 수는 없다"고 한다.[21]

(아) 着手金의 性質과 發生時期 辯護士가 받는 着手金의 性質은 어떠한가? 判例[22]는 "辯護士가 訴訟事件委任을 받으면서 支給받는 着手金 또는 着手手數料는 一般的으로 委任事務의 處理費用 외에 報酬金의 一部[23]의 先給金條로 支給받는 性質의 金員이라고 볼 것이다"라고 判示하였다. 요컨대, 着手金은 委任이라는 점 그 自體의 對價로(成功與否와 關係 없이) 事前에 支給되는 金員으로 파악하고 있는 것이다. 다음으로 着手金請求權의 發生時期에 관하여 보면, "辯護事務를 委任하면서 着手手數料를 같은 날 支給하기로 約束하였다면 受任者가 辯護人選任申告를 捜査機關에 提出하지 않았더라도 着手手數料 請求權은 發生한다"라고 하는 것이 判例의 態度이다.[24]

辯護士에게 共同當事者로서 訴訟代理를 委任한 訴訟事件의 結果에 따라 經濟的 利益을 不可分的으로 享有하게 되거나 敗訴할 경우 訴訟相對方에 대하여 不眞正連帶關係의 債務를 負擔하게 된다 하더라도, 이러한 事情만으로 곧바로 共同當事者들의 辯護士에 대한 訴訟代理委任에 따른 報酬金支給債務가 連帶 또는 不可分債務에 해당하는 것으로 단정할 수 없다.[25]

(3) 醫師의 경우

醫師가 患者에게 負擔하는 診療債務는 疾病의 治療와 같은 結果를 반드시 達成해야 할 結果債務가 아니라 患者의 治療를 위하여 善良한 管理者의 注意義務를 가지고 現在의 醫學水準에 비추어 必要하고 適切한 診療義務를 다해야 할 債務 즉 手段債務라고 보아야 할 것이므로, 그러한 注意義務를 다하였는데 그 診療結果 疾病이 治療되지 아니하였다면 治療費를 請求할 수 있다. 반면에 醫師가 그러한 善良한 管理者의 注意義務를 다하지 아니한 탓으로 오히려 患者의 身體機能이 回復不可能하게 損傷되었고, 그 損傷 以後에는 그 後遺症勢의 治癒 또는 더 이상의 惡化를 防止하는 정도의 治療만이 계속되어 온 것뿐

20) 大判 72.2.29, 71다2722(集 20-1, 128).
21) 大判 91.12.13(註 19).
22) 大判 91.12.13(註 19).
23) 이 경우의 報酬金은 委任事務인 訴訟事件의 成功與否와 關係 없이 支給되는 것이 보통이다.
24) 大判 63.1.31, 62다896(集 11-1, 53).
25) 同旨 大判 93.2.12, 92다42941(公 941, 975).

이라면 醫師의 治療行爲는 診療債務의 本旨에 따른 것이 되지 못하거나 損害塡補의 일환으로 행하여진 것에 불과하여 病院側으로서는 患者에 대하여 그 手術費 내지 治療費의 支給을 請求할 수 없다.[26)]

(4) 其 他

日本判例[27)]는 "不動産仲介에 관하여, 依賴者는 一般的으로 反證이 없는 한 仲介業者에 대하여 相當한 報酬를 支拂할 意思가 있었다고 認定할 수 있다"고 判示한 바 있다. 또한 "他人에게 周旋業者에의 交涉을 委任한 者는 反證이 없는 한 默示的으로 周旋業者에게 報酬를 支給할 權限도 受任人에게 授與하였다고 推定하는 것이 相當하다"고 한다.[28)] 그리고 慣習에 의한 報酬請求權의 發生을 認定한 判例[29)]도 있다. 그 判例에 따르면, "沈沒한 배를 引揚하는 것을 業으로 하는 者가 實費에 의한 引揚의 委託을 받은 경우에도 日當, 機械 등의 損料에 相當하는 報酬를 請求할 수 있다"고 한다.

4. 委託을 하지 않은 相對方에 대한 報酬請求權

(1) 仲介人에 관하여 문제가 되는 것은, "仲介委託을 하지 않은 相對方에게 報酬請求를 할 수 있느냐" 하는 것이다. 여기에는 세 가지 類型이 있다.

첫째는, 賣渡人 甲으로부터 委託을 받은 仲介業者 A의 非委託者인 買受人 乙에 대한 關係(또는 그 反對의 경우)

둘째는, 賣渡人 甲으로부터 委託을 받은 仲介業者 A와 買受人 乙로부터 委託을 받은 仲介業者 B가 關與하여 契約이 成立한 경우, 甲에 대한 B, 그리고 乙에 대한 A의 關係

셋째는, 위 둘째의 경우 A, B사이에 第3의 仲介業者 C가 關與한 경우(이 때 C는 여러 사람일 수도 있다)

(2) 報酬請求權을 取得하기 위해서는 반드시 仲介의 委託契約이 있어야 한다는 原則을 固守한다면 위의 어느 類型의 경우에도 非委託者에 대하여 報酬請求를 할 수 없을 것이다. 그러나 仲介業者는 商人이고 그가 하는 仲介行爲는 報酬를 目的으로 하는 商行爲이며, 去來의 媒介에는 항상 委託者에 對立하는 相對方이 存在하게 되고 仲介의 結果 去來가 成立되면 그 契約의 利益은

26) 同旨 大判 93.7.27, 92다15031(公 953, 2381).
27) 日東京地判 昭 32(1957).8.15(判時 126, 3474).
28) 日大判 大 6(1917).12.26(民錄 23, 2245).
29) 日大阪高判 大 6(1917).9.29(新聞 1340, 17).

委託者뿐만 아니라 相對方도 이를 享受하게 된다. 이러한 不動產仲介의 特殊性이 "仲介業者가 仲介委託을 한 바 없는 자에 대하여도 報酬請求權을 取得하는가"를 論議하게 되는 緣由이다.[30]

㈎ 肯 定 說 이 說에 따르면, "不動產仲介業者는 商事仲介人은 아니지만 仲介業務의 特質에 비추어 商法 제100조 2항의 規定을 類推適用하여 委託을 하지 않은 當事者에 대하여도 相當한 報酬를 請求할 수 있다"고 한다.[31] 또한 "斡旋의 依賴를 받은 業者와 共同으로 斡旋에 힘쓴 業者는 비록 委託을 받은 바 없더라도 依賴者가 그의 介入을 특히 원하지 않는다는 意思를 表明한 바 없는 依賴를 받은 業者와 共同으로 依賴받은 業者의 報酬請求權을 行使하는 事實인 慣習이 있다"는 日本 下級審判例[32]도 있다.

日本 學說에 따르면, "仲介業者가 하는 仲介는 民事仲介이기는 하지만 營業으로 하는 것이므로 商事仲介와 區別할 實質的 理由가 없다고 할 것이며, 業者는 依賴者뿐만 아니라 相對方에 대하여도 같은 業務를 負擔하며 仲介에 관한 利益은 相對方도 이를 享受하는 것이니 不動產仲介에도 商法 제100조 2항을 類推適用할 것이다"라고 한다.[33] 또한 "仲介業者의 수고와 활동을 異議 없이 받아들인 결과 目的을 達成한 去來當事者에 대하여는 仲介委託을 한 바 없다 할지라도 商法 제61조에 의하여 報酬를 請求할 수 있다"고 한다.[34]

㈏ 否 定 說 이 說에 따르면, "商事仲介는 仲介의 對象이 商行爲이므로 原則的으로 當事者雙方이 營利를 目的으로 하게 되고, 따라서 依賴를 하지 않은 當事者로서도 同等한 仲介이 利益을 享受하게 되는 한편, 商事仲介人은 특히 商法 제93조 이하의 規定에 따라 依賴者뿐만 아니라 相對方에 대하여도 特別한 義務를 부담하는 關係로 商法 제100조 2항의 存在意義가 있는 것이지만 不動產仲介는 民事仲介로서 그 性質을 달리하는 것이니 이를 適用할 수 없다"고 한다.[35] 또한 "商法 제61조는 明示的 또는 默示的으로 仲介委託契約은 있으나 報酬에 관한 特約이 없을 경우에 仲介業者가 相當한 報酬를 請求할 수 있는 根據는 될지언정 仲介契約도 없는 者에 대한 報酬請求의 根據는

30) 朴奉圭, "不動產紹介業者의 報酬請求權", 司論 5, 401.
31) 日東京地判 昭 36(1961).10.20(下民集 12-10, 2490); 日大阪地判 昭 44(1969).3.28(判タ 239, 274).
32) 日東京地判 昭 36(1961).12.18(判時 287, 17).
33) 明石三郞, "委託をうけたい不動產仲介業者の報酬請求權の有無", 判時 35-11, 96.
34) 明石三郞, "日最判 昭 43.4.2. 判例批評", 判評 117, 119.
35) 同旨 日大阪高判 昭 42(1967).9.26(判時 507, 62); 日東京地判 昭 44(1969).3.8(判タ 236, 149); 日大森簡判 昭 38(1963).11.29(判時 371, 55).

될 수 없다"고 한다.[36]

日本 學說에 따르면, "仲介業者가 하는 仲介는 商事仲介가 아닌 民事仲介이고, 委託者와의 仲介契約은 非商人的·非投機的·一回的인 것이니, 商法 제100조 2항을 不動産仲介에 適用함은 不當하며, 商事仲介人이 非委託者에 대하여도 商法 제93조 이하의 規定에 따라 義務를 負擔하는 것은 그 媒介對象이 商行爲라는 特殊性에서 由來하는 것인데 反하여 不動産仲介業者가 宅地建物去來業法(우리 나라의 不動産仲介業法에 해당)에 의하여 負擔하는 義務는 仲介委託者에 대한 仲介業務處理에 隨伴되는 것으로서 監督行政廳의 行政目的 達成을 위한 것이 主된 것이고 非委託者에 대한 關係에서도 義務를 負擔하는 것처럼 보이는 것은 그 反射的인 效果에 지나지 않으므로 이를 同一視할 수 없다"고 한다.[37]

(다) 두 見解의 檢討 위와 같은 두 見解의 對立의 焦點은, "仲介業者가 委託者에 대하여 商法 제61조 또는 제100조 2항을 類推適用하여 報酬請求를 할 수 있는가"하는 점에 있다.

否定說은 "不動産仲介는 民事仲介이므로 여기에 商事仲介에 관한 規定이나 기타 商法規定을 適用하는 것은 妥當하지 않다"는 것으로 요약된다. 商事仲介나 民事仲介나 仲介라는 점에서는 本質的으로 다를 것이 없고 不動産의 去來도 그 主體에 따라서는 商行爲가 될 수 있으며(예컨대 建設會社가 아파트부지를 買入하는 경우), 그 경우의 仲介는 명백히 商事仲介이다. 또 오늘날 不動産仲介業者는 仲介가 成功될 때까지 單獨으로 활동하는 例는 오히려 드물고 相互間에 橫的 連結을 취하면서 서로 情報를 交換하고 協助하여 去來를 成事시키는 協業關係로 맺어져 있음은 흔히 있는 일이다. 또한 不動産의 去來도 그것이 成功되면 商事去來처럼 쉽게 計算할 수 있는 利益은 아니더라도 적어도 特別한 事情이 없는 한 當事者雙方은 그 契約上의 利益을 享有하고 있다고 할 것이고 그러한 利益은 仲介業者의 수고에 힘입은 것임을 否定할 수 없을 것이다. 그런데도 仲介活動을 營業으로 하는 仲介業者의 수고에 따른 利益은 이를 취하면서 仲介를 委託한 바 없다고 하여 報酬를 支給할 義務가 없다고 보는 것은 妥當하지 않다고 할 것이다. 그러므로 대체로 肯定說이 妥當하다고 보인다.

36) 同旨 日最判 昭 43(1968).4.2(判時 519, 86).
37) 中川高男, "委託をうけい宅地建物去來業者と報酬請求權", 判評 117, 124.

Ⅲ. 報酬의 內容

1. 一 般 論

(1) 報酬의 內容에 대하여는 特別한 制限이 없다. 民法은 雇傭, 都給, 委任의 對價로 支給되는 것을 모두 "賃金"이라고 하지 않고 "報酬"라고 規定하였다. 다만 雇傭에 관하여만 勤勞基準法에서 勤勞者의 地位를 保護하기 위하여 原則的으로 通貨로 支給할 것을 規定하였을 뿐이다(勤基 §36). 그러나 委任이나 都給에는 이러한 特別規定이 없다.

(2) 委任의 對價는 보통 金錢으로 支給할 것이다. 그렇지만 兩當事者의 合意로 金錢 이외의 것으로 支給하기로 約定할 수 있다. 예컨대 土地購入을 周旋해 줄 것을 內容으로 하는 委任에 있어서 그 土地의 一部를 報酬로 주기로 約定하여도 좋을 것이다.

다만 注意할 것은, 委任에 있어서의 報酬는 都給의 그것과는 달리, 일의 完成에 대한 것이 아니라 事務處理라는 勞務에 대한 것이라는 점이다. 따라서 事務處理가 一定한 成果를 올렸을 때에 報酬를 支給한다는 成功報酬가 附加的으로 支給됨을 별론으로 하고, 不成功의 경우에는 報酬를 전혀 支給하지 않는다는 것은 原則的으료 委任의 本質에 들어맞는 것이 아니다.

實際의 例를 보면, 醫師의 治療費는 不成功의 경우에도 支給하는 것이 常例여서 委任의 本質과 合致한다. 그리고 辯護士의 소위 着手金도 成功·不成功에 구애받지 않는 事務處理의 報酬로서 支給되므로, 이 역시 委任의 本質과 合致한다. 그러나 都給的 委任이라고 봄이 相當한 不動産仲介業者의 報酬는 原則的으로 成功報酬로서의 性格만을 가진다.[38)]

2. 報酬의 額

明示的인 特約이 있으면 문제가 없지만, 그것이 없을 때에는 委任의 性質이나 一般의 慣行을 參酌하여 決定할 수밖에 없다.

(1) 醫師의 治療費 중에서 保險患者에 관하여는 醫療保險法에 의하여 醫療報酬가 정하여져 있으므로 별 문제가 없다. 다만 醫師의 經驗이나 力量에

---

38) 商 §100 參照.

의한 個人差를 認定하지 아니하는 實質的 不平等의 問題가 있을 뿐이다.[39)]

(2) 辯護士의 報酬基準은 大韓辯護士協會가 이를 정하도록 되어 있고,[40)] 辯護士報酬基準에 관한 規則 §2는 그 細部基準을 각 地方辯護士會가 同 規則의 範圍 안에서 그 地方의 實情에 맞추어 정하도록 委任하고 있다. 결국 辯護士報酬基準에 관하여는 一定한 基準이 정하여져 있는 셈이나, 具體的 適用에 있어서는 문제가 생겨 종종 訴訟의 對象이 되고 있다(이에 대하여는 앞서 자세히 본 바가 있으므로 골자만 서술한다).

먼저 문제가 되는 것은, 辯護士에게 訴訟事件의 處理를 委任하면서 그 報酬 및 額에 관하여 明示的 約定을 하지 아니한 경우에 辯護士가 報酬를 請求할 수 있느냐 하는 것이다. 이에 대해 判例[41)]는 "無報酬로 한다는 등의 特別한 事情이 없는 한 應分의 報酬를 支給할 默示의 約定이 있는 것으로 봄이 相當하다"고 判示하고 있다. 또 應分의 報酬를 얼마로 보느냐 하는 문제에 대하여는 判例[42)]는, "法院이 事件受任의 經緯, 事件의 經過와 難易程度, 訴訟物價額, 勝訴로 인하여 當事者가 얻는 具體的 利益과 所屬辯護士會報酬規定, 依賴人과 辯護士間의 關係 기타 辯論에 나타난 諸般事情을 參酌하여 決定함이 相當하다"고 判示하였다.

어느 정도가 辯護士의 報酬로서 適正한가? 大韓辯協의 辯護士報酬基準에 관한 規則에 일응의 基準이 있다. 즉 同規則 §20는 民事事件의 경우 着手金과 成功報酬의 合算額은 全審級을 통하여 事件對象의 經濟的 利益價額의 40%를 超過할 수 없다고 하고, 同 §29는 刑事事件의 着手金과 成功報酬는 各 500만원 이하로 한다고 規定하였다.

[李 在 洪]

39) 註釋債各(Ⅱ), 487.
40) 辯護士法 §19.
41) 大判 76.5.25, 75다1637(總 4-1(A), 750-17).
42) 大判 81.7.28, 80다2485(集 29-2, 239).

第 687 條(受任人의 費用先給請求權)

委任事務의 處理에 費用을 要하는 때에는 委任人은 受任人의 請求에 依하여 이를 先給하여야 한다.[1]

Ⅰ. 立法趣旨

委任은 受任人이 委任人을 위하여 그 事務를 處理하는 契約이다. 따라서 그로 인하여 受任人에게 損害가 생기게 되어서는 안 된다. 그러므로 委任契約으로 인한 費用은 受任人에게 支給되어야 한다. 그런데 委任契約의 履行過程에서 受任人이 支出한 費用에 대하여는 다음에 나오는 民 §688가 이를 規定하고 있다. 즉 受任人은 民 §688에 기하여 委任人에 대하여 이미 支出한 費用의 償還을 請求할 수 있다. 그러나 受任人이 費用을 支出한 다음에 그 費用을 請求하는 것보다는 가능한 한 事前에 費用을 請求할 수 있도록 하는 것이 바람직하므로, 그에 관한 規定을 마련해 둘 필요가 있다. 이 規定이 바로 그에 관한 規定이다.

事前에 費用을 先給해야 할 경우의 例를 든다면, 事務處理를 위하여 旅行하는 경우의 費用의 先給, 物品購入의 경우의 代金의 先給 등이다.

Ⅱ. 費用先給請求權의 內容

1. 여기서 말하는 費用은 客觀的·現實的으로 必要한 費用이다

本條의 費用은 民 §688의 必要費와는 다르다. 그러나 단지 旅費·通信料 등 순전히 委任事務處理上 必要한 費用에 한하지 않고, 處理해야 할 契約上 必要한 金錢, 여컨대 土地買受의 委任에 있어서의 買受代金과 같은 것도 이에 포함된다.[2] 그리고 이 費用은 항상 金錢으로 미리 支給하여야 한다. 앞으로 사용할 金錢을 미리 支給하는 것이니만큼, 그 費用은 통상 대략의 金額으로 支給될 것이며, 이러한 경우에는 事後에 精算節次를 거쳐야 할 것이다.

1) 日民 §649.
2) 日大判 大 7(1918).2.13(民錄 24, 254).

2. 費用은 受任人으로부터 請求가 있을 때만 支給할 義務가 생긴다

(1) 여기서 "請求"라고 함은, 受任人이 委任人에게 先給이 필요하다는 內容의 通知를 함과 동시에, 金錢支給을 請求하는 것을 말하며, 이 두 가지 內容이 모두 포함된 것이라야 한다. 그러나 實際로는 거의 대부분의 경우에 이 두 가지가 同時에 행해질 것이므로 별 문제가 되지는 않는다.

(2) 受任人의 請求가 있을 때에는, 委任人이 "受任人이 委任事務處理에 着手하지 않고 있다"라든가 "費用을 미리 支給한다면 受任人이 오히려 事務處理를 怠慢히 할 염려가 있다"는 등의 理由로 費用의 先給을 拒絕할 수 없다.[3] 만약 費用을 先給하는 데 대하여 委任人이 불안을 느낀다면 委任人으로서는 費用의 先給을 拒絕할 것이 아니라, 그 이전에 根源이 되는 委任契約 自體를 解除함이 옳을 것이다.

(3) 委任은, 受任人이 費用의 先給을 對價로 事務를 處理하는 雙務契約이 아니며, 委任人의 費用先給義務와 受任人의 事務處理義務는 同時履行의 關係에 서 있지 않다. 따라서 委任人은 受任人이 아직 事務處理에 着手하지 않았다는 것을 이유로 先給을 拒絕할 수 없다. 또 受任人은 先給을 할 때까지 事務處理를 拒絕하여도 履行遲滯의 責任을 지지 않는다. 先給을 하지 않기 때문에 事務處理를 하지 않는 것은 正當한 理由가 있는 것이기 때문이다. 오히려 委任人이 費用先給을 拒絕하였고 그 費用先給의 拒絕에 委任人에게 歸責事由가 있는 때에는, 受任人에게 생긴 損害를 委任人이 賠償하여야 할 것이다.

(4) 受任人은 費用의 先給을 訴求할 수 있는가?

이에 대하여는 獨逸民法의 解釋上 다툼이 있다. 積極說은 이에 대하여 肯定的인 態度를 취한다. 그 根據는 다음과 같다. "受任人은 契約關係가 存續하는 한 委任事務를 處理할 義務가 있고, 또한 法律은 委任人에게 事務處理를 위해 必要한 費用의 先給義務를 지우고 있다. 그러므로 費用先給의 訴求가 가능하다. 물론 委任人은 언제라도 委任을 撤回할 수 있고, 그것에 의하여 受任人의 費用先給의 訴는 終了할 것이다. 그러나 先給을 拒否한 것만으로는 아직 委任의 撤回라고 볼 수 없다. 그렇기 때문에 委任의 撤回가 없는 한 受任人은 委任人에 대하여 費用先給을 訴求할 수 있다."[4]

---

3) 金顯泰, 267.
4) Enneccerus-Lehmann, Schuldv., §162, 1.

消極說은 이와 反對이다. 그 根據는 다음과 같다. "受任人은 委任事務를 處理遂行할 權利를 가지는 것이 아니라 이를 處理할 義務가 있을 뿐이다. 특히 委任은 언제라도 撤回할 수 있다고 하는 委任의 特質에 비추어 보면, 費用의 先給을 訴求할 수 없다고 봄이 相當하다. 다만 有償의 雇傭的 委任에서는 被用者에게 業務遂行權이 있으므로 費用의 先給을 訴求할 수 있다고 보아야 한다.[5]

日本에 있어서도 學說은 크게 나누어지고 있다. 原則的으로는 消極說이 보다 說得力이 있다고 생각된다. 다만 例外的으로, 委任이 受任人의 利益과 밀접하게 結合되어 解除할 수 없는 경우에는 費用의 先給도 訴求할 수 있다고 봄이 相當할 것이다. 즉 通常의 委任에서는 費用을 先給하지 않으면 受任人은 自由롭게 解除權을 行使할 수 있고 또한 先給이 있을 때까지 事務處理를 中止하면 족하지만 委任이 受任人의 利益과 밀접하게 結合되어 있는 때에는 委任人이 任意로 解除할 수 없고 더구나 受任人이 委任事務遂行에 깊은 利害關係를 갖기 때문에 適期에 費用이 先給되지 않는다면 事務를 遂行할 수 없는 때에는 先給의 訴求도 가능하다고 보아야 할 것이다.[6]

3. 有償委任의 경우, 報酬支給義務가 있는지 與否 등

委任이 必要한 費用을 先給하지 않기 때문에 事務處理가 不能으로 되더라도 適法하게 解除되지 않는 한 受任人은 全部의 報酬를 請求할 수 있다. 債權者(委任人)의 責任 있는 履行不能의 경우에 해당하므로, 債務者(受任人)는 反對給付를 받을 權利를 잃지 않기 때문이다.[7] 그러나 受任人이 自己의 債務를 免함으로서 利益을 얻은 때에는 이것을 委任人에 償還하여야 하는 것은 물론이다.[8]

4. 先給費用을 使用하고 남은 金額이 있을 때

이러한 경우, 委任人은 受任人에게 殘額의 返還을 請求할 수 있다(民 §684). 또한 受任人은 委任人의 殘額返還請求가 있으면 反對事實의 立證이 없는 한 그 金員의 返還을 拒否할 수 없다.[9] 즉 受任人은 그 용도 및 支出의 正當性을

5) Planck, Komm., §699, 1.
6) 그러한 탓인지, 獨逸에서도 辯護士에 대하여는 訴求權을 認定하고 있다.
7) 民 §538 Ⅱ 參照.
8) 民 §538 Ⅱ 參照.
9) 日東京高判 昭 54(1979).11.8(判タ 407, 89).

主張·立證하면(殘額이 아님을 主張·立證하면) 返還을 拒否할 수 있겠지만, 그렇지 않으면 返還을 拒否할 수 없는 것이다.

[李 在 洪]

第688條(受任人의 費用償還請求權等)

① 受任人이 委任事務의 處理에 關하여 必要費를 支出한 때에는 委任人에 對하여 支出한 날 以後의 利子를 請求할 수 있다.

② 受任人이 委任事務의 處理에 必要한 債務를 負擔한 때에는 委任人에게 自己에 갈음하여 이를 辨濟하게 할 수 있고 그 債務가 辨濟期에 있지 아니한 때에는 相當한 擔保를 提供하게 할 수 있다.

③ 受任人이 委任事務의 處理를 위하여 過失 없이 損害를 받은 때에는 委任人에 對하여 그 賠償을 請求할 수 있다.[1)]

차 례

Ⅰ. 立法趣旨
Ⅱ. 費用償還
  1. 必要費의 意義
  2. 費 用
  3. 立證責任等
Ⅲ. 委任人의 代辨濟義務
  1. 意 義
  2. 代辨濟의 要件
Ⅳ. 委任人의 損害賠償義務
  1. 委任人의 無過失責任이다
  2. 受任人의 無過失을 요한다
  3. 損 害
Ⅴ. 數人의 委任人 또는 受任人이 있는 경우의 責任
  1. 委任人이 數人인 경우
  2. 受任人이 數人인 경우

Ⅰ. 立法趣旨

委任은 受任人이 委任人을 위하여 그 事務를 處理하는 契約이다. 따라서

1) 日民 §650.

그로 인하여 受任人에 損害를 생기게 되어서는 안 되며, 委任契約으로 인한 費用은 受任人에게 支給되어야 한다. 이 條項은, 委任契約의 履行過程에서 受任人이 支出한 費用에 대하여 規定하고 있다.

Ⅱ. 費用償還

1. 必要費의 意義

(1) 必要費란, 여러 가지 사정을 종합하여 善良한 管理者의 注意를 갖고 受任人이 必要하다고 判斷하여 支出한 費用이다.[2] 獨民 §670는 이를 "事情에 따라" 必要하다고 認定되는 費用이라고 表現하였다. 이 점에서 이 條項이 規定하고 있는 必要費란 前條에서 規定하고 있는 先給費用과 區別된다. 즉 先給費用은 客觀的인 事情에 의하여만 決定되는 것에 비하여, 必要費는 受任人이 必要하다고 判斷하면 認定될 수 있다.

必要費의 支出에 의하여 "委任人에게 實益이 생기는지의 與否", "委任人이 所期의 目的을 達成하였는지의 與否"를 不問하고 委任人은 受任人에게 이를 償還하여야 한다. 나중에 結果的으로 判斷해 볼 때 그 費用의 支出이 不必要하였다고 判斷되더라도 상관없다.[3] 예컨대 土地購入의 受任人이 購入이 적당하다고 생각되는 土地를 測量하였지만 購入할 수 없게 되었다고 하더라도 그 測量費는 償還되어야 한다. 또 사람을 구하는 事務를 委任받은 受任人이 新聞에 求人廣告를 하였지만 應募者가 없었던 경우에도 그 廣告費는 償還되어야 한다. 醫師가 投藥을 하였지만 患者가 死亡한 경우에도 委任人은 受任人인 醫師에게 그 投藥費用을 償還해야 한다.[4]

佛蘭西民法은 費用이 실제로는 보다 少額일 수 있었던 경우에도 필요하다고 認定되는 費用이라면 그것을 理由로 金額을 削減할 수 없다고 하였다.[5] 우리 民法上으로도 같이 解釋할 수 있을 것이다. 受任人에게 故意·過失이 없었던 이상, 비록 客觀的으로는 그 費用이 절약될 수 있었다고 하더라도 그 費用은 償還되어야 함이 委任의 本質이나 健全한 常識에 부합한다고 하겠다. 그러

2) 註釋債各(Ⅱ), 501.
3) 郭潤直, 452.
4) 註釋債各(Ⅱ), 501.
5) 佛民 §1999 Ⅱ 後段.

나 受任人의 過失에 의하여 必要 이상의 多額이 支出된 때에는 減額할 수 있다고 보아야 할 것이다. 이 경우는 受任人에게 歸責事由가 있는 이상 一般的인 경우와 같이 볼 수는 없기 때문이다.

(2) 이러한 점에서 이 條項의 費用은 事務管理나 不當利得에 있어서의 有益費나 現存利益과 다르다.

事務管理에서는 結果的으로 本人에게 有益한 경우의 費用만이 償還의 對象이 된다. 이것은 단순히 本人에게 不當한 利得을 주지 않는다는 점을 주안으로 하기 때문이다. 本人에게 有益하지 않은 費用까지 本人이 事務管理者에게 償還하는 것이 相當치 않은 것이다.

여기에 비하여, 委任은 委任의 範圍內에서는 受任人의 意思에 따라 事務를 處理하는 것을 目的으로 하기 때문에, 委任事務履行의 結果로 支出된 費用으로 認定되는 것은 모두 委任人이 責任을 지는 것이 타당하다. 그러나 委任의 範圍外의 行爲에 대하여는 그것이 結果的으로 아무리 有益하더라도 그 費用의 償還은 認定되지 않는다. 예컨대 受任人이 家屋保管의 委任을 받은 것에 지나지 않는데 保管하고 있는 家屋에 제멋대로 裝飾을 하여도 裝飾費는 本條의 費用에 해당하지 않는다. 그러므로 受任人은 本條에 기하여는 그러한 裝飾費를 償還받을 수 없다. 다만 그것이 委任人을 위한 裝飾이라고 認定된다면 事務管理의 有益費에 해당되어, 그에 기하여 償還받을 수는 있을 것이다.[6] 그리고 그것이 受任人 스스로를 위한 裝飾이라면 現存利益에 한하여 不當利得으로서 委任人으로부터 償還받을 수 있을 것이다.

(3) 必要費의 支出이 그 당시 必要하였다고 認定할 수 있는가의 與否도 순전히 客觀的인 標準에 의하여야 하는 것이 아니며, 受任人이 각 경우의 事情을 고려하여 相當한 注意하에 必要하다고 인정되는 費用을 의미한다.[7] 즉 受任人의 過失 없는 判斷을 標準으로 하여야 한다. 왜냐하면 本條는 受任人에게 經濟的 負擔을 지우지 않으려는 趣旨이기 때문이다.

佛蘭西民法은 "受任人이 過失 없이 支出한 費用은 委任事務가 成就되지 않았을 때에도 償還義務를 免하지 않는다"고 規定하고 있다.[8] 英國에서도 受任人이 正常的인 實務에 따라 費用을 支出하였다면 損失補償을 받을 수 있다고 보고 있고, 獨逸民法의 "必要하다고 認定되는 費用"도 당시 必要하다고 생

6) 다만 有益費로 인정되어야 하는 制限이 따른다.
7) 日大判 昭 2(1927). 1. 26(裁判例 2, 民 100).
8) 佛民 §1999.

각한 것이 相當한 費用이라고 解釋되고 있다.

2. 費 用

(1) "費用"이란 受任人이 委任事務의 處理에 提供한 金錢이나 財產의 價格 등을 말한다. 그 對象이 金錢이든 다른 財產이든 묻지 않는다.

(2) 金錢의 例로는, 受任人이 委任人의 保險料를 替當支給한 경우를 들 수 있고, 다른 財產의 例로는 여러 가지 物件의 購入費用을 들 수 있다. 또 財產에는 債權 등도 포함됨은 물론이다. 즉 物件購入의 受任人이 自己의 金錢債權으로 賣渡人의 代金債權과 相計한 경우라면, 이 相計에 使用한 債權의 價額은 受任人이 事務處理에 提供한 費用으로 될 것이다.

(3) 그러나 受任人의 勞動力은 明示 또는 默示의 特約이나 慣習이 없는 한 費用에 해당되지 않는다. 즉 受任人이 事務處理에 들인 努力을 費用으로 換價하여 請求할 수는 없다. 그리고 受任人이 負擔하기로 約定한 費用은 請求對象에서 除外되어야 할 것이다.

(4) 그런데 有償委任은 報酬中에 어느 정도의 費用이 포함되어 있다고 보아야 할 경우가 많다. 例를 들면 不動產仲介業者는 報酬 이외의 費用으로서 案內料는 전혀 請求할 수 없고, 廣告料는 특히 委任人으로부터 廣告를 해 줄 것을 要請받은 경우에만 委任人에게 償還을 請求할 수 있다. 또 다른 例로, 辯護士는 事件處理를 위하여 출장을 감에 있어서 내의값, 구두수선비, 양말값, 구두창값, 구두약값 등을 支出하였다고 하여도 이를 출장에 필요한 旅費로 請求할 수 없다. 이것은 費用에 해당하지 않기 때문이다.

한편, 國選辯護人은 報酬 외에는 費用償還을 請求할 수 없다는 日本判例[9]가 있다. 이 判決의 根本趣旨는, 國選辯護人의 경우에는 委任의 規定에 따를 것이 아니며, 國選辯護人에 대하여는 關係法令에 의하여 報酬가 規定되어 있고 이 報酬에는 費用도 포함되어 있기 때문이라고 하는 데 있다. 그러나 國選辯護人과 나라 사이의 實質關係는 委任契約의 性質을 가진다고 보아야 하고, 또한 報酬에 비하여 費用이 多額일 때에는 나라에 그 償還을 請求할 수 있다고 보는 것이 타당하다. 이 경우, 償還을 請求할 수 있는 費用은 受任人이 실제로 支出한 金額에 限定되어야 할 것이다. 예컨대 受任人이 2만원의 시계로써 代物辨濟하고 受任人이 第3者에게 負擔하고 있던 3만원의 債務를 消滅시

9) 日最判 昭 29(1954). 8. 24(最高裁民集 8-8, 1549).

켰어도 受任人은 委任人에게 2만원의 費用을 請求할 수 있음에 그친다.

(5) **委任人이 死亡한 경우 등의 償還費用**

委任人이 死亡한 경우에 受任人이 償還받을 費用은, 委任人의 死亡前에 支出한 것뿐만 아니라, 死亡前에 開始한 委任事務의 必然的 結果로서 死亡後에 支出한 것을 포함한다. 이와 같은 法理로, 妻의 出產에 관한 一切의 事務를 妻家에 依賴한 夫는 비록 出產前에 妻와 離婚하였어도 妻家가 支出한 費用은 모두 負擔해야 한다.

3. 立證責任等

(1) **立證責任**

費用을 支出하였다는 점에 대한 立證責任은 受任人에게 있다. 즉 費用을 償還받기 위하여 受任人은 必要한 費用을 支出했다는 점을 證明해야 하는 것이다. 이 때 委任人으로서 費用의 償還을 免하려면, 費用의 支出이 受任人의 過失에 기한 것이라는 점을 立證하여야 할 것이다.[10)]

(2) **留 置 權**

委任이 物件의 保管을 目的으로 하는 때에는 受任人은 保管費用이나 報酬에 대하여 그 物件 위에 保管者로서의 留置權을 가진다.

(3) **償還의 時期**

委任人은 受任人의 費用支出이 있을 때마다 償還할 것이나, 受任人이 辨濟期前에 辨濟한 때에는 辨濟期까지는 辨濟하지 않아도 상관없다. 또 辨濟期가 到來하고 있는 이상, 受任人이 現實로 支給하지 않았다고 하더라도 受任人의 이름으로 債務를 負擔하고 있으면 委任人에게 그것을 償還할 것을 請求할 수 있다고 할 것이다. 그런데 本條 I은 必要費를 "支出한" 때에는이라고 하여, "支出"을 必要로 하는 것으로 解釋될 여지가 있다. 그렇지만 위 條項의 文面에만 매달려 이것을 굳이 前條의 費用의 先給이라고 말할 것까지는 없고 本條의 必要費의 支出로 봄이 相當하다. 必要費를 "支出한" 것이나, 必要費 相當의 債務를 負擔한 것이나 同一하게 보아야 하기 때문이다.

(4) **利子의 償還請求**

受任人은 委任人에게 費用을 支出한 날 以後의 利子도 償還請求할 수 있다. 利子는 法定利率에 의함이 原則이다. 辨濟期前의 辨濟라면 利子도 支出日

10) 註釋債各(Ⅱ), 503.

부터 起算할 것이 아니라, 辨濟期부터 起算할 것이다. 受任人은 支出의 立證만으로 족하고 利子의 立證을 요하지 않는다.

Ⅲ. 委任人의 代辨濟義務(第2項)

1. 意　義

本條 Ⅱ은, 受任人이 委任事務를 處理하기 위하여 受任人 자신의 이름으로 第3者에게 債務를 負擔한 경우에, 受任人은 委任人에게 委任人 스스로가 辨濟를 할 것을 請求할 수 있다는 趣旨의 規定이다.

예를 들어 受任人이 家屋購入의 委任을 받고 自己의 이름으로 家屋을 買入한 경우에, 受任人은 委任人에게 代金을 支給시킬 수 있는 것이다. 受任人이 위와 같은 委任을 받은 경우에도 受任人에게 代理權이 있다면,[11] 家屋賣買契約의 效果는 직접 委任人 本人에게 歸屬되기 때문에 本條를 必要로 하지 않는 것은 사실이다. 그렇지만 代理權이 隨伴되지 않은 경우에는 本條의 規定이 없는 한 受任人은 賣買代金의 支給債務를 지기 때문에, 委任人에게 費用을 受任人 자신에게 건네 줄 것을 請求하든가, 일단 受任人이 替當支給한 후에 委任人에게 償還을 請求할 수 있을 뿐이다. 그러므로 여기에 本條 前段의 存在意義가 있다.

나아가 그 債務가 아직 辨濟期에 있지 아니한 때는 즉시 委任人에게 支拂하도록 請求할 수 없지만, 辨濟期가 到來할 때까지 委任人이 無資力으로 될 수도 있는 것이므로, 여기에 對備하여 擔保를 提供하게 하는 것이 受任人을 保護하는 길이다. 이것이 本項 後段의 存在理由이다.

2. 代辨濟의 要件

(1) 委任事務의 處理에 必要한 債務인가 아닌가의 判定基準은 前述한 必要費와 같이 當該事情에 따라 受任人이 善管注意를 기울여 必要하다고 判斷하여 負擔한 債務이고 純客觀的·現實的으로 必要한 債務일 필요는 없다.

(2) **費用先給請求權과의 關係**

必要한 債務를 負擔하는 대신에 費用先給請求를 하여 必要한 費用을 先給

---

11) 委任에 항상 代理權이 授與되는 것이 아니다.

받아 受任人 스스로 辨濟하여도 좋다. 다만 상술한 先給費用에 있어서의 "費用"과 必要費의 "費用" 내지 "債務"와의 사이에 다소의 차이가 있음은 注意할 必要가 있다. 이 차이를 전제로 하여 兩者가 一致하는 範圍에서 先給請求나 代辨濟請求의 選擇的 行使가 可能하다고 본다. 그러나 委任人이 自己가 직접 辨濟하거나 債務引受 기타의 方法으로 受任人의 債務를 負擔하려는 경우에 受任人이 이를 拒否하고 資金을 自己에게 交付하여야 한다고 請求하는 것은 信義則에 反하여 許容되지 않는 것으로 봄이 相當하다.

(3) 委任人은 自己의 受任人에 대한 別個의 債權과 受任人의 代辨濟請求權을 相計할 수 있는가? 日本 判例[12)]는 "비록 똑같이 金錢債權이라도 兩者는 論理的으로는 同種의 債權이 아니다"라는 理由로 이를 否認한다. 그러나 이러한 경우 相計를 肯定해야 한다는 學說과 日本 下級審判例[13)]도 있다. 受任人이 갖는 代辨濟請求權은 스스로 負擔한 債務가 辨濟期前에 있다면 費用先給請求權과 同一하고, 辨濟期後에 있다면 費用償還請求權과 同一하다고 보는 것이 實質的으로 妥當하다는 것을 그 理由로 들고 있다.

(4) 代辨濟請求權에 기한 執行

代辨濟請求權은 受任人이 委任人에 대하여 第3者(受任人의 債權者)에게 履行할 것을 請求하는 債權이지만, 이것에 기하여 強制執行도 可能하다고 보아야 한다. 이 執行에 관하여는 直接的인 規定이 없지만 一般 金錢債權의 執行에 관한 規定을 準用한다. 그리고 委任人은 受任人의 債務를 第3者로서 辨濟하는 것이다. 相對方(債權者)에 대한 關係에서는 利害關係 있는 第3者로 되지만, 가령 利害關係가 없는 第3者라고 하더라도 委任人의 辨濟가 受任人(債務者)의 意思에 反하는 것이라고는 말할 수 없다.

(5) 辨濟期前의 債務에 대한 擔保는 人的 擔保이든 物的 擔保이든 不問하며, 그 擔保의 確實性에 관하여 다툼이 있으면 法院의 決定에 따를 수밖에 없다.

---

12) 日最判 昭 47(1972).12.22(最高裁民集 26-10, 1991).
13) 日福岡高判 昭 27(1952).12.24(高裁民集 5-13, 690).

Ⅳ. 委任人의 損害賠償義務(第3項)

1. 委任人의 無過失責任이다

"受任人이 自己에게 過失이 없이 입은 損害의 賠償을 請求하는 경우, 委任人에 대하여 過失이 있어야만 委任人에게 損害賠償義務가 있는가"의 與否에 관하여는 法制史的으로 여러 차례의 變遷을 보였다.

먼저 로마법의 變遷을 살펴보면, 최초에는 無過失責任이었다가 유스티니아니스법에 이르러 過失責任으로 변하였다. 한편 獨逸의 古代法이나 普通法에서도 無過失責任으로 規定하였다가, 19世紀에 過失主義로 변하였다. 현재의 立法例도 분분하다. 瑞西債務法은 過失責任으로 規定한다.[14] 즉 委任人이 自己에게 過失이 없음을 立證할 責任을 負擔한다. 그러나 실제로는 그 立證이 용이하게 인정되지 않는다고 한다. 한편 佛蘭西民法은 無過失責任을 規定한다.[15] 現行 獨逸民法은 이에 대한 規定이 없어 學說上 다투어지고 있는바, 過失責任說이 通說로 되어 있다. 日本에서는 無過失責任說이 通說이다. 우리 나라의 경우도 無過失責任說이 通說이다.

2. 受任人의 無過失을 요한다

受任人에게 過失이 있으면 受任人 單獨으로 損害를 감수해야 한다. 受任人이 損害賠償을 請求할 수 있기 위하여는 예컨대 委任받은 家屋購入을 위하여 現場에 旅行을 하다가 負傷당한 때에는 損害의 發生 자체, 즉 負傷에 대하여 無過失이라는 사실만이 아니라 損害發生의 機會를 만든 것, 즉 旅行한 것 自體에 대하여도 事務處理의 方法으로서 無過失이라는 점을 요한다. 受任人은 委任事務處理 때문에 損害가 발생하였다는 사실과 受任人의 無過失을 立證할 責任을 負擔한다. 그 외에는 委任人이 그 損害의 發生을 豫見하였는가의 與否, 또한 委任人의 指示 기타 委任人의 過失에 기인하였는가의 與否를 묻지 않는다. 그러나 損害가 委任人과 受任人 兩者의 過失에 의하여 생긴 때에는 雙方의 過失의 정도를 參酌하여 決定해야 할 것이나, 의심스러우면 委任人에게 負擔시키는 것이 妥當하다. 왜냐하면 委任事務處理에 관하여는 委任人이 그 結

14) 瑞債 §402 Ⅱ.
15) 佛民 §2000.

果를 引受하는 것이 相當하기 때문이다.

3. 損 害

損害는 委任事務의 處理를 위하여 입은 損害일 것을 요한다. 이것은 處理함에 "즈음하여" 생긴 것도 좋은가, 아니면 事務處理 "때문에" 생긴 것에 한하는가. 로마법은 後者만에 한하였고, 佛蘭西의 古法도 같은 태도를 취하였지만, 現行 佛蘭西民法은 前者로 規定하여 넓게, 委任事務를 引受함으로써 생겼다고 생각되는 損害, 예컨대 事務處理를 위하여 旅行하다가 自動車事故로 負傷을 당하였다든가 盜難당한 경우의 손해도 포함한다고 한다.

獨逸에서는 이 점에 관하여 學說이 나뉘어져 있지만, 委任事務處理와 直接 關係가 있어 생긴 損害에 限定하는 것이 通說이다. 日本에서도 佛蘭西法과 같이 넓게 解釋하는 說이 있지만, 多數說은 좁게 後者에 한한다. 생각건대 無償委任에 있어서는 넓게 責任을 지우는 것도 合理的이지만 有償委任이 많은 오늘날에는 넓게 解하는 것은 委任人에게 매우 不當하다. 따라서 購入土地의 入會調査를 위해 旅行하다가 現場의 土砂가 崩壞하여 負傷당하였든가 疲勞 때문에 病이 들었다든가 하는 때에는 賠償을 請求할 수 있지만, 旅行중의 盜難에 의한 損害까지도 포함하는 것은 아니라고 보아야 한다. 損害賠償의 方法은 債務不履行이나 不法行爲의 一般原則을 類推하여 決定하면 된다.

4. 委任人은 委任事務의 處理가 結果的으로 自己에게 有利하지 아니하였다는 것을 理由로 損害賠償을 拒否할 수 없다.

5. 受任人은 그 損害에 관하여 第3者(加害者)에 대하여 損害賠償을 請求할 수 있는 경우에도 역시 委任人에 대한 賠償請求權을 잃지 않는다. 兩者는 不眞正連帶債務의 關係에 있다.

V. 數人의 委任人 또는 受任人이 있는 경우의 責任

1. 委任人이 數人인 경우

數人이 그 共同事務를 위하여 委任한 때, 또는 數人이 共同하여 委任한 때에 있어서는 그 義務履行에 관하여 數人의 委任人은 受任人에 대하여 連帶하여 責任을 지는 것이 原則이라고 해야 할 것이다. 佛民 §2002와 瑞債 §403 I은 이와 같은 趣旨를 規定하고 있다.

그 委任이 商行爲일 때에는 商 §57 I의 規定上 당연히 連帶하여 責任을 질 것이다. 그러나 仲介와 같은 것은 賣買의 兩當事者가 共同으로, 또는 적어도 共同事務를 위하여 한 사람의 仲介人에게 依賴하는 形式으로 되는 경우가 많은 데도 仲介料에 관하여는 商事仲介에서도 分割債務로 된다(商 §100 II). 따라서 委任契約의 性質이나 特約 또는 慣習에 의하여 連帶債務로도 되고 分割債務로도 된다고 해야 할 것이다.

2. 受任人이 數人인 경우

이 경우는 無償委任과 有償委任을 나누어서 생각해야 할 것이다. 즉 無償委任에 있어서는 受任人들에게 連帶責任까지 認定하는 것이 대체로 가혹하다고 할 것이나, 오늘날 많이 볼 수 있는 有償委任에 있어서 數人의 受任人이 共同으로 事務處理를 委託받은 때에는 連帶하여 履行의 責任을 진다고 해야 할 것이다. 信賴關係를 특히 중시하는 것이 委任이기 때문이다. 그러나 실제에 있어서는 이 경우도 委任人이 數人인 경우와 마찬가지로 委任契約의 性質, 特約, 慣習 등에 의하여 決定되어야 할 문제이다.

[李 在 洪]

第689條(委任의 相互解止의 自由)

① 委任契約은 各 當事者가 언제든지 解止할 수 있다.

② 當事者 一方이 不得已한 事由 없이 相對方의 不利한 時期에 契約을 解止한 때에는 그 損害를 賠償하여야 한다.

차 례

Ⅰ. 序 說
1. 概 觀
2. 立 法 例
3. 雇傭 내지 都給에 있어서의 解止權과의 比較
Ⅱ. 具體的 內容
1. 解止의 自由性
2. 債務不履行을 理由로 한 解止
3. 解止의 方法과 時期
4. 解止權拋棄의 特約의 有效性
5. 性質上 解止할 수 없는 委任
Ⅲ. 相對方에게 不利한 時期의 解止
1. 相對方에게 不利한 時期
2. 善意, 故意, 過失 등
3. 例外的 事由: 그 時期에 解止하는 것에 不得已한 事由가 있을 때
Ⅳ. 解止의 效果
1. 一 般 論
2. 解止의 效果

Ⅰ. 序 說

1. 概 觀

委任은 當事者雙方의 特別한 信賴關係를 기초로 하는 契約이다. 그러므로 自己가 信賴할 수 없는 受任人에게 事務를 處理시킨다든가, 自己를 信賴하지 않거나 信賴할 수 없는 委任人을 위하여 事務를 處理한다는 것은 委任의 本質에 適合하지 않다. 또 委任契約에 있어 委任人과 受任人間에 처음부터 信賴關係가 缺如되어 있는 경우란 통상 想像하기 어렵다. 그러나 委任契約의 成立後에 信賴關係에 금이 가는 경우는 얼마든지 있을 수 있는바, 이러한 경우라면 委任關係를 계속케 하는 것은 바람직하지 않다.

이러한 委任契約의 特性을 감안하면, 信賴關係가 깨진 경우 등에 對備하여 委任人, 受任人의 어느 편에서든지 委任契約을 自由로이 解止할 수 있도록 하는 것이 正當하며, 이러한 趣旨에 따라 契約解止의 自由를 規定하고 있는

것이 바로 本條 Ⅰ이다. 우리 判例[1]도 "委任契約이 有償契約이든 無償契約이든 가리지 않고 兩當事者가 自由로이 解止할 수 있다"고 한다. 한편 이러한 "解止의 自由"는 委任의 無償性이 要求되었던 沿革上의 遺物이라고도 할 수 있다.[2]

한편, 그러한 自由로운 解止를 認定함으로써 相對方에게 損害를 끼치는 경우에 대한 擔保의 設定도 必要하다. 그리하여 本條 Ⅱ은, 當事者 一方이 不得已한 事由 없이 相對方의 不利한 時期에 契約을 解止한 때에 그 損害를 賠償하도록 規定하고 있다.

2. 立 法 例

이러한 委任契約 本質을 고려한 自由로운 解止에 관한 規定은, 로마법 이래 各國의 立法例가 認定하고 있는 것이다. 다만 立法例에 따라서는, 受任人의 任意解止에 대하여는 委任人에게 損害賠償請求權을 認定하면서도, 委任人의 任意解止에 대하여는 그와 같은 制限을 두지 않는 것도 있다.[3] 그러나 民·商二法 統一의 立場에 서 있는 伊太利民法에서는, 受任人의 解止에 대하여는 賠償義務를 認定하지만, 委任人의 解止에 대하여는 有償委任의 경우만 一定要件下에 賠償義務를 認定할 뿐이다.[4]

그러나 우리 民法은 兩當事者에게 平等한 立場을 취하여 어느 편에서도 自由로이 解止할 수 있는 것으로 하였고, 解止時에 解止事由를 提示할 必要도 없도록 規定하였다. 또한 原則的으로 解止로 인하여 아무런 損害賠償義務도 發生하지 않도록 하되, 다만 不得已한 事由 없이 相對方이 不利한 時期에 解止하는 경우에만 例外로 하고 있을 따름이다.

3. 雇傭 내지 都給에 있어서의 解止權과의 比較

(1) 勞務의 提供을 目的으로 하는 雇傭이나 都給의 경우에도 이와 類似한 解除·解止權이 認定되고 있다.[5] 그렇지만 本條와는 文言과 內容을 달리하고 있다. 이와 같은 차이점은 바로 위에서 본 것과 같은 委任의 特殊性(信賴關

1) 大判 91.4.9, 90다18968(公 897, 1353).
2) 郭潤直, 455.
3) 佛民 §§2004, 2007; 獨民 §671.
4) 伊民 §§1725, 1727.
5) 雇傭에 대하여는 民 §§658 내지 663조에서 자세히 規定하고 있고, 都給에 대하여는 民 §§668, 673, 674 등에서 規定하고 있다.

係)에서 由來되는 것이다(通說).

(2) 다만 그 차이점의 根據에 대하여 日本에서는 이와 달리 說明하는 學說도 있다.[6] 이 說에 따르면, 委任人에게 이러한 解止權을 認定하는 理由는 委任事務의 主體인 委任人의 自由意思를 존중한다는 점에 터잡은 것이고, 受任人에게 이러한 解止權을 認定한 理由는 委任이 原則的으로 無償이기 때문에 受任人에게 바라지 않는 委任을 遂行할 것을 強制할 수 없기 때문이라고 한다.

(3) 一部의 學說[7]에 의하면, 이 條項은 오직 無償委任에 대하여만 妥當한 規定으로 解釋되어야 한다고 한다.

이 學說은, 위 差異點의 根據를 "委任契約이 信賴關係를 기초로 하는 契約"이라는 데서 발견해서는 안 되고, "無償委任은 法的 拘束力이 극히 弱한 契約關係"라는 점에 두어야 한다고 한다. 즉 이 學說에 따르면, 信賴關係란 債權契約關係에 공통된 것으로서, 信賴關係를 委任에만 特有한 것으로 보는 것은 온당치 못하다는 것이다. 말하자면 書面에 의하지 않은 贈與의 경우는 法的 拘束力이 약하여 자유로운 解除를 認定하는 것과 같은 趣旨로, 本條도 委任契約의 無償性에 터잡아 法的 拘束力을 약하게 하도록 規定한 것이라고 한다.

그러므로 이 學說에 따르면 有償委任의 경우에는 이 條項에 따라 自由로운 解止를 認定할 것이 아니라, 雇傭 내지 都給 등 그 委任의 性質에 卽應하는 法規에 따라 解止 與否와 그 內容을 認定하여야 한다는 것이다. 즉 有償委任이 雇傭型 委任이라면 民法 雇傭編의 解除規定에 따를 것이고, 그것이 都給型 委任이라면 都給의 解除規定에 따라야 한다고 한다. 마찬가지의 原理로, 不動產에 관한 委任事務의 處理와 受任人의 當該不動產의 利用이 對價的으로 結付되어 있는 것에 대하여는 賃貸借의 解止의 경우와 같이 信賴關係의 破壞가 있을 때에만 이를 解止할 수 있다고 한다.

日本判例 중에는 이와 궤를 같이하고 있는 것을 발견할 수 있다. 즉 "證券會社의 外務員契約은 雇傭契約이라고는 할 수 없고, 委任類似의 關係로 보아야 한다. 따라서 外務員의 解雇에 대하여는 勤勞基準法을 適用할 것이 아니라, 民法의 雇傭編의 解除規定을 適用하여야 할 것이다"라고 判示한다.[8]

---

6) 日 民法判例批評(1), 325 이하.
7) 廣中, 263 등.
8) 日最判 昭 36(1961).5.25(民集 15.5.1322).

그러나 이 說에 대하여도 批判이 있을 수 있다. 즉 本條의 規定이 有償·無償을 구별하지 않고 있는 이상, 有償委任에 대하여 解止의 自由를 否定할 수 없다는 것이고, 따라서 一般的으로 解止의 自由를 認定하고 있는 이상, 오히려 伊民 §1725의 規定內容과 같이, 다만 有償委任에 대하여는 委任期間滿了前 또는 委任事務完了前의 解止에 대하여는 委任人에 대한 損害賠償請求權을 認定하거나, 또는 一定比率의 報酬請求權을 認定하면 된다는 것이다.

Ⅱ. 具體的 內容

1. 解止의 自由性

(1) 委任人과 受任人은 自由롭게 解止할 수 있다. 銀行에 대한 電報送金의 委任人은 銀行이 受取人에게 金員을 交付하기 이전에는 언제라도 委任을 解除하고 그 金員의 返還을 구할 수 있고,[9] 理事는 언제라도 解任할 수 있으며, 訴訟依賴人은 理由를 明示하지 아니한 채 辯護士를 解任할 수 있다. 또 委任人이나 受任人은 解止를 함에 있어 그 理由를 明示할 필요가 없다. 바꾸어 말하여 理由의 明示는 解止의 要件이 아니다.

(2) 뿐만 아니라 解止를 함에 있어 特別한 理由가 있어야 하는 것도 아니다. 雇傭에 있어서와 같이 卽時解止를 함에 있어 不得已한 事由 등은 필요하지 않다.[10] 또 都給에 있어서와 같이 損害賠償을 할 것을 條件으로 하는 것도 아니다.[11]

따라서 株式會社의 理事는 그 理由가 무엇이든 不問하고 언제든지 會社를 辭任할 수 있다. 또 不動產賣却의 仲介契約에서 期限을 정한 바가 있더라도 當事者는 本條에 의하여 언제든지 自由로이 解止할 수가 있다. 우리 判例[12]에 의하면, "法人格 없는 社團인 宗中과 그 機關인 理事와의 關係는 委任에 類似한 契約關係로서 受任人인 理事는 民 §689 Ⅰ에 의하여 언제라도 辭任할 수 있고, 이 경우 宗中規約 등에 特別한 정함이 없는 한 解任의 意思表示는 代表者에게 到達함으로써 效力이 發生한다고 할 것이며, 宗中의 代表者가 辭任하

9) 日大判 大 11(1922). 9. 29(大審民集 1, 557).
10) 民 §661 本文 參照.
11) 雇傭에 있어서는 不得已한 事由가 있어야 하고, 都給에 있어서는 解止를 할 경우 損害賠償을 하여야 한다는 점을 상정하면, 解止의 自由性이 명백하게 드러난다.
12) 大判 91. 5. 10, 90다10247(公 899, 1599).

는 경우에는 代表者의 辭任으로 그 權限을 代行하게 될 자에게 到達한 때에 辭任의 效力이 發生하고, 이와 같이 辭任의 效力이 發生한 뒤에는 이를 撤回할 수 없다"고 한다. 日本 判例[13]는, "稅務士에 대한 委任契約은 期間의 정함이 있는 경우에도 그 期間滿了까지 契約을 繼續시킬 意思가 있다고 認定할 客觀的, 合理的 理由가 있는 경우를 제외하고, 本條에 기하여 언제라도 解止(日本法上 解除)가 가능하다"라고 判示한다.

(3) 그러나 여기에도 例外는 있다. 즉 性質上 解止할 수 없는 委任도 있고, 경우에 따라서는 특히 信賴關係의 破壞 등 相當한 事由를 필요로 하는 것도 있다.[14] 그리고 가사 解止가 가능하다고 하여도 解止에 따르는 損害賠償義務가 생길 수 있다.

2. 債務不履行을 理由로 한 解止

債務不履行을 理由로 解止하였으나 그 理由가 認定되지 않는 경우에 그 解止는 無效인가? 만약 이 解止가 無效라면, 解止의 意思表示를 한 者(委任人 또는 受任人)가 진정으로 契約의 終了를 願할 경우, 다시 本條에 의한 解止의 意思表示를 하여야 할 것이다. 이에 대하여 日本의 少數說은, "解止를 한 當事者의 意思를 존중한다는 側面에서 보거나, 債務不履行을 한 바가 없다고 믿고 있는 相對方을 保護한다는 側面에서 보거나, 兩規定을 따로따로 適用해야 한다"고 한다.[15] 그러나 日本 判例[16]와 多數說[17]은, 債務不履行에 의한 解止로서는 비록 無效라고 하더라도 本條에 의한 解止로서는 그 效力이 認定된다는 것이다. 이것은 債務不履行을 主張하는 것 自體가 이미 信賴의 喪失을 전제로 하고 있다는 점을 그 根據로 하고 있다. 訴訟經濟의 觀點에서 보더라도 이러한 解止를 無效라고 하여 當事者에게 다시 한번 解止를 主張하여 訴訟을 提起하게 하는 것이 浪費라는 것이다.

3. 解止의 方法과 時期

(1) 一般的인 解止와 같이, 相對方에 대하여 一方的인 意思表示를 하면

13) 日東京高判 昭 62(1987). 5. 31(判時 1279, 19).
14) 日東京高判 昭 55(1980). 9. 24(判時 980, 58).
15) 村上泰一, "委任에 관한 諸問題", 新報 59-6, 492.
16) 日大判 大 3(1914). 6. 4(民錄 20, 551).
17) 我妻, 債各 中(二), 689 등

된다.[18] 解止의 理由를 提示할 必要가 없다. 原則的으로 條件이나 期限을 붙이지 않지만, 相對方을 不利하게 만들지 않는 한 條件이나 期限을 붙일 수 없는 것은 아니다. 解止의 意思表示는 明示·默示를 가리지 않는다. 同一한 事務에 관하여 委任人이 새로이 다른 사람에게 委任을 하였다는 것을 相對方인 원래의 受任人에게 알린 경우에는, 默示의 解止가 있었다고 봄이 相當하다.[19]

(2) 法人의 理事와 法人과의 關係는 委任이라고 解釋된다. 그 解任은 民法의 規定에 의하지 않고, 定款 등의 規定에 의한다. 또 會社의 理事나 監事와 會社와의 關係도 委任關係라고 規定되어 있다.

(3) 解止의 時期는 委任의 終了前까지이다. 日本 判例[20]는 "委任의 解止(日本은 解除로 되어 있음)는 將來를 향하여 效力이 發生하므로 委任事務終了後에는 解止가 不可能하다"라고 判示한다. 委任이 終了前이기만 하면, 受任人이 事務處理에 着手한 後라도 상관없다. 다만 取消의 效果는 遡及하므로 詐欺에 의한 取消의 경우는 解止의 경우와는 달리 委任의 終了後라도 할 수 있다.

4. 解止權拋棄의 特約의 有效性

(1) 委任人의 拋棄와 受任人의 拋棄

解止權拋棄에 있어, "委任人에 의한 拋棄"와 "受任人에 의한 拋棄"는 그 意味를 다소 달리 보아야 한다. 본래 委任人의 解止權을 認定하는 것은 委任契約의 性質上 어느 정도 本質的인 側面이 있는 것이지만, 受任人의 解止權은 政策的으로 認定되는 性格이 다분하다.[21] 따라서 受任人에 의한 解止權의 拋棄는 실제로도 있을 수 있고 그다지 問題가 생기지 않지만, 委任人이 事前에 解止權을 拋棄함으로써 契約關係 도중에 受任人에 대한 信賴感을 잃은 후에도 契約을 解止할 수 없게 된다고 하는 것은 문제이다(醫師나 辯護士에 대한 委任關係를 상정하여 보면 쉽게 이해가 된다).

18) 甲과 乙 사이에 期間을 1년으로 하되 별다른 意思表示가 없을 때에는 契約期間이 更新되는 것으로 하는 內容의 自動車運送事業管理의 受託契約(이른바 持込契約)을 맺었으나 그로부터 약 10일 후 乙이 甲에게 約定持込料 등도 納付함이 없이 위 契約을 解止하는 意思表示를 통고하였지만 그것이 契約解止事由가 되지 못하여 그 효력이 발생하지 아니한 채로 위 1년의 契約期間을 넘겼다면 乙의 위 契約解止의 意思表示는 미리 위 契約期間의 更新을 拒絶하는 의사까지도 포함되었다 할 것이다(大判 88. 6. 14, 88다카1827(公 828, 1033)).

19) 佛民 §2006 參照.

20) 日大判 大 7(1918). 5. 6(民抄錄 78, 18132).

21) 그리하여 委任人의 解止를 獨逸民法은 "撤回한다(Widerrufen)'라고 規定하고, 佛蘭西民法은 '解除한다(revoquer)'라고 規定하는 반면에, 受任人의 解止를 獨逸民法은 '告知한다(kundigen)', 佛蘭西民法은 '拋棄한다(renoncer)'라는 말로 각각 區別하고 있다.

(2) 立法例와 學說

(가) 獨 逸 獨逸民法은 "受任人의 解止權拋棄는 有效하고, 拋棄한 後에는 重大한 事由가 없는 한 解止할 수 없다"라고 規定하고 있다. 반면에 委任人의 撤回權拋棄에 대하여는 아무런 規定을 두지 않고 있다. 그리하여 委任人의 撤回權拋棄가 可能한가의 與否에 관하여 學說上 다툼이 있다. 이에 관하여, "公序良俗에 反하는 것과 같은 重大한 事由가 없는 한 有效하다"고 하는 學說도 있지만, 多數說은 "委任人의 撤回權拋棄는 無效이며, 다만 委任契約이 受任人의 利益과 結合되어 있는 경우에만 撤回權拋棄가 有效하다"고 한다.

(나) 其他 國家 墺地利民法에서도 委任人의 解止權拋棄를 無效로 規定하였고,[22] 瑞西債務法도 같은 趣旨로 規定한다. 반면에 佛蘭西에서는 有效說이 多數說이다.

(다) 우리 나라와 日本에서는 學說이 나누어져 있다. 종래의 多數說은, "委任이 信賴關係를 기초로 한다는 理由에서 原則的으로 委任人의 解止權의 拋棄는 無效이고, 다만 例外的으로 受任人의 利益을 위한 委任에서는 解止權拋棄의 特約도 有效하다"고 한다. 한편 受任人의 解止權拋棄에 대하여는 그 경우를 나누어, "無償委任의 경우에는, 첫째, 當事者間의 信賴關係를 기초로 한 것이고, 둘째, 無償이면서도 善良한 管理者의 注意義務라는 무거운 責任을 지우고 있으므로 解止權拋棄의 特約은 無效라고 볼 것이나, 有償委任의 경우에는 그 拋棄의 特約이 社會秩序에 違反하는 것이 아닌 한 有效하다"고 한다.[23]

반면에 少數說로는, "本條를 強行規定으로 볼 수 없으므로 契約自由의 原則上 特約에 의하여 解止權을 拋棄하는 것은 原則的으로 有效하고, 다만 解止權의 拋棄가 公序良俗에 反하거나 脫法行爲로 되는 경우에만 無效이다"라는 說[24]과, "一定한 期間 동안 또는 一定한 事務의 處理가 終了할 때까지 解止하지 않는다는 特約은 그것이 社會秩序에 違反하지 않고, 또한 脫法行爲가 되지 않는 한 有效하다"라는 說[25]이 있다.

(3) 解止權拋棄의 意味

解止權拋棄의 特約에도, 첫째 解止權 自體의 拋棄를 目的으로 하는 것, 둘

22) 墺民 §1020.
23) 郭潤直, 456 등.
24) 李太載, 329.
25) 金曾漢·安二濬, 526-27.

째 단순히 解止權을 行使하지 않겠다는 뜻의 約束을 포함하는 데 불과한 것이 있다. 前者에 違反하여 解止하면 解止 자체가 無效가 되지만, 後者에 違反하여 解止하면 債務不履行으로 될 뿐 解止 自體의 效果는 생긴다. 具體的인 경우에 이 중 어느 것에 해당하는가의 判定은 契約의 內容에 의하여 決定하지 않으면 안 된다. 그러나 그 중 어느 것에 해당하는가에 관하여 疑問이 있을 때에는 後者로 보는 것이 妥當하다. 왜냐하면 委任은 本來 任意로 解止할 수 있는 것이기 때문이다.

(4) **年金擔保와 任意解止權의 拋棄**

年金의 受領權者인 甲이 乙로부터 돈을 빌리고 乙에게 年金 등의 受領을 委任하고 受領에 필요한 證書를 交付하면서 乙이 受領한 金錢은 직접 甲의 乙에 대한 債務의 元利金에 充當하기로 하고 또한 元利金의 完濟時까지 甲이 委任을 解止하지 아니한다는 特約을 하는 경우가 많다.

이 경우, 다른 約定은 效力이 있겠지만 解止權拋棄의 點만은 效力이 생기지 않는다. 즉 委任人은 解止權拋棄의 特約에도 불구하고 언제든지 解止하고 證書의 返還을 請求할 수 있다. 解止權拋棄의 特約은 年金法의 規定을 潛脫하는 行爲이기 때문에 無效로 하는 것은 당연하다.

또 債務者의 解止를 곤란하게 만들기 위하여 債權者가 그의 地位를 第3자에게 讓渡할 수 있다고 하는 特約을 덧붙여도 그 特約은 無效이고, 委任人(債務者)은 최초의 受任人(債權者)에 대하여 解止權을 行使하면 約定은 適法하게 解止된다.

5. 性質上 解止할 수 없는 委任

(1) **委任約定이 있으나, 委任約定이 다른 契約關係의 一部를 構成하는 경우**

이 경우의 委任은 단순한 委任이 아니고, 一種의 無名契約 속에 그 한 가지 內容으로서 委任契約이 포함되어 있는 것이다. 따라서 委任도 그것이 속해 있는 전체로서의 契約關係의 終了와 運命을 함께 하여야 하고, 이 때에는 解止에 관한 委任의 規定이 適用되지 않는다. 예컨대 쌀 輸入業者인 甲으로부터 쌀을 산 乙이 그것을 擔保로 하여 丙銀行으로부터 돈을 빌리고, 丙銀行은 乙로부터 一定額의 辨濟를 받을 때마다 擔保米의 一部를 乙에게 引渡하고, 辨濟金의 一部를 甲에의 代金殘額에 充當하기 위하여 甲에게 交付한다고 하는 契約의 경우에, 甲으로부터 丙銀行에의 殘代金推尋事務의 委任은 三當事者간의 一

種의 特別한 契約의 一部이므로 受任人 丙銀行은 任意로 이를 解止할 수 없다.

(2) **委任이 委任人의 利益과 함께 受任人의 利益도 目的으로 하고 있는 경우**

(가) 委任契約에 있어서 受任人의 利益이라고 함은, 委任事務處理와 直接 關係가 있는 利益이 있는 것, 즉 委任事務의 遂行에 의하여 受任人에게 생긴 利益, 受任人이 그 利益을 누리는 것에 관하여 委任人이 그것을 承認하지 않으면 안 될 어떤 關係가 存在하는 것을 必要로 한다. 즉 委任事務處理와 直接 關係 있는 利益, 예를 들면 아래의 項에서 자세히 보는 바와 같이, 受任人의 債權을 擔保하거나 또는 그의 辨濟充當을 위한 推尋委任契約 따위가 適切한 例가 될 것이다.

그러나 단지 委任人이 受任人에게 手數料(報酬)를 支給할 것을 約定한 것만으로는 受任人의 利益을 目的으로 한 委任契約이라고 할 수 없다. 報酬는 受任事務遂行의 結果, 그 對價로서 受領하는 것이기 때문에 이러한 경우가 受任人의 利益을 目的으로 하는 경우라고 말할 수 없기 때문이다.[26] 그러므로 辯護士顧問契約이나 稅務士顧問契約은 단순히 報酬를 支給할 것을 約定한 것에 불과하므로 辯護士나 稅務士의 利益을 目的으로 하는 契約이라고 할 수 없다.[27] 英國法에서도 "利益과 結合한 代理權"을 撤回할 수 없다고 하는 경우의 "利益"은 報酬를 뜻하는 것이 아니라 그 이상의 것을 意味한다고 하며, 佛蘭西法에서도 이와 똑같이 解釋되고 있다.

(나) 이와 같이 受任人의 利益을 目的으로 하는 委任契約의 例를 든다면, 債權者 甲이 債務者 乙에 대하여 第3者 丙에 대한 甲의 債權의 推尋을 委任하고 그 推尋金額의 1할을 手數料로서 乙에게 주어 그 金額을 乙의 甲에 대한 債務의 辨濟에 充當하기로 한 事例,[28] 債務者가 債權者에 대한 債務辨濟의 手段으로서 不動產의 處分을 委託한 事例,[29] 旅館經營委任契約에서 營業上의 計算이 雙方에 歸屬한다는 趣旨의 特約이 있는 事例,[30] 債權者가 自己의 債權을 回收하기 위하여 債務者로부터 經營委任을 받은 事例[31] 등을 상정해

26) 同旨 日東京高判 昭 62(1987).5.31(判時 1279, 19).
27) 日最判 昭 58(1983).9.20(判時 1100, 55).
28) 日大判 大 9(1920).4.24(民錄 26, 562).
29) 日東京高判 昭 31(1956).9.12(高民時報 7-9, 194).
30) 日大阪高判 昭 36(1961).11.30(判時 306, 12). 이 判例는 甲이 乙에게 自己所有의 建物을 사용하게 하여 旅館經營을 委託한 경우에 관한 것으로서, 雙方의 利益을 目的으로 하는 일종의 委任契約과 使用貸借契約이 混合되어 있는 契約이라는 理由로 解止의 自由가 인정되지 않는다고 判示하였다.
31) 日最判 昭 43(1968).9.20(判時 536, 51).

볼 수 있다. 또한 債務者 乙이 自己의 第3者 丙에 대한 債權의 推尋을 債權者 甲에게 委任하고 推尋한 金額을 乙의 甲에 대한 債務의 辨濟에 充當하기로 한 경우나, 乙 所有의 不動産의 賣却을 甲에게 委任하고 그 賣却代金을 乙의 甲에 대한 債務의 辨濟에 充當하기로 하는 경우도 委任人이 任意로 解止할 수 없는 경우라고 할 것이다.

이와 같이 受任人의 利益이 目的으로 포함되어 있는 경우에는 委任人은 任意로 委任을 解止할 수 없다고 할 것이다. 日本의 學說에 의하면, 이러한 경우에는 一般的으로 解止權의 拋棄가 있다고 推定된다고 한다.[32] 그런데 그 후의 日本 判例[33]는 "委任이 受任人의 利益을 目的으로 하는 경우에도 委任人은 어쩔 수 없는 事由가 없어도 解除權을 拋棄하였다고는 解釋할 수 없는 事情이 있는 때에는 委任契約을 解除할 수가 있고, 다만 受任人이 그것에 의하여 입은 損害를 賠償해야 한다"고 하는 융통성 있는 態度를 취하여 종래의 입장을 變更 내지 緩和하고 있다. 이 判例에 나타난 위 結論의 根據는, "委任人의 意思에 反하여 受任人으로 하여금 事務處理를 繼續하게 하는 것은 委任人의 利益을 沮害하여 委任契約의 본래의 뜻에 反하게 되기 때문이다"라고 한다.

한편 위의 例와 같이, 委任이 受任人의 利益을 위하여 된 경우에도 當事者가 委任契約上의 義務에 違背하였다든가, 受任人이 信賴關係를 破壞하는 것과 같이 顯著하게 不誠實한 行動으로 나온다든가 하는 不得已한 事由가 있을 때[34]에는 委任人은 本條에 依擧하여 委任契約을 解止할 수 있다고 보아야 한다.

한편 우리 判例[35]를 보면, "被告와 訴外 윤영순간의 이 사건 分讓委任契約이 비록 위 訴外人의 被告에 대한 建築工事金債權의 回收를 위한 방법으로 이루어졌다고 하더라도 위 訴外人이 施工한 이 사건 聯立住宅 建築工事에 瑕疵가 있음이 竣工檢査後에 새로이 발견되었다면 都給人인 被告로서는 受給人인 위 訴外人에게 瑕疵의 報酬를 請求할 수 있을 뿐만 아니라, 瑕疵의 報酬에 갈음하여 또는 瑕疵補修와 함께 損害賠償請求도 할 수 있는 것이고, 이들 請求權은 다른 특별한 사정이 없는 한 위 訴外人의 工事費請求權과 同時履行關係에 있으므로 被告로서는 이 訴外人이 瑕疵補修 또는 瑕疵로 안한 損害賠償

32) 我妻, 債各 中(二), 693-4; 明石, 注民(16), 212.
33) 日最判 昭 56(1981). 1. 19; 日東京高判 昭 60(1985). 4. 24.
34) 日最判 昭 43(1968). 9. 20(判時 536, 51).
35) 大判 87. 9. 22, 85다카2263.

債務를 履行할 때까지 工事費支給債務의 履行을 拒絶할 수 있다. 이 사건 聯立住宅은 瑕疵가 補修되지 않는 상태에서는 正常價格으로 分讓될 수 없는만큼, 都給人인 被告로서는 受給人인 訴外人이 瑕疵를 補修하지 아니한 채 低廉한 價格으로 分讓하는 것을 沮止하여 損害를 豫防할 필요가 있으므로, 被告는 이와 같은 事由를 들어 이 사건 分讓委任契約을 解止할 수 있다"라고 한다.[36)]

(3) 受任人과 第三者의 共同의 利益을 目的으로 한 때

이러한 경우의 예를 들자면, 擔保 또는 辨濟를 위한 債權推尋의 委任을 들 수 있는데, 이러한 委任은 委任契約과 擔保 또는 辨濟充當과의 混合契約 내지는 一種의 無名契約이라고 보아야 한다. 이 경우는 第3者도 그것을 承諾한 이상 그 第3者의 同意 없이 委任人이 委任을 解止할 수 없다. 즉 이러한 경우에는 委任契約도 다른 要素의 制約을 받아 本條에 의한 一方的 解止는 不可能하다고 보아야 한다. 다른 契約關係의 終了에 따라 비로소 委任도 終了한다고 보아야 한다.

外國의 立法例도 비슷한 태도를 취하고 있다. 英美法에서는 利益과 結合한 代理權(authority of agency coupled with an interest)은 撤回할 수 없다고 한다. 獨逸民法에서는 擔保 또는 辨濟를 위한 信託的 讓渡를 內部關係로 하는 委任은 撤回할 수 있지만, 權利返還의 債務를 지우는 데 지나지 않고, 保全을 위한 權利讓渡의 경우는 權利返還義務도 생기지 않는다고 한다. 그러나 佛蘭西民法에서는 委任이 受任人의 利益을 위한 때, 예컨대 債務의 辨濟確保를 위한 不動産의 信託的 讓渡의 경우이든, 受任人과 委任人의 共同利益을 위한 委任(예컨대 不動産의 공유자인 甲, 乙 중에서 甲이 乙에게 그 管理를 委任한 때) 등의 경우에는 委任人의 一方的 意思表示에 의한 解止는 不可能하다고 한다.

우리 判例[37)]에 의하면, "登記權利者와 登記義務者 雙方으로부터 登記節次의 委囑을 받고 그 節次에 必要한 書類를 交付받은 司法書士(現在는 法務士)는 節次가 끝나기 전에 登記義務者로부터 登記申請을 保留해 달라는 要請이 있었다 해도 登記權利者에 대한 關係에 있어서는 그 사람의 同意가 있는 등 特別한 事情이

36) 이 사건의 原審은 "위 分讓委任契約이 委任人인 都給人의 利益뿐만 아니라 受任人인 受給人의 利益을 더 큰 目的으로 하고 있다는 이유로 위 分讓委任契約의 解止는 不可하며, 이 사건 建物이 이미 完工되어 適法한 竣工檢査까지 받은 이상 설사 그 뒤에 瑕疵가 발견되었다 하여도 이로써 위 訴外人이 受任한 分讓事務를 顯著히 不誠實하게 處理한 것이라고 볼 수 없다"라고 判示하였는바, 大法院은 이 原審判決에 法理誤解가 있다고 判示한 것이다.

37) 大判 87.6.23. 85다카2239(公 806, 1202).

없는 한 그 要請을 拒否해야 할 委任契約上의 義務가 있는 것이므로, 登記義務者와 司法書士 사이의 委任契約은 契約의 性質上 民法 第689條 第1項의 規定에 關係 없이 登記權利者의 同意 등 特別한 事情이 없는 한 解除할 수 없다"고 한다.

Ⅲ. 相對方에게 不利한 時期의 解止

1. 相對方에게 不利한 時期

이것은 事務處理 자체와 관련하여 相對方에게 不利한 時期를 말한다. 예컨대 "受任人으로부터 解止당하였으나 委任人이 遲滯없이 他人에게 그 事務處理를 委任하는 것이 困難한 경우", "委任人이 委任關係가 繼續될 것을 豫定하여 다른 收入을 얻을 機會를 拋棄하였는데 受任人이 이를 解止함으로써 結果的으로 委任人이 위 收入獲得의 機會를 잃은 경우" 등을 말한다.[38)]

相對方에게 不利한 時期인가의 與否는 受任人이 解止하는 경우에 주로 문제될 것이다. 즉 受任人이 解止함으로써 委任人을 困難하게 하는 경우는 종종 있겠지만, 委任人이 解止함으로써 受任人이 困難하게 되는 경우는 매우 드물 것이다.[39)] 한편 判例[40)]는 "建物賃貸仲介의 完了를 條件으로 仲介料 相當의 報酬를 支給받기로 하는 내용의 契約과 같은 有償委任契約에 있어서는 時期 여하를 不問하고 仲介完了 이전에 契約이 解止되면 당연히 그에 대한 報酬請求權을 喪失하는 것으로, 契約 當時에 豫定되어 있다는 등의 特別한 事情이 없는 한, 解止에 있어서의 不利한 時期란 있을 수 없으므로, 受任人의 事務處理 完了前에 委任契約을 解止한 것만으로 受任人에게 不利한 時期에 解止한 것이라고 볼 수는 없어 仲介人은 賃貸仲介依賴를 받은 建物 全體에 대한 仲介가 가능하였음을 전제로 期待仲介料 相當의 損害賠償請求를 할 수 없다"고 한다.

---

38) 註釋債各(Ⅱ), 515.

39) 그러한 드문 例를 든다면, 第3者에 대하여 明渡訴訟中인 家屋의 賣却을 委託받은 仲介人이 委任人의 訴訟에 協力하면서 賣却이 可能하게 되리라고 기대하였는바, 위 訴訟이 和解에 의하여 終了하여 第3者가 곧 家屋에서 退去할 것이 분명해진 時期에 委任人이 委任契約을 解止한 경우로서, 이러한 경우는 그 解止가 受任人에 不利한 時期에 행하여졌다고 인정함이 相當하다.

40) 大判 91.4.9, 90다18968(公 897, 1353).

2. 善意, 故意, 過失 등

相對方에게 不利한 時期에 解止함으로 인한 損害賠償義務는 債務不履行을 原因으로 하는 것이 아니다. 그러므로 이 義務가 成立하기 위하여 相對方에게 不利하다는 事情을 解止者가 알아야 한다거나, 그 事情을 알지 못함에 대하여 故意, 過失이 있어야 할 필요는 없다.

3. 例外的 事由: 그 時期에 解止하는 것에 不得已한 事由가 있을 때

① 規定趣旨　　委任契約을 解止하는 當事者가 不得已한 事由로 相對方에게 不利한 時期에 解止하였을 때에는 損害賠償義務가 생기지 않는다. 不得已한 事由가 있음에도 相對方에게 不利한 時期라는 理由만으로 損害賠償責任을 지우는 것은 正當하다고 볼 수 없기 때문이다.

② 不得已한 事由　　그렇다면 어떤 것이 不得已한 事由인가? 受任人 자신이 病으로 事務處理가 곤란하게 되었다든지, 委任人이 不德한 行爲를 하여 더 이상 受任人에게 事務를 處理할 것을 要求하는 것이 相當하지 않다든지, 委任人으로서는 事務의 處理를 더 이상 委託할 必要가 없어진 경우 등이 그것이다.

③ 履行不能의 경우는 除外　　그리고, 여기서의 不得已한 事由란 履行不能의 경우를 말하는 것이라고는 볼 수 없다. 오히려 그 이외의 事由를 가리킨다고 봄이 相當하다. 왜냐하면 履行不能의 경우에는 民法의 一般原則上 당연히 債務가 消滅하는 것이므로, 이 委任의 章에서 새삼스럽게 이를 規定해 둘 필요가 없기 때문이다.

Ⅳ. 解止의 效果

1. 一 般 論

① 一般的인 경우　　委任契約에 대하여는 賃貸借나 雇傭 등과 같이 將來를 향해서만 契約을 消滅시키도록 하고 있다. 委任契約은 繼續的 契約이기 때문에 一般의 契約解除와 같이 遡及效를 認定하는 것이 적절하지 않기 때문이다. 만일 遡及效를 認定한다면 종종 遡及效에 따르는 복잡한 計算關係를 발

생시킬 뿐만 아니라, 때로는 原狀回復이 不可能하다고 보아야 할 경우도 생기게 될 것이다.

② 特約이 있는 경우　　그렇다면 반대로 特約에 의하여 遡及效를 認定할 수도 있는가? 이 條項은 強行規定이 아니므로 當事者間의 特約으로 遡及效를 認定하는 것은 무방하다고 하여야 한다.

③ 契約의 性質上 例外的인 경우　　한편 委任契約이라고 하여 반드시 繼續的 契約의 性質을 가지는 것은 아니다. 예컨대 賣買의 委任이라든가 不動產仲介契約과 같은 것은 오히려 一時的 債權關係로 보아야 할 것이다. 그러므로 이러한 경우에는 위 原則이 반드시 適用되어야 할 필요가 없을 것이다. 그리하여 이러한 一時的 契約關係에서는 解止가 아니라 遡及效를 갖는 解除의 의하게 하는 편이 오히려 타당하다.

2. 解止의 效果

(1) 解止의 效果를 貫通하는 原則은, 解止는 將來를 향하여만 效力이 생긴다는 점이다. 이에 따라 當事者들은 相互間에 그 동안에 발생한 費用·報酬 등을 精算하게 된다.

(2) 委任契約이 解止되면, 受任人은 그 때로부터 委任事務의 處理를 中止하여도 좋을 것이다. 다만 受任人은 委任事務를 處理하기 위하여 委任人 또는 第3者로부터 받은 物件이 있다면, 모두 委任人에게 돌려주어야 할 것이다. 그리고 委任人으로부터 받은 미리 받은 費用(先給費用)에 殘額이 있으면 그것을 返還하여야 할 뿐만 아니라, 解止 以後의 利子도 返還하여야 한다. 그러나 過去의 事務處理에 관하여 受任人이 이미 받은 報酬는 이를 返還할 필요가 없다.

(3) 반면에 委任人은 受任人이 委任事務의 處理와 관련하여 解止時까지 支出한 費用을 委任人에게 償還하여야 한다.

[李 在 洪]

第 690 條(死亡, 破產等과 委任의 終了)

委任은 當事者 一方의 死亡 또는 破産으로 因하여 終了한다. 受任人이 禁治産宣告를 받은 때에도 같다.

I. 序 說

(1) 委任終了事由의 特性

委任終了의 事由에는 契約一般에 공통된 終了事由뿐만 아니라, 委任契約에 特殊한 終了事由도 포함되어 있다. 먼저, 契約一般에 공통된 終了事由에는 委任事務의 終了, 委任事務의 履行不能, 委任契約期間의 終了, 委任契約上의 解除條件의 成就 등을 들 수 있다. 一般契約에 있어서도 履行不能이나 契約期間의 滿了, 解除條件의 成就 등으로 契約이 終了되기 때문이다. 그런데 本條는 위와 같은 契約一般의 공통된 終了事由와는 별도로, "委任人 또는 受任人의 死亡", "委任人 또는 受任人의 破産", "受任人의 禁治産" 이라는 3가지 事由를 特殊한 終了事由로 規定하고 있다.[1)]

이와 같이 當事者의 死亡, 破産, 禁治産에 의하여도 委任契約이 終了하는 것은 委任이 "個人的인 信賴關係"에 터잡고 있다는 점과 깊은 關係가 있다.

(2) 立 法 例

獨逸民法은 受任人의 死亡만을 終了原因으로 하고 있을 뿐이고, 委任人의 死亡이나 能力喪失은 原則的으로 終了原因에서 제외시키고 있다. 한편 佛蘭西民法은 委任人의 禁治産을, 瑞西債務法은 委任人의 行爲能力喪失을 終了原因에 附加시키고 있다. 그러나 日本民法은 우리와 동일한 태도를 취하고 있다.[2)]

(3) 任意規定性

本條는 強行規定이 아니다. 그러므로 當事者의 特約에 의하여 本條에 規定된 原因發生에 불구하고 委任을 終了시키지 아니하기로 할 수도 있다. 瑞西債務法은 그러한 趣旨의 規定을 두고 있다. 그러나 이러한 規定이 없는 우리 民法의 解釋上으로도 그러한 法理가 인정됨에는 아무런 차이가 없다.

(4) 委任에 있어서의 當事者間의 信賴關係는 반드시 個別的 내지 具體的인 對人的 信賴關係에 한하는 것이 아니다. 身分이나 事業을 통한 이른바 團

1) 註釋債各(Ⅱ), 518.
2) 日民 §653.

體的 내지 推定的인 信賴關係가 존재하는 경우가 많다. 現代社會에서는 특히 後者의 경우를 많이 볼 수 있다.[3] 그런데 이러한 後者의 경우에는, 當事者의 特約 또는 委任事務의 性質에 따라서는 當事者의 能力喪失, 破產의 경우에도 委任이 終了하지 않는다고 보는 것이 타당한 경우가 많을 것이다. 그러한 탓인지 瑞西債務法은 이러한 趣旨의 規定을 두고 있다. 즉 "反對의 特約이 없고 또한 性質上 認定되는 경우에는 委任人 또는 受任人의 死亡, 行爲能力喪失 또는 破產에 의하여 委任契約이 終了한다"[4]고 한다. 獨逸民法에서는 "의심스러울 때는 委任人의 死亡, 能力喪失이 終了原因으로 되지 않고, 또한 의심스러우면 受任人의 死亡도 終了原因으로 되지 않는다"[5]고 규정한다. 그러므로 우리 民法의 解釋에 있어서도 終了原因 하나하나에 대하여 검토할 필요가 있다. 우리 나라 商法이 "商行爲의 委任에 의한 代理權은 本人(委任人)의 死亡에 의하여 消滅하지 아니한다"[6]라고 規定하고 있는 것은 이 점에 대한 參考가 될 수 있다.

Ⅱ. 當事者 一方의 死亡

1. 當事者의 死亡

(1) 委任은 當事者間의 個人的인 信賴關係에 기초를 두고 있기 때문에, 當事者의 一方이 死亡하면 당연히 終了한다. 委任의 性質에 의하여도 다소 다를 수는 있지만 一般的으로 보면, 委任은 受任人이 現實로 事務處理를 하는 能力 내지 그에 대한 信賴關係가 중시되기 때문에, 受任人의 死亡은 原則的으로 委任의 終了原因이 된다고 봄은 당연한 것이다.

(2) 반대로 委任人의 死亡은 항상 委任의 終了原因이 되는 것은 아니다.[7] 그렇지만 委任人이 死亡하였으나 委任이 계속되는 경우에도 受任人의 解止權行使에 어떤 制約이 있는 것은 아니므로, 受任人으로서는 解止權을 行使함으로써 委任契約關係에서 빠져 나올 수 있을 것이다.

3) 我妻, 債各 中(二), 695.
4) 瑞債 §405 Ⅰ.
5) 獨民 §§672, 673.
6) 商 §50.
7) 同旨 日東京高判 昭 24(1949).11.9(高裁民集 2, 2, 274). 이 日本 判例는 "委任人이 東京에서 생활하고 있는 關係上 故鄕에서의 家庭事의 處理를 누이夫婦에게 委任한 경우라면 委任人이 死亡한 때에도 委任이 즉시 終了하는 것이 아니라, 委任人의 相續人으로부터 解約의 告知를 받은 때 終了한다고 봄이 相當하다"고 判示한다.

(3) 委任에 기한 權利義務에 대하여는 相續은 인정되지 않는다. 따라서 代代孫孫에 이르기까지 영구히 委任한다는 契約은 無效이다.[8)]

(4) 受任人의 死亡이 委任의 終了事由가 된다는 것이 原則이지만, 이에 대한 例外가 있다. 예컨대 信託會社의 理事라든지 契모임의 代表者와 같은 特殊한 地位에 있는 자에게 委任하였을 때에는, 그 地位에 重點을 두고 있기 때문에 個人이 理事나 代表者가 死亡한다고 하여도 委任契約 自體는 終了되지 아니한다고 봄이 相當하다. 그러나 그 地位에서 물러나 個人에 대한 關係에서는 委任이 終了되는 것으로 보아야 할 것이다.[9)]

2. 委任人 또는 受任人의 破産

(1) 規定趣旨

當事者의 一方이 破産한 때는, 當事者 相互間의 信用이 喪失되고, 相互間에 義務를 履行하는 것도 不可能해진다. 따라서 當事者 一方의 破産이 있음에도 委任契約을 存續시키는 것은 서로에게 불리할 뿐이다. 이러한 趣旨에서 本條는 委任人 또는 受任人의 破産을 委任契約의 終了事由로 삼고 있다.

(2) 委任人의 破産과 受任人의 破産의 區別

그러나 委任人의 破産과 受任人의 破産은 다소 의미가 다를 것이다. 즉 受任人이 破産하더라도 契約은 終了하지 않는다는 特約은 有效하다고 할 것이나, 委任人의 경우는 그렇지 않은 것이다. 破産者라 하더라도 他人의 事務를 處理할 수 있기 때문에 受任人은 破産 이후에도 委任人이 信賴한다면 委任事務의 處理가 가능하다.[10)] 이에 반하여 委任人이 破産한 경우에는 그 財産의 管理處分은 破産管財人에게 專屬하므로, 委任人이 破産하면 당연히 委任은 終了한다. 그러므로 委任人이 破産하더라도 委任을 終了시키지 않고 受任人에게 事務의 處理를 繼續시키는 뜻의 特約은 無效이다.[11)] 그러나 委任事務의 內容이 전혀 財産과 關係 없는 경우는 그렇지 않다고 보아야 한다.

---

8) 末川, 契約法(法律文化編纂會 譯), 366. 同旨 日大判 大 6(1917).7.14.

9) 末川, 契約法(法律文化編纂會 譯), 366.

10) 日大判 明 38(1905).11.30(大審民錄 11, 1730)은 "受任人이 破産을 宣告받으면 委任關係는 원칙적으로 終了하는 것이므로, 受任人의 破産管財人이 受託物을 賣却하여 破産財團을 위하여 취득한 利益은 不當利得이 된다"고 判示하였고, 또한 日最判 昭 42(1967).3.9(最高裁民集 21-2, 274)은 "株式會社의 理事가 破産宣告를 받으면 理事로서의 地位를 喪失하며, 일단 破産者가 된 이상 그 다음에 다시 理事로 選任되더라도 復權이 되기 이전까지는 適法한 理事가 될 수 없다"고 判示한 바 있다.

11) 郭潤直, 457.

다만 委任人이 破産宣告를 받은 때라도 受任人이 破産宣告의 通知를 받지 않고 宣告의 事實도 모른 채 委任事務를 處理한 경우라면, 委任事務處理에 의해 생긴 報酬 기타의 債權에 대하여는 비록 그것이 破産宣告後에 생긴 것이지만 受任人은 破産債權者로서의 權利를 行使할 수 있다.[12)]

3. 受任人의 禁治産

(1) 受任人이 禁治産宣告를 받으면 財産管理能力을 잃으므로 委任이 終了하는 것은 지극히 당연하다고 말할 수 있다. 그리하여 本條는 바로 이 점을 規定하고 있는 것이다. 그러나 이와 反對되는 特約이 있으면 委任이 終了하지 않는다.[13)] 受任人의 禁治産에 대한 本條規定은 任意規定에 불과하다고 봄이 相當하기 때문이다. 이 경우는 受任人의 後見人이 代身하여 權利를 行使하고 義務를 履行하는 것이 通例이나, 실제상 그 例를 찾아보기는 어려울 것이다.

(2) 한편 本條를 類推適用하여 受任人의 限定治産도 委任終了事由로 보아야 한다는 見解가 있다.[14)]

(3) 本條는 委任人의 禁治産을 委任契約의 終了事由로 삼지 아니하였다. 이것은 委任人은 굳이 事務處理能力을 가질 필요가 없고, 또 委任人의 財産도 破産의 경우에 破産管財人에 專屬하는 것과는 달리 이 경우에는 後見人의 管理에 專屬하는 것이 아니기 때문이다. 오히려 委任人이 禁治産이 된 때에는 한층 더 委任을 필요로 한다고 볼 수 있다.

4. 解止의 通知

委任은 各 當事者間에 있어서 언제든지 이를 解止할 수 있는 것이다. 다만 當事者 一方이 相對方에게 不利한 時期에 解止하였을 때에는 그 損害를 賠償할 것을 요할 뿐이다. 이 解止는 委任特有의 것이며, 委任의 終了原因으로서는 가장 중요한 의미를 가지고 있다.

判例[15)]는 "印鑑證明書를 交付한 것이 그 不動產의 去來相對方에게 자신이 그 所持人에게 不動産의 賣買를 委任하였다는 趣旨를 表示, 確認한 것이지 그 委任契約의 存續期間을 印鑑證明書의 有效期間內로 한정한 것이라고 解釋

12) 破 §56.
13) 金曾漢·安二濬, 528; 金基善, 285.
14) 李太載, 330.
15) 大判 91.10.11, 91다12707(公 909, 2699).

할 수는 없으므로, 위 印鑑證明書의 有效期間이 經過하였다는 사실만으로 그 委任契約도 당연히 失效되었다고 볼 수 없다"고 判示한다.

[李 在 洪]

第691條(委任終了時의 緊急處理)

委任終了의 경우에 急迫한 事情이 있는 때에는 受任人, 그 相續人이나 法定代理人은 委任人, 그 相續人이나 法定代理人이 委任事務를 處理할 수 있을 때까지 그 事務의 處理를 繼續하여야 한다. 이 境遇에는 委任의 存續과 同一한 效力이 있다.

I. 意 義

委任關係가 終了한 때에는 終了原因이 무엇인가를 不問하고 契約當事者 相互間의 債權·債務가 消滅하는 것은 당연하다. 그러나 受任人이 推尋하기로 한 委任人의 第3者에 대한 債權이 당장 消滅時效에 걸리려고 하는 경우와 같이 急迫한 事情이 있는 때에 委任終了의 事由가 發生하였다고 하여 受任人이 즉시 事務의 處理를 中止하면 委任人은 예상치 않은 損害를 받게 될 것이다. 통상의 경우, 委任人은 受任人을 信賴하고 事務를 委託하는 것인만큼, 事務處理에 必要한 書類 등은 모두 受任人의 手中에 있는 경우가 많기 때문에, 委任이 終了했다고 하여 즉시 事務處理가 中斷되면 委任人은 필요한 일을 處理할 수 없는 것이다. 특히 受任人이 委任人으로부터 멀리 떨어져 있을 때에는 委任人이 事務를 處理하기가 더욱 곤란할 것이다.

그리하여 本條는 急迫한 事情이 있는 경우에 受任人側의 緊急措置義務를 정한 것인데, 이것은 信任을 받은 자의 당연한 責任이라고 할 것이다. 요컨대 本條는 다음의 民 §692와 더불어 委任의 終了에 따른 當事者의 損害를 防止하기 위한 措置를 規定한 것이다.

日本民法도 우리와 같은 태도를 취하고 있다.[1]

1) 日民 §654.

Ⅱ. 要 件

受任人의 緊急處理義務는 "委任終了의 경우에 急迫한 事情이 있는 때"를 그 發生要件으로 한다.

(1) 委任契約이 어떠한 原因에 의하여 終了되었는가의 與否를 不問한다. 또한 終了原因이 當事者의 어느 편에 있는가도 不問한다. 따라서 委任이 委任人의 解止로 終了하는 경우에도 委任人이 急迫한 事情이 있는 것을 모르고 解止한 것이고, 그 事情을 알았더라면 解止하지 않았으리라고 推測되는 特殊한 때에는 受任人 등은 緊急處理義務를 진다고 解釋할 것이다.

(2) 委任終了前에 受任人이 事務處理에 着手하고 있었느냐의 與否가 이러한 義務發生의 要件이 아니다. 즉 受任人이 委任事務處理에 着手하기 以前에 委任終了事由가 發生하였더라도, 急迫한 事情이 있으면 受任人은 위 義務를 다해야 한다.

(3) "急迫한 事情"이 있는 때에 한한다.

急迫한 事情이 있는 때라는 것은, 委任事務에 속하고 있던 委任人의 權利가 곧 時效로 消滅할 憂慮가 있을 때에 委任이 終了한 경우, 또는 委任終了時 委任人이 重病 때문에 스스로 委任事務를 볼 수 없거나 새로운 受任人을 選任하기도 어려운 경우 등 종래의 委任의 趣旨에 따라서 善處하지 아니하면 委任人에게 不利益이 되는 경우를 말한다.

다만 여기서 注意할 것은 法人의 理事가 退任하는 경우이다. 大法院은 "民法上 法人과 그 機關인 理事와의 關係는 委任人과 受任人의 法律關係와 같은 것으로서 理事의 任期가 滿了되면 일단 그 委任關係는 終了되는 것이 原則이다. 그러나 그 後任理事가 選任될 때까지 理事가 存在하지 않는다면 機關에 의하여 行爲를 할 수밖에 없는 法人으로서는 당장 正常的인 活動을 中斷하지 않을 수 없는 狀態에 처하게 되고, 이는 民法 第691條에 規定된 急迫한 事情이 있는 때와 같이 볼 수 있으므로 任期滿了된 理事라고 할지라도 그 任務를 遂行함에 不適當하다고 認定할 만한 特別한 事情이 없는 한 理事의 職務를 계속 遂行할 수 있다"[2)]라고 判示하고 있다. 그리고 "아직 任期가 滿了되지 않은 다른 理事들만으로도 正常的인 法人의 活動을 할 수 있는 경우에는 구태여 舊

2) 大判 82. 3. 9, 81다614(公 680, 428); 大判 63. 4. 18, 63다515.

理事로 하여금 理事로서의 職務를 계속 行使케 할 필요가 없으므로 任期滿了된 理事는 당연히 退任하는 것으로 볼 것이다"[3]라고 한다.

Ⅲ. 緊急處理義務

1. 性 質

본래, 緊急處理義務의 性質에 대하여 종래에는 소위 事務管理說 내지 事務管理類似說과 委任契約延長說 등의 學說이 存在하였다.

먼저, 事務管理說에 따르면 "委任契約上 受任人의 緊急處理義務는 본래는 義務가 없음에도 불구하고 委任人의 利益保護를 위하여 특히 法律이 認定한 것이며, 그 性質은 事務管理人의 管理繼續義務에 類似한 것이다"라고 하고, "따라서 緊急한 事務管理를 위하여 쓴 費用은 償還받을 수 있으나, 종래의 委任이 有償이었다는 것만을 이유로 事務의 緊急處理에 따른 報酬를 請求할 수는 없다. 그리고 法律이 이 規定에 의하여 受任人에 대하여 應急處分을 命한 것에 지나지 않으므로 委任契約의 存續은 特別한 規定이 없는 한 인정할 수 없다"고 한다.[4]

한편, 委任契約延長說에 의하면 "受任人의 緊急處理義務는 委任契約의 內容을 이루는 것은 아니지만, 委任契約에 附隨하여 생긴 法律上의 義務이기 때문에 委任이 有償인 경우에는 受任人은 繼續的인 事務處理에 관하여 報酬請求權을 가진다"고 한다. 事務管理說에 의하면 有償의 경우에도 緊急事務處理에 따른 報酬가 認定되지 않음에 비하여, 이 學說에 따르면 有償의 경우에는 그러한 報酬가 인정된다는 점이 특징이다.

우리 民法은 明文으로 "이 경우에는 委任의 存續과 同一한 效力이 있다"고 規定함으로써, 委任契約延長說의 입장을 취하였다.[5] 獨逸民法도 이러한 경우 委任이 계속된다고 하여 委任이 有償인 경우는 報酬請求權을 認定하고 있다.

2. 效 果

緊急處理義務의 限度 내에서는 委任契約이 存續되는 것과 同一한 效果가

3) 大判 83. 9. 27, 83다카938(公 716, 1584); 大判 68. 9. 30, 68다515(集 16-3, 64).
4) 末弘, 778.
5) 註釋債各(Ⅱ), 524.

있으므로 委任이 終了되기 以前과 다를 바가 전혀 없다. 그러나 緊急處理義務의 範圍를 넘어서 事務處理를 하는 경우, 즉 緊急處理義務의 對象이 아닌 事務處理에 대하여는 事務管理의 規定의 適用을 받게 될 것이다. 그러므로 결국 緊急處理義務의 限度가 문제된다. 判例[6]는 "任期滿了된 理事의 業務遂行權은 法人이 正常的인 活動을 中斷하게 되는 處地를 피하기 위하여 인정되는 것임에 비추어 본다면, 별다른 急迫한 事情도 없이 任期滿了前의 現任理事를 解任하고 그 後任者를 選任하기 위한 理事 및 平議員連席會議를 스스로 召集하고 이를 提案하는 것과 같은 일은 任期滿了된 理事長에게 遂行케 함이 不適當한 任務에 해당한다"고 한다.

3. 緊急處理義務者

緊急處理義務者는 受任人, 그 相續人이나 法定代理人이다. 受任人이 生存하고 있으면 受任人 자신이 本條의 義務를 지고, 受任人이 禁治産宣告를 받음으로써 委任이 終了한 때는 그 後見人이 이 義務를 지게 된다. 受任人의 死亡에 따라 委任이 終了한 때는 그 相續人이 이 義務를 負擔한다.

4. 終 了

緊急處理義務는 "委任人, 그 相續人이나 法定代理人이 委任事務를 處理할 수 있을 때까지" 存續한다. 그러므로 委任人이 生存하고 또 事務處理能力이 있는 때에는, 委任人 本人이 委任事務를 處理할 수 있을 때까지 必要한 處分을 할 義務가 있다. 委任人의 死亡으로 委任이 終了한 때는 委任人의 相續人이, 委任人의 禁治産宣告로써 委任이 終了한 때는 그 後見人이 委任事務를 處理할 수 있을 때까지 이 義務를 負擔한다.[7]

[李 在 洪]

6) 大判 82.3.9, 81다614(公 680, 418).
7) 註釋債各(Ⅱ), 524.

第692條(委任終了의 對抗要件)

委任終了의 事由는 이를 相對方에게 通知하거나 相對方이 이를 안 때가 아니면 이로써 相對方에게 對抗하지 못한다.[1)]

Ⅰ. 規定의 趣旨 等

1. 規定趣旨

委任終了의 事由가 發生한 경우, 當事者 一方은 그 事由가 發生된 것을 알지만, 相對方은 이를 알지 못하고 있는 경우가 있을 수 있다. 이러한 경우, 善意의 相對方은 아무런 過失이 없음에도 豫測하지 않은 損失을 입게 될 수 있다. 예컨대 受任人이 委任人의 死亡事實을 알지 못한 채 委任事務를 處理한 때는 民 §688에 의한 保護(費用償還을 請求할 수 있는 權利의 保障 等)를 받지 못하고, 다만 事務管理의 規定에 의하여 有益費의 償還을 받는 데 그치는 것이다. 또 반대로, 受任人은 委任終了事由의 發生事實을 알지만 委任人은 이를 알지 못하는 사이에, 受任人이 一方的으로 委任事務處理를 中止하면 委任人은 委任事務의 中斷에 따르는 豫測하지 않은 損失을 받을 우려가 있다. 그러므로 委任契約에 있어서 委任終了의 事由를 알지 못하는 相對方을 保護하기 위한 規定이 필요하며, 本條가 바로 거기에 해당되는 規定이다. 그 방법으로써 本條는 委任契約에 있어서의 相對方에 대한 通知義務를 認定함으로써 相對方을 保護하고 있는 것이다.

2. 外國法의 規定

佛民 §2008, 獨民 §674, 瑞債 §406은 오직 受任人의 利益을 위해서만 이와 같은 規定을 두고 있다. 그러나 우리 民法은 위와 같이 當事者 雙方에 관하여 모두 認定하고 있는 점이 特色이다. 日本 民法의 태도도 우리와 같다.

Ⅱ. 終了事由

委任人의 死亡과 破產, 受任人의 死亡, 破產과 禁治產宣告가 本條에 해당

1) 日民 §655; 佛民 §2008; 獨民 §674; 瑞債 §406.

될 수 있는 委任의 終了事由이다.[2] 解止도 委任의 終了事由의 하나이기는 하지만, 解止는 相對方에 대한 通知로써 하는 것이므로 解止의 경우는 本條의 適用을 받을 여지가 없다. 즉 解止通知를 하게 되는 이상, 相對方이 이를 通知받지 못한다거나 委任終了事實을 알지 못할 수가 없기 때문이다. 따라서 解止의 경우는 本條의 適用對象에서 제외된다.

日本 判例 중에는, "本條의 相對方에 受任人과 去來한 第3者도 포함된다. 따라서 株式會社의 代表理事가 死亡한 경우에, 死者가 相對方과 法律行爲를 한다 함은 전혀 있을 수 없고, 따라서 善意의 相對方保護라는 문제도 發生할 수 없으므로 이를 相對方에게 通知하지 아니하여도 對抗할 수 있다"고 判示한 것이 있다. 그러나 本條는 委任人과 受任人間의 通知義務를 規定한 것으로서, 受任人과 去來한 第3者에 관한 문제는 代理權이 授與되어 있는 경우에 表見代理의 成立 與否는 別論으로 하고 本條의 適用問題가 아니므로, 위 判旨는 의문스럽다.

Ⅲ. 關聯問題

1. 效力發生要件

委任終了의 效力發生時期는 相對方에 대한 通知時이다. 相對方이 이미 委任終了의 事由를 알고 있을 때에는 물론 通知할 必要가 없다. 委任終了의 通知는 그 法律的 性質이 "事實의 通知"이며 "意思表示"가 아니다.

그 效力發生時期에 관해서는 民 §111가 準用된다. 따라서 그 通知가 相對方에게 到達할 수 있는 때에 그 效力이 發生한다.

2. 委任과 代理權授與

委任과 代理權授與는 別個의 獨立한 行爲이므로, 本條는 代理權關係와는 아무런 關係가 없다. 즉 代理權의 消滅 與否는 本條의 適用對象이 아니다.

3. 效　果

(1) 委任終了의 事由는 이를 相對方에게 通知하거나 相對方이 이를 안

2) 委任의 終了事由에 대하여는 民 §690 參照.

때가 아니면 이로써 相對方에게 對抗하지 못한다. "對抗하지 못한다"고 하는 것은, 委任終了를 主張하고자 하는 자가 스스로 委任終了의 效果를 相對方에게 主張할 수 없다는 의미이다.[3] 따라서 相對方이 委任의 終了를 主張하는 것은 상관없다.

(2) 相對方이 委任終了事實의 發生을 알지 못한 때로서 終了事由가 委任人側에 있는 경우에는 委任이 終了했음에도 불구하고 事務의 處理를 繼續한 受任人은 委任關係가 아직 存續하는 것을 前提로 하여 委任人을 상대로 그 동안의 費用의 償還이나 報酬의 請求 등을 할 수 있다. 그리고 이 경우, 委任人은 受任人의 委任終了에 따르는 民 §683 소정의 顚末報告義務, 民 §684 소정의 金錢引渡義務 등의 發生을 主張할 수 없게 된다.

한편, 相對方이 委任終了事實의 發生을 알지 못한 때로서 終了事由가 受任人側에 있는 경우에는, 受任人은 委任人에 대하여 委任事務處理의 義務가 消滅하였음을 主張할 수 없다. 그러나 실제적인 사안에서는, 委任事務의 相當部分이 通常 前條의 緊急處理義務에 포함될 것이어서, 前條에 의하여 受任人은 여전히 委任事務를 處理하여야 할 것으로 豫想된다. 그렇지만 急迫한 事情이 없어 緊急處理義務가 인정되지 않는 경우도 적지 않게 있을 것이고, 이 경우에도 事務處理의 義務를 免할 수 없다는 것을 명백히 規定한 점에 本條의 存在意義가 있다.

4. 準 用

本條는 親權, 後見, 遺言執行者의 任務終了의 規定에 準用된다. 破 §56도 같은 趣旨의 規定이다.

[李 在 洪]

3) 日 新版注釋民法(16), 301.

第12節 任　置

前　論

차 례

Ⅰ. 任置의 意義
Ⅱ. 社會的 作用
Ⅲ. 任置의 法律的 性質
Ⅳ. 任置와 類似한 法律關係
1. 委　任
2. 信　託
3. 供　託

Ⅰ. 任置의 意義

1. 任置(Verwharung)라 함은 當事者 一方이 相對方에 대하여 金錢이나 有價證券 其他 物件의 保管을 위탁하고 相對方이 이를 承諾함으로써 成立하는 契約이다. 他人의 勞務를 利用하는 契約의 一種이나 他人의 物件을 保管한다는 限定된 特殊한 勞務를 目的으로 하는 점에서 委任·雇傭·都給 등과 區別된다. 任置는 委任과 類似한 점이 많을 뿐 아니라 委任만으로도 物件 保管의 目的을 達成할 수 있는데도 이를 별개의 典型契約으로 規定하는 것은 로마法 以來의 沿革的인 影響으로 보인다.

2. 어떤 物件의 保管을 이웃사람·親舊·親戚 등 믿을 만한 가까운 사람에게 付託한다는 일은 우리의 日常生活에서 흔히 볼 수 있는 일이며 이는 서로의 信賴關係를 바탕으로 好意的으로 행해지는 것이 보통이다. 이러한 任置關係는 大部分 無償이고 自然債務的 關係에 그치며 當事者도 契約이라는 意識을 갖고 있는 경우는 드물다.[1] 그러나 民法上 任置는 단순한 好意關係(Gefälligkeitsverhältnis)는 아니며 法律關係이다. 따라서 法律關係로서의 任置契約이 成立하려면 當事者間에 이러한 法律關係를 성립시키고자 하는 意思가 있어야 하며 그러한 意思의 存在與否는 具體的인 경우에 社會通念·去來慣行 등을 考慮하여 判斷해야 한다.[2]

1) 船田享二, ローマ法, 245.
2) 郭潤直, 459.

Ⅱ. 社會的 作用

1. 實際 社會生活에서 행하여지는 넓은 意味의 物件의 保管에는 여러 가지 類型이 있으며 이에 대한 法的 規制도 다르다. 또한 社會·經濟의 發達에 따라 로마법에서 유래한 諸類型의 任置는 각각 獨自的인 制度로 分化되어 왔는바, 이에 대한 검토를 통하여 任置의 社會的 作用은 더 명확하게 밝혀질 수 있다.

(1) 係爭物 任置(Sequester)는 權利關係에 다툼이 있는 物件을 그 紛爭이 解決될 때까지 中立的인 第三者에게 任置하는 것이다. 오늘날에도 佛蘭西民法(§1955 이하)·瑞西債務法(§480)·墺地利民法(§968) 등에서는 이에 관한 特則을 두고 있으나, 獨逸民法·日本民法에는 規定이 없다. 우리 民法에도 이에 관한 規定은 없으나 訴訟의 目的인 係爭物에 관하여는 假處分(民訴 §§715, 719)에 관한 규정을 適用하면 될 것이고 當事者가 第三者에게 任置하기로 合意한 境遇에는 通常의 任置와 같이 取扱하면 될 것이다.[3]

(2) 레셉툼(receptum)責任은 로마법상 船主·旅館主 등이 運送 또는 任置를 引受한 物件을 客에게 安全하게 返還할 絶對的인 責任을 지는 法律關係로서 無過失은 물론 不可抗力에 의한 경우도 責任을 免할 수 없었다. 후에는 物品의 損傷이 不可抗力, 任置物 自體의 瑕疵, 自然 消耗, 旅客의 過失 등으로 發生하였을 때에는 免責되는 것으로 바뀌었다.[4]

오늘날 日常生活을 함에 있어 旅館·飮食店·沐浴湯 등 公衆接客業所를 利用할 機會가 많으며 그런 경우에는 盜難 등에 대비하여 貴重品 기타 所持品을 任置하는 것이 보통이다. 또한 販賣할 商品이나 購買한 商品을 運搬의 前後에 일정한 곳에 保管하는 것이 필요하며, 이는 經濟社會가 大量生産·大量販賣 時代에 접어들면서 더욱 重要性을 띠게 되었고, 資本主義的 商去來의 發達에 따라 倉庫業이라는 特殊한 企業 形態의 발달을 가져오게 되었다.

公衆接客業者의 責任이나 倉庫業者의 責任에 관하여 民法에 規定을 두는 立法例도 있으나(獨民 §701 이하; 佛民 §1952 이하; 瑞民 §482 이하, §487 이하), 우리 나라에서는 이에 관한 자세한 규정을 商法에 두고 있다(商 §§151-154, §§155-168). 우리 商法上 運送業者나 倉庫業者는 自

3) 註釋債各(Ⅱ), 528.
4) 註釋商法(Ⅰ), 746, 747.

己 또는 使用人의 無過失을 立證하면 責任을 免할 수 있어 責任이 緩和되었으나(商 §§ 135, 160), 公衆接客業者는 不可抗力 이외의 免責事由가 인정되지 않는다(商 § 152).

(3) 金錢 기타 有價證券의 任置는 個人이 스스로 이를 保管하는 경우 盜難·紛失 등의 危險이나 不安을 解消하려는 目的에서 행해지게 되었다. 金融去來가 發達하지 않은 時代에는 金錢은 特定物로서 保管料를 支給하고 任置하였으나 얼마 안 가 不特定物로 任置하고 同價値의 金錢을 返還받음과 함께 利子를 取得하게 되었다. 그 結果 金錢의 任置는 普通 物件의 任置와는 전혀 다른 法的 構成을 취하여 消費任置라는 形態로 發展하였으며 金融去來, 銀行의 發達과 더불어 重要性이 增大되었다. 獨逸民法(§ 700)·瑞西債務法(§ 481)·佛蘭西民法(§ 1932)은 이에 관해 각 1개의 條文을 두고 있을 뿐이며 우리 民法도 마찬가지다(民 § 702). 商法에 별다른 規定이 있는 것도 아니어서 法條文보다는 주로 約款이나 去來慣行에 의하여 規律되는 경우가 많다.

(4) 暴動·火災·地震·難船 등의 경우에 부득이하게 物件을 任置하는 것을 非常任置 또는 緊急任置라고 한다. 로마法에서는 任置物을 返還하지 않은 受置人에게 目的物 價額의 2배에 해당하는 嚴格한 責任을 賦課하였다.[5] 佛蘭西民法(§ 1949)에서는 任置에 관한 立證方法을 簡素化하기 위한 目的으로 이에 관한 特則을 두고 있으나 우리 民法에는 規定이 없다.

2. 이상에서 살펴본 바와 같이 任置에 관하여는 商法이나 기타 特別法이 適用되는 경우가 많으며 民法의 商法化 現狀은 어느 分野보다도 심하다. 民法上으로는 不動産도 任置의 目的物이 될 수 있으나 실제로는 金錢·有價證券 등 動産의 任置가 더 중요한 役割을 하며 任置의 類型으로는 消費任置가 더 發達하게 되었다. 또한 個人的인 信賴보다는 經濟的인 信賴關係가 重視됨에 따라 銀行·證券會社·倉庫會社 등이 受置人으로서의 重要한 役割을 하게 되었으며 保管의 방법도 流動的이고 轉置도 容易하게 되어진다. 契約의 性質도 無償契約보다 有償契約이 활발하며 아울러 受置人의 注意義務도 자기를 위한 것과 동일한 注意에서 善良한 管理者의 注意義務로 바뀌게 되었다. 결국 民法의 無償任置에 관한 規定이 適用되는 경우는 日常生活에서 生活用品 기타의 保管을 親知에게 委任하는 程度로서 그 作用은 크다고 할 수 없다.

5) 船田享二(註 1), 247.

3. 商品의 任置나 金錢의 任置 외에는 實際 社會生活에서 物件 그 자체만의 保管을 目的으로 하는 순수한 任置契約이 成立하는 경우는 드물며 다른 契約에 包含되어 있는 경우가 많다. 예컨대 他人의 物件을 사용·수익함을 目的으로 하는 賃貸借 또는 使用貸借에 있어서 賃借人, 使用借主는 賃貸人이나 使用貸主의 物件을 占有·保管하고 契約이 終了할 때 이를 返還할 義務를 부담한다. 또한 質權者는 質權設定者를 위하여 質物을 保管하고 受任人은 事務處理上 必要에 의하여 委任人의 物件을 保管하는 경우가 있다. 또한 組合의 業務執行 組合員이 組合財產을, 運送人이 運送物을 保管할 義務를 負擔한다. 이러한 경우 각 保管義務는 그 契約關係에서 發生하는 基本的인 給付義務의 一部 또는 한 內容이거나 또는 附隨的인 義務에 지나지 아니하므로 이에 관하여 任置에 관한 民法의 規定을 適用할 필요는 없으며 賃貸借·委任·組合 등 本來의 契約關係의 한 內容으로서 處理하면 될 것이다.[6]

Ⅲ. 任置의 法律的 性質

1. 任置는 金錢이나 有價證券 其他의 物件을 保管하는 것이 契約의 目的내지 內容이다.

保管이라 함은 受置人이 目的物의 占有를 取得하여 自己의 支配下에 두고 滅失·毁損을 防止하고 原狀을 維持하는 것을 말한다. 原狀維持의 目的達成에 필요한 이상의 積極的 勞務의 提供을 包含하지 않는다는 점에서 雇傭·都給 및 委任과 區別된다. 保管은 단지 물건을 두는 場所만을 提供하는 것이 아니다. 保管場所만을 提供하는 契約은 無償인 때에는 使用貸借, 有償인 때에는 賃貸借이다.

銀行 등 金融機關이 有價證券이나 寶石 기타 貴重品을 보관하는 保護函이나 金庫를 대여하는 契約, 또는 自動車의 車庫契約의 法的 性質이 任置인가 賃貸借인가에 관하여는 다툼이 있다. 獨逸에서는 保護函의 監守義務와 天災地變時 所藏物 救助義務가 있음을 이유로 하여 任置라고 하는 설도 있고 所藏物 자체의 支配權을 移轉하는 것은 아니기 때문에 任置라고 볼 수 없다는 설이 있다.[7]

6) 郭潤直, 462; 金曾漢·安二濬, 533; 金錫宇, 371; 李太載, 337.
7) Staudinger/Dieter Reuter, 12. Aufl., Vorbem, 26-30, Vor § 688.

우리 나라에서는 場所의 賃貸借라고 보는 설이 支配的이다.[8] 保護函은 보통의 경우 貸主와 協議하여서만 開閉하는 裝置를 하고 있으나 貸主는 保護函의 安全만을 책임지며 所藏物의 보호에는 책임이 없다. 自動車의 車庫契約은 사정에 따라 任置도 될 수 있고 場所의 賃貸借도 될 수 있다.[9] 요컨대 任置와 賃貸借와의 차이는 目的物의 占有·監視義務가 受置人에게 있는가 場所의 이용자에게 있는가에 따라 달라진다.

2. 任置의 目的物은 金錢이나 有價證券 기타의 物件이다. 따라서 動產뿐만 아니라 不動產도 포함된다. 그러나 실제적으로 不動產의 保管에는 保全뿐 아니라 管理 기타의 勞務의 提供이 따르게 되므로 雇傭, 委任 또는 都給인 경우가 많을 것이다. 그리하여 立法例 중에는 任置의 目的物을 動產에 한하는 것이 있다(獨民 §688; 瑞民 §472). 金錢은 그것이 特定物로서 任置되는 경우가 아니면 消費任置가 된다.

目的物의 所有權이 任置人에게 있지 않더라도 任置할 수 있으며 이 境遇 任置人은 受置人에 대하여 契約上 債權으로서의 返還請求權을 가진다. 所有權者는 受置人에 대하여 物權的 請求權을 행사할 수가 있다.

3. 任置는 諾成·不要式契約이고 原則的으로 無償·片務契約이다.

로마법상 任置(depositum)는 受置人이 目的物을 받음으로써 成立하는 이른바 要物契約이었고 또한 無償을 그 要件으로 하고 있었으나 近代法에서 이러한 特質은 상당히 變質되었다. 要物性은 지금도 獨逸民法(§§688, 689)·佛蘭西民法(§§1917, 192), 日本民法(§§657, 655) 등에서는 維持되고 있으나 瑞西債務法(§472)에서는 버려졌으며, 無償性은 獨逸民法에서는 任置의 要件이 아니고 特約에 의해 有償 또는 無償으로 할 수 있도록 하고 있으며, 瑞西債務法·佛蘭西民法·日本民法에서는 無償性은 原則的으로 존속되고 特約에 의해 有償으로 하는 것도 許容된다. 우리 舊民法은 任置를 要物契約으로 規定하였으나(§657) 現行 民法은 瑞西債務法을 본받아서 任置를 諾成契約으로 하고 無償을 原則으로 規定하고 있다.

---

8) 郭潤直, 463; 金基善, 292; 金錫宇, 372; 金疇洙, 418; 李銀榮, 432; 李太載, 337; 註釋債各(Ⅱ), 532. 日本의 通說이기도 하다. 蓮井良憲, “貸金庫契約”, 現代契約法大系(5), 322.

9) 駐車空間利用의 法律關係에 관한 상세한 검토는 崔秉祚, “駐車場利用契約과 駐車車輛盜難으로 인한 損害賠償責任”, 民判硏 XIV, 170 이하 참조.

따라서 受置人은 目的物의 占有를 취득할 필요가 있으나 그것이 任置契約의 成立要件은 아니다.

또한 任置契約을 締結함에는 法律上 어떤 特別한 方式에 따를 것을 요하지 아니하므로 不要式契約이다.

민법상 임치는 無報酬를 원칙으로 하므로 無償·片務契約이나, 特約으로 報酬를 支給할 수 있으며 이 때에는 有償·雙務契約이 된다.

4. 任置는 繼續的 契約이다.

이 점에서 雇傭契約, 委任契約과 같은 것이며 都給契約과는 다르다. 따라서 任置契約의 解止는 將來에 한하여 그 效力이 있다.

Ⅳ. 任置와 類似한 法律關係

1. 委 任

任置와 委任은 他人의 勞務를 이용하는 契約이라는 점에서 같으나 任置는 物件의 保管이라는 限定된 特殊한 勞務의 提供을 目的으로 하는 反面 委任은 事務處理를 目的으로 한다는 점이 다르다. 다만 委任 事務處理 內容이 物件의 保管과 關聯된 경우에는 委任과 任置의 區別이 쉽지 않다. 우리 民法에서도 委任에 관한 規定이 많이 準用되고 있고(民 § 701), 개개의 규정도 비슷한 것이 많아 任置가 委任과는 다른 獨自的인 典型契約으로 규정될 필요가 있는지에 관하여 疑問이 있을 수 있다. 이 때문에 外國의 學者들의 見解 중에는 任置를 委任의 一種으로 보거나[10] 委任·雇傭·都給에 分屬시켜야 한다는 것도 있다.[11] 또 兩者의 區別에 관하여 保管만을 目的으로 하는 것은 任置이며 그 이상의 넓은 活動을 目的으로 하는 것은 委任이라고 하는 見解,[12] 特別한 行爲義務가 없는 경우에는 任置이며 그것이 있을 때에는 委任이라는 見解,[13] 物件과 保管者와의 關係가 對物關係일 때에만 任置이며 他人을 相對로 하는 對人的인 關係일 때에는 委任이라는 見解[14] 등이 있다. 그러나 活動 範圍의 廣狹

10) 來栖三郎, 契約法, 587.
11) 松木暉男, "寄託契約", 契約法大系 V, 4.
12) Staudinger/Dieter Reuter, 12. Aufl., Vorbem, 32 Vor § 688.
13) Oertmann, Komm., 2. Aufl., Vorbem ob Vor § 688.
14) 吾孫子勝, 寄託契約論, 102.

이나 對物關係 여부만을 基準으로 양자를 구별하기는 어렵다고 할 것이다. 우리 나라 學者들은 대부분 目的物의 原狀을 그대로 維持하는 데 그치는 때에는 任置이고 目的物을 保管할 뿐 아니라 다시 그것을 관리하여 補修·改良·利用할 것을 꾀할 때에는 委任이라고 한다.[15] 委任에 있어서 目的物의 保管은 委任事務內容의 一部이거나 그 手段에 지나지 않는다고 본다.

2. 信　託

(1) 信託의 意義

現行法上 信託行爲에는 두 가지 意味가 있다. 하나는 信託法(1961年 法 900號)에서 말하는 信託(trust)을 設定하는 法律行爲이고 다른 하나는 로마법상 信託(fiducia)을 基礎로 하여 獨逸法學이 만들어 낸 法解釋學上의 信託이다.

信託法上 信託은 어떤 자가 法律行爲에 의하여 相對方에게 財産權을 移轉하는 同時에 그 財産權을 一定한 目的에 따라서 自己 또는 第三者를 위하여 管理·處分하게 하는 法律行爲를 말한다. 信託의 目的은 財産의 管理나 債權의 擔保인 것이 보통이지만 公益目的을 위한 이른바 公益信託도 인정된다.

民法學上의 信託行爲란 當事者가 어떤 經濟的 目的을 達成하기 위하여 一方이 他方에게 그 目的 達成에 必要한 程度를 넘어 權利를 移轉하면서 한편으로는 受託者에게 그 移轉받은 權利를 그 經濟的 目的의 範圍를 넘어서 行使하여서는 아니되는 義務를 負擔케 하는 法律行爲를 말한다.[16] 우리 大法院은 이러한 信託行爲理論을 이른바 名義信託이라고 일컫는 一聯의 경우까지 擴大適用하고 있다. 名義信託의 경우에는 財産權이 外部的으로는 受託者에게 移轉되나 內部的인 관계에서는 여전히 信託者에게 남아 있어 통상의 信託과는 성질이 다르다.[17]

(2) 信託과 任置의 異同

財産의 단순한 管理 또는 保全을 위한 信託의 경우에는 一定한 財産의 管理 또는 保全이라는 限定된 勞務의 提供을 目的으로 하는 法律行爲라는 점, 報酬는 特約이 있는 경우에만 請求할 수 있는 점에서 任置와 類似한 면이 있으나 兩者는 다음과 같은 점에서 서로 다르다.

15) 郭潤直, 463; 金疇洙, 419; 金曾漢, 331; 註釋債各(Ⅱ), 531.
16) 郭潤直, 物權, 354.
17) 大判(全) 79. 9. 25, 77다1079(公 622, 12289); 大判 81. 7. 28, 80다1819(公 655, 14248); 大判 88. 2. 9, 87다424(公 821, 497).

(가) 信託에 있어서는 財産權이 受託者에게 移轉되고 受託者에게 管理處分權이 부여되나 任置에 있어서는 財産權이 受置人에게 移轉되지 않고 受置人은 占有權만을 取得한다. 따라서 信託者는 目的物의 處分權限을 가진 자일 것을 요하나 任置人은 目的物의 處分權限을 가질 필요는 없고 他人 所有의 物件이라도 任置할 수 있다.

(나) 信託契約은 財産權의 移轉이란 處分행위와 移轉되어진 財産權을 일정한 目的에 따라 管理·處分해야 할 債權的 구속을 發生시키는 原因行爲와의 複合的 행위이다. 任置契約은 物件의 保管을 위한 單一行爲에 의하여 成立한다.

(다) 信託契約의 當事者는 委託者·受託者·受益者 등 三者가 될 수도 있으나 任置契約의 當事者는 任置人과 受置人뿐이다. 또한 受託者는 財産의 管理·處分 權限까지 가지므로 信託者와의 特別한 個人的인 信賴關係가 重視되나 有償任置에 있어서는 經濟的인 信賴關係가 더 重視된다.

(라) 受託者는 信託의 目的에 따라 目的物을 管理·利用·處分할 義務가 있으나 受置人은 단지 目的物을 保管할 義務를 負擔할 뿐이다. 또한 受託者는 항상 善良한 管理者로서의 注意義務를 부담하나 受置人은 有償인 경우에만 善管注意義務를 부담한다.

3. 供 託

供託이란 넓은 意味에서 金錢 또는 有價證券 其他의 財産을 國家機關인 供託所에 任置하고 供託所를 통하여 그 財産을 受領할 者에게 受領케 함으로써 法令에 規定된 一定한 目的을 달성하는 制度를 말한다. 供託은 供託을 義務로 하거나 또는 許容하는 경우에 한하여 행할 수 있는데 供託의 目的과 機能에 따라 辨濟供託·保證供託·執行供託·沒取供託·保管供託으로 나눌 수 있다. 供託의 法的 性質에 관하여는 私法關係說·公法關係說·兩面關係說 등의 대립이 있다. 私法關係說은 供託의 性質을 第三者를 위한 任置契約으로 보는 데 반해 公法關係說은 國家機關인 供託所를 중심으로 供託法에 의해 그 절차가 실현되는 관계라고 한다. 兩面關係說은 供託이 私法的인 면과 公法的인 면을 아울러 가지고 있다고 보되 供託의 私法的인 성질은 私法關係說과 마찬가지로 第三者를 위한 任置契約이라고 본다. 우리 나라에서는 세 가지 학설이 팽팽하게 대립하고 있으나[18] 日本에서는 私法關係說이 通說

18) 私法關係說 — 金基善, 債總, 341; 金顯泰, 債總, 336; 崔栻, 債總, 238; 李太載, 債總,

이다.[19] 大法院 判例의 주류는 公法關係說을 택하고 있는 것으로 보인다.[20]

그러나 供託을 任置契約으로 본다고 하더라도 民法의 任置에 관한 規定이 適用되는 경우는 많지 않다. 供託의 受理나 供託物의 出給·回收節次에 관하여는 供託法 및 供託의 根據 法令의 規定에 따라야 할 것이다. 다만 受置人의 任置物 使用禁止에 관한 規定(民 §694), 有償受置人의 注意義務, 任置物의 保管場所에 관한 規定(民 §700) 등은 非訟事件節次法에서 供託의 경우에 準用하고 있다(非訟 §89).

[全 孝 淑]

第 693 條(任置의 意義)

任置는 當事者 一方이 相對方에 對하여 金錢이나 有價證券 其他 物件의 保管을 委託하고 相對方이 이를 承諾함으로써 效力이 생긴다.

차 례

I. 本條의 趣旨
II. 任置의 成立要件
1. 契約의 目的
2. 目 的 物
3. 目的物保管에 관한 合意의 存在
4. 目的物引渡 不必要
5. 報酬의 約定 不要
6. 不要式契約
III. 任置의 豫納

I. 本條의 趣旨

本條는 任置의 意義와 成立要件에 관한 規定이다. 任置는 當事者 一方이 어떤 物件의 保管을 相對方에게 委託하고 相對方이 이것을 承諾함으로써 成立하는 契約이다. 前述한 바와 같이 우리 民法은 로마法上 任置의 要物性에서

405. 兩面關係說 — 郭潤直, 債總, 462; 金錫宇, 債總, 406; 金曾漢, 債總, 172; 林正平, 債總, 474; 玄勝鍾, 債總, 339. 公法關係說 — 金容漢, 債總, 584; 金疇洙, 債總, 424; 金亨培, 債總, 825; 李銀榮, 債總, 494.

19) 鳩山秀夫, 日本債權法總論, 435; 石田文次朗, 債權總論, 268; 石坂音四, 日本民法 債權總論 中, 1475.

20) 大判 67. 2. 21, 66다2153(카 10525); 大判 75. 2. 25, 74다1531, 1532(公 510, 8347); 大判 91. 7. 12, 91다15447(公 903, 2157); 大判 92. 7. 28, 92다13011(公 909, 2644).

脫皮하여 諾成契約으로 한 점에 特徵이 있다고 할 수 있으며, 無償性 또한 그 要件이 아니다. 民法上 任置의 社會的 作用이 그다지 크지 않고 많은 부분이 商法이나 기타 特別法이 規律하는 獨自的인 제도로 발전해 왔음도 앞에서 살펴본 바와 같다. 그러나 이들 特別法에 任置의 成立要件에 관한 特別한 規定이 없으면 民法의 規定이 補充的으로 適用된다고 할 것이다.[1)]

Ⅱ. 任置의 成立要件

1. 契約의 目的

金錢이나 有價證券 其他 物件의 保管을 目的으로 한다.

(1) 保管이라는 용어는 本條 외에 民法의 다른 규정에서도 使用되고 있으며(民 §§ 759, 1091) 그 뜻은 여러 가지로 해석될 수 있다. 즉 ① 單純한 場所의 提供行爲, ② 目的物의 滅失·毁損을 防止하고 原狀의 維持를 圖謀하는 保存行爲, ③ 物件의 性質을 變更하지 아니하는 範圍內에서 修繕·改良·利用하는 管理行爲, ④ 保存과 管理를 包含하는 行爲 등으로 풀이될 수 있으며[2)] 本條에서 保管이 어느 것을 意味하는 것인지 다툼이 있을 수 있다. 단순히 目的物을 두는 場所의 提供만을 意味한다면 場所의 使用貸借, 賃貸借에 해당하고 利用·改良을 할 수 있다면 오히려 委任이나 信託行爲에 속한다. 受置人은 原狀 그대로 目的物을 返還하는 것을 目的으로 하므로 滅失·毁損을 防止하면 되는 것이며 修繕을 가할 義務는 없다. 그러나 경우에 따라서는 積極的인 加擔行爲가 必要할 때가 있다. 動物의 任置에 있어서는 飼育이 必要하며 家屋의 任置에 있어서는 물이 새는 것을 防止하는 應急措置는 필요한 것이나 그 이상의 義務는 負擔하지 않는 것이다. 따라서 保管(Aufbewahrung)은 目的物의 滅失·毁損을 防止하고 原狀의 維持를 圖謀하는 것이라고 봄이 타당하다. 우리 나라 學者들은 모두 保管의 의미를 이와 같이 해석하고 있다.[3)] 日本의 通說도 마찬가지이다.[4)] 民法에는 權限을 정하지 아니한 代理權의 範圍(民 § 118), 共有者 각자가 할

1) 註釋商法(Ⅰ), 758.
2) 日注民(新)(16), 310.
3) 郭潤直, 462; 權龍雨, 282; 金基善, 291; 金錫宇, 372; 金疇洙, 418; 金曾漢·安二濬, 532; 金顯泰, 273; 李太載, 405; 註釋債各(Ⅱ), 535.
4) 日注民(新)(16), 310.

수 있는 행위(民 §265), 賃貸借契約 解止의 要件인 賃貸人의 行爲(民 §625) 등으로 保存行爲라는 용어를 사용하고 있으나 그 意義는 本條의 그것과 다르다. 이들 規定에서는 行爲者의 利益을 위하여 그 권리로서 어떤 行爲를 할 수 있는가에 관한 問題인 데 반하여 本條에서 保管의 의미로서 保存行爲는 受置人의 義務로서 어떤 행위를 할 것인가에 관한 問題인 것이다.

(2) 保管의 義務가 契約의 主된 目的일 것을 요한다.

任置는 有償·無償을 불문하고 相對方을 위하여 保管하는 것을 目的으로 하는 契約이므로 保管의 義務가 契約의 主된 內容이 되지 않는 때에는 任置는 되지 않는다. 그러나 保管 이외의 附隨的인 縱된 義務가 있다고 하더라도 任置의 性質이 없어지는 것은 아니다. 가령 株式의 任置를 받은 證券會社가 配當金 推尋의 委託을 받았다고 하더라도 역시 任置인 것이다. 그러나 契約의 주된 내용이 保管이 아닐 때에는 附隨的으로 保管이 내용으로 되어 있어도 任置는 아니다. 말과 개를 調練을 위하여 引渡받았으면 당연히 保管義務가 隨伴되지만 이것은 어디까지나 조련을 위한 都給 또는 委任契約이지 任置契約은 아닌 것이다. 그 외 使用貸借·賃貸借 등에도 당연히 물건의 保管을 隨伴하나 任置契約은 包含되지 않으므로 任置規定은 準用되지 않는다. 다만 이렇게 解釋하면 商法上 公衆接客業者가 附隨的 效力으로 受置의 義務를 負擔하였을 경우(商 §152)를 說明할 수 없다는 견해가 있다.[5] 그러나 公衆接客業者의 責任은 任置를 받지 않은 물건에까지도 미치는 책임이고 법이 특히 정한 것이기 때문에 본래의 任置의 성질만으로 이를 다스릴 수는 없다고 할 것이다.

2. 目 的 物

保管의 目的物은 金錢, 有價證券 기타 物件이다.

(1) 民法은 任置의 目的物을 널리 物件이라고 하였으므로 動產뿐 아니라 不動產도 包含된다는 것이 우리 나라의 多數說이다.[6] 少數說에 의하면 任置는 目的物을 原狀대로 단순히 保管함을 目的으로 하는 것인데 不動產의 保管에는 管理 그 밖의 勞務의 提供이 따르게 되어 그 具體的인 내용에 따라 雇傭이나 委任으로 될 것이므로 不動產은 任置의 目的物이 될 수 없다고 한다.[7] 不動產

5) 松波仁一郎, 日本商行爲法(大 3), 989.
6) 郭潤直, 463; 金基善, 291; 金錫宇, 372; 金疇洙, 423; 金顯泰, 273; 李銀榮, 433; 崔栻, 195; 註釋債各(Ⅱ), 536.
7) 權龍雨, 282; 金曾漢·安二濬, 533; 李太載, 405.

은 場所를 옮길 수도 없고 現存의 場所에서 自然的으로 保存이 되어지는 것이며 그 保存을 위하여 積極的인 勞務가 필요한 것도 아니나 放置도 아니고 管理도 아닌 保管이 不動產에 대하여도 있을 수 있을 것이다. 그러나 實際的으로 不動產이 任置의 目的物이 되는 경우는 드물 것이고 倉庫業에 있어서는 性質上 目的物이 動產에 限定된다. 立法例에 따라서는 任置의 目的物을 動產에 限하는 경우도 있다(佛民 § 1918; 獨民 § 688; 瑞債 § 472).

財產의 浪費를 防止하기 위하여 不動產의 登記名義만을 信託的으로 讓渡하는 것도 任置의 一種인지에 관하여는 論議의 여지가 있다. 日本 判例는 이를 任置로 보고 있고[8] 이를 支持하는 日本[9]과 우리 나라[10]의 學說도 있다. 任置關係에 있어서 任置人은 間接占有者이고 受置人은 直接占有者이므로 不動產의 直接占有를 受置人에게 移轉하지 않더라도 登記의 移轉을 占有의 移轉으로 擴大解釋하면 名義信託도 不動產의 任置로 볼 수 있다는 것이다. 그러나 우리 大法院 判例에 의하여 확립된 名義信託 理論에 의하면 目的物의 所有權이 對外的인 關係에 있어서는 受託者에게 移轉한다는 것이고,[11] 또한 任置는 受置人의 勞務提供을 목적으로 하는 契約인데 受置人이 登記名義만을 保有하는 것만으로는 어떤 勞務를 提供하는 것이라고도 볼 수 없으므로 不動產의 名義信託을 任置라고 해석할 수는 없다고 할 것이다.[12]

(2) 任置의 目的物이 될 수 있는 動產은 不動產 이외의 金錢, 有價證券 其他 特定된 有體物이면 된다. 代替物이건 不代替物이건, 消費物이건 非消費物이건, 生物이건 無生物이건 불문한다. 代替物의 任置에 있어서는 다른 同種의 물건과 混合하여 보관하고 混合物 중에서 同量의 물건을 返還한다. 소위 混藏任置로서 後述한다.

(3) 受置人이 目的物을 處分하는 權限을 가질 때에는 物件의 價值의 保管이라는 意味에서는 任置의 一種이라고 할 수 있으나 그 法的 構成은 통상의 任置와 다르다. 金錢의 任置는 封金했을 경우를 제외하고는 原則的으로 消費任置다. 金錢의 所有權은 原則的으로 占有와 더불어 移轉되는 것이므로 他人으로부터 委託된 金錢이나 窃取한 金錢을 任置한 경우에도 受置人은 金錢의

8) 日大判 大 7(1918). 3. 13(民錄 24, 481).
9) 日注民(新)(16), 316.
10) 註釋債各(Ⅱ), 538.
11) 大判(全) 79. 9. 25, 77다1079(公 622, 12289); 大判 81. 7. 28, 80다1819(公 655, 14248); 大判 87. 3. 10, 85다카2508(公 799, 623); 大判 88. 2. 9, 87다424(公 821, 497).
12) 同旨 李銀榮, 433.

所有權을 取得한다고 봄이 妥當하다. 金錢의 消費任置에는 오로지 保管을 目的으로 하지만 金錢의 所有的 特質에서 消費任置로 되는 것과 受置人이 金錢을 處分하여 自身의 利益을 圖謀하는 本來의 消費任置가 있는바, 뒤에 보는 바와 같이 兩者는 取扱을 달리해야 한다.

(4) 任置의 目的物은 任置人의 所有일 것을 요하지 않는다. 任置人은 그의 所有物이 아니라도 任置할 수 있고[13] 受置人에 대하여는 任置契約上의 債權으로서 返還請求權을 가지며 受置人은 任置人에게 所有權이 없음을 이유로 返還을 거절할 수 없다.[14] 이 경우 目的物의 所有者가 受置人에 대하여 所有物返還請求權을 행사하는 것은 別個의 문제이다. 또한 受置人이 他人에게 賃貸한 物件을 受置하는 경우와 같이 受置人 自身의 物件도 任置의 目的物이 될 수 있다.

佛蘭西民法은 任置人은 任置物의 所有者이거나 所有者로부터 明示的·默示的인 同意를 받지 않으면 有效한 任置契約을 할 수 없다(佛民 §1922)고 規定하는 한편 任置物의 返還에 있어서 受置人은 任置人에 대하여 그 任置物의 所有者임을 立證하도록 要求할 수 없다고 함으로써(佛民 §1938) 所有者 이외의 者가 한 任置도 有效하다는 立場을 취하고 있다.

盜品의 任置도 原則的으로 有效하나 受置人이 盜品인 情을 알면서 이를 受置한 경우에는 刑法上 贓物保管罪(刑 §362)를 構成하고 民法上으로는 反社會秩序의 法律行爲로서 無效이다(民 §103). 盜品의 任置契約이 有效한 경우에 受置人은 所有者로부터의 返還請求가 없는 한 任置人에게 返還하면 되고, 所有者에게 返還한 경우라도 任置人에 대하여 保管費用은 請求할 수 있다. 佛蘭西民法(§1938 II)에서는 受置人이 盜品이라는 것과 眞正한 所有者가 누구인가를 안 때에는 受置人은 眞正한 所有者에게 相當한 期間을 정하여 任置物의 返還請求를 催告하고 그 期間에 請求하지 아니한 때에는 任置人에게 引渡함으로써 그 義務를 免한다고 규정하고 있다. 우리 民法에는 이러한 催告義務 規定이 없다.

他人의 物件을 任置한 자는 受置人의 歸責事由로 物件이 滅失한 境遇 損害賠償을 請求할 수 있을 것인가. 예를 들면 運送周旋人이 運送物品을 任置하였는데 倉庫業者의 過失로 物件이 멸실한 境遇 運送周旋人이 損害賠償을 청구할 수 있을 것인가. 運送周旋人이 貨物 所有者에 대하여 倉庫業者의 選擇을

13) 大判 55. 3. 10, 4287民上128(集 2-1, 21).
14) 日大判 大正 7(1918). 5. 24(民錄 24, 1008); 日大判 昭 11(1936). 8. 28, 法學 5, 12, 1989.

잘못하였다는 이유로 損害賠償義務를 負擔하였을 때(商 §115)에는 그것을 倉庫業者에 대하여 請求할 수 있음은 물론이다. 運送周旋人에게 아무런 損害가 發生하지 않은 경우에도 損害賠償을 請求할 수 있을지는 疑問이나, 受置人은 任置人이 任置物의 所有權을 갖고 있지 않다는 이유로 損害賠償債務를 免할 수는 없다는 日本 判例가 있다.[15)]

3. 目的物保管에 관한 合意의 存在

(1) 任置가 成立되기 위하여는 任置人과 受置人 사이에 目的物保管에 관한 合意가 있음을 요한다. 자기의 支配領域內에 他人이 物件을 두는 것을 許容하는 것만으로는 任置라고 할 수 없고 積極的으로 債務負擔의 合意가 있음을 요한다. 그 意思表示는 明示的일 필요는 없으며 默示的으로도 이루어질 수 있다. 어떠한 경우에 默示的인 任置契約이 성립된다고 볼 것인지 一律的으로 말하기는 어려우며 具體的인 事案에서 社會通念과 去來實情을 考慮하여 判斷해야 할 것이다. 예컨대 목욕탕의 옷장이나 골프장의 락카룸 옷장에 자기의 물건을 넣어두는 경우에는 그 업종의 거래에 있어서는 그러한 행위가 通常 期待되는 것이므로 默示的인 任置契約이 성립된다고 할 수 있다.[16)] 그러나 病院의 診療室이나 辯護士 事務室의 待合室 등에 손님이 携帶品을 둔 경우에는 保管料金을 받는다든가 交換票札을 交付하여 委·受託의 意思를 分明히 하지 않는 한 任置가 성립된다고 보기는 어려울 것이다.[17)] 判例는 旅館駐車場 入口에 旅館駐車場이라는 看板을 세우고 外廓을 천으로 된 망으로 쳐놓고 車輛을 세울 部分에 지붕만 설치해 놓은 旅館의 附設 駐車場에 車輛을 駐車하였다가 盜難당한 사안에서 旅館측에서 그 駐車場에의 出入을 管理·統制하거나 확인할 수 있는 조치가 되어 있지 않다는 이유로 默示的인 任置契約의 성립을 부정하였다.[18)] 旅館業者가 駐車行爲를 管理統制하거나 駐車사실을 전혀 알 수 없는 경우까지 任置契約의 성립을 인정하는 것은 지나치다고 할 것이므로 判旨에 贊成한다.[19)] 이에 대해서는 旅館投宿客이 房에 들어가면 車輛에 대한 管理·監視의 可能性은 旅館側에 移轉된다는 것을 주된 이유로 默示的인 任置契約의

15) 日大判 大正 8(1919).3.28(評論 8, 商 295).
16) 鄭燦亨, "公衆接客業者의 責任", 新聞 2123, 15.
17) 金顯泰, 274.
18) 大判 92.2.11, 91다21800(公 917, 988).
19) 鄭燦亨(註 16)도 判旨에 찬성하고 있다.

成立을 認定해야 한다는 反論이 있다.[20] 다만 위의 事案에서 任置가 성립되지 않더라도 商 §152 Ⅱ의 責任이 문제될 수 있고, 그 場所의 管理者로서 一般的으로 要求되는 注意義務를 게을리하여 물건을 盜難당한 경우 不法行爲責任을 지는 수도 있을 것이다.[21] 그러나 公衆接客業者가 아닌 자는 案內文 등을 揭示하여 손님의 注意를 換氣시킨 경우에는 그 責任을 면할 수도 있다.

(2) 商 §152 Ⅱ은 公衆接客業者는 客으로부터 任置를 받지 아니한 경우에도 그 施設內에 携帶한 物件이 自己 또는 그 使用人의 過失로 인하여 滅失 또는 毁損된 때에는 그 損害를 賠償할 責任이 있다고 하여 무거운 責任을 지우며 이 責任은 免責의 告示를 하여도 免할 수 없다. 이는 로마法上의 레셉툼(Receptum)責任에서 유래하는 것이다. 이는 契約責任이나 不法行爲責任이 아니고, 公衆接客業의 去來關係에 附隨하여 인정된 法定의 特別責任으로서 客이 營業場內에 物件을 携帶하고 들어왔다는 사실에 기하여 公衆接客業者에게 賦課된 責任이라고 할 것이다.[22]

4. 目的物引渡 不必要

(1) 任置에 있어서 受置人이 目的物의 占有를 取得하는 것이 必要하나 이를 任置契約의 成立要件으로 할 것인가는 立法政策의 問題이다. 로마法에서는 任置를 要物契約으로 하였고 지금도 이를 따르는 立法例가 있음은 앞에서 본 바와 같다. 우리 民法上 任置는 諾成契約이므로 目的物의 占有의 取得은 任置의 成立要件이 아니다.

(2) 任置를 要物契約으로 規定하는 法制下에서는 任置物의 引渡가 契約의 成立要件이므로 任置人에게 目的物 引渡義務가 있는지는 問題가 되지 아니한다. 우리 民法은 任置를 諾成契約으로 하고 있으면서 任置人의 引渡義務에 관한 아무런 規定이 없기 때문에 그러한 義務를 認定할 것인지가 다투어진다. 肯定說은 任置의 有償·無償을 묻지 아니하고 任置人은 언제나 目的物을 引渡할 義務가 있으며, 만일 任置人이 이 義務를 履行하지 않으면 債務不履行이 되어 履行利益의 損失을 賠償하여야 한다고 主張한다.[23] 否定說은 任置人은

20) 金星泰, "駐車場에서의 車輛盜難에 대한 宿泊業者의 責任", 新聞 2179, 14.
21) 이에 관한 상세한 검토는 崔秉祚, "駐車場利用契約과 駐車車輛 盜難으로 인한 損害賠償責任", 民判硏 XIV, 170 이하 참조.
22) 註釋商法(Ⅰ), 750.
23) 李太載, 341; 權龍雨, 287.

目的物引渡 후에도 언제든지 解止할 수 있으므로(民 § 698) 目的物을 引渡하기 전에도 언제든지 解除할 수 있으니 目的物引渡義務가 없다거나[24] 任置의 本質的 內容은 任置人이 自己物件의 保管을 청구할 수 있는 權利이지 受置人에게 物件의 占有 自體에 관하여 어떤 權利를 부여하는 것은 결코 아니기 때문에 明文 規定도 없이 그것을 하나의 債務로 認定하는 것은 부당하다고 한다.[25] 折衷說은 無償任置의 경우는 受置人에게 受置의 利益이 없으므로 任置物引渡義務를 否定하고 有償任置의 경우에는 受置人에게 目的物保管에 관한 經濟的 利益이 있는데도 任置人이 任意로 契約을 해제하여 아무런 賠償責任을 負擔하지 않는 것은 均衡을 잃은 解釋이라는 이유로 이를 認定한다.[26] 생각건대 引渡義務를 肯定하는 學說의 論據는 受置人이 입은 損害를 任置人에게 負擔시키기 위하여는 任置人의 目的物引渡義務와 그 債務不履行責任이 前提가 되어야 한다는 데 있는 것으로 보인다. 그러나 受置人이 입을 수 있는 損害란 通常保管準備費用이나 目的物이 引渡되었더라면 얻을 수 있었을 報酬 相當額일 것인데, 이는 民法의 다른 規定에 의해서도 塡補될 수 있다. 民 § 701에 의하여 § 688 Ⅰ·Ⅱ이 準用되므로 無償, 有償을 不問하고 受置人이 지출한 費用은 任置人이 이를 償還할 義務가 있다. 또 任置人이 目的物을 引渡하지 않아 受置人이 保管義務를 履行할 수 없게 되었다면 이는 債權者의 受領遲滯 및 그의 歸責事由로 인한 履行不能에 해당하고, 有償任置는 雙務契約이므로 受置人은 反對給付인 報酬의 支給이나 債權者遲滯로 인하여 증가된 費用의 償還을 청구할 수 있다(民 §§ 400, 403, 538).[27] 결국 受置人으로서는 目的物의 占有를 取得해야 할 實質的인 必要性도 없을 뿐더러 任置人은 언제든지 契約을 解止할 수 있는 이상 受置人이 任置人의 引渡義務를 訴求하여 強制執行을 할 可能性도 稀薄하다고 할 것이므로 任置人의 引渡義務를 認定해야 할 實益은 별로 없다고 할 것이다.

5. 報酬의 約定 不要

民法은 無償任置를 原則으로 하고 特約이 있는 경우에만 報酬를 청구할 수 있도록 규정하고 있으므로(民 §§ 701, 686), 報酬의 約定은 任置의 成立要件이 아니다. 報酬의 約定은 明示的임을 요하지 않으며 去來慣行이나 時間的·場所的 情

24) 金曾漢·安二濬, 547.
25) 李銀榮, 434.
26) 郭潤直, 467; 金錫宇, 376; 金疇洙, 428; 註釋債各(Ⅱ), 541.
27) 李銀榮, 434.

況에 비추어 報酬의 特約이 있는 것으로 解釋되는 경우가 있다. 商法上 商人은 營業範圍 내에서 物件을 保管하면 特約이 없다 하더라도 당연히 報酬를 청구할 수 있으므로(商 §61) 특히 無償이라고 하지 않으면 有償이 된다.

6. 不要式契約

民法上 任置는 特別한 方式에 의하여 締結할 것을 要하지 않으므로 不要式契約이다. 受置人이 任置物을 受領하고 證書를 發行하는 수가 있으나 이는 任置가 성립되었음을 인정하는 證據方法에 불과하다. 따라서 이를 紛失한 境遇 除權判決을 받지 않더라도 다른 方法에 의해 任置契約의 締結을 立證하면 目的物을 返還받을 수 있다. 立法例에 따라서는 任置의 立證方法을 제한하는 경우가 있다. 佛蘭西民法에서는 任意任置는 書面에 의하여 證明을 하여야 하고 緊急任置의 경우 외에는 目的物 價額이 50프랑을 넘을 때에는 證言에 의한 證明을 認定하지 아니한다(佛民 §§ 1923, 1952).

商法上 倉庫業者는 任置人의 請求에 의하여 倉庫證券을 交付하여야 한다(商 §156). 倉庫證券은 本來 倉庫業者에 대한 任置物 返還請求權을 表彰하는 有價證券인데 그 所持人은 任置物 자체를 引渡하지 않고 證券을 讓渡함으로써 任置物을 讓渡·入質할 수 있다.[28] 이 점이 民法上의 任置證券과 다르다.

Ⅲ. 任置의 豫約

豫約은 將次 本契約을 締結할 것을 約束하는 契約인 바 契約自由의 原則上 任置의 豫約도 有效하다. 豫約에는 當事者 一方 또는 雙方이 本契約을 체결할 債務를 부담하는 片務豫約·雙務豫約과 當事者 一方 또는 雙方의 豫約完決 意思表示만으로 契約이 締結되는 一方豫約·雙方豫約이 있는데[29] 任置는 諾成契約이므로 當事者 사이에 特別한 意思表示가 없으면 一方豫約(民 §564)으로 推定된다. 豫約完結權은 주로 任置人에게 있을 것이나 有償任置에 있어서는 受置人 또는 雙方에게 주어질 수도 있다. 豫約은 任置人이 將來 保管할 目的物을 위하여 미리 保管場所를 確保할 必要가 있는 경우에 利用된다. 諾成契約

28) 註釋商法(Ⅰ), 759.
29) 郭潤直, 190.

은 當事者의 合意만으로 成立하고 目的物은 후에 引渡할 수 있는 것이나 要物契約은 目的物을 引渡하지 않는 한 契約이 成立하지 않으므로 任置의 豫約은 任置를 要物契約으로 하고 있는 法制下에서 더 必要하다고 할 수 있다. 要物契約의 豫約은 片務豫約 또는 雙務豫約의 性質을 띠며 주로 受置人이 契約締結義務를 부담하는 片務豫約인 경우가 많다.[30)]

任置를 諾成契約으로 하고 있는 法制下에서도 契約自由의 原則上 片務豫約·雙務豫約이 締結될 수는 있으며 그 경우 豫約의 拘束力이 어느 정도까지 미치는지가 문제된다. 受置人이 豫約義務者인 경우에는 書面에 의하지 않은 無償任置의 豫約을 제외하고는 本契約을 체결할 義務가 있다고 할 것이며(民 §555 準用), 民 §698의 취지에 비추어 부득이한 사유가 있는 경우에는 이를 拒絶할 수 있다고 할 것이다. 任置人이 豫約義務者인 경우에 任置人에게 本契約인 任置契約을 체결하고 目的物을 受置人에게 引渡할 義務가 있다고 할 것인지는 疑問이다. 任置人은 任置契約이 成立된 후에도 언제든지 目的物의 返還을 請求할 수 있는 것이므로 任置할 必要가 없게 된 物件을 保管을 위하여 交付할 義務가 있다고 보기는 어려우며 따라서 本契約을 締結하지 않더라도 債務不履行이 되지 않는다. 受置豫約者가 保管을 위한 費用을 지출하였을 경우에는 그 償還을 請求할 수 있다(民 §701, §688의 準用).[31)]

[全 孝 淑]

第694條(受置人의 任置物使用禁止)

受置人은 任置人의 同意 없이 任置物을 使用하지 못한다.

I. 立法趣旨

任置는 任置人과 受置人의 對人的 信賴關係에 터잡아 任置物의 原狀을 維持하는 것을 目的으로 한다. 따라서 保管의 目的을 넘어서 受置人이 목적물을 사용한다거나 제3자에게 이를 보관하게 하는 것은 許容되지 아니한다. 이는

30) 來栖三郎, 契約法, 589.
31) 日注民(新)(16), 322.

任置의 목적으로부터 당연히 推定되는 것인데 注意的으로 둔 規定이라고 하겠다. 任置物使用禁止와 復任置에 관한 立法例는 여러 가지이다. 獨逸民法(§691)은 復任置禁止規定만을, 佛蘭西民法(§1930)·瑞西債務法(§474)은 保管物使用禁止規定만을, 墺地利民法(§956)·日本民法(§658)은 兩者 모두를 두고 있다. 우리 民法은 本條에서 任置物使用禁止만을 규정하고 있으나 民 §701에서 復委任에 관한 民 §682를 準用하고 있다. 편의상 復任置에 관하여도 여기에서 살펴보기로 한다.

Ⅱ. 任置物使用禁止

1. 使用禁止의 原則

受置人은 任置人의 승낙이 없는 한 任置物을 스스로 使用하거나 第3者에게 使用시킬 수 없다. 受置人이 이 義務를 違反하여 목적물을 사용한 경우에 使用利益은 不當利得으로서 返還의 對象이 되며 그로 인하여 目的物의 毁損 등 損害가 발생한 때에는 債務不履行으로 인한 損害賠償債務를 부담한다. 이 責任은 목적물을 使用하지 아니하였어도 손해가 發生하였으리라는 것을 立證하지 않는 한 부담하여야 하며 不可抗力도 免責事由가 되지 않는 것으로 해석된다.[1] 瑞西債務法은 §474에서 任置物使用禁止規定을 違反한 受置人은 그에 相應하는 賠償을 할 義務가 있으며, 違反하지 아니하였어도 物件이 災害를 당하였을 것임을 立證하지 아니하면 災害에 대하여도 責任이 있다고 明文規定을 두고 있다.

2. 例外的으로 使用할 수 있는 境遇

(1) 任置物의 性質에 의한 境遇

특별한 규정은 없으나 保管의 目的을 達成하기 위하여 필요한 때에는 適當하다고 認定되는 範圍 내에서 受置人은 目的物을 사용할 權利와 義務가 있다. 예컨대 乘馬用 말의 受置人이 말의 運動을 위하여 사용한다든가 自動車 기타 機械類의 受置人이 녹이 스는 것을 防止하기 위하여 使用하는 境遇 등이다.

(2) 任置人의 同意를 받은 境遇

任置人의 同意는 明示的이든 默示的이든 不問한다. 그러나 物件의 使用이 契約의 主된 목적일 경우에는 使用貸借가 된다. 任置人의 同意가 있으면 목적

1) 林良平(編), 注解判例民法(3), 829.

물을 處分할 수도 있으나 그 때에는 새로운 處分 委任이 있는 것이고 任置는 處分에 의하여 終了된다. 任置人의 同意는 受置人 또는 그를 대리하여 처분하는 자에게 부여하면 有效하다.[2] 다만 목적물을 처분하여 價値를 보관하는 契約은 消費任置이다. 또 金錢을 封金하여 特定物로서 任置한 후 任置人이 處分을 승낙하였을 때에는 그 때부터 消費任置로 變更된다고 解釋하여야 할 것이다.[3]

Ⅲ. 復任置의 禁止

1. 復任置 不許의 原則

任置는 委任과 마찬가지로 受置人에 대한 個人的 信賴關係가 重視되므로 原則的으로 受置人이 第3者에게 目的物을 保管시키는 것은 許容되지 않는다. 受置人이 任置人의 同意 없이 復任置를 한 경우에는 그것만으로도 債務不履行이 되므로 그로 인하여 任置人이 입은 損害를 賠償할 의무가 있으며, 任置人은 任置契約을 解止하고 目的物의 返還을 請求할 수 있다.

2. 例外的으로 復任置를 할 수 있는 境遇

(1) 任置人의 同意를 받은 境遇

明示的 또는 默示的인 同意가 있을 때에 復任置를 할 수 있음은 물론이다. 同意는 個別的으로 행해질 수도 있고, 당초의 特約에 의해 일정한 사유가 발생하면 復任置를 할 수 있다고 정할 수도 있다.

(2) 推定的 承諾

受置人은 자기 자신이 目的物을 保管할 수 없는 事情이 발생한 때에는 任置人의 승낙을 얻어 復任置를 하거나 目的物을 任置人에게 返還해야 할 것이다. 그러나 任置人의 行方不明 其他 事由로 연락이 되지 않는 등 당시의 사정으로 보아 任置人의 동의를 얻기가 不可能하고 목적물이 供託에도 不適合한 경우에는 任置人의 推定的 승낙이 있는 것으로 보아 第3者에게 保管시킬 수 있다고 할 것이다.[4] 獨民 §692는 推定的 승낙에 의한 保管方法變更權에 관하여 明文규정을 두고 있다.

---

2) 日大判 大 7(1918).3.13(民錄 24, 481).
3) 日注民(新)(16), 324.
4) 日注民(新)(16), 325.

3. 復任置의 法律關係

(1) 任置人과 復受置人의 關係

任置人의 승낙을 받고 復任置를 한 경우에 復受置人은 受置人의 履行補助者가 되고, 履行補助者의 法理에 따르면 復受置人은 受置人에 대한 權利·義務만이 있게 된다. 그러나 民法上 復代理에 관한 規定이 準用되는 結果(民 §§ 701, 682, 121, 123) 復受置人과 任置人인 사이에는 任置人과 受置人 사이에서와 같은 權利義務關係가 생긴다. 따라서 復受置人은 任置人에 대하여 直接 保管義務를 부담하고 報酬, 損害賠償, 費用支給을 請求할 수 있으며 任置人은 復受置人에 대하여 保管에 관한 指示를 할 수 있다. 復受置人과 任置人 사이의 權利義務關係의 범위는 任置人과 受置人 사이의 本來의 관계를 한도로 할 뿐 아니라 受置人과 復受置人 사이의 復任置關係에서 정하여 지는 범위에 한정된다. 따라서 任置가 無償이라면 復任置도 無償이고, 수치인과의 사이에서 정해진 金額을 넘는 부분의 報酬를 復受置人이 任置人에게 청구할 수 없다. 受置人의 報酬請求權과 復受置人의 報酬請求權은 倂存할 수 있으며 任置人은 어느 一方에게 支給하면 義務를 면하나, 兩者의 請求權이 競合하는 경우에는 現實的으로 物件을 保管하고 있는 復受置人이 우선하는 것이 合理的이라고 할 것이다.[5)]

(2) 任置人과 受置人의 關係

(가) 復受置人이 선임되더라도 그는 受置人의 履行補助者일 뿐이므로 任置人과 受置人의 관계는 여전히 존속하고 受置人의 보관의무가 면제되는 것은 아니다. 任置人이 復任置의 승낙을 撤回하여 버리면 受置人만이 目的物 返還義務를 부담한다. 任置 종료 후 返還義務에 관하여도 選任, 監督義務의 範圍내에서 受置人은 復受置人과 같이 책임을 부담하지 않으면 안 된다.

(나) 受置人은 자기가 復受置人을 선임한 경우에는 任置人에 대하여 復受置人의 選任 및 監督에 관하여 責任을 진다(民 §§ 701, 121). 「選任에 관한 責任」이라 함은 예컨대 不適任한 자를 復受置人으로 선임함으로써 任置人에게 손해를 발생하게 한 경우의 책임을 말하며, 「監督에 관한 責任」이라 함은 예컨대 復受置人에게 필요한 주의를 주지 아니하였거나 任置人의 指示를 誤解 또는 무시한 결과 任置人에게 손해를 발생하게 한 경우의 책임을 말한다. 受置人이 復受置人의 選任·監督에 관하여 주의를 다하였다면 설령 復受置人의 故意·過

5) 日注民(新)(16), 326.

失로 任置人에게 損害가 발생하였더라도 책임을 지지 않는다. 受置人의 選任·監督에 관한 過失의 立證責任은 任置人側에 있다고 할 것이다.[6] 受置人이 任置人의 지명에 의하여 復受置人을 選任한 경우에는 受置人이 復受置人의 그 不適任 또는 不誠實함을 알고 任置人에 대한 通知나 그 解任을 태만히한 때에 한하여 책임이 있다. 任置人이 復受置人을 지명한 경우에는 그의 適任與否나 誠實性 등을 알고 한 것으로 인정되므로 受置人의 책임이 輕減된다.

(다) 任置人의 受置人에 대한 報酬支給 의무도 復受置人에 대한 보수지급의무와 倂存하나 受置人과 復受置人 사이에서는 復受置人의 보수청구권이 우선하므로 受置人은 復受置人의 보수액을 초과하는 부분에 대해서만 任置人에게 청구할 수 있다.

(3) **受置人과 復受置人의 關係**

受置人과 復受置人의 關係는 통상의 任置와 같다. 受置人이나 任置人은 다같이 復受置人에 대하여 목적물의 保管 및 返還을 청구할 수 있다. 復受置人은 受置人에 대하여 報酬支給, 費用償還, 損害賠償을 청구할 수 있다. 원래의 任置關係가 소멸하면 受置人과 復受置人의 관계도 소멸한다.

(4) **第三者와의 關係**

受置人이나 復受置人은 모두 任置人으로부터 任置物의 所有權을 양수받은 第3者에 대하여 任置에 기한 권리를 주장할 수 있는 동시에 의무를 부담한다. 復受置人도 임치물의 占有者로서 그 占有를 침탈한 第3者에 대하여 점유소권을 가진다고 할 것이다.

4. 履行補助者의 使用

受置人에게 復任置의 權限이 없는 경우에도 受置人을 手足처럼 보조하는 狹義의 履行補助者를 사용하는 것은 禁止의 특약이 없는 한 허용된다. 이 경우 履行補助者의 歸責事由에 대하여도 受置人이 책임을 져야 한다(民 §391). 그러나 특약에 의하여 補助者의 使用을 금한 경우에는 補助者를 사용한 것만으로도 受置人은 債務不履行責任을 져야 하며 無過失에 대해서도 損害賠償責任을 부담한다고 할 것이다.

[全 孝 淑]

6) 民法注解(Ⅲ), 72.

第 695 條(無償受置人의 注意義務)

報酬 없이 任置를 받은 자는 任置物을 自己財産과 同一한 注意로 保管하여야 한다.

차 례

Ⅰ. 立法趣旨
Ⅱ. 無償受置人의 注意義務
  1. 契約存續중의 注意義務
  2. 契約終了後의 注意義務
Ⅲ. 有償受置人의 注意義務
  1. 注意의 程度
  2. 善管注意義務의 具體的인 例
  3. 損害賠償義務
  4. 契約終了後의 注意義務
Ⅳ. 共同危險에 처한 境遇의 救出順位
Ⅴ. 注意義務 및 立證責任에 관한 特約
Ⅵ. 保管의 方法
  1. 一 般 論
  2. 特殊한 任置
Ⅶ. 保管의 場所

Ⅰ. 立法趣旨

本條는 無償受置人의 注意의 程度에 관한 規定이다. 無償受置人은 自己의 財産에 관한 것과 같은 程度의 注意를 하면 족하다. 受置人은 有償·無償을 불문하고 特定物引渡義務를 부담하며 特定物引渡債務者는 善管注意義務를 부담하는 것이 民法의 原則(民 §374)이다. 그러나 無償任置는 一種의 好意契約인 동시에 물건의 保管이라고 하는 단순한 勞務를 利用하는 데 지나지 않기 때문에 受置人의 책임을 輕減하는 규정을 둔 것이다. 이 점에서 有償·無償을 불문하고 항상 善管注意義務가 요구되어지는 委任과 다르다.

로마법상 無償受置人은 惡意 또는 重過失의 경우에만 책임을 負擔하였으나 近代 各國에서는 法規定 또는 解釋論上 原則的으로 自己財産에 대한 것과 동일한 注意義務를 요하여(獨民 § 690; 佛民 § 1927; 瑞民 § 99 Ⅱ) 더 무거운 책임을 부과하고 있다. 또한 商法上의 各種 任置에 있어서는 受置人의 책임이 가중된다. 즉 商人이 그 營業範圍內에서 物件의 任置를 받은 경우에는 報酬를 받지 아니하는 때에도 善良한 管理者의 注意를 다하여야 한다(商 § 62). 이는 商去來 秩序와 商人의 信用을 維持하기 위하여 둔 規定이다. 또 倉庫業者는 自己 또는 使用人이 任置物 保管에 관하여 注意를 해태하지 아니하였음을 證明하지 아니하면 任置物의 滅失 또는 毁損에 대하여 損害를 배상할 責任을 면하지 못한다(商 § 160). 公衆接客業

者는 客으로부터 任置받은 物件의 滅失 또는 毁損에 대하여 不可抗力으로 인함을 證明하지 아니하면 손해를 賠償할 責任을 면하지 못하므로(商 §152) 그 책임이 더욱 強化되어 있다.

Ⅱ. 無償受置人이 注意義務

1. 契約存續중의 注意義務

無償受置人에게 요구되는 注意의 程度는 「自己 財産과 同一한 注意」이다. 이는 「自己를 위한 것과 同一한 注意」(民 §992), 「固有財産에 대하는 것과 同一한 注意」(民 §1022)와 같은 의미로서 행위자의 具體的·主觀的 注意能力을 標準으로 하여 그 사람이 普通하는 注意의 程度를 말한다. 이 注意를 缺하는 것을 具體的 過失이라고 한다.[1)]

2. 契約終了後의 注意義務

任置가 해지 기타의 사유로 종료한 후 任置人이 任置物을 現實的으로 수령할 때까지는 약간의 時間的 經過가 필요하다. 그 사이에도 受置人은 任置物을 保管할 義務가 있는데 이 경우의 注意 程度에 관하여는 民法에 특별한 규정이 없다. 受置人은 特定物引渡義務를 부담하므로 원칙대로라면 善管注意義務가 있다고 할 것이나 그렇게 되면 契約關係가 存續중일 때보다 終了 후에 더 무거운 책임을 부담하는 것이 되어 부당하다. 따라서 無償受置人은 契約終了 후에도 自己 재산과 동일한 注意義務를 부담한다고 할 것이다.[2)]

Ⅲ. 有償受置人의 注意義務

1. 注意의 程度

有償受置人은 任置物에 관하여 善良한 管理者의 注意義務를 부담한다. 善管注意義務라 함은 去來上 일반적으로 평균인에게 요구되는 程度의 注意, 즉

1) 郭潤直, 債總, 47.
2) 林良平(編), 注解判例民法(3), 831.

그 사람이 종사하는 職業, 社會的 地位 등에 따라서 普通 요구되는 程度의 注意를 말한다. 이 注意를 缺하는 것을 抽象的 過失이라고 한다.[3)]

2. 善管注意義務의 具體的인 例

우리 나라 判例에 나타난 善管注意義務 해태 事例로는 ① 任置契約에서 정해진 절차를 위배하여 정당한 受領權者 아닌 자에게 任置物을 引渡한 경우,[4)] ② 荷役時의 不注意로 구멍이 나 있는 가성소다桶을 野積保管하는 保稅藏置場 設營人이 包裝 드럼통의 腐蝕이나 內容物의 유출을 방지할 수 있는 措置를 취하지 않은 경우[5)] 등이 있다. 日本 下級審判例로는 高價인 受置物을 低價品과 마찬가지로 取扱하여 盜難防止를 위하여 필요한 조치를 태만히 한 境遇,[6)] 受置物이 變質되기 시작한다는 것과 倉庫設備가 不完全하다는 것을 알고서도 放置한 경우[7)] 등이 있다. 善管注意義務를 해태하지 않은 事例로는 ① 헌 가마니를 修繕하여 入庫하는 作業을 한 人夫들(창고업자의 피용인이 아님)의 過失로 인하여 倉庫가 燒失된 경우,[8)] ② 65年來의 최대 降雨로 保管倉庫가 浸水되었다는 사실이 방송과 신문에 보도되어 保管依賴者가 알고 있는 상태에서 倉庫業者가 보관물품이 완전히 침수된 후에야 이를 通知한 경우[9)] 등이 있다. 또한 당사자간에 保管方法 또는 保管場所에 관한 特約이 있는 경우에도 그 특약에 따른 보관이 任置物에 손해를 발생시킬 것이 判明된 경우 등에는 受置人은 任置人에게 이를 通知하여 그 지시를 구하든가 그럴 틈이 없는 때에는 필요한 保管方法·保管場所를 變更하는 것도 善管注意義務의 範圍內로 해석된다.[10)] 倉庫業者의 경우에는 이러한 善管注意義務가 法規定上 具體化되어 있다. 商法은 委託賣買人에 관한 규정을 倉庫業者에게 準用하므로 창고업자가 任置物을 引渡받은 후에 그 물건의 毁損 또는 瑕疵를 發見하거나 그 物件이 腐敗할 염려가 있는 때에는 지체없이 任置人에게 그 通知를 발송하여야 한다. 이 경우 任置人의 指示를 받을 수 없거나 그 指示가 지연되는 때에는 任置人의 이익을 위하여 적당한 처분을 할 수 있다(商 §§ 168, 108 Ⅰ·Ⅱ). 그러나 창고업자는 委託賣買人과는 달리 任置

3) 郭潤直, 債總, 47.
4) 大判 67. 2. 28, 66다2203(要集 Ⅰ-2, 1053).
5) 大判 77. 10. 11, 77다720(要集 Ⅰ-2, 1053).
6) 日東京地判 昭 51(1976). 2. 24(判時 827, 72).
7) 日福岡高判 昭 29(1954). 8. 2(下民 5. 8. 1226).
8) 大判 72. 1. 31, 71다2651, 2652(集 20-1, 民 65).
9) 大判 75. 4. 8, 74다1213(公 513, 8410).
10) 日大判 昭 5(1930). 11. 4(新聞 3203, 10).

物의 價格低落의 商況을 안 때에도 任置人에 대한 通知義務는 없다는 것이 우리 나라 商法學者들의 다수설이다.[11] 창고업자는 任置物의 매매와는 直接 관련이 없는데 적극적인 損害發生防止義務까지 지는 것은 지나치다고 할 것이므로 부정설이 타당하다.

3. 損害賠償義務

受置人이 善管注意義務를 해태함으로써 任置物이 滅失, 毁損되는 등 任置人에게 損害가 發生한 때에는 債務不履行으로 인한 損害賠償 責任을 진다. 「滅失」은 物理的 멸실뿐 아니라 受置人이 任置物을 權限 없는 자에게 무단 出庫함으로써 任置人에게 이를 返還할 수 없게 된 경우도 包含하며[12] 소금을 任置한 경우에 化學的 성분에는 變動이 없으나 商品 價格에 차이가 생겼다면 損害가 發生한 것이라고 할 수 있다.[13] 善管注意義務를 다하였다는 立證責任은 債務者인 受置人에게 있으며,[14] 債務不履行責任과 不法行責任은 병존하므로 任置人은 두 損害賠償請求權을 選擇的으로 행사할 수 있다.[15] 창고업자의 失火로 任置物返還義務가 이행불능이 된 경우에 債務不履行으로 인한 책임을 묻는 데는 失火責任에 관한 法律이 적용되지 않는다.[16]

4. 契約終了後의 注意義務

契約終了後에도 有償受置人은 善管注意義務를 부담한다. 그러나 受置人이 任置人에게 任置物의 回收를 催告하였음에도 任置人이 受領遲滯에 빠진 경우에는 受置人은 故意 또는 重大한 過失이 없는 한 債務不履行으로 인한 損害賠償責任을 지지 않는다(民 §400).[17] 受置人의 注意義務는 輕減되어 自己 財産에 관한 것과 동일한 注意로서 保管, 返還하면 족하다고 할 것이다.[18]

---

11) 否定說 姜渭斗, 新商法講義 Ⅰ, 458; 孫珠瓚, 商法(上), 369; 李炳泰, 商法(上), 347; 李哲松, 商法總則·商行爲, 467; 崔基元, 商法學新論(上), 297; 註釋商法(Ⅰ), 790.
肯定說 徐燉珏, 商法講義(上), 244; 蔡利植, 商法講義(上), 318.
12) 大判 78.9.26, 78다1376(公 598, 1121); 大判 81.12.22, 80다1609(公 674, 174).
13) 大判 64.5.12, 63다706(要集 Ⅰ-2, 1052).
14) 大判 80.11.25, 80다508(公 649, 13449); 大判 82.8.24, 82다카254(公 690, 875); 大判 85.4.9, 84다카2416(公 753, 729); 大判 87.11.24, 87다카1575(公 816, 163).
15) 大判 59.2.19, 4290民上571(要集 Ⅰ-2, 1052).
16) 大判 67.10.23, 67다1919(集 15-3, 民 222).
17) 大判 83.11.8, 83다카1476(公 719, 26).
18) 日最判 昭 32(1957).9.10(新聞 70, 4).

Ⅳ. 共同危險에 처한 境遇의 救出順位

任置物과 受置人의 個人財產이 火災·水害 등 共同危險에 처한 경우 受置人은 任置物을 먼저 救出하지 않으면 債務不履行 책임을 부담하는지가 問題된다. 墺民 §694는 災害를 당하였을 때에 任置物이 受置人 자신의 物件보다 高價이며 自己의 物件을 犧牲하게 되면 救助할 수 있는 경우라도 任置物을 구조할 의무는 없다는 明文規定을 두고 있다. 이와 같은 규정이 없는 우리 民法 아래서는 각 具體的인 사정을 종합적으로 고려하여 信義誠實의 原則에 따라 判斷해야 할 것이나 任置物이 受置人의 물건보다 훨씬 高價가 아닌 한 任置物을 먼저 救出해야 할 義務는 없다고 할 것이다.[19] 또 受置人이 數名의 任置人으로부터 여러 가지 물건을 受置한 경우 그 물건 상호간의 구출순위도 문제될 수 있다. 判例는 천일염 등 수많은 物品 등을 任置받아 보관하고 있는 적치장이 집중호우로 침수되어 천일염 등이 유실된 경우에 同一 장소에 보관된 임치물 전부에 대한 倉庫業者의 救出能力에 따른 모든 물품의 救出 可能比率을 따져 보지 않고는 倉庫業者의 注意義務 해태 여부를 논단할 수 없다고 한다.[20]

Ⅴ. 注意義務 및 立證責任에 관한 特約

本條나 倉庫業者의 책임에 관한 商 §160의 규정은 強行規定이 아니므로 受置人의 注意義務나 立證責任을 경감하는 특약도 유효하다. 특히 倉庫任置約款에는 倉庫業者의 책임을 輕減 또는 면제하는 여러 가지 조항을 두는 수가 있는바, 信義誠實의 原則에 비추어 그 效力을 制限하거나 無效로 해야 할 경우도 있을 것이다. 우리 下級審判例 중에는 「수치물의 하조가 그 내용을 검사하기 부적당한 때에는 하물의 종류, 품질 및 수량에 대하여 창고업자는 책임을 지지 아니한다. 본 증권의 적요란에 내용을 검사하지 아니한지를 기재한 때에도 같다」고 倉庫證券 용지에 기재된 경우 바로 그 免責約定의 효력을 인정할 수는 없으나 去來通念上 내용을 검사하기가 부적합한 경우였다면 그 면

19) 日注民(新)(16), 331; 林良平(註 2), 831.
20) 大判 75.4.8, 74다1213(公 513, 8410).

책약관은 유효하다고 한 것이 있다.[21] 日本의 學說·判例는 대체로 標準倉庫任置約款에 정해진 ① 輕過失 등의 免責, ② 立證責任의 轉換, ③ 賠償額의 制限 등의 규정은 有效하다고 보며, ④ 不知約款도 원칙적으로 유효하나, 任置物의 점검이 용이함에도 불구하고 이를 게을리하여 허위로 기재한 경우에는 무효라고 한다.[22]

Ⅵ. 保管의 方法

1. 一 般 論

當事者 사이에 保管方法에 관한 특약이 있는 때에는 그에 따르고, 特約이 없을 境遇 受置人은 任置物의 性質·種類·價格·保管場所·報酬의 有無 등을 고려하여 適當한 方法으로 保管하여야 한다. 特約이 있는 경우에 임의로 그 방법을 변경하여서는 안 된다. 그러나 특약에 따른 保管方法을 유지하면 任置人에게 불리하게 되는 것이 명백하고 信義誠實의 原則에도 반하는 때에는 우선 任置人에게 통지하여 그 지시에 따라야 하고 그러할 여유가 없을 때에는 受置人 자신의 裁量에 의해 보관방법을 변경할 權利가 있다.[23] 이는 또 위 Ⅲ의 3항에서 서술한 바와 같이 受置人의 義務이기도 하다. 특별히 任置人에게 불리하게 되는 사정이 생기지 않은 때에는 任置人의 지시가 있어도 원칙적으로 受置人은 약정된 보관방법을 변경할 의무가 없다. 급박한 사정으로 보관방법을 변경함으로써 특별한 費用이 들면 그 상환을 청구할 수 있다.

이와 관련하여 獨民 § 692는 任置人의 推定的 승낙에 의한 受置人의 保管方法變更權에 관한 규정을 두고 있으며, 佛民 § 1931는 任置物이 閉鎖된 상자 또는 封印된 봉투에 넣어져 임치된 때에는 受置人은 任置物이 어떠한 것인가를 探索하지 못한다고 하여 보관방법을 한정하는 규정을 두고 있다.

2. 特殊한 任置

保管方法의 特殊性 때문에 보통의 임치와는 다른 성질을 띠는 임치 유형이 있다.

21) 서울高判 71. 5. 14, 71나106(下集 1971, 238).
22) 林良平(註 2), 832.
23) 日注民(新)(16), 332.

(1) 混藏任置

(가) 意 義 다수의 任置人으로부터 穀物·油類·酒類 등 代替物을 任置받아 受置人이 다른 同種·同質의 任置物과 混合하여 保管하고 任置된 것과 同量을 返還하기로 하는 임치계약이다. 보관방법에 특색이 있을 뿐 본래의 임치와 다르지 않다. 任置物의 所有權이나 처분권이 受置人에게 이전하는 것이 아니므로 消費任置와 다르다. 또 同質의 다른 物件을 返還한다는 점에서 交換任置와 비슷하지만, 混藏任置의 目的物은 受領 후에는 特定性을 잃음으로써 不可分的 일체로서의 다른 물건과 混合하는 데 대하여 交換任置의 目的物은 受領 후에도 個別的 特定性을 갖는다는 점에서 다르다. 混藏任置는 倉庫의 容量을 節約하고 管理上의 노무나 비용을 절약할 수 있다는 점에서 당사자에게 이익이 된다. 普通 倉庫任置의 형태로 행해지기 때문에 상법에 규정을 두는 입법례가 있으나(獨商 § 419; 瑞債 § 484), 우리 나라에서는 어느 법에도 이에 관한 규정이 없다.

(나) 成立要件 目的物은 代替物로서 객관적으로 그 種類와 品質을 특정할 수 있어야 하며 혼합하여 보관하게 되는 任置物의 모든 任置人들의 승낙이 있어야 한다.

(다) 效 力 受置人은 승낙한 다수의 任置人으로부터 同種·同等의 任置物을 받아 혼합하여 보관할 수 있고 任置人은 그가 任置한 것과 同質·同量의 물건의 返還을 請求할 수 있다. 任置物의 所有權은 受置人에게 이전하지 않고 任置人들이 各各 任置한 수량에 따른 持分 비율로 共有한다.[24] 受置人은 任置物의 보관에 관하여 대체적으로 善管注意義務를 부담하나 蒸發 기타 自然的 멸실에 대하여는 책임을 부담하지 않는다.[25]

任置人의 청구가 있을 때 受置人은 任置人이 任置한 분량을 전체의 임치물 가운데서 분리하여 반환하게 된다. 이 때에 任置人의 협력을 요하지 아니하나 다른 任置人에게 불이익을 주어서는 아니된다. 혼합한 任置物이 受置人의 歸責事由 없이 멸실·毁損되었을 때 受置人의 책임은 免除되고 그 損失은 전 任置人에게 반환청구권의 數量의 比率에 따라 귀속한다. 任置物의 일부가 멸실 또는 毁損되어 마지막으로 반환청구를 한 任置人에게 돌아갈 수량이 부족하거나 損傷된 것만이 남았을 경우에 返還過程에 受置人에게 歸責事由가 있

24) 郭潤直, 470.
25) 日注民(新)(16), 335.

으면 債務不履行責任을 부담하며, 피해를 입은 任置人은 손상되지 않은 물건을 返還받은 다른 任置人에 대해 부당이득반환청구를 할 수 있다.[26]

(2) **交換任置**

有價證券의 受置人이 特約에 의하여 返還 또는 保管의 도중에 다른 동종의 유가증권과 交換할 수 있는 것으로서 獨逸의 有價證券任置法이 인정하는 제도이다. 일정한 서식에 의한 명시의 合意에 의하여 성립한다. 消費任置 및 混藏任置와의 差異에 관하여는 위 (1)항에서 서술한 바와 같다. 유가증권에는 모두 번호가 붙여져 개별성을 갖기 때문에 混藏任置에는 적합하지 않고 오히려 교환임치에 적합하다.

(3) **消費任置**

任置物의 所有權을 受置人에게 이전하고 受置人은 그것과 同種·同質·同量의 것을 반환하기로 약정함으로써 성립하는 계약이다. 物件의 保管이라기보다는 價値의 보관이라고 함이 타당하다. 目的物의 소유권이 受置人에게 이전한다는 점이 다른 유형의 任置와 구별되는 특징이다. 消費任置에 관하여는 § 702 의 注解에서 詳述한다.

Ⅶ. 保管의 場所

不動產은 그 소재지에서 보관하는 수밖에 없다. 動產은 受置人이 점유하여 保管하는 것이기 때문에 特約이나 목적물의 성질에 따라서 受置人의 住居, 倉庫 기타의 장소에 보관해야 할 것이다. 無償任置에 있어서는 自己의 財產에 대한 것과 동일한 注意를 하면 충분하기 때문에 同種의 자기의 물건을 보관하는 것과 같은 장소에 보관하면 된다. 瑞西債務法(§ 472)은 安全한 장소에 보관해야 한다는 취지의 규정을 두고 있으나 절대적인 안전을 구할 수는 없고 任置物의 性質·環境 기타 사정으로 보아 상대적으로 安全한 場所이면 족한 것으로 해석된다. 또한 한번 정해진 場所를 변경하는 것도 정당한 사유가 있으면 인정된다는 것은 民 § 700 단서에서 예상되는 바이다. 처음에 任置人이 受置人이 정한 보관장소에 관하여 승인한 경우에는 受置人이 그 不適當함을 알고서도 고지하지 않은 경우가 아닌 한 그 倉庫 또는 設備의 不安全으로 인하여 발

26) 郭潤直, 470.

생한 손해에 대하여는 受置人의 책임이 면제된다. 受置人이 창고업자이면 任置物의 성질에 따라 變質有無를 點檢할 善管注意義務가 있다고 할 것이다. 또 受置人이 任置人이 指定한 銀行에 受託金을 예입한 이상은 銀行의 不適任·不誠實함을 알면서도 이를 通知하지 아니하고 또한 預金契約을 해제하여 예금을 返還받지 아니한 경우에만 銀行의 支給停止로 인한 손해에 대하여 배상할 책임을 진다.

[全 孝 淑]

第 696 條(受置人의 通知義務)

任置物에 對한 權利를 主張하는 第三者가 受置人에 對하여 訴를 提起하거나 押留한 때에는 受置人은 遲滯없이 任置人에게 이를 通知하여야 한다.

I. 立法趣旨

任置物에 관하여 第3者가 權利 있음을 主張하여 受置人에 대해 訴를 提起하거나 押留한 경우에 任置人에게 遲滯없이 그 사실을 통지하여 任置人으로 하여금 訴訟에 參加하도록 하거나 強制執行에 대한 異議의 訴를 제기할 機會를 부여하기 위해 둔 규정이다. 任置物의 權利關係에 대하여 잘 모르는 受置人이 단독으로 응소하여 敗訴한다든가 押留에 대하여 異議를 하지 않는 경우에는 任置人에게 손해가 발생할 염려가 있기 때문이다. 本條는 賃貸借에 관한 民 §634와 같은 취지의 규정이다.

II. 權利主張 및 押留의 意義

第3者가 主張하는 권리는 第3者가 任置物에 관한 所有權을 主張하여 그 引渡를 구함은 물론[1] 使用權·擔保權이 있다고 주장하는 것도 포함한다. 法院

1) 瑞債 §479는 제3자의 所有權 主張에 한하는 것과 같은 文句를 사용하고 있으나 그

에 소를 제기하여 주장하든 訴訟外에서 事實上 주장하든 관계 없다. 또 法文에는 押留라고만 되어 있으나 이는 例示的인 것으로서 假押留·假處分을 포함하고[2] 任置人의 金錢債權者가 押留하는 경우뿐 아니라 受置人의 금전채권자가 受置人의 소유물로서 押留하는 경우도 포함한다.[3]

Ⅲ. 通 知

1. 通知는 任置人에 대하여 하여야 하나 倉庫證券이 발행되어 있는 때에는 受置人이 알고 있는 最終의 證券所持人에게만 通知하면 된다고 해석할 것이다.[4] 轉轉流通하고 있는 倉庫證券의 소지인을 探索한다는 것은 쉬운 일이 아니며 受置人에게 이러한 의무를 負擔시키는 것은 가혹하기 때문이다.

2. 動產을 占有하고 있는 受置人이 물건의 제출을 거부하지 아니하는 경우에 한하여 제3자가 압류 또는 가압류 집행을 할 수 있는 것이므로(民訴 §§ 528, 527), 受置人은 제3자의 가압류 집행을 거부할 의무가 있고, 受置人이 집행을 拒否하였음에도 불구하고 執行官이 執行을 하였을 경우에는 任置人에게 즉시 통지하든가 또는 스스로 執行方法에 관한 異議(民訴 § 504)를 신청해야 할 善管注意義務가 있으며, 이러한 의무를 해태한 경우에는 任置人에게 任置物을 반환하지 못한 책임을 면할 수 없다.[5]

3. 倉庫證券은 處分證券인 동시에 相換證券이기 때문에(商 §§ 132, 129) 任置物에 관하여 倉庫證券이 발행된 경우에 집행관은 倉庫證券을 제시하여 任置物을 인도받음으로써 任置物을 押留할 수 있는 것이므로[6] 창고업자는 證券의 提示 없는 執行에 대해서는 任置物의 引渡를 거절할 의무가 있다고 할 것이다.[7] 그러나 집행관이 倉庫業者의 拒絶에도 不拘하고 執行하였을 경우에는 위 2항에서 본 바와 같이 任置人에게 이를 통지하거나 집행방법에 관한 이의를 할 의

범위가 너무 협소하다.

2) 日最判 昭 40(1965).10.19(民集 19-7, 1876).
3) 林良平(編), 注解判例民法(3), 832.
4) 日大阪地判 昭 33(1958).12.23(下民 9-12, 2553).
5) 大判 62.11.29, 62다627(集 10-4, 268).
6) 同旨 日最判 昭 40(1965).10.19(註 2). 反對 日大判 大 10(1921).3.26(民集 14, 408).
7) 註釋商法(Ⅰ), 771.

무가 있다고 할 것이다.

4. 押留 사실을 任置人이 이미 알고 있을 때에는 通知할 必要가 없다.[8] 또 한 번 통지한 이상 그 후의 經過를 報告할 의무는 없으며[9] 압류에 대한 이의신청을 해야 할 의무도 없다.[10] 임치인이 그러한 사실을 알고 있으면 그에 대처하여 적절한 조치를 취할 수 있기 때문이다.

[全 孝 淑]

第697條(任置物의 性質, 瑕疵로 因한 任置人의 損害賠償義務)

任置人은 任置物의 性質 또는 瑕疵로 因하여 생긴 損害를 受置人에게 賠償하여야 한다. 그러나 受置人이 그 性質 또는 瑕疵를 안 때에는 그러하지 아니하다.

Ⅰ. 本條의 意義

本條는 任置物의 性質 또는 瑕疵로 受置人에게 손해가 발생한 때에는 任置人은 過失이 없어도 이를 배상하도록 하되 任置人이 그 책임을 면하려면 受置人이 그 性質 또는 瑕疵를 알고 있었음을 立證하도록 하여 立證責任을 轉換하고 있는 데 그 意義가 있다. 舊民法(§661 但書)은 任置人이 過失 없이 任置物의 性質 또는 瑕疵를 몰랐을 때에는 任置人에게 損害賠償責任이 없다고 규정하고 있었으나 委任(§666 Ⅲ)의 경우에 비하여 受置人에게 苛酷하다는 학자들의 비판을 참작하여 現行民法은 任置人의 不知를 免責事由로 하지 아니하였다.[1] 委任人의 경우와 마찬가지로 任置人의 책임은 無過失責任에 가깝다. 無償任置는 好意契約의 성질을 가지고 있고 有償任置도 주로 任置人을 위하여 행해지는 것이므로 受置人에게 경제적인 부담이나 입증의 부담을 덜어 주는 것이 형평의

8) 民法 §634 但書 참조. 同旨 日最判 昭 40(1965).10.19(註 2). 反對 日大阪高判 昭 38(1963).6.26(下民 14-6, 1254).
9) 日最判 昭 40(1965).10.19(註 2).
10) 日大阪高判 昭 38(1963).6.26(註 6).
1) 林良平, 注解判例民法(3), 833. 손해를 任置人이 부담하는 것은 당연하다고 하는 견해도 있다. 日注民(新)(16), 340; 註釋債各(Ⅱ), 555.

원칙에 맞기 때문에 둔 규정이다.[2] 이에 관한 입법례는 구구하여 過失責任으로 規定하는 例(墺民 § 967), 立證責任의 轉換만을 인정하는 例(瑞民 § 473 Ⅱ; 獨民 § 694; 日民 § 661), 無過失責任으로 規定하는 例(佛民 § 1947) 등이 있다.

Ⅱ. 責任의 要件

1. 損害가 任置物의 性質 또는 瑕疵로부터 발생하여야 한다. 성질은 그 物件 자체가 지니고 있는 性能·品質 등을 의미하고 瑕疵는 그 種類의 物件이 通常 갖추어야 할 性能·品質을 缺한 것을 의미한다. 예컨대 爆發物을 任置하여 受置人의 家屋이 파손되었다거나 病든 家畜을 任置하여 受置人의 家畜에게 傳染된 경우 등이다. 그러나 重量이 큰 任置物을 높은 곳에 놓아 두었는데 地震으로 落下하여 受置人을 부상하게 하거나 受置人의 所有物을 破壞한 境遇에는 任置人에게 損害賠償責任이 없다.[3] 그 손해가 任置物의 性質이나 瑕疵로 인하여 발생한 것이라고 볼 수 없기 때문이다. 우리 民法과 같이 任置物의 성질 또는 하자로 인한 손해에 그치지 않고 任置로 인하여 생긴 손해 전반에 관하여 배상책임을 부담하게 하는 입법례(佛民 § 1947; 墺民 § 967)도 있다.

2. 손해가 任置人의 歸責事由로 발생하였을 것은 그 要件이 아니다. 따라서 受置人은 損害發生 事實과 그 損害가 任置物의 性質 또는 瑕疵로 인하여 발생하였다는 事實만 立證하면 된다. 반면 任置人이 責任을 면하려면 受置人이 任置物의 性質 또는 瑕疵를 알고 있었다는 事實을 입증해야 한다. 任置人이 受置人에게 任置物의 性質 또는 瑕疵를 通知한 것만으로는 부족하다.[4] 受置人이 過失로 任置物의 性質 또는 瑕疵를 알지 못한 경우에도 任置人이 책임을 면하는지가 문제된다. 任置가 有償이냐 無償이냐에 따라서 受置人의 注意義務가 다르므로 有償任置의 경우에는 抽象的 輕過失로, 無償任置의 경우에는 具體的 輕過失로 任置物의 성질 또는 하자를 알지 못한 경우에는 任置人은 손해배상책임을 지지 않는다고 할 것이다.[5]

---

2) 李太載, 342.
3) 日注民(新)(16), 340.
4) 日注民(新)(16), 341; 林良平(註 1), 834.
5) 郭潤直, 468; 權龍雨, 287; 金錫宇, 377; 金疇洙, 429.

Ⅲ. 受置人의 留置權

受置人의 손해는 任置物에 관하여 발생한 것이므로 손해를 全部 賠償받을 때까지 任置物을 유치할 수 있는 권리를 가진다. 民法에 明文 규정은 없으나 解釋上 당연히 인정된다.

[全 孝 淑]

第 698 條(期間의 約定 있는 任置의 解止)

任置期間의 約定이 있는 때에는 受置人은 不得已한 事由 없이 期間滿了 전에 契約을 解止하지 못한다. 그러나 任置人은 언제든지 契約을 解止할 수 있다.

차 례

Ⅰ. 本條의 趣旨와 立法例
Ⅱ. 任置의 終了原因
1. 一般的인 終了原因
2. 特殊한 終了原因
Ⅲ. 期間의 約定 있는 任置의 解止
1. 受置人의 解止權
2. 任置人의 解止權
3. 解止의 效果
4. 解止權 排除 特約의 效力
Ⅳ. 任置終了後의 法律關係
1. 任置物返還에 관한 權利義務
2. 報酬請求權 등
Ⅴ. 當事者가 破産한 境遇
Ⅵ. 商事任置와의 關係

Ⅰ. 本條의 趣旨와 立法例

任置도 契約의 一般的인 終了原因에 의하여 종료함은 물론이나 本條는 期間의 約定이 있는 任置의 특수한 終了原因으로 受置人과 任置人의 解止를 규정하고 있다. 受置人은 부득이한 사유가 있는 경우에 한하여 解止할 수 있으나 任置人은 언제든지 解止할 수 있는 점에서 차이가 있다. 當事者간에 任置의 期間이 정해진 경우에 受置人은 그 기간까지 保管할 義務를 부담하는 것이나 通常 受置人으로서는 이를 부담스럽게 여겨 가능한 한 빨리 任置物을 返還하기를 희망할 것이고, 또 保管을 계속할 수 없는 不得已한 事由가 있음에도 불구하고 任置物을 返還할 수 없다고 한다면 受置人에게 苛酷하기 때문에 한정된 要件下에 契約을 解止할 수 있도록 한 것이다. 한편 任置는 任置人의 利益을 위하여 행해지고 그 期限도 任置人을 위한 것으로 看做되므로 任置人은 언제든지 기한의 이익을 抛棄하고 契約을 解止할 수 있도록 하였다. 任置人이 任置物을 보관시킬 필요가 없어졌는데도 繼續 任置關係를 維持해야 할 이유가 없기 때문이다.

각국의 立法例는 우리 民法과 같이 解止라든가 契約관계의 終了를 뜻하는 용어를 사용하고 있지는 아니하고, 期限의 약정이 있는 境遇에 任置人은 언제든지 任置物의 返還을 청구할 수 있고, 受置人은 부득이한 사유가 있는 境遇 返還할 수 있다는 취지의 규정을 두고 있다(佛民 §1944; 獨民 §695, 696; 瑞債 §§475, 476; 日民 §§662, 663. 다만 佛蘭西 民法에는 受置人의 반환에 관한 규정이 없다). 日本 學者들은 법에 明文은 없으나 당사자가 告知에 의해 契約關係를 終了시킨 후에 返還請求를 할 수 있고 返還을 구하는 의사에는 告知의 의사도 포함되는 것으로 해석하는 것이 일반적이다.[1)]

Ⅱ. 任置의 終了原因

1. 一般的인 終了原因

任置는 期間滿了, 目的物의 滅失, 混同, 解除條件의 成就, 債務不履行으로 인한 契約解除 등 契約 一般에 共通되는 終了原因으로 終了됨은 물론이다. 任置는 契約의 性質이나 機能이 委任과 유사하지만 終了原因은 반드시 같지 않다. 民法은 당사자의 死亡·破産·禁治産 등을 任置의 終了原因으로 規定하고 있지 않고 또 委任에 관한 民 §690를 準用하고 있지도 아니하다. 따라서 이들 사유가 任置의 終了原因이 되는가의 여부는 의문인데 이에 관한 우리 학자들의 견해는 나누어져 있다. 多數說은 任置는 委任과 달리 당사자의 信賴關係를 기초로 하는 것이 아니라는 이유로[2)] 또는 당사자가 자유로이 解止할 수 있다는 이유로 死亡은 任置의 終了原因이 아니라고 한다.[3)] 이에 대하여 肯定

1) 日注民(新)(16), 344, 348.
2) 權龍雨, 288; 金曾漢·安二濬, 548; 註釋債各(Ⅱ), 561.
3) 金疇洙, 430.

說은 任置는 당사자의 信賴關係를 기초로 하여 발달한 것이기 때문에 無償任置의 受置人이 死亡하면 保管義務는 相續人에게 承繼됨이 없이 任置는 당연히 終了하며, 有償任置의 任置人이 破産한 경우에는 期間의 정함이 있는 때에도 受置人은 解止할 수 있다고 해석하는 것이 타당하다고 한다.[4)]

2. 特殊한 終了原因

任置에 特殊한 終了原因으로는 本條 및 次條에서 규정한 解止가 있다. 本條에서는 期間의 약정 있는 任置의 解止에 관하여, 次條에서는 期間의 정함이 없는 解止에 관하여 규정하고 있다. 解止에 관하여는 項을 바꾸어 서술한다.

Ⅲ. 期間의 約定 있는 任置의 解止

1. 受置人의 解止權

당사자간에 任置期間이 정해진 때에는 受置人은 그 때까지 任置物을 보관할 의무를 부담한다. 그러나 부득이한 사유가 있을 때에는 이를 解止할 수 있다. 여기서 말하는 부득이한 사유가 무엇을 의미하는지 抽象的으로 定義하기는 어렵다. 우리 학자들은 그 例로서 「약정된 期間前에 保管義務를 면하게 되는 事由이므로 契約當時에는 豫想하지 않았던 事情이 생겨서 그 결과 保管의 安全을 기할 수 없다든가 受置人에게 危險을 일으킬 염려가 있게 되는 것」,[5)] 「보관의 장소가 公用徵收되어 受置人이 달리 적당한 保管장소가 없을 때, 疾病·旅行·轉勤·受置人의 住所變更 등」[6)]을 들고 있다. 일본의 학자들이 드는 예도 대체로 비슷하다.[7)] 獨民 § 695 의 「重大한 事由」(wichtiger Grund)는 本條의 「不得已한 事由」에 상당하다고 할 것인데, 위의 事由에 해당하는 예로서는 任置施設의 燒失, 修繕의 必要性 등이 列擧되고 있으나 各各의 경우에 受置人의 引取請求를 正當化할 만한 사유가 있어야 하며, 重大한 事由의 有無는 裁判官이 그 裁量에 의해 판단할 것을 요하는 등 그 해석은 상당히 엄격하다고 할 수 있다.[8)] 瑞債 § 476 Ⅰ은 受置人은 예견하지 못한 사정으로 말미암아 任

4) 郭潤直, 469; 金錫宇, 378.
5) 權龍雨, 288; 金曾漢·安二濬, 549; 金疇洙, 430; 金顯泰, 279.
6) 註釋債各(Ⅱ), 558.
7) 日注民(新)(16), 371.
8) Staudinger/Dieter Reuter, 12. Aufl., § 696, 2.

置物을 더 이상 안전하게 보관할 수 없거나 自己의 손해 없이 보관할 수 없는 경우에만 정하여진 期間의 經過前에 任置物을 반환할 수 있다고 규정하고 있다. 이러한 外國의 立法例나 國內外의 學說이 本條의 「不得已한 事由」를 解釋하는 데 참고가 될 것이나 결국 그 事由의 存在 여부는 具體的인 사안에서 모든 事情을 종합적으로 고려하여 法院이 정할 수밖에 없다고 할 것이고 그 경우 任置의 계속을 요구하는 것이 신의칙에 합당한 것인지가 해석의 基準이 된다고 할 것이다. 구체적인 사안에서 不得已한 事由의 存在 여부는 事實認定의 問題가 아니라 法律判斷의 問題다.[9] 任置가 有償이냐 無償이냐에 따라서 本條의 適用에 차이가 있는 것은 아니나 不得已한 事由의 유무를 판정함에 있어서 無償任置의 경우에는 좀더 넓게, 有償任置의 경우에는 보다 좁게 해석하는 등의 차이를 두어야 할 것이다.

2. 任置人의 解止權

(1) 任置人은 存續期間의 약정이 있는 경우에도 本條 但書規定에 의하여 언제든지 任置契約을 解止할 수 있다. 法文上 有償·無償에 따른 차이는 없다. 이와 관련하여 有償任置는 雙務契約으로서 契約 當事者間의 利益 對立性이 인정되기 때문에 任置人이 解止權을 언제든지 적법하게 행사할 수는 있지만 受置人에게 損害賠償責任을 부담한다고 解釋할 것이고, 오로지 任置人의 이익을 위한 無償任置에 있어서는 任置人의 解止權은 절대적인 자유이며 損害賠償責任도 발생하지 않는다고 解釋해야 할 것이라고 하여 양자를 구별해서 취급하려는 日本 학설이 있다.[10]

(2) 任置人이 解止할 수 있는 시기에 관하여는 아무런 제한이 없다. 賃貸借에 관한 民 §635 Ⅱ에서처럼 일정한 猶豫期間도 정해져 있지 않다. 受置人은 일반적으로 任置物을 자기의 所持 내에서 保管하며 返還을 위해 특별한 이행준비를 요하지 않기 때문이다. 그러나 당사자간에 특약이 있는 경우, 信義則에 반하여 不適當한 시기에 解止한 境遇, 返還을 위하여 특별한 준비가 필요한 경우에는 解止 후 相當期間이 지나기 전에는 受置人은 履行遲滯의 책임을 지지 아니한다고 할 것이다. 또 法令 또는 慣習에 의하여 營業時間이 정해져 있는 때에는 그 시간에 한하여 이행청구를 할 수 있다고 할 것이며 商

9) 日注民(新)(16), 372.
10) 宋本暉男, "寄託契約", 契約法大系 Ⅴ, 13.

§63는 이러한 법리를 注意的으로 규정하고 있다.

3. 解止의 效果

任置人 또는 受置人의 일방적인 解止의 意思表示에 의해 任置는 장래에 향하여 終了한다. 즉 任置는 계속적인 계약관계이므로 解止의 효과는 遡及하지 아니한다. 任置가 終了함에 따라 任置人은 任置物 返還請求를 할 수 있고 受置人은 이를 返還해야 할 의무를 부담한다. 또 受置人의 報酬, 費用請求, 損害賠償請求 등의 問題가 발생한다.

4. 解止權 排除 特約의 效力

(1) 受置人의 경우

期間의 약정은 통상 受置人이 그 기간 내에는 任置物을 반환하지 않고 보관한다는 것을 의미하므로 受置人이 그 기간 전에는 解止하지 않기로 하는 특약은 별로 의미가 없다. 만약 不得已한 事由가 있어도 受置人은 保管을 繼續하기로 하여 본조 본문의 적용을 배제하는 취지의 특약이라면 채무법 一般원칙으로부터도 허용되지 않는다.[11] 獨逸에서도 본조에 해당하는 獨民 §696를 強行規定으로 보아 受置人의 引取請求權을 배제 또는 제한하는 특약은 허용되지 않는다고 해석되고 있다.[12] 일본에서도 日民 §663 Ⅱ의 적용을 배제하는 특약은 무효라고 보는 것이 다수설이다.[13]

기간의 약정이 없는 경우에 有償任置의 受置人이 相當期間 解止를 하지 않거나 解止權을 拋棄하기로 특약을 한 때에는 유효하다고 할 것이나, 無償任置의 경우에는 受置人의 保管義務를 強化하는 형식으로 解止權을 排除 또는 制限하는 特約은 무효라고 하지 않으면 안 된다.

(2) 任置人의 경우

任置期間의 약정이 있는 경우에도 任置人은 언제든지 任置를 解止할 수 있는데 任置人이 기간 전에는 解止를 하지 않기로 하는 특약을 한 경우 그 효력이 어떠한지가 문제된다. 이 점에 관하여 논하는 우리 나라 학자들은 많지 않으나 本條 但書가 強行法規가 아니라는 이유로 이러한 特約을 유효라고 보

11) 金曾漢·安二濬, 549; 註釋債各 Ⅱ, 558.
12) Enneccerus/Lehmann, SchuR., §170 Ⅰ 3 b; Staudinger/Dieter Reuter, 12. Aufl., §696, 5-8.
13) 日注民(新)(16), 372; 林良平, 注解判例民法(3), 838. 소수설은 本條가 強行規定이 아니므로 特約은 항상 有效하다고 한다. 吾孫子, 寄託, 290.

는 견해[14]와 목적물을 보관하는 것이 受置人에게도 특별한 이익이 되는 경우에는 특약이 유효하다는 견해[15]가 있다. 日本에서는 任置는 본질상 즉시 解止權을 수반하는 것을 요한다는 소수설이 있기는 하나 대부분은 위의 특약을 유효한 것으로 보며 그 근거로는 日民 §662가 強行法規가 아니기 때문이라거나 目的物을 保管하는 것이 受置人에게도 특별한 이익이 되는 경우에는 특약이 유효하다는 것을 들고 있다.[16] 생각건대 無償任置는 오로지 任置人의 이익을 위한 好意契約인데도 任置人이 解止權 排除를 주장하는 것은 불합리하므로 그러한 특약은 原則的으로 無效라고 해야 할 것이나 受置人이 任置物을 保管하는 데 관하여 특수한 이익을 갖는다든가 受置人의 이익도 그 목적으로 하는 有償任置에 있어서는 任置人의 解止權을 배제하는 특약은 유효하다고 할 것이다. 그러나 위 특약이 유효한 경우 任置人이 특약에 반하여 解止를 한다면 解止 자체를 無效로 볼 수는 없을 것이고 解止에 의하여 任置는 終了하되 受置人에게 損害가 발생한 때에는 이를 배상할 책임이 있다고 해석하는 것이 타당하다. 任置物을 受置人에게 保管시킬 필요성이 없어졌는데도 그 返還을 거절하는 것은 不當하기 때문이다.

Ⅳ. 任置終了後의 法律關係

1. 任置物返還에 관한 權利義務

(1) 性 質

任置關係가 終了하면 任置物이 멸실한 경우를 제외하고는 受置人은 任置物을 返還해야 할 의무가 발생한다. 이는 任置契約으로부터 발생하는 의무이다. 任置人이 任置物의 所有者 기타 占有者인 때에는 이러한 권리에 기한 物權的返還請求權과 任置契約上의 任置物返還請求權은 競合하므로 선택적으로 행사할 수 있다. 양자의 消滅時效는 개별적으로 진행되므로 어느 하나의 권리가 시효소멸되더라도 다른 청구권을 행사할 수 있다. 受置人이 任置物을 처분하는 등 그의 歸責事由로 任置物을 返還할 수 없는 때에는 履行不能으로 인한 損害賠償責任을 부담한다.

14) 金基善, 297; 李太載, 343.
15) 金曾漢·安二濬, 549.
16) 日本의 學說·判例에 관하여는 日注民(新)(16), 352 참조.

(2) 返還의 相對方

(가) 任置人에게 返還함이 원칙이며, 代理人으로부터 任置를 받은 경우에는 任置契約에서 정한 바에 따른다. 특별히 受取人을 정한 때에는 그에게, 제 3 자를 위한 任置에 있어서는 제 3 자에게 인도하면 된다.

(나) 任置物에 관하여 所有權을 주장하는 제 3 자가 返還請求를 하여도 그에게 返還하면 안 된다. 다만 제 3 자가 任置物을 假押留하거나 任置物引渡請求의 訴를 제기한 때에는 任置人에게 이를 通知해야 한다(民 § 696). 任置人이 賃借人과 같은 점유자인 경우에 소유자가 賃貸借契約을 解止하고 자기의 所有權에 기하여 물건의 인도를 청구한 때에는 이에 응하여야 한다. 제 3 자가 소유권 이외의 권리자인 경우에도 이에 準한다.

(다) 共有者 중 1 인으로부터 共有物을 受置한 때에는 바로 그 자에게 返還해야 하며 다른 공유자에게 返還하면 債務不履行責任을 진다.[17] 다른 共有者가 共同所有權에 기한 物權的 請求權을 행사하는 때에는 任置人이 다른 공유자와의 任置契約이 존재함을 내세워 인도를 거절할 수 있다. 2 인이 共同으로 물건의 보관을 위탁한 경우에는 兩人의 共同請求가 있을 때에만 返還하기로 한 것인지, 각 2분의 1 지분의 返還을 청구할 수 있는 것인지를 명확히 하여야만 任置人 중 1 인에 대한 返還이 다른 1 인에 대한 권리를 침해한 것인지의 與否를 判斷할 수 있다.[18]

(라) 任置物이 係爭物인 경우에 契約 내용에 그러한 취지가 포함되어 있으면 受置人이 係爭關係者 1 인으로부터 任置 받은 경우에도 係爭關係者 全員의 同意가 있어야만 返還할 수 있다고 할 것이다. 瑞債 § 480, 佛民 § 1960 등은 係爭物 任置에 관하여 이와 같은 취지의 규정을 두고 있는바, 그러한 규정이 없는 우리 民法下에서도 마찬가지로 해석할 수 있을 것이다.

(마) 任置人이 復任置에 동의한 경우에 任置人은 직접 復受置人에게 任置物의 返還을 청구할 수 있고, 復受置人도 任置人에게 返還하거나 受置人에게 返還할 수 있다. 任置人의 동의 없이 受置人이 복임치를 한 경우에 復受置人은 受置人에게 返還해야 하고, 任置人은 復受置人에게 직접 任置에 기한 引渡請求를 할 수 없다. 그러나 受置人을 代位하여 청구하거나 受置人의 채무불이행을 이유로 任置契約을 解止한 후 所有權에 기한 物權的 請求權을 행사하

17) 日大判 明 37(1904). 4. 21(民集 10, 507).
18) 大判 64. 6. 30, 64다211(要集 I-2, 661).

여 復受置人에 대하여 直接 返還을 구할 수는 있다.

(바) 受置人이 倉庫業者인 경우에는 任置人의 청구에 의하여 倉庫證券을 발행할 의무가 있다(商 § 156). 倉庫證券은 창고업자에 대한 任置物返還請求權을 表彰하는 有價證券인데 그 소지인은 任置物 자체를 引渡하지 않고 證券을 讓渡함으로써 任置物을 讓渡·入質할 수 있다. 倉庫證券의 발행형식에는 單券主義·複券主義·併用主義 등 세 가지 입법례가 있는데 우리 나라는 단권주의를 취하고 있다. 또 倉庫證券은 文言證券性·相換證券性·處分證券性과 物權的 효력을 지니고 있으므로 창고업자는 倉庫證券이 發行된 경우 倉庫證券의 所持人에게만 任置物을 返還해야 한다.[19]

(사) 任置物返還의 상대방과 관련하여 運送, 倉庫거래에 널리 이용되는 荷渡指示書(Delivery Order)가 문제된다. 荷渡指示書는 널리 발행자가 물건보관자 앞으로 그 정당한 소지인에 대하여 증서에 기재된 물건의 全部 또는 一部의 引渡를 委託하는 趣旨의 證券이라고 할 수 있다. 任置人이나 倉庫證券의 所持人이 발행하는 경우와 倉庫業者가 발행하는 경우가 있다. 法的 證券이 아니기 때문에 그 性質·效力에 관하여는 논의가 많다.

(a) 任置人 등이 발행하는 경우　　이는 任置人, 倉庫證券소지인이 受置人인 倉庫業者에게 任置物의 全部 또는 一部를 指示書소지인에게 인도할 것을 위탁하는 증권이다. 여기에는 다시 倉庫業者 또는 그 代理人이 承認의 의사표시로 記名·捺印을 한 것과 記名·捺印이 없는 두 가지 類型이 있다. 학설은 대체적으로 前者를 倉庫業者에 대한 任置物引渡請求權을 表彰하는 일종의 有價證券으로 해석하고 있으나 後者에 관하여는 이를 단순한 免責證券으로 보려는 설과 有價證券性을 인정하려는 설이 대립되어 있다.[20] 어느 경우이든 倉庫業者는 證券所持人에게 任置物을 반환하면 그 자가 비록 정당한 權限을 가지고 있지 않더라도 任置人에 대한 책임은 면제된다. 후자의 荷渡指示書를 발행한 任置人은 창고업자가 그 소지인에게 任置物은 인도하기 전에는 언제든지 그 인도의 위탁을 철회할 수 있다. 이러한 荷渡指示書에는 물권적 효력이나 公信力은 없으며 流通되어지는 것도 아니다.

(b) 倉庫業者가 발행하는 경우　　이는 倉庫業者가 자기의 履行補助者에 대하여 任置物의 全部 또는 一部를 그 소지인에게 引渡하라는 뜻을 指

---

19) 창고증권에 관한 자세한 설명은 註釋商法(Ⅰ), 758-73 참조.
20) 이에 관한 자세한 설명은 註釋商法(Ⅰ), 762 이하 참조.

示하여 발행하는 증권이다. 여기에도 여러 가지 유형이 있다. 첫째는 단순한 社內傳票에 불과한 것이 있는데 이는 有價證券으로서의 효력이나, 債權的·物權的 효력이 인정되지 않는다. 둘째로는 倉庫業者가 倉庫證券을 返還받고 이것과 相換하여 발행하는 자기앞荷渡指示書가 있는데 그 성질에 관하여는 학설이 대립된다. 대체적으로 任置物返還義務者인 倉庫業者가 그 義務履行方法을 정하여 발행한 일종의 約束證券으로서 任置物返還請求權을 表彰하는 有價證券이라고 해석된다.

(3) 返還의 目的物

返還의 목적물은 消費任置, 混藏任置를 제외하고는 任置物 자체이다. 任置物이 전부 멸실된 경우에는 任置物返還義務는 履行不能이 된다. 물건의 멸실이 受置人의 歸責事由로 인한 것인 때에는 受置人이 손해배상책임을 질 뿐 任置物이 代替物이라도 同種·同量의 물건을 返還할 의무가 있는 것은 아니며[21] 交換 任置에서 처음에 任置한 물건이나 이에 代替되는 물건이 멸실된 경우에도 마찬가지이다.[22] 受置人이 그에게 요구되어지는 注意義務를 다하여 任置物을 保管하였음에도 불구하고 훼손된 경우에는 그 상태대로 返還하면 된다. 任置物이 不可抗力에 의해 奪取되어 그 대상으로 金錢 또는 物件을 받은 때에는 이를 任置人에게 返還해야 한다.

任置人은 任置物을 사용·수익할 수 없으므로 任置物로부터 果實이 생긴 때에는 이것도 아울러 返還해야 하며 果實을 賣却한 代價도 마찬가지다.

(4) 受置人의 抗辯權

(가) 同時履行의 抗辯權 우리 나라 학자들은 대부분 任置人의 報酬支給義務와 受置人의 任置物返還義務가 同時履行의 關係에 있다고 본다.[23] 日本에서는 報酬는 保管의 대가이지 返還의 대가가 아니라는 이유로 이를 否定하는 少數說도 있으나 多數說과 判例는 肯定的이다.[24] 有償任置는 雙務契約일 뿐 아니라 保管은 반드시 返還을 수반하는 것이므로 保管義務와 返還義務를 분리하여 返還義務만을 고립시켜 생각하는 것은 무의미하고 불필요하므로 긍정설이 옳다고 할 것이다.

21) 大判 67. 4. 25, 67다2(集 15-1, 340); 大判 76. 11. 9, 76다1932(公 550, 9497).
22) 日東京地判 昭 45(1970). 12. 21(判時 634, 78).
23) 郭潤直, 466; 權龍雨, 286; 金基善, 295; 金錫宇, 376; 金疇洙, 427; 金曾漢·安二濬, 545; 金顯泰, 278; 李太載, 339; 註釋債各(Ⅱ), 566.
24) 日注民(新)(16), 362.

(나) 留 置 權 受置人은 任置物의 점유자로서 任置物에 관하여 생긴 報酬請求權·費用償還請求權 등을 갖는 경우에는 그 변제를 받을 때까지 任置物 위에 留置權을 갖는다(民 §320 I).

(5) 返還의 時期, 場所

返還의 시기는 任置가 終了한 때이다. 返還의 장소는 특약이 있을 때에는 그에 따를 것이나 특약이 없을 때에는 民 §700에 의한다. 이에 관하여는 民 §700의 注解에서 상술한다.

(6) 返還請求權의 消滅時效

任置物返還請求權의 消滅時效에 관하여는 특별한 규정이 없으므로 一般原則에 따른다. 期間의 約定이 없는 任置에 있어서는 契約의 解止에 의한 返還請求權의 행사가 契約의 成立 당시부터 豫定되어 있다고 볼 수 있으므로 계약이 성립한 때로부터 消滅時效가 진행한다고 할 것이고, 期間의 約定이 있는 任置에 있어서는 期限이 도래한 때로부터 消滅時效가 진행한다고 할 것이다. 기간의 정함이 있는 任置의 경우에도 任置人은 언제든지 契約을 解止할 수 있으므로 目的物반환청구권의 消滅時效 起算點은 契約의 성립시라고 하는 설도 있으나 解止權의 행사가 가능한 시점과 그로 인한 반환청구권의 消滅時效의 기산점이 일치하여야 할 필요는 없으므로 찬성하기 어렵다.[25)]

2. 報酬請求權 등

(1) 任置가 存續期間 滿了 전에 解止에 의하여 종료한 경우에 報酬·費用·損害賠償 등을 지급해야 할 의무가 생기는 것인지, 생긴다면 어떻게 해결해야 할 것인지가 문제된다.

(2) 기간의 정함이 있는 有償任置가 期間滿了 전에 任置人의 解止로 종료한 경우에는 任置가 受置人의 귀책사유에 의하지 아니하고 종료한 것이므로 受置人은 종료시까지 행한 保管에 대하여 비율에 따른 報酬를 청구할 수 있다(民 §§701, 686 III).

(3) 受置人이 당초에 정한 存續期間을 고려하여 費用을 지출한 경우에도 必要費로 인정되는 것은 任置人이 상환할 의무가 있다(民 §§701, 688 I·II). 瑞債 §475 II은 이에 관한 명문규정을 두고 있다.

(4) 解止에 의하여 任置가 終了한 때로부터 任置契約에서 예정한 기간만

25) 이에 관한 자세한 논의는 民法注解(III), 465-67 참조.

료시까지 受置人이 입을 손해에 대하여는 任置人이 이를 배상할 의무가 있다. 그 損害額은 그 취득해야 할 報酬額으로부터 免하게 된 費用, 他人으로부터 任置를 받아 전보된 손해액 등을 控除한 殘額이 될 것이다.

V. 當事者가 破產한 境遇

1. 委任과는 달리 당사자의 破產은 契約終了의 원인이 아니므로 任置人과 受置人 중 누가 破產宣告를 받았든지 간에 任置契約은 原則的으로 존속된다. 그러나 任置의 存續中 또는 終了時의 쌍방의 채권채무관계의 處理 절차에 관하여는 破產法에 특별한 규정을 두고 있지 않다.

2. 任置人이 破產한 경우에 任置物은 당연히 破產財團에 속한다. 破產管財人은 破產者의 任置契約을 승계하여 受置人으로 하여금 보관을 계속하게 할 수 있으며, 有償任置의 受置人에 대한 報酬는 破產財團 管理費用으로써 지출할 수 있다(破 § 38 Ⅲ). 또 破產管財人은 任置를 解止하여 任置物의 返還을 청구할 수도 있다.

3. 受置人이 破產한 경우 破產宣告 전에 성립한 任置契約은 특별한 영향을 받지 아니한다. 또 任置物의 所有權은 受置人에게 이전하는 것이 아니므로 任置物이 受置人의 破產財團에 속하지도 아니한다. 다만 受置人의 다른 재산과 混同될 염려가 있으므로 파산관재인은 본조 本文에 의하여 任置를 解止하여 任置人에게 任置物을 가져가라고 할 수 있다. 또 미지급된 報酬請求權은 파산재단에 속하는 채권으로서 파산관재인이 任置人에게 그 지급을 청구할 수 있다. 任置人으로서는 任置物이 파산재단에 혼입되었을 경우 任置를 해지하고 破 § 79 소정의 환취권을 행사할 수 있다.

VI. 商事任置와의 關係

商法은 §§ 103, 104에서 기간의 약정이 없는 倉庫業者의 解止權에 관한 규정을 두고 있을 뿐 商事任置 일반의 解止에 관한 특별한 규정을 두고 있지 않으므로 본조는 商事任置에도 적용된다. 창고증권이 발행된 경우에는 보관기간이 증권에 기재되는 것이 보통이며, 解止에 관한 특약이 있는 때에는 그에 따라야 함은 물론이다.

[全 孝 淑]

第699條(期間의 約定 없는 任置의 解止)

任置期間의 約定이 없는 때에는 각 當事者는 언제든지 契約을 解止할 수 있다.

Ⅰ. 本條의 趣旨

前條가 任置期間의 약정이 있는 경우의 解止에 관한 규정인 데 반하여 本條는 任置期間의 약정이 없는 경우의 解止에 관한 규정이다. 任置는 任置人의 이익을 위한 契約이므로 任置人으로서는 언제든지 맡긴 물건을 찾아갈 수 있는 것이고 受置人은 물건의 保管이라는 노무의 부담에서 빨리 벗어나고 싶어하는 것이 보통이므로 언제든지 任置物을 返還할 수 있도록 한 것이다. 任置人은 期間의 약정이 있는 경우에도 언제든지 契約을 解止할 수 있는 것이므로 본조는 특히 受置人의 자유로운 해지권을 보장한 데 그 意義가 있다.

Ⅱ. 解止의 要件

1. 任置人의 解止要件에 관하여는 전조와 법문상으로는 아무런 차이가 없으므로 前條에 관한 설명을 참조하면 될 것이다. 다만 기간의 약정이 없는 때에는 有償任置의 受置人이 解止 以後 얻을 수 있는 保管料 상당 수입에 대한 손해배상문제는 발생할 여지가 없다는 점의 차이는 있다.

2. 受置人은 任置期間의 약정이 없는 때에는 언제든지 契約을 解止할 수

있다. 그러나 信義誠實의 原則에 비추어 任置人에게 불리한 시기에 갑자기 解止하여 返還하는 것은 허용되지 않는다고 할 것이다. 또한 대량의 物件이나 高價品 등 任置物의 성질에 따라서는 任置人이 새로운 保管場所를 마련하기 위한 時間的 여유가 필요한 경우도 있을 것이다. 이러한 경우에는 受置人이 解止의 의사표시를 하여 契約이 終了되더라도 상당한 期間이 경과할 때까지는 任置人이 受領遲滯의 책임을 지지 않는다고 할 것이다.

3. 任置人 또는 受置人의 解止로 任置가 종료된 후의 법률관계에 관하여는 民 §698의 注解 Ⅳ에서 서술한 바와 같다.

[全 孝 淑]

第 700 條(任置物의 返還場所)

任置物은 그 保管한 場所에서 返還하여야 한다. 그러나 受置人이 正當한 事由로 因하여 그 物件을 轉置한 때에는 現存하는 場所에서 返還할 수 있다.

Ⅰ. 本條의 趣旨

本條는 任置物의 返還場所를 정한 규정이다. 당사자간에 保管의 場所에 관한 특약만 있고 返還의 場所에 관한 특약이 없는 경우에 관한 규정으로서 特別한 의미를 가진다.

Ⅱ. 外國의 立法例

佛蘭西民法은 任置契約에서 任置物返還의 場所를 지정한 때에는 受置人이 任置物을 그 곳으로 가져가야 하고, 운반에 드는 비용은 任置人이 부담하도록 하되 返還場所를 정하지 아니한 때에는 任置된 장소에서 이를 返還하도록 하고 있다(佛民 §§ 1942, 1943). 獨逸民法은 任置物의 返還은 物件을 保管해야 할 場所에서

해야 하며 受置人은 物件을 任置人에게 持參할 의무를 부담하지 않는다는 취지를 명백히 하고 있다(獨民 § 697). 瑞西債務法은 任置物은 任置人의 費用과 危險으로 保管해야 할 場所에서 返還한다(瑞債 § 477)고 규정하고 있다. 日民 § 664는 본조와 내용이 같다.

Ⅲ. 任置物을 返還할 場所

1. 特約이 있을 때

任置物返還場所에 관하여 任置契約時에 또는 任置契約後에 당사자간에 特約이 있을 때에는 그에 따라 返還하면 된다. 特約에 의해 정해진 場所에 任置物을 운반하는 데 費用이 드는 경우에 이를 부담할 자도 특약에 의한다. 그러나 無償任置에 있어서 受置人에게 運搬費用을 부담시키는 것은 타당하다고 할 수 없다.

2. 特約이 없을 때

(1) 任置物返還場所에 관하여 特約이 없을 때에는 任置物을 保管한 場所에서 返還한다. 이러한 規定을 둔 까닭은 任置物은 보통의 경우에는 保管하는 場所에 존재할 뿐 아니라 그곳에서 返還하는 것이 當事者의 意思에도 합치하기 때문이다. 따라서 受置人이 任置物을 任置人의 住所 또는 營業所에 持參하여 반환할 의무는 없는 것이며 任置人이 그 費用과 危險負擔下에 任置物을 가져가야 한다.

(2) 당사자간에 特約이 없음에도 불구하고 任置人이 任置物을 자기 자신이나 그가 지정하는 제3자에게 송부할 것을 지시한 경우 受置人이 이에 따라야 할 의무가 있는가? 獨逸[1]과 日本[2]의 학설로는 受置人은 信義誠實의 原則에 따라야 할 一般的인 의무가 있으므로 任置人이 위험과 費用을 부담하는 한 그 지시에 따르는 것이 타당할 것이라는 견해가 있다. 우리 民法 아래서도 그와 같이 해석할 수 있을 것이다.

(3) 受置人이 保管을 해야 할 場所[3]에 保管하지 않고 실제로 다른 場所

1) Staudinger/Dieter Reuter 12. Aufl., § 697, 3.
2) 日注民(新)(16), 377.
3) 保管場所에 관하여는 § 695 注解 Ⅶ 참조.

에 保管하고 있을 때에는 정당한 장소에 任置物을 송부하여 返還해야 하며 이 경우 운반의 費用과 危險은 受置人이 부담한다.

(4) 保管場所가 契約의 전취지에 비추어도 정하여지지 않을 때에는 일반 원칙에 따라 債權發生 당시 그 물건이 존재한 장소, 즉 당초 任置物을 받은 場所에서 返還하면 된다고 할 것이다.

(5) 당사자가 特約에 의하여 保管場所를 정하지 아니한 때에도 任置物의 성질상 保管場所가 정하여 질 때에는 그 場所에서 返還하면 된다. 예컨대 부동산을 任置한 경우에는 그 소재지에서 返還해야 한다.

3. 任置物을 轉置한 境遇

受置人이 임의로 任置物을 轉置한 경우에는 受置人이 費用과 危險을 부담하여 원래의 場所에 송부하여 返還해야 한다. 그러나 正當한 사유로 轉置한 경우에는 現在 任置物이 있는 場所에서 返還하면 된다. 예컨대 任置物을 保管하고 있던 倉庫의 수리를 위하여 다른 장소에 轉置한 때 등이다.

[全 孝 淑]

第 701 條(準用規定)

第682條, 第684條 乃至 第687條 및 第688條 第1項, 第2項의 規定은 任置에 準用한다.

I. 委任에 관한 規定의 準用

本條는 委任에 관한 규정의 準用에 관한 규정이다. 任置와 委任은 서로 유사한 점이 많으므로 委任에 관한 規定 중 任置의 성질에 반하지 않는 것은 準用하도록 하고 별도의 規定을 두지 아니한 것이다. 따라서 本條에서 준용되는 규정에 관한 상세한 설명은 각 조문의 注解를 참조하면 될 것이다.

Ⅱ. 準用되는 內容

1. 復任置(民 §682 의 準用)

任置는 受置人에 대한 개인적인 신뢰관계가 중시되므로 受置人은 원칙적으로 自己 자신이 任置物을 直接 保管해야 한다. 그러나 예외적으로 任置人의 明示的·默示的 同意가 있거나 推定的 承諾이 있는 경우에는 復任置를 할 수 있다.[1]

2. 受置人의 取得物 등의 引渡義務(民 §694 의 準用)

受置人의 주된 의무는 任置의 목적물을 保管하고 그 물건을 返還하는 것이나 이에 附隨하여 取得物 등의 引渡義務를 부담한다. 受置人은 任置物을 保管함에 있어 任置人 또는 제3자로부터 받은 금전 기타의 물건이 있으면 이를 返還해야 한다. 또 果實을 受取한 경우에는 天然果實이건 法定果實이건 이를 引渡해야 하나 現實的으로 受取한 것을 인도하면 되고, 수취할 수 있었음에도 이를 태만히 한 경우에 그 가액 상당의 금액을 반환할 의무는 지지 아니한다. 受置人이 任置人을 위하여 자기의 이름으로 취득한 物權, 債權 기타 權利는 任置人에게 移轉해야 하고 아울러 그 권리의 목적인 물건과 關係證書 등 必要서류를 인도해야 한다. 取得物 등을 引渡할 시기에 관하여 特約이 있으면 그에 따를 것이나 特約이 없으면 任置 終了時이다.

3. 受置人의 金錢消費의 責任(民 §685 의 準用)

消費任置의 경우에는 契約에 의해 受置人이 任置된 金錢을 사용할 수 있다. 통상의 任置에 있어서 受置人이 任置人에게 인도해야 할 金錢 또는 任置人을 위하여 사용해야 할 금전을 任置人의 승낙 없이 자기를 위하여 消費한 때에는 消費한 날 이후의 法定利子를 지급해야 하고 損害가 있으면 배상해야 한다.

4. 受置人의 報酬請求權(民 §68條 의 準用)

(1) 민법상 任置는 無償을 원칙으로 하며 受置人은 특약이 있거나 去來

1) 復任置에 관하여는 §694 注解 Ⅲ. 참조.

慣習이 있는 경우에만 報酬를 청구할 수 있다. 報酬請求權의 내용은 受任人의 그것과 같다.

(2) 報酬의 내용에는 제한이 없다. 금전으로 지급하는 것이 보통이나 기타 물건으로 지급할 수도 있다. 報酬의 특약만 있고 數額의 정함이 없는 경우에는 社會通念上 相當한 報酬額이 지급되어야 할 것이고, 약정된 報酬額이 지나치게 過多한 경우에는 法院이 제반사정을 고려하여 적당히 減額할 수 있다고 할 것이다.

(3) 報酬의 지급시기에 관한 특약이 없으면 任置가 終了한 때에 청구할 수 있으며, 다만 期間으로 報酬를 정한 때에는 그 期間 經過 후에 청구할 수 있다.

(4) 任置가 受置人의 책임 없는 사유로 중도에 終了한 경우에 受置人은 이미 행한 保管의 比率에 상당하는 報酬를 청구할 수 있다. 期間의 약정이 있는 任置에 있어서도 受置人은 不得已한 사유가 있으면 解止할 수 있는바(民 §698), 부득이한 사유가 受置人의 책임으로 생긴 때에는 위의 비율에 따른 報酬請求도 할 수 없다고 할 것이다.

(5) 有償任置에 있어서 受置人의 任置物인도의무와 任置人의 報酬支給義務는 同時履行關係에 있고, 受置人은 報酬를 지급받을 때까지 任置物에 대한 留置權을 행사할 수도 있다.[2]

5. 受置人의 費用先給請求權(民 §687의 準用)

任置가 有償이든 無償이든 任置物을 保管하는 데 費用이 필요하고 受置人이 이를 청구한 때에는 任置人은 費用을 先給할 의무가 있다. 任置人이 費用을 先給할 때까지 受置人이 保管에 착수하지 아니하더라도 債務不履行책임을 지지 않는다. 受置人이 費用의 先給을 訴求할 수 있는가에 관하여는 受任人의 경우와 마찬가지로 학설의 대립이 있을 수 있으나,[3] 任置는 有償의 경우에도 그 목적이 任置人을 위한 것이고, 任置人에게 언제든지 解止할 수 있는 자유가 인정되는 이상 受置人이 費用의 先給을 訴求할 수는 없다고 할 것이다.

2) §698 注解 Ⅳ.1.(4) 참조.
3) 受任人의 請求可能 與否에 관한 학설의 대립에 관하여는 註釋債各(Ⅱ), 493 참조.

6. 受置人의 費用償還請求權 등(民 §688 I·II의 準用)

(1) 受置人이 任置物을 保管하기 위하여 必要費를 지출한 때에는 任置人에 대하여 그 費用과 아울러 지출한 날 이후의 利子를 청구할 수 있다. 여기서 말하는 必要費에는 保管하는 채무에 당연히 포함되는 場所의 提供, 保管을 위한 勞務提供의 對價는 들어가지 않는다고 할 것이다. 그러하지 아니하면 無償任置도 有償任置가 되고 말 것이기 때문이다.[4)]

(2) 受置人이 제3자에 대하여 任置物의 保管에 필요한 債務를 부담한 때에는 任置人에게 자기에 갈음하여 이를 辨濟하게 할 수 있고, 그 債務가 변제기에 있지 아니한 때에는 상당한 擔保를 제공하게 할 수 있다.

[全 孝 淑]

第702條(消費任置)

受置人이 契約에 依하여 任置物을 消費할 수 있는 境遇에는 消費貸借에 관한 規定을 準用한다. 그러나 返還時期의 約定이 없는 때에는 任置人은 언제든지 그 返還을 請求할 수 있다.

차 례

I. 總 說
  1. 消費任置의 意義와 社會的 機能
  2. 消費任置의 法的 性質
II. 消費任置의 成立
  1. 成立要件
  2. 準消費任置
III. 消費任置의 效力
  1. 受置人의 義務
  2. 任置人의 義務
IV. 預金契約
  1. 預金契約의 意義
  2. 預金取扱機關
  3. 預金契約과 銀行去來約款
  4. 預金契約의 法的 性質
  5. 預金契約의 成立時期
  6. 預金主의 決定
  7. 預金主의 變動
  8. 預金債權의 消滅

4) 日注民(新)(16), 382.

I. 總 說

1. 消費任置의 意義와 社會的 機能

消費任置(Hinterlegungsdarlehen)란 受置人이 任置物을 일단 소비한 후 그 것과 同種·同質·同量의 것을 任置人에게 返還하기로 약정함으로써 성립하는 계약이다. 통상의 任置에 있어서는 任置物의 所有權은 受置人에게 이전하지 않으며 受置人은 이를 소비할 수 없고 任置人이 맡긴 物件 그 자체를 返還해야 하는 데 반해 消費任置에 있어서는 任置物의 所有權이 受置人에게 이전한다는 점에 특징이 있다. 不規則任置(depositum irregulare)라고도 하며 로마법 시대부터 任置의 일종으로 인정되어 왔다.

獨逸民法(§700)·瑞西債務法(§481)·日本民法(§666)은 消費任置에 관한 명문의 규정을 두고 있으나 佛蘭西民法은 이에 관한 특별한 규정을 두지 않고 관행에 맡기고 있다.

消費任置의 目的物은 代替物이면 되나 가장 보편적으로 행해지는 것은 金錢에 관한 消費任置이다. 資本主義의 고도의 發達과 더불어 銀行 등 金融機關이 현저하게 발전하고 이들이 취급하는 금전의 消費任置가 중요한 社會的 기능을 하게 되었다. 金融機關은 사회에 분산되어 있는 金錢을 消費任置라는 법적 형태를 통하여 흡수하여 각 企業에 貸出함으로써 기업조직을 지배할 수 있는 막강한 힘을 갖게 되는 것이다. 그럼에도 불구하고 消費任置에 관하여는 民·商法을 통틀어 本條 1개 條文을 두고 있을 뿐이며, 銀行 등 金融機關과의 거래는 約款 등 자치법규에 의하여 해결되고 있는 실정이다.

2. 消費任置의 法的 性質

(1) 消費任置를 任置의 일종으로 볼 것인가에 관하여는 학설이 대립한다. 少數說은 消費任置를 消費貸借에 가까운 특수한 형태의 契約으로 보며 任置가 아니라고 한다. 그 근거로 任置는 물건의 保管을 主目的으로 하고 消費貸借는 借主에게 금전을 융통해 줄을 主目的으로 하는 것인데, 消費任置는 任置人을 위해서는 물건의 保管이란 이익을, 受置人을 위해서는 물건의 용익이란 이익을 줌으로써 契約上의 利益을 兩當事者에게 부여해 주기 때문이라고 한다.[1)]

1) 李銀榮, 437.

多數說은 消費任置를 任置의 일종으로 본다.[2] 消費任置는 消費貸借의 借主처럼 受置人이 목적물을 이용하기 위하여 체결하는 것도 아니고 통상의 任置처럼 목적물인 물건 자체를 보관하기 위하여 체결하는 것도 아니다. 그러나 消費任置에서 목적물을 受置人에게 주는 것은 바로 保管을 위한 것이며 受置人의 消費는 保管의 한 수단에 지나지 않는다. 즉 受置人은 목적물이 가지는 價値를 保管하는 것이다. 이런 점에서 消費任置는 任置의 일종으로 보는 다수설이 옳다고 하겠다. 다만 受置人이 목적물의 所有權을 취득하고 후에 同種·同質·同量의 물건을 返還한다는 점에서는 消費貸借와 같으므로 民法에서는 消費貸借에 관한 규정을 準用하도록 하되, 返還時期에 관하여만 특별한 규정을 두고 있다.

(2) 消費任置에서 任置物의 所有權은 受置人에게 이전되므로 受置人은 任置物을 소비할 수 있다. 따라서 목적물을 受置人에게 인도한 후에는 任置人은 所有權에 기하여 目的物返還을 청구할 수는 없고 任置契約上의 債權的 返還請求權만을 가진다. 이 점에서 混藏任置 또는 交換任置와 다르다. 또 目的物의 所有權이 受置人에게 이전하기 때문에 目的物 멸실의 위험도 受置人이 부담한다.[3]

(3) 消費任置에 관하여는 消費貸借에 관한 규정이 準用되므로 원칙적으로 諾成契約이다. 그러나 預金契約을 消費任置의 일종이라고 한다면 이는 去來慣行上 要物契約으로 보아야 할 것이다.[4] 또한 消費任置는 片務契約이며 受置人이 利子를 지급하는 경우에는 有償契約이고, 그렇지 않은 경우에는 無償契約이다.

(4) 전술한 바와 같이 消費任置의 受置人은 목적물을 일단 소비하고 그것과 同種·同質·同量의 물건을 返還한다는 점에서 消費貸借와 같다. 그러나 消費任置에서 소비는 保管의 한 수단으로서 허용되는 데 불과하나 消費貸借에서는 소비 자체가 契約의 주된 목적이며, 消費任置는 任置人의 이익을 위한 것이지만 消費貸借는 借主의 이익을 위한 것이라는 점에서 차이가 있다.

---

2) 郭潤直, 471; 權龍雨, 289; 金基善, 298; 金錫宇, 379; 金疇洙, 431; 金曾漢·安二濬, 551; 金顯泰, 282.

3) 瑞債 §481은 金錢을 任置한 경우 그 이용과 위험이 受置人에게 이전한다는 취지의 규정을 두고 있다.

4) 預金契約의 법적 性質에 관하여는 후술 本條 注解 Ⅳ. 4 참조.

Ⅱ. 消費任置의 成立

1. 成立要件

消費任置는 任置人이 金錢 기타 代替物을 受置人에게 맡기고 이를 소비한 후 그것과 同種·同質·同量의 물건을 返還할 것을 약정함으로써 성립한다.

(1) 目的物은 金錢 기타의 代替物이다. 金錢은 封金하여 任置한 경우가 아닌 한 消費任置가 된다. 그러나 金錢의 保管을 위탁한 모든 경우에 반드시 消費任置가 성립한다고 볼 것은 아니다. 경우에 따라서는 委任事務의 처리를 위한 것일 뿐 受置人이 목적물을 임의로 소비할 수 없는 때가 있으므로 消費任置가 성립하는가는 구체적인 경우에 當事者의 意思 등 제반사정을 고려하여 판단해야 한다. 有價證券의 任置는 특약이 없는 한 보통의 任置로 보는 것이 당사자의 의사에 합치된다고 할 것이다.[5] 금전이나 有價證券 이외의 代替物에 관하여 消費任置가 성립하는 경우란 실제로 드물다.

(2) 受置人이 목적물을 소비한 후 同種·同質·同量의 것을 返還할 것에 관한 合意가 있어야 한다. 金錢에 관하여는 일반적으로 이러한 합의가 있는 것으로 推定하여야 할 것이나 有價證券 및 다른 代替物에 관하여는 특별한 合意를 요한다. 이와 관련하여 預金行爲者와 資金出捐者·預金名義者가 다른 경우에 누구를 預金者로 인정할 것인가가 문제되는데 이에 관하여는 후술한다.[6]

(3) 원칙적으로 당사자의 합의만으로 消費任置契約은 성립하며 目的物의 引渡가 成立要件은 아니다. 그러나 預金契約에 있어서는 후술하는 바와 같이 이를 要物契約으로 보아야 할 경우가 있으며, 어음·수표에 의한 預金契約의 성립시기에 관하여도 논란이 있다.[7]

2. 準消費任置

(1) 消費任置에는 消費貸借에 관한 규정이 準用되므로 從前의 債務를 기초로 하여 消費任置를 하기로 약정하는 準消費任置의 성립도 가능하다.[8] 예컨대 賣買契約에 의하여 買受人이 賣渡人에게 지급해야 할 賣買代金을 買受人이

5) 獨民 §700 Ⅱ; 瑞債 §481 Ⅲ은 이러한 취지의 명문 규정을 두고 있다.
6) 후술 本條 注解 Ⅳ. 6. 참조.
7) 후술 本條 注解 Ⅳ. 5. (1) (나).
8) 大判 57. 2. 2, 4289民上629(集 5-1, 6).

保管하여 후에 返還하기로 약정하거나, 消費貸借의 貸主가 목적물의 일부를 借主에게 인도하지 않고 保管한 후 나중에 返還하기로 약정한 경우에는 準消費任置가 성립한다고 할 수 있다. 定期預金 契約期間의 更新도 이에 해당한다.[9]

(2) 準消費任置는 既存債務를 消滅하게 하고 新債務를 성립시키는 契約이므로 既存債務 消滅과 新債務의 成立은 서로 條件關係에 있다. 어떤 사정으로 既存債務가 存在하지 않거나 無效인 境遇에 新債務는 成立하지 않고 新債務가 無效이거나 取消된 때에는 기존채무는 消滅하지 않았던 것이 된다.[10]

(3) 既存債務와 準消費任置로 성립하는 新債務 사이에 同一性이 있는가의 여부는 消費貸借에 있어서와 마찬가지로 문제가 된다. 원칙적으로 當事者의 意思해석에 의해 同一性 維持 與否를 결정해야 할 것이나, 當事者의 意思가 명백하지 않은 경우에는 동일성이 있는 것으로 推定할 것이다.[11] 同一性이 유지되는 경우 既存債務에 존재하는 人的·物的 擔保와 同時履行의 抗辯權 등은 新債務에 관하여 존속한다. 그러나 消滅時效는 債務 自體의 성질에 의하여 결정되고 當事者의 의사에 의하여 좌우할 수 있는 것이 아니므로 언제나 新債務를 기준으로 하여 판단해야 한다.[12]

Ⅲ. 消費任置의 效力

1. 受置人의 義務

(1) 保管義務

消費任置의 受置人은 目的物의 所有權을 취득하기 때문에 통상의 任置에 있어서와 같은 保管義務는 부담하지 않는 반면 目的物 滅失의 위험은 受置人이 부담한다.

(2) 返還義務

受置人은 契約이 종료하면 保管의 목적인 물건과 同種·同質·同量의 것을 返還할 의무를 부담한다. 이 점은 消費貸借의 借主의 의무와 같다. 다만 受置人이 목적물을 자기를 위하여 이용할 권한이 없고 단지 銀行預金으로서 保管

9) 서울高判 85. 5. 22, 84나4044(新聞 1594, 8).
10) 大判 62. 1. 18, 4294民上493(集 10-1, 6).
11) 大判 54. 12. 4, 4287民上213(要集 Ⅰ-2, 969).
12) 大判 81. 12. 22, 80다1363(公 674, 170).

하는 경우에는 預金通帳과 印章을 교부하면 返還義務를 이행한 것이라고 해석할 수 있다.[13] 受置人의 목적물 返還義務는 種類債務의 性質을 갖는 것이나 保管의 목적인 물건과 同質의 것을 返還해야 하므로 民 § 375 Ⅰ의 중등품에 관한 규정은 적용되지 않는다.

返還時期를 契約으로 정한 경우에는 그에 따른다. 定期預金은 그 典型的인 例이다. 定期預金의 期限 전 返還은 預金契約의 合意解除에 의하여야 하는데, 銀行이 이를 수락할 의무가 있는 것은 아니다.[14]

금전의 任置에서 受置人이 단지 保管만을 위탁받고 그의 이익을 위하여 금전을 이용할 것을 목적으로 하지 않는 경우에는 그 기한은 任置人의 이익을 위한 것으로 해석해야 할 것이므로 任置人은 契約의 취지에 반하지 않는 한 언제든지 返還을 청구할 수 있다고 할 것이다. 이러한 경우에는 막바로 民 § 153 Ⅱ이 적용된다.[15] 반환시기의 약정이 없는 때에는 본조 단서에 의하여 任置人은 언제든지 返還을 청구할 수 있다.

返還의 장소에 관하여는 특별한 규정이 없으므로 民法의 해석상 持參債務라고 봄이 원칙일 것이나(民 § 467), 銀行 기타 시설에 任置한 경우에는 推尋債務로 하는 特約 또는 慣行이 있다고 할 것이다.

특약이 있는 경우에는 受置人이 任置人에게 利子를 支給할 의무가 있다.

2. 任置人의 義務

(1) 任置人은 일정한 代替物의 所有權을 受置人에게 이전하여 일정 期間 동안 그로 하여금 이용하게 할 義務가 있다. 그러나 保管料 또는 비용 등의 支給의무는 없다. 이 점에서 통상의 任置人의 의무와 다르고 消費貸借의 貸主의 義務와 같다.

(2) 任置物에 瑕疵가 있는 境遇 任置人의 擔保責任에 관하여는 消費貸借에 관한 民 § 602가 準用된다고 할 것이다. 즉 利子 있는 消費任置의 목적물에 瑕疵가 있는 때에는 매도인의 담보책임에 관한 民 § 580 내지 § 582가 準用된다(民 § 602 Ⅰ). 이자 없는 消費任置의 경우에는 무상계약이므로 任置人은 원칙적으로 瑕疵擔保責任을 지지 아니한다. 受置人은 任置物을 返還할 때 하자 있는 물건의 價額으로 返還할 수 있다(民 § 602 Ⅱ). 任置人이 瑕疵가 있는 것을 알면

13) 日大判 大 15(1927). 9. 30(民集 5, 698).
14) 日名古屋地判 昭 55(1980). 3. 31(判時 985, 106).
15) 日注民(新)(16), 393.

서 受置人에게 告知하지 않은 때에는 利子 있는 消費任置의 任置人과 같은 담보책임을 부담한다.

Ⅳ. 預金契約

1. 預金契約의 意義

民法은 預金에 관한 아무런 규정을 두지 않았고, 商 § 46 viii는 基本的 商行爲의 일종으로 金融去來를 열거하고 있을 뿐이다. 韓國銀行法, 銀行法 기타 특수은행의 설립에 관한 法律이나 遞信預金·保險에 관한 法律 등에서는 金融機關 등의 업무의 내용으로서 預金이라는 용어를 사용하고 있을 뿐 이에 관한 定義나 法的 性質에 관하여는 아무런 규정을 두지 않고 있으며 주로 金融機關의 認可나 行政的 監督에 관한 규율에 치중하고 있다. 따라서 預金의 定義나 그 法的 性質의 탐구는 종래의 實務慣行이나 學說에 맡겨져 있다고 하겠다.

일반적으로 預金이라는 用語는 預入된 金錢, 預入行爲, 預金債權, 預金契約 등 여러 가지 뜻으로 사용된다.[16] 契約法的 측면에서 보면 預金者가 銀行 기타 金融機關에 대하여 金錢의 保管을 위탁하여 金融機關이 預入金의 所有權을 취득하고 預入者에게 이와 동액을 返還할 것을 약정하는 契約이라고 할 수 있다.

2. 預金取扱機關

현행법상 預金을 취급하는 주된 金融機關으로는 韓國銀行法과 銀行法의 적용을 받는 각 銀行과 農業協同組合中央會, 水產業協同組合中央會 및 그 會員인 水產業協同組合, 畜產業協同組合中央會의 信用事業部門(銀行法 §§ 1의 2, 3, 8), 각 特別法에 의하여 설립된 特殊銀行인 韓國產業銀行(§ 18-7 라), 中小企業銀行(§ 33 I 2), 國民銀行(§ 18 I 2), 韓國住宅銀行(§ 24 I 4), 長期信用銀行(§ 8 10 다) 등이 있고 遞信預金·保險에 관한 法律에 의하여 國家도 預金을 취급한다.

아래에서는 銀行法의 適用을 받는 普通銀行에서 행해지는 預金契約을 중심으로 하여 법적인 問題點을 살펴보기로 한다.

---

16) 韓國金融硏修院(編), 受信法律, 9; 澁谷光子, "預金の意義", 金融去來法大係(2), 1.

3. 預金契約과 銀行去來約款

(1) 約款의 必要性

銀行去來[17]는 大量的·反復的·集團的으로 행해지는 것을 特徵으로 하는 바 銀行이 相對方과 거래할 때마다 去來條件을 個別的으로 決定한다는 것은 事實上 불가능하므로 각 銀行은 이를 迅速하게 처리하기 위여 미리 定型化된 契約內容인 一般去來約款을 작성하여 이용해 왔다. 오늘날 銀行去來는 一般去來約款이 이용되는 가장 典型的인 經濟分野로서 그 법률관계의 대부분은 實定法보다는 一般去來約款에 의하여 規律된다고 할 수 있다.

(2) 預金去來約款의 制定經過와 體系

預金去來約款은 원래 각 銀行別로 制定하여 施行해 왔으나 1985.6.12. 全國銀行聯合會에 의해 처음으로 12개 約款의 標準書式이 정해졌다. 그 후 消費者保護法, 約款의 規制에 관한 法律이 制定·施行되고 金融消費者 保護의 욕구가 증대되었으며, 金融自律化·金融市場開放 등 金融環境 변화에 따른 競爭力提高를 위하여 金融서비스 改編이 절실하게 되자 이에 對處하기 위하여 위 聯合會 주관으로 約款의 再整備 作業에 着手하여 1991.10. 受信去來基本約款을 비롯한 20개의 標準約款을 確定하고 1991.12.1.부터 각 銀行이 自律的으로 시행하기에 이르렀다.[18] 受信去來約款의 體系는 基本約款과 預金別 約款으로 二元化되어 있다. 受信去來基本約款에서는 모든 預金에 共通的으로 適用될 基本的인 事項을 統合·整理하여 규정하고, 預金別 約款에서는 受信去來基本約款이 當該 去來에도 적용됨을 선언하고 당해 預金에 특별한 내용이나 개별적인 사항만을 규정하도록 하였다.[19]

(3) 預金去來約款에 대한 統制

預金去來約款에도 契約編入이나 內容統制 등 一般去來約款에 관한 法理[20]가 그대로 適用된다. 預金去來約款은 銀行측이 一方的으로 작성하는 것이므로 約款의 規制에 관한 法律의 適用對象이 되며 同法 §3 I 但書에 해당하지 아

17) 銀行去來의 意義와 種類, 銀行去來約款 全般에 관한 검토는 民法注解 제2장 非典型契約 중 銀行去來約款 前論 참조. 銀行去來를 與信去來와 受信去來로 分類하는 境遇 預金去來는 가장 重要한 受信去來에 속한다.

18) 韓國金融硏修院(編), 受信法律, 41.

19) 韓國金融硏修院(編)(前註), 42 및 附錄 참조.

20) 一般去來約款에 관하여는 民法注解 第2章 契約 前論 一般去來約款에 관한 解說 참조.

니하므로 約款의 明示·說明義務가 免除되지 아니한다. 그 內容統制에도 個別約定 優先의 原則, 統一的·客觀的 解釋의 原則, 作成者不利의 原則, 制限的 解釋의 原則, 信義誠實의 原則 등 一般去來約款의 解釋에 관한 原則이 적용된다. 또한 銀行監督院長, 公正去來委員會에 의한 監督과 規制를 받는다(銀行法 §§ 40의 3 Ⅰ·Ⅲ, 18 Ⅰ).

4. 預金契約의 法的 性質

실제로 행해지는 預金의 種類는 매우 다양하나, 그 預置期間, 利子率 및 計算方法, 預置限度, 預入資格 등에서 차이가 있을 뿐 基本的인 法的 性質은 같은 것이 普通이며, 몇몇 特殊한 경우에만 性質이 다르다. 먼저 預金契約의 基本的인 法的 性質을 살펴본 다음 각종 預金의 法的 性質에 관하여 검토해 보기로 한다.

(1) 基本的인 法的 性質

㈎ 消費任置인지의 여부　　預金債權을 발생시키는 合意로서의 預金契約의 法的 性質은 消費任置라고 하는 것이 우리 나라의 압도적인 多數說[21] 및 判例이다.[22] 預金은 預金者가 銀行 기타 金融機關에 금전의 保管을 위탁할 의사로 預金의 請約을 하고 이에 대하여 金融機關이 承諾함으로써 성립하는 契約으로서, 金融機關은 委託받은 금전을 자유로이 消費·運用한 후 同額의 金錢을 返還하면 되므로 消費任置에 해당한다는 것이다. 이에 대하여 金融機關이라는 제도의 발달과 더불어 형성된 독특한 契約을 民法의 典型契約의 틀에 맞추어 일률적으로 法的 性質을 정할 것이 아니라 개개의 預金契約의 내용에 따라 消費任置·消費貸借·委任 등 여러 규정을 동원하여 法律的 성질을 파악해야 할 것이라는 설,[23] 預金은 銀行과 預金主 쌍방에게 이익을 주기 때문에 任置人 일방의 이익만을 고려하는 消費任置가 아니라는 설[24] 등의 少數說이 있다. 日本에서도 消費任置로 보는 것이 다수설이나, 消費貸借로 구성할 수 있다는 설, 消費任置나 消費貸借로서의 성질도 갖는다는 설, 종래의 典型契約과는 다른 특별한 契約類型이라는 설 등 少數說이 있다.[25]

---

21) 郭潤直, 471; 金曾漢·安二濬, 551; 金顯泰, 285; 李銀榮, 439; 李太載, 344; 金滉植, "預金에 관한 法的 問題", 裁判資料 32, 57; 朴英植, "預金契約의 法的 性質", 郭潤直教授華甲紀念 民法學 論叢, 530; 韓國金融硏修院(編), 受信法律, 10.
22) 大判 85. 12. 24, 85다카880(公 770, 315).
23) 李容勳, "銀行代理의 代理權 意思 欠缺과 預金契約의 成立", 民判硏 Ⅹ, 116.
24) 金基善, 299.
25) 日本의 學說 대립에 관하여는 日注民(新)(16), 395; 澁谷光子(註 16), 2 참조.

생각건대 當座預金에 있어서는 預金이 어음·手票의 支給資金이 된다는 점에서 支給事務委託의 성질이 강하다는 점, 定期預金의 경우에는 消費貸借로서의 성격이 강하고 銀行이 보관료를 支給받는 것이 아니라 銀行이 資金利用의 이익을 갖기 때문에 預金主가 利子를 받는다는 점 등을 고려하면 모든 預金을 일률적으로 消費任置라고 풀이하는 것은 무리라고 할 것이다. 그러나 預金主에게 있어서는 預金의 목적의 하나가 金錢 내지 金錢的 價値의 保管에 있고 銀行도 預入받은 金錢을 그 額에 따라서 운용하고 定期預金이라도 실제로는 中途解止에 응하고 있으며 預金主로부터 貸與를 받는다는 의식은 없는 점 등을 고려하면 預金契約은 기본적으로 消費任置로 구성하고 預金의 種類에 따라서 기타 契約의 性質도 갖고 있는지를 고찰하여야 할 것이다. 다만 實際 預金去來의 대부분은 約款이나 去來慣習에 의하여 규율되고, 그 부족한 부분에 民法의 규정이 補充的으로 적용되는 것이므로 預金의 法的 性質을 무엇으로 풀이하느냐가 커다란 의미를 지니는 것은 아니라고 할 것이다.

(나) 要物契約인지 與否 현행 民法上 消費任置는 諾成契約으로 규정되어 있는데 預金去來의 실정상 現金이나 이와 同視할 수 있는 金錢的 價値의 授受 없이 預金이 이루어지지 않는다는 점에서 預金契約의 要物性이 문제된다.

우리 학자들의 견해로는, 舊民法에서는 消費任置가 要物契約이었던 것과는 달리 현행 민법에서는 諾成契約이 된 만큼 預金契約도 諾成契約이라는 설,[26] 預金거래의 實態와 當事者의 意思解釋에 의하여 판단해야 할 것이나 원칙적으로 諾成契約으로 보는 것이 法律關係를 簡明하게 해결할 수 있다는 설,[27] 民法이 消費任置를 諾成契約으로 구성하였다고 하더라도 당사자의 特約으로 要物契約으로 약정할 수 있는 것이므로 金融去來의 實情이나 오랜 慣行, 當事者의 意思에 비추어 볼 때 預金契約은 要物契約이라는 설[28] 등이 있다. 預金契約의 要物性 與否가 爭點이 된 事案에 관한 것은 아니지만, 大法院判例는 「일반적으로 예금계약은 예금자가 예금의 의사표시를 하면서 금융기관에 금전의 제공을 하고 금융기관이 그 의사에 따라서 그 금전을 받아서 확인하면 그로써 예금계약은 성립한다…」[29]고 判示하여 要物契約임을 示唆하고 있다.

26) 金曾漢·安二濬, 552, 554; 朴鏞一, 金融去來 法律의 理論과 實務, 227.
27) 李容勳(註 23), 117-22.
28) 朴英植(註 21), 531; 金湜植(註 21), 58; 李銀榮, 439; 韓國金融研修院(編), 受信法律, 10.
29) 大判 77. 4. 26, 74다646(總覽 3-2(A), 376-6). 同旨 大判 84. 8. 14, 84도1139(公 738, 1570); 大判 85. 5. 28, 84다카1180(公 756, 906); 大判 87. 12. 22, 87도2168(公 818, 382).

契約自由의 原則上 當事者가 諾成 預金契約을 체결할 수는 있을 것이나 그 意思表示가 분명하지 않은 경우에는 거래실정에 비추어 要物契約으로 풀이하는 것이 타당하다.

(2) **預金의 種類에 따른 法的 性質**

遞信預金·保險에 관한 法律(§11) 및 同 施行規則(§7)은 預金의 종류를 크게 要求拂預金과 貯蓄性預金으로 구분하고 이를 다시 普通預金·定期積金·勤勞者長期貯蓄·定期預金·貯蓄預金·獎學積金 등으로 나누어 규정하고 있다. 또 全國銀行聯合會에서 制定한 標準約款에 의하면 보통예금·저축예금·국민주청약저축예금·자유저축예금·기업자유예금·정기예금·정기적금·가계우대정기적금·상호부금·세금우대종합통장·당좌계정거래·가계종합예금·목돈마련월급여저축·목돈마련상여금저축·근로자장기저축 등의 유형이 있다.

또한 預金은 무엇을 基準으로 하느냐에 따라 여러 가지로 分類할 수 있다. 預置期限의 有無에 따라 要求拂預金과 定期性預金으로, 預金의 目的에 따라 支拂預金과 貯蓄預金으로, 預金의 客體에 따라 邦貨預金과 外貨預金으로, 預金主의 記名 여부에 따라 記名預金과 無記名預金으로 나눌 수 있고, 거래의 繼續 여부에 따라 분류하기도 한다. 실제로 의의가 있는 것은 去來유형에 따른 분류이므로 아래에서는 去來類型 중 重要한 몇 가지에 관하여 그 法的 性質을 檢討하기로 한다.[30]

(a) 普通預金 期間의 약정이 없어서 언제나 入出金이 가능한 預金이다. 종래에는 저축의 目的으로 주로 이용되었으나 근래에는 口座의 自動移替, 公課金의 自動支給 등 각종 서비스를 부가하여 出納預金으로서의 性格도 강해졌다. 그러나 어음·手票의 支給資金이 되지 아니하고 利子가 붙는다는 점이 當座預金과 다르다. 入出金이 反復的으로 행해지기 때문에 繼續的 契約의 일종이다. 그러나 入金 때마다 獨立한 債權이 성립된다고 볼 것이 아니라 既存 預金殘額과 합하여 하나의 預金債權이 성립한다고 풀이함이 타당하다.[31]

(b) 定期預金 一定한 預置期間의 約定이 있어서 그 期間 전에는 預金主가 반환을 청구할 수 없는 預金이다. 銀行은 期限前까지 預金을 이용할 수 있으므로 기간의 長短에 따라 차이가 있기는 하나 比較的 高率의 利子가

30) 預金契約의 종류에 관하여는 韓國金融研修院(編), 受信法律, 10 이하; 澁谷光子(註 16), 16; 野村重信 外 1, "各種の預金", 金融去來法大系(2), 251 이하; 田中誠二, 銀行去來法(1990), 118 이하 등 참조.

31) 韓國金融研修院(編), 受信法律, 11; 日注民(新)(16), 401; 澁谷光子(註 16), 17.

붙으며 貯蓄의 목적으로 이용된다. 預入金額마다 1개의 契約이 성립한다. 定期預金의 期限의 利益은 當事者 雙方을 위한 것으로 해석된다. 따라서 預金主는 임의로 期限 전에 解止하여 預金의 返還을 청구할 수 없는 것이 원칙이다. 그러나 定期預金約款에는「예금주는 특별한 사유 있는 때에 이 예금을 지급기일 전이라도 해지할 수 있다」(기명정기예금약관 §4; 무기명정기예금약관 §6)고 하여 中途解止의 길을 터놓고 있다. 中途解止한 경우에는 中途解止 利子率이 적용된다. 銀行도 期限의 利益을 抛棄하고 中途解止할 수 있으나, 상대방의 이익을 전보해야 한다(民 §153 II 但). 預金主의 이익은 滿期까지의 利子相當額이라고 할 것이다. 銀行의 中途解止는 주로 貸出金債務와의 相計를 위하여 행해지는데, 與信去來基本約款 §9 Ⅳ은 預金利子의 계산을 상계계산을 하는 날까지만 하기로 하는 특별규정을 두고 있다. 期限到來後의 定期預金은 그 성질이 변하지 않고 그대로 존속하고 있으므로 讓渡禁止의 特約 등은 그대로 維持된다고 할 것이다.[32] 그러나 약정기한 후 지급일까지의 利子에 대해서는 滿期後의 利率이 적용된다(기명정기예금약관 §3 II).

(c) 當座預金 當座去來契約에 기하여 어음·手票의 支給資金으로 삼기 위하여 預入하는 자금을 當座預金이라고 한다. 當座去來契約은 금융기관이 去來處로부터 금원을 맡아 두었다가 거래처가 발행한 어음·手票를 그 자금으로 지급할 것을 목적으로 하는 契約이다. 當座預金은 어음·手票의 支給資金이라는 특성을 갖기 때문에 當座去來가 종료하지 않는 한 現金으로 返還할 것을 청구할 수는 없으나 어음·手票의 發行에 의한 경우에는 금융기관은 언제라도 支拂해야 한다. 預金主는 어음·手票의 支給事務에 관하여 금융기관에 報酬를 지급하는 것은 아니나 現金殘高에 대한 利子는 붙지 않는다.

當座去來契約은 위와 같이 預金에 대한 어음·手票의 支給事務 委任이라는 색채가 강하나 그 支給資金의 預入을 消費任置로 볼 것인지, 相互計算 契約도 포함되는 것인지의 여부를 둘러싸고 日本에서는 학설의 대립이 심하다.[33] 대체적으로 ① 委任契約과 要物消費任置契約과의 混合契約이라는 설, ② 委任契約과 要物消費任置 豫約과의 混合契約이라는 설, ③ 단순한 委任契約이고, 금전의 입금은 委任事務 處理 비용의 前拂일 뿐 消費任置로서의 성질은 없다는 설 등이 있는데, ①설이 지배적이다. 우리 나라에서도 ①설이 多數說이고,[34]

32) 田中誠二(註 30), 137.

33) 日本의 學說·判例에 관하여는 田邊光政, "當座預金", 金融去來法大系(2), 155 이하; 前田庸, "當座勘定去來", 現代契約法大系 5, 115 이하 등 참조.

34) 金滉植(註 21), 95; 朴英植(註 21), 530; 李銀榮, 439; 韓國金融硏修院(編), 受信法律, 15.

③설을[35] 취하는 분도 있다. 또 종래에는 獨逸·佛蘭西 학설의 영향으로 當座去來契約에 相互計算 契約도 포함되는 것으로 보는 긍정설이 유력하였으나, 當座預金에 대해서도 押留·轉付가 허용되고, 어음·手票 지급시마다 差減하여 預金 殘額을 확정하는 銀行 實務處理 등이 相互計算 不可分의 原則이나 일정 시기의 總括相計處理 등 상호계산의 법적 성질과는 들어맞지 않는다는 점에서 비판을 받게 되자 現在는 否定說이 다수설이 되었다. 우리 나라에서도 肯定說[36]과 否定說[37]이 있다.

當座去來契約과 아울러 當座預金 殘高가 부족하여도 銀行이 一定限度額까지는 지급할 수 있는 當座去來契約이 체결되는 경우가 많은데, 이는 銀行에 의한 貸出의 성격을 갖는다.

家計綜合預金은 預金主가 언제든지 銀行을 支給人으로 하는 家計手票를 發行하여 그 手票의 支給資金으로 할 수 있는 預金으로서 家計綜合預金約定·가계종합예금차월약정·가계수표보증카드약정이 혼합된 契約이다. 거래처의 자격을 개인에 한정하고, 이에 약간의 특별조항이 있는 외에는 통상의 당좌거래약정과 다를 바 없다.[38]

(d) 別段預金 雜預金이라고도 한다. 預金主와 銀行과의 預金去來에 기한 預金의 種類가 아니고 各種의 預金業務 遂行에 수반하여 발생하는 一時的 保管金으로서 다른 預金 種目으로 처리하기 곤란한 것을 편의상 처리하는 預金計定이다. 그 내용이나 법적 성질이 다양하여 일률적으로 파악하기 곤란하며 預置人이 반드시 銀行에 대하여 그 返還請求權을 갖는 것도 아니다. 예컨대 자기앞手票資金計座는 自己앞手票의 賣却代金으로서 銀行에 귀속되는 돈을 단지 區分 보관하는 것뿐이며, 當座預金解止 殘額 計座는 當座預金 殘額으로서 預金主에게 返還請求權이 있으며, 株式納入 保管金 計座는 株式納入金收納事務處理라는 委任契約에 따라 銀行이 취득한 금전으로서 株式發行會社에 支給請求權이 있다.[39] 不渡制裁 回避를 위한 어음事故申告 擔保金(어음交換所規約 §75-2)은 事故申告 내용의 眞實性과 부도제재 회피를 위한 사고신고의 濫用을 방지하기 위하여 인정되는 제도로서 어음소지인의 어음상의 권리가 확인되는 경우에는

35) 韓國金融硏修院(編), 受信法律, 304.
36) 鄭熙喆, 商法學原論(下), 370; 洪幸男, 預金, 積金實務, 21.
37) 韓國金融硏修院(編), 受信法律, 15.
38) 前註.
39) 韓國金融硏修院(編), 受信法律, 13.

당해 어음채권의 지급을 擔保하는 性質도 있다.[40)]

(e) 定期積金 預金主가 一定回數 一定金額을 銀行에 入金하면 銀行이 一定金額을 約定한 날에 지급하기로 하는 내용의 契約이다. 따라서 定期積金者는 每月 定期的으로 預置한 月賦金 總額의 반환을 청구할 수 있는 것이 아니라 매월 定期的으로 特定額을 預置함을 條件으로 그 支給日에 特定額의 返還을 請求할 수 있을 뿐이다. 通常의 預金契約과는 달리 당사자의 합의만으로써 성립하는 諾成契約으로서 條件附 金錢支給契約이다. 相互賦金과 유사하나 定期積金은 片務契約인 반면 相互賦金은 雙務契約이라는 점이 다르다.

(f) 通知預金 特定期間 預置後에 그 支給請求에는 특정한 豫告期間을 둘 것을 條件으로 하는 預金이다. 그 法的 性質은 특정한 預置期間 경과와 特定한 支給請求 豫告期間을 조건으로 한 條件附消費任置이다. 개정된 標準約款에는 이에 해당하는 것이 없다.

(g) 讓渡性預金(CD) 返還期間의 約定이 있는 預金으로서 讓渡禁止의 特約이 없는 것을 말한다. 현재에는 無記名定期預金이 이에 해당한다. 讓渡性 預金도 預金의 一種이므로 법적 성질은 消費任置이다. 반드시 證書의 발행이 隨伴되나 이는 통상의 定期預金證書와 마찬가지로 證據證券에 불과하고 有價證券은 아니다.[41)]

5. 預金契約의 成立時期

預金契約의 법적 성질을 要物契約으로 파악함이 多數說·判例임은 앞서 본 바와 같다. 따라서 預金契約은 당사자의 預金에 관한 合意 외에 預金의 목적물을 銀行에 引渡한 때에 成立한다. 現實的으로 預金은 銀行의 점포에서 입금하는 것이 보통이나 점포 외에서 銀行 직원의 收金에 의하여 이루어지기도 하며 預金의 客體도 現金뿐 아니라 어음·手票 등 證券도 포함되는바, 具體的인 경우에 어느 段階에서 預金 目的物의 引渡가 있다고 볼 것인지가 문제된다.

(1) 店鋪入金

㈎ 現金入金 통상의 預金절차는 預金主가 銀行 窓口에 現金을 내놓으면 窓口 職員이 이를 受取하여 金額을 確認하고 收納한 뒤 通帳·證書에 記入·記帳하고 通帳·證書를 交付·返還한다. 이 경우 우리 나라 및 日本의

40) 大判 92.10.27, 92다25540(公 934, 3282).
41) 田中誠二(註 30), 182.

多數說[42]과 判例[43]는 窓口 직원이 受領한 金錢의 額數를 確認한 때에 預金契約이 성립한다고 하는 反面, 少數說[44]은 金錢의 交付가 있는 단계에서 預金契約이 성립한다고 한다. 兩說은 금전의 교부가 있었으나 아직 額數 확인이 안된 상태에서 절취당한 경우에 차이가 있게 되는데, 多數說에 의하면 단순한 任置契約이 성립되었을 뿐이므로 銀行의 預金主에 대한 債務不履行으로 인한 損害賠償責任이나 職員의 不法行爲로 인한 使用者責任이 문제될 뿐이다. 少數說에 의하면 預金契約이 이미 성립되었으므로 預金返還債務를 지게 된다.

㈏ 어음·手票에 의한 입금

(a) 他店權의 境遇 다른 銀行 또는 다른 店鋪가 支給場所로 되어 있는 어음·手票로 預金하는 경우에는 交換을 거쳐 現金化하는 과정이 필요하므로 언제 預金契約이 성립하는 것으로 보느냐가 특히 문제된다. 이에 관하여 종래부터 주장되어 온 학설[45]의 내용을 간단하게 살펴보면 다음과 같다.

(i) 推尋委任說 他店權에 의한 입금은 숨은 推尋委任이고 그 推尋完了를 停止條件으로 하여 推尋金을 預金으로 하는 契約이 成立한다고 본다. 따라서 금융기간이 他店權으로 입금된 計座에서 交換決濟前에 手票 相當金額을 支給하여 준 때에는 預金主에 대한 貸出이 된다고 한다.

(ii) 讓 渡 說 不渡를 解除條件으로 하여 他店權의 입금과 동시에 預金契約이 성립한다고 한다. 手票가 現金과 마찬가지의 經濟的 기능을 영위하는 점을 중시하여 수표에 의한 입금을 銀行에 대한 수표의 讓渡로 본다.

(iii) 折 衷 說 절충설에는 여러 가지가 있으나 그 중 대표적인 것으로는 原則的으로 推尋이 完了되어야 預金契約이 성립하지만 推尋完了前에 預金主에게 預金 相當額을 지급하면 銀行은 不渡時에 생기는 구상권의 확보를 위하여 어음·手票를 양수한 것이 되어 그 때 預金契約이 성립한다고 하는 견해가 있다. 또 자기앞手票와 같이 현금과 동시할 수 있는 經濟的 價値를 가진 것은 수령과 동시에 預金契約이 성립하나 그렇지 아니한 어음·수표는 推尋이 완료되어야 預金契約이 성립한다는 견해도 있다.

---

42) 金滉植(註 21), 60; 朴英植(註 21), 522; 韓國金融硏修院(編), 受信法律, 16. 近藤弘二, "預金契約の成立", 金融去來法大系(2), 41; 河本一郎, 別册ジュリスト 銀行取引判例百選, 39; 徐原寬一, 金融法(法律學全集)(1968), 105.

43) 大判 77.4.26, 74다646(總 3-2(A) 376, 6); 大判 84.8.14(註 29); 大判 87.12.22(註 29); 日最判 昭 58(1983).1.25(金法 1034, 41).

44) 來栖三郎, 契約法(法律學全集)(1974), 609.

45) 우리 나라 및 日本의 學說·判例에 관하여는 韓國金融硏修院(編), 受信法律, 18; 韓國金融硏修院(編), 銀行實務法律, 354 이하; 日注民(新)(16), 408.

(iv) 諾成的 消費任置說 당사자의 合意만으로 消費任置契約은 성립하고 어음·手票의 교부는 消費任置契約에 기한 채무의 이행으로 본다. 즉 他店權의 입금과 동시에 預金契約은 성립하나 銀行이 현실로 預金債務를 부담하는 것은 他店權이 現金化된 때라고 보는 견해다.

어느 설을 취하느냐에 따라 차이가 나는 부분은 推尋前에 銀行이 預金主에게 지급한 경우이다. 推尋委任說에 의하면 일종의 貸出이 되고 讓渡說에 의하면 預金의 支給이 되는 것이다. 不渡時에 銀行이 手票上의 권리를 행사하여 수표상의 채무자에게 遡求하는 때에 前說에 의하면 人的抗辯이 절단되지 아니하나 後說에 의하면 人的抗辯이 절단된다. 우리 나라에서는 推尋委任說 또는 折衷說[46]이 多數說이고 讓渡說[47]과 諾成的 消費任置說[48]은 少數說이다. 大法院은 從前에 讓渡說을 취해 왔으나[49] 최근에는 推尋委任說에 터잡은 判決[50]을 宣告한 바 있다. 日本에서는 推尋委任說에 입각한 折衷說이 다수설이나 最高裁判所는 推尋委任說을 채용하였다.[51]

(b) 自店券의 경우 支給場所가 證券을 受領한 銀行 자신인 경우에는 銀行이 當座預金 殘高를 確認할 수 있으므로 證券의 受領과 동시에 預金契約이 成立한다고 봄이 一般的이다.[52] 이에 대해 自店券 入金이 있는 경우에도 바로 入金記帳을 하고 發行人의 殘高 確認은 나중에 하는 實務例를 근거로 停止條件附로 預金契約이 성립한다는 설,[53] 不渡를 解除條件으로 하여 證券의 預入時 預金契約이 성립한다는 설[54]이 있다. 判例는 자기앞手票 또는 支給人이 당해 金融機關으로 된 手票·어음으로 즉시 입금기장을 하는 경우에는 手票·어음의 授受와 동시에, 預金殘高를 확인하고 入金記帳을 하는 경우에는 停止條件附로 手票·어음의 수수와 동시에 預金契約이 성립한다고 한다.[55]

---

46) 金滉植(註 21), 63; 朴英植(註 21), 534; 李俊相, 金融判例研究(1982-1991), 86; 姜渭斗, "수표에 의한 예입의 경우에 預金契約의 성립시기", 月報 213, 48; 張亨龍, "수표예입과 預金契約 성립시기", 金融, 1984. 4, 30-40.
47) 洪幸男, 預金積金法律實務, 34.
48) 李容勳(註 23), 121.
49) 大判 66. 2. 22, 65다2505(集 14-1, 98); 大判 70. 4. 14, 69도2461(集 18-1, 69); 大判 87. 5. 26, 86다카1559(公 804, 1056).
50) 大判 88. 1. 19, 86다카1954(公 820, 446).
51) 日最判 昭 46(1971). 7. 1(金法 622, 27).
52) 推原國隆, 判例がらみた銀行取引法の諸問題, 53; 金滉植(註 21), 63; 朴英植(註 21), 535.
53) 中馬義直, 契約法大系 V, 39.
54) 近藤引二(註 42), 55.
55) 大判 84. 8. 14(註 29). 이 判例에 대한 解說, 批判에 관하여는 李俊相(註 46), 28 이하 참조.

(2) 店外收金

銀行窓口外에서 거래처가 預金의 뜻으로 주는 돈을 銀行職員이 받아오는 경우에 그 직원이 店外에서 預金業務를 취급할 權限이 있는가의 여부에 따라 預金契約의 성립시기가 달라진다. 銀行의 支店長이나 支店長代理 등 預金受領權限이 있는 직원이 預金을 수령한 경우에는 막바로 預金契約이 성립하지만 단순한 預金勸誘 직원의 경우에는 歸店하여 預金 擔當職員에게 돈을 넘겨 줌으로써 預金契約이 성립한다. 직원이 預金을 任意 消費한 때에 前者의 경우에는 預金返還債務를 지게 되나 後者의 경우에는 직원의 使用者로서의 責任을 부담할 뿐이다.[56] 그러나 점포 내에서 일반적으로 預金取扱 權限을 가진 者라도 당연히 店外에서도 預金契約을 체결할 권한이 있다고 할 수는 없으므로 구체적인 경우에 여러 가지 사정을 종합하여 판단해야 할 것이다.[57]

(3) 受信去來基本約款上 預金契約의 成立時期

受信去來基本約款에서는 종래의 學說·判例를 참작하여 預金契約의 成立時期에 관하여 明文의 규정을 두었다. 그 §5에 의하면, 現金으로 입금하는 때에는 銀行이 이를 받아 확인한 때, 거래처나 제3자가 計座送金하는 때에는 예금원장에 입금기장을 마친 때, 證券으로 입금하거나 計座送金하는 때에는 은행이 증권을 交換에 돌려 不渡返還時限이 지나고 決濟를 확인한 때, 그러나 開設店이 지급하여야 할 증권은 그 날 안에 결제를 확인한 때, 證券이 자기앞수표·송금수표·가계수표로서 지급제시기간 안이며 사고신고가 없고 지급이나 대지급요건·보증요건을 구비한 경우에는 예금원장에 입금기장을 마친 때에 각 예금이 된다. 現金入金의 경우에는 多數說을, 證券入金의 경우에는 원칙적으로 推尋委任說에 의하되 決濟가 확실시되는 경우에만 讓渡說을 취하였다. 따라서 預金契約의 成立時期에 관하여는 위 約款대로 해석하면 될 것이나, 어음·手票의 추심 전에 예금을 지급하였을 때의 법률관계에 관하여는 약관에 정한 바가 없어서 여전히 문제점으로 남아 있다고 할 것이다.[58]

(4) 預金契約의 성립 여부에 관한 특수문제

위에서 살펴본 바와 같이 預金契約은 預金에 관한 당사자의 合意와 금전의 引渡, 受領確認으로 성립하는 것이 원칙이고, 預金證書는 契約成立 사실을 증명하는 證據證券에 불과하다. 따라서 預金契約 성립 후에 직원이 업무규정

56) 韓國金融研修院(編), 受信法律, 17.

57) 大西武士, 別册ジュリスト 銀行取引判例百選(新版), 55.

58) 추심 전 지급의 경우의 법률관계에 관하여는 李俊相(註 46), 124 이하 참조.

에 따른 입금절차를 밟지 아니하고 橫領하였다고 하더라도 預金契約의 효력에는 영향이 없는 것이다.[59] 그런데 경우에 따라서는 預金거래의 방식이나 내용 등이 정상적이 아니어서 預金契約의 성립 여부가 문제되는 수가 있다. 判例는 預金種類를 特定함이 없이 銀行 次長에게 2회에 걸쳐 금원을 교부하고 個人名義의 現金保管證을 교부받은 사안에서 특별한 사정이 없는 한 預金契約의 성립을 인정하기 어렵다[60]고 한다. 또 銀行직원이 私債仲介人을 통하여 銀行所定金利 외에 謝禮金을 준다는 조건으로 預金主를 모집한 후 預金主에게는 通常의 방법이 아닌 手記式通帳을 교부하고 預金主로부터 받은 돈은 正式 입금절차를 밟지 아니한 채 不正引出한 사안에서 預金主가 通常의 주의를 기울였더라면 은행직원이 은행을 代理하여 預金契約을 체결할 의사가 없음을 알 수 있었을 것이라는 이유(이른바 非眞意表示)로,[61] 또는 은행직원의 代理權濫用行爲라는 이유[62]로 預金契約의 성립을 부정하였다. 결국 預金契約의 성부는 預金거래당사자의 預金契約에 관한 眞正한 意思 有無에 관한 事實認定 問題로 돌아간다고 할 것이다.

6. 預金主의 決定

(1) 預金主 決定의 必要性

當座預金의 경우에는 當座去來契約을 締結하기에 앞서 預金主의 信用을 조사하여 신중을 기하게 되므로 預金主가 누구인가가 명백한 것이 보통이고, 無記名定期預金은 預金證書가 무기명으로 발급되고 預金主는 預金證書에 의하여만 권리를 행사할 수 있으며 양도금지의 특약이 없고, 증서의 소지인에게 증서와 상환으로 지급하게 되어 있으므로[63] 證券所持人이 곧 預金主이어서 預金主 決定 문제는 제기될 여지가 없다.[64] 그러나 普通預金·定期預金의 경우에는 預金을 하고자 하는 사람이 있으면 銀行은 누구로부터나 預金을 받으며, 預金主는 租稅對策이나 財産隱匿의 목적으로 他人名義로 預金하는 경우가 있고, 預入行爲者 名義로 하는 경우에도 그 出捐者는 따로 있는 수가 있다. 이

59) 大判 75. 11. 11, 75다1224(公 526, 8720); 大判 84. 8. 14(註 29).
60) 大判 85. 5. 28(註 29).
61) 大判 87. 7. 7, 86다카1004(公 807, 1292); 大判 87. 11. 10, 86다카371(公 815, 79) : 이는 이른바 明星事件에 관한 판결인바, 그 자세한 해설은 金滉植(註 21), 75; 李俊相(註 46), 102; 韓國金融硏修院(編), 銀行實務法律, 431 이하 참조.
62) 大判 87. 11. 10, 87다카1557(公 815, 92).
63) 무기명식 정기예금약관 §§ 2, 7 참조.
64) 韓國金融硏修院(編), 銀行實務法律, 337; 韓國金融硏修院(編), 受信法律, 22.

境遇 銀行으로서는 預金證書와 申告印鑑의 지참인에게 善意·無過失로 預金을 지급하면 免責이 되므로 굳이 누가 預金主인가를 조사할 필요는 없다. 그러나 銀行이 預金主라고 생각하는 사람에 대한 反對債權을 가지고 相計를 하거나 預金名義人의 채권자가 預金을 押留한 때, 預金名義人과 出捐者가 서로 預金債權者라고 주장하는 때, 銀行이 預金通帳이나 申告印鑑 없이 預金返還請求를 당한 때에는 預金主가 누구인가를 확정할 필요가 있다.

(2) 學說·判例의 傾向

일본의 無記名定期預金은 우리 나라의 것과 달리 거래 초에 預金主의 성명은 밝히지 않아도 인감은 신고하게 되어 있고 讓渡禁止의 特約이 있는 등 指名債權으로 해석되고 있어서 預入行爲者와 出捐者 중 누가 預金主인가를 둘러 싸고 크게 나누어 다음과 같은 3가지 學說이 對立되어 왔다.[65]

主觀說은 預入行爲者가 예입시에 他人이 預金主임을 明示 또는 默示的으로 표시하는 등의 특별한 사정이 없는 한 원칙적으로 預入行爲者가 預金主라고 한다. 客觀說은 預入行爲者가 금원을 횡령하여 자기의 預金으로 하는 등의 특별한 경우를 제외하고는 원칙적으로 스스로의 出捐에 의해 자기의 預金으로 할 意思를 가지고 금융기관에 대하여 自己 또는 使者·代理人·機關을 통해서 預金契約을 한 出捐者가 預金主라고 한다. 折衷說은 원칙적으로는 出捐者가 預金主이지만 預入行爲者가 자기의 預金이라는 것을 明示 또는 默示的으로 표시한 때에는 預入行爲者가 預金主라고 한다.

記名式預金의 경우에는 預金名義人이 표시되므로 預入行爲者·出捐者·名義人 중 누가 預金主인가를 따져야 하고, 虛無人名義의 預金도 있어서 預金主 결정이 좀더 복잡하나 본질적인 문제는 無記名定期預金의 경우와 같으며, 여기에도 主觀說·客觀說·折衷說 등의 대립이 있다.[66]

主觀說은 일반적인 契約理論에 터잡아 당사자의 意思表示에 비중을 두는 견해로서 금융기관에 유리하게 작용하고, 客觀說은 預金去來에 있어 금융기관이 당사자의 身元·資金出處 등을 조사하지 않고 預金支給도 預金證書와 申告印鑑에 의해 이루어지는 등 預金契約의 특수성을 고려하여 그 預金에 대하여 실질적으로 가장 직접적인 이익을 갖는 자를 預金主로 보려는 견해로서 出捐者에게 유리하며, 折衷說은 어느 쪽으로도 보기 어려운 사실관계에서 타협적

65) 日本의 학설에 관하여는 平山慶道, "預金者の認定と拂戻し", 金融去來法大系(2), 79.

66) 각 學說에 대한 批判으로는 金柄宰, "記名式預金에 있어서의 預金債權者의 判定基準", 民判硏 Ⅸ, 84 이하 참조.

인 解決을 꾀하는 견해라고 할 것이다. 日本에서는 無記名定期預金의 경우에는 客觀說을 취하는 학자가 많으나 記名式預金의 경우에는 主觀說을 취하는 학자가 많다. 그러나 日本 最高裁判所는 無記名定期預金[67]의 경우나 記名式預金[68]의 경우에 모두 客觀說을 채택하였다.

우리 나라에서는 客觀說을 지지하는 견해만이 발견된다.[69] 大法院判例는 出捐者가 他人名義를 모용하여 預金을 한 사안에서 預入行爲者를 預金主라고 판시하기도 하고[70] 預入行爲者가 出捐者 名義로 預金을 한 사안에서 預金通帳의 소지인이 預金主인듯이 판시[71]하기도 하여 어느 설을 취하는지가 명확하지 않았으나 후에는 預入行爲者가 資金을 出捐하여 他人名義의 預金을 한 경우[72] 預入行爲者가 出捐者名義로 預金한 경우,[73] 預入行爲者가 出捐者 이외의 제 3 자名義로 預金한 경우[74]에 모두 出捐者가 預金主라고 판시함으로써 客觀說을 확립하였다.

(3) 金融實名去來制度와 預金主의 決定

金融實名去來 및 秘密保障에 관한 緊急財政·經濟命令(1993. 8. 12 大統領緊急財政命令 제16호)에 의하여 1993. 8. 12.부터 모든 金融機關은 거래자의 實地名義에 의하여 金融去來를 하여야 한다. 이에 따라 銀行은 預金去來 當時 預金主의 住民登錄證이나 法人登記簿·事業者登錄證 등에 의하여 預金主의 실명을 확인하게 되므로 虛無人명의의 預金은 없어질 것이나, 他人名義의 預金까지 없어진다고 단정하기는 어렵다. 實地名義에 의하여 去來하지 않는 違反者는 過怠料 處分을 받는데 그치고(위 命令 §§ 13, 14, 3), 出捐者가 他人名義로 預金한 경우 그 私法的인 효력까지 무효로 되는 것은 아니라고 할 것이므로 金融實名制 아래서도 預金主 결정의 문제는 여전히 남는다. 다만 이 제도하에서는 預金名義人이 預金主로 일단 추정될 것이나, 다른 증거에 의하여 出捐者가 따로 있음이 밝혀진 때에는 出捐者를 預金主로 보아야 할 것이다.[75]

67) 日最判 昭 40(1965). 12. 10(金法 433, 9).
68) 日最判 昭 52(1977). 8. 9(民集 31, 4, 742).
69) 金滉植(註 21), 68; 金柄宰(註 66), 88; 李俊相(註 46), 99.
70) 大判 73. 2. 26, 72다2448, 2449(要集 I-2, 1058); 大判 72. 5. 9, 72다266, 267(集 20-2, 17).
71) 大判 85. 12. 24, 85다카880(公 770, 315).
72) 大判 87. 5. 12, 86다카2903(公 803, 976); 大判 88. 12. 27, 88누10060(公 842, 250); 大判 92. 1. 21, 91다23070(公 916, 882).
73) 大判 92. 6. 23, 91다14987(公 926, 2223).
74) 大判 87. 10. 28, 87다카946(公 814, 1784).
75) 韓國金融硏修院(編), 銀行實務法律, 350 이하 참조.

7. 預金主의 變動

(1) 讓渡·質權設定

預金債權은 指名債權이어서 그 讓渡에 관하여는 指名債權讓渡에 관한 一般原則이 적용되므로 아래에서는 預金債權에서 특별히 문제가 되는 부분만을 몇 가지 언급하는 데 그친다. 預金債權에 대한 質權設定 방법은 債權讓渡의 방법과 같으나(民 §346), 質權의 要物性으로 인하여 預金證書의 引渡가 필요하다(民 §347).

(가) 讓渡禁止의 特約과 善意의 제3자 指名債權은 讓渡性이 있음이 원칙이지만 當事者의 특약으로 讓渡를 금지할 수 있다. 預金債權은 그 性質[76]이나 法律上 讓渡나, 質權設定이 금지되는 경우는 거의 없으나 특약에 의하여 이를 금지할 수 있다. 표준약관에 의하면 無記名定期預金을 제외하고는 대부분의 預金(普通預金約款 §5; 貯蓄預金約款 §6; 企業自由預金約款 §5 등)의 讓渡·質權設定을 금하고 있으며 記名式定期預金(同 約款 §5)이나 定期積金(同 約款 §7)은 銀行의 승낙을 얻어 양도나 질권설정을 하도록 규정하고 있다. 預金債權에 讓渡禁止의 특약을 두는 이유는 預金事務處理의 煩雜性과 二重支給의 危險性을 排除하고 銀行이 預金主에 대한 貸出金 등 債權과 相計함으로써 債權을 保全하기 위해서라고 하나[77] 合理的인 근거로 보기는 어렵다.

預金債權讓渡禁止 특약은 善意의 제3자에게는 對抗할 수 없는 것이나, 預金通帳 등 預金證書에 이러한 特約事項이 기재되어 있고 일반적으로도 널리 알려져 있는 사항이어서 양수인이 이를 몰랐다고 한다면 그에게는 重過失이 있다고 볼 수 있을 것이다. 重過失도 惡意와 동시할 것인가에 관하여 日本에서는 이를 肯定하는 有力說[78]과 判例[79]가 있다.

(나) 預金債權의 二重讓渡와 優先順位 預金債權讓渡의 효력을 債務者에게 주장하려면 讓渡人이 債務者에게 讓渡事實을 통지하거나 債務者가 이를 承諾하여야 하며, 제3자에게 대항하기 위하여는 讓渡通知나, 承諾을 確定日字 있는 證書에 의하여야 한다. 預金債權이 二重讓渡된 경우의 效力의 優劣은 一般 指名債權의 경우와 같이 確定日字 있는 對抗要件을 갖춘 양수인이 우

---

76) 다만 當座預金의 법적 성질을 상호계산계약을 포함한다고 보거나, 위임사무처리비용의 선급이라고 보는 견해에 의하면 당좌예금은 그 性質上 양도가 인정되지 않는다.
77) 金滉植(註 21), 84; 韓國金融硏修院(編), 受信法律, 149.
78) 日注民(新)(16), 410.
79) 日最判 昭 48(1973).7.19(民集 27, 7, 82).

선하고, 兩者가 모두 확정일자에 의한 對抗要件을 갖춘 경우에는 通知의 到達 또는 承諾의 先後에 의하여 優劣이 결정된다. 그러나 확정일자에 의한 양도통지가 同時에 도달한 경우에는 채무자는 讓渡 또는 押留의 競合을 이유로 양수인의 이행청구를 거절할 수는 없다는 日本 判例[80]가 있다. 이 경우 辨濟받지 못한 다른 양수인의 손해는 양도인에 대한 不法行爲責任 추구 등 다른 법리에 의하여 전보받을 수 있을 것이다.[81]

(다) 預金債權의 讓渡의 效力 預金債權이 讓渡되면 원칙적으로 預金債權은 同一性을 잃지 않고 양수인에게 이전되며, 從된 권리도 隨伴하여 이전된다. 따라서 금융기관은 통지를 받을 때까지 양도인에 대하여 생긴 사유로서 양수인에게 대항할 수 있다(民 § 451 Ⅱ). 그러나 異議를 保留하지 않고 承諾한 경우에는 위와 같은 사유를 양수인에게 대항할 수 없다(民 § 451 Ⅰ 本文). 相計의 경우 讓渡通知가 있었을 당시 이미 反對債權이 발생되어 있었으면 通知當時 相計適狀 상태에 있지 않았어도 양수인에 대해 對抗할 수 있는 것으로 해석된다.[82]

利子債權은 預金債權에 從된 권리이므로 預金債權이 양도되면 基本的인 利子債權은 당연히 양도된다. 그러나 이미 期限이 到來한 持分的인 利子債權은 강한 獨立性을 가지므로 특약이 없는한 讓渡되지 아니한다.[83]

(2) 預金債權의 押留·轉付

預金債權도 金錢債權의 일종이므로 預金主의 채권자는 預金主에 대한 債務名義에 기하여 금전채권에 대한 強制執行의 방법에 따라 자기채권의 변제에 충당할 수 있다. 따라서 預金債權에 대한 押留나 推尋·轉付 등에 관한 법리도 一般 금전채권에 관한 것과 같다.

(가) 讓渡禁止의 특약과의 關係 讓渡禁止의 특약이 있는 預金債權이라도 押留·轉付命令에 의하여 이전할 수 있고, 押留債權者의 善意·惡意는 轉付命令의 효력에 영향을 미치지 않는다.[84] 押留禁止債權이 法定되어 있는데도 私人의 의사표시에 의해 押留禁止 財產을 만들어 내는 것은 채권자를 害하는 것이 되어 부당하기 때문이다.[85]

(나) 被押留債權의 特定과 押留의 效力 被押留債權이 특정되지 않

80) 日最判 昭 48(1973). 3. 13(民集 27, 2, 344).
81) 前田庸, "預金者の變更と差押·轉付", 金融去來法大系(2), 130 참조.
82) 郭潤直, 債總, 374.
82) 郭潤直, 債總, 68.
84) 大判 76. 10. 29, 76다1623(公 549, 9464); 日最判 昭 45(1970). 4. 10(民集 24, 4, 240).
85) 郭潤直, 債總, 36.

은 押留命令은 無效이므로 압류명령을 신청함에는 어느 채권을 압류하는 것인지 식별이 가능하도록 特定해야 한다. 預金債權은 預金主의 名義, 預金의 種類, 計座番號, 金額, 預金日字, 支給期日 등에 의하여 특정될 수 있으나 預金主가 아닌 채권자가 이에 관한 정확한 情報를 얻기란 쉬운 일이 아니다. 따라서 이들 要素 중 일부가 不正確하더라도 去來通念上 다른 預金과 識別이 가능할 정도로 표시하면 족하다고 할 것이다.[86]

押留命令의 효력은 원칙적으로 被押留債權金額을 한도로 하여 제3채무자에게 송달된 때의 預金債權 殘額에 대하여 미친다. 즉 당좌예금·보통예금·저축예금에 있어 앞으로 입금될 돈에 대해서는 효력이 미치지 아니하나 압류명령에서 將來의 入金額까지 표시된 경우에는 예외이다. 利子債權의 경우도 특별한 표시가 없으면 압류명령 도달 이후의 것에만 효력이 미치고 旣發生利子에 대하여는 미치지 아니한다.

㈐ 押留의 競合과 推尋·轉付命令 동일한 預金債權에 대하여 押留 또는 假押留가 競合된 경우의 換價處分으로서 推尋命令은 有效하나 轉付命令은 無效이다. 따라서 銀行이 추심채권자에게 預金을 지급한 때에는 유효한 변제로서 채무가 소멸하나 전부채권자에게 지급한 때에는 銀行이 善意·無過失인 때에만 債權의 準占有者에 대한 辨濟로서 유효하다.

(3) 相 續

預金主가 死亡하면 그의 預金을 비롯한 財産에 관하여 相續이 개시된다. 相續人이 수인인 경우에는 相續財産은 그들의 共有가 되고(民 § 1006) 공동상속인들은 법정상속분에 따라 被相續人의 權利義務를 승계한다(民 § 1007). 共有의 의미에 관하여는 合有說과 共有說의 대립이 있으나 우리 나라의 多數說은 共有說이다.[87] 共有說에 의하면 預金債權은 금전채권으로서 分割할 수 있으므로 각 共同相續人이 法定相續分에 따라 分割債權을 取得하며[88] 共同相續人은 자기의 相續分에 해당하는 預金이 返還을 청구할 수도 있다. 그러나 相續財産의 協議分割·相續拋棄·遺贈 등에 의해 권리지분이 달라질 수도 있고, 遺言執行者가

---

86) 大判 65. 10. 26, 65다1699(集 13-2, 214), 예금 특정방법에 관한 실무례에 관하여는 韓國金融硏修院(編), 受信法律, 206 이하 참조.

87) 合有說 鄭光玄, 要論, 377.
共有說 金疇洙, 註釋 親族相續(1993), 589; 金曾漢, 物權, 184; 郭潤直, 物權, 334; 金容漢, 親相, 353.

88) 단, 共有說을 지지하면서도 채무자 보호의 견지에서 공동상속인은 不可分債權을 취득한 것으로 해석해야 한다는 견해가 있다. 金疇洙(註 87), 590.

선임되는 수도 있어 銀行이 일부 相續人들에게 지급했을 경우 면책이 문제되는 수가 있다. 銀行이 상당한 注意를 하였음에도 遺言執行者의 選任, 기타 상속분에 영향을 미칠 사유의 존재를 알 수 없었을 경우에는 債權의 準占有者에 대한 辨濟로서 免責될 수 있을 것이다. 그러나 銀行 실무에서는 분쟁을 예방하기 위하여 共同相續人 전원의 청구에 의한 預金의 지급이나, 有力人士의 損害擔保約定下의 지급이 권장되고 있다.[89)]

8. 預金債權의 消滅

預金債權도 辨濟·供託·相計·消滅時效 등 채권일반의 소멸원인에 의하여 소멸하나 預金債權의 特質上 다음과 같은 것들이 특히 문제된다.

(1) 預金의 支給과 免責

㈎ 預金主의 確認과 支給　　은행이 진정한 預金主 또는 預金 受領權限을 가진 자에게 預金을 지급하는 경우에 有效한 辨濟로서 預金債權이 消滅하므로 銀行은 支給前에 眞正한 預金主와 受領權限 유무를 확인해야 한다. 他人名義나 虛無人名義 預金의 預金主의 결정에 관하여는 學說·判例의 대립이 있으나, 우리 나라의 通說·判例가 客觀說을 취하고 있음은 앞서 본 바와 같다. 共同名義 預金의 경우에는 공동명의자 사이의 내부관계에 따라 預金主들이 預金債權을 共有·合有 또는 總有하게 된다(民 § 278). 債權의 準共有에 관하여는 多數當事者間의 債權·債務關係에 관한 民 § 408 이하가 적용되므로 準共有의 형태로는 分割債權·不可分債權·連帶債權關係가 있을 수 있는바, 그 중 어느 것에 해당하는가는 당사자의 意思表示나 信義則에 비추어 판단해야 할 것이다.[90)] 預金債權이 讓渡되거나 押留·推尋·轉付된 때, 質權 설정이 된 때에는 위 讓受債權者 등이 預金受領權限을 가진다.

㈏ 預金主 이외의 者에 대한 支給과 免責

(a) 免責의 根據　　預金을 支給받은 자가 진정한 預金主가 아니더라도 銀行이 상당한 注意를 다하면 免責되는 수가 있다. 免責의 근거는 民法의 規定, 約款, 商慣習 등에서 찾을 수 있다.

---

89) 韓國金融研修院(編), 受信法律, 182.

90) 大判 89. 1. 17, 87다카8(公 843, 284)은 共同名義로 預金을 하고 銀行에 그 權利를 함께 행사하기 위하여 兩人이 통장과 도장을 나누어 갖는 경우에는 공동으로만 그 권리를 행사할 수 있다고 하여 불가분채권관계로 본 듯하다. 이 판례에 대한 解說, 批判에 관하여는 李俊相(註 46), 181 이하 참조.

(i) 債權의 準占有者 등에 대한 辨濟 銀行이 善意이며 過失 없이 債權의 準占有者에게 辨濟한 때에는 그 변제는 有效하다(民 §470). 債權의 準占有者라 함은 거래관념상 債權者라고 믿을 수 있는 外觀을 갖춘 자를 의미하므로 반드시 債權證書를 占有하거나 債權을 利用하는 행위를 계속할 필요는 없다.[91] 그러나 判例는 預金債權의 準占有者는 預金通帳이나, 申告印章 등을 소지해야 한다고 판시하여[92] 無通帳 支給의 경우에는 債權의 準占有者에 대한 변제로 보지 않는다. 또한 預金主의 代理人이나 使者로 행세한 경우,[93] 위조한 預金通帳을 소지한 경우[94]에도 債權의 準占有者로 인정되는 수가 있다. 다만 判例는 僞造手票에 대한 지급은 無效이며 債權의 準占有者에 대한 법리는 적용될 수 없다고 한다.[95] 추상적으로 預金主와 같은 외관을 갖추었다고 하더라도 그가 진정한 預金主가 아니라고 의심할 만한 사정이 있는 때에는 그에 대한 확인을 하는 등 상당한 조치를 취하지 않는 한 過失이 있다고 할 것이다. 어떠한 경우에 과실이 있다고 할 것인가는 개별적인 사안에서 구체적으로 판단할 수밖에 없다. 또한 預金通帳이나 申告印章으로 작성한 預金支給請求書 등은 領收證에 해당한다고 볼 수 있으므로 銀行이 善意, 無過失로 위 증서를 소지한 자에게 변제한 때에는 領收證所持人에 대한 辨濟로서도 有效하다(民 §471). 다만 여기서 말하는 領收證은 眞正하게 작성된 것만을 의미한다.

(ii) 免責約款 銀行은 每日 대량의 預金業務를 迅速·정확하게 처리해야 하는데 그 때마다 진정한 預金主가 누구인가를 확인해야 한다면 원활하게 업무를 수행할 수 없으므로 간편한 支給節次를 약정하고 그에 따라 지급하면 면책된다는 특약을 두고 있다. 受信去來基本約款 §12는「은행은 지급청구서, 수표·어음 또는 신고서에 찍힌 인영(또는 서명)을 신고한 인감(또는 서명감)과 육안에 의하여 상당한 주의로써 대조하여 틀림없다고 인정하고 지급청구서 등에 적힌 비밀번호가 신고한 비밀번호와 일치함을 인정하여 지급 기타 처리를 한 경우에는 지급청구서 등과 도장에 관한 위조·변조 또는 그 밖의 어떠한 사고로 말미암아 거래처에게 손해가 생겨도 책임을 지지 아니한다」고 규정하여 各種 預金에 共通한 支給方式과 진정한 權利者에 대한 調査義務

91) 註釋債總(下), 468.
92) 大判 85.12.24, 85다카880(公 770, 315). 이 判例에 대한 批判에 관하여는 李俊相(註 46), 66 이하 참조.
93) 註釋債總(下), 470 이하.
94) 註釋債總(下), 488; 郭潤直, 債總, 417.
95) 大判 71.3.9, 70다2895(集 19-1, 137).

를 輕減하고 있다. 이런 免責約款도 유효하며[96] 預金契約 당사자간의 계약에 터잡은 것이므로 전술한 債權의 準占有者에 대한 免責規定과는 그 근거가 다르다.[97] 그러나 이러한 免責約款은 銀行이 預金의 支給節次 전반에 관하여 통상의 注意를 다하지 못한 경우까지 銀行의 면책을 인정하는 근거로는 되지 아니한다.[98]

(iii) 商 慣 習 商慣習이란 商事에 관한 事實인 慣習을 말한다. 免責約款이 존재하지 않더라도 免責約款의 내용과 같은 지급절차에 따라 銀行이 지급한 경우에는 진정한 預金主가 아닌 자에 대한 지급이라도 유효한 것으로 보는 商慣習이 존재한다고 볼 수도 있다. 이러한 商慣習의 존재를 원용하고자 하는 자는 구체적인 사건에서 이를 입증해야 한다. 그러나 통상의 경우에는 債權의 準占有者에 대한 변제의 문제로서 취급하면 되고 商慣習을 끌어올 것까지는 없다고 할 것이다.[99] 判例는 預金通帳의 제시가 없어도 預金支給請求書에 찍힌 印影과 미리 提出된 인영이 맞으면 預金을 지급하는 것이 銀行去來의 商慣習이라고 인정할 수 없다고 한다.[100]

(b) 注意義務의 程度 債權의 準占有者에 대한 辨濟 규정이나 免責約款에 의해 銀行이 면책을 받으려면 支給이 善意이며 過失이 없이 행해져야 한다. 過失 有無를 판정하기 위한 전제로서 銀行에 요구되는 注意義務의 정도는 어떠한 것인가? 判例는 「통상의 注意」,[101] 「숙련된 은행원으로 하여금 그 직무수행상 필요로 하는 충분한 주의」[102] 등의 표현을 사용하고 있고, 위 基本約款에서는 「상당한 주의」라는 표현을 사용하고 있으나 내용상으로는 별 차이가 없다고 할 것이다. 이는 은행원에 대하여 그 업무를 처리함에 있어서 社會通念上 요구되는 상당한 注意를 다하는 것을 말하며 그 程度는 普通 一般人보다는 약간 높으나 印影鑑定 專門家보다는 낮은 것이라고 할 것이다.[103] 위 면책약관의 내용이나 銀行의 실무처리절차에 비추어 볼 때 預金의 지급시에 요구되는 구체적인 注意義務의 내용은 다음과 같다.

96) 孫智烈, "銀行去來約款", 裁判資料 32, 45.
97) 李俊相(註 46), 146. 이러한 免責約款이 民 § 470의 취지를 구체화한 것이라는 견해도 있다. 金滉植(註 21), 77; 서울高判 91. 1. 22, 90나27674(新聞 2008, 7).
98) 大判 75. 5. 27, 74다2083(公 515, 8464); 大判 92. 6. 23, 91다14987(公 926, 2223); 註釋債總(下), 493.
99) 註釋債總(下), 494.
100) 大判 62. 1. 11, 4294民上195(集 10-1, 6).
101) 大判 75. 5. 27(註 98); 大判 92. 6. 23(註 98).
102) 大判 92. 2. 14, 91다9244(公 917, 1011).
103) 孫智烈(註 96), 45.

일반預金인 경우에는 預金通帳·預金證書·支給請求書 등의 僞造·變造 與否 등의 確認, 支給請求書나 預金證書의 영수란에 찍힌 印影과 미리 申告한 印鑑의 印影과의 一致與否 確認, 秘密番號의 一致與否, 事故申告 有無 確認, 그 밖에 진정한 預金主가 아니라고 의심할 만한 사정이 있는지의 與否 등이다. 筆跡이나 名板 등의 對照는 꼭 필요한 것은 아니다.[104] 當座預金의 경우에는 어음·수표에 대한 지급이 되므로 위의 一般預金에 대한 注意義務 외에도 그 어음·手票用紙가 銀行에서 지급한 것인지의 與否, 그 어음·수표용지의 번호가 銀行에서 발행인에게 교부한 것과 일치하는지의 與否, 금액이나 발행일의 變造與否 確認 등이 중요하다. 預金通帳·證書 등의 僞造·變造與否 확인이나 인영의 대조에 있어서는 肉眼에 의한 平面 대조로서 충분한가, 科學的인 機械·器具까지 사용해야 하는가도 문제이다. 초기의 大法院判例는 紫外線감별기 등 보편적으로 간편하게 사용할 수 있는 기기 등을 사용할 것까지 요구하였으나[105] 은행실무가들로부터 銀行의 실무처리와 거리가 멀고 銀行·顧客間의 利害關係의 조화를 無視한 판시라는 비판을 받았다.[106] 최근 判例는 인영대조에 숙달된 擔當行員의 肉眼에 의한 對照를 요구함으로써[107] 注意義務를 완화하였으며 基本約款(§12)에서도 육안에 의한 대조를 명문화하였다.

(c) 特殊한 支給方法과 免責

(i) 定期預金의 中途解止 　定期預金은 確定期限附 債權·債務이므로 기한 도래 전에는 預金主가 支給請求를 할 수 없고 銀行도 支給義務를 지지 않는 것이 원칙이다. 그러나 銀行은 기한의 利益을 抛棄하고 預金主의 中途解止 요구에 응할 수 있다. 約款에도 預金主는 특별한 사유가 있을 때에는 지급기일 전이라도 해지할 수 있다(기명식정기예금약관 §4)는 명문규정을 두고 있다. 合意解止에 의한 預金의 期限前 返還은 辨濟라고 할 것이므로 진정한 預金主가 아닌 자에게 지급한 때에는 民 §470에 의해 면책될 수 있다. 다만 銀行으로서는 부득이한 사유가 없는 한 解止에 불응할 수도 있고, 預金證書를 절취한 사람이 中途解止를 요구할 可能性이 높으므로 진정한 預金主인가의 여부를 확인해야 할 注意義務는 통상의 경우보다 더 가중된다.[108] 또한 정기예금에도

104) 孫智烈(註 96), 46; 韓國金融研修院(編), 受信法律, 269.
105) 大判 75.3.11, 74다53(公 511, 8365).
106) 李俊相, "銀行의 어음, 수표 처리업무의 실제와 判例에의 反映", 裁判資料 31, 905.
107) 大判 92.2.14(註 102).
108) 註釋債總(下), 495; 金滉植(註 21), 79.

基本約款이 적용되므로 受信去來基本約款 §12의 免責條項에 의해 免責될 수도 있다.

(ii) 定期預金 擔保貸出 定期預金을 期限 전에 返還하는 대신에 그 預金을 擔保로 貸出을 하는 수가 있다. 이 境遇 그 경제적인 實質은 定期預金 期限前 返還과 같지만 法律的으로는 貸出이라는 별개의 法律行爲가 존재한다. 따라서 預金主가 아닌 자에게 담보대출을 한 경우에 民 §470나 免責約款에 의해 면책될 수 있는지가 문제된다. 學說[109]은 대립하고 있으나 判例[110]는 긍정적이다. 다만 預金擔保貸出에 있어서 免責의 요건이 되는 상당한 注意義務도 定期預金의 期限前 返還의 경우와 마찬가지로 가중된다고 할 것이며 銀行이 상당한 注意義務를 다하였는지의 여부는 貸出時를 기준으로 판단하여야 한다.

(iii) 便宜支給과 免責 銀行은 約款에 규정된 바에 따라 預金通帳, 印章을 소지하고 비밀번호를 알고 있는 자에게 支給하는 것이 원칙이지만 預金主의 편의를 위하여 그 중 어느 하나를 갖추지 못한 때에도 지급하는 수가 있다. 그러나 이는 免責約款이 예정하고 있는 지급절차에 의한 것이 아니므로 受領人이 無權限者일 境遇 約款에 의한 免責은 인정될 수 없다. 이 경우 民 §470에 의한 免責이 가능한가는 논란의 여지가 있으나 大法院判例[111]는 無通帳支給의 경우에는 모두 위 法規定에 의한 면책을 인정하지 아니하였다. 日本 判例[112] 중에는 預金通帳을 소지하지 아니하여도 다른 사정을 고려하여 銀行이 善意·無過失로 인정되는 때에는 免責된다고 한 것이 있다.

(2) 相　　計

(가) 銀行去來約款의 相計條項 相計는 同種의 債權·債務를 負擔하는 兩當事者가 給付를 現實的으로 履行하는 수고를 하지 않고 一方的 意思表示에 의해 債權의 對等額을 消滅시키는 간이한 決濟方法으로서 相對方의 債權을 활용하여 自己債權을 확보할 수 있는 擔保的 機能도 갖고 있다. 銀行은 基本的으로 顧客의 預金을 資金源으로 하여 與信去來를 할 뿐 아니라 貸出도 預金去來를 전제로 하거나, 預金口座를 통해서만 貸出金이 나가도록 하는 등 與·

109) 肯定說 註釋債總(下), 497; 金滉植(註 21), 81. 否定說 韓國金融研修院, 受信法律, 285.
110) 大判 92. 6. 23(註 98); 日最判 昭 48(1973). 3. 27(民集 27, 2, 376).
111) 大判 69. 11. 25, 69다1609(集 17-4, 93); 大判 71. 12. 28, 71다2299(集 19-3, 210); 大判 85. 12. 24(註 92).
112) 日最判 昭 42(1968). 12. 21(民集 21, 10, 2613).

受信去來를 結付시키고 있고, 債務者의 信用惡化의 경우에는 預金債權과의 相計로써 與信債權을 회수하고자 하는 강한 기대를 갖고 있어서 相計의 擔保的 機能에 크게 의존하고 있다. 그러나 民 §492 I은 同種의 債務를 負擔하는 雙方의 債務가 履行期에 도달한 때에 한하여 相計할 수 있다고 규정하고 있어서 與信去來債務者의 預金債權 등에 제3자가 假押留·押留 등을 하여 信用이 惡化된 경우에도 원래의 辨濟期까지 기다려야 한다면 銀行으로서는 債權을 回收할 수 없는 경우가 생기게 된다. 그리하여 銀行與信去來基本約款 §9는 本來의 辨濟期가 도래하지 아니하여도 債務者의 預金債權 등에 제3자의 押留 등이 있으면 期限의 利益을 喪失시켜 銀行이 갖는 모든 自動債權의 期限이 押留命令 發送始點으로 소급하여 도래되도록 하거나 銀行이 受動債權의 期限의 利益을 抛棄하여 상계할 수 있는 규정을 두고 있다.[113] 이는 民法의 相計要件을 緩和하는 相計豫約 規定으로서의 性質을 가진다.

(나) 相計豫約의 對外的 效力[114] 相計豫約이 反社會秩序나 不公正한 法律行爲에 해당하지 않는 한 銀行과 債務者 사이의 對內的 關係에서 有效함은 契約自由의 原則上 當然하다.[115] 그러나 預金債權에 대해 押留債權者·債權讓受人·質權者 등 利害關係 있는 제3자가 있는 경우에는 相計豫約을 이들에게 對抗할 수 있을 것인지가 問題되는바, 預金에 관하여는 通常 讓渡·入質禁止의 特約이 붙어 있기 때문에 相計豫約의 對外的 效力은 주로 預金에 대한 押留債權者와 銀行의 優劣 및 期限의 利益喪失約款의 有效性 問題로 歸着된다고 할 수 있다.

法定相計에 있어서 押留債權者와 第3債務者의 優劣 問題는 民 §498의 反對解釋으로 第3債務者가 押留前에 取得한 自動債權으로는 無制限的으로 相計로써 押留債權者에게 대항할 수 있는가에 달려 있다고 할 것인데 이 점에 관한 우리 나라와 日本의 學說·判例[116]는 여러 段階로 變遷을 하여 왔는바, 이를 大別하면 相計適狀說과 合理的 期待利益說로 나눌 수 있고 合理的 期待利益說은 辨濟期의 先後나 自動債權과 受動債權의 實質關係를 考慮하는 制限

113) 자세한 내용에 관하여는 후술 銀行 與信去來基本約款 §9 注解 참조.
114) 銀行與信去來基本約款 §9 注解 3. 참조.
115) 大判 89.1.31, 87다카594(公 844, 336); 李範桂, "民法 498조와 相計豫約", 民事裁判의 諸問題 2, 109.
116) 우리 나라와 日本의 學說·判例에 관한 자세한 소개는 申聖澈, "銀行去來와 相計", 裁判資料 32, 161-65; 李範柱(註 115), 93-108; 日注民(12), 447-56; 塩崎勤, "相計豫約の對外的效力について", 金法 1000, 9 참조.

說과 이를 고려하지 않는 無制限說로 나누어진다.

우리 나라 判例는 相計適狀說,[117] 緩和된 相計適狀說[118]을 취하였다가 최근에는 合理的 期待利益說 중 辨濟期의 선후를 기준으로 하는 說[119]을 따르고 있으며 학설로는 合理的 期待利益說 중 實質關係를 고려하는 說을 지지하는 견해[120]와 無制限說을 지지하는 견해[121]가 있다. 日本 判例는 여러 단계를 거쳐 最近에는 無制限說[122]을 취하고 있으며 학설은 合理的 期待利益說에 속하는 세 가지 견해가 병존하고 있다.

無制限說은 相計의 擔保的 機能만을 지나치게 높게 평가하여 모든 去來關係에 一律的으로 이를 확대한다는 점에서 찬성하기 어렵다. 相計의 擔保的 機能 保護와 押留의 實效性 保護라는 두 가지 利益의 調和를 彈力性 있게 추구할 수 있다는 점에서 制限說 중에서도 兩債權의 實質關係를 고려하는 견해가 타당하다고 하겠다.

相計豫約의 對外的 效力은 制限說에 의하면 自動債權의 辨濟期가 受動債權의 辨濟期와 같거나 먼저 도래하는 경우에 한하여 인정되나, 無制限說에 의하면 아무런 制限 없이 인정된다. 銀行去來에 있어서는 相計豫約의 存在가 一般的으로 알려져 있고 貸出債權과 預金債權의 依存性이 강하여 상계에 대한 銀行의 期待利益이 강하다는 점에서 相計豫約의 對外的 效力을 인정하는 것이 合理的이라고 할 것이다.[123] 다만 우리 判例에 따를 경우 押留當時 被押留債權의 辨濟期가 먼저 到來했거나 到來할 것인 경우에는 銀行이 相計로써 押留債權者에게 對抗할 수 없게 된다.

(다) 相計權의 濫用　　預金主에게 信用惡化 등의 사유가 발생한 경우에 相計에 의하여 그 資金을 早期에 安全하게 回收하고자 하는 銀行의 기대는 원칙적으로 保護받아야 하고, 數個의 대립하는 債權·債務가 있고 이들이 相計

117) 大判 64. 4. 21, 63다658(要集 Ⅰ-2, 823); 大判 73. 11. 13, 73다518(公 478, 7615); 大判 74. 2. 12, 73다1052(公 483, 7730).
118) 大判 79. 6. 12, 79다662(公 614, 12010); 大判 80. 9. 9, 80다939(公 643, 13165).
119) 大判 82. 6. 22, 82다카200(公 687, 691); 大判 87. 7. 7, 86다카2762(公 807, 1306); 大判 88. 2. 23, 87다카472(公 822, 577); 大判 89. 9. 12, 88다카25120(公 822, 1402).
120) 李範柱(註 115), 119; 李俊相, 銀行與信去來基本約款解說, 356.
121) 金炳宰, "第3債務者가 假押留 債務者에 대한 反對債權으로써 相計할 수 있는 要件", 民判硏 X, 91; 李英秀, "被押留債權을 受動債權으로 한 第3債務者의 相計", 司論 4, 241.
122) 日最判 昭 45(1970). 6. 24(民集 24, 6, 587).
123) 李俊相(註 120), 356: 大判 82. 6. 22, 82다카200(公 687, 691); 大判 87. 7. 7, 86다카2762(公 807, 1306); 大判 89. 1. 31, 87다카594(公 844, 336).

適狀에 있을 때에 어느 債務를 相計할 것인가는 특단의 사정이 없는 한 當事者의 自由라고 할 것이다. 그러나 본래 預金債權은 預金主의 責任財產으로서 모든 債權者의 채권만족을 위한 執行對象이 되는 것이므로 銀行의 相計權의 행사가 불합리하여 다른 債權者가 預金主의 이익을 해하는 것이라고 볼 수 있는 특별한 사정이 있는 경우에는 信義誠實의 原則違反이나 權利濫用理論에 의해 그 효력이 부정되는 수가 있다.[124)]

判例[125)]는 어음事故申告擔保金에 관하여 "어음소지인이 정당한 권리자임이 판명되었고 그가 어음교환소규약 소정의 기간 내에 소송계속중임을 증명하는 서면을 은행에 제출하지 아니한 데 대한 귀책사유가 은행에 있는 것이라면 은행이 별단예금을 수동채권으로 하여 상계하는 것은 신의성실의 원칙에 위배되거나 권리남용에 해당하여 허용될 수 없다"고 한다. 이는 1987.1.4. 개정된 서울 어음交換所規約 §75의 2의 事故申告擔保金制度에 관한 해석으로서는 적절한 판시라고 할 것이나, 당해 어음의 支給擔保制度로서의 취지가 명확하지 않았던 위 규약 개정 전의 事故申告預置金에 관하여도 大法院은 그 예금반환채권을 受動債權으로 한 銀行의 相計를 權利濫用이라고 判示하여[126)] 銀行실무가로부터 신랄한 批判[127)]을 받은 바 있다. 日本의 判例[128)]는 위 預託金返還債權을 受動債權으로 하는 相計를 제한 없이 인정하는 傾向이다.

그 밖에 相計權의 濫用이 문제되는 사례로는 다음과 같은 것이 있다.[129)] 預金債權의 일부만 押留되고 銀行의 預金主에 대한 債權額이 預金債權의 總額에 못 미치고 있어 押留된 債權과 相計하지 않으면 銀行에 손해가 생긴다고 볼 특별한 사정이 없는데도 이를 相計하여 대출금을 회수하고 나머지는 預金主에게 반환하거나, 원래 銀行의 貸出金債權과 去來處의 債權과의 사이에 相計의 기대성이 없었는데 우연히 얻게 된 去來處의 債權을 受動債權으로 하여 相計하는 境遇, 預金主가 破產하자 그가 발행한 어음의 所持人이 預金銀行에 와서

124) 相計權 濫用의 법리에 관한 상세한 설명은 申聖澈(註 116), 178 이하; 李俊相(註 120), 381 이하; 高木多喜男, 金融取引と擔保, 31 이하; 好美清光, "銀行取仁と相計", 銀行取仁法講座(中), 273 이하; 久保井一匡, "相計權の濫用", 現代契約法大系 5, 26 이하 등 참조.

125) 大判 92.10.27, 92다25540(公 934, 3282).

126) 大判 89.1.3, 87다카800(公 844, 337).

127) 李俊相(註 46), 719.

128) 日最判 昭 45(1970).6.18(民集 24, 6, 527); 日最判 昭 45(1970).8.20(金法 591, 20); 日最判 昭 46(1971).7.23(金法 624, 26) 등.

129) 具體的인 事例에 대한 詳細한 說明은 註 124의 각 문헌 참조.

그 어음의 割引을 받고 銀行도 그러한 사정을 알면서 그 割引어음債權으로 預金債權과 相計하는 境遇 등이다. 擔保가 충분한 境遇 押留된 預金債權과 相計하여 貸出金을 回收하는 것은 原則的으로 權利濫用이라고 할 수는 없으나 押留免脫의 목적으로 행해지는 경우에는 相計權의 濫用이 문제되는 수도 있다.

(3) 消滅時效의 完成

㈎ 消滅時效의 適用與否 預金債權이 消滅時效에 걸리는가에 관하여는 積極說과 消極說의 대립[130)]이 있다. 積極說[131)]은 契約 存續중에도 預金債權에 관하여 消滅時效가 진행된다고 보는 견해로서, 消費任置의 目的物의 소유권이 수치인에게 이전되어 임치인이 채권을 취득한 이상 그에 대한 消滅時效의 적용을 배척할 이유가 없고, 명확한 해약이 없음에도 그간 時效가 進行하지 않는다고 보는 것은 非實際的이며 時效制度의 취지에 반한다든가 預金債權의 존재 여부가 오랜 시간이 지난 뒤에 問題된 境遇 수치인을 입증의 곤란으로부터 구제할 필요가 있고, 長期間 返還請求 없이 방치된 休眠口座를 관리하여야 하는 銀行의 부담을 덜어 주어야 한다는 것 등을 이유로 내세운다. 消極說[132)]은 預金契約이 解止 기타의 사유로 종료되지 않는 한 預金債權은 消滅時效에 걸리지 않는다고 보는 견해로서 預金者가 預金의 반환을 청구하지 않는 것은 預金契約에 터잡아 利子를 받을 目的으로 또는 手票의 支給資金으로서 銀行에 保管시킨 것이고 따라서 權利를 繼續 行使하고 있는 것이라는 점을 이유로 든다. 우리 나라에서는 적극설이 다수설이며 이를 지지한 下級審判例[133)]도 있다. 그러나 금전 등의 保管이 預金의 본래의 목적인데도 그 사이에 時效가 진행된다는 것은 상식에 반한다는 비판을 수용하여 積極說의 입장에서도 時效中斷 사유의 緩和 내지 擴大나 時效期間의 伸長을 내세워 시효완성을 어렵게 하려는 주장을 하고 있다. 銀行實務에서는 장기간 거래가 중단된 計座는 雜座에 編入하여 거래를 종료시키되, 預金確保를 위하여 원칙적으로 時效를 원용하지 않는 것을 영업방침으로 하고 있다.[134)]

130) 日本의 학설에 관하여는 山崎敏彦, "預金と時效", 金融去來法大系(2), 392 이하 참조.

131) 金疇洙, 總則, 469; 張庚鶴, 總則, 714; 註釋總則(下), 679-80; 民法注解(Ⅲ), 468; 李均成, "預金債權과 消滅時效", 新聞 1479, 12.

132) 金教昌, "預金債權의 消滅時效", 仲裁 133, 25 이하; 金容晋, "銀行預金과 消滅時效", 月報, 153, 139; 金容漢, "判例와 時代意識", 月報(1983. 3); 李在性, "銀行預金과 消滅時效", 李在性, 判例評釋集 7, 427 이하.

133) 서울高判 82. 4. 2, 81나3237. 이 判決은 大決 82. 12. 28, 82다카693으로 上告許可申請이 棄却되어 確定되었다. 判決理由에 관하여는 金容晋(註 132) 참조.

134) 韓國金融研修院(編), 受信法律, 307.

(나) 時效期間

(a) 期 間 銀行의 預金債權은 商行爲로 인한 債權이므로 商人이 아닌 자가 預金한 경우라도 5년의 商事時效에 걸리는 것이 원칙이다(商 §64). 다만 定期預金 등에서 매월 생기는 利子債權은 3년의 短期消滅時效에 걸린다(民 §163 I). 立法論으로 특별히 長期의 消滅時效期間을 두어야 한다는 주장도 있다.[135]

(b) 起算點 時效期間은 權利를 行使할 수 있는 때로부터 진행하는바, 기한의 정함이 있는 債權은 기한만료시로부터, 期限의 정함이 없는 債權은 債權이 발생한 때로부터 권리를 행사할 수 있다. 預金 종류별로 기산점을 살펴본다.

(i) 普通預金 예치기한을 정하지 않은 채 언제든지 預入·返還을 反復·繼續할 수 있는 성질의 預金이다. 預入 또는 返還時마다 그 總額에 대한 새로운 預金債權이 성립한다고 보거나, 債務承認이 있다고 보는 입장에서는 마지막 預入 또는 支給한 날로부터 時效가 진행한다고 한다.[136] 普通預金거래를 繼續的 契約關係로 보는 입장에서는 普通預金去來를 終了한 날, 즉 銀行이 거래를 종료하기 위하여 雜座編入한 날로부터 진행한다고 한다.[137]

(ii) 定期預金 期限의 정함이 있는 債權이므로 기한이 도래한 때로부터 진행한다. 다만 滿期日에 자동적으로 계속된다는 특약이 있는 경우에 預金主의 滿期 전 해약신청이 없는 한 시효기간이 진행되지 않는다는 견해와 그러한 특약이 있더라도 최초의 만기에 반환청구를 할 수 있는 이상 그 때부터 시효가 진행한다는 견해가 있다.[138]

(iii) 通知預金 일정한 据置期間 경과 후 預金主의 반환청구의 豫告가 있고 그 豫告期間이 경과한 때부터 시효간이 진행한다는 견해[139]와 据置期間 경과일로부터 반환을 받을 수 있으므로 예고가 없더라도 그 때부터 시효가 진행된다는 견해[140]가 있다.

(iv) 當座預金 當座預金은 그 계약이 존속하는 한 預金主는 手票에 의하지 않고는 함부로 그 반환을 청구할 수 없고 返還은 契約이 終了할

135) 民法注解(Ⅲ), 468.
136) 前註.
137) 韓國金融硏修院(編), 受信法律, 303.
138) 山崎敏彦(註 130), 396.
139) 民法注解(Ⅲ), 468; 韓國金融硏修院(編), 受信法律, 305.
140) 日本의 通說이다. 山崎敏彦(註 130), 396.

때에 비로소 청구할 수 있으므로 그 消滅時效는 계약이 종료한 때로부터 진행한다는 설과 當座預金者는 단순히 수표에 의하여 반환을 받는 제한을 받을 뿐 반환청구 자체는 언제든지 가능한 것이므로 預金契約成立時부터 時效가 진행한다는 설이 있다.[141)]

(다) 時效中斷[142)] 民法이 정하고 있는 여러 가지 時效中斷 事由 중 預金債權에서 특히 문제가 되는 것은 債務의 承認이다. 普通預金, 當座預金과 같이 預入·支給이 反復·繼續되는 경우 預金債權은 1개의 債權으로서 同一性을 유지하면서 預入·支給에 따라 增減·變動하는 것에 지나지 않는다고 보는 입장에서는 그 때마다 債務의 承認에 의하여 時效가 中斷된다고 본다. 利子가 붙은 預金의 경우 銀行은 利子를 元本에 산입하여 內部帳簿에 기장하고, 그 취지를 점포에 公告하는데 이것만으로는 債務의 承認이 있는 것이라고 보기 어렵다. 利子산입 사실을 預金主에게 통지한 때에 채무의 승인이 있다고 할 것이다. 營業報告書·貸借對照表·財產目錄의 公告나 備置는 銀行의 財產狀態 및 營業狀態를 일반적으로 명확히 함을 목적으로 하는 것이므로 時效中斷事由로서의 債務의 承認은 될 수 없다.[143)]

[全 孝 淑]

141) 우리 나라 학설의 대립에 관하여는 民法注解(Ⅲ), 468. 日本 學說 對立에 관하여는 山崎敏彥(註 130), 397.

142) 日本의 學說 對立에 관하여는 山崎敏彥(註 130), 400 이하 참조.

143) 前註.

事項索引

[ㄱ]
概算都給　447
繼續的 債權關係　106
契約의 更新　254
雇傭　299
——의 法的 性格　320
——의 成立　322
——의 意義　313
——의 效力　329
雇傭契約의 默示의 更新　422
雇傭關係의 종료　411
共同賃借人의 連帶義務　177
共同借主의 連帶義務　35
權利金　192
勤勞契約　307
期間의 約定 없는 賃貸借　131
—— 없는 雇傭　399
—— 있는 賃貸借　134

[ㄴ]
諾成契約　1, 6, 26, 182
勞務供給契約　303, 429
勞務의 提供　314
勞務의 種類　316
勞務者의 解止權　382
勞務提供義務　371
勞務請求權　371
農地賃貸借　142

[ㄷ]
短期賃貸借　68
——의 更新　70
——의 期間　69
擔保責任　463, 464, 466, 467
代物貸借　18
代物返還의 예약　19
代物辨濟豫約　20
代物請求權　8
貸主의 擔保責任　7
貸主의 債務　26
貸借型의 계약　1
都給　429
——에 있어서의 危險負擔　442
——의 社會的 作用　430
——의 意義　429
都給契約의 法律的 性質　436
都給人의 義務　444
——의 破産　474
——의 해제권　460
動產賃借權의 對抗力　80
同時履行關係　188
同時履行의 抗辯權　17, 90

[ㅁ]
目的物引渡義務　86, 439
無利子消費貸借　7
無償契約　2, 26
無償受置人의 注意義務　635, 636
默示의 更新　139, 420
未登記傳貰　290

[ㅂ]
白紙委任狀 532
法定抵當權 166
法定質權 164, 168
辯護士의 成功報酬金 567
報酬의 支給 317
——의 支給時期 362, 446
報酬支給義務 357
報酬請求權 365
保證金 78, 179, 223
——의 返還 187
——의 效力 184
——의 回收 229
—— 支給의 법적 성질 180
保證金契約 182
保證金返還請求權 181
保護義務 349
復任權의 制限 547
復任置의 禁止 632
不當解雇 409
不動產賃借權의 物權化 49
附隨的 義務 342
費用償還請求權의 要件 94
——의 行使 98
——의 效果 101

[ㅅ]
使用貸主의 契約解止權 29
使用貸借 25
——의 目的物 25
——의 法律的 性質 26
使用者의 解止權 385
使用者破產과 解止通告 426
使用借權의 讓渡와 轉貸借 29
詐害行爲取消權 16
相計權의 濫用 693
誠實義務 344
消滅時效 17
消費貸借 1
——의 목적물 4
——의 法律的 性質 1
——의 意義 1
消費任置 664
——의 成立 667
——의 效力 668
少額의 保證金 264
少額賃借人 265
損害賠償 89, 459
受給人의 擔保責任 456
受給人의 目的不動產에 對한 抵當權設定請求權 450
受給人의 義務 437
受給人의 瑕疵擔保責任 452
修繕義務 87
受任人의 金錢消費의 責任 560
受任人의 報告義務 552
受任人의 費用償還請求權 578
受任人의 費用先給請求權 575
受任人의 善管義務 535
受任人의 取得物等의 引渡, 移轉義務 555
受置人의 任置物使用禁止 630
受置人의 通知義務 643
雙務契約 3

[ㅇ]
預金契約 670
——의 法的 性質 672
——의 成立時期 677
預金主의 決定 681
完成物의 所有權歸屬關係 440
要物契約 11
優先辨濟權 231, 265
優秀懸賞廣告 499

委任 514
——과 代理 524
——의 相互解止의 自由 588
——의 沿革 및 立法例 527
委任契約의 本質 514
——의 種類 519
委任人의 報酬請求權 563
委任人의 損害賠償義務 585
委任終了 602
委任終了時의 緊急處理 606
委任終了의 對抗要件 610
有償契約 2
有償受置人의 注意義務 636
有益費 30, 96, 99
有益費償還請求權 96
應募 502
利子 6
利子計算의 始期 6
利子附消費貸借 3
一時使用을 爲한 賃貸借 108, 173, 288
일을 完成할 義務 437
賃金 367
賃貸人의 보존행위 92
賃貸人의 義務 85
賃貸人 地位의 承繼 219
賃貸借 37, 206
——와 擔保責任 91
——의 更新 141, 258
——의 目的物 58
——의 登記 73
——의 目的 61
——의 분류 65
——의 사회적 작용 38
——의 承繼 76
——의 意義 57
賃貸借契約의 形式 64
賃貸借期間 247
賃貸借登記의 要件 75
賃貸借登記의 效力 75
賃貸借法의 변천 39
賃貸借存續期間 169
賃借權에 기한 妨害排除請求權 56, 87
——의 對抗力 51
——의 讓渡 53, 110
——의 讓渡의 法律關係 115
——의 讓渡, 轉貸의 制限 110
——의 存續의 保障 54, 247
——의 주장 76
——의 承繼者 281
賃借物의 轉貸 53, 118
賃借人의 減額請求 103
賃借人의 更新請求權 146
賃借人의 附屬物買受請求權 157
賃借人의 費用償還請求權 94
賃借人의 使用法 遵守義務 175
賃借人의 通知義務 129
賃借人의 破産과 解止通知 135
任置 613
——의 法律的 性質 616
——의 社會的 作用 614
——의 成立要件 622
——의 意義 621
——의 終了原因 648
任置物의 返還場所 659
任置終了後의 法律關係 652

[ㅈ]
轉貸 118
轉貸의 效果 120
傳貰 65
轉借權 125
轉借人의 附屬物買受請求權 163
轉借人의 賃貸請求權 154
前借金契約 363

製作物供給契約 431
除斥期間 36
住居用建物 201
住民登錄 209
住宅 201
——의 引渡 209
——의 賃借權의 承繼 279
住宅賃貸借 142
準消費貸借 12
準消費貸借의 成立要件 13
準消費貸借의 效力 14
地上施設의 買受請求 150, 155
指定行爲의 完了 492

[ㅊ]
借用物의 返還時期 32
借賃 62, 77, 107, 222
借賃延滯와 解止 143
借賃增減請求權 106, 259
借賃支給拒絶權 90
借賃支給의 時期 128
借主의 死亡, 破產과 解止 33
借主의 使用, 收益權 28
借主의 原狀回復義務와 撤去權 34
借地權의 對抗力 81
債權的 傳貰 66

[ㅍ]
破產 5
——과 消費貸借의 失效 5
片務契約 3
必要費 30, 94, 98
必要費償還請求權 94

[ㅌ]
土地賃貸借 81

[ㅎ]
下都給 435
瑕疵補修請求權 456
解除權 7, 468, 474
解止 89, 92, 144, 380
解止通告 131, 134, 135, 138, 389, 399
懸賞廣告 480
——의 法的 性質 482
——의 要件 489
——의 撤回 507
——의 效果 493
混藏任置 641
確定日字 232

民法注解〔XV〕— 債權(8)

1997年 7月 10日 初版一刷發行
2009年 8月 10日 初版十二刷發行

編輯代表 郭 潤 直
發 行 人 安 鍾 萬
發 行 處 (株) 博 英 社
110-102 서울特別市 鍾路區 平洞 13-
電話 (733) 6771-3 (734) 3790 · 4790
FAX (02) 736-4818
登錄 1959. 3. 11. 제 300-1959-1 호(倫)

組 版 所 홍익 m&b

定 價 50,000 원

ISBN 978-89-7189-097-4
978-89-7189-089-9(세트)

http://www.pakyoungsa.co.kr